CB063973

NAPOLEÃO

ADAM ZAMOYSKI

NAPOLEÃO

O HOMEM POR TRÁS DO MITO

Tradução
Rogerio Galindo

CRÍTICA

Copyright © Adam Zamoyski, 2018
Copyright © Editora Planeta do Brasil, 2020
Todos os direitos reservados.
Título original: *Napoleon: The Man Behind the Myth*

Coordenação editorial: Sandra Espilotro
Preparação: Tiago Ferro
Revisão: Carmen T. S. Costa, Ana Barbosa
Diagramação: A2
Pesquisa iconográfica: Andrea Jocys
Capa: Fabio Oliveira
Imagem de capa: Jacques-Louis David / Wikimedia Commons
Imagens de guarda: Giuseppe Longhi e Antoine-Jean Gros / Rijksmuseum; Alphonse François e Paul Delaroche / Rijksmuseum

Dados Internacionais de Catalogação na Publicação (CIP)
Angélica Ilacqua CRB-8/7057

Zamoyski, Adam
  Napoleão: O homem por trás do mito / Adam Zamoyski; tradução de Rogerio Galindo – São Paulo: Planeta, 2020.
  784 p.

  ISBN 978-65-5535-154-5
  Título original: Napoleon: The Man Behind the Mith

  1. Napoleão I, Imperador dos franceses, 1769-1821 - Biografia 2. Guerras napoleônicas, 1800-1815 3. França - História I. Título. Galindo, Rogerio

  20-2711   CDD 944.05092

Índices para catálogo sistemático:
1. Napoleão I, Imperador dos franceses, 1769-1821

MISTO
Papel | Apoiando o manejo florestal responsável
FSC® C019498

Ao escolher este livro, você está apoiando o manejo responsável das florestas do mundo

2024
Todos os direitos desta edição reservados à
EDITORA PLANETA DO BRASIL LTDA.
Rua Bela Cintra, 986 – 4º andar – Consolação
01415-002 – São Paulo-SP
www.planetadelivros.com.br
faleconosco@editoraplaneta.com.br

Em memória de
Gillon Aitken

Sumário

Prefácio 15

1. Um messias relutante 21
2. Sonhos insulares 29
3. Soldado menino 41
4. Liberdade 53
5. Córsega 63
6. França ou Córsega 75
7. O jacobino 85
8. Amores juvenis 97
9. General Vindemiário 115
10. Itália 129
11. Lodi 143
12. Vitória e lenda 159
13. Senhor da Itália 179
14. Promessa oriental 195
15. Egito 209
16. Praga 223
17. O salvador 235
18. Neblina 251
19. O cônsul 263
20. Consolidação 279
21. Marengo 297
22. César 311

23. Paz 327
24. O libertador da Europa 343
25. Sua Majestade consular 359
26. Rumo ao Império 371
27. Napoleão I 385
28. Austerlitz 403
29. O imperador do Ocidente 419
30. Senhor da Europa 433
31. O Imperador Sol 451
32. O imperador do Oriente 469
33. O custo do poder 487
34. Apoteose 505
35. Apogeu 519
36. O poder cega 537
37. O Rubicão 549
38. Nêmesis 565
39. Vitórias vazias 583
40. Última chance 599
41. O leão ferido 615
42. Rejeição 631
43. O fora da lei 647
44. Uma coroa de espinhos 667

Notas 687
Bibliografia 713
Índice 741

Mapas

Europa em 1792 12-3
Toulon 90
O teatro italiano 98
Montenotte 135
Lodi 144
A perseguição 153
Castiglione 160
Würmser derrotado 162
Arcole 167
Rivoli 172
A marcha sobre Viena 175
O acordo de Campo Formio 192
Egito 212
Europa em 1800 282-3
Marengo 305
Ulm 410
Austerlitz 415
As campanhas de 1806-7 435
Europa em 1808 456-7
Aspern-Essling 484
Wagram 488
Europa em 1812 534-5
A invasão da Rússia 554
Borodino 561
O Berezina 577
A campanha na Saxônia, 1813 596
A defesa da França em 1814 619
A campanha de Waterloo 659

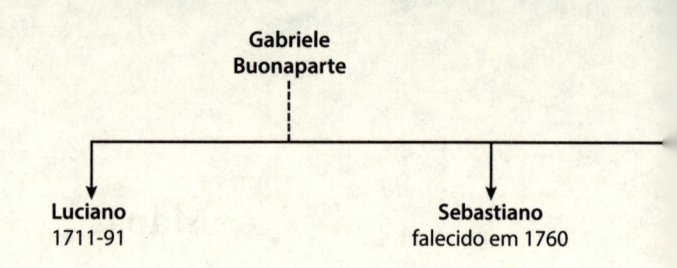

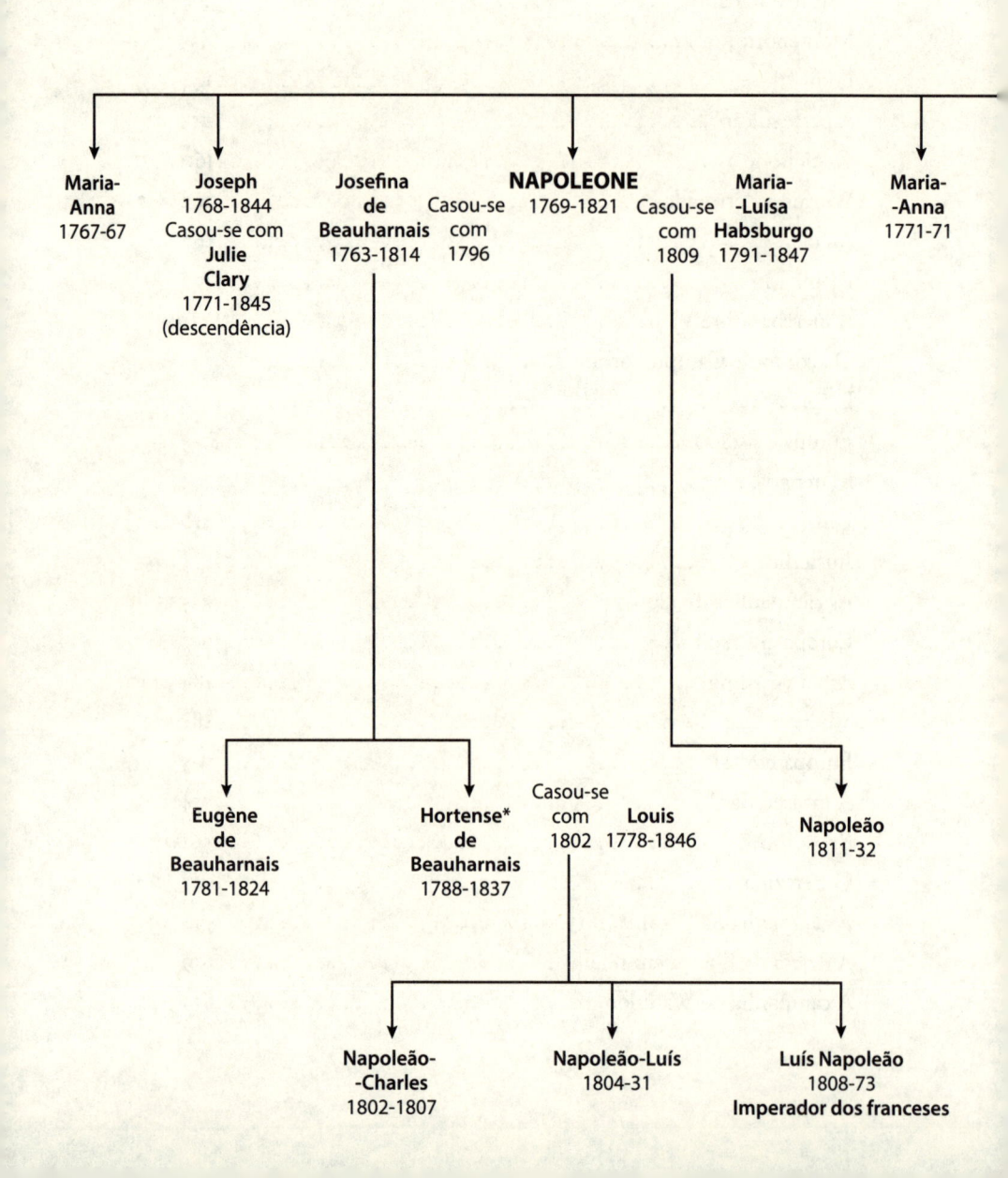

```
                          Gabriele
                         Buonaparte
                              ┆
              ┌───────────────┴───────────────┐
              ▼                               ▼
           Luciano                        Sebastiano
           1711-91                       falecido em 1760
```

```
┌────────┬────────┬──────────┬───────────┬──────────┬────────┐
▼        ▼        ▼          ▼           ▼          ▼        ▼
Maria-   Joseph   Josefina          NAPOLEONE             Maria-
Anna     1768-1844 de      Casou-se  1769-1821  Casou-se  Maria-    Maria-
1767-67  Casou-se com Beauharnais com                com  -Luísa    -Anna
         Julie    1763-1814  1796                  1809  Habsburgo  1771-71
         Clary                                          1791-1847
         1771-1845
         (descendência)
```

- **Maria-Anna** 1767-67
- **Joseph** 1768-1844 Casou-se com **Julie Clary** 1771-1845 (descendência)
- **Josefina de Beauharnais** 1763-1814 Casou-se com 1796 **NAPOLEONE** 1769-1821 Casou-se com 1809 **Maria-Luísa Habsburgo** 1791-1847
- **Maria-Anna** 1771-71

┌────────────┬────────────┐   ┌──────────┐
▼   ▼   Casou-se   ▼
Eugène   Hortense*   com   Louis   Napoleão
de   de   1802   1778-1846   1811-32
Beauharnais Beauharnais
1781-1824   1788-1837

            ┌────────────┬────────────┐
            ▼   ▼   ▼
        Napoleão-   Napoleão-Luís Luís Napoleão
        -Charles   1804-31   1808-73
        1802-1807   Imperador dos franceses

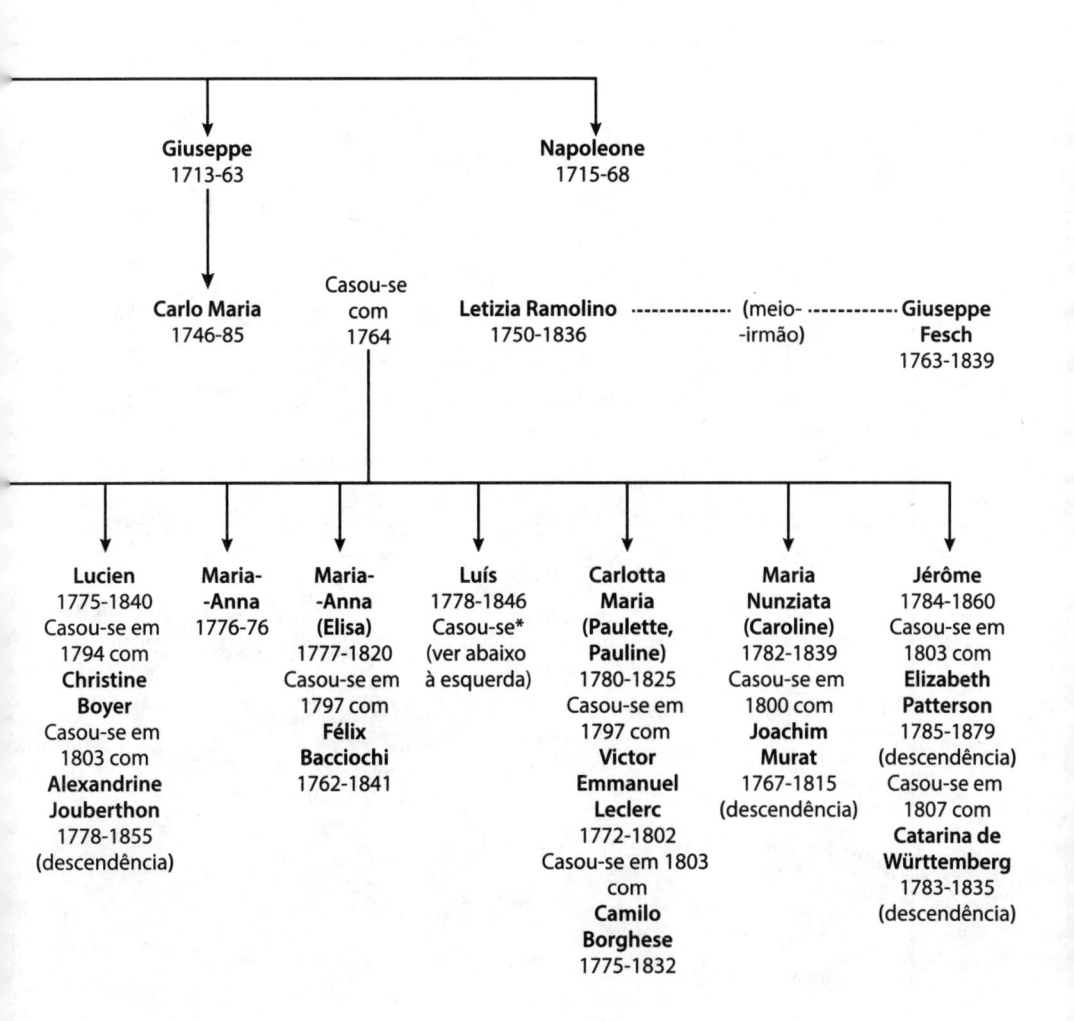

```
                    Giuseppe                           Napoleone
                    1713-63                            1715-68
                       │                                  │
                       ▼                                  ▼
                  Carlo Maria      Casou-se       Letizia Ramolino  ············ (meio-  ············ Giuseppe
                  1746-85            com             1750-1836                  -irmão)               Fesch
                                     1764                                                             1763-1839
```

Lucien	Maria-	Maria-	Luís	Carlotta	Maria	Jérôme
1775-1840	-Anna	-Anna	1778-1846	Maria	Nunziata	1784-1860
Casou-se em	1776-76	(Elisa)	Casou-se*	(Paulette,	(Caroline)	Casou-se em
1794 com		1777-1820	(ver abaixo	Pauline)	1782-1839	1803 com
Christine		Casou-se em	à esquerda)	1780-1825	Casou-se em	**Elizabeth**
Boyer		1797 com		Casou-se em	1800 com	**Patterson**
Casou-se em		**Félix**		1797 com	**Joachim**	1785-1879
1803 com		**Bacciochi**		**Victor**	**Murat**	(descendência)
Alexandrine		1762-1841		**Emmanuel**	1767-1815	Casou-se em
Jouberthon				**Leclerc**	(descendência)	1807 com
1778-1855				1772-1802		**Catarina de**
(descendência)				Casou-se em 1803		**Württemberg**
				com		1783-1835
				Camilo		(descendência)
				Borghese		
				1775-1832		

A família
Buonaparte

Europa
1792

França revolucionária

POLÔNIA
Varsóvia
Cracóvia

IMPÉRIO RUSSO
Kiev

Mar Negro

Sofia

Constantinopla

IMPÉRIO OTOMANO

Ilhas Jônicas

Creta

Chipre

Acre

Alexandria *Delta do Nilo*

EGITO

Prefácio

Uma casa polonesa, escolas inglesas e feriados com primos franceses me expuseram desde cedo a visões violentamente conflituosas sobre Napoleão – um deus genial, ícone romântico, monstro do mal ou apenas um pequeno ditador desagradável. Nesse tiroteio de fantasia e preconceito desenvolvi empatia por cada uma dessas visões sem ser capaz de concordar com nenhuma delas.

Napoleão era um homem, e, muito embora possa entender como outros podem tê-lo visto assim, nunca consegui ver nada de sobre-humano nele. Apesar de exibir algumas qualidades extraordinárias, ele era de muitas maneiras um homem bastante comum. Acho difícil considerar genial alguém que, a despeito de seus muitos triunfos, liderou o pior (e totalmente autoprovocado) desastre da história militar e, sozinho, destruiu o grande trabalho que ele e outros haviam dado duro para construir. Era, sem dúvida, um tático brilhante, como se poderia esperar de um operador saído de uma cidade pequena. Mas não era um estrategista, como atesta seu fim miserável.

Napoleão também não era um monstro do mal. Podia ser egoísta e violento como qualquer homem, mas não há evidência de que desejasse causar sofrimento de maneira gratuita. Seus motivos eram, no geral, louváveis, e suas ambições não eram maiores do que as de seus contemporâneos, como Alexandre I, da Rússia, Wellington, Nelson, Metternich, Blücher, Bernadotte e muitos outros. O que fez suas ambições tão excepcionais foi a dimensão conferida a elas pelas circunstâncias.

Ao ouvir a notícia de sua morte, o dramaturgo austríaco Franz Grillparzer escreveu um poema sobre o tema. Ele era estudante em Viena quando Napoleão bombardeou a cidade em 1809, portanto não tinha nenhuma razão para gostar dele, mas no poema admite que, muito embora não pudesse amá-lo, não podia se forçar a odiá-lo; de acordo com Grillparzer, Napoleão era simplesmente o sintoma visível das doenças da época, e dessa forma levou a culpa pelos pecados de todos. Há muita verdade nessa visão.[1]

No meio século antes de Napoleão chegar ao poder, a luta titânica pela dominação viu os ingleses conquistarem o Canadá, partes significativas da Índia, uma coleção de colônias, e aspirar a definir a lei dos mares; a Áustria pegou províncias na Itália e Polônia; a Prússia aumentou de tamanho em dois terços; e a Rússia empurrou sua fronteira seiscentos quilômetros para dentro da Europa e ocupou grandes territórios da Ásia Central, Sibéria e Alasca, reivindicando terras tão distantes quanto a Califórnia. Contudo, Jorge III, Maria Teresa, Frederico Guilherme II e Catarina II não são acusados de serem monstros megalomaníacos ou fanáticos compulsivos.

Napoleão é frequentemente condenado por sua invasão do Egito, enquanto a ocupação britânica que se seguiu, que tinha o objetivo de garantir o monopólio colonial sobre a Índia, não é tratada do mesmo modo. Ele é constantemente acusado de restabelecer a escravidão na Martinica, enquanto os britânicos a promoveram em suas colônias por mais de trinta anos, assim como outras potências coloniais por muitas décadas depois disso. Seu uso de vigilância policial e censura é também regularmente reprovado, apesar de quase todos os outros estados na Europa o emularem, com níveis variados de discrição ou hipocrisia.

O tom foi definido pelos vitoriosos de 1815, que se autodenominaram defensores de uma ordem social supostamente justa contra o mal, e os escritos sobre Napoleão têm sido submetidos desde então a uma dimensão moral, que resulta em difamação ou glorificação. Começando com Stendhal, que afirmava só poder escrever sobre Napoleão em termos religiosos, e Goethe, que entendeu a vida dele como a de um "semideus", historiadores franceses e outros europeus têm lutado para manter o divino fora de seu trabalho, e mesmo hoje ele é tingido por um senso de reverência. Até muito recentemente, historiadores anglo-saxões ainda se mostravam relutantes em permitir uma compreensão do espírito do tempo para ajudá-los a ver Napoleão como algo mais do que um pária monstruoso. Mitologias nacionais rivais adicionaram camadas de preconceito que muitos acham difíceis de superar.[2]

Napoleão era em todos os sentidos o produto de seu tempo; era de muitas maneiras a personificação de sua época. Se alguém quer tentar entendê-lo e a seus atos, precisa colocá-lo dentro de um contexto. Isso requer um abandono impiedoso das opiniões recebidas e do preconceito nacionalista, e um exame desapaixonado das condições sísmicas que sua época ameaçava e oferecia.

Nos anos 1790, Napoleão entrou num mundo em guerra, no qual a própria base da sociedade humana era questionada. Era uma luta por supremacia e sobrevivência em que cada Estado no continente agiu em interesse próprio, rompendo tratados e traindo aliados sem nenhum escrúpulo. Monarcas, chefes de Estado e comandantes de todos os lados demonstraram níveis semelhantes de terrível agressão, ganância, insensibilidade e brutalidade. Atribuir a qualquer dos Estados envolvidos um papel moral superior é uma farsa a-histórica, e condenar o desejo de poder é negar a natureza humana e a necessidade política.

Para Aristóteles o poder era, como a riqueza e a amizade, um dos componentes essenciais para a felicidade individual. Para Hobbes, a vontade de adquirir era não só inata como benéfica, pois levava os homens a dominar e dessa forma organizar comunidades, e nenhuma organização social de qualquer tipo poderia existir sem o poder de um ou mais indivíduos, ou instituição, para organizar os outros.

Napoleão não começou a guerra que estourou em 1792, quando ele era apenas um tenente, e continuou, com uma breve interrupção, até 1814. Definir qual lado foi responsável pelo início e continuidade das hostilidades é um debate inútil, uma vez que a responsabilidade não pode ser atribuída diretamente a um ou outro lado. A luta custou vidas, cuja responsabilidade muitas vezes é atribuída a Napoleão, o que é um absurdo, uma vez que todos os combatentes devem dividir a culpa. E ele não era descuidado com a vida de seus próprios soldados como alguns.

As perdas francesas nos sete anos do governo revolucionário (1792-9) são estimadas em 400 mil a 500 mil; já as perdas dos quinze anos de domínio de Napoleão foram de quase duas vezes isso, de 800 mil a 900 mil. Dado que esses totais incluem não apenas os mortos, feridos e doentes, mas também os desaparecidos, cujos números subiram dramaticamente quando suas incursões levaram as tropas mais longe, fica claro que as perdas nas batalhas foram menores sob Napoleão do que durante o período revolucionário – apesar do aumento do uso de artilharia pesada e do tamanho dos exércitos. A maioria daqueles classificados como desaparecidos eram desertores que ou fugiam de volta para casa ou decidiam se fixar em outros países. Não é o caso de tentar diminuir o sofrimento ou o trauma da guerra, mas sim de colocá-los em perspectiva.[3]

Meu objetivo com este livro não é justificar ou condenar, mas reunir a vida do homem nascido Napoleone Buonaparte e examinar como ele se tornou Napoleão e realizou tudo que fez, e como então desfez tudo.

Para isso, me concentrei em fontes primáveis verificáveis, tratando com ceticismo as memórias daqueles como Bourrienne, Fouché, Barras e outros que escreveram principalmente para se justificar ou construir suas próprias imagens, e evitei usar como evidências aquelas da duquesa D'Abrantès, escritas anos depois dos eventos pelo amante dela, o romancista Balzac. Também ignoro as muitas anedotas a respeito do nascimento e infância de Napoleão, acreditando ser tão irrelevante quanto difícil de verificar se ele chorou ou não quando nasceu, que gostava de brincar com espadas e tambores quando criança, se teve uma paixonite por alguma menina, e que um cometa foi visto tanto em seu nascimento quanto na sua morte. Há fatos sólidos o suficiente com os quais lidar.

Dediquei mais espaço, em termos relativos, aos anos de formação de Napoleão do que a seu período no poder, uma vez que acredito que eles são a chave para compreender sua trajetória extraordinária. Como considero os aspectos militares apenas na medida em que produzem um efeito, nele, na sua carreira ou na situação internacional, o leitor irá achar minha cobertura bastante desigual. Dou destaque à primeira campanha italiana porque demonstra as maneiras como Napoleão era superior a seus inimigos e colegas, e porque o transformou num ser extraordinário, tanto aos olhos dele quanto aos dos outros. As batalhas subsequentes são de interesse principalmente pelo uso que ele fez delas, enquanto a campanha russa é seminal para seu declínio e revela a confusão mental que o levou ao suicídio político.

O assunto é tão vasto que qualquer um que tente contar a vida de Napoleão deve necessariamente confiar no trabalho de muitos que mergulharam em arquivos e fontes publicados. Sinto-me muito em dívida com todos os envolvidos na nova edição da correspondência de Napoleão, realizada pela Fundação Napoleão. Também devo muito ao trabalho realizado nas últimas duas décadas pelos historiadores franceses em desconstruir os mitos que haviam adquirido status de verdade e extinguir os tumores que haviam coberto os fatos verificáveis durante os dois últimos séculos. Thierry Lentz e Jean Tulard se destacaram nesse aspecto, mas Pierre Branda, Jean Defranceschi, Patrice Gueniffey, Annie Jourdan, Aurélien Lignereux e Michel Vergé-Franceschi também ajudaram a afastar teias de aranha e a iluminar.

Dos historiadores anglo-saxões, Philip Dwyer tem minha gratidão por seu trabalho brilhante sobre Napoleão como propagandista, e Munro Price por sua inestimável pesquisa de arquivos a respeito da última fase do seu reinado. O trabalho de Michael Broers, Steven Englund e Andrew Roberts também é digno de nota.

Tenho uma dívida de agradecimento com Olivier Varlan pela orientação bibliográfica e, particularmente, por ter me deixado ver o manuscrito de Caulaincourt sobre as campanhas prussiana e russa de 1806-7; a Vicenz Hoppe por procurar fontes na Alemanha; a Hubert Czyzewski por me ajudar a desenterrar fontes obscuras em bibliotecas polonesas; a Laetitia Oppenheim por fazer o mesmo para mim na França; a Carlo De Luca por me alertar para a existência do diário de Giuseppe Mallardi; e a Angelika von Hase por me ajudar com as fontes alemãs. Também devo um agradecimento a Shervie Price por ler o manuscrito, e ao incomparável Robert Lacey por sua edição sensível.

Apesar de às vezes querer xingá-lo, gostaria de agradecer a Detlef Felken por sua fé implícita ao sugerir que eu escrevesse este livro, e a Clare Alexander e Arabella Pike pelo apoio. Por fim, devo agradecer a minha esposa Emma por me tolerar e encorajar durante essa tarefa desafiadora.

Adam Zamoyski

1
Um messias relutante

Ao meio-dia de 10 de dezembro de 1797, uma salva estrondosa de tiros ecoou por Paris, abrindo mais um dos muitos famosos festivais da Revolução Francesa.

Apesar do dia frio e cinzento, multidões haviam se reunido ao redor do Palácio de Luxemburgo, sede do Diretório que governava a França, e de acordo com o diplomata prussiano Daniel von Sandoz-Rollin: "Nunca uma multidão gritou e aplaudiu com tanto entusiasmo". As pessoas se juntaram nas ruas que levavam ao palácio na esperança de conseguir um relance do herói do dia. Mas os modos reservados dele os derrotaram. Por volta das dez da manhã, ele havia deixado sua modesta casa na rue Chantereine com um dos diretores que fora buscá-lo num coche de aluguel. Enquanto circulava pelas ruas, seguido por vários oficiais montados, ele se afundou no assento, parecendo, nas palavras de uma testemunha inglesa, "evitar a aclamação que era oferecida voluntariamente e de coração".[1]

Era uma manifestação realmente sincera. O povo francês estava cansado depois de oito anos de revolução e de luta política marcada por lances violentos à direita ou à esquerda. Estava cansado da guerra que já durava cinco anos e que o Diretório parecia incapaz de encerrar. O homem que eles aplaudiam, um general de 28 anos de nome Bonaparte, havia vencido uma sequência de batalhas na Itália contra o principal adversário da França, a Áustria, e forçou o imperador deles a aceitar a nova situação. O alívio proveniente da perspectiva de paz e estabilidade política – que se esperava que fosse uma consequência disso – chegava acompanhado de um sentimento subliminar de libertação.

A Revolução que começou em 1789 havia trazido uma esperança sem fim em uma nova era para a humanidade. Mas essa esperança foi abalada e manipulada por sucessivos líderes políticos numa inacabável luta por poder, e as pessoas desejavam alguém que pudesse pôr um fim nisso. Eles haviam lido as notícias relatando os feitos desse general e seus pronunciamentos para o povo da Itália, que contrastavam com os atos dos políticos que governavam a França. Muitos acreditavam, ou apenas esperavam, que esse homem aguardado por tanto tempo tivesse chegado. O sentimento de grandiosidade construído pela Revolução havia sido mantido vivo pelos grandes festivais, e esse, de acordo com uma testemunha, foi tão *magnifique* quanto qualquer outro.[2]

O grande pátio do Palácio de Luxemburgo foi transformado para a ocasião. Um estrado foi construído na parte oposta da entrada, no qual estava o indispensável "altar da pátria" cercado por três estátuas, representando a Liberdade, a Igualdade e a Paz. As estátuas estavam ladeadas por uma coleção de estandartes inimigos capturados em batalhas recentes, e abaixo deles foram colocadas cadeiras para os cinco membros do Diretório, uma para seu secretário-geral e outras mais abaixo para seus ministros. Depois havia lugares para o corpo diplomático, e para cada lado se estendia um grande anfiteatro para os membros das duas casas legislativas e para os 1,2 mil membros do coro do conservatório. O pátio estava enfeitado com bandeiras tricolores e coberto por um toldo, transformado numa tenda monumental.[3]

Quando silenciavam os últimos ecos da salva de tiros, os diretores surgiram de uma câmara nas profundezas do palácio vestidos com seus *grand costumes*. Criados pelo pintor Jacques-Louis David, eram compostos por uma túnica de veludo azul bordada em fio dourado e envolvida por uma faixa de seda branca com borda dourada, calças e meias brancas e sapatos com laços azuis. A roupa adquiria um ar supostamente clássico com uma grande capa vermelha com gola de renda branca, uma espada "romana" numa bainha ricamente ornamentada, e um chapéu de feltro preto decorado com uma trinca de penas de avestruz, uma azul, uma branca e uma vermelha.

Os diretores assumiram seus lugares no fim de um cortejo liderado pelos comissários de polícia, seguidos pelos magistrados, servidores civis, juízes, professores membros do Instituto de Artes e Ciências, oficiais, policiais, diplomatas de países estrangeiros e os ministros do Diretório. O séquito foi precedido por uma banda tocando "as árias amadas da República Francesa".[4]

O cortejo seguiu pelos corredores do palácio e até o pátio, os vários grupos se acomodando nos lugares determinados. Os membros das câmaras legislativas já haviam sentado. Usavam roupas similares às dos diretores, o visual "romano" no caso deles parecendo destoar do chapéu de quatro pontas, uma homenagem de David aos heróis da revolução polonesa de 1794.

Ao ocupar seus lugares, os diretores despacharam um oficial para trazer os principais atores das festividades do dia. As amadas árias da República Francesa foram seguidas por uma sinfonia executada pela orquestra do Conservatório, mas rudemente interrompida por gritos de "*Vive Bonaparte!*", "*Vive la Nation!*", "*Vive le liberateur de l'Italie!*" e "*Vive le pacificateur du continente!*" quando um grupo de homens entrou no pátio.

Primeiro vieram os ministros da Guerra e das Relações Exteriores em suas roupas cerimoniais negras. Foram seguidos por uma figura pequena, esbelta em seu uniforme, cabelos lisos caídos dos dois lados do rosto no já fora de moda estilo "orelha de cachorro". Seus movimentos desajeitados "encantaram todos os corações", de acordo com um observador. Ele estava acompanhado de três ajudantes de campo, "todos mais altos que ele, mas quase curvados pelo respeito que lhe demonstravam". Houve um silêncio religioso quando o grupo entrou no pátio. Todos os presentes se levantaram e tiraram seus chapéus. Então os aplausos e gritos começaram novamente. "A elite presente da França aplaudiu o general vitorioso, porque ele era a esperança de todos: republicanos, monarquistas, todos viam sua salvação presente e futura no apoio a seu poderoso braço." As deslumbrantes vitórias militares e o triunfo diplomático que ele conquistou contrastavam a tal ponto com a estatura diminuta, a aparência desgrenhada e os modos despretensiosos que era difícil não acreditar que ele fosse inspirado e guiado por um poder superior. O filósofo Wilhelm von Humboldt ficou tão impressionado quando o viu que pensou estar contemplando o ideal da humanidade moderna.[5]

Quando o grupo chegou ao pé do altar da pátria, a orquestra e o coro do Conservatório atacaram um "Hino à Liberdade" composto por François-Joseph Gossec a partir da melodia do hino da Eucaristia Católica, "O Salutaris Hostia", e a multidão se juntou a uma interpretação emocionalmente carregada daquilo que um relato oficial dos procedimentos descreveu como "dístico religioso". Diretores e dignitários reunidos se sentaram, à exceção do próprio general. "Vi quando se recusou a sentar na cadeira do Estado que havia sido preparada para ele, e pareceu querer escapar das ondas de aplausos", relembraria a senhora inglesa, cheia de admiração pela "modéstia de sua conduta". Ele havia, de fato, requisitado que a cerimônia fosse cancelada quando ouviu o que havia sido planejado. Mas não havia como escapar.⁶

O ministro das Relações Exteriores da República, Charles-Maurice de Talleyrand, mancou com seu sapato ortopédico, sua espada cerimonial e plumas do chapéu sacudindo de forma curiosa enquanto andava. O presidente do Diretório havia decidido que caberia a ele, e não ao ministro da Guerra, a tarefa de apresentar o herói relutante. "Não é o general, é o pacificador, e acima de tudo o cidadão que você deve destacar para o aplauso público", havia escrito para Talleyrand. "Meus colegas estão assustados, não sem razão, com a glória militar." Isso era verdade.⁷

"Nenhum governo havia sido tão universalmente desprezado", um informante na França havia escrito a seus mestres em Viena apenas algumas semanas antes, assegurando a eles que o primeiro general com coragem para aumentar a pressão da revolta teria metade do país ao lado dele. Muitos em Paris, nos dois lados do espectro político, esperavam que o general Bonaparte tomasse a frente, e nas palavras de um observador: "Todos pareciam vigiar uns aos outros". De acordo com outro, havia muitos presentes que ficariam felizes em estrangulá-lo.⁸

Talleyrand, um ex-aristocrata e ex-bispo de 43 anos, sabia disso tudo. Estava acostumado a ocultar seus sentimentos com um semblante impassível, mas seu nariz retorcido e os lábios finos, esboçando um sorriso do lado esquerdo do rosto, sugeriam um curioso divertimento, adequado ao discurso que começou a fazer.

"Cidadãos diretores", ele começou, "tenho a honra de apresentar ao Diretório executivo o cidadão Bonaparte, que se apresenta com a ratificação do tratado de paz assinado com o imperador." Enquanto lembrava aos presentes que a paz era apenas a coroação gloriosa de "inúmeras maravilhas" no campo de batalha, tranquilizou o ressabiado general afirmando que não se demoraria na descrição de suas conquistas militares, deixando essa tarefa para a posteridade, confiante de que o próprio herói não considerava essas façanhas como suas, mas sim como pertencentes à França e à Revolução. "Assim, todos os franceses saíram vitoriosos por meio de Bonaparte; assim a glória dele é propriedade de todos; assim não há republicano que não possa reivindicar sua parte nisso." Os extraordinários talentos do general, que Talleyrand recordou brevemente, eram, ele admitia, inatos, mas em grande medida também eram frutos de seu "amor insaciável pela pátria e pela humanidade". Mas era a sua modéstia, o fato de ele parecer "se desculpar por sua própria glória", seu gosto excepcional pela simplicidade, digno dos heróis da Antiguidade clássica, seu amor pelas ciências abstratas, sua paixão literária por "aquele sublime *Ossian*" e "seu profundo desprezo pelo exibicionismo, pelo luxo, pela ostentação, por essas ambições desprezíveis das almas comuns" que eram realmente impressionantes, na verdade alarmantes: "Ah! Longe de temer aquilo que alguns chamariam de sua ambição, eu sinto que um dia nós teremos que implorar a ele que desista do conforto de um retiro dedicado aos estudos". As incontáveis virtudes cívicas do general eram quase um fardo para ele: "Toda a França será livre: talvez ele nunca venha a ser, esse é seu destino".9

Quando o ministro havia terminado, a vítima do destino apresentou a cópia ratificada do tratado de paz aos diretores, e depois se dirigiu à assembleia "com uma espécie de fingida indiferença, como se estivesse tentando insinuar que não sentia grandes amores pelo regime ao qual servia", segundo as palavras de um observador. De acordo com outro, ele falou "como um homem que sabe de seu valor".10

Em umas poucas frases entrecortadas, pronunciadas com um sotaque estrangeiro atroz, atribuiu suas vitórias à nação francesa, que por meio da Revolução havia abolido dezoito séculos de intolerância e tirania, estabelecido um governo representativo e despertado as duas outras nações da Europa, os alemães e os italianos, permitindo que eles aderissem ao "espírito da liberdade". Concluiu, de maneira um tanto brusca, que a Europa inteira estaria livre e em paz "quando a felicidade do povo francês estiver baseada nas melhores leis orgânicas".11

A resposta do Diretório a essa afirmação dúbia foi dada pelo seu presidente, Paul François Barras, um homem de 42 anos saído da pequena nobreza da Provença com uma bela figura e aquilo que um contemporâneo descreveu como a arrogância de um mestre da esgrima. Começou com a glorificação usual cheia de floreios à "sublime Revolução da nação francesa" antes de passar para um elogio diáfano do "pacificador do continente", que comparou a Sócrates e que exaltou como libertador dos povos da Itália. O general Bonaparte havia rivalizado com César, mas, ao contrário de outros generais vitoriosos, ele era um homem de paz: "Assim que ouviu falar de uma proposta de paz, você fez parar o seu triunfante progresso, baixou a espada com que a pátria havia armado seu braço e preferiu aceitar o ramo de oliveira da paz!".

Bonaparte era a prova viva de que "é possível desistir de ir atrás da vitória sem abrir mão da grandeza".[12]

O discurso passou para uma diatribe contra aqueles "vis cartagineses" (os britânicos) que eram o último obstáculo ainda de pé contra uma paz generalizada que a nova Roma (a França) lutava para dar ao continente. Barras concluiu exortando o general, "o libertador a quem a humanidade indignada apela em seus lamentos" para que liderasse um exército na travessia do Canal, cujas águas sentiriam orgulho de carregá-lo, assim como a seus homens: "Assim que o estandarte tricolor for desfraldado em suas praias ensanguentadas, um grito unânime de bênção saudará sua presença; e, vendo a aurora da felicidade que se aproxima, aquela generosa nação vai saudar a vocês como libertadores que vêm não para lutar e escravizar, e sim para pôr fim a seus sofrimentos".[13]

Barras então deu um passo à frente com os braços estendidos e em nome da nação francesa abraçou o general "num enlace fraterno". Os demais diretores fizeram o mesmo, seguidos pelos ministros e outros dignitários, depois do que o general teve permissão para descer do altar da pátria e tomar seu assento. O coro entoou um hino à paz escrito para a ocasião pelo bardo revolucionário Marie-Josephg Chénier, musicado por Étienne Méhul.

O ministro da Guerra, general Barthélémy Scherer, um veterano de várias campanhas que à época tinha 49 anos, apresentou então ao Diretório dois dos assistentes de Bonaparte que traziam um imenso estandarte branco em que os triunfos do Exército da Itália estavam bordados com fio de ouro. Entre eles estavam: a captura de 150 mil prisioneiros, 170 estandartes e mais de mil peças de artilharia, assim como cerca de cinquenta embarcações; a conclusão de diversos armistícios e tratados com vários estados italianos; a libertação dos povos da maior parte da Itália; e a aquisição para a França de obras-primas de Michelângelo, Guercino, Ticiano, Veronese, Correggio, Caracci, Rafael, Leonardo e de outros artistas. Scherer elogiou os soldados do Exército da Itália e particularmente seu comandante, que havia "combinado a audácia de Aquiles e a sabedoria de Nestor".[14]

As armas soaram no momento em que Barras recebia o estandarte das mãos dos dois oficiais, e, em outro discurso interminável, ele voltou a seu tema antibritânico. "Que o palácio de St. James vá à ruína! É o que a pátria exige, o que a humanidade pede, o que a vingança determina." Tendo os dois guerreiros recebido o "enlace fraterno" dos diretores e ministros, a cerimônia se encerrou com uma interpretação do vibrante hino de guerra revolucionário "Le Chant du Départ", depois do que os diretores saíram assim como haviam entrado, e Bonaparte foi embora, aplaudido por uma multidão que estava reunida do lado de fora, imensamente aliviado por tudo ter terminado.[15]

Apesar da aparente indiferença, ele esteve pisando em ovos o tempo todo. O Diretório não tinha visto a paz com bons olhos. A guerra pagava o soldo do Exército e melhorava as finanças, e as vitórias serviam como contraponto para as críticas aos problemas domésticos. Mais importante, a guerra mantinha o Exército ocupado e os generais ambiciosos longe de Paris. Essa paz tinha sido pactuada por Bonaparte, em absoluto desprezo pelas instruções do Diretório, e não era segredo que os diretores ficaram furiosos ao receber o esboço do tratado. Poucos dias antes de recebê-lo, haviam nomeado Bonaparte como comandante do Exército da Inglaterra, não por acreditarem na possibilidade de uma invasão bem-sucedida, mas para mantê-lo longe de Paris e comprometido com uma tarefa que certamente iria minar sua reputação. A principal preocupação deles agora era tirar Bonaparte de Paris, onde ele era um foco natural para os inimigos deles.[16]

O evento do dia tinha sido uma exibição cheia de carga política em que, nas palavras do secretário de Bonaparte: "Todos interpretaram da melhor maneira que puderam essa cena extraída de uma comédia sentimental". Mas era uma cena perigosa; de acordo com um observador bem informado: "Foi uma daquelas ocasiões em que uma palavra imprudente, um gesto deslocado podem decidir o futuro de um grande homem". Como ressaltou Sandoz-Rollin, Paris podia facilmente ter se transformado no túmulo do general.[17]

O herói do dia sabia muito bem disso. A cerimônia foi seguida de um show de luzes "digno da majestade do povo" e de um banquete em homenagem a Bonaparte oferecido pelo ministro do Interior, ao longo do qual foram feitos nada menos que doze brindes, cada um deles seguido por uma salva de três tiros e de uma explosão de canto da parte do coro do Conservatório. Protegido de perto por seus assistentes, o general não tocou num só bocado de comida nem bebeu nada, por medo de envenenamento.[18]

Não eram só os membros do Diretório que lhe queriam mal. Os monarquistas que desejavam um retorno do reinado dos Bourbon odiavam-no por ser um implacável defensor da República. Os revolucionários extremistas, os jacobinos que haviam sido derrubados do poder, temiam que ele pudesse estar conspirando pela volta da monarquia. Denunciaram o tratado assinado por ele como sendo "uma abominável traição" dos valores da República e se referiam a ele como um "pequeno César" prestes a dar um golpe e se apossar do poder.[19]

Essas ideias não passavam longe da mente do general. Mas ele escondia pensamentos desse gênero enquanto avaliava as possibilidades, desempenhando à perfeição o papel de um Cincinato moderno. Ele recusou a oferta do Diretório de colocar uma guarda de honra do lado de fora de sua porta, evitou eventos públicos e manteve certa discrição, usando roupas civis ao sair. "O comportamento dele continua a incomodar todos os cálculos extravagantes e a adulação pérfida de certas pessoas", relatou o *Journal des hommes libres*, que aprovava os modos do general. Sandoz-Rollin garantiu a seus mestres em Berlim que não havia nada que pudesse levar alguém a suspeitar que Bonaparte pretendesse tomar o poder. "A saúde desse general é frágil, seu peito está em péssimas condições", escreveu, "o gosto dele por literatura e filosofia e sua necessidade de descansar, assim como de silenciar os invejosos, irá levá-lo a viver uma vida tranquila entre amigos..."[20]

Um homem não se deixou enganar. Apesar de todo seu cinismo, Talleyrand estava impressionado e percebeu estar diante de alguém poderoso. "Que homem esse Bonaparte!", havia escrito a um amigo poucas semanas antes. "Ainda não completou seu vigésimo oitavo ano e está coroado de todas as glórias. Tanto as da guerra quanto as da paz, as da moderação, as da generosidade. Ele tem tudo."[21]

2
Sonhos insulares

O homem que tinha tudo nasceu numa família pouco relevante em um dos lugares mais pobres da Europa, a ilha de Córsega. Era também um dos lugares mais idiossincráticos, jamais tendo sido uma unidade política independente e ao mesmo tempo nunca tendo sido exatamente uma província ou colônia de outro Estado. A Córsega sempre foi um mundo à parte.

No final da Idade Média, a República de Gênova estabeleceu bases nos portos de Bastia na costa nordeste e Ajácio no sudoeste para proteger e tornar exclusivas suas rotas marítimas. Esses lugares foram guarnecidos com militares, na maior parte nobres empobrecidos do território continental da Itália e que gradualmente estenderam seu domínio para o interior da ilha. Mas o interior montanhoso tinha pouco interesse econômico, e, embora entrassem nele para debelar rebeliões e cobrar impostos, os genoveses chegaram à conclusão que era impossível controlar seus habitantes selvagens e em grande medida deixaram a região de lado, não se importando nem mesmo em mapeá-la.

As populações nativas preservaram seus costumes tradicionais, a subsistir com uma dieta de castanhas (que servem de base até mesmo para o pão local), queijo, cebolas, frutas e ocasionalmente carne de cabra ou porco, acompanhada por vinho local. Eles se vestiam com tecidos caseiros simples marrons e falavam seu próprio dialeto italiano. Viviam em constante conflito com os habitantes das cidades portuárias em função de questões como direitos de pastagem. Moradores da costa se consideravam superiores e se casavam entre si ou com gente do continente, embora com o tempo não tivessem como evitar ser absorvidos pelo interior e seus costumes.

Era uma sociedade pré-feudal. A maioria possuía pelo menos um pedaço de terra, e, embora umas poucas famílias aspirassem à nobreza, as diferenças de riqueza não eram grandes. Mesmo as famílias mais pobres tinham um senso de orgulho, de sua dignidade e do valor de seu "lar". Também era fundamentalmente uma sociedade pagã, com o cristianismo tendo se difundido como uma camada fina, ainda que tenaz, sobre um caldeirão de antigos mitos e atavismos. Uma profunda crença no destino superava a visão cristã da salvação.

Como era difícil encontrar moeda circulante, a maior parte das necessidades da vida era obtida por meio de escambo. O resultado era uma complexa teia de favores concedidos e esperados, de direitos estabelecidos ou reivindicados, acordos, muitas vezes tácitos, e uma pletora de disputas judiciais. Qualquer movimento violento podia provocar uma *vendetta* da qual era quase impossível escapar, já que nada podia ser mantido em sigilo por muito tempo num espaço tão restrito. A escassez de terras significava que a propriedade era dividida e subdividida, negociada e cheia de cláusulas complicadas que regulavam os direitos de reversão. A propriedade também era o principal motivo para o casamento. E também foi assim no caso do pai do general Bonaparte, Carlo Maria Buonaparte.

Quando seu filho chegou ao poder, genealogistas, sicofantas e caçadores de fortunas começaram a traçar sua ascendência e apresentaram diversos pedigrees, que o ligavam a imperadores romanos, reis guelfos e até mesmo ao Homem da Máscara de Ferro. O único fato incontestável relativo a seus ancestrais é que ele descendia de um certo Gabriele Buonaparte, que, no século XVI, era o proprietário da mais imponente mansão de Ajácio, composta de dois quartos e uma cozinha sobre uma loja e um depósito, e um pequeno jardim com uma amoreira.

De onde Gabriele veio ainda permanece como algo incerto. A filiação mais provável é a que o liga à pequena nobreza de uma cidadezinha chamada Sarzana na fronteira entre a Toscana e a Ligúria, que teve entre seus membros gente que trabalhou para os genoveses e que foi enviada à Córsega. Exames de DNA recentes mostraram que os Buonaparte da Córsega pertenciam ao grupo populacional E, que é encontrado principalmente no Norte da África, na Sicília e particularmente no Levante. Isso não elimina a possibilidade de uma conexão com a Ligúria, já que pessoas dessas regiões foram parar ao longo das eras no litoral da Itália e da Córsega.[1]

Geronimo, filho de Gabriel, se notabilizou o suficiente para ser enviado como deputado de Ajácio a Gênova em 1572, e adquiriu, por casamento, uma casa na rua principal de Ajácio e um arrendamento de terras baixas perto da cidade conhecida como Salines. Seus descendentes também fizeram bons casamentos, dentro do círculo de notáveis de Ajácio, mas a necessidade de oferecer dotes para as filhas dividiu a propriedade da família, e Sebastiano Buonaparte, nascido em 1683, teve suas opções reduzidas ao se casar com uma garota de uma vila do planalto chamada Bocognano, aparentemente em nome dos dois pequenos pedaços de terra e das noventa ovelhas que ela trouxe como dote. Ela lhe deu cinco filhos: uma menina, Paola Maria, e quatro meninos: Giuseppe Maria, Napoleone, Sebastiano e Luciano.

A casa da família havia sido dividida pelos dotes, e os sete moravam apinhados nos quarenta metros quadrados que ainda lhes pertenciam. O prédio estava em tão mau estado de conservação que uma comissão militar de aquartelamento o classificou como impróprio, a não ser para as patentes mais baixas. Assim, embora a família ainda fosse considerada parte dos *anziani*, os anciões ou notáveis de Ajácio, o estilo de vida estava longe de ser nobre. Uma pequena propriedade fornecia vegetais e o vinho das parreiras provia o suficiente para a própria família e mais um tanto para vender ou trocar por óleo e farinha, ao passo que os rebanhos produziam carne para consumo ocasional pela própria família e uma pequena renda.

Luciano era o filho mais inteligente e entrou para o sacerdócio. Comprou a parte de outros parentes na casa e instalou uma escada interna no imóvel. Seu sobrinho, Carlo Maria, filho de Giuseppe, nascido em 1746, também começou a reconstruir a fortuna da família, e foram suas ambições sociais que teriam um profundo efeito na história europeia.[2]

A história havia começado a se interessar pela Córsega. A ineficiência corrupta do domínio genovês dera início a uma rebelião em 1729. Ela foi debelada por tropas, mas continuou fermentando no interior. Em 1735, três "generais da nação corsa" convocaram uma assembleia, a *consulta*, na cidade de Corte, no planalto, e proclamaram a independência, atraindo a simpatia de muitas nações europeias. Um dos temas dominantes na literatura do Iluminismo é o do bom selvagem, e a Córsega parecia se encaixar no ideal de uma sociedade que não teria sido estragada pela supostamente corrupta cultura cristã europeia. Em 1736 um barão alemão, Theodor von Neuhoff, chegou à Córsega com armas e ajuda para os rebeldes. Ele se proclamou rei dos corsos e começou a desenvolver a ilha de acordo com os ideais da época. Gênova pediu apoio militar à França, os rebeldes foram obrigados a fugir, e Theodor foi para Londres, onde morreu, tendo declarado falência, em 1756. A visão que teve não morreria com ele.[3]

Em 1755, Pasquale Paoli, filho de um dos três "generais da nação corsa", voltou do exílio em Nápoles e proclamou a República corsa. Nascido em 1725, Paoli tinha onze anos quando Theodor lhe expôs a visão que tinha para a ilha, e aquilo se tornou uma obsessão para ele durante todo o período de exílio. Autodenominado general da nação, ao longo dos trinta anos seguintes trabalhou na construção de um Estado moderno ideal com uma Constituição, instituições e uma universidade. Seu carisma garantia que tivesse o amor da maioria dos corsos, que trabalhavam por ele com devoção. Ganhou a admiração dos iluministas europeus, tendo Voltaire e Rousseau à frente. O viajante britânico James Boswell o visitou em 1765 e escreveu suas experiências num livro que se transformou num best-seller, o que aumentou ainda mais a sua reputação.[4]

Enquanto Paoli governava a nação corsa da liliputiana Corte no coração da ilha, as cidades litorâneas permaneceram nas mãos dos genoveses, que por duas vezes pediram apoio militar francês para manter o controle da ilha. Os franceses de início se restringiram a proteger as cidades portuárias e seu entorno, mas era improvável que a França fosse admitir a existência de uma república utópica às portas de casa por muito tempo, e corsos sábios mantiveram um pé em cada canoa.

Em 2 de junho de 1764, um ano depois da morte de seu pai, Carlo Buonaparte, de dezoito anos, casou-se com Letizia Ramolino, que tinha apenas quinze anos. Segundo todos os relatos, tratava-se de uma beldade, mas esse não foi o motivo para o casamento, que foi arranjado por Luciano, tio de Carlo. A família Ramolino, descendente de um nobre lombardo que chegara à Córsega séculos antes, tinha uma posição social mais alta do que a dos Buonaparte. Eles também possuíam melhores conexões sociais e eram mais ricos. O dote de Letizia, que consistia em uma casa em Ajácio e alguns cômodos em outra casa, uma vinha e mais ou menos doze hectares de terra, melhorou a posição de Carlo. O casamento não ocorreu na igreja, uma vez que a essência de toda união conjugal corsa era a propriedade, o principal elemento era o contrato, e o costume ditava que se assinasse o documento na casa de uma das partes, depois do que os recém-casados poderiam ou não ter seu casamento abençoado por um padre.[5]

Pouco depois do casamento, o casal se mudou para Corte, onde o tio de Carlo, Napoleone, já tinha se unido a Pasquale Paoli. O casal teve primeiro um filho natimorto e depois uma menina, nascida em 1767, que morreu pequena. Em 7 de janeiro de 1768, tiveram um filho, batizado Joseph Nabullion. Carlo entrou para a universidade e publicou mais tarde uma dissertação sobre direitos naturais que revela uma familiaridade com o pensamento político de seu tempo.[6]

Paoli morava em uma estrutura sólida feita da mesma pedra cinza-escuro usada em todas as outras casas e pavimentação das ruas de Corte. Importou móveis e tecidos da Itália para criar dentro desse edifício sombrio alguns poucos cômodos em que seria possível a um chefe de governo receber alguém. De boa aparência e amistoso, o jovem Carlo rapidamente conquistou sua amizade. Letizia, pelos padrões de Corte, era uma dama sofisticada e bem-vestida, e sua beleza e personalidade forte significavam que, ao lado de sua irmã Geltruda Paravicini, ela era uma integrante bem-vinda do séquito de Paoli.

Paoli admitiu para Boswell que depositava grande confiança na Providência. Juntamente com os elogios que chegavam de várias partes da Europa, isto o colocou num estado de complacência. Acreditava que os britânicos, que tinham se interessado anteriormente em apoiar a causa corsa e que estavam agora fascinados com *Um relato sobre a Córsega* de Boswell, viriam em seu auxílio caso ele fosse ameaçado. Pelo mesmo motivo, a França não podia admitir a possibilidade que uma ilha estrategicamente importante caísse nas mãos de uma potência hostil. Ainda sofrendo com a perda de territórios para a Grã-Bretanha durante a recém-encerrada Guerra dos Sete anos, o orgulho ferido francês iria se beneficiar do bálsamo de um ganho colonial. Gênova tinha desistido da Córsega e devia muito dinheiro à França. Pelo Tratado de Versalhes de maio de 1768, Gênova cedeu a ilha à França, até que se resolvesse o pagamento da dívida. Tropas francesas saíram de suas bases na costa para impor a autoridade do rei Luís XV.[7]

Paoli conclamou o povo às armas, mas era uma causa perdida, ainda que os homens do planalto tenham resistido duramente, causando baixas pesadas no exército francês. Carlo estava do lado de Paoli durante a batalha decisiva em Ponte-Novo, em 8 de maio de 1769, mas não tomou parte no combate; Paoli se manteve a cerca de três quilômetros de distância enquanto seus homens eram derrotados por forças francesas de poder superior sob o comando do conde de Vaux. Paoli fugiu pelas montanhas para Porto Vecchio, de onde duas fragatas britânicas o levaram com um punhado de apoiadores para o exílio na Inglaterra.[8]

Carlo Buonaparte não estava entre eles. Segundo a lenda familiar, Paoli insistiu que ele ficasse para trás na Córsega, mas o mais provável é que Carlo tenha tomado a decisão por conta própria. A ilha tinha sido sujeitada a uma sucessão de regimes ao longo dos séculos, e para seus habitantes a família vinha muito antes da lealdade a qualquer causa. Embora Carlo e seu tio Napoleone tivessem servido a Paoli, seu outro tio Luciano tinha permanecido em Ajácio sob domínio francês, onde jurou fidelidade ao rei da França, como fez a maioria dos notáveis das cidades costeiras. Sem se deixar perturbar pela causa da independência, Letizia estava escrevendo para seu avô Giuseppe Maria Pietrasanta, na Bastia dominada pelos franceses, pedindo que ele enviasse carregamentos de seda de Lyon e vestidos novos adequados para uma mulher da nobreza.⁹

"Fui um bom patriota e um paolista em meu coração enquanto durou o governo", Carlo escreveu. "Esse governo, porém, deixou de existir. Nós nos tornamos franceses. *Eviva il Re e suo governo.*" Tendo se submetido a Vaux, voltou para Ajácio. No caminho para casa, passando pelas montanhas, Carlo quase perdeu a esposa e o filho que ela carregava no ventre quando sua mula tropeçou na torrente do rio Liamone.¹⁰

A criança nasceu na noite de 15 de agosto de 1769, e seu nome foi escolhido em homenagem ao tio-avô Napoleone, que morrera dois anos antes. O nome não figurava no calendário litúrgico como pertencendo a um santo, mas não era incomum em Gênova e na Córsega, onde às vezes era grafado como Nabullione ou até mesmo como Lapullione, e tinha sido dado a vários membros da família no passado. O menino só seria batizado em julho, quando seu pai já havia conseguido se recolocar com considerável habilidade.¹¹

Como a carreira legal era a chave para obter um posto no governo em qualquer regime, Carlo partiu para Pisa a fim de obter as qualificações necessárias. "Ninguém poderá ter ideia da facilidade com que se concede o título de doutor aqui", escreveu um viajante francês da época sobre a universidade de Pisa. "Todos na localidade têm tal título, incluindo os donos de pousadas e os responsáveis pelos correios." Carlo apresentou uma tese escrita às pressas com a qual obteve um doutorado, e em seis semanas estava de volta a Ajácio, onde não lhe faltou trabalho.¹²

Com uma população de 3.907 pessoas, segundo o censo francês de 1770, Ajácio era a segunda maior cidade da Córsega, porém tratava-se basicamente de uma vila tediosa e fétida. Quando ali em visita mais de meio século depois,

Balzac ficou espantado com a "incrível indolência" que permeava o local, com os homens nativos vagando e fumando o dia inteiro. Ajácio consistia de uma minúscula cidadela no promontório defendendo o porto, e por trás dela uma cidade murada de não mais de 250 metros em qualquer direção, agrupada em torno de três ruas que irradiavam a partir de um centro e que eram cruzadas por outras três ruas menores, com um belo passeio público e uma praça chamada Olmo, em homenagem a uma grande árvore que crescia ali. Dentro dos muros havia uma catedral cujo telhado caiu em 1771 e ficou sem reparos por vinte anos; era impossível usar a igreja no verão devido ao fedor que emanava dos cadáveres enterrados sob o piso. Também havia um colégio jesuíta e uma residência oficial do governador, escondida em meio a uma variedade de casas feias alinhadas ao longo de ruas estreitas ladeadas por pequenas lojas cujas mercadorias transbordavam para a via pública. O cheiro de peixe que vinha do porto se misturava com o dos couros colocados para curtir pelos açougueiros que cortavam carcaças de animais na rua e com o fedor do fosso da cidadela. Do lado de fora dos muros havia um convento, um hospital, uma instalação militar e um seminário, e, ao longo da estrada que levava para a cidade vinda do norte, um aglomerado de casas conhecidas como Borgo, onde moravam os habitantes mais pobres.[13]

A cidade era dominada por famílias como os Ponte, os Pozzo di Borgo, Bacciochi e os Peraldi, e por uma oligarquia de notários, advogados e clérigos com conexões "nobres" como os Buonaparte. Essa sociedade era complementada pelos magistrados, pelo juiz, pelas autoridades e outros funcionários públicos do governo francês. As casas do lado de dentro dos muros eram em geral divididas entre múltiplos proprietários, como a dos Buonaparte, e, como todos os seus habitantes eram aparentados entre si por sangue ou casamento, a área como um todo era um aglomerado familiar conectado por um emaranhado de laços. Os advogados de Ajácio, entre os quais Carlo, prosperavam com as rixas derivadas das disputas pelo espaço restrito e pela escassez de recursos. O próprio Carlo esteve envolvido por anos numa disputa legal relacionada a um equipamento usado na fabricação de vinho e uns poucos barris com vazamentos. Em um caso, trabalhou para um cliente que disputava um lenço. Havia muito trabalho, mas a remuneração não era suficiente nem compatível com as ambições de Carlo. Com base em seu doutorado, em 1771, obteve um posto de pouca relevância no tribunal de Ajácio, mas seus objetivos eram maiores.[14]

Ele não havia perdido tempo em tentar cair nas graças do governante militar designado pela França para a parte sudoeste da ilha, o conde de Narbonne. Ao ser ludibriado, ofereceu seus serviços para o superior de Narbonne em Bastia. Charles Louis, conde de Marbeuf, precisava de um grupo de apoiadores entre os notáveis de Ajácio, e os Buonaparte estavam na situação ideal para oferecer esse apoio. A colaboração entre eles foi tão boa que Carlo se sentiu com coragem para convidar Marbeuf para batizar seu filho Napoleone, em 21 de julho de 1771, o que foi aceito. Marbeuf não pôde ir ao evento, por isso mandou um aristocrata genovês, Lorenzo Giubega, mais tarde tenente real em Ajácio, para representá-lo. Marbeuf acabou indo a Ajácio menos de um mês depois para as festividades da Assunção e para o segundo aniversário do pequeno Napoleão, em 15 de agosto. Ficou tão impressionado com a beleza da mãe da criança que insistiu que ela segurasse seu braço na *passegiata* da tarde pelo Olmo, e, depois de levá-la para casa, ficou por lá até uma da manhã. As ambições de Carlo alçaram voo.[15]

A França tinha interesse na Córsega tanto por sua importância estratégica quanto por seu potencial econômico. A ilha recebeu status de província semiautônoma do reino, e as autoridades francesas trataram de organizá-la. Uma pesquisa revelou ao governo francês o caráter idiossincrático da sociedade corsa, com sua ampla base de proprietários rurais e sua infinidade de leis e obrigações relativas a caça, coleta e pesca. Esses fatores dificultariam a racionalização, ao passo que o igualitarismo que tanto encantou Boswell e Rousseau impedia não apenas o progresso como também o estabelecimento de uma hierarquia necessária para um controle político bem-sucedido. Uma das primeiras ações do novo regime francês foi corrigir isso reconhecendo como nobres a maioria das famílias mais destacadas. Em grande medida graças à utilidade de Carlo e aos encantos de sua esposa, os Buonaparte foram incluídos. "Ajácio está tomada de espanto e cheia de inveja com a notícia", Carlo escreveu ao avô de sua esposa.[16]

A relação com Marbeuf era inestimável. Em 1772, Carlo foi eleito para representar Ajácio na recém-estabelecida Assembleia dos Estados Corsos somente porque Marbeuf interveio para anular a eleição de seu bem-sucedido rival. A intercessão direta do governador também ajudou a resolver uma longa batalha jurídica entre os Buonaparte e seus primos Ornano relativa a um dote que incluía uma parte significativa da casa em que eles moravam. Por meio de uma série de aquisições, escambos e processos jurídicos, Carlo estenderia suas propriedades ao longo dos anos, tendo como pano de fundo uma série de batalhas entre os vários membros da família que envolvia o uso da escadaria e de outras áreas onde havia conflito de interesses. Esses conflitos ocasionalmente davam origem a episódios de violência, e inevitavelmente terminavam nos tribunais, onde o fato conhecido de que Carlo recebia o apoio de Marbeuf tinha seu peso.[17]

A crescente fortuna de Carlo e o interesse do governador por Letizia deram origem a inveja e fofocas. Marbeuf, viúvo, de fato tinha uma amante oficial em Bastia, uma certa madame Varese, mas, independentemente de quais encantos possuísse, aos cinquenta anos ela já passara de seu auge, ao passo que Letizia ainda era jovem. É difícil ver outra razão que não a amorosa para que ele passasse tempo com uma mulher sem instrução e quarenta anos mais jovem, e ele dava todos os sinais de estar apaixonado por ela. Não há provas de que a relação tivesse caráter sexual, mas em geral acredita-se que sim, e que o filho que ela teve a seguir, Louis, nascido em 1778, fosse dele.[18]

Letizia teve ao todo treze filhos, dos quais três morreram cedo e dois no parto. O primeiro a sobreviver foi Joseph, nascido em 1768, o próximo foi Napoleone, nascido em 1769. Como a mãe não teve condições de amamentá-lo, ele teve uma ama de leite, Camila Carbon Ilari, que passou a gostar dele a ponto de negligenciar o próprio filho. Napoleone e seu irmão mais velho, batizado Joseph mas conhecido como Giuseppe, também eram mimados pelo pai e pela avó Saveria Paravicini, conhecida na família como Minanna. Mas Letizia os mantinha sob controle estrito. Forte, corajosa e de personalidade, Letizia era dotada de bom senso. Ao contrário do resto da família, era religiosa e raramente saía sem ser para ir à igreja. Ela também disciplinava as crianças com rigor, aplicando tapas em todos os filhos, e certa vez deu uma surra em Napoleone que ele lembraria até o fim da vida. Ela exerceu forte influência sobre o filho, e mais tarde ele diria que devia tudo a sua mãe.[19]

Não há provas de que Napoleão tenha frequentado a escola algum dia, embora, de acordo com sua mãe, ele tenha tido aulas numa escola para meninas. Provavelmente aprendeu a ler em casa, sendo ensinado por um padre local, o abade Recco – presumivelmente em latim, e não no dialeto local que todos falavam. Seu tio-avô Luciano, o chefe da família de fato, deve ter encontrado outros professores, já que Napoleone desde cedo demonstrou interesse quase obsessivo pela matemática.[20]

Aparentemente a infância dele foi feliz, passada em grande parte na rua brincando com vários primos, enquanto os verões eram aproveitados nas colinas em Boccognano. A família cresceu com o nascimento de um menino, Luciano, em 1775, e de uma menina, a quarta a ser batizada como Maria-Anna e a primeira a sobreviver, em 1777. Embora a maior parte das anedotas coletadas por seus primeiros biógrafos possa ser desprezada como fatos "lembrados" sob influência da trajetória posterior do menino, há algo que pode ser preservado. Sua mãe lembrava admirada que de todos seus filhos, Napoleone foi "o mais intrépido". De fato, ele parece ter sido agressivo e irascível, o que o levava a brigas frequentes com o irmão mais velho.[21]

Havia violência em todo o entorno do menino, já que grande parte da população mantinha seu modo de vida desregrado, e, para reprimir a resistência que ainda restava e o banditismo inerente, os franceses aplicavam medidas duríssimas. Colunas volantes esquadrinhavam o interior queimando casas e plantações e massacrando os rebanhos daqueles que eram suspeitos de rebeldia, torturando-os na roda e pendurando os cadáveres em estradas públicas para servir de advertência. O menino de cinco anos não teria como não vê-los.

Independentemente de seus sentimentos, Carlo havia vinculado o destino da família ao regime francês e a seu representante na Córsega. A fama de corno era um preço pequeno a pagar pelos benefícios trazidos pela proximidade de Marbeuf, que ele usou como degrau em cada passo de sua caminhada. Enquanto Luciano economizava cada centavo e literalmente dormia em cima de seus sacos de dinheiro, Carlo gastava prodigamente, vestindo-se bem para manter as aparências quando comparecia à Assembleia em Bastia ou a outras missões oficiais. Tendo conquistado reconhecimento de seu status de nobre corso, estava determinado a se elevar ao grau de nobre francês, já que somente isso abria portas para carreiras no reino. Estava decidido que seu filho mais velho, Joseph, seguiria carreira na Igreja e que Napoleone iria para o Exército. O sobrinho de Marbeuf era o bispo de Autun, no Leste da França, e Joseph facilmente conseguiu uma vaga no seminário da cidade, com o cargo de subdiácono e um salário.

Conseguir uma colocação para Napoleone seria mais difícil. Em 1776, Carlo fez uma inscrição para tentar uma vaga numa das academias militares reais, porém o menino precisaria de uma bolsa real para pagar por seus estudos. Essas bolsas eram concedidas a filhos de oficiais e a nobres indigentes, e portanto Carlo teve de comprovar suas credenciais de nobre e apresentar provas de que não possuía recursos. O reconhecimento da nobreza que ele havia conquistado em 1771 se baseava em provas que remontavam a apenas dois séculos, o que não era suficiente. Em 1777, Carlo foi escolhido como um dos deputados que representaria a nobreza da Córsega na corte de Luís XVI, porém ele só seria apresentado ao rei caso pudesse obter provas de uma linhagem mais antiga.

Quando foi a Pisa para conseguir seu doutorado, Carlo ganhou do arcebispo da cidade um documento atestando que seu nascimento lhe garantia o status de "nobre aristocrata da Toscana". Ele então retornou à Toscana e encontrou um cônego chamado Filipo Buonaparte, que lhe entregou documentos que supostamente o relacionavam à sua própria família, o que poderia fazer com que seu status de nobreza remontasse ao século XIV. Munido com esses papéis, Carlo esperava conseguir reconhecimento na França, e com isso o direito a uma bolsa para Napoleone.[22]

Em 12 de dezembro de 1778, Carlo deixou Ajácio, acompanhado por Letizia e pelos filhos Joseph e Napoleone. No grupo havia ainda dois outros rapazes. Um era o meio-irmão de Letizia, Giuseppe Fesch. Quando o pai de Letizia morreu, pouco depois de seu nascimento, a mãe dela voltou a se casar com um oficial naval suíço a serviço do governo de Gênova e teve um filho. Giuseppe Fesch tinha recebido uma bolsa para estudar para o sacerdócio num seminário em Aix-en-Provence. O outro rapaz era o abade Varese, um primo de Letizia que, como Joseph, havia recebido o posto de subdiácono na catedral de Autun. Eles viajaram de carroça e de mula passando por Bocognano e Corte, onde uma carruagem enviada por Marbeuf esperava para conduzir Letizia de maneira mais confortável pelo restante da viagem até Bastia. Dali, Carlo e os quatro meninos navegaram até Marselha, enquanto Letizia foi para a residência de Marbeuf.[23]

Chegaram a Autun em 30 de dezembro, tendo deixado Fesch em Aix no caminho. Em 1º de janeiro de 1779, Joseph e Napoleone entraram no colégio de Autun, o primeiro para se preparar para o sacerdócio, o segundo para aprender francês. Ele passaria três meses e vinte dias no colégio, cujos trinta internos recebiam lições de padres da Congregação do Oratório. Durante aquele tempo aprenderia francês bem o suficiente para manter uma conversa e escrever uma redação simples, mas ele jamais, nem então nem mais tarde, aprendeu bem o idioma, e sua gramática e o uso vocabular continuaram ruins. Sua caligrafia nunca se desenvolveu além de garranchos feios.[24]

Carlo seguiu viagem para Paris, onde soube que Napoleone tinha sido considerado apto a receber uma bolsa, desde que se submetesse às provas de nobreza necessárias. Ele ofereceu as tais provas, antes de se unir aos demais deputados corsos para ser apresentado ao rei em Versalhes. Em 9 de março, os três corsos foram admitidos à presença real, fizeram uma profunda reverência e entregaram sua petição ao monarca, que a entregou a um ministro e graciosamente observou-os saírem dali, andando de costas e fazendo repetidas reverências. Eles foram apresentados à rainha, ao delfim e a diversos dignitários, sendo depois levados para passear em torno do parque em uma carruagem e para remar para lá e para cá pelo grande canal antes de receberem permissão para ir embora.[25]

Em 28 de março, o ministro da Guerra, príncipe de Montbarrey, informou oficialmente a Carlo que seu filho havia sido admitido com uma bolsa real na academia militar de Brienne. Como não podia deixar Versalhes, Carlo pediu ao pai de outro garoto que seria transferido de Autun para Brienne que levasse Napoleone para lá. Em 21 de abril, depois de se despedir emocionado de Joseph, Napoleone, aos nove anos, foi iniciar sua carreira militar.[26]

3
Soldado menino

Napoleone chegou à academia militar de Brienne em 15 de maio de 1779, três meses antes de completar dez anos. O kit regulamentar que cada menino levava consigo era composto de: três conjuntos de lençóis; um conjunto de talheres e um cálice de prata, gravado com o brasão da família ou com suas iniciais; doze guardanapos; um casaco azul com botões metálicos brancos com o brasão da academia; dois calções pretos de sarja; doze camisas, doze lenços, doze colarinhos brancos, seis bonés de algodão, dois pijamas, uma bolsa com pó para cabelo e um laço para prender o cabelo. O pó e o laço seriam redundantes pelos três primeiros anos, já que até os doze os meninos usavam os cabelos curtos.[1]

A academia ocupava um conjunto deselegante de prédios da pequena cidade de quatrocentos habitantes, dominada pelo château da família Loménie de Brienne (a quem Marbeuf tinha recomendado o menino). A academia tinha cerca de 110 alunos, dos quais perto de cinquenta eram beneficiários de bolsas reais como Napoleone. Era uma instituição austera, administrada por frades da Ordem dos Mínimos, fundada no século XV por são Francisco de Paula na Calábria e dedicada à abstenção e à frugalidade, o que fazia com que a atmosfera fosse espartana. Os meninos iam à missa toda manhã e a disciplina era rigorosa, embora não houvesse castigos corporais. À noite eles eram trancados em celas mobiliadas com colchões de palha, cobertor, jarro e bacia. Para ensiná-los a se virar sem lacaios, precisavam cuidar de si e de seu kit. Não havia feriados, e eles só tinham permissão de ir para casa em circunstâncias excepcionais.[2]

Depois das derrotas na Guerra dos Sete Anos, que se imaginava em parte devidas ao diletantismo dos oficiais, o pensamento militar francês se ocupou de meios de produzir uma classe de oficiais acostumada a privações e inspirada por um sentimento de dever. Instituições como a de Brienne não tinham como objetivo fornecer treinamento militar: o currículo, ensinado por frades e suplementado por professores leigos, incluía o estudo de Suetônio, Tácito, Quintiliano, Cícero, Horácio e Virgílio e, o mais importante, Plutarco, cujo relato das vidas dos heróis da Antiguidade deveria oferecer exemplos aos soldados. As obras de Corneille, Racine, Boileau, Bossuet, Fénelon e outros clássicos franceses deveriam despertar neles os instintos do cavalheirismo, da honra, do dever e do sacrifício, além de ensinar elocução e retórica. O currículo também incluía alemão, história, geografia, matemática, física, desenho, dança, esgrima e música.³

O novo ambiente era um desafio para o jovem Napoleone em muitos níveis. Sabe-se que era um menino franzino e de constituição frágil. A cor de sua pele era de um tom de oliva, o que somado a seu francês ruim e ao atroz sotaque o marcava como estrangeiro. A Córsega era então vista na França como uma terra de bandidos traiçoeiros. Seu nome exótico, pronunciado em francês com a tônica na última sílaba, terminava com um som parecido com "*nez*", o que levava a piadinhas sobre nariz. Ter uma bolsa mostrava que ele vinha de uma família pobre, ao passo que seu status de nobreza podia ser questionado, ou no mínimo ser alvo de zombaria por parte dos que tinham posição social mais elevada. A proteção de Marbeuf e as visitas ocasionais ao château aos domingos alimentavam rumores sobre a moral de sua mãe e sobre quem era de fato seu pai. Tudo isso o deixava exposto a provocações e zombarias, o que deve ter agravado a falta que ele de qualquer modo sentiria de sua casa ao ir morar nesse mundo estranho e no clima sem sol do Nordeste da França. Mas nos internatos em que os meninos são retirados de casa, aqueles que são dotados de personalidade ou de certas características facilmente se impõem e podem obter um status que não têm no mundo exterior. E a Napoleone não faltava personalidade.⁴

Além de Charles-Étienne de Gudin, que se tornou um bom general, e de Étienne-Marie Champion de Nansouty, mais tarde um notável comandante da cavalaria, poucos contemporâneos de Napoleone em Brienne foram muito longe em suas carreiras. Mais tarde, alguns alunos não conseguiriam resistir à ideia de chegar à fama escrevendo memórias, reais ou inventadas, dos dias que passaram juntos. Lembranças da infância não são confiáveis nem mesmo nas melhores circunstâncias, e nesse caso devem ser tratadas com a maior cautela. Uma história típica é a de uma guerra de bolas de neve que provavelmente ocorreu no inverno de 1783, que assumiu proporções épicas em várias autobiografias, com Napoleone organizando os colegas em exércitos, construindo fortificações sofisticadas usando a neve e comandando ataques que supostamente revelariam seus talentos táticos e suas qualidades como líder.[5]

A imagem alternativa de um jovem alienado traçada por tais memorialistas e desenvolvida por biógrafos de viés romântico deveria igualmente ser vista com prudência. Napoleone era capaz de enfrentar seus colegas de escola, exibindo uma "ferocidade" e até mesmo uma "fúria" nascida do desdém quando provocado, mas não procurava pela amizade deles. "Não me lembro de ele jamais ter demonstrado a menor parcialidade em favor de qualquer um de seus colegas; sombrio e feroz em demasia, quase sempre solitário", lembrou um dos poucos colegas de escola cujos relatos podem ser levados em consideração, "avesso igualmente a tudo que chamamos brincadeiras e diversões infantis, ele jamais era visto participando dos passatempos ruidosos de seus colegas..."[6]

Não que ele não tivesse amigos. Um deles era Louis Antoine Fauvelet de Bourrienne, que por vir de uma família de comerciantes talvez fosse menos arrogante que os demais. Jean-Baptiste Le Lieur de Ville sur Arce, quatro anos mais velho que Napoleone, lembra de ter sido atraído por sua personalidade "original", pelos seus modos "um tanto estranhos" e pela sua inteligência, e os dois se tornaram próximos. Outro amigo era Pierre François Laugier de Bellecour, de quem Napoleone gostava apesar da frivolidade dele. Havia outros com quem ele tinha boas relações, e também se relacionava com frades e professores.[7]

O que diferenciava Napoleone de seus pares eram sua dedicação e curiosidade intelectual. Tendo uma biblioteca à disposição pela primeira vez na vida, ele lia com voracidade. Os cadetes recebiam pequenos lotes de terra para cultivar, e Napoleone cercou sua área para ter um lugar onde pudesse ficar sozinho e dedicar-se à leitura. "De temperamento reservado e totalmente ocupado com suas próprias atividades, Buonaparte flertava com aquela solidão que parecia ser seu prazer", lembraria o bibliotecário.[8]

Com Napoleone em Brienne e Joseph em Autun, Carlo com um assento nos Estados Corsos e a nomeação em 1779 de seu tio Luciano como arquidiácono da catedral de Ajácio, o posto mais importante do sacerdócio na cidade, a posição da família parecia garantida. Porém, as ambições sociais de Carlo criavam exigências que lhe impunham novas lutas e novas ansiedades para sua família. Por meio de uma complicada transação em 1779, conseguiu se tornar o único proprietário da maior parte das terras cedidas a seu ancestral Geronimo em 1584 em Salines, 23 hectares nas proximidades de Ajácio. Originalmente um manguezal, a área tinha sido parcialmente drenada e transformada em um pomar de cerejeiras, mas acabou voltando a ser um pântano insalubre. Carlo requereu um subsídio do governo francês para drenar a terra alegando questões de saúde pública e para transformar a região num canteiro de produção de amoreiras que, esperava-se, seriam plantadas em toda a ilha para fornecer seda para a indústria têxtil francesa. Graças ao apoio de Marbeuf, o subsídio foi concedido em junho de 1782.[9]

O objetivo seguinte exigiu negociações mais tortuosas, em que a assistência de seu protetor foi ainda mais necessária. Quase um século antes, uma tia-avó de Carlo se casou com um Odone, e em seu dote deu a ele uma propriedade que deveria ser revertida aos Buonaparte caso a progênie do casal se extinguisse. Porém, em vez de devolver a propriedade, o último dos Odone doou o terreno para os jesuítas. Quando estes foram expulsos da França em 1764, a propriedade foi devolvida ao Estado. Carlo pretendia provar que a doação feita por Odone era ilegal e reivindicar Les Milleli, outra antiga propriedade dos jesuítas, como compensação.[10]

O assunto exigia uma viagem a Paris e Versalhes, e, em setembro de 1782, Carlo partiu, levando Letizia consigo para uma temporada no spa de Bourbonne-les-Bains antes de ir a Paris. Em algum ponto da viagem, visitou Napoleone em Brienne e registrou como ficou impressionada de ver o quanto a aparência do garoto era frágil e doentia.[11]

Carlo marcou sua ascensão social com o restauro da casa dos Buonaparte em Ajácio, instalando lareiras de mármore, espelhos, decorando seu quarto com seda carmesim, colocando cortinas de musselina nas janelas e instalando uma biblioteca. Nos bastidores, as coisas eram diferentes, segundo inventários das posses da família, que listam cada panela e cada frigideira da cozinha, baldes, pratos de estanho (três grandes e 29 pequenos), facas, garfos e colheres. O caminho para o esplendor não transcorreu sem dificuldades. Uma briga por causa da posse da parte da casa ocupada por Maria Giustina, prima de Carlo, e por seu marido Pozzo di Borgo, que Carlo agravou ao tentar negar a eles o uso da única escada, teve seu clímax quando Maria Giustina esvaziou seu penico no melhor terno de seda de Carlo, que estava sendo arejado no terraço inferior, o que levou a mais uma disputa judicial.[12]

A intimidade com Marbeuf logo chegaria ao fim. Ele havia se casado com uma jovem de sua própria classe social e perdeu o interesse pelos seus protegidos corsos. Isso aconteceu em um mau momento. O canteiro de produção de amoreiras não ia bem, e não demorou para que os custos superassem o total do subsídio. Seria necessário fazer outra viagem a Paris, inclusive por motivos familiares. Carlo tinha conseguido que seu terceiro filho, agora chamado de Lucien, fosse admitido em Autun, onde passou a estudar junto com Joseph. E havia obtido um triunfo social ao conseguir que sua filha mais velha, Maria-Anna, fosse aceita na Maison Royale de Saint-Cyr, fundada cem anos antes pela amante de Luís XIV, madame de Maintenon, para as filhas da nobreza indigente, e que não só oferecia educação gratuita como também dava às alunas um dote quando elas deixavam a escola. Em junho de 1784, ele partiu para Paris com ela. Precisava conseguir mais verba governamental para o projeto em Salines, fazer pressão no processo judicial relativo à herança dos Odone e à compensação com a área de Milleli, e fazer lobby para que Lucien, de nove anos, recebesse uma bolsa em Brienne, onde deveria se unir a Napoleone. Depois de sua parada em Autun para pegar Lucien, a aparição de Carlo em Brienne, vestido com um casaco cereja com calções roxos e meias de seda, com fivelas de prata nos sapatos e os cabelos encaracolados, causou constrangimento a Napoleone. "Meu pai era um bom homem", ele lembraria mais tarde, porém acrescentando que era "um pouco apaixonado demais pelas afetações ridículas da época".[13]

Os planos de Carlo estavam começando a destravar. Joseph tinha chegado à conclusão de que não nascera para padre e anunciou que também gostaria de seguir a carreira militar, como oficial de artilharia. Carlo se entristeceu e ressaltou que Joseph não tinha nem a saúde nem a coragem que isso exigia. Com o apoio de Marbeuf ele teria obtido com facilidade uma boa posição e terminaria como bispo, o que seria uma vantagem para a família, enquanto, como Napoleone explicou, ele daria no máximo um oficial de guarnição passável, sendo absolutamente inadequado para a artilharia por sua falta de aplicação e pela "fraqueza de caráter".[14]

Esses comentários foram feitos na primeira carta longa escrita por Napoleone para seu tio Joseph Fesch, em junho de 1784. Ele tinha apenas catorze anos, mas, embora a ortografia e a gramática sejam atrozes, há um tom assertivo, especialmente com relação ao irmão mais velho, de quem ele fala como um pai poderia falar de um adolescente. Sobre o irmão mais novo, Lucien, ele diz que: "Demonstra boa disposição e boa vontade" e que "deve se tornar uma boa pessoa". Lucien contava que ao chegar a Brienne foi recebido por Napoleone "sem a menor demonstração de ternura" e que o irmão "não tinha nada de amistoso em seus modos, fosse em relação a mim ou aos colegas da mesma idade, que não gostam dele", porém essas lembranças, escritas muito mais tarde por um Lucien amargurado, são pouco confiáveis.[15]

Originalmente Napoleone pretendia entrar para a Marinha. As viagens de exploração do almirante Louis-Antoine de Bougainville e o honroso papel desempenhado pela Marinha contra os britânicos na Guerra de Independência Americana tinham chamado a atenção e transformado a instituição em algo desejável. Ela oferecia maiores chances de ação durante períodos de paz e tinha boas perspectivas de promoção. Oferecia mais apelo do que o serviço de guarnição em alguma cidade sem graça no Norte. Na Marinha o julgamento se dava pelo talento, e as origens sociais não eram levadas muito em conta. Napoleone era bom em matemática e geografia, e era pequeno e ágil, todas características positivas vitais. Porém em 1783 forças maiores decidiram que ele deveria ir para o Exército. A intervenção de Carlo em Paris se revelou infrutífera e ele estava destinado à artilharia – o que foi um alívio para Letizia, já que a Marinha envolvia maior risco de morte por afogamento e também por ação do inimigo. A artilharia também havia aumentado seu prestígio devido a recentes avanços técnicos, e como se tratava de um posto em que a habilidade sempre seria mais importante que o apadrinhamento, e a matemática um pré-requisito, Napoleone também teria alguma vantagem. Em 22 de setembro de 1784, passou por entrevista com o inspetor Raymond de Monts e foi selecionado para a École Militaire em Paris.[16]

Napoleone, de quinze anos, partiu com quatro outros cadetes sob os cuidados de um dos frades, em 17 de outubro, viajando num coche postal até Nogent-sur-Seine, onde passaram para um *coche d'eau*, uma balsa com uma estrutura para passageiros e mercadorias, puxada por quatro cavalos numa trilha à beira-rio. Dois dias depois, desembarcaram na margem esquerda do Sena, oposta à Ile de la Cité, e atravessaram a pé aquilo que na época era conhecido como *"pays latin"* até chegar à nova escola. No caminho, pararam numa livraria para comprar livros e na igreja de Saint-German-des-Prés para uma oração.[17]

A École Militaire, fundada em 1751, tinha sido reformada na década de 1770 pelo ministro da Guerra Claude Louis de Saint-German. Os duzentos cadetes usavam uniformes militares com casaco azul de colarinho amarelo e forro vermelho, coletes e calções vermelhos. Moravam num grande edifício de pedras que ainda existe no final do Champ de Mars, com um pátio espaçoso em que faziam exercícios e jogavam bola. O dormitório era equipado com divisórias de madeira, em que cada compartimento tinha uma cama de ferro, cortinas e uma mínima mobília embutida para roupas, jarro, bacia e um penico.[18]

O dia começava com uma missa às seis horas, seguida por oito horas de instrução, exceto às quintas, domingos e feriados religiosos, em que as únicas obrigações eram quatro horas de leitura e de escrita de cartas, e às vezes tiro ao alvo. Embora a escola fosse administrada por leigos, a rotina incluía orações antes e depois do café da manhã, do jantar e da ceia, orações na capela antes de dormir, vésperas e catecismo, além de missa aos domingos e confissão uma vez por mês. Os cadetes não tinham permissão para sair e eram punidos com detenção a pão e água.

O currículo incluía latim, francês e alemão, matemática, geografia, história, estudos morais, fortificação, desenho, esgrima, manuseio de armas, escrita de cartas e dança (aqueles destinados à Marinha e à artilharia ficavam ocupados demais com matérias técnicas para participar disso). A tônica era o desenvolvimento do caráter e de uma ética militar: cadetes aprenderiam a ser soldados quando entrassem para seus regimentos.[19]

Napoleone não simpatizou com o lugar, que achou grandioso demais. A comida era boa e farta, e os cadetes eram servidos por lacaios, o que ele considerava inadequado. Achava a austeridade de Brienne mais compatível com a sua concepção de vida militar. Embora o diretor, o cavaleiro de Valfort, tivesse saído das fileiras das Forças Armadas, a presença de rapazes que pagavam mensalidade e não estavam destinados para uma carreira no Exército emprestava ao lugar uma atmosfera aristocrática que não agradava a Napoleone. Em Brienne, cadetes que pagavam mensalidades eram da pequena nobreza provinciana. Aqui eles eram de um estrato social e econômico mais alto e faziam com que os outros percebessem isso. Napoleone era provocado por suas origens, e as alusões de que ele seria um bastardo de Marbeuf ressurgiram. Mas ele deve ter se sentido em boa companhia, já que um de seus colegas cadetes, Wladyslaw Jablonowski, um polonês miscigenado conhecido como "*le petit noir*", supostamente era filho do rei Luís XV.[20]

Em uma carta a seu pai datada de setembro de 1784, quatro anos e meio depois de chegar a Brienne, Napoleone, aos quinze anos, pediu a ele que enviasse um exemplar do livro de Boswell e quaisquer outras obras históricas sobre a Córsega que pudesse encontrar. Ele tinha deixado sua terra natal aos nove anos, idade em que pouco poderia saber de sua história e circunstâncias. Suas leituras em Brienne devem ter exposto o garoto às tendências intelectuais e emocionais da época, o que incluía o culto da *patrie*, a pátria que exigia que seus filhos trabalhassem e morressem por ela. O projeto corso de Paoli estava dentro desse espírito, e seu destino tinha todo um apelo para o gosto crescente pela glorificação de vítimas e de causas perdidas. Durante seus anos finais em Brienne, Napoleone passou por uma fase do que chamou de "*grande sensibilité*", e ele se deixou levar por isso, colocando-se no papel de um patriota corso e de um ardente devoto de Paoli. Em parte, o motivo talvez tenha sido a necessidade de contar com um herói moderno que pudesse ser emulado. O estudo de Plutarco havia inspirado um culto de heróis na França no final do século XVIII, cujo gosto entrava na era do neoclassicismo. Alexandre, o Grande, César, Brutus, Cícero e outros eram as estrelas polares da geração de Napoleone. Com um pouco de boa vontade, seria possível usar o mesmo molde para Paoli. A associação emocional recém-descoberta com a Córsega pode ter tido algo a ver com sua sensação de inferioridade social, com um desejo de reivindicar para si um status que fosse ao mesmo tempo distinto e moralmente superior ao de seus colegas cadetes com suas pretensões de nobreza, o status de um patriota perseguido. Certamente era algum tipo de tentativa de ficar num patamar moral superior. Mas não era fácil conciliar esse projeto com o fato de sua família ter aliado seu destino ao da monarquia francesa, isso sem falar do objetivo do próprio Napoleone de fazer carreira a serviço do rei da França. As ambiguidades de sua situação, tanto em termos nacionais quanto sociais, eram inescapáveis, e os esforços desesperados de seu pai para melhorar a posição social da família apenas agravavam isso.[21]

Carlo não estava bem. Havia tirado Joseph de Autun e o levado de novo para a Córsega na esperança de que o menino fizesse um curso de direito e assumisse a responsabilidade de chefe da família. Porém, Joseph insistiu em seu desejo de se tornar oficial de artilharia. Depois de passar por um curto período de cura e de assistir ao parto de seu filho mais novo, Jérôme, no final de 1784, Carlo deixou a ilha com Joseph, o que significava levá-lo a Brienne e depois ir a Paris para requisitar uma bolsa para ele, além de fazer lobby no seu processo que pedia a concessão da propriedade de Milleli. A travessia do mar foi difícil a ponto de quase causar um naufrágio, e quando os dois chegaram à terra firme, em Saint-Tropez, Carlo não estava bem. Viajaram para Aix, onde encontraram Joseph Fesch e decidiram consultar médicos na escola de medicina de Montpellier. Lá encontraram uma velha amiga de Letizia da Córsega, agora casada com um funcionário da Receita chamado Permon; este ajudou Joseph e Fesch a cuidar de Carlo, que estava então com 39 anos. Mas ele se debilitava rápido, e os médicos nada puderam fazer. O fim chegou em 24 de fevereiro de 1785: a autópsia sugere como causa da morte um câncer de estômago ou uma úlcera perfurada.[22]

Napoleone jamais conheceu bem o pai. Carlo ficava longe por longos períodos durante sua infância e eles só se viram uma vez na França, quando Carlo apareceu para deixar Lucien em Brienne (e possivelmente quando Letizia o visitou). Aquela curta visita não causou boa impressão no garoto, e as alusões frequentes à sua paternidade o fizeram pensar se Carlo era de fato seu pai. Quando, como era costume em tais circunstâncias na École Militaire, seu confessor veio consolá-lo, Napoleone o dispensou, dizendo ter força de caráter suficiente para lidar com a perda sem necessidade de conforto espiritual. "Não faria sentido eu dizer a você o quanto fui afetado pela infelicidade que nos atingiu", escreveu ao tio-avô Luciano. "Nele perdemos um pai, e Deus sabe que pai, com sua ternura e sua afeição." A carta fala longamente sobre a crueldade de Carlo ter morrido longe de casa e da família, e termina implorando respeitosamente para que Luciano assuma o lugar do pai.[23]

A perda deve ter vindo acompanhada de uma sensação de liberdade: Carlo, com seus modos socialmente constrangedores, atrevidos, suas ambições limitadas, não era muito compatível com os heróis de Plutarco, que enchiam a imaginação do garoto, e sua ligação servil com a França era ainda menos compatível com a visão da luta de Paoli pela libertação da nação corsa, que tinha se tornado central para o modo como ele mesmo se via. Na imaginação de Napoleone, Paoli era agora não apenas o herói moderno de Plutarco, um modelo a ser emulado, como também uma figura paterna espiritual.

Sua obsessão com Paoli era objeto de zombaria dos colegas cadetes, como atesta uma caricatura que sobreviveu. Mas sua postura de representante da heroica nação injustiçada pela França era psicologicamente conveniente para confrontar os ares de superioridade de seus colegas aristocráticos: ele podia se esquivar de sua arrogância usando de um desdém hipócrita. Essa disputa não podia ser muito frequente, e aparentemente ele sentia ódio de fato apenas por um aluno, um cadete chamado Le Picard de Phélippeaux.[24]

Laugier de Bellecour, amigo de Napoleone, tinha ido com ele de Brienne para a École Militaire. Le Lieur de Ville sur Arce tinha partido para se unir a seu regimento pouco antes de Napoleone chegar, mas, perto de partir, pediu a seu amigo Alexandre des Mazis que cuidasse dele, alertando que o garoto era irritadiço e difícil. O primeiro encontro dos dois deixou isso claro, mas em pouco tempo eles se tornaram próximos. Napoleone encontrou nele "alguém que o entendia, gostava dele e para quem podia revelar seus pensamentos de maneira irrestrita", nas palavras de Des Mazis.[25]

Napoleone odiava exercícios militares e perdia a concentração, o que levava seu mosquete a ser sempre o último a ser erguido ou baixado, mesmo com Des Mazis o cutucando, recebendo um duro "Monsieur de Buonaparte, acorde" do responsável pelos exercícios, em quem Napoleone certa vez atirou seu mosquete num ataque de fúria. Como resultado, Napoleone passou a fazer seus exercícios sob supervisão de Des Mazis. Ele adorava esgrima, mas era um parceiro perigoso de treino. Era agressivo e, se levava um toque, partia para cima do adversário com tal fúria que se expunha a novos toques, o que o deixava ainda mais furioso. Era comum que quebrasse o florete, e por vezes o professor de esgrima precisava separar os oponentes.[26]

Os dois meninos compartilhavam um interesse por matemática, e Des Mazis admirava o prazer que o amigo sentia diante do desafio de um problema matemático. "Ele não desistia até superar a última dificuldade", ele lembraria. Eles tinham aulas com Le Paute d'Agelet, um matemático e astrônomo que tinha circum-navegado o globo com Bougainville e que encantava os alunos com seus relatos, reavivando as ambições navais de Napoleone. Em 1785, ele estava se preparando para partir em uma viagem de descobrimento com o explorador Jean François de La Pérouse e, assim como vários outros, Napoleone se inscreveu para acompanhar a expedição. Só um aluno foi escolhido, e não era ele. A viagem terminou em um desastre no Pacífico Sul, sem sobreviventes.[27]

Além da matemática, Napoleone demonstrava grande curiosidade por geografia e história, e lia muito sobre as duas áreas. Embora adorasse literatura, aparentemente não tinha muito interesse em melhorar seu francês, e o exasperado professor de francês acabou lhe dizendo para não perder tempo frequentando suas aulas. Também demonstrou aquilo que um professor classificou como "insuperável repulsa" pelo aprendizado de alemão. Mas em geral era popular com os professores, que ficavam impressionados com "a persistência com que ele defendia seus pontos de vista".[28]

Tanto os professores quanto os cadetes o viam como um aluno sério, e um deles o descreveu como "preferindo o estudo a todo tipo de diversão", interessado em literatura e em ideias, "pouco comunicativo, gostando de ficar em solidão, cheio de caprichos, arrogante, extremamente egocêntrico", "tendo grande autoestima" e bastante ambição. Na maior parte do tempo, parecia viver num mundo à parte, andando para lá e para cá, perdido em pensamentos, por vezes gesticulando ou rindo sozinho.[29]

Segundo Des Mazis: "Ele resmungava ao ouvir a frivolidade dos outros alunos" e desaprovava suas "depravações", chegando a ponto de dizer que as autoridades escolares deveriam se empenhar mais em "preservá-los da corrupção". Isso não era motivado por sentimentos religiosos: ele recebeu a Primeira Comunhão em Brienne e a Crisma na École Militaire, e, embora cumprisse com os rituais, jamais se rebelando contra a obrigação de participar da missa diariamente, não demonstrava zelo religioso. Provavelmente isso tinha mais a ver com sua falta de jeito, que o levava a ver o sexo como algo tolo e constrangedor. Mais tarde, admitiria que a puberdade o deixou "melancólico". Isso era exacerbado pelo comportamento de seu amigo Laugier de Bellecour, que havia encontrado alguns rapazes que pensavam como ele na École Militaire e exibia sua homossexualidade. Napoleone o repreendeu por isso e disse que os dois só poderiam continuar amigos se Laugier se emendasse, já que ele não poderia admitir tal comportamento imoral. Quando Laugier o provocou dizendo que Napoleone era um moralista, ele perdeu a cabeça e agrediu fisicamente o amigo. Mais tarde Napoleone disse ter se arrependido e com frequência falava do ex-amigo "com sincera afeição". Mas nem por isso deixou de ser um moralista.[30]

Em setembro de 1785, fez o exame para ser admitido na artilharia e foi aprovado em 42º lugar entre 58 candidatos. Todos os outros tinham dois anos ou em alguns casos quatro anos a mais do que ele se preparando; portanto ele não se saiu mal. Foi colocado como segundo-tenente no renomado regimento de La Fère, estacionado em Valence. Rapidamente montou seu uniforme, que consistia de casaca azul com acabamento e forro vermelhos, colete azul, uma listra vermelha e uma dragona. Ficou tão orgulhoso que não resistiu a exibir o conjunto para os Permon e outros corsos em Paris, já que passou a ter permissão para sair do prédio da escola.[31]

Des Mazis foi alocado no mesmo regimento, e em 30 de outubro de 1785 os dois partiram juntos de Paris. Tomaram um coche até Chalon-sur-Saône, onde se transferiram para um *coche d'eau* para o restante do trajeto até Lyon, e continuaram num barco postal pelo Ródano até Valence. Era a primeira vez que Napoleone, aos dezesseis anos, não estava sob nenhum tipo de supervisão, e em certo momento exclamou: "Finalmente, estou livre!" e saiu correndo e gesticulando loucamente.[32]

4
Liberdade

Valence era uma cidade medieval de ruas tortuosas e enlameadas dominada por uma cidadela construída para proteger o vale do Ródano e cercada por fortificações projetadas pelo célebre engenheiro Vauban. Parte significativa da população de cerca de 5 mil pessoas morava em algum dos catorze conventos, abadias e priorados. Napoleone chegou em 3 de novembro de 1785 e se abrigou num café pertencente a Claudine-Marie Bou, uma alegre e culta solteirona de 42 anos que lavava as roupas dele e atendia suas necessidades. Ele comia com os outros oficiais no Auberge des Trois Pigeons ali perto.[1]

O segundo-tenente Napolionne de Buonaparte, como seu nome estava registrado, foi colocado no comando de uma companhia de bombardeiros com morteiros e obuses. Ele jamais havia manejado uma peça de artilharia, e agora se familiarizava com os aspectos práticos do armamento durante os frequentes exercícios em um campo de treinamento próximo à cidade. Também teve de se acostumar com as obras dos fundadores da moderna artilharia francesa, os generais Gribeauval e Guibert, fazer mais cursos avançados em matemática, trigonometria e geografia, e aprender a desenhar mapas e plantas.

O regimento de La Fère era um dos mais profissionais no Exército francês. Seus oficiais eram uma família bastante unida sem qualquer traço do esnobismo que Napoleone encontrara até então. Seus amigos de mesa incluíam Des Mazis e outro colega de Brienne, Belly de Bussy, que tinha entrado pouco antes para o regimento, e dois novos companheiros que teriam carreiras distintas, Jean-Ambroise de Lariboisière e Jean-Joseph Sorbier. O comandante da companhia de Napoleone era um homem gentil que se tornou seu amigo e o convidou para ficar em sua casa de campo.[2]

Os oficiais do regimento eram bem recebidos pela pequena nobreza local, e Napoleone teve aulas de dança para possibilitar que participasse de eventos sociais (ele seguiria sendo um dançarino desprovido de graciosidade). Tornou-se amigo de duas senhoras inglesas que viviam ali perto, e era convidado com frequência ao château de uma certa Madame du Colombier, a uns doze quilômetros da cidade. Flertou com sua filha Caroline, que descreveria como "*amie de coeur*". "Não poderia haver nada mais inocente", ele lembraria: eles organizavam encontros secretos em que "nosso maior prazer era comer cerejas juntos". Ele ainda não tinha dezessete anos e passara os últimos oito enclausurado numa instituição só para homens, por isso suas primeiras agitações emocionais foram confusas. Há indícios de que tenha tido um relacionamento afetuoso com uma outra moça, uma certa senhorita Louberie de Saint-German, mas é provável que também aqui não tenha ocorrido grande coisa. "Ele era de uma pureza moral muito rara entre rapazes", lembraria Des Mazis, acrescentando que Napoleone era incapaz de entender como alguém podia se deixar dominar pelo que sentia por uma mulher.3

Napoleone conseguiu satisfazer as necessidades de sua mente, não só as do coração, uma vez que era um convidado bem-vindo na casa de monsegnieur de Tardivon, abade de Saint-Ruf, a quem o bispo Marbeuf enviara uma carta de recomendação. Tardivon, amigo do renomado autor anticolonialista abade Raynal, era a principal fonte de luz da vida intelectual de Valence, e as reuniões em sua casa deram a Napoleone uma oportunidade para ampliar seus pontos de vista e pela primeira vez na vida tomar parte de discussões intelectuais. Ele capturou o espírito do tempo e começou a questionar a sabedoria recebida até então e a reavaliar o mundo à sua volta; de acordo com um de seus colegas de oficialato, ele se tornou uma pessoa insuportavelmente volúvel. Havia uma livraria que também funcionava como sala de leitura perto de seu alojamento, e, ao se inscrever lá, teve acesso a livros que não teria como comprar. Ele lia com velocidade, ocasionalmente entendendo errado alguns textos, e o fazia erraticamente: das obras de Voltaire leu alguns dos textos menos influentes, leu pouco Diderot, menos Montesquieu, e de Raynal somente as passagens que tinham relação com a Córsega. Dada a sua imaturidade emocional e sexual, não é de surpreender que tenha ficado horrorizado com Sade, mas que tenha adorado a sentimentalidade sincera de *A nova Heloísa*, de Rousseau, e de *Paulo e Virgínia*, de Bernardin de Saint-Pierre.4

Como a maior parte dos jovens ambiciosos da época, Napoleone começou a se ver como um homem de letras. Com a França em paz, a literatura oferecia uma bem-vinda distração, além de uma oportunidade para brilhar, como outro oficial de artilharia, Choderlos de Laclos, demonstrara com a publicação, quatro anos antes, de *As ligações perigosas*. Para Napoleone era um modo de formular pontos de vista, e mais importante, um canalizador para seus sentimentos em relação à ilha natal e à sua própria identidade. O primeiro ensaio dele a sobreviver, escrito em abril de 1786, é um breve esboço sobre a história da Córsega.

Mal haviam se passado dez dias e ele produziu um breve ensaio sobre suicídio, um texto empolado cheio de autopiedade e drama. "Sempre solitário, embora cercado de gente", ele prefere ir para casa e se comprazer com sua melancolia. Ele se pergunta se não deveria pôr fim à própria vida, já que não consegue ver nenhum propósito para si neste mundo. "Uma vez que devo morrer algum dia, não daria na mesma me suicidar?", pergunta retoricamente. O que se vê por trás da verborragia é a infelicidade por ter passado recentemente por "infortúnios" que fizeram com que a vida não lhe oferecesse nenhum prazer, e uma sensação de repulsa pela mediocridade e corrupção das pessoas, que o levou a desprezar a sociedade na qual é obrigado a viver. Se isso é uma resposta a alguma rejeição amorosa ou a algum esnobismo social, ou se é apenas uma explosão de angústia adolescente, só é possível especular. Não é a expressão de um mal-estar mais profundo. Menos de uma semana depois, em 9 de maio, ele escreveu uma apaixonada defesa de Rousseau contra as críticas dirigidas a ele pelo pastor Antoine Jacques Roustan. As obras de Rousseau exerceram profunda influência no desenvolvimento emocional de Napoleone, e, embora tenha mudado de ideia e mais tarde passasse a zombar do sentimentalismo do autor, jamais se livrou de sua influência.[5]

Com Carlo morto, Napoleone se tornou o homem da família na França, e agora era responsabilidade dele obter vagas em diversas instituições para seus irmãos e peticionar em nome dos interesses da família. A situação não era boa. Salines tinha sido apenas parcialmente drenada durante a vida de Carlo, e, como apenas uma fração das amoreiras foi plantada, o governo decidiu que não iria mais investir no projeto. Por outro lado, os Buonaparte tinham vencido o processo relativo à herança dos Odone e conquistado o direito à propriedade de Les Milleli como indenização. Era uma bela propriedade com uma pequena casa e bosques de oliveiras perto de Ajácio. Porém o tio-avô de Napoleone, Luciano, estava doente e incapacitado, e Joseph estava se revelando incapaz de lidar com questões práticas. Aos dezessete anos, Napoleone foi obrigado a assumir a administração dos negócios da família. Requereu uma licença e, em 15 de setembro de 1786, estava de volta a Ajácio. Via a Córsega pela primeira vez depois de uma ausência de sete anos e nove meses. Saíra de lá criança e voltava como jovem adulto. Pela primeira vez encontrou quatro de seus irmãos: Louis, de oito anos; Maria Paolina, de seis; Maria Nunziata, de três; e Geronimo, de apenas dois anos. Teve dificuldades até mesmo em se comunicar com eles, já que tinha deixado de falar o italiano da Córsega durante o período passado fora.[6]

Luciano havia renunciado a seu posto de arquidiácono, que foi assumido pelo tio de Napoleone, Joseph Fesch, mas tinha algum dinheiro, o que lhe dava algum peso nos negócios da família, e foi com Fesch e Joseph que assumiu o controle. Napoleone requereu uma extensão de sua licença e se ocupou da colheita, das propriedades da família e de outras questões práticas.

Durante esse tempo, pôde conhecer sua família, não apenas a mãe, que tinha visto apenas uma vez brevemente desde os nove anos, como também os irmãos e a extensa rede de primos, tios e tias. Revisitou sua ama de leite, que havia cuidado dele quando ainda era pequeno, e passou bastante tempo com o adoentado Luciano, que ele adorava. Desenvolveu uma relação com o irmão Joseph, que se lembraria com ternura das longas caminhadas que os dois faziam pela costa, sentindo o cheiro das flores de mirto e laranjeira, às vezes voltando para casa só depois de escurecer.

Napoleone explorou a ilha e tentou conhecer seu povo e suas tradições, das quais tinha apenas memórias da infância. Foi surpreendido por aspectos primitivos da vida corsa que não causaram impressão na infância, mas se convenceu de que os habitantes da ilha eram bons selvagens cujos vícios eram consequência da ocupação francesa. Levara um baú cheio de livros, que sem dúvida lhe deram suporte e ofereceram argumentos morais e emocionais para construir uma visão adequada da Córsega.[7]

Napoleone passou quase um ano na ilha, e só partiu em 12 de setembro de 1787. Não retornou ao seu regimento, partindo para Paris, onde esperava obter o pagamento de 3 mil libras ainda devidas pelo subsídio de Salines. Era uma soma considerável, comparável a três anos de seu salário como tenente. Quando chegou à capital, visitou ministros e gente influente, o que provavelmente incluía Loménie de Brienne, agora ministro das Finanças. Ele se empenhou bastante para obter uma vaga no seminário de Aix para seu irmão Lucien. Além de ser um forasteiro sem dinheiro numa cidade em que a riqueza e o privilégio da aristocracia estavam à mostra, Napoleone só pode ter visto agravadas as suas inibições de subalterno social pela necessidade de implorar pelo favor alheio.[8]

Quando não estava fazendo requerimentos a ministros, Napoleone estava lendo, tomando notas e escrevendo esboços de ensaios que demonstram uma atitude crítica em relação ao sistema político. Num deles, afirma que, embora Alexandre, o Grande, Carlos Magno, Maquiavel e outros sem dúvida tenham sido homens de enorme estatura, eram movidos pelo desejo de ganhar a aclamação pública, o que tornava Leônidas, que decidiu perder a vida pelo país na batalha das Termópilas, superior a eles, um juízo de valor tipicamente romântico que demonstrava a influência de Rousseau e uma tendência à rejeição das coisas práticas. Isso não era muito compatível com os instintos de Napoleone, caso se creia em seu irmão Joseph. Ele lembraria que, durante um dos passeios dos dois na Córsega, Napoleone expressou seu desejo de realizar algum ato grandioso e nobre que fosse reconhecido pela posteridade, e que pudesse, depois de morto, testemunhar uma representação desse ato "e ver o que um poeta como o grande Corneille me faria sentir, pensar e dizer". Essa transferência do desejo por reconhecimento, normal em qualquer adolescente, sugere uma falta de inclinação ou talvez de habilidade para lidar com o mundo à sua volta. Uma combinação de falta de jeito e desdém certamente marcava sua atitude em relação ao sexo.[9]

Na noite de 21 de novembro, foi assistir a uma peça, e ao sair do teatro caminhou pelo Palais-Royal, residência em Paris do ramo Orléans da família real. O palácio tinha grandes jardins nos fundos, flanqueados por arcadas com lojas, cafés e pequenas casas em que prostitutas exerciam seu ofício. As de nível mais elevado sentavam à janela acenando para quem passava, as que estavam num degrau abaixo se sentavam nos cafés, e as mais baratas vagavam sob a colunata ou pelas avenidas do jardim.[10]

Na manhã seguinte, Napoleone descreveu o que aconteceu, como se estivesse relatando um experimento científico. "Minha alma, agitada pelos vigorosos sentimentos que lhe são naturais, me levou a suportar o frio com indiferença", escreveu, "mas, quando minha imaginação esfriou, comecei a sentir os rigores da estação e passei para as arcadas." Ali, uma moça chamou sua atenção. Embora fosse evidente que se tratava de uma prostituta, ela não agia do jeito desavergonhado das outras, e devolveu seu olhar com modéstia. "A timidez dela me encorajou e falei com ela. [...] Eu que mais de uma vez senti horror pelas mulheres como ela, e que sempre me senti maculado pelo mero olhar de uma delas..." No relato, ele deixa claro que estava procurando alguém "que pudesse ser útil para as observações que eu desejava fazer". Admite que tentativas prévias de se encontrar com prostitutas não tinham sido "coroadas de sucesso", o que pode parecer estranho, já que um jovem oficial normalmente não teria dificuldades para fazer uma transação desse tipo no Palais-Royal. O relato da conversa entre os dois ajuda a entender o porquê: ele começou perguntando como ela havia chegado à condição atual, o que não demonstrava tato nem levava a lugar algum, e, depois dessa conversa animada, foi ela quem sugeriu que eles fossem para a casa dele, tendo ainda que ouvi-lo perguntar para quê. "Bom, nós podíamos aquecer um ao outro e você podia satisfazer suas fantasias", ela respondeu. O relatório clínico não informa se a experiência foi agradável ou não.[11]

Em 1º de dezembro, tendo conseguido uma extensão de seis meses em sua licença, Napoleone partiu uma vez mais para a Córsega. Seus esforços em Paris foram infrutíferos, o que apenas contribuiu com o desencantamento que sentia com uma situação que parecia excluir a ele e à sua terra natal, cuja submissão ele estava começando a considerar uma ofensa pessoal. Uma visão de uma nação nobre oprimida por uma França má e corrompida se encaixava bem com a sensação de que ele e sua família estavam sendo contrariados, ou no mínimo desrespeitados, pelo regime de Paris.

Passou os quatro meses e meio seguintes na Córsega, e só em 14 de junho de 1788 voltou a encontrar seu regimento, agora estacionado em Auxonne, depois de uma ausência de 21 meses. Isso não era incomum, já que, em tempos de paz, oficiais tinham permissão para se ausentar por longos períodos.

Auxonne era uma cidade fortificada no rio Saône com uma escola de artilharia sob o comando do tenente-general barão Jean-Pierre du Teil, de 66 anos, um comandante esperto e inovador que era exigente com seus homens, criando desafios que modificavam suas rotinas. Du Teil gostou imediatamente de Napoleone. Deu a ele a tarefa de planejar e construir fortificações, o que envolvia cálculos de poder de fogo, resistência e balística, seguidos de dez dias de trabalho físico, com Napoleone comandando duzentos homens com picaretas e pás. "Essa extraordinária mostra de confiança fez com que eu fosse malvisto pelos capitães, que afirmavam ser um insulto para eles o fato de um mero tenente estar encarregado de uma tarefa tão importante e que, se houvesse mais de cinquenta homens envolvidos, alguém da patente deles deveria estar no comando", ele escreveu a Joseph Fesch em 29 de agosto. No entanto, ele pacificou os capitães e chegou mesmo a conquistar a amizade deles; por considerarem que Napoleone era um intelectual, atribuíram a ele o projeto da *Calotte*, um código regimental de conduta. Ele se colocou à altura do desafio e produziu um documento que era ao mesmo tempo razoável e idealista, muito próximo do espírito de Rousseau, que poderia ter sido a Constituição de uma ditadura popular.[12]

Seus ensaios e anotações deixam claro que ele já era um republicano, tendo, como Rousseau, chegado à conclusão que os sistemas existentes de governo eram absurdos e que os reis não tinham o direito de governar. Na introdução daquilo que deveria ser uma dissertação sobre a autoridade real, afirmava que essa autoridade era integralmente "usurpada", uma vez que a soberania residia no povo, acrescentando que "pouquíssimos reis não mereceram ser destronados". Adotou também a tese de Rousseau segundo a qual a religião era destrutiva, uma vez que competia com o Estado ao prometer a felicidade em outro mundo, quando cabia ao Estado fornecer às pessoas os meios para obtê-la neste.[13]

Ele continuava lendo, anotando e comentando sobre temas tão variados quanto história antiga e moderna, geografia, sistemas fiscais de diferentes estados, o papel da artilharia e da balística, filosofia grega, cultura árabe, biologia, história natural, a possibilidade de abrir um canal no istmo de Suez, e muito mais. Naquele verão leu *Clarissa*, de Richardson, e *Os sofrimentos do jovem Werther*, de Goethe, e ele próprio escreveu *Le Comte d'Essex*, uma novela gótica sobre uma conspiração imaginária contra Carlos I, em que há fantasmas, sangue e adagas, e *Le Masque Prophète*, um texto curto ambientado no mundo árabe, uma espécie de parábola sobre ditaduras. As tramas são melodramáticas, a prosa coalhada de adjetivos e metáforas, sem falar nos erros de grafia e na caracterização inexistente.[14]

Auxonne ficava numa região pantanosa e nublada das planícies da Borgonha, e Napoleone achava que foram as emanações insalubres vindas dos fossos fora das muralhas que o puseram de cama com febre naquele outono, mas pode ter sido também parte de seu estilo de vida. Ele estava economizando em alimentação para poder mandar dinheiro para sua mãe. Vivia aquartelado, num pequeno quarto com uma cama, uma mesa, seis cadeiras de palha e uma poltrona. Comia com os outros oficiais, mas, embora o alojamento fosse gratuito, continuava recebendo o salário de segundo-tenente, por isso precisava tomar cuidado. Mas sua vida nesse período também tinha um elemento maníaco. "Não tenho outro recurso aqui senão trabalhar", escreveu para seu tio-avô Luciano em março de 1789. "Só me troco uma vez por semana, durmo muito pouco desde minha doença. É inacreditável. Vou deitar às dez e acordo às quatro da manhã. Só faço uma refeição e ceio às três; vem bem a calhar para a minha saúde." Mantinha as cortinas cerradas para ajudar a se concentrar. Na verdade ele saía, pois, como explicava com orgulho na mesma carta: "Adquiri uma boa reputação nesta pequena cidade com meus discursos em várias ocasiões".[15]

A monarquia francesa estava virtualmente falida, e como último recurso para obter dinheiro o rei convocou os Estados Gerais. Como esse corpo, que representava o clero, a nobreza e o "terceiro Estado" não nobre, não era convocado havia quase duzentos anos, isso abriu uma caixa de Pandora de questões sobre a natureza do governo. No país inteiro, pessoas de todo tipo davam suas opiniões e propunham soluções para a crise política. Isso veio acompanhado de uma agitação popular e, em 1º de abril, Napoleone foi enviado para a cidade de Seurre com cem homens para debelar rebeliões. O espírito rebelde inspirou mau comportamento, e um dia ele foi enviado para o monastério de Cîteaux para reprimir um motim iniciado pelos monges. Depois do jantar, um abade agradecido lhe serviu um "vinho delicioso" de Clos Vougeot na adega do monastério, que os monges tinham tentado invadir. Em uma carta para Letizia, descreveu o suntuoso jantar de Páscoa que recebeu de um nobre local. "Mas eu preferia estar comendo raviólii ou lasanha em Ajácio", concluiu.[16]

Estava de bom humor. Recuperara a saúde, o clima era glorioso, e ele se banhava no Saône (certa vez teve câimbras e quase se afogou). "Meu amigo, se meu coração fosse suscetível ao amor, que momento favorável este seria: *fêted* em toda parte, tratado com um respeito que você não tem como imaginar", escreveu para Joseph se gabando de que "as mais belas mulheres sentem prazer em nossa companhia".[17]

Como a maior parte de sua geração, estava entusiasmado com os eventos políticos. "Este ano anuncia o início de coisas que serão muito bem-vindas por todos aqueles que raciocinam bem", escreveu em junho de Auxonne para

Giubega, o homem que atuou como seu padrinho, "e depois de tantos séculos de barbárie feudal e de escravidão política, é maravilhoso ver a palavra Liberdade inflamar corações que pareciam corrompidos pela luxúria, pela fraqueza e pelas artes." Mas isso fazia surgir questões mais próximas de sua casa. "Enquanto a França renasce, o que será de nós, pobres corsos?", ele perguntava. O momento parecia adequado para que acertasse um golpe em nome de sua ilha-nação publicando uma história da Córsega, porém achava que precisava do apoio, ou pelo menos do aval, de Paoli, por isso Napoleone escreveu para ele em seu exílio em Londres.[18]

"Nasci quando a pátria estava perecendo", escreveu. "Meus olhos se abriram e logo tiveram a odiosa visão de 30 mil franceses que haviam sido vomitados em nossas praias afogarem o trono de nossa liberdade em rios de sangue. Os gritos dos moribundos, os gemidos dos oprimidos, as lágrimas de desespero cercaram meu berço desde o momento em que nasci." Há certa dúvida quanto à autenticidade dessa carta, já que a original jamais foi encontrada e não há vestígios de uma resposta de Paoli. Mas seria estranho que alguém forjasse o documento, tendo em vista a carreira posterior de Napoleone, e o estilo melodramático combina com seus escritos da mesma época, principalmente sua "Nouvelle Corse". Trata-se de uma confusa diatribe contra os franceses, representados como cruéis e corruptos, com uma trama derivada de *Robinson Crusoé* e *Paulo e Virgínia*, sinistra e violenta a ponto de ser incoerente, escrita com uma quantidade pornográfica de sangue, estupro e mutilação, pontuada por arroubos de sentimentalismo.[19]

A história que ele vinha planejando nos últimos anos estava finalmente tomando forma nas *Lettres sur la Corse*, um relato emocional dos eventos que vai até o início do século XVIII, que antropomorfiza a "nação" corsa à moda do dia. Quando as primeiras duas cartas foram concluídas, ele as mandou para seu antigo professor de francês em Brienne, o abade Dupuy, pedindo que ele as editasse. Além de reescrever passagens inteiras, Dupuy deu um veredito humilhante, sugerindo nos termos mais educados que ele eliminasse todo o conteúdo "metafísico".[20]

Em 15 de julho, Napoleone estava escrevendo para o tio quando dois colegas oficiais entraram no quarto com as notícias que tinham recebido de Paris sobre um motim que saíra de controle e sobre a turba ter tomado a Bastilha. Independentemente de quais fossem seus sentimentos em relação à monarquia, ele ficava alarmado com desordens. Quatro dias depois, rebeliões eclodiram em Auxonne, e numa carta para Joseph exprimiu desdém pela "gentalha" e pelo "tipo de bandido de fora que tinha vindo pilhar" a alfândega e o escritório de coleta de impostos. Ele também não estava impressionado com a atitude de seus próprios homens, que demonstraram relutância em debelar o motim. Na noite de 21 de julho, ele agiu como assistente do general, comandando tropas que atacavam os amotinados. Embora afirme ter posto a situação sob controle depois de um discurso de 45 minutos (o que parece improvável tendo em vista suas habilidades de orador), ele não hesita em dizer que ficou frustrado por não ter tido permissão para atirar na multidão, e seu desdém pela população fica evidente em todo o relato.[21]

Apesar de tudo, ficou entusiasmado com os fatos. "Em toda a França o sangue correu", escreveu para Joseph em 8 de agosto, "porém em quase toda parte foi sangue impuro dos inimigos da Liberdade e da Nação." Seu comandante o colocou à frente de um grupo de oficiais com o objetivo de estudar as possibilidades de disparar bombas caso viessem a ficar sitiados, e ele escreveu seu relatório diligentemente, porém sua cabeça estava longe. Ele havia solicitado uma longa licença, na intenção de ir à Córsega e tomar parte no que quer que viesse a ocorrer lá. Tanto seu sentimento quanto suas ambições o impeliam para lá: o ideal da ilha-nação que nutrira nos últimos anos acenava para ele, assim como o fato de que podia desempenhar um papel de maior destaque lá do que na França.[22]

Em 16 de agosto, seu regimento se amotinou. Os soldados confrontaram seus oficiais exigindo que entregassem o cofre do regimento, e eles foram obrigados a ceder. Os soldados se embebedaram e tentaram confraternizar com os oficiais, forçando-os a beber com eles. Não há registro do que Napoleone pensou sobre isso, mas não é difícil imaginar. Quando, poucos dias depois, o regimento desfilou para fazer um novo juramento à nação, ao rei e à lei, ele provavelmente pensava em outra nação. Sua licença havia sido concedida, e nos primeiros dias de setembro ele partiu de Auxonne para a Córsega.[23]

5
Córsega

Napoleone chegou a Ajácio no final de setembro de 1789. Exceto por Maria-Anna, que continuava em Saint-Cyr, a família toda estava lá. Joseph tinha um cargo judicial na cidade, porém Lucien, que abandonara a carreira militar em função de problemas de vista e depois tentou seguir para o sacerdócio, estava ocioso, assim como Louis. Suas perspectivas na França tinham desaparecido, e eles estavam novamente reduzidos à Córsega. Napoleone pretendia ter um papel nos negócios da ilha, mas a cena política não era exatamente a que ele havia imaginado.

Depois dos fatos ocorridos na França, houve motins nas cidades litorâneas, porém não havia um ímpeto revolucionário, já que nenhum dos problemas que motivaram a revolução na França tinha ressonância na Córsega, onde os privilégios feudais e as diferenças de classe não eram questões importantes. Aqui o conflito era entre os separatistas e aqueles que tinham associado seu futuro ao da França, e entre clãs rivais. No início do verão de 1789, uma assembleia corsa enviara quatro deputados para os Estados Gerais em Versalhes: Matteo Buttafocco representando a nobreza, o abade Peretti representando o clero, e o advogado Cristoforo Saliceti e o capitão Pietro Paulo Colonna Cesari representando o Terceiro Estado. A única coisa que os unia era o ressentimento contra o governo francês. Mesmo legalistas franceses como Buttafocco e Peretti queriam que a ilha fosse administrada por seus habitantes, o que significava que seria governada por gente como eles mesmos. Os representantes do Terceiro Estado, Saliceti e Cesari, pertenciam a uma facção que se descrevia como "patriota", parte dos quais queria maior autonomia ou até mesmo a independência, em vez de integração com a França.

Os Estados Gerais tinham se transformado em uma Assembleia Nacional, e isso decidiria o futuro da Córsega. Em 17 de junho de 1789,

Saliceti e Cesari fizeram um apelo à Assembleia exigindo que a Córsega fosse governada por um comitê de cidadãos locais e que fosse criada uma guarda cívica formada por habitantes da ilha, seguindo o modelo daquelas que tinham surgido em toda a França. Enquanto isso, uma série de confusões de caráter oportunista eclodia na ilha, com queixas latentes sendo expressas e gente aproveitando para acertar contas pessoais. Em 14 de agosto, a Assembleia que havia escolhido os deputados para os Estados Gerais estabeleceu uma autoridade municipal revolucionária em Bastia. No dia seguinte, a festa da Assunção da Virgem em Ajácio resultou na formação de um "comitê patriótico", tendo Joseph como secretário (por ser o único a saber ler e escrever em francês). Napoleone presumiu que o próximo passo seria a formação de uma guarda cívica e, com outro jovem entusiasta, Carlo Andrea Pozzo di Borgo, saiu distribuindo laços que deveriam ser usados como marca de solidariedade com a Revolução na França e incentivando as pessoas a formar milícias cidadãs.

Em 17 de outubro, a Assembleia Nacional, que a essa altura havia sido transferida de Versalhes para Paris, decidiu negar o pedido da Córsega para formar sua própria Assembleia e ter uma guarda cívica, alegando excesso de custos. Napoleone escreveu uma carta de protesto, assinada por todos os ativistas revolucionários em Ajácio. Ele continuou a agitar, e em 30 de novembro seu pedido para que a Córsega gozasse dos mesmos direitos do restante da França foi lido na Assembleia Nacional em Paris. Ele foi apoiado por Saliceti e recebeu a adesão do tribuno revolucionário Mirabeau, e, em um daqueles momentos de louco entusiasmo característicos dos primeiros dias da Revolução, a Córsega foi integrada à nação francesa e todos aqueles que lutaram contra a França foram anistiados. Paoli foi convidado a deixar Londres e ir a Paris, onde seria recebido como herói antes de viajar à Córsega. Houve celebrações com um Te Deum sendo cantado nas igrejas da ilha, e Napoleone pendurou um cartaz na fachada da casa dos Buonaparte com a inscrição "*Vive la Nation! Vive Paoli! Vive Mirabeau!*".[1]

As palavras deixavam certa ambiguidade em relação a qual "nação" Napoleone se referia. "Esse jovem oficial foi criado na École Militaire, sua irmã em Saint-Cyr, sua mãe recebeu uma torrente de benefícios governamentais", o comandante francês em Ajácio escreveu para o ministro da Guerra em Paris, acrescentando que ele deveria estar com seu regimento em vez de causando problemas na Córsega. Mas Napoleone não foi convocado, e a questão relativa à sua fidelidade ficaria ainda mais complexa com a chegada de Paoli à ilha.²

Babbo foi precedido por vários seguidores que estavam voltando do exílio e que viam no sofrimento que passaram em nome da causa um motivo para se sentirem superiores, os levando a questionar a lealdade daqueles que, como Buonaparte, conviveram em paz com o domínio francês. Isso obrigou os irmãos Buonaparte a demonstrar sua devoção à causa corsa. Retiraram da parede da sala de estar um retrato de Marbeuf e o esconderam, mas a posição deles não ficou clara.³

Como Napoleone estava escrevendo sua história violentamente antifrancesa da Córsega, é de se presumir que ele ainda se visse como um patriota corso, e não como um francês. Mas dadas as incertezas da situação, ele devia manter um pé em cada canoa e lembrar que tinha uma carreira no Exército francês. Sua prioridade imediata era garantir posição e influência. Em fevereiro de 1790, os dois irmãos trabalharam pela eleição de seu amigo Jean Jérôme Levie para prefeito de Ajácio, e de Joseph para o conselho municipal (o que incluiu uma falsificação feita pelo arquidiácono Fesch na certidão de nascimento para que ele tivesse a idade exigida).⁴

O passo seguinte seria eleger Joseph para a Assembleia Geral que deveria se encontrar em Orezza para estabelecer a administração da ilha. Joseph obteve sucesso, e Napoleone o acompanhou, com os dois partindo a cavalo em 12 de abril, mas na chegada eles foram vistos com desconfiança por muitos devotos de Paoli. Napoleone expressou sentimentos antifranceses e escreveu uma petição exigindo que todos os franceses fossem expulsos da ilha. Ficou amigo de Filippo Buonarotti, um revolucionário e apoiador de Paoli na Toscana, e de Filippo Masseria, braço direito de Paoli que tinha sido enviado por ele de Londres (e que era um agente britânico). Ele também escreveu para seu comandante pedindo uma extensão de sua licença, alegando problemas de saúde.⁵

Isso não aumentou muito sua credibilidade junto aos escudeiros de Paoli em Corte, mas afetou sua posição em Ajácio, e quando os dois irmãos voltaram, enfrentaram a animosidade dos habitantes mais conservadores. Nos primeiros dias de maio, enquanto passeava pelo Olmo, eles foram atacados por um grupo comandado por um padre local, mas acabaram salvos por um bandoleiro que os conhecia. Eles conseguiram mobilizar seus apoiadores no Borgo, e em 25 de junho todos os oficiais franceses foram expulsos de Ajácio.⁶

Joseph foi um dos escolhidos para encontrar Paoli no caminho de Paris para a Córsega e para acompanhá-lo na volta à sua ilha natal, lá chegando em 14 de julho de 1790. Napoleone e outros de Ajácio o encontraram em Bastia em 4 de agosto, e os dois irmãos se uniram a cerca de quinhentos apoiadores que cavalgaram com ele em seu trajeto triunfal até Corte.[7]

O general da nação corsa tinha 65 anos e vinha marcado por 21 anos de exílio em Londres, durante os quais apreciara os méritos da monarquia. Embora tenha sido a Revolução que lhe permitiu voltar para sua terra natal, ele não era um revolucionário. Em 8 de setembro, abriu um congresso em Orezza lotado com sua família e apoiadores. Ao longo das três semanas seguintes, esse congresso reorganizou a administração da ilha, dando-lhe poder executivo ilimitado, comando geral da Guarda Nacional e uma renda considerável. Isso não estava em sintonia com o que acontecia em Paris, e muitas das medidas tomadas eram contra a lei, tendo em vista que a Córsega agora era um departamento da França.

Napoleone não se deixou abalar por tais métodos despóticos. Graças ao apoio de Paoli, Joseph obteve um assento no Congresso e a presidência do distrito de Ajácio. E embora não tenha sido beneficiado pessoalmente, Napoleone apoiou Paoli, acusando qualquer um que não se mostrasse completamente comprometido com a causa de ser "mau cidadão", e sugerindo a Carlo Andrea Pozzo di Borgo a remoção física de três oficiais cujo entusiasmo ele não considerava suficiente. "Os meios são violentos, possivelmente ilegais, porém indispensáveis", insistia. Ele acreditava que Paoli continuava confiando demais na democracia e que era preciso ser mais implacável.[8]

A licença de Napoleone estava acabando, por isso no fim de outubro ele velejou para a França. O navio foi levado de volta duas vezes por ventos fortes e só em janeiro de 1791 ele finalmente conseguiu deixar a ilha. Enquanto isso, continuou politicamente ativo. Em 6 de janeiro, com Joseph, Lucien e Joseph Fesch, tomou parte na sessão de abertura do Globbo Patriotico, o Clube Patriótico de Ajácio, afiliado ao Clube Jacobino de Paris, que representava o grupo mais extremista da revolução. Napoleone comparecia regularmente, fazendo discursos com frequência. Chegava ao auge do ardor ao denunciar Buttafocco e Peretti, que vinham agitando em Paris contra Paoli. Napoleone escreveu um panfleto intitulado "Lettre à Buttafocco", em que denunciava o deputado como traidor e o acusava por todo o sangue derramado pelos franceses na Córsega. Ele leu a carta no clube, onde ela foi recebida com entusiasmo, com um voto de que fossem impressas cem cópias.⁹

Quando conseguiu de fato velejar rumo à França, Napoleone levou consigo seu irmão mais novo Louis. O garoto tinha doze anos e dificilmente frequentaria a escola caso continuasse em Ajácio, e, como não havia dinheiro para enviá-lo para uma boa escola, Napoleone decidiu cuidar disso pessoalmente.

Em 12 de fevereiro, estava com seu regimento em Auxonne. Alugou dois pequenos quartos na cidade, um para ele e outro para Louis. "Ele está estudando com afinco, aprendendo a ler e escrever em francês, e eu ensino matemática e geografia", Napoleone escreveu para Joseph em 24 de abril. "Será um bom homem. Todas as mulheres aqui estão apaixonadas por ele. Ele adotou um comportamento ligeiramente francês, correto e elegante; participa da vida em sociedade, cumprimenta as pessoas com graça, mantém uma conversa fiada com a seriedade e a dignidade de um homem de trinta anos. Não tenho dúvidas de que será o melhor indivíduo de nós quatro." Ele não mencionou o fato de que o jovem Louis às vezes precisava de uma surra como incentivo.¹⁰

Ao partir do litoral sul, Napoleone ficou feliz com o ardor revolucionário que viu em toda parte. Passando por Valence, participou de uma sessão de um clube revolucionário local, e em 8 de fevereiro, em uma carta para Joseph Fesch, garantiu que todo o país apoiava a Revolução e que os únicos monarquistas que encontrou eram mulheres. "Não é de surpreender", brincou. "A Liberdade é uma mulher mais bela que pode tirar o brilho delas." Essa reflexão parece tê-lo levado a fazer rascunhos para um ensaio sobre o tema do amor que, segundo ele, era uma emoção absolutamente supérflua.¹¹

Em Auxonne, foi bem recebido pelo amigo Des Mazis e por seu comandante Du Teil, mas muitos de seus colegas de oficialato demonstraram frieza quando ele começou a expressar suas opiniões. Nas primeiras fases, a Revolução tinha sido bem recebida pela maior parte dos franceses instruídos e certamente pelos jovens oficiais de regimentos provincianos, que se ressentiam do monopólio que a aristocracia tinha sobre as patentes mais altas. A abolição da nobreza em junho de 1790 removeu todas as barreiras que impediam o avanço na carreira, mas isso não foi bem-visto por todos, e os desdobramentos posteriores fizeram com que muitos se voltassem contra o caminho que a Revolução tomava. O entusiasmo revolucionário de Napoleone os irritava, e não seria a obsessão dele com a Córsega que ajudaria a ganhar a simpatia dos oficiais.

Ele estava ocupado acompanhando a impressão de sua "Lettre à Buttafocco", da qual mandou exemplares para a Assembleia Nacional em Paris e para Paoli na Córsega. Esperava terminar e publicar sua história da Córsega, e escreveu a Paoli pedindo acesso a seu arquivo. Paoli mostrou desdém, descrevendo o panfleto como um gesto sem sentido, e não apenas deixou de atender ao pedido de Napoleone para ter acesso a seus documentos, como ainda disse que a história não devia ser escrita por jovens, deixando claro que o considerava imaturo.[12]

No processo de reorganização do Exército, a Assembleia Nacional substituiu os nomes dos regimentos de artilharia por números, e o regimento de La Fère se transformou no Primeiro Regimento. Napoleone foi transferido para o Quarto Regimento, antes conhecido como regimento de Grenoble, agora com base em Valence, no qual ele passou a primeiro-tenente. Deixou Auxonne em 14 de junho e chegou a Valence dois dias depois, voltando para os mesmos aposentos que tinha ocupado antes e fazendo as refeições na mesma pensão. Madame du Colombier e a filha tinham ido embora, porém muitos amigos que ele fizera na estada anterior seguiam por lá; mademoiselle de Lauberbie de Saint-Germain, com quem ele havia flertado, nesse ínterim casara-se com Jean-Pierre Bachasson de Montalivet, um homem inteligente de quem Napoleone ficou amigo.

Depois de estabelecido, Napoleone escreveu o *Dialogue sur l'amour*, um discurso platônico dirigido a Des Mazis, que tinha o costume de se apaixonar e então enaltecer para Napoleone as alegrias e os sofrimentos que advinham disso. No texto, Napoleone admitia já ter se apaixonado, mas afirmava que aquilo que no fundo era uma simples sensação havia sido enfeitado com um excesso de "definições metafísicas". "Creio que o amor seja prejudicial à sociedade, à felicidade individual da humanidade, e creio que o amor faça mais mal do que bem", afirmava, "e que seria uma bênção caso alguma deidade protetora nos livrasse dele e o eliminasse do mundo." Para ele parecia absurdo que o homem, "este sexo que é senhor do mundo por meio de sua força, de sua diligência, de sua mente e de outras faculdades, deva encontrar sua suprema felicidade em definhar nos grilhões de uma fraca paixão e sob o domínio de um ser mais frágil do que ele em mente e corpo". Ele podia ter abandonado o sentimentalismo de *A nova Heloísa*, porém continuava sendo cria de Rousseau ao acreditar que o primeiro dever do homem é com a sociedade e com o Estado.¹³

A natureza do Estado francês passava por transformações, o que testava a fidelidade de cada um e polarizava a sociedade. Poucos dias depois de Napoleone, chegaram a Valence notícias sobre a tentativa do rei de fugir do país e sobre sua prisão em Varennes, perto da fronteira com os Países Baixos austríacos na noite de 21 de junho de 1791. Em outubro de 1789, Luís XVI tinha sido obrigado por uma multidão de mulheres a deixar Versalhes e se mudar para Paris. Ele e sua família se tornaram na verdade prisioneiros no palácio real das Tulherias, e a crescente hostilidade da turba parisiense levou à decisão da fuga. Isso foi visto como traição, já que a intenção do rei era a de se unir às forças antirrevolucionárias em Koblenz, na Alemanha, sob comando de seu irmão mais novo, o conde D'Artois.

Napoleone tinha entrado para o Club des Amis de la Constitution, do qual logo se tornou secretário, em cujas reuniões fazia discursos republicanos. Em 14 de julho, enquanto seu regimento desfilava para celebrar o segundo aniversário da queda da Bastilha, os oficiais e os homens fizeram um novo juramento de lealdade à Assembleia Nacional. Um Te Deum foi cantado e em um banquete naquela noite o tenente Buonaparte estava entre aqueles que fizeram brindes republicanos. Sem querer recair em perjúrio, fazendo um juramento que se sobrepusesse àquele pelo qual juravam lealdade ao rei, muitos de seus colegas de oficialato renunciaram a seus postos, e alguns atravessariam a fronteira para se unir às forças legalistas. Napoleone não teve tais escrúpulos. Em sua amada narrativa de uma Córsega violada pelos franceses, o monarca era a encarnação do arqui-inimigo; e como ele havia começado a desenvolver uma atitude mais positiva em relação à França, o rei foi quem ficou com os resíduos de seus sentimentos negativos.

Tendo que sustentar tanto a si mesmo quanto a Louis, Napoleone enfrentava problemas com dinheiro, e em parte foi o prêmio de 1,2 mil francos (mais do que sua remuneração anual) que o levou a entrar na competição anunciada pela Académie de Lyon para um ensaio sobre o seguinte tema: "Quais verdades e quais sentimentos são mais necessários inculcar nas pessoas para garantir sua felicidade". Na ocasião, nem ele nem qualquer um dos outros quinze inscritos levaram o prêmio, já que o júri considerou que seus trabalhos não estavam à altura. Um dos membros do júri descreveu o ensaio de Napoleone como um sonho tresloucado, e outro comentou: "Pode ser obra de homem de certa sensibilidade, mas está mal ordenado, é desigual demais, muito desconexo e mal escrito demais para prender a atenção". O texto é realmente pomposo, intrincado, cheio de referências culturais e de palavras obscuras (ele havia feito uma lista dessas palavras antes de começar), mas apesar disso é um documento fascinante.[14]

O texto está coalhado de contradições, já que os instintos libertários de Napoleone trombam com um desejo autoritário de ordenar as coisas para que tudo saia da melhor maneira possível. Ele prefacia o texto com versos de Pope cujo sentido é de que o homem nasce para apreciar a vida e ser feliz, e inicia com a frase: "Ao nascer, o homem adquire o direito à porção dos frutos da terra que são necessários à sua existência". Ele se enfurece com aqueles que, como os aproveitadores, se colocam como dificuldades para que isso aconteça, e contra as autoridades em geral. Estipula que todos deveriam ter sua porção de terra e plena proteção legal, e que as pessoas deveriam ter permissão para dizer e escrever o que desejassem. No entanto, a lei deveria orientar as pessoas de acordo com as regras do raciocínio e da lógica, e protegê-las contra ideias "más" e "pervertidas", que não deveriam ter permissão para circular, seja por meio da palavra falada ou impressa. Curiosamente, ele identifica a ambição como o principal flagelo da humanidade, sobretudo "a ambição que derruba estados e fortunas privadas, que se alimenta de sangue e crime; a ambição que inspirou Carlos V, Felipe II, Luís XIV", que ele vê como uma "paixão desordenada, um delírio violento e irracional", uma vez que a "ambição jamais é satisfeita, nem mesmo no pináculo da grandeza". Embora rejeite a premissa de Rousseau da bondade natural do homem, em favor de uma visão mais cínica sobre a natureza humana, ele se utiliza do mito do bom selvagem e usa Paoli como um parágono de virtude que recebeu o espírito de Atenas e de Esparta.[15]

Tendo conseguido mais uma licença, Napoleone voltou a Ajácio no início de outubro de 1791. Fez campanha para Joseph, que tentava ser eleito para representar a Córsega na Assembleia Legislativa que se reuniria em Paris (a Assembleia Nacional tinha se dissolvido). Mas Paoli nomeou seus candidatos favoritos, e Joseph foi recompensado apenas com um cargo local em Corte. Paoli demonstrou ambivalência com relação ao clã Buonaparte, e particularmente com relação a Napoleone, que usava uniforme francês e começava a se comportar mais como um jacobino francês do que como um patriota corso.[16]

Embora tivesse jurado lealdade à nação francesa perante a Assembleia Nacional em Paris em 22 de abril de 1790, Paoli enxergava havia tanto tempo a França como um inimigo que sentia dificuldade em confiar nos franceses. Além de ser monarquista, era um católico devoto, e amigo do clero, que tinha dado apoio e abrigo a ele e a seus apoiadores. A perda de status da Igreja e a perseguição do clero eram ofensivas para ele, assim como para a maioria dos corsos.

Poucas semanas depois da chegada de Napoleone, em 16 de outubro, seu tio-avô Luciano morreu. Mal tinha dado seu último suspiro, seus sobrinhos e sobrinhas começaram a apalpar o colchão e a revistar o quarto para encontrar o dinheiro que presumiam que ele tivesse escondido. Na verdade, havia restado pouco dinheiro, já que Luciano fora obrigado a usar suas economias para pagar as dívidas de Carlo. Mas Joseph conseguiu convencer a administração local (da qual era membro) a reembolsar o dinheiro que Carlo investiu em Salines ao longo dos anos. Os recursos foram investidos em várias propriedades confiscadas da Igreja, da realeza e da nobreza que estavam sendo vendidas como *biens nationaux*, "bens da nação". Parece que para abafar boatos de malversação, os irmãos Buonaparte contaram uma história segundo a qual tinham encontrado uma fortuna debaixo do colchão de Luciano.[17]

Enquanto Joseph trapaceava em Corte, Napoleone obtinha um comando na Guarda Nacional de Ajácio, o que o livrava de ter de voltar à sua unidade regular. Porém uma nova lei estipulava que oficiais abaixo da patente de tenente-coronel deviam deixar a Guarda Nacional e voltar a suas unidades. Determinado a permanecer na Córsega, decidiu tentar a patente. Teria de disputá-la contra dois candidatos formidáveis. Um deles era Mateo Pozzo de Borgo, membro do mais poderoso clã de Ajácio e irmão de Carlo Andrea, colaborador de confiança de Paoli e atualmente deputado na Assembleia Legislativa em Paris. O outro, Giovanni Peraldi, capitão de infantaria, tinha conexões igualmente boas, e seu irmão Marius era o outro deputado corso em Paris.

Napoleone passou a maior parte de fevereiro de 1792 em Corte, em tese trabalhando como guia e amanuense do filósofo visitante Constantin de Volney, mas na verdade provavelmente tentando cair nas graças de Paoli.

O comportamento dele não era calculado para conseguir isso: era hiperativo, participando de reuniões políticas e discutindo com gente na rua, dando opiniões extremadas e pedindo que as pessoas agissem. Sua figura não era convincente. Embora estivesse agora com 22 anos, parecia bem mais novo, e as pessoas faziam piadas com sua baixa estatura. Segundo uma fonte, quando ele desafiou Peraldi para um duelo, o outro nem se importou em comparecer.[18]

À medida que as eleições para o coronelato dos batalhões de Ajácio se aproximavam, Napoleone voltou para casa para fazer campanha. Todos eram bem-vindos à residência dos Buonaparte para jantar. Colchões eram colocados no chão para apoiadores que vinham do interior, que seriam úteis para pedir votos para os membros da Guarda Nacional, que na maior parte das vezes também vinham da zona rural, e seriam eles os que elegeriam os oficiais. A oposição também estava em campanha, mas não tinha levado em conta a determinação de Buonaparte.

A eleição, marcada para 1º de abril, devia ser presidida por três comissários, que chegaram a Ajácio dois dias antes. Um deles, Grimaldi, ficou hospedado na casa dos Buonaparte; outro, Quenza, ficou com a família Ramolino, de Letizia; porém o terceiro, Murati, tinha aceitado a hospitalidade de Peraldi. Na véspera das eleições, Napoleone enviou um de seus homens de Bocognano, um bandoleiro patriota que havia lutado com Paoli contra os franceses, à casa de Peraldi com sua gangue de assassinos. Eles invadiram a casa enquanto a família jantava e raptaram o comissário, levando-o à força para a casa dos Buonaparte, onde seus protestos foram respondidos por Napoleone, que garantia querer apenas preservar a independência de seu juízo contra a influência de Peraldi.[19]

Pela manhã, os cerca de quinhentos guardas nacionais se reuniram para eleger seus oficiais. Pozzo di Borgo e Peraldi não conseguiram falar, sendo silenciados pela multidão, e num procedimento farsesco Giovanni Battista Quenza foi eleito comandante, com Napoleone como tenente-coronel e segundo na linha de comando. As celebrações na casa dos Buonaparte naquela noite foram acompanhadas por uma banda militar.

No dia seguinte, o coronel Maillard, comandante da guarnição francesa em Ajácio, inspecionou os voluntários de Napoleone, porém a presença das duas forças na cidade criou certa tensão. Igualmente tensas eram as relações entre os cidadãos em geral conservadores, que viam nas tropas regulares da

França uma garantia de estabilidade, e os voluntários, que na maioria eram homens rudes das montanhas. Na tarde de 8 de abril, teve início uma briga entre meninas que jogavam boliche no Olmo, e à medida que os passantes e populares tomavam lados, começaram a se ouvir insultos que nada tinham a ver com a disputa original. Tiros foram disparados, e Napoleone foi até lá para restabelecer a ordem, porém mais pessoas saíram para as ruas numa explosão de animosidades. Depois que um de seus oficiais foi morto, Napoleone se viu obrigado a bater em retirada por razões de segurança para o antigo seminário, onde seus homens estavam alojados. Quenza e ele concordaram que a insurgência merecia ser retaliada, e começaram a atirar em qualquer habitante que estivesse ao alcance de suas armas. A briga gradualmente se transformou num tumulto armado caótico em que as pessoas se aproveitaram para resolver velhas rixas. Napoleone tentou explorar a crise pedindo permissão a Maillard para se refugiar com seus homens na cidadela, o que levantou suspeitas entre os franceses, e no dia seguinte Maillard determinou que os voluntários se retirassem de Ajácio. Napoleone insistiu que eles permanecessem, e novamente tentou obter permissão para que fossem à cidadela – chegou até mesmo a tentar subverter os soldados denunciando seu coronel como um "*aristo*".

Ao ouvir falar da existência de distúrbios, as autoridades em Corte enviaram comissários para descobrir o que estava acontecendo. Napoleone partiu para se encontrar com eles e contar os fatos à sua maneira, e escreveu uma versão em que se justificava. Depois de um exame superficial das circunstâncias, os comissários prenderam vários cidadãos e determinaram que Napoleone e seus voluntários saíssem de Ajácio. Ele cumpriu a ordem liderando a retirada em 16 de abril, e pretendia ir a Corte para se explicar, mas não poderia esperar ser bem recebido por lá. O veredito de Paoli sobre os eventos em Ajácio foi de que não se podia esperar outra coisa quando "meninos inexperientes são colocados no comando da Guarda Nacional". Ele já havia aguentado o suficiente de Buonaparte. "O general voltou para cá ontem à noite, ele está com má vontade em relação a mim; eu o vi hoje pela manhã, discutimos, e está tudo acabado", Joseph escreveu para seu irmão, incitando-o a ir a Paris assim que possível para se justificar perante o governo.[20]

6
França ou Córsega

Napoleone tinha muitas explicações a dar quando chegou a Paris duas semanas depois, no fim de maio de 1792. Mais de um relatório condenando suas atividades em Ajácio havia chegado à capital, e ele fora denunciado à Assembleia Legislativa pelos deputados corsos Carlo Maria Pozzo di Borgo e Marius Peraldi, que não eram amigos dos Buonaparte desde as eleições da Guarda Nacional em que seus irmãos foram trucidados. Peraldi havia chegado à conclusão de que a família "jamais, sob qualquer regime, teve outros méritos que não os da espionagem, da traição, do vício, da falta de pudor e da prostituição". Pozzo di Borgo foi mais ameno, e Napoleone conseguiu aplacá-lo.[1]

Napoleone também precisava acalmar o ministro da Guerra, já que ele tinha excedido o tempo permitido para sua licença e poderia ser classificado como desertor. Felizmente para ele, a guerra contra a Áustria tinha começado um mês antes, e como a emigração de milhares de oficiais causou um problema de falta de pessoal, o ministro não tinha a intenção de privar o Exército de um oficial treinado por causa de uma rixa em cidadezinhas da Córsega. A denúncia feita pelo coronel Maillard foi repassada ao Ministério da Justiça, que, embora tenha recebido outros relatórios igualmente desfavoráveis, deixou o assunto morrer.[2]

No dia seguinte à sua chegada a Paris, em 29 de maio, Napoleone inesperadamente encontrou um velho amigo de Brienne, Fauvelet de Bourrienne. Este não tinha seguido carreira militar, havia entrado para o serviço diplomático, o que o levou a Viena e Varsóvia, e agora estava desocupado. Os dois jovens se uniram, compartilhando o pouco dinheiro que tinham e pensando em maneiras de obter mais recursos. Napoleone também encontrou outra amizade na casa de Panoria Permon, amiga de infância de sua mãe, uma bela mulher de virtude duvidosa que administrava algo que parece ter sido uma casa de jogos, onde ela recebia corsos e outros.³

Em 16 de junho, ele visitou sua irmã Maria-Anna em Saint-Cyr. "Ela é alta, bem formada, aprendeu a costurar, ler, escrever, a pentear os cabelos, dançar e também umas poucas palavras sobre história", ele relatou a Joseph Fesch, preocupado por ela ter perdido contato com suas raízes e se tornado "uma aristocrata", e temeroso de que, caso soubesse que ele apoiava a Revolução, ela jamais concordasse em vê-lo. Porém a atitude dele em relação à Revolução estava prestes a ser testada.⁴

Poucos dias depois, em 20 de junho, ele se encontrou com Bourrienne para almoçar em um restaurante na rue Saint-Honoré. Ao sair, eles se depararam com milhares de homens e mulheres com lanças, machados, espadas, armas de fogo e paus indo em direção às Tulherias. Eles foram atrás e tomaram posição no terraço dos jardins das Tulherias, de onde observaram a multidão chegar ao palácio, arrombar as portas, dominar os integrantes da Guarda Nacional e entrar. Napoleone não conseguia esconder sua indignação, e quando viu o rei se submetendo a usar um chapéu vermelho da liberdade e aparecer na janela para beber à saúde do povo, ele explodiu: "*Che coglione!*", ele supostamente teria exclamado, enojado por ninguém ter impedido que a turba invadisse o palácio, e teria declarado que, caso ele fosse o rei, as coisas teriam acontecido de outra maneira. Ele não parava de voltar ao assunto, fazendo prognósticos pessimistas para o futuro. "Quando alguém vê tudo isso de perto, é preciso admitir que as pessoas dificilmente são dignas do esforço que fazemos para cair nas suas graças", escreveu a Lucien duas semanas depois, acrescentando que as cenas que testemunhou fizeram a briga de Ajácio parecer brincadeira de criança.⁵

Uma semana depois, em 10 de julho, ele foi reintegrado à artilharia com a patente de capitão, e ganhou seis meses de salários retroativos. Embora tenha recebido ordens de se unir ao seu regimento, Napoleone estava dividido quanto a qual caminho tomar. Ele tinha dado os retoques finais em suas *Lettres sur la Corse*, que estavam agora prontas para o prelo, porém, como admitiu para Joseph, o contexto político não era favorável. Ele estava começando a achar que seu futuro poderia estar na França, e aconselhou Joseph a que se elegesse para a Assembleia Legislativa em Paris, uma vez que a Córsega estava se tornando periférica. Ao mesmo tempo, ele o incitou a incentivar Lucien a permanecer próximo de Paoli. "Nunca foi tão provável como agora que isso tudo leve à nossa independência", escreveu, sugerindo que eles deixassem as opções em aberto.⁶

Lucien não conseguiu ser escolhido como secretário de Paoli. Ele tinha dezessete anos, era exaltado e rebelde. Seu espírito, como ele próprio afirmou numa carta a Joseph, era tomado por um "entusiasmo" ilimitado; ele tinha olhado para dentro de si e estava "desenvolvendo" sua personalidade de "modo extremamente pronunciado". Sua alma tinha se incendiado pela leitura do tremendamente popular poema *Pensamentos noturnos sobre a vida, a morte e a imortalidade*, de Edward Young, e havia se decidido a descobrir sua identidade por meio da escrita. Ele estava compondo um poema sobre Brutus, e sua pena voava sobre o papel "com uma velocidade impressionante". "Pouco corrijo; não gosto de regras que restringem o talento e não sigo nenhuma delas", escreveu. Lucien também tinha aderido aos ideais revolucionários mais radicais. Ele garantia a Joseph que "sentia a coragem para matar tiranos" e que preferia morrer com uma adaga na mão do que numa cama cercada por uma "farsa" sacerdotal.⁷

Alertado pelo irmão mais novo Louis de que Lucien estava prestes a dar um passo que "poderia comprometer o interesse geral da família", Napoleone lhe escreveu mais de uma vez, tentando colocar limites nas ações dele. Lucien não queria nem ouvir falar nisso. Ele se ressentia do domínio de Napoleone, acusando-o de ter se apaixonado pelas atrações refinadas de Paris, e expressou seu ressentimento por dizerem o que ele devia fazer numa carta passional para Joseph em 24 de junho, redigida no idioma inescapável da revolução. "Ele me parece bem adequado para ser um tirano e acredita que seria um, caso fosse rei, e que seu nome seria causa de horror para a posteridade e para os patriotas sensíveis", ele escreveu, se colocando no papel de um revolucionário "puro" e Napoleone no de um vendido. "Acredito que ele seja capaz de virar a casaca..."⁸

Napoleone de fato estava mudando o objeto de sua lealdade. Ele havia alimentado uma visão de si mesmo como o defensor de uma nobre e perseguida nação e de seu heroico líder Paoli, demonizando a França, que considerava a responsável por todos os males. Mas, ao longo dos dois últimos anos, ele se familiarizara com a nação oprimida, e descobriu que ela era menos inocente do que ele sonhava. Seu líder heroico era tão sem princípios e tirânico quanto qualquer outro governante – e tinha deixado de dar a Napoleone o reconhecimento que ele acreditava merecer. Enquanto isso, a

França demonizada havia renascido como a defensora de tudo aquilo em que ele passou a acreditar. Vista de Paris, a Córsega começava a parecer pequena e má. Em 7 de agosto, Napoleone escreveu a Joseph dizendo que ele tinha decidido permanecer na França. Em sua atual condição financeira, a família se beneficiaria com sua volta ao regimento: pelo menos um deles estaria recebendo salário. Havia uma guerra em curso, e mais cedo ou mais tarde ele teria a chance de ser promovido. Mas apenas três dias se passaram quando aconteceu algo que o fez mudar de ideia.[9]

Em 10 de agosto, ele foi acordado em seus aposentos na rue du Mail perto da Place des Victoires com os sinos tocando um sinal de alarme. Ao ouvir que o palácio das Tulherias estava sendo invadido, ele partiu para a Place du Carrousel, onde o irmão de Bourrienne tinha uma loja de móveis, da qual era possível ver o que estava acontecendo. "Antes de chegar à Carrousel, encontrei na rue des Petits-Champs um grupo de homens odiosos levando uma cabeça na ponta de uma lança", ele lembraria anos mais tarde. "Ao me ver mais ou menos bem-vestido e parecendo um cavalheiro, me abordaram e me fizeram gritar '*Vive la Nation!*', o que fiz imediatamente, como se pode imaginar."[10]

Uma multidão de mais ou menos 20 mil pessoas portando armas de fogo, lanças, machados, facas e até mesmo espetos invadiu o palácio das Tulherias, defendido por novecentos homens da Guarda Suíça e por cerca de cem cortesãos e nobres. O rei e sua família fugiram para a proteção da Assembleia Legislativa, mas os que ficaram para defender o palácio foram destroçados. Quando tudo terminou, Napoleone se arriscou a ir aos jardins do palácio, onde havia gente dando golpes de misericórdia nos feridos e mutilando corpos de maneiras obscenas. "Nunca desde então algum campo de batalha em que estive me causou tanta impressão pelo número de mortos como aconteceu com aquela massa de corpos da Guarda Suíça, talvez pelo espaço restrito ou talvez por ser a primeira vez que eu via algo daquele gênero", ele lembraria. "Vi inclusive mulheres bastante bem-vestidas cometerem as mais extremas indecências com os corpos dos guardas suíços." Napoleone estava apavorado e horrorizado, e jamais perderia seu medo de multidões.[11]

Ele não iria permanecer em Paris para ver a cidade rumar para a anarquia e não podia deixar sua irmã numa instituição que a identificava como nobre. Em 31 de agosto, ele foi a Saint-Cyr para pegar Maria-Anna e a levou para Paris. Em 2 de setembro, turbas começaram a invadir prisões e a matar os presos como reação a uma declaração do duque de Brunswick, comandante do exército aliado que marchava rumo à França para restabelecer a monarquia, na qual ele prometia ser severo com a população da capital francesa caso o rei ou seus familiares estivessem feridos. O massacre dos aristocratas, padres e outros que estavam detidos por uma ou outra razão prosseguiu por cinco dias, e somente em 9 de setembro Napoleone e sua irmã conseguiram deixar Paris. Eles pararam em Marselha por tempo suficiente para receber seus pagamentos atrasados, e em 10 de outubro, quando a monarquia já tinha sido abolida e a França declarada uma república, os dois irmãos embarcaram em Toulon, chegando a Ajácio cinco dias depois. Napoleone imediatamente partiu para Corte, esperando fazer com que o clã Buonaparte voltasse a ficar em boas graças.

Paoli pode ter sido um ditador, porém suas tentativas de estabelecer um Executivo eficiente haviam fracassado. A cultura da ilha fora profundamente afetada pelo domínio francês: o influxo de dinheiro em espécie modificou um sistema em que a maioria da população jamais havia segurado uma moeda, ao passo que a criação de um governo remunerado deu início a uma corrida por cargos que abriam novos campos de conflito entre clãs rivais e oportunidades tentadoras de corrupção. A maioria dos ocupantes de cargos públicos estava mais preocupada com acerto de contas, nepotismo e lucros pessoais do que com a administração do país. Seriam eles os compradores dos *biens nationaux* que estavam sendo vendidos: esses bens compunham 12% da superfície da ilha, mas apenas quinhentas pessoas, de uma população de 150 mil, estavam em condições de se beneficiar. Isso alterou o padrão igualitário de propriedade de terras que existia anteriormente, ao passo que as recém-introduzidas normas acabaram com direitos antiquíssimos e não escritos relativos a pasto e coleta, o que levou a disputas e ao banditismo numa escala que nenhum governo seria capaz de controlar.[12]

Paoli não estava bem e era incapaz de exercer a autoridade que exercera no passado. Seu relacionamento com a França era tenso, e ele não tinha como evitar suspeitas em relação aos que se identificavam com aquele país ou com a Revolução. Ele via os irmãos Buonaparte com desconfiança. Paoli dispensara Joseph, que considerava ambicioso demais para seus méritos, e se recusou a aceitar o esquentado Lucien como secretário. Quando Napoleone apareceu em Corte esperando ser indicado para um posto de alto-comando, Paoli o dispensou com vagas promessas e o mandou de volta para Ajácio a fim de esperar ordens relacionadas a uma iminente invasão da Sardenha.

A ideia tinha sido discutida em Paris mais de um ano antes. A ilha ficava a apenas algumas horas de navegação da Córsega. Era rica em grãos e gado, de que o governo francês necessitava para alimentar seus exércitos, e presumia-se que seu povo precisava ser libertado. A dinastia que governava a ilha, a Casa de Saboia, também governava o Piemonte e a Saboia, e tinha se alinhado com a coalizão contrária à França.

A invasão seria realizada por um somatório de forças de soldados regulares franceses, voluntários de Marselha e guardas nacionais da Córsega. No fim de outubro, poucos dias depois de Napoleone retornar de Corte, a esquadra naval francesa, levando os soldados regulares e um destacamento de voluntários, lançou âncoras perto de Ajácio. Seu comandante, o contra-almirante Laurent Truguet, foi recebido pelas principais famílias da cidade, que o entretiveram com jantares e danças. O marinheiro de quarenta anos foi convidado frequente na casa dos Buonaparte, tendo se deixado encantar por Maria-Anna, à época com dezesseis anos. Acompanhando-o no navio que comandava a esquadra ia Charles Huguet de Sémonville, que estava a caminho de assumir o posto de embaixador em Constantinopla. Ele também foi cortejado pela família Buonaparte e concordou em levar Lucien como seu secretário. De acordo com Lucien, Napoleone pensou em ir para leste também, trabalhar com os britânicos na Índia, calculando que suas credenciais profissionais lhe dariam a possibilidade de assumir um posto de comando em que ele teria a oportunidade de alcançar grandes feitos. Enquanto isso, ele quase encontrou seu fim nas ruas de Ajácio.[13]

Quando tiveram permissão para deixar os navios, os soldados franceses saíram pela cidade arranjando briga. Em 15 de dezembro, uma força de voluntários de Marselha chegou ao local. Era composta pela escória do porto da cidade, e três dias depois o grupo se uniu a parte dos soldados regulares e começou a linchar pessoas acusadas de serem "aristos", o que incluía membros da Guarda Nacional corsa, mutilando seus corpos e desfilando com eles pela cidade antes de atirá-los no porto. A ordem foi restabelecida com alguma dificuldade, mas em janeiro de 1793 um novo contingente de voluntários chegou, e Napoleone só foi salvo do linchamento pela intervenção de seus guardas.

Em 18 de fevereiro, para alívio do povo de Ajácio, a expedição partiu. Napoleone estava no comando de um pequeno grupo de artilharia sob ordens de seu colega Quenza. A expedição havia sido dividida em duas forças. A maior, composta por soldados regulares franceses, iria atacar Caligari, a capital da Sardenha; a menor, formada sobretudo por voluntários corsos, ficou com a ilha de Madalena, ao norte da costa da ilha. Essa força, comandada por Colonna Cesari, era composta pela corveta *La Fauvette* e por vários veículos de transporte de tropas. Ventos pouco favoráveis levaram a flotilha a recuar, e só quatro dias depois ela navegou, chegando a Madalena em 23 de fevereiro. A guarnição sardenha se refugiou numa pequena cidade da ilha. Napoleone organizou uma bateria que começou a bombardear o lugar para forçar sua capitulação, e depois de dois dias a guarnição estava a ponto de se render. Porém, a tripulação da *La Fauvette* decidiu voltar para casa, e Cesari foi obrigado a determinar uma retirada imediata, com instrução para jogar armas e outros equipamentos pesados ao mar. Napoleone e Quenza tiveram que subir às pressas nos barcos, cujas tripulações tinham sido tomadas pelo pânico. A flotilha voltou à Córsega em 28 de fevereiro.

Napoleone não perdeu tempo para evitar ser responsabilizado. Escreveu um relato detalhado dos fatos para Paoli; enviou outra carta, crítica a Cesari e por extensão a Paoli, para o ministro da Guerra em Paris; e assinou mais uma carta em conjunto com outros oficiais que tinham tomado parte da ação, em que defendia Cesari. Não foi tão fácil se defender contra ameaças mais diretas, e ele esteve a ponto de ser linchado como *"aristo"* por marujos da *La Fauvette* quando um grupo de seus homens o salvou.[14]

Em Paris, Saliceti vinha dizendo que Paoli não tinha mais condições de governar e que seu clã estava roubando em escala gigantesca. A Convenção, que havia substituído a Assembleia Nacional, decidiu investigar, e designou três comissários liderados por Saliceti para viajar à Córsega. Sua missão oficialmente era verificar as defesas que a ilha tinha contra um possível ataque da Marinha Real, uma vez que a situação internacional havia se tornado crítica. O rei Luís XVI fora guilhotinado em 21 de janeiro, o que chocou a opinião pública em toda a Europa e aumentou o apoio à coalizão de Áustria, Prússia, Espanha e Sardenha que já combatia na França. Em 1º de fevereiro, a França declarou guerra à Grã-Bretanha e à Holanda. O monarquismo e a anglofilia de Paoli não eram segredo em Paris. A Convenção determinou que quatro batalhões de guardas nacionais corsos fossem dissolvidos e substituídos por soldados regulares franceses, e colocou todas as forças da ilha sob comando de um general francês.

Em 14 de março, Lucien, que havia acompanhado Sémonville a Toulon quando ele foi chamado de volta, fez um discurso na Société Patriotique local denunciando Paoli. Ele pode ter sido escalado para fazer isso por algum dos inimigos de Paoli reunidos em Toulon, e mais tarde diria que não sabia realmente o que estava dizendo. No entanto, em 2 de abril, seu discurso foi lido na Convenção em Paris, que no dia anterior recebera notícias de que o comandante do Exército francês que enfrentava os austríacos, general Dumouriez, fora derrotado pelo inimigo. Vendo traição em toda parte, a Convenção emitiu um decreto considerando Paoli fora da lei e determinando sua prisão.[15]

Saliceti e os dois outros comissários ainda estavam ancorados em Golfe-Juan esperando ventos favoráveis quando ouviram a notícia, e escreveram a Paris pedindo que o decreto fosse suspenso enquanto eles investigavam. Só no início de abril eles chegaram a Bastia, onde Joseph Buonaparte se uniu a eles. Tendo em vista a complexa teia de alianças, inimizades e motivações que se espalhava sobre a ilha, e o fato de que quase todos os envolvidos mais tarde destruíram e manipularam documentos, falsificaram provas e inventaram histórias pitorescas, é impossível ter certeza sobre as intenções dos comissários. Saliceti provavelmente esperava manter Paoli, mas substituir os que estavam no entorno dele pelo seu próprio clã e por pessoas próximas, categoria na qual poderiam constar os Buonaparte.[16]

Em 18 de abril, a notícia de que a Convenção havia banido Paoli chegou à ilha. Paoli tentou apaziguar os ânimos e enviou dois delegados à Convenção para se justificar, porém os patriotas corsos estavam alvoroçados, exigindo guerra contra a França. Napoleone estava em Ajácio, de onde escreveu uma defesa de Paoli, que ele postou pessoalmente nas muralhas em torno da cidade com a exigência de que o decreto da Convenção fosse anulado. Ele também tentou convencer seus concidadãos a afirmar sua lealdade à República francesa, na esperança de evitar uma ruptura com a França. Porém, a maior parte dos notáveis de Ajácio havia se voltado contra o clã Buonaparte, e ele foi alertado sobre a existência de um plano para assassiná-lo. Ele pensou em se unir a Saliceti em Bastia, mas mudou de ideia, e em 2 de maio partiu para Corte para encontrar Paoli. A essa altura a notícia do discurso de Lucien em Toulon tinha chegado à ilha. Pior, uma carta de Lucien a seu irmão na qual ele se gabava de ter provocado o decreto da Convenção contra Paoli foi interceptada e enviada a Corte.[17]

No trajeto Napoleone encontrou um parente que o alertou de que, caso fosse a Corte, ele poderia não sair de lá vivo. Ele recuou e chegou a Boccognano na noite de 5 de maio. Mas de modo algum estava fora de perigo, uma vez que Mario Peraldi, irmão de seu antigo rival na disputa pelo posto de coronel em Ajácio, estava louco para prendê-lo e levá-lo para Corte. Os vários relatos do que aconteceu a seguir parecem uma história de aventura, com Napoleone preso, posto numa cela sob vigilância, libertado à noite por meio de um subterfúgio astuto, perseguido, capturado, mantido numa situação de impasse com uma arma apontada para sua cabeça, e finalmente fugindo enquanto gangues rivais de bandidos acertavam contas. O que é certo é que ele foi preso em Boccognano, que foi libertado por um primo, brevemente detido outra vez, e que acabou levado para uma cabana de um parente pastor de rebanhos nas proximidades de Ajácio.[18]

Napoleone não podia se deixar ver, por isso entrou sorrateiramente no subúrbio pobre, o Borgo, onde era popular, e naquela noite foi à casa de seu amigo Levie, ex-prefeito de Ajácio, onde seus apoiadores estavam reunidos. Lá eles ficaram escondidos, dormindo no chão, as armas de prontidão, por dois dias, enquanto um barco era preparado para levar Napoleone embora à noite. Na noite em que ele pretendia fugir, a casa foi cercada por gendarmes. Levie mandou seus hóspedes se esconderem e convidou o chefe dos gendarmes para entrar. Enquanto conversavam, os dois perceberam que um dos colchões que estava espalhado pelo chão não fora escondido. O gendarme, temendo por sua vida, fingiu não ter visto, e os dois continuaram bebendo e conversando, enquanto Napoleone era levado discretamente para a parte dos fundos da casa e depois para a praia, onde um barco estava à espera. Em 10 de maio ele estava a salvo em Bastia.[19]

Na noite de 23 de maio, Letizia acordou com batidas à porta; um primo tinha ido avisar que os partidários de Paoli estavam indo prender todos os moradores da casa. Ele tinha levado consigo alguns parentes armados para escoltá-los até um lugar seguro. Letizia deixou os dois filhos mais novos, Maria Nunziata e Geronimo, em boas mãos e levou Louis, Maria-Anna, Maria Paolina e Fesch com ela. Eles saíram furtivamente da cidade e fugiram para as colinas. Poucas horas depois, a casa dos Buonaparte foi saqueada.

Enquanto isso, Napoleone tinha convencido Saliceti e os outros comissários em Bastia de que seria fácil recuperar o controle de Ajácio com uma demonstração de força. Quatrocentos soldados regulares franceses foram reunidos e velejaram em dois navios, com Napoleone, Joseph e os três comissários a bordo. A tentativa de tomar a cidade falhou, mas Letizia e os filhos, Joseph Fesch e vários legalistas franceses foram evacuados.[20]

Em 3 de junho, Napoleone e sua família chegaram a Calvi, um dos únicos três portos ainda sob domínio francês. O resto da ilha era controlado por Paoli. Em 27 de maio, uma assembleia de mil pessoas reunidas em Corte havia emitido uma proclamação condenando Buonaparte. "Nascidos no nepotismo, nutridos e criados às custas de um lascivo paxá que governava a ilha, os três irmãos se transformaram com ardoroso entusiasmo em colaboradores apaixonados e pérfidos agentes de Saliceti", dizia o texto. "Como punição, a assembleia os abandona a seu remorso privado e à opinião pública que já os condenou a eterna execração e infâmia."[21]

Era difícil saber se os franceses tinham como aguentar muito tempo em Calvi, e os Buonaparte não podiam mais ter esperança de ter um papel na administração da Córsega. Em 11 de junho, Letizia, seu meio-irmão Fesch e seus filhos velejaram para a França. Não era um bom momento para essa viagem.

7
O jacobino

Em 2 de junho de 1793, onze dias antes de a família Buonaparte chegar ao continente, a Revolução entrou em uma nova fase. A facção extremista jacobina da Convenção, conhecida como montanheses ou La Montagne, por se sentarem nos assentos mais altos do anfiteatro, tinha expulsado os girondinos, mais moderados. A França estava imersa no que efetivamente era uma guerra civil. Em Toulon, onde os Buonaparte atracaram, os jacobinos estavam impondo a lei por meio do terror e da intimidação, prendendo nobres, arrastando cidadãos ricos para fora de suas casas e amarrando-os a postes de luz ou espancando-os até a morte nas ruas.

A família Buonaparte não foi ameaçada imediatamente: eles eram desconhecidos e pobres, e Lucien era uma figura de destaque no clube jacobino local. Mas a cidade estava em ebulição, as multidões podiam ser volúveis, e os Buonaparte eram, no fim das contas, nobres *ci-devant*. Num ambiente como esse, ninguém estava seguro. Eles se mudaram para um vilarejo chamado La Valette, nos arredores da cidade. Tendo acomodado Letizia e os seus irmãos lá, Joseph entrou em contato com Saliceti, que também tinha fugido da Córsega. Ele havia se distanciado publicamente dos Buonaparte, declarando que "nenhum desses pequenos criadores de intriga jamais poderá se dizer meu amigo", mas ele não era do tipo que queimava pontes. Ele também precisava de parceiros e, com apoio dele, Lucien conseguiu um cargo administrativo como intendente em Saint-Maximin, ali perto, e Joseph Fesch, que havia largado a batina, ganhou um cargo semelhante em Chauvet. O próprio Joseph acompanhou Saliceti a Paris, onde ele fez *lobby* na Convenção para que fossem fornecidos recursos para o sustento de "patriotas" corsos no exílio como os Buonaparte que haviam sofrido pela causa da Revolução. Seus esforços foram recompensados, e Letizia recebeu seu quinhão. Joseph olhou à sua volta em busca de oportunidades de carreira e conseguiu o lucrativo posto de comissário do Exército.[1]

Napoleone tinha ido a Nice, onde a maior parte de seu regimento estava estacionada como parte do Exército da Itália. Tendo em vista a escassez de oficiais, ele foi bem-vindo e recebeu 3 mil francos de salários atrasados. Por acaso o comandante da artilharia no Exército da Itália era Jean du Teil, irmão mais novo do velho amigo de Napoleone e comandante dele em Auxonne. Ele deu a Napoleone a tarefa de inspecionar as baterias costeiras entre Nice e Marselha, enquanto a frota do almirante Hood procurava uma oportunidade para colocar homens no continente. No início de julho, ele foi enviado a Avignon, onde deveria organizar o comboio de armas e pólvora destinado a Nice. Ele não tinha chegado à metade do caminho quando se viu entrando em zona de combate.[2]

Os eventos de 2 de junho em Paris haviam provocado reações violentas e um sentimento antijacobino em todo o país. Dez províncias desafiaram a Convenção, um motim monarquista eclodiu na Vendeia, no oeste e no sul de Marselha; Toulon e o vale do Ródano estavam em franca rebelião. Os *fédérés*, como eram chamados os rebeldes, tomaram conta da região, incluindo Avignon, fazendo com que Napoleone interrompesse sua rota. Um exército sob comando do general Carteaux estava marchando para o sul para derrotá-los, e, quando julho chegou ao fim, os *fédérés* tinham sido expulsos do antigo feudo papal. Napoleone estava presente, mas provavelmente não participou do combate.[3]

Há poucos indícios consistentes sobre seus movimentos nas semanas seguintes, mas ele provavelmente as passou cumprindo as ordens recebidas de organizar um comboio de pólvora e munição de Avignon para Nice, possivelmente atrasado por um episódio de febre em Avignon. Se foi assim, isso pode ter dado tempo para que ele pensasse em sua posição. A França tinha se transformado em um lugar perigoso para um jovem como ele, e era preciso afirmar seu posicionamento político. Ele fez isso escrevendo *Le Souper de Beaucaire*, um diálogo polêmico na forma que pode ou não ter acontecido num jantar com várias pessoas em uma pensão em Beaucaire, no trajeto de Napoleone entre Avignon e Nice.[4]

O texto é uma diatribe política contra os *fédérés*, em que o narrador, um oficial, discute a situação política com um grupo de cidadãos de Marselha, Nîmes e Montpellier que tinham ido à feira de Beaucaire, e fala em defesa da Convenção em Paris. Ele admite que os girondinos são bons republicanos e que os montanheses podem não ser perfeitos, mas afirma que os primeiros demonstraram fraqueza e os últimos, força, e que por isso sua autoridade devia ser reconhecida: a facção bem-sucedida tinha o direito ao seu lado. Ele aproveita a oportunidade para denunciar Paoli, que apenas fingiu lealdade à República francesa "para ganhar tempo para enganar o povo, para esmagar os verdadeiros amigos da liberdade, para liderar seus compatriotas em seus projetos ambiciosos e criminosos".

Era um manifesto político, calculado para estabelecer as credenciais de Napoleone como revolucionário e para posicioná-lo politicamente de modo que ficasse protegido contra o tipo de acusação que mandou muitos oficiais para a guilhotina. O texto também pretendia representar o clã Buonaparte como vítima do contrarrevolucionário Paoli. Patriotas como eles haviam dado boas-vindas a Paoli na crença de que ele era um bom republicano, e apenas gradualmente perceberam sua "ambição fatal" e sua perfídia.[5]

O texto está repleto das hipérboles floridas tão amadas pelos revolucionários franceses (e por todos os regimes totalitários desde então), mas há poucos traços do idealismo que ainda assombravam os escritos recentes de Napoleone, o que leva o manifesto a representar um amadurecimento tanto emocional quanto ideológico. A realidade não estava à altura dos seus sonhos adolescentes de uma Córsega renascida sob o comando de Paoli, e a decepção que sentia, somada à ideia de que era rejeitado, se transformou em raiva, até em amargura. Ele renunciou à Córsega; dali em diante reprovaria com veemência qualquer um que o chamasse de corso e declararia ter sido sempre francês, uma vez que a ilha já tinha sido incorporada ao reino quando ele nasceu. Ele não se importava com as aparentes incoerências ou com o que poderia ser visto como uma traição à Córsega e à causa de Paoli: foi este quem o traiu, e a Córsega o decepcionou. Além disso, ele pressentiu que Paoli era fraco, e tinha passado a ver isso como um defeito.

Os motins que havia testemunhado nos últimos três anos acabaram com qualquer fé que ele ainda pudesse ter na bondade inerente da natureza humana. A aversão e o medo que ele sentiu nas Tulherias em 10 de agosto do ano anterior o convenceram de que as classes populares precisavam ser contidas. As lutas pelo poder nas pequenas cidades da Córsega o ensinaram que os subterfúgios, a trapaça, as traições e a força bruta eram os únicos meios eficazes de atingir uma meta na política. Ele participara de várias eleições em que as regras haviam sido desrespeitadas e os resultados, fraudados, e tomara parte de dois golpes. Como oficial havia tentado subverter soldados que respondiam a um outro oficial. Ele ainda se via como soldado, porém a Revolução havia politizado o Exército, e na política as regras do cavalheirismo não se aplicavam. Era preciso estar do lado vencedor. O romantismo sonhador da juventude foi confrontado com o lado sórdido da vida, e aos 24 anos ele era um realista cínico pronto para abrir passagem em meio ao mundo cada vez mais perigoso em que era obrigado a viver.

No caminho de Avignon para Nice, em meados de setembro, Napoleone passou pelo Le Beausset, onde Saliceti e o *représentant en mission* da Convenção Thomas Gasparin estavam hospedados, e naturalmente visitou seu compatriota. "A sorte está ao nosso lado", Saliceti escreveu sobre o encontro: eles precisavam urgentemente de um oficial de artilharia capaz e politicamente confiável.[6]

Além de estar sendo devastada por dissidências internas e por uma guerra civil, a França se encontrava sob ataque de uma coalizão de forças de Áustria, Prússia, Grã-Bretanha, Espanha, República Holandesa, Sardenha, Nápoles e vários outros pequenos Estados italianos, em cinco frentes. No final do verão de 1793, os prussianos haviam feito os franceses recuarem no Reno, os austríacos tomaram a fortaleza francesa de Valenciennes, forças espanholas tinham atravessado os Pireneus e estavam indo em direção a Perpinhã, os sardos invadiam vindos do leste e os britânicos sitiavam Dunquerque. O ministro da Guerra, Lazare Carnot, havia determinado uma *levée em masse* para defender a pátria, mas as coisas não pareciam ir bem.

Marselha havia sido retomada das mãos dos *fédérés* pelas forças da Convenção em 25 de agosto, porém Toulon ainda resistia, e sua retomada não seria fácil. Horrorizados pelas vinganças sangrentas que recaíram sobre os habitantes de Marselha, os *fédérés* e os monarquistas de Toulon abriram o porto à frota anglo-espanhola do almirante Hood, que havia desembarcado soldados e ocupado a cidade em nome de Luís XVII, este então definhando em uma prisão revolucionária. Toulon, base da frota francesa no Mediterrâneo, era um porto natural, com um grande ancoradouro interior protegido por terra e um ancoradouro externo ainda maior protegido por um promontório. A cidade era defendida em terra por uma série de fortes e no mar por baterias que conseguiam cobrir os dois ancoradouros. Essas defesas estavam então nas mãos de aproximadamente 20 mil soldados regulares britânicos, napolitanos, espanhóis e sardos, guardando não apenas a cidade como também os pontos em que a esquadra de Hood estava ancorada. O general Carteaux não era o homem para expulsá-los de lá. Pintor por profissão, ele devia sua posição de comando a contatos políticos, e contava com 4 mil homens saídos do Exército dos Alpes e dos *fédérés* derrotados que buscavam segurança junto a ele.

Em 7 de setembro, Carteaux deu início às operações, tomando a vila de Ollioules, mas perdendo no processo o comandante de sua artilharia, o tenente-coronel Dommartin, ex-colega de Napoleone na École Militaire, que ficou gravemente ferido. Era necessário encontrar um substituto. Saliceti tinha dúvidas quanto a Napoleone, porém, depois de ler *Le Souper de Beaucaire*, obteve plena confiança nele do ponto de vista político e decidiu até mesmo bancar sua publicação com dinheiro público. E, como disse: "No mínimo é um dos nossos". Ele designou o capitão Buonaparte para o comando e o enviou para encontrar Carteaux perto de Toulon.[7]

O que ele encontrou ao chegar não foi nada animador. O quartel-general francês em Ollioules era um ninho de intrigas políticas e de disputas internas entre Carteaux e o general Jean La Poype, que havia se unido a ele com 3 mil homens do Exército da Itália. Qualquer um podia ver que Toulon era praticamente inexpugnável e que apenas um bombardeio poderia dar resultado, mas, como Buonaparte rapidamente percebeu, Carteaux não tinha ideia de como sitiar uma cidade. Ele insistia que iria capturar a cidade "*à l'arme blanche*", o que significava a espada e a baioneta, e ignorou os conselhos de Buonaparte.[8]

Se, por um lado, Toulon era inexpugnável por terra, por outro, a cidade só podia se manter caso recebesse suprimentos por mar, e nenhum navio seria capaz de se aproximar do porto se as elevações que protegiam os atracadouros não estivessem seguras. Buonaparte não foi o primeiro a perceber que tomar esses pontos era a chave para capturar a cidade – isso ficava óbvio só de ver o mapa, como até mesmo o Comitê de Segurança Pública em Paris havia ressaltado. Mas enquanto a maior parte dos oficiais via a área de La Seyne no ancoradouro interno como o lugar que poderia ser usado para ameaçar a frota aliada, Buonaparte achava que eram os fortes de Balaguier e de L'Éguillette, no promontório externo de La Caire, que protegiam o acesso ao ancoradouro externo, que eram cruciais. Eles estavam nas mãos de soldados aliados, e seria necessário o uso de artilharia para removê-los. Mas, ao chegar, Buonaparte só encontrou dois canhões de 24 libras, dois de dezesseis libras e dois morteiros.

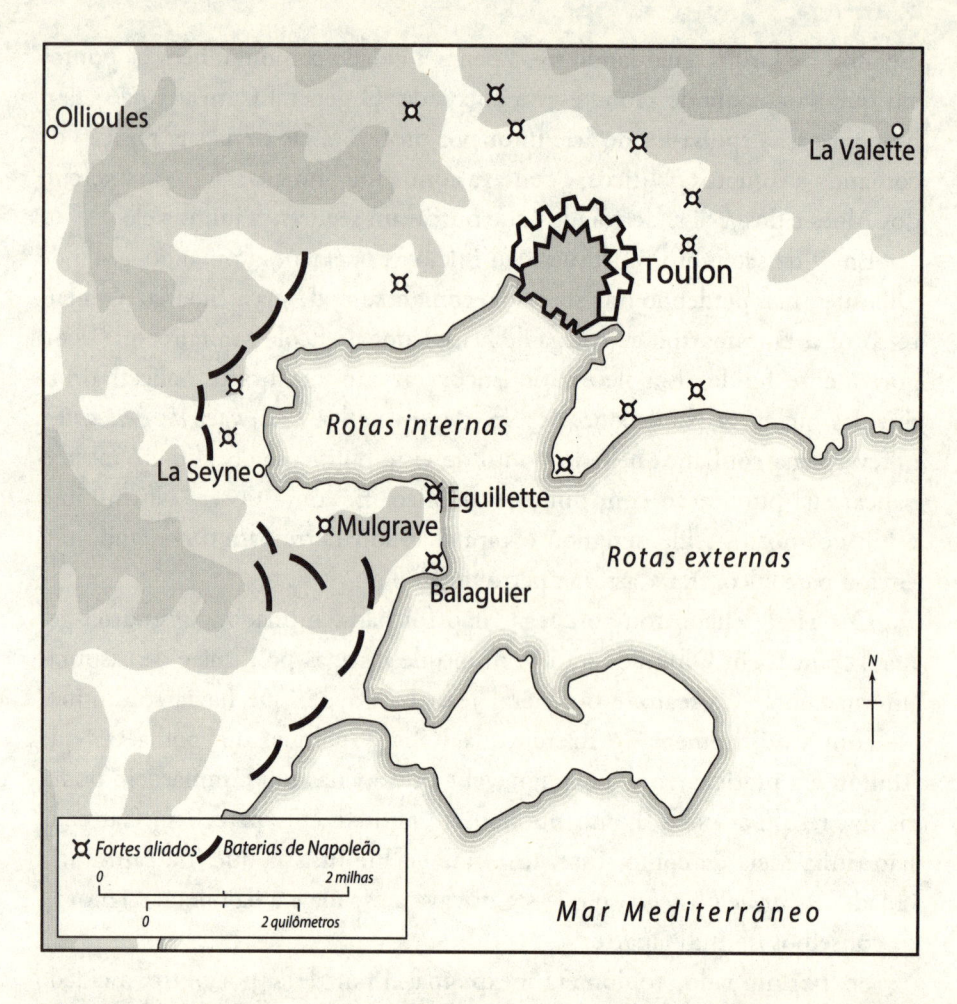

Não era grande coisa, mas o suficiente para permitir que ele perseguisse e expulsasse uma fragata da área de La Seyne e estabelecesse ali uma bateria que batizou, para reforçar sua lealdade, de *La Montagne*.⁹

Com o passar das semanas, Buonaparte ampliou sua artilharia. Sem se importar em pedir autorização, esquadrinhou o entorno, visitando todas as instalações militares até Lyon, Grenoble e Antibes, tirando deles tudo que pudesse vir a ser útil – canhões, carretas para transporte de armas, pólvora e munição, ferramentas e sucata, cavalos e carroças, junto com todo homem que já tivesse dado um tiro de artilharia na vida. Criou uma fundição para produzir balas de canhão, forjas para fornecer materiais para carretas de armas e tampas para os canhões, e fornos para aquecer as bolas para incendiar os navios. Ele também escolheu homens para serem treinados como atiradores.

O primeiro ataque ao forte de L'Éguillette em 22 de setembro foi um fracasso. Carteaux não estava tão convicto quanto Napoleone da importância do forte e usou um número reduzido de homens, ao passo que os britânicos rapidamente trouxeram reforços. Eles perceberam que os franceses haviam identificado a importância militar do promontório e reforçaram a posição com uma nova bateria que batizaram de forte Mulgrave. Acrescentaram também duas fortificações aos flancos, cobrindo as abordagens aos fortes de L'Éguillette e de Balaguier. Buonaparte reclamou a Saliceti e a Gasparin que suas esperanças de uma vitória rápida tinham sido destruídas; agora ele teria de tomar o forte Mulgrave antes de chegar às posições-chave, e isso levaria tempo. Ele continuou aumentando suas baterias e os estoques de munição e pólvora, ignorando as ordens de Carteaux, que, apesar de reclamar, não podia fazer nada, já que Buonaparte tinha influência sobre os representantes do governo. Saliceti passou as críticas que Buonaparte fazia sobre Carteaux a seus colegas em Marselha, Paul Barras, Stanislas Fréron e Jean-François Ricord, que escreveram a Paris recomendando que Carteaux fosse substituído e Buonaparte, promovido. Em 18 de outubro, ele foi nomeado como *chef de bataillon*, o equivalente à patente de major, e, cinco dias mais tarde, Carteaux perdeu o posto de comando.

Buonaparte tinha se acostumado a desrespeitar as ordens de seus superiores e a não ouvir suas instruções sem ofender, usando de lisonja quando necessário. Ele também sabia quando pressionar e intimidar para conseguir o que queria. Saliceti não estava o tempo todo no quartel-general em Ollioules e o apoiava. Napoleone mesmo assim tinha que ir com cuidado, pois as ondas do terror que partiam de Paris levavam as pessoas a denunciar umas às outras como traidoras como meio de evitar que elas mesmas fossem denunciadas, e, com uma grande quantidade de oficiais desertando para o lado do inimigo, o nobre Buonaparte não estava livre de suspeitas. Mesmo assim, ele colocou o pescoço em risco para proteger seu antigo superior no regimento de La Fère, Jean-Jacques Gassendi, que tinha sido preso, insistindo que precisava dele para organizar um arsenal de artilharia em Marselha.[10]

O posto de Carteaux fora entregue a outro general pouco afeito às artes militares, François Doppet, um médico que escrevia literatura e que só recebeu uma alta patente por estar no lugar certo na hora certa. Porém, em 15 de novembro faltou a ele a coragem necessária durante um ataque ao forte Mulgrave. Doppet ordenou que suas tropas batessem em retirada ao ver uma investida dos britânicos, enfrentando depois um furioso Buonaparte, o rosto banhado em sangue, decorrente de um ferimento leve, galopar até ele e chamá-lo de *jean foutre* (a tradução mais próxima em português seria "idiota de merda"). Doppet não levou a mal. Ele conhecia suas limitações e percebeu que o *chef de bataillon* Buonaparte sabia o que fazia.[11]

As ordens e as anotações de Napoleão durante essas semanas são sucintas e precisas, e, embora seu tom seja assertivo, ele se dá ao trabalho de explicar por que é essencial que os outros sigam suas determinações. Na guerra, assim como em qualquer outra situação crítica, as pessoas rapidamente se agrupam em torno daquele que dá a impressão de saber o que as move, e a autoconfiança de Buonaparte era magnética. Ele demonstrou coragem e estabilidade sob fogo e não se poupou, o que o destacou de muitos indicados políticos que ficavam andando à toa nos quartéis-generais. "Esse jovem oficial", escreveu o general Doppet, "somava uma rara coragem e uma atividade incansável a seus muitos talentos. Toda vez que eu saía em minhas rondas, encontrava-o em seu posto; se precisava de um momento de descanso, ele o fazia no chão, enrolado em seu casaco; ele jamais se afastava de suas baterias."[12]

Por meio de esforço e competência, Buonaparte construiu uma seção de artilharia de quase cem canhões e instalou uma dúzia de baterias, arranjou a quantidade necessária de pólvora e munição, e treinou os soldados para manejar os equipamentos. Como chefe do Estado-maior, ele escolheu o aparentemente fútil e frívolo Jean-Baptiste Muiron, que havia recebido treinamento de oficial de artilharia e que rapidamente se tornou um assistente entusiasmado. No jovem Félix Chauvet, de 26 anos, identificou um brilhante comissário que conquistou seu afeto e que correspondia a ele, além de obedecer com eficiência. Durante um ataque a uma das baterias, Buonaparte percebeu a coragem da ação sob fogo de Andoche Junot, um jovem granadeiro do batalhão da Côte d'Or. Quando viu que o homem também tinha uma bela caligrafia, ele o chamou para assistente, descobrindo depois que ele havia recebido treinamento para artilharia na escola em Châlons. Poucas semanas depois, um outro jovem se juntou à *entourage* de Buonaparte. Era o belo Auguste Marmont, de dezenove anos, um primo de Le Lieur de Ville sur Arce, que tinha sido treinado para a artilharia em Châlons com Junot.[13]

Em 16 de novembro, um novo comandante chegou para assumir no lugar de Doppet. Era o general Jacques Dugommier, um soldado profissional de 55 anos, um veterano da Guerra dos Sete Anos e da Guerra de Independência dos

Estados Unidos que sabia botar os soldados para trabalhar. Ele levou consigo o general Du Teil e alguns oficiais de artilharia, porém rapidamente percebeu que Buonaparte tinha a situação sob controle e fez pouco mais do que avalizar as decisões tomadas por ele. "Não tenho como encontrar palavras para descrever os méritos de Buonaparte", escreveu para o ministro da Guerra. "Grande conhecimento técnico, grande inteligência e excesso de coragem são apenas um frágil esboço das qualidades desse oficial incomum."[14]

Em 25 de novembro, Dugommier realizou um conselho de guerra, do qual participaram Saliceti e, no lugar de Gasparin, que havia morrido, um recém-chegado *représentant*, Augustin Robespierre, irmão mais novo de um dos principais luminares do Comitê de Segurança Pública. Eles examinaram o plano de Dugommier e em seguida o plano desenhado em Paris por Carnot. Ambos envolviam múltiplos ataques. Buonaparte afirmou que isso iria dispersar as forças e apresentou seu próprio plano, que consistia de uns poucos ataques falsos e de um pesado contra os fortes Mulgrave, D'Éguillette e Balaguier, confiando que a captura dessas fortificações levaria a uma rápida evacuação da frota de Hood e à queda da cidade. O plano foi aceito e os preparativos tiveram início.[15]

Em 30 de novembro, o comandante britânico em Toulon, general O'Hara, fez uma investida e conseguiu capturar uma bateria e inutilizar temporariamente seus canhões antes de avançar sobre Ollioules. Dugommier e Saliceti conseguiram reagrupar as tropas republicanas que estavam em fuga e liderar soldados que atuaram como reforços. Eles retomaram a bateria, e um batalhão liderado por Louis-Gabriel Suchet fez O'Hara prisioneiro no processo, e Buonaparte retirou os objetos usados para inutilizar os canhões e abriu fogo contra os aliados em fuga. Ele esteve em meio ao combate cerrado e mereceu uma menção no despacho que Dugommier enviou a Paris.[16]

No entanto, o combate daquele dia demonstrou a falta de coragem e de experiência dos franceses. A piora das condições climáticas se somou à escassez de alimentos para minar o moral da tropa. Perdendo a confiança em sua capacidade de tomar Toulon, Barras e Fréron chegaram a pensar na hipótese de levantar o cerco e invernar. Saliceti pressionou Dugommier a atacar, porém este hesitou, já que um fracasso poderia custar sua cabeça. Sem isso eles já estavam sendo acusados em Paris de falta de ardor e de viver no luxo.[17]

Dugommier decidiu agir com base no plano de Buonaparte, e as baterias voltadas para o forte Mulgrave começaram a bombardeá-lo em 14 de dezembro. As baterias britânicas responderam com vigor, e Buonaparte foi atirado ao chão pelo vento de um tiro que passava. O ataque, feito por uma força de 7 mil homens em três colunas, começou à uma hora da manhã de 17 de dezembro. Uma tempestade caiu e Dugommier hesitou, porém Buonaparte afirmou que as condições poderiam ser favoráveis, e a impaciência de Saliceti levou à vitória. A infantaria francesa entrou em ação debaixo de chuva, a escuridão iluminada por clarões de relâmpago, os sons dos canhões abafados pelos trovões. Duas das colunas que avançavam se afastaram das rotas determinadas e perderam coesão enquanto muitos soldados caíam ou fugiam. Outras unidades chegaram ao forte Mulgrave e começaram a escalar suas defesas. O combate foi feroz – o ataque custou mais de mil baixas aos franceses –, porém Muiron abriu caminho à força até o forte, seguido de perto por Dugommier e Buonaparte, que teve o cavalo baleado enquanto o montava e foi ferido na perna pela lança de um cabo inglês durante o ataque às muralhas.

Assim que tomou posse do forte, Buonaparte virou seus canhões contra os canhões dos fortes D'Éguillette e de Balaguier e ordenou a Marmont que começasse a bombardeá-los. Os britânicos organizaram um contra-ataque que foi repelido e suas forças foram obrigadas a evacuar os dois fortes remanescentes. A essa altura o dia já estava claro, e Buonaparte começou a disparar bombas incendiárias e balas de canhão incandescentes contra os navios britânicos mais próximos, explodindo dois deles. Ele dizia sem hesitar que a batalha tinha acabado e que Toulon era deles, porém Dugommier, Robespierre, Saliceti e outros estavam céticos, acreditando que a cidade só cairia depois de mais alguns dias de combate. Eles estavam errados – a explosão de dois navios foi um sinal que os aliados não puderam ignorar, e naquela manhã decidiram evacuar; eles começaram a movimentação dos homens enquanto os navios tinham dificuldade em sair do alcance das armas dos franceses, lutando contra um vento forte.

A evacuação durou todo aquele dia e o seguinte, com os aliados rebocando nove navios de guerra franceses e explodindo outros doze, incendiando provisões e arsenais de navios, e levando a bordo milhares de legalistas franceses. Todos os que conseguiam acesso a um bote remavam rumo aos navios dos aliados, e alguns chegaram inclusive a tentar fugir a nado. Eles estavam sob constante fogo de baterias recém-instaladas por Buonaparte no promontório e em pontos altos próximos à cidade. Naquela noite, os navios incendiados iluminaram a cena, revelando algo que Buonaparte descreveu como "uma visão sublime porém desoladora".[18]

Os franceses entraram na cidade na manhã de 19 de dezembro, saqueando, estuprando e linchando qualquer um que decidissem rotular como inimigo da Revolução. No cais havia gente saltando na água para tentar chegar aos navios britânicos que partiam. Aqueles que não se afogaram ficaram sujeitos à fúria dos soldados republicanos. Mais de duas décadas depois, Buonaparte recordaria a repulsa que sentiu com a visão, e, de acordo com algumas fontes, ele conseguiu salvar algumas vidas.[19]

Barras, Saliceti, Ricord, Robespierre e Fréron realizaram um expurgo na população de Toulon. "A vingança nacional foi levada a cabo", eles afirmaram, listando as categorias de pessoas que haviam sido "exterminadas". Barras sugeriu que seria mais simples se eles removessem todos aqueles que comprovaram ser "patriotas", o que equivale a dizer revolucionários, e matassem todo o resto. A população da cidade, que seria rebatizada de Port-de-la-Montagne, diminuiu de 30 mil para 7 mil pessoas.[20]

Em 22 de dezembro de 1793, Buonaparte foi promovido à patente de general de brigada. Ele tinha apenas 24 anos, mas isso não o tornava uma exceção. Mais de 6 mil oficiais de todas as armas tinham emigrado desde 1791, e outros 10 mil fariam o mesmo até o verão de 1794. Generais e oficiais de alta patente eram guilhotinados às centenas por suspeita de traição. Como consequência, a República foi obrigada a nomear nada menos que 962 novos generais entre 1791 e 1793. Mas, no caso de Buonaparte, a promoção foi merecida, e ele sabia disso.[21]

"Eu disse que nos sairíamos brilhantemente e, veja, mantenho minha palavra", ele escreveu se vangloriando de Ollioules para o vice-ministro da Guerra em Paris, em 24 de dezembro, usando o pronome familiar "*tu*", sem dúvida para realçar sua atitude revolucionária. Ele já observara que, no ambiente da época, a história que primeiro se contava era a que ficava, e informou ao ministro que, graças à sua ação, os britânicos não puderam queimar nenhum dos navios franceses nem de seus armazéns navais, o que era uma grande mentira.[22]

Buonaparte tinha provado não só ser um oficial capaz e competente, mas também que sabia liderar. Ele havia conquistado a admiração de todos os verdadeiros soldados presentes, a começar por Dugommier. Mais do que isso, revelou um carisma a que muitos de seus jovens camaradas achavam difícil resistir.[23]

"Ele era pequeno em estatura, mas bem-proporcionado, magro e franzino em aparência, porém em boa forma e forte", comentou Claude Victor (outro que se distinguiu em Toulon e que foi elevado a general), observando que "seus traços e excepcional nobreza" e seus olhos pareciam disparar flechas de fogo. Sua seriedade e objetividade impressionavam todos à sua volta. "Havia um mistério naquele homem", Victor sentia.[24]

Buonaparte estava exausto. Três meses de atividade intensa, comendo mal, noites frequentes dormindo no chão envolto apenas em seu casaco, e isso durante os meses de inverno, devem ter sido duros para alguém com sua constituição. Ele tinha um ferimento muscular profundo e também havia pegado sarna, que na época era endêmica no Exército. Pode ter sido esse o motivo para, num momento em que poderia ter obtido um posto em um dos exércitos ativamente engajados contra o inimigo, ele ter se contentado em aceitar o cargo de inspetor das defesas costeiras no trecho entre Toulon e Marselha. Outro motivo pode ter sido um desejo de não chamar muito a atenção. Ele tinha visto a facilidade com que as pessoas perdiam seus comandos, e era provável que tivesse feito vários inimigos.[25]

Também pode ter sido simplesmente o desejo de ficar perto de sua família, que tinha se mudado para mais longe de Toulon, primeiro para Beausset, depois Brignoles e finalmente para Marselha, onde ele os encontrou em 2 de janeiro de 1794. O salário de general de 12 mil libras, fora indenizações por despesas, seria muito bem-vindo, uma vez que o custo de vida subira dramaticamente durante 1793. A família tinha passado por um período de penúria, com Letizia assumindo a lavagem das roupas, e as filhas, segundo rumores, recorrendo à prostituição. A mais jovem, Maria Paolina, então Paulette, que tinha se transformado numa mulher de rara beleza, foi pega roubando figos do jardim de um vizinho.[26]

8
Amores juvenis

Buonaparte passou as primeiras semanas de 1794 viajando pelo litoral, inspecionando as defesas e dando uma imensa quantidade de rápidas instruções. As ordens desciam a minúcias relativas às quantidades exatas de pólvora e munição requeridas, quais partes sobressalentes deveriam ser usadas para montar equipamentos e até mesmo de que maneira os cavalos deviam ser encilhados para cada tarefa.

No início de fevereiro, ele foi designado para comandar a artilharia do Exército da Itália, que atuava contra as forças do rei da Sardenha. Eles haviam invadido o Sul da França em 1792, mas foram obrigados a recuar, depois do que Saboia e Nice foram incorporadas à República francesa; porém, eles ainda mantinham controle sobre a travessia dos Alpes e ameaçavam usar isso como ponto de partida para recuperar as províncias perdidas. O porto de Oneglia, um enclave sardo no território da neutra República de Gênova e principal elo entre a ilha do rei e as províncias continentais, também era considerado uma ameaça, já que reabastecia os navios de guerra britânicos e abrigava corsários que atacavam navios franceses.

O novo salário de Buonaparte lhe permitiu instalar toda a família no confortável, ainda que modesto, Château-Sallé, que não ficava longe do quartel-general de Nice. Joseph, cujo trabalho como comissário havia feito nascer um interesse por negócios e especulação, estava então em Nice, explorando oportunidades de negócios. Lucien estava em Saint-Maximin, onde como chefe de seu clube jacobino tinha mudado o nome da cidade para Maratona, em homenagem tanto ao "mártir da Revolução" Jean-Paul Marat, que havia sido assassinado em sua banheira pela monarquista Charlotte Corday, quanto aos heroicos gregos antigos que atuaram em defesa de sua pátria. Ele também havia mudado seu próprio nome para Brutus, e se casou com Christine Boyer, irmã da responsável pela pousada onde se hospedava.[1]

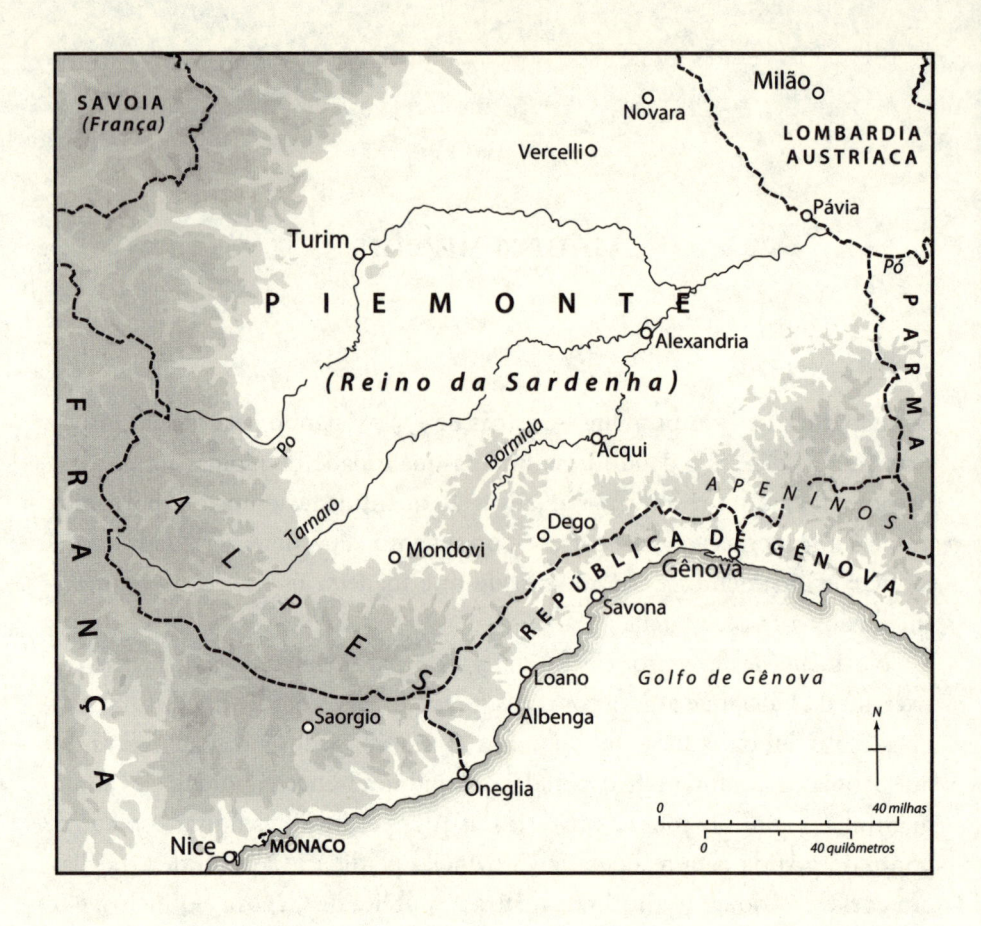

O comandante do Exército da Itália era o general Pierre Dumerbion, um profissional de sessenta anos. Ele era supervisionado pelos comissários políticos Saliceti, Augustin Robespierre e Ricord, que incumbiram Buonaparte de preparar um plano de campanha. Como as posições sardas nas montanhas eram praticamente inexpugnáveis, ele sugeriu ignorá-las e atacar suas bases: seu flanco esquerdo na planície perto do mar era vulnerável, e, caso a França tivesse como penetrar ali, seria possível passar para a retaguarda do inimigo. O plano foi aceito e as operações tiveram início em 7 de abril, tendo como ponta de lança o general André Masséna, que capturou Oneglia dois dias depois, e no final do mês os franceses estavam em Saorgio, uma entrada estratégica para o Piemonte.

O papel de Buonaparte era garantir que a artilharia estivesse a postos e com todo o material necessário. Para ajudá-lo, escolheu dois velhos camaradas do regimento de La Fère, Nicolas-Marie Songis e Gassendi, seus novos companheiros Marmont e Muiron, e como ajudantes de campo Junot e seu irmão mais novo Louis. Em 1º de maio ele tinha voltado a Nice, esboçando novos planos que levariam os franceses à planície de Mondovi, mas as operações foram suspensas pelo ministro da Guerra Lazare Carnot, que era contrário à ideia de envolver forças francesas mais a fundo no território italiano. A região do Midi continuava instável politicamente e podia haver agitações caso o Exército se afastasse. Carnot também precisava de todos os soldados disponíveis para se opor a uma invasão espanhola.

Buonaparte escreveu um memorando para o Comitê de Segurança Pública em que dava uma visão estratégica panorâmica da posição militar francesa. Ele afirmava que invadir a Espanha não traria benefícios tangíveis, ao passo que invadir o Piemonte resultaria na queda de um trono que sempre foi inimigo da República francesa. Mais importante, isso tornaria possível derrotar a Áustria, que só aceitaria a paz caso Viena fosse ameaçada por um ataque duplo, passando pela Alemanha ao norte e pela Itália ao sul. A Áustria, ele dizia, era a pedra fundamental da coalizão contra a França, e, caso fosse possível derrotar os austríacos, o bloco todo desmoronaria.[2]

Robespierre sugeriu que Buonaparte o acompanhasse a Paris. Os dois haviam se tornado íntimos ao longo dos últimos quatro meses, unidos pelo ardor com que se dedicavam a suas respectivas tarefas e pela convicção compartilhada de que era necessário existir uma autoridade central forte. Sob a influência dominante do irmão mais velho de Robespierre, Maximilien, o Comitê de Segurança Pública em Paris estava exercendo tal autoridade por meio de um reinado de terror que mandou milhares para a guilhotina. Porém, Robespierre estava perdendo poder, e a sugestão de Augustin de que Buonaparte fosse com ele a Paris talvez tivesse algo a ver com isso: supostamente ele teria sugerido que Buonaparte fosse colocado no comando da Guarda Nacional de Paris.[3]

Buonaparte pensou na proposta por um breve período e, de acordo com Lucien, discutiu a ideia com seus irmãos antes de decidir rejeitá-la. A Ricord ele admitiu uma certa relutância em se envolver com a política revolucionária, e seu instinto dizia que ele devia ficar em seu posto no Exército. Não fica claro se o fato de ele estar tendo um caso com a esposa de Ricord, Marguerite, teve algo a ver com a decisão.[4]

No início de julho, ele foi enviado por Saliceti para Gênova, para avaliar as intenções do governo da cidade, que era neutro mas estava sendo pressionado pela coalizão antifrancesa, e para inspecionar suas defesas, caso eles precisassem dessas informações mais tarde. Partiu em 11 de julho, acompanhado por Junot, Marmont e Louis, assim como Ricord, mas voltou a Nice no fim do mês. No entanto, estava ocupado demais para ir ao casamento de seu irmão Joseph em 1º de agosto.[5]

A noiva de Joseph, Marie-Julie Clary, tinha 22 anos, não era bonita, mas era religiosa, honesta, generosa, obediente, voltada para a família, inteligente e rica. Ela vinha de uma família de mercadores de Marselha com participação importante nos portos do leste do Mediterrâneo, e levou consigo um dote considerável. Com isso, a postura de Joseph mudou, e agora ele assumiu uma seriedade que achava ser adequada a um chefe de família.[6]

Buonaparte ainda estava no quartel-general quando, em 4 de agosto, chegaram notícias do golpe em Paris que derrubou Robespierre no 27 de julho – 9 Termidor pelo calendário revolucionário. Ele ficou profundamente afetado pelo infortúnio de seu amigo, que foi guilhotinado junto com o irmão no dia seguinte. E não precisou esperar muito para também ser preso.[7]

Assim que ouviram falar da queda de Robespierre, Saliceti escreveu para o Comitê de Segurança Pública acusando Augustin Robespierre, Ricord e Buonaparte, que chamava de "homem deles", de ter sabotado as operações do Exército da Itália e de ter conspirado com os aliados e com Gênova, cujas autoridades haviam subornado Buonaparte com "1 milhão" (em qual moeda o texto não especifica). Ele determinou a prisão de Buonaparte e a apreensão de seus documentos antes que fosse enviado a Paris para responder às acusações de traição.[8]

Não fica claro se Buonaparte chegou de fato a ser preso ou se ficou meramente em prisão domiciliar. Junot conseguiu fazer com que um bilhete chegasse a ele oferecendo uma saída para que ele fugisse, mas Buonaparte rejeitou. "Percebo que a proposta é uma mostra de amizade, caro Junot; e você bem sabe o que te prometi e que pode contar comigo", respondeu. Mas ele estava confiante que sua inocência seria reconhecida e pedia a Junot que não fizesse nada, já que isso poderia comprometê-lo. Ser inocente não era garantia de segurança durante a Revolução, mas Buonaparte teve sorte. A acusação de Saliceti foi apenas um reflexo de autopreservação, e, assim que viu que estava fora de perigo, escreveu outra carta a Paris afirmando que o exame dos documentos do general não revelou indícios de traição e que, levando em consideração sua utilidade no Exército da Itália, ele e seus colegas determinaram sua libertação condicional. Ninguém além de Junot parece ter levado as acusações contra Buonaparte a sério. O senhorio dele, Joseph Laurenti, com cuja filha Buonaparte tinha um flerte, pagou a fiança, e por isso ele pôde passar a maior parte dos onze dias de detenção em seus aposentos.[9]

Enquanto isso, os austríacos enviaram um exército para reforçar as posições sardas, e o general Dumerbion acreditou que era preciso ser feito algo. "Meu menino", ele escreveu para Buonaparte, "crie para mim o plano de uma campanha como só você sabe fazer." Em 26 de agosto, o menino entregou o plano, e, em 5 de setembro, ele estava em Oneglia para colocá-lo em prática. As forças francesas avançaram sobre o ponto em que os dois exércitos se encontravam, tentando fazer com que se separassem. Em 21 de setembro, Buonaparte testemunhou sua primeira batalha campal, um ataque em Dego em que o general Masséna se distinguiu. Porém, as operações posteriores foram canceladas por Carnot em Paris, e Buonaparte ficou sem ter o que fazer. Ele deve ter achado isso bom.[10]

Pouco depois de ser libertado da prisão, ele tinha ido a Marselha ver Joseph, que estava aproveitando sua nova situação financeira e fazendo com que o chamassem de conde em função do título dos seus sogros. Ao encontrar a família, Buonaparte ficou impressionado com a irmã mais nova e muito mais bonita de Marie-Julie, Bernardine Eugénie Désirée, e disse estar apaixonado. Désirée, ou Eugénie, como ele preferia chamá-la, tinha dezesseis ou dezessete anos, era pudica e inocente, com o mínimo de instrução necessário para ser uma companheira reverente e uma esposa obediente. "Sem ser dado a ternas paixões", Buonaparte escreveu a ela, em 10 de setembro, que havia sucumbido ao "prazer" de sua companhia. "Os encantos da sua pessoa, do seu caráter, conquistaram de maneira imperceptível o coração de seu amor." As cartas dele para ela são empoladas, com uma prosa apressada que se alterna com sugestões de que ela compre um piano e contrate um bom professor, uma vez que "a música é a alma do amor, a doçura da vida, o consolo das tristezas e a companhia da inocência". Às cartas falta convicção, o que não chega a surpreender.[11]

Um novo enviado da Convenção, Louis Turreau, tinha chegado ao quartel-general em Loano. Como era recém-casado, levou sua esposa de 23 anos consigo, mas acabou que a viagem não foi exatamente uma lua de mel, já que ela se apaixonou por Buonaparte e não perdeu tempo em ter um caso com ele. "Eu era muito novo na época, feliz e orgulhoso pelo meu sucesso", lembraria mais tarde, e admitiu que sua felicidade o levou a agir de modo irresponsável: ele a levou em uma excursão até o front e, para impressioná--la, ordenou que uma bateria abrisse fogo contra uma posição inimiga. O bombardeio que se seguiu custou a vida de vários homens. Mais tarde ele se repreenderia duramente pela atitude infantil.[12]

As operações no front italiano estavam paralisadas, e no início de novembro o Comitê de Segurança Pública decidiu que a prioridade passaria a ser a Córsega. Os britânicos haviam respondido ao apelo de Paoli ocupando a ilha como uma colônia, tendo Jorge III como monarca, sir Gilbert Elliot como vice-rei e Pozzo di Borgo como principal administrador. Paoli foi enviado para um segundo exílio em Londres. Como o general Dumerbion havia elogiado os talentos de Buonaparte, coube a ele preparar a artilharia da força expedicionária que tentaria reconquistar a ilha.[13]

Ele passou a maior parte do último mês de 1794 e os dois primeiros meses de 1795 em Toulon, onde a expedição estava se reunindo. A cidade carregava as cicatrizes do cerco e estava exposta a motins de turbas que procuravam "aristos" para linchar. Certo dia, um navio espanhol capturado com algumas famílias de nobres franceses que haviam emigrado foi levado ao porto, e a multidão se agrupou cheia de expectativa. As autoridades da cidade tentaram proteger os *émigrés*, mas foram acusadas de fantoches da monarquia e ameaçados de linchamento. Buonaparte conseguiu acalmar a multidão, que continha alguns artilheiros que haviam trabalhado sob seu comando durante o cerco, e depois contrabandeou os *émigrés* para fora da cidade em seus baús de artilharia.[14]

A expedição corsa partiu de Toulon em 11 de março, porém logo se deparou com uma esquadra anglo-napolitana e, depois de um breve encontro em que perdeu dois de seus navios, navegou de volta para o porto. Abatido com a perspectiva de ficar fora de ação, Buonaparte pediu para ser transferido para o Exército do Reno. O pedido ficou sem resposta, e ele passou a maior parte das semanas seguintes em Marselha, onde, em 21 de abril, ficou noivo de Désirée.[15]

Ele a via de modo intermitente havia dois meses e os dois se correspondiam com regularidade. A maior parte de suas cartas está carregada de um tom professoral, que ele usa para lhe dizer quais livros ler e quais evitar, se preocupa com a qualidade do professor de música, faz arranjos para que uma editora de Paris envie a ela as mais novas canções, lembra-lhe que deve cantar suas escalas regularmente, entrando em detalhes tediosos sobre os efeitos de cantar uma nota errada.[16]

O noivado provavelmente foi precipitado pelo fato de que no fim de março ele foi transferido para o Exército do Oeste, que operava contra insurgentes na região da Vendeia na França ocidental. A ordem para que assumisse o posto chegou em 7 de maio, e, para sua infelicidade, ele descobriu que tinha sido retirado da lista de generais de artilharia, já que a cota da arma havia sido excedida e ele era o mais jovem de todos, sendo assim relegado ao status de general de infantaria, que ele considerava inferior.

No dia seguinte, partiu para Paris acompanhado do irmão Louis, de cuja educação continuava a cuidar, obrigando-o sem piedade a ter de resolver problemas matemáticos enquanto viajavam pelo vale do Ródano e pela Burgundia. Levou também os fiéis Junot e Marmont, que o veneravam como a um herói. "Eu o considerava tão superior a tudo que já tinha encontrado na vida, sua conversa reservada era tão profunda e cativante, sua mente era tão cheia de promessas futuras", escreveu Marmont, "que eu não era capaz de suportar a ideia de sua partida iminente." Quando Buonaparte sugeriu que ele o acompanhasse, Marmont não hesitou, mesmo não estando autorizado a fazer isso.[17]

Marmont insistiu que eles fizessem uma parada em Châtillon-sur-Seine, onde seus pais moravam. Sua mãe achou Buonaparte taciturno a ponto de ser impossível se comunicar com ele, e levou o "pequeno general" para visitar seus amigos da família Chastenay, que moravam ali perto. "Na primeira visita, para passar o tempo me pediram que tocasse o piano", lembraria a filha do casal, Victorine. "O general pareceu gostar, mas seus elogios eram bastante lacônicos. Depois me pediram para cantar, e eu cantei uma canção em italiano que tinha acabado de aprender. Perguntei a ele se minha pronúncia estava correta, e ele respondeu que não."[18]

No dia seguinte, os Chastenay jantaram na casa dos Marmont, e mais tarde Victorine perguntou a Buonaparte sobre a Córsega. Ele se soltou e, ao longo da conversa que durou quatro horas, falou de seu amor pelos poemas épicos supostamente escritos por Ossian, poeta galês do século XIII, e pelo romance *Paulo e Virginia*, de Saint-Pierre. Falou de maneira franca sobre política, felicidade e realização pessoal. No terceiro dia, ele a ajudou a fazer um ramalhete de centáureas-azuis e depois participou de jogos, flertando e dançando. Ela ficou consternada quando, no outro dia, ele prosseguiu viagem.[19]

Chegando a Paris nos últimos dias de maio, Buonaparte foi visitar François Aubry, sucessor de Carnot no Ministério da Guerra, porém suas esperanças de reverter a decisão que o tirou da lista de generais da artilharia logo foram dissipadas. Aubry, um antigo oficial de artilharia amargurado pelas decepções da carreira, não ia mudar de ideia. Buonaparte começou a pensar em quem poderia ajudá-lo.

Um dos integrantes mais destacados da chamada *"jeunesse dorée"*, uma facção que tentava derrubar os jacobinos, era Stanislas Fréron, que estava apaixonado por Paulette, a irmã de Buonaparte que à época tinha quinze anos; os dois se conheceram em Marselha e ele pretendia se casar com ela. Buonaparte não se opunha ao casamento, caso isso pudesse ajudar na sua causa.[20]

Um conhecido potencialmente mais útil era Paul Barras, que também havia estado em Toulon. Seu passado variegado incluía combater ao lado dos britânicos na Índia, votar pela morte de Luís XVI na Convenção, um papel menor na queda de Robespierre e a derrota de uma tentativa de golpe monarquista contra a República. Um período como comissário do Exército lhe deu oportunidades de corrupção que o tornaram consideravelmente rico, e ele usava o dinheiro para satisfazer seu gosto por luxo e mulheres. Ele havia virado sua casaca jacobina, cercando-se com um séquito de devassos e cortesãos, e iria considerar bem-vindo um outro ex-jacobino com uma capacidade realista de discurso, mas Barras não confiava em ninguém. Tinha havido motins jacobinos poucos dias antes da chegada de Buonaparte, e a situação política permanecia instável, com representantes de todos os tons da revolução e da contrarrevolução manobrando numa sucessão caleidoscópica de alianças e realinhamentos. Barras não veria sentido em ajudar Buonaparte, a não ser que precisasse dele. Mas, enquanto isso, aceitou manter o general debaixo de sua asa caso ele viesse a ser necessário.

Em 13 de junho, Buonaparte recebeu seu posto no Exército do Oeste sob o comando do general Lazare Hoche, que operava contra rebeldes monarquistas na Vendeia. Ele não tinha intenção de ir e obteve uma licença médica até 31 de agosto, o que lhe deu tempo para avaliar suas opções.

A queda de Robespierre havia encerrado o Terror, e a libertação do medo que isso causou produziu uma erupção de hedonismo. Buonaparte estava espantado com o modo como o povo de Paris mergulhava numa vida de prazeres. "Dançar, ir ao teatro, a festas no campo e cortejar mulheres, que aqui são as mais belas do mundo, é a principal ocupação e a coisa mais importante", escreveu para Joseph. "As pessoas encaram o Terror como um pesadelo."[21]

Antoine Lavalette, contemporâneo de Buonaparte, ficou horrorizado com o que acontecia em sua cidade natal, onde "a dissolução da sociedade havia descido a novos patamares". Ele observava de maneira desaprovadora que "eram os novos-ricos que davam o tom, somando a todos os erros de uma má criação o ridículo de uma ausência de dignidade inata". Estava chocado com o "nível quase inacreditável de licenciosidade" exibido, com as "mulheres belas, bem-criadas e de berço" que "usavam calças cor da pele e sandálias trançadas, mal cobertas por vestidos de gaze transparente, com os seios descobertos e os braços nus até os ombros". Como outro explicou, "o objetivo dessas mulheres e o *ne plus ultra* de sua arte era mostrar o máximo de nudez sem ficar nuas". Algumas umedeciam os vestidos em óleo para que o tecido colasse ao corpo.[22]

Havia bailes para os quais só eram convidados os parentes de guilhotinados, em alguns casos realizados em prisões onde os massacres de setembro haviam ocorrido, em que os convidados usavam uma fita vermelha em torno do pescoço num gesto que ficava entre o humor negro e o exorcismo. Buonaparte pode ter ficado chocado, mas mostrou compreensão com a necessidade das pessoas de compensar os sofrimentos e as ansiedades do passado – e se mostrou bem menos severo do que Lavalette no tocante aos *nouveaux riches*.[23]

Uma situação econômica desastrosa e uma crise financeira provocada por uma queda vertiginosa do valor do papel-moeda, os *assignats*, somadas à emigração ou à execução dos nobres e seguidas do confisco de suas posses, significavam que havia uma grande quantidade de propriedades no mercado. Pessoas que tinham enriquecido durante a Revolução estavam desesperadas para transformar seu dinheiro, que se depreciava, em ativos sólidos, o que criou um mercado fértil para o lucro. Ao deixar Châtillon rumo a Paris, Buonaparte fez um desvio para ver uma casa de campo em Ragny, na Burgundia. "O château é formado por uma residência nova ou pavilhão em estilo moderno", escreveu para Joseph em 22 de maio, continuando a descrever os méritos do imóvel e ressaltando que, caso as torres que lhe davam "um visual aristocrático" fossem demolidas, o lugar podia ser vendido como uma esplêndida residência, com sua "soberba" sala de jantar tendo quatro vezes o tamanho da antiga em Ajácio.[24]

A busca por prazer havia dado origem a um gosto por todo tipo de luxo, e alguns deles eram escassos em Paris. Três dias depois de chegar à capital, Buonaparte tirou um tempo de folga da promoção de sua carreira para pesquisar os preços do açúcar, do sabão e do café. Como os preços eram bem mais altos do que em Marselha, ele instruiu Joseph a comprar uma grande quantidade lá e enviar a Paris. Ragny tinha sido vendida, ele informou ao irmão poucos dias depois, porém havia muitas outras oportunidades de investimento.[25]

No início de julho, contou que tinha fechado a venda do café que Joseph enviou e mandou que ele comprasse em Gênova, para onde a família Clary havia se mudado, meias de seda, xales e tafetá florentino e inglês (que precisariam ser importados para a França passando por Leipzig, uma vez que a Grã-Bretanha e a França estavam em guerra), todos produtos que estavam sendo comprados a preço alto em Paris. Ele tinha sido bem-sucedido em encontrar um ponto de venda em Paris para Joseph Fesch, que se estabelecera no comércio de porcelana na Basileia, na Suíça. Ele até mandou que Joseph investigasse o preço das massas na Itália, uma vez que a escassez de alimentos em Paris poderia fazer valer a pena a importação. Ele havia localizado uma propriedade promissora no vale do Montmorency e estava à procura de outras. Seu desejo era que Joseph financiasse essas especulações, porém identificou modos de comprar a crédito e vender com lucro antes de fechar a compra. Se Joseph tivesse seguido suas primeiras sugestões, reclamava, eles teriam ganhado 1 milhão. Buonaparte via gente fazendo fortunas em toda parte a seu redor e ficava exasperado com a falta de interesse de Joseph.[26]

Naturalmente preguiçoso, Joseph não queria prejudicar sua fortuna recém-adquirida se arriscando na especulação imobiliária. Ele partira junto com a família Clary para a neutra Gênova, para onde levaram a maior parte de seu dinheiro e de onde administrariam seu comércio com o Levante. Joseph vivia bem e sustentava a mãe e as irmãs em Château-Sallé. No entanto, ele atormentava Buonaparte para que usasse sua influência para lhe conseguir um cargo como cônsul da França em alguma cidade comercial na Itália ou no Levante, onde ele conseguiria se beneficiar do salário e usar sua posição para aumentar suas atividades comerciais. "Vivemos por tantos anos juntos que nossos corações se entrelaçaram", Buonaparte respondeu, prometendo tentar. "Você sabe melhor do que ninguém o quão profundamente o meu é devotado ao seu."²⁷

Ele havia conseguido uma vaga para Louis na escola para oficiais em Châlons, o que estava lhe custando uma fração considerável de seu meio salário, e estava explorando a possibilidade de colocar o caçula, Geronimo, na escola em Paris. Usará seus contatos para libertar Lucien – "Brutus" tinha sido preso em função de suas ligações com os jacobinos. Buonaparte achava Lucien cansativo, descarado e irresponsável, "um encrenqueiro nato", mas era da família.²⁸

Na cultura em que Buonaparte havia sido criado, a família funcionava como um clã, que oferecia uma segurança que lhe fazia falta em Paris. Embora estivesse então com 25 anos e tivesse passado por muita coisa nos últimos anos, ele ainda era em muitos aspectos uma criança, por vezes ficando agressivo quando estava na defensiva e com uma emotividade que se disfarçava de cinismo. Porém, ele estava tendo de lidar com um conjunto complexo de desafios e sensações, e estava dividido entre dois mundos diferentes. Aquele ligado a Désirée tinha bastante apelo.

Joseph tinha conseguido um casamento perfeito. Os Buonaparte e os Clary tinham raízes na cultura do Mediterrâneo, dando um papel central à família. Estavam empenhados em progredir financeira e socialmente, mas no fundo tinham um perfil de classe média. O motor de suas aspirações ao status de nobreza era mais financeiro que ideológico, e nada tinha em comum com os impulsos supostamente cavalheirescos da *noblesse*. Eles também não nutriam os preconceitos da nobreza.²⁹

É improvável que Buonaparte tivesse sentimentos profundos por Désirée. No entanto, ele realmente despertou sentimentos fortes nela. As cartas e os esboços que sobreviveram transbordam com a paixão e o sentimentalismo que se poderiam esperar de uma adolescente apaixonada. Quando ele partiu de Paris, em maio, ela se disse desolada e garantiu a ele que cada instante em que os dois não estavam juntos lhe doía na alma. "Meus pensamentos são sempre seus, e vai ser assim até a minha morte", ela escreveu pouco depois da partida dele, tendo como único consolo a certeza de que ele seria sempre fiel. Désirée esperava que ele não achasse as beldades de Paris muito sedutoras e assegurava a si mesma que "nossos corações estão unidos demais para que seja possível separá-los".³⁰

Pouco depois de sua chegada a Paris, Buonaparte escreveu que, embora tivesse encontrado algumas "mulheres bonitas e muito charmosas" em Châtillon, nenhuma se comparava à sua "doce e gentil Eugénie". Ele escreveu dois dias depois, enviando algumas canções, e mais uma vez três dias depois disso, com mais partituras, reclamando que ela não escrevia com mais frequência. Em 14 de junho, depois de ouvir que ela tinha se mudado para Gênova com o irmão e as irmãs, escreveu uma longa e pouco coerente carta repreendendo-a por decepcioná-lo.[31]

Ele a tinha feito prometer que o esperaria em Marselha, e a viagem dela tornava impossível que os dois se vissem. Um cidadão francês que viajasse para o exterior estava exposto a ser rotulado como migrante e a ser proscrito. Para um oficial da ativa, isso equivalia a traição. O fato de ela ir a Gênova sugeria que a família se opunha ao casamento entre os dois, e ele entendeu isso como uma traição da parte dela. Em uma carta emocionada de 14 de junho, Buonaparte presume que a relação acabou e ao mesmo tempo afirma estar convicto de que ela sempre o amará. Fingindo uma nobre abnegação, diz ter esperanças de que ela encontre alguém mais digno que ele. Num turbilhão de autodepreciação, ele se descreve como sendo amaldiçoado por "uma imaginação feroz, uma cabeça fria, um coração estranho e uma tendência à melancolia", alguém que é "cercado pela selvageria e pela imoralidade dos homens", acredita ser "o oposto de outros homens" e despreza a vida. No entanto, insiste que só pode encontrar a felicidade no amor dela e implora para que ela ache um jeito para que eles se reencontrem. "Não há nada que eu não faça pela minha adorável Eugénie", afirma. "Porém, se o destino está contra nós, pense apenas em você mesma e na sua Felicidade: ela é mais preciosa que a minha." Talvez seja significativo o fato de ser esse o mesmo dia em que ele decidiu não se unir ao Exército do Oeste, prolongando sua licença médica.[32]

Ele escreveu novamente dez dias depois, reclamando do silêncio dela e garantindo que, embora Paris transbordasse com prazeres de todo tipo, ele só conseguia pensar em sua Eugénie e se consolava olhando para o retrato dela, prometendo enviar a ela o seu próprio retrato. No mesmo dia, em uma carta para Joseph, ele escreveu que, "se não for possível fechar um acordo com Eugénie e se você não me enviar recursos com os quais eu possa operar, então eu vou aceitar o posto de general de infantaria e entrar para o Exército do Ródano, à procura da minha morte". Ele insinuava que o noivado estava rompido e sugeria que, caso ela não quisesse o retrato que ele tinha mandado, Joseph deveria ficar com ele. Ela continuava enchendo páginas e páginas de cadernos com o nome e as iniciais dele, mas há poucas dúvidas de que a família dela não queria mais nada com ele, e ele agora também tinha outras coisas em mente.³³

"Então lá estávamos nós três em Paris", lembraria Marmont. "Buonaparte sem emprego, eu sem qualquer permissão formal e Junot como ajudante de campo de um general a quem não queriam empregar [...] passando nosso tempo no Palais-Royal e nos teatros, com pouquíssimo dinheiro e nenhum futuro." Dinheiro parece ter sido, de fato, um grande problema; Buonaparte estava com meio salário, mas isso em todo caso representava uma receita regular, e Junot, que vinha de uma família financeiramente confortável, recebia subsídios do pai. O futuro realmente era incerto; a carreira militar de Buonaparte emperrara e seus contatos políticos não eram influentes o suficiente para lhe dar um novo impulso.³⁴

Barras havia aberto um novo mundo para Buonaparte ao apresentá-lo às pessoas que ditavam os acontecimentos em Paris. Entre eles se destacava uma grande beldade, a filha de um banqueiro espanhol, Thérèse de Cabarrus, conhecida como "Notre-Dame de Thermidor" porque o revolucionário Jean-Lambert Tallien havia se apaixonado por ela, tirando-a da prisão e depois ajudando a derrubar Robespierre e a pôr fim no Terror para salvar o pescoço de ambos. Outras leoas sociais eram Juliette Récamier, Aimée de Coigny, Julie Talma e Rose de Beauharnais, além da intelectualmente mais estimada Germaine de Stäel e de mulheres mais velhas e mais experientes como as senhoras de Montansier e Château-Renaud. Eram mulheres sedutoras, sofisticadas e assertivas, que faziam o que bem queriam, e as referências de Buonaparte a Désirée e a Joseph em cartas não deixam dúvidas de que ele estava fascinado e entusiasmado com elas.

Ele não impressionava com sua baixa estatura, seu corpo franzino e pálido, o olhar faminto e as roupas gastas, e não tinha ideia de como se apresentar, de como entrar numa sala, cumprimentar as pessoas ou responder. Seus modos eram *farouche*, uma mistura de timidez e agressividade que desconcertava a todos. Embora esse comportamento pudesse ser sedutor para as moças provincianas que Buonaparte tinha encontrado até então, ele se tornava desagradável quando passava para a defensiva. Com mulheres sofisticadas comportava-se de maneira particularmente estranha e dava a impressão de não se importar com o que elas pensavam a seu respeito. Estava deslocado, não tanto do ponto de vista social quanto da mera comunicação humana; demonstrava uma curiosa falta de empatia, o que significava que não sabia o que dizer às pessoas, e, portanto, ou não dizia nada ou dizia algo inapropriado.

A aparência pouco graciosa, descuidada e o francês ruim, com frases em *stacatto*, não ajudavam. Laure Permon, cuja casa dos pais servia praticamente como segundo lar para ele e Junot, achava Buonaparte feio e sujo. A esposa de Bourienne o julgava frio, sombrio e um tanto selvagem. Ele podia se sentar ao lado deles numa comédia e permanecer impassível enquanto a casa inteira ria e depois rir de maneira estridente em momentos inadequados. Ela se lembrava de ouvi-lo contar uma piada de mau gosto sobre um de seus homens ter tido os testículos arrancados a bala em Toulon e rir histericamente enquanto todos ao redor se mostravam horrorizados. No entanto, havia algo em seu comportamento que alguns achavam tremendamente atraente.[35]

A sofisticação das mulheres liberais era ao mesmo tempo atraente e repulsiva para ele. Elas faziam com que Désirée parecesse provinciana e desinteressante, por um lado, mas pura e sublime, por outro. O amor ardente de uma adolescente virginal, porém, não seria páreo para a atração sensual de uma mulher sofisticada mais velha, em especial para um rapaz que ainda era uma criança em busca de uma figura maternal. Aparentemente ele tentou algo com Thérèse Tallien, que o rejeitou, mas ela parece ter continuado a lhe ter afeição, já que Napoleone seguia sendo bem-vindo aos seus eventos sociais, e ela chegou até mesmo a usar seus contatos para conseguir tecidos para que o jovem fizesse um novo uniforme. Ele parece ter sido mais bem-sucedido com outras mulheres, o que talvez inclua a antiga amiga de infância de Letizia, Panoria Permon.[36]

Ele sentia pena de si mesmo. Em 5 de agosto, escreveu para o Comitê de Defesa Pública reclamando que seus méritos e sua devoção à República não eram reconhecidos. Poucos dias depois admitiu para Joseph ser "muito pouco apegado à vida", e sugeriu que podia muito bem se jogar debaixo de uma carruagem. Essas não são as únicas coisas que ele disse e escreveu a sugerir que ocasionalmente pensava em suicídio.[37]

Sem muito mais a fazer, passava dias inteiros na Bibliothèque Nationale, estabelecida em 1792 com a fusão entre a antiga biblioteca real e as bibliotecas nobres e eclesiásticas capturadas durante a Revolução. Ele não somente lia, como sempre fazia quando tinha tempo livre. Escrevia também.

O resultado foi uma novela intitulada *Clisson et Eugénie*, sem dúvida em homenagem a um de seus romances favoritos, *Paulo e Virginia*, de Saint-Pierre. Seu herói, Clisson, sente o chamado às armas desde a mais tenra infância, empolgado com a visão de um capacete, um sabre ou um tambor. Numa idade em que os outros liam contos de fadas, ele estuda a vida dos grandes homens; enquanto os outros correm atrás de meninas, ele se aplica à arte da guerra. Ele então cresce e se torna um jovem soldado inspirado que "marcava cada passo com ações brilhantes" e que rapidamente chega à patente mais alta. "As suas vitórias se sucediam uma à outra e seu nome era conhecido de toda a nação como um de seus mais benquistos defensores." Porém, ele é vítima da "maldade e da inveja", tendo de suportar as "calúnias" de seus pares. "Eles chamavam sua altivez de orgulho" e o repreendiam por sua "firmeza". Desencantado, sentindo-se deslocado em eventos sociais, foge da sociedade, vagando por florestas remotas e abandonando-se "aos desejos e às palpitações de seu coração", em noites iluminadas pela lua, transbordando de melancolia e autopiedade. Ele encontra Eugénie, que é "como a canção do rouxinol ou uma passagem de Paisiello [o compositor favorito dele], que agrada as almas meramente sensíveis, mas cuja melodia transporta e dá origem a paixões naqueles que conseguem senti-la profundamente". Eles se apaixonam, se casam e dão início a uma família, mas, depois de alguns anos, ele ouve o dever chamá-lo quando a pátria está ameaçada e resolve partir mais uma vez para a ação. "O nome dele era o sinal para a vitória", e seus triunfos "ultrapassaram as esperanças da nação e do Exército". Ele envia um de seus assistentes, seu melhor amigo, para consolar Eugénie durante sua ausência, tarefa que aquele executa melhor do que devia. Quando Clisson descobre que os dois se apaixonaram, escreve uma carta cheia de generosidade e ternura e segue para a batalha e para a morte.[38]

A obra não exige muitos comentários. Trata-se de um banquete para um psicanalista em sua exibição de imaturidade emocional, sonhos com a glória e sensação de superioridade somada a uma consciência desesperada de inferioridade em certas áreas, com uma agressão que convive com um excesso de sentimentalismo e uma absoluta auto-obsessão.

Em 17 de agosto, tendo recebido ordens de assumir seu posto no Exército do Oeste, Buonaparte visitou o sucessor de Aubry no Ministério da Guerra,

Doulcet de Pontécoulant. O novo chefe dos assuntos militares ficou impressionado pelo modo como o sujeito frágil e de aparência doentia ganhava vida quando falava, seus olhos cintilando como fogo quando pronunciava as palavras "exército", "batalha" e "vitória". Ele o nomeou para o Cabinet Historique et Topographique, um grupo de vinte oficiais. Buonaparte se dedicou bem a seu modo obsessivo, produzindo planos e memorandos sobre todos os aspectos da situação militar, frequentemente ficando acordado até as três horas da manhã. "Quando trabalho num plano de campanha, não consigo descansar até ter terminado, até que todas as minhas ideias tenham sido elaboradas", explicaria mais tarde. "Sou como uma mulher em trabalho de parto." Ele apresentou a Pountécoulant um plano para a conquista do Norte da Itália que, ao ser enviado para o comandante do Exército da Itália, foi rejeitado como sendo a criação de um louco que devia ser internado num hospício.[39]

O trabalho não o distraía de assuntos mais prosaicos; estava em busca de propriedades que ficassem mais ou menos perto de Paris e tinha localizado "uma casa muito boa", que descreveu para seu irmão em detalhes, falando das salas de estar, da sala de jantar, da cozinha, da despensa, dos quartos, do jardim, do pomar, da horta, dos campos, dos pastos e dos bosques. "Em todo caso, devo comprá-la, pois a mim parece que não há chance de não ser um bom negócio", concluiu. Sua confiança de que seria capaz de arranjar o dinheiro necessário pode ter tido algo a ver com o fato de seus planos de casamento terem ressuscitado.[40]

"Tenho amigos, grande estima, bailes, festas, porém, longe de minha doce Eugénie, só posso ter algum prazer, alguma diversão, mas não posso ter felicidade", escreveu para Désirée no final de agosto, pedindo que ela fosse ficar com ele e acrescentando: "o tempo voa, as estações se seguem e a velhice avança". A Joseph ele escreve dizendo que queria "concluir o negócio com Eugénie", já que isso estava interferindo em seus planos; ele achava que era hora de se casar, e não havia escassez de mulheres dispostas a isso em Paris. "Cabe a ela resolver a situação, já que foi ela quem estragou tudo com a viagem [para Gênova]. Se ela realmente quiser, tudo pode ser facilmente arranjado."[41]

"Você bem sabe, meu amigo, que vivo apenas pelo prazer que posso dar para minha família, que sou feliz apenas com a felicidade dela", escreveu para Joseph. "Se minhas esperanças forem ajudadas pelo êxito que sempre me acompanha em meus empreendimentos, poderei ser útil a todos vocês, fazê-los felizes e satisfazer seus desejos..." Ele estava tentando obter um consulado na Itália para Joseph e tinha conseguido um emprego para Fesch no setor de provisões do Exército do Reno. Enviava trezentos francos por mês para Louis: "Ele é um bom sujeito e, além disso, assim como eu, tem calor, inteligência, saúde, talento, atenção aos detalhes, tudo". Estava feliz com a situação da família e cheio de esperanças para o futuro. "Eu não poderia estar mais bem situado nem ter uma posição mais agradável e mais satisfatória aqui", garantiu a Joseph em 8 de setembro. "O futuro deveria ser visto com desprezo por um homem de coragem." Em meio a várias propostas de especulação imobiliária, voltou ao "negócio com Eugénie", que insistia que precisava ser resolvido. "Se essas pessoas não têm intenção de concluir a questão com Eugénie, pior para ela, já que é tola o bastante para ouvi-los", escreveu poucas semanas depois, afirmando que seria uma honra para a família de Eugénie caso viesse a se casar com ela. Ele tinha coisas melhores para fazer do que esperar por eles e riscou o nome *Eugénie* do título de sua novela.[42]

Ele ficou sabendo de um projeto de enviar oficiais para Constantinopla para modernizar a artilharia do sultão e se inscreveu para liderar o grupo. Como explicou ao irmão, estaria no comando de uma missão importante, provavelmente conseguiria arranjar para Joseph o posto de cônsul, e ganhariam bastante dinheiro. Em 15 de setembro de 1795, foi confirmado no comando de uma missão militar para Porte. Escolheu Songis, Marmont, Junot e Muiron para acompanhá-lo naquilo que prometeu que seria a aventura da vida deles. No entanto, uma outra aventura mudaria seus planos.[43]

9
General Vindemiário

O que realmente aconteceu em 5 de outubro de 1795 permanece um mistério. Os eventos daquele dia, 13 Vindemiário pelo calendário revolucionário, foram ricos em consequências, nem tanto para os caminhos da Revolução quanto para o futuro de um homem – o general Buonaparte. E, no entanto, é o papel dele nesses eventos que é mais elusivo.

Enquanto estava absorvido em sentimentos contraditórios por Désirée, suas especulações financeiras, sua carreira militar e seus sonhos com as riquezas do Oriente, uma nova crise política fermentava. Os homens que haviam assumido o poder depois da queda de Robespierre não tinham conseguido montar um governo forte nem foram capazes de gerar estabilidade ou de oferecer princípios que unissem a nação. Eles refletiam todos os vícios e incertezas de uma sociedade que tinha perdido o rumo. Os jacobinos estavam à espreita nos bastidores, e os mais radicais, como "Graco" Babeuf, tramavam a revolução final. No extremo oposto da escala, os monarquistas se reuniam para tentar devolver o poder à Coroa.

Em 8 de junho, o filho de dez anos de Luís XVI morreu na prisão do Templo em Paris. O tio dele, o irmão mais novo do falecido rei, fez uma proclamação em Verona, onde havia se refugiado, assumindo a sucessão como Luís XVIII. Menos de três semanas depois, a Marinha Real desembarcou 4 mil emigrantes na Bretanha para dar apoio aos monarquistas insurgentes. O general Hoche, que comandava o exército em que Buonaparte deveria estar servindo, os obrigou a recuar para a península de Quiberon, onde eles e outros 2 mil homens desembarcados pelos britânicos foram derrotados em 21 de julho. No dia seguinte, a paz foi assinada entre França e Espanha, cujas forças invasoras tinham sido obrigadas a recuar até Bilbao. A República parecia estar segura. Os monarquistas, porém, seguiam fortes, e o descontentamento com o governo fervilhava.

Havia certo grau de consenso de que o país precisava de uma nova Constituição. A primeira, promulgada em setembro de 1791, transformou a França numa monarquia constitucional. Ela havia se tornado obsoleta, juntamente com a monarquia, pela Constituição Republicana de junho de 1793, ano I do calendário revolucionário. Porém essa Constituição foi rapidamente posta em suspensão pelo estado de emergência nacional provocado pela ameaça de invasão. Uma nova Constituição, a do Ano III, foi adotada em 22 de agosto de 1795. Ela substituiu a Convenção por um Conselho de Quinhentos e por um Conselho de Anciãos com metade desse número de integrantes, ambos eleitos por sufrágio baseado na posse de propriedades. O Comitê de Segurança Pública seria substituído por um Diretório Executivo de cinco membros eleitos pelas câmaras por meio de um procedimento complexo. "O governo em breve será formado", Buonaparte escreveu a Joseph em 12 de setembro. "Um futuro sereno nasce na França." Ele não podia estar mais errado.[1]

As pessoas que tinham assento na Convenção não pretendiam abrir mão do poder. Percebendo que, no caso de eleições livres, os monarquistas iriam chegar ao poder obtendo maioria em ambas as câmaras, eles aprovaram uma lei estipulando que dois terços das cadeiras, quinhentas das 750, seriam destinados a membros da Convenção. Isso provocou uma insurreição na Normandia e agitação em Paris. Os monarquistas eram dominantes em várias seções, nas assembleias locais da capital, e nos primeiros dias de outubro a cidade entrou em ebulição.

Na noite de 3 de outubro, Buonaparte recebeu uma nota de Barras, que ainda era membro do Comitê de Segurança Pública, pedindo que ele fosse à sua casa em Chaillot às dez da manhã seguinte. Barras precisava de "homens de ação" para lidar com aqueles que ele chamava de "terroristas monarquistas" e que estavam reunindo suas forças. Não se sabe o que ficou combinado na reunião entre os dois, porém Buonaparte parece não ter se comprometido, e Barras também entrou em contato com dois outros ex-generais jacobinos que tinham sido deixados de lado depois da queda de Robespierre: Carteaux e Guillaume Brune.[2]

A insurreição estava no ar, e, quando Buonaparte voltou de Chaillot, uma das seções, Le Pelletier, estava mobilizando sua Guarda Nacional. Mesmo assim, ele foi ao teatro. Quando saiu, por volta de oito da noite, a situação tinha se tornado crítica. A seção de Le Pelletier estava em franca rebelião, transformando suas ruas estreitas numa fortaleza inexpugnável. O general Jaques Menou e representantes da Convenção tinham saído com tropas para confrontar os rebeldes, porém, vendo a impossibilidade de retirá-los dali sem um alto número de mortes e percebendo que em pouco tempo estariam cercados, negociaram uma trégua e bateram em retirada. A seção de Le Pelletier declarou ser a autoridade legítima e incitou outras seções a fazerem o mesmo.

Menou, ex-oficial do Exército Real, foi acusado de traição e preso, e teve início uma busca para alguém que pudesse substituí-lo. Escrevendo mais de vinte anos depois, Buonaparte afirma ter ido à Convenção e encontrado os deputados em estado de pânico. Os nomes de vários generais foram apresentados, incluindo o dele. Escondido entre os espectadores, ele conseguiu escapar para pensar na sua situação. Ele afirma que precisou de meia hora para decidir se aceitava o desafio: não gostava das autoridades da época, porém, caso os monarquistas ficassem em vantagem e trouxessem os Bourbon de volta, tudo o que ele tinha conquistado desde 1789 (e seu próprio futuro) estaria em risco. Ele diz ter oferecido seus serviços ao Comitê de Segurança Pública, com a condição de ter autoridade absoluta, sem ter que aceitar instruções de seus representantes como era o costume.[3]

Barras conta uma história diferente. "Não há nada mais simples do que substituir Menou", diz ter afirmado ao Comitê. "Eu tenho o homem de que vocês precisam; um pequeno oficial corso que não vai ser tão suscetível." Na versão de Buonaparte, Barras assumiu o comando nominal das forças da Convenção, que dispensou a exigência de representantes do governo, e ele, como segundo no comando, assumiu o controle de fato das operações.[4]

Seja como for, nenhum dos dois dormiu naquela noite. Em algum momento depois da uma da manhã de 5 de outubro, Buonaparte mandou que um jovem *chef d'escadron* do 21º de Caçadores Montados, Joachim Murat, cavalgasse até a planície de Sablons e protegesse quarenta canhões que estavam ali armazenados, antes que os rebeldes pudessem assumir seu controle. À primeira luz da manhã, enquanto o rufar dos tambores convocando os guardas nacionais das várias seções ressoava pela cidade, Buonaparte estava posicionando as armas em lugares estratégicos em torno da sede do governo nas Tulherias, como a Pont Neuf a leste e a rue Saint-Honoré ao norte, e o que hoje é conhecido como Place de la Concorde a oeste.

As tropas do governo, com pouco mais de 5 mil homens, com apoio de 1,5 mil "patriotas" prontos para defender a República contra os monarquistas, e várias centenas de deputados armados com mosquetes, enfrentavam um número provavelmente quatro vezes superior de guardas nacionais que convergiam de todos os lados. Seguiu-se um longo impasse. Uma chuva pesada esfriou os ânimos dos insurgentes, e só lá pelas quatro da tarde os primeiros tiros foram disparados. As baterias foram dispostas de tal maneira que os insurgentes não conseguiam se posicionar e nem fazer com que seus números superiores se movessem, e seus tiros impediam qualquer tentativa de arremetida. Tudo acabou em duas horas, e, embora ainda se ouvissem tiros em vários pontos da cidade durante a noite, todas as forças rebeldes remanescentes foram eliminadas no dia seguinte. Os relatos de vítimas variam de quatrocentas a mais de mil.[5]

A versão de Buonaparte, que se tornou a história oficial e depois lenda como "aroma de metralha" que demonstrava seu implacável sentido de propósito, o põe no comando, dirigindo tudo, generosamente esperando que os insurgentes atirem primeiro, usando apenas munição de canhão suficiente para mostrar que estava falando sério, e depois atirando com balas de festim. É difícil saber se isso é verdade. "O inimigo veio nos atacar nas Tulherias", ele escreveu para Joseph. "Matamos vários deles. Eles mataram trinta de nossos homens e feriram sessenta. Desarmamos as seções e tudo está calmo." Mais tarde, ele afirmaria que as baixas não ultrapassaram duzentos mortos e feridos em cada lado.[6]

Muito depois de ter sido deixado de lado pelo "pequeno oficial corso", um amargurado Barras descreve os eventos de modo diferente. Foi ele quem planejou tudo, foi ele quem ordenou que os canhões fossem trazidos de Sablons, foi ele quem instruiu Brune a atirar por sobre as cabeças dos rebeldes que se aproximavam. "No 13 Vindemiário, o único papel que Buonaparte desempenhou foi de meu ajudante de campo", resumiu. Em seu relatório oficial entregue à Convenção em 10 de outubro, ele elogiava Brune e outros, e não mencionava Buonaparte. Quando Barras acabou, Fréron, ainda esperando se casar com Paulette, se ergueu para falar e lembrou-o da contribuição de Buonaparte, que Barras admitiu, relutante. Seu relatório não é o único a omitir Buonaparte. Embora um relato de fato registre que o cavalo que ele montava foi morto, o texto afirma que foi o general Verdier quem posicionou os canhões. No entanto, deve ter havido algo notável na conduta de Buonaparte naquele dia.[7]

Os eventos demonstraram que com tropas bem lideradas um governo tinha como pôr um fim ao domínio da turba que atormentara a revolução. Preços altos e escassez de alimentos significavam que Paris continuava vulnerável a motins, e nos dias seguintes Barras aumentou a presença militar na cidade. Ele recomendou Buonaparte para o posto de seu segundo em comando, e, como estava prestes a assumir como membro do Diretório Executivo, teria de abrir mão do comando, o que significava que seu número dois ficaria responsável pela mais poderosa força do país. Parece improvável que ele colocasse nessa função alguém que não fosse o mais capacitado. Não se falou novamente em Constantinopla, e Buonaparte agora era chamado de "General Vindemiário", o que sugere que seu papel foi decisivo.

Em 16 de outubro, Buonaparte foi promovido a general de divisão, e dez dias depois, confirmado como comandante do Exército do Interior. Ele fora um eficiente governador militar de Paris desde 6 de outubro, e tinha imediatamente começado a pacificar a cidade, reformando a Guarda Nacional e confiscando armas privadas, demitindo oficiais com inclinações monarquistas e fechando o Clube Jacobino, e assumindo o comando da polícia da capital. Sem se deixar confinar no quartel-general da Place Vendôme, ele cavalgava pela cidade, escoltado por um séquito de oficiais e por um número crescente de ajudantes, que incluía seu irmão Louis, para quem ele obteve a patente de tenente, Junot, Marmont e Murat, cujo ímpeto nas primeiras horas de 5 de outubro o impressionou. "Ele jamais ia a lugar algum sem seus oficiais de bigode e seus longos sabres", recordaria Barras. "Ele montava seu palafrém alto, usando um chapéu imenso com suas plumas tricolores e bordas viradas para cima, as botas abaixadas e um sabre pendente que era maior que ele." Junot e Murat foram promovidos por Buonaparte e usavam com orgulho os símbolos de uma patente que não tinham oficialmente; Murat também enfeitava o uniforme com vários acessórios extravagantes.[8]

O próprio Buonaparte tinha assumido ares mais importantes. Deixara para trás o andar esquisito. "Ele já tinha todo um garbo, modos grandiosos que eram absolutamente novos para mim", lembraria Marmont. Ele ia ao teatro e fazia uma entrada dramática com sua *entourage* de jovens arrogantes, com suas esporas e seus sabres tilintando enquanto eles caminhavam. Buonaparte estava desenvolvendo um gosto pelo teatral e aprendendo o seu papel. Durante um motim por comida em um dos *quartiers* mais pobres, enquanto passava pelo local com seus cintilantes cavaleiros, ele confrontou uma mulher enorme que o acusava de engordar com seus salários perguntando a ela qual dos dois era mais gordo, o que provocou risos e desarmou a situação.⁹

Embora não tivesse ganhado peso, ele certamente estava "engordando" no sentido mencionado pela mulher. Barras, ele próprio um dos grandes ladrões de dinheiro público da história, se certificou de que Buonaparte estivesse em boa situação. De que forma, não sabemos. Embora recebesse um salário de 4 mil francos, o valor dos *assignats* com que ele era pago tinha caído dramaticamente: em 23 de outubro, o valor real havia sido reduzido a 3% do valor nominal, e o dinheiro em espécie era tremendamente escasso. Com a libra do açúcar custando cem francos e um saco de batatas duzentos, o salário não durava muito. Ele recebia uma diária para alimentação e outros itens essenciais, além de ração para seus cavalos. Mas isso não explica como ele conseguia dar uma ajuda à sua mãe que era maior que seu salário anual, enviar a Joseph 400 mil francos e ainda atormentar Bourienne para encontrar uma boa propriedade para que ele a comprasse.¹⁰

Assim como no caso do dinheiro, também influência não lhe faltava. Ele agora escrevia para Letizia para dizer que Paulette não precisava mais se casar com Fréron, que tinha perdido sua importância política. Ele estava a caminho de conseguir um consulado para Joseph, e nesse meio-tempo obteve para ele cartas de marca que permitiam a operação de dois corsários próximos a Gênova para atacar navios britânicos. Para Lucien, arranjou um trabalho como comissário no Exército do Norte, e para Fesch, um emprego de secretário, ainda ficando pendente um emprego melhor como supervisor dos hospitais de Paris. Ele também não se esqueceu dos parentes mais distantes. "Não falta nada à família", declarou a Joseph com satisfação numa carta de 18 de dezembro: "Mandei a todos eles dinheiro, *assignats*, roupas etc.".¹¹

Barras relata que estava providenciando para que Buonaparte se casasse com Mademoiselle de Montansier, uma mulher mais velha, dona de vários teatros em Paris, uma fonte garantida de receita na época. Os pensamentos que ele dedicava a Désirée não iam ser um impedimento: em uma carta para sua cunhada Marie-Julie Clary, Buonaparte menciona todos os membros da família, exceto ela. Em outra de 9 de dezembro, pede a Joseph que lhe transmita suas saudações, mas pela primeira vez se refere a ela como Désirée, e não Eugénie. Pergunta sobre ela em uma carta escrita dez dias depois, mas sem a impaciência que acompanhava os pedidos anteriores. Entretanto, Buonaparte não se casou com Mademoiselle de Montansier.¹²

Pouco depois de ter determinado que todas as armas particulares fossem confiscadas, um garoto de catorze anos foi ao seu quartel-general, implorando que o deixassem ficar com a espada que havia pertencido ao pai, um general guilhotinado durante o Terror. Comovido com o pedido do menino, Buonaparte concordou. No dia seguinte, segundo se conta, a mãe agradecida foi visitá-lo. Ou ele pode ter feito uma visita a ela, levando o documento que permitia à família ficar com a espada. Ou, como Buonaparte quer que acreditemos, ele enviou um de seus ajudantes, que relatou ser a mulher uma bela viúva. Ou então a história como um todo pode ser uma fábula em torno de algum incidente relacionado à espada. É improvável que Buonaparte jamais tivesse encontrado a viúva em questão, já que ela era amiga íntima das senhoras cujos salões ele vinha frequentando havia meses e, sendo amante de Barras, estava quase sempre ao lado dele. Uma coisa é certa – o general Buonaparte se apaixonou loucamente, quase obsessivamente, por ela.[13]

Marie-Josèphe-Rose de Beauharnais nasceu na família Tascher, marcada pela ascensão financeira e por escândalos, que era dona da La Pagerie, um latifúndio na ilha de Martinica, colônia francesa. Ela foi levada à França e casou muito nova com um nobre medíocre, Alexandre de Beauharnais, que desfilava seu falso título de visconde pela cidade. Era um homem ciumento e violento, além de infiel, e repudiou a mulher depois de ter dois filhos com ela. Durante a Revolução, presidiu por um breve período a Assembleia Nacional e depois foi colocado no comando do Exército do Reno. Soldado inepto, permitiu que a fortaleza de Mainz caísse nas mãos do inimigo em 1793 por pura incompetência, mas foi acusado de traição e executado no ano seguinte. Sua esposa, conhecida na infância como Yéyette e mais tarde como Josefina, ficou encarcerada na mesma prisão, Les Carmes, onde, enquanto ele tinha um caso com a viúva de um general executado, ela fazia o mesmo com o general Lazare Hoche, outro prisioneiro.

As prisões eram locais de intensa atividade sexual durante o Terror, e Les Carmes, cujas paredes ainda estavam manchadas do sangue dos 115 padres massacrados ali em setembro de 1792, não era exceção. O instinto usual diante da presença da morte iminente nesse caso era reforçado pela esperança de engravidar, o que pouparia a mulher da guilhotina. Como resultado, as celas lotadas latejavam com o som do acasalamento, muitas vezes com os próprios guardas, em cenas de medo e degradação que deixaram suas marcas naqueles que, como Josefina, tiveram a sorte de sobreviver.

Ao ser libertada depois da queda de Robespierre, Josefina fez o melhor uso que pôde das amizades conquistadas na cadeia, dentre outras, Thérèse Tallien. Ela retomou seu romance com o general Hoche e ganhou destaque na exuberante nova sociedade, nos salões e nas extravagantes e macabras diversões da capital. Em algum momento no início do verão de 1795, se tornou amante de Barras, mas no começo do outono estava pronta para deixar isso para trás e passou a procurar por um marido que pudesse sustentá-la. Ela não tinha dinheiro e estava vivendo um dia após o outro da generosidade de amantes, atualmente da generosidade de Barras, que tinha alugado uma pequena casa para ela perto da rue de Chantereine.

Josefina tinha então 32 anos e, nas palavras de Barras, "estava ficando decrépita precocemente". Ela jamais foi uma beldade, e com seu frescor murchando precisou recorrer àquilo que ele chamou de "a mais refinada e perfeita arte jamais praticada pelas cortesãs da antiga Grécia ou de Paris no exercício de sua profissão". Ela sabia como superar qualquer desvantagem, mantendo a boca fechada ao sorrir para esconder os dentes podres, o que muitos achavam irresistível. Eram quase lendários o seu charme, sua graça e o langor de seus movimentos, associados às suas origens miscigenadas, o que acrescentava certo tempero à imaginação alheia. Ela era ao mesmo tempo digna, com modos elegantes e boa postura, e dona de uma alegria infantil, com uma atitude despreocupada em relação às coisas práticas. E não há muitas dúvidas de que se tratava de uma amante competente. Mas se não pudesse contar com esses dotes, não tinha onde cair morta, e o casamento era a única maneira prática de assegurar seu futuro.[14]

Segundo Barras, ela tinha se decidido por Hoche, mas ele era casado e supostamente teria comentado que "era possível ter uma puta como amante por um tempo, mas não como esposa legítima". Parece então que Barras teria sugerido a ela que se casasse com Buonaparte. Ela não gostou da ideia, dizendo que, de todos os homens por quem poderia vir a se apaixonar, aquele "gato de botas" seria o último e objetando que ele vinha de uma "família de mendigos", embora a essa altura ele a cobrisse de presentes. Barras incentivou o romance, em parte para estabelecer Josefina num patamar respeitável, mas também talvez para aumentar seu domínio sobre o jovem general, que poderia ser útil e que estava se tornando independente numa velocidade alarmante.[15]

Buonaparte tinha começado a agir seguindo apenas sua própria vontade, nomeando e demitindo oficiais, reorganizando unidades e estendendo sua atuação para além dos assuntos militares. Costumava visitar os membros do Diretório quase todos os dias, não exatamente aconselhando-os, mas na verdade dizendo a eles o que fazer e repreendendo-os por sua incompetência. Quando o censuraram por agir de modo arbitrário, ele teria respondido que era impossível fazer qualquer coisa seguindo a lei, e em geral ele conseguia que os diretores vissem as coisas à sua maneira. Fazer com que Buonaparte se casasse poderia tornar as coisas mais simples para os integrantes do Diretório. Barras o aconselhou dizendo que "um homem casado encontra seu lugar na sociedade", e que o casamento dava a um homem "maior substância e mais resiliência contra seus inimigos". A maior parte das pessoas achou que ele estava meramente tentando se livrar de uma amante indesejada, e o Marquês de Sade publicaria essa versão, mal disfarçada, em seu *Zoloé et ses deux acolytes*.[16]

Buonaparte não era tão agitado quanto Hoche. Supostamente teria dito a Barras que não gostava da ideia de seduzir uma virgem e que preferia encontrar "*l'amour tout fait que l'amour a faire*", em outras palavras, ele preferia encontrar o terreno preparado. Sejam essas realmente palavras dele ou não, há algo de verdadeiro no que elas expressam; a fanfarronice cínica é típica dos que são sexualmente inseguros.[17]

A primeira carta longa de Buonaparte para Josefina não traz data, mas foi escrita às sete horas, provavelmente na segunda metade de dezembro de 1795, depois da primeira noite de amor do casal. "Acordei repleto de você", escreveu. "O teu retrato e a memória da noite embriagante de ontem não deixaram que meus sentidos descansassem. Doce e incomparável Josefina, que estranho efeito você teve sobre meu coração!" E prossegue dizendo que não pode parar de pensar nela e no que ela estará fazendo, e que mal pode esperar para vê-la de novo, dali a três horas. "Enquanto isso, *mio dolce amor*, um milhão de beijos meus; porém não me beije, já que seus beijos me incendeiam o sangue."[18]

A incomparável cortesã claramente havia lhe dado a primeira experiência amorosa agradável. "Foi, ao que parece, o primeiro amor dele, e ele o viveu com toda a intensidade de sua natureza", escreveu Marmont. Ele também escreveu uma outra coisa. "O que é inacreditável, e, no entanto, absolutamente verdadeiro, é que a vaidade de Buonaparte ficou lisonjeada", escreveu, explicando que, apesar de todo o discurso republicano, o jovem general se deixava seduzir pela graça social da antiga nobreza, e que na companhia da ex-pseudoviscondessa de Beauharnais ele sentia como se tivesse sido aceito nesse círculo encantado: ele não era filho de Carlo Buonaparte à toa. Josefina alimentava as aspirações sociais de Buonaparte falando de suas propriedades na Martinica, espertamente disfarçando o estado de penúria. Ela tinha bom gosto e estilo, e havia conseguido criar um senso de elegância na pequena casa da rue Chanteriene com a pouca mobília e os raros ornamentos que possuía, e, apesar da porcelana lascada e incompleta e dos talheres que vinham um de cada conjunto, seus jantares transbordavam com a tranquilidade da refinada aristocracia. A própria casa, projetada para o filósofo Condorcet por Claude Nicolas Ledoux, era um refúgio íntimo, ao qual se chegava por uma estreita alameda murada, um refúgio da turbulência política da capital. Buonaparte se sentia bem ali, não apenas em função de seu amor por Josefina. Ele rapidamente cativou os dois filhos dela, Eugène, de catorze anos, e Hortense, de doze. De início as crianças se ressentiram com a chegada de um intruso, mas cederam quando ele começou a contar histórias de fantasmas e a brincar com elas. Sendo ele próprio ainda um pouco infantil, Buonaparte encontrou um lar em Paris.[19]

Josefina estava insegura quanto a esse terceiro filho. "Eles querem que eu me case, minha cara amiga", escreveu a uma confidente. "Todos os meus amigos me dizem para fazer isso, minha tia praticamente me mandou casar e meus filhos me imploram! 'Você o ama?', você irá me perguntar. Bem... não. 'Então você o acha desagradável?' Não, porém me sinto morna, e não gosto disso..." E prossegue dizendo que sente que devia estar mais apaixonada:

> Admiro a coragem do general, o quanto ele sabe sobre todas as coisas, o fato de falar bem sobre todas elas, a agilidade mental, que sempre permite que ele compreenda os pensamentos dos outros quase antes que estes os expressem; porém, tenho receio, confesso, do controle que ele parece querer exercer sobre tudo à sua volta. O olhar penetrante dele tem algo de misterioso que impressiona até mesmo os membros do Diretório: você pode julgar por si mesma o quanto isso intimida uma mulher!

O que parece ter causado maior incômodo a ela era o ardor de Buonaparte. Os vários encontros amorosos que ele tinha tido até então evidentemente o deixaram frio, e o que ele viveu com Josefina abriu uma gama de novas sensações e libertou sentimentos que ele jamais havia conhecido, ou os havia reprimido com toda a veemência com que censurara seu amigo Des Mazis em Valence. "Acima de tudo", continua Josefina, "aquilo que deveria me dar prazer, a força de uma paixão da qual ele fala com uma intensidade que não permite nenhuma dúvida quanto à sua sinceridade, é precisamente o que me faz evitar dar o consentimento que muitas vezes estou pronta a dar. Tendo passado de minha primeira juventude, poderei ter esperanças de preservar esse amor violento que, no caso do general, lembra um acesso de loucura?" Ela também achava ligeiramente ridículo ser o objeto de adoração de um homem mais novo. Costumava ficar espantada com a "absurda autoconfiança" dele, embora admitisse que em alguns momentos ela o achasse capaz de qualquer coisa. Seus amigos a incentivavam, e Barras garantia que em breve mandaria o jovem general para a guerra para esfriar seu ardor.[20]

A essa altura a coalizão contra a França não ia nada bem: Toscana, Prússia, Holanda e Espanha haviam deixado o grupo e assinado tratados de paz. Apenas Áustria, Grã-Bretanha e Sardenha seguiam ativas na guerra. Em 31 de dezembro, um armistício foi assinado com a Áustria, mas esperava-se que as hostilidades fossem retomadas na primavera, e Buonaparte tinha ideias muito claras sobre como isso deveria acontecer. Embora estivesse então no comando de Paris e do interior, ele não conseguia deixar de se meter na estratégia geral, para aborrecimento da maior parte do Diretório.

O plano de Buonaparte de um ataque em pinça a Viena, a ser realizado na Alemanha pelo Exército do Reno sob comando do general Jean-Victor Moreau e no Tirol pelo Exército da Itália, tinha sido enviado para comandantes relevantes em setembro de 1795. O plano foi ridicularizado pelo general Kellermann, que havia sucedido Dumerbion no Exército da Itália, mas foi implementado pelo general Scherer, que o substituiu no comando. Ele realizou a primeira fase com sucesso, porém depois, em vez de realizar o movimento previsto, parou de avançar, alegando que não tinha forças suficientes e que o moral da tropa estava baixo. Em janeiro de 1796, Buonaparte produziu uma versão modificada do plano, porém também esta foi recebida com críticas, e um dos comissários que trabalhava como adido do Exército da Itália protestou contra as ordens enviadas por "traficantes de projetos" "roídos pela ambição e pela ganância de chegar a postos acima de suas capacidades", "loucos" em Paris que não sabiam nada sobre a realidade da situação real e que, no entanto, achavam que poderiam "agarrar a lua com seus dentes". Scherer apresentou sua carta de demissão.[21]

O Diretório enviou Saliceti a Nice para investigar. Ele relatou que o Exército da Itália não apenas tinha problemas gerais de escassez como sofria com o moral baixo da tropa, devido à má liderança de Scherer. Por sugestão de Barras, o chefe do Diretório, Carnot, nomeou Buonaparte para seu sucessor. Carnot via o teatro de operações na Itália como secundário e imaginou que esse "pequeno capitão", como ele se referia a Buonaparte, estaria à altura de uma tarefa não tão difícil. Entretanto, a nomeação causou dúvidas, já que Buonaparte jamais tinha comandado uma unidade, muito menos um exército inteiro, e jamais participara de uma verdadeira batalha. Havia vários generais experientes que poderiam ser escolhidos e que, como observaram alguns, não eram corsos traiçoeiros.[22]

Buonaparte partiu para sua nova missão com seu senso de propósito característico. Comprou todos os mapas e livros que encontrou e se fechou por uma semana em seu escritório lendo, deitado de barriga para baixo sobre mapas espalhados no chão e traçando possíveis rotas e linhas de avanço. Na tarde de 8 de março, encontrou Josefina no escritório do tabelião dela, Raguideau, para redigir o contrato do casamento e assinar uma *séparation de biens*, um acordo pré-nupcial, depois do que saíram e passaram a noite separados (Barras diz que Josefina passou a noite com ele). Buonaparte quase certamente virou a noite trabalhando e só saiu de seu escritório na noite de 9 de março, quando se lembrou, com duas horas de atraso, que tinha um compromisso importante.[23]

Às 22 horas, cruzou uma Paris coberta por uma grossa camada de neve, acompanhado por seu assistente Jean Le Marois, e foi até a sede da *deuxième municipalité* de Paris, uma casa que pertencera a um marquês que deixara o país, na rue d'Antin. Josefina estava esperando por ele havia três horas, junto com Barras, Jean-Lambert Tallien, que agora era membro da Câmara Legislativa, e o advogado de Josefina, Étienne Calmelet, todos testemunhas do casamento. O homem que iria casá-los, o *officier de l'état civil* Carles Leclercq, tinha cansado de esperar e foi dormir, deixando um funcionário de menor estatura em seu lugar.

O casamento não teve validade. O funcionário não tinha autoridade para casar ninguém; Le Marois, testemunha de Buonaparte, não tinha a idade mínima exigida, de 21 anos; e os documentos fornecidos tanto pelo noivo quanto pela noiva eram espúrios: alegando a impossibilidade de obter uma certidão de nascimento devido ao bloqueio imposto pelos britânicos à

Martinica, Josefina apresentou um documento produzido pelo tabelião atestando que nascera na ilha em 1767, quatro anos depois da data real de seu nascimento; enquanto Buonaparte, usando o mesmo argumento, apresentou um documento semelhante dizendo que havia nascido em 5 de fevereiro de 1768 (o dia em que a Córsega se tornou francesa).[24]

Depois da cerimônia, que não teve nem sequer um coquetel, os participantes foram cada um para sua casa, sozinhos, à exceção dos recém-casados. Porém, a noite de núpcias não foi um sucesso, já que o cachorro pug de Josefina, Fortuné, não deixou que Buonaparte se deitasse na cama dela e mordeu a panturrilha do general quando ele tentou. No dia seguinte, ele acompanhou Josefina até a escola de Madame Campan, em Saint-Germain-en-Laye, para visitar Hortense. Naquela noite, ele pode ter tido acesso à esposa, mas na seguinte já estava a caminho do sul, viajando em companhia de Junot e do comissário Félix Chauvet. Sabiamente, ele havia optado por ter seus próprios homens cuidando da parte de suprimentos e confiava em Chauvet, que era um velho amigo da família em Marselha e que tinha servido com ele em Toulon. Depois de muito implorar, também convenceu Jean-Pierre Collot, um sujeito eficiente para garantir os suprimentos, a ir com ele.[25]

Passaram por Marselha, onde Buonaparte tinha um assunto sério a tratar. Ele não tinha pedido permissão à mãe para se casar, uma mostra de desrespeito e um pecado contra a tradição da família, e não havia informado a nenhum dos irmãos sobre o evento – com bons motivos. Ele sabia que Josefina não correspondia à ideia que eles tinham de uma esposa desejável ou de um acréscimo útil à família. Ela vinha de um outro ambiente, e não apenas não trazia dinheiro como tinha interesses dela própria e de seus filhos que entravam em conflito com os dos Buonaparte. Ele mesmo havia repreendido Lucien por casar-se com a modesta Christine Boyer, e mais recentemente havia descartado qualquer possibilidade de permitir que Paulette se casasse com o decadente Fréron. Lucien, que conhecia Josefina e não gostava dela, sem dúvida apreciaria alertar Letizia sobre a *mésalliance* do irmão. Ao chegar a Marselha, Buonaparte informou Letizia sobre o casamento e entregou uma carta adequadamente cheia de deferência escrita por Josefina. Ela precisou de algum convencimento e consultou Joseph antes de responder contrariada com uma carta cujo texto Buonaparte havia preparado com antecedência.[26]

Buonaparte não foi ver Désirée, que voltara a Marselha, porém ela ouviu falar que ele estava na cidade e escreveu uma carta melodramática em que dizia estar com o coração partido: "Você me tornou infeliz para o resto da vida, e, no entanto, eu tenho a bondade de perdoar. Minha vida é uma horrível tortura, já que não posso mais dedicá-la a você. [...] Você, casado! Não consigo me acostumar à ideia, isso está me matando, não vou sobreviver a isso". Ela terminava garantindo que jamais se casaria.[27]

A carta poderia comover o "Clisson" de alguns meses antes, porém Buonaparte então só pensava em Josefina. "Cada instante me leva para mais longe de você, meu amor adorável, e a cada instante encontro cada vez menos forças para suportar estar longe de você", escreveu enquanto rumava rapidamente para o sul dois dias depois de deixá-la em Paris. "Você é o tema constante de meus pensamentos", garantiu a ela, desejando poder estar ao seu lado lendo "nosso maravilhoso Ossian" juntos. É o primeiro documento longo em que ele assina "Bonaparte".[28]

10
Itália

Quando chegou ao quartel-general do Exército da Itália em Nice, em 26 de março de 1796, Bonaparte, aos 26 anos, enfrentou um dos grandes desafios de sua vida. Ele jamais tinha sido o único comandante nem sequer de um pelotão, e, no entanto, era então o comandante-chefe de um Exército, composto por homens mais velhos e mais experientes do que ele, com reputações sólidas. Era o caso de André Masséna, onze anos mais velho que Bonaparte, um sujeito grande e alto com gestos expansivos e um sorriso irônico, malicioso, filho de um dono de mercearia em Nice, que ficou órfão cedo e fugiu para o mar, tendo posteriormente entrado para o Exército Real, onde alcançou o posto máximo permitido a um plebeu, antes, após um período como contrabandista, abrindo caminho até a patente de general no Exército da República. Ele era uma força da natureza, sem instrução, de uma coragem cheia de ostentação, determinado e eficaz na batalha, demonstrando não ter nenhum apreço por táticas – e um gosto digno de pirata por tesouros. Outro era Charles-Pierre Augereau, doze anos mais velho que Bonaparte, filho de uma servente e um vendedor de frutas de Paris, que àquela altura já tinha uma longa carreira como mercenário nos exércitos de Nápoles e da Prússia, antes de chegar ao Exército da República por sua óbvia coragem. Também ele era alto, com uma figura marcial, um grande nariz, o comportamento arrogante de um valentão e a atitude subversiva de um revolucionário proletário. Boca-suja e violento, esse filho das ruas era popular entre seus homens. A única coisa que o terceiro comandante tinha em comum com os outros era o físico impressionante. Jean-Mathieu Sérurier era um sujeito educado, de 53 anos, oriundo da pequena nobreza. Era um veterano do Exército Real que chegou a participar de batalhas na Guerra dos Sete Anos, um general consciente, firme, corajoso e eficiente.

Ao contrário do que acontece em exércitos regulares, em que a patente é vista como uma marca do valor do indivíduo, nos exércitos da República os oficiais e os homens aprendiam a ter confiança e estima apenas por aqueles que tinham boa reputação entre os que haviam trabalhado sob suas ordens, espalhada pelo boca a boca. Masséna estivera com Bonaparte no cerco a Toulon, mas não sabia da contribuição que ele havia dado para a queda da cidade; e para os outros oficiais no Exército da Itália, o novo comandante era um absoluto desconhecido. O que eles sabiam, porém, é que ele tinha tomado parte nos eventos do Vindemiário e que era uma indicação política, um "general parisiense" e um mexeriqueiro sem substância, nas palavras de outro que trabalhara com ele em Toulon, o *chef de bataillon* Louis-Gabriel Suchet. Eles estavam esperando o pior, mas, ao ver o homem, entraram em desespero. Aos olhos deles, sua estatura diminuta, a aparência patética, os modos esquisitos e a voz áspera impossibilitavam que ele fosse talhado para liderar homens.[1]

Bonaparte imediatamente assumiu um tom que não permitia discussões. "Assumi o comando do Exército da Itália", escreveu a Masséna menos de 48 horas depois de sua chegada. "Ao me nomear, o Diretório espera que eu possa ser útil para levá-lo rumo ao brilhante destino que o aguarda. A Europa o observa espantada, e a França espera dele todos os triunfos de uma campanha." Ao mesmo tempo, ele bajulava os comandantes, os oficiais e os praças, aumentando as esperanças de que eles iriam combater, obter a glória e suas recompensas, enquanto Junot e Marmont difundiam a admiração e o amor que eles mesmos sentiam pelo novo comandante. Com uma dose de autoengano, quatro dias após sua chegada, ele garantiu a Josefina que "meus soldados demonstram uma confiança em mim que é difícil de descrever".[2]

A tropa estava em frangalhos. Para se ter uma ideia das condições, é preciso esquecer todas as telas que mostram oficiais bem uniformizados liderando homens com trajes brancos imaculados e dragonas vermelhas brilhantes em suas casacas azuis bem cortadas, com plumas azuis, brancas e vermelhas nos chapéus. Poucos deles possuíam botas, e muitos nem sequer calças. Alguns não tinham os casacos do uniforme. Eles mesmos faziam seus calçados usando palha trançada e, na ausência de chapéus, usavam lenços amarrados na cabeça. A maioria parecia mais espantalho que soldado.[3]

Havia poucos equipamentos, e esperava-se que eles mesmos encontrassem abrigo para passar a noite da melhor maneira possível enquanto estavam em operações, já que não se encontravam mais barracas. Doenças e infecções reduziam drasticamente o tamanho do efetivo. As companhias contratadas para fornecer suprimentos embolsavam a maior parte do dinheiro que recebiam do governo. Mesmo no acantonamento perto de Nice, os soldados se alimentavam mal, recebendo carne uma vez a cada quatro dias, feijões a cada três, e tigelas de arroz temperado com banha no resto do tempo. No outono, conseguiam suplementar sua dieta coletando castanhas, mas o inverno acabava com essa possibilidade. Não tinham como comprar comida, pois o pagamento era irregular e feito com *assignats* que praticamente não tinham valor. Alguns dos oficiais de alta patente que recebiam contribuições em espécie da administração local para pagar seus homens não repassavam o dinheiro. Os homens estavam parados no mesmo lugar por meses sem nada para fazer, e o moral estava baixo. A deserção era comum e os atos de insubordinação, frequentes. A insatisfação havia reacendido sentimentos contrários ao governo e até mesmo monarquistas entre os mais velhos, e gritos de "*Vive le Roi*" não eram incomuns. Uma meia-brigada iniciou um motim pouco antes da chegada de Bonaparte, e outra, pouco depois.[4]

Bonaparte percebeu que era necessário tomar medidas extremas, e, tendo Saliceti como comissário do Diretório, estava em condições de tomá-las. Enviou Chauvet a Gênova para conseguir um empréstimo e comprar suprimentos, e escreveu às autoridades locais exigindo comida e forragem para os cavalos, ameaçando enviar os homens para saquear e estuprar caso isso não ocorresse. Com um misto de ameaça e lisonja, conseguiu fazer com que as empresas contratadas despejassem suprimentos e com que os administradores locais compensassem pagamentos atrasados. Deu instruções para que os homens recebessem carne fresca ou salgada todos os dias.[5]

Bonaparte havia escolhido como seu chefe de Estado-maior um homem experiente, mais graduado e mais velho que ele, que conhecera recentemente. Alexandre Berthier, de 42 anos, recebera treinamento como engenheiro militar e cartógrafo antes de ganhar seu batismo de fogo como capitão na Guerra de Independência dos Estados Unidos. Com seu temperamento estável, uma memória extraordinária, atenção ímpar aos detalhes, um modo preciso de se expressar e uma caligrafia legível, Berthier era o homem perfeito para o trabalho. Conseguia compreender em um segundo uma ordem dada às pressas e lhe dar uma forma coerente, e sua equipe garantia que a ordem fosse repassada para quem de direito com um profissionalismo até então desconhecido no Exército da República. Bonaparte supervisionava e inspecionava, observando deficiências e as passando a Berthier, exigindo ação imediata. Ele estava tão confiante que, dois dias depois de chegar, relatou a Carnot que "fui muito bem recebido pelo Exército, que demonstra uma confiança em mim que me deixa profundamente grato". O tamanho da confiança do Exército é questionável.[6]

François Vigo-Roussillon, um sargento da 32ª Meia-Brigada sob comando de Masséna, ficou espantado quando seu vizinho sussurrou que a figura diminuta que tinha acabado de passar cavalgando por eles era o novo comandante. "A aparência dele, seu traje, a postura, não tinham apelo para nós", lembraria. "[...] pequeno, frágil, muito pálido, com grandes olhos negros e rosto cavado, com longos cabelos caindo sobre os ombros no que era conhecido como 'orelhas de cachorro'. Ele usava um uniforme azul e por cima uma sobrecasaca marrom. Estava montado em um cavalo alazão grande e ossudo com uma cauda curta." Bonaparte era seguido por um único servo "numa mula de aparência triste" emprestada do comboio de suprimentos. O novo general se apresentou aos soldados com um discurso sobre a perspectiva de glória e da possibilidade de saques lucrativos caso conseguissem derrotar o inimigo e chegar à Itália. O discurso teve pouco efeito, e um oficial se lembraria que depois disso os homens tiraram sarro de seu corte de cabelo e imitaram seu sotaque.[7]

O Exército era um amálgama de antigos soldados da época da monarquia, voluntários e convocados. A maioria dos jovens vinha de regiões montanhosas pobres no Sul da França. Estavam acostumados a exercícios físicos e a caminhadas rigorosas. Os oficiais em sua imensa maioria eram plebeus (a porcentagem de nobres tinha caído de 80 para 5 entre 1789 e 1793), o que contribuiu para um senso de fraternidade entre oficiais e praças, ampliado pela penúria universal, já que os oficiais e até mesmo a maior parte dos generais não tinham condições de pagar por um cavalo (a artilharia era puxada por mulas). As unidades mais disciplinadas eram as que tinham acabado de ser transferidas da Espanha, de onde saíram vitoriosas.[8]

Cada uma das divisões de infantaria tinha entre três e cinco meias-brigadas, que era a divisão básica de combate na época. As meias-brigadas pesadas deveriam ter 3 mil homens e as leves, 1.500. Masséna comandava duas divisões; Augereau e Sérurier, uma divisão cada. A cavalaria, que tinha menos de 5 mil homens e baixa qualidade e escassez de cavalos, era comandada pelo general Henri Stengel, um alemão de 52 anos que servia no Exército francês desde os dezesseis. No total, o Exército francês na Itália, no papel, tinha 60 mil homens, mas a maior parte dos historiadores concorda que o número verdadeiro não passava de 47 mil. Alguns chegam a dizer que eram apenas 35 mil.[9]

Contra eles, nas passagens dos Alpes, havia 18 mil homens do Exército sardo, bem treinados, homens empedernidos da Saboia sob o comando do marechal de campo austríaco barão de Colli. Ao lado deles estavam 35 mil austríacos sob o comando do marechal de campo De Beaulieu, de 71 anos, belga de nascimento. Suas tropas eram disciplinadas, bem treinadas, estáveis e estavam motivadas, porém eles estavam acostumados a batalhas campais e a manobras metódicas, que iriam colocá-los em desvantagem nos vales estreitos e nos terrenos cheios de pedregulhos em que o combate ocorreria.

As ordens de Bonaparte eram para que fosse criada uma manobra diversionista que mantivesse a maior quantidade possível de tropas austríacas na Itália enquanto os dois exércitos franceses mais fortes que estavam no Reno derrotariam o principal Exército austríaco na Alemanha e marchariam para Viena. Mas ele não pensava como um soldado que se contentava meramente em cumprir a missão que lhe fora repassada. Bonaparte acreditava que, enquanto os Habsburgo continuassem dominando a Itália, eles seriam uma ameaça para a França e que a rivalidade secular entre os dois países pela hegemonia na península deveria ser resolvida. Ele tinha estudado as várias guerras franco-austríacas pela Itália, sendo as mais recentes as campanhas de 1745-46 do marechal Maillebois. Havia estudado mapas da região ao longo dos dois últimos anos, familiarizando-se com o terreno e anotando mentalmente quais passagens alpinas permitiam a travessia da artilharia, em que pontos era possível cruzar os rios a vau, e quais eram as possíveis linhas de avanço e retirada não só para o seu próprio exército, como também para o do inimigo. Pretendia assim eliminar a ameaça à França expulsando os austríacos da Itália.

Uma arma nessa luta seria o nascente movimento nacionalista italiano, que identificava os austríacos como opressores. Muitos dos nacionalistas estavam no exílio em Nice, e Bonaparte se reuniu com eles. Ele não pensava muito nas pessoas que tinha encontrado, e em geral não tinha uma boa opinião sobre os italianos, mas decidiu levar consigo 150 deles, liderados por Filippo Buonarotti. Em 31 de março, fez uma proclamação aos povos do Piemonte anunciando que a nação francesa em breve os libertaria.[10]

No dia seguinte, suas divisões estavam em movimento. Em 4 de abril, estabeleceu um quartel-general em Albenga, onde soube da morte de seu amigo Chauvet em Gênova. Collot ficou chocado com a aparente indiferença de Bonaparte ao receber a notícia, meramente instruindo-o a assumir o comando. Nessa ocasião, e em outras, demonstrou calma e um autocontrole que chegava a ser rude, escondendo o turbilhão emocional que transparece em suas cartas, especialmente nas que ele endereça a Josefina. "Não se passou um dia sem que eu tenha escrito para você, nenhuma noite se passou sem que eu tenha apertado você em meus braços, não bebi uma xícara de chá sem amaldiçoar o desejo de glória e a ambição que me mantêm longe da alma da minha vida", escreveu de Nice, reclamando que as cartas dela eram raras e frias, e que, em comparação com seus soldados, ela era a única a não lhe entregar sua confiança e a seguir sendo "a alegria e o tormento" da vida dele.[11]

Ele despejou seu desespero com a notícia da morte de Chauvet. "O que é o futuro? O que é o passado? O que somos nós?", questionava, pensando sobre o propósito da vida e sobre "que fluido mágico nos blinda e nos impede de saber aquilo que mais queremos saber?". Mas não era hora para desanimar, e ele precisava pensar apenas no Exército. Dois dias depois, escreveu para ela com uma veia mais apaixonada, dizendo arder de desejo e enviando um beijo para uma parte do corpo dela "mais abaixo do coração, muito, muito mais abaixo".[12]

Em 9 de abril, Bonaparte se transferiu para Savona, enquanto suas divisões assumiam posições, com Masséna à direita, Augereau ao centro e Sérurier à esquerda. Mas foram os austríacos que atacaram primeiro. Beaulieu havia interpretado equivocadamente uma missão de reconhecimento francesa na costa como sendo a vanguarda de um ataque a Gênova e, presumindo que todo o Exército francês viria na sequência, decidiu atacá-los pelo flanco, passando por Montenotte e Monte Legino. O ataque àquilo que ele presumia ser o flanco francês deu de cara com as unidades que estavam em Monte Legino se preparando para atacar.[13]

Bonaparte tinha como alvo o ponto em que os Alpes acabam e os Apeninos começam, que era o local onde se uniam os sardos e seus aliados austríacos. Enquanto Sérurier imobilizava os primeiros atacando-os de frente e Augereau atacava o flanco em Millesimo, Masséna deveria ir em direção à lacuna que existia entre os dois exércitos. Bonaparte calculava que, se conseguisse inserir uma cunha entre os dois e separá-los, imperativos estratégicos iriam forçar os sardos a recuar em direção ao norte indo para sua base em Turim e os austríacos a bater em retirada rumo ao leste para ir à sua base em Milão. Ele então seria capaz de derrotá-los separadamente. Seus estudos o convenceram de que era a quantidade superior de homens que decidia uma batalha e que a arte da guerra podia ser reduzida a um único princípio de conduzir forças superiores a determinado ponto.[14]

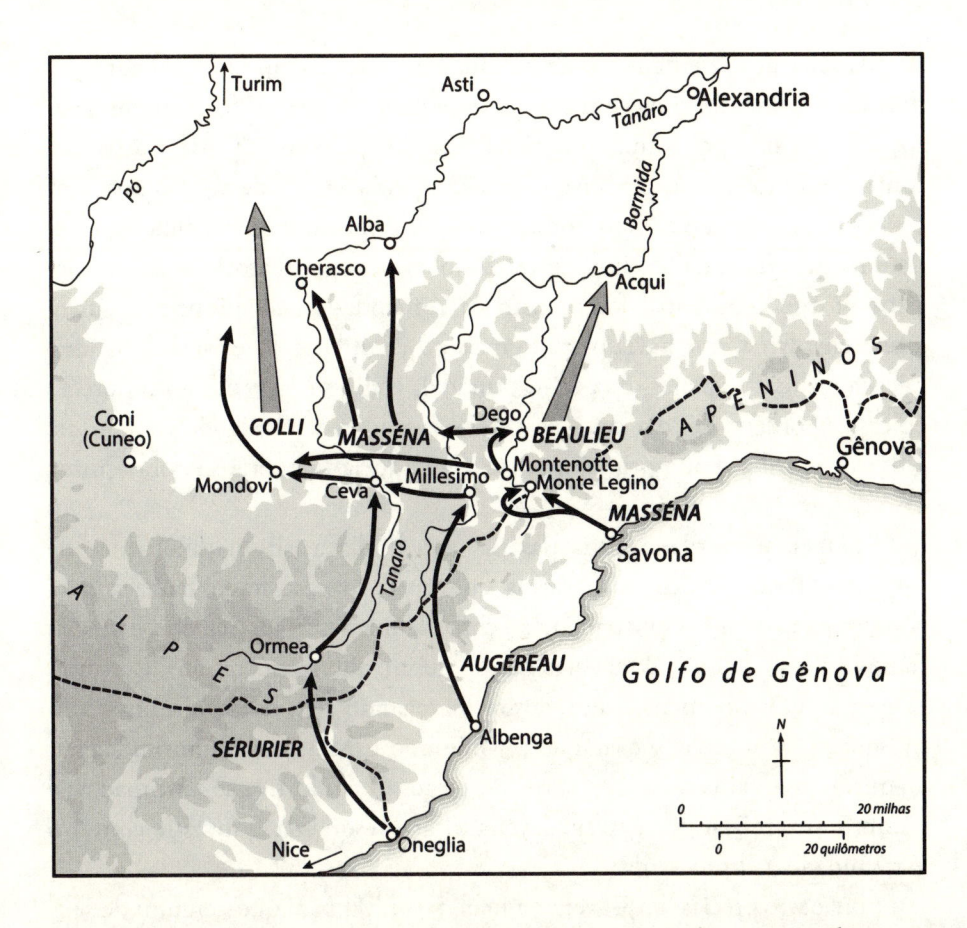

Enquanto se abrigavam da chuva torrencial daquela noite, planejando renovar seu ataque na manhã seguinte, os austríacos em Monte Legino não sabiam que, avaliando rapidamente a situação, Bonaparte tinha ordenado a Masséna que desviasse à direita e fizesse uma marcha forçada durante a noite até Montenotte na retaguarda. "Tudo sugere que os dias de hoje e de amanhã entrarão para a história", Berthier escreveu a Masséna junto com suas ordens finais.[15]

Na manhã seguinte, enquanto o comandante austríaco estava prestes a levar adiante seu ataque, a névoa que se dispersava revelou as divisões de Masséna em seu flanco e na retaguarda. Atacado simultaneamente por dois lados, ordenou uma retirada que rapidamente se transformou em alvoroço. Tinha sido pouco mais que uma escaramuça, com as perdas austríacas, somando mortos, feridos e prisioneiros, chegando a cerca de 2,7 mil e as francesas não ultrapassando cem homens, porém Bonaparte lhe atribuiu o status de uma genuína batalha. Em seu relatório autocongratulatório ao Diretório, afirmou que a principal força austríaca comandada pelo próprio Beaulieu esteve envolvida, que havia perdido mais de 4 mil homens e "várias" bandeiras (na realidade apenas uma foi capturada), e elevou o evento a proporções épicas. A ordem do dia para as tropas ecoou isso, elogiando-os por sua gloriosa façanha. Foi a primeira pincelada naquela que seria sua obra-prima de embuste.[16]

Beaulieu na verdade havia passado aquele dia a vários quilômetros de distância, ferido à beira da estrada enquanto sua escolta trabalhava para consertar a carruagem que o jogou ao chão. Tinha percebido seu erro e perdeu tempo valioso, o qual Bonaparte não ia deixar que recuperasse. Ele incitou Augereau, cujos homens continuavam marchando sem botas, e muitos sem mosquetes, a apressar seu ataque a Millesimo e Masséna a aprofundar seu ataque à retaguarda austríaca perto de Dego. Quando tivesse terminado de cumprir sua missão, Augereau deveria virar à esquerda e investir contra a extremidade da linha sarda.

Bonaparte precisava aproveitar a maré favorável para que nenhum de seus adversários tivesse tempo para se reagrupar e contra-atacar; caso eles conseguissem fazer isso, ele estaria no meio de fogo cruzado. Por isso, reagia de modo violento a qualquer aparente obstáculo. Depois de Augereau ter derrotado os sardos em Millesimo, uma força de mais ou menos mil homens sob o comando do general Provera se abrigou numa antiga fortaleza em Cosseria. Sabendo que eles só poderiam contar com os suprimentos de água que haviam levado, Augereau pretendia deixar umas poucas centenas de homens para mantê-los presos ali e aceitar sua inevitável rendição enquanto perseguia a parte principal das forças sardas que batia em retirada. Porém, Bonaparte insistiu que ele atacasse Corseria, o que ocasionou pesadas baixas aos franceses com os sardos atirando das ameias. Provera ofereceu uma capitulação, porém Bonaparte tentou forçar uma rendição incondicional, ameaçando não fazer prisioneiros, e ordenou que Augereau voltasse a atacar. Esse ataque se revelou tão inútil quanto o primeiro. Provera se rendeu na manhã seguinte, tendo perdido no máximo 150 homens, enquanto a impaciência de Bonaparte custou aos franceses pelo menos seiscentas e talvez até mil baixas. Ele teve a grandiosidade de admitir o erro e dizer que se arrependia.[17]

À direita de Augereau, Masséna investiu contra Dego, onde ao longo dos dias seguintes ocorreram alguns dos mais graves combates, com a cidadela mudando de mãos diversas vezes. Depois do ataque final, que ele próprio coordenou, Bonaparte promoveu um jovem *chef de bataillon* chamado Lannes, cujo ímpeto chamara sua atenção.

Em 16 de abril, Bonaparte soube que Beaulieu estava batendo em retirada para Acqui, utilizando a estrada para Milão; o plano dele tinha funcionado. Ele deu ordens para que Masséna fosse rumo ao norte enfrentando os sardos. As forças cada vez menores de Colli estavam recuando para defender Turim. Os sardos combateram obstinadamente, impondo pesadas perdas aos franceses, porém em 21 de abril, depois de uma breve defesa, acabaram tendo de abandonar sua base e seus armazéns em Mondovi. Naquela noite, o rei da Sardenha, Victor Amadeus, convocou um conselho especial em Turim. Uma vez que Beaulieu tinha dito que não havia como ajudá-lo, parecia inútil continuar resistindo; na manhã de 23 de abril, Colli pediu um armistício.

Bonaparte respondeu que não tinha o poder necessário para isso e manteve seu avanço. Quando pressionado pelos desesperados sardos a concordar com um cessar-fogo, respondeu que estaria se colocando em risco caso fizesse isso sem garantias, e que só poderia assinar um acordo desse tipo caso eles entregassem as fortalezas de Coni, Tortona e Alexandria. Para impedir que Beaulieu tentasse socorrer os aliados sardos, ele se moveu rapidamente para tomar Cherasco e Alba, onde incentivou os revolucionários piemonteses a estabelecer uma "República", como sinalização ao rei de que poderia derrubá-lo caso quisesse. Ele fez um último esforço para pressionar o inimigo, incluindo em suas exigências a cessão da Saboia e de Nice à França e que seu exército fosse suprido com tudo aquilo de que precisava. Essas demandas foram entregues na forma de um ultimato em 27 de abril.[18]

Os dois homens enviados para concluir as negociações e assinar o armistício, o velho general piemontês La Tour e o comandante do Estado-maior de Colli, coronel Costa de Beauregard, encontraram Bonaparte no fim da noite de 27 de abril em uma casa com pouca proteção em Cherasco. Bonaparte foi arrogante e firme, ameaçando fazer novos ataques a cada vez que sugeriam uma flexibilização dos termos impostos por ele. À uma hora ele informou que suas tropas tinham ordens de avançar sobre Turim às duas horas. Mas, depois de forçá-los a assinar o armistício, ofereceu uma rodada de caldo, carnes frias, biscoitos e massas feitas pelas freiras da região, e durante a refeição ficou falante. Embora Beauregard tenha ficado impressionado com o brilhantismo e com a variedade de interesses demonstrada por Bonaparte, achou-o frio, orgulhoso, amargurado e sem qualquer tipo de graça ou encanto. Ele também percebeu que Bonaparte estava muito cansado e com os olhos vermelhos. Quando estavam partindo, ele disse a Bonaparte: "General, é uma pena que não seja possível gostar do senhor como é possível admirá-lo e respeitá-lo!".[19]

Bonaparte tinha preocupações maiores do que o afeto de seus inimigos. Ele havia excedido sua missão e sua tarefa como soldado. Tinha decidido por conta própria qual deveria ser a política externa francesa, apresentando ao Diretório um *fait accompli*. Agiu, é verdade, em conjunto com o comissário Saliceti, que esteve com ele durante as negociações, porém continuava correndo o risco de ser chamado de volta, tendo caído em desgraça. Como desde o começo pretendia atuar de maneira independente, ele tinha se antecipado fortalecendo sua posição.

O tratamento que deu aos soldados sob seu comando tinha sido pensado desde o começo não apenas para torná-los mais eficientes no combate, mas também para fazer com que se tornassem *seus* homens. Ele tinha atingido o primeiro objetivo levando-os à vitória; para um soldado, não há nada que tenha o mesmo efeito que o êxito. Ficou claro para eles que o sucesso se devia em grande parte aos talentos de Bonaparte, mas este fez questão de fazer com que tivessem a sensação de que o mérito era todo deles. Ele tinha desenvolvido um dom para falar com os soldados de igual para igual. Sua memória extraordinária permitia que se lembrasse de seus nomes, unidades, de onde vinham, suas idades, histórias e, acima de tudo, suas façanhas militares. Ele podia ir até um soldado e perguntar sobre um problema pessoal ou parabenizá-lo por um antigo feito como se fosse um velho amigo. Não tinha problemas em censurar oficiais em frente às tropas, para mostrar que era amigo deles.

De início evitou ser muito duro com eles, permitindo que esses homens, que tinham enfrentado a falta de comida, de conforto e de ação por tanto tempo, satisfizessem seus instintos básicos. Eles predavam a região que estavam atravessando, e, quando chegaram a Cherasco, ele teve de admitir que ficou assustado com os "horrores" cometidos. "O soldado que não tem pão é levado a excessos de violência que fazem sentir vergonha da humanidade", relatou em 24 de abril. A essa altura eles tiveram a chance de encher a barriga e de pegar botas e outras peças de roupa dos austríacos e sardos que haviam sido mortos ou aprisionados. Depois de ter ordenado que o avanço parasse e de conseguir capturar os armazéns dos sardos, Bonaparte pôde controlá-los. "O saque se torna menos disseminado", relatou ao Diretório em 26 de abril. "A sede primitiva de um exército a quem tudo falta está sendo saciada." Ele fez com que três homens fossem executados e seis outros, condenados a trabalhos forçados, depois executou mais alguns por saquearem uma igreja. "Isso me deixa muito triste e passei por momentos difíceis", admitiu.[20]

Ao mesmo tempo que tornava a disciplina mais rigorosa, teve o cuidado de elevar a autoestima dos soldados, elaborando frases de efeito como: "Com 20 mil homens como esses é possível conquistar a Europa!". Descrevia suas façanhas militares em termos superlativos em suas proclamações. Na fala de 26 de abril, elencou as ações de que eles haviam tomado parte como se fossem grandes batalhas, ofereceu números inflacionados de inimigos mortos e feridos, de canhões e estandartes capturados, e disse que eles eram conquistadores heroicos que um dia olhariam para trás com orgulho ao lembrar a epopeia gloriosa de que tinham feito parte. Incentivava assim a ideia de que eles estavam fazendo história, com referências a Aníbal enquanto atravessavam as passagens alpinas.[21]

Um misto de crescente autoconfiança e necessidade de receber elogios alimentou a ânsia deles de estar à altura das expectativas. "Mal posso expressar a que grau de embriaguez e orgulho tais triunfos retumbantes, repetidos e rápidos transportaram nosso exército, que nobre espírito de emulação inspirou nossas fileiras", observou Collot. "Eles disputavam entre si para ver quem seria o primeiro a alcançar um reduto, quem seria o primeiro a atacar uma bateria, o primeiro a atravessar um rio, a demonstrar a maior dedicação e audácia."[22]

Os despachos enviados por Bonaparte ao Diretório não eram menos hiperbólicos. Fazia descrições dramáticas de cada nova ação, exagerando os obstáculos e os esforços feitos para superá-los, jogando irresponsavelmente com os fatos e os números, e destacando atos individuais de coragem em imagens melodramáticas de heroísmo republicano. Ao mesmo tempo, realçava a falta de equipamentos e censurava seus chefes em Paris por não conseguirem enviar armas e oficiais e engenheiros treinados de artilharia.

A Carnot, ele expressou seu "desespero, quase posso dizer raiva", por não ter as ferramentas que lhe permitiriam cumprir a missão dada.[23]

Desesperado para colher os frutos do sucesso, o Diretório proclamava as vitórias das Armas francesas e publicava extratos dos despachos. O nome de Bonaparte logo se tornou conhecido no país e estava se tornando subliminarmente associado a heroísmo, genialidade e vitórias. Em 25 de abril, Bonaparte enviou Joseph e Junot a Paris com 21 estandartes inimigos capturados até então, sabendo que seu progresso pela França e sua chegada a Paris causariam impressão. "Seria difícil transmitir o entusiasmo à população", Joseph confirmou. Depois de assinar o armistício de Cherasco, Bonaparte enviou Murat com o documento e mais estandartes. Independentemente de quais fossem os sentimentos em relação a ele e a seus feitos, o Diretório estava feliz por poder gozar da vitória que recaía sobre eles e só podia saudá-lo como herói nacional.[24]

Murat foi incumbido de outra missão – convencer Josefina de ir à Itália. Desde o momento em que partiu de Paris, Bonaparte não parou de pensar nela e desejava que a esposa fosse se juntar a ele, e não havia nada que a tirasse de seu pensamento. Não conseguia entender por que ela não escrevia com maior frequência, por que as cartas dela muitas vezes eram mornas e por que ela não se apressava a ir ficar com ele. Bonaparte lhe escrevia todos os dias, às vezes mais de uma carta por dia, mesmo depois de marchas exaustivas e de combates difíceis. Ele não pensava em mais ninguém. Depois de Dego, levaram até ele uma bela jovem que tinha sido feita prisioneira com um oficial austríaco, mas Bonaparte dispensou a oportunidade de tê-la e permitiu que ela seguisse seu caminho.[25]

Quando mandou Joseph a Paris, Bonaparte enviou por ele uma carta para Josefina, a quem Joseph ainda não conhecia. Certamente ela iria gostar dele, Bonaparte escreveu. "A natureza o dotou de um caráter gentil, equilibrado e completamente bom; ele é repleto de boas qualidades", assegurou. Seu desejo era que ela partisse para a Itália com Junot, que estava voltando. "Você deve vir com ele, você compreende?", escreveu, incitando-a a buscar inspiração e coragem nas leituras de Ossian. "Voa, vem, vem!" Ele também havia escrito a Barras, pedindo que o ajudasse a convencer Josefina a partir. De Cherasco, no dia seguinte ao armistício, ele garantiu a ela que nenhuma mulher jamais havia sido "amada com maior dedicação, fogo e ternura", e que o amor dele crescia a cada dia. Não conseguia entender como ela tinha passado a significar tanto para ele. Bonaparte tinha uma carruagem, prataria e porcelana para ela, portanto só o que a esposa precisava levar era uma criada e uma cozinheira.[26]

Josefina não tinha a menor intenção de deixar Paris com suas festas e teatros e os muitos amigos que ela amava. E havia recentemente começado um romance com Hippolyte Charles, um impetuoso oficial hussardo, bom amante e companheiro jovial que a mantinha entretida. Bonaparte começara a suspeitar de algo do gênero, mas sua cabeça estava ocupada com assuntos mais urgentes.

11
Lodi

Beaulieu não estava nem de longe derrotado, e se tivesse chance de avançar, estaria em condições de esmagar os franceses. As forças de Bonaparte tinham sido reduzidas pelos combates e pelas marchas forçadas, e, embora tivesse recebido reforços, a coesão e o moral de seu exército continuavam frágeis. De acordo com a avaliação dele próprio, a qualidade do soldado francês que mais se destacava era a capacidade de marchar rapidamente na perseguição de um inimigo que batia em retirada, ganhando à medida que avançava uma determinação e um ímpeto que o colocava em vantagem. Mas isso se perdia quando as tropas se viam sob ataque de soldados regulares experimentados.[1]

Bonaparte determinou que Sérurier fingisse que iria atravessar o rio Pó em Valenza para levar Beaulieu a defender aquele trecho do rio. Ele próprio conduziu um pequeno número de soldados numa marcha forçada que cobriu 64 quilômetros em 36 horas ao longo da margem direita do rio, até Piacenza. Lá, muito além da retaguarda austríaca, ele cruzou o rio em 9 de maio de 1796, esperando interceptar o caminho por onde Beaulieu recuaria. "A segunda campanha começou", escreveu para Carnot naquela noite. "Beaulieu está desconcertado; ele se atrapalha nos cálculos e frequentemente cai em armadilhas." Porém, o comandante austríaco havia percebido o que estava acontecendo e rapidamente recuou para trás da linha seguinte de defesa, o rio Adda. Bonaparte o perseguiu, porém não conseguiu alcançá-lo, chegando à pequena cidade de Lodi enquanto a retaguarda austríaca cruzava o rio. Só conseguiu levar alguns canhões e abrir fogo para impedir que os austríacos destruíssem a ponte.[2]

Nenhum general sensato teria pensado em tentar atravessar essa ponte de madeira de duzentos metros de extensão, com menos de dez metros de largura, uma vez que na outra extremidade os austríacos haviam colocado canhões prontos para disparar. Porém, Bonaparte não era um general sensato, e seus homens eram impulsionados pelos êxitos recentes. Sem esperar que o restante de suas forças chegasse, ele reuniu os soldados que estavam à sua disposição, fez um discurso motivador e deu ordens para que atravessassem a ponte. Eles avançaram, sendo ceifados por tiros de canhão, porém outros foram na sequência, liderados por Berthier, Masséna e Lannes, ignorando o perigo. Tendo chegado à metade da ponte, alguns dos homens desceram pelas estacas de sustentação até um banco de areia, e a partir dali atravessaram a vau até a margem oposta, onde entraram em combate com os defensores austríacos que estavam no flanco. Depois de mais duas tentativas, os franceses conseguiram atravessar a ponte e expulsar o inimigo, que recuou deixando para trás 153 mortos, 182 feridos e 1.701 prisioneiros. As perdas francesas totalizaram menos de 500 homens, talvez não tendo ultrapassado 350.[3]

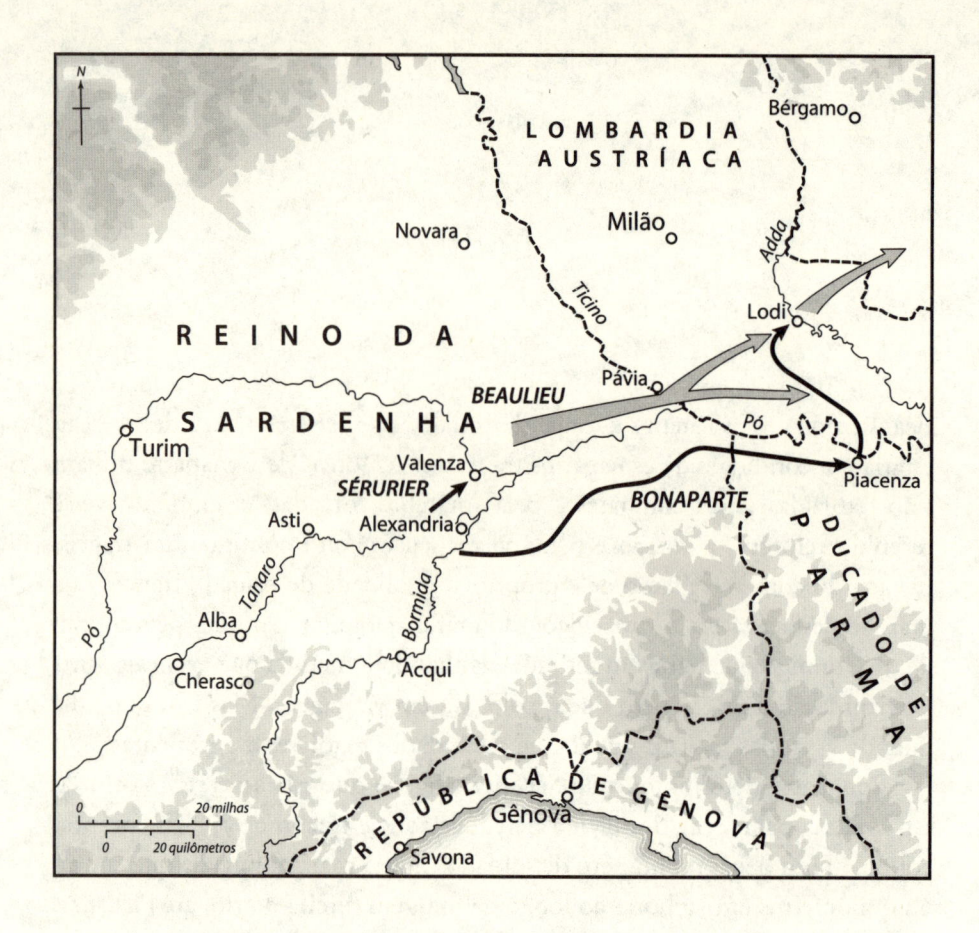

"*Pero non fu gran cosa*", Bonaparte comentou naquela noite no jantar na residência do bispo de Lodi. Porém, ele estava determinado que o mundo exterior se trataria de *grandissima cosa*. "A batalha de Lodi, meu caro diretor, entrega à República toda a Lombardia", escreveu a Carnot naquela noite, anunciando que estava prestes a perseguir e finalmente derrotar Beaulieu. A descrição feita da captura da ponte é previsivelmente floreada, e ele reivindicava para essa "batalha" uma importância que ela só passaria a ter graças a seus esforços. Saliceti em seguida fez um relato francamente poético. Esses textos seriam transmitidos para o público na França e em breve seriam complementados com imagens. Bonaparte pediu ao ministro francês em Gênova, Guillaume Faipoult, que encomendasse uma gravura da façanha gloriosa, o que resultou numa imagem dele mesmo, estandarte à mão, liderando seus homens na travessia da ponte sob uma saraivada de tiros. Ele se certificaria de que dali em diante cada proeza militar sua fosse imortalizada por um ícone.[4]

Ele precisava ampliar sua autoridade usando quaisquer meios que estivessem à sua disposição. Enquanto estava em Lodi, recebeu duas cartas de Paris, uma delas bem-vinda, a outra nem tanto. A primeira era de Murat, informando que Josefina só tinha atrasado a partida para se juntar a ele na Itália por estar grávida e temer a viagem. Não era verdade, mas ela não conseguia pensar em nenhuma outra desculpa para evitar sair de Paris. Bonaparte ficou feliz com a notícia de que seria pai e, embora estivesse preocupado com a saúde dela, imaginou que a gravidez seria uma garantia de fidelidade.[5]

Mais cedo naquele mesmo dia, ele tinha recebido notícias nem tão bem-vindas. O Diretório achava que ele havia atingido o objetivo que lhe havia sido dado ao criar uma distração que ajudasse os dois exércitos franceses operando na Alemanha, e agora lhe mandava novas instruções. Determinavam que o restante do Exército dos Alpes marchasse para a Itália e planejavam dividir as forças francesas na península num exército mais ao norte, sob comando do soldado profissional e aclamado vitorioso da invasão prussiana em Valmy em 1792, general Kellermann, de 65 anos, e um exército mais ao sul, comandado por Bonaparte, que deveria marchar sobre Roma e derrubar "o último dos papas".

Isso não era nem um pouco conveniente para ele, que estava determinado em sua tarefa de subverter a Itália. Em 1º de maio ele havia escrito para Faitpoult em Gênova pedindo materiais sobre a topografia, os recursos e os arranjos constitucionais e o potencial econômico de cada Estado da península. Durante sua marcha até Piacenza, ele havia atravessado o neutro ducado de Parma. Fingira que estava prestes a atacar a capital, o que levou o duque a mandar enviados para pedir que sua neutralidade fosse respeitada – e de fato foi, em troca de uma imensa propina em prata, milho, aveia e outros suprimentos, 1,6 mil cavalos, vinte obras de arte e a garantia da manutenção de hospitais para os franceses feridos. "É preciso controlar esses pequenos príncipes", Bonaparte comentou em seu relatório ao Diretório, ignorando que não cabia a ele controlar ninguém, exceto seus soldados. "A guerra na Itália neste momento é metade militar e metade diplomática", explicou, instruindo seus superiores em Paris sobre as posições que eles deveriam manter ao negociar um tratado com o rei da Sardenha.[6]

Ele enviou três cartas protestando contra o plano de dividir o comando – uma oficial para o Diretório, uma para Carnot e uma para Barras –, todas as três escritas num misto de petulância e falsidade. "Caso eu tenha perdido a confiança de que gozava no início da campanha, suplico que me informe", escreveu a Barras.

Nesse caso, eu pediria permissão para renunciar ao posto. Além de certos talentos, a natureza me dotou de um caráter forte, e não poderei ser útil a não ser que tenha sua completa confiança. Caso a intenção seja me levar a desempenhar um papel secundário, me obrigar a seguir as ordens dos comissários, me sujeitar *em minhas operações* a um alemão por cujos *princípios* não tenho maior estima do que por suas maneiras, então deixarei tudo nas mãos dele.

Isso, como os diretores bem sabiam e como Saliceti os lembrou, não ficaria bem com o público, que tinha acabado de ser informado da épica façanha em Lodi. Para lembrar sua utilidade, Bonaparte enviou várias mensagens nos dias que se seguiram, anunciando o despacho de 2 milhões de francos, de uma fortuna em joias e lingotes, sem mencionar cem "belos cavalos, os melhores que poderiam ser encontrados" para as carruagens dos diretores.[7]

"Foi só depois de Lodi que me ocorreu que posso me tornar um ator de destaque no nosso cenário político", diria ele mais tarde a seu secretário. "Foi ali que a primeira centelha de uma ambição maior se acendeu em mim." Ele estava sentado, perdido em pensamentos, ao lado de uma lareira no canto de uma sala na noite de 7 de maio, quando lhe ocorreu que era mais bem qualificado do que o governo a quem servia. Ao descrever o resultado de suas ações casualmente bem-sucedidas em Lodi como uma grande proeza militar, ele parece ter se convencido de que possuía um tipo superior de força, ou era possuído por ela. Isso não é totalmente surpreendente, tendo em vista que ao longo das quatro semanas anteriores ele havia obtido êxitos numa sucessão quase milagrosa. Escrevendo ao seu pai, Marmont não conseguia conter o espanto. Costa de Beauregard, que não era de elogios, refletiu que "Bonaparte faz pensar naqueles heróis capazes de rachar montanhas com um floreio de sua espada", uma espécie de mágico que pode fazer qualquer coisa. Poucos dias depois de Lodi, Bonaparte disse a Marmont que a Fortuna o havia escolhido e se tornado sua amante. Essas frases grandiloquentes, cheias de carga emocional, podem soar vazias, mas elas de fato expressavam pensamentos e aspirações reais.⁸

O século XVIII tinha visto a substituição gradual da visão cristã da vida como uma preparação para a vida após a morte por uma outra visão, que imaginava modos de obter realização neste mundo. A Revolução Francesa em grande medida nasceu do desejo de reorganizar o mundo nesse sentido. A rejeição ao cristianismo tinha sugerido uma volta ao mundo da Grécia e da Roma antigas, o que parecia estar mais em sintonia com os ideais republicanos da época. O movimento neoclássico nas artes era a um só tempo uma expressão disso e um fator que impulsionava nessa direção. Os corpos legislativos da República francesa vestiam togas, figuras de destaque assumiam nomes da Antiguidade como Brutus e Graco, e o discurso político era temperado com referências clássicas. O rompimento com a civilização cristã europeia foi simbolizado pela adoção de um novo calendário e do sistema métrico para medir tempo e espaço no novo mundo criado pelos corpos legislativos da República francesa. Era o homem, e não Deus, que tinha o papel central no novo sistema de valores, e a sua identidade coletiva, a nação ou "*patrie*", se tornou objeto de adoração. Henri Beyle, que ficaria famoso como o romancista Stendhal, tinha treze anos quando Bonaparte assumiu o comando do Exército da Itália, e lembraria que para sua geração "nossa única religião era [...] *estar a serviço da patrie*".⁹

A Revolução gerou um culto ao autossacrifício em nome da causa cujos "mártires" eram representados nas telas de David e de outros de maneira muito semelhante ao que tinha acontecido com os santos cristãos. Onde os antigos cruzados buscavam a salvação cristã, os soldados da República francesa acreditavam que seus esforços seriam coroados por uma versão humana da imortalidade, expressa de modo vago na palavra "*gloire*".

"O mais velho dos nossos generais mal tinha chegado aos trinta anos", lembraria Lavalette, contemporâneo de Bonaparte, que serviu no Exército do Reno. "Todos eles aspiravam unicamente à glória, e nos olhos deles isso só seria real caso houvesse uma situação de perigo." Marmont tinha um anel com um sinete que "expressava todos os desejos que preenchiam meu jovem coração; nele estavam representadas três coroas entrelaçadas, uma de hera, uma de louros e uma de murta, com o seguinte lema: *Espero merecê-las*" (a hera simbolizava a eternidade, os louros a fama e a murta a masculinidade e o amor).[10]

"De todas as paixões que afetam o coração humano, nenhuma tem mais força que o amor a *la gloire*", escreveu Germaine de Staël em seu livro *De l'Influence des passions sur le bonheur des individus et des nations*, publicado naquele mesmo ano de 1796. Ela não desprezava o papel que a vaidade desempenhava nessa ambição, mas via a busca da *gloire* como uma força em si. "Trata-se, sem dúvida, de uma sensação embriagante preencher o universo com o próprio nome, chegar tão além dos limites do próprio ser a ponto de se tornar possível iludir a si mesmo quanto aos limites e à duração de sua própria vida, e acreditar possuir alguns dos atributos metafísicos do infinito." Ela ressaltava que, nesse ambiente psicológico, qualquer um que pudesse atingir a *gloire* e oferecer aos outros a chance de compartilhar dela faria surgir neles um espírito de emulação grande o suficiente para que eles próprios se esforçassem até o limite e além dele, criando um surto de energia aparentemente sobre-humano.[11]

Criados lendo o relato de Plutarco sobre a vida dos heróis, Bonaparte e seus pares queriam ser como eles. Eles também foram profundamente afetados pela sensibilidade romântica expressa nas obras de Rousseau, Goethe e Macpherson. A fusão da necessidade de se comportar como um herói com a necessidade da transcendência emocional desenvolveu em muitos a crença subliminar de que estavam vivendo numa lenda e conquistando o impossível, não apenas como acontecia com os heróis, mas também como ocorria com os deuses da Antiguidade.

Foi no papel de um herói conquistador que em 15 de maio Bonaparte fez uma entrada triunfal em Milão, a capital da Lombardia, montado num cavalo branco, precedido por uma coluna de prisioneiros austríacos e seguido a uma distância respeitosa por sua equipe e depois pelos soldados. Ele passou sob um arco do triunfo romano e por outro feito de plantas e flores, foi cumprimentado com entusiasmo por jacobinos e nacionalistas italianos que o aguardavam, nas palavras de um deles, "como os israelitas esperam pelo messias", saudando-o como libertador do domínio austríaco e, assim esperavam, como padrinho de um Estado independente italiano. Os que estavam menos entusiasmados politicamente também compareceram aos montes para dar uma olhada naquele homem cujas ações estavam ganhando proporções lendárias na imaginação coletiva. Como era sábado e festa de Pentecostes, eles estavam bem-vestidos, num curioso contraste com os conquistadores do poderoso Exército austríaco.[12]

"Nossos uniformes, gastos por longos períodos de batalha nas montanhas, tinham sido substituídos por qualquer coisa em que os soldados conseguissem pôr as mãos", lembraria o sargento Vigo-Roussillon. "No lugar dos estojos para munição, já podres, levávamos cintos feitos de pele de cabra onde carregávamos a munição. Nossa cabeça estava coberta por gorros feitos de pele de ovelha, gato ou coelho. Um gorro de pele de raposa com a cauda pendurada atrás era um objeto valorizado." Trajavam calções ou calças de todas as cores, coletes vistosos, até mesmo bordados, e uma variedade de calçados.[13]

Dois oficiais, um major e um tenente, dividiam três camisas, uma calça marrom, um casaco de uniforme e uma sobrecasaca, que ficava com aquele que estivesse sem as calças no dia. Um jovem oficial se arrumou da melhor maneira que pôde quando foi convidado para jantar na casa da marquesa na qual estava aquartelado, mas mesmo assim entrou na sala de jantar descalço.[14]

Bonaparte foi direto para a casa do arcebispo, onde dormiu por algumas horas e tomou banho antes de ir a um banquete em sua homenagem. Depois, se transferiu para o palácio Serbelloni, que tinha sido colocado à sua disposição. Ele também recebeu como oferta a bela *prima donna* do La Scala, Giuseppina Grassini, mas só conseguia pensar em Josefina, e por isso Berthier se apresentou. Bonaparte não perderia tempo em Milão.

Em 20 de maio, fez uma proclamação a seus "irmãos de armas":

Soldados! Vocês correram como uma torrente desde a altitude dos Apeninos, vocês derrotaram, dispersaram, estilhaçaram todos os que se opuseram ao seu progresso. Livraram a Áustria da tirania, o Piemonte cedeu a seus sentimentos naturais de paz e amizade com a França. Milão é sua, e o estandarte republicano se agita sobre toda a Lombardia. Os duques de Parma e Módena devem a continuidade de sua existência política unicamente à sua generosidade. O exército que ameaçou vocês com sua arrogância já não é capaz de encontrar uma proteção forte o suficiente para se defender contra a sua coragem.

Ele via que os soldados já estavam cansados da inatividade e que ardiam por alcançar glórias ainda maiores: "Bem, vamos em frente!", continuou. "Ainda temos marchas forçadas a fazer, inimigos a subjugar, louros a colher, injustiças a vingar." Embora devessem estar prontos para defender a República, eles também deveriam estar dispostos para sair em defesa das nações irmãs: "A vocês caberá a imortal glória de mudar a face da mais bela parte da Europa. A nação francesa, livre, respeitada em todo o mundo, dará à Europa uma paz gloriosa que recompensará todos os sacrifícios que foram feitos ao longo dos últimos seis anos. Vocês então retornarão a suas casas, e seus conterrâneos dirão ao apontar para vocês: 'Ele esteve no Exército da Itália!'".[15]

Indo direto ao ponto, ele decretou que, embora estivessem sendo pagos até ali em cédulas, que poucas pessoas, especialmente em terras estrangeiras, aceitavam, dali em diante eles receberiam parte de seu pagamento em espécie. A decisão em parte foi tomada pela necessidade de fazer com que os saques parassem, mas também criou um novo vínculo de gratidão e lealdade entre ele e seus homens. O Diretório ficou chocado com esse ato de independência, que redirecionava parte do dinheiro que estava sendo arrancado da Itália, e do qual eles estavam começando a depender, para os bolsos dos soldados. Mas não havia nada que eles pudessem fazer. Bonaparte era o único comandante do exército que ajudava nas finanças; ele estava vencendo batalhas e era tido em alta conta na opinião pública. Ele estava fora do controle dos diretores, e, gostassem ou não, o destino deles estava intimamente associado à popularidade de Bonaparte. Em 29 de maio, uma *fête* de Ação de Graças e vitória foi realizada em Paris, com desfile dos estandartes capturados, um contingente de feridos sendo homenageado com folhas de carvalho, ramos de louro de folhas de palma, simbolizando o valor, a glória e o martírio, e com uma "Canção da Vitória", enquanto Junot apresentou Josefina, então saudada como "Notre-Dame des Victoires", para receber os elogios em nome de seu marido e Carnot elogiou suas "invencíveis falanges", cujas ações espantariam as gerações futuras.[16]

Em 17 de maio, Bonaparte escreveu para o Diretório engenhosamente pedindo instruções sobre como lidar com os patriotas locais. Sabia que eles pensavam em dar a Lombardia ou para o rei da Sardenha, para garantir que este mantivesse sua aliança, ou para a Áustria, como moeda de troca em futuras negociações de paz. Mas Bonaparte tinha seu próprio modo de ver as coisas. "A natureza estabeleceu os limites da França nos Alpes, porém estabeleceu também os limites do Império no Tirol", ressaltou. Ele já havia prometido liberdade ao povo da Lombardia e sancionado a criação de uma Guarda Nacional, que teria uma bandeira tricolor como a da República francesa com o verde substituindo o azul. Também começou a reorganizar a antiga província austríaca ao longo das linhas francesas, auxiliado por patriotas italianos de várias partes da península que viam isso como a pedra fundamental de uma Itália independente. A essa altura, estava conscientemente implantando suas próprias ideias. "Estou fazendo o que quero", disse a um surpreso patriota italiano.[17]

"Creio na República francesa e em Bonaparte seu filho", dizia um *Credo* escrito por alguns nacionalistas italianos; porém outros o amaldiçoavam. Os saques feitos tanto por oficiais quanto por soldados durante o período de combates causavam dificuldades para as pessoas comuns, e todos os que se opunham à intromissão francesa, fossem os assustados defensores do antigo regime ou os católicos horrorizados pela impiedade dos invasores, davam voz a suas mágoas. Motins eclodiram em vários lugares. Bonaparte reagiu com energia e em alguns casos com brutalidade, de maneira mais notável em Binasco, onde os habitantes locais haviam massacrado soldados franceses. "Depois de matar cem pessoas, incendiamos a vila, um exemplo terrível, porém eficaz", escreveu mais tarde para Berthier. Em Pavia, que tinha se rebelado contra a França, deixou os soldados à solta na cidade por algumas horas. Admitiu que, "embora necessário, esse espetáculo era nada menos que horrível, e eu era dolorosamente afetado por ele". As medidas de fato se mostraram eficientes, e em pouco tempo pôde relatar que a província estava calma. Ele alistava jovens que se apresentavam para servir naquilo que imaginavam ser a causa da Itália numa força armada lombarda que poderia manter a ordem.[18]

As melhores condições de suprimentos não impediram o saque: apenas deram um novo foco à pilhagem, com oficiais e homens começando a pensar em enriquecer em vez de simplesmente pegar aquilo de que precisavam. O exemplo foi dado por Masséna, que extorquia dinheiro das cidades por onde passava para oferecer proteção, e foi largamente imitado. Bonaparte fazia vistas grossas e até incentivava seus subordinados a enriquecer, ao mesmo tempo que ostensivamente se recusava a aceitar as propinas que lhe eram oferecidas pelas autoridades de cidades como Lucca e Módena, para mostrar que sua visão moral era diferente da de outros generais.[19]

Ao mesmo tempo, Saliceti estava drenando o país para o bem da República francesa e dele próprio. Em Lodi, saqueou a tesouraria da catedral e o Monte de Pietà, a instituição de caridade que servia como casa de penhora, levando embora cinco caixas de prataria e vários lingotes de prata, e ainda requisitou o dinheiro que a cidade tinha em caixa. Em Milão, pegou para si o que estava nos bancos, na tesouraria da cidade e no Monte de Pietà, embora dessa vez tenha devolvido aos devedores mais pobres seus insignificantes tesouros. Repetiu o padrão em todas as cidades por onde passou. "Você está criando mais moeda circulante com suas baionetas do que podemos fazer com todas as leis financeiras que nos ocorram", reconheceu um dos diretores.[20]

Não apenas dinheiro e objetos de valor foram levados. Vendo a República francesa como a segunda Roma, seus governantes acreditavam que as grandes obras de arte e ciência, as bibliotecas e os arquivos, os instrumentos mecânicos e quaisquer objetos que pudessem ser úteis para o progresso deveriam ser encaminhados a Paris. Uma comissão composta pelo matemático Gaspard Monge, pelo químico Claude Berthollet, os botânicos André Thouin e La Billardière, assim como por vários artistas, estava a caminho com ordens para escolher os objetos que eram dignos de ser incluídos nas bibliotecas e museus da capital. (Vale a pena observar que um protesto contra isso foi assinado pelos pintores David, Hubert Robert, Moreau le Jeune, Girodet, pelos arquitetos Percier e Fontaine, e muitos outros.)[21]

Bonaparte nunca havia aceitado o papel secundário de encenar uma distração na Itália enquanto Moreau comandava as principais operações na Alemanha, e estava determinado a reverter isso atacando primeiro. Presumindo que Moreau deveria ter atravessado o Reno, estava ansioso para fazer pressão. Beaulieu havia recuado para trás do rio Mincio, tendo sua ala direita em Peschiera, na costa sul do lago Garda, e a ala esquerda em Mântua. Avançando rapidamente, Bonaparte cruzou a linha dele em Borghetto e depois mudou de direção rumo ao norte para cercá-la. Unidades austríacas desorientadas se apressaram rumo ao norte para evitar ter os franceses pela frente, porém algumas foram ultrapassadas pelas tropas de Bonaparte. Em Valeggio, onde tinha acabado de se sentar para um almoço leve com

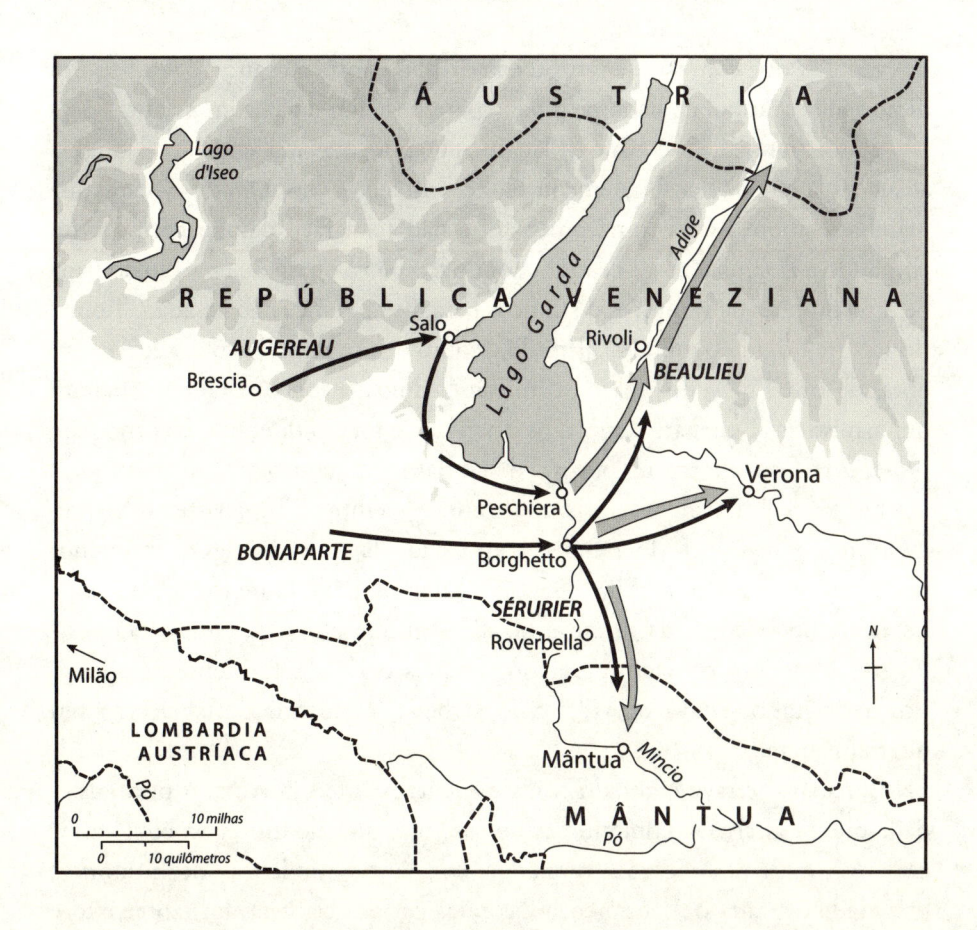

Masséna e Murat, Bonaparte foi surpreendido por uma unidade inimiga isolada e só teve tempo de colocar uma das botas antes de sair correndo para se proteger atrás de uma parede. Quando o dia seguinte nasceu, ele avançou sobre os austríacos que fugiram para Peschiera e Verona, aonde chegou em 3 de junho. Ficou impressionado com a beleza da cidade. "Acabo de ver o anfiteatro", relatou ao Diretório. "Esses vestígios deixados pelo povo de Roma são verdadeiramente dignos daquela civilização. Não pude evitar certa sensação de humilhação quando pensei no mau gosto de nosso Champ de Mars."[22]

Beaulieu havia fugido para o norte seguindo o lado leste do lago Garda, perseguido pela cavalaria francesa, enquanto parte de seu exército se refugiou na fortaleza de Mântua, onde ficou confinada por Sérurier. Bonaparte estava agora no controle de toda a antiga província austríaca da Lombardia e tratou de protegê-la. Sem consultar o Diretório, assinou um armistício com o reino de Nápoles, que com isso se retirou da coalizão contra a França, e recebeu um diplomata espanhol enviado pelo papa para negociar a paz com a Santa Sé.

Voltou rapidamente para Milão imaginando que iria encontrar Josefina à sua espera. Mas acabou encontrando instruções do Diretório para que marchasse sobre Roma, uma ordem que não seria fácil desobedecer. Partiu, chegando a Bolonha em 19 de junho, onde recebeu a oferta do enviado do papa de uma propina de 5 milhões de francos para que a França não invadisse Roma. Bonaparte exigiu 40 milhões, além do tesouro de um templo em Loretto e cem obras de arte. Em 23 de junho, os emissários do papa concordaram e assinaram um armistício. Bonaparte cruzou os Apeninos e foi em direção a Livorno para proteger o porto contra um possível desembarque britânico.

De lá viajou para uma visita ao cônego Filippo Bonaparte, o último membro sobrevivente do ramo toscano daquela que em algum momento pode ter sido a sua família. Depois marchou para Florença, onde foi à ópera na noite de 30 de junho e no dia seguinte almoçou com o grão-duque da Toscana, irmão do imperador Francisco II, seu oponente na guerra. Em 4 de julho, estava de volta a Roverbella, onde tinha estabelecido seu quartel-general.

Bonaparte estava esgotado física e mentalmente e torturado pela ansiedade que se alternava com ciúmes de Josefina, que ele inundava com cartas cada vez mais desesperadas revelando constantes mudanças de humor. A brevidade e a falta de sentimento das raras cartas dela geravam repreensão e ciúmes, seguidas por temores de que ela pudesse estar doente, e autocrítica por ter questionado os sentimentos dela. Ele atormentava Joseph pedindo notícias dela. Em 18 de maio, de Milão, ele escreveu uma carta cheia de alegre antecipação pelo que imaginava ser a iminente chegada dela, descrevendo as belezas da Itália e o tempo feliz que teriam ouvindo música divina enquanto viam a barriga dela crescer (ele ainda acreditava na gravidez). Cinco dias depois, preocupado pela falta de notícias, escreveu contando como tinha abandonado um baile em sua homenagem depois de procurar em vão entre as várias beldades alguém que chegasse perto da beleza dela. "Só conseguia ver você, pensar em você, e esse pensamento tornava todo o resto insuportável, por isso, meia hora depois de chegar, fui para casa me deitar repleto de tristeza." Acreditando que a esposa chegaria em 13 de junho, preparou as acomodações para recebê-la, mas depois descobriu que ela ainda não havia saído de Paris. "Eu tinha aberto a minha alma para a alegria, e ela se encheu de sofrimento", escreveu. Bonaparte esperava os mensageiros com impaciência, ou para descobrir que não havia cartas dela, ou que havia cartas sem a paixão que ele desejava. Chegou à conclusão que os sentimentos que ela tinha por ele foram um "suave capricho" que ele compreendeu de maneira equivocada, que, enquanto ele havia se doado completamente para ela, Josefina apenas brincou com ele, e que ela desejava um tipo diferente de homem. "*Farewell*, Josefina, fique em Paris, não me escreva mais, e pelo menos respeite minha retirada", escreveu já sem esperanças. "Há mil adagas dilacerando meu coração, não as enfie mais fundo. Adeus, minha felicidade, minha vida, tudo que existia para mim na Terra!!!"[23]

Sem receber notícias dela, três dias depois ele escreveu dizendo que a única coisa que lhe restava era a morte: "Todas as serpentes das fúrias estão no meu coração, e metade de mim já morreu", escreveu, ainda com uma leve esperança de que ela pudesse estar a caminho. "Odeio Paris, as mulheres e o amor...", protestou. "Adeus, minha Josefina, e pensar que você me fez feliz, mas tudo mudou completamente", prosseguiu, dizendo que jamais deixaria de amá-la. Ele tinha passado a noite relendo todas as cartas dela e chafurdando em autopiedade. No mesmo dia escreveu para Barras: "Estou desesperado porque minha mulher não virá, ela tem algum amante que a faz ficar em Paris, amaldiçoo todas as mulheres, mas cordialmente abraço todos os meus amigos". Escrevendo de Tortona três dias depois, pediu desculpas a Josefina por se expressar com tanto sentimentalismo, mas explicou que estava "afundando em tristeza". Ele havia acabado de receber uma carta de Murat informando que ela não estava bem, e, embora garantisse que se tratava apenas de uma ligeira indisposição, Bonaparte entrou em pânico acreditando que ela poderia morrer. "Se você morrer, vou morrer também, de desespero, devastado", escreveu, pedindo que ela intercedesse junto a Barras para que ele conseguisse uma licença para voltar a Paris. Bonaparte já não ligava para a glória nem queria estar a serviço da pátria, e não conseguiria pensar na vitória enquanto ela estivesse doente. Após essa longa carta houve outra no dia seguinte, ainda mais longa e mais torturada, na qual ele se culpava por tê-la acusado de inconstância. "Minha vida é um pesadelo contínuo", reclamou. "Sou sufocado por um pressentimento mortal. Já não vivo; perdi mais que a vida, mais que a Felicidade, mais que a tranquilidade; quase não tenho esperanças." Bonaparte esperava poder voltar a Paris. "Não sou nada sem você", prosseguia. "Mal posso imaginar como eu existia antes de te conhecer."[24]

Josefina achava as cartas dele, e o frenesi adolescente que elas expressavam, ridículas e constrangedoras. Ela entretia seus amigos lendo as cartas em voz alta, e, depois de compartilhar uma passagem particularmente dramática em que ele se referia a Otelo, exclamou: "Ele realmente *é* engraçado, o Bonaparte!". Mas sem dúvida farta das perguntas frequentes sobre sua saúde e temendo que Bonaparte pudesse de fato aparecer em Paris, onde não era desejado, Barras convenceu Josefina a partir. De acordo com alguns relatos, ele mesmo a enfiou na carruagem, com o cachorro, a criada, Hippolyte Charles e Junot. Ela foi seguida por vários homens de negócios a quem devia dinheiro e a quem prometera arranjar contratos lucrativos de suprimentos com o Exército.[25]

A viagem foi digna de um cortejo real, com todas as cidades ao longo do trajeto desejando homenagear a esposa do herói nacional. Em Lyon, Josefina compareceu a uma récita especial de *Iphigénie en Aulide*, de Gluck. Em Turim, onde encontrou Marmont de prontidão para escoltá-la na viagem dali por diante, foi tratada como um membro da família real em visita à cidade. A entrada dela em Milão em 13 de julho foi triunfal. Foi acomodada no magnificente palácio Serbelloni com suas colunas de mármore rosa e recebeu todo tipo de honrarias das autoridades municipais. Bonaparte ficou tão extasiado ao ver Josefina, que, segundo ela mesma disse a Thérèse Tallien, ela achou que ele enlouqueceria. Bonaparte não conseguia tirar as mãos de Josefina, e parecia não perceber a presença de Hippolyte Charles, cujo papel quase todas as demais pessoas já haviam adivinhado.[26]

Dois dias depois da chegada dela, em 15 de julho, Bonaparte teve de se reunir com suas tropas em Mântua, que abrigava cerca de 12 mil austríacos. Josefina permaneceu em Milão, onde se entediou, apesar das recepções e dos entretenimentos preparados em sua homenagem, particularmente quando o tenente Charles não pôde mais adiar a ida a Verona, onde assumiria seus deveres ao lado do general Leclerc.

Bonaparte, que continuava sem suspeitar de nada, estava em êxtase. "Que noites, meu amor, foram essas que passei em seus braços!", escreveu. "Em minha memória revivo sem parar tudo o que fizemos, os seus beijos, as suas lágrimas, o seu doce ciúme, e os encantos da incomparável Josefina seguem alimentando uma ardente chama em meu coração e nos meus sentidos. [...] Há alguns dias eu achava que a amava, mas, desde que a vi, percebo que a amo mil vezes mais."[27]

Naquela noite, ele esperava tomar Mântua com um ataque surpresa partindo do lago, mas as águas inesperadamente baixaram e a tentativa fracassou. Bonaparte já estava planejando outro truque que poderia lhe garantir a fortaleza, mas isso não impedia que ele pensasse em Josefina. Na noite seguinte, estava andando à beira do lago "sob o prateado da lua" no vilarejo perto de Mântua onde Virgílio nasceu, "sem que se passasse uma hora em que não pensasse em minha Josefina". A essa altura ele sabia da fofoca sobre o tenente Charles e encontrou indícios ao abrir cartas de Barras e Thérèse Tallien endereçadas a Josefina. Ele amaldiçoou Josefina de brincadeira, dizendo confiar na fidelidade e no amor dela. "Longe de você, as noites são longas, tediosas e tristes; perto de você o desejo é de que pudesse ser sempre noite", escreveu, convidando-a para ir ao seu encontro em Brescia.[28]

Josefina chegou em 26 de julho, com a intenção de continuar viagem rumo a Verona para ver o tenente Charles sob pretexto de conhecer os pontos turísticos, mas logo depois da partida se deparou com tropas inimigas. Bonaparte enviou Junot com um esquadrão de cavalaria para escoltá-la de volta; durante o trajeto eles foram alvejados por tiros e foi preciso abandonar a carruagem para se esconder numa vala. Ele decidiu enviá-la para fora da zona de guerra numa viagem à Toscana. Em Parma ela encontrou Joseph Fesch, que estava ocupado requisitando tudo que chamava sua atenção para a criação de uma coleção de arte. Em Florença, foi recebida pelo grão-duque. Entediada, voltou para Brescia e, na ausência de Bonaparte, convocou o tenente Charles para dividir suas acomodações.

Bonaparte estava desesperado para tomar Mântua, cuja guarnição permanecia sendo uma ameaça, fazendo vigorosos ataques que o impediam de garantir a posse da área. Embora tivesse concluído tratados com Nápoles, o papado e vários Estados menores da península, acordos eram rompidos com frequência, e um desembarque de tropas britânicas ou russas em Nápoles ou em algum outro lugar continuava sendo possível. Se algo assim ocorresse enquanto Bonaparte não estivesse presente, esses Estados poderiam sentir a tentação de usar suas forças consideráveis contra ele. E no final de julho já estava claro que a Áustria a qualquer momento poderia fazer um esforço combinado para socorrer Mântua e reconquistar a Lombardia.

12
Vitória e lenda

Beaulieu fora substituído pelo igualmente idoso marechal de campo Dagobert von Würmser. Ele dividiu seu exército em três colunas que se moveram em julho de 1796. Uma delas, composta de 18 mil homens sob o comando do general Quasdanovitch, marchou pelo lado oeste do lago Garda, tendo como objetivos a tomada de Brescia e se interpor entre Bonaparte e Milão. Outra, de 5 mil homens, sob o comando do general Meszaros, marchou pelo vale do Brenta indo mais para leste para distrair os franceses, enquanto o próprio Würmser marchou com 24 mil homens pelo lado leste do lago Garda em direção a Verona, onde o plano determinava que as três forças se uniriam para derrotar os franceses e salvar Mântua.[1]

Bonaparte, que no total tinha pouco menos de 40 mil homens, seria dominado a não ser que derrotasse as colunas austríacas em separado. Ele tomou uma decisão ousada, determinando que Sérurier abandonasse o sítio a Mântua e tirasse todas as suas forças do caminho de Würmser. Embora isso permitisse que os austríacos socorressem Mântua e acrescentassem a guarnição da cidade às suas forças, Bonaparte passava a ter a oportunidade de concentrar homens em número suficiente para derrotar Quasdanovitch, o que ele fez em Lonato em 3 de agosto, antes de mudar de direção para enfrentar Würmser com uma ligeira superioridade numérica, em Castiglione, em 5 de agosto. Em uma manobra clássica, ele incentivou Würmser a virar seu flanco direito, depois lançou um ataque poderoso ao centro exposto, o que dividiu o Exército austríaco em dois, forçando-o a uma retirada desordenada para o ponto de onde havia partido. "Eis mais uma campanha encerrada em cinco dias", Bonaparte dizia ao final de seu relatório ao Diretório, no qual exagerava tremendamente as perdas do inimigo.[2]

Havia sido uma brilhante proeza militar, com Bonaparte explorando sua posição central com grandes resultados. A batalha também demonstrou as qualidades específicas do Exército francês que lhe davam tal vantagem sobre os inimigos. O Exército austríaco operava como uma máquina, respeitando rotinas testadas, como só marchar por seis horas a cada 24. Os franceses não seguiam regras. O sistema de suprimento ruim ou inexistente os forçava a operar em divisões autônomas ou unidades menores que pudessem ser sustentadas pelo território por onde marchavam, o que incentivava maior grau de independência e flexibilidade, particularmente no que dizia respeito a cronogramas e distâncias.

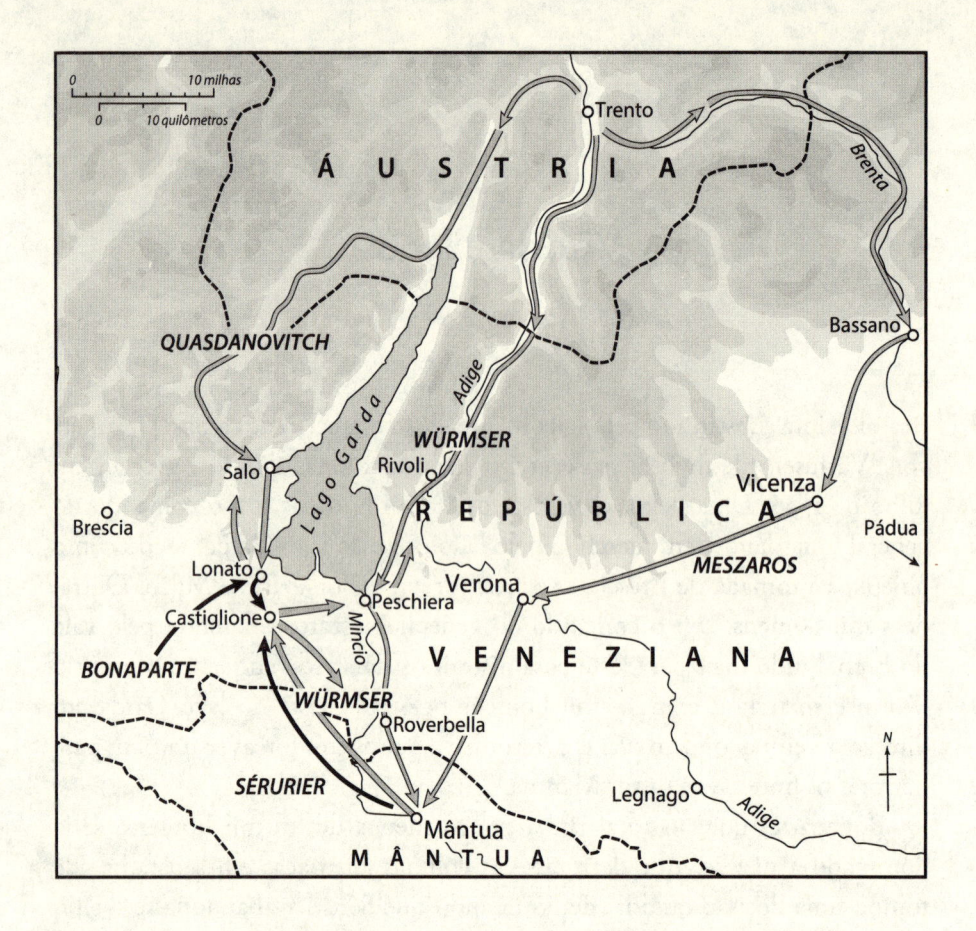

Naqueles cinco dias, Bonaparte havia cavalgado até matar mais de um cavalo de exaustão enquanto se deslocava de um lado para o outro. Marmont passara 24 horas sobre a cela, seguidas por mais quinze depois de apenas três de descanso. A divisão de Augereau cobriu oitenta quilômetros em 36 horas, sob o calor de agosto. Masséna observou que dois terços de seus homens não tinham casacos, coletes, camisas ou calções, e que marchavam descalços.

Quando reclamavam da falta de provisões, Bonaparte dizia que os únicos suprimentos disponíveis estavam no campo inimigo.³

O Exército francês era composto por indivíduos com ideias próprias. O novo assistente de Bonaparte, Józef Sulkowski, observou a agilidade e o "espantoso vigor" deles, e ficou impressionado pelo fato de que o soldado francês se rendia quando era encurralado sozinho, mas jamais na companhia de seus camaradas, e que "preferia enfrentar a morte à vergonha". Em algumas unidades, medrosos e covardes eram arrastados até a presença de "júris" de camaradas mais velhos que os condenavam a espancamentos nas nádegas e a ser desprezados até que se redimissem com atos de valor.⁴

"O soldado francês tem uma coragem impulsiva e um sentimento de honra que o torna capaz dos maiores feitos", acreditava Bonaparte. "Ele julga o talento e a coragem de seus oficiais. Discute o plano de campanha e todas as manobras militares. É capaz de qualquer coisa se aprovar as operações e sentir estima por seus líderes", e iria marchar e combater com o estômago vazio caso acreditasse que isso resultaria na vitória.⁵

Muitos observadores da campanha de 1796 comentaram o espírito quase festivo desses homens ao brincar com a morte, cantando durante a marcha e rindo enquanto partiam para a batalha. "Todos éramos jovens", lembraria Marmont, e "devorados pelo amor à glória." Suas ambições eram "nobres e puras", e eles sentiam "uma confiança sem limites no [próprio] destino", assim como um espírito de aventura contagiante. "Foi durante essa campanha que a exaltação moral desempenhou seu maior papel", recordaria um velho granadeiro.⁶

A liderança incomum teve seu papel. Em Lonato, Bonaparte levou a 32ª Meia-Brigada a avançar diante de intenso fogo inimigo. Depois da batalha, ele presenteou a unidade com um novo estandarte, bordado com as palavras: "Batalha de Lonato: Eu estava confiante, a brava 32ª esteve lá!". "É espantoso o poder que se pode exercer sobre os homens com palavras", comentaria mais tarde sobre o incidente. Ele também sabia quando ser duro. Depois de Castiglione, Bonaparte rebaixou o general Valette na presença de seus homens por abandonar suas posições cedo demais e permitir que sua unidade batesse em retirada de modo desordenado. Saudou outra meia-brigada, a 18ª, enquanto a unidade tomava posição antes da batalha com as palavras: "Valorosa 18ª, eu os conheço: o inimigo não resistirá diante de vocês!". Em Castiglione, Augereau se destacou na condução de seus homens durante o combate. "Aquele foi o mais belo dia na vida de um general", Bonaparte comentaria mais tarde. Masséna também eletrizou seus homens com sua coragem espalhafatosa.7

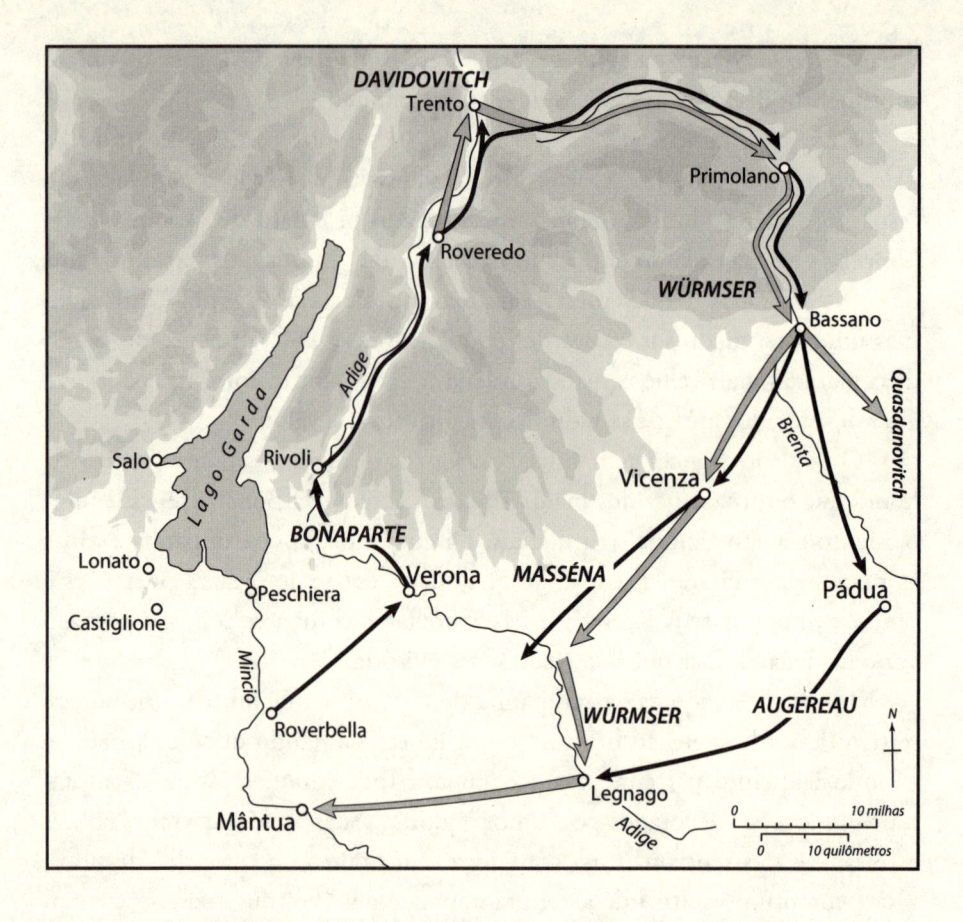

O custo desses atos heroicos foi alto. Ao final da campanha, o número de homens hospitalizados era quase igual ao daqueles na ativa. Alguns dos oficiais mais velhos estavam esgotados, e o próprio Bonaparte demonstrava exaustão. No entanto, não havia tempo para descansar. Würmser recuara para um ponto onde podia receber suprimentos e logo estaria em condições de atacar. A única esperança de Bonaparte era impedir que ele agisse. "Estamos em campanha, meu amor adorável", escreveu para Josefina em 3 de setembro, tendo partido do vale do Adige. "Nunca estou distante de você. Somente a seu lado existe Felicidade e vida." No dia seguinte, em Roveredo, ele derrotou uma força austríaca comandada por Davidovitch, forçando o inimigo a recuar até Trento e além. Würmser instruiu-o a permanecer lá enquanto ele marchava pelo vale do Brenta pela retaguarda de Bonaparte, pretendendo expô-lo ao fogo cruzado.[8]

Bonaparte adivinhou as intenções de Würmser e deixou cerca de 10 mil homens sob o comando do general Vaubois para manter Davidovitch confinado e com o resto de suas forças partiu atrás de Würmser, que agora marchava pelo Brenta na esperança de alcançar a retaguarda francesa, sem perceber que os franceses é que o perseguiam. Em 7 de setembro, Augereau derrotou a retaguarda de Würmser em Primolano, capturando seu comboio de suprimentos, e depois seguiu em frente quase sem descanso. Bonaparte passou aquela noite sob as estrelas, "morrendo de fome e cansaço", tendo comido apenas um pedaço de biscoito endurecido que um soldado lhe ofereceu. Ele não conseguiu dormir muito, já que às duas da manhã estava de novo em movimento. Würmser não conseguia posicionar suas forças durante a marcha pelo vale, e os franceses conseguiram derrotar suas divisões isoladamente em Bassano, fazendo 5 mil prisioneiros, capturando 35 peças de artilharia e a maior parte da bagagem. Quasdanovitch mudou de direção para o leste com parte do exército e se deslocou para Trieste, enquanto Würmser, com a maioria dos homens, seguiu às pressas para Mântua, onde entrou em 15 de setembro com não mais do que 17 mil soldados. Isso elevou o número de austríacos confinados na fortaleza para mais de 25 mil, incluindo excelentes unidades de cavalaria, cujos cavalos serviriam apenas para alimentá-los. Foi um desastre estratégico. Marmont foi enviado a Paris com bandeiras tomadas naquelas duas semanas, para espalhar a fama do Exército da Itália e de seu comandante.[9]

Nem por um momento durante aqueles dias frenéticos Bonaparte se esqueceu de sua "adorável Josefina", para quem se queixou, escrevendo de Verona em 17 de setembro que "eu te escrevo com tanta frequência, meu amor, e tuas cartas são tão raras", anunciando que em breve estaria com ela. "Uma noite dessas sua porta vai se abrir com uma pancada ciumenta e estarei na sua cama", alertou. "Mil beijos, em toda parte, em toda parte." Dois dias depois, Bonaparte estava de volta a Milão, onde passariam a maior parte do mês.[10]

O quanto aquele foi um mês feliz é uma questão em aberto. Em uma carta a Thérèse Tallien em 6 de setembro, Josefina admitiu estar "bastante entediada". "Tenho o marido mais amoroso do mundo", ela escreveu. "Não há nada mais que eu pudesse querer. Meus desejos são os desejos dele. Ele passa os dias me adorando como se eu fosse uma deusa..." Era evidente que ela estava sexualmente cansada dele; ele reclamava que ela dava a impressão de que os dois eram um casal de meia-idade "no inverno da vida". Mas ele tinha pouco tempo para se aborrecer com isso.[11]

Seus triunfos recentes não resolveram nada: ainda havia uma grande força inimiga em Mântua que ele avaliava que podia aguentar aquela situação por meses, e, embora a Lombardia estivesse relativamente tranquila, ocorriam agitações em outras partes da península. O rei da Sardenha tinha desmantelado seus regimentos piemonteses, com a consequência de que bandos de ex-soldados ameaçavam as rotas de suprimento francesas. "Roma está se armando e incentivando o fanatismo em meio ao povo", Bonaparte escreveu ao Diretório, "uma coalizão contra nós está sendo organizada em toda parte, eles apenas esperam o momento para agir, e a ação deles terá êxito caso o exército do imperador seja reforçado." Bonaparte sugeria que dadas as circunstâncias ele deveria ter permissão para tomar decisões políticas. "Vocês não poderão atribuir isso a ambição pessoal", ele garantia. "Já recebi honrarias demais e a minha saúde está tão prejudicada que sinto que devo solicitar alguém para me substituir. Já não consigo montar a cavalo. Só o que me resta é a coragem, e isso não basta para um posto como este."[12]

Os austríacos iriam tentar com mais empenho do que nunca socorrer Mântua, agora que uma força tão grande estava na cidade. E eles tinham tudo para conseguir isso, uma vez que os dois exércitos franceses atuando na Alemanha haviam sido vencidos e batido em retirada atravessando o Reno, o que liberou maior quantidade de tropas austríacas daquele teatro de operações. Bonaparte escreveu a Würmser sugerindo uma capitulação baseada em termos humanitários: Mântua era cercada por água e pântanos, e uma grande quantidade de soldados dos dois lados estava adoecendo com febre. Würmser recusou, mantendo-se firme, com a certeza de que a ajuda estava a caminho (foi por mero acaso que o general Dumas, que comandava o sítio, descobriu que Würmser recebia mensagens em cápsulas escondidas no ânus de homens disfarçados de civis). No final de outubro havia um novo Exército imperial em posição sob um novo comandante, o marechal de campo barão Josef Alvinczy.[13]

Só o que Bonaparte conseguiu reunir para enfrentá-lo foram cerca de 35 mil homens, exaustos depois de oito meses de campanha quase contínua em condições extremas. Ele havia recebido reforços, mas os novos soldados apenas compensavam as 17 mil baixas, entre mortos, inválidos, hospitalizados e desertores. A qualidade das tropas também era cada vez mais duvidosa, em função de um processo de seleção negativo. "Os soldados já não são os mesmos", escreveu Louis, irmão de Bonaparte. "Não há mais energia, não há mais fogo neles. [...] Os mais corajosos estão todos mortos, os que restam podem ser facilmente contados." De acordo com algumas estimativas, apenas 18% do grupo original seguia nas fileiras, e a proporção provavelmente era menor entre os oficiais. "O Exército da Itália, reduzido a um punhado de homens, está exausto", relatou Bonaparte. "Os heróis de Lodi, de Milesimo, de Castiglione e Bassano morreram pela pátria ou estão acamados no hospital."[14]

Os êxitos impressionantes lhe trouxeram não apenas adulação, mas também uma série de rivais e inimigos enciumados. Dentre esses se destacavam os vários civis – comissários, administradores e fornecedores – que seguiam o exército, que ele não deixava que enriquecessem, e que enviavam relatórios caluniosos para Paris, alertando que Bonaparte pretendia se tornar rei da Itália. Um revés militar a essa altura podia ser fatal para ele.

Suas forças se dispersaram em corpos de mais ou menos 5 mil homens cada, ficando um deles em torno de seu quartel-general em Verona, um em Brescia no oeste e um em Bassano no leste, um sitiando Mântua, outro de reserva em Legnano e um menor em uma posição avançada no norte em Trento. As unidades estavam dispostas de modo que poderiam facilmente se concentrar, porém dessa vez seria mais difícil lidar com fragmentos do inimigo. Os austríacos começaram a se mover no início de novembro de 1796: Davidovitch afastou Vaubois de Trento enquanto Alvinczy, com a parte principal do exército, de mais ou menos 29 mil homens, marchava rumo a Brescia, e em 6 de novembro forçou a divisão de Masséna a sair de Bassano. Bonaparte correu para Rivoli para frear a retirada de Vaubois, o que ele fez com estilo único. Convocou duas unidades que haviam demonstrado falta de coragem e anunciou que seus estandartes receberiam a inscrição: "Esses já não mais pertencem ao Exército da Itália!". Muitos dos homens choraram e, como ele havia antecipado, se redimiriam com atos de extrema coragem poucos dias depois.[15]

Porém Alvinczy ameaçava então o centro francês em Verona. Bonaparte tentou contê-lo em Caldiero, mas as tropas já desanimadas foram expostas a uma tempestade violenta. "Essa tempestade caiu diretamente sobre o rosto deles, a chuva pesada ocultando o inimigo que os golpeava com artilharia, ao mesmo tempo que o vento apagava os estopins e os pés descalços deslizavam no solo argiloso, que não lhes dava sustentação", nas palavras de Sulkowski. Terminaram recuando em silêncio enlutado.[16]

Bonaparte estava reduzido a cerca de 17 mil homens enfrentando os 23 mil de Alvinczy, e se encontrava num bloqueio estratégico, tendo Verona às costas. "Podemos estar prestes a perder a Itália", alertou ao Diretório. Ele decidiu então correr um risco. Deixando uma pequena força em posição diante de Verona, na noite de 14 de novembro, atravessou o Adige encoberto pela escuridão e marchou para o leste seguindo sua margem direita, atravessou de novo em Ronco e, deixando Masséna para cobrir seu próprio flanco esquerdo e distrair Alvinczy, foi às pressas para Arcole, onde pretendia atravessar o rio Alpone e alcançar a retaguarda de Alvinczy em Villanova. Isso cortaria a rota de comunicação dos austríacos e forçaria o inimigo a bater em retirada na sua direção. Eles seriam pegos num funil entre as montanhas e o rio Aldige e não teriam outra saída – e os vários corpos do exército em retirada poderiam ser enfrentados e derrotados individualmente, nesse caso enquanto tentavam atravessar o Alpone em Villanova.[17]

Tudo correu tranquilamente até que a vanguarda francesa teve em seu campo de visão a pequena cidade de Arcole na margem oposta da travessia do Alpone, feita por uma ponte de trinta metros de extensão de madeira que se apoiava em pilares de pedra. A cidade era defendida por dois batalhões de infantaria croata com cerca de 2 mil homens com vários canhões posicionados para atingir não só a ponte, como o acesso a ela num dique construído sobre uma área de pântano.[18]

Bonaparte tinha pressa. Deu ordens ao general Verdier para atacar a ponte, mas seus homens ficaram sob fogo cerrado antes mesmo de se aproximar dela. Ele enviou uma força para atravessar o rio mais ao sul e ameaçar o flanco dos defensores, porém insistiu em tentar cruzar a ponte. Ele havia sido informado de que Alvinczy percebera a ameaça a sua retaguarda e abandonara Verona. Masséna podia distraí-lo por algum tempo, porém, se os austríacos conseguissem atravessar o Alpone em Villanova antes de Bonaparte fazer o mesmo em Arcole, seu plano teria fracassado e a posição dos franceses mais uma vez seria crítica.

Augereau e depois Lannes tentaram liderar os soldados na tomada da ponte, sem êxito. Então Bonaparte desceu do cavalo e pegou uma bandeira.

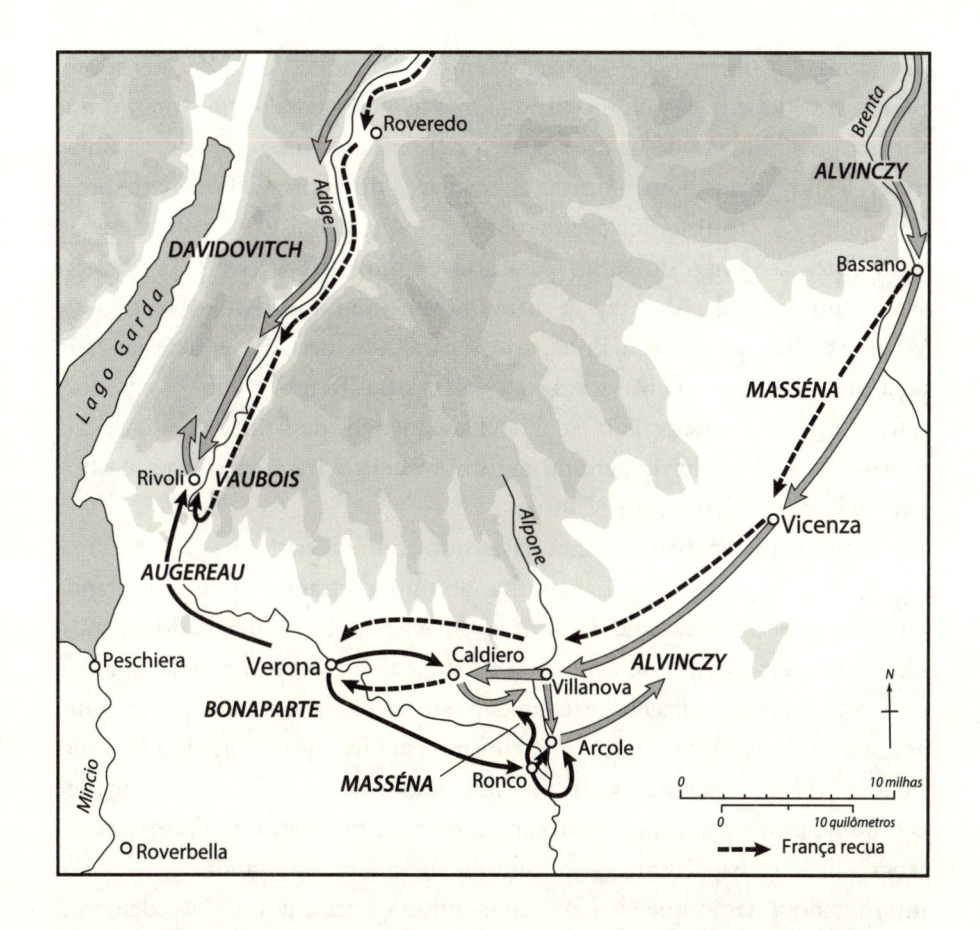

Ele desafiou os homens a mostrar que ainda eram os heróis de Lodi, mas estes não o seguiram, nem mesmo quando ele foi adiante, acompanhado por seus assistentes e um pequeno grupo de soldados. Tendo avançado pouco e ainda a algumas centenas de metros da ponte, foram recebidos com uma rajada que matou vários homens no entorno de Bonaparte, incluindo seu assistente Muiron. Eles correram em busca de proteção, derrubando Bonaparte do dique numa vala de drenagem onde ele ficou com água até o pescoço. Ele acabou sendo retirado de lá, mas não havia mais como se falar em tomar a ponte.[19]

Naquela noite, 15 de novembro, Bonaparte recuou e cruzou mais uma vez o Adige. Embora seu plano inicial tivesse fracassado, ele havia se posicionado de modo que conseguiu paralisar Alvinczy: caso o austríaco se movesse para o oeste, Bonaparte podia atacar sua retaguarda, e, caso se movesse para o leste, precisaria abandonar a esperança de ligar suas forças às de Davidovitch para atingir o objetivo de socorrer Mântua. Na noite de 16 de novembro, Bonaparte soube que Vaubois havia sido derrotado por Davidovitch, o que abriu a possibilidade de os dois exércitos austríacos unirem forças. O único modo de impedir isso era ameaçar a retaguarda de Alvinczy. Bonaparte ordenou que se construísse uma ponte sobre o Alpone depois de Arcole, e enviou outra força ao longo do Adige para atravessá-lo mais a leste para ameaçar as comunicações de Alvinczy. A manobra funcionou, e Alvinczy recuou até Villanova. Isso permitiu a Bonaparte separar um destacamento e enviá-lo para desviar Davidovitch e forçá-lo a voltar para Trento. Alvinczy, que fora novamente para o oeste para auxiliar Davidovitch, desistiu e seguiu para o vale do Brenta. Ele havia perdido muitos homens e fracassado em seu objetivo de libertar Würmser de Mântua.

A campanha de duas semanas havia sido confusa, sem uma vitória clara e alguma batalha campal para apresentar ao público francês como um grande espetáculo. Seria necessário fabricar o espetáculo. Em seu relatório para o Diretório, Bonaparte anunciou que a batalha de Arcole havia decidido o futuro da Itália. Ele exagerou tremendamente as perdas austríacas e diminuiu as suas, e apresentou um relato de heroísmo para lisonjear o orgulho nacional francês. As bandeiras capturadas foram levadas a Paris por Le Marois, que, na cerimônia pública em que elas foram entregues, proferiu um discurso retratando como Bonaparte traçou o caminho até a vitória, estandarte em mãos, informando a nação que ele havia conseguido tomar a ponte. Não demorou para que aparecesse em Paris uma impressão retratando Bonaparte e Augereau liderando as tropas na travessia a cavalo, cada um segurando um estandarte, seguida por outra mostrando Bonaparte a pé, brandindo a bandeira e incentivando os soldados a segui-lo.[20]

Por séculos, reis e comandantes fizeram com que seus atos fossem imortalizados por uma mistura de vaidade e afirmação política. A Revolução havia criado uma sede por informação entre os iletrados que era satisfeita por imagens alegóricas rústicas, e isso levou a uma explosão de ilustrações semissacras de homenagem à nação, com seus líderes e mártires. Generais eram retratados em poses heroicas, e gravuras de comandantes como Hoche e Moreau circulavam antes de qualquer imagem de Bonaparte.[21]

Porém Bonaparte levou a propaganda a níveis inéditos. Seus relatórios fraudulentos ao Diretório, dos quais se publicavam excertos e às vezes até se colavam nas paredes para que o público pudesse ler, eram dramáticos e empolgantes. A linguagem hiperbólica da Revolução em que eles eram escritos criava uma sensação subliminar de algo sobrenatural, milagroso, de uma aventura sendo encenada por homens que pareciam ser sobre-humanos assim como os heróis da *Ilíada*. Poetas, dramaturgos e escritores de todo tipo viram nisso excelente matéria-prima para seus trabalhos, e suas obras ampliavam a verborragia criadora de mitos. Isso tudo vinha acompanhado de uma iconografia compatível, e desde o momento em que ele assumiu o Exército da Itália em 1796 até o final de 1798, nada menos de 37 retratos diferentes de Bonaparte surgiram no mercado, alguns encomendados, outros espontâneos, alguns baseados em representações reais, outros com traços completamente imaginados, mas todos o representando como um herói.[22]

A propaganda sobre Arcole salvou a posição de Bonaparte, mas pouco podia fazer para diminuir a dor causada por Josefina. "Enfim, minha adorável Josefina, estou voltando a mim mesmo, a morte já não me olha no rosto", escreveu com compreensível alívio no dia seguinte ao fiasco de Arcole. De volta a Verona, dois dias depois, ele escreveu para ela um bilhete terno pouco antes de ir dormir, censurando-a como sempre por não escrever. "Você não sabe que sem você, sem o seu coração, sem o seu amor não pode haver felicidade na vida do seu marido?", dizendo em seguida como desejava tocar o seu ombro, segurar seu seio firme e mergulhar na sua "pequena floresta negra". "Morar em Josefina é morar no Elísio. Beijá-la, na boca, nos olhos, no ombro, no seio, em toda parte, em toda parte!" Dois dias depois disso, sem obter notícias, Bonaparte apelou para uma verve provocativa: "Já não sinto mais amor nenhum por você, pelo contrário, te odeio". Ele perguntava o que ocupava tanto os dias dela a ponto de impedir que ela respondesse. "Quem poderá ser esse maravilhoso e novo amor que absorve o seu tempo, tiraniza seus dias e a impede de se preocupar com seu marido? Cuidado, Josefina, numa dessas noites sua porta será arrombada e estarei na sua cama. Você sabe! A pequena adaga de Otelo!" Ele então volta a um tom mais carinhoso e diz que espera poder estar logo nos braços dela novamente e dar um beijo na sua "pequena tratante".[23]

Bonaparte chegou a Milão em 27 de novembro, ofegante de amor, só para descobrir que Josefina havia partido para Gênova (com o tenente Charles). Sua decepção e amargura foram plenamente expressas em um bilhete escrito às pressas naquela noite e numa carta no dia seguinte. "Adeus, mulher adorável, adeus, minha Josefina", terminava. O general Henry-Jacques Clarke, que chegou a Paris no dia seguinte, encontrou Bonaparte "abatido, magro, só pele e ossos, os olhos cintilando febris".²⁴

Clarke fora enviado pelo Diretório supostamente com a missão de abrir negociações com os austríacos, mas na verdade para espionar o comandante do Exército da Itália. Ele ficou agradavelmente surpreso quando Bonaparte concordou que era necessário negociar com a Áustria. Bonaparte sabia que, tendo feito os franceses recuarem na Alemanha, a Áustria estava prestes a lançar uma ofensiva completa na Itália e que não teria intenções de negociar. Mas ele precisava conquistar o apoio de Clarke e para isso começou a cativá-lo. Em pouco mais de uma semana, Clarke garantia ao Diretório que "não há ninguém aqui que não o veja como um homem de gênio [...]", ele elogiava o discernimento do general, sua autoridade e eficiência. "Acredito que ele esteja comprometido com a República e que não tenha outras ambições além de manter a glória que conquistou", escreveu a seguir.²⁵

O apoio de Clarke era um ativo importante na longa batalha que Bonaparte travava com o outro braço de controle do Diretório – os comissários. A missão deles variou com o desenrolar dos eventos: seduzido pelo dinheiro e pelos espólios que Bonaparte enviava, o Diretório os encarregou do controle político e financeiro dos territórios ocupados, porém, após a descoberta naquele ano de que o general Pichegru, que comandava o Exército do Reno e Mosela, vinha conspirando com o inimigo, a missão deles passou a incluir a vigilância dos militares. Eles circulavam em roupas civis com cinturões e plumas tricolores que lhes davam o aspecto de comandantes de alta patente, muitas vezes prevalecendo sobre os oficiais.

Em Saliceti, Bonaparte encontrou alguém com quem, apesar de toda a venalidade e oportunismo, era possível trabalhar. O outro comissário, Pierre-Anselme Garrau, um corcunda de aparência desagradável com um passado jacobino virulento, era uma pedra em seu sapato. Logo depois de concluir o armistício em Cherasco, Bonaparte recebeu instruções do Diretório de que as negociações diplomáticas eram prerrogativa dos comissários, não do comandante do exército. A essa altura, ele havia concluído um armistício com o reino de Nápoles e estava negociando com enviados do papa.²⁶

Bonaparte deixou essas negociações para os dois comissários, os quais se enredaram em discussões labirínticas que se mostraram infrutíferas depois de três meses. Pior, Garrau inadvertidamente revelou o plano de Bonaparte de surpreender e capturar navios britânicos em Livorno, o que permitiu que eles escapassem. Bonaparte vinha informando o Diretório havia algum tempo sobre a incompetência dos comissários e fazendo relatos sobre a venalidade e o comportamento escandaloso dos funcionários civis que trabalhavam na Itália. Em julho, depois de Saliceti ser transferido para supervisionar a reocupação da Córsega pelos franceses, Bonaparte decidiu destruir Garrau. Ele o proibiu de dar ordens aos soldados e ao mesmo tempo o bombardeou com exigências de suprimentos, culpando-o por tudo que faltasse. Bonaparte nomeou seus próprios oficiais para administrar os territórios ocupados e começou eliminando os "canalhas sem-vergonha", como ele denominava os funcionários que seguiam o exército, substituindo-os por outros igualmente venais que deviam tudo a ele. Essa usurpação da autoridade do Diretório podia acabar mal para Bonaparte, e o assunto atingiu o clímax em novembro, na época da campanha de Arcole. Era preciso ter cuidado.[27]

Em outubro, ele determinou a prisão de um corso chamado Panattieri, o homem que Paoli havia enviado para procurar a casa dos Buonaparte em Ajácio, em 1793, e levar todos os documentos que encontrasse para Corte. A pedido de Bonaparte, todos os documentos em posse de Panattieri foram confiscados. Enquanto isso, Joseph, que tinha ido para a Córsega assim que os britânicos evacuaram a ilha para proteger o que restava das propriedades dos Buonaparte e ver o que poderia ser acrescido ao patrimônio da família como consequência da fuga dos corsos pró-britânicos, limpou arquivos em Ajácio e Corte. Foi o primeiro passo naquilo que seria uma metódica edição das atividades dos irmãos Buonaparte na ilha.[28]

No contexto, a chegada de Clarke se revelou um golpe de sorte: os relatórios elogiosos sobre a habilidade de Bonaparte e sua devoção à República convenceram os diretores de que o melhor era recuar. Em 6 de dezembro, o papel dos comissários foi completamente abolido.

Enquanto isso, Josefina estava de volta a Milão, e uma aparência de harmonia foi restabelecida. Ela ofereceu um baile em 10 de dezembro no qual o casal comandou as atividades com honras reais. Embora pensasse mal dos italianos, achando-os preguiçosos e afeminados, moralmente condenáveis e politicamente imaturos, Bonaparte concordava com os desejos da elite intelectual milanesa por uma república independente italiana. Acabando desde cedo com quaisquer esperanças que o Diretório ainda pudesse ter de usar a Lombardia como uma moeda de troca, em 27 de dezembro ele anunciou a criação da República cispadana (que ocupava a margem esquerda do rio Po, *Padus* em latim). A república recebeu Forças Armadas compostas por poloneses alistados à força pelos austríacos e que tinham desertado ou sido feito prisioneiros, sob o comando do general Jan Henryk Dabrowski.

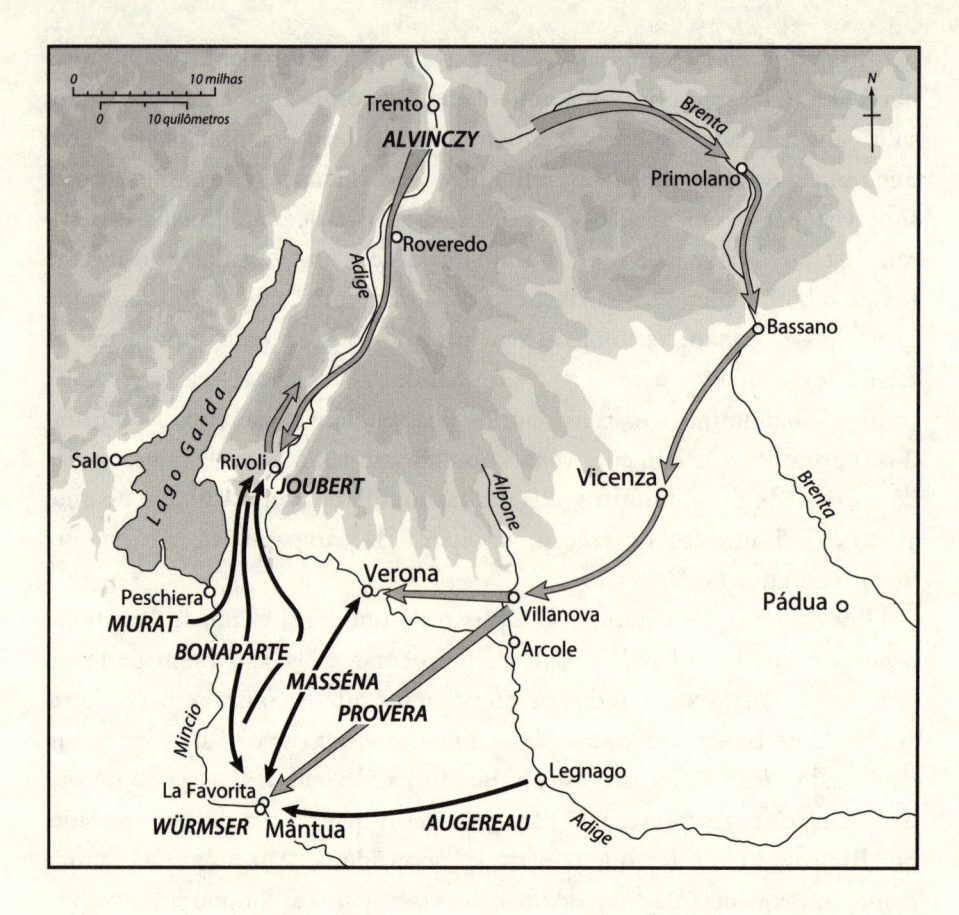

No início de janeiro de 1797, os austríacos estavam mais uma vez se movimentando, Alvinczy marchando pelo vale do Adige e dois outros corpos seguindo pelo vale do Brenta para socorrer Mântua. Deixando apenas uma pequena força para combater quem chegasse a Mântua, Bonaparte reuniu todos os homens que pôde e, na noite de 13 de janeiro, fez uma marcha rápida até Rivoli, onde Joubert tentava impedir o avanço de Alvinczy. Ele chegou às duas da manhã e logo assumiu a situação. Alvinczy havia dividido sua força em seis colunas, e Bonaparte começou a atacá-las separadamente, derrotando uma após a outra. No fim da tarde, Alvinczy batia em retirada. Isso se transformou numa derrota quando Murat interveio em seu flanco, e os austríacos fugiram, deixando para trás quase 3,5 mil mortos e 8 mil prisioneiros, o que representava 43% do efetivo de Alvinczy.

Isso acabou com a necessidade de sair em perseguição, o que era bom, já que naquela tarde Bonaparte foi informado de que uma das colunas austríacas ao sul, sob o comando do general Provera, estava se aproximando de Mântua. Ele deu ordens a Masséna para reunir suas tropas já exaustas e foi às pressas para o sul. Em 16 de janeiro, enquanto o coronel Victor continha um ataque de Würmser vindo de Mântua, Bonaparte direcionou a divisão de Augereau contra Provera em La Favorita, perto da cidade, forçando sua rendição. Foi um resultado extraordinário: em menos de quatro dias, mais de metade das forças austríacas foram eliminadas. Num intervalo de uma semana, a França havia feito 23 mil prisioneiros, tomado sessenta canhões e 24 estandartes. Tendo perdido todas as esperanças de receber auxílio, Würmser concordou com a rendição de Mântua e de sua guarnição de 30 mil homens, metade dos quais estava doente demais para andar, entregando a Bonaparte mais vinte estandartes para enviar a Paris. A vitória tinha sido conquistada com um esforço extraordinário – as tropas de Masséna combateram em Verona em 13 de janeiro, em Rivoli no dia seguinte e perto de Mântua dois dias depois, cobrindo no processo cerca de noventa quilômetros.

Bonaparte não precisou esperar pela rendição de Mântua para saber que seu triunfo estava completo, e em 17 de janeiro escreveu aos diretores anunciando que num intervalo de "três ou quatro dias" havia destruído seu quinto Exército imperial. "Derrotei o inimigo", escreveu para Josefina naquela noite. "Estou morto de cansaço. Imploro que você parta imediatamente para Verona. Preciso de você. Acho que vou ficar muito doente. Mil beijos. Estou na cama."[29]

Ela de fato foi, mas um descanso longo estava fora de questão. A Áustria não admitiria a derrota e estava mobilizando novas forças. Os austríacos também negociavam com o Vaticano e com o reino de Nápoles, que tinha um exército considerável. O Diretório dera ordens a Bonaparte havia muito tempo para derrubar o Papado, que era visto como a fonte de todo o obscurantismo do mundo e inimigo jurado da República francesa. Bonaparte não sentia hostilidade em relação à Igreja e tratava com respeito o clero nas terras que ocupava, ainda que talvez isso fosse algo calculado. Mas ele desprezava Pio VI, que via como um oportunista traiçoeiro pronto a se virar contra ele sempre que os austríacos pareciam estar vencendo. Ele também estava com pouco dinheiro, tanto para manter seu exército quanto para enviar à França e aplacar seus chefes políticos. Em Roma não havia escassez de dinheiro.

Com 8 mil homens, alguns deles auxiliares italianos, Bonaparte entrou em Bolonha, onde em 1º de fevereiro declarou guerra ao papa. Derrotou um contingente de tropas papais em Ímola e tomou posse de Ancona. Estava batido por um resfriado e deprimido pela natureza farsesca dessa "pequena guerra sórdida", como escreveu para Josefina em 10 de fevereiro. Confrontado por mercenários mal liderados e por demonstrações de fanatismo religioso, em Faenza ele reuniu todos os monges e os padres locais para lhes falar sobre os verdadeiros valores cristãos.[30]

O papa enviou uma delegação para negociar, mas os prelados de fala mansa que tinham sido tão bem-sucedidos com Garrau não foram páreo para um ameaçador Bonaparte. Pelo tratado de Tolentino, assinado em 19 de fevereiro, Pio cedeu os antigos feudos papais na França, Avignon e o condado Venaisin, as legações de Bolonha, Ferrara e Romagna, além de Ancona. Ele também concordou em fechar seus portos para navios britânicos e comprometeu-se a pagar 30 milhões de francos e entregar várias obras de arte e manuscritos.

Cinco dias depois, Bonaparte estava de volta a Bolonha com Josefina, que o acompanhou até Mântua, onde ele se preparou para a próxima campanha. O Diretório havia aceitado que somente ele era capaz de vencer os austríacos de modo decisivo e reverteu sua política de tratar o teatro de operações italiano como uma manobra diversionista. Duas divisões fortes do teatro de operações do norte foram transferidas sob o comando dos generais Delmas e Bernadotte, reforçando significativamente o exército de Bonaparte: ele podia batalhar com 60 mil homens, deixando 20 mil para proteger sua retaguarda. Isso o levou a empreender aquilo que em quaisquer circunstâncias era um ato arrojado – marchar sobre Viena.

Havia três forças austríacas em seu caminho, uma sob o comando de Davidovitch em Trento, outra bloqueando o vale do Brenta e a força principal concentrada ao longo do rio Tagliamento. Eles estavam sob o comando geral do arquiduque Carlos da Áustria, um general eficiente dois anos mais jovem que Bonaparte, que derrotara os franceses na Alemanha. Sua presença estava ajudando a restabelecer o moral das tropas austríacas, e Bonaparte decidiu não lhe dar tempo. Em 10 de março entrou em ação, forçando Davidovitch a subir pelo vale do Adige na direção de Brixen ao mesmo tempo que Masséna avançava pelo Brenta e Bonaparte enfrentava o próprio arquiduque em Tagliamento. Ele rompeu as defesas e forçou o arquiduque a recuar até Gratz (Gorizia) e Laybach (Liubliana). A essa altura, duas das passagens estavam em mãos francesas, e o arquiduque teve de bater apressadamente em retirada para não ser interceptado enquanto Bonaparte chegava a Klagenfurt, em 30 de março.

Ele agora estava pronto para avançar sobre Viena, mas, caso o fizesse, os exércitos austríacos na Alemanha poderiam atacar sua retaguarda. Atrás dele havia toda a Itália, protegida por apenas 20 mil homens. O sentimento antifrancês fervilhava na península, com Nápoles, Veneza, o Papado, Parma e Módena apenas esperando uma oportunidade para atacar. Seu exército havia avançado tanto que estava ficando sem suprimentos, e a região rochosa em que ele estava não sustentaria as tropas por muito tempo. Era preciso assinar a paz com urgência.

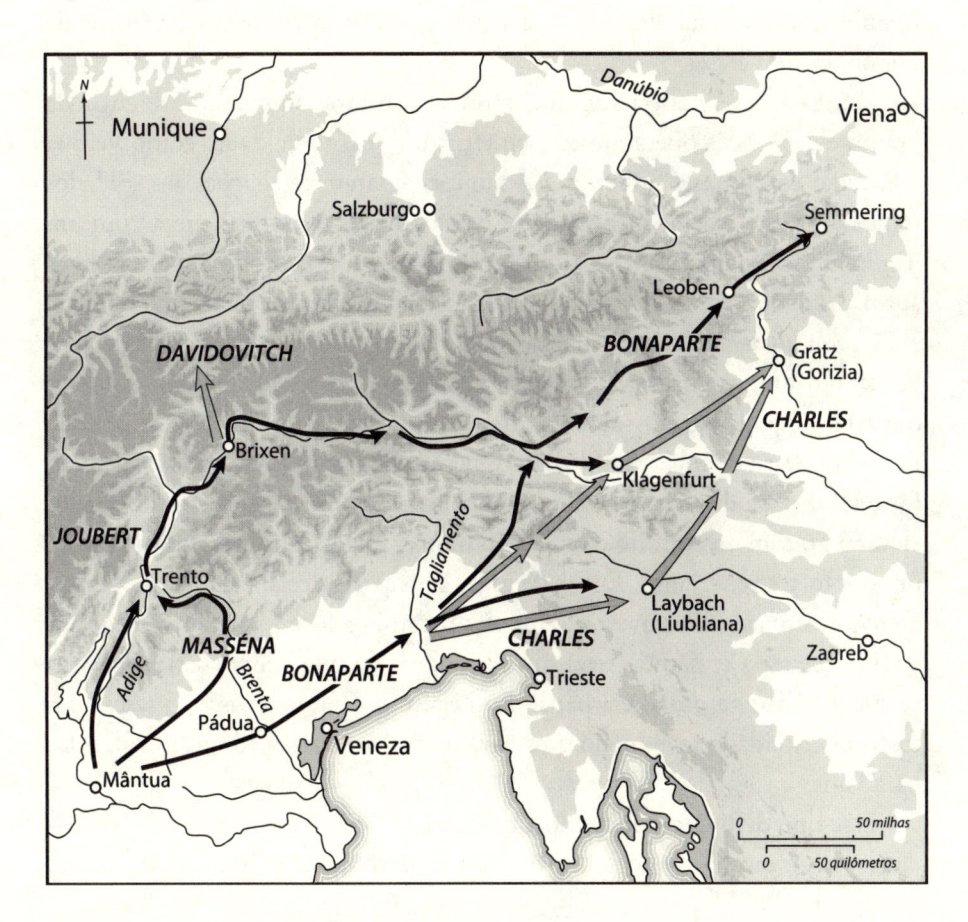

A única coisa que convenceria a Áustria a ceder seria um avanço francês atravessando o Reno com Moreau e Hoche, que havia assumido no lugar de Pichegru. Assim, Bonaparte enviou um pedido atrás do outro incitando o Diretório a dar essas ordens. Mas ele tinha aprendido a depender apenas de seus próprios recursos. Em 31 de março, ofereceu ao arquiduque Charles um armistício, mas avançou fazendo pressão rapidamente, atingindo Leoben e a passagem de Semmering, a menos de cem quilômetros de Viena. Houve pânico na capital austríaca, com as pessoas pegando tudo que tinham de valor e partindo para locais seguros. Mas sem o apoio de Moreau e Hoche, Bonaparte não podia continuar avançando. Em 18 de abril, as preliminares de um acordo de paz foram assinadas em Leoben.

Bonaparte não tinha o direito de negociar a paz, o que dirá um acordo que redesenhava drasticamente o mapa. Os termos eram que a Áustria cedia a Bélgica para a França, desistia de reivindicar a Lombardia e reconhecia a República cispadana. Em troca, a Áustria receberia parte do território da República de Veneza.

Veneza esteve neutra durante todo o conflito, porém os exércitos da França e da Áustria operaram em seu território, usando cidades como Verona e Bassano como bases militares. Os saques causaram retaliações aos soldados franceses, e em 7 de abril Bonaparte havia enviado Junot a Veneza com um insultante ultimato para que o governo pusesse um fim àquilo. Quando as autoridades de Veneza mandaram enviados até Bonaparte, ele os ridicularizou e declarou que agiria como Átila caso eles não se submetessem. Em 17 de abril houve um motim em Verona, quase certamente provocado por suas ordens, durante o qual alguns soldados franceses foram mortos. Ele respondeu fazendo novas exigências ao governo veneziano, insistindo que a Constituição fosse reformada de acordo com o modelo francês. Provocações dos dois lados elevaram o tom do conflito e um barco francês foi alvejado por um canhão de um dos fortes venezianos. Em 1º de maio Bonaparte declarou guerra a Veneza e enviou tropas. Um governo fantoche foi instalado e instruído a negociar com a Áustria a cessão do território, em troca do que Veneza seria compensada com a antiga província papal das Legações. Enquanto isso, o saque dos tesouros da cidade teve início e os cavalos de São Marco foram transferidos para Paris.[31]

Esse tipo de tratamento dado a um Estado soberano neutro não era novidade para a Áustria, que se envolvera na partilha da Polônia havia muito tempo e cobiçava o território veneziano com seu acesso ao mar. Mas para a República da França, libertadora dos povos oprimidos, agir desse modo era chocante, e quando ouviram falar disso os membros do Diretório ficaram furiosos. Clarke, que chegou a Leoben dois dias depois da assinatura, ficou horrorizado. Mas Bonaparte já tinha enviado Masséna a Paris com o documento e uma carta em que listava as vantagens para a França do acordo, que ele classificava como "um momento de glória para a República francesa". Ele dizia em seguida que, caso o Diretório não aceitasse os termos do acordo de paz, ele ficaria contente em abdicar de seu posto e seguir uma carreira civil com a mesma determinação e obstinação que dedicou à carreira militar – uma clara ameaça de que entraria para a política. Não havia nada que o Diretório pudesse fazer: a notícia da assinatura do acordo de paz foi saudada em êxtase em toda a França, com celebrações que chegaram a durar três dias em algumas cidades.[32]

13
Senhor da Itália

No início de maio de 1797, Bonaparte estava de volta a Milão. Num intervalo de doze meses ele havia vencido uma série de batalhas, feito 160 mil prisioneiros e conquistado 1,1 mil peças de artilharia, mais de 150 estandartes, além de aproximadamente cinquenta navios de guerra, e forçado o imperador a assinar a paz depois de mais de cinco anos de guerra. Era preciso descansar, e, achando o calor do verão opressivo, Bonaparte se instalou em Mombello, uma *villa* imponente perto da cidade. Localizada numa colina com excelente vista de picos alpinos cobertos de neve ao norte e da planície lombarda ao sul, a *villa* era um lugar perfeito para se recuperar do cansaço. Mas em breve a casa se transformaria naquilo que os visitantes descreveram como "uma corte cintilante" em torno da qual muitos gravitavam.[1]

Pontécoulant, que havia visto Bonaparte pela última vez no Ministério da Guerra em 1795 pedindo que lhe devolvessem sua patente, mal podia acreditar na mudança que ocorrera com ele. Sua figura antes encurvada havia assumido ares de comandante, e seus traços agora faziam Pontécoulant se lembrar de efígies clássicas. "Era difícil não sentir uma emoção involuntária ao se aproximar dele", escreveu. "Sua estatura, abaixo da média, raramente se igualava à de seus interlocutores, no entanto seus movimentos, sua postura, o tom decidido da voz, tudo parecia proclamar que ele tinha nascido para comandar outros homens e para impor a eles a ascendência de sua vontade." Pontécoulant observou que ele era polido e cordial com os recém-chegados, falando assuntos que interessavam a cada interlocutor. "Não havia orgulho em seu comportamento, somente a serenidade de um homem que conhece seu valor e que encontrou seu lugar", de acordo com o dramaturgo Antoine-Vincent Arnault, outro que chegou de Paris.[2]

Como exercia autoridade sobre todo o Norte da Itália, diretamente ou por meio de terceiros, Bonaparte com frequência recebia representantes de autoridades civis e administradores em busca de orientação ou aprovação. E como o sistema político da península permanecia fluido, uma corrente de diplomatas passava por Mombello, representando o imperador da Áustria, os reis da Sardenha e de Nápoles, o papa, as repúblicas de Gênova e Lucca, os duques de Parma e da Toscana, corporações cívicas e outros lugares, até mesmo cantões da Suíça e Estados menores alemães. Mensageiros iam e viam. O mesmo acontecia com pessoas pedindo indenização, proteção ou favores. Para acomodar a todos, foi montada uma grande tenda ao lado da *villa* que ampliava a sala de estar.

Gradualmente criou-se uma etiqueta que distinguia Bonaparte de seus companheiros de armas, que eram levados a perceber que não deviam mais usar o pronome "*tu*" familiar ao se dirigir a ele. No costume militar francês, um comandante divide a mesa com todos os seus oficiais quando está em serviço, e até ali Bonaparte se sentava com seus camaradas para comer sempre que podia. Em Mombello, ele comia em público com Josefina, como os monarcas da França faziam, com acompanhamento musical e sendo observados por sua corte, apenas ocasionalmente convidando um ou outro membro de sua equipe a se unir a eles. À noite, havia música para entreter o grupo, e La Grassini vinha de Milão para cantar para o conquistador. "Ele não parecia ficar nem um pouco constrangido nem incomodado com as honrarias excessivas e as recebia como se estivesse acostumado com aquilo a vida inteira", comentou o diplomata francês André-François Miot de Melito.[3]

O pintor Antoine Gros, que andava viajando pela Itália, foi a Mombello e começou a trabalhar num retrato. Bonaparte não ficava parado, por isso Josefina o fez sentar no joelho dela e, brincando de segurar a cabeça dele e fazer carinhos, conseguiu imobilizá-lo por tempo suficiente para que Gros fizesse um esboço de seu rosto. Mais tarde, ele transformaria esses esboços na memorável tela de Bonaparte na ponte de Arcole.[4]

Josefina reinava sobre essa corte com uma graciosidade tranquila que impressionava os visitantes: ela parecia ter nascido para o posto de consorte real. As mulheres de Milão que visitavam a *villa* ficavam encantadas com seus modos tranquilos e amistosos. "Jamais uma mulher combinou maior gentileza com maior graça natural e fez maior bem com maior prazer do que ela", nas palavras de Miot de Melito. No entanto ela estava entediada e queria muito voltar a Paris. O relacionamento com Bonaparte parecia passar por uma boa fase, já que ela informou a Barras: "Meu marido me prometeu não me abandonar nunca mais", escreveu, "[...] você ajudou a nos casar, e fez a felicidade dele e a minha. Eu não teria como amá-lo mais do que amo". Para deleite de Bonaparte, o cachorro da cozinheira matou o pug de Josefina, Fortuné, que não iria mais impedi-lo de tomar aquilo que um observador chamou de "liberdades conjugais" com ela em público, mas a natureza espontânea e sem afetação dos seus carinhos deixavam desarmados até os mais pudicos.[5]

Josefina ficava contrariada por ter de aturar a família do marido. Letizia chegou em 1º de junho, trazendo Maria Nunziata, que agora preferia ser chamada de Caroline, o pequeno Geronimo e Maria-Anna, que se fazia chamar de Élisa e que levou consigo seu noivo, o corso Félix Bacciochi. Ela precisava de um dote que só o irmão podia providenciar, e, embora não gostasse de Bacciochi, Bonaparte teve de ceder às súplicas da mãe, que aprovava o casamento, já que o sujeito vinha de uma família de destaque em Ajácio. Joseph também apareceu, seguido por Joseph Fesch, que levou de Paris Paulette e o filho de Josefina, Eugène.

Não foi uma reunião familiar feliz. Letizia, que só então conheceu Josefina, não viu motivo para mudar de ideia sobre o casamento do filho, que considerava um desastre. O resto da família concordava. Josefina, de sua parte, não ficou impressionada com a família do marido. Ela já conhecia Lucien, que detestava, e Louis, que não gostava dela e que desde uma doença em fevereiro tinha se tornado hipocondríaco com frequentes surtos depressivos. Ela achou Joseph suficientemente amigável, já que ele diplomaticamente decidiu dar mostras contínuas de afabilidade. Foram as cunhadas que horrorizaram Josefina. Aparentemente ela acreditou na fofoca segundo a qual todas dormiram com Bonaparte, e o comportamento de Paulette não ajudou a desmentir o rumor. Ela era muito bonita, mas seu comportamento era uma soma das piadinhas adolescentes com a moral de uma meretriz. Num momento, ela estava fazendo caretas e mostrando a língua, imitando personagens famosas e rindo delas, e no instante seguinte fornicando atrás de uma cortina com qualquer oficial que estivesse disponível. Bonaparte decidiu acabar com isso casando-a com um de seus oficiais mais capazes, Victor-Émmanuel Leclerc, que estava apaixonado por ela e que certamente a manteria ocupada. Eles se casaram em 14 de junho, junto com Élisa e Bacciochi. Pouco depois, Letizia partiu para Ajácio com os Bacciochi, e logo em seguida Joseph foi a Roma assumir o posto de embaixador francês na Santa Sé que Bonaparte conseguiu para ele.[6]

Para distrair Josefina, Bonaparte arranjou excursões para os lagos Garda, Maggiore e Como, para Monza e Isola Bella. Porém ele próprio não estava com espírito para passeios. Mais de uma testemunha observou que ele não só parecia exausto como também triste e muitas vezes abatido, que ocasionalmente seu olhar ficava cheio de melancolia e reflexão, às vezes chegando a ser sombrio.[7]

Ele tinha passado por bastante coisa no último ano e aprendeu muito sobre si e sobre os outros, sobre guerra, política e a humanidade em geral. A maior parte do que viveu, incluindo os enganos de Josefina, fizeram com que sua opinião sobre a natureza humana piorasse. Ele tinha rebaixado seus próprios padrões e aceitado transigir, no relacionamento com a esposa, nos cálculos políticos e nos acordos financeiros. No início de 1797, Bonaparte estava sistematicamente dragando uma fração considerável dos recursos que eram sugados da Itália, e, depois da última campanha, ele pegou a maior parte, pelo menos 1 milhão de francos, da riqueza descoberta por seu comissário Collot nas minas de mercúrio de Idrija, na Eslovênia.[8]

Conversando um dia com o agrônomo André Thouin, em Mombello, Bonaparte afirmou que depois de assinar o tratado de paz iria se retirar para o campo e virar juiz de paz. Não há motivos para duvidar da sinceridade dessas intenções, mas elas não eram mais do que ideias soltas: na situação incerta da França da época, nenhum governo, independentemente de ideologia, poderia tolerar a existência de um homem com as capacidades dele vivendo como um indivíduo privado descompromissado. Em agosto, um dos fornecedores de suprimentos do exército que o conhecera em Valence escreveu para um amigo que não conseguia ver "outro fim para ele que não fosse o trono ou o cadafalso".[9]

Em parte por ambição e em parte por força das circunstâncias, Bonaparte se tornou uma figura famosa em toda a Europa. Entre a primavera de 1796, quando assumiu o comando do Exército da Itália, e o final de 1797, nada menos que 72 panfletos seriam publicados a seu respeito. Pessoas das partes mais distantes do continente o viam ou como inspiração ou como objeto de repulsa. Alguns temiam que ele fosse o diabo, outros depositavam nele suas mais ardentes esperanças. Bonaparte era fonte de fascínio para jovens de todas as classes e nações. Porém, na própria França, ele havia se transformado numa figura política. Como o Exército se tornara uma ferramenta indispensável do governo, qualquer general popular era, gostando ou não, um ator na luta pelo poder que ocorria em relação ao futuro governo da França. Tendo comprovado sua competência durante o levante Vindimiário, Bonaparte era agora ao mesmo tempo uma fonte de temor e uma necessidade para o Diretório e para toda facção política em Paris.[10]

Para um homem que não se furtava a dizer aos outros o que pensava, Bonaparte era surpreendentemente sensível a críticas. Recentemente havia sido alvo de ataques da imprensa da direita em Paris, que o retratava como um César, apenas esperando para cruzar o Rubicão, como um jacobino e um "anjo exterminador" diabólico. Ele decidiu responder na mesma moeda. Em 19 de julho apareceu em Milão a primeira edição do *Courrier de l'armée d'Italie*, um jornal que supostamente se destinava a manter o exército informado, mas cujo principal objetivo era moldar a opinião pública na França, onde era distribuído. Outros comandantes tinham publicado jornais para manter seus soldados informados, porém esse era diferente. O principal conteúdo do primeiro número era uma descrição do desfile feito em Milão no aniversário da queda da Bastilha em 14 de julho. Havia uma série de vinhetas comoventes, na maior parte apócrifas.

> Enquanto o exército passava marchando, um cabo da nova meia-brigada se aproximou do comandante-chefe e disse: "General, o senhor salvou a França. Nós, seus filhos, que compartilhamos da glória de pertencer a este invencível exército, formaremos uma muralha com nossos corpos à sua volta. Viva a República; que os 100 mil soldados que compõem este exército possam cerrar fileiras em defesa da liberdade".[11]

Embora Bonaparte deixasse claro que ele e seu exército apoiassem firmemente a República, o *Courrier* sutilmente o distanciava do Diretório, que, na comparação com o republicanismo puro do Exército da Itália e de seu comandante, ficava parecendo fraco e corrupto. Um segundo jornal, publicado a cada *década* (dez dias, a semana revolucionária), editado pelo moderado monarquista constitucionalista Michel Regnaud de Saint-Jean-d'Angély, publicou reportagens "corrigindo" impressões "falsas" sobre Bonaparte que alguns parisienses tinham e construindo a imagem dele como um herói capaz de realizar milagres.

Esse posicionamento tinha muito a ver com acontecimentos recentes na França, onde as eleições de abril haviam dado à direita a maioria nas duas

Câmaras, colocando o Parlamento em conflito com o Diretório. Barras resolveu intimidá-los com o uso da força e convocou o general Hoche do Exército de Sambre-et-Meuse sob o pretexto de lhe dar o posto de ministro da Guerra. Em 16 de julho, enquanto as tropas dele cruzavam a zona de exclusão de sessenta quilômetros que supostamente deveria manter os militares longe das instituições governamentais, as Câmaras denunciaram a ação e a tentativa de golpe foi impedida. Barras e seus companheiros do Diretório se concentraram então em conquistar os soldados que estavam legalmente posicionados dentro da zona, porém era preciso ter um general popular para liderá-los. Bonaparte escreveu para o Diretório em 15 de julho dizendo que o Exército da Itália estava alarmado com as notícias de uma guinada para a direita em Paris e que sua esperança era que eles tomariam medidas enérgicas em defesa da República, assegurando que lhes daria suporte. Ele tinha motivos para estar ansioso.[12]

Ao invadir o território veneziano em maio, seus soldados haviam prendido um agente monarquista, o conde D'Antraigues, e, a partir do que ele disse e do que foi encontrado nos papéis que foram encontrados com ele, Bonaparte descobriu que os generais Pichegru e Moreau estavam envolvidos numa trama para derrubar o Diretório e trazer os Bourbon de volta ao poder, uma trama que envolvia especificamente o seu assassinato. Isso explicava por que os austríacos estavam demorando de propósito para assinar o tratado de paz.[13]

As preliminares assinadas em Leoben não passavam disso, e ainda era preciso negociar um tratado. O ministro austríaco das Relações Exteriores, barão Thugut, enviou o embaixador napolitano em Veneza, Marchese Gallo, para negociar em seu nome, e em maio, quando ele encontrou Bonaparte em Milão, os dois concordaram em concluir o tratado rapidamente. Porém Thugut não estava com pressa. No último momento Bonaparte insistiu que a França mantivesse todas as suas conquistas à margem esquerda do Reno, o que significava que os governantes do território teriam de receber alguma compensação. Como as terras deles faziam parte do Sacro Império Romano, o imperador precisaria dar seu aval e oferecer as compensações necessárias. Também se esperava que alguns dos aliados da Áustria na coalizão contra a França fossem convencidos a consentir com o acordo, que seria finalizado em um congresso a ser convocado em Rastatt no início de julho. A possibilidade de uma restauração da monarquia dos Bourbon alterou radicalmente a situação; Luís XVIII ficaria mais do que contente em recuperar uma França reduzida a suas antigas fronteiras e deixar que o Norte da Itália voltasse às mãos dos austríacos. Bonaparte ficou indignado com essa possibilidade.[14]

Os dois lados se preparavam para uma retomada das hostilidades. A Áustria tomou posse do território veneziano que lhe fora prometido, ao passo que Bonaparte tomou a própria cidade de Veneza e reorganizou a área sob seu controle. Ele tinha transformado as terras de Veneza numa República Transpadana, que foi fundida à Cispadana e passou a ser conhecida como República Cisalpina. Seu objetivo era negar à Áustria todo o Norte da Itália e criar uma unidade política que se sustentasse por conta própria, mas que permaneceria sob controle francês. Ele esperava colocar no poder um governo que pudesse reunir e pagar uma quantidade de tropas suficiente para se defender e para proteger os interesses franceses. Não era uma ideia nova, uma vez que Dumouriez fez basicamente o mesmo nos Países Baixos austríacos e Hoche no Reno. A política fazia sentido para os generais que atuavam em suas respectivas áreas, e talvez até mesmo para o Diretório. Era também algo em parte inspirado pela *mission civilisatrice* que a Revolução deveria levar adiante ao libertar as nações irmãs da "escravidão" feudal. Bonaparte fez com que o estabelecimento da República Cisalpina fosse imortalizado numa gravura que mostrava ele mesmo diante do túmulo de Virgílio, com o povo francês representado por uma figura hercúlea rompendo as correntes de uma figura feminina que representava a Itália.

A realidade não correspondeu ao ideal. Exceto por um pequeno número de nacionalistas e jacobinos italianos, a população recebeu a incursão francesa com variados graus de hostilidade, o que piorou significativamente com os saques realizados pelos soldados e funcionários públicos civis. Bonaparte tomou cuidado para não ofender as sensibilidades locais por meio da difusão de ideias revolucionárias, evitou derrubar monarcas (exceto o de Módena) ou abolir os privilégios da nobreza, e demonstrou respeito pela Igreja e pelo papa – os membros do Diretório ficaram furiosos por ele usar as expressões "Santo Padre" e "Sua Santidade" ao se referir ao papa. No entanto, a maioria dos italianos permaneceu cética e sem se comprometer com a causa. Houve momentos em que Bonaparte perdeu as esperanças no projeto; e começava a ser distraído por outros pensamentos.

Em abril, o ex-ministro francês em Constantinopla, Raymond Verninac, apareceu em Leoben quando estava a caminho da França. Ele estava preocupado com o tratamento dado aos cidadãos e aos interesses franceses no Egito pelos beis mamelucos que governavam a região como uma província autônoma em nome da Corte otomana. Nos dois últimos anos, ele vinha recebendo relatórios alarmantes do cônsul francês no Cairo, Charles Magallon, que desde 1790 pressionava para que a França interviesse militarmente e, caso necessário, transformasse o Egito numa colônia.[15]

O Levante era uma esfera de interesse francês desde as Cruzadas, quando uma dinastia francesa foi estabelecida em Jerusalém. Mais tarde a França havia mantido íntimas relações diplomáticas e comerciais com a Corte otomana. As duas potências estavam unidas em oposição à Áustria e à Rússia, ambos países que ameaçavam interesses otomanos nos Bálcãs. Toulon e Marselha aumentaram suas relações comerciais com o Levante, o que atraía colônias de mercadores franceses. Província otomana desde 1517, o Egito era governado por um paxá nomeado pela Corte assistido por soldados mamelucos de origem albanesa e circassiana. O paxá havia perdido o controle, os beis agiam como queriam e a população sofria com a má administração, a corrupção e a crueldade. Durante o século XVIII, muitos acreditaram que o Egito implorava por um governo estável e por desenvolvimento.

A perda do Canadá e de outras colônias para os britânicos na década de 1760 levou os franceses a voltar seus olhos para o leste. Com atuação destacada na arte e na literatura do século XVIII, ao longo do qual a França desenvolveu relações com a Pérsia, a região parecia muito promissora. O declínio do Império Otomano era fonte de preocupação para a França: caso o império ruísse, Áustria e Rússia seriam as beneficiárias. Uma base francesa no Egito permitiria que a França lhes negasse isso e também a Síria. Também permitiria à França proteger seus interesses na Índia, onde muitos príncipes eram partidários dos franceses, com destaque para Tipu Sahib de Maiçor, que em outubro de 1797 faria o último de vários apelos por ajuda militar. Uma força francesa de Suez desembarcando em Bombaim no coração do território Marata iria no mínimo enganar as forças britânicas.

À medida que a França perdia mais colônias para a Grã-Bretanha nas Índias Ocidentais na década de 1790, o argumento em favor de uma ação no Egito se tornava mais forte. Magallon lembrou que o delta do Nilo fornecia as condições necessárias para se plantar todas as mercadorias que antes vinham do Caribe – algodão, arroz, açúcar, café e assim por diante –, enquanto outras podiam ser obtidas por estar perto da Arábia e da Pérsia.

Quando os britânicos capturaram o Cabo da Boa Esperança, impedindo a rota para a Índia, o apelo pela obtenção de um porto no mar Vermelho ficou mais forte, assim como a ideia de criar um canal no istmo de Suez. A ideia de transformar o Mediterrâneo no mar francês tinha sua lógica e, com a Espanha a seu lado e a Córsega mais uma vez em mãos francesas, parecia viável.[16]

Quando ocupou o porto de Ancona, naquele mesmo ano, Bonaparte percebeu seu valor estratégico, assim como o valor das ilhas jônicas, do outro lado do Adriático. Elas tinham pertencido à República de Veneza, e, assim que pôde, ele enviou uma força para ocupá-las. Ele fez propostas aos governantes otomanos da Albânia, garantindo que a França tinha boas intenções e que respeitava sua religião, e fez o mesmo com os maniotas do Peloponeso. A contemplação daquelas praias disparou uma série de referências culturais: Atenas, Esparta, Homero e Alexandre, o Grande, estão em toda parte de sua correspondência da época.

Outro imperativo estratégico para se obter o controle da porção leste do Mediterrâneo era Malta, e Bonaparte começou a reunir informações sobre o Estado e suas defesas, e sobre o moral de seus senhores, os cavaleiros da Ordem de São João. Ele insistiu que o Diretório investigasse a possibilidade de eleger um espanhol como grão-mestre, o que, uma vez que a Espanha era aliada da França, traria a ilha para a órbita francesa.[17]

O general Louis Desaix, que foi a Mombello no final de julho, ficou intrigado por encontrar Bonaparte meditando sobre mapas do Egito e da Síria. Um ano mais velho que ele, com a aparência, segundo Lavalette, "de um selvagem do Orinoco vestido com trajes franceses", Desaix tinha muito em comum com Bonaparte, sempre trajando um casaco azul liso e mal cortado sem marcas de patente, pouco à vontade em sociedade e sem prestar atenção às mulheres. Ele foi contagiado pelo entusiasmo de Bonaparte, e os dois discutiram os detalhes de uma invasão ao Egito partindo de Veneza pelo mar com 10 mil homens franceses e 8 mil poloneses.[18]

Em seu relatório ao Diretório de 16 de agosto, Bonaparte alertou que a Áustria estava se armando e que em breve estaria em condições de reunir forças formidáveis para a reconquista da Itália, e dizia ainda que a França precisava procurar alternativas. "As ilhas de Corfu, Zante e Cefalônia têm mais interesse para nós do que toda a Itália", prosseguiu.

Acredito que, se fôssemos forçados a escolher, seria melhor devolver a Itália ao imperador e manter as quatro ilhas, que são fonte de riquezas e prosperidade para o nosso comércio. O império dos turcos está ruindo dia a dia; a posse dessas ilhas nos colocará em condições de lhe dar apoio enquanto isso for possível, ou de tomar dele a parte que nos cabe. Não vai demorar para percebermos que, para realmente destruir a Inglaterra, precisamos conquistar o Egito.[19]

Sem que ele soubesse, o Diretório havia recebido poucas semanas antes um memorando de seu ministro das Relações Exteriores, Talleyrand, em que ele defendia a ideia de buscar substitutos na África e no Egito para as colônias que a França havia perdido para os britânicos no hemisfério ocidental, enviando a seguir mais três documentos desenvolvendo as supostas vantagens, sugerindo o Egito como um bom lugar para começar.

Os membros do Diretório tinham outras ideias em mente: precisavam de um general que pudesse ajudá-los a intimidar o Parlamento e abordaram Bonaparte. Embora compartilhasse do temor deles pela onda contrarrevolucionária em Paris e os incitasse a agir, Bonaparte não queria se envolver. Por isso, enviou Augereau, um republicano leal que certamente seria capaz de colocar os soldados do seu lado. A manobra também o livrou de um homem de quem ele não gostava e em quem não confiava, e que era inconvenientemente popular entre a soldadesca.[20]

Ao longo do ano que passara, Bonaparte tomara consciência dos perigos que o ameaçavam e criou uma unidade de guarda-costas, os Guias, que lhe serviam como escolta. Mas ele precisava ter certeza de que o Exército da Itália também era inteiramente seu. Ele comprou a lealdade dos demais generais com uma mistura de elogios, promoções, menções em despachos ao Diretório e seus boletins, e também com dinheiro. Quando as hostilidades cessaram com a assinatura das preliminares em Leoben, o exército tinha pouco mais de 80 mil homens, porém uma grande porcentagem era composta de reforços recentes, homens com pouca vivência sob seu comando. Bonaparte evitou promover mais recém-chegados e preencheu as patentes mais altas de cada unidade com homens que haviam se saído bem sob seu comando, ainda que isso significasse tirar a precedência de oficiais mais velhos. Em 14 de julho, celebrou o aniversário da queda da Bastilha com um desfile em que homenageou homens e unidades, seguido por um banquete para todos aqueles que se distinguiram em batalha. Em 28 de agosto, entregou cem sabres de honra, dez para homens da cavalaria, noventa para granadeiros, que ele já vinha destacando como uma espécie de elite, seus pretorianos.²¹

"O que fiz até agora não é nada", disse para Miot de Melito e para o estadista italiano Francesco Melzi d'Eril enquanto eles passeavam pelos jardins de Mombello num dia de verão.

> Só estou começando na carreira em que deverei seguir. Vocês acham que é para melhorar a posição dos advogados do Diretório, dos Carnot, dos Barras, que venho obtendo vitórias na Itália? E vocês acham que é o caso de estabelecer uma república? Que bobajada! Uma república de 30 milhões de pessoas! Com nosso comportamento e nossos vícios! É uma impossibilidade! É um sonho pelo qual os franceses se apaixonaram, mas que passará, como tantos outros. Eles querem glória, querem que sua vaidade seja satisfeita, mas liberdade? Eles sequer entendem isso. [...] A nação precisa de um líder glorioso, e não de teorias sobre o governo, frases e discursos de ideólogos que os franceses não entendem. [...] Só quero sair da Itália quando puder desempenhar na França um papel semelhante ao que desempenho aqui, e esse momento ainda não chegou: a pera ainda não está madura.²²

Apesar de todo o cinismo, Bonaparte ainda era um filho do Iluminismo do século XVIII, um crente no progresso humano, que seria alcançado por meio de uma melhor organização da sociedade. "Uma França com *um governo honesto e forte*, é isso que eu quero", disse a Pontécoulant. Ele tinha chegado havia muito tempo à conclusão de que isso só podia ser obtido por meios ditatoriais. Enquanto jantava com seu Estado-maior em Ancona, em fevereiro, causou espanto ao afirmar que o único governo decente desde o início da Revolução fora o de Robespierre. Autoridade central forte, explicou, era algo necessário para levar a Revolução à sua conclusão lógica; criar novas instituições baseadas em fundamentos racionais sólidos, garantir o Estado de Direito, estabilizar a moeda por meio da abolição do papel-moeda e da criação de um sistema funcional de coleta de impostos, restabelecer a Igreja como base moral para a sociedade, regenerar sua moral e fazer a França grande novamente. Bonaparte terminou dizendo que Robespierre só fracassou por não ter a experiência e a força de "um comandante militar".²³

O Diretório havia demonstrado a verdade dessa afirmação mais uma vez. Ao colocar Augereau no comando das tropas de Paris e região, em 4 de setembro (18 Frutidor), o Diretório achou que tinha força suficiente para anular a eleição de abril, expulsando 154 deputados e com isso recuperando sua maioria. Foram enviados 65 deputados para a colônia penal da Guiana. Bonaparte incumbiu seu ajudante de campo Antoine de Lavalette para observar e relatar os eventos. Quando o golpe estava completo, ele pôde assim avaliar as reações do público e agir de acordo com isso. Como a repercussão em geral fora desfavorável, ele se distanciou das ações do Diretório. "O seu silêncio é bastante curioso, general", escreveu Barras, incitando Bonaparte a emitir uma proclamação que expressasse sua satisfação com a derrota dos "inimigos da pátria". Privadamente, ele condenava o golpe e em especial as deportações para a Guiana. Barras permaneceu desconfiado e enviou seu secretário Bottot à Itália com o intuito de verificar o que estava acontecendo.[24]

Bonaparte tinha em Talleyrand um novo aliado, que lhe escreveu uma carta lisonjeira na tentativa de conquistar sua amizade. Ele respondeu num tom adequadamente cordial, numa carta cheia de elogios para o notável histórico do ministro que ele, Bonaparte, com certeza recompensaria caso estivesse em posição de fazê-lo. "Você pede minha amizade, e a tem junto com a minha estima", escreveu. "Em troca, peço seus conselhos, que terei em alta conta, garanto." E prosseguiu dizendo que a Revolução havia destruído muito e construído pouco ou nada, e assim "tudo estava por fazer", e a única questão era quem deveria ser a pessoa a "encerrar a Revolução". A correspondência subsequente confirmou que as visões dos dois coincidiam não apenas em relação ao Egito.[25]

Com a possibilidade de uma restauração dos Bourbon tendo sido eliminada pelo golpe do Frutidor, não havia mais motivos para que a Áustria adiasse o tratado de paz. A Grã-Bretanha também estava inclinada a encerrar as hostilidades. Negociações de paz vinham ocorrendo em Lille desde julho entre lorde Malmesbury e Charles-Louis Letourneur. Mas as negociações eram minadas pelo Diretório, que as via como parte de uma trama anglo-monarquista. Bonaparte criticava com veemência a perda da oportunidade, dizendo que os britânicos deveriam ter permissão para manter o cabo em troca de consentimento para que a França colonizasse o Egito.[26]

Só no fim de agosto o chanceler austríaco Thugut enviou um diplomata sênior, o monstruosamente gordo conde Ludvig Cobenzl, de 44 anos, para coordenar as negociações junto com Gallo. Eles estabeleceram residência em Udine enquanto Bonaparte se instalou a uma curta distância em Passariano, uma grande casa de campo localizada num belo descampado pertencente a Ludovico Manin, o último doge de Veneza. Eles discutiam ferozmente, mas jantavam juntos, fosse em Udine ou Passariano.

Embora Thugut estivesse então ansioso para agir de modo a assegurar a posse de Veneza para a Áustria com a maior rapidez possível, o Diretório se sentia forte e beligerante. Depois da inesperada morte do general Hoche em 19 de setembro, os diretores nomearam Augereau como comandante do Exército da Alemanha em seu lugar, o que sugeria a possibilidade de uma nova ofensiva contra a Áustria naquele teatro de operações. Para Bonaparte eram más notícias, já que fazia surgir a possibilidade de Augereau roubar dele uma campanha, ou no mínimo ofuscar sua glória com uma vitória. Igualmente ruins foram as notícias trazidas pelos despachos que chegaram de Paris em 25 de setembro, informando que o Diretório estava enviando alguém para conduzir as negociações em seu lugar.

Bonaparte respondeu com um de seus chiliques. "Estou doente e preciso de repouso", escreveu para Barras no mesmo dia, pedindo para ser dispensado, acrescentando que queria se estabelecer próximo a Paris e gozar pelo menos de alguns anos de paz. Comunicou o Diretório no mesmo tom. "Não há poder sobre a Terra que me pudesse fazer continuar a servir depois dessa horrível mostra de ingratidão do governo, que eu estava muito longe de esperar", reclamou. "Minha saúde está bastante debilitada, exigindo urgentemente repouso e tranquilidade. O estado de minha alma é também tal que necessita de uma nova imersão na massa de meus concidadãos. Tive poder demais por tempo demais nas minhas mãos." A ideia de Bonaparte fazendo uma imersão na massa de seus concidadãos era assustadora demais para o Diretório.[27]

As negociações prosseguiram, com Cobenzl tentando intimidar Bonaparte com lugares-comuns corteses e tendo de enfrentar provocações e falsos acessos de raiva. O diplomata austríaco não estava acostumado com esse tipo de tática e, por meio de Gallo, convenceu Josefina a acalmar Bonaparte – serviço pelo qual ela seria recompensada pelo imperador. Porém não havia como controlar Bonaparte enquanto ele determinava seu próprio caminho; ele tinha ordens estritas do Diretório para não ceder nenhuma parte de Veneza para a Áustria, e, embora não tivesse a mínima intenção de seguir essas ordens, ele as usava para fazer pressão sobre Cobenzl em relação a outras coisas, já que a essa altura a Áustria estava determinada a manter o território. Ao mesmo tempo, ele não queria pressionar em excesso os austríacos, temendo uma possível retomada das hostilidades, já que seu exército estava despreparado, e ele reservava sua beligerância para as negociações de paz.[28]

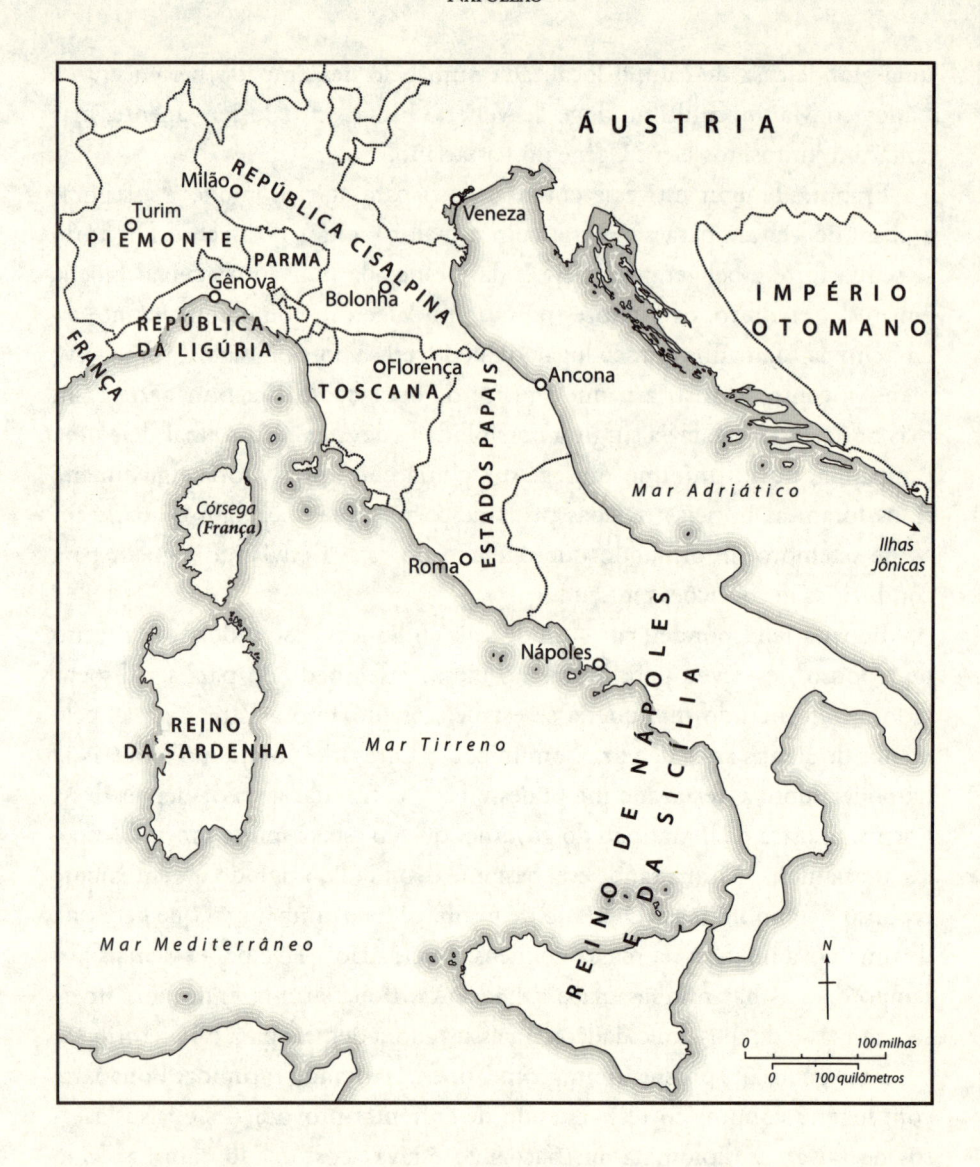

Depois de algum tempo, as negociações terminaram, e o tratado deveria ser assinado em 11 de outubro, porém no último momento Bonaparte insistiu na inserção de uma garantia de que a França ficaria com a margem esquerda do Reno. Cobenzl objetou. Bonaparte, que tinha passado duas noites sem dormir, estava agitado e para se sentir mais forte tomou vários copos de ponche enquanto lia a sua versão da minuta do tratado. Quando

Cobenzl tentou explicar a impossibilidade de concordar com esses novos termos, Bonaparte se levantou da mesa claramente bêbado, colocou seu chapéu e saiu impetuosamente da sala, vomitando xingamentos de caserna. Pelo relato do próprio Bonaparte, ele destruiu o conjunto favorito de café de Cobenzl antes de sair, seguido por Gallo, que em vão tentava apaziguar a situação.[29]

Bourrienne registra que, dois dias mais tarde, acordou e viu neve no cume das montanhas e informou isso a Bonaparte enquanto o acordava. Com o inverno a caminho, uma ameaça francesa a Viena usando as passagens alpinas se dissolvia rapidamente, e Bonaparte percebeu que era preciso concluir as negociações logo. O tratado foi assinado na noite de 17-18 de outubro e recebeu o nome de um lugar equidistante entre as duas sedes em que as negociações ocorreram, a vila de Campoformido, grafada equivocadamente por um secretário francês como Campo Formio. Bonaparte havia conseguido a maior parte do que desejava. Estava animado e no jantar entreteve os austríacos contando-lhes suas histórias favoritas de fantasmas.[30]

"Meus serviços conquistaram para mim a aprovação do governo e da nação", escreveu para o Diretório. "Recebi muitas mostras de sua estima. Agora só me resta voltar a fazer parte da multidão, tomar o arado de Cincinnatus e estabelecer um exemplo de respeito pelos magistrados e de aversão pelo regime militar, que destruiu tantas repúblicas e minou diversos Estados."[31]

Em 5 de novembro, Bonaparte foi nomeado comandante de um Exército da Inglaterra, que estava sendo projetado, e também como plenipotenciário no congresso que iria ocorrer em Rastatt para resolver questões advindas do fato de a França ter adquirido as terras à margem esquerda do Reno. Na manhã de 17 de novembro, partiu de Milão com Eugène de Beauharnais. Viajando rápido durante toda a noite, chegou a Mântua no dia seguinte, onde parou apenas para passar em revista as tropas estacionadas ali, realizar uma cerimônia em homenagem ao falecido Hoche e ir ao teatro, antes de se apressar para chegar a Turim às duas da manhã de 19 de novembro. Mas fez uma pausa longa o bastante para conversar com Miot de Melito, ao longo da qual mais uma vez expressou sua convicção de que "aqueles advogados parisienses que foram colocados no Diretório não entendem nada de governo". "Quanto a mim, meu caro Miot, posso dizer que não tenho como obedecer; senti o gosto do comando e não seria capaz de abrir mão dele. Já me decidi: se não puder comandar, vou deixar a França..."[32]

Às três da tarde partiu de Turim e dois dias depois estava em Genebra. As pessoas saíam de suas casas para vê-lo passar, não apenas para ver o herói vitorioso cuja reputação se espalhava pelo continente, mas também para celebrar o homem que havia trazido a paz depois de tantos anos de guerra. "*Vive Bonaparte, vive le pacificateur!*", elas gritavam. De acordo com Bourrienne, Bonaparte ficou furioso quando um de seus antigos colegas de Brienne, que agora morava na Suíça, foi vê-lo e se dirigiu a ele com o pronome familiar "*tu*".[33]

Bonaparte ficou ainda mais bravo quando, depois de se apressar, passando por Berna, Basileia e Huningue e chegando ao quartel-general em Offenburg, foi informado de que o comandante do Exército da Alemanha estava ocupado se vestindo e não poderia recebê-lo. Ele foi às pressas para Rastatt, onde entrou em 26 de novembro em um coche magnífico puxado por oito cavalos, igual ao de um soberano, com uma escolta de trinta hussardos, antes de se instalar na residência do margrave em Baden.[34]

Ele impressionou os representantes da Dieta Imperial não apenas por seus modos grandiosos, mas também por sua familiaridade com a Bula Dourada de 1356, a Constituição do Sacro Império Romano e o tratado da Westfália. Em 29 de novembro ele encontrou o primeiro-ministro de Baden e trocou as cópias ratificadas do tratado de Campo Formio. No mesmo dia ele recebeu um despacho do Diretório que o convocava a Paris.[35]

14
Promessa oriental

Bonaparte chegou a Paris em 5 de dezembro, às cinco horas de uma noite escura de inverno, em um coche postal ordinário, vestido à paisana, com um largo chapéu de abas largas escondendo seu rosto, acompanhado pelos generais Berthier e Championnet, também sem uniforme. Dirigiu-se para sua casa na rue Chantereine, que estava vazia desde que ele deixou Josefina para trás em sua rápida passagem por Rastatt para chegar a Paris. Antes de se deitar, escreveu às pressas um bilhete para madame Campan pedindo que ela mandasse Hortense para ficar com ele e marcou de encontrar Talleyrand na manhã seguinte.

Bonaparte chegou ao Ministério das Relações Exteriores às onze horas. Esperando na antessala de Talleyrand estavam duas pessoas eminentes que desejavam conhecê-lo: o velho almirante e circum-navegador Bougainville e a celebrada escritora e intelectual Germaine de Staël, que ele mal cumprimentou em sua pressa de partir logo para os negócios com o ministro. Foi o primeiro encontro entre os dois, e Talleyrand ficou encantado, observando que "vinte batalhas ganhas caem muito bem com a juventude, com um belo olhar, com a palidez e com uma espécie de exaustão". Depois de uma hora de confabulação, eles partiram para encontrar os cinco membros do Diretório, que estavam reunidos nos aposentos de Barras no palácio de Luxemburgo. Bonaparte foi cumprimentado calorosamente pelo próprio Barras e por um outro diretor, o hediondamente feio Louis-Marie Lareveillère-Lepaux, um sonhador mais interessado em horticultura e em seu projeto pessoal de uma nova religião, a teofilantropia, do que nas minúcias do governo. Jean-François Reubell, mais prático e dominante, foi amigável, porém os outros dois, Lazare Carnot e Charles-Louis Letourneur, se mostraram hostis. Eles ficaram furiosos com o tratado de Campo Formio e a destruição da República de Veneza. Embora não pudessem fazer nada quanto a isso, tendo em vista a popularidade de Bonaparte e a alegria universal trazida pela paz, demonstraram seus sentimentos entregando a ele o comando do Exército da Inglaterra e tornando-o delegado para o congresso de Rastatt – ambas as ações planejadas para mantê-lo longe de Paris.[1]

Bonaparte ficou para jantar com Barras e depois foi para casa. À medida que a notícia de seu retorno se espalhava, as pessoas se perguntavam qual seria o seu próximo passo. Bonaparte seguia sendo o comandante do Exército da Itália, havia sido designado para comandar o Exército da Inglaterra e como presidente da delegação francesa ao congresso de Rastatt ele comandava as tropas francesas na Alemanha. Várias unidades trafegavam pela França rumo à costa do Canal, passando perto de Paris. Bonaparte, portanto, estava em condições de tentar um golpe militar, e muitos esperavam que ele agisse. Haveria pouca resistência, uma vez que o general Pichegru, a grande esperança dos monarquistas, havia sido enviado para a Guiana, e Graco Babeuf, o líder da extrema esquerda, fora guilhotinado. Mas como a República não estava ameaçada, ele não tinha um bom motivo para agir.[2]

Bonaparte devia voltar a Rastatt em pouco mais de uma semana e, nesse ínterim, manteve a porta de sua casa firmemente fechada, instruindo seu criado a não deixar ninguém entrar e até mesmo a recusar receber cartões de visita. Para sua grande irritação, o Diretório decidiu realizar uma cerimônia em sua homenagem em 10 de dezembro. Porém depois ele voltou a se isolar e, no jantar do dia seguinte, para o qual convidou um punhado de intelectuais de renome, conversou sobre metafísica com o filosófico Abade Sieyès, sobre poesia com o poeta Chénier e sobre geometria com o matemático Laplace.[3]

Bonaparte só se arriscava a sair à paisana, com o rosto escondido por um chapéu, e quando foi ao teatro sentou na parte de trás de seu camarote. Se o Diretório o temia, ele receava que seus integrantes se sentissem ameaçados o suficiente para recorrer a medidas extremas. Não teve como evitar ir a um banquete para oitocentos convidados realizado em sua homenagem pelas duas Câmaras do Parlamento, em 24 de dezembro, na grande galeria do Louvre, onde estavam penduradas as telas enviadas por ele da Itália, porém não comeu nada. Quando jantava fora só pegava algo de um prato se já tinha visto alguém comer antes, e fora isso se restringia a ovos cozidos, à prova de adulteração.[4]

Em 25 de dezembro, o Instituto das Artes e Ciências o elegeu como membro. Bonaparte ficou genuinamente empolgado. "As reais conquistas, as únicas que não trazem arrependimentos, são as que nos levam a superar a ignorância", escreveu na sua carta de aceitação. "A mais honrada ocupação, e a mais útil a toda nação, é a de contribuir para a extensão do pensamento humano", prosseguiu, declarando que a real grandeza da República francesa deveria estar ali. No dia seguinte assumiu sua vaga entre seus amigos Monge e Berthollett. Ele participaria de mais de uma dúzia dos encontros do Instituto ao longo dos três meses seguintes, conquistando vários admiradores em meio à elite intelectual francesa. Costumava passar horas com cientistas, agindo como o pupilo ávido por saber mais ou espantando-os com seu conhecimento, lisonjeando-os com seu interesse cheio de deferência, declarando que a guerra, que poderia às vezes ser necessária, era um negócio vil que não podia aspirar ao nível das artes e das ciências que eles praticavam. Embora sua amizade com Monge, que tinha o dobro da idade dele, Berthollet e alguns dos outros fosse sincera, seu flerte com os intelectuais era calculado. O mesmo valia para o *establishment* artístico. Espantosamente para alguém tão impaciente, ele passou nada menos de três horas posando para o pintor Jacques Louis David. "Ah, meus amigos, que cabeça ele tem! É pura, é magnífica, tem a beleza da Antiguidade!", David exclamaria mais tarde. "Tudo posto, meus amigos, eis um homem para quem se ergueriam altares naqueles dias, sim, meus amigos, sim, meus caros amigos! Bonaparte é meu herói!"[5]

O fato de ele ser membro do Instituto também permitiu que contornasse uma questão espinhosa quando o Diretório insistiu que ele participasse da cerimônia realizada anualmente em 21 de janeiro celebrando a execução de Luís XVI. Ele tentou se livrar da participação alegando que não tinha cargo público, afirmando que a suposta celebração era inadequada por comemorar um desastre nacional, que nenhum governo, somente uma facção, se dignaria a celebrar a morte de um homem, e que isso não era causa de nenhum mérito para a República nem facilitava suas relações com outros países da Europa, que na sua maioria eram monarquias. Os membros do Diretório estavam inflexíveis, temendo que a ausência dele fosse interpretada como um sinal de desobediência e sinalizasse com esperanças aos monarquistas. Bonaparte acabou concordando em participar usando o uniforme do Instituto, o que ressaltava que o seu comparecimento era meramente oficial e não refletia seu ponto de vista.

Ele foi cuidadoso em manter bom relacionamento com os membros do Diretório, e Lareveillère-Lepaux ficou encantado com a modéstia e o modo de vestir de Bonaparte, com sua aparente preferência por ficar em casa e seu declarado interesse pela teofilantropia. Sempre discreto, Bonaparte encarnava todas as coisas para todos os homens – o ministro da Prússia ficou lisonjeado quando ele cantou loas a Frederico, o Grande, desdenhando de suas próprias vitórias como resultado de "sorte e um pouco de esforço".[6]

Como comandante do Exército da Inglaterra, Bonaparte supostamente deveria invadir a Grã-Bretanha. Ele via a França como a nova Roma e a Grã-Bretanha como Cartago, e sua vaidade foi premiada pelo sucesso de uma peça intitulada *Scipion l'Africain*, em que a plateia via paralelos entre ele e Cipião. Outra, sobre a queda de Cartago, fazia alusões ainda mais óbvias à jornada heroica em que ele estava prestes a embarcar. Mas é difícil saber se ele em algum momento chegou a levar a possibilidade a sério.[7]

Uma semana depois de seu retorno a Paris, em 13 de dezembro, Bonaparte deu suas primeiras ordens relativas à invasão e, ao longo dos dias seguintes, teve uma série de encontros com o ministro da Marinha. A Marinha francesa tinha sido irremediavelmente danificada pela Revolução; tripulações se amotinaram e razões ideológicas impediam que a disciplina fosse restabelecida. Em 1792, apenas dois dos nove almirantes e três dos dezoito contra-almirantes não haviam deixado seus postos, e três quartos dos capitães haviam abandonado a Marinha. Treinar substitutos era impossível, já que a maior parte dos navios estava confinada aos portos pelo bloqueio britânico, e, depois da perda de tantos marinheiros em Toulon, a Marinha francesa não estava disposta e levar em frente uma operação como a que se desenhava.

É questionável que Bonaparte desejasse invadir a Inglaterra. Ele sentia admiração pelos britânicos, condenava o Diretório por não ter assinado um tratado de paz no verão anterior e repreendeu Barras pela beligerância do discurso feito na cerimônia de 10 de dezembro. Ele consultou Wolfe Tone e outros revolucionários irlandeses, mas não ficou impressionado. Caso tivesse a pretensão de levar o plano adiante, teria se dedicado à tarefa com a dedicação de sempre, passando noites estudando mapas e inspecionando portos de embarcações, identificando locais de desembarque e organizando a força invasora. Ele não fez nada disso, e só depois de um mês apresentou um plano ao Diretório, quando no passado havia produzido documentos do gênero em questão de dias. É de se questionar se os próprios membros do Diretório acreditavam na possibilidade de uma invasão bem-sucedida.[8]

A chegada de Josefina em 30 de dezembro pôs fim à vida discreta de Bonaparte. No mesmo dia, a rue Chantereine foi rebatizada de rue de la

Victoire, e naquela noite eles foram ao teatro. Quatro dias depois, compareceram a uma festa em homenagem a eles organizada por Talleyrand, um evento de grandes proporções para duzentos convidados, amplamente comentado pela grandiosidade e pela elegância típica do Antigo Regime. As salas foram decoradas com árvores e folhagens, com panos de fundo que apresentavam visões de um campo militar. As mulheres usavam diminutos vestidos "gregos", e, embora Josefina se destacasse, Bonaparte esteve discreto em trajes civis e não ficou por muito tempo. Ele se irritou quando madame de Staël o envolveu em uma conversa. Mais tarde diria que ela havia tentado seduzi-lo, porém nessa ocasião ele foi simplesmente rude. Quando ela perguntou que tipo de mulher Bonaparte respeitava mais, sem dúvida esperando uma resposta lisonjeira, ele respondeu lacônico que estimava apenas as que tinham muitos filhos, antes de se virar para falar com o embaixador otomano Ali Effendi.[9]

A opinião que ele tinha sobre as mulheres não iria melhorar se dependesse do comportamento de Josefina. Quando partiu para Rastatt, ele a deixou em Milão, de onde a esposa devia viajar diretamente para Paris. Josefina prolongou a viagem para ter tempo para seu romance com o tenente Charles, que viajava com ela. Quando chegou a Paris, ela demitiu sua criada Louise, que a desagradou ao ter um flerte com Junot enquanto os dois estavam a caminho da Itália. Louise se vingou contando a Bonaparte sobre Hippolyte Charles. Ele repreendeu a esposa furiosamente, mas ela conseguiu aplacá-lo.[10]

Em meados de janeiro de 1798, já estava claro que a presença de Bonaparte em Rastatt não era afinal necessária, o que não lhe deixou nenhuma desculpa para adiar uma invasão da Inglaterra na qual ele não pretendia embarcar. Ele tinha aos poucos ganhado a confiança dos membros do Diretório, que se encontravam com ele regularmente, e pensava em se tornar um deles, mas, por não ter chegado aos quarenta anos, não cumpria os requisitos.[11]

Muitos o incitavam a dar um golpe de Estado, mas ele achava que a hora não tinha chegado e continuava incerto sobre a profundidade e a duração de sua popularidade. Havia rumores sobre tramas para envenená-lo, e ele sabia que tinha inimigos em ambas as extremidades do espectro político. Era hora de voltar à sua atividade profissional e assumir o comando de um exército – sabendo que lá ele estaria seguro.[12]

Como a Inglaterra era um objetivo pouco promissor, a única alternativa viável era a invasão do Egito, defendida por Talleyrand. Em 25 de janeiro chegou a Paris a notícia da morte do embaixador francês em Constantinopla. Enquanto o Diretório discutia as implicações, Bonaparte começou a trabalhar com Talleyrand em um novo relatório que o ministro entregou a eles no dia seguinte. Era uma repetição dos velhos argumentos, acrescentando que a Corte otomana havia efetivamente perdido o controle do Egito e não iria se importar se a França administrasse a colônia, desde que ela mantivesse a soberania nominal: o governo corrupto e retrógrado dos mamelucos simplesmente seria substituído por um governo francês, e a Corte otomana podia na verdade ser beneficiada por um arranjo desse tipo. Os diplomatas franceses na região diziam unanimemente que o governo mameluco era impopular entre os próprios egípcios, que desejavam ser libertados. Talleyrand se propunha a ir ele mesmo a Constantinopla para preparar tudo.[13]

O Diretório estava dividido e aparentemente continuava preferindo uma invasão à Inglaterra. Em 23 de fevereiro, depois de visitar Etaples, Ambletuese, Boulonge, Calais, Dunquerque, Nieuport, Ostend, Ghent e Antuérpia, Bonaparte relatou que a invasão era impraticável. No dia seguinte, discutiu suas impressões com os membros do Diretório e declarou que não aceitaria o comando, prontificando-se a renunciar a seu posto. Reubell, que o detestava, entregou uma caneta a Bonaparte. O gesto foi um golpe em sua vaidade, mas nada além disso – o Diretório não desejava um herói de guerra descontente andando por Paris, e foi necessário encontrar uma missão para ele. Em 5 de março, eles sancionaram o plano de invasão do Egito.[14]

Financiar a expedição não era um problema. A confederação de cantões suíços, frágil e bastante conservadora, forneceu uma base para agentes secretos britânicos e acesso militar às fronteiras não apenas da França como também da "república irmã" Cisalpina, o que havia muito tempo incomodava o Diretório. Bonaparte já tinha fatiado a região da Valtellina e acrescentado parte dela à República Cisalpina, passando desse modo a ter o controle sobre o passo do Simplon. O Diretório incentivou os jacobinos rebelados em várias partes do país, e tropas francesas marcharam para derrubar o mais conservador dos governos suíços, no cantão de Berna, cujo tesouro, junto com seus dois ursos emblemáticos, foi enviado a Paris no começo de março.

Bonaparte começou a trabalhar no planejamento da expedição. O novo Exército do Oriente seria composto principalmente pelos homens do Exército da Itália. Eles embarcariam em Toulon, Marselha, Ajácio, Gênova e Civitavecchia. As respectivas frotas se reuniriam em Malta, que deveria ser capturada pela França como primeiro passo para não permitir que a Marinha Real tivesse bases no Mediterrâneo. O passo seguinte seria desembarcar no Egito, derrubar o governo mameluco e organizar o país. Uma base naval seria criada em Suez, o que permitiria uma conexão com a colônia francesa de Ile de France (ilhas Maurício), cuja posição estratégica no oceano Índico poderia ser explorada para objetivos comerciais e militares. Assim que fosse viável, o istmo de Suez receberia um canal. O plano só podia funcionar caso a Marinha britânica ficasse longe do Mediterrâneo, por isso, tudo foi mantido em sigilo e os preparativos para a invasão da Inglaterra continuaram.

Bonaparte estava pensando em algo além da conquista. Enquanto estavam na Itália, Monge tinha chamado a atenção dele para a disparidade entre quanto se sabia sobre as civilizações greco-romanas e sobre quão pouco se sabia sobre a civilização egípcia, e quando discutiram a possibilidade de uma invasão ele havia sugerido que uma comissão de especialistas deveria acompanhar o exército para estudar as pirâmides e outros vestígios. Bonaparte concordou, e seus infinitos interesses sugeriram algo mais. Ele pensava em estender os frutos do Iluminismo para terras atrasadas; a regeneração daquilo a que ele se referia como sendo o berço da civilização pela nova metrópole, que era a França. O empreendimento seria benéfico para a humanidade, uma viagem de descoberta e iluminação. Bonaparte decidiu levar consigo os nomes mais destacados das artes e das ciências, além de engenheiros e técnicos que desenvolveriam o país. Em sigilo, começou a abordá-los sem contar seu destino. Alguns, como o pintor David, se recusaram. O compositor Méhul também rejeitou a proposta, assim como o poeta Ducis e o renomado barítono François Lays, que Bonaparte imaginou cantando odes ossiânicas diante das tropas em marcha. Ele teve uma imensa dificuldade para convencer Monge, que acreditava estar velho demais e que ainda estava na Itália; o próprio Bonaparte visitou madame Monge, forçando-a a usar de sua influência sobre o marido.[15]

Bonaparte fez com que Bourrienne montasse uma biblioteca de viagem, organizada nas seguintes categorias: 1. Ciências & Artes; 2. Geografia & Viagens; 3. História; 4. Poesia; 5. Romances; 6. Ciências Políticas (que continha o Velho e o Novo Testamentos, o Corão e o Vedanta). Ossian ganhou um lugar de destaque; *A nova Heloísa* de Rousseau e *Os sofrimentos do Jovem Werther*, de Goethe, estavam entre os romances. Ele também fez com que enviassem 2 mil garrafas de bom vinho Borgonha para Toulon. Para manter os soldados felizes, ele queria levar junto uma trupe de atores da Comédia Francesa. Ao que parece, também mandou fazer "um capacete de ouro ricamente decorado" que o fazia parecer "um ator em uma ópera".[16]

Como havia um risco de a frota ser interceptada pelos britânicos, Josefina não iria navegar com o marido. Ele mandaria uma fragata pegá-la depois de ter desembarcado e pacificado o Egito. O casamento havia passado por mais um grande trauma em meados de março, quando Joseph ficou muito satisfeito em mostrar ao irmão provas de que sua esposa continuava mantendo o caso com o tenente Charles despudoradamente debaixo do nariz de Bonaparte, encontrando-o regularmente à tarde na casa de um fornecedor militar no Faubourg Saint-Honoré. Mentirosa nata, Josefina negou tudo e desafiou Bonaparte a se divorciar dela. Para Charles, ela escreveu sobre o amor que sentia por ele em termos tórridos e sobre o ódio que sentia pelos Bonaparte. "Hippolyte, vou me matar", ela escreveu em 17 de março. "Sim, preciso pôr fim [a uma vida] que me será um fardo caso não possa dedicá-la a você. [...] Ah, eles podem me atormentar o quanto quiserem, mas jamais vão me separar de meu Hippolyte: meu último suspiro será para ele. [...] *Adieu*, meu Hippolyte, mil beijos ardentes como o meu coração, e tão cheios de carinho quanto ele." Como sempre, ela conseguiu aplacar Bonaparte, a quem parece ter ficado sinceramente cada vez mais apegada. Ele comprou uma casa na rue de la Victoire, inserindo uma cláusula que garantia a posse vitalícia do imóvel para a esposa caso ele morresse. Concordou também com o plano dela de comprar uma casa nas imediações de Paris, em La Malmaison.[17]

Em 17 de abril, Bonaparte deu ordens ao almirante Brueys, que comandaria a frota, para se preparar para partir em dez dias. Há indícios de que ele fez uma última proposta aos membros do Diretório para compartilhar o poder com eles, ressaltando que, caso a guerra com a Áustria recomeçasse, eles precisariam de um homem forte. Em 22 de abril, que deveria ser sua última noite em Paris, Bonaparte foi a uma récita de *Macbeth*. Porém, no dia seguinte, chegaram notícias de um incidente diplomático causado pelo embaixador francês na Áustria, general Bernadotte, que momentaneamente ameaçava provocar uma nova guerra, e só em 27 de abril o Diretório achou que era seguro dar ordens para que ele partisse para Toulon.[18]

Ele foi a Saint-Germain com Josefina e Lavalette para visitar a sobrinha Émilie, com quem Lavalette ia se casar por ordens de Bonaparte, e para levar a sobrinha e Hortense a um piquenique no bosque. No dia seguinte, 30 de abril, participou de uma sessão do Instituto e depois foi ver os diretores, que o pressionaram a partir o quanto antes. Havia outros que seguiam insistindo para que ele ficasse e derrubasse o governo. "Bonaparte precisa ou partir ou destruir o Diretório ou ser esmagado por ele", escreveu a seus pais o coronel Morand, da 85ª Meia-Brigada, revelando que até mesmo em Civitavecchia, onde ele estava estacionado, a situação política não era segredo.[19]

Bonaparte deixou Paris incógnito às três da manhã de 4 de maio, em um coche postal com um passaporte falso, acompanhado apenas por Josefina, Eugène de Beauharnais e Bourrienne. Viajaram até Lyon, onde embarcaram em um bote que os levou Ródano abaixo até Aix, e de lá foram de carruagem até Toulon, onde chegaram nas primeiras horas de 9 de maio. Ele fez desfilar a 18ª, e depois a 32ª e a 75ª brigadas, todos velhos soldados de seu Exército da Itália. "Nós o saudamos com gritos empolgados que duraram mais de quinze minutos", lembraria um oficial. Bonaparte então andou em meio aos homens falando com oficiais e soldados e terminou com um discurso em que os comparava às legiões romanas conquistando Cartago. Lembrou ainda que apenas dois anos antes os encontrara cobertos de trapos, levara-os à glória e satisfizera todas as suas necessidades. Pediu que confiassem nele e garantiu que eles voltariam com dinheiro para comprar terras suficientes para uma fazenda (seis *arpents*, ou cerca de cinco acres).[20]

O entusiasmo foi grande, e mesmo o hesitante Monge se empolgou. "Fui transformado num argonauta!", escreveu a Bonaparte, comparando-o a Jasão, mas ressaltando que, em vez de ir em busca de um velo inútil, estaria levando a tocha da razão a uma terra onde havia séculos não existia luz.[21]

Monge estava entre os poucos que sabiam do segredo. Os demais foram mantidos no escuro e especulavam se seu destino seria Inglaterra, Irlanda, Portugal, Brasil, Sardenha, Malta, Sicília, Gibraltar, a Crimeia ou mesmo a Índia. Bonaparte anunciou à 75ª Meia-Brigada que ela serviria como "uma das alas do Exército da Inglaterra", que estava prestes a cruzar o mar e conquistar a Nova Cartago. Garantiu que destinos brilhantes estavam à sua espera, que, embora fossem ter de superar grandes perigos e dificuldades, eles trariam benefícios duradouros para a pátria. "O gênio da liberdade, que fez da República o árbitro dos mares desde seu nascimento, deseja que ela siga exercendo esse papel aqui e em terras mais distantes", concluiu. Exortações semelhantes ecoaram pelo país. "Alexandre subjugou a Ásia, os romanos conquistaram o mundo", ribombava o principal texto no *L'Ami des Lois*. "Agora vocês podem e devem fazer mais, tornar o mundo feliz e livre..."²²

Em 13 de maio, os navios que estavam a caminho foram enfeitados com bandeiras e deram salvas de tiros em homenagem a Bonaparte, que entrava a bordo do navio que comandaria a expedição, o *L'Orient*, com seus 120 canhões, um dos maiores navios da época e uma das poucas embarcações recém-construídas pelos franceses. Ele havia pedido ao almirante Brueys que lhe preparasse uma cabine, tendo em mente que iria passar muito tempo lá devido ao enjoo que sentia navegando. Brueys não poupou esforços, e, de acordo com o responsável por cuidar dos uniformes, que foi conferir as instalações, "tudo foi preparado do modo mais útil e agradável, com a maior sofisticação e bom gosto"; o "*salon de compagnie*" de Bonaparte lhe pareceu "maravilhoso" e "apropriado para acomodar um soberano".²³

Às sete da manhã de 19 de maio, a imensa frota levantou âncoras. Cinco dias depois ela havia saído da Córsega, onde se uniu a uma flotilha que carregava um contingente de soldados de Ajácio, e depois navegou pela costa da Sardenha. Os soldados foram mantidos ocupados com exercícios e aprenderam a escalar cordames e a operar canhões navais, ao passo que as bandas militares tocavam marchas empolgantes e hinos revolucionários. À noite, a música era menos marcial: a banda dos Guias executava sinfonias inteiras. Depois de ter se recuperado dos primeiros episódios de enjoo, Bonaparte se interessou tremendamente por tudo o que tinha a ver com navegação, e nas noites, após o jantar, ou ouvia música ou se reunia com seu séquito de generais e sábios. Eles se revezavam lendo em voz alta as obras de Montaigne e Rousseau, entre outros. Junot caía no sono e roncava alto a ponto de ser dispensado. Bonaparte fez Arnault ler a *Odisseia* para ele em voz alta, mas depois de um tempo declarou que Homero e os gregos em geral não eram heroicos o suficiente comparados com Ossian. Ele produziu uma edição de luxo encadernada em pergaminho dos poemas do falso bardo que mantinha na sua mesinha de cabeceira e começou a declamá-los nas reuniões de seu grupo. Arnault observou que ele lia muito mal, porém Bonaparte ficava extasiado com a sua própria interpretação e declarou que, perto de Ossian, Homero era só um velho pateta.²⁴

Bonaparte era quem falava durante a maior parte do tempo e, embora fizesse observações originais e interessantes, era prolixo em generalizações absolutas, dizendo por exemplo que o único tema digno de uma tragédia teatral era a política, e que falar de amor numa tragédia significava reduzi-la a uma comédia. É questionável até que ponto ele achava que suas perorações eram levadas a sério. Em certa ocasião, começou a falar apaixonadamente contra a presença das mulheres na vida pública. "As mulheres estão no cerne de todas as intrigas; elas deveriam ser mantidas em seus círculos familiares, e os salões governamentais não deveriam permitir sua entrada", disse. "Elas deveriam ser proibidas de aparecer em público, exceto se estivessem usando vestido preto e véu, em um *mezzaro* como em Gênova e Veneza." Ele fazia tremendas digressões, pulando de um tema para outro. Num instante discutia os talentos militares de Aníbal, e já no seguinte se permitia dar asas à imaginação. "Se eu fosse senhor da França", declarou certa noite,

> gostaria de tornar Paris não apenas a cidade mais bela que já existiu, mas a cidade mais bela que pode existir. Gostaria de reunir em Paris tudo que mais se admirou em Atenas e Roma, Babilônia e Mênfis; imensos espaços abertos embelezados com monumentos e estátuas, fontes em toda esquina para purificar o ar e lavar as ruas, com canais correndo por entre as árvores dos boulevards em torno da capital; monumentos exigidos para uso público, como pontes, teatros, museus com uma arquitetura que fosse tão magnificente quanto permitisse sua função.

Todo o talento e todos os recursos estavam lá. Só seria necessária "uma inteligência para guiá-los" e "um governo que amasse a glória".[25]

Em 9 de junho, os contingentes de Gênova e Civitavecchia se juntaram à frota principal ao sul da Sicília, de onde a esquadra navegou rumo a Malta, o primeiro alvo da expedição. A ilha era uma fortaleza da última das grandes ordens de cruzados, os cavaleiros de São João, e sua fortaleza em Valetta era uma das mais formidáveis da Europa. Porém a ordem estava em declínio terminal e não era amada pela população, seu grão-mestre Ferdinand von Hompesch era fraco e impopular, seus cavaleiros estavam desmoralizados e os franceses eram majoritariamente favoráveis à França. Isso era de conhecimento de todos, e várias potências, incluindo Grã-Bretanha, Rússia, Espanha e Nápoles, estavam de olho no porto estratégico.

Bonaparte enviou uma mensagem ao grão-mestre para entrar no porto. Quando recebeu a resposta de que apenas quatro navios poderiam entrar por vez, entendeu isso como um movimento hostil e mandou que as tropas desembarcassem. As forças da Ordem fizeram uma resistência simbólica e recuaram. Bonaparte enviou o mineralogista Déodat Dolomieu, um ex-membro da Ordem, armado com um misto de ameaças e subornos. Não demorou muito para que se chegasse a um acordo, e em 10 de maio Valetta se rendeu. Hompesch recebeu a promessa de uma pensão e de um principado na Alemanha, seus cavaleiros teriam uma compensação mais modesta, e os cavaleiros franceses ganhariam a possibilidade de voltar para casa ou de entrar para o Exército francês. Bonaparte imediatamente deu início à transformação do governo da ilha para alinhar a nova colônia à metrópole. Os títulos de nobreza foram abolidos, as ordens religiosas foram dissolvidas, o Judiciário foi reformado de acordo com o modelo francês e os prisioneiros não criminosos foram libertados, assim como a maior parte dos escravos muçulmanos condenados às galés. Um novo modelo francês de educação foi estabelecido, com o aluno mais brilhante de cada ano sendo enviado para estudar em Paris – Bonaparte chegou inclusive a desenhar um uniforme para eles. As formas introduzidas foram semelhantes às que ele havia imposto nas repúblicas Cisalpina e Ligúria, e claramente indicavam como ele gostaria de ver a França se reorganizar. A Igreja Católica foi deixada em paz – depois de ter retirada sua riqueza – e as religiões judaica e muçulmana receberam status igualitário. O tesouro e os ativos da Ordem foram confiscados com os da Igreja, que perdeu tudo que não fosse essencial a seus ritos – os relicários foram derretidos, mas os cálices, poupados.[26]

Em 19 de junho, a frota partiu, deixando para trás uma pequena guarnição sob o comando do general Vaubois. Agora a esquadra era composta de 330 embarcações, "uma imensa cidade flutuando majestosamente pelo mar", nas palavras de um passageiro. Ela levava cerca de 38 mil soldados e passageiros civis, mais de mil cavalos e perto de duzentos canhões de terra. Além de setecentos escravos egípcios condenados às galés. A esquadra cobria uma área de dez quilômetros quadrados, o que a tornava um alvo imenso. "A possibilidade de um encontro com os britânicos era um pensamento comum a todos", relembraria um oficial de infantaria.[27]

O Almirantado em Londres tinha sido alertado por seus espiões sobre os preparativos que estavam sendo feitos em Toulon e em outros locais, porém os relatos variavam consideravelmente quanto ao objetivo da esquadra, alguns especulando que seria uma invasão da Inglaterra, outros, que se tratava das Índias Ocidentais, da Índia e do Egito. O Almirantado enviou uma esquadra sob o comando do almirante Horatio Nelson para o Mediterrâneo com o objetivo de bloquear Toulon e destruir a frota francesa caso ela saísse para o mar. Nelson chegou a Toulon a tempo, porém os danos causados por uma súbita tempestade o obrigaram a se distanciar para reparos, e isso fez com que ele perdesse a partida da armada francesa. Agora estava indo às pressas para o Egito, perseguindo os franceses. Ele ultrapassou a esquadra francesa sem vê-la e, ao chegar a Alexandria e não encontrar os franceses lá, fez meia-volta, presumindo que no fim das contas o destino era mesmo a Inglaterra.

A esquadra francesa chegou a Alexandria em 1º de julho, dois dias depois da partida de Nelson. Bonaparte pretendia desembarcar uma quantidade de homens suficiente para garantir a posse do porto e seguir navegando para Rosetta ou Damietta, de onde poderia marchar ao longo do Nilo rumo ao Cairo, que ele precisava tomar rapidamente para ser bem-sucedido. Porém, quando o cônsul francês Magallon chegou a bordo com a notícia de que Nelson havia estado ali dois dias antes, ele percebeu que em breve os ingleses voltariam, e por isso decidiu fazer o desembarque sem demora. Desdenhando do conselho de Brueys, determinou o desembarque imediato na baía de Marabout, a oeste de Alexandria, embora a noite se aproximasse e o mar estivesse agitado.

A operação foi realizada em pequenos botes a vela que levavam só quinze minutos para chegar à praia, porém um tempo muito maior para voltar aos navios para pegar mais homens. Os cavalos nadaram até a terra firme, conduzidos por homens nos botes. Alguns soldados se afogaram quando os botes bateram em bancos de areia, colidiram uns com os outros ou tombaram, e outros perderam seu equipamento. Bonaparte chegou à praia à uma da manhã de 2 de julho e dormiu um pouco na praia enquanto seus homens continuavam a desembarcar. Às duas horas ele pôde dar início à marcha sobre Alexandria.

No dia anterior, ele havia escrito ao paxá do Cairo, o governador da Corte otomana, garantindo que vinha como amigo. Escreveu também ao cônsul francês em Constantinopla instruindo-o a explicar ao sultão que estava ali apenas para punir os mamelucos que vinham perseguindo mercadores franceses e para defender o país em nome dele contra os britânicos. Esperava que Talleyrand chegasse a Constantinopla logo e acalmasse os ânimos. Ele teria uma surpresa.[28]

Quando chegaram a Alexandria, os franceses viram que suas muralhas fervilhavam de soldados e civis que defenderam a cidade ferozmente, com os homens que estavam desarmados atirando chuvas de pedras sobre os soldados de Bonaparte. Eles não desistiram nem mesmo quando os muros foram escalados, o que fez com que muitos habitantes fossem passados na espada por agressores enfurecidos. Jamais tinham se deparado com uma resistência "fanática" como aquela. Somada ao fato de que tinham a percepção de ter chegado a um mundo diferente, essa resistência afetou o modo como eles viam o inimigo. Na Itália ou no Reno, não havia ódio entre os soldados dos dois lados, muito menos por parte da população, que só queria ser deixada em paz. Aqui as coisas eram diferentes. Diferentes até que ponto eles iriam descobrir em breve.[29]

15
Egito

Bonaparte estava determinado a chegar ao Cairo o quanto antes e escolheu o trajeto mais rápido. Foi um erro. O deserto em que eles se viram marchando, tão diferente das paisagens cultivadas da Itália, teve um efeito depressivo imediato sobre os soldados. Eles estavam despreparados para a temperatura e não tinham cantis. A primeira cisterna com que se depararam estava cheia de pedras, e toda vez que encontravam água era um líquido tão salobro que nem os cavalos bebiam. "Marchávamos durante o dia sob um sol e sobre uma areia que eram igualmente tórridos, sem nenhum abrigo nem água para saciar nossa sede", escreveu Eugène de Beauharnais. O sol ardente e o brilho da areia cegaram alguns soldados, enquanto outros achavam que estavam ficando loucos ao ver miragens, fenômeno desconhecido a todos. As noites frias do deserto não eram grande alívio, já que os escassos suprimentos acabaram no primeiro dia e os errantes cavaleiros mamelucos os impediam de ir em busca de comida e os mantinham acordados.[1]

Alguns morreram de insolação, outros de exaustão, muitos cometeram suicídio. Um soldado cortou a garganta em frente a Bonaparte gritando: "Isto é obra sua!". Era diferente de qualquer guerra de que eles tinham notícia. Os que não conseguiam acompanhar as colunas em marcha eram cercados por grupos de cavaleiros prontos para pegá-los, ou coisa pior. Bonaparte tinha feito um discurso para seus homens, alertando-os de que "os povos que iremos visitar tratam as mulheres de modo diferente do que nós tratamos, mas, em qualquer país, quem estupra uma mulher é um monstro", porém nem ele nem nenhum de seus homens haviam levado em conta outro costume local.[2]

Ele tinha conseguido resgatar alguns homens levados pelos mamelucos pouco depois do desembarque, e estes contaram como alguns de seus camaradas foram decapitados, enquanto eles haviam sido espancados e sodomizados pelos captores. A notícia era desconcertante e correu em meio à soldadesca.

Mesmo depois de terem tomado a cidade, soldados que andavam sozinhos pelas ruas de Rosetta eram atacados e "forçados a se submeter a esse ultraje chocante", como um deles escreveu para a esposa na França. Numa carta ao irmão Joseph, Louis Bonaparte relatou que Rousseau estava terrivelmente errado ao crer que o homem primitivo era inerentemente nobre e que só era estragado pela civilização.[3]

A sodomia era o menor dos perigos à espera dos que caíam em mãos inimigas. Era comum que beduínos, mamelucos e os insurgentes felás torturassem e matassem prisioneiros. Para piorar as coisas, era difícil distinguir civis e combatentes, já que muitos habitantes passavam a ser guerreiros quando havia necessidade. Poucas coisas eram mais perturbadoras para soldados europeus do que a possibilidade de um "civil" qualquer poder subitamente se transformar em combatente.[4]

Depois de três dias, eles chegaram a Damanhur, onde encontraram água, e seguiram rumo a Rahmaniya, onde se animaram com a visão do Nilo. Os homens saltaram na água e se empanturraram com melancias, porém o moral não melhorou muito e a disciplina basicamente tinha se desintegrado, e as tropas descontaram seu desespero nas vilas por onde passavam. As exortações grandiloquentes de Bonaparte garantindo que seus esforços teriam imenso valor para a "civilização e o comércio do mundo", e de que "o Destino está do nosso lado!", soavam vazias. Em 12 de julho, fez com que o exército desfilasse diante dele e prometeu que em breve eles estariam de volta a caminho da França, e que depois iriam atacar a Inglaterra. Três dias depois, ele foi informado de que uma de suas divisões estava à beira do motim. "A coragem no campo de batalha não é suficiente para fazer de alguém um bom soldado", disse, repreendendo os homens, "é preciso também ter a coragem de enfrentar a fadiga e as privações." Alguns de fato se dispuseram a enfrentar o desafio proposto por ele e, como afirmou um oficial de Infantaria, "desejaram estar à altura dos romanos", mas esses eram minoria, e a maior parte dos homens culpava Bonaparte por não ter previsto o desafio.[5]

"A vida de muitos homens corajosos que morreram de sede, se suicidaram ou foram assassinados durante aquelas marchas terríveis e os cruéis sofrimentos do exército poderia ter sido poupada", observou o sargento Vigo-Roussillon. "Bastava que cada soldado tivesse recebido um recipiente onde pudesse levar água. O general comandante, que sabia para qual país nos levaria, é responsável por esse descuido." Eles tinham recebido biscoitos duros mofados, e mesmo isso não foi distribuído em quantidade suficiente. Em Wardan, em 17 de julho, Bonaparte andou por entre os soldados ouvindo suas reclamações e lhes prometeu que em poucos dias encontrariam carne e bebidas no Cairo, mas eles continuaram céticos e rabugentos. Alguns o tratavam de modo francamente insolente.[6]

Os generais não eram muito mais respeitosos, com Berthier, Lannes e mesmo o leal Davout reclamando amargamente, e o general Dumas (pai do romancista) fazendo críticas a ponto de Bonaparte o acusar de incitar um motim e ameaçá-lo com a execução. Murat estava mais animado. Embora tenha recebido um tiro na maxila durante a tomada de Alexandria, a bala, que penetrou abaixo de uma orelha e saiu debaixo da outra, não o desfigurou. Seus cabelos negros abundantes logo esconderam as cicatrizes, e ele escreveu para casa triunfante, pedindo a um amigo que informasse às beldades de Paris que Murat, "embora talvez menos bonito, continuará sendo igualmente corajoso no amor". Ele era a exceção, e o desânimo se espalhou pelo exército, especialmente entre os oficiais, que não conseguiam conciliar a natureza supostamente heroica de sua aventura com a miséria da realidade.[7]

O primeiro encontro com uma força de mamelucos ocorreu em Chebreis, em 13 de julho. Foi apenas uma escaramuça, com cavaleiros galopando para disparar suas carabinas e pistolas, em busca de uma oportunidade de abrir caminho em meio às fileiras dos franceses. Eles não representavam nenhuma ameaça real, porém nem por isso causaram menos alarme. A marcha ocorria em quadrados, com a artilharia em cada canto, mas, embora isso fosse eficaz, exigia um esforço enorme. "Cada irregularidade do terreno aumentava a distância entre eles ou os comprimia, a artilharia impede seu progresso, os vagões atravancam o caminho", observou Sulkowski. "Assim que os soldados se cansam, ficam para trás ou se comprimem, trombam uns nos outros, e uma quantidade terrível de poeira concentrada num espaço confinado em que o ar não circula os cega e sufoca." Uma das marchas durou dezoito horas sem interrupção.[8]

Ao fim daquela marcha, em 21 de julho, eles encontraram o corpo principal do Exército mameluco, liderado por Murade Bei, um dos dois governantes do Egito. Cairo era visível à distância, e na outra margem do Nilo, as pirâmides de Gizé. Isto levou Bonaparte a incitar seus homens com uma frase empolgante sobre quarenta séculos de história estarem

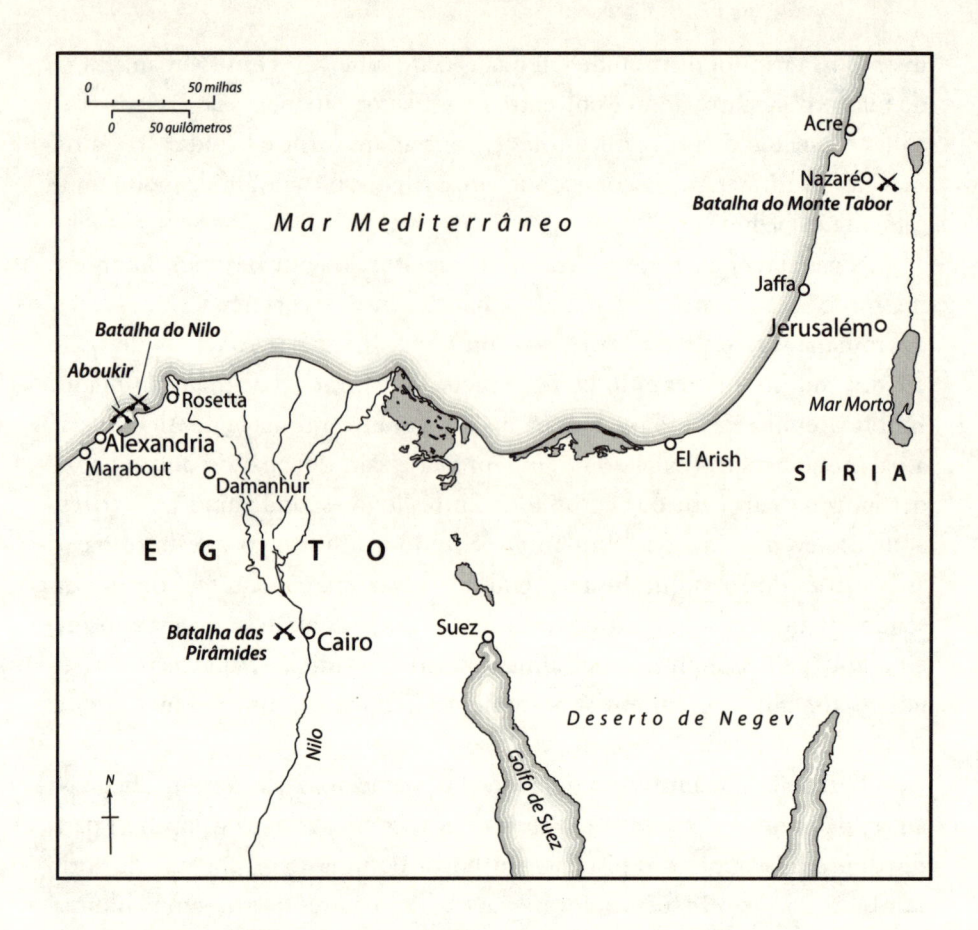

contemplando-os do alto das pirâmides. O que impressionou os soldados, mais do que alguma bobagem sobre Antiguidade que poucos deles poderiam compreender, foi o espetáculo magnífico que se desenrolou diante dos seus olhos enquanto a cavalaria mameluca galopava. "O esplendor de suas vestes e suas armas refletindo ao sol vinha em direção a nossos olhos e nos ofuscava", relembrou o capitão Moiret. Os franceses ficaram fascinados com as habilidades de cavalaria e militares que, embora pertencessem a outra época e estivessem fadadas ao fracasso quando confrontadas com o fogo dos mosquetes, eram extremamente eficientes quando os mamelucos conseguiam entrar no meio do exército inimigo, decepando braços e cabeças com suas cimitarras. O resultado era certo desde o começo. Os franceses mantiveram a formação em quadrado e venceram a Infantaria otomana. Os mamelucos deixaram o chão coberto de cadáveres, abandonaram quarenta canhões e seu acampamento, com bagagens, cavalos e camelos. Depois da batalha, aquilo virou um mercado, com os soldados negociando o butim.⁹

No dia seguinte, 22 de julho, uma delegação do Cairo anunciou a rendição da cidade, e dois dias depois Bonaparte fez sua entrada triunfal. Ele escolheu para si uma casa de um bei mameluco, na qual ocupou o primeiro andar, usando o térreo para acomodar seu Estado-maior. A casa tinha um jardim com árvores e piscinas em que ele andava enquanto dava ordens para seu Estado-maior e administradores. Ficou encantado com tudo que viu no Egito e estava convencido de que com alguma organização e estratégia sensata de desenvolvimento o lugar floresceria. "A República não teria como desejar uma colônia de mais fácil acesso e com solo tão rico", escreveu ao Diretório naquela noite. "O clima é muito saudável, porque as noites são frescas." Porém, naquele momento de triunfo, Bonaparte sofreu um duro golpe pessoal.¹⁰

Quando deixou Josefina em Toulon, o relacionamento deles tinha o mesmo grau de ternura de sempre. Bonaparte escrevia com frequência, dizendo que a levaria ao Egito assim que fosse seguro, e ela realmente pretendia ir. Enquanto isso, ela foi ao *spa* em Plombières, de onde escreveu a Barras pedindo notícias sobre o marido. "Minha tristeza por estar longe dele é tal que sou tomada por uma melancolia que não consigo vencer", ela escreveu. "Por isso apresso a cura que me foi prescrita para logo poder ir ao encontro de Bonaparte, a quem amo muito apesar dos pequenos defeitos." Ela planejava viajar acompanhada pela esposa de Marmont, mas no início de julho um terraço onde ela estava junto com outras pessoas ruiu e ela ficou tão machucada que uma viagem no curto prazo estava fora de questão.¹¹

"Enfrento tristezas domésticas tremendas, pois o véu caiu completamente", Bonaparte escreveu para Joseph no dia seguinte à sua entrada no Cairo. Toda vez que lhe falaram sobre as infidelidades de Josefina, ela havia conseguido inventar alguma história e fazer com que ele se sentisse indigno por acreditar naquilo que a esposa dizia serem fofocas vis, mas, na noite em que eles entraram no Cairo, Junot, Berthier e seu assistente Thomas Jullien apresentaram provas incontestáveis a ele, que extravasou sua tristeza e indignação para o enteado Eugène. Bonaparte confessou a Joseph seu desejo de voltar à França e se isolar das pessoas e pediu que ele encontrasse uma casa em algum lugar remoto do país. "Estou cansado da humanidade", escreveu. "Preciso de solidão e isolamento; a grandiosidade me fez mal; todos os meus sentimentos secaram. A Glória já perdeu o brilho aos 29 anos; estou esgotado. Não me restou nada exceto me tornar um completo egoísta!"[12]

Ele não tinha muito tempo para introspecção. Murade Bei podia ter sido derrotado, mas seu colega Ibrahim rondava as vizinhanças com outra força. Bonaparte marchou para fora do Cairo em 9 de agosto. Ele só conseguiu alcançar a retaguarda de Ibrahim, que derrotou em uma longa batalha de cavalaria em Salayeh, mas, tendo forçado os mamelucos a fugir para o deserto, retornou ao Cairo. No caminho, em 14 de agosto, recebeu notícias que mudaram tudo.

Às 14h45 de 1º de agosto, um dos navios de Nelson, o HMS *Zealous*, viu o esquadrão do almirante Bruey ancorado na baía de Aboukir, e no amanhecer do dia seguinte a armada deixou de existir. Apenas dois navios e duas fragatas conseguiram escapar. O restante foi afundado ou capturado, e o *Orient* explodiu, com Brueys a bordo. Bonaparte recebeu as notícias com serenidade. Disse que era preciso encarar a nova situação e se mostrar "da mesma estatura que as figuras da Antiguidade", e começou a contemplar as implicações de não ser capaz de retornar à França logo.[13]

Ele não perdeu tempo em culpar Brueys, que tinha recebido instruções para levar seus navios ao porto de Alexandria ou então navegar até Corfu. Brueys havia decidido contra a primeira solução, por medo de que os navios encalhassem na entrada rasa do porto, e adiou até ter certeza que Bonaparte não precisaria ser evacuado. O ajudante que levava a ordem definitiva de Bonaparte para que ele saísse da baía de Aboukir jamais chegou até Brueys, sendo morto no caminho, mas teria sido tarde demais mesmo assim. A indecisão de Brueys em parte era consequência de uma desmoralização completa de seu esquadrão e de sua falta de fé nas tripulações e no estado dos navios. Brueys os havia disposto de maneira pouco inteligente, permitindo que os britânicos navegassem entre ele e a terra, o que significava ser bombardeado dos dois lados, e, portanto, a responsabilidade pelo desastre era dele. Tomando a precaução de se distanciar daquilo, Bonaparte escreveu à viúva uma carta tocante elogiando o heroísmo do marido morto.[14]

Bonaparte estava decidido a fazer com que a incursão rendesse frutos apesar do desastre naval. A prioridade número um era a saúde dos soldados. Ele estabeleceu quatro hospitais no Cairo e mais um em Alexandria, um em Rosetta e um em Damietta. Impôs quarentena a todos os portos sob controle francês e determinou medidas para que os mortos fossem enterrados rapidamente, as ruas varridas e a coleta do lixo realizada. Determinou ao chefe dos médicos, dr. René Desgenettes, que estudasse os casos de disenteria e oftalmia que acometiam as tropas. Deu ordens para que os soldados recebessem uniformes mais largos, mais bem adequados ao clima – casacos de algodão azul sem forro ou cauda e um chapéu de pele de ovelha com uma bola de lã de cores diferentes para distinguir as unidades.[15]

Ainda deu ordem para que o homem encarregado dos uniformes, François Bernoyer, desenhasse um modelo novo para os médicos, sugerindo a cor marrom para que o sangue não aparecesse. Bernoyer também recebeu a tarefa de criar o uniforme para uma nova unidade de guias montados em camelos. O resultado foi o uniforme militar francês comum com a frente rebaixada para fornecer sombra, decorado com penas vermelhas de avestruz, um colete verde "de estilo grego" com bordados dourados "húngaros", um cinto "turco", calças carmesins "à la mameluco", sandálias "ao estilo romano", casacos vermelhos "de estilo polonês" com terminações douradas e uma sobrecapa verde. Bonaparte ficou encantado com o desenho e surpreendeu Bernoyer ao demonstrar isso. "Quando alguém faz algo por ele, em geral Bonaparte não dá o menor sinal de aprovação, muito menos de ter sentido prazer", Bernoyer explicou. "Quanto a isso, ele me faz lembrar a atitude das crianças, que parecem sempre querer mais."[16]

Bonaparte estabeleceu um novo governo, começou a cunhar moeda, implantou um novo sistema de tributação baseado na riqueza, colocou iluminação nas ruas e deu início a um registro de terras. Os benefícios da civilização europeia levados à nova colônia incluíram a introdução de moinhos de vento para substituir pilões manuais, novos produtos agrícolas e a produção de tudo – de pólvoras a tecidos – que o exército precisaria agora que estava isolado da França.

Em 22 de agosto, criou o Instituto do Cairo, e os sábios foram colocados para trabalhar nas tarefas mais urgentes e práticas. "Alguns desenvolvem maneiras de produzir cerveja sem lúpulo, outros um método simples de purificar a água do Nilo, outros se ocupam com a construção de fornos, outros com a criação de uma legislação para o país, com a construção de máquinas a vento para mover água etc. etc.", o zoólogo Geoffroy de Saint-Hilaire escreveu a seu pai. Outros temas investigados foram os órgãos sexuais dos crocodilos, a tamareira, mágica, dança, a verdadeira cor do mar, prostituição, a avestruz, areia e a formação das dunas. Um grupo, formado principalmente por arqueólogos e artistas, foi enviado com o general Desaix, que marchou subindo o Nilo em 25 de agosto em perseguição a Murade Bei. As ordens eram derrotá-lo e traçar um mapa do curso do Nilo indo o mais longe que pudessem até o sul. O grupo deveria ocupar Tebas, que os arqueólogos iriam explorar, e o porto de Koseir no mar Vermelho e estabelecer uma rede de fortes ao longo do Nilo. Aonde quer que os franceses fossem, tudo, de ruínas antigas a fenômenos geográficos e físicos, deveria ser registrado e estudado.[17]

Bonaparte vivia um sonho. Desde muito cedo demonstrou um interesse apaixonado pelo progresso do modo como visto por ele e por sua geração. Ele também havia mostrado uma tendência notável pela organização. Agora era o real governante de um país imenso, atrasado, com uma missão autoimposta de civilizá-lo, e podia dar vazão a seu instinto mais básico de impor ordem. "Jamais voltei a ser livre como no Egito", refletiria mais tarde. Ele não pretendia aplicar os costumes ocidentais indiscriminadamente, mas sonhava com uma fusão, acreditando que seria capaz de organizar o país e civilizar seus habitantes sem ofender sua sensibilidade. Ele tinha, principalmente a partir de sua leitura da peça de Voltaire, formado uma visão do profeta Maomé como uma espécie de déspota esclarecido e achava que conseguia entender como seus seguidores respondiam à autoridade. Bonaparte sonhou, como mais tarde diria, em escrever um novo Corão.[18]

Os órgãos do governo estabelecidos por ele seguiam as formas tradicionais de *ulemás* e *diwans*. As autoridades trabalhavam sob supervisão francesa, muitas vezes por intermédio de coptas locais, e tinham de usar distintivos tricolores e cinturões oficiais, mas tinham permissão para administrar ao modo tradicional. Ele acreditava que seria capaz de introduzir formas e práticas europeias gradualmente à medida que ganhasse a confiança deles. Eles se referiam a Bonaparte como "Sultão Kebir", o que o lisonjeava e lhe dava a impressão de que estavam respondendo bem às medidas. Ele fez grandes gestos para conquistar a aprovação deles, como libertar publicamente os escravos muçulmanos condenados às galés que encontrou em Malta e prometer ajudar a caravana que levava peregrinos à *Haj*. Em 18 de agosto, presidiu a cerimônia anual de abertura dos diques. Cercado por xeiques, distribuiu moedas para o povo enquanto a água era liberada e corria pelos canais que iriam irrigar os campos ao redor. Em 23 de agosto, dia da Festa do Profeta, visitou o *diwan* do Cairo e à noite compareceu a um banquete em que todos os franceses deram grandes mostras de respeito pela religião islâmica, embora mais tarde tenham rido da farsa. Ele não riu; estava convencido de que havia cativado os egípcios.[19]

Em 22 de setembro, aniversário de fundação da República francesa, Bonaparte realizou celebrações que tinham como objetivo ressaltar sua lealdade ao Estado francês, elevar o moral da tropa e impressionar os habitantes locais. Um anfiteatro foi criado com duas colunas no centro representando a República, um arco do triunfo comemorando a vitória na batalha das pirâmides, um obelisco dedicado aos mortos, e assim por diante. Um turbante aparecia ao lado do barrete frígio vermelho da liberdade. Todos os soldados que estavam no Cairo estiveram presentes, organizados como num desfile, e ouviram Bonaparte relembrar seus gloriosos feitos ao longo dos últimos cinco anos e garantir que havia um belo destino à espera de todos: eles seriam imortalizados na morte ou no retorno que fariam para casa como heróis. Ele terminou com um grito de "*Vive la République!*", que normalmente levava a uma alegria sincera, mas nessa ocasião mal se ouviram murmúrios dos soldados. Eles não tinham ânimo para celebrar. "O exército demonstrou apenas indiferença pela festa dele", relembrou o capitão Pelleport. "As tropas estavam sofrendo de depressão naquele dia, o que vinha sendo normal depois da perda da esquadra." O desfile foi seguido por um banquete que os dignitários locais e os soldados pareceram gostar mais do que da parte oficial da cerimônia. Houve eventos esportivos e corridas a cavalo, e o dia terminou com fogos de artifício e shows de luzes.[20]

Quando o exército soube da destruição da esquadra, muitos xingaram Bonaparte, que foi acusado de aventureiro e ambicioso. Alguns generais fizeram declarações provocadoras, mas a falta de sentido disso e a ausência de qualquer perspectiva de voltar logo à França fizeram com que as mentes se concentrassem em fazer o melhor possível na situação. Quem não tinha Paris teria de se contentar com o Cairo. Muitos acharam belas casas para si, com jardins, e desfrutaram do exótico conforto oferecido.

Havia muitos europeus morando na cidade, na sua maioria comerciantes de um ou outro tipo, e eles foram rápidos em perceber as oportunidades trazidas pela chegada de um fluxo de franceses que sentiam saudades de casa. Abriram lojas, cafés, banhos turcos e outras amenidades. Oficiais e soldados trotavam pela cidade em burros, sentavam em cafés apreciando narguilés e café, e saíam em excursões, particularmente para ver as pirâmides e outros monumentos antigos. A engenhosidade francesa atingiu novos limites para oferecer confortos de todo tipo. Foram realizados bailes e foi construído um teatro, onde, devido à falta de mulheres dispostas a atuar, rapazes precisavam assumir os papéis femininos.[21]

No entanto, nada disso era capaz de curar a saudade que os soldados sentiam de casa. "Independentemente dos esforços que sejam feitos para garantir o bem-estar da tropa, para manter o espírito de emulação entre os oficiais, as memórias da França atormentam a maioria deles, aos oficiais em maior grau que aos praças, aos generais e aos que integram o Estado-maior muito mais que aos demais oficiais", observou o tenente-coronel Théviotte. "As pessoas só falam umas com as outras para dizer que se arrependem de ter saído da França e para falar do desejo de voltar para lá. A privação de mulheres é o problema mais grave."[22]

Ao chegar, a maior parte dos oficiais mais graduados havia tomado as esposas dos mamelucos mais destacados junto com suas casas, porém, depois de satisfazer sua libido, acharam que elas não estavam à sua altura e as repassaram para militares de patentes mais baixas. Os homens estavam absolutamente horrorizados com as mulheres da região, principalmente porque as respeitáveis eram mantidas trancadas pelas famílias, e as únicas que eles viam eram velhas, feias ou prostitutas. Criou-se um mercado, e uma mulher negra podia ser comprada por quinhentos francos, oitocentos se fosse virgem, ao passo que uma mulher caucasiana custava milhares de francos. Eugène de Beauharnais comprou para si uma bela mulher negra, e supostamente Junot fez o mesmo, já que ele gerou um menino que chamou de Otelo e que levou para a França. Apesar da proibição imposta por Bonaparte, possivelmente até trezentos de seus homens haviam levado esposas ou amantes às escondidas nos navios disfarçadas de soldados, e, devido à escassez de mulheres europeias, agora elas eram as escolhas preferenciais dos oficiais de mais alta patente.[23]

Bonaparte fez com que levassem até ele algumas garotas nativas, mas, embora mais tarde tenha elogiado sua graça e beleza, ele as rejeitou como gordas demais ou então como simplesmente repulsivas. Flertou brevemente com a filha de dezesseis anos de um xeique, mas se sentia mais à vontade com as francesas. Corria o rumor que ele teve um caso com a mulher do general Verdier, que acompanhou o marido trajando o uniforme de um ajudante de campo.

No baile que se seguiu à celebração do nascimento da República, Bonaparte viu "uma mulher pequena de vinte e pouco anos, encantadora, roliça, vivaz", e imediatamente se sentiu atraído por ela. Era Marguerite-Pauline Bellisle, uma assistente de costureira de Carcassonne, conhecida como Bellilotte. Ela acabara de se casar com o tenente Fourès, quando o regimento dele foi convocado para a expedição egípcia, e decidiu acompanhá-lo. No dia seguinte ao baile, Bonaparte mandou Junot convidá-la junto com o marido para o almoço, e por meio de um subterfúgio ela foi atraída para um quarto onde ficou sozinha com Bonaparte. Ela resistiu a ele e continuou resistindo estoicamente apesar de ser coberta de presentes e cartas, porém finalmente cedeu, e eles se tornaram amantes. Bonaparte, segundo todos os relatos, estava apaixonado por ela, e eles passavam todos os momentos possíveis juntos, com ela muitas vezes cavalgando de uniforme ao lado dele. Ela usava uma miniatura dele no pescoço e ele pendurou numa corrente um cacho do cabelo dela.

Fourès foi promovido e enviado para Paris juntamente com os relatórios para o Diretório, porém seu navio foi tomado pelos britânicos, e, quando ele ficou doente, foi libertado em condicional e voltou a Alexandria em abril de 1799. Bonaparte, que pensava em se casar com Bellilotte, mas que esperava para ver se ela lhe daria um filho, pediu que Fourès consentisse com um divórcio, ideia que não poderia deixá-lo mais feliz. Ele foi mandado de novo para longe, em todo caso. O mesmo aconteceu com o mineralogista Louis Cordier, que aparentemente tinha chamado a atenção de Bellilotte.[24]

Para aumentar sua autoridade, Bonaparte fundou um jornal, *Le Courrier de l'Égypte*, que fortalecia sua imagem, e, para anunciar o que fazia como um triunfo do Iluminismo europeu sobre o atraso cultural, fundou outro, *La Decade égyptienne*. Ele participou de sessões do Instituto, debateu religião e os costumes locais com os imames e visitou as pirâmides e outros vestígios da antiga civilização egípcia. Foi a Suez em busca das ruínas do canal original, cuja descoberta o empolgou, e também ficou fascinado ao encontrar os poços de Moisés e outros lugares associados às Escrituras, chegando a cruzar o mar Vermelho na maré baixa, quase ficando preso quando a água subiu.

"Tudo corre à perfeição aqui", garantiu ao Diretório em 8 de setembro. "O país está dominado e começa a se acostumar conosco." A seguir listava as vantagens da nova colônia francesa e dizia que sua posse deveria facilitar um acordo de paz satisfatório com os britânicos. Bonaparte afirmava que eles deviam levar toda a Marinha francesa para o Mediterrâneo, o que não só melhoraria as comunicações como também forçaria os britânicos a arcar com o esforço e com os custos de manter esquadras de guerra longe de casa e de bases amigas, obrigando-os no fim a ir para uma mesa de negociações. Ele estava se preparando para construir uma base naval em Suez para abrir comunicações com as colônias francesas no oceano Índico.[25]

Em 21 de outubro, teve início uma revolta no Cairo. A rebelião foi sufocada rapidamente, porém custou algumas vidas, incluindo a de um dos ajudantes favoritos de Bonaparte, Sulkowski. O motim foi iniciado por jovens estudantes de uma das mesquitas e só se espalhou para outros grupos descontentes quando correu o boato de que Bonaparte tinha sido assassinado. Entre as razões para o descontentamento estavam a irritação com os impostos, as normas para limpeza das ruas e o registro de terras que obrigava os habitantes a elencar suas propriedades. Não foi um levante popular, e muitos habitantes do Cairo abrigaram franceses para protegê-los contra os insurgentes.

No dia seguinte, Bonaparte recebeu os xeiques e os imames e anunciou que perdoava a cidade e que não faria nenhuma retaliação. Fez um discurso teatral, afirmando que Deus o havia instruído a dar uma mostra de clemência, e os incitou a informar àqueles que haviam erguido a mão contra ele que seria impossível encontrar refúgio, fosse neste mundo ou no próximo. "Poderia haver na Terra algum homem cego a ponto de não perceber que é o próprio destino quem rege minhas ações?", perguntou retoricamente, antes de prosseguir representando a si mesmo como uma espécie de messias cuja chegada havia sido prevista no Corão, alguém que sabia ler os corações deles, um ser superior contra o qual todo esforço humano era vão. Prosseguiu fazendo declarações e gestos que tinham como objetivo mostrar que ele estava aberto àquilo que via como o espírito do Oriente, embora sua intenção final fosse transformar o Egito numa colônia francesa.[26]

Filho do Iluminismo, Bonaparte tinha para si como universais uma série de premissas e preconceitos. Tendo se afastado da crença de Rousseau na bondade inerente do homem, passou a crer que o ser humano era uma criatura movida pelo interesse próprio, mas que, no entanto, estava suscetível a ser inspirada por ideais. Portanto ele via como algo evidente que, quando ficassem claras as vantagens do governo francês e do progresso tecnológico, os habitantes do Egito iriam adotá-las. Ele os libertara da incompetência dos beis mamelucos, limpara e iluminara as ruas do Cairo, estava trazendo a civilização até eles. Bonaparte tinha se dado ao trabalho de conhecer a religião islâmica e fez uma avaliação racional dela que não era completamente superficial. Ele acreditava que a ausência do tipo de hierarquia e de rituais que caracterizavam a Igreja Católica tornaria os muçulmanos mais abertos à razão. O que ele não compreendeu era que o islã representava uma mentalidade, não só uma religião, e que essa mentalidade era fundamentalmente incompatível com os valores cristãos e seculares do Ocidente, assim como com a premissa de que esses valores eram superiores. Ele se iludiu ao acreditar que estava passando a ser aceito porque muitos usavam títulos árabes para designá-lo e beijavam sua mão. Porém, independentemente de quão encantadores se mostrassem diante da sua presença, na melhor das hipóteses, eles não estavam interessados e o viam como um intruso estrangeiro. Ironicamente, muitas das medidas que Bonaparte tomou serviriam como modelo para Maomé Ali, quando ele chegou ao poder no Egito em 1805, mas um muçulmano podia fazer aquilo que a um francês era proibido.

Bonaparte precisou de algum tempo para perceber que as pessoas obedeciam apenas por medo, e que demonstrações de piedade ou de consideração eram vistas como sinais de fraqueza. Ele começou a decapitar transgressores para dar exemplo, tomando reféns ou arrasando vilas que haviam atacado seus homens. Isso não trouxe os resultados desejados, uma vez que os nativos viam as ações não como punição justa, e sim como agressão injustificada, e ficavam só à espera de oportunidades de retaliar. Foi então que ele compreendeu que a razão e a lógica não estavam funcionando e começou a mostrar que falava a sério, mandando fuzilar e decapitar suspeitos quase aleatoriamente. Os nativos responderam na mesma moeda, decepando braços, pernas, narizes, orelhas e genitálias de prisioneiros, normalmente depois de sodomizá-los, ou decapitando, esfolando ou enterrando os prisioneiros vivos. No entorno do Cairo e em outras cidades, a ocupação francesa permanecia frágil.

Isso era ainda mais alarmante tendo em vista que a segunda premissa usada para garantir que a expedição ao Egito era viável começava a ruir. A primeira premissa era que o Egito era facilmente acessível a partir da França e, portanto, mais fácil de proteger e de explorar do que colônias mais distantes, porém a destruição da esquadra na baía de Aboukir tornou o local tão vulnerável quanto as colônias caribenhas que o Egito deveria substituir. A segunda premissa era que a Corte otomana permaneceria neutra. No entanto, depois de mandar Bonaparte para seu projeto, Talleyrand não conseguiu dar conta de sua parte no plano. Bonaparte escreveu para ele do Cairo, contando que ele podia informar ao sultão que a fé islâmica e as mesquitas estavam sendo protegidas, que os peregrinos a caminho de Meca recebiam ajuda, que ele pessoalmente compareceu à Festa do Profeta e que os navios e os interesses dos turcos estavam sendo respeitados. No entanto, Talleyrand não só não tinha ido a Constantinopla como não fez nenhum tipo de contato com a Corte, que ficou espantada ao descobrir que um exército francês havia invadido seus domínios.

A notícia da vitória de Nelson incentivou o sultão a declarar guerra à França. A supremacia britânica no Mediterrâneo levou o reino de Nápoles a fazer o mesmo. A Rússia, que havia muito tinha pretensões sobre as ilhas Jônicas para usá-las como base naval, ficou ao lado da Corte otomana e assinou um tratado formando uma coalizão contra a França em 23 de dezembro, ao qual a Grã-Bretanha aderiu em 29 de janeiro. Duas forças armadas otomanas se uniram para expulsar os franceses do Egito. Uma deveria marchar a partir da Síria sob comando de Djezzar, paxá do Acre, a outra seguiria por mar e terra a Aboukir.

Bonaparte tinha duas opções: esperar pelo ataque torcendo para que o exército de Djezzar se enfraquecesse ao longo de uma marcha que atravessaria o deserto do Sinai e que se pudesse deter o desembarque do grupo vindo por mar, ou atacar e derrotar um dos exércitos antes que o outro chegasse. Caso conseguisse derrotar Djezzar e tomar Acre, estaria ao mesmo tempo retirando da esquadra britânica que bloqueava o Egito uma de suas bases, abrindo assim a possibilidade de comunicação com a França. A queda de Acre também poderia assustar a Corte otomana e forçá-la a assinar um tratado de paz.

Sendo assim, ele deixou Desaix no Alto Egito para conter Murade Bei e Marmont em Alexandria para defender o litoral, e marchou em 10 de fevereiro de 1799. Era o mesmo tipo de decisão rápida que havia permitido que ele derrotasse sucessivamente diversos exércitos austríacos na Itália, e um resultado favorável abriria todo tipo de possibilidade. Ele se deixou levar, como confessaria mais tarde, pelos sonhos que surgiam à sua frente.

16
Praga

"Só o que nós conseguíamos ver nesse novo projeto era uma outra chance de glória, além de sofrimentos incalculáveis", lembraria o capitão Moiret, acrescentando que, no momento em que seus homens souberam que iriam marchar sobre a Síria, os resmungos cessaram; eles partiram animados em 6 de fevereiro de 1799.[1]

Bonaparte presumiu que depois de uma marcha rápida sua guarda avançada conseguiria capturar a fortaleza de El Arish, supostamente bem abastecida, e não levou suprimentos suficientes consigo. À medida que as tropas marchavam pelo Sinai, os suprimentos acabaram, e eles precisaram tomar água salobra e comer algas marinhas, o que lhes causava disenteria. "Comemos cães, burros e camelos", Bonaparte admitiu para Desaix. Não eram só os soldados que estavam se queixando quando eles alcançaram a vanguarda em El Arish na noite de 17 de fevereiro. Os generais também estavam fartos, e a retórica teatral de Bonaparte só os irritou ainda mais. O general Kléber, um soldado experiente que serviu no Exército austríaco antes da Revolução, era um homem difícil de ser ignorado, com sua estatura homérica, voz ressonante e imperiosa e a tendência de usá-la para dizer o que pensava. "Nunca um plano de verdade, tudo acontece aos trancos e barrancos, cada dia determina as ações do dia", declarou sobre o método de Bonaparte. No entanto, mesmo ele precisou admitir que esse "homem extraordinário" tinha algo que o tornava único e que lhe dava uma autoridade que ele não havia como contestar. "Ele ousa, e continua ousando, e leva essa arte aos limites da temeridade." Essa capacidade seria testada duramente nas semanas seguintes.[2]

Desesperado para seguir adiante, mas temendo deixar generais que poderiam se amotinar para dar continuidade ao cerco, Bonaparte ofereceu termos generosos de rendição à guarnição de El Arish, e ela capitulou em 20 de fevereiro. Os homens tiveram permissão de sair com suas armas e com a bagagem desde que jurassem que não atacariam os franceses por um período de doze meses. O cirurgião-chefe do Exército do Oriente, dr. Dominique-Jean Larrey, desinfetou o forte contra a praga, que havia causado uma epidemia na região, e estabeleceu um hospital antes de eles partirem para Gaza.[3]

Agora eles estavam marchando por uma região fértil, porém sob uma chuva forte que transformava as trilhas em um mar de lama. Ao entrar em Gaza, depois de um breve combate, Bonaparte fez um discurso pomposo informando aos habitantes que lhes trazia a liberdade. Ele falou sobre as dificuldades enfrentadas por seus próprios homens em uma ordem do dia cheia de referências aos filisteus e aos cruzados. Para alguns soldados que reclamaram da falta de comida, ele disse que os legionários romanos chegaram a comer o couro de seu equipamento e nem por isso deixaram de seguir em frente.[4]

Em 3 de março, chegaram à bela cidade de Jafa. O oficial enviado com uma bandeira branca para pedir que os defensores da cidade se entregassem foi decapitado e seu corpo, jogado ao mar. Isso enfureceu os soldados, que depois de três dias de cerco conseguiram entrar na cidade. Os soldados que vinham defendendo a cidade se retiraram para uma cidadela, e os franceses descontaram sua fúria na população majoritariamente cristã, numa orgia de saques, estupros e assassinatos. "Seria necessário usar tintas sombrias para pintar as cenas hediondas que ocorreram", relembraria um oficial. Coisas piores viriam.[5]

Dois dos ajudantes de Bonaparte, seu enteado Eugène e o capitão Croisier, convenceram os soldados que estavam na cidadela a se render garantindo que a vida deles seria poupada. Quando os viu saindo, Bonaparte ficou furioso com o enteado, perguntando o que deveria fazer com eles, tendo em vista que não podia nem alimentá-los nem abrir mão de parte de seus homens para escoltá-los de volta ao Egito. Como eram basicamente os mesmos homens que tinham sido libertados condicionalmente em El Arish, depois de deliberar por algum tempo com seus oficiais mais graduados, chegou à conclusão de que todos eles mereciam ser fuzilados. Quando Berthier pediu pela vida deles, Bonaparte disse que ele fosse embora e entrasse para um mosteiro. Ao longo dos próximos dias, algo entre 1,5 mil e 2 mil homens (as contas divergem) foram levados para a praia e fuzilados, passados na baioneta ou mortos por afogamento. De acordo com um oficial, "o coração do soldado francês foi tomado de horror", porém o mesmo não havia acontecido durante o saque da cidade, depois do qual o acampamento se transformou em um bazar, onde o butim, que incluía mulheres, era negociado.⁶

A decisão de Bonaparte de executar os prisioneiros foi usada como argumento pelos britânicos e por seus detratores desde então, mas, em geral, cidades que ofereciam resistência sofriam consequências, e o comportamento das tropas britânicas não foi muito melhor na guerra travada naquele mesmo momento contra os maratas na Índia, ou mais tarde na Guerra Peninsular; o tratamento dado pelos espanhóis e britânicos aos que se renderam em Bailén foi ainda menos humano. A moralidade da época era bem diferente da de hoje, e aceitava-se que um general devia colocar seus homens em primeiro lugar.⁷

Eles podem ter feito objeções, mas a coragem exigida para tomar a decisão fez com que Bonaparte conquistasse o respeito dos oficiais e dos soldados. Visitando a cidade, ele inspecionou o hospital e impressionou sua *entourage* ao andar em meio às vítimas da praga, conversando com os doentes e tocando neles. Para dar exemplo aos ordenanças relutantes, ele supostamente se aproximou de um paciente, "apertou o bubão e extraiu o pus". Seja ou não verdade, a história circulou entre os soldados, aumentando sua reputação.⁸

A imagem era importante, e Bonaparte não podia ser acusado de subestimar seu poder. "Vocês deveriam saber que todo esforço humano contra mim é inútil, pois está determinado que tudo que eu decido deve acontecer", anunciou numa proclamação aos habitantes locais. "Aqueles que se declaram meus amigos prosperam. Os que se declaram meus inimigos perecem." Em outra fala, aos habitantes de Jerusalém, alertou que "eu sou terrível como o fogo dos céus para meus inimigos, clemente e piedoso com os povos e com aqueles que desejam ser meus amigos". Parte do seu séquito estava cada vez mais ansiosa com o que parecia ser uma espécie de delírio quanto ao papel que ele desempenhava e chegou a expressar receios de que ele estivesse se deixando levar por sua fé na sua "sina" e no seu "destino". A essa altura ele podia estar procurando apoio psicológico para uma situação que se tornava cada vez mais perigosa.⁹

O exército marchou rumo a Acre e lá chegou em 19 de março. A cidade era a sede do governador otomano da Síria, Djezzar Pasha (Ahmad Pasha al-Jazzar), bósnio de origem, conhecido informalmente como "o Açougueiro" – em 1790 ele afogou todas as mulheres de seu harém e homenageou sua favorita fazendo ele mesmo sua evisceração. Bonaparte enviou uma proposta de convivência pacífica, dizendo que não havia motivo para inimizade entre os dois. A resposta de Djezzar foi o massacre da população cristã da cidade.[10]

A artilharia que Bonaparte usaria no cerco, enviada por mar, foi interceptada pelos britânicos, e muitos concordavam com Kléber, que disse com franqueza que seria impossível tomar um lugar defendido com métodos europeus usando métodos turcos. Bonaparte ignorou o comentário, e o primeiro assalto, em 28 de março, quase foi bem-sucedido. Dois dias depois, os defensores da cidade fizeram um ataque, que foi repelido. Em 1º de abril, Bonaparte fez uma segunda tentativa de entrar na cidade, na qual ele quase foi morto por uma granada, e a isso se seguiu mais um ataque dos otomanos, igualmente repelido.[11]

Enquanto isso, as forças otomanas começavam a se unir para socorrer Acre, com cerca de 7 mil homens de Nablus e 40 mil sob o comando do paxá de Damasco marchando para o sul. Bonaparte mandou Murat com quinhentos homens de infantaria e duzentos de cavalaria para confrontá-lo, enquanto Junot cobria seu flanco em Nazaré com uma força menor. Junot foi atacado por um contingente superior ao seu, e Bonaparte enviou Kléber para ajudá-lo, mas os dois se viram enfrentando forças inimigas mais de dez vezes superiores às suas ao pé do monte Tabor. Eles enviaram mensagens urgentes para Bonaparte e contiveram os turcos durante um dia inteiro antes de serem socorridos em 16 de abril por Bonaparte, que fez uma marcha noturna de quarenta quilômetros.

No dia seguinte, ele visitou Nazaré, onde foi à missa e serviu de padrinho a um soldado que queria ser batizado. Dois dias depois voltou a Acre planejando outro assalto. Esse e o seguinte foram igualmente fracassados. Sem a artilharia de cerco, o único modo de passar pelos muros da cidade era cavar túneis e trincheiras para colocar minas e explodi-los, uma operação dolorosa e perigosa na melhor das hipóteses. O fato de os franceses estarem com estoque baixo de pólvora e munição não facilitava as coisas, já que não era possível fazer adequadamente o trabalho de cobertura, ao passo que a esquadra britânica sob o comando do comodoro Sydney Smith não só reabastecia os defensores da cidade como também bombardeava as trincheiras que estavam sendo construídas pelos franceses.[12]

A essa altura a maior parte dos generais de Bonaparte clamava para que ele desistisse e voltasse ao Cairo. Os soldados vaiavam Bonaparte constantemente, porém ele insistiu em tentar mais uma vez a tomada da fortaleza. Sem dúvida havia um elemento de irritação pessoal envolvido: era o primeiro revés dele, e ele não conseguia aceitar a situação, ainda mais porque o responsável pela artilharia de Sydney Smith era Le Picard de Phélippaux, um colega de classe de Brienne que ele detestava e que, depois de emigrar, combatia contra a República. Um motivo mais forte para a determinação de Bonaparte em tomar Acre era o fato de os drusos e os muçulmanos xiitas que compunham a população da região terem propensão a se rebelar contra os governantes otomanos; se Bonaparte conseguisse derrotar Djezzar, conseguiria tomar toda a região, marchar sobre Damasco e Alepo e forçar a Corte otomana a trocar de lado, o que retiraria dos britânicos todas as suas bases no Mediterrâneo oriental e confirmaria a posse francesa do Egito. Mas as perspectivas não eram boas: começavam a se ouvir notícias aqui e ali de que na Europa a coalizão que se unira contra a França havia passado para a ofensiva.[13]

Depois da última tentativa fracassada de tomar a cidade em 10 de maio, Bonaparte aceitou o inevitável. Enviou um relatório ao Diretório anunciando que havia destruído Acre, uma cidade que, segundo ele dizia, não valia o esforço da permanência do exército, já que se tratava de um lugar em ruínas cheio de vítimas de praga. Como sempre, ele subestimou suas baixas. Enviou outra declaração ao Divan no Cairo dizendo mentiras ainda mais distantes da realidade – segundo ele, Djezzar estava ferido, ele havia afundado navios turcos e assim por diante. Antes de levantar acampamento, elogiou seus soldados num discurso que sugeria que, embora estivessem prestes a conseguir capturar Acre, havia tarefas mais urgentes à espera deles, e prometeu que haveria novas glórias adiante.[14]

A marcha de retorno ao Cairo levou 25 dias, num período que esteve entre os piores de todos na memória dos soldados. Eles se arrastavam sob temperaturas na casa dos 40ºC, sem sapatos para proteger os pés da areia escaldante, e à noite os trapos a que seus uniformes tinham se reduzido não protegiam contra o frio do deserto. Eles só encontravam comida e água esporadicamente. Muitos estavam feridos e alguns doentes; os que não conseguiam andar eram carregados em macas improvisadas.[15]

Antes de levantar acampamento de Acre, Bonaparte havia sugerido ao dr. Desgenettes que aqueles que estivessem com ferimentos graves a ponto de não conseguirem se mover deveriam receber doses fatais de láudano, presumindo que, caso fossem deixados para trás, seriam vítimas de atos bárbaros do inimigo. Desgenettes respondeu que seu dever era preservar vidas, não dar fim a elas. Bonaparte então foi ao farmacêutico Boyer e determinou que ele preparasse as poções. Não se sabe com certeza o que aconteceu a seguir, em Acre, em Jaffa e em Tentura, onde havia centenas de doentes e feridos. Os indícios disponíveis variam imensamente, e todos foram escritos depois dos fatos. A imprensa britânica, confundindo Acre e Jaffa, pintou um quadro negro em que o general francês teria envenenado centenas de seus homens. Os defensores da reputação de Bonaparte ou desdenhavam completamente da história ou reduziam a quantidade de mortos a um número muito pequeno. Uma leitura cuidadosa dos indícios sugere que uma poção foi administrada por Boyer por ordens de Bonaparte a cerca de 25 homens, dos quais alguns vomitaram e sobreviveram.[16]

Antes de partir de Jaffa, Bonaparte determinou que todas as carruagens, carroças e cavalos que não estivessem carregando armamentos, incluindo a sua própria, fossem usados para a evacuação dos doentes e feridos. Ele deu instruções detalhadas quanto à separação destes e quanto ao modo como eles deveriam ser transportados. Quando seu cavalariço sugeriu que ele ficasse com pelo menos um cavalo para si, Bonaparte bateu nele, furioso, com seu chicote de equitação. Ele deixou visível sua exasperação e deu duras reprimendas. Descontou sua raiva na 69ª Meia-Brigada quando a unidade recuou durante um dos assaltos a Acre, acusando os homens de covardia e dizendo que eles não tinham nada entre as pernas, e sugerindo que vestissem saias em vez de calças quando chegassem em casa. Nesse ínterim os obrigou a marchar com os mosquetes com a coronha para cima.[17]

O pior trecho da retirada foi a marcha entre Jaffa e o Cairo, e, apesar das ordens de Bonaparte, doentes e feridos foram retirados dos cavalos por seus donos e deixados ali para morrer ou para serem decapitados por beduínos. Ao mesmo tempo houve atos de sacrifício pessoal, e alguns de fato reduziram o passo para ajudar os feridos a acompanhar o ritmo das colunas.[18]

A campanha da Síria foi um desastre completo. Bonaparte perdeu no mínimo 3 mil homens, e, segundo algumas estimativas, um a cada três dos que iniciaram a campanha foi posto fora de combate. Mesmo aqueles que jamais haviam criticado uma decisão dele, opinaram que Bonaparte não deveria ter embarcado naquela campanha. Ao mesmo tempo, o episódio demonstrou uma coisa – que Bonaparte, um homem de 29 anos à frente de um exército indisciplinado que muitas vezes não era muito melhor que uma turba, liderado por generais desobedientes que em muitos casos se ressentiam dele ou até mesmo o detestavam, sem nenhuma autoridade superior para lhe dar apoio, foi capaz, diante da derrota, da praga, de condições adversas e da falta de mantimentos, de manter o exército unido e de manter sua autoridade. A campanha síria testou sua resiliência e ele mostrou que estava à altura do desafio.[19]

Sempre consciente do poder das aparências, preparou com cuidado seu retorno ao Cairo. O responsável pelos uniformes foi posto para trabalhar, substitutos foram enviados de qualquer lugar onde estivessem disponíveis e os remanescentes da expedição síria foram equipados da melhor maneira possível. Bonaparte entrou no Cairo diante das tropas passando por um arco da vitória com bandas tocando, marchando por ruas forradas com folhas de palmeiras. Depois de terem atravessado a cidade de ponta a ponta, as colunas fizeram meia-volta e marcharam mais uma vez, uma operação que durou cinco horas e que tinha como objetivo confundir quem quer que estivesse tentando contar quantos homens ele havia perdido.[20]

De volta ao Cairo, Bonaparte continuou agindo como se nada tivesse mudado, e seguiu enviando relatórios otimistas para o Diretório – muitos dos quais jamais chegaram ao destino, tendo sido interceptados pela Marinha britânica. Em 19 de junho, ele não só expôs as vantagens de ter o Egito como colônia como também gastou muita tinta criticando o modo como a Marinha francesa era organizada. Ele estava construindo algumas corvetas em Suez e ficou chocado quando uma embarcação francesa foi destruída por um único tiro de um navio britânico como resultado de negligência. A Marinha francesa jamais teria qualquer utilidade, ele dizia, enquanto as práticas trazidas pela Revolução sobrevivessem e o capitão não tivesse autoridade absoluta.[21]

Ele confiava que poderia compensar a perda de homens com a compra de algumas centenas de escravos negros a serem incorporados a suas unidades. Mesmo assim ele pressionou o Diretório a enviar mais homens, e especialmente armas. Lendo seus despachos e sua correspondência fica evidente que ele considerava o desafio de administrar seu próprio feudo algo empolgante. Ele havia começado a tratar o exército como se fosse uma legião sua, distribuindo sabres de honra não em nome da República, mas em seu próprio nome. Cortejava os nativos, usando como prefácio de cada declaração as palavras: "Alá é o único Deus e Maomé é seu profeta!".[22]

Ele também frequentava as reuniões do Instituto, que vinha mantendo seu trabalho durante todo esse tempo, mas em uma sessão de 4 de julho teve problemas quando colocou a culpa do fracasso na Síria na peste e na incapacidade dos médicos de encontrar uma cura. Bonaparte afirmou que, ao tratar a peste como uma doença contagiosa, eles haviam prejudicado o moral da tropa e que em nome do bem geral seria melhor declará-la como não contagiosa. Desgenettes insistiu que a integridade científica exigia que a verdade fosse dita. Bonaparte denunciou o médico e os que pensavam como ele como um grupo de teóricos enfadonhos, e Desgenettes respondeu acusando-o de ser um líder despótico a quem faltava visão e depositando nele toda a culpa pela carnificina e pela morte durante a campanha síria.[23]

Em 15 de julho, nas pirâmides, onde ele estava acampado, Bonaparte foi informado de que uma esquadra turca tinha sido vista perto de Aboukir. Ele rapidamente reuniu uma força de mais ou menos 10 mil homens e marchou rumo ao norte. Os turcos desembarcaram entre 10 mil e 15 mil homens e se entrincheiraram na estreita península tendo a fortaleza de Aboukir às suas costas.

Em 24 de julho, Bonaparte montou acampamento a mais ou menos sete quilômetros de Aboukir. Ele não precisaria de muito tempo para saber o que fazer depois de ver as posições turcas. No entanto, naquela noite, enquanto todos dormiam, Michel Rigo, um jovem pintor que tinha recebido permissão para dormir na mesma tenda em que Bonaparte ficava com seu Estado-maior, viu o general levantar no meio da noite e ir até uma mesa onde havia mapas espalhados. Ele o viu meditar sobre o material, medir distâncias com um compasso, andar de um lado para o outro, voltar para a mesa para estudar novamente os mapas, bater na mesa com uma pequena faca, e depois ir até a abertura da tenda e olhar ao longe por um longo tempo.[24]

Ao alvorecer, duas divisões sob comando de Lannes e Destaing atacaram as linhas inimigas, ao mesmo tempo que a cavalaria de Murat rompeu as defesas numa das extremidades e atacou sua retaguarda. Os turcos não tinham para onde recuar, e a maior parte dos soldados correu para o mar numa tentativa de chegar aos navios. Os que não se afogaram foram feitos prisioneiros. Em uma hora, cerca de 3 mil estavam fora de combate. Bonaparte atacou então a fortaleza. O primeiro ataque foi repelido, e os homens que defendiam o local correram para decapitar os feridos, mas imediatamente depois disso o avanço francês atirou todo o Exército turco no mar. No final da batalha, havia entre 10 mil e 12 mil turcos mortos, a maioria por afogamento, e 250 franceses mortos, além de mil feridos. "Foi uma das mais belas batalhas que já vi", Bonaparte escreveu ao general Dugua.[25]

Ele tinha estado no front, comandando as tropas debaixo de um fogo cerrado que matou vários homens à sua volta. Quando um de seus ajudantes foi atingido por uma bala de canhão, "então, o exército inteiro que ainda ontem o insultava durante sua longa e dolorosa marcha, e que por um tempo pareceu se afastar dele, gritou horrorizado", relembraria um sargento. "Todos temiam pela vida desse homem que tinha passado a ser tão precioso para nós, embora, momentos antes, ele fosse xingado por todos." O sargento nem de longe foi o único a se sentir assim naquele dia. "O exército precisava acreditar, como ele, no destino", escreveu outro soldado, "pois a impressão era de que estava escrito em sua testa que os tiros e as balas de canhão precisavam respeitá-lo." Até o rebelde Kléber ficou impressionado. Depois da batalha ele abraçou Bonaparte, dizendo: "General, você é grande como o mundo!".[26]

O grande homem passou os dez dias seguintes em Alexandria antes de voltar ao Cairo. Ele tinha muito no que pensar. A vitória de Aboukir garantia que os otomanos não ameaçariam o Egito no curto prazo, portanto ele estava em segurança para continuar a organizar sua colônia. Porém os fatos na Europa faziam surgir questões alarmantes. Embora estivesse isolado da França desde a destruição da esquadra, era mantido informado por pequenas embarcações francesas que conseguiam passar e por outras neutras, que levavam notícias e até mesmo despachos. Os navios britânicos da esquadra de Sydney Smith que bloqueavam a costa egípcia também se comunicavam regularmente com os franceses que estavam em terra firme, passando para eles exemplares de jornais ingleses.

As conquistas francesas na Itália tinham sido quase totalmente perdidas e a situação no Reno era precária. Parecia que a coalizão poderia ter êxito na invasão da França e na derrubada da República. Bonaparte tinha condições de manter o Egito e esperar por dias melhores, porém, caso houvesse uma restauração dos Bourbon na França, o futuro dele seria sombrio. A República estava em perigo e precisava ser salva, tanto porque ele realmente acreditava nela, embora achasse que pudesse ser mais bem governada, quanto porque tinha se comprometido a ponto de jamais poder ter futuro sob outro sistema.

Bonaparte nunca teve a pretensão de ficar por muito tempo no Egito e vinha pensando em voltar à França por uns meses. Há indícios que sugerem que ele tenha entrado em conluio com Sydney Smith para tornar isso possível, uma vez que o inglês pode ter visto nisso uma chance de tirá-lo do caminho, o que ele imaginava que tornaria os franceses que ficassem para trás mais dispostos a uma capitulação. Seja como for, Bonaparte já tinha feito preparativos para que algumas fragatas e duas embarcações menores estivessem prontas para partir.[27]

Ele voltou ao Cairo em 11 de agosto. Dois dias depois, compareceu à Festa do Profeta, dando a entender que pretendia continuar à frente do governo da colônia. Ao ser informado que a esquadra de Sydney Smith havia partido para o Chipre para pegar suprimentos, Bonaparte e aqueles que ele havia escolhido para ir junto fizeram os últimos preparativos. Oficialmente, ele iria navegar pelo Nilo numa viagem de inspeção. Na noite de 17 de agosto, visitou Bellilotte para se despedir. Sua intenção era levá-la junto, mas mudou de planos e decidiu que ela deveria ir depois – quando ela partiu do Egito, foi capturada pelos britânicos e só voltou à França depois que Bonaparte assumiu o poder; ele jamais voltou a vê-la, mas lhe arrumou um marido e um *château*.[28]

Ele navegou pelo Nilo até Menouf, onde assistiu a um desfile da 32ª Meia-Brigada. "Não fiquem tão tristes", disse aos soldados. "Não vai demorar para estarmos todos bebendo vinho na França." O sargento Vigo-Roussillon achou que ele parecia preocupado e ansioso, enquanto Lannes, Murat e outros de seu séquito estavam radiantes. No dia seguinte, ele partiu supostamente para inspecionar várias posições francesas, e em 22 de agosto cancelou a rota planejada e rumou para a costa num ponto a oeste de Alexandria.[29]

Duas fragatas, a *Muiron* e a *Carrère*, estavam ancoradas a uma pequena distância da praia, com duas pequenas embarcações de três velas, a *Revanche* e a *Fortune*. À meia-noite, Bonaparte e seu grupo embarcaram, todos se apertando independentemente de patente para caber nos botes, na ansiedade de não serem deixados para trás.[30]

As quatro embarcações, sob o comando do contra-almirante Honoré Ganteaume, levantaram âncora nas primeiras horas da manhã. Por ordens de Bonaparte, eles seguiram pela costa, por vezes navegando apenas durante a noite. Ele estava apavorado com a ideia de ser capturado pelos britânicos e preferia a opção de atracar num ponto qualquer da costa e se arriscar. "Imagine que eu fosse pego pelos britânicos", disse a Monge. "Eu seria trancado nas galés e aos olhos dos franceses eu não passaria de um desertor comum, um general que abandonou seu posto sem autorização." Ele carregava explosivos no porão e fez Monge prometer que explodiria o navio caso os britânicos fossem a bordo.[31]

Os ventos não eram favoráveis tão perto da praia, e eles precisaram de um mês inteiro para passar de Malta, onde tomariam rumo norte e iriam mais rapidamente para a França. No grupo estavam Berthier, os ajudantes de Bonaparte, Marmont e Lavalette, Lannes, Murat, o secretário de Bonaparte, Bourrienne, e vários dos sábios, entre eles Monge, Berthollet e o especialista em arte Vivant Denon. A *entourage* de Bonaparte também incluía um mameluco de dezenove anos chamado Roustam Raza, tomado como escravo no Cáucaso aos sete anos e dado a Bonaparte como presente pelo xeique El-Bekri.

Embora se exaltasse com a incompetência do Diretório, Bonaparte não discutiu nenhum plano político que pudesse passar por sua cabeça e, de acordo com Vivant Denon, se comportou como um passageiro num cruzeiro, falando de temas científicos, jogando cartas – trapaceando despudoradamente – e fazendo brincadeiras com os amigos. Ele evitava jogar xadrez, no qual era surpreendentemente ruim. De noite entretinha seus companheiros com histórias de fantasmas, "um gênero em que era muito habilidoso", segundo Lavalette.[32]

O tédio da viagem levou Bonaparte a refletir sobre o passado e o futuro, e numa noite, conversando com Monge, tocou no tema da paternidade. Falou sobre a fofoca que corria sobre o relacionamento entre sua mãe e Marbeuf, dizendo que gostaria de saber com certeza quem era seu pai. As datas sugeriam que de fato era Carlo Maria Buonaparte, mas ele ficava pensando, nesse caso, de onde vinham sua inclinação e seus talentos militares. A incerteza o deixava mais intrigado que aborrecido. E ele parecia até mesmo derivar uma certa sensação de superioridade disso, já que a situação o tornava um caso fora do comum.[33]

À medida que navegavam rumo ao norte, passando por Lampedusa, Pantellaria e pelo oeste da Sicília, o perigo de encontrar navios hostis se tornava maior. Bonaparte determinou que Ganteaume seguisse a costa oeste da Sardenha, por acreditar que, na pior das hipóteses, ele poderia atracar ali e escapar. Eles estavam em águas rasas e precisaram parar em Ajácio, em 30 de setembro, para reabastecer.

Bonaparte desembarcou e visitou sua casa. Letizia havia usado a indenização que obteve do governo francês, por ser uma boa patriota republicana que tinha sido saqueada, para aumentar e redecorar a casa da família, dando ao lugar uma grandiosidade sem precedentes. Bacciochi, marido de Élisa, uma das irmãs de Bonaparte, agora era o comandante da cidadela e uma pessoa importante. Joseph e Fesch vinham comprando terras no entorno de Ajácio, e Bonaparte pôde levar seus companheiros para uma estada confortável no Milleli.[34]

Antes de deixar a Córsega na noite de 6 de outubro, ele comprou um bote e contratou uma dúzia de remadores fortes para possibilitar uma fuga para o litoral caso houvesse um encontro com a Marinha Real. Eles de fato avistaram vários navios britânicos ao se aproximar da costa francesa na noite de 8 de outubro, e Bonaparte determinou uma mudança de curso. Passaram a noite ansiosos, temendo ter sido vistos, mas no fim da manhã de 9 de outubro navegaram rumo à baía de São Rafael sem problemas.

Assim que correu a notícia de que era o comandante do Exército do Oriente quem tinha chegado, o canhão da fortaleza local disparou uma salva comemorativa, e as pessoas subiram nos botes para cumprimentá-lo, ignorando as regras de quarentena que determinavam que todos os navios que chegassem de terras estrangeiras deveriam esperar quarenta dias antes que alguém pudesse desembarcar ou ir a bordo. Como as regras haviam sido quebradas, Bonaparte desembarcou e, se desembaraçando da atenção empolgada dos habitantes da região, às dezoito horas se pôs na estrada para Paris.

17
O salvador

"Eis aqui o nosso libertador; os céus o enviaram!", as pessoas disseram ao cumprimentar Bonaparte quando ele desembarcou. Outros o saudaram como seu "salvador", e alguns queriam fazê-lo rei. Em Aix, onde ele chegou no dia seguinte, multidões se reuniram do lado de fora do hotel, e as autoridades municipais o visitaram como se ele fosse um dignitário em visita oficial. Ao longo da estrada, camponeses aplaudiam, gritavam, e até mesmo carregavam tochas ao lado do coche de Bonaparte à noite para protegê-lo contra os bandidos que infestavam a região – o que não impediu que a bagagem fosse roubada por pessoas que seu mameluco Roustam classificou como "árabes franceses".[1]

Na parada seguinte, em Avignon, "correu com extraordinária velocidade a notícia de que o general Bonaparte havia chegado do Egito e que entraria na cidade dentro de poucas horas", relembraria o jovem tenente artilheiro Jean-François Boulart.

> Num instante a cidade inteira se pôs em movimento, as tropas se perfilaram e marcharam para fora dos muros da cidade na estrada pela qual o herói da Itália e do Egito chegaria. A multidão era imensa. O entusiasmo alcançou o auge quando surgiu a visão do grande homem, o ar ribombava com aclamações e com gritos de *"Vive Bonaparte!"*. E aquela multidão e aqueles gritos o acompanharam durante todo o caminho até o hotel em que ele parou. Foi um espetáculo eletrizante. Assim que chegou ao hotel, recebeu autoridades e oficiais; foi a primeira vez que vi esse ser prodigioso. Contemplei-o com uma espécie de voracidade, eu estava em êxtase [...]. A partir dali, olhávamos para ele como alguém chamado para salvar a França da crise em que o lamentável governo do Diretório e os reveses sofridos por nossas forças armadas precipitaram o país.

Boulart não tinha dúvida de que o Destino trouxera Bonaparte de volta.²

Cenas semelhantes o saudaram em Valence, onde a senhora que o hospedava foi vê-lo e recebeu como presente um xale de caxemira. Quando chegou a Lyon, em 13 de outubro, provocou um entusiasmo que se transformou num festival cívico, com espetáculos de luzes e fogos de artifício, e uma peça glorificando seus feitos foi encenada. Multidões empolgadas o obrigaram a aparecer na sacada de seu hotel várias vezes. Mais uma vez, os dignitários e os cidadãos de destaque da cidade foram visitá-lo como fariam com um rei que estivesse de passagem, e o padrão se repetiu em todas as paradas.³

A notícia de que Bonaparte voltara chegou a Paris antes dele, despertando as mesmas reações. "É difícil dar uma noção do entusiasmo universal produzido pela volta dele", relembraria Amable de Barante, na época um estudante na École Polytechnique. "Sem saber o que ele gostaria de fazer, sem tentar prever o que aconteceria, todas as pessoas, de todas as classes sociais, tinham a convicção de que ele não tardaria a pôr fim na agonia vivida pela França. [...] As pessoas se abraçavam nas ruas, corriam para encontrá-lo, as pessoas desejavam vê-lo." O poeta Pierre-Jean de Béranger, de dezenove anos, estava na sala de leitura quando soube da notícia, e ele e seus amigos imediatamente ficaram em pé e começaram a gritar de alegria. Trabalhadores nos cafés do subúrbio de Saint-Antoine saudaram o retorno de "nosso pai, nosso salvador, Bonaparte", enquanto, de acordo com um verso popular ouvido nas ruas da capital, "Os deuses, que são amigos deste herói, o trouxeram às nossas praias".⁴

Os relatos desses eventos estão cheios de palavras como "fortuna", "providência" e "destino", e em muitos deles Bonaparte é descrito e saudado como "salvador". "As nações não podem escapar de seu destino", escreveu Mathieu Molé, que, temendo outra guinada à esquerda, se preparava para emigrar quando ouviu a notícia sobre o retorno de Bonaparte. Ele não teve como conter o sentimento de que a nação francesa estava sendo guiada por instinto a se submeter ao homem escolhido pela Providência.⁵

Anos de agitação política muitas vezes sangrenta e guerras intermitentes, pontuados por crises econômicas e caos fiscal, haviam obscurecido os benefícios da Revolução e deixado a nação profundamente insatisfeita. O Diretório deu ao país um mínimo de estabilidade e de fato conseguiu alguns resultados positivos, porém estava mergulhado em corrupção e tinha tendência à guerra. Enquanto Bonaparte estava no Egito, os integrantes do Diretório haviam respondido à nova coalizão que se organizava contra a França invadindo Holanda, Suíça e Nápoles, estabelecendo novas repúblicas que envolveriam a França em novos conflitos, e no verão de 1799 os exércitos franceses estavam batendo em retirada.

Governos raramente são julgados em termos racionais, e sua popularidade está sujeita a uma variedade de respostas emocionais. O Diretório, com as duas Câmaras de representantes que o haviam apontado, figurava na imaginação do público como uma coleção de advogados ineficientes em togas que ficavam recitando slogans enquanto perseguiam seus próprios interesses, tanto os venais quanto os políticos. O Diretório era desprezado pela maior parte do espectro político como uma oligarquia pseudorrevolucionária, "uma tirania provisória" fraca demais para garantir estabilidade e governar de modo eficaz, corrupta demais para obter o apoio da sociedade. No entanto, não havia nada que se pudesse fazer para reformá-lo, já que só seria possível alterar a Constituição depois que tivessem se passado nove anos.[6]

A situação exigia uma solução radical. "O estado de nosso país era tal que toda a nação francesa estava preparada para se entregar a qualquer um que pudesse salvá-lo ao mesmo tempo da ameaça estrangeira e da tirania de seu próprio governo", de acordo com o monarquista Louis d'Andigné. A experiência recente havia demonstrado que, nas palavras de um jovem, "nada podia ser realizado ou conquistado se não fosse por um general e com uma força militar". Esse era também o ponto de vista do homem que naquele momento preparava um golpe para derrubar o Diretório (do qual ele era membro) e mudar a Constituição, o ex-padre Émmanuel-Joseph Sieyès. Ele não escondia o fato de que para fazer isso precisava de "um sabre". Mas parecia não se dar conta de que as pessoas já não queriam mais um político como ele apoiado por um general, elas queriam o próprio general. Como disse um outro jovem de dezenove anos: "Havia chegado a hora de uma ditadura, e tudo apontava para o ditador".[7]

Havia outros generais à disposição, como Bernadotte, Moreau, Augereau e Jourdan. O próprio Bonaparte diria mais tarde que, se não tivesse sido ele, teria sido outro. Isso sem dúvida é verdade até certo ponto, mas esse "outro" teria servido a seu objetivo e mais cedo ou mais tarde seria deixado de lado. O condicionamento intelectual, moral e emocional dos últimos cinquenta anos havia feito surgir novas crenças e mitologias, e expectativas ilusórias sobre a vida e, portanto, sobre a política, que tinham entrado em uma nova esfera com a Revolução. As emoções e expectativas subliminares tradicionalmente concentradas na pessoa do monarca como representante ungido por Deus na terra podiam, até certo ponto, ser redirecionadas para conceitos abstratos como "nação" e "república", antropomorfizados na arte e nos rituais para esse propósito. Mas elas não se adaptavam facilmente a um grupo de autoridades, pouco importando o figurino épico usado por eles, com suas togas e chapéus emplumados. Essas emoções e expectativas exigiam um foco mais espiritual, uma figura sancionada por algum substituto de Deus, pelo destino, pela Providência, pela fortuna ou por quaisquer outros eufemismos que pudessem ter a preferência dos intelectuais que enfrentavam os desafios teológicos da época.

Havia séculos os filósofos vinham tratando da questão do que diferenciava alguns homens da multidão, fosse por meio de uma explicação física ou de uma inspiração celestial de algum tipo. No século XVIII, tornou-se costumeiro rotular indivíduos excepcionais de "homens de gênio" – Shakespeare, Descartes e Newton estavam entre os que recebiam essa distinção. E ao mesmo tempo que a ideia de igualdade entre os homens erodia a aristocracia tradicional, uma nova aristocracia de gênios surgia para substituí-la – sendo que às vezes a figura do "gênio" chegava a substituir o rei nos baralhos. O fato de Deus e os santos estarem deixando de fazer parte da imaginação do público abriu caminho para que o gênio se tornasse uma espécie de santo laico, até mesmo um tipo de deus. Para o filósofo suíço Johann Caspar Lavater, um homem capaz de realizações excepcionais era "um ser de uma classe superior", uma "contraparte do divino", um "deus humano". De acordo com o filósofo Immanuel Kant, o gênio era algo concedido aos homens pela natureza. Não era preciso ter morrido para receber esse rótulo. Benjamin Franklin, que domou a fúria celeste dos relâmpagos, era aclamado por muitos como santo, e desenvolveu-se em torno dele um culto que incluía a adoração a relíquias. Rousseau era muitas vezes chamado de "divino", e durante a Revolução Francesa a antiga igreja de Santa Genoveva foi transformada num panteão, um espaço sagrado em que ele, Voltaire e outros eram postos para seu repouso final e venerados como santos. A luta armada em defesa da Revolução elevou o valor militar ao mais alto status entre as virtudes. O sanatório dos veteranos em Paris, chamado de Invalides, foi rebatizado como Templo de Marte.[8]

O dom de Bonaparte para a autopromoção havia moldado sua imagem ao longo dos quatro anos anteriores como a de alguém excepcional, corajoso, sábio, modesto, porém também decidido e, acima de tudo, bem-sucedido. Mais de quinhentas imagens diferentes haviam sido produzidas para retratar suas façanhas durante a campanha italiana, representando-o não apenas como um herói, mas também como uma corporificação e símbolo do Exército, o que na imaginação revolucionária equivalia à própria nação. O episódio egípcio acrescentou novas dimensões. Na ausência de fatos claros, devido às dificuldades de comunicação, os jornalistas davam asas à fantasia, sendo o resultado descrições que ofereciam ao público relatos visionários de vitória e domínio. Gravuras mostravam Bonaparte levando os benefícios da cultura francesa a nativos de aparência exótica, representando-o como um homem da paz e um administrador que criava uma nova colônia para a França, e uma delas chegou a retratá-lo sendo saudado na Índia por Tipu Sahib.[9]

Acima disso, pairava uma sugestão mais sutil de que seus triunfos, descritos por ele mesmo e por outros como "prodigiosos", fabulosos, até "miraculosos", eram consequência de ele ser amado pelos deuses, ou pela Providência, pela fortuna ou pelo destino. Isso explicava a aparente invulnerabilidade tanto diante de balas quanto de pestes. Essa impressão não ficava restrita à França cansada da Revolução: Shelley, Byron, Beethoven, Coleridge, Blake, Goethe e inúmeros outros intelectuais em toda a Europa viam em Bonaparte um elemento sobre-humano que empolgou a imaginação deles, ainda que apenas durante um tempo. Jovens de todo o continente e até do outro lado do Atlântico, incluindo aristocratas que tinham sólidas convicções monarquistas, sentiam-se atraídos por ele e em graus diversos buscavam emular seu exemplo. Não é difícil perceber por que uma sociedade desanimada como a França do outono de 1799 via em Bonaparte um messias havia muito esperado.

Os fatores subliminares também não eram os únicos a desempenhar um papel. O relato exagerado de sua vitória em Aboukir – que convenientemente ofuscou o desastre naval na baía homônima – chegou a Paris depois de uma tortuosa viagem poucos dias antes de Bonaparte desembarcar na França. Surpreendentemente, a situação da guerra tinha mudado: o general Brune havia expulsado as forças britânicas e russas da Holanda e Masséna havia derrotado os russos na Suíça. Porém foram as notícias sobre Aboukir que deram à população a impressão de que a França voltara a ser vitoriosa, e quando cinco dias depois tomou-se conhecimento em Paris que o vitorioso havia vindo para salvar a República, o resultado foi aquilo que o velho revolucionário Antoine-Claire Thibaudeau descreveu como "uma agitação elétrica".

Ele estava no teatro quando houve o anúncio, em meio ao espetáculo, e, embora os atores tenham retomado a encenação depois dos gritos e aplausos, a plateia não deu a mínima para eles, discutindo sobre as possíveis consequências: "Todo rosto e toda conversa refletia apenas a esperança de salvação e o pressentimento de felicidade".[10]

Josefina soube do desembarque de Bonaparte em 13 de outubro, enquanto jantava no palácio de Luxemburgo com o presidente do Diretório, Louis-Jérôme Gohier, um admirador dela, hostil a Bonaparte. Ela não tinha recebido a carta enviada pelo filho do Cairo avisando sobre a fúria de Bonaparte ao saber da história completa de suas infidelidades, interceptada pela Marinha Real – e publicada, para diversão de todos, na imprensa de Londres. O que ela sabia era que os irmãos dele tentavam desacreditá-la, e, portanto, estava determinada a falar com Bonaparte antes deles. Ela partiu de imediato com a filha Hortense, de quem Bonaparte gostava particularmente, na intenção de encontrá-lo no meio do caminho. Infelizmente para ela, ele tinha decidido que não viajaria pela estrada principal.

Quando chegou a Lyon, ele encontrou todos os indícios de que precisava sobre sua popularidade. Sem querer causar com sua entrada em Paris o mesmo *éclat* que havia ocorrido em outras cidades ao longo do caminho, para não irritar os membros do Diretório, e desejando ganhar tempo para fazer um balanço, pegou um caminho que passava por Nevers e Montargis. Bonaparte chegou à capital às seis da manhã de 16 de outubro e foi sem ser visto à rue de la Victoire, onde sem dúvidas pretendia confrontar Josefina e pedir o divórcio.

Ele encontrou a casa vazia, exceto pela presença de sua mãe que, embora tivesse demonstrado recentemente alguma consideração por Josefina, não iria tentar fazer com que ele mudasse de ideia. Como mais ninguém sabia de sua presença na cidade, Bonaparte teve a maior parte do dia para ruminar sobre a infidelidade da esposa – e na verdade sobre as dívidas que ela teria contraído, já que a casa estava redecorada em estilo neoclássico com motivos egípcios. O quarto, com uma imitação de barraca, havia sido projetado para representar os rigores de uma campanha militar, com uma cama que lembrava as camas de acampamento e banquetas no lugar de poltronas. A mobília, supostamente em estilo romano, era obra do mais importante *ébéniste* parisiense, Georges Jacob, e os cômodos eram adornados com antiguidades que Josefina escolheu ou enviadas da Itália para ela.

À tarde ele recebeu o diretor executivo do Diretório, Pierre-François Réal, também chefe de polícia no departamento do Sena, que ficou sabendo da sua chegada. Ele achou que o general estava irritado e deprimido, reclamando sobre a inconstância das mulheres e comparando sua volta para casa com a dos heróis da guerra de Troia. Réal, que era próximo a Barras e Josefina, fez o que pôde para acalmar Bonaparte, alertando que um divórcio cairia mal para a imagem dele e que poderia fazer com que passasse por ridículo.[11]

Bonaparte sabia que o Diretório não ia ficar exatamente feliz com sua volta. Ele havia desertado um exército em campo e desrespeitado a lei da quarentena, uma infração grave. O que não sabia era que, ao se deparar com a ameaça de uma guerra mais perto de casa, eles haviam enviado um despacho em 26 de maio ordenando que ele voltasse para a França com seu exército, uma vez que a carta jamais chegou às suas mãos. Em seguida, eles haviam repetido essas ordens, embora ninguém lhe dissesse como deveria transportar um exército sem contar com uma esquadra. De Aix, onde ele interceptou essa segunda ordem, Bonaparte escreveu sobre sua preocupação com a República e declarou estar pronto para servi-la como pudesse.[12]

Naquela tarde, ele foi ao palácio de Luxemburgo para se encontrar com Gohier, que o recebeu moderadamente bem, o que levou Bonaparte a deduzir que, embora sua deserção tivesse dado aos integrantes do Diretório uma oportunidade de ouro para levá-lo à corte marcial e desacreditá-lo – o que alguns deles chegaram a cogitar –, eles se sentiam impotentes diante da opinião pública. Isso lhe deu confiança quando confrontou o Diretório na manhã seguinte.

Sua aparência expressou uma atitude para a qual eles não estavam preparados: ele estava com uma sobrecasaca verde-oliva, um chapéu de abas largas e, presa por tiras de seda, uma cimitarra oriental. Os membros do Diretório o receberam em sessão pública, e ao chegar Bonaparte se deparou com a presença do público e de autoridades. Entre os sentinelas, reconheceu veteranos de sua campanha na Itália e os cumprimentou apertando suas mãos, fazendo lágrimas surgirem em seus olhos. Falou ao Diretório "como um homem que vinha mais para cobrar uma explicação sobre a conduta deles do que para justificar a sua própria", de acordo com uma testemunha. Ele garantiu que jamais usaria sua espada, exceto em defesa da República, e, em vez de responder às perguntas sobre o Exército no Egito, fez ele próprio perguntas sobre a situação da França. Gohier o abraçou, como era costume, admitindo que o gesto "não foi nem dado nem recebido de maneira muito fraterna".[13]

Ainda naquele dia, ele se encontrou com seu irmão Lucien, que até então tinha tido pouco tempo para Bonaparte e por quem não tinha muita estima. Ele era inteligente, enérgico e inescrupuloso na busca de seus próprios objetivos, embora fosse capaz de assumir princípios morais intransigentes quando lhe convinha. Lucien era político por natureza e bom orador. Tendo sido eleito, como Joseph, para a Assembleia dos Quinhentos, agora tentava se tornar seu presidente. Independentemente do que os irmãos pensassem dele, e ele dos irmãos, eles eram todos família, e a criação à maneira corsa não deixaria que nenhum deles se esquecesse disso.

Joseph não era tão habilidoso quanto Lucien politicamente. Ele havia enriquecido, comprando uma casa em Paris e uma propriedade em Mortefontaine, e se punha no papel de uma figura literária, tendo publicado um romance tolo e vindo a se cercar de escritores. Para obter o apoio de um destacado ex-jacobino, havia arranjado o casamento de sua cunhada Désirée com o general Bernadotte. O cunhado de Bonaparte, o general Leclerc, também havia prosperado, com uma residência na cidade e um *château* no campo, e mandara Paulette, então atendendo pelo nome de Pauline, para a escola de madame Campan para aprender a ler e escrever, e também um pouco de etiqueta. Da família toda, apenas Louis, que havia voltado mais cedo do Egito, não encontrou um lugar para si e se preocupava com o resultado da expedição de Bonaparte.[14]

Tanto Joseph quanto Lucien queriam que Bonaparte se divorciasse de Josefina, e por alguns dias parecia que eles iam conseguir convencê-lo disso. De acordo com Barras, Bonaparte o visitou desesperado e anunciou que pretendia se divorciar. Barras diz que o demoveu da ideia, afirmando que ele ficaria parecendo ridículo, que só gente das classes baixas se sentia ofendida pela infidelidade conjugal, e que ela ainda poderia se revelar útil para ele. Collot diria ter dado conselhos semelhantes. "Não! Eu me decidi; ela jamais voltará a botar os pés na minha casa", Bonaparte respondeu. "Não me importa o que as pessoas dirão." Collot observou que a raiva deixava entrever a força dos sentimentos que ele nutria por ela, e que logo ele recuaria. "Eu, perdoá-la? Jamais! [...] Vocês me conhecem bem. [...] Se eu não estivesse completamente decidido, *despedaçaria meu coração e jogaria numa fogueira.*"[15]

Ao perceber seu erro, Josefina voltou às pressas para Paris, chegando à rue de la Victoire em 18 de outubro. Bonaparte se isolou e se recusou a falar com ela, mas Josefina se negava a ir embora, chorando e repetindo que o amava, implorando perdão. Ela usou Hortense e Eugène para advogar em sua causa, e depois de algumas horas ele abriu a porta e a deixou entrar. Independentemente de quanto sua autoestima estivesse ferida pelo comportamento de Josefina, ele continuava apaixonado e precisava dela. Ela podia dar o conforto e o calor doméstico que ele tanto desejava, era uma mulher inteligente e engenhosa cujos conselhos ele passara a valorizar, e lhe dava a confiança social que ele não tinha e sabia disso. Num nível mais prático, Josefina conhecia muita gente e tinha acesso a diversos círculos que Bonaparte precisava cultivar. Por fim, ele tinha que aceitar que, como muitas pessoas haviam ressaltado, uma briga doméstica levada a público e um divórcio não ficariam bem para a imagem do homem que viera salvar a França.[16]

Ele agia com cautela, mantendo a postura de um guerreiro discreto em repouso. Vestia roupas civis, raramente saía, evitava aparições públicas e assembleias, e se recusava a receber delegações oficiais, cívicas ou militares. Visitou veteranos feridos nos Invalides e passou algum tempo com os amigos no Instituto. Numa das sessões, fez uma palestra sobre o canal de Suez.

No entanto, ele vinha sondando gente de todo o espectro político. Depois de seu primeiro encontro com o Diretório, visitou o ministro da Justiça, Jean-Jacques Cambacérès, que confirmou que a classe política estava exasperada com a situação do país e que havia um desejo disseminado por mudanças. Mas havia divergências consideráveis quanto ao tipo de mudança, e o que Bonaparte precisava aferir era qual facção estava mais forte.[17]

A casa na rue de la Victorie era um entra e sai constante. Dentre os primeiros a visitar Bonaparte estava Talleyrand, que tinha sido demitido do Ministério das Relações Exteriores e se mostrava sedento de poder. A ele se seguiu Pierre-Louis Roederer, editor do *Journal de Paris*, cujo endosso seria crucial. Regnaud de Saint-Jean d'Angély, fiel apoiador de Bonaparte, estava disponível para fazer a propaganda necessária. Dentre os demais visitantes estava Hugues Maret, amigo de Talleyrand e diplomata de pouca expressão que agora passava a secretário de Bonaparte. Em 21 de outubro, Talleyrand e Roederer levaram o almirante Eustache Bruix, com quem haviam jantado, julgando ser um potencial aliado. Outros rondavam Bonaparte à distância. Um desses era o ministro da Polícia, Joseph Fouché, sujeito discreto cuja aparência cadavérica combinava com seu passado de violento jacobino, que lhe deu a alcunha de "Açougueiro de Lyon". Ele havia muito cooptara a colaboração da endividada Josefina, oferecendo assistência financeira e de outros tipos.[18]

Em 22 de outubro, Bonaparte jantou com Gohier e encontrou o general Moreau pela primeira vez. O encontro foi relatado por Roederer em seu jornal no dia seguinte, dando ao público a impressão de que os dois generais mantinham boas relações. Isso era importante, já que Moreau era universalmente popular. Ele tinha sido abordado com um pedido para que salvasse a França pelo diretor Sieyès, que planejava um golpe para derrubar o governo do qual participava. Depois que seu "sabre" predileto, o general Joubert, foi morto na batalha de Novi naquele verão, Sieyès saiu em busca de um substituto e se concentrou em Moreau. Ele convidou Moreau para o palácio de Luxemburgo para falar sobre isso na noite de 13 de outubro, e o general entrou no escritório dele pouco depois de o Diretório ter sido informado sobre o retorno de Bonaparte. Quando soube disso, Moreau supostamente teria interrompido Sieyès com as palavras: "Ele é o homem que você procura; ele vai levar adiante o seu *coup d'état* muito melhor que eu". Isso não significava que ele estivesse abrindo mão de suas próprias ambições.[19]

Sieyès vinha conspirando com Lucien Bonaparte ao longo dos últimos meses, porém recrutar o irmão não ia ser tão fácil quanto podia parecer. Bonaparte não gostava de Sieyès, achava-o um pedante que se dava importância demais. Sieyès não era popular, e muitos suspeitavam que tivesse inclinações monarquistas; ele era odiado pelos jacobinos sobreviventes. Talleyrand e Roederer achavam que Bonaparte devia se aliar a outro diretor que poderia estar mais preparado para agir: Barras. Réal pensava o mesmo, sabendo que Barras ia querer assumir um papel de protagonismo em qualquer evento. Mas Bonaparte continuou sem se comprometer.

Tinha ficado claro que ele era o objeto de desejo de muitos para realizar seus planos. Os que eram a favor da restauração da monarquia viam nele o homem capaz de pôr isso em prática. Os jacobinos esperavam que ele fosse a pessoa a devolver a República a seu momento mais radical. Os republicanos liberais, chamados vagamente de "ideólogos", viam nele o homem forte capaz de garantir a estabilidade e de preservá-los tanto dos jacobinos quanto dos monarquistas. Caso pudesse manter todas essas correntes acreditando que ele estava a seu lado, Bonaparte não iria despertar inimizades. Ele avaliava corretamente que o que irritava a opinião pública era a impressão de que a política fora dominada por facções que só operavam pelos próprios interesses. Para ter apoio mais amplo, Bonaparte precisava estar distante de todas as facções. Portanto, ele se manteve afastado enquanto Talleyrand, Roederer e outros preparavam o terreno.

Sieyès ficou ofendido por Bonaparte não ter se aproximado dele, ao passo que Bonaparte tinha a impressão de que era Sieyès quem deveria dar o primeiro passo. A certa altura desse impasse, Bonaparte perdeu a cabeça diante de várias testemunhas, gritando que as pessoas é que deviam vir até ele, porque era ele "a glória da nação". Ele, no entanto, foi visitar Sieyès e outro dos diretores, Roger Ducos, em 23 de outubro. As coisas começaram mal. Bonaparte se ofendeu com a falta de cerimônia com que foi recebido no palácio de Luxemburgo: o destacamento da guarda não o saudou com o rufar de tambores adequado, o deixaram esperando e não abriram as duas folhas da porta para que ele entrasse. Mesmo assim, quando começaram a conversar, os três concordaram que a França não vinha sendo governada da maneira adequada e que algo precisava ser feito. Os dois diretores devolveram a visita no dia seguinte, mas novamente a reunião não foi além de lamentações.[20]

Fouché, com apoio de Josefina, continuava defendendo uma aliança com Barras, mas, embora Bonaparte se sentisse à vontade com ele e apreciasse sua inteligência, Barras era odiado pelos jacobinos e sua reputação estava manchada diante da opinião pública, que o associava aos piores excessos do Diretório.

Joseph queria unir Bernadotte e Bonaparte – algo que não seria fácil, tendo em conta não apenas as diferenças ideológicas entre os dois, como também a ausência de estima mútua ou simpatia. Ao saber do retorno de Bonaparte do Egito, Bernadotte pediu publicamente que ele fosse levado à corte marcial. Também não ajudava o fato de ele ter se casado com Désirée. Joseph organizou uma festa em Mortefontaine à qual convidou Lucien, Talleyrand, Roederer, Regnaud e outros para tentar criar um ambiente em que os dois generais pudessem selar as pazes. Como Bonaparte e Josefina tiveram de compartilhar sua carruagem com Bernadotte e Désirée, que ele não via desde Marselha, o trajeto de quatro horas dificilmente terá sido relaxante. As discussões entre os dois generais ao longo dos dois dias seguintes não levaram a nada, com Bernadotte se escondendo atrás de seus princípios jacobinos. Embora fosse evidente que ele não iria conseguir o apoio dos jacobinos,

Bonaparte percebia que com líderes tão indecisos quanto Bernadotte eles dificilmente seriam um grande problema.[21]

Na manhã de 30 de outubro, Bonaparte saiu para cavalgar com Regnaud, e no caminho de volta seu cavalo tropeçou em um trecho de pedras no parque, arremessando-o para fora da cela e o deixando inconsciente. Foram necessárias várias horas para despertá-lo, mas naquela noite ele já estava de volta a Paris, jantando com Barras, que continuava tentando cooptá-lo. Algo no comportamento de Barras naquela ocasião causou uma violenta reação de Bonaparte, que decidiu que não teria mais nada a ver com seu antigo protetor. Na manhã seguinte, Barras o visitou, aparentemente disposto a se desculpar, e voltou no outro dia, 1º de novembro, afirmando estar pronto a dar seu apoio. Mas Bonaparte o manteve à distância, dizendo que não pensava em agir por estar cansado demais e doente depois dos esforços no Egito e que seria bom não fazer nada por pelo menos três meses. Naquela noite, encontrou-se com Sieyès na casa de Lucien.

Sieyès disse com toda franqueza que pretendia tomar o poder e implantar uma nova Constituição, e que precisava de um general que o apoiasse e que mantivesse a população sob controle. Bonaparte fez uma verdadeira exibição de convicções democráticas, afirmando que jamais daria apoio a algo que não tivesse sido "livremente discutido e aprovado por uma votação universal apropriada". Sieyès não teve opção exceto aceitar as condições de Bonaparte, embora provavelmente estivesse vendo que ele próprio seria deixado de lado. "Desejo marchar com o general Bonaparte", disse a Joseph, "porque de todos os militares ele é o mais civil."[22]

Bonaparte foi então procurado pelo general Jourdan, incumbido por um grupo de jacobinos de propor que, caso Bonaparte se unisse a eles para derrubar o governo, eles o poriam na chefia do Executivo, desde que o governo fosse estritamente republicano. Ele se disse grato e fingiu que iria pensar na proposta.[23]

A essa altura, todos em Paris sabiam que algo estava em marcha, e as pessoas especulavam abertamente sobre o que iria acontecer, mas não havia indícios de que as autoridades estivessem alarmadas. Os integrantes do Diretório estavam desinformados, já que os relatórios da polícia de Fouché eram sempre amenos. Ao mesmo tempo, cada um deles planejava algo por conta própria, como Sieyès e Roger Ducos, que pensavam em fazer parte do que estivesse por vir, como Barras, ou no mínimo tinham sido sondados, como Gohier e seu colega Moulin. Mas a falta de unidade do Diretório impedia que agissem. Com tanta gente assustada em meio a um ambiente que permanecia fluido e onde ninguém mais confiava em ninguém, o perigo estava em toda parte. Não era tanto o desejo de estar do lado vencedor, e sim o temor de se ver no lado derrotado que tornava as pessoas perigosas.[24]

Bonaparte visitou Talleyrand num fim de noite para discutir o que eles fariam. A certa altura, ouviram uma carruagem e um tropel de cavalos parar em frente à porta. Houve vozes e agitação. Temendo que estivessem prestes a ser presos, Talleyrand apagou as velas e se arrastou até a janela. No fim das contas, era só a carruagem que levava o dinheiro ganho na noite por uma das mais populares casas de jogos de Paris, que sempre andava com escolta de cavalaria, e que parou por causa de uma roda quebrada. Talleyrand e Bonaparte riram, mas o temor não era infundado e a tensão era crescente na capital. Certa noite, Bonaparte buscou alívio ouvindo junto com Fouché um recital das Odes de Ossian musicadas.[25]

Em 6 de novembro, as duas Câmaras ofereceram um banquete para 750 pessoas em homenagem a Bonaparte e a Moreau no Templo da Vitória, antes denominado igreja de Santo Sulpício. O lugar estava enfeitado com tapeçarias e estandartes capturados, e mesas com cavaletes foram armadas no formato de uma ferradura, mas estava frio, com a umidade do outono tomando conta da vasta igreja sem aquecimento. Quando Bonaparte chegou acompanhado de seu Estado-maior, a multidão do lado de fora gritava: "*Vive Bonaparte! La paix! La paix!*". Ele bebeu aos brindes propostos, mas de uma garrafa que levou junto com um pedaço de pão, a única comida na qual tocou. Ele também havia tomado a precaução de se cercar por um grupo de ajudantes fiéis. "Jamais vi uma reunião mais silenciosa nem com pessoas que demonstrassem menos confiança e alegria", observou Lavalette. Um relato de jornal observou que a única conversa acontecia entre os instrumentos musicais. Bonaparte saiu quando a maior parte dos convidados ainda nem havia terminado de jantar.[26]

Mais tarde, naquela noite, ele teve uma longa conversa com Sieyès sobre como deveriam agir. Ambos queriam ficar o mais perto possível da legalidade e evitar a intervenção militar, exceto pelo mínimo necessário para manter a paz e impedir um possível ataque às Assembleias por uma multidão convocada pelos jacobinos. O plano era simples: a maioria dos integrantes do Diretório renunciaria, talvez todos, o que criaria um vácuo de poder que forçaria as duas Assembleias a agir, declarando que o governo não mais existia, e a sancionar uma nova Constituição. Sieyès achava que a tarefa de redigir a Constituição devia caber a ele – ele vinha escrevendo a Constituição ideal em sua cabeça havia anos. Mas Bonaparte insistiu que o documento fosse esboçado por uma comissão indicada pelas duas Assembleias e depois aprovado em plebiscito nacional. Essa comissão, que também cumpriria o papel de governo provisório, deveria ser composta de três "cônsules": Sieyès, Bonaparte e Roger Ducos.

Para garantir que tudo corresse sem problemas e para eliminar qualquer possibilidade de que as Tulherias fossem invadidas por uma turba jacobina, ficou decidido que se lançaria mão da cláusula constitucional que permitia que as duas Assembleias se transferissem de Paris para um lugar seguro em caso de perigo. Como os presidentes de ambas as Câmaras, Lucien Bonaparte e Louis Lemercier, e os dois encarregados da administração, os inspetores das Assembleias, participavam da trama, não deveria haver problema para que isso fosse arranjado. A data ficou provisoriamente marcada para 7 de novembro, porém Bonaparte insistiria em um adiamento de dois dias.

Ele queria fazer uma última tentativa de neutralizar os jacobinos, e em 7 de novembro almoçou com o general Jourdan na rue de la Victoire. Jourdan, um republicano de princípios, era provavelmente o único homem que poderia levar a esquerda a agir. Depois do almoço, andaram pelo jardim, e Jourdan propôs que Bonaparte se unisse a ele num golpe jacobino. Bonaparte disse que a facção de Jourdan era fraca demais, mas deu a ele garantias sobre as suas próprias convicções republicanas, e ao se despedirem Jourdan insinuou que não se oporia a ele. Naquela noite, Bonaparte foi a um jantar oferecido por Bernadotte, depois do qual mais uma vez tentou conquistar seu apoio, porém Bernadotte parece ter acreditado que estava numa posição forte e que, caso se mantivesse à parte, teria um trunfo em suas mãos no momento decisivo.[27]

O dia seguinte foi dedicado aos últimos preparativos e à redação dos anúncios e declarações que seriam colados nos muros e publicados na imprensa imediatamente após o fato. Também havia a questão de garantir o dinheiro necessário, e conversas de última hora com banqueiros e homens de negócios deram resultado. Naquela noite houve uma última confabulação durante a qual os detalhes da ação foram finalizados.

O capitão Horace Sébastiani, um corso dedicado a Bonaparte, recebeu a ordem de entrar em formação com seus cavaleiros logo no início da manhã diante das Tulherias, sede das duas Assembleias. Murat devia reunir dois outros regimentos de cavalaria. Bonaparte havia informado aos oficiais que vieram visitá-lo, e que ele se recusou a receber quando voltou do Egito, que agora ficaria feliz em recebê-los, mas que, devido a circunstâncias urgentes, isso só seria possível às seis da manhã de 9 de novembro. Eles foram convidados individualmente, e até chegarem à casa na rue de la Victoire, na escuridão do início da manhã, ficariam com a impressão de que teriam uma audiência privada com o herói da Itália e do Egito. Ele havia instruído os militares que já faziam parte da conspiração a comparecer lá nesse mesmo horário, por isso ao chegar eles se viram em meio a uma multidão de mais de cinquenta oficiais de alta patente.

Bonaparte se deitou às duas da manhã. Nas Tulherias os dois inspetores das Câmaras, Mathieu-Auguste Cornet e Jean-François Baraillon, ficaram acordados a noite toda escrevendo as convocações para que os membros do Conselho de Anciãos comparecessem a uma reunião de emergência às sete da manhã. Eles eram observados pela Guarda das Assembleias, cujos praças iriam entregar as mensagens às seis horas, mas apenas para membros da Assembleia considerados confiáveis. Os que poderiam causar problemas podiam continuar dormindo.

18
Neblina

Enquanto os representantes do povo seguiam de olhos turvos pelas ruas ainda escuras na manhã de 9 de novembro – 18 Brumário, o mês das brumas no calendário revolucionário –, os cavaleiros de Sébastiani e os caçadores de Murat tomavam posição em torno das Tulherias, e a Guarda Nacional estava em formação nos Champs Élysées. Depois de terem vestido suas togas e tomado assento, os membros do Conselho dos Anciãos foram informados por Cornet de que estava em curso uma trama sinistra para derrubar o governo, organizada por bandidos infames. As Assembleias corriam grave risco, ele declarou, e era preciso tomar medidas urgentes para transferi-las para um lugar seguro, sendo a sugestão o antigo palácio de Saint-Cloud, perto de Paris. Para garantir a segurança dessa transferência e protegê-los, prosseguiu Cornet, era preciso que eles convocassem o herói do Egito, o general Bonaparte, dedicado defensor da República.

Poucos deputados levantaram questões de ordem, mas estando presentes apenas os 150 mais favoráveis dos 250, isso foi facilmente contornado pelo presidente, Lemercier, e um decreto cujo texto havia sido preparado com antecedência foi devidamente aprovado. O decreto estipulava que no dia seguinte as Assembleias seriam transferidas para Saint-Cloud, onde retomariam sua função legislativa sob a proteção do general Bonaparte, que para esse objetivo estava investido do comando de todas as tropas da região de Paris. O documento foi levado pelos dois inspetores à rue de la Victoire.

Lá, Bonaparte estava ocupado, chamando a seu estúdio um oficial por vez para ter certeza de seu apoio e para discutir detalhes das operações do dia. Aqueles que haviam aceitado o convite como uma visita puramente social se viram presos numa armadilha. Ao ver a reunião, um deles supostamente disse ao cocheiro que tocasse adiante, mas foi impedido por Bonaparte, que quase o arrancou da carruagem. Já estando lá, era difícil sair, e quanto mais viam notáveis ao lado de Bonaparte, maior era a probabilidade de que eles decidissem participar.¹

Bonaparte ficou irritado por Bernadotte não ter comparecido. Uma decepção ainda maior foi Gohier, que Josefina convidou dissimuladamente para tomar café da manhã com ela naquela manhã, também não ter comparecido. Porém Moreau foi, assim como o general Lefèbvre, governador militar de Paris, que Bonaparte conquistou ao lhe dar o sabre que usou na batalha das Pirâmides. O velho alsaciano ficou tão comovido que prometeu "jogar aqueles advogados idiotas no rio".²

Quando a cópia do decreto dos Anciãos chegou, Bonaparte saiu de seu estúdio e, depois de lê-lo em voz alta, chamou os presentes para que o ajudassem a salvar a República. Então, montado num magnífico andaluz negro emprestado para a ocasião pelo almirante Bruix, partiu para as Tulherias, escoltado pela cavalaria e por um séquito de generais e oficiais de alta patente em uniformes brilhantes, sendo ovacionados ao longo do caminho por populares que não sabiam o que estava acontecendo, mas mesmo assim manifestavam sua admiração. Perto das dez horas ele entrou na câmara do Conselho dos Anciãos, ladeado por Berthier e por um punhado de outros generais, e fez um discurso ensaiado, elogiando a sabedoria deles por lhe confiarem a segurança da República, que jurou defender.³

Lemercier aceitou seu juramento e confirmou que a Guarda das Assembleias estava sob seu comando – Bonaparte sub-repticiamente incluiu a Guarda do Diretório –, que agora ele passaria em revista. Aqueles não eram os soldados dele, e ele não podia ter certeza de sua lealdade. Uma oportunidade inesperada se ofereceu na pessoa de Bottot, o secretário de Barras, que foi enviado para ver o que estava acontecendo. Bonaparte pegou-o, levou-o em direção às tropas e fez um discurso empolgante, plagiado de um texto que ele havia lido recentemente no jornal. "O que vocês fizeram com essa França que eu deixei numa situação brilhante?", falou ao pobre Bottot. "Deixei a França em paz e encontro guerra! Deixei vitórias e encontro derrota! Deixei os milhões da Itália e agora encontro apenas leis extorsionárias e miséria em toda parte!", dizia com voz ribombante, acusando, na pessoa do infeliz Bottot, toda a classe política francesa de ter jogado fora os sacrifícios feitos pelas "centenas de milhares" de homens corajosos, seus "companheiros de glória" que tinham dado a vida para defender a República. Ele os acusou de facciosismo e disse que havia chegado a hora de colocar a República nas mãos dos bravos soldados em quem se podia confiar que a defenderiam com todo o desprendimento. Os homens estavam prontos para ser comandados por ele.[4]

Bonaparte montou em seu cavalo negro, que ele teve alguma dificuldade para controlar, e passou em revista as unidades reunidas na cidade, empolgando-os sem que eles soubessem para quê, com afirmações dramáticas desprovidas de substância. Ele parecia heroico, sua reputação tinha apelo para todos os soldados, e seu séquito de generais e de oficiais de alta patente, agora com mais de 150 homens, dava a ele uma autoridade incontestável.[5]

Enquanto isso, Sieyès tinha ido às Tulherias a cavalo para parecer mais imponente – ele vinha recebendo lições de equitação nos últimos dias. Estava acompanhado de Ducos, e em breve se uniram a eles seus colegas Moulin e Gohier. Todos os quatro membros do Diretório endossaram o decreto dos Anciãos para a remoção das Assembleias para Saint-Cloud. Mas quando Sieyès sugeriu que Gohier e Moulin renunciassem a seus postos como ele e Ducos haviam feito, eles se recusaram e partiram para a sede do governo no palácio de Luxemburgo para redigir uma carta de protesto. Isso não era um ato sem importância, já que o prédio estava hermeticamente fechado por soldados sob o comando de Moreau. O Conselho dos Quinhentos, que nesse ínterim havia se reunido em sua sede habitual, o palácio Bourbon, na margem esquerda do Sena, estava na mesma situação de impotência. Deputados jacobinos ultrajados tiveram de aceitar o decreto aprovado pelos Anciãos como constitucional, e Lucien encerrou a sessão instruindo-os a se encontrar novamente no dia seguinte em Saint-Cloud.

Para fazer com que o evento principal acontecesse, a dissolução do Diretório, era essencial que a maioria dos seus membros renunciasse, e, como Gohier e Moulin se recusaram a fazer isso, era agora imperativo conseguir que Barras abrisse mão do cargo. Ele tinha sido alertado de que algo estava em marcha, mas decidiu se manter afastado dos fatos prolongando sua higiene matinal, demorando o dobro do tempo de costume para se barbear e tomar banho enquanto mandava Bottot em missão de reconhecimento. Enquanto aguardava esperançoso uma oferta de algum tipo de Bonaparte, o palácio de Luxemburgo foi se esvaziando, primeiro com a saída dos guardas, depois dos funcionários. O poder foi gradualmente se dissipando à volta dele. Perto do meio-dia, ele recebeu uma visita de Talleyrand e do almirante Bruix, que lhe escreveram o esboço de uma carta de renúncia. Barras percebeu que estava acabado. Obedientemente, escreveu o texto que havia sido preparado, que manifestava a "paixão pela liberdade", que foi o único fator que o levou a aceitar tomar parte do governo. "A glória que acompanha o retorno do ilustre guerreiro para quem tive a honra de abrir o caminho rumo à glória" pelo menos permitiu que ele abrisse mão dessa tarefa indesejada e voltasse alegremente a ser mais um cidadão comum. Talleyrand levou uma bolsa com 2 milhões de francos, que pretendia oferecer como recompensa, mas há dúvidas se ele entregou o dinheiro. Do lado de fora, uma tropa de cavalaria esperava para escoltar o ex-diretor para sua casa de campo.[6]

Pelo que se sabe, Paris continuou em paz durante todo o dia e naquela noite os teatros estavam cheios como sempre. Os que tinham maior ambição política, ou eram mais vulneráveis politicamente, começaram a visitar Bonaparte nas Tulherias para participar do beija-mão, só para não correr riscos. Os maiores responsáveis pelo golpe permaneceram no palácio aquela noite para discutir planos para o dia seguinte, que deveria ser a data do ato decisivo, porém inexplicavelmente não conseguiram chegar a um consenso quanto a um plano concreto de ação. Sieyès foi prolixo falando de abstrações. Ducos não disse nada. A única sugestão específica feita por Sieyès foi de que eles deveriam prender quarenta dos deputados abertamente mais hostis. Bonaparte rejeitou essa proposta, declarando estar acima de métodos como esse, confiante de que seu prestígio bastaria. Quando se despediram, o palco estava preparado, porém não havia um roteiro escrito. Enquanto ia para casa debaixo de chuva pesada, Bonaparte se disse satisfeito com o modo como as coisas tinham acontecido. Mesmo assim, colocou um par de pistolas na mesinha de cabeceira antes de se deitar.[7]

Embora aparentemente tivesse neutralizado Jourdan, Bonaparte não tinha como ter certeza de que os jacobinos iriam se manter passivos. Ele vinha usando Saliceti, que agora era membro do Conselho dos Quinhentos, como intermediário, afirmando aos jacobinos que não havia o que temer. Saliceti os alertou para se manterem distantes naquela manhã, assegurando que foi graças a Bonaparte que Sieyès não mandou prendê-los. Mas enquanto Bonaparte e seus cúmplices confabulavam nas Tulherias, Bernadotte tentava convencer os jacobinos a usar de sua influência nas Assembleias para fazer com que ele fosse indicado como comandante ao lado de Bonaparte.[8]

Bonaparte estava de pé às quatro da manhã de 10 de novembro e partiu para Saint-Cloud com Bourrienne, escoltado por um grupo de ajudantes e uma tropa de cavalaria. Sabia que se não conseguisse completar o golpe acabaria no cadafalso, mas confiava em sua sorte. Ele certamente não tinha como confiar em muitos de seus cúmplices. Assim que os principais atores saíram de Paris, Fouché, que não estava totalmente convencido de que o golpe seria bem-sucedido, estabeleceu uma eficiente cadeia de comunicações com Saint-Cloud e se preparou para prender os conspiradores caso eles fracassassem.[9]

Ao chegar a Saint-Cloud, onde as duas Assembleias deveriam se reunir ao meio-dia, Bonaparte se deparou com uma série de preparativos para acomodar os representantes do povo no palácio do século XVII. Os Anciãos se reuniriam na impressionante galeria de Apolo, decorada com afrescos de Mignard, que havia sido limpa e mobiliada com algumas poucas tapeçarias e com fileiras de cadeiras que não combinavam entre si, tiradas às pressas do depósito real. Os Quinhentos se encontrariam no Orangerie, um longo edifício com vista para o jardim com janelas altas que chegavam quase até o chão em um dos lados. Como o local era comprido demais, uma partição foi erguida na metade da sala, e as paredes desbotadas estavam sendo cobertas com tapeçarias, enquanto carpinteiros trabalhavam para construir uma tribuna e uma arquibancada. O edifício, que ficara vazio por dez anos, recebendo apenas ocasionalmente um baile ou outra festividade, era frio e úmido.

Bonaparte tomou uma das salas de estar do palácio para usar como quartel-general. Talleyrand alugou uma casa ali perto, onde ele, Roederer e outros esperavam, prontos para entrar numa carruagem que estava à espera deles caso algo desse errado. Sieyès também tomou a precaução de estacionar sua carruagem num lugar discreto e próximo, caso precisasse sair rapidamente. Dizia-se que alguns dos conspiradores carregavam grandes quantias de dinheiro pelo mesmo motivo. O próprio Bonaparte parece ter tido um ataque de nervos pouco antes de chegar e se enfureceu com um oficial sem qualquer motivo.[10]

Não faltavam razões para nervosismo. Enquanto esperavam que as Câmaras ficassem prontas, os deputados das duas Assembleias, que haviam majoritariamente sido excluídos da sessão do dia anterior, andavam por todos os lados discutindo a situação com parisienses que haviam ido até lá para ver o que estava acontecendo. Durante essas discussões, os que eram hostis a qualquer mudança ficaram mais determinados em sua resistência, ao passo que os apoiadores do golpe começaram a hesitar. Bonaparte tinha no total 6 mil soldados disponíveis, alguns sentados no pátio com suas armas empilhadas, olhando feio para os deputados, aqueles detestados "advogados" e "tagarelas", outros ficaram no terreno em volta e nas ruas da vizinhança. Ele estava determinado a atingir seu objetivo constitucionalmente, por isso não pretendia usar a força militar, mas a presença dos soldados deu arrepios em muitos deputados, que murmuravam em tons sombrios, falando sobre a ameaça de um golpe militar, e usavam epítetos como "César" e "Cromwell".

Só bem depois da uma da tarde, os Quinhentos puderam tomar seus assentos, em suas vibrantes togas romanas escarlate e com seus chapéus poloneses emplumados. Lucien e seus apoiadores deveriam tentar convencer a Assembleia a nomear uma comissão para investigar os perigos que ameaçavam a República. Porém as coisas começaram mal. Percebendo o que ocorria, os jacobinos começaram a denunciar a incipiente ditadura, declarando que defenderiam a Constituição até a morte. Era o tipo de linguagem emocional que conquistava a maioria nas Assembleias do período, e foi realizada uma votação para que cada deputado renovasse seu juramento à Constituição. Isso levaria o dia todo.

Os Anciãos já haviam entrado na galeria de Apolo com suas togas azuis, precedidos por uma banda tocando a *Marselhesa*. Eles deveriam reconhecer a renúncia dos três diretores, declarar que, sendo assim, o governo estava dissolvido, e apontar três cônsules para preparar uma nova Constituição. Mas a sessão mal tinha começado quando alguém começou a questionar a legalidade dos procedimentos do dia anterior. Um dos conspiradores espertamente observou que os Anciãos não podiam debater nada até que os Quinhentos estivessem devidamente constituídos – o que ainda não havia acontecido, já que eles continuavam ocupados com a renovação de seus juramentos. Uma carta então foi lida do secretário do Diretório afirmando que o governo deixara de existir. Perto de 15h30, todo o Legislativo da França havia caído num imbróglio sem fim, e a cada momento que passava a influência dos jacobinos crescia na Câmara dos Quinhentos, ao mesmo tempo que os apoiadores de Bonaparte na Câmara dos Anciãos, muitos dos quais eram moderados, ficavam cada vez mais intranquilos.

Na sala úmida, mal aquecida pela lareira, onde Bonaparte, seu irmão Joseph, Sieyès e outros líderes estavam sentados, "as pessoas se olhavam, mas não falavam", de acordo com um dos presentes. "Era como se eles não ousassem perguntar e temessem responder." As pessoas começaram a inventar pretextos e a ir embora. Bonaparte tentou disfarçar o nervosismo dando ordens desnecessárias e fazendo com que as tropas se movimentassem de um lado para o outro. De tempos em tempos, Lavalette vinha e relatava o que se passava nas Câmaras.[11]

Do lado de fora, cada vez mais gente chegava de Paris. Jourdan e Augereau também tinham comparecido, alertas para a possibilidade de explorar a situação em benefício próprio. Augereau aconselhou Bonaparte a abandonar seu plano. "O vinho foi servido, é preciso bebê-lo", Bonaparte respondeu. Ele percebeu que, caso permanecesse inativo por muito mais tempo, sua posição se tornaria insustentável. Pouco antes das quatro da tarde, anunciou que gostaria de falar aos Anciãos e, seguido por alguns ajudantes, entrou na Câmara. A sessão a essa altura tinha sido suspensa, mas eles se reuniram para ouvir o que ele tinha a dizer.[12]

Bonaparte não era bom orador, muitas vezes tendo dificuldades para achar as palavras certas. Ele estava afobado e não encontrava algo específico para dizer, apenas uma série de slogans que até ali tinham sido suficientes. "Permitam-me falar convosco com a franqueza de um soldado", começou. Ele vinha se ocupando de seus próprios assuntos em Paris, segundo ele, quando o convocaram para defender a República. Ele correu em auxílio deles, e agora estava sendo denunciado como um César, um Cromwell, um ditador. Ele os incitou a agir com rapidez, uma vez que não havia governo e a liberdade estava em perigo. Estava ali para cumprir o desejo deles. "Salvemos a liberdade, salvemos a igualdade!", pediu. A essa altura foi interrompido por um grito: "E quanto à Constituição?". Depois de um silêncio aturdido, Bonaparte ressaltou que eles próprios e o Diretório que haviam nomeado violaram a Constituição em pelo menos três ocasiões, o que não foi um gesto muito diplomático e não fez com que ele parecesse mais convicto ao falar de seu tema principal, ao qual retornou, assegurando num tom de lamento que estava ali apenas para garantir a autoridade deles e não tinha nenhuma ambição pessoal, e exortando-os a emular Brutus caso ele um dia viesse a trair sua confiança. Seus amigos tentaram contê-lo, mas muitos dos membros da Assembleia ficaram zangados e agora começavam a fazer perguntas embaraçosas. Ele foi em frente, assumindo um tom cada vez mais agressivo e usando quaisquer palavras e frases que lhe viessem à mente, evocando imagens de "vulcões", de "conspirações silenciosas", e em certo momento fazendo um alerta: "Lembrai-vos que eu marcho acompanhado do deus da vitória e do deus da guerra!". Bonaparte prosseguiu numa diatribe incoerente até que Bourrienne o arrastou dali, puxando-o pela cauda da casaca.[13]

Espantosamente, Bonaparte achava que havia empolgado seus partidários entre os Anciãos e enviou Bourrienne a Paris para informar a Josefina que tudo ia bem. Ele também endereçou uma mensagem do mesmo gênero para o aflito Talleyrand. É tentador especular se a concussão que ele havia sofrido ao cair do cavalo em Mortefontaine pouco mais de uma semana antes não teve algo a ver com seu comportamento errático e com a sua falta de juízo naquele dia. Com espantosa confiança, ele partiu em seguida para confrontar os Quinhentos. Bonaparte sabia que enfrentaria uma Assembleia hostil e esperava problemas, por isso levou, além de seus ajudantes, alguns granadeiros de confiança.[14]

Ele mal havia entrado no Orangerie, quando gritos de "Abaixo o tirano!", "Abaixo o ditador!" e "Bandido!" o receberam ao mesmo tempo em que a Assembleia se punha de pé, ultrajada com sua incursão militar. Ele foi imediatamente atacado por uma multidão de deputados que o pressionava, gritando, sacudindo-o pelas lapelas e o empurrando com tal força que ele por um momento chegou a perder a consciência. Bonaparte foi resgatado por Murat, Lefèbvre e outros, que mantiveram os deputados furiosos à distância usando seus pulsos, e pelos granadeiros que ele havia levado consigo. A briga ficou mais acirrada, e algumas das pessoas que assistiam da galeria preparada para os espectadores fugiram pelas janelas. Bonaparte depois de algum tempo saiu da sala, pálido, ofegante, a cabeça pendendo para um dos lados, mal conseguindo se manter consciente, perseguido por gritos de "Bandido! Bandido!", o que ao longo da Revolução havia passado a significar uma condenação à morte. Com seu irmão fora do caminho, Lucien fez o melhor para acalmar os ânimos e para evitar uma votação que declarasse Bonaparte criminoso, o que colocaria em questão a fidelidade que as tropas deviam a ele. A Assembleia passou a discutir o que devia ser feito em seguida.[15]

Bonaparte voltou a seu centro de operações. Ele parecia totalmente arruinado, fazendo afirmações estranhas e a certo ponto chamando Sieyès de "general". Em breve ele se recuperou, mas passou o resto do dia com ações e palavras incoerentes. Os que continuavam a seu lado concluíram que não havia mais como atingir seus objetivos por meios constitucionais e que era hora de recorrer à força. Murat e Leclerc eram a favor, mas Bonaparte achou que precisava de um pretexto e tentou conseguir algum tipo de autoridade concedida pelos Anciãos para usar contra os Quinhentos.[16]

Ao ficar sabendo de um relatório equivocado segundo o qual os Quinhentos o declararam criminoso, ele sacou a espada e, debruçando-se na janela, gritou: "Às armas!". O grito, ouvido e repetido, correu em meio à tropa, e os soldados que estavam à espera montaram seus cavalos e ficaram em posição de sentido. Bonaparte saiu do palácio seguido por seu séquito e pediu seu cavalo. O animal feroz emprestado por Bruix estava assustado pelos gritos, e o resultado foi que, quando Bonaparte montou, ele começou a empinar e a pular. Depois de se debater de modo nada heroico com o cavalo, cavalgou até os perplexos granadeiros da Guarda Legislativa, que não demonstraram grande interesse. Foi só ao chegar até os soldados da linha e aos cavaleiros de Sébastiani perto do pátio que ele conseguiu obter o entusiasmo desejado. Cavalgando para lá e para cá em sua montaria indócil, ele fazia pose heroica, desabafando de maneira furiosa sobre o modo como foi tratado pelos Quinhentos, dizendo aos soldados que foi aos deputados se oferecendo para salvar a República, mas que havia sido atacado por aqueles traidores, aqueles agentes a soldo da Grã-Bretanha, que brandiram adagas e tentaram assassiná-lo. A agitação fez surgir uma erupção severa em seu rosto e, enquanto pensava em seu próximo passo, Bonaparte coçou o local com tanta força que tirou sangue, o que agora parecia confirmar a história das adagas levantadas contra ele – o boato de que ele tinha sido ferido correu em meio à tropa, à multidão e acabou chegando em Paris. Murat e Leclerc embelezaram a história, e Sérurier, que comandava tropas mais afastadas, disse a seus soldados: "Os Anciãos apoiam Bonaparte, mas os Quinhentos tentaram assassiná-lo".[17]

Alguns membros dos Quinhentos vinham tentando reunir a Guarda Legislativa, que hesitava. Caso Augereau ou Jourdan tomassem a iniciativa e assumissem o comando, a guarda poderia impedir o golpe. Porém os dois meramente rondaram a cena esperando uma oportunidade para si. Próximo das dezessete horas, um crepúsculo nublado de novembro estava no ar, o destino do país era incerto. No entanto, a maior parte da classe política hesitava, cada um observando o outro, aguardando as próximas movimentações, em vez de agir por convicção.

No Conselho dos Quinhentos, Lucien fez o possível para acalmar a situação, porém a gritaria continuava, por isso no fim ele fez um gesto histriônico, tirando a toga e o barrete, desatando o cinturão de bordas douradas e deixando-os de lado como um sinal de que a liberdade havia sido silenciada e de que ele não podia mais presidir a sessão. Ao mesmo tempo, enviou um dos inspetores da Assembleia com uma mensagem para que seu irmão agisse imediatamente. Isso lhe deu o pretexto.

Bonaparte deu ordens para que um capitão fosse com dez granadeiros resgatar o presidente do Conselho dos Quinhentos. O capitão cumpriu a tarefa, trazendo para fora o desmazelado e abatido Lucien. Ele foi saudado com aplausos. Lucien pediu um cavalo, que foi cedido por um membro da cavalaria, e então cavalgou em meio aos soldados ao lado do irmão, contando a eles que a maioria dos Quinhentos havia sido aterrorizada por um punhado de fanáticos brandindo adagas a soldo da Grã-Bretanha e que estavam desafiando o Conselho dos Anciãos e declarando seu defensor e emissário, o general Bonaparte, como um criminoso. Como presidente do Conselho dos Quinhentos, ele garantiu aos soldados que esses deputados tinham extrapolado os limites legais com seu comportamento e determinou que as Forças Armadas libertassem a maioria bem-intencionada das garras desses monstros que "não mais representam o povo, representam a adaga". Nesse momento ele tomou a espada de um oficial e, colocando a ponta no peito do irmão, solenemente jurou matá-lo caso ele algum dia levantasse um dedo contra a liberdade do povo francês.[18]

A Guarda Legislativa pareceu convencida. Eles ouviam o entusiasmo dos soldados que estavam atrás deles, e, enquanto o tradicional rufar de tambores que prenunciava o ataque troava ao redor do palácio, Murat formou uma coluna de granadeiros e os levou com baionetas para dentro do prédio. Quando o som dos tambores chegou ao Orangerie, alguns dos Quinhentos subiram nas arquibancadas e começaram a jurar que defenderiam a República e a Constituição, enquanto outros seguiam os espectadores fugindo pelas janelas convenientemente baixas. Quando os soldados entraram no palácio, foi um pandemônio. Murat marchou em direção ao pódio do presidente e declarou em voz alta que o Conselho dos Quinhentos estava dissolvido e depois, se voltando aos soldados: "Tirem esses sujeitos daqui!". Os granadeiros não usaram força desnecessária, somente escoltando alguns dos mais recalcitrantes para tirá-los da sala, e em poucos minutos o edifício, já escuro, ficou vazio.[19]

Com seus colegas dos Quinhentos em fuga ou escondidos ali perto, os Anciãos foram trazidos à vida por Lucien, que apareceu no salão onde eles estavam, denunciou um membro do Conselho dos Quinhentos que fora até lá reclamar, e com lágrimas nos olhos fez um relato com uma versão dos eventos digna de Rousseau. Para demonstrar que tudo estava bem, a Assembleia então tratou de alguns assuntos que constavam na ordem do dia.

Lucien passou a pensar em um modo de encaminhar tudo a uma conclusão legal, o que exigia que fosse realizada uma votação no Conselho dos Quinhentos. Ele tinha a seu lado os deputados que participaram do golpe, mas precisava de mais. A essa altura já estava bem escuro e os soldados foram enviados ao parque e às ruas, tavernas e albergues do entorno para procurar quaisquer membros do Conselho dos Quinhentos que ainda não tivessem escapado. Até carruagens que seguiam para Paris foram vasculhadas em busca dos relutantes e muitas vezes apavorados representantes do povo. O número reunido desse modo varia de acordo com diferentes relatos, de trinta até cem, mas certamente ficou muito abaixo do quórum exigido, de duzentos.[20]

Eles foram levados de volta para o Orangerie, onde em meio a bancos e cadeiras virados, à luz de umas poucas velas, Lucien orientou quais deveriam ser as formalidades para denunciar e excluir os 62 colegas que supostamente tentaram "aterrorizá-los", colocando em discussão depois um voto de agradecimento a Bonaparte e aos soldados que os libertaram. Eles deram início então à formação de uma comissão que, por sua vez, nomeou como Executivo três cônsules provisórios: Sieyès, Ducos e Bonaparte. Perto das quatro da manhã, à luz de velas já quase derretidas, fizeram um juramento solene de fidelidade "à soberania do povo, à França una e indivisível, à igualdade, à liberdade e ao governo representativo". O Conselho dos Quinhentos também nomeou uma comissão legislativa interina e decretou o recesso das duas Assembleias legislativas até 20 de fevereiro de 1800.[21]

Isso então foi comunicado aos Anciãos, que levaram um imenso tempo para nomear uma comissão encarregada de ponderar os fatos e relatá-los, fazendo um debate simbólico e depois votando. As duas Assembleias então emitiram uma declaração conjunta afirmando que haviam garantido a liberdade e a República.[22]

Um boletim redigido por Fouché já havia sido lido nos teatros de Paris, informando as plateias que, durante a sessão das duas Assembleias, Bonaparte quase pereceu numa tentativa de assassinato, mas que foi salvo "pelo espírito da República", o *génie de la République*, e que estava retornando à capital. Notícias impressas compostas anteriormente por Roederer corriam a cidade, dando uma versão semelhante dos fatos e saudando Bonaparte como salvador da França. Na descrição que ele mesmo fez dos eventos do dia, vinte adagas teriam sido brandidas acima de sua cabeça para assassiná-lo. Um granadeiro cujo uniforme rasgou durante a briga foi transformado no herói que usou o próprio corpo como escudo para proteger o general.[23]

Em Saint-Cloud, lugar para o qual se deslocavam muitos dos que haviam decidido manter distância mais cedo, seguidos por outros atraídos pela sedução de um poder em ascensão, Bonaparte leu uma proclamação em grande estilo. "Ao retornar a Paris encontrei a cizânia em cada um dos poderes, e o único consenso era que a Constituição estava moribunda e não tinha mais como proteger a liberdade. Cada facção veio até mim e confidenciou planos, revelou segredos e pediu apoio; recusei-me a ser homem de qualquer facção", declarou, usando como base da legitimidade do poder que assumia a totalidade da nação. Ele disse que as ideias conservadoras e liberais podiam agora assumir seus lugares ao lado de outros princípios.[24]

Ele havia compreendido que a principal preocupação da maior parte da nação era o desejo de paz. "O que acabamos de conquistar é a paz", afirmou. "É isso que deve ser anunciado nos teatros, publicado em todos os jornais e repetido em prosa, verso e até em canções." As tropas marchando de volta a seus alojamentos cantavam *Ça Ira*, a mais sanguinária das canções revolucionárias, mas os deputados jacobinos estavam fugindo da capital ou se escondendo – a polícia de Fouché já estava em seu rastro. Assim como os eventos daquele dia, tudo era confuso, mas uma coisa era certa – a Revolução estava encerrada.[25]

Bonaparte voltou a Paris às cinco da manhã com Bourrienne, Lucien, o general Gardanne e Sieyès, que foram sendo deixados pelo caminho um a um até que a carruagem chegasse à rue de la Victoire. De acordo com Bourrienne, todos eles estavam cansados e melancólicos. Depois que ficaram sozinhos, Bonaparte supostamente rompeu o silêncio para admitir que falou muita bobagem naquele dia. "Prefiro falar com soldados do que com advogados", disse. "Aqueles idiotas me intimidaram."[26]

Quando chegou em casa, Josefina estava acordada, e ele ficou sentado na cama por horas pensando nos eventos do dia. Ela disse que a mãe dele e Paulette chegaram às pressas, agitadas: elas tinham ido ao teatro, onde o espetáculo foi interrompido e o autor da peça subiu ao palco para anunciar que Bonaparte havia sobrevivido a um atentado e salvado a França.[27]

19
O cônsul

O dia seguinte, 11 de novembro de 1799, era um *décadi*, um domingo no calendário republicano. O clima estava ameno e chovia. Às dez horas, o cônsul cidadão Bonaparte deixou sua casa com roupas civis e foi levado pelas ruas vazias até o palácio de Luxemburgo numa carruagem escoltada por seis soldados de infantaria montada. Ele foi direto para o apartamento de Sieyès, onde os dois discutiram a situação por mais de uma hora. Pouco antes de meio-dia, Ducos se juntou a eles e os três cruzaram o pátio até a Câmara do Conselho no prédio principal, onde os mais importantes apoiadores do golpe haviam se reunido.

Bonaparte tentou dar um tom solene ao agradecimento que fez pelo apoio, mas o efeito foi, de acordo com Roederer, "doloroso": ele sofreu para encontrar as palavras certas, cometeu erros tolos de vocabulário e ia de uma frase a outra de forma abrupta, como se estivesse dando ordens no campo de batalha. Eles iriam precisar de mais do que frases bem-feitas. Haviam derrubado o Diretório e se declarado os comandantes da França, mas isso era o máximo que fariam. Os cartazes colados nos muros de Paris orgulhosamente anunciavam o início de uma nova era, mas isso permanecia ainda no campo dos desejos. De todo o discurso de Bonaparte como salvador, os cínicos concluíam que os cinco diretores foram substituídos por três cônsules que iriam governar com os mesmos níveis de honestidade e competência. Bonaparte estava determinado a provar que eles estavam errados.[1]

A primeira decisão a ser negociada era quem iria presidir o consulado de três homens. Sieyès havia suposto que seria ele, porém se decepcionaria. De acordo com uma versão dos eventos, Ducos havia se voltado para Bonaparte e dito: "É desnecessário votar para a presidência; é sua por direito". Em outra versão, Bonaparte simplesmente tomou a cadeira de presidente. Ao fazer isso, declarou modestamente que eles deveriam fazer um rodízio e cada um presidir por um dia, mas isso jamais aconteceria.²

Assim constituídos, os cônsules passaram a nomear o novo governo – ou melhor dizendo, Bonaparte fez isso. Substituiu o ministro de Guerra com tendências de esquerda pelo confiável Berthier, deixou Cambacérès no Ministério da Justiça, e num gesto para os ideólogos nomeou como ministro do Interior o matemático e astrônomo Pierre-Simon Laplace – seu avaliador na graduação da École Militaire em 1785. Bonaparte manteve os ministros de Polícia, da Marinha e de Relações Internacionais – embora fosse colocar Talleyrand no cargo dez dias depois –, e permitiu que Sieyès nomeasse seu candidato, Martin Gaudin, ministro das Finanças. "Ele era um administrador honesto e cuidadoso que sabia se fazer benquisto pelos subordinados, prosseguindo com cautela, mas propósito", Bonaparte escreveria sobre ele mais tarde, uma qualidade que ele não apreciava na época. "Vamos, faça o juramento, estamos com pressa", apressou um Gaudin surpreso. Por razões que só se tornariam claras mais tarde, provavelmente a nomeação mais significativa foi a de Hugues Maret, de 36 anos, como secretário dos cônsules.³

"Senhores, vocês têm um mestre", Sieyès teria dito, conforme relato, depois que Bonaparte deixou a sala. "[Bonaparte] quer fazer tudo, sabe como fazer tudo e pode fazer tudo. Na situação deplorável em que nos encontramos, é melhor nos submetermos do que estimular divisões que levarão a uma derrota certa." Ele havia sido completamente dominado. Bonaparte chegara à conclusão havia tempos de que um governo efetivo requeria um ditador. Ele fora levado ao poder por um grupo desigual de pessoas que consequentemente acreditava que deveria ter voz na definição do futuro. Ele estava pronto a incluí-los, declarando que aceitava trabalhar com todos os patriotas honestos. Mas deixou claro que não iria favorecer nenhuma das facções, uma vez que ele pertencia à "facção da nação". A nação, ele acreditava, queria um governo forte. Os cartazes proclamando o estabelecimento de uma "nova ordem" tornaram claro que esse regime não seria como os outros. "O governo antigo era opressor porque era fraco; o que o sucede se propõe a ser forte de forma a cumprir o dever de ser justo", proclamavam. "Ele pede o apoio de todos os amigos da República e da liberdade, de todos os franceses."⁴

No que dizia respeito às armas, os cônsules contavam principalmente com os militares em Paris, mas não com as unidades estacionadas pelo país, no Reno e na Itália, que provavelmente seguiriam as ordens de seus comandantes imediatos, muitos dos quais não eram devotos de Bonaparte e tinham suas próprias ideias, não só políticas. O novo regime teria que ser cuidadoso nas articulações para representar de tudo para todos os homens, de forma a desarmar a oposição, o que coincidia com o desejo de Bonaparte de fundamentar seu governo na reconciliação nacional. Mas ele deu um passo em falso no início.

Na reunião seguinte, os cônsules decidiram expulsar os mais perigosos jacobinos, 37 dos quais deveriam ser mandados para a colônia penal de Caiena e outros 22 seriam colocados sob vigilância policial na ilha de Ré. A notícia causou desaprovação generalizada e medo de uma nova onda de vingança. Cambacérès e Roederer correram para o palácio de Luxemburgo e argumentaram com veemência contra a medida, que seria revertida. Não está claro quem a sugeriu, já que ninguém assumiu a culpa. Bonaparte fez seu melhor para parecer o defensor da clemência desde sempre, e escreveu cartas conciliatórias para alguns dos homens que estavam naquela lista. No dia 24 de dezembro, proclamaria uma anistia para muitos dos que haviam sido expulsos nos golpes anteriores.[5]

Muitos monarquistas viam Bonaparte como o equivalente francês do general George Monck, que foi capaz de devolver aos Stuart o trono inglês em 1660. Bonaparte achava que tal devolução não era desejável nem viável. Mas ele não queria provocar seus apoiadores; eles mantinham uma guerra civil latente no Oeste da França, onde o sentimento monarquista e católico era alimentado por emigrantes instalados na Inglaterra. Bonaparte começou negociando uma política de cessar-fogo com os insurgentes e de leniência com aqueles que estivessem dispostos a deixar as armas. Seu objetivo era enfraquecer a resistência dos religiosos à República ao permitir que as igrejas fossem reabertas e também que as pessoas frequentassem o culto aos domingos e nos dias de festa, o que o levou em seguida a libertar padres que estavam presos e a homenagear os restos mortais do último papa, morto em Valence naquele verão.

Uma política paralela era drenar as fontes de apoio à causa monarquista. Um de seus primeiros atos como cônsul, no dia 13 de novembro, foi revogar a chamada Lei dos Reféns, que permitia que as autoridades prendessem os parentes de emigrantes e monarquistas ativos. Tendo anulado a lei, foi à notória Torre do Templo e a outras prisões e libertou pessoalmente os reféns presos lá. "Uma lei injusta privou-os de liberdade, e meu primeiro dever é devolvê-la a vocês", Bonaparte disse a eles.[6]

No dia anterior, 12 de novembro, se dirigiu ao Instituto para adular seus membros e, depois de libertar os prisioneiros nobres, visitou o naturalista octogenário Louis Daubenton, que estava muito doente. Não foi um gesto vazio. Embora a ameaça dos jacobinos e monarquistas fosse evidente, o apoio dos ideólogos, republicanos moderados e monarquistas constitucionais de centro é que era fundamental, eram eles que iriam escrever a nova Constituição.

Bonaparte havia se mudado da rue de la Victoire para a sede do poder. Ele se estabeleceu em um grupo de aposentos no andar térreo do Petit Luxembourg, ao passo que Josefina se acomodou no andar superior, no apartamento deixado por Gohier. Os dois estavam ligados por uma escada interna que ia do escritório dele para o dela e a uma área privada dele no andar superior. Bonaparte acordava cedo e trabalhava, algumas vezes com Bourrienne, até as dez horas, quando fazia uma refeição leve, depois da qual se reunia com assessores e ministros para tratar de assuntos específicos. Jantava às dezessete horas, depois subia para o apartamento de Josefina, onde conversava com outros ministros e membros de sua família numa atmosfera menos formal. Estabelecer-se como uma força motriz entre os cônsules era apenas o primeiro passo; o próximo exigia um posicionamento muito mais informal.[7]

Após o golpe, cada uma das duas Câmaras havia delegado uma comissão de 25 membros para trabalhar numa nova Constituição, que seria proposta pelo Conselho dos Quinhentos e analisada pelo Conselho de Anciãos quando eles voltassem a se reunir. Sua natureza iria determinar se havia algum propósito no golpe; apenas a criação de um Executivo forte garantiria a estabilidade política e só assim o trabalho de reconstruir a França poderia começar.

Como Sieyès se considerava uma autoridade nessa esfera, muitos se guiavam por ele. Assim, ele se pôs a trabalhar com vivacidade e em breve elaborou um projeto baseado no voto universal masculino no qual o elemento democrático era, como Bonaparte colocou, "totalmente metafísico": 6 milhões de eleitores iriam eleger 600 mil, que iriam, por sua vez, escolher 60 mil, que iriam escolher 6 mil "notáveis", cujos votos iriam determinar a composição de duas Câmaras legislativas. Esses seriam supervisionados por um "*collège de conservateurs*" e presididos por um "Grande Eleitor" que iria morar no palácio de Versalhes e dar conta de funções majoritariamente cerimoniais, auxiliado por dois cônsules.[8]

De acordo com Fouché, depois que Sieyès leu seu rascunho no dia 1º de dezembro, Bonaparte caiu na risada, desprezando o texto como uma tolice metafísica. Apontou que o Grande Eleitor seria apenas a caricatura do rei ocioso. "Você conhece alguém vil o suficiente para gostar de desempenhar tal papel burlesco?", perguntou, a respeito do que Sieyès, que havia desenhado o cargo, presume-se, como uma gaiola política para o próprio Bonaparte, o acusou de querer comandar como um soberano. Em um estado de exasperação, ameaçou se retirar de todo o processo. Apesar de ter um grupo considerável de seguidores, Sieyès não tinha como convocá-los. Na manhã após o golpe, o líder dos ideólogos, Benjamin Constant, lhe disse que havia sido um erro concordar com o recesso das duas Assembleias por três meses, uma vez que isso o impedia de ter um fórum no qual poderia se opor a Bonaparte.[9]

Em seu encontro no dia seguinte, Sieyès preparou uma palestra sobre os princípios da democracia para defender seu projeto, e Bonaparte fez questão de se mostrar submisso; ele decidiu não se opor e se concentrar, em vez disso, no status e no poder do Executivo. Sugeriu que cinco delegados de cada uma das comissões se encontrasse na presença dos cônsules para dar forma final ao texto, e eles se reuniram em seus aposentos na noite de 4 de dezembro. Ele os manteve lá até a manhã do dia seguinte, analisando cada artigo, retirando toda a retórica desnecessária e ditando detalhes precisos a Pierre-Claude Daunou, que foi designado secretário. O exercício foi repetido à exaustão nos próximos dias. Bonaparte achava "essas longas noites de discussões intermináveis durante as quais precisava ouvir tantos despropósitos" completamente exaustivas. Esses homens eram todos muito mais velhos que ele. Representavam uma riqueza de conhecimento e experiência, e assisti-los abordar a tarefa o ensinou que mentes brilhantes poderiam ser notavelmente confusas quando se trata de transformar conceitos em linguagem compreensível e formato prático.[10]

Muito embora Bonaparte tenha conseguido fazer uma breve visita à opera no dia 9 de dezembro, a maior parte de seu tempo era dedicado à tarefa, realizando reuniões em noites consecutivas até julgar que o trabalho estivesse pronto, o que aconteceu no dia 10 de dezembro, sete dias depois da primeira sessão. Ainda havia elementos a serem adicionados, mas ele temia que o processo fosse se arrastar se não fosse encerrado, portanto, na noite de 13 de dezembro, persuadiu todos os cinquenta membros das duas Comissões a assinar o projeto como estava.

Era uma fraude brilhante. Garantia o voto universal masculino, com cada cidadão acima de 21 anos tendo direito a voto. Mas não haveria nenhuma eleição propriamente dita: eles se encontrariam em suas comunidades e escolheriam um décimo do total. Esses se reuniriam no departamento e repetiriam o processo, designando um décimo de eleitos, que então elegeriam 10% como seus notáveis no âmbito nacional. Esses notáveis formariam o conjunto de onde sairiam as autoridades das comunidades e departamentos e membros das quatro novas Assembleias – por nomeação no primeiro momento e por indicação rotativa daí em diante.

Apenas o Executivo tinha o direito de propor novas leis, as quais teriam que ser formuladas pelo Conselho do Estado (*Conseil d'État*), um corpo de trinta a quarenta especialistas. A legislação proposta seria submetida para análise do Tribunato (*Tribunat*), um corpo de cem pessoas nomeadas por cinco anos, um quinto dos quais seria substituído anualmente. Então o texto seria repassado ao Corpo Legislativo (*Corps législatif*), que consistia de trezentos membros, também renovados um quinto ao ano, e que iria ouvir o porta-voz do Executivo e do Tribunato, e então aprovar ou rejeitar a lei. Os membros do Tribunato e do Corpo Legislativo eram nomeados pelo Senado, composto por oitenta homens de mais de quarenta anos que eram os últimos guardiões da lei e participavam de sessões fechadas, aumentando sua quantidade de membros por meio de novas indicações.

Isso de certa forma acatava o projeto de Sieyès, mas a ideia dele de Grande Eleitor foi substituída por um Executivo que consistia em três cônsules nominados pelo Senado para um mandato de dez anos. As prerrogativas do primeiro-cônsul incluíam o poder de propor leis, nomear membros do Conselho de Estado, ministros, funcionários públicos e juízes (exceto os de paz, que eram eleitos localmente), de declarar guerra e assinar tratados de paz. Os outros dois cônsules tinham uma função puramente consultiva. Ao contrário do que ocorria com o Diretório, eles não constituíam um Consulado: eram cônsules da República. E uma vez que o Senado ainda não estava constituído, os primeiros três cônsules seriam escolhidos pelas duas comissões que tinham acabado de aprovar a nova Constituição, no dia 13 de dezembro.

Uma jarra de medida de dez litros foi colocada na mesa para fazer as vezes de urna, e os cinquenta membros das duas comissões escreviam cuidadosamente suas escolhas em pedaços de papel. Porém, antes que pudessem ser contados, Bonaparte, que havia ficado casualmente encostado na lareira, aquecendo as pernas diante do fogo, caminhou até a mesa e pegou a jarra.

Dirigindo-se a Sieyès, falou com deferência, como se o estivesse fazendo em nome de todos, que eles deveriam reconhecer seus méritos e contribuição ao delegar a ele a função de nomear os três cônsules. Sieyès sabia que havia sido colocado de lado e estava perdendo a vontade de resistir ao homem enérgico e jovem. E prontamente nomeou Bonaparte como primeiro-cônsul e aceitou a escolha de Cambacérès como segundo, e como terceiro apontou o ex-funcionário do antigo regime de sessenta anos, Charles-François Lebrun. Enquanto Bonaparte esvaziava o conteúdo da jarra no fogo, foi registrado que ele e os outros haviam sido nomeados "por aclamação unânime". O golpe de Estado do Brumário estava concluído.[11]

A "Constituição do Ano VIII" foi tornada pública dois dias depois, em 15 de dezembro de 1799. Em Paris, as tropas estavam nas ruas enquanto os funcionários municipais liam o texto em lugares públicos. A nova Constituição foi promulgada dez dias depois e apoiada por um plebiscito nacional, cujos resultados seriam anunciados em 7 de fevereiro de 1800: mais de 3 milhões de votos contra 1.562. A percepção geral era de que os números haviam sido fraudados, mas só recentemente se descobriu a extensão da fraude. Lucien, que havia substituído Laplace no Ministério do Interior, fez seus funcionários nos departamentos "arredondarem" os resultados, adicionando 900 mil votos no "sim", e simplesmente somou outros 550 mil votos em nome do exército, que não foi consultado, acrescentando quase 1,5 milhão de votos no total. Na realidade, apenas 20% do eleitorado registrou sua aprovação, mas não era muito menos do que em outros plebiscitos realizados durante a Revolução.[12]

A publicação da Constituição foi seguida de uma proclamação redigida por Sieyès que afirmava ser ela baseada nos "reais princípios do governo representativo, nos direitos sagrados de propriedade, igualdade e liberdade", e terminava com as palavras: "Cidadãos, a Revolução vai ratificada nos princípios que a iniciaram. Ela se concretizou!".[13]

Nada poderia ser menos verdadeiro. Os 95 artigos da Constituição não incluíam nada sobre liberdade, igualdade ou fraternidade, e não mencionavam os Direitos do Homem. A Constituição dava autoridade a um homem e não determinava nenhum canal para a oposição que ele não pudesse encerrar com uma canetada. Era um texto bastante descritivo, com o artigo 88 estipulando, por exemplo, que o Instituto Nacional deveria trabalhar pelo aperfeiçoamento das artes e da ciência. Sieyès, que foi nomeado presidente do

Senado, resumiu o princípio guia do texto num comentário: "A autoridade vem de cima; a confiança, de baixo". Ela estabelecia uma regra absolutista disfarçada pelo espírito da época.[14]

Seria errado ver a Constituição como o produto somente da fome de poder de Bonaparte. Sieyès e outros ideólogos que haviam iniciado a Revolução viram com seus próprios olhos para onde uma democracia descontrolada poderia levar, e quase todos os que haviam testemunhado os eventos de 1790 desejavam fechar a caixa de Pandora. A nova Constituição prometia fazer apenas isso. "Aqui temos a democracia despida de todas as suas inconveniências", apontava o fisiologista, filósofo e revolucionário Pierre Cabanis, um dos membros do Conselho dos Quinhentos, acrescentando que as "classes ignorantes não mais tinham nenhuma influência".[15]

No dia 22 de dezembro, Bonaparte reuniu em sua residência no palácio de Luxemburgo os 29 homens escolhidos por ele para compor o Conselho de Estado. Dois dias depois, após ele próprio, Sieyès e Ducos renunciarem a seus cargos como cônsules temporários, Bonaparte realizou uma reunião às vinte horas com seus dois novos colegas, seus ministros e o Conselho, durante a qual ele tomou posse oficialmente como primeiro-cônsul. Com trinta anos e quatro meses, Bonaparte declamou uma proclamação à nação francesa prometendo "tornar a República querida por seus cidadãos, respeitada pelos estrangeiros, temida pelos inimigos". A tarefa era desafiadora, mas ele podia contar com a ajuda de alguns dos cérebros mais formidáveis e com os administradores, juristas, economistas e gestores públicos mais talentosos da época.[16]

O segundo cônsul, Cambacérès, era um advogado de 46 anos muito inteligente de Montpellier. Ele teve papel ativo na Revolução, trabalhando em projetos sucessivos para um novo código civil de leis adequado ao tempo. Esteve na Convenção que condenou Luís XVI, mas votou por suspender a sentença. Suas atividades políticas não interferiram em sua bem-sucedida prática advocatícia, que fez dele um homem rico. Homossexual bem-educado, vestia-se com zelo, com cascatas de renda no pescoço e punhos, mantendo o cabelo cuidadosamente encaracolado. Também era um gourmet, ostentando a melhor mesa de Paris, na qual os convidados eram servidos por criados uniformizados. Suas análises eram bem fundamentadas, suas maneiras sutis e, graças à sua posição como maçom sênior, mantinha contatos em todo lugar. Cambacérès estimava

Bonaparte pelo que ele havia feito e poderia fazer pela França, e também por poder ser útil a ele; ele não era cego a suas falhas e iria impedir que Bonaparte cometesse vários erros.

O terceiro cônsul, Lebrun, era trinta anos mais velho que Bonaparte, vindo da pequena nobreza da Normandia, e havia sido secretário de René de Maupeou, o chanceler da França no antigo regime que lutou para restituir a autoridade da Coroa. Homem de gostos literários, havia traduzido os trabalhos de Homero e Tasso e escrito poesias. Esteve na Convenção como monarquista moderado, escapando miraculosamente da guilhotina durante o Terror, e foi delegado no Diretório. Bonaparte ficou desconfiado de Lebrun por suas conexões monarquistas e antes de se decidir insistiu em ver seus trabalhos poéticos. Apesar de reservado por natureza, Lebrun era esperto, com um entendimento concreto de economia, convencido da necessidade de um Poder Executivo forte, e se opunha a estruturas parlamentares indisciplinadas. Nisso ele era parecido com seu superior: Bonaparte estava determinado a trabalhar por meio de pessoas e instituições que pudesse controlar e dirigir, e não com "câmaras tagarelas" que perdiam tempo e impediam o funcionamento eficiente do Estado.[17]

Seu principal instrumento para reconstruir o governo francês era o Conselho de Estado, inicialmente composto por 29 pessoas escolhidas por ele, reunidas em cinco setores – Legislação, Assuntos Internos, Finanças, Guerra e Naval –, todas com grande conhecimento especializado e bem informadas sobre os desafios do momento. Elas representavam um espectro de origens sociais, ideologias e afiliação política. Eram uma fonte de energia na qual os desejos do primeiro-cônsul tomavam forma.

Bonaparte fazia com que trabalhassem duro, tão duro quanto ele mesmo, quase que freneticamente determinado a fazer o máximo o mais rápido possível. "Naquele momento, o trabalho do conselheiro do Estado era tão doloroso quanto vasto", lembraria um deles. "Tudo precisava ser reorganizado e nos encontrávamos todos os dias, fosse no plenário do conselho ou em nossas seções; toda noite tínhamos uma sessão com o primeiro-cônsul, na qual discutíamos e decidíamos das oito da noite até as quatro ou cinco da manhã." De acordo com Bourrienne, o primeiro-cônsul dava vazão a sua euforia após um trabalho bem-feito cantando – terrivelmente mal.[18]

De forma a evitar discussões inúteis, os oito ministros que compunham o gabinete de Bonaparte não operavam como um gabinete – ele os chamava quando precisava, como um general faz com seus oficiais. Comunicava-se com os ministros por meio do secretário de Estado, Maret, que agia como uma espécie de chefe de Gabinete Civil. "Sou um homem para quem pode-se dizer tudo", Bonaparte disse a Maret quando este aceitou o cargo, e Maret afirmaria que naqueles dias discutiu com frequência com Bonaparte. Advogado no Antigo Regime e diplomata durante a Revolução, Maret era visto por alguns como uma nulidade obsequiosa, porém tinha as habilidades necessárias para o trabalho, comandando os oito ministros de acordo com a vontade de seu mestre. Eles tinham que regularmente enviar relatórios de suas atividades e estar preparados para ser chamados à presença de Bonaparte para responder questões sobre elas. Como seus generais, logo aprenderam que tinham que ter os fatos na ponta da língua, pois ele poderia, de repente, perguntar quantas barcaças com grãos estavam ancoradas no Sena, ou quanto havia sido gasto em certo projeto, e não aceitava respostas imprecisas.[19]

Isso não significava que fossem nulidades subservientes. Laplace, que se viu sobrecarregado pela tarefa à frente no Ministério do Interior, foi substituído por Lucien. Cambacérès foi sucedido no Ministério da Justiça por André-Joseph Abrial, um advogado distinto e administrador eficiente. O ministro das Finanças, Gaudin, havia trabalhado para o Tesouro sob Luís XVI e durante a Revolução desafiou Robespierre, e não apenas conseguiu salvar seu pescoço, mas também os de seus empregados da guilhotina.

O ministro da Polícia, Fouché, era absolutamente independente e se comunicava diretamente com Bonaparte. Sua posição lhe fornecia informações que o tornavam inestimável ao primeiro-cônsul. Ele havia criado uma fonte independente de financiamento ao cobrar impostos de bordéis e casas de jogo, "fazendo com que o vício, que é endêmico em todas as grandes cidades, contribua para a segurança do Estado", como explicava, e usava o dinheiro para pagar uma rede de informantes de todo tipo e origem. Ele se fazia útil para muitos e acumulava considerável influência. "Fouché tinha uma reputação terrível", Bonaparte admitiu para Cambacérès. "Ele fala mal de todo mundo e bem só dele mesmo. Sei que não rompeu relações com seus amigos terroristas. Mas ele sabe quem são e isso faz dele útil para nós. Ficarei de olho nele. Se descobrir qualquer infidelidade, não vou poupá-lo." Fouché registrou que os encontros entre os dois ocasionalmente se tornavam cenas terríveis, mas ele admirava Bonaparte por sua habilidade como realizador e por impor ordem ao caos.[20]

Estabelecer a ordem no país era um desafio. Dez dias depois do golpe, os cônsules enviaram embaixadores até as 22 divisões militares para sondar a opinião pública e "explicar" o que acontecera. O novo governo havia recebido declarações de lealdade e congratulações de muitas autoridades locais, mas isso era basicamente inútil, e 20 de 29 departamentos não haviam manifestado nenhuma reação. Os emissários descobriram que a opinião pública por todo o país se mostrava indiferente ou desconfiada. Em algumas áreas a Guarda Nacional havia se recusado a professar lealdade à nova autoridade, houve protestos dos jacobinos, e a administração do departamento de Jura denunciou Bonaparte como "tirano usurpador". No Oeste e no Sul, onde o sentimento monarquista era forte, a notícia do golpe foi recebida com hostilidade pelos que deduziram que ele havia colocado republicanos no poder e com felicidade pelos que viam nisso um prenúncio da restauração dos Bourbon.[21]

Bonaparte não dava nada como garantido, nem mesmo o Exército, que era mal pago e estava à beira de um motim. "O espírito do Exército não é de forma alguma favorável aos eventos de 18 e 19 Brumário", Masséna relatou em visita ao Exército da Itália. Ela havia recentemente liderado uma operação militar contra um grupo de 1.200 desertores que estavam causando tumulto. Marmont, que havia sido enviado para averiguar o humor do Exército no Norte, foi mal recebido. Bonaparte já havia instruído Berhier a conduzir um expurgo gradual de oficiais politicamente não confiáveis ou descontentes.[22]

Virtuose da manipulação, ele foi rápido em controlar os rumos da opinião pública. "Se der liberdade à imprensa, não sobreviverei nem três meses no poder", avaliou. Fouché precisava de pouco estímulo. "Jornais sempre foram pavios de revoluções", escreveu. "Eles as preveem, as preparam e acabam tornando-as inevitáveis." Apesar disso, Bonaparte reconhecia a utilidade de um elemento de liberdade de imprensa. No dia 17 de janeiro, sessenta de um total de 63 jornais foram fechados, deixando poucos para refletir as opiniões de facções como a dos monarquistas. Por meio do Ministério do Interior apoiava *Le Mercure*, um jornal contrarrevolucionário editado por um ex-emigrante e monarquista ardoroso, Louis de Fontanes, que, além de ser amante de Elisa Bacciochi, estava convencido de que Bonaparte era o único homem que poderia reformar não apenas a França, mas o mundo. Outro jornal, *Le Moniteur*, sofreu uma intervenção e se transformou no porta-voz do governo, divulgando as opiniões de Bonaparte e explicando suas ações em artigos sem assinatura.[23]

Fouché expandiu a censura para o teatro, e a partir disso toda palavra dita num palco era estritamente controlada. Bonaparte tinha opiniões e gostos fortes a respeito do teatro e estava ciente de seu potencial político. Desprezava a comédia, com a exceção do *Tartufo*, de Molière, e acreditava que apenas as grandes tragédias mereciam ser vistas, uma vez que revelavam as verdades a respeito da natureza humana e seus afazeres. Considerava Corneille e, em menor grau, Racine como mestres, e durante a vida viu a *Cinna* de Corneille pelo menos doze vezes, *Oedipe*, nove vezes, e *O Cid*, pelo menos oito; e *Fedra* e *Iphigénie en Aulide*, de Racine, pelo menos dez vezes cada. Com a intenção de evitar a representação de eventos históricos que poderiam sugerir paralelos com o presente, instruiu Fouché a proibir qualquer peça posterior ao século XV. Ao elogiar e favorecer escritores que sabia como agradar, Bonaparte iria gradualmente alimentar uma literatura de aprovação que beirava a adulação.[24]

Ele também zelou por sua própria reputação ao conduzir uma cuidadosa busca nos arquivos de todos os documentos a respeito de seu passado, particularmente sua relação com Paoli e suas tentativas de tomar a cidadela de Ajácio das forças do governo francês em 1792. Alguns documentos foram destruídos, outros substituídos por falsificações que reescreviam a história e alguns de seus próprios escritos foram alterados no processo.[25]

O único outro ministro que tinha acesso direto a Bonaparte e trabalhava perto dele como Fouché era Talleyrand. Muito embora sua lealdade estivesse sempre em dúvida, ele tinha se mostrado útil no passado, e como Bonaparte disse a Cambacérès, que o havia alertado sobre o caráter traiçoeiro e a venalidade voraz de Talleyrand, "os interesses pessoais dele são nossas melhores garantias". Talleyrand não era apenas um negociador talentoso e um diplomata nato; era também, apesar de seu passado revolucionário, um aristocrata do Antigo Regime e, portanto, estava numa posição adequada para conduzir negociações não oficiais por meio de seus familiares em toda a Europa. Isso era vital para assegurar a paz tanto na França quanto no exterior, e a paz dentro do território nacional era uma prioridade absoluta, essencial não apenas por segurança, mas também em nome da credibilidade de Bonaparte como o homem que iria unificar a França e cauterizar as feridas da Revolução.[26]

Talleyrand soube da chegada de dois agentes de Luís XVIII a Paris, o barão Hyde de Neuville e o conde D'Andigné, que haviam sido enviados para organizar um golpe monarquista, ou, caso isso não fosse possível, para convencer Bonaparte a trabalhar pela restauração da monarquia. Bonaparte aproveitou a oportunidade apresentada e mandou que Talleyrand organizasse um encontro.

No dia 26 de dezembro, Talleyrand buscou Hyde de Neuville em sua carruagem e o conduziu ao palácio de Luxemburgo, onde ele foi levado a uma sala e orientado a aguardar. Quando "um homem pequeno e que parecia insignificante, vestido com um casaco de cauda esfarrapado esverdeado, entrou com a cabeça baixa", Hyde pensou que era um criado, mas o homem foi até a lareira e, apoiado na cornija, olhou para cima, e, como Hyde registrou, "de repente pareceu mais alto e a luz flamejante em seus olhos, agora penetrantes, anunciou Bonaparte". O primeiro-cônsul aceitava que os monarquistas tinham o direito de resistir àquilo que viam como opressão e expressou sua admiração pela lealdade demonstrada à causa dos Bourbon, mas disse a Hyde que era hora de aceitar a nova realidade. Após uma conversa rápida – havia uma sessão no Instituto a que ele queria comparecer –, Bonaparte dispensou-o solicitando que voltasse no dia seguinte com seu colega. Andigné também ficou impressionado ao ficar cara a cara com "o pequeno homem de aparência vil" numa "casaca oliva quando foi com Hyde ver o primeiro-cônsul". Bonaparte os incentivou a abandonar a luta, propondo várias concessões. "Vou restabelecer a prática religiosa, não por vocês, mas por mim", prometeu entre outras coisas. "Nós nobres não temos a necessidade de religião, mas as pessoas precisam, então vamos restabelecê-la." Irritado, rejeitou a sugestão de que poderia pavimentar a restauração dos Bourbon, pela qual seria ricamente recompensado. Acusou os príncipes Bourbon de covardia dizendo que, se tivessem tido a coragem de desembarcar e liderar seus apoiadores na Vendeia, ele teria aderido à causa. Incitou Hyde e Andigné a se juntarem a ele, oferecendo a ambos a patente de generais, prefeitos, ou o que eles quisessem.[27]

"Em seu sotaque estrangeiro desagradável, Bonaparte se expressa com brevidade e energia", notou Andigné. "Sua mente ágil o leva a emendar uma frase na outra, tão rápido que é difícil de acompanhar e deixa muito a ser deduzido. Tão animado ao falar como ágil com suas ideias, ele continuamente vai de um assunto a outro. Cita um tema, abandona-o, volta a ele, parece nem ouvir o interlocutor, embora não deixe de prestar atenção a tudo que se diz... Um orgulho desmedido faz com que ele se coloque acima de tudo que o cerca e o leva sempre de volta a si mesmo e ao que ele fez. Então se torna prolixo e ouve a própria voz com prazer visível, e não evita nenhum detalhe que possa lisonjear seu amor-próprio...[28]

No dia seguinte, Bonaparte proclamou uma anistia para aqueles que abandonassem as armas e anunciou a liberdade religiosa. Abriu negociações com os comandantes monarquistas por meio do militante monarquista abade Étienne-Alexander Bernier, declarando ao mesmo tempo que enviaria tropas contra aqueles que continuassem a lutar. A política de morde e assopra deu resultado, e no dia 18 de janeiro o comandante dos monarquistas na margem esquerda do Loire rendeu-se e foi seguido alguns dias depois por seu colega na margem direita. Eles reconheceram que estavam lutando por uma causa perdida e não tinham mais confiança em seus aliados. "A Inglaterra estava disposta a nos prover com alguns meios para resistirmos, mas nos recusavam os recursos que permitiriam nosso triunfo", refletiu Andigné. No dia 25 de janeiro, em resposta a uma ofensiva de monarquistas obstinados ao norte, o exército atacou e promoveu represálias agressivas. Em algumas semanas todas as forças monarquistas remanescentes se renderam, e na Normandia um dos líderes mais renitentes, Louis de Frotté, foi baleado. Grupos isolados continuaram a resistir, passando a adotar táticas típicas do banditismo, ainda que alegassem roubar "em nome do rei". Três semanas depois, Bonaparte fez outro movimento para puxar o tapete dos monarquistas, criando uma comissão para analisar emigrantes que desejavam voltar para a França: em menos de dois anos, aproximadamente 40% deles – cerca de 45 mil – voltariam, aceitando o novo regime. No dia 6 de março, Bonaparte recebeu em audiência os principais chefes monarquistas e impressionou-os com declarações de reconciliação nacional, e no fundo com seu charme. Um dos que resistiram a isso foi Breton Georges Cadoudal, e houve outros no país e entre os emigrantes que manteriam a luta no submundo. Mas Bonaparte conseguiu o que sucessivos governos haviam falhado em fazer por mais de cinco anos: acabar com a guerra civil.[29]

"Mesmo os mais imparciais não hesitarão em admitir que ele parecia predestinado a comandar homens", escreveu o advogado de 42 anos François-Nicolas Molien. O veterano general Mathieu Dumas refletiu que Bonaparte "não destruiu a liberdade, porque ela não existia mais; ele sufocou o monstro da anarquia; salvou a França". Um homem muito mais jovem, Mathieu Molé, declarou que apenas um homem poderia ter conquistado isso, explicando que a origem de Bonaparte, suas façanhas, virtudes, vícios e "o tipo de mágica que envolvia sua vida [...] fizeram dele o único instrumento que a Providência poderia usar para esse propósito". O jovem aristocrata Philippe de Ségur não negava suas conquistas, mas sentia que "isso era também obra da França".[30]

20
Consolidação

Em 19 de fevereiro de 1800, os cônsules se transferiram do palácio de Luxemburgo para as Tulherias. O movimento foi ditado pela necessidade de deixar que o Senado ocupasse as instalações do palácio de Luxemburgo e pelo fato de que o antigo palácio real tinha localização mais central e seria mais fácil de ser defendido contra a violência da turba. De acordo com Cambacérès, Bonaparte também estava preocupado com a possibilidade de o prédio começar a virar uma ruína caso não se encontrasse um uso para ele. Ao inspecionar o palácio antes da mudança, ele ficou revoltado ao ver pichações feitas por revolucionários nos painéis.[1]

No dia marcado, com um belo clima de primavera, os três cônsules deixaram o palácio de Luxemburgo com alguma pompa em uma carruagem puxada por seis cavalos brancos, com Roustam resplandecente em seu traje de mameluco cavalgando ao lado. Eles foram precedidos pelos ministros, que tiveram de fazer o trajeto com carruagens de aluguel comuns de Paris, seus números cobertos com papel ou tinta para a ocasião, e por um destacamento dos Guias de Bonaparte. Atrás da carruagem vinha a cavalaria da nova Guarda Consular e uma escolta de soldados. O cortejo foi saudado por uma pequena multidão de observadores ao chegar diante do palácio. Os cônsules desceram e, ao contrário de Cambacérès e Lebrun, que entraram no palácio, Bonaparte montou um cavalo e inspecionou três meias-brigadas que desfilaram diante do prédio. Então, ele instalou o Conselho de Estado em uma das galerias e recebeu formalmente as autoridades civis e militares da cidade.[2]

Encerradas as cerimônias, Bonaparte e Josefina assumiram sua nova residência. Ela não estava à vontade, já que o lugar trazia à memória o destino de sua última ocupante, Maria Antonieta. Os aposentos dela, redecorados com seda amarela e mobília de mogno, ficavam no térreo. As janelas davam para os jardins das Tulherias, que ficavam separados do palácio por um estreito terraço e alguns degraus. Como os jardins estavam abertos para o público, ela os usava pouco, mas Bonaparte frequentemente se exercitava lá.³

Bonaparte tomou para si um grupo de aposentos acima, ligados ao apartamento dela por uma escada oculta. Instalou seu escritório numa sala com uma única janela que dava para os jardins que havia sido um quarto da rainha, decorado no reinado de Luís XIV com um afresco de Minerva sendo coroada pela Glória no teto e paisagens nas paredes. Com o tempo, adaptaria o lugar a suas necessidades de trabalho, mas de início se acomodou da melhor maneira possível, usando uma mesa que pertencera ao último rei e convertendo um pequeno oratório em banheiro.

A criadagem era composta de dez homens, incluindo um bibliotecário, um cavalariço, um cozinheiro e um criado de quarto, e uma dúzia de outros funcionários, todos comandados por Bourrienne. Ele também era auxiliado por Roustam, que dormia no quarto ao lado. No fim de março, Bonaparte tomou de Josefina o belga Constant Wairy, de 21 anos, que passou a ser seu principal criado de quarto.⁴

Em geral Bonaparte acordava às sete da manhã e fazia com que lessem os jornais e às vezes um romance para ele enquanto se lavava, era barbeado – algo que tinha dificuldade em fazer ele mesmo – e se vestia. A partir daí trabalhava com Bourrienne em seu escritório, só saindo para receber ministros ou autoridades em um outro escritório. Costumava almoçar sozinho, raramente gastando mais que quinze minutos com a refeição. A preferência era por pratos simples, embora tivesse voltado do Egito gostando de tâmaras e apreciasse *pilaf*. Ele bebia apenas uma taça de vinho, sempre Chambertin, diluído em água. Depois tomava um café forte. Às vezes Josefina almoçava com ele, e era comum que Bonaparte empregasse o tempo falando com artistas ou escritores que desejava encontrar e que ficavam por ali enquanto ele comia.

Os outros dois cônsules supostamente também deveriam ir morar no palácio, porém, embora Lebrun tenha aceitado, Cambacérès preferiu permanecer em sua casa. A perspectiva de manter uma mesa só para si provavelmente teve peso, e sem dúvida ele preferia gozar de seus prazeres sem ser censurado pelo pudico Bonaparte, mas também teve a sabedoria de antever que um dia teria de suportar a humilhação de receber o convite para se retirar do palácio, como acabou acontecendo com Lebrun mais tarde.

Na manhã seguinte à mudança, Bonaparte fez a primeira reunião dos três cônsules no antigo palácio real. Por coincidência, naquele mesmo dia, o homem que pretendia ocupar o lugar, Luís XVIII, escreveu para ele do exílio em Varsóvia propondo que Bonaparte o ajudasse a recuperar o trono. Bonaparte não respondeu. Cambacérès achava que a essa altura ele não tinha uma ideia clara do que iria fazer no futuro, exceto pela reconstrução da França. "Todos os indícios eram de que ele queria ser o comandante", escreveu. "Nada sugeria que o título de primeiro-cônsul parecesse insuficiente para ele." Em uma conversa com Roederer, Bonaparte disse que se aposentaria se sentisse que não "agradava" o povo francês. "Da minha parte, exijo pouco", ele disse. "Tenho uma renda de 80 mil ou 100 mil libras, uma casa na cidade, uma no campo: não preciso de mais nada." Porém, acrescentou, até o momento o povo parecia satisfeito com ele. Ele chegara para ficar e fazia questão de deixar isso claro.[5]

No dia seguinte, os cônsules organizaram uma recepção para o corpo diplomático, chefiada pelos embaixadores do rei da Espanha e do papa, e depois pelos vários corpos administrativos da República. Um antigo camareiro real foi retirado da aposentadoria, recebeu ordens para conduzir os procedimentos exatamente do modo como eles aconteciam durante o último reinado e recebeu uma equipe para que isso fosse possível. Bonaparte acolheu os convidados como chefe de Estado, e depois todos foram servidos de café e chocolate quente antes de serem conduzidos por Talleyrand até os aposentos de Josefina para serem apresentados a ela e a um grupo de mulheres que já assumia comportamento de quem trabalha para a realeza. Ela tinha se apropriado do papel de consorte real com a mesma naturalidade com que ele assumira a atitude de chefe de Estado.

Os dias da casaca "esverdeada" esfarrapada tinham acabado. Ele havia desenhado um uniforme para os cônsules que rompia claramente com as togas e plumas do Diretório. O uniforme consistia de uma casaca azul abotoada até o queixo, com um colarinho alto e punhos com bordados dourados, calções e meias brancos, e uma versão mais suntuosa em veludo escarlate para ocasiões cerimoniais como essa. Também já não existiam mais os dias das mechas desordenadas emoldurando o rosto pálido, que foram substituídas por um penteado mais curto à la Titus. Também passou a cuidar mais da higiene e aparência, insistindo em trocas frequentes dos lençóis e fazendo as unhas das mãos, das quais tinha um orgulho fora do comum. Ele tomava banho com frequência e se encharcava de água de colônia.

Europa
1800

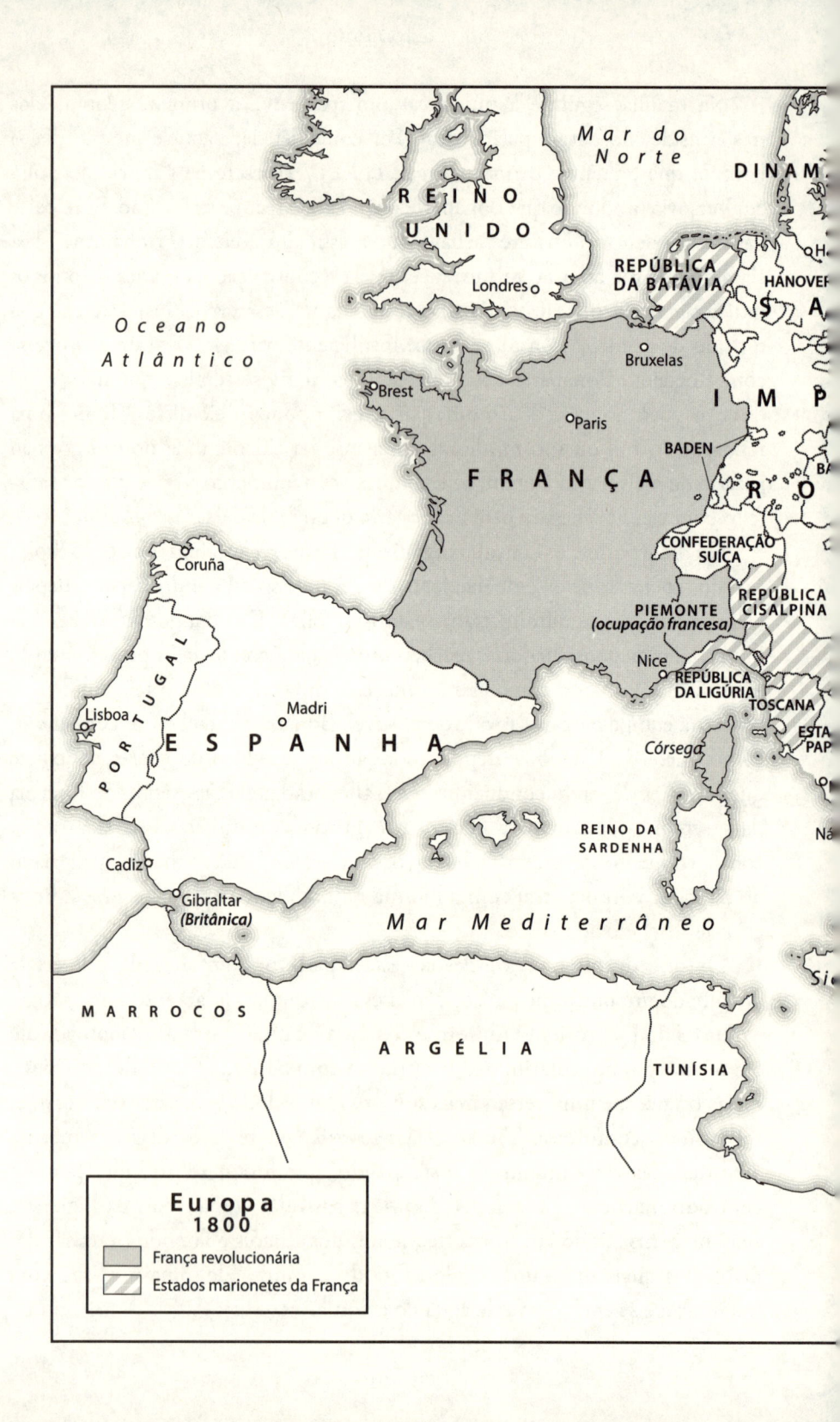

- França revolucionária
- Estados marionetes da França

Map

Locations labeled on the map:

- Moscou
- Danzig
- Königsberg
- Minsk
- RÚSSIA
- Varsóvia
- IMPÉRIO RUSSO
- Kiev
- Cracóvia
- Viena
- ÁUSTRIA
- Belgrado
- Mar Negro
- Sofia
- IMPÉRIO OTOMANO
- Adriático
- Constantinopla
- REINO DE NÁPOLES E SICÍLIA
- Ilhas Jônicas (francesas)
- Creta
- Chipre
- Alexandria
- Delta do Nilo
- Egito
- Cairo

Poucos dias depois da primeira recepção, Bonaparte pediu ao ministro das Finanças que localizasse as joias da Coroa; não demorou muito para que visitantes das Tulherias percebessem que a espada do primeiro-cônsul cintilava com diamantes, tendo no punho o famoso *Régent*, o maior do mundo. Incomodado por alguns comentários irônicos, ele se viu obrigado a publicar no *Le Moniteur* um texto explicando que não se tratava meramente de uma peça de joalheria, mas sim de um símbolo da grandeza da França.[6]

O novo papel de Bonaparte significava que ele precisava aprender a se comportar. Até agora, havia trabalhado em um ambiente militar com incursões em política provinciana e diplomacia de tempos de guerra. Ele jamais havia se adaptado às sutilezas da convenção, nem ao procedimento civil, e não tivera oportunidades de desenvolver suas habilidades sociais normais. Não tinha tato e, de acordo com um de seus ministros, possuía a graça de um subalterno malcriado, usando os dedos à mesa e se levantando independente de seus convivas terem ou não terminado de comer. Seus pontos de vista fortes, sua atitude e seu caráter não o predispunham a começar um aprendizado social nessa idade, e ele tinha um problema fundamental nas suas relações com os outros, que Germaine de Staël identificou sagazmente como uma total falta de empatia.[7]

Ele era bondoso por natureza, rápido em ajudar os outros e em recompensá-los. Encontrava empregos confortáveis e arrumava pensões generosas para ex-colegas, professores e criados, até mesmo para um guarda que demonstrou compaixão durante o tempo que ele passou encarcerado após a queda de Robespierre. Foi generoso com o filho de Marbeuf, promoveu seu antigo comandante em Toulon, Dugommier, e cuidou de sua família depois que ele morreu, fez o mesmo por La Poype e Du Teil, e encontrou um posto com uma pensão generosa para o inútil Carteaux. Sempre que se deparava com pessoas em situação difícil, fazia doações pródigas. Sabia ser sensível, e há incontáveis atos que podem ser confirmados de solicitude e gentileza que são testemunho de que ele genuinamente desejava ver as pessoas felizes.[8]

Ele sabia ser encantador e só precisava sorrir para que os outros se derretessem. Sabia ser uma companhia agradável quando adotava uma atitude bonachona. Era bom contador de histórias, e as pessoas adoravam ouvi-lo falar sobre algum tema pelo qual se interessavam, ou contar suas histórias de fantasma, que às vezes ele contava depois de apagar as velas. Por vezes se mostrava passional ao falar de literatura ou, mais raramente, de seus sentimentos. Quando fazia isso, de acordo com Staël, era bastante sedutor, embora a atriz Ida Saint-Elme visse "mais indelicadeza do que ternura" em suas tentativas de ser encantador. Claire de Rémusat também achava a alegria dele "de mau gosto e imoderada" e seus modos frequentemente mais compatíveis com alojamentos militares do que com uma sala de estar. Em geral ficava pouco à vontade com mulheres, sem saber o que dizer e fazendo observações desajeitadas sobre seus trajes e sua aparência. Somente na presença de Josefina ele era menos irritadiço.9

Bonaparte ficava mais à vontade com crianças, soldados, criados e com os mais próximos, por quem se interessava mais de perto, perguntando sobre saúde, família e problemas. Ele os tratava com uma familiaridade brincalhona, fazendo provocações, chamando-os de vigaristas ou patetas; sempre que era atendido por seu médico, o dr. Jean-Nicolas Corvisart, Bonaparte perguntava quantas pessoas ele havia matado naquele dia. Sua maneira de demonstrar afeto era dar um tapinha na bochecha, ou um apertão de leve no nariz ou na orelha. Ele estranhamente não percebia quando causava dor, mesmo quando um apertão mais forte no nariz fazia surgirem lágrimas nos olhos da vítima, e como as pessoas viam naquilo uma marca de grande estima, como de fato era, ninguém objetava. No fim de uma reunião tumultuada na qual falou abertamente sobre o modo como um ministro lidava com sua pasta, Bonaparte convidou-o para jantar. O ministro curvou-se, de modo respeitoso mas desafiador, momento em que foi agarrado pelas duas orelhas, o que ele viu como "o sinal mais embriagante de estima, que ficou lisonjeado de receber". Era um gesto de familiaridade que neutralizava muitas situações constrangedoras. No entanto, familiaridade de fato era algo que Bonaparte parecia temer, e poucas pessoas, como Duroc e Lannes, chegaram a chamá-lo pelo familiar pronome "*tu*" sem ser repreendidas.10

Ele realmente perdia a cabeça, mas era rápido em se acalmar e perdoar. Ocasionalmente quebrava coisas ou pisava no chapéu de raiva. Certa vez, bateu no ministro do Interior, Chaptal, com um rolo de papéis, e sabe-se que ele usava seu chicote de equitação, tendo batido com ele no rosto de um criado por um ato de negligência que levou um cavalo a derrubá-lo, sempre dando compensações generosas por esses atos mais tarde. A maior parte de seus acessos de fúria era fingimento, fosse para assustar as pessoas, para usar um oficial como exemplo diante de seus homens ou um general diante de seus pares, ou simplesmente para testar reações. O maior interesse que ele tinha ao se encontrar com um homem era avaliar se ele poderia ser útil. Esperava respostas rápidas e precisas, gostava de uma reação espontânea quando era o caso, mas segundo seu camareiro, general Thiard, "o amor-próprio dele ficava lisonjeado quando notava indícios de medo ou confusão causados por sua presença". Isso é confirmado por Claire de Rémusat, que percebeu que, tanto em coisas grandes quanto nas pequenas, ele aplicava a regra de que "as pessoas só demonstravam zelo quando assustadas". A afirmação de Chaptal de que "ninguém ficava à vontade perto dele, exceto ele mesmo", pode soar dura, mas é confirmada pelo testemunho de muitos outros.[11]

"O fato é que para ele a vida humana era um jogo de xadrez", refletiria Mathieu Molé, "e as pessoas, a religião, a moral, os afetos, os interesses eram peões ou peças que deviam ser movidas ou usadas conforme exigisse a ocasião." De acordo com Molé, "ele era rápido em apreender o caráter das pessoas, em achar seu ponto fraco e em tocar nesse ponto com habilidade e sagacidade impressionantes". Isso sugere, assim como o comportamento de Bonaparte em geral, que ele não ficava mais à vontade perto de outras pessoas do que elas ficavam próximas a ele.[12]

A nova posição agravava suas esquisitices, e suas tentativas de fazer o gesto certo como chefe de governo muitas vezes davam muito errado. Como sinal de agradecimento a Roederer, ele decidiu dar uma caixa de rapé adornada com joias. Ao saber disso por meio de Talleyrand, Roederer se sentiu ofendido, explicando que aceitaria de bom grado um exemplar autografado de um livro sobre a campanha de Bonaparte no Egito, mas que isso lembrava o clássico gesto dos reis que davam gorjetas a seus criados leais. "Eu não fiz nada para Bonaparte", escreveu. "A única coisa que eu queria era ajudá-lo a fazer o que ele fez por nós, por todos os franceses patriotas. Nós é que devemos dar presentes a ele, e eu já tenho uma comenda militar."[13]

Igualmente desajeitadas eram suas tentativas de proporcionar à sua família posições que ele considerava adequadas. Ele via a família, e também o círculo de militares mais próximos, como uma extensão de si mesmo e sentia necessidade de dirigir e controlar seus membros, tanto por motivos práticos quanto para projetar uma imagem adequada de si. Gostava de arranjar casamentos não só para sua família, mas também para sua *entourage* militar, e muitas vezes escolhia os nomes dos filhos deles – normalmente vindos da Antiguidade ou de poemas de Ossian; o filho de Leclerc se chamava Dermide, o de Bernadotte, Oscar, e o de Murat, Achille.

Bernadotte se certificou que Letizia estivesse acomodada com conforto e deu a ela dinheiro suficiente para viver e fazer recepções como uma grande dama, mas a experiência que ela teve com a penúria a tornou parcimoniosa e, sem confiar que a boa sorte do filho fosse permanente, guardava para dias duros cada centavo que ele lhe dava, parte em bancos estrangeiros. Joseph continuava tendo um papel na política e, embora em geral apoiasse Bonaparte, gostava de mostrar certa independência. Criou sua própria corte em Mortefontaine com figuras literárias e membros da antiga aristocracia. Sua esposa, Julie, era encantadora e dócil, amada por sua gentileza e doçura, e infinitamente tolerante com as infidelidades de Joseph.

Élisa, a menos bela das irmãs, mas possivelmente a mais inteligente, se mudou para Paris e se tornou responsável pela casa do viúvo Lucien, ao passo que seu marido Bacciochi continuou em seu cargo militar na província. Ela mantinha um salão com sabor literário em que seu amante, o poeta Fontanes, dominava. Embora fosse admirada pelo escritor René de Chateaubriand, que ela ajudou a trazer de volta para a França e a cair nas graças do irmão, seu salão era tedioso.

Apesar de ter desempenhado papel crucial em levar o irmão ao poder, Lucien continuava com uma atitude ambivalente em relação a ele. Deixava claro que via Joseph como o chefe da família e não aprovava aquilo que entendia como uma usurpação desse papel por Bonaparte. Ele estava se revelando um ministro do Interior eficiente e adequadamente inescrupuloso, mas sendo solteiro se sentia à vontade para sair à caça de mulheres e abusava do cargo para conseguir o que queria.

Caroline se casara com Murat em uma cerimônia civil no palácio de Luxemburgo em janeiro, seguida de uma cerimônia pseudorreligiosa num templo em Mortefontaine. Bonaparte se opôs ao casamento. Embora apreciasse sua coragem militar e dedicação, achava o filho do estalajadeiro gascão, com seu passado picaresco, rude e de origem humilde demais. "Não gosto desses casamentos tolos por amor", comentou, especulando que um dia ela podia estar em condições de se casar com um monarca. Mas Caroline era decidida, e ele não podia pagar o preço de uma inimizade com Murat. Pauline também era rebelde, e Bonaparte se via obrigado a dar lições a ela sobre as obrigações conjugais que ela tinha com o marido. Louis, o irmão que ele mais amava, era o que lhe dava mais esperanças.[14]

Josefina era ao mesmo tempo seu maior patrimônio e sua maior vulnerabilidade. Ela tinha toda a graça e o polimento necessários para o papel, além do charme necessário para conquistar as pessoas e aliviar raivas e mágoas. Era gentil e acessível até demais, e ouvia com compaixão uma infinidade de gente implorando que ela advogasse em favor deles, pedindo proteção ou indenizações. Bonaparte deixava transparecer sua irritação, mas achava difícil resistir aos pedidos dela, o que só incentivava mais gente a entrar na fila. O que o irritava mais ainda era o enxame de joalheiros, costureiros, chapeleiros, fabricantes de luvas, sapateiros e outros comerciantes que a assediavam, instigando o insaciável apetite dela por todo tipo de luxo. Era uma necessidade incontrolável, possivelmente um transtorno criado pelas experiências vividas durante o Terror, e os comerciantes sabiam disso. Não importava o quanto Bonaparte ficasse furioso, muitas vezes fazendo com que eles fossem expulsos do palácio e em certa ocasião colocando um costureiro na cadeia por 24 horas, todos voltavam rastejando quando ele estava fora ou ocupado com o trabalho.

Um dos prazeres de Josefina, que ele compartilhava, era a casa em La Malmaison, que ela comprou enquanto Bonaparte estava no Egito. Eles iam para lá sempre que podiam, porque ela adorava a privacidade do local, e ele, o ar fresco. Em novembro de 1799, pouco antes do golpe, ela levou o arquiteto Pierre Fontaine para ver a casa; ele concordou que o lugar era delicioso e que os jardins eram agradáveis, mas achou a casa uma confusão. Ele começou a trabalhar no imóvel em janeiro de 1800. Tinha que trabalhar entre as visitas do casal, para não atrapalhar o tempo de lazer deles, e tolerar as críticas a seu trabalho e as frequentes mudanças de plano de Bonaparte. Quando os dois foram apresentados, em 31 de dezembro, Fontaine ouviu os planos que Bonaparte tinha para Paris e ficou incumbido do trabalho de embelezamento dos Invalides, onde Bonaparte pretendia instalar os cavalos de São Marcos junto a uma estátua de Marte que ele havia trazido de Roma. Ele foi bombardeado com novas ideias e novos projetos mais rápido do que era capaz de trabalhar neles e achava tanto a impaciência de Bonaparte quanto sua atenção aos detalhes e seus contínuos questionamentos sobre os custos exaustivos e irritantes.[15]

Fontaine não era o único a sentir a tensão da urgência insana que o primeiro-cônsul tinha em realizar o maior número de coisas no menor tempo possível. Berthier era pressionado para expurgar o Exército de oficiais ineficientes ou politicamente suspeitos, para melhorar as condições dos soldados, para se certificar de que recebessem o salário e a alimentação, para organizar o suprimento de uniformes e equipamentos, melhorar a disciplina e acabar com a deserção endêmica. Todos os ministros sofriam assédio semelhante. Bonaparte não poupava nem a si mesmo. "Não havia horários fixos para as refeições nem para o sono dele", lembraria Chaptal. "Eu o vi jantar às cinco da tarde e às onze da noite. Eu o vi ir se deitar às oito da noite e às quatro ou cinco da manhã." Em geral ele dormia cerca de sete horas a cada 24, mas muitas vezes em três pequenos trechos. Os únicos meios que ele tinha para relaxar eram exercícios violentos, como cavalgar, galopando furiosamente, ou um banho quente, em que podia passar até uma hora.[16]

Além de ir ao teatro e à ópera, participar de sessões do Instituto e inspecionar as tropas, Bonaparte encontrava tempo para supervisionar assuntos como a padronização do metro no território francês, nomear David como "pintor do governo" e dar instruções referentes ao *salon* do ano seguinte. Ele absorvia informações depressa, reduzindo-as a fatos essenciais, e tomava decisões rápidas depois de refletir por um momento – normalmente decisões acertadas. Seus secretários mal conseguiam acompanhar a velocidade de seu ditado, falando rápido como se estivesse se dirigindo a alguém na sala, sem jamais fazer pausas e se mostrando intolerante quando alguém pedia que ele repetisse algo. Tratava seu secretário "como uma máquina, com quem não se fala", disse alguém. Ele se animava ao falar, andando sem parar em seu escritório, ou inclinado para a frente com as mãos nos bolsos ou caminhando de maneira bastante confiante com as mãos nas costas, o ombro direito ocasionalmente tendo um espasmo para cima em um tique nervoso, desenvolvendo seu raciocínio enquanto falava. Uma de suas dificuldades, e não a menor delas, era a tendência ao malapropismo, substituindo "anistia" por "armistício", "convenção" por "constituição", "sessão" por "seção", o Elba pelo Ebro, Smolensk por Salamanca e assim por diante. Porém, como sua caligrafia era praticamente indecifrável, eles preferiam ditados a anotações. Eles jamais pediam que Bonaparte parasse para esclarecer algo, já que seu rosto assumiria "uma atitude de severidade imponente" quando ele estava trabalhando, segundo lembraria um de seus secretários. "Ele raramente ria, e, quando o fazia, era numa grande explosão, em geral para mostrar ironia, mais do que alegria."[17]

Seus contatos com outras pessoas, independentemente de extração ou do relacionamento que houvesse entre eles, eram assombrados por uma imensidão de inseguranças sociais, intelectuais, físicas e sexuais. "Não havia nenhum tipo de mérito ou distinção de que ele não sentisse ciúmes", de acordo com Mathieu Molé. "Ele desejava ter força, graça, beleza, desejava ter o dom de saber agradar as mulheres, e o que é mais curioso é que seu orgulho era tão bem-sucedido na contenção de sua vaidade, sua verdadeira superioridade em encobrir sua mesquinhez, que, apesar de tantas oportunidades para que ele parecesse ridículo, isso jamais aconteceu." Suas inseguranças, no entanto, refletiam no modo de vida nas Tulherias.[18]

Bonaparte achava que a vida palaciana deveria ser conduzida de acordo com uma etiqueta rigorosa para acrescentar dignidade à sua pessoa e ao seu posto e, como ele diria mais tarde, para impedir que as pessoas dessem tapinhas em suas costas – embora não haja registros de que alguém jamais tenha ousado fazer isso mesmo quando ele era um simples cadete. Amigo íntimo e ajudante de Bonaparte desde a campanha italiana, o general Duroc foi incumbido dos arranjos no palácio, e criados de libré logo passaram a conviver com oficiais uniformizados. Velhos cortesãos foram procurados, assim como documentos que descreviam os procedimentos na corte de Luís XVI, e faziam-se perguntas sobre detalhes da vida em Versalhes durante o Antigo Regime. Madame Campan, antiga camareira de Maria Antonieta, foi consultada. Josefina contratou uma série de damas da nobreza para lhe fazer companhia. Ao mesmo tempo, o primeiro-cônsul se mantinha fiel a seus hábitos familiares, entrando no quarto de vestir de Josefina para lhe dizer o que usar. Eles compartilhavam o mesmo quarto e viviam, conforme ele próprio, "de um modo bastante burguês".[19]

Ele sabia muito bem como os grupinhos de homens de negócios e de mulheres de pouca virtude que haviam se reunido em torno de Barras e de outros integrantes do Diretório haviam maculado a imagem do governo e queria que a gestão do Consulado permanecesse impoluta. Isso ia ao encontro da aversão pessoal àqueles que ele via como aproveitadores e de sua moral pudica, e o levou a banir Thérèse Tallien e outras amigas de Josefina que ele considerava imorais; ele assumia um ar pretensioso quando o assunto era qualquer atividade amorosa, exceto a dele próprio, e deixava clara sua desaprovação a roupas femininas reveladoras.

O resultado era uma paródia sufocante de uma corte, com a qual apenas Bonaparte parecia satisfeito enquanto caminhava de um lado para o outro, puxando conversas esquisitas com as mulheres, ou perorava sobre algum tema.

Aqueles que haviam passado os últimos anos em campanha com ele tinham dificuldade em consentir com as regras de comportamento impostas e precisavam ser repreendidos; Junot tinha um hábito infeliz de chamar a atenção das mulheres dando tapas em suas coxas. O próprio Bonaparte desrespeitava a etiqueta quando lhe era conveniente e ocasionalmente fugia das restrições das Tulherias. Ele colocava uma velha sobrecasaca, um chapéu desmazelado cobrindo parte do rosto e andava pelas ruas à noite sendo observado por Bourrienne, e às vezes falava com as pessoas para ver o que elas pensavam sobre o regime.[20]

Em seus retiros no subúrbio de Saint-Germain, a velha aristocracia tirava sarro da corte de arrivistas, que de fato se prestava à zombaria; à medida que a necessidade de ressaltar as credenciais revolucionárias cedia, as velhas formas de vestir reviviam, porém, a falta de conhecimento produziu uma mistura de modas descrita por alguém como "uma verdadeira farsa". Os republicanos não eram menos mordazes, e, quando na sala de estar de Josefina as pessoas começaram a chamar umas às outras de "madame" em vez de *citoyenne*, eles expressaram seu horror e previram o pior.[21]

Uma rotina se estabeleceu, com duas recepções por mês para o corpo diplomático, uma recepção no segundo dia de cada semana para senadores e generais, no quarto dia da semana para os membros do Corpo Legislativo, e no sexto dia para os membros do Tribunato e para os membros mais altos do Poder Judiciário. Uma vez por semana havia um desfile em que Bonaparte passava as tropas em revista, trajando seu uniforme consular azul, calçando botas, em vez das meias e sapatos sociais. Esses desfiles se tornaram um espetáculo popular tanto para os parisienses quanto para os turistas. Para o primeiro-cônsul eles eram uma oportunidade de demonstrar o poder e a disciplina do novo Estado e dele próprio. Eles também ofereciam uma oportunidade para que unidades que não haviam servido sob seu comando vissem Paris e seu novo mestre.

Embora a vaidade sem dúvida fosse um dos fatores em jogo, esses rituais eram inspirados principalmente pela necessidade de criar as instituições e o modelo que Bonaparte acreditava serem elementos essenciais para a nascente política francesa. Todos eram peças que se encaixavam em tudo mais que ele estava fazendo, algo que ele celebremente descreveu como colocar blocos de granito sobre os quais o Estado repousaria.

Ele não era insensível ao fato de que o governo autoritário e a mão forte necessários para reconstruir a França estavam em conflito com os ideais da

Revolução, a maioria dos quais eram ideais dele próprio. Ele acreditava que a Revolução degenerou numa série de convulsões homicidas devido à falta de disciplina e à busca de um consenso por meio de discussões, o que em última instância levava ao governo da turba. As tensões entre liberdade e governo eficaz tinham sido uma das principais preocupações dos pensadores do século XVIII; na primeira frase de *Do contrato social*, um texto seminal do Iluminismo, Rousseau buscou uma fórmula que pudesse criar boa legislação que se adaptasse às imperfeições do homem. "Nesta busca devo em toda parte tentar reconciliar o que a lei permite com o que se exige em nome do bem comum, de tal maneira que a justiça e a utilidade não entrem em conflito", escreveu, reconhecendo que leis excessivamente rígidas incapazes de se adaptar aos fatos e a suas transformações poderiam se revelar perniciosas em determinadas situações, chegando a levar à queda de Estados.[22]

A Revolução, Bonaparte acreditava, mostrou o caminho e depois se perdeu. "Concluímos o romance da Revolução", disse ao Conselho de Estado. "Agora temos que escrever sua história, escolher apenas aqueles princípios que são reais e passíveis de aplicação, e não os especulativos e hipotéticos. Seguir um caminho diferente hoje seria filosofar, não governar."[23]

Rousseau definiu o homem que usurpa a autoridade real como tirano e aquele que usurpa a soberania do povo como déspota. "O tirano irá contra a lei para assumir o poder e governará de acordo com a lei; o déspota se coloca acima da própria lei", explicou. "Desse modo pode ocorrer de um tirano não ser um déspota, porém um déspota é sempre um tirano." A França precisava de um tirano, e Bonaparte se encaixava na definição de Rousseau, mas a essa altura não aspirava ao papel de déspota. "Minha política é governar as pessoas como a maioria deseja ser governada", ele explicaria a Roederer meses mais tarde. "Esse é, creio eu, o melhor modo de reconhecer a soberania popular."[24]

Bonaparte havia se esforçado bastante para permitir que todos que não se opusessem ao Estado do modo como ele estava constituído tivessem voz e fórum. A credibilidade dos quatro corpos constitucionais se baseava em suas nomeações apartidárias, que davam a muitos que não eram particularmente fãs dele uma plataforma a partir da qual poderiam expor seus pontos de vista. Como os vários corpos se reuniam em lugares diferentes – o Legislativo no Palais-Bourbon, os Tribunos no Palais-Royal, o Senado no palácio de Luxemburgo e o Conselho de Estado nas Tulherias –, eles não estavam em condições de resistir em conjunto. E havia poucas pessoas dispostas a se indispor com ele, ainda que apenas por medo. O destacado liberal Benjamin Constant havia convidado vários amigos para jantar em sua casa em 6 de janeiro de 1800, porém no dia anterior havia criticado um dos projetos de Bonaparte do Tribunato, e como consequência só duas pessoas compareceram – e apenas porque ele se encontrou casualmente com ambas naquela tarde, o que fez com que não tivessem pretexto plausível para faltar. Esse autocontrole não era uma garantia, e Bonaparte percebia a necessidade de criar estruturas estatais fortes e de estabilizar a situação política, econômica e social a ponto de os benefícios do status quo superarem qualquer desejo de mudança. Um fator fundamental nisso era a administração local.[25]

Uma lei de 17 de fevereiro de 1800 fixou a estrutura administrativa do país – que sobrevive quase intocada até hoje. Ela se baseava em um projeto desenhado por Sieyès no início da Revolução em 1789, e seu princípio fundamental era a centralização, com cada departamento sendo administrado por um único governador. "Discutir é função de muitos, executar é função de um só homem", era o modo como ele apresentava a ideia. Como acontecia no caso de muitos dos projetos de Sieyès, esse também era sólido na teoria, mas falho na prática, e a nova estrutura colocada em prática por Bonaparte, Daunou, Roederer e Chaptal era mais eficiente. A administração do país foi dividida em 98 departamentos, cada um com um governador exercendo plena autoridade, auxiliado por um subgovernador e um Conselho Geral (*Conseil general*). Os departamentos eram formados por vários distritos (*arrondissements*), que agrupavam comunas, administradas por um prefeito e uma Câmara municipal. A nova lei abolia a eleição de governadores, subgovernadores e prefeitos, que passavam a ser nomeados pelo primeiro-cônsul. Em nome da estabilidade, a maior parte dos que estavam no cargo foi mantida, porém, como agora eles deviam o posto à generosidade do primeiro-cônsul, ele passou a ter um tipo de controle sobre as províncias que o monarca no Antigo Regime jamais sonhara em ter.[26]

Localizada no departamento do Sena, Paris recebeu status especial, com doze prefeitos supervisionando os *arrondissements*, porém o verdadeiro prefeito da cidade era o governador do Sena – um prefeito autônomo de Paris teria sido um potencial foco de oposição. O medo do povo da cidade fez com que Bonaparte agisse rápido; mal havia se passado uma semana do golpe de Estado e 70% das autoridades municipais haviam sido destituídas, com gente de origens das classes mais baixas substituindo os homens mais ricos, em geral comerciantes, que eram admoestados para agir de modo a "extinguir todos os ódios".[27]

Um mês depois, em 18 de março, um novo sistema de justiça entrou em vigência, com quatrocentas cortes locais, uma alta corte (*cour de première instance*) em cada departamento e 29 cortes de apelação, todas supervisionadas pela corte suprema, o Tribunal de Cassação. Antes de qualquer caso ser levado ao Judiciário, passava por um dos 3 mil juízes de paz. O prestígio da lei foi aumentado por regulações que criaram uma nova classe de magistrados que receberam as togas e os títulos obtidos antes da Revolução. Essa classe, juntamente com os cidadãos mais ricos e mais ativos de cada localidade, compunha o que era denominado de "notáveis", um grupo social descrito por Thibaudeau como "uma espécie de aristocracia destinada exclusivamente ao serviço público". Eles se tornariam a espinha dorsal do novo Estado francês.[28]

Tão importante quanto qualquer uma das medidas políticas ou administrativas foram aquelas que Bonaparte tomou para estabilizar a situação econômica e financeira. O Estado francês vinha se debatendo para evitar a bancarrota durante a maior parte do século XVIII, e a crise do final da década de 1780 levou à eclosão da Revolução. O caos que se seguiu e as guerras destruíram ainda mais a economia. Consecutivos governos revolucionários haviam emitido vastas quantidades de *assignats*, papel-moeda lastreado no suposto valor dos *biens nationaux* confiscados. Um número cada vez maior de cédulas era impresso, o que originou uma queda brusca no seu valor, levando a uma crise monetária que em 1793 se tornara endêmica. A criação do franco de prata em 1795 serviu apenas para ressaltar a falta de valor do papel-moeda – cujos custos de impressão eram maiores que o valor de face –, e em fevereiro de 1796 o Diretório tentou estancar a desvalorização quebrando cerimonialmente as placas de impressão, esperando convencer as pessoas que não haveria mais a impressão de cédulas. Porém, em março o governo lançou uma nova forma de papel-moeda – que perdeu 80% de seu valor em um mês e teve de ser retirada de circulação em menos de um ano. O Diretório então recorreu a um truque que tornou dois terços de todo o papel-moeda sem valor.[29]

O Diretório só conseguiu viver usando os recursos que eram trazidos por guerras bem-sucedidas que levavam ao país milhões em espécie como "contribuições" e com o puro saque da Itália, Holanda, Suíça e parte ocidental da

Alemanha. Porém, a maior parte da população sofria. Embora os moradores do campo conseguissem se alimentar, eles não tinham como vender sua produção a um preço razoável, e o efeito em cadeia que isso teve sobre as manufaturas levou a uma estagnação. O único setor que prosperava era o de suprimentos para o Exército, e empreendedores inescrupulosos ganharam fortunas – entre os quais alguns membros do clã Buonaparte – que recebiam do governo em espécie, comprando alimentos e bens a preços muito baixos e em diversas ocasiões não os repassando para as tropas, vendendo-os aos habitantes de territórios ocupados. A situação começou a melhorar no último ano do Diretório, mas isso em grande medida passou despercebido. Mais tarde, Bonaparte ficaria com o crédito, mas quando ele chegou ao poder a situação era dramática. Os cofres do Tesouro tinham só 167 mil francos. As receitas esperadas eram de 470 milhões, para cobrir um orçamento de 600 milhões e pagar uma dívida de 500 milhões.

O meio financeiro, em situação grave devido às tentativas do Diretório de lidar com a crise de liquidez, estava disposto a depositar suas esperanças em qualquer governo que parecesse capaz de oferecer estabilidade fiscal. O prestígio de Cambacérès era alto nesses círculos, e os financistas estavam prontos a segui-lo. Pouco depois do golpe, em 24 de novembro, Bonaparte recebeu cinco líderes do mercado financeiro a quem garantiu que o governo respeitaria a propriedade privada, defenderia a ordem social e garantiria a estabilidade. Ele então se retirou, deixando o ministro das Finanças, Gaudin, para pedir um empréstimo que eles prontamente concederam.[30]

Gaudin instituiu uma loteria, vendeu propriedades governamentais e impôs uma taxa sobre as Repúblicas irmãs. Ele convenceu Bonaparte a criar várias taxas indiretas, que incluíam cobranças sobre tabaco, álcool e sal – as mesmíssimas taxas que tinham tido peso tão grande na eclosão da Revolução e que foram revogadas em 1789. Para que houvesse um novo mecanismo de obtenção de crédito para o governo, em 13 de fevereiro ele estabeleceu o Banque de France. O esforço de Gaudin para garantir o pagamento de atrasados e criar métodos eficientes de coleta de impostos aos poucos começou a dar resultado.

Bonaparte já tinha se esforçado para destruir, incapacitar ou desarmar os descontentes políticos, tanto à direita quanto à esquerda. A capacidade de atuação deles havia sido erodida pelo clima geral de contentamento. Ele conseguiu conquistar muitas pessoas sem ter necessariamente atendido às suas esperanças e expectativas. Hyde de Neuville admitiu que o advento do novo regime criou "uma sensação de alívio e aceitação" e que "o desejo de ordem e estabilidade era tão universal que as pessoas ficaram encantadas de se verem nas mãos de alguém capaz de restabelecer essas coisas".[31]

"A opinião favorável sobre os talentos e os princípios do primeiro-cônsul cresce dia a dia, e essa opinião, somada à autoridade dele, é realmente popular", relatou o ministro prussiano em 2 de janeiro. "É difícil imaginar o alívio e a felicidade em que a França se encontra", lembraria o jovem Amable de Barante. "Depois de dez anos de anarquia, guerras civis, discordâncias sangrentas, depois da queda de uma tirania ignóbil, vimos a ordem pública ser restabelecida como por milagre." Ele não escreveu que algumas pessoas de visão estavam alarmadas por todos esses benefícios serem resultado do poder absoluto de um homem, mas parecia que esse era um preço que valia a pena ser pago.[32]

21
Marengo

Caso quisesse atingir seu objetivo de reconstruir o Estado francês, Bonaparte precisava acabar com a guerra. Os inimigos da França se preparavam para retomar as hostilidades na primavera de 1800, e as condições em que as Forças Armadas francesas se encontravam não inspiravam confiança. Como a Grã-Bretanha era a financiadora da coalizão, Bonaparte acreditava que a estrada rumo à paz passava por Londres. Um de seus primeiros atos depois de assumir como primeiro-cônsul em 25 de dezembro de 1799 foi escrever a Jorge III manifestando seu desejo de paz e fazendo uma proposta de início de negociações. Ele também enviou Louis-Guillaume Otto a Londres para preparar a troca de prisioneiros e com ordens de iniciar conversações de paz.[1]

Escrever uma carta pessoal para o rei era uma quebra de protocolo, e a resposta, assinada pelo secretário de Relações Internacionais, lorde Grenville, foi pedante. Endereçada a Talleyrand, sua contraparte no governo francês, e não a Bonaparte, a carta acusava a França de dez anos de agressão e declarava que, como a Grã-Bretanha não havia reconhecido as atuais autoridades francesas como legítimas, as negociações só ocorreriam depois que os Bourbon fossem restaurados. A resposta de Bonaparte, entregue por Talleyrand, rejeitava a acusação de agressão e desafiava a atitude de Grenville em relação ao governo francês, tendo em vista que todos os demais Estados europeus reconheciam a República e que a própria Grã-Bretanha havia feito negociações com a França dois anos antes. Todas as nações tinham o direito de escolher seus governantes, ele prosseguia, ressaltando que a própria Casa de Hanover reinava na Grã-Bretanha graças a uma revolução. O argumento foi usado na Casa dos Comuns por um membro da oposição que perguntou ao primeiro-ministro William Pitt o que ele diria caso uma França vitoriosa dissesse que só aceitava negociar com os Stuart. Pitt respondeu que não fazia sentido entrar em negociações com Bonaparte, um aventureiro que não ficaria muito tempo no poder, já que era "um forasteiro, um estrangeiro e um usurpador". Grenville respondeu à segunda carta francesa apenas para dizer que não aceitaria continuar com a correspondência.²

Pitt não via motivo para negociar. A vitória parecia estar no horizonte: a destruição da frota francesa por Nelson na baía de Aboukir estabelecera o domínio britânico no Mediterrâneo, a frota francesa em Malta estava sitiada e acreditava-se que a ocupação francesa no Egito estava prestes a entrar em colapso.

A partida de Bonaparte deixara consternado o exército abandonado por ele, e a isso se seguiu uma explosão de raiva, que logo passou, já que os homens aceitavam que ele sabia o que estava fazendo e que logo retornaria com reforços ou enviaria navios para levá-los para casa; eles tinham passado a confiar nele, e Kléber ficou furioso com "aquele pequeno imbecil" por desertar seu exército, principalmente por sentir falta dele e de seu comando firme. Kléber tinha como manter a ocupação com os cerca de 20 mil homens que lhe restaram, todos soldados experientes. Eles eram regularmente reabastecidos de itens essenciais por meio de botes que conseguiam furar o bloqueio, conhecidos como *avisos*, e por navios comerciantes de Gênova, Argélia e Tunísia, e a partir do momento em que Bonaparte chegou ao poder, uma corveta rápida e duas fragatas começaram a sair regularmente de Toulon. Mas Kléber não tinha a força de vontade necessária para levar o empreendimento adiante. Ele entrou em negociações com Sydney Smith, e no final de janeiro de 1800 assinou a Convenção de El Arish, pela qual a França evacuaria o Egito levando suas armas.³

Acreditando que poderia conseguir uma rendição incondicional, o governo britânico desautorizou o tratado e retomou as hostilidades. Kléber derrotou um exército otomano em Heliópolis e recuperou o controle de todo o território egípcio. Porém, tropas britânicas vindas da Índia haviam desembarcado na costa do mar Vermelho e uma outra força se preparava para desembarcar em Alexandria. As cartas dos oficiais franceses enviadas para casa e interceptadas pela Marinha Real pintam um quadro de moral baixa. A facilidade dos britânicos para desembarcar pequenos contingentes de tropas em áreas francesas onde o sentimento monarquista era forte sugeria que a própria França estava vulnerável. Pitt encarou a abertura de Bonaparte a tratados de paz como um sinal de fraqueza, acreditando que "o jogo está inteiramente em nossas mãos agora, e bastará pouco mais do que simples *paciência* para jogá-lo *bem, até o final*".4

Bonaparte também havia escrito para o imperador propondo negociações de paz, e, embora tenha sido mais diplomático, a resposta de Viena foi tão clara quanto a de Londres. O imperador tinha toda a intenção de prosseguir com a guerra. Seus exércitos haviam expulsado os franceses da Itália e derrubado a República Cisalpina. No Norte, eles haviam feito os franceses recuarem para a outra margem do Reno. Assim como seu aliado britânico, o imperador julgou mal o que havia ocorrido na França, vendo nos fatos um sinal de caos doméstico, e estava, portanto, confiante na vitória. Os exércitos austríacos se preparavam para lançar um ataque em duas frentes na primavera, indo da Alemanha para o Reno e do Sul da França para a Itália, com apoio da Marinha Real, que deveria desembarcar tropas britânicas no litoral sul da França.

Bonaparte mais tarde admitiria que "essa resposta não poderia nos ser mais favorável". Caso a Grã-Bretanha tivesse aceitado a oferta para negociar, os britânicos teriam usado sua situação de superioridade e o momento de fraqueza da França para expulsar os franceses da Holanda, de quase toda a Itália e de Malta. Para fortalecer seu poder político, Bonaparte precisava compensar parte das recentes perdas britânicas e retomar a iniciativa. "A guerra era essencial [para a França] naquele momento para manter a energia e a unidade do Estado, que continuava frágil", ele explicaria, acrescentando que, como a guerra também melhorava a sua própria situação, ele recebeu a notícia da recusa britânica "com secreta satisfação".5

Em 8 de março, Napoleão emitiu uma proclamação afirmando que tinha feito todo o possível para negociar a paz, mas, como os aliados estavam determinados a manter a guerra, a França precisava lutar. "Os reis da Europa se arrependerão de não ter desejado a paz", disse a Cambacérès no momento em que se preparava para o desafio. Ele pretendia trazer a Áustria para a mesa de negociações por meio de um ataque vigoroso via Alemanha que derrotasse os 120 mil homens que estavam ali sob o comando do marechal de campo Kray, e em seguida marchar sobre Viena. Ele estava organizando um exército reserva perto de Dijon, que poderia ser usado para ir para o Sul contra os austríacos na Itália ou reforçar as forças que operavam na Alemanha. Seu principal problema eram as condições dos soldados à disposição, que em muitos casos eram um pouco melhores do que uma turba amotinada. Ele realizou desfiles, inspecionou quartéis, falou com soldados e se interessou pelas necessidades deles. Aproveitava todas as oportunidades para elevar a autoestima das tropas, como assinando uma carta para um granadeiro que tinha se distinguido, com as seguintes palavras: "Amo você como a um filho". Ele queria que o autor da *Marselhesa*, Rouget de Lisle, compusesse um novo hino capaz de eletrizá-los.[6]

Tinha ainda a questão quanto a quem comandaria os exércitos na batalha. Havia muito os governantes tinham deixado de liderar seus soldados em campanhas, delegando a tarefa a profissionais, e como virtual chefe de Estado era de se esperar que Bonaparte fizesse o mesmo. No entanto, ele se via como a pessoa mais qualificada para a tarefa. Além disso, como conquistara sua posição em grande medida graças a proezas militares, caso ele repassasse o comando a outro, o sucesso do novo comandante poderia muito bem se equiparar ao dele ou eclipsar seus triunfos passados, enfraquecendo desse modo sua posição. No entanto, a partida dele para a guerra faria surgir todo tipo de possibilidade, de esperanças e medos; tendo Bernadotte no comando do Exército do Oeste e Moreau no Exército do Reno, não se podia desprezar a possibilidade de um golpe militar. Também existia a chance de ele ser morto em batalha, e Joseph sugeriu ser nomeado como sucessor. Havia ainda considerações políticas que se impunham a seu planejamento militar.

O exército da Alemanha, com 100 mil homens, estava sob o comando de Moreau, que Bonaparte não tinha como substituir com facilidade, embora ele não estivesse disposto a executar a operação que Bonaparte tinha em mente e nem fosse capaz de fazê-la. Bonaparte tentou estimulá-lo com lisonjas. "Invejo sua boa fortuna, pois tem um exército corajoso que com você à frente fará coisas belas", escreveu em 16 de março. "Eu ficaria feliz em trocar minha púrpura consular pela dragona de um chefe de brigada sob seu comando." Moreau não se comoveu.[7]

Como não se podia confiar em Moreau para o golpe decisivo, Bonaparte teria de atacar os austríacos na Itália. "O que ele não ousa fazer no Reno, vou ter que fazer nos Alpes", concluiu. "Em breve ele poderá se arrepender da glória que está deixando para mim." No entanto, ele manteve suas intenções em sigilo. Bonaparte havia colocado Berthier no comando do exército reserva, substituindo-o no Ministério da Guerra por Carnot, que era confiável, competente e popular entre os jacobinos. Dez dias mais tarde, a Guarda Consular marchou para fora de Paris rumo ao sul, mas Bonaparte permaneceu na capital.[8]

Em 6 de abril, os austríacos entraram em ação contra o exército da Itália de Masséna. Com menos de 40 mil homens, o exército estava posicionado numa linha defensiva, e o comandante austríaco, marechal de campo Melas, não teve dificuldades em forçar uma cunha no meio da formação, cortando-o em dois e empurrando uma das metades, sob comando do general Suchet, até o Var, enquanto Masséna recuava até Gênova. Bonaparte ordenou que os dois resistissem a todo custo enquanto ele acelerava a formação do exército reserva, com o qual teria de sair em socorro deles. Apesar de seus apelos repetidos, Moreau ainda não tinha feito nenhum movimento, e só em 25 de abril, quando a ordem equivaleu a um ultimato, ele atravessou o Reno.

Em seu último dia em Paris, 5 de abril, Bonaparte foi informado de uma vitória obtida por uma das divisões de Moreau sob o comando do general Lecourbe, em Stokach. Depois de enviar uma carta repleta de adulações e congratulações a Moreau, ele foi à ópera, e às duas da manhã subiu na carruagem com Bourrienne e deixou a capital. Oficialmente, ele estava apenas indo inspecionar o exército reserva, que agora tinha cerca de 36 mil homens.[9]

Na noite seguinte, em Avallon, ele encontrou um mensageiro de Masséna, que informou não ter como sustentar Gênova por muito tempo. "Você não é o corajoso, o vitorioso Masséna?", Bonaparte respondeu, incitando-o a se manter firme. No dia seguinte, em Auxonne, ele visitou os alojamentos da artilharia, e vários antigos conhecidos vieram falar com ele. Em Dole inspecionou a fundição de canhões e encontrou o antigo capelão, padre Charles. Mas havia pouco tempo para gracejos, e às três da manhã do dia seguinte, 9 de maio, Bonaparte chegou a Genebra, onde encontrou Berthier. Ele foi entusiasticamente saudado pelas tropas ao longo do caminho e, embora cansado, pareceu animado.[10]

"O exército inteiro está em movimento e nas melhores condições possíveis", escreveu para Cambacérès, que lhe enviou um relatório sobre a situação em Paris. Bonaparte ficou feliz de saber que a capital estava tranquila, porém repetiu a ordem para "bater duro no primeiro que saísse da linha, independentemente de quem fosse". "A campanha italiana foi um verdadeiro teste para meu colega [Lebrun] e para mim", Cambacérès se lembraria mais tarde. "Mesmo no tumulto da guerra, Bonaparte nunca tirava os olhos de nós." Joseph relatava todos os movimentos deles ao irmão.[11]

Bonaparte permaneceu por três dias em Genebra. Ele foi chamado até lá pelos burgueses da cidade, que edificou com pregações de pacifismo e previsões de uma paz geral baseada na justiça e na liberdade. Ele também recebeu uma visita do renomado Jacques Necker, ministro das Finanças de Luís XVI e pai de Germaine de Staël, que parecia estar cavando um convite para se tornar ministro das Finanças de Bonaparte. Bonaparte havia evitado se encontrar com ele em sua passagem anterior por Genebra e continuou sem se impressionar depois de terem conversado por duas horas.[12]

Em 12 de maio, determinou a Lannes que começasse a travessia da Grande Passagem de São Bernardo, que iria levá-lo à retaguarda austríaca na Itália. Ele então partiu de Genebra em direção a Lausanne. Chegando lá, escreveu a Josefina contando que ela conseguiria se juntar a ele em dez ou doze dias. Bonaparte se animou com a notícia de que Desaix voltara do Egito em segurança, "boas notícias para a República, mas especialmente para mim, que dedico a você toda a estima devida a um homem de seu talento, além de uma amizade que em meu coração, já muito envelhecido e conhecendo bem demais os homens, não tem outra igual". Ele o incitou a ir encontrá-lo às pressas.[13]

Atravessar uma passagem com um exército era difícil. Tudo precisava ser carregado por homens, cavalos ou mulas. A artilharia precisava ser desmontada, sendo as rodas e partes transportadas no lombo de mulas e os cilindros arrastados dentro de troncos de árvores esvaziados, com um grupo de até cem homens puxando cada um pelas encostas inclinadas.

Bonaparte fez a subida montado em uma mula. Embora apimentasse seu discurso com referências a César, Alexandre e Aníbal, ele não era uma figura muito imponente, o chapéu protegido por uma camada de tecido de algodão impregnado por óleo, o uniforme oculto debaixo de uma capa. Impaciente como sempre, a certa altura tentou apressar sua montaria, que escorregou e quase o atirou em um precipício rumo a um riacho. Ele foi salvo desse vexame pelo seu guia da travessia – desejando recompensá-lo, Bonaparte lhe perguntou o que mais desejava, que calhava ser uma mula para si próprio, por isso ao voltar a Paris ele enviou ao homem a melhor mula que o dinheiro podia comprar. De maneira igualmente pouco gloriosa, nas descidas ele foi obrigado a imitar seus homens, escorregando de bunda nas ladeiras geladas.[14]

No cume, ele visitou o hospital e o monastério de São Bernardo e jantou com o prior. Ao lhe mostrarem a biblioteca, ele pegou um exemplar de Livy e olhou a passagem sobre Aníbal. Sua marcha adiante estava obstruída pelo forte de Bard, defendido por uma pequena força de granadeiros croatas com

26 canhões. Eles se recusaram a se render, e uma tentativa da vanguarda de tomar o forte não deu em nada. Um ataque comandado por Bonaparte também falhou, por isso ele decidiu contornar o forte e seguir em frente, deixando a artilharia para ir adiante quando o forte se rendesse. No dia seguinte ele estava em Aosta, de onde em 24 de maio relatou a Cambacérès e Lebrun que os eventos estavam ocorrendo em alta velocidade. "Espero voltar a Paris em duas semanas", escreveu. No dia seguinte, tendo cavalgado à frente de sua escolta com apenas Duroc a seu lado, ele foi cercado e quase capturado por uma patrulha da cavalaria austríaca, mas continuou em frente mesmo assim, chegando a Ivrea em 26 de maio. Ali ele parou para fazer um balanço da situação.[15]

Deixando uma força de 25 mil homens sob comando do general Ott para bloquear Masséna em Gênova, o comandante austríaco Melas, com cerca de 30 mil homens, havia empurrado as forças francesas sob comando do general Suchet até Nice. Ele dispunha de mais 50 mil homens aproximadamente espalhados ao longo de suas linhas de comunicação ou em fortalezas na sua retaguarda. Caso Gênova caísse, a Marinha Real seria capaz de abastecê-lo por ali. Além de tornar possível o desembarque de tropas aliadas, isso iria liberar os 50 mil homens que protegiam as comunicações com a Áustria, elevando seu efetivo para cerca de 100 mil homens. Com uma força desse tamanho seria possível chegar ao Sul da França sem maiores impedimentos.

Bonaparte só tinha 54 mil homens. Poderia ter ido a Gênova, derrotado Ott e libertado Masséna, mas em vez disso decidiu tomar Milão, onde encontraria armas austríacas para substituir aquelas que deixara em Bard. Ele também poderia acrescentar 14 mil homens que estavam sob o comando do general Moncey, destacados do exército do Reno, e outros 3 mil que haviam atravessado os Alpes pela passagem de monte Cenis. Ele calculou que, ao ouvir a notícia da queda de Milão, Melas iria correr para tirá-lo de lá e seria pego em fogo cruzado, já que Masséna estaria livre para agir assim que o cerco acabasse. "Espero estar nos braços de minha Josefina em dez dias", escreveu para ela de Ivrea em 29 de maio, convencido de que sua estratégia produziria resultados rápidos.[16]

Ele chegou a Milão na noite de 2 de junho, irritado por não encontrar multidões que o saudassem. Antes de ir dormir, ditou um boletim no qual relatou ter entrado na cidade saudado "por um povo animado e tremendamente entusiasmado". Dois dias depois, quando foi ao La Scala, ele realmente foi aplaudido e passou a noite com a *prima donna* Giusepinna Grassini, que ficou surpresa ao ver que agora ele a desejava, tendo sido rejeitada quando era jovem. Na época, ele só pensava em Josefina.[17]

Às 23 horas de 7 de junho, um mensageiro austríaco capturado foi levado a Bonaparte e contou notícias chocantes. Pressionado por Ott por terra e bombardeado pelo mar pela esquadra do almirante Keith, temendo uma insurreição dos habitantes famintos, Masséna capitulou, deixando Gênova nas mãos dos austríacos. Isso não apenas eliminava da equação o exército que estava com ele como possibilitava que Melas se abrigasse atrás dos muros da cidade, onde, abastecido pela Marinha Real, seria capaz de se manter indefinidamente, fazendo com que Bonaparte se deparasse com um problema semelhante ao que enfrentara em Acre. Por razões tanto políticas quanto militares, ele precisava de uma vitória rápida. Bonaparte acordou seu Estado-maior e começou a dar ordens. No início da manhã as tropas estavam em movimento.

Ele partiu em seguida, em 9 de junho, sob chuva, com uma gripe forte. "Não consigo suportar a chuva, e meu corpo ficou encharcado nela por horas", escreveu para Josefina; embora ela não fosse mais o objeto exclusivo dos interesses sexuais dele, Josefina ainda tinha seu afeto, e ele escrevia regularmente, quase sempre incluindo uma mensagem picante para "mademoiselle Hortense". Essa aparente indiferença não disfarçava a ansiedade de Bonaparte. Naquele mesmo dia a vanguarda, sob comando de Lannes, tinha cruzado com o exército de Ott, que retornava de Gênova, a caminho de encontrar Melas em Alexandria e o derrotou em Montebello. Mas Bonaparte continuava sem saber exatamente onde Melas estava e o que pretendia fazer a seguir. Em Stradella ele recebeu a adesão de Desaix, e os dois ficaram acordados a noite toda conversando.[18]

Pela manhã, Bonaparte enviou Desaix para o sul com duas divisões para se posicionar entre Melas e Gênova, e mais uma divisão rumo a oeste para conferir se por acaso o oponente não pretendia ir a Turim. Depois de mais um dia sem informações sobre o paradeiro dos austríacos, ele foi em frente com o restante de suas forças, chegando ao pequeno vilarejo de Marengo debaixo de chuva forte em 13 de junho. Bonaparte subiu em uma torre para ver o que havia nos campos ao redor, mas desceu sem nenhuma informação valiosa. Pelo que ele sabia, só havia uma pequena força austríaca por perto na margem oposta do rio Bormida. Ele secou suas roupas e jantou com um nobre local, depois fez mais uma tentativa de avaliar a situação contando o número de fogueiras austríacas. Dormiu mal e acordou às cinco da manhã.

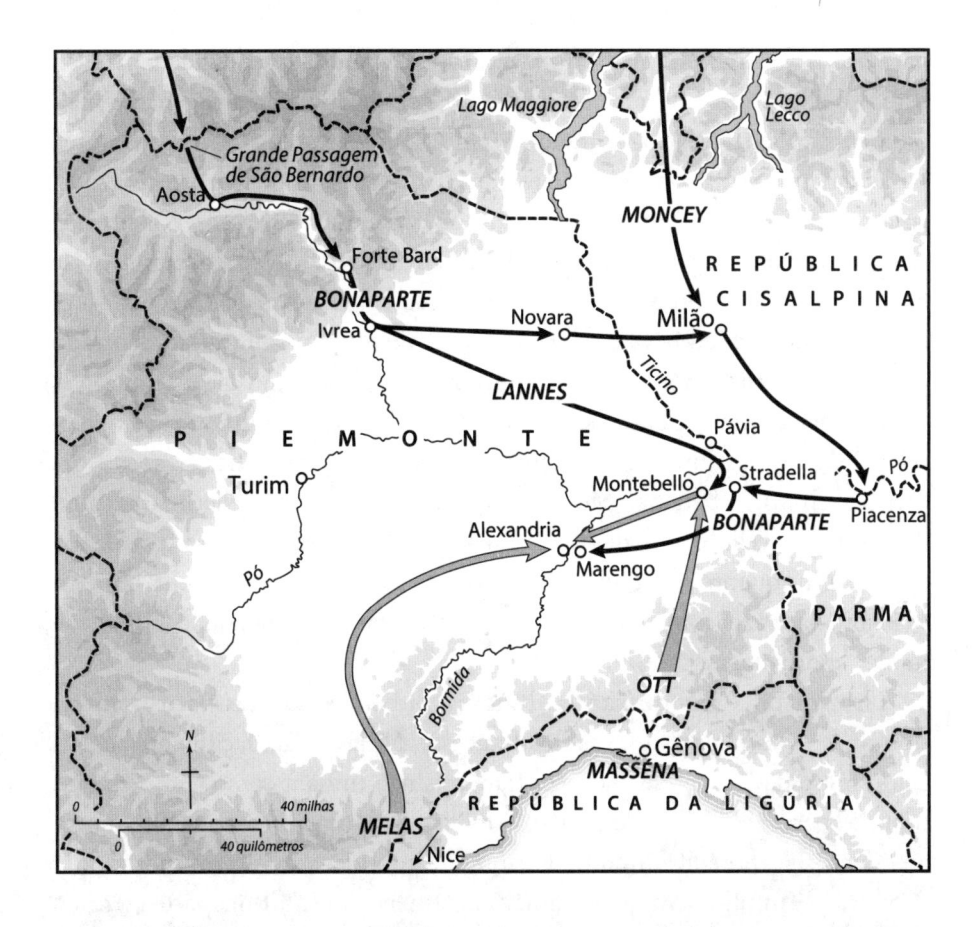

Às sete horas, um grande número de austríacos começou a atravessar o rio por três pontes, apoiados por fogo pesado de artilharia, e foi nesse momento que Bonaparte percebeu que estava enfrentando Melas, que havia concentrado 30 mil homens e centenas de peças de artilharia em Alexandria. Bonaparte tinha apenas 22 mil homens, com somente vinte canhões. "Volte, pelo amor de Deus, se ainda puder", escreveu a Desaix. Este recebeu a ordem à uma da tarde e partiu de imediato, seus homens ocasionalmente correndo enquanto cobriam os treze quilômetros que os separavam do campo de batalha.[19]

Enquanto isso, Bonaparte saiu a cavalo à frente de todas as reservas disponíveis para apoiar Lannes e Victor, que tentavam suportar o ataque dos austríacos em Marengo. Às duas da tarde, a divisão que ele havia enviado para cobrir a estrada rumo a Turim retornou, seguida pela Guarda Consular. Mas o melhor que esses reforços podiam fazer era impedir que o recuo mais ou menos ordeiro das tropas francesas em Marengo se transformasse em uma correria desenfreada sob a pressão esmagadora feita pela artilharia e pela cavalaria austríacas. "A batalha parecia perdida", relembraria Victor, e às três da tarde Bonaparte se preparava para bater em retirada. Melas acreditou que havia vencido, e tendo caído duas vezes de seu cavalo naquele dia, com dores e com 71 anos, foi embora para Alexandria e deitou para descansar, deixando para seus generais a tarefa de derrotar os franceses e sair em sua perseguição.[20]

Assim que Melas deitou-se, por volta das cinco da manhã, Desaix apareceu e, depois de uma breve conversa com Bonaparte, liderou suas duas divisões rumo à batalha. Simultaneamente, o general Kellermann, filho do vitorioso Kellermann de Valmy, reuniu sua cavalaria e atacou o flanco austríaco. Enquanto os perplexos austríacos hesitavam, toda a linha francesa avançou, fazendo com que os adversários recuassem e depois fugissem de modo desordenado.[21]

Não foi uma grande vitória. Embora as perdas dos austríacos tenham sido duas vezes maiores que as dos franceses, Melas podia facilmente substituir esses soldados, ao passo que os franceses não tinham como compensar as próprias perdas. Uma perda particularmente dolorosa foi a de Desaix, morto ao liderar seus homens durante o ataque. "Sinto a dor mais profunda diante da morte de um homem que eu amava e estimava tanto", Bonaparte escreveu a Cambacérès. Ele tomou para si dois ajudantes do amigo morto, os generais Rapp e Savary, acrescentando-os a seu próprio Estado-maior.[22]

Felizmente, para Bonaparte, Melas estava desmoralizado pela derrota e pediu um armistício. Bonaparte era bom em intimidar os inimigos nesse tipo de circunstância e, sabendo que precisava tirar o máximo de vantagem dessa vitória decisiva, forçou-o a concordar com uma evacuação do Piemonte, da Ligúria e da Lombardia e exigiu que os austríacos recuassem para trás do rio Mincio. Para manter a pressão, e talvez para influenciar o mestre de Melas, o imperador, enquanto ele ainda estava sob o choque de sua derrota, Bonaparte escreveu para ele dizendo que a perfídia dos britânicos os impediu de se acertarem na primeira tentativa. "A guerra ocorreu", continuou.

> Milhares de austríacos e franceses perderam a vida... Milhares de famílias choram seus pais, seus maridos, seus filhos!... É no campo de batalha de Marengo,

cercado pelo sofrimento de 15 mil cadáveres [não houve mais que 2 mil mortos], que conjuro Sua Majestade a ouvir o brado da humanidade e a não permitir que toda uma geração de duas bravas e grandiosas nações continuem assassinando uma à outra em nome dos interesses de terceiros.

Ele afirmou que a paz era melhor para os interesses de todas as causas mais caras ao imperador, ao passo que os ideais revolucionários que ele estava tentando conter eram espalhados justamente por meio da guerra. A seguir, escreveu uma carta a Melas em 20 de junho, lamentando o fato de que seus corajosos soldados tivessem de morrer em nome dos interesses dos "mercadores ingleses", elogiando-o por seus talentos militares e oferecendo como presente e marca de sua estima um belo sabre que havia capturado no Egito. Sem que ele soubesse, naquele mesmo dia, a Áustria assinava um novo tratado de subsídio com a Grã-Bretanha que impedia os austríacos de fazerem tratados de paz em separado com a França pelos próximos seis meses.[23]

Bonaparte não podia se permitir perder tempo na Itália. No dia seguinte, ele estava de volta a Milão, onde assistiu a um *Te Deum* no Duomo, em 18 de junho, e desfrutou de La Grassini. Determinou ainda ordens sobre o que fazer com os territórios reocupados, deixando para trás sob o comando de Masséna um forte destacamento da Guarda Consular caso ele fosse forçado a voltar. Uma semana depois ele voltava às pressas para Paris, saudado ao longo do caminho como um herói. Às duas da manhã de 2 de julho, ele chegou às Tulherias.[24]

O povo francês tinha recebido relatos detalhados da campanha. O boletim que descrevia a batalha de Marengo é em grande medida fantasioso e se assemelha a um romance ruim. O texto descreve Bonaparte eletrizando os soldados com sua presença em meio ao ardor da batalha, registra a modéstia heroica das últimas palavras do moribundo Desaix enquanto Bonaparte masculamente contém as lágrimas ao ouvi-las. O boletim de 18 de junho descrevia em termos sentimentais o modo como os dois meninos negros dados a Desaix pelo "rei de Darfur" lamentaram a sua morte "segundo os costumes de seu país, e da maneira mais tocante". O boletim relatava vários feitos gloriosos e frases nobres do herói morto, com retórica parecida ou até mais exagerada do que as narrativas das campanhas anteriores de Bonaparte na Itália e no Egito.[25]

Para ilustrar o relato, a máquina de propaganda de Bonaparte produziu uma série de gravuras, e ele encomendou uma pintura de David que se tornaria, assim como a tela que o mostrava na ponte de Arcole, um ícone. Ele seria retratado atravessando os Alpes, evocando memórias de Aníbal e César. David propôs mostrá-lo de espada na mão, porém Bonaparte disse a ele que não era com espadas que batalhas eram ganhas e que ele devia pintá-lo com um olhar sereno sobre um cavalo feroz. O Brutus do Vindimiário, o Aníbal da primeira campanha italiana e o Alexandre da campanha egípcia tinham sido superados pelo César. De agora em diante, os pintores retratariam Bonaparte não como o general chamativo, e sim como um grande capitão absorto em pensamentos – meditando sobre a triste necessidade de fazer a guerra, sobre os horrores infligidos a ele pelos "mercadores ingleses" e pelos monarcas europeus comprados por eles. Como Bonaparte não posou para o retrato, David usou seu próprio filho como modelo.[26]

Os pensamentos que cruzaram a mente do primeiro-cônsul durante seu retorno a Paris não eram felizes, e Josefina reclamou a uma amiga sobre as "cenas" diárias que atormentavam sua vida. Ela atribuía o mau humor dele à presença de La Grassini, que ele tinha convidado a Paris e que ela suspeitava, corretamente, que ele vinha visitando. Mas ele tinha motivos mais sérios para não estar contente: não demorou para que ele tivesse uma ideia do que ocorrera durante sua ausência, e não gostou disso.[27]

Poucos dias após a batalha de Marengo, começaram a circular rumores em Paris de uma derrota francesa e da morte de "um grande general" em batalha. A confiança da população despencou, assim como os títulos do governo. A notícia da vitória só chegou à capital em 20 de junho, sendo confirmada dois dias depois pelo relato oficial, que foi anunciado por salvas de tiros de canhão. A confiança voltou a aumentar, e os títulos do governo tiveram uma recuperação sensacional. Embora haja indícios de que Bonaparte, Berthier, Talleyrand, Fouché e outros tenham ganhado muito dinheiro e que possam ter estado por trás dos boatos originais, o episódio mesmo assim foi perturbador por ressaltar a fragilidade do governo consular. Isso não foi a única coisa a incomodar Bonaparte.[28]

Sieyès e outros ideólogos descontentes se encontravam regularmente em Auteuil, perto de Paris, e, com Bonaparte fora, as discussões chegaram a incluir a questão de substituí-lo. Outros descontentes se encontravam em um restaurante na rue du Bac e no salão de Germaine de Staël, onde o tema também vinha à baila. Entre os candidatos sugeridos como possíveis substitutos estavam o herói das Revoluções americana e francesa, Lafayette, o ministro da Guerra, Carnot, os generais Moreau, Brune e Bernadotte, e dois príncipes reais que haviam emigrado, Enghien e Orléans.

Isso era compreensível, porém o que chateou Bonaparte foi o que viu em seu círculo de confiança como uma falta de credibilidade dele. Fouché e Talleyrand tinham ambos ficado sabendo das confabulações, e os dois se mostraram prontos para saltar para o lado que fosse. Embora se detestassem, ambos estavam unidos pelo interesse comum de impedir uma restauração dos Bourbon, o que significaria sua morte política e talvez até física. Os colegas de Bonaparte, Lebrun e Cambacérès, também estavam cientes do que se passava, e, embora este último tenha garantido que no caso de sua morte teria convencido o Senado a nomear Joseph como seu sucessor, também eles haviam esperado nervosos para saber para que lado ir. Não havia nada de surpreendente ou condenável nisso. Era natural que as pessoas pensassem no futuro, e não parecia que alguém houvesse conspirado contra ele, mas a insegurança de Bonaparte o deixava sensível. Ele disse a Roederer que o que mais temeu em Marengo foi ser morto e substituído por um de seus irmãos.[29]

Os relatos exagerados sobre a vitória em Marengo produziram o efeito desejado no país, e Bonaparte manteve o ânimo comemorativo realizando uma série de cerimônias públicas. Em 14 de julho, realizou uma cerimônia para comemorar não a queda da Bastilha, porém a Fête de la Fédération, ocorrida um ano mais tarde, em 14 de julho de 1790. Para o evento foram levadas a Paris unidades da Guarda Nacional de todos os cantos da França, para participar de um ato de solidariedade nacional que envolvia um juramento de lealdade ao rei e à nação diante de um "altar da pátria". Bonaparte celebrou esse aniversário de dez anos com um desfile na Place de la Concorde – de onde a estátua da Liberdade que havia substituído a de Luís XV foi discretamente removida. Bandeiras capturadas foram exibidas em desfile, e Bonaparte elogiou a bravura de generais e soldados, comparando-os aos heróis da Antiguidade. Embora não tenha havido juramento de lealdade a ele, a mensagem sobre quem deveria ser o homem no qual a França depositaria sua confiança ficou clara. Bonaparte admitiu a Roederer que foi por um profundo sentimento de insegurança, que não sumia nem mesmo com sua aparente popularidade, que ele procurou construir sua imagem no imaginário coletivo.[30]

Em 20 de julho, ele soube que Kléber havia sido assassinado no Cairo por um egípcio em 14 de junho, o dia da batalha de Marengo e o mesmo dia em que Desaix morrera. Bonaparte promoveu ambos a general e anunciou que iria erigir um monumento a eles. Em 22 de setembro usou a celebração do aniversário da fundação da República em 1792 para realizar uma cerimônia em que os restos mortais de um dos maiores generais franceses, marechal Turenne, foram depositados sob a redoma dos Invalides. Os ossos do marechal foram salvos do vilipêndio na basílica de Saint-Denis e guardados em um ático no Jardin des Plantes, e posteriormente em um convento que foi transformado em museu, onde Bonaparte os encontrou.

As duas cerimônias promoveram a imagem de Bonaparte como um homem preparado para reconhecer o mérito alheio, até mesmo de mostrar deferência a outros, mas ao fazer isso ele arrogava para si uma parte de sua fama e glória, que eram assim incorporadas à sua própria lenda. A cerimônia nos Invalides também foi notável pelo discurso de Lucien, segundo quem o novo século seria o da França, que estava recuperando uma grandeza que não conhecia desde os tempos de Carlos Magno. A referência ao primeiro imperador francês não foi mera coincidência.[31]

22
César

"A situação da França mudou tremendamente ao longo do último ano, uma absoluta tranquilidade e uma confiança geral substituíram a guerra civil e o desânimo", um ex-nobre escreveu para seu filho que estava no Egito com o exército do Oriente em setembro de 1800. "Não sei se você percebe como é grande o entusiasmo dos franceses em relação ao primeiro-cônsul. Estamos tranquilos como estávamos sob o Antigo Regime." Isso era algo que Bonaparte teria gostado de ouvir; ele próprio estava longe de estar tranquilo.[1]

Em 7 de setembro, Bonaparte havia respondido a carta que recebera de Luís XVIII seis meses antes, agradecendo pelas palavras lisonjeiras escritas sobre ele, mas descartando a possibilidade de uma restauração, uma vez que seria impossível realizar isso sem disputas civis e derramamento de sangue em ampla escala. Ele aconselhou Luís XVIII a sacrificar seus interesses em nome do interesse da França e ativou os contatos de Talleyrand com os monarquistas e com os governos da Rússia e da Prússia para investigar a possibilidade de conseguir que Luís abdicasse dos seus direitos e aos de sua dinastia ao trono da França – Varsóvia, para onde Luís havia se mudado depois de ser expulso de Mitau (Jelgava) pelo tsar Paulo I, estava sob domínio prussiano. As opções que lhe foram apresentadas variavam de uma pensão generosa e uma residência grandiosa na Rússia a algum reino menor na Itália. Mas Luís respondeu numa carta a Bonaparte que havia publicado na imprensa britânica agradecendo-lhe por reconhecer que ele tinha direito ao trono e rejeitando a oferta de uma pensão. A afronta teve efeitos na França.[2]

Os monarquistas insurgentes no Oeste haviam sido derrotados naquele ano. O agente britânico William Wickham, que vinha coordenando a espionagem e as tramas contra o governo francês a partir da Suíça, recebeu ordens de voltar a Londres. A atividade monarquista em Augsburgo tinha sido encerrada por falta de fundos, e os britânicos tinham deixado de financiar o exército de emigrados monarquistas sob o comando do príncipe de Condé, que gradualmente se dissolveu.

No entanto, a questão relativa a quem deveria governar a França era tão difícil de resolver quanto outras levantadas pela Revolução, e Bonaparte sabia disso. Durante uma visita à casa de campo de Joseph em Mortefontaine em agosto, ele foi ao parque de Ermenonville para ver o túmulo de Rousseau, agora vazio, em um ambiente pitoresco em uma ilha no lago. "Seria melhor para a paz na França que esse homem jamais tivesse existido", ele disse ao proprietário, Stanislas de Girardin. "Por que o senhor diz isso, cidadão cônsul?", o outro perguntou. "Ele pavimentou o caminho para a Revolução Francesa", respondeu Bonaparte. Girardin ressaltou que Bonaparte só teve ganhos com isso, ao que o cônsul respondeu: "A história dirá se não teria sido melhor para a paz mundial que Rousseau e eu jamais tivéssemos nascido!".[3]

O irmão mais novo de Luís XVIII, o conde D'Artois, que morava então em Londres, continuava a tramar conspirações por meio de agentes na França, apoiado pelo governo britânico. A primeira foi na primavera de 1800, quando Hyde de Neuville e Georges Caboudal planejaram raptar e assassinar Bonaparte enquanto o general Pichagru, que escapara da Guiana, se preparava para subverter elementos do exército e marchar sobre a capital. Fouché ouviu falar da trama, mas agiu lentamente, na esperança de descobrir mais e, ao dar mais tempo aos conspiradores, prender a maior quantidade possível deles em flagrante. Lucien, que como ministro do Interior tinha suas próprias redes de inteligência, ficou sabendo do que se passava e viu uma oportunidade para denunciar Fouché, que ele detestava, como cúmplice dos conspiradores. Fouché não ia se deixar pegar desprevenido e prendeu os líderes do movimento, revelando a trama para Bonaparte em 4 de maio, pouco antes de sua partida para a Itália. Haveria mais de trinta conspirações para matá-lo ao longo da próxima década, a maior parte vinda dos monarquistas.[4]

Bonaparte acreditava que os jacobinos eram uma ameaça maior que os monarquistas, já que contavam com mais apoiadores no Exército. Ele tentava manter esses militares o mais longe possível da capital. Augereau estava na Holanda, Brune na Itália, Joubert tinha sido enviado a Milão como embaixador na República Cisalpina. Potencialmente mais perigoso do que todos eles era Moreau, que se deixava cortejar por todas as facções – jacobinos, monarquistas e ideólogos – e que fazia questão de parecer satisfeito no papel de soldado honesto preocupado apenas com o bem de seu país e dando a entender sempre que estava do lado de seu interlocutor. Os oficiais de sua *entourage* ressaltavam sua imagem de um patriota sincero e comandante brilhante, e em seu quartel-general Bonaparte era visto como um usurpador egoísta.[5]

Fouché evitou alguns atentados contra a vida de Bonaparte, sendo o mais célebre um que tentaria matá-lo na ópera. Entre os conspiradores estavam Joseph Aréna, um jacobino corso cujo irmão Barthélémy supostamente havia tentado apunhalar Bonaparte durante a briga na Orangerie em Brumário, e Joseph Ceracchi, escultor e pupilo de Canova. Eles foram pegos em flagrante na Ópera de Paris em 10 de novembro, mas não foram levados a julgamento. Bonaparte preferia manter em sigilo a maior parte dos atentados contra a sua vida, uma vez que a notícia da conspiração só iria prejudicar a imagem de sua imensa popularidade e colocar em questão a estabilidade de seu regime. Em alguns casos os culpados eram mantidos presos por semanas ou meses e depois, soltos. Nesse caso, foram executados.[6]

Bonaparte não dava muita atenção à própria segurança. "Ele percebia a impossibilidade de prever um atentado", afirmou um policial graduado. "Achava que ter medo de tudo era uma fraqueza indigna de sua natureza, andar escoltado em toda parte seria loucura." Ele dava a impressão de ser curiosamente indiferente. "Bom, cuide disso, é seu trabalho", dizia quando lhe contavam sobre uma ameaça contra a sua vida. "É a polícia que tem que tomar medidas, eu não tenho tempo para isso."[7]

E ele realmente não tinha tempo. Desde quando voltou da Itália, adotou uma escala de trabalho exaustiva, fazendo uma reunião com seus colegas cônsules praticamente todos os dias e sessões do Conselho de Estado várias vezes por semana durante todo o mês de julho, ao longo do qual ele só conseguiu fazer uma visita a Malmaison e uma a Mortefontaine. Em agosto só houve três dias em que não teve reuniões com os cônsules, e em setembro, apenas um. Ele conseguiu passar três dias em Malmaison e um em Mortefontaine em agosto. Aquele mês viu Bonaparte atingir um de seus principais objetivos e dar início a vários outros.

Para alguém que não gostava de "homens de negócios", Bonaparte tinha um interesse notável por dinheiro; tendo refletido sobre as causas da Revolução, ele sabia entender seu valor para a segurança do Estado. Como todo mundo na França, ele viu as terríveis consequências da inflação. Sua experiência pessoal contribuiu para um temor da penúria, e ele gostava de ter dinheiro em mãos. Não compreendia nem gostava da ideia de um equilíbrio entre débitos e créditos do governo, algo que lhe dava a impressão de ser uma mera aposta em um resultado favorável. Gostava de dinheiro em espécie e queria acumular a maior quantidade possível.

Uma das primeiras coisas que fez ao chegar ao poder foi encarregar Gaudin de reorganizar a coleta de impostos. O próximo item da lista foi lidar com o problema da imensa dívida da República, que impedia as tentativas de equilibrar o orçamento. Gaudin chamou um amigo, Nicolas Mollien, filho de um rico tecelão de Rouen, que havia começado a vida trabalhando como advogado e que, durante uma longa estada clandestina na Inglaterra no período do Diretório, se permitiu estudar economia. Levado a Malmaison por Gaudin, durante uma sessão de duas horas na presença de Cambacérès e Lebrun, ele explicou a um perplexo Bonaparte o funcionamento do mercado de ações e o princípio de um fundo de amortização, sugerindo que o governo criasse um fundo do gênero para controlar sua dívida. Mollien não estava convencido de que o primeiro-cônsul tivesse compreendido plenamente o conceito, mas Bonaparte jamais era lento na apreensão de uma boa ideia, e Mollien foi devidamente apontado como diretor da *Caisse d'amortissement*, o fundo de amortização.[8]

Num movimento ousado, Bonaparte decretou em 11 de agosto que os juros dos títulos do governo passariam a ser pagos em espécie, e não mais em papel-moeda. O efeito foi imediato; os títulos do governo dobraram de valor. Os homens de negócios agora o apoiavam firmemente, e o retorno da confiança pública nas finanças estatais estimularam a atividade econômica e pavimentaram o caminho para a introdução do franco de prata em março de 1803 – a moeda continuaria estável até 1914.[9]

Outra medida daquele agosto foi a codificação da multiplicidade de leis em vigência. A França esperava havia mais de um século por isso, e em 1790 a Assembleia Nacional revolucionária tratou do assunto. Um comitê sob a presidência de Cambacérès apresentou um projeto de um Código Civil com 719 artigos. O projeto foi discutido, emendado, submetido outra vez à Convenção e rejeitado em 1794. Cambacérès produziu um terceiro esboço, de 1.104 artigos, em junho de 1796, porém apenas uns poucos foram promulgados e a comissão foi dissolvida.

Pouco depois de seu retorno a Paris, em 12 de agosto de 1800, Bonaparte nomeou uma comissão composta por Jean-Étienne Partalis, François-Denis Tronchet, Jacques de Maleville e Félix-Julien Bigot de Préameneu para esboçar um Código Civil. O farol do grupo era Portalis, advogado brilhante e amigo de Cambacérès. Ele tinha 54 anos, Bigot era apenas um ano mais jovem, Maleville se aproximava dos sessenta e Tronchet tinha 64. Eles eram produtos do Antigo Regime – Maleville era um marquês *ci-devant* – e todos estiveram ativos durante a Revolução. Eles levaram para a tarefa uma riqueza de experiências e uma grande dose de pragmatismo, e produziram um esboço que foi entregue para comentários dos juízes das mais altas cortes antes de ser apresentado ao Conselho de Estado em janeiro de 1801, menos de seis meses após suas nomeações.

Ao longo do ano seguinte, o Conselho de Estado dedicaria mais de cem sessões ao código, pelo menos 57 delas presididas por Bonaparte, que imprimiu seus próprios pontos de vista e sua personalidade à versão final. O código era um casamento entre o direito romano e a *common law* britânica, incorporando grande parte do legado legislativo do reino da França, mas profundamente marcado pelo espírito da Revolução. Em alguns sentidos era mais que um código de leis. Como Portalis destacou na introdução, era uma espécie de manual para uma nova sociedade, secular e moderna. A contribuição de Bonaparte foi considerável, e fica particularmente evidente no destaque dado pelo Código à propriedade como base da organização social, principalmente na esfera doméstica.

Podem-se encontrar rastros de seu passado na premissa adotada pelo Código de que a família é a base da sociedade e na maneira como ela deveria funcionar. Sua experiência pessoal pode ser detectada nas cláusulas que regem as relações conjugais e os direitos das mulheres. De acordo com o Código, o marido tem o dever de prover e proteger a esposa, porém ela deve lhe obedecer em tudo, e fica proibida de realizar qualquer ato legal sem a autorização dele. O marido podia se divorciar de uma mulher adúltera, mas o contrário só era possível caso o marido levasse a amante para a casa da família. Uma mulher condenada por adultério era obrigada a passar de três meses a dois anos numa casa de correção. As atas das reuniões revelam as contribuições de Bonaparte, marcadas pela decepção dele com as mulheres, causada pelas infidelidades e pela licenciosidade de Josefina. "As mulheres precisam ser contidas", declarou, explicando que elas eram naturalmente mais volúveis que os homens no que dizia respeito ao sexo e que tinham a tendência de gastar o dinheiro do marido como se fosse água. "O marido deve ter poder absoluto e direito de dizer a sua esposa: madame, a senhora não irá sair, a senhora não irá ao teatro, a senhora não irá se encontrar com tais e tais pessoas." Ao mesmo tempo, ele era sensível em questões como o divórcio, que ficou mais simples para casais que estavam num casamento infeliz. Também buscou elevar a adoção de um sacramento secular, concedendo-lhe solenidade.[10]

O *Code Civil des Français*, como se chamou, só passaria a ser lei em 21 de março de 1804 e ficaria conhecido como *Code Napoléon*. Bonaparte estava imensamente orgulhoso do resultado. "Assim como acontecia com sua glória militar, ele ficou igualmente orgulhoso de seus talentos legislativos", de acordo com Cambacérès. "Nada o comovia mais que os elogios frequentemente feitos aos méritos do Código do qual ele gostava de se ver como criador." Ele não era seu criador, nem mesmo seu editor, mas era o catalisador, e sem ele o Código não teria existido.[11]

Isso valia para quase tudo que ele realizou durante o consulado. No Conselho de Estado ele reuniu as mentes mais brilhantes e os maiores especialistas do país, e os comandava como escravos. Nas palavras de um deles, "era preciso ser de ferro" para trabalhar com Bonaparte. Apenas ao longo de 1800, o Conselho de Estado lidou com 911 medidas isoladas – em 1804 seriam 3.365. Ao longo de um período não muito superior a cinco anos, o conselho criaria toda a estrutura do Estado e, com seus *auditeurs*, os jovens que se sentavam atrás dos conselheiros fazendo as atas e tomando notas, uma nova classe administrativa para gerenciá-lo. Não era incomum que Bonaparte mantivesse os conselheiros trabalhando por oito ou dez horas com apenas quinze minutos de intervalo para almoço. "Vamos, vamos, cidadãos, acordem", exclamava caso os visse cabeceando depois da meia-noite, "são só duas da manhã, e precisamos fazer jus ao dinheiro que o povo da França nos paga."[12]

Ele se preparava antes de cada sessão lendo sobre o tema relevante. Ao assumir seu lugar na cabeceira de uma longa mesa em que os conselheiros se sentavam, Bonaparte abria a discussão, que esperava que fosse conduzida sem deferência a ele. "Cavalheiros, não foi para que vocês passem a ter as minhas opiniões, mas para ouvir as de vocês que eu os convoquei", dizia caso sentisse algum traço de complacência. "O Conselho era composto de pessoas com opiniões muito diversas, e todos livremente apoiavam as opiniões dele", relembraria Thibaudeau. "A visão da maioria não prevalecia. Longe de se curvar a ela, o primeiro-cônsul incentivava a minoria." Ele escutava atentamente, brincando com sua caixa de rapé, abrindo e fechando a tampa, por vezes pegando um pouco do pó, deixando a maior parte cair sobre o forro de seu uniforme e, sem olhar, passando a caixa para um ajudante que esperava atrás de sua cadeira e lhe entregava outra. Para ajudá-lo a pensar, ele pegava um canivete e tirava lascas do braço de sua cadeira – que era regularmente substituída. Ele fazia perguntas, exigia maior precisão, e às vezes aplicava regras matemáticas ao processo para chegar a uma conclusão. Ele os incentivava a contradizê-lo e corrigi-lo, dizendo: "Estamos só entre nós aqui, estamos *en famille*". Depois que se chegava a uma conclusão, porém, ele encerrava a discussão e passava rapidamente para o próximo assunto.[13]

A contribuição dele era considerável. "Aquilo que não sabia ele parecia antever e adivinhar", segundo um dos presentes. "Ele tinha uma facilidade prodigiosa para aprender, julgar, discutir e reter um número infinito de coisas sem se confundir." Sua memória extraordinária, somada a uma habilidade de identificar a ideia-chave, estimulava os colegas mais instruídos, sábios e mais especializados, mas que precisavam ser levados a falar com mais clareza, e nas palavras de Mathieu Molé, "as mentes mais instruídas e com maior experiência legal saíam confundidas pela sagacidade do primeiro-cônsul e pelos *insights* esclarecedores que ele trazia para a discussão". Roederer confirma que, ao fim de cada sessão, eles iam embora se sentindo mais sábios. "Sob seu comando, algo excepcional acontecia com aqueles que trabalhavam com ele", escreveu. "Pessoas medíocres descobriam ter talento, e homens talentosos percebiam sua mediocridade, tamanha era a inspiração que ele levava a uns e a perturbação que causava a outros. Gente até então considerada incapaz se tornava útil, homens considerados brilhantes ficavam confusos..." Até Lucien, que não costumava dar muito crédito ao irmão, admitiu ficar impressionado com seu brilhantismo da primeira vez que o viu em ação numa sessão do Conselho.[14]

Sua capacidade de trabalho era extraordinária. Ocasionalmente ele presidia uma sessão do Conselho das dez da manhã até as cinco da madrugada, depois saía para tomar um banho e voltava a trabalhar. "Uma hora de banho equivale a quatro horas de sono", dizia. Sua escala de trabalho fora das reuniões do Conselho Consular e do Conselho de Estado era igualmente exaustiva. Por vezes ele acordava à uma ou às quatro da manhã, chamava seu pobre secretário e, com roupas de dormir brancas com uma echarpe envolta da cabeça, começava a ditar. Ele quase nunca escrevia, principalmente porque sua escrita não conseguia acompanhar o ritmo do pensamento, mas também porque nem ele nem ninguém era capaz de ler sua caligrafia. Podia fazer uma pausa para tomar sorvete ou *sorbet*, e às vezes para algo mais substancial, e depois retomava de onde tinha parado.[15]

Como homem de ação com experiência militar e pensamento matemático, Bonaparte tinha uma ideia clara de como levar adiante a tarefa que tinha se imposto. Após o golpe de Brumário ele deu a si mesmo os meios de fazer isso, e depois de Marengo adquiriu um poder ainda maior. Muitos achavam isso bem-vindo. Germaine de Staël estava empolgada com a "gloriosa ditadura" desse "grande homem" que, segundo ela, tinha a capacidade de "elevar o mundo". Lafayette também expressou sua aprovação à "ditadura restauradora" que ele estava exercendo, vendo nela a única esperança de consertar o Estado e proteger a liberdade. Mas muitos discordavam.[16]

Uma década de debate havia incentivado a especulação e a discussão, assim como uma presunção das elites intelectuais que haviam dominado a política desde o início da Revolução, às custas do pragmatismo. Para que fossem incluídos representantes de todo o espectro da política francesa, Bonaparte deu assentos a eles em uma ou outra das Assembleias. Assim que se instalaram, começaram a denunciá-lo como tirano, encorajando os mais moderados que também estavam alarmados com a forma como os fatos estavam se desenrolando. As ações dele também eram discutidas e criticadas em salões e no Instituto, em relação ao qual ele tinha visivelmente perdido o entusiasmo, tendo deixado de usar o termo carinhoso "colegas" para se dirigir a seus membros. Boa parte era verborragia inofensiva, porém, como muitas testemunhas da Revolução, Bonaparte tinha receio da demagogia. Tendo se acostumado a dar ordens e a não tolerar discussões, ele via qualquer discussão como um desafio à sua autoridade. Sua insegurança o tornava desconfiado, e ele encarava a obstrução e mesmo o atraso como ofensas pessoais.

Também havia resistência no exército, que era altamente politizado e que mantinha uma fidelidade mais tenaz aos ideais da Revolução do que o restante da sociedade. Os generais não viam com bons olhos o fato de um deles estar sendo colocado acima dos demais, e alguns achavam que tinham direito à mesma distinção. A esperança de Bonaparte aqui, assim como no campo da política, onde ele desviava da classe política e falava diretamente com a nação, era contornar os generais e capturar os corações dos soldados. Essa tarefa não seria tornada mais fácil por sua intenção de fazer uma reconciliação nacional que envolvia aquilo que ele chamava de "fusão" social daqueles que serviram ao Antigo Regime e daqueles que aderiram à República, o que incluía a reintegração na sociedade de monarquistas dissidentes e de pessoas que haviam deixado o país. Isso ao mesmo tempo eliminaria uma ameaça ao Estado e cooptaria uma riqueza de talentos. Mas também significava que estava fadado a ofender a maior parte dos soldados e toda a classe política.

O boletim de 18 de junho, de Milão, estampava um relato adulador do comparecimento do primeiro-cônsul ao *Te Deum* no Duomo, onde o clero da cidade o tratou com grande respeito. Não era um texto gratuito de autopromoção. Os pontos de vista de Bonaparte sobre religião eram influenciados pelo Iluminismo, e, assim como muitos de seus contemporâneos, ele rejeitava boa parte dos ensinamentos do cristianismo – achava que a divindade do Cristo não era crível, que a ressurreição era fisicamente impossível e os milagres, ridículos. Ele não podia aceitar, segundo dizia, que Catão e César estavam condenados por terem nascido antes de Cristo. Ele também era anticlerical. Mas demonstrava uma ligação duradoura com a fé, fazendo o sinal da cruz em momentos críticos e admitindo amar o som dos sinos da igreja. Ele meditava sobre o sentido da vida, procurando explicações que nem sempre eram racionais, e com o tempo passou a acreditar que possuía uma alma. "Não creio em religiões, mas na existência de um Deus", disse a Thibadeau em junho de 1801, acrescentando: "Quem criou tudo isso?". "Tudo anuncia a existência de um Deus, isso está acima de qualquer dúvida", afirmou a outra pessoa.[17]

Mais importante, ele dava valor ao próprio papel da religião. "Quanto a mim, não vejo na religião o mistério da Encarnação, apenas o mistério da Ordem Social", disse a seus conselheiros. "Como é possível haver ordem num Estado sem religião?", desafiou Roederer. "A sociedade não pode existir sem a desigualdade de riqueza, e a desigualdade de riqueza não pode existir sem a religião. Quando um homem está morrendo de fome ao lado de outro que está se empanturrando, ele não tem como aceitar essa diferença se não confiar que 'Deus quer que seja assim: deve haver pobres e ricos no mundo, mas depois, e para a eternidade, as coisas terão uma divisão diferente'." Uma religião adequada, ele assegurava ao Conselho de Estado, era "uma vacina contra a imaginação", inoculando as pessoas contra "todo tipo de crenças perigosas e absurdas". Ele acreditava que o ateísmo era "destrutivo para toda organização social, pois tira do homem toda fonte de consolo e esperança".[18]

Ele também gostava do tipo de religiosidade que estava no coração da vida espiritual e temporal das massas rurais que compunham a esmagadora maioria da população, e achava que ao atacar esse sentimento a Revolução alienou essas pessoas do Estado. Ele desdenhava das tentativas de criar substitutos novos e racionais, como o culto do Ser Supremo e a teofilantropia, que via como ineptas por não contarem com uma dimensão numenal. Ele estava convicto de que a França só podia ser "restaurada" – e de que seu domínio só podia ser estabelecido com firmeza – caso o Estado pudesse obter a aceitação, se não o afeto, das massas rurais e da velha nobreza, e isso significava o restabelecimento da Igreja. Em um sentido as circunstâncias eram favoráveis a ele.

A morte do papa Pio VI em agosto de 1799 foi seguida de um longo interregno, e só em 14 de março de 1800 o conclave, reunido em Veneza, elegeu um novo papa, o cardeal Barnaba Chiaramonti, de 57 anos, que escolheu o nome de Pio VII. Ele não apenas era um homem de mente aberta e inteligente, que não sentia aversão pelas formas republicanas de governo, como estava em conflito com a Áustria e com Nápoles, que tinham planos para os Estados papais.

Uma semana depois do *Te Deum* em Milão, em Vercelli, no caminho de volta para Paris, Bonaparte encontrou o cardeal Martiniana, a quem expressou seu desejo de abrir negociações com o papa para regularizar a situação da Igreja e da prática religiosa na França. Não seria algo fácil; a maioria da classe política era dogmaticamente irreligiosa, e a maior parte dos militares odiava gente de batina, só tendo entrado em igrejas para saquear.

Muitos do séquito de Bonaparte ficaram chocados quando ele mencionou a ideia. Nem Cambacérès nem Lebrun gostaram. Fouché e Talleyrand ficaram horrorizados – o primeiro tinha dado aulas em escolas oratorianas, o segundo fora bispo, e qualquer lembrança do passado eclesiástico era malvista. Fouché argumentou que a medida seria impopular. Talleyrand, que tecnicamente ainda era sacerdote, fez tudo que estava a seu alcance para desestimular Bonaparte, porém, quando percebeu que o processo não podia ser contido, começou a tentar fazer com que o papa o liberasse de seus votos sacerdotais – algo que Pio VII se recusou a fazer. Em 5 de novembro, o monsenhor Spina, arcebispo de Corinto, chegou a Paris para iniciar as negociações. Bonaparte o saudou cordialmente e nomeou o abade Bernier para preparar o terreno, sob supervisão de um atormentado Talleyrand.[19]

A chegada de Spina foi ofuscada por outro evento, que causou sensação: a publicação em 1º de novembro de um panfleto anônimo intitulado *Parallèle entre César, Cromwell, Monck et Bonaparte* [Paralelo entre César, Cromwell, Monck e Bonaparte]. "Há homens que surgem em certas épocas para fundar, destruir ou restaurar impérios", dizia o texto. "Por dez anos buscamos uma mão firme capaz de tudo reprimir e tudo sustentar [...]. Esse homem surgiu. Quem pode deixar de reconhecê-lo em Bonaparte?" O autor do panfleto prosseguia dizendo que onde Cromwell destruiu, Bonaparte restaurou, onde Cromwell causou a guerra civil, Bonaparte uniu os franceses. Quanto a Monck, como alguém podia crer que Bonaparte se satisfaria com um ducado e com uma aposentadoria sob o domínio de algum monarca indolente? "Bonaparte é, como César, um daqueles personagens diante dos quais todo obstáculo e toda oposição acaba cedendo: sua inspiração parece tão sobrenatural que em tempos antigos, quando o amor por prodígios dominava a mente das pessoas, elas não teriam hesitado em crer que ele era protegido por algum espírito ou deus." Ao insinuar o paralelo com César, o panfleto sugeria a elevação de Bonaparte ao patamar definitivo da autoridade, mas também fazia surgir temores – o texto foi publicado quando se comentava sobre a conspiração da adaga. "Feliz república *caso ele fosse imortal*. [...] Se o país perdesse Bonaparte repentinamente, onde estão seus herdeiros?" O autor temia que, caso ele fosse assassinado, eles se veriam novamente ou sob a "tirania das Assembleias" ou sob uma "raça degenerada" de reis. Sem propor nada, sugeria a necessidade de tornar permanente a autoridade de Bonaparte e garantir que ela fosse perpetuada.[20]

O autor era Lucien, provavelmente estimulado por Bonaparte, na intenção de testar a opinião pública. O público reagiu com um grau previsível de ultraje. O primeiro-cônsul fingiu compartilhar do ultraje, determinando que mil exemplares fossem queimados publicamente. Para convencer os mais próximos que conheciam a identidade do autor ou suspeitavam dela, ele encenou um ataque de fúria contra o irmão mais novo, que culminou com Lucien atirando sua pasta ministerial sobre a mesa e saindo irritado da sala. Em 5 de novembro, ele foi demitido e substituído por um favorito dos ideólogos, Jean-Antoine Chaptal. Letizia quis intervir em favor de seu filho favorito, e Joseph tentou mediar a situação, mas Bonaparte estava irredutível. A esposa de Lucien havia morrido, e ele levava uma vida dissoluta e promíscua que não era adequada a um dos principais postos ministeriais – chegava até mesmo a estuprar qualquer mulher que ousasse fazer visitas ao ministério –, a qual Fouché vinha avidamente registrando e tornando pública. Talleyrand sugeriu enviar o delinquente para Madri como embaixador, e ele de fato foi embora de Paris. Josefina e Fouché exultaram – Fouché por odiar Lucien, Josefina por razões ainda mais importantes.[21]

Independentemente da reação do público, o panfleto de Lucien provocou o debate sobre como garantir a sobrevivência da estabilidade conquistada no ano que passara. O texto fazia a conexão entre essa estabilidade e a pessoa do primeiro-cônsul e levava a discussão na direção pensada por Bonaparte. O que Bonaparte e o país precisavam, acima de tudo, era pôr um fim à guerra. Acreditasse nisso ou não, ele dizia que uma república por sua própria natureza representava uma afronta às monarquias hereditárias da Europa e que, portanto, era um *casus belli* fundamental. O único modo de remover essa fonte de conflito era dar às instituições políticas do Estado francês uma "forma", nas palavras dele, "um pouco mais harmônica" com a dos demais Estados. O objetivo principal da Revolução havia sido a derrubada dos aspectos feudais do Antigo Regime e o estabelecimento de uma monarquia constitucional. A República surgiu como resultado de eventos desagradáveis que a maioria da população não avalizava. Transformar a França de novo numa monarquia era impensável apenas para uma quantidade relativamente pequena de republicanos devotos. "A facção que deseja um rei é imensa, enorme, embora não esteja unida por nenhuma outra causa além da profunda sensação de que deveria haver um monarca", relatou um informante em Paris à corte de Nápoles na primavera de 1798, acrescentando que ninguém desejava Luís XVIII, mas sim um rei guerreiro e uma monarquia constitucional.[22]

A instituição da monarquia podia ainda estar cercada de uma pompa anacrônica, mas já não exigia o tipo de aura sagrada da época do direito divino. Embora os Bourbon tivessem passado trezentos anos no trono na França, a Casa de Hanover reinava na Grã-Bretanha havia apenas 86, o mesmo tempo de reinado dos Bourbon na Espanha, os reis de Nápoles estavam havia 66 anos no poder, e os Habsburgo tinham se entranhado no poder apenas em 1745. O eleitor de Brandemburgo decidira se chamar rei na Prússia havia menos de cem anos, e o tsar de Moscou virou imperador da Rússia em 1721.

Nas circunstâncias, não havia motivo para que a França não adotasse uma nova dinastia. A questão era quem iria fundá-la. Havia potenciais candidatos entre os ramos mais jovens da casa real francesa, mas muito intimamente associados ao Antigo Regime. Também era improvável que eles tivessem as qualidades necessárias para lidar com os perigos da cena política francesa. O homem que tinha essas qualidades era aquele que estava atualmente no poder, por isso parecia não haver muito sentido em se livrar dele. Mas ele não tinha herdeiros. E como ele não era de linhagem antiga, nem tinha outros fatores a seu favor além de seus talentos, militares e administrativos, não havia motivos *a priori* para diferenciá-lo de qualquer outro general capacitado.

No início de dezembro, chegaram a Paris notícias referentes a uma vitória brilhante de Moreau sobre os austríacos em Hohenlinden. Bonaparte cobriu de elogios as habilidades de seu general e o presenteou com um magnífico par de pistolas. Mas não ficou impressionado, nem feliz. Bonaparte havia tentado neutralizar Moreau, chegando a sugerir que ele se casasse com sua irmã, Caroline, porém Moreau era dominado por sua sogra, madame Hulot, uma megera que odiava Bonaparte e principalmente Josefina. O sentimento era mútuo, e a gota d'água para Bonaparte foi quando ela fez uma observação sarcástica sobre a suposta relação incestuosa que ele teria com Caroline.[23]

A vitória elevou a reputação de Moreau ao auge, e, embora ele estivesse longe de eclipsar Bonaparte, isso era um lembrete de que havia alternativas, e a própria existência dele animava os ideólogos assustados com Bonaparte e os monarquistas que ainda procuravam seu "Monck". Ele podia muito bem ter se visto nesse papel caso as coisas tivessem sido diferentes na noite de 24 de dezembro.

Naquela noite, Bonaparte foi à ópera ouvir a *Criação* de Haydn. Quando a carruagem seguia pela rue Saint-Nicaise, passou por um carrinho com um grande barril. Este estava cheio de pólvora e explodiu pouco depois de a carruagem passar por ele, devastando a rua, matando quatro pessoas que passavam por ali e ferindo outras sessenta, algumas das quais morreriam mais tarde, porém sem causar ferimentos em Bonaparte. Ele seguiu para a ópera e foi saudado com aplausos delirantes pela plateia que ouvira a explosão e temia pelo pior.

Ao voltar para as Tulherias depois da récita, encontrou o palácio fervilhando de generais e oficiais preocupados. Quando Fouché apareceu, Bonaparte criticou-o severamente por não ter impedido o atentado contra sua vida, que ele atribuiu aos "amigos" jacobinos de Fouché. O ministro garantiu que a autoria era de conspiradores monarquistas e prometeu comprovar isso dentro de uma semana.

Com seu colega Réal, Fouché realizou um exame forense da cena e do que restou do cavalo que havia colocado a "máquina infernal" naquela posição. Réal percebeu que uma das patas estava com ferradura nova. Eles mostraram a ferradura a todos os ferreiros de Paris, até que um deles a reconheceu e conseguiu dar uma descrição dos homens que levaram o cavalo para ele. Eles levaram a cabeça do cavalo para todo comerciante de animais, o que os fez chegar ao homem que havia comprado aquele. As prisões que se seguiram estabeleceram uma ligação direta com Georges Cadoudal e o governo britânico.[24]

Tudo fazia parte do mesmo esquema que gerou o plano de Hyde de raptar Bonaparte e a ideia mais recente, descoberta pela polícia, de desembarcar uma força em Saint-Malo. Mas Bonaparte temia mais os jacobinos do que os monarquistas. "Os [monarquistas rebeldes] e os emigrados são uma doença da pele", ele disse a Fouché poucos dias depois do atentado, "já [os jacobinos] são uma doença dos órgãos internos." Ele determinou a Fouché que fizesse uma lista de jacobinos ativos, que pretendia deportar para as colônias penais de Caiena e da Guiana. A lista tinha cerca de cem nomes. As Assembleias hesitaram diante da proscrição de tantas pessoas, algumas das quais eram seus colegas. Para contornar os deputados, Cambacérès e Talleyrand inventaram uma manobra pela qual o Senado, agindo na função de defensor da Constituição, emitiu um *senatus-consulte*, um édito disfarçado de salvaguarda constitucional, determinando que a medida contestada fosse levada a cabo.[25]

O evento acabou se revelando uma dádiva para Bonaparte. Alguns monarquistas foram executados, assim como alguns jacobinos. Um número maior de jacobinos foi deportado, incluindo aqueles que Bonaparte chamava de sargentos da Revolução, capazes de incendiar as massas. "A partir daí, passei a dormir tranquilo", confidenciou. Mais importante, o episódio levou à invenção do *senatus-consulte*, um mecanismo de legislar às pressas, que em breve ele usaria para forçar a aprovação de uma lei que criava tribunais especiais sem júri para lidar com certas categorias de atividade criminal.[26]

Mais importante que tudo isso, a tentativa de assassinato chocou a opinião pública, não só por sua violência. O atentado foi visto como um ataque não apenas contra a vida de Bonaparte, mas contra o futuro do Estado que estava recém-emergindo de dez anos de anarquia e violência. Isso fez com que Bonaparte recebesse a compaixão que as vítimas atraem, e ao mesmo tempo mostrou quão frágil era a estabilidade recém-adquirida, e quanto ela estava intimamente associada a ele e à sua sobrevivência. Depois de pouco mais de um ano no poder, ele tinha se tornado o repositório das esperanças de muitos e estava prestes a tornar realidade a mais cara de todas essas esperanças.

23
Paz

Derrotada na Itália por Bonaparte e obrigada pelo general Brune a recuar ainda mais, trucidada na Alemanha por Moreau, a Áustria não tinha mais como se manter na guerra. O imperador enviara Cobenzl a Paris no outono de 1800 para preparar o terreno, e em 9 de fevereiro de 1801, assim que se viu livre dos termos de sua aliança com a Grã-Bretanha, a Áustria assinou a paz com a França pelo tratado de Lunéville. As notícias da assinatura chegaram a Paris em 12 de fevereiro. O Carnaval estava então a todo vapor, e as pessoas reagiram com alegria.

Os termos eram menos favoráveis à Áustria do que os do tratado de Campo Formio, já que o país perdeu parte da terra adquirida à época na Itália. Além disso, a Áustria reconhecia a incorporação do Piemonte pela França e a existência das Repúblicas da Batávia, Helvética e Cisalpina, sendo esta última expandida pela incorporação de Módena e das Legações. O antigo feudo Habsburgo na Toscana foi renomeado para reino da Etrúria e seria governado por um Bourbon, o duque de Parma – que havia sido incorporada pela República Cisalpina. Pelos termos de um tratado negociado com Carlos IV da Espanha, o novo rei da Etrúria se casou com uma de suas filhas, e seu reino se tornou um satélite francês. A Áustria também foi obrigada a admitir a França como parte integrante do processo de reorganização do Sacro Império Romano, que se tornou necessário com a derrubada dos antigos governantes dos Estados à margem esquerda do Reno, incorporados pela França.

O acordo foi ruim para a Áustria, mas o golpe foi ainda mais duro para a Grã-Bretanha, que perdeu seu principal aliado e representante no continente. Pior ainda, por meio de um tratado em separado, o reino de Nápoles cedeu a ilha de Elba para a França e fechou seus portos para navios britânicos, ao passo que outros tratados com Argel, Túnis e Trípoli melhoraram a posição francesa no Mediterrâneo. Malta e Egito ainda estavam em mãos francesas, e um acordo assinado em fevereiro de 1801 garantiu para a França o apoio da esquadra espanhola.

A situação exigia um acordo geral, que incluísse todas as potências envolvidas desde o início da guerra em 1792, mas isso não seria fácil de resolver, tendo em vista a natureza do conflito; suas raízes remontavam à segunda metade do século XVIII, quando considerações dinásticas tradicionais foram superadas pela necessidade de acompanhar o ritmo dos rivais e buscar a segurança por meio de um "equilíbrio de poder". Caso um Estado conseguisse um ganho, os demais achavam que precisavam de algo equivalente, o que levou a um processo darwiniano em que os Estados mais fortes cresciam às custas dos mais fracos. Guerras recentes e a partição da Polônia haviam demonstrado que nenhuma fronteira podia ser considerada intocável e os tronos eram efêmeros. O processo veio acompanhado pela desintegração de velhas redes de alianças e por rivalidades limitadoras – o controle franco-austríaco de Estados alemães menores, a barreira franco-sueca-turco-polonesa contra a Rússia e a Áustria, o grupo familiar franco-espanhol para impor limites às ambições britânicas nas colônias, o equivalente anglo-holandês, e assim por diante. O espírito da época tornava a situação mais complicada: estruturas anacrônicas, como o Sacro Império Romano e monarquias feudais, eram criticadas por forças intelectuais liberadas pelo Iluminismo e pelo nascente nacionalismo.

Duas potências estavam crescendo mais rápido que as demais. A oeste, a Rússia tinha avançado suas fronteiras seiscentos quilômetros em direção à Europa num intervalo de cinquenta anos, ao mesmo tempo que avançava para leste até atingir o oceano Pacífico. A oeste, a Grã-Bretanha estendia seus domínios coloniais. A única potência capaz de rivalizar com as duas era a França, que sozinha podia ajudar a Áustria a impor limites na expansão da Rússia rumo a oeste e, com a aliada Espanha, podia se opor ao desejo britânico de controlar os mares.

A Revolução reduzira as ambições da França e seus líderes tinham enviado mensagens pacíficas a todas as nações, mas suas doutrinas, que desafiavam a ordem social, fizeram com que monarcas e ministros de toda a Europa se unissem em sua defesa. Em agosto de 1791, o imperador sacro romano, Leopoldo II, e o rei Frederico Guilherme II da Prússia emitiram uma declaração depois de um encontro em Pillnitz na Saxônia apoiando o sitiado Luís XVI. Na França, isso foi visto como um desafio e levou à eclosão da guerra em 1792 e a uma invasão realizada pela Áustria e pela Prússia que tinha como objetivo a restauração do Antigo Regime. Os invasores foram derrotados e os franceses deram início à "libertação" dos Países Baixos Austríacos (Bélgica). A Convenção Francesa emitiu um Édito de Fraternidade se comprometendo a apoiar todas as nações que lutavam pela liberdade contra a opressão feudal. A Grã-Bretanha, com a Sardenha, as Províncias Unidas, o Sacro Império Romano e a Espanha, se uniram numa coalizão contra a França revolucionária. O exército de emigrados em Coblença e levantes populares na Vendeia e no Sul da França foram financiados, armados e apoiados com tropas. Embora não contasse com um Exército profissional à disposição, a Grã-Bretanha pagou para que outros combatessem em seu lugar. Mas, apesar de ambos os lados terem dado grande destaque às suas cruzadas ideológicas, esse era um véu tênue que mal disfarçava políticas essencialmente oportunistas.

No início de 1793, Georges Danton apresentou a ideia de que a França tinha fronteiras "naturais" designadas pelo canal da Mancha, pelo Atlântico, pelos Pireneus, pelo Mediterrâneo, pelos Alpes e pelo Reno, o que significava a anexação de vastas áreas que não estavam dentro das fronteiras de 1789. Enquanto "libertava" as nações irmãs oprimidas, a República francesa vergonhosamente tirava dos ombros desses países o peso de suas riquezas. A Áustria viu a possibilidade de reforçar seu controle sobre a Itália e de se servir, com a Rússia e a Prússia, do que havia restado da Polônia. A Rússia obteve uma base naval havia muito desejada ao ocupar as ilhas Jônicas. A Grã-Bretanha tomou colônias francesas e de seus aliados holandeses. A Prússia não se opunha a tomar o feudo da família real britânica em Hanover.

Embora tenha chegado ao poder por meio da guerra, Bonaparte sabia que somente a paz podia garantir sua sobrevivência. Seu primeiro êxito chegou em 3 de outubro de 1800, com a assinatura em Mortefontaine de um tratado com os Estados Unidos negociado por Joseph. A assinatura ocorreu na presença de Lafayette, que lutara ao lado de George Washington, e foi celebrada com um banquete seguido de peças teatrais e fogos de artifício – uma longa chuva estragou as comemorações, transformando os jardins num mar de lama e atrasando a construção do palco, dando tempo para que os trabalhadores se juntassem aos artesãos e se servissem de vinho que era destinado ao banquete, que só começou à meia-noite, acompanhado de um errático show de fogos.[1]

O passo seguinte foi a paz com a Áustria, depois Nápoles, a que se seguiu a assinatura de novos tratados com Espanha e Portugal, negociados por Lucien. Depois disso, restavam a Grã-Bretanha e a Rússia. Como a Grã-Bretanha se recusava a negociar, Bonaparte buscou exercer pressão ao deixar os ingleses isolados, o que seria obtido por meio de uma aliança com a Rússia, que se ressentia do comando que os britânicos tinham sobre os oceanos e se sentia ameaçada pela presença inglesa no Oriente Médio.

O tsar, Paulo I, tinha se desencantado com seus parceiros de coalizão e retirado suas tropas. Cada vez mais ressentido com as buscas e apreensões feitas de maneira despótica pelos britânicos em navios neutros, ele se somou a Suécia, Dinamarca e Prússia para criar a Liga dos Neutros, que negava acesso ao Báltico para navios britânicos. Usando a oportunidade oferecida pela presença na França de tropas russas que haviam sido feitas prisioneiras na Suíça em 1799, Bonaparte abriu negociações e sugeriu uma liga similar no Mediterrâneo. "É de interesse de todas as demais potências do Mediterrâneo, assim como das potências do mar Negro, que o Egito permaneça em mãos francesas", escreveu Bonaparte para Paulo em 26 de fevereiro de 1801. "O canal de Suez, que poderia conectar o Índico com o Mediterrâneo, já foi planejado: a obra é simples e não exige muito tempo, e traria benefícios incalculáveis para o comércio russo." Ele instigava o tsar a usar da influência que tinha sobre a Corte otomana para convencê-la a permitir que a ocupação francesa no Egito continuasse.[2]

Bonaparte também ressaltou que os dois países não tinham motivos para brigar e que tinham muitos interesses em comum e disse ainda que foi apenas a perfídia britânica que os jogou um contra o outro. Ele sugeriu a possibilidade de agir contra o Império Otomano, tradicional inimigo da Rússia, sabendo que Paulo havia assumido o papel de protetor da Ordem de São João, e além de tudo acrescentou um presente para o tsar – a espada do grão-mestre Jean de la Valette, tomada depois da captura de Malta a caminho do Egito. Era um gesto que tentava atrair o impetuoso tsar por meio de suas fantasias de cavalaria. Paulo desprezava os franceses por causa da Revolução, mas era fascinado por Bonaparte, e mandou dois enviados a Paris.[3]

No início de março, Paulo determinou que o embaixador britânico, lorde Whitworth, deixasse São Petersburgo. Antes de partir, Whitworth incentivou e financiou um grupo de nobres que conspirava contra o tsar, e na noite de 23 de março Paulo foi assassinado em seu quarto. Bonaparte não tinha dúvidas de quem estava por trás do ato. Em 2 de abril, a Marinha Real bombardeou Copenhague e a Neutralidade Armada rapidamente acabou, tendo o novo tsar, Alexandre I, feito as pazes com a Grã-Bretanha em junho.

Mesmo assim os britânicos estavam isolados, eram internacionalmente impopulares e havia agitações internas ameaçadoras. A Neutralidade Armada havia interrompido os carregamentos de grãos, levando a um aumento no preço do trigo e a vários motins chamados "pão ou rebelião". A crise causada pelo Ato de União com a Irlanda levou à renúncia de Pitt em 16 de fevereiro de 1801. Ele foi sucedido por Henry Addington, cujo secretário de Assuntos Internacionais, lorde Hawkesbury, deu início a conversas em Londres com o enviado francês Louis Otto.

O papel desempenhado nas guerras pela propaganda dificultava a chegada a um acordo. A opinião pública era moldada pela retórica de Edmund Burke, por uma imprensa estridente e por uma enxurrada de cartuns pesados, todos demonizando a Revolução Francesa como um colapso triste e sanguinário da civilização. Suas figuras principais eram representadas como degeneradas, más e ridículas, e "Boney" recebia o tratamento mais vil, ainda que por vezes divertido.

A resposta francesa era representar as massas trabalhadoras da Grã-Bretanha como escravas do monstro Pitt e da oligarquia de lordes que governava o país. Eles eram acusados de dominar o mundo e de se comportar, nas palavras de Talleyrand, como "vampiros do mar" que deviam ser "exterminados" em nome da "civilização e da liberdade das nações". A retórica de ambos os lados incitava ao ódio, e Nelson instruiu seus homens dizendo, ao fazer incursões pela costa francesa, que "nenhum pudor deve se manter de pé". O tratamento dado pelos britânicos aos prisioneiros de guerra franceses chocou Bonaparte. "Será possível que a nação de Newton e Locke tenha se esquecido de seus padrões?", escreveu a Talleyrand.[4]

As negociações também foram mais complicadas pelo fato de os dois países continuarem participando de operações militares um contra o outro, com pequenos impasses em vários postos avançados coloniais, choques contínuos no mar, e um grande confronto no Egito; Bonaparte fazia tudo que estava a seu alcance para abastecer e apoiar suas tropas lá. Uma força britânica havia desembarcado na costa do mar Vermelho, e em 1º de março mais 15 mil soldados britânicos desembarcaram em Alexandria. Porém Kléber foi sucedido pelo general Menou, que, ao contrário de seu antecessor, acreditava ser possível manter o controle do Egito. Ele se casou com uma egípcia e se converteu ao islã, assumindo o nome de Abdullah, o que lhe deu alguma popularidade entre os habitantes locais, assim como algumas melhorias sensíveis que sua administração fez no país. Ele conseguiu impedir o avanço da força britânica que desembarcara em Alexandria em uma batalha inconclusiva, mas ficou cercado lá enquanto o general Belliard estava sitiado no Cairo. Em 31 de agosto de 1801, Menou capitulou, pondo fim à aventura francesa no Egito.

Isso ajudou a levar as coisas a um ponto de inflexão, já que os britânicos não pretendiam assinar um tratado de paz com os franceses no Egito, e agora havia certa urgência em Londres para que a situação chegasse a uma conclusão. Portugal, aliado dos britânicos, havia sido forçado pelo tratado de Badajoz, em 6 de junho, a abrir mão da província de Olivença na Espanha, a ceder parte de sua colônia na Guiana para a França e a fechar seus portos para os navios britânicos. A França havia conseguido um acordo com a Rússia, e um tratado seria assinado em Paris em 8 de outubro, isolando ainda mais a Grã-Bretanha. As preliminares de um tratado de paz foram assinadas em Londres em 1º de outubro, e lorde Cornwallis foi enviado à França para negociar o tratado.

Ele foi saudado nas Tulherias em 10 de novembro com uma esplêndida recepção seguida de um banquete para duzentas pessoas. O inglês de 62 anos, que trabalhara no serviço público a vida toda, lutando na América e governando na Índia e na Irlanda, causou boa impressão no primeiro-cônsul. Cornwallis achou Joseph "um sujeito muito sensível, modesto e cavalheiresco, e as negociações assumiram um tom cordial". Em reconhecimento a seu passado militar, Bonaparte colocou um regimento à disposição de Cornwallis, para que ele pudesse se distrair fazendo que os soldados desfilassem e realizassem manobras.[5]

Bonaparte enviou instruções detalhadas a seu irmão, dando a ele argumentos para usar contra os britânicos, mas Joseph estava confiante de que com "paciência e firmeza" seria capaz de fazer frente a seu oponente e desgastá-lo. Ele afirmou que os britânicos "em tratados anteriores sempre triunfaram sobre aquilo que eles gostavam de chamar de petulância francesa" usando sua principal arma, que ele identificou como "sangue-frio e inércia", e ao se manter calmo ele desarmaria seu oponente. Bonaparte, que tinha por hábito aumentar suas demandas relativas a um ponto assim que uma questão tivesse sido resolvida, complicava as negociações. Ele também introduziu novos pontos, como o acesso às zonas de pesca em Newfoundland e a expansão dos enclaves franceses na Índia. Cornwallis se manteve firme em muitos desses pontos, mas seus superiores estavam impacientes para chegar a uma conclusão, uma vez que o país estava exausto e desesperado pela paz depois de quase uma década de guerra durante a qual as classes mais baixas da população enfrentaram sérias dificuldades.[6]

Bonaparte não deixava que considerações relativas à política externa o distraíssem de sua tarefa principal de reconstruir o Estado francês, e foram raros os dias dos primeiros oito meses de 1801 em que não houve reuniões do Conselho de Estado ou dos três cônsules, lidando com todo tipo de tema, do sistema legal ao reparo de estradas, incluindo a reorganização do próprio governo, com a criação de um novo Ministério do Tesouro. Quando o preço do pão subiu por causa da escassez, o que levou ao descontentamento e até a motins na primavera, ele reagiu não só com a velocidade e a decisão que lhe eram peculiares, comprando grandes quantidades de farinha para poder produzir pão subsidiado, como também colocou em funcionamento um mecanismo por meio do qual eventos como esse poderiam ser antecipados e crises evitadas no futuro.

Ele tinha voltado do Egito com uma inflamação pulmonar e ainda sofria com a sarna contraída em Toulon. Uma sucessão de médicos fracassou em melhorar sua condição, agravada pelo trabalho excessivo, sem falar nos esforços da campanha de Marengo. Seu estilo de vida, com a alimentação e o sono irregulares e com frequentes viagens noturnas em carruagens sacolejantes, não deve ter ajudado. No final de junho de 1801, ele ficou doente a ponto de alguns pensarem que estava moribundo. Foi aí que contratou os serviços de Jean-Nicolas Corvisart, um eminente médico com uma abordagem empirista e holística da medicina. Logo depois, Josefina ficou encantada em observar que as marcas no corpo dele estavam sumindo. Por meio do uso de cataplasmas e de outros expedientes naturais, Corvisart curou Bonaparte a ponto de sua aparência nos meses seguintes se transformar, sua compleição perdendo o ar doentio e amarelado e seu rosto deixando de ter o aspecto escavado.[7]

Em parte por causa de sua saúde, Bonaparte passara a maior parte do verão de 1801 em Malmaison. Graças a Josefina, a casa ganhou interiores neoclássicos cheios de mobília Jacob e porcelana Sèvres. Ela transformou os jardins, enchendo-os de rosas e plantas raras, e deu ao parque um paisagismo à inglesa. Ela também colecionava animais num alojamento, que mais tarde receberia um canguru e um orangotango, enquanto lhamas e gazelas andavam pelo parque. Era característico de Bonaparte o fato de ao mesmo tempo ficar discutindo os gastos com cada pequena obra e colocar como bibliotecário seu antigo professor de francês, o envelhecido abade Dupuis, e como porteiro com uma generosa pensão o sujeito que foi zelador de Brienne.[8]

Embora trabalhasse tão duro lá quanto em Paris, realizando reuniões com os cônsules e com o Conselho de Estado, recebendo ministros e generais, e por vezes ficando acordado à noite ditando para Bourrienne, depois do jantar, que geralmente era servido às dezoito horas, Bonaparte aproveitava a noite de um modo que seria impossível nas Tulherias. Havia vários quartos de hóspedes, e em geral havia festas na casa. Eles montavam peças de teatro amador, caminhavam pelo jardim ou faziam brincadeiras infantis, com Bonaparte tirando a casaca e correndo de um lado para o outro num jogo de pega-pega ou para fugir de outros como se fosse um menino em idade escolar – e muitas vezes trapaceando. Ele se divertiu ao descobrir que as gazelas gostavam de rapé, e frequentemente dava um pouco para que elas cheirassem. Certo dia, olhando pela janela enquanto fazia a higiene matinal, percebeu alguns cisnes no canal ornamental e mandou que Roustam trouxesse duas armas. Começou então a atirar nos animais, rindo como uma criança. Quando Josefina, horrorizada, lhe tomou as armas, ele disse: "Eu só estava me divertindo um pouco".[9]

Em Malmaison ele era acessível, tranquilo e afável. "Eu esperava encontrá-lo com modos bruscos e temperamento irregular", relembraria o secretário de Joseph, Claude-François Méneval, "mas em vez disso encontrei-o paciente, indulgente, com modos tranquilos, nem um pouco exigente, numa felicidade que muitas vezes era barulhenta e provocativa, às vezes com uma bonomia encantadora, embora essa familiaridade da parte dele não encorajasse reciprocidade." O pintor Isabey se encorajou e um dia, ao ver Bonaparte inclinado para inspecionar uma flor, "pulou cela" nele.[10]

Bonaparte agora tinha casos amorosos regularmente – com Giuseppina Grassini no início daquele ano, depois com a esposa de Mollien, em seguida Adèle Duchâtel, a esposa de um de seus funcionários, sem falar nas conquistas ocasionais de outras mulheres do seu séquito. Josefina tinha ciúmes e mandava suas criadas e damas de companhia patrulharem os corredores das Tulherias. Com a ascensão do marido e as conversas sobre quem poderia ser seu sucessor, ela se sentia ameaçada por seus 37 anos e a incapacidade de gerar um herdeiro. Ela havia consultado Corvisart, e naquele verão foi às águas de Plombières na esperança de aumentar sua fertilidade, acompanhada por Letizia. O próprio Bonaparte não dava muita importância à falta de um herdeiro e não demonstrava sinais de estar insatisfeito com seu casamento. "Você devia amar muito Bonaparte", Josefina escreveu para a mãe em 18 de outubro. "Ele faz a sua filha muito feliz; é gentil, amável, é encantador em todos os sentidos, e ama a sua Yéyette."[11]

Por anos Bonaparte tratou seu irmão mais novo Louis como um filho, e, ao perceber isso, Josefina decidiu que este devia se casar com Hortense, sua filha. Ela tinha dezoito anos, era bonita e tinha herdado o charme – e os dentes ruins – da mãe, e Bonaparte gostou imediatamente dela. Ela fazia companhia a ele quando Josefina estava longe em águas termais, e uma amizade profunda se desenvolveu entre os dois. Ele a adotou junto com o irmão Eugène, e, se ela se casasse com Louis, o filho deles seria praticamente seu neto.

Essa incipiente hipótese de que o clã Beauharnais poderia ficar com a herança de Bonaparte não era a menor das fontes de discórdia entre ele e seus irmãos, que insistiam em manter certo grau de independência ao mesmo tempo que surfavam em seu sucesso. Joseph, que tinha acumulado imensa fortuna ao longo dos últimos anos e que havia se estabelecido como um homem importante, sendo anfitrião de festas e de caçadas em Mortefontaine, manteve ligações íntimas com muitas pessoas que expressavam sua oposição a Bonaparte e que bloqueavam os planos dele no Tribunato. Por motivos familiares, ele também era próximo de Bernadotte, que Bonaparte desprezava e teria destruído muito tempo antes caso ele não tivesse se casado com Désirée Clary. Joseph se considerava intelectualmente igual a seu irmão e, influenciado por liberais como Benjamin Constant e Germaine de Staël, frequentemente discutia com ele.

Lucien havia retornado de seu período como embaixador em Madri muito mais rico, tendo caído nas graças da rainha da Espanha e extorquido propinas em cada passo das negociações dos tratados com Espanha e Portugal – além de vinte telas das coleções do Retiro (que se somaram à sua já impressionante coleção de trezentas obras, incluindo trabalhos de Rembrandt, Rafael, Michelangelo, Poussin, Caracci, Rubens, Ticiano e Leonardo), um saco de diamantes e uma imensa quantia em dinheiro (parte do qual ele investiu em Londres). Ele trouxe também uma marquesa espanhola que instalou em sua mansão em Paris e no chateâu de Le Plessis que acabara de comprar. Ao contrário de Joseph, as festas da casa dele nada tinham de sofisticadas, com jogos infantis e os convidados sujeitos a pegadinhas e a serem atingidos com pó de mico. Isso não impedia que ele falasse grosso com Bonaparte, denunciando-o como tirano e incentivando outros a se oporem a ele.[12]

O tirano ainda governava por meio das instituições, e elas eram compostas de pessoas com ideias próprias. A incapacidade de ver as coisas a partir da perspectiva alheia significava que ele não tinha como discutir ou convencer, podendo apenas dispensar os pontos de vista deles como "bobagem metafísica" e ver as críticas como oposição. Na visão dele, expressa em uma discussão sobre as peças de Corneille, o bem público, que ele descrevia como "a razão do Estado", era um objetivo mais alto que não apenas justificava como exigia comportamentos que em quaisquer outras circunstâncias poderiam ser criminosos. Corneille compreendera isso, e, caso estivesse vivo, Bonaparte declarou que faria dele seu primeiro-ministro. Convencido da retidão da missão em que embarcara, e intolerante com aqueles que não eram capazes de ver as coisas do mesmo modo, ele não estava inclinado a perder tempo convencendo-os.[13]

Isso foi um choque para os que o apoiaram desde o início, como Germaine de Staël, que era próxima de Joseph e esperava que seu salão se tornasse a usina ideológica do novo regime. Ela havia incentivado Benjamin Constant a fazer oposição construtiva no modelo inglês dentro do Tribunato, mas as críticas dele à legislação enfureceram Bonaparte; este ressaltou que, como nenhuma das pessoas que ocupavam as cadeiras nas várias Assembleias tinha sido eleita, elas não tinham legitimidade, ao passo que ele, cuja chegada ao poder havia sido avalizada pelo plebiscito sobre a Constituição, fora eleito pela nação. Quando Joseph tentou consertar a situação entre ele e a intelectual inconveniente, Bonaparte apenas disse que ele devia perguntar qual era o preço dela para se submeter. "Não sei como demonstrar benevolência com meus inimigos", disse a Talleyrand quando ele sugeriu uma abordagem mais suave. "A fraqueza nunca levou a lugar nenhum. Só é possível governar por meio da força."[14]

A Lafayette, Bonaparte disse que as pessoas estavam "fartas" da liberdade. Ele tinha certa razão – os ideólogos tagarelando nas suas assembleias e salões estavam desconectados da maioria da população. Isso ficou absolutamente evidente quando se tratou da intenção de Bonaparte de restabelecer a Igreja Católica. Os ideólogos viam nisso uma traição à Revolução, que havia banido o "preconceito" religioso e todo o disparate que o acompanhava. Eles tentaram convencer Bonaparte a abandonar a ideia, mas este se mostrou inflexível; quando Volney tentou fazer com que ele mudasse de ideia, a conversa se transformou numa discussão durante a qual supostamente Bonaparte chutou seu antigo herói.[15]

As negociações de Talleyrand com Spina não iam bem. Os principais obstáculos eram a insistência do papa de que o catolicismo fosse declarado religião de Estado, a devolução das propriedades confiscadas da Igreja ou uma compensação pelo que foi feito, e a renúncia de todos os bispos atuais. A isso ele acrescentou a demanda da devolução da província das Legações. A resposta de Bonaparte foi assustar Spina, com um de seus falsos acessos de raiva, ameaçando ocupar a totalidade dos Estados papais, fundar uma Igreja nacional na França e até mesmo se tornar protestante caso ele não assinasse um acordo dentro de cinco dias.[16]

O papa substituiu Spina pelo cardeal Ercole Consalvi, mais inteligente e mais hábil. Bonaparte deu as boas-vindas a ele com grande pompa em meio a uma audiência para a qual disse que ele deveria ir com "a roupa mais cardinalícia possível", mas logo começou a ameaçá-lo, estabelecendo um ultimato irreal de cinco dias. Depois de muita barganha, chegou-se a um acordo, e a Concordata – nome escolhido em homenagem a um precedente do século XII – seria assinada em 13 de julho de 1801. No último minuto, o abade Bernier alertou Consalvi de que Bonaparte tinha feito algumas alterações, e que o texto que seria apresentado não era aquele aceito pelo enviado papal. Quando Consalvi declinou de assinar o documento, um Bonaparte furioso ditou uma nova versão, que Consalvi também rejeitou. Bonaparte ameaçou agir como Henrique VIII da Inglaterra, mas Consalvi estava à sua altura e não se deixava intimidar. A Concordata acabou sendo assinada à meia-noite de 15 de julho.[17]

O catolicismo foi reconhecido como a religião da maioria dos franceses. Uma nova rede de dioceses foi criada. O primeiro-cônsul escolheria os bispos, que seriam então investidos pelo papa. As propriedades da Igreja não seriam devolvidas, mas o Estado francês pagaria pela manutenção das igrejas e pelos salários dos padres, que fariam um juramento de lealdade, na prática se tornando seus funcionários.

O Conselho de Estado expressou reservas quando ao acordo, e houve oposição estridente no Tribunato, no Corpo Legislativo e no Senado, que para deixar clara sua indignação indicou o ex-abade Grégoire, um convicto revolucionário para denunciar o acordo. As reações no Exército foram ainda mais violentas. Sempre oportunista, Bonaparte explorou a grita para pressionar Roma a aceitar várias mudanças, expressas em "artigos orgânicos" que alteravam a natureza do acordo a seu favor.

À medida que a abertura da segunda sessão das Assembleias se aproximava no outono de 1801, ficou claro que os descontentes de todos os matizes se preparavam para se unir em oposição ao governo cada vez mais autocrático de Bonaparte. Eles estavam indignados pelo fato de no tratado com a Rússia a palavra "súditos" ter sido usada para se referir aos cidadãos franceses, e estavam determinados a rejeitar a Concordata. Mais aflitiva para Bonaparte foi a recepção crítica que o Tribunato teve ao Código Civil, tão caro a ele. Ouvir que o texto estava sendo destruído artigo por artigo e criticado por ser muito antiquado e uma traição à Revolução era mais do que ele podia suportar. Ele ficou furioso com os "cães" que lideravam o ataque, comparando-os a piolhos que infestassem suas roupas, e cogitou enviar tropas à Assembleia. "Que ninguém pense que vou deixar me tratarem como trataram a Luís XVI", alertou. "Sou um soldado, um filho da Revolução, e não vou tolerar ser insultado como um rei."[18]

Cambacérès convenceu-o a evitar confrontos e a permitir que o Corpo Legislativo rejeitasse o Código; ele havia pensado num modo de contornar o problema, que Bonaparte adotou. Em 2 de janeiro de 1802, declarou que estava retirando todos os projetos, o que na prática encerrou a sessão das Assembleias, já que elas não tinham nada para fazer. No mesmo dia ele foi ao Senado e repreendeu seus membros, particularmente Sieyès, a quem acusou de tentar transformá-lo no ineficaz "Grande Eleitor" de seus sonhos. Bonaparte era um sujeito difícil de confrontar numa situação como essa, e eles obedientemente nomearam como senadores alguns de seus apoiadores, o que lhe deu maioria.

No dia seguinte ele compareceu ao casamento de Louis e Hortense. Os dois haviam resistido vigorosamente à união, mas foram forçados por Bonaparte e Josefina, que estavam decididos, cada um pelas próprias razões: ele por ver Louis como seu possível sucessor, ou como aquele que geraria seu sucessor, ela para garantir sua posição contra os ataques do clã Bonaparte.

Nenhum dos dois percebeu o quanto Louis estava psicologicamente avariado, e que isso com o tempo seria causa de problemas. Bonaparte tinha pouco tempo para refletir, e à meia-noite de 8 de janeiro partiu para Lyon, onde precisava tratar de assuntos sérios.

Depois de sua ressurreição, após a batalha de Marengo, a República Cisalpina, ampliada pelo tratado de Lunéville com o acréscimo das Legações e de Parma, vinha sendo administrada de acordo com o modelo francês por um governo provisório comandado por Francesco Melzi d'Eril. Ele tinha esperanças de estender o território para abarcar todo o Norte da Itália e transformar sua república num forte Estado-tampão entre a França e a Áustria, possivelmente governado ou por Joseph, irmão de Bonaparte, ou por um Bourbon espanhol. Mas primeiro ele precisava ir a Lyon, junto com 491 deputados, para fazer com que a Constituição que esboçara fosse avalizada por Bonaparte. Ele também tinha esperanças de que o nome da república mudasse de Cisalpina para Italiana.

Os deputados, muitos dos quais haviam levado esposas e família, tiveram imensos problemas para chegar a Lyon. Atravessaram os Alpes durante nevascas, ficaram presos por longos períodos em hospedagens e chalés desconfortáveis — príncipe, bispos e generais convivendo lado a lado com mercadores e criados, todos forçados a comer as mesmas escassas rações. Um deles morreu no caminho. Eles finalmente chegaram a Lyon em 11 de dezembro de 1801, mas o desconforto não havia terminado. O príncipe Serbelloni levou seu próprio cozinheiro, porém a maior parte tinha que se virar com a comida local, que eles achavam nojenta, e nada podia acabar com a tristeza dos nevoeiros de inverno enquanto eles esperavam por Bonaparte.

Ele foi precedido, em 28 de dezembro, por Talleyrand. Os deputados presumiram que enfim iriam começar os trabalhos na antiga igreja da faculdade jesuíta que havia sido transformada em um anfiteatro com poltronas de couro verde. Foi uma decepção. A última coisa que Bonaparte queria era uma Assembleia. Ele havia instruído Talleyrand a dividir os deputados em cinco grupos que iriam discutir o projeto de Constituição separadamente. Talleyrand e Murat, que como comandante das forças francesas na Itália também estava presente, circulavam entre os deputados, amaciando-os com uma mistura de lisonja e ameaça que levou um deles a pensar no reinado de Tibério.[19]

Bonaparte chegou na noite de 11 de janeiro de 1802. Foi recebido antes de entrar na cidade por uma guarda de honra formada por jovens cavalheiros de Lyon, trajados com esplêndidos uniformes azul-claros e com chapéus com plumas criados por eles mesmos. Ao se aproximar da cidade foi saudado por salvas de tiros de artilharia e gritos e aplausos das tropas que ladeavam as ruas. Apesar do frio intenso – o rio Saône estava congelando – e da neve que caía, uma multidão compacta esperava para vê-lo sentado em sua carruagem ao lado de Josefina, ainda que de relance.

Os deputados italianos esperaram pacientemente pela convocação. Houve dois banquetes e dois bailes, em que Josefina brilhou com sua graça e pelos quais Bonaparte passou às pressas, e em 20 de janeiro eles finalmente tomaram seus lugares em sessão plenária. Mas as esperanças de ouvir o primeiro-cônsul foram por água abaixo. Talleyrand apareceu, para anunciar que Bonaparte desejava que escolhessem trinta dentre eles que considerassem dignos de um lugar no futuro governo.

Os escolhidos por votação foram instruídos a se reunir dentro de dois dias, em 22 de janeiro, para eleger um presidente da República Cisalpina. Bonaparte originalmente queria que Joseph ocupasse o posto, porém este achava que o cargo não estava à sua altura e percebeu que seria um mero funcionário, recusando o posto. Bonaparte não iria admitir nenhuma possibilidade de o novo Estado sair de seu controle, por isso teria de ocupar ele mesmo a função.

Quando os votos dos trinta deputados foram contados, três estavam em branco, um foi para Bonaparte, um para outro italiano e 25 para Melzi. Tendo sido informado por Talleyrand que o primeiro-cônsul queria ficar ele mesmo com a função, Melzi abriu mão do posto. Uma segunda votação indicou outro italiano, que também sabia o que era melhor para ele, e a terceira votação escolheu um obscuro deputado milanês que estava ausente e que, portanto, não tinha como recusar a indicação. Enquanto se preparavam para anunciar sua escolha a Bonaparte, que já havia sido informado, Talleyrand alertou-os de que ele estava de mau humor, como um leão com febre. Há três versões do que aconteceu. Segundo uma delas, ele se recusou a receber os deputados; segundo outra, ele não dirigiu uma palavra sequer a eles, e na terceira ele atirou um banco nos italianos.[20]

Talleyrand explicou que eles precisavam se esforçar mais, e, depois de dois dias agonizando, eles concordaram. Em 25 de janeiro, recomendaram à Assembleia que elegesse Bonaparte. Os patriotas fizeram barulho e discursos, como era de se prever, exigindo um presidente italiano. Foi feita uma votação que pediu para que os deputados se levantassem, e, embora algumas testemunhas tenham registrado que apenas um terço de fato se levantou, o registro oficial indica que Napoleão Bonaparte foi escolhido por aclamação universal.[21]

No dia seguinte, às treze horas, ele entrou na igreja em que os deputados estavam reunidos, seguido por Talleyrand, Murat e pelo ministro do Interior, Chaptal. Um pódio havia sido construído para ele, decorado com bronzes e baixos-relevos que representavam o Tibre e o Nilo, encimado por um dossel representando um céu sem nuvens. Ele abriu mão do pódio, preferindo a mais humilde cadeira presidencial, e falou à Assembleia em seu italiano ruim. Bonaparte disse que, como o Estado nascente precisava de uma mão forte e de comando sábio, e como não havia entre eles alguém que preenchesse os requisitos necessários, ele graciosamente aceitava a oferta que lhe faziam da presidência. Não se deixou abater pelos aplausos meramente polidos e foi adiante para apresentar a nova Constituição. "Que a Constituição da...", ele começou e fez uma pausa. Vários patriotas gritaram "República italiana!". Com uma piscadela para Talleyrand, Bonaparte sorriu para a Assembleia e disse: "Muito bem, da República italiana!". O aplauso foi ensurdecedor. A Constituição foi então lida em voz alta, e Bonaparte nomeou Melzi como vice-presidente.[22]

No dia seguinte, ele passou em revista as tropas que voltavam do Egito e depois partiu de Lyon. Chegou a Paris em 31 de janeiro e retomou seu trabalho de emasculação dos corpos legislativos.

Como o Tribunato e o Legislativo substituíam um quinto de seus membros ao fim de cada sessão, era preciso nomear agora vinte tribunos e sessenta legisladores. Em vez de permitir que as Assembleias escolhessem quem saía e quem entrava, como especificava a Constituição, Bonaparte maquinou para que o Senado interviesse e decidisse por eles. Como resultado, na primavera de 1802, os membros mais combativos de ambas as Assembleias foram substituídos por homens preparados para fazer as vontades de Bonaparte. Além disso, Lucien, que apesar de sua tendência a criar problemas obedecia quando necessário, foi posto de volta no Tribunato para garantir sua docilidade. Em março, Bonaparte coroou seu domínio com um triunfo que silenciou seus críticos.

24
O libertador da Europa

A paz com a Grã-Bretanha foi assinada em Amiens em 25 de março de 1802. No dia seguinte, Joseph seguiu às pressas para Paris com o documento, que brandiu ao entrar no camarote do irmão na ópera naquela noite. A récita foi interrompida e Bonaparte apresentou o irmão para a plateia delirante como um negociador capaz. No entanto, ele levou o crédito ao encomendar uma pintura alegórica que o retratava levando a Gália e a Bretanha a atirar suas armas no fogo. Era um triunfo: quando, exatamente três meses depois, um novo tratado foi assinado com a Corte otomana, a França, pela primeira vez em dez anos, não estava em guerra com ninguém. Como símbolo da nova era, Bonaparte apareceu com trajes civis numa recepção diplomática em 27 de março para anunciar formalmente a paz.

Os termos do tratado diziam que Jorge III renunciava a seu título de "rei de França", usado por seus predecessores desde a Guerra dos Cem Anos, e tratava da devolução de todas as colônias francesas e das colônias de aliados da França, exceto o Ceilão – que anteriormente pertencia à Holanda – e Trinidad – anteriormente pertencente à Espanha. A França aceitava devolver o Egito à Corte otomana e os Estados papais ao papa, e reconhecia a independência das ilhas Jônicas. Malta deveria ser devolvida à Ordem de São João e posta sob a proteção de Nápoles. A França deveria evacuar os portos napolitanos, abrindo-os novamente para os navios britânicos. Os pontos considerados menores foram deixados para um acordo posterior, o que incluía compensação para governantes destronados do Piemonte e da Holanda, a questão sobre qual lado deveria pagar pela manutenção dos prisioneiros de guerra e a assinatura de um tratado comercial.

Depois que as preliminares foram assinadas, coches postais levavam a notícia "Paz com a França" escrita a giz nas laterais; a novidade era saudada com alegria em todo o país, em meio a gritos de "Viva Bonaparte!". Quando o general Lauriston chegou a Londres levando a ratificação, os cavalos foram desatrelados da sua carruagem, que foi levada pelas ruas. A imprensa britânica louvou Bonaparte como o restaurador da paz, e um membro do Parlamento o saudou como "o grande homem do povo da França, o libertador da Europa". Gravuras e bustos dele vendiam como pão quente.[1]

A euforia não podia durar; o tratado foi um trabalho feito às pressas que exigiria um considerável grau de compromisso e cooperação para ser implementado de maneira adequada, e ambas as coisas estavam em falta no mercado. A desconfiança que os britânicos sentiam em relação aos franceses estava entranhada na psique nacional, ao passo que a atitude de Bonaparte em relação aos britânicos mudou radicalmente em virtude da participação do país no assassinato de Paulo I e dos atentados contra sua própria vida, que ele via como indícios de um desrespeito desonroso das convenções que regiam as relações internacionais e como típicas da "pérfida Albion". A paz, embora frágil, era mesmo assim bem-vinda. Ele ainda tinha muito o que fazer para reconstruir a França.

Dez dias após a assinatura do tratado, em 5 de abril de 1802, a nova sessão das Assembleias teve início. Tendo perdido seus membros mais aguerridos, o Tribunato foi ainda mais emasculado por uma medida proposta por Lucien: em vez de realizar sessões plenárias, os tribunos deveriam dali em diante se dividir em três Câmaras que deliberariam em separado. A medida foi adotada, e Lucien tomou assento na Câmara designada para lidar com a Concordata, aprovada em 8 de abril.

O Domingo de Páscoa, que ocorreu dez dias depois, foi escolhido para a proclamação do tratado de Amiens e da Concordata. As conquistas gêmeas deveriam ser celebradas por uma grande missa solene na catedral de Notre-Dame, uma ocasião rica em alusões, ironias e farsa. Naquela manhã o povo de Paris pôde pela primeira vez em dez anos ouvir o dobrar do grande sino de Notre-Dame, assim como as salvas de artilharia que tinha se acostumado a escutar. O sermão seria feito pelo monsenhor de Boisgelin, arcebispo de Tours, que oficiou nos funerais de Luís XV e na coroação de seu sucessor.

As festividades tiveram início com um desfile em que Bonaparte apresentou unidades recém-criadas com seus estandartes. Depois, vestidos com seus uniformes escarlate, os três cônsules foram à catedral escoltados por um esquadrão da recém-formada unidade de "mamelucos", composta de veteranos da campanha do Egito vestidos de maneira exótica. Eles foram seguidos pelo corpo diplomático e depois pelos funcionários mais graduados, pelos membros das Assembleias, pelos notáveis, funcionários dos tribunais e suas esposas. A catedral ficou lotada com membros do clero. Uma orquestra e um coro regidos por Cherubini e Méhul criaram um clima solene enquanto Bonaparte tomava seu assento, com os dois cônsules a seu lado e Fouché e Talleyrand atrás. Havia um acordo segundo o qual ele participaria de toda a missa, como um bom católico faria, mas que não beijaria a pátena, como era costume dos reis. "Não me force a parecer tolo", disse quando o assunto foi discutido.²

O elemento da farsa fez sua entrada pouco depois, quando Josefina chegou e descobriu que seu assento estava ocupado por madame Moreau – o marido dela mostrou sua independência e desprezo ao se recusar a comparecer, passando a manhã andando para lá e para cá nos jardins das Tulherias fumando um charuto. As coisas degringolaram ainda mais quando vários generais e oficiais graduados entraram. Eles eram quase unanimemente irreligiosos e estavam furiosos por terem recebido ordens para comparecer. Entraram caminhando de um jeito arrogante, conversando entre si, empurrando qualquer padre que estivesse obstruindo seu caminho. Tendo encontrado todos os assentos tomados, Masséna tirou um prelado de sua cadeira dizendo: "Vá se foder!". Seus camaradas seguiram o exemplo e começaram a fazer piadas, e só foram silenciados por um olhar penetrante do primeiro-cônsul.³

Vários generais acusaram furiosamente Bonaparte de trair todos aqueles que deram a vida pela causa da Revolução e da rejeição à "superstição". Ele os ignorou. Dois dias depois, ele reconverteu seu banheiro nas Tulherias, que havia sido a capela privada de Maria de Médicis, e daí em diante passou a ir à missa aos domingos e determinou que sua Corte fizesse o mesmo. Ele fez todos os gestos que os fiéis devem fazer, mas não comungou, uma vez que, conforme explicou, "não cria o suficiente para que isso tivesse qualquer efeito positivo, mas cria o bastante para ter desejo de cometer sacrilégio friamente".⁴

Muitos, particularmente os soldados, detestavam ter de comparecer e ficavam conversando na sala ao lado. "Essas missas eram uma farsa", de acordo com Thibaudeau. "Dificilmente poderiam ser mais mundanas, com as atrizes da ópera cantando louvores a Deus." Algumas das senhoras mordiscavam chocolates enquanto ouviam. Mas Bonaparte acertou, pois de fato a religião ganhou novo ímpeto. Congregações que se dedicavam à caridade e ao proselitismo brotaram no país, e *O gênio do cristianismo*, de Chateaubriand, publicado naquele ano, se tornou um best-seller instantâneo. Se a Concordata causou indignação nos salões liberais, foi bem recebida no interior.⁵

A medida exigiu muito esforço para ser implantada, houve disputas ácidas sobre a indicação dos bispos, as propriedades e o dinheiro, e muitas arestas precisaram ser aparadas. Mas Bonaparte deu uma tacada de mestre. Não apenas satisfez a população rural, que era ligada à fé, suavizando assim seu ressentimento em relação ao Estado e ao governo, como também derrubou um dos principais pilares da causa dos Bourbon, uma vez que o retorno da monarquia até então parecia o único modo de restabelecer a Igreja. Luís XVIII rapidamente enxergou a ameaça e protestou vigorosamente contra "o papa criminoso", que era como seu irmão Artois chamava Pio VII. Em resumo, o arcebispo Boisgelin declarou que o regime consular era "o governo legítimo, tanto da nação quanto do catolicismo, e sem ele não teríamos nem a fé nem a pátria". Mais importante, do ponto de vista de Bonaparte, ele tinha conseguido aquilo que Luís XIV tentara em vão, ou seja, submeter a Igreja completamente ao Estado. E a ele: seu tio e ex-arquidiácono de Ajácio Joseph Fesch se tornou cardeal arcebispo de Lyon e primaz da Igreja na França.⁶

Uma semana depois da cerimônia, Bonaparte retirou outro pilar da causa dos Bourbon. Declarou anistia a todos os que haviam emigrado, exceto para cerca de mil que eram ativamente hostis – que ele queria ver "exterminados" –, desde que eles retornassem à França até 23 de setembro, o fim do ano no calendário revolucionário. Aqueles cujas propriedades não tivessem sido vendidas iriam recebê-las de volta. Essa medida igualmente deixou bastante gente furiosa, porém Bonaparte não deu muita atenção; a decisão trouxe de volta milhares de franceses instruídos e capazes que amavam seu país e que iriam servi-lo. Dentre eles estava seu velho amigo Alexandre des Mazis, que foi vê-lo e foi recebido calorosamente. Napoleão deu a ele a posição de camareiro, que iria lhe garantir uma renda. Presumindo que seu amigo estivesse completamente sem dinheiro e sabendo que era orgulhoso demais para aceitar caridade, enviou um oficial atrás dele com uma carta de crédito de valor alto, dizendo que era algo que ele provavelmente deixou para trás por engano. Bonaparte não parou apenas nos emigrantes nobres e explorou a possibilidade do retorno de Paoli. Ele também emitiu uma proclamação convidando todos os artesãos e trabalhadores especializados que haviam emigrado a voltar; ele pretendia reunir todos os franceses numa nova nação, a base para o Estado moderno funcional imaginado por ele.[7]

Um dos artigos de fé da Revolução foi a necessidade de retirar a educação da Igreja e criar um novo homem secular, racional. Os estabelecimentos religiosos foram fechados e decretou-se a educação para todos, mas, deixada nas mãos das comunas individuais, essa visão não se materializou. Todas as crianças se beneficiaram de fato de algum grau de educação primária, mas não havia muita disponibilidade de nível secundário. Em 12 de março de 1802, Bonaparte criou uma diretoria dentro do Ministério do Interior com Roederer no comando. "A educação pública pode e deve ser um motor muito poderoso em nosso sistema político", ele o instruiu. "É por esse mecanismo que o legislador será capaz de reavivar o espírito nacional. O departamento de educação pública não é nada menos do que o uso da inteligência para a orientação das mentes."[8]

Em 1º de maio de 1802, uma nova lei entrou em vigência, estabelecendo 23 mil escolas primárias para crianças entre sete e onze anos e que seriam administradas pelas comunas. Estas também podiam abrir escolas secundárias, e instituições privadas eram permitidas desde que licenciadas pelo governo local. Porém a espinha dorsal do novo sistema eram os 45 *lycées* onde seriam ensinados os clássicos, retórica, lógica, moralidade e os elementos da matemática e da física. Embora seus alunos usassem uniforme, tivessem algum treinamento militar e respondessem mais ao som do tambor do que do sino, os liceus não eram rigorosos e não havia castigos corporais – algo a que Bonaparte se opunha fortemente. A ideia era que eles produzissem rapazes com a mesma moralidade e o mesmo sentido de serviço à sociedade e ao Estado – uma nova classe de funcionários e soldados dedicada a ele. Bonaparte afirmava que esse era o único modo de incutir uma unidade de propósito semelhante àquela que ele imaginava ter existido na Antiguidade, em Atenas e Esparta: como Roederer francamente admitia, o novo sistema era "uma instituição política".[9]

As sementes de outra instituição profundamente política foram plantadas em 19 de maio, com o anúncio da criação de uma "legião de honra", um corpo de homens, tanto militares quanto civis, que se distinguiram no serviço ao Estado. Ela seria composta de quinze "coortes" de 250 homens cada, porém não haveria insígnias nem outros distintivos exteriores – dentre as primeiras coisas atiradas à fogueira das vaidades na primeira fase da Revolução estiveram as cruzes e cinturões das ordens reais e da cavalaria. Mesmo assim, o anúncio incitou a ira dos republicanos, que denunciaram a medida como um ataque ao princípio de igualdade. Eles mal imaginavam o que estava por vir.

"As pessoas pensam que sou ambicioso", Bonaparte exclamou uma noite nas Tulherias. "Ambicioso! Ambicionar o quê? Ambicioso, eu? Escutem, cavalheiros, o que vou dizer agora vocês estão autorizados a repetir. Em três anos, vou me retirar da vida pública. Vou ter uma renda de 50 mil libras, e com meus gostos isso é mais do que eu preciso. Vou ter uma propriedade no campo, porque a senhora Bonaparte gosta do campo." Ele acrescentou que também gostaria de ser juiz de paz. Se ele falava a sério ou até que ponto, é impossível dizer, mas ele não iria abrir mão do poder até ter terminado de construir seu edifício político, e, para fazer isso, achava que precisava reforçar sua posição.[10]

Desde o golpe de Brumário, Berthier vinha metodicamente expurgando o Exército de oficiais jacobinos e de membros hostis a Bonaparte – ao longo de dois anos ele havia aposentado 72 coronéis, 150 majores e milhares de oficiais menos graduados. Porém o Exército preservou seu espírito revolucionário, e Bonaparte continuava impopular nas unidades que não havia comandado pessoalmente. A Concordata e a anistia para os emigrantes reavivaram a hostilidade a ele, e os generais que invejavam sua ascensão ao poder perceberam uma nova oportunidade. Moreau, Brune, Augereau, Gouvion Saint-Cyr e Lecourbe estavam entre os muitos que sentiam graus variados de ultraje com o rumo que os acontecimentos vinham tomando. Bonaparte ou os havia enfraquecido, como quando dissolveu o Exército da Batávia, negando desse modo seu comando a Augereau, ou os havia mandado a missões distantes: Gouvion para Madri, Brune para Constantinopla, outros para as colônias onde se tornavam inofensivos. Isso não pôs fim às queixas.[11]

Da Itália, Murat relatou a existência de um sentimento revolucionário e gritos de "*Vive Robespierre!*". Em 14 de julho, tropas estacionadas em Bolonha se recusaram a brindar a Bonaparte. Em um jantar oferecido por Moreau em junho de 1802, um chefe de brigada achou que podia destilar seu ódio ao primeiro-cônsul para os presentes, entre os quais estavam Marmont e Berthier. Sentimentos semelhantes se refletiam em várias conspirações durante o verão e o início do outono daquele ano. Uma delas, ligada ao general Oudinot, jamais saiu do papel. Outra, mais séria por pretender assassinar e não apenas depor o primeiro-cônsul, o que um certo capitão Donnadieu se comprometeu a fazer, foi inusitada pelo fato de envolver basicamente oficiais de baixa patente. Mas a maioria das tramas, como uma conspiração inepta envolvendo Bernadotte, comandante do exército do Oeste, tinha mais a ver com o orgulho ferido dos antigos camaradas de Bonaparte do que com algum propósito sério. "Como não há um deles sequer que não acredite ser igual a ele e ter o mesmo direito que ele ao primeiro lugar", relatou Antoine Royer-Collard, agente de Luís XVIII em Paris, "não há um só deles que não veja sua ascensão como uma ofensa pessoal."[12]

Essas conspirações eram facilmente descobertas pela polícia de Fouché e não chegavam a apresentar uma ameaça séria, porém eram um indício de um sentimento duradouro de incerteza em relação à durabilidade do regime consular. Bonaparte achava que não podia, por razões familiares, usar Bernadotte para uma punição exemplar. Fouché aconselhou-o a não fazer isso, dizendo que não era prudente deixar o público saber que havia dissensões no seio de sua *entourage*. Bernadotte recebeu a oferta de um comando na Louisiana e de uma embaixada nos Estados Unidos, mas recusou ambas. O melhor que Bonaparte pôde fazer foi colocá-lo gradualmente à margem. Ele também começou a se preocupar com Fouché, que achava que podia estar protegendo seu antigo companheiro jacobino. Em setembro de 1802, aboliu o Ministério da Polícia e deu a Fouché um assento no Senado. Suas funções foram divididas e transferidas para os Ministérios da Justiça e do Interior.[13]

A permanência do novo regime era uma preocupação não apenas para Bonaparte. Cambacérès e Lebrun, Talleyrand, Roederer e, por motivos próprios, seus irmãos Joseph e Lucien já havia algum tempo faziam campanha para uma promoção formal do status de Bonaparte, e muitos outros se resignaram a algo que parecia inevitável. "O poder estava se aproximando a passos largos por trás das palavras *ordem* e *estabilidade*", como disse Thibaudeau. No final de março de 1802, uma maioria do Tribunato aceitou a necessidade de estender o mandato do primeiro-cônsul por mais dez anos.[14]

Entre os que se opunham a isso estava Josefina, que achava que um homem que se torna importante e acumula herança mais cedo ou mais tarde irá desejar um herdeiro – a única coisa que ela não era capaz de dar a ele. A cada passo num caminho que parecia levar a um trono, a situação dela se tornava mais precária. A família de Bonaparte o incitava a se divorciar fazia anos, e cada vez mais o argumento deles fazia sentido. Ela encontrou um aliado em Fouché, cujos instintos jacobinos foram reforçados pela perda recente de poder e pelo ódio que sentia pelos irmãos de Bonaparte. Em um esforço para fazer com que a expressão de gratidão do Tribunato não se expressasse na extensão do poder de Bonaparte, ele propôs que se erigisse um monumento. Outros sugeriram um arco do triunfo e a mudança de nomes de praças. Humilde como sempre, Bonaparte recusou as homenagens. Ele mostrou a mesma modéstia quando uma delegação do Tribunato lhe ofereceu uma extensão de seu mandato por mais dez anos como sinal de gratidão da nação francesa; ele recusou, dizendo que o amor do povo era recompensa suficiente.

Mesmo assim deixou que seu descontentamento fosse conhecido; ele queria uma extensão não por dez anos, e sim para o resto da vida. Fingindo aceitar sua falsa modéstia pelo valor de face, Fouché, Sieyès, Grégoire e outros convenceram o Senado a aprovar um *senatus-consulte* em 8 de maio, estendendo seu mandato por mais dez anos. No dia seguinte, Bonaparte, irritado, agradeceu gentilmente o Senado pela confiança, porém observou que, como havia sido colocado no poder pela vontade do povo, que expressou seu desejo no plebiscito de fevereiro de 1800, ele só aceitaria seu prolongamento caso ocorresse por meio de plebiscito semelhante. Derrotado, o Senado só pôde expressar admiração por sua reticência e pelo respeito demonstrado pela vontade do povo. Bonaparte então partiu para Malmaison.[15]

No dia seguinte, 10 de maio, numa sessão extraordinária a que Bonaparte humildemente deixou de comparecer, o Conselho de Estado, sob orientação de Cambacérès, concordou que deveria ser realizado um plebiscito e que, como o desejo do povo dificilmente poderia se circunscrever à imposição de um limite temporal, a questão que deveria ser feita era: "Deve Napoleão Bonaparte ser cônsul vitalício?". De modo significativo, essa foi a primeira vez que o primeiro nome dele apareceu em um documento público. Lucien acrescentou uma segunda questão que deveria ser feita à nação: "Ele deveria ter o direito de designar seu sucessor?".[16]

Quando o projeto foi comunicado a Bonaparte, ele eliminou a segunda questão – "O testamento de Luís XIV não foi respeitado, por que o meu seria?", disse a Cambacérès. "Um morto não tem nada a dizer." Apenas a sucessão hereditária era possível, afirmou. O que ele não disse, mas provavelmente pensou, foi que, enquanto a resposta à primeira pergunta certamente seria um retumbante "sim", a segunda provocaria debates em cada vilarejo.[17]

Josefina passou a maior parte de junho nas águas de Plombières num esforço desesperado para aumentar sua fertilidade. "Sou só tristeza, querida Hortense: estou longe de você e meu coração assim como todo meu ser sofre com isso", ela escreveu para a filha em 19 de junho. "Sinto que não fui criada para tamanha grandiosidade, minha filha..." Na ausência dela, Hortense agia como a mulher da casa em Malmaison, onde Bonaparte passou a maior parte daquele verão, com visitas ocasionais a Paris para presidir o Conselho de Estado. Ela estava numa fase adiantada da gravidez, mas Louis não estava com ela. Ele tinha se tornado obcecado com a sua saúde e desenvolvido várias neuroses que ajudaram a afastá-lo da esposa. Somado ao evidente afeto que Bonaparte tinha por Hortense, isso deu motivos para que línguas maldosas espalhassem que eles eram amantes e que Bonaparte era o pai do filho dela.[18]

Bonaparte de fato flertava, dando a Josefina motivos menos para ciúmes e mais para ansiedade, mas não com a filha dela. Ele escrevia cartas afetuosas para Josefina, perguntando da saúde dela, o que ela estava fazendo e quem tinha encontrado – sempre que ela viajava sem ele, Bonaparte determinava um cronograma rigoroso que incluía arranjos de viagem, onde ela podia ficar, ou até mesmo parar, e com quem podia se encontrar. Ele também mandava notícias do que estava fazendo, contando que havia machucado um dedo ao atirar no javali em Marly e falando sobre a montagem de *O barbeiro de Sevilha*, com Hortense no papel de Rosina, e Lauriston, Bourrienne, Eugène e Savary nos demais papéis. Ele sentia saudades e escrevia que o retorno dela "vai fazer o pequeno homem que fica entediado sozinho muito feliz", acrescentando: "Tudo aqui fica muito triste sem você".[19]

Em 3 de agosto, ele estava nas Tulherias para receber uma delegação de senadores com o resultado do plebiscito. Houve 3.568.885 votos "sim" e apenas 8.374 contra, com um comparecimento de 60% dos eleitores, o que era um triunfo levando em conta que os três plebiscitos realizados durante a Revolução jamais haviam produzido comparecimento maior que 34%, e, em um caso, ficando abaixo de 20%. Diferentemente de 1800, não há indícios reais de manipulação.[20]

Houve grande desaprovação entre liberais e ideólogos. Lafayette, que expressou desaprovação no Senado, escreveu a Bonaparte dizendo que, embora sua "ditadura restaurativa" tivesse trazido grandes benefícios, um bem maior agora seria a restauração da liberdade, e que ele não conseguia crer que Bonaparte realmente quisesse ver o retorno de um regime arbitrário. Vários outros expressaram seus temores de uma tirania iminente, e até velhos camaradas como Junot acharam que já não podiam dizer o que pensavam, conscientes como estavam da rede de segurança cada vez mais rígida em torno de Bonaparte – ele era naturalmente desconfiado, e suas experiências o ensinaram a não confiar em ninguém, por isso fazia com que todos estivessem sob vigilância, inclusive os mais próximos.[21]

Ele havia organizado uma extensa rede de inteligência que era bem mais ampla e profunda do que as estruturas visíveis: a eficiente polícia de Fouché, a polícia de Paris de Réal, a rede de segurança do palácio de Duroc, a *Gendarmerie d'élite* de Savary que supervisionava o Exército, e a própria gendarmeria, uma polícia paramilitar nacional que não apenas mantinha a ordem como fazia relatórios sobre o ambiente político em cada departamento. Bonaparte também podia confiar nos relatórios confidenciais dos governadores e tinha uma rede de correspondentes, indivíduos espalhados pelo país que escreviam diretamente a ele, muitas vezes de forma anônima – só ele sabia quem essas pessoas eram –, contando o que se dizia nas províncias sobre o que ele fazia em Paris.

Sua carga de trabalho crescente exigiu uma expansão de seu secretariado. Bourrienne não havia resistido à tentação de explorar a proximidade com o primeiro-cônsul de maneira flagrante, e no outono de 1802 ele foi longe demais; temendo que sua venalidade fosse se refletir em sua própria pessoa, Bonaparte o dispensou. Ele foi substituído por Claude-François Méneval, um jovem de 24 anos e modos suaves, ex-secretário de Joseph, que foi apresentado a Bonaparte uma noite e, depois de uma breve conversa, recebeu instruções para se apresentar às sete da manhã seguinte. Ao fazer isso, recebeu ordens para sentar e começar a anotar um ditado. Ele recebeu acomodações nas Tulherias e foi nomeado como ajudante de campo de Bonaparte, mas nunca usou nenhum tipo de uniforme, e muitas pessoas do séquito do primeiro-cônsul jamais souberam de sua existência, uma vez que ele raramente era visto fora de seu escritório pessoal. Com o tempo, ele passou a ter a companhia de Agathon Fain e três outras pessoas que lidavam com áreas específicas, mas Méneval continuou o braço direito de Bonaparte e seu companheiro constante, sendo acordado a qualquer hora da noite para anotar ditados.

"O governo é um despotismo militar, que atua sabiamente em vários aspectos, mas não é administrado de maneira suave", foi o modo como Cornwallis descreveu o governo da França. Ele estava errado. Bonaparte não governava por meio do Exército, e sim por meio de instituições teoricamente democráticas. Embora de fato as manipulasse vergonhosamente, ele não tinha intenção de aboli-las. Sua intenção, na realidade, era transformar essas instituições em facilitadoras de seu governo e preservadoras de seu edifício político, lotando-as com pessoas dedicadas ao bem da França, segundo o ponto de vista dele, e depois tornando-as mais flexíveis.[22]

O Diretório havia reduzido a democracia sem rédeas criada pela Revolução, restringindo o voto a donos de propriedades, mas, embora tivesse criado um elemento de estabilidade, isso gerou as condições para uma luta sem escrúpulos por poder e riqueza que pouco fazia pelo bem público. A Constituição do Ano III, inspirada por Sieyès e editada por Bonaparte, criou algo mais eficiente somente no sentido de lhe dar poderes para agir de modo mais decisivo. O que ele queria então era criar uma classe de pessoas que por instinto e interesse trabalhariam pelo bem público por meio das instituições existentes. Como elas eram nomeadas, não eleitas, não estavam em condições de construir uma oposição afirmando representar o povo; a intenção era que compusessem uma classe de gestores.

Bonaparte vinha incentivando o surgimento dessa casta de governantes desde o momento em que chegou ao poder. Embora ter propriedades fosse a qualificação fundamental, a experiência que ele teve com os "patifes" que o seguiram no exército na Itália o deixou ambivalente em relação aos ricos. "Não se pode tratar a riqueza como um título de nobreza", disse no Conselho de Estado. "Um homem rico muitas vezes é um preguiçoso sem méritos. Um mercador rico muitas vezes só chegou a isso por meio da virtude da arte de vender caro ou de roubar." Ele queria gente cuja riqueza derivasse de serviços honestos ao Estado, tanto militares quanto civis, e incentivou a maçonaria, que via como um instrumento de formação cívica. Ele pretendia fundir essa nova hierarquia com a velha aristocracia ao incentivar o casamento entre as duas classes. Sua Corte cada vez maior, para a qual atraía membros da velha aristocracia e emigrados que voltavam ao país, ofereceu a estrutura onde eles podiam ser misturados a seu séquito formado predominantemente por militares oriundos das classes baixas. Ele recriou o cerimonial da Corte que havia existido antes de 1789, e por razões semelhantes insistiu em pôr quatro *dames du palais*, vindas da mais alta aristocracia, à disposição de Josefina. Incentivou nobres a entrar para o Exército, promovendo-os com frequência e lhes dando postos de ajudantes de campo. Ele não seria humano se não tivesse sentido prazer em ter jovens com nomes evocativos das Cruzadas andando por seus aposentos, mas a vaidade não era o motivo principal. No entanto, seu objetivo de obter uma "fusão" social e política estava inelutavelmente começando a afetar seu próprio status.[23]

Sua nomeação como cônsul vitalício exigia mudanças na Constituição, e ele não perdeu tempo para preparar uma nova, que entrou em vigor em 5 de agosto. "Uma Constituição deve ser moldada de maneira a não dificultar as ações do governo e não obrigá-lo a violá-la", afirmou. "Todos os dias nos vemos obrigados a violar leis positivas; é impossível agir diferente, ou seria impossível ir em frente. [...] O governo não deve ser tirânico [...]; mas é impossível não tomar algumas ações arbitrárias."[24]

A nova Constituição substituiu a pirâmide democrática de Sieyès por uma versão ainda mais teórica do sufrágio universal, sendo dominada por colégios eleitorais locais de notáveis, que apresentavam candidatos às Assembleias e a outros postos, cabendo ao primeiro-cônsul escolher entre esses. Até os juízes de paz agora eram nomeados por ele. O Tribunato foi reduzido à metade, o Corpo Legislativo ficou manietado por mudanças procedimentais, ao passo que o Senado foi expandido. O primeiro-cônsul escolhia cinco oitavos de seus membros e era ele próprio seu presidente, o que significava que ele podia legislar por meio de *senatus-consultes*. Tanto o Senado quanto o Conselho de Estado se transformaram em pouco mais que ferramentas administrativas. Ele podia fazer e romper tratados sem consulta às Câmaras nem necessidade de ratificação. Havia se arrogado o direito de nomear seu sucessor e a tradicional prerrogativa dos reis, o direito ao perdão, abolido em 1791.

O aniversário de 33 anos de Bonaparte em 15 de agosto foi celebrado com pompa real. Pela manhã os membros das Assembleias foram às Tulherias parabenizá-lo, sendo seguidos pelo corpo diplomático. Foram recebidos com um concerto de trezentos músicos, e depois todos seguiram para Notre-Dame para um *Te Deum*. Bonaparte então se recolheu a Malmaison, onde a noite terminou com peças teatrais amadoras e danças, enquanto Paris foi presenteada com shows de luzes e fogos de artifícios.

Em 21 de agosto, ele seguiu sozinho num coche puxado por oito cavalos – outro atributo real – até o palácio de Luxemburgo para que os senadores fizessem seu juramento. O caminho estava ladeado por uma fila dupla de soldados. Ele foi escoltado por um cintilante grupo de ajudantes de campo e generais, e seguido por seis carruagens que levavam os demais cônsules e os ministros. Quando a carruagem entrou no pátio, Bonaparte foi saudado ao pé da escadaria por dez senadores que o conduziram a seu assento, que lembrava em tudo um trono. Em seus relatórios, os embaixadores da Rússia e da Prússia observaram que só havia um passo que lhe restava dar – a monarquia.[25]

O passo seguinte pode não tê-lo levado a Versalhes, como Sieyès sugeriu uma ocasião, mas Malmaison ficava a uma certa distância de Paris e era pequena demais para ser algo além de um lugar para relaxar na companhia dos mais próximos. A estrada era de difícil policiamento, e houve mais de uma trama para abduzir ou assassinar Bonaparte entre Malmaison e Paris. No entanto, ele gostava de ar fresco e nas Tulherias se sentia confinado. A solução foi lhe prover uma residência oficial no palácio de Saint-Cloud. A ideia original era entregar a ele o palácio e rebatizá-lo de Marengo, seguindo o exemplo de Blenheim na Inglaterra, mas ele rejeitou a ideia, que achou ridícula. Bonaparte se mudou para o palácio em 20 de setembro, e seis dias depois, no domingo, 26 de setembro, a primeira missa da corte foi celebrada na capela. Bonaparte entrou caminhando de um modo que emulava o estilo dos Bourbon nos últimos tempos, cercado por cortesãos, muitos deles regicidas, que haviam frequentemente jurado derrubar quem quer que chegasse à suprema autoridade.[26]

Bonaparte compreendia que as pessoas comuns gostavam da ideia de um chefe de Estado, e que quanto mais excepcional e grandioso melhor, e tanto ele quanto as pessoas próximas começaram a ver o novo regime como algo indissociável de sua pessoa. Essa pessoa, portanto, precisava ser benquista pelo povo. No fim de outubro, ele partiu com Josefina em uma viagem de duas semanas pela Normandia, encontrando autoridades locais, funcionários e notáveis, inspecionando a Guarda Nacional e guarnições militares, visitando fábricas, hospitais e escolas, acompanhando obras e planejando projetos de infraestrutura.

Eles viajavam em apenas duas carruagens, acompanhados por uma pequena *entourage*, mas um "serviço" os precedia em doze horas e outro os seguia com o mesmo lapso temporal. Cada um consistia de uma réplica completa, ainda que reduzida, do grupo que atendia todas as necessidades deles nas Tulherias. Quando o grupo chegava a determinado lugar, as acomodações já tinham sido adaptadas a suas exigências, as roupas estavam prontas, a comida preparada, havia um banho à espera e, mais importante, um escritório estava pronto, com papéis, arquivos e uma biblioteca de viagem, para que Bonaparte pudesse começar a trabalhar imediatamente. Assim que chegava, ele chamava as autoridades locais e perguntava sobre as necessidades da localidade e sobre seus planos, e muitas vezes montava a cavalo imediatamente para ir ver as coisas por conta própria.

Ele detestava ter de participar das recepções que faziam em sua homenagem e queria encerrá-las o mais breve possível, mas compreendia seu valor. Instruía Josefina a usar todas as joias que pudesse exibir e a se comportar como uma rainha – para isso ela não precisava de muito incentivo. Aonde quer que fossem, os dois eram cercados pelo povo, que muitas vezes viajava longas distâncias para vê-los e que ficava debaixo da janela durante metade da noite esperando Bonaparte aparecer. "As pessoas não sabem como chamá-lo", Josefina escreveu para Joseph de Rouen. "Alguns o chamam de pacificador do mundo, outros de pai do povo, um homem deu um passo adiante e disse: 'Depois de Deus, vem você!'. Outro disse para ele: 'Minha alma pertence a Deus, mas meu coração é teu!'" Ele logo pertenceria ao povo de uma maneira mais tradicional: em 12 de março de 1803, acompanhado por Josefina, foi à casa da moeda de Paris para ver a cunhagem das primeiras moedas com sua efígie.[27]

O advento da paz havia aberto fronteiras, e gente de toda a Europa vinha a Paris. A capital francesa sempre tinha atraído visitantes ávidos por moda e cultura, e agora era ainda mais sedutora em função do *frisson* da visão do campo de batalha da Revolução e do herói ou ogro, dependendo do ponto de vista, que a havia domado. A maioria era de britânicos. Eles esperaram aflitos por uma década pela oportunidade de fazer um Grand Tour, e estima-se que 20 mil tenham passado por Paris, alguns a caminho da Itália ou da Suíça, mas todos parando por tempo suficiente pelo menos para ver de relance o homem do momento. Dentre eles estavam nada menos que oitenta membros do Parlamento que foram ver como o novo sistema político funcionava, incluindo Charles James Fox. Cientistas ávidos por avaliar as conquistas nas áreas de construção, engenharia e física puderam visitar uma exibição da indústria francesa no Louvre. Muitos artistas de renome, incluindo Maria Cosway, Flaxman, Fuseli, Hoppner, Turner e West, visitaram o museu no Louvre, que lhes deu uma oportunidade única de estudar e copiar as obras dos mestres. Poucos fizeram a viagem no sentido contrário, da França para a Grã-Bretanha, sendo exceções notáveis a escultora em cera Marie Tussaud e a pintora de retratos Elisabeth Vigée-Lebrun.

Bonaparte determinou que Fontaine saqueasse os depósitos de mobília real para aumentar o esplendor das Tulherias, pois estava determinado a mostrar aos visitantes britânicos que a França não estava falida. Ordenou que Fontaine limpasse a área em torno do palácio e colocasse os cavalos de São Marcos nos pilares dos portões. Também fez com que todas as árvores da liberdade plantadas na Revolução fossem cortadas. Visitantes estrangeiros eram bem-vindos a seus aposentos depois de cada um de seus desfiles regulares, e ele incentivava seus generais e ministros a realizar bailes e prover entretenimento a eles.

A russa Elizaveta Petrovna Divova considerou Paris "um paraíso na Terra" e achou tudo que tinha a ver com Bonaparte e sua Corte encantadora. A polonesa Wiridianna Fiszerowa achou que a corte era "impressionante pela falta de modos e dignidade". Outro aristocrata polonês observou que os criados pareciam não saber o que deviam fazer. Mary Berry ficou espantada com o luxo das instalações do primeiro-cônsul, que achou superiores a Versalhes e ao Trianon.[28]

Todos que deixaram relatos consideraram Josefina encantadora e a atmosfera de seus aposentos e de suas recepções "muito elegantes e principescas", nas palavras de um inglês. Já as reações ao marido variavam. Divova o achou "amistoso, encantador, gentil, honesto, polido"; Maria Edgeworth foi menos elogiosa em relação a seu "semblante pálido e abatido" e o achou "muito pequeno"; o excêntrico Bertie Greathead ficou desapontado ao ver que Bonaparte não era tão "melancólico" nem "tão pitoresco" quanto ele imaginara, acrescentando que "sua pessoa não é apenas pequena, mas, penso eu, é vil". O pintor de paisagens Joseph Farington observou que "ele enfiava muito o dedo no nariz". Fiszerowa achou que ele não parecia muito à vontade e percebeu que, "quando falava com os ministros de outros países, retorcia os botões do casaco como um menino em idade escolar". Fanny Burney ficou impressionadíssima com seu rosto, em que "preocupação, pensamento, melancolia e meditação deixam marcas fortes, com tamanho caráter, digo, gênio, e com uma seriedade tão penetrante, ou melhor dizendo uma tristeza, poderosa a ponto de mergulhar na mente do observador".[29]

"As nações vos admiram. A França, tornada maior por vossas vitórias, colocou em vós suas esperanças", escreveu Chateaubriand na dedicatória da segunda edição de *O gênio do cristianismo*, lançado em maio de 1803. "É impossível não reconhecer em vosso destino a mão da Providência que vos escolheu há muito tempo para a realização de seus desígnios prodigiosos."[30]

25
Sua Majestade consular

"É certo que algumas de nossas ambulantes nudistas da moda pretenderam conquistar o Conquistador do Continente", relatou o *Times* em 12 de janeiro de 1803. "Que glória teria sido para este país poder se gabar de ter dado uma amante, ou uma esposa, para o primeiro-cônsul." Seria necessário mais do que isso para manter a paz que muitos na Grã-Bretanha começavam a ver como pouco mais que uma trégua. Cinco tratados foram assinados pelos dois países desde 1697, e apenas um durou mais de dez anos.[1]

Para a Grã-Bretanha, o principal benefício da paz era o acesso aos mercados europeus – sem o qual o domínio dos mares e o comércio colonial, sem mencionar a primazia de sua indústria, não valiam de nada. Pouco depois da assinatura do tratado, Cambacérès alertou Bonaparte de que sem a assinatura de um tratado comercial a paz não duraria muito. "Essa sugestão pareceu desagradá-lo", ele observou. Bonaparte lembrou a ele o efeito catastrófico que o tratado anterior, assinado em 1783, teve para a indústria têxtil francesa, ao abrir os mercados franceses para produtos britânicos.[2]

Se ele desejava que a paz fosse duradoura ou não é impossível de afirmar, mas sua incapacidade de ver o ponto de vista alheio significava que ele não queria desperdiçar tempo desenvolvendo bom relacionamento com a Grã-Bretanha, preferindo se concentrar em usar as oportunidades oferecidas pelo fim das hostilidades para reconstruir o poderio econômico e político da França. Bonaparte pode não ter sido um grande economista, mas compreendia uma coisa: em paz ou não, França e Grã-Bretanha estavam em um conflito econômico. Em tempos de paz, os manufaturados britânicos tinham preços menores que os franceses, o que prejudicava a indústria da França, especialmente no setor têxtil. Em tempos de guerra, o domínio britânico dos mares causava estragos no comércio exterior francês.

Como acreditava em desenvolver a indústria nacional e em enriquecer o país por meio da aquisição de lastro financeiro, Bonaparte queria exportar o máximo possível e importar a menor quantidade necessária. Isso o inclinava ao protecionismo, no que ele era apoiado por muitos de sua *entourage*, como o ministro do Interior, Chaptal, um químico por formação e grande defensor da indústria têxtil. Tendo em vista a possibilidade de uma nova guerra, a França precisava se munir de fontes de matérias-primas e de mercados que estivessem além do alcance da Marinha Real. Isso parecia possível, uma vez que uma grande parte do continente estava em maior ou menor medida sob controle francês, o que por sua vez sugeria que era desejável ligar essas áreas à esfera econômica francesa e desenvolvê-las em benefício da metrópole. Isso implicava a harmonização de seus sistemas administrativos e judiciais, e a implementação de projetos de infraestrutura, como estradas rumo à Itália, ações que futuramente tornariam sua incorporação à França parecer nada mais que uma formalidade administrativa: o Piemonte, por exemplo, ligado pela nova estrada de Simplon, se tornaria essencial para o centro manufatureiro de Lyon, e vice-versa.

Embora a França tivesse reavido seu império pelo Tratado de Amiens, reafirmar seu controle sobre essas áreas representava um desafio; a Revolução tinha estimulado as elites locais a afirmar sua independência e a buscar maior autonomia, principalmente para poder resistir a tendências socialmente progressistas e abolicionistas vindas de Paris. Em São Domingos (Haiti), o Parlamento local aprovou sua própria Constituição. Quando a Convenção aboliu a escravidão em 1794, muita gente nas colônias se recusou a aceitar sua autoridade e em alguns casos facilitaram a ocupação pelos britânicos, que mantiveram o sistema escravocrata.[3]

Um fator que complicava o restabelecimento da autoridade francesa era a existência de um poderoso *lobby criollo* que defendia os interesses dos fazendeiros em Paris. Isso se opunha à intenção de Bonaparte de manter a escravidão apenas onde ela não havia sido abolida e aceitar o *status quo* em colônias como Guadalupe e Guiana, onde a abolição já ocorrera. O ponto de vista dele sobre o assunto era pragmático. "Se estivesse na Martinica, eu teria optado pelos ingleses, porque acima de tudo a pessoa precisa pensar na própria vida", disse a Thibaudeau. Esse raciocínio não era suficiente para resolver o problema apresentado pelas colônias de São Domingos de

Dominica, que ocupava a metade oriental da ilha e que tinha sido cedida à França pela Espanha em 1795.[4]

Quando a Revolução eclodiu, São Domingos produzia três quartos de todo o açúcar importado pela Europa, além de grandes quantidades de café e anil. Isso tornava a colônia um elemento importante da economia francesa e alimentava as cidades portuárias da costa Atlântica, com metade do comércio de La Rochelle dependente disso. Estima-se que, direta ou indiretamente, um em cada dez franceses vivesse do comércio de São Domingos.[5]

A Revolução tinha despertado animosidades entre as diferentes camadas sociais, indo dos "*grand blancs*" (fazendeiros brancos), passando pelos invejosos "*petits blancs*" e por vários graus de mulatos, miscigenados e chegando aos escravos negros, que brigavam uns contra os outros, frequentemente em bizarras alianças ditadas pela política local. Isso inspirou revoltas de escravos que foram reprimidas de maneira selvagem. Depois de muita violência, o ex-escravo Pierre-Dominique Toussaint Louverture assumiu a liderança dos negros e conseguiu controlar a colônia. Em 1795, o Diretório o nomeou como governador militar de São Domingos. Ele começou a agir como se fosse o dono da colônia, expulsando oficiais franceses e confiscando fazendas, que deu a seus capangas, introduziu um sistema de trabalho forçado que pouco diferia da escravidão e abriu os portos da colônia para navios britânicos e americanos, rompendo assim com a tradicional exclusividade de comércio entre colônia e metrópole.

Pouco depois de chegar ao poder, Bonaparte escreveu a Toussaint uma carta lisonjeira, confirmando que a França reconhecia a abolição da escravatura, esboçando uma visão de um novo "*pacte social*" e o chamando a demonstrar sua lealdade à França rompendo com seus inimigos comerciantes de escravos, os britânicos e os americanos. Ele nomeou Toussaint como capitão-geral e o incentivou a formar uma Guarda Nacional e um exército. Essas ofertas foram ignoradas por Toussaint, que defendeu os argumentos do *lobby criollo*, levando a atitude de Bonaparte em relação a ele a azedar. Mesmo assim, Bonaparte continuou fazendo gestos conciliatórios. "Independentemente de suas origens e de sua cor", escreveu em uma proclamação para os habitantes da colônia em 8 de outubro de 1801, "vocês são franceses, vocês são todos livres e todos iguais perante Deus e a República." O reconhecimento dado por ele à liberdade da população foi confirmado pelas Assembleias e pelo Senado um mês depois. Toussaint desafiou a França ao invadir a parte leste da ilha, que ainda era administrada pela Espanha, à espera da chegada de uma força francesa. Suas ambições para seu país e para si próprio não eram menores do que as de Bonaparte, e os dois entraram em rota de colisão.[6]

Entre as colônias que a França havia recuperado na área estavam as ilhas de Guadalupe, Martinica, Marie-Galante, La Désirade, Les Saintes, São Martinho, Saint Lucia e Tobago e a Guiana Francesa na costa sul-americana. Em 1795, a França também havia recuperado da Espanha o vasto território da Luisiana – que compreendia os atuais Luisiana, Arkansas, Minnesota, Kansas, Nebraska, Colorado, Dakota do Norte e do Sul, Montana, Wyoming e Oklahoma. Isso abriu a perspectiva de criação de um importante império colonial que iria enriquecer a França ao fornecer recursos naturais e um mercado para seus bens manufaturados, não apenas dentro de seu território como também nos vizinhos Estados Unidos e Nova Espanha (México).

Uma semana depois da assinatura do Tratado de Amiens, Bonaparte revelou para o ministro da Marinha Denis Decrès seu plano para as colônias. Ele iria defender a Índia, onde a França havia recuperado seus cinco entrepostos comerciais, reocupar ou reforçar a presença nas ilhas de Reunião, Ile de France (Maurício) e Seychelles, além da colônia de Senegal na África e das ilhas de Saint-Pierre e Miquelon na costa da América do Norte. Uma força de 20 mil homens deveria recuperar o controle de São Domingos, outros 3,6 mil fariam o mesmo em Guadalupe e mais tarde 3 mil na Luisiana.[7]

Os americanos e os britânicos não viam com bons olhos a possibilidade de um aumento do poder francês na área, mas achavam pior ainda a existência de repúblicas governadas por escravos rebeldes. Também existia a possibilidade de, caso tivesse seus planos frustrados, a França subverter as colônias britânicas e os estados do Sul dos Estados Unidos, fomentando rebeliões de escravos contra seus senhores britânicos e americanos.[8]

Bonaparte entregou o comando da expedição de São Domingos para o marido de Pauline, general Leclerc, que tinha um bom histórico não apenas como soldado, mas também como administrador, primeiro de Marselha e depois de Lyon – era diplomático, o que se revelaria vital ao lidar com Toussaint e mais tarde com os vizinhos espanhóis e americanos: depois de ter assegurado o domínio sobre São Domingos, ele devia velejar para a Luisiana. Pauline iria com ele, em parte para impedir que ela agisse de maneira escandalosa caso ficasse sozinha, em parte para garantir que não passasse pela cabeça dele trair seu adorado irmão. Bonaparte informou a Toussaint sobre a chegada iminente de Leclerc numa carta lisonjeira que prometia honras e riquezas caso ele cooperasse.[9]

As instruções que ele deu a Leclerc eram para dar apoio a Toussaint e gradualmente se pôr em posição de poder decapitar o movimento de libertação negro. Nada foi dito sobre escravidão. "A questão não é se devemos abolir a escravidão, mas sim se devemos abolir a liberdade naquela parte de São Domingos", disse a Roederer. "Estou convencido de que essa ilha estaria em mãos inglesas caso os negros não estivessem ligados a nós por sua liberdade." Portanto era melhor deixar as coisas como estavam. "É possível que eles venham a produzir menos açúcar do que quando escravos, mas o produzirão para nós, e servirão a nós, caso necessário, como soldados." O que importava para ele era recuperar o controle das colônias.[10]

Quando a armada de Leclerc chegou a São Domingos em fevereiro de 1802, Toussaint tentou impedir o desembarque, mas não conseguiu. Leclerc o derrotou e o forçou a negociar. Depois ele tentou uma conciliação, mas foi prejudicado por fatos ocorridos nas colônias vizinhas. Sob pressão do *lobby criollo* e dos interesses comerciais, a escravidão estava sendo imposta novamente em Guadalupe e Martinica, onde os escravos haviam se rebelado e se libertado de seus grilhões. Enquanto Leclerc lutava para conquistar a população negra de São Domingos, notícias sobre esses fatos começaram a chegar, levantando suspeitas de que o mesmo poderia ocorrer ali. Ele insistiu com Bonaparte para que impedisse isso, argumentando que São Domingos, por ser a parte mais importante do império, deveria ter prioridade.[11]

A expedição de Leclerc tinha problemas de falta de equipamento e financiamento, o que limitava seu potencial. Mas nada disso se comparava à ameaça representada pela febre amarela. Um mês depois do desembarque, cerca de 3,5 mil homens tinham sido vitimados pela doença, e não demorou para que a taxa de mortalidade chegasse a mil por mês. Os reforços não davam conta de repor os mortos. Em setembro de 1802, dos 29 mil que haviam partido da França, restavam cerca de 10 mil, dos quais aproximadamente 6 mil estavam hospitalizados.[12]

As hostilidades tinham recomeçado, e Leclerc fez o melhor que pôde para se mover em meio à complicada política interna com o intuito de dividir a liderança dos negros. Ele conseguiu capturar Toussaint, que foi enviado para a França e mantido prisioneiro como traidor da República no forte de Joux em Jura, onde morreria de tuberculose em 7 de abril de 1803. Exatamente três meses antes, Leclerc sucumbiu à febre. "Maldito açúcar, maldito café, malditas colônias", Bonaparte explodiu ao saber da notícia. A essa altura a expedição tinha custado a vida de quatro outros generais de divisão, de doze generais de brigada e de 30 mil militares de patentes diversas. Mais tarde ele admitiria que cometeu um grande erro ao não deixar Toussaint, onde estava como uma espécie de vice-rei independente que inevitavelmente ficaria ao lado da França, o que reduziria o poder colonial britânico na área.[13]

Enquanto isso, as relações entre Londres e Paris ficavam mais tensas. A escolha de lorde Whitworth como embaixador britânico não ajudou. Colocar no posto alguém que tinha conexões com o assassinato do tsar Paulo I não foi algo pensado para agradar Bonaparte. Ele era um francófobo confesso, implacável, e estava preparado para ultrapassar os limites da diplomacia naquilo que visse como interesse do seu país, e não faria nenhum esforço para reduzir as tensões ou para inspirar confiança. Não que houvesse muito que pudesse ser feito, tendo em vista que ele recebera instruções para "afirmar da maneira mais clara a determinação de Sua Majestade de jamais renunciar a seu direito de interferência nos assuntos do continente sempre que os interesses de seus domínios ou da Europa em geral parecessem exigi-lo", as quais conflitavam diretamente com as do embaixador francês em Londres, general Antoine Andréossy, que eram de "impedir em todas as ocasiões qualquer intervenção do governo britânico nos assuntos continentais".[14]

O governo britânico via a falta de disposição de Bonaparte para abrir negociações para um tratado comercial como indício de má-fé. Ele reclamava que os britânicos estavam dando abrigo a milhares de emigrados hostis, alguns dos quais tramavam contra a sua vida, o que o deixava furioso por ver que, além de dar asilo a pessoas que abertamente declaravam seu desejo de derrubá-lo por quaisquer meios, o governo britânico não fazia nada para impedir a publicação de calúnias e artigos difamatórios que aviltavam a sua imagem, além de uma enxurrada de cartuns pesados de gente como Rowlandson. Um jornal de emigrados baseado em Londres defendia abertamente o assassinato de Bonaparte. Ele não podia aceitar a desculpa britânica da liberdade de imprensa, uma vez que o Ministério do Interior frequentemente atuava contra a imprensa radical e confiscava os escritos daqueles que faziam campanha em defesa de reformas parlamentares. A imprensa britânica publicava relatos chocantes sobre Bonaparte ter envenenado vítimas da praga e enterrado vivos seus próprios feridos, e empolgava os leitores com histórias escandalosas sobre o passado de Josefina, sobre as supostas orgias sexuais do marido com suas irmãs e seu caso com Hortense, e até mesmo sobre suas supostas origens africanas. Inseguro e com um senso de humor limitado, ele achava isso profundamente doloroso e irritante. Bonaparte punha a culpa no governo britânico por tudo. Nas palavras de Cambacérès, "ele tinha a estranha convicção de que a maior parte da população da Inglaterra tinha uma boa disposição em relação a ele".[15]

Houvera um grande sentimento pró-França na Grã-Bretanha na década de 1790, motivado pelo movimento em favor de uma reforma parlamentar e pelas políticas excessivamente repressivas do governo de Pitt, mas isso tinha evaporado e dera lugar a um novo espírito de antipatia e beligerância, em grande medida como consequência do comportamento de Bonaparte. Ele havia presumido que o retorno da paz significava que a França poderia retomar a busca de seus interesses internacionais sem ter de pensar no efeito de suas ações sobre a opinião pública britânica.

Em agosto de 1802, a Dieta Imperial se reuniu em Ratisbona, como estipulava o tratado de Lunéville entre a França e a Áustria, para reorganizar o que restara do Sacro Império Romano. Bonaparte, como sinal de cortesia – e para neutralizá-lo –, convidou o tsar Alexandre para participar como coárbitro. Mas foi Bonaparte – por meio da ação de Talleyrand, que recebeu significativas propinas de todos os envolvidos – quem decidiu tudo. O papa foi convencido a conceder os principados-bispados de Mainz, Colônia e Trier para a França, e o de Hanau para a Áustria, que o entregaria a Ferdinando de Habsburgo como compensação pela Toscana, que agora havia se transformado na Etrúria. Os governantes que perderam território para a França na margem esquerda do Reno foram compensados às custas de outros na Alemanha: pelo Recesso Imperial de fevereiro de 1803, 3 eleitorados, 20 principados-bispados, 44 abadias, 45 cidades livres e vários Estados menores, 112 no total, deixaram de existir, e cerca de 3 milhões de pessoas passaram a ter novos governantes. Ao atender suas reivindicações, Bonaparte agradou à Prússia e transformou Hesse-Darmstadt, Baviera, Baden e Württemberg em Estados-clientes franceses. O resultado foi uma considerável extensão da influência francesa, principalmente às custas da Áustria. Tudo foi feito de acordo com o tratado de Lunéville, mas ao invés de ficar lisonjeado, o tsar se sentiu ofendido, e o governo britânico viu o poder francês crescer de forma alarmante. O padrão continuava a se repetir.

Como o tratado estipulava que todas as forças militares francesas deveriam deixar a República da Batávia (Holanda), Bonaparte engendrou uma crise política que levou o governo holandês a requisitar sua permanência. Para piorar, o antigo governante da Holanda não recebeu o pagamento da compensação financeira que lhe havia sido prometido. O exército francês também permaneceu na Etrúria. Em setembro de 1802, Bonaparte transformou o Piemonte e a ilha de Elba, ambos adquiridos pelo tratado de Lunéville, em departamentos franceses. E não pagou as indenizações que haviam sido prometidas ao rei da Sardenha. Somado à transformação da República Cisalpina em República Italiana, tendo Bonaparte como presidente, isso significou uma consolidação do poder francês na Itália, que era inaceitável tanto para a Áustria quanto para a Grã-Bretanha.

Foram as ações de Bonaparte na Suíça que mudaram a atitude da opinião pública britânica. Ironicamente, tratava-se de uma área em que a Grã-Bretanha não era nada inocente, já que vinha usando o país como ponto de interceptação de comunicações e como entrada para agentes secretos, além de também fomentar no local um sentimento antifrancês. A Suíça também estava funcionando como um ponto conveniente de entrada na França para os exércitos da Áustria e da Rússia. "Não consigo ver um meio-termo entre um governo suíço bem organizado e amigável com a França e a saída total de cena da Suíça", Bonaparte explicou a Talleyrand. No outono de 1802, as tensões entre as autoridades pró-francesas da República Helvética e os reacionários antifranceses se transformaram em conflito armado. Um lado apelou por apoio francês, o outro pelos britânicos. A opinião pública na Grã-Bretanha respondeu defendendo aquilo que supunha ser o partido que tinha a independência como bandeira, e o governo britânico se sentiu compelido a agir. Antes que pudesse fazer isso de maneira eficaz, o exército francês havia restabelecido a ordem e a crise estava encerrada. Em 19 de fevereiro de 1803, o Ato de Mediação criou a Confederação Helvética, na qual Bonaparte assumiu o papel de avalista e árbitro efetivo.[16]

Em 17 de outubro, o secretário de Estado britânico para a guerra, lorde Hobart, escreveu para os comandantes em Malta, Cabo e Índia ordenando que eles retardassem a implementação dos termos do tratado de Amiens. O governo britânico estava cada vez mais alarmado com os movimentos franceses fora da Europa. Uma frota comandada pelo general Decaen estava a caminho para reafirmar a autoridade francesa sobre as ilhas coloniais de

Ile de France e Reunião no oceano Índico e dos entrepostos comerciais de Pondicherry, Karaikal, Mahé, Yanaon e Chandannagar na Índia, tudo de acordo com o tratado de Amiens. Mas as instruções de Decaen incluíam investigar a possibilidade de obter o apoio dos governantes locais na Índia na eventualidade de uma nova guerra.[17]

Bonaparte havia enviado o general Brune como embaixador à corte otomana, o general Sébastiani para o Egito e a Síria, e o general Cavaignac a Mascate. Ele abriu relações com o paxá de Trípoli, com o bei de Túnis e com o dei de Argel, e estabeleceu consulados franceses em todo o Oriente Médio. Uma grande gafe foi a publicação do relatório de Sébastiani, em que ele sugeria que seria fácil expulsar os britânicos do Egito e reocupá-lo. Talleyrand e o embaixador francês em Londres, Andréossy, disseram que o relatório era mera especulação, e Bonaparte tentou aplacar o indignado Whitworth. Mas a essa altura qualquer confiança que pudesse ter existido, desaparecera.[18]

A Grã-Bretanha viu ameaçado seu monopólio na Índia e suspeitou de planos imperiais franceses para o Mediterrâneo. Os britânicos não podiam tolerar que o centro bancário de Amsterdã e os portos holandeses ficassem em mãos francesas. O comércio britânico sofria, com a França impondo tarifas sobre importações não somente no território francês, mas também em todas as áreas que controlava, como a Holanda e grande parte da Itália. Quando pressionado sobre Malta, que os britânicos deveriam devolver à Ordem de São João, o chanceler lorde Hawkesbury declarou que só faria isso caso a França evacuasse o Piemonte. Whitworth ficou exposto a uma dura crítica de Bonaparte, que ressaltou que o Piemonte não tinha nada a ver com o tratado de Amiens, e que havia sido cedido à França por um outro tratado de que a Grã-Bretanha não era parte.

Os relatórios enviados por Whitworth de Paris eram consistentemente desfavoráveis a Bonaparte, muitas vezes tomando fofocas como fatos. Ele estimulou o medo de uma invasão que tomou conta da Grã-Bretanha em março de 1803 ao exagerar a quantidade de soldados franceses estacionados na Holanda. Em 8 de março, o gabinete britânico decidiu alistar mais 10 mil marinheiros e organizar a milícia, um movimento provavelmente pensado como uma demonstração de força para Bonaparte. Só o que se conseguiu foi provocá-lo, e levou Whitworth a tomar uma segunda bronca em uma audiência diplomática em 18 de março de 1803.[19]

Ao longo dos dois meses seguintes, ambos os lados travaram uma disputa sobre a questão de Malta, propondo diversas soluções: Bonaparte sugeriu que a Grã-Bretanha entregasse a ilha à Rússia, à Prússia ou até mesmo à Áustria, depois que a Grã-Bretanha mantivesse Malta por dez anos desde que os portos de Otranto e Taranto em Nápoles permanecessem sob ocupação francesa pelo mesmo período, e assim por diante.[20]

Em 27 de abril, Whitworth fez um ultimato verbal a Talleyrand exigindo a evacuação imediata da Holanda, a aceitação de uma ocupação permanente de Malta pelos britânicos e uma compensação pelo Piemonte para o rei da Sardenha. Ele se recusou a pôr isso por escrito, o que significava que poderia ser um blefe. Ele elevou a temperatura ao informar que Masséna lhe dissera que Bonaparte estava prestes a invadir Hanover, Hamburgo, Nápoles e a Sardenha.[21]

Pode ter sido pura fofoca, mas Bonaparte, aos 33 anos, bancava o fanfarrão e não demonstrava a menor disposição para recuar. Quando o enviado do tsar contou a ele que a Europa não poderia aceitar a incorporação do Piemonte pela França, ele disse ironicamente que a Europa poderia vir e tomar o Piemonte dele. Ele estava agindo de modo temerário. Quando saía para cavalgar ou caçar em um dos antigos parques reais, em Versalhes, Marly, Fontainebleau ou Rambouillet, ele galopava loucamente, curvado sobre o pescoço do cavalo com as rédeas frouxas na mão direita e a esquerda pendente ao seu lado – ele era mau cavaleiro e balançava sobre o animal. Sua falta de consideração pelo perigo alarmava os que o acompanhavam, sendo frequentemente deixados para trás. Em outras ocasiões, ele saía de Saint-Cloud anonimamente com Hortense e ia a uma feira rural, onde era facilmente reconhecido, sem qualquer escolta ou companhia. Em 8 de maio, enquanto era trazido de volta para Saint-Cloud com Josefina, Hortense, sua irmã Caroline e Cambacérès, ele subitamente subiu na boleia, assumiu as rédeas e insistiu em conduzir ele próprio os seis cavalos, coisa que jamais havia feito. Ele conduziu rápido demais, bateu num poste de amarração no portão com uma das rodas, e o choque o fez voar longe a ponto de desmaiar na queda; mais tarde ele diria que morreu por um momento.[22]

O poder que ele havia acumulado, as conquistas que fez e a avalanche de elogios não tinham como deixar de afetar seu julgamento. Ele vira sua efígie na primeira moeda que o país conheceu em dez anos. Falava-se em dar a ele o título de "Sua Majestade Consular". Planejava-se uma estátua para ficar no topo de uma coluna semelhante àquela de Trajano em Roma. Seus instintos militares o inclinavam a aproveitar toda oportunidade e a se rebelar contra a ideia de recuar, e esses instintos eram reforçados por sua sensação inata de insegurança.

Ele era profundamente consciente de suas origens. Seu irmão caçula, Louis, tinha sugerido a ideia de exumar o corpo do pai deles, sepultado em Montpellier, onde ele havia morrido, e enterrá-lo com alguma pompa em Paris. Bonaparte ficou horrorizado com a ideia – a memória de seu pai era um constrangimento. Louis exumou o corpo sem alarde, enviou-o por meio de *messageries* públicos escondido em um relógio de pêndulo, e o pôs num mausoléu em sua propriedade em Saint-Leu. Bonaparte acreditava que o *status* que ele podia reivindicar vinha unicamente da glória – da sua própria e da glória das pessoas ligadas a ele. Esse foi o motivo de, ao saber da morte de Leclerc, ele ter declarado luto oficial de dez dias, como acontecia nas cortes tradicionais. Isso punha seu ex-cunhado e companheiro de batalhas na posição de herói nacional e em pé de igualdade com a realeza, o que sutilmente realçava o *status* do próprio Bonaparte.[23]

"Um primeiro-cônsul não é como um daqueles reis por graça divina que viam seus Estados como herança", Bonaparte disse a Thibaudeau. "Ele precisa de ações brilhantes e, portanto, da guerra." Seria um tema recorrente em sua vida. Bonaparte acreditava que seu direito a governar dependia de tornar a França maior do que ela era quando ele chegou ao poder. Independentemente das falhas do Diretório, a França naquele momento esteve de posse de uma grande quantidade de território, e ele achava que não podia perder nada. No início de 1803, à medida que se aproximava o primeiro aniversário do tratado de Amiens, ele havia tornado a França maior, com 37 milhões de habitantes, ultrapassando a Áustria com sua população de 24 milhões, a Grã-Bretanha, com dezesseis, e a Prússia, com nove. Bonaparte havia colocado a França num lugar em que Richelieu e Luís XIV só poderiam ter sonhado – uma posição dominante na Europa Ocidental, servindo de contrapeso para a influência dos Habsburgo na Alemanha e tendo excluído a Grã-Bretanha da maior parte do continente. Para ele, isso correspondia a seu direito de governar.[24]

A provável perda de São Domingos e a possibilidade da retomada das hostilidades colocou em questão o controle permanente das demais colônias, particularmente da Luisiana, que a França com certeza não seria capaz de defender. Os Estados Unidos queriam comprar a colônia, e como Bonaparte precisava de recursos para a guerra, ele concordou em vendê-la. Em 10 de abril, o ex-governador da Virgínia e futuro presidente James Monroe desembarcou em Le Havre, e antes do fim do mês Bonaparte tinha "com grande desprazer" vendido a ele o território por 15 milhões de dólares, o equivalente a 50 milhões de francos.[25]

A negociação foi providencial. No início de maio de 1803, o primeiro-ministro britânico, Addington, deu ordens para que todos os comandantes na área se preparassem para capturar colônias francesas. Ele também planejava tomar Nova Orleans e entregá-la aos Estados Unidos, como suborno para que os americanos ficassem ao lado da Inglaterra na guerra que estava por vir. Em 14 de maio, lorde Hawkesbury recebeu do tsar Alexandre uma oferta para servir como mediador. Ele havia aconselhado anteriormente o governo britânico a não abrir mão de Malta, uma base que os russos estavam de olho havia algum tempo, mas se alarmou diante da possibilidade de uma nova guerra. Nas palavras de seu embaixador em Paris, Arkadyi Morkov, aos russos não interessava a vitória de nenhum dos dois lados, já que isso levaria "ou ao despotismo nos mares ou ao despotismo em terra firme". Era tarde demais.[26]

Em 15 de maio de 1803, o Almirantado deu ordens para a detenção de todos os navios franceses em portos e águas da Grã-Bretanha ou de regiões controladas pelos britânicos. No dia seguinte, a fragata HMS *Doris* atacou e tomou o veleiro francês *L'Affronteur* perto da costa francesa, e o Conselho Privado decidiu declarar guerra à França. A declaração foi publicada em 18 de maio, quando mais de mil navios franceses e holandeses já haviam sido capturados em portos controlados pelos britânicos.

26
Rumo ao Império

Bonaparte reagiu furiosamente à retomada das hostilidades sem aviso prévio. Ele decretou que todo súdito britânico do sexo masculino que estivesse na França e seus dependentes com idades entre dezoito e sessenta anos devia ser detido como prisioneiro de guerra. Determinou que o general Mortier invadisse o feudo da família real britânica em Hanover e anunciou a formação de um exército da Inglaterra. Embalado por uma onda de sentimento antibritânico, deu início a uma subscrição pública para a construção de barcos que atravessariam o canal para ensinar uma lição à "pérfida Albion". "A raiva é extrema", registrou o arquiteto Fontaine. "Todos estão avidamente oferecendo subsídios voluntários ao governo."[1]

Bonaparte deu início à formação do exército da Inglaterra, com direito a um batalhão de guias que falavam inglês, supervisionando a construção das balsas para transportar os homens e as torpedeiras para protegê-los. Ele fazia viagens frequentes ao campo principal em Boulogne-sur-Mer, observando todos os detalhes das preparações, cavalgando de um lado para o outro independentemente do clima e se encharcando enquanto inspecionava e atormentava os trabalhadores. Em pouco tempo uma grande força havia se reunido na costa do canal, espalhada por campos que iam da Normandia à Antuérpia, e centenas de barcos tinham sido construídos. Na noite de 29 de outubro, ele assegurou àqueles que estavam reunidos em Saint-Cloud que iria fincar sua bandeira na Torre de Londres ou morreria tentando. Duas semanas depois, das colinas acima de Ambleteuse observou a costa inglesa com seu telescópio, e pôde ver gente levando a vida normalmente. "É uma vala que será atravessada caso alguém ouse tentar", escreveu. Sempre propagandista, fez com que se publicasse um texto no *Le Moniteur* descrevendo como, ao armar uma barraca para ele, os homens haviam descoberto medalhas de Guilherme, o Conquistador, e uma lâmina de machado deixada para trás pelas legiões de Júlio César.²

Do outro lado do canal, Jorge III declarou que jamais abandonaria a causa dos Bourbon, e o Ministério da Imigração mais uma vez entrou em ação com o objetivo de derrubar Bonaparte. Novamente recursos começaram a fluir, agentes foram ativados e emigrados foram clandestinamente enviados à França. Georges Cadoudal desembarcou em 20 de agosto em Biville, com seu criado Picot e vários cúmplices, dois dos quais estiveram envolvidos na explosão da rue Saint-Nicaise. Dez dias depois eles estavam em Paris. O próximo a ser enviado foi o general Pichegru, que escapara da Guiana e vivia em Londres com uma pensão paga pelos britânicos. O plano era raptar Bonaparte e enviá-lo para a remota ilha de Santa Helena, no Atlântico, substituindo-o por Luís XVIII.³

Numa tentativa de justificar moralmente aquilo que estava se transformando cada vez mais em uma vingança pessoal, o governo britânico passou a se referir a Bonaparte como "usurpador". Apesar de ter mantido relações oficiais e assinado tratados com o primeiro-cônsul como "Bonaparte", agora os britânicos o chamavam apenas de "Buonaparte", num esforço para diminuí-lo por meio de uma sugestão de origens "estrangeiras". Incentivada pelo governo, a imprensa foi à loucura, regurgitando todo tipo de calúnia e fofoca sobre "Boney" e sua família, e construindo uma imagem de Bonaparte como uma figura demoníaca sedenta por sangue britânico; o governo usou a ameaça da invasão como desculpa para reprimir dissidentes domésticos e colocar a oposição numa situação difícil, denunciando-a como antipatriota ou mesmo traidora.⁴

A retomada das hostilidades também foi útil para Bonaparte. A organização do exército da Inglaterra lhe ofereceu uma oportunidade para desmontar panelinhas de oficiais descontentes ao deslocar unidades e comandantes, expurgando os indiferentes e promovendo os leais. Mas reunir tantas unidades tinha desvantagens e, sem que Bonaparte soubesse, uma sociedade secreta de *Philadelphes* foi formada por oficiais hostis. A guerra também tornou mais forte sua mão nas Assembleias, e assim ele conseguiu aprovar vários projetos sem resistência. As hostilidades com os ingleses também ajudaram a distrair a opinião pública do naufrágio da aventura caribenha.

Em São Domingos os combates prosseguiam numa espiral de inenarrável crueldade, com o sucessor de Leclerc, general Rochambeau, travando contra os insurgentes algo que talvez seja mais bem descrito como uma guerra racial. Em 19 de novembro de 1803, ele foi forçado a capitular e fugiu com seus 1,5 mil soldados remanescentes, mas se deparou com uma esquadra britânica. Conseguiu negociar uma rendição e um retorno à Europa para seus homens, mas as condições não foram respeitadas e eles foram mantidos como prisioneiros até 1811. Eles tiveram mais sorte que os oitocentos homens deixados para trás no hospital de Port au Prince sob garantia de imunidade, que foram massacrados.[5]

Pauline havia demonstrado coragem e dedicação notáveis, cuidando do marido em sua doença final. Ela mandou embalsamar o corpo e o envolveu como a uma múmia, tendo cortado seus próprios cabelos para cobrir o rosto dele, e o conjunto completo foi selado em um caixão de chumbo. O coração ela guardou em uma urna de ouro com a inscrição: "Paulette Bonaparte, casada com o general Leclerc no dia 20 prairial do ano V, encerrou nesta urna seu amor junto com o coração de seu marido, cujos perigos e cuja glória ela compartilhou". Ao ver fortes granadeiros se esforçando para carregar o pesado caixão no retorno à França, cínicos brincaram que ali deveria haver o tesouro que ela acumulou nas Índias Ocidentais.[6]

Bonaparte queria casá-la novamente antes que ela pudesse começar a se comportar mal, mas, embora muitos a cobiçassem, poucos tinham a coragem de aceitá-la como esposa. Ele a ofereceu a Melzi, que educadamente recusou. Outro italiano, o príncipe Camilo Borghese, se casou com ela em Mortefontaine, em 5 de novembro. Bonaparte não compareceu, pois se encontrava numa balsa perto de Boulogne-sur-Mer observando um combate com navios britânicos. Mas ele escreveu instruindo para que ela evitasse aborrecer os romanos com elogios aos prazeres de Paris e se comportasse como eles faziam, independentemente de ela achar tediosos os costumes deles, e que demonstrasse respeito pelo papa.[7]

Ele próprio estava traindo Josefina com, entre outras, a atriz mademoiselle Georges, que o descreveu como terno e amoroso, por vezes até infantil. Sua promiscuidade sempre irritou Josefina, em parte porque, quando estava tendo um caso, ele se tornava irritável, mas também porque isso expunha a insegurança inerente à posição dela. Os irmãos e irmãs dele agiam quase como cafetões, colocando mulheres em idade de casamento no caminho dele na esperança do divórcio. Bonaparte reclamava dizendo que não queria um herdeiro, chegando a afirmar não ser "um homem de família", mas era provável que um dia ele sentisse a necessidade de procriar.⁸

Em 11 de novembro, ele escreveu de Boulogne-sur-Mer em resposta às repreensões de Josefina, garantindo que o que sentia por ela não havia mudado. "A boa e doce Josefina não pode ser apagada de meu coração, a não ser pela própria Josefina, e somente por uma Josefina que tivesse se tornado triste, ciumenta e aborrecida", ele escreveu, explicando que para poder suportar todos os problemas ele precisava de uma vida doméstica feliz e compreensiva, garantindo a ela que "é meu destino te amar sempre". "Minha intenção é te consolar, meu desejo é te agradar, minha vontade é te amar." Isso teve o efeito desejado. "Todas as minhas tristezas desapareceram", ela respondeu, dizendo que estava com a carta dele sobre o coração. "Esta carta me faz tão bem! Vou mantê-la para sempre! Será meu consolo em sua ausência, meu guia quando estiver com você, porque desejo sempre permanecer a seus olhos a terna Josefina que pensa apenas em sua felicidade."⁹

Ele foi menos bem-sucedido quando se tratou dos sentimentos de seus potenciais aliados. Embora a Grã-Bretanha estivesse engajada numa ofensiva diplomática para formar uma nova coalizão contra ele, Bonaparte demonstrava poucos sinais de preocupação. Ele ignorou a sugestão de Talleyrand de se reaproximar da Áustria para equilibrar o esforço britânico de obter o apoio da Rússia. Ao mesmo tempo, destratou o tsar Alexandre. Ele o havia deixado de lado no processo de reorganização do Sacro Império Romano. Em seguida o esnobou quando ele tentou mediar o impasse com a Grã-Bretanha, e em outubro de 1803 o exasperado tsar convocou seu embaixador de volta à Rússia, deixando apenas Paul von Oubril como *chargé d'affaires* em Paris. As relações com todos os países da Europa estavam prestes a se tornar ainda mais tensas.

Em outubro de 1803, a polícia prendeu vários monarquistas, um grupo avançado que participava de uma trama para assassinar Bonaparte. Emboscadas realizadas ao longo da costa da Normandia para interceptar a segunda onda não deram resultado, uma vez que os navios britânicos que levavam os conspiradores foram alertados por sinais emitidos pelo pessoal em terra firme. Os que já estavam presos foram condenados à morte por uma corte marcial, e diante do pelotão de fuzilamento um deles confessou que Cadoudal estava em Paris. Outro revelou que Pichegru estava a caminho; o plano era assassinar Bonaparte e ao mesmo tempo encenar um levante em

Paris, depois do que um príncipe Bourbon surgiria e, com o apoio de Moreau, restabeleceria a monarquia. Pichegru chegou à França em 16 de janeiro de 1804, acompanhado de um assistente de Artois, o marquês de Rivière, e do príncipe Jules de Polignac. Ele chegou a Paris, onde em 28 de janeiro teve o primeiro de vários encontros com Moreau.[10]

Réal, que estava encarregado da polícia parisiense, vasculhava a cidade enquanto Lavalette, agora chefe do serviço postal, mantinha seu *cabinet noir*, a unidade de interceptação, ocupado com a leitura de cartas suspeitas. A correspondência de Bonaparte no último mês de 1803 e nos primeiros dois meses de 1804 revela um mundo sombrio de espionagem e contraespionagem à medida que suas fontes de inteligência seguiam os movimentos dos conspiradores e dos agentes duplos. O cônsul britânico em Munique, Francis Drake, sua contraparte em Hamburgo, George Rumbold, e o monarquista na folha de pagamento da Rússia e da Grã-Bretanha, D'Antraigues, então em Dresden, controlavam agentes em Paris, alguns deles parte da *entourage* de Josefina. Alguns eram agentes duplos, distribuindo informações equivocadas que Bonaparte lhes fornecia. Bonaparte monitorava a situação, determinando a prisão deste, o rastreamento daquele e o interrogatório de um terceiro, enquanto ele e Réal gradualmente compreendiam o que estava acontecendo.[11]

Em 8 de fevereiro, Picot, criado de Cadoudal, foi pego, e no interrogatório confirmou a presença de seu patrão em Paris. Réal estava certo de que Pichegru também estava na capital e em contato com Moreau. Em uma reunião de seu conselho privado na noite de 14 fevereiro, Bonaparte decidiu agir. Na manhã seguinte, sentado ao lado da lareira no quarto de Josefina com o bebê de Hortense, Napoleón-Charles, sobre seus joelhos, ele subitamente disse: "Sabe o que eu acabei de fazer? Ordenei que Moreau seja preso". Josefina começou a chorar. Bonaparte se levantou, foi até a esposa, tocou-lhe o queixo com a mão e perguntou se ela estava com medo. Josefina respondeu que só tinha medo do que as pessoas diriam. Ela tinha razão de estar com medo. A notícia da prisão de Moreau causou ultraje em muitos lugares, particularmente no exército. Alguns se precipitaram, chegando à conclusão de que a história sobre uma conspiração não passava de uma trama para incriminar Moreau. Poucos se lembraram de que Moreau havia encoberto a traição de Pichegru depois de ele revelar as posições e as fortalezas do exército sob seu comando para os austríacos em 1795.[12]

Em uma carta a Bonaparte, Moreau admitiu seu envolvimento na trama e explicou que não havia se comprometido com os conspiradores, pois achava que o êxito era improvável. Ele vinha fazendo um jogo de paciência, mantendo suas opções em aberto, pronto para assumir o papel de ditador caso os monarquistas tivessem êxito no assassinato de Bonaparte e igualmente pronto para fazer o papel de "Monck" da causa dos Bourbon. Mas a não ser que Moreau pudesse estar definitivamente implicado em uma conspiração, o primeiro-cônsul seria visto como um tirano vingativo pretendendo eliminar um rival em potencial. A polícia varreu a cidade atrás de indícios que o absolvessem.[13]

Isso ocorreu com a prisão, duas semanas mais tarde, de Pichegru, que a polícia finalmente conseguira localizar, e em 4 de março com a prisão de Polignac e Rivière. Na noite de 9 de março, Cadoudal também foi preso, com a ajuda de uma multidão de populares depois de uma fuga dramática pelas ruas de Paris. Isso elevou para quarenta o número de detidos, e as pessoas aceitaram que realmente havia uma conspiração. A persistência desses monarquistas em sua determinação para derrubar o governo levou a opinião pública a novamente dar seu apoio ao primeiro-cônsul. Relatórios policiais destacaram a "alegria universal" expressa pelos habitantes de Paris. Mas isso não encerrava o assunto.[14]

Em 1º de março, Bonaparte havia recebido um relatório de um agente duplo que identificava o "príncipe real" por trás da conspiração como Louis de Bourbon, duque de Enghien, o neto de 32 anos do príncipe de Condé, que havia comandado as forças contrarrevolucionárias em Koblenz. Depois que aquele exército foi dissolvido, ele se estabeleceu em Ettenheim, em Baden, do outro lado do Reno. Quando questionado, Cadoudal confirmou que a conspiração dependia da chegada a solo francês de um príncipe real que agiria como figura de proa, embora ele não soubesse especificar qual. Enghien parecia o candidato óbvio. Sua conexão com a conspiração tendia a ser confirmada por um relatório segundo o qual várias pessoas haviam se juntado a ele em Ettenheim, incluindo o general Dumouriez, que havia desertado a Revolução e passado para o lado inimigo em 1793, e um certo "tenente Smith", que se presumia ser o agente britânico Spencer Smith – a pronúncia dos informantes alemães havia transformado um general Thumery e o cavalariço do príncipe, chamado Schmitt, nos mais perigosos Dumouriez e Smith.

Naquela noite, Bonaparte se reuniu com Cambacérès, Talleyrand, Réal e o chefe do departamento da *haute police*, Pierre Desmarest. Ele estava agitado, reclamando que se sentia como um cão caçado; nos últimos meses ele só falava em conspiração. De acordo com seu secretário Méneval, em janeiro de 1804 ele estava tomado por "ansiedade, agitação e uma dolorosa insônia". Desmarest registra que, quando Réal informou a ele que Pichegru estava envolvido e Moreau também, Bonaparte disfarçadamente fez o sinal da cruz. Ele sabia que Pichegru e Cadoudal estavam prontos a arriscar a vida em troca da dele, e se convenceu de que o governo britânico não só os apoiava com recursos como planejava ativamente seu assassinato, assim como acreditava que tinham feito no caso do tsar Paulo I. Vários jacobinos também se mostravam indóceis, e um informante da polícia relatou no início de dezembro que coisas "terríveis" estavam sendo ditas "contra ele lá em cima". Até o *chargé d'affaires* russo vinha relatando à sua corte que "a conspiração está bem avançada". Roustam, que normalmente dormia em uma cama de campanha no quarto ao lado, colocou-a na porta do quarto de Bonaparte – ele soube depois que seu patrão, ao levantar à noite para checar algo em seu estúdio, tropeçou nele.[15]

Na tarde de 10 de março, o dia seguinte à prisão de Cadoudal, Bonaparte fez outra reunião extraordinária, com a presença de Cambacérès, Lebrun, o juiz Claude-Ambroise Regnier, Talleyrand, Réal, Murat e Fouché. Embora pelo menos dois dos presentes mais tarde tenham falsificado sua participação, há poucas dúvidas sobre o que aconteceu. Diante dos indícios apresentados, Bonaparte enxergou uma oportunidade de ouro de pegar todos os atores principais e pôr um fim às conspirações monarquistas, ao fazer com que Enghien e seus cúmplices fossem presos e levados a julgamento. Isso exporia ao mundo a perfídia dos Bourbon e de seus aliados britânicos, e possivelmente também a de Moreau. Cambacérès aconselhou cautela, mas Talleyrand incentivou Bonaparte a agir com firmeza. O desejo pessoal do primeiro de impedir uma restauração dos Bourbon nesse caso foi reforçado por uma necessidade de se reabilitar, já que Bonaparte tinha recentemente aumentado suas suspeitas em função dos contatos dele com os monarquistas – Talleyrand sempre manteve várias opções abertas. Fouché quase com certeza apoiou os argumentos de Bonaparte, basicamente pelas mesmas razões. Mais tarde naquele dia, Bonaparte convocou o ministro da Guerra e dois generais e ordenou que cruzassem o Reno com um pequeno destacamento, capturassem Enghien e o trouxessem a Paris.[16]

No início da manhã de 15 de março, a residência do duque em Ettenheim foi cercada por gendarmes franceses e ele foi preso. Enghien foi levado para Estrasburgo, do outro lado da fronteira, e seus documentos foram enviados para Bonaparte, que encontrou entre eles uma cópia de uma carta para o ministério britânico concordando em servir contra a França, informando que Enghien tinha apoiadores em unidades francesas ao longo do Reno, e descrevendo a nação francesa como sua inimiga "mais cruel". Josefina tentou interceder pelo príncipe, mas ouviu que não interferisse, e mais tarde naquele dia Bonaparte convocou Murat, que era o governador militar de Paris, e o instruiu a reunir uma corte marcial.[17] Esta deveria se reunir na fortaleza de Vincennes, perto de Paris, onde Enghien chegou em um coche escoltado por seis gendarmes a cavalo às cinco e meia da tarde de 20 de março. Naquela manhã, Bonaparte havia assinado uma ordem para que ele fosse julgado por uma corte macial pelas acusações de ter pego em armas contra a França, estar a soldo dos britânicos e envolvido em uma conspiração para derrubar o governo francês.[18]

Depois de ditar essas ordens, Bonaparte seguiu para Malmaison, onde se juntou a Talleyrand. Algum tempo depois, Joseph chegou de Mortefontaine, sendo cumprimentado por uma Josefina preocupada que o instou a convencer Bonaparte a demonstrar compaixão. De acordo com Joseph, Bonaparte pediu seu conselho, e, depois de ouvir os apelos pela vida do príncipe, concordou em permitir que ele se redimisse servindo ao exército francês. Esse relato pode ser ignorado com segurança. Naquela tarde, Bonaparte instruiu Savary a ir adiante com o julgamento. Ele também escreveu a Réal determinando que ele fosse a Vincennes para interrogar o prisioneiro antecipadamente.[19]

Às onze da noite, Enghien foi retirado de sua cela e posto diante da corte marcial. Ele se declarou culpado de todas as três acusações, mas pediu permissão para ver o primeiro-cônsul. A solicitação foi recusada. O veredito foi dado às duas da manhã. Uma cova já havia sido preparada e um pelotão de fuzilamento estava à espera; ele foi levado para fora, fuzilado e enterrado.[20]

Savary, que tinha comandado os gendarmes que compuseram o pelotão de fuzilamento, foi diretamente a Malmaison para relatar os fatos. De acordo com ele, Bonaparte ficou perplexo por tudo ter sido feito com tanta rapidez e por Réal não ter ido a Vincennes para questionar Enghien antes do julgamento. "Tem uma coisa que eu não entendo", disse a Savary. "Tem uma coisa que eu não consigo compreender... Isso é um crime, e um crime sem objetivo." O relato de Savary provavelmente é tingido pelo desejo de mostrar Bonaparte de maneira favorável. Méneval e Cambacérès escreveram que ele pretendia conceder uma moratória a Enghien, e o próprio Bonaparte anos depois diria que jamais desejou que ele fosse fuzilado. Ele pode muito bem ter pretendido oferecer um perdão teatral, o que o deixaria com uma chance de barganhar, mas não há indícios reais, e todos os relatos do evento devem ser tratados com a maior suspeição.[21]

A notícia de que uma pessoa de fama havia sido executada correu a cidade pela manhã, espalhada por gendarmes e por camponeses de Vincennes que levavam produtos agrícolas ao mercado. Quando se soube quem era, monarquistas e aristocratas ficaram horrorizados, e muitos jamais perdoariam Bonaparte. Mas a maior parte aceitou que a execução tinha sido necessária – apenas uma década antes a execução de um monarca inocente e de sua esposa também havia sido vista como necessária. A maior parte das pessoas desejava estabilidade, não tramas para derrubar o governo, especialmente tendo em vista que o índice de desemprego e o preço do pão estavam baixos. Havia pouca simpatia pelos Bourbon e por seus apoiadores, que, estando a soldo dos inimigos britânicos durante a guerra, eram vistos como traidores. Muitos daqueles que ficaram tristes pela execução na verdade tinham pena de Bonaparte, imaginando que ele havia sido obrigado a realizar um ato de severidade.[22]

Quaisquer que tenham sido suas reais intenções, Bonaparte agiu como se tivesse havido uma ameaça séria, mas nenhum perigo, graças à solidez de seu governo. Fora necessário, nas palavras dele, demonstrar de uma vez por todas aos Bourbon, aos monarquistas e aos britânicos que ele não iria mais tratar suas conspirações como "brincadeiras de crianças". Para o resto do mundo, ele aproveitou a oportunidade para fazer uma espécie de desafio. Talleyrand escreveu a todas as cortes que não estavam em guerra com a França exigindo a expulsão de emigrados ativos de seus territórios. Um dos primeiros a atender o pedido foi o eleitor de Baden, que deveria ter sido o primeiro a protestar, uma vez que seu território fora violado. Mas estando tão perto da França, e tendo se saído tão bem com o apoio francês, não pretendia fazer nada do gênero. Em 26 de março, por ordem de Bonaparte, Talleyrand organizou uma recepção no Ministério das Relações Exteriores, à qual todo diplomata em Paris compareceu.[23]

Em Varsóvia no mesmo dia, Luís XVIII, que havia sido informado da prisão, mas não da execução de Enghien, enviou um apelo a todas as cortes europeias incitando-as a interceder pelo príncipe. As cartas foram devolvidas, a maior parte sem ter sido abertas. O governo britânico ofereceu uma recompensa a quem quer que libertasse Enghien, e o tsar Alexandre levou o assunto a sério; ao saber da morte do príncipe, anunciou luto na corte como se se tratasse de um monarca. Como estava em tratativas com os britânicos para formar uma aliança com o objetivo de lutar contra a França, ele pensou em usar o "assassinato" de Enghien como *casus belli*. Mas nem as negociações com a Grã-Bretanha nem os preparativos militares estavam avançados. Em vez disso, ele fez publicar um protesto contra a violação do território de Baden e determinou que seu *chargé* em Paris exigisse "uma explicação satisfatória". Bonaparte respondeu com uma provocação, referindo-se nos mais diplomáticos termos ao fato de que Alexandre tinha tomado parte no assassinato de seu pai e chegado ao trono passando por cima de seu corpo.[24]

Quase todos os envolvidos escreveram sobre os eventos com tintas coloridas tentando justificar seu papel no que mais tarde veio a ser visto como um ato hediondo. Tanto Talleyrand quanto Fouché afirmaram que tinham se oposto à execução, e ambos afirmaram ter dito: "É mais que um crime, é um erro". Mas na época nenhum deles via a execução desse modo. Estavam tão ansiosos quanto Bonaparte para pôr um fim às conspirações monarquistas que tentavam restaurar uma dinastia que não seria muito gentil com eles. Ambos tinham recentemente perdido a confiança dele e precisavam se reabilitar. Bonaparte havia demonstrado uma decisão e uma falta de compaixão que Maquiavel teria aplaudido, e eles teriam pensado o mesmo.[25]

No entanto, a terrível aliança desses três homens selada por esse incidente teve um lado sórdido. De acordo com o chefe de polícia Étienne Pasquier, o conluio de Talleyrand com Bonaparte na eliminação de Enghien revelara ao outro o grau de crueldade de que cada um era capaz, e os dois terminaram assustados. "Daí em diante, eles esperavam apenas perfídia e traição um do outro", ele escreveu, e, embora Bonaparte a partir de então tenha tratado Talleyrand com crescente repugnância e desdém, ao mesmo tempo temendo-o, Talleyrand se tornou cada vez mais servil, de uma maneira ressentida, ao mesmo tempo que secretamente trabalhava para prejudicar seu patrão. Fouché, por outro lado, usou o evento para convencer Bonaparte da necessidade de um Ministério da Polícia, e foi restabelecido no posto de ministro.

Em vez de gratidão, a partir daí ele demonstrou maior arrogância e independência. Tendo visto seu patrão encharcar as mãos em sangue real, o regicida se sentiu mais confiante. Estendeu seus domínios não apenas à França como também a outros países, criando uma rede de coleta de informações e de agentes semidiplomáticos em toda a Europa por meio da qual mantinha relações com a maior parte dos inimigos da França e de Bonaparte.[26]

À parte os cálculos maquiavélicos, Bonaparte foi emocionalmente afetado pelo episódio. Percebeu que as pessoas olhavam para ele de modo diferente e revelava sua consciência intranquila tentando algumas vezes defender moralmente a execução e em outras fazendo comentários gratuitamente brutais sobre necessidades políticas. Ele não tentou pôr a culpa em terceiros nem admitiu que tinha errado, e sim tentou descaradamente agir como se nada tivesse acontecido. Ignorou assim os conselhos das pessoas mais próximas para que se mantivesse distante da visão do público por um tempo. Uma das damas de companhia de Josefina se lembraria dele entrando em seu camarote na ópera pela primeira vez depois do evento, com ares de um homem que estava liderando um ataque contra uma bateria de canhões. A plateia o aplaudiu como de costume.[27]

Embora dissesse não sentir medo, Bonaparte admitia que as muitas conspirações contra ele o faziam tremer diante do pensamento do que podia acontecer à França caso ele fosse assassinado. Esse medo era sentido pela maioria da população. As pessoas frequentemente se referiam a ele como "o homem chamado pela Providência e protegido pelos céus", e depois da descoberta da trama Pichegru-Cadoudal falava-se na "estrela feliz que salvou o salvador da pátria dos assassinos" e do "espírito protetor que impediu o golpe fatal". Embora alguns o chamassem de "herói, ídolo da França, mestre dos elementos, acima de todos os perigos e de todos os obstáculos", havia um temor subjacente de que a pátria pudesse perdê-lo.[28]

Em grande parte, isso também era verdadeiro para todos os que desempenharam papel relevante na Revolução, que temiam as consequências no caso de um retorno dos Bourbon. Não apenas todas as conquistas da década e meia passada seriam perdidas, mas também eles, na melhor das hipóteses, teriam de buscar refúgio na obscuridade. Nobres que haviam migrado e posteriormente retornaram à França, abandonando assim a causa dos Bourbon e aceitando a legitimidade do primeiro-cônsul, também poderiam esperar pouca compreensão de um Luís XVIII levado ao poder, e portanto também preferiam a consolidação do regime existente. "Eles querem assassinar o cônsul", um preocupado Regnaud de Saint-Jean d'Angély escreveu para Thibaudeau. "Devemos defendê-lo e torná-lo imortal." A forma que isso tomaria parecia evidente para a maioria. "A questão não era se Bonaparte tinha as qualidades mais desejáveis em um monarca", explicou Talleyrand. "Ele certamente possuía as qualidades indispensáveis..."[29]

"A viabilidade de estabelecer na França uma república como aquelas da Antiguidade fora desprezada havia muito tempo, mas as pessoas não tinham desistido da esperança de um governo compatível com a dignidade do homem, com seus interesses, sua natureza e suas aspirações", nas palavras de Thibaudeau. "As pessoas não acreditavam que tal governo seria incompatível com um *único* chefe, e aquele governante que a França arranjara para si parecia, pelo contrário, ter sido convocado pela Providência para resolver esse problema havia tanto sido discutido por escritores e filósofos." Em uma palavra, Bonaparte parecia oferecer a solução ideal para o difícil enigma que exigia a superação da lacuna ideológica entre a monarquia e a soberania popular. À medida que essa convicção crescia, crescia também o desejo de tornar essa autoridade permanente e, portanto, hereditária. "Cônsul por um mandato, e qualquer golpe poderia retirá-lo como aos outros. Cônsul vitalício, só seria necessário um assassino...", explicava Maret. "Ele via o governo hereditário como um escudo. Já não bastaria matá-lo; seria necessário um golpe de Estado." Quando as pessoas falavam em hereditariedade, estavam falando na verdade de monarquia. Durante as negociações para o tratado de Amiens, Cornwallis tinha inclusive sugerido que, como Jorge III concordou em abandonar o título de rei da França, o primeiro-cônsul deveria assumi-lo.[30]

Fouché incitou seus colegas de Senado a criar "instituições que pudessem destruir as esperanças dos conspiradores ao garantir a sobrevivência do governo para além da vida de seu chefe". Em 28 de março, o Senado apropriadamente enviou um comunicado a Bonaparte realçando que todo ataque à pessoa dele era um ataque à França, uma vez que ele havia retirado o país do caos e trazido imensos benefícios para todos, sendo portanto dever dele garantir o futuro. "Criastes uma nova era; deveis perpetuá-la. A glória nada significa caso não seja duradoura", dizia o texto. A única oposição partiu de Syeyès, Volney e Grégoire. Quando a delegação de senadores foi entregar a proposta, Bonaparte fingiu surpresa, mas graciosamente concordou em pensar no caso.[31]

Na verdade, seus irmãos Joseph e Lucien, Fouché e Talleyrand e muitos outros estavam numa campanha pesada, incentivando autoridades locais e unidades militares de todo o país a enviar apelos implorando que ele aceitasse a suprema autoridade. Bonaparte passou a maior parte desses meses em Saint-Cloud, onde realizou sessões de seu conselho privado e do Conselho de Estado, e recebeu delegações das Assembleias como um monarca visitado por seus súditos.[32]

Em 13 de abril, seu conselho privado tratou da questão de sua transformação em imperador. Nenhum outro título parecia apropriado. Luís XVI fora executado e declarado como sendo "o último dos reis", portanto o título estava fora de questão. O reino da França fora abolido e sucedido pela República francesa, que se transformara em império. As pessoas da época se referiam aos Impérios Britânico e Otomano, embora um fosse reino e o outro, sultanato. Tendo em vista o poder da França, seu governante poderia apenas ser comparado a César ou a Carlos Magno. Os títulos dos dois únicos imperadores na Europa derivavam ambos supostamente de Roma, a palavra "tsar" sendo uma versão russa de "César", ao passo que o título de sacro imperador romano falava por si. Caso o chefe da República francesa fosse adotar um título, ele só poderia derivar de Roma. Ele era cônsul e se tornaria *imperator*.

Bonaparte expressou reservas. "Tantas grandes conquistas foram realizadas ao longo dos últimos três anos sob o título de cônsul", ele disse a Roederer em janeiro de 1803. "Ele deveria ser mantido." Cambacérès concordou. "Como primeiro-cônsul, sua grandeza não tem limites, e o exemplo de seu sucesso é uma lição para eles; os reis da Europa irão, caso sejam sábios, procurar respeitá-lo e evitar qualquer motivo para guerras, de modo a impedir que exércitos franceses espalhem pelos domínios deles os princípios da Revolução", alertou. "Como imperador, sua posição muda e o põe em contradição." Embora tivesse aderido à ideia do título imperial, Bonaparte se agarrava à sua herança revolucionária. Seria, estava claro, uma monarquia parlamentar liberal. "Os cidadãos não se tornarão *meus súditos*, e a nação francesa não se tornará *meu povo*", afirmou.[33]

Em 30 de abril, o Tribunato votou a favor de declarar a França um império, com Carnot entre os pouquíssimos dissidentes. Em 3 de maio, um comunicado a respeito chegou ao Senado, que vinha trabalhando um modo de tratar disso havia um mês. No dia seguinte, o Senado enviou uma delegação a Bonaparte, que declarou que as circunstâncias tornaram imperativo que ele aceitasse a dignidade de imperador hereditário. A declaração estabelecia uma série de condições, insistindo que a liberdade e a igualdade jamais deveriam ser colocadas em risco e que a soberania do povo deveria ser salvaguardada, concluindo com a esperança de que a nação jamais deveria ser colocada em situação de ter de "retomar seu poder e vingar sua ultrajada majestade". O comunicado foi acompanhado por um longo memorando que listava todas as condições detalhadamente, como a inviolabilidade das leis, a liberdade das instituições, dos indivíduos, da imprensa e outras inaceitáveis para Bonaparte. Ele é que estava ultrajado, e proibiu a publicação do documento.[34]

Em Saint-Cloud, nos dias que se seguiram, ele supervisionou o trabalho de uma comissão que elaborava aquilo que de fato era uma nova Constituição. O documento resultante abria com as palavras: "O governo da República é confiado a um imperador, que assume o título de imperador dos franceses". O Estado continuava a ser chamado de República (e permaneceria assim até 1809), e a soberania do povo recebia seu devido tributo. Mas a sucessão deveria recair sobre um descendente do sexo masculino da família Bonaparte, e o senhor da França agora era Napoleão I. O texto foi apresentado ao Senado para aprovação e transformado em lei na manhã de 18 de maio. Depois da votação, os senadores subiram em suas carruagens e foram em grupo de Luxemburgo para Saint-Cloud.

Bonaparte, em uniforme militar, esperava-os na galeria de Apolo, onde ele tinha falado aos Anciãos no 19 Brumário. Ele estava cercado pelos membros do sexo masculino de sua família, pelos demais cônsules, pelos ministros e outros dignitários. Quando Cambacérès conduziu em sua entrada os senadores, ele se referiu a Bonaparte como "soberano" e "majestade", palavras que não eram usadas na França havia mais de uma década. Muitos dos presentes se sentiram desconfortáveis ao ouvi-las, mas não demonstraram. "Ele parecia o menos constrangido de todos os presentes", registrou um deles.[35]

Lebrun fez um discurso, ao final do qual proclamou Napoleão I imperador dos franceses. Napoleão graciosamente aceitou a honraria. "Tudo que possa contribuir para o bem da pátria está intimamente relacionado à minha própria felicidade", ele disse. "Aceito esse título que vocês creem ser de interesse da nação." Enquanto seguiam para o almoço, Duroc foi falando com os dignitários, de um em um, informando como eles deviam se tratar dali por diante. Eles já não eram cidadãos.[36]

27
Napoleão I

"Essa nova honraria concedida ao mais insolente de todos os usurpadores que já apareceram no cenário mundial aumentou e consumou nossa vergonha e nossa infelicidade", escreveu o oficial austríaco e agente britânico Friedrich von Gentz para o ministro britânico em Berlim, Francis James Jackson, em 22 de agosto de 1804. "A tranquilidade e na verdade a alegria com que esse procedimento vergonhoso foi recebido e aplaudido em todas as cortes é uma medida da extensão da decadência do mundo." Frederico Guilherme da Prússia escreveu uma carta de congratulações absolutamente cordial a Napoleão. Os demais Estados europeus ficaram mais ou menos relutantes, porém todos, à exceção de Grã-Bretanha, Rússia e Suécia, reconheceram a elevação de Bonaparte. Francisco II, cujo título de sacro imperador romano tinha se tornado sem sentido com a dissolução daquela unidade política, proclamou a si mesmo imperador da Áustria como Francisco I, citando como precedentes a monarquia russa e a elevação do "novo soberano da França". Ele antes buscou a aprovação de Napoleão.[1]

As reações na França foram variadas. O assunto recebeu o desprezo da gente das ruas de Paris, que não tinha familiaridade com a reverência. Durante a performance de uma peça sobre Pedro, o Grande, no Théâtre-Français em 19 de maio, as palavras "imperador" e "império" foram sussurradas pela plateia. Porém não houve perturbações, e, de acordo com um relatório policial de 25 de maio, os trabalhadores de Paris "estavam considerando muito importante seu direito de votar no [plebiscito para a sanção do] império hereditário" e comparecendo em massa à prefeitura com esse intuito.[2]

Muitos no exército achavam que suas glórias passadas dos dias épicos marchando descalços e derrotando os austríacos com estômago vazio seriam soterradas pela nova pompa. O general Rapp não gostou do cerimonial, se ressentia do número crescente de nobres na *entourage* de Napoleão e se arrependeu de sua antiga familiaridade com o grande homem, assim como Lannes.³

"Quanto a mim", escreveu outro veterano da Itália e do Egito, "embora sinta falta do aparato austero porém nobre do consulado, que me servia melhor que a pompa do império, juntamente com meus antigos camaradas dos Pireneus, de Arcole, Rivoli e das pirâmides, sinceramente considerei como positivo esse grande evento político." Em um discurso oficial, o general Davout garantiu a Napoleão que as tropas sob seu comando viam nessa elevação "não tanto uma honraria a vós, mas uma garantia de futura felicidade para nós". Em carta privada a seu amigo Murat, o general Belliard, à época estacionado em Bruxelas, observou que seus homens estavam "no geral felizes com a nova forma de governo e com a ideia da hereditariedade".⁴

Foi uma infelicidade que o julgamento de Moreau, Cadoudal e dos demais conspiradores tenha se iniciado apenas dez dias depois da proclamação do império. Pichegru não estava entre os réus, pois fora encontrado estrangulado com um cachecol em sua cela. O laudo oficial foi suicídio, porém muitos não acreditaram nele. Moreau ainda despertava simpatia, e as pessoas não estavam convencidas de sua culpa; ele se defendeu sozinho com habilidade e foi absolvido. Napoleão pressionou os juízes e um segundo julgamento o considerou culpado. A sentença foi dada em 10 de junho. Cadoudal e dezenove outros conspiradores foram condenados à morte, Moreau e outros, a dois anos de prisão.⁵

Naquela manhã Josefina tinha levado os pais do marquês de Rivière e o príncipe Jules de Polignac às Tulherias, onde eles suplicaram ao imperador. A mãe de Polignac desmaiou e caiu aos seus pés. Napoleão perdoou os dois jovens, além de dois outros nobres por quem as irmãs intercederam. Ao fazer isso, enviou uma mensagem aos nobres monarquistas avisando que eles, diferentemente dos Bourbon, tinham futuro no novo império. Não foi o caso de Moreau, que ele esperava ver condenado à morte para poder perdoá-lo. Do jeito como as coisas se deram, Moreau tinha direito a recorrer do veredito, o que levaria a outro julgamento, por isso Bonaparte rapidamente comutou a sentença, transformando-a em banimento da França, e o enviou para a América. O episódio despertou fortes emoções. "A animosidade e as explosões de raiva contra o governo foram violentas e espraiadas como quaisquer outras que eu tenha visto nos dias anteriores à Revolução", observou Roederer. Mas elas não afetaram a aquiescência geral à mudança no regime.⁶

Miot de Melito ficou surpreso ao ver até que ponto as pessoas consideravam a ideia da hereditariedade tranquilizadora.

> Não se tratava de nenhum acréscimo de afeto pelo primeiro-cônsul que tenha inclinado a opinião pública a favorecer esse novo aumento de sua magnificência e de sua família – ele jamais tinha sido tão impopular –, mas o fato é que a necessidade de paz e de estabilidade era tão grande, o futuro tão alarmante, o medo do terrorismo tão grande, o retorno dos Bourbon, que tanto tinham a vingar, tão apavorante, que as pessoas avidamente se agarraram a qualquer coisa que pudesse evitar esses perigos contra os quais elas não conseguiam ver nenhum outro meio de defesa.

Muitos presumiram que Napoleão, tendo primeiro lidado com o impedimento de Josefina, repudiando-a, iria se casar com alguém dentro da rede de membros da realeza europeia, para aumentar sua legitimidade e garantir à França a posição de membro do clube. Alguns falavam na irmã do eleitor da Baviera, o que tornaria Bonaparte cunhado do tsar Alexandre.[7]

O marquês de Bouillé, um emigrado que retornou durante a paz de Amiens, ficou tão impressionado com a força e o orgulho que a França havia conquistado que se sentiu justificado por ter deixado de lado sua lealdade aos Bourbon para aderir ao homem que conquistara tudo isso. Sendo um monarquista de coração, ele acreditava que Napoleão tinha direito ao trono. O cardeal Maury, que caminhava para a velhice, um devoto dos Bourbon, parabenizou Napoleão por sua ascensão. "Sou francês", escreveu. "Desejo permanecer assim para sempre. Defendi de modo constante e claro que o governo da França deve permanecer essencialmente monárquico em todos os seus aspectos."[8]

A maior parte da hierarquia via com bons olhos qualquer coisa que pudesse consolidar o governo do homem que havia devolvido a França à Igreja. O catecismo imperial o tratava como representante de Deus na Terra, e o clero celebraria suas vitórias, leria do púlpito seus boletins e condenaria a deserção do Exército como pecado. Os bispos se referiam a ele como "um herói predestinado pela Providência", um "instrumento da misericórdia divina", "um novo Moisés", e em um caso descreveram seu retorno do Egito como tendo sido determinado por Deus.[9]

"Foi um momento único em nossa história!", escreveu o oficial hussardo Philippe-Paul de Ségur, de 24 anos, um aristocrata que desafiara a família para se alistar e que apenas com relutância aceitou a oferta de Bonaparte para ocupar o prestigiado posto de ajudante de campo. Ele chorou quando soube da morte de Enghien e condenou Napoleão. No entanto, foi carregado pelo entusiasmo que lhe causava a ideia de elevar de novo a França à grandeza. "Vivíamos em um estado de exaltação como se estivéssemos num mundo de milagres. Naquele dia, 18 de maio, em particular, que entusiasmo, que esplendor, que poder!"[10]

"Hoje finalmente podemos dizer que a felicidade da França se tornou eterna!", dizia uma carta endereçada a Napoleão por um grupo de militares de todas as patentes em 19 de junho de 1804. "Hoje a retumbante glória que envolve esta grande nação foi tornada imperecível. [...] Vossa glória é imensa: o universo talvez não seja grande o bastante para contê-la e a posteridade teria dificuldades em acreditar nos feitos reais de vossa ilustre carreira caso a fiel história não os tivesse registrado." Observadores contemporâneos e historiadores concordam que esses discursos exagerados não eram mera adulação ou dóceis mantras de um povo manipulado pela propaganda napoleônica, eram a expressão genuína da exaltação coletiva. Muitos acreditavam que ele era favorecido pelos deuses a ponto de o sol sempre sair quando ele fazia um desfile ou alguma outra atividade ao ar livre.[11]

Em 1807, o filósofo Claude-Henri de Saint-Simon escreveu que, embora tenha havido gênios da ação tais como Alexandre, o Grande, Aníbal, César, Carlos Magno e Maomé, por um lado, e gênios da mente como Sócrates, Platão, Aristóteles, Bacon e Descartes, por outro, Napoleão era uma miraculosa junção de ambos. Essa extraordinária combinação de criatividade com ação e poder significava que ele fazia as coisas acontecerem, coisas com que outros podiam apenas sonhar. Ele era o maior dos criadores, uma espécie de "deus humano". Sete anos de propaganda haviam criado uma noção de sua natureza sobre-humana e de que ele era o favorito da fortuna, da Providência, do destino ou dos deuses. Pinturas como a de Gros, que o mostravam visitando as vítimas da praga em Jaffa, em que ele era visto tocando nelas enquanto seus auxiliares cobriam os rostos com lenços, transmitiam uma mensagem subliminar de sua inviolabilidade. E, como ele mesmo ressaltava, até mesmo o nome "Napoleão", inusitado como era, aumentava a mística.[12]

Ironicamente, essa mística seria prejudicada pelas tentativas realizadas por ele de institucionalizar aquilo que já existia nos domínios da imaginação. Como Cambacérès havia previsto, Napoleão estava em contradição. Mas o sonho do nobre arrivista Carlo Maria havia sido cativado por outra mística – uma visão romântica de um passado cavalheiresco. A Constituição foi emendada com o acréscimo de 142 cláusulas, e as palavras "nação" e "povo" desapareceram; Napoleão era imperador "pela graça de Deus e das Constituições da República". Ele devia ser sucedido por seus herdeiros do sexo masculino, naturais ou adotados, e, caso isso não fosse possível, por Joseph ou Louis. Tratou-se de garantir a posse de propriedade adquirida durante o período revolucionário. O Senado, que se tornou o corpo legislativo dominante, foi inchado com o acréscimo do cardeal arcebispo de Paris e de nobres do Antigo Regime. Seus membros recebiam terras com uma renda significativa, de modo a criar uma nova aristocracia senatorial com base nas regiões, mas ligada a Paris, transformando-a numa espécie de versão *étatiste* da Câmara dos Lordes britânica.

A nova Constituição cercava o trono com órgãos copiados da monarquia francesa e do Sacro Império Romano. Em 18 de maio, o irmão de Napoleão, Joseph, se tornou grande eleitor, Louis adotou o antigo título de *connétable*, Cambacérès foi nomeado arquichanceler, Lebrun arquitesoureiro, Murat grão-almirante. No dia seguinte, catorze generais receberam o título de marechais do império, dentre os quais havia dissidentes que Napoleão pretendia adular, como Masséna, Augereau e Bernadotte. Talleyrand se tornou grão-camareiro; Fesch, grão-esmoler; Duroc, grão-marechal do palácio; Berthier, grão-caçador e assim por diante. Houve confusão, uma vez que as pessoas se batiam para lembrar como deveriam se dirigir aos portadores desses novos cargos, sem saber se era necessário usar *monseigneur, votre grandeur* ou *altesse sérénissime*, e o número de novos postos não parava de crescer. Uma *maison* imperial foi criada, tendo como modelo a antiga *maison du roi*, a estrutura oficial da corte real. Napoleão tinha uma *maison civile*, composta por 94 oficiais, e uma *maison militaire* mais reduzida, para compor sua corte quando em campanha. Josefina tinha sua própria *maison* de 27 oficiais, além de 29 *dames du palais* (Maria Antonieta tinha doze) e seus próprios estábulos, num total de 93 pessoas, o que incluía seus lacaios. Uniformes e librés distintivos foram desenhados, e uma etiqueta rigorosa foi estabelecida, já que Napoleão acreditava que devia criar uma distância maior entre ele e os demais mortais para colocar sua autoridade num plano superior. As regras foram publicadas em 13 de julho, mas as pessoas continuavam confusas. O grão-camareiro Talleyrand, que, ao ser eximido das ordens sagradas pelo papa, foi forçado por Napoleão a se casar com sua amante, uma senhora de passado obscuro, recebeu instruções firmes de que não poderia levar sua "puta" às Tulherias. O notoriamente sensato e diplomático marechal do palácio Duroc era frequentemente chamado para lidar com tais assuntos delicados.[13]

A Legião de Honra, que crescera até se transformar numa instituição com 6 mil membros, foi transformada numa ordem de cavalaria que deveria ser o pilar do trono. Em 11 de julho, ela ganhou uma insígnia na forma de uma cruz de cinco ramos e foi dividida em cinco patentes: *chevalier, officier, commandeur, grand officier* e *grand'croix*. Além de dar prestígio, a inclusão na Legião dava remuneração e regalias, como a educação gratuita de filhas em numa nova escola em Saint-Denis. No domingo, 15 de julho, depois de uma missa solene em Notre-Dame, Napoleão foi aos Invalides, onde, sob o domo onde seus restos mortais hoje jazem, entregou as cruzes aos primeiros honrados com a nomeação e ouviu deles seu juramento. "O que senti naquele momento me fez compreender como 100 mil homens foram para a morte para merecer aquilo", registrou o general Thiard, um migrante que havia retornado, ao receber sua cruz.[14]

Símbolos e festivais associados à Revolução, como a comemoração da execução de Luís XVI em 21 de janeiro, foram eliminados; a comemoração da Queda da Bastilha em 14 de julho foi substituída por um feriado nacional no aniversário de Napoleão, 15 de agosto, sob o nome de *la Saint Napoléon* – embora jamais tivesse havido um santo com esse nome. A *Marseillaise* foi substituída pela amena *Veillons au salut de l'Empire*. Muitas cabeças sábias se debruçaram sobre o problema de qual insígnia deveria distinguir o novo Estado e a nova dinastia; o brasão de armas sem brilho concedido a Carlo Maria não servia. Lebrun sugeriu retornar à flor-de-lis dos Bourbon, mas foi derrotado. Entre as propostas apresentadas estavam um leão em repouso, o galo dos gauleses, uma coruja, um elefante, uma águia e uma espiga de trigo. O galo foi o preferido, mas Napoleão não aceitou. "O galo é um animal de fazenda, é fraco demais", reclamou. A águia estava muito associada com as casas reais, como as da Rússia, da Prússia e da Áustria, mas Napoleão gostava. Ele hesitou entre ela e o leão, porém a associação com a Roma antiga prevaleceu, e a águia se tornou o emblema do Império francês. Foi Cambacérès quem sugeriu a abelha, símbolo de industriosidade e comunidade, como símbolo da dinastia.¹⁵

Napoleão havia insistido que a mudança de regime fosse sancionada por meio de um plebiscito para obter o aval da nação. A questão dizia respeito apenas ao caráter hereditário da monarquia, não à elevação de Napoleão. O comparecimento foi menor do que da vez anterior, em torno de 35%. O resultado foi: 3.572.329 a favor e 2.569 contra. Houve fraude, com provavelmente até meio milhão de votos pelo "sim" sendo acrescentados, além dos votos legítimos motivados pela indiferença ou pelo medo. Mas no que dizia respeito a Napoleão, o resultado provou que ele devia seu poder ao povo. Tendo obtido o aval popular, ele queria consagrar a nova situação com um ato de Deus, por meio de uma coroação religiosa.¹⁶

Napoleão acreditava que isso coroaria sua política de fusão, ao unir Igreja e Estado, e colocando as fundações de seu trono na tradição, aumentando a legitimidade de seu governo. Ele pretendia superar os Bourbon. O fundador da primeira dinastia francesa, Pepino, o Breve, eleito rei pelos francos em 751, foi coroado pelo papa, assim como seu filho Carlos Magno e o neto Luís, o Pio. Napoleão sondara Pio VII antes de sua elevação, e o papa estava disposto a superar sua antipatia na esperança de obter em troca algumas concessões em relação aos termos dos artigos orgânicos que Napoleão impôs de última hora na concordata.

Napoleão cogitou fazer a coroação fora de Paris, cuja população ele via com um misto de medo e desprezo, e de cujas classes educadas ele não gostava em função de sua irreverência e mente aberta. Cogitou Aix-la-Chapelle, associada a Carlos Magno, e Lyon, que ele via como modelo de cidade industrial moderna. Se tivesse de ser em Paris, ele preferia os Invalides a Notre-Dame. Essa discussão continuou até o último momento.

Suas instalações tiveram de ser adaptadas. A área entre as Tulherias e o antigo Louvre estava sendo progressivamente esvaziada e transformada num monumental espaço aberto. No palácio tiveram início as obras para acomodar a corte, incluindo uma ampla capela em que se esperava que todos os seus membros comparecessem à missa aos domingos. Saint-Cloud também foi adaptado, igualmente recebendo uma capela grande o suficiente para não apenas a corte como também um coro e uma orquestra, que seriam regidos por Paisiello. O velho palácio real de Fontainebleau, transformado em prisão militar, foi então restaurado para receber o imperador e a corte.¹⁷

Se Paris seria a sede do novo Império francês, a "nova Roma", ela devia refletir sua glória e ser transformada na mais bela cidade do mundo, como Napoleão sonhou a bordo do *Orient* a caminho do Egito. Ele tinha metodicamente comprado e demolido casebres medievais em mau estado para criar ruas e avenidas amplas, com pavimentação adequada, sarjeta e iluminação. Desde que chegou ao poder, ele tinha mandado reparar 56 fontes e construir quinze novas; os hospitais foram remobiliados, hospícios para os doentes terminais e abrigos para os indigentes, construídos. Novos cemitérios foram estabelecidos fora da cidade. Duas novas pontes tiveram início e as margens do Sena estavam sendo esvaziadas. Um poderoso impulso foi dado às artes, especialmente à pintura e à escultura, com o *salon* bienal mostrando obras de David, Gros, Girodet, Fabre, Ingres, Isabey, Prudhon e outros. Os vários museus, especialmente o Louvre, eram um espanto que o mundo jamais vira. Paris também se transformara na capital da música, com um conservatório que empregava 115 professores, três casas de ópera e a maioria dos compositores de primeira linha da época. Também havia dezessete teatros, e, apesar da censura, a vida literária continuou. As ciências floresceram sob a direção do Instituto e o incentivo ativo do Estado. Irradiando a partir da capital, serviços como estradas e pontes estavam sendo construídos. Como Paris deveria ser o centro de seu universo, o telégrafo, um sistema inventado na década de 1790 com base em uma cadeia de estruturas de madeira com braços móveis que transmitia mensagens via semáforo, foi estendido para levar as notícias rapidamente a partir da costa oeste, do Sul, da Alemanha e da Itália – e de Boulogne-sur-Mer, onde um equipamento gigante fora construído para enviar sinais para o exército da Inglaterra depois que este tivesse desembarcado.[18]

Em 18 de julho, dois meses depois de se tornar imperador, Napoleão partiu para Boulogne-sur-Mer. Chegando à uma da tarde do dia seguinte, ele imediatamente cavalgou inspecionando as tropas, os portos e os navios, depois insistiu em navegar num deles, e após ser alvejado pela Marinha Real, que mantinha um bloqueio, voltou ao porto. Ele queria ver as barcas de transporte em ação, por isso no dia seguinte deu ordens para que algumas fossem postas ao mar. O almirante Bruix ressaltou que o vento estava mudando, o que tornava a ideia perigosa. Napoleão insistiu e cavalgou se afastando, mas Bruix não obedeceu à ordem. Quando voltou, Napoleão estava tão furioso que ergueu seu chicote de montaria como se fosse bater em Bruix, o que levou o almirante a colocar a mão na espada. Napoleão baixou o braço, mas o demitiu e ordenou que o segundo homem na cadeia hierárquica determinasse o início da operação. O vento realmente mudou, e as barcas foram atiradas contra as rochas. Napoleão dirigiu as operações de resgate durante a noite, e evidentemente achou a experiência empolgante depois de meses de cerimonial em Paris. "Foi uma grande visão: canhões disparando tiros de alerta, faróis iluminando a costa, o mar bramindo furiosamente; a noite toda passada em ansiedade pensando se iríamos conseguir salvar aqueles pobres náufragos ou se eles pereceriam!", escreveu para Josefina. "Às cinco da manhã a luz surgiu, tudo estava salvo e eu fui para a cama com a sensação de ter vivido um sonho romântico e épico." O sonho ossiânico custara sete embarcações e 29 vidas.[19]

Ele estava com espírito de combate. A Cambacérès relatou que o exército e as unidades navais estavam em boa forma. A Champagny ele deu instruções para que o Instituto estudasse o plano do inventor americano Robert Fulton para criar navios a vapor e submarinos. A Brune em Constantinopla escreveu dizendo ter 120 mil homens e 3 mil barcas e galés armadas "só à espera de um vento favorável para levar a águia imperial à Torre de Londres". Quando o marechal Soult disse a ele que era impossível embarcar o exército inteiro em menos de três dias, ele respondeu: "Impossível, senhor! Não conheço essa palavra, não é uma palavra francesa, remova-a de seu vocabulário!".[20]

Napoleão passou as seis semanas seguintes com o exército da Inglaterra. Embora um pavilhão tivesse sido erguido para ele no campo, ele se acomodou em um pequeno *château* em Pont-de-Briques bem perto de Boulogne-sur-Mer. O campo principal, nas colinas sobre a cidade, tinha sido estabelecido um ano antes, e os homens estavam em casa, com "acomodações de pedras muito boas ao longo de fileiras regulares que acomodavam os oficiais, a administração, oficinas etc.", de acordo com o comandante da 26ª Infantaria Ligeira, tendo sido construídos até mesmo cafés e jardins. Nesse e em outros acampamentos espalhados pela costa desde Étaples até Ostende, estavam cerca de 150 mil homens. Havia mais dois grupos, um sob ordens de Marmont na Holanda e o outro em Brest sob ordens de Augereau, que elevavam o número total de homens prontos para enfrentar a Grã-Bretanha para algo em torno de 200 mil.[21]

Eles deveriam atravessar o canal numa variedade de embarcações, a maioria barcas de fundo chato movidas a vela, algumas com remos. Cada embarcação deveria carregar uma quantidade de infantaria, cavalaria e artilharia, de modo que a perda de uma embarcação colocaria tudo a perder. O projeto tinha sido elaborado com muito cuidado: as balas de canhão que serviam de lastro eram cobertas por areia na área em que os cavalos ficavam presos a postes, armas eram estocadas no deque acima das macas, carruagens com armas iam suspensas sobre a água adiante e atrás do conjunto e os canhões iam montados no deque de modo a poder disparar. Como seriam necessárias cinco marés para tirar do porto todas as embarcações – ou seja, três dias com condições ideais de clima e sem interferência da Marinha Real –, era improvável que elas fossem muito úteis. No entanto, durante aquelas seis semanas Napoleão deu todos os sinais de que pretendia levar a invasão adiante. Pensou em uma elaborada manobra naval que se baseava no envio de duas frotas para o Caribe para atrair a Marinha Real, e depois levar todos os navios disponíveis para o canal para escoltar a travessia das barcas. Estava confiante de que depois de chegar à Inglaterra ele venceria quaisquer defesas militares que encontrasse e estaria em Londres em poucos dias. Quanto a isso ele provavelmente estava certo, mas, tendo em vista que a essa altura a Marinha Real teria se reunido no canal, ele dificilmente chegaria a essa situação.

Parece extraordinário que Napoleão tenha investido milhões de francos em um empreendimento que não pretendia levar adiante, no entanto tudo indica que foi isso que ocorreu. Ele participou ativamente dos preparativos, fazendo visitas frequentes a Boulogne-sur-Mer por mais de um ano, mas só em julho e agosto de 1804 se ocupou do assunto mais ostensivamente, espalhando aos quatro ventos que estaria em Londres em questão de dias. A essa altura ele sabia que a Áustria estava em negociações com a Grã-Bretanha e com a Rússia, que reunira um grande exército em sua fronteira ocidental e pressionava a Prússia para se unir a uma nova coalizão contra ele. Nessas circunstâncias ele não tinha como levar a maior parte de suas forças para a Inglaterra, deixando a França e a Itália expostas. Ele disse isso numa carta a seu novo ministro do Interior, Jean-Baptiste Champagny, em 3 de agosto.[22]

Muitos na *entourage* de Napoleão, começando por Cambacérès, acreditavam que o exercício era um blefe destinado a drenar os recursos britânicos, o que de fato aconteceu em boa medida, e a desviar a atenção de seus verdadeiros planos. Variações dessa opinião podem ser encontradas entre os militares e até mesmo entre os diplomatas estrangeiros em Paris. Mas é provável que houvesse momentos em que ele de fato cogitasse a invasão. Sua exasperação com os frequentes atentados contra sua vida e obra, como a recente conspiração, pode ter agido como motivador para atacar aquela que ele acreditava ser a fonte de tudo isso: a Grã-Bretanha.[23]

Outro fator que pode ter estimulado um lance arriscado nos dados era a maré quase sobrenatural de sucesso que ele vinha tendo. De acordo com Marmont, Napoleão sonhava com coisas ainda maiores. "A pessoa deve estar à altura de seu destino", Napoleão disse a uma das damas de companhia de Josefina. "Aquele que foi escolhido pelo destino não pode se esquivar." Ele estava tão preocupado com qual seria sua imagem para a posteridade que passou a ver sua vida como um épico. Era como se a imagem que ele vinha construindo com tanto cuidado ao longo dos anos tivesse começado a moldar seu comportamento. Ao almirante Decrès ele reclamou que havia chegado a um beco sem saída no que dizia respeito à glória, uma vez que o mundo moderno era prosaico demais para atos verdadeiramente transcendentes. "Pense em Alexandre [o Grande]: tendo conquistado a Ásia e anunciado que era o filho de Júpiter [...] todo o Oriente acreditou nele." No entanto, caso ele, Napoleão, anunciasse ser o filho de Deus, qualquer vendedora de peixes em Paris zombaria disso, disse ele ao perplexo almirante.[24]

Napoleão estava de bom humor, cavalgando para cima e para baixo na costa, inspecionando tropas, armas e equipamentos, conversando com oficiais e homens, testando-os e aproveitando sua glória refletida neles. Em 16 de agosto realizou uma cerimônia em que entregou condecorações da Legião de Honra. As tropas reunidas tinham uma aparência magnífica, com bandeiras tremulando com a brisa do mar e bandas tocando áreas marciais. Contra um pano de fundo de troféus de guerra, cercado por seus homens, Napoleão distribuiu a insígnia aos corajosos. "Não, nunca, em nenhuma de suas mais grandiosas cerimônias ele esteve tão majestoso!", afirmou um médico do exército. "Era César com suas legiões." De acordo com Miot de Melito, Napoleão disse a seu irmão Joseph que acreditava estar sendo "chamado a mudar o mundo". "Talvez algumas noções de predestinação tenham afetado meus pensamentos", ele admitiu, "mas não as rejeito; chego a acreditar nelas, e essa confiança me fornece os meios para o sucesso."[25]

"Minha saúde é excelente", César escreveu a Josefina em 20 de agosto. "Desejo vê-la, contar sobre meus sentimentos por você e cobri-la de beijos. A vida de solteiro é cruel, e não há nada como ter uma boa, bela e terna esposa." Ele em breve a encontraria em Aix-la-Chapelle, onde estava fazendo um tratamento com águas. "Como é provável que eu chegue à noite, deixe os amantes em alerta", escreveu brincalhão em 25 de agosto, garantindo estar ocupado demais para ser promíscuo e dando dicas sugestivas.[26]

Em 1º de setembro, ele estava em Bruxelas, de onde partiu numa cansativa turnê de inspeção na margem esquerda do Reno. Em 2 de setembro, em Aix-la-Chapelle, recebeu notícias de Paris de que o *chargé d'affaires* russo, Oubril, solicitara passaportes e partira, um indicativo de estado de guerra, e no entanto Napoleão prosseguiu como se nada tivesse acontecido. Com Josefina ele assistiu a um *Te Deum* na catedral e viu as relíquias de Carlos Magno. Na noite de 9 de setembro ele supostamente teve algo que se pareceu com um ataque epilético. Mas dois dias depois estava a caminho de Colônia, de onde partiu para Koblenz e de lá para Mainz, recebendo ali vários governantes de estados menores alemães que foram demonstrar respeito. Tendo terminado de inspecionar as defesas francesas ao longo do Reno, estava de volta a Saint-Cloud em 12 de outubro.

Embora soubesse que a essa altura a Rússia estava num estágio avançado de preparativos para a guerra e que a Áustria também se armava, e que Nápoles só esperava uma chance para atacar, Napoleão não demonstrou sinais de preocupação. Passou as semanas seguintes alternando entre Paris e Saint-Cloud, caçando lá ou em Versalhes ou no Bois de Boulogne, ao mesmo tempo que mantinha sua intenção de invadir a Inglaterra, insistindo com os soldados para que treinassem embarque e desembarque. Em 27 de setembro, escreveu a Berthier dizendo que "a invasão da Irlanda foi decidida" e que seria liderada por Augereau com 18 mil homens apoiados por Marmont com mais 25 mil, enquanto o restante do exército atravessava o canal até Kent. A operação devia começar em 20 de outubro. No entanto, ele agora desviava o foco para os preparativos de sua coroação – chegando a se dar ao trabalho de fazer com que sua ama de leite, Camilla Carbon Ilari, fosse trazida da Córsega para visitar Paris, e dando instruções detalhadas a Méneval para que cuidasse dela.[27]

A ascensão a imperador levantou questões sobre o papel que sua família desempenharia na estrutura imperial. Embora em geral não tivessem dado grande ajuda e não se sentissem na obrigação de lhe obedecer, todos eles tinham desenvolvido ideias extravagantes sobre seu próprio valor e passado a ter pretensões exorbitantes – Joseph na verdade acreditava que, por ser o irmão mais velho, tinha mais direito ao trono do que Napoleão. Ele estava se revelando um incômodo tão grande que Napoleão lhe deu um regimento para comandar e o mandou para Boulogne-sur-Mer. Porém, era necessário encontrar uma solução mais definitiva, e como Napoleão dificilmente tinha como ser presidente da República da Itália e também imperador dos franceses, ele decidiu transformar a Itália num reino e ofereceu seu trono a Joseph. Sondagens preliminares em Viena sugeriram que tal arranjo poderia ser aceitável. Joseph concordou, mas continuou a estipular condições, na maior parte referentes ao direito que ele considerava ter de suceder a Napoleão no trono francês.[28]

Convencido por Josefina de que era infértil, Napoleão se concentrou no sobrinho-neto Napoleón-Charles, filho de Louis e Hortense, agora com dois anos. Ele tinha um afeto especial por Louis, que em grande medida criara, e adorava Hortense. Mas Louis se transformara num hipocondríaco neurótico – uma de suas "curas" bizarras era banhar-se em tripas. O relacionamento dele com Napoleão era cheio de ansiedades, como explica Hortense: "Criado por ele, talvez de maneira severa demais, Louis mantinha uma espécie de medo que lhe tirava as forças para contradizê-lo abertamente, o que o levou a desenvolver um hábito de desafiar o irmão em silêncio, sem expressar seus desejos". Os rumores que circulavam dando conta de que o filho de Hortense era de Napoleão não facilitavam as coisas; ele tratava o menino como se fosse dele, sentando no chão para brincarem juntos. Louis se ressentia disso e fazia de tudo para frustrar os planos de Napoleão. O mesmo faziam os outros irmãos e irmãs de Napoleão. Uma noite, quando brincava com Napoleão-Charles, sentado em seu joelho, Napoleão disse a ele: "Eu aconselho você, pobre criança, caso deseje viver, que jamais aceite comida oferecida por seus primos". Não era de surpreender que Louis e Hortense protestassem contra a indicação de seu filho como herdeiro. Mas Napoleão tinha decidido que, caso não conseguisse produzir um herdeiro legítimo por conta própria, a sucessão passaria por Joseph (que só tinha filhas) e depois por Louis.[29]

Letizia ganhou uma corte própria, com um duque do Antigo Regime como camareiro e um pajem de Luís XVI como cavalariço. Depois de muita pesquisa histórica, ela recebeu o título de *"Madame, mère de sa Majesté l'Empereur"*, em geral abreviado para *"Madame Mère"*. Ela aceitava o dinheiro dado por Napoleão, mas não cooperava, ficando ao lado de seu filho favorito, Lucien, e contra ele. Napoleão pretendia que Lucien se casasse com a rainha da Etrúria, que acabara de enviuvar, mas Lucien se casara em segredo com outra viúva, com quem teve um filho. Napoleão se recusou a reconhecer o casamento e tentou fazer com que ele se divorciasse, mas Lucien se manteve firme. Ele levou a esposa e sua coleção de arte para Roma, onde Letizia foi encontrá-lo.

Caroline Murat estava furiosa por não ter recebido um título que considerava lhe ser devido e desabafou com Hortense, cujos filhos eram príncipes, ao passo que os dela, não. Ela armou tamanha cena, irrompendo em lágrimas na mesa, que Napoleão cedeu e fez dela princesa. Ao perceber que não conseguiria o mesmo, Pauline entrou como um furacão para ver o irmão e gritou tanto que desmaiou. Napoleão aquiesceu.[30]

O irmão mais novo, Jérôme, era arrogante, fútil e tolo. Napoleão o destinara à Marinha, mas ele era um marinheiro relutante, gostando apenas dos prazeres da vida no porto. Ele acabou aprendendo seu ofício e assumindo o controle de um brigue, em que navegou até as Índias Ocidentais. Permaneceu por lá até o fim da paz de Amiens, e devia retornar passando pelos Estados Unidos. Em Baltimore se apaixonou por Elizabeth Patterson, filha de um mercador local, e se casou. Ele não tinha o direito de fazer isso, já que a lei francesa exigia consentimento dos pais até os 25 anos, e, ao saber disso, Napoleão se recusou a reconhecer a união. Ordenou a Jérôme que retornasse à França sozinho, assim que possível, mas Jérôme não aceitava se separar da mulher. "Informe a seu patrão", ela escreveu ao cônsul francês em Lisboa, onde eles desembarcaram, "que madame Bonaparte é ambiciosa e exige seus direitos como membro da família imperial."[31]

À medida que a coroação se aproximava, seus irmãos e irmãs fizeram um esforço conjunto para que Napoleão se divorciasse de Josefina. O fato de a nova etiqueta exigir que eles prestassem reverência e se curvassem diante dela era ruim por si só, mas a ideia de vê-la coroada era demais. A questão chegou ao clímax numa briga feia em 17 de novembro, em Saint-Cloud, enquanto discutiam-se os últimos arranjos; quando souberam que teriam de carregar a cauda do vestido dela, as irmãs de Napoleão se rebelaram. Napoleão perdeu a cabeça, ameaçando tirar todas as honrarias delas se não se comportassem e tratassem sua esposa com o respeito que ela merecia.[32]

"Minha esposa é uma boa mulher que jamais fez mal nenhum a eles", ele disse a Roederer. "Ela está absolutamente feliz em fazer o papel de imperatriz, ter seus diamantes, seus belos vestidos e os outros consolos para a idade dela! Eu jamais a amei cegamente. Se a tornei imperatriz foi por um senso de justiça. Sou acima de tudo um homem justo. Se eu tivesse sido atirado na prisão em vez de ascender a um trono, ela teria compartilhado de minha infelicidade. É justo que ela tenha sua parte na minha grandeza." Ele tinha parado de reclamar dos gastos dela com roupas e do seu hábito de emprestar dinheiro para amigos: embora ela fizesse uma limpa anual, distribuindo roupas que não queria mais para amigos e criados, um inventário do guarda-roupa dela que sobreviveu lista 49 vestidos para bailes da corte, 676 vestidos, 60 xales de caxemira, 496 outros xales, 498 blusas, 413 pares de meias-calças, 1.132 pares de luvas, mais de mil penas de garça e 785 pares de sapatos. Napoleão deve ter percebido que se tratava de um transtorno compulsivo. De acordo com Hortense, ele estava a essa altura tão exasperado com os ataques dos irmãos e irmãs a Josefina que perguntou à esposa se ela se importaria caso ele tivesse um filho com outra mulher e fingisse ser dela. Ele chegou a consultar Corvisart sobre como isso poderia ser feito, mas o médico se recusou a participar do arranjo.[33]

Outros acordos poderiam ter trazido menos incômodo, mas também exigiram tempo e esforço. Historiadores vasculharam registros de antigas coroações francesas, observando símbolos e tradições. Alguns, como a vigília de orações, foram considerados religiosos demais; outros, como a paramentação cerimonial, poderiam diminuir o novo imperador. A coroação em si não podia ser realizada pelo papa, uma vez que isso implicaria que Napoleão derivava dele o seu poder. Por razões semelhantes, o pontífice não seria levado à catedral na *sedia* e teria de ser posto em seu lugar quando o imperador chegasse. A questão de qual deveria ser a aparência do trono e o desenho do coche e das roupas da coroação foram tema de longa discussão, já que tudo precisava estar baseado em precedentes, mas não poderia lembrar em nada a dinastia anterior. O resultado – uma bizarra miscelânea de estilos greco-romano, merovíngio e carolíngio, com um toque de Henrique IV – é difícil de descrever.[34]

Napoleão esperava realizar a coroação no 18 Brumário, aniversário do dia em que ele conquistou o poder, mas não se podia apressar o papa, e a data acabou sendo marcada para 2 de dezembro. Em 25 de novembro, Napoleão estava em Fontainebleau e prestes a sair para caçar quando soube que o coche do papa se aproximava. Ele montou e cavalgou para encontrá-lo, vestido em suas roupas de caça. Quando avistou o coche de viagem, desmontou e foi andando para cumprimentar o pontífice, que desceu da carruagem. Pouco depois, a carruagem imperial chegou e levou ambos até o palácio. Eles passaram três noites lá, e em 28 de novembro foram juntos a Paris. O papa ficou instalado no Pavillon de Flore das Tulherias, e, assim que se soube de sua chegada, multidões de fiéis se reuniram do lado de fora. Quando o papa apareceu na janela, eles se ajoelharam e seguraram rosários e imagens havia muito tempo escondidos para que ele abençoasse. Napoleão se apressou para compartilhar da aura aparecendo ao seu lado na sacada.

Houve um problema de última hora quando Josefina deixou escapar diante do papa que ela e Napoleão jamais haviam se casado na igreja. A cerimônia de coroação não podia prosseguir sem que eles estivessem casados aos olhos de Deus, por isso naquela noite, para grande desconforto de Napoleão, Fesch conduziu um casamento religioso secreto nas Tulherias.

O cerimonial da coroação foi concebido por Louis-Philippe de Ségur, grão-mestre de cerimônias, com a ajuda do prefeito do palácio, Auguste de Rémusat. A logística esteve a cargo do grão-cavalariço general Armand de Caulaincourt, e a música foi composta ou selecionada por Paisiello e Lesueur. A catedral de Notre-Dame foi decorada por Fontaine. Para facilitar os ensaios, o pintor Isabey desenhou plantas de Notre-Dame e montou uma série de bonecos para representar as principais figuras. Em 29 de novembro, ele os levou a um encantado Napoleão, que começou a brincar com eles e depois chamou os principais participantes para ensaiar seus papéis.

Às oito horas da gelada manhã de 2 de dezembro, enquanto a capital ressoava ao som do canhão e ao repicar dos sinos, os corpos legislativos chegaram a Notre-Dame e tomaram seus lugares. Duas horas depois, o papa chegou em um coche dourado puxado por oito cavalos cinza precedido como mandava o costume por um prelado montado em um burro e carregando um crucifixo processional. Ele tomou seu assento e esperou durante quase duas horas na catedral congelante por Napoleão, que só saiu das Tulherias às onze horas. Napoleão foi com Josefina em uma carruagem dourada puxada por oito cavalos baios, escoltado por centenas de homens da cavalaria com suas bandas ressoando, seguido por outros membros de sua família e da corte em suas carruagens. O casal imperial e seus atendentes desceram no palácio do arcebispo, onde vestiram suas roupas cerimoniais, que tornaram Napoleão ainda menor do que era com seu imenso capuz de arminho. Ele vociferou furioso com suas irmãs, quando elas protestaram na última hora por ter de carregar a cauda do vestido de Josefina.³⁵

Quando entraram na catedral, ao som de uma bombástica fanfarra, o papa e a maioria dos presentes estavam praticamente enregelados. Para um guarda de vinte anos que entrou para espiar, a cerimônia foi "tudo que a mais fértil imaginação pode conceber em termos de beleza, grandiosidade e magia". O capitão Boulart, um ardoroso admirador do imperador, achou que a cerimônia pareceu uma farsa, "e Bonaparte como comandante do exército da Itália pareceu [a ele] maior que o Napoleão que estava se fazendo ungir para reinar em virtude de algum suposto direito divino". Ele não gostou da cerimônia, que considerou um grande "embuste". Os republicanos ficaram furiosos e os cristãos, chocados com o que viram como uma manipulação cínica da fé para fins políticos e com a humilhação do papa. A música de Paisiello para a ocasião ecoava essas contradições: seu lirismo napolitano de costume estava em constante conflito com fanfarras de metais e percussões. Só Napoleão parecia seguro de seu propósito, embora também ele tenha achado o evento penoso. O médico Joseph Bailly estava muito perto e pôde vê-lo bem. Quando se sentou no trono, com a coroa na cabeça, segurando a orbe em uma mão e o cetro na outra, Napoleão subitamente sentiu um espirro chegando e fez "uma careta singular" para tentar contê-lo.³⁶

"Houve, nessa saturnália, motivo bastante para rir e para chorar, a depender do gosto de cada um", observou o monarquista barão de Frénilly. Os caricaturistas ingleses certamente tiveram um banquete. Na França houve panfletos criticando a cerimônia, e piadas indecentes e grafites foram rabiscados nos muros em frente às Tulherias. A maior parte da população demonstrou mais curiosidade do que entusiasmo enquanto via as carruagens douradas e as tropas brilhantes da cavalaria passarem retumbantes, e aproveitou o quanto pôde as festividades e os fogos de artifícios preparados para eles naquela noite.³⁷

No dia seguinte, estava previsto um grande desfile em que os regimentos seriam apresentados com águias encimando os estandartes, mas foi preciso adiar tudo em dois dias em função de uma indisposição de Josefina. Na noite de 4 de dezembro uma chuva implacável encharcou a tela pintada no palco preparado para o casal imperial e para os dignitários, cujos assentos ficaram completamente molhados. No dia seguinte, vestido em seus trajes carnavalescos da coroação, Napoleão comandou uma sofrida cerimônia enquanto seus marechais distribuíam as águias para os regimentos, que desfilaram "cobertos de lama e encharcados da mais fria chuva", sem ninguém para assistir. As roupas estavam empapadas, os chapéus derrubados sobre os rostos, as plumas tombadas. "Estávamos até os joelhos de lama", recordaria um guarda.[38]

Dessa vez, o sol havia decepcionado Napoleão. Supersticioso como era, ele pode ter refletido sobre isso. Ele tinha alterado radicalmente seu relacionamento com a nação francesa, um relacionamento que o tinha levado ao poder e restabelecera seu senso de identidade. Os convites para a coroação afirmavam que Napoleão havia recebido o *status* imperial da "Divina Providência e das Constituições do Império". Quando recebeu os membros dos corpos legislativos que vieram prestar um novo juramento a ele como imperador, ao fazer um discurso com mais erros gramaticais do que de costume, Napoleão se dirigiu a eles como "meu povo" e seus "fiéis súditos", coisa que nem mesmo seus mais convictos apoiadores se consideravam. Em sua busca por uma "fusão" nacional, ele tinha sido desviado do caminho pela sedução da grandiosidade aristocrática, que o estava afastando do espírito republicano que o havia inspirado e lhe dado poder. Longe de reconciliar a sociedade francesa como esperava, as contradições implícitas afastaram republicanos e monarquistas, agnósticos e cristãos, nobres e proletários. E, como Cambacérès previra, Napoleão entrou em contradição consigo mesmo.

28
Austerlitz

Em 1º de janeiro de 1805, Napoleão escreveu a Jorge III usando o tratamento "*mounsieur mon frère*", usual entre monarcas, propondo um novo acordo de paz baseado numa divisão de esferas de interesse. A França não desejava um império ultramarino e, caso tivesse permissão para ter um papel dominante na Europa, não contestaria o domínio britânico sobre os mares. O mundo era grande o bastante para ambas as nações, ele afirmava. A oferta foi desprezada numa carta endereçada ao "chefe do governo francês". Uma consequência não intencional das atividades de Napoleão em Boulogne-sur-Mer foi tornar a guerra popular na Grã-Bretanha pela primeira vez desde que as hostilidades começaram, mais de dez anos antes. A ameaça de uma invasão por "Boney" despertou algo em todas as classes da população, e o governo agora tinha o apoio do país.[1]

Napoleão também tinha escrito para Francisco I da Áustria, para informar que ele havia cedido, de modo magnânimo, todos os seus direitos sobre a Itália a seu irmão Joseph, que ascenderia ao trono italiano e renunciaria a seu direito ao trono francês, o que garantiria que os dois países jamais estariam unidos sob um mesmo governante. Ele expressou a esperança de que sua "grandeza pessoal" encontrasse como recíproca a boa vontade da parte de Francisco, incitando-o a reverter a concentração de tropas em Carniola e no Tirol.[2]

A carta mal tinha saído de Paris quando Joseph declarou que, no fim das contas, não iria renunciar a seu direito sobre o trono francês. Napoleão então ofereceu a Coroa da Itália a Louis, que também recusou, igualmente ciumento que era de seu direito sobre o trono imperial. Napoleão resolveu assumir a Coroa ele mesmo e nomear Eugène como seu vice-rei. Em 16 de janeiro, Melzi, doente e deprimido, concordou em lhe oferecer a Coroa, e numa cerimônia nas Tulherias, em 17 de março, Napoleão foi aclamado por diversos nobres lombardos. Em 31 de março, ele partiu para Fontainebleau na primeira etapa de uma jornada até Milão para sua coroação como rei da Itália.³

Sob o comando do grão-cavalariço Caulaincourt, carruagens, cavalos e três conjuntos de oficiais da corte e de criados iam se revezando na dianteira, de modo que, quando o casal imperial chegava a uma parada, tudo estava pronto à espera deles, com um grupo completo de funcionários, enquanto o segundo grupo se apressava em frente para preparar a próxima parada, e o terceiro organizava as coisas no ponto de onde eles haviam saído. Napoleão agora tinha uma *berline* de viagem, às vezes chamada de *dormeuse*, já que era possível dormir nela, o que aumentava sua capacidade de trabalho. O veículo podia ser transformado em escritório, com um tampo de mesa equipado com tinteiros, papel e penas, gavetas para armazenar papéis e mapas, estantes para livros e uma lâmpada que lhe permitia ler à noite. Também era possível transformar o veículo em dormitório, com um colchão em que ele podia se esticar e uma bacia que servia de lavatório, espelhos e porta-sabonetes para que pudesse cuidar da higiene sem desperdiçar tempo na chegada e, naturalmente, um penico. Só havia lugar para mais uma pessoa – Berthier quando em campanha, Méneval nos outros momentos.⁴

Eles partiram de Fontainebleau em 2 de abril e pararam em Brienne no dia seguinte, passando a noite no *château* com a envelhecida madame Loménie e visitando as ruínas da antiga escola de Napoleão e outros fantasmas do passado. Em 14 de março, dia de Páscoa, fizeram uma parada imperial em Lyon, onde assistiram a uma missa celebrada por Fesch na catedral. Em 24 de março estavam em Turim, e em 1º de maio chegaram a Alexandria, de onde Napoleão partiu a cavalo para contemplar o campo de Marengo. Quatro dias depois, vestindo o casaco que usou na batalha trespassado por uma bala, ele reviu 30 mil soldados sob comando de Lannes no campo de batalha.

No dia seguinte, encontrou seu irmão caçula. Jérôme chegou à Europa por Lisboa, mas o cônsul francês de lá se recusou a deixar que sua esposa desembarcasse, e, enquanto ele viajava para implorar a seu irmão, ela navegou até Londres. Em julho, em Camberwell, ela daria à luz um filho, Jérôme Napoléon, que jamais seria reconhecido pelo imperador. "Não há erros que não sejam apagados por um arrependimento genuíno", Napoleão disse ao irmão quando os dois se encontraram em Alexandria, em 6 de maio. Elizabeth Patterson recebeu uma pensão sob a condição de voltar para os

Estados Unidos, e Jérôme recebeu o comando de uma fragata, com a missão de navegar até Argel e resgatar súditos franceses e italianos que estavam lá como prisioneiros.⁵

Em 8 de maio de 1805, Napoleão entrou em Milão. Embora a entrada tenha sido descrita por um soldado francês como triunfal, com as pessoas chorando de alegria nas ruas, ele não estava satisfeito. Lá se seguiram quase três semanas de recepções e festividades, que culminaram em 26 de maio, quando ele se cingiu com a coroa de ferro da Lombardia anteriormente usada por Carlos Magno, declarando: "Deus a deu para mim, ai daquele que tentar pegá-la!". A cerimônia foi saudada com grande entusiasmo por muitos que sonhavam com uma Itália unida. O espetáculo também causou impressão duradoura, com consequências lamentáveis para grande parte da América do Sul, em um mestiço espanhol de 21 anos que por acaso estava lá, chamado Simón Bolívar.⁶

A coroação só podia ser vista por Viena como uma provocação. Com o auxílio de subsídios britânicos, a Áustria vinha se armando havia um ano e concentrara forças consideráveis no Tirol. Seria difícil contê-las caso outros Estados da península se unissem à Áustria. Napoleão tinha escrito à rainha Maria Carolina (verdadeiro poder por trás do trono de Ferdinando IV de Nápoles), alertando que ela não se deixasse arrastar para uma coalizão contra ele; ela era irmã da falecida Maria Antonieta e odiava os franceses. Ele suspeitava com razão de que já existia um plano para desembarcar tropas britânicas e russas em Nápoles.⁷

Depois da coroação, ele partiu em uma turnê pelo reino da Itália, inspecionando fortificações e tropas, encontrando autoridades locais e nobres, indo ao teatro e à ópera, em uma demonstração de confiança e autoridade. Em 1º de julho, chegou a Gênova, que estava havia algum tempo sob controle francês e era administrada, juntamente com Ligúria, Luca e Piombino, por Saliceti, e que agora pedia para ser incorporada ao Império Francês. O ato foi acompanhado por elaboradas celebrações, com Napoleão e Josefina rebocados até a baía em um templo flutuante cercado por jardins de onde eles assistiram a um show de fogos de artifício. Napoleão foi a bordo da flotilha que Jérôme comandava, saudando os 231 escravos alforriados enquanto desembarcavam ao som de unânimes aplausos.⁸

Uma semana depois, Napoleão estava de volta a Saint-Cloud. Ele aguardava um novo enviado russo, o conde Nikolai Novosiltsev, por meio do qual contava poder negociar um acordo em separado com a Rússia, porém Novosiltsev tinha feito uma parada em Berlim e enviou de volta seus passaportes franceses, alegando que a intrusão de Napoleão na Itália tornara a negociação sem sentido. A ideia original do tsar era evitar problemas com outros países e se concentrar na reforma do Estado russo. Ele secretamente admirava Napoleão, mas ficou chocado com a execução de Enghien – e com a resposta de Napoleão a seu protesto. Apoiado pelo seu francófobo ministro das Relações Exteriores, príncipe Czartoryski, ele agora se punha no papel de um defensor da política ética, com uma visão de longo alcance que visava ao remodelamento do arranjo político da Europa.[9]

Napoleão fingiu ignorar as preparações militares feitas contra ele, e em 2 de agosto foi a Boulogne-sur-Mer. No fim de junho, ele tinha dado ordens para que as forças de invasão estivessem prontas para embarcar em 20 de julho. Declarou-se frustrado porque seu plano de atrair os navios britânicos para o oceano Índico e o Caribe antes de voltar ao canal estava se revelando de difícil implantação. Ele esperava concentrar até 65 navios para proteger as embarcações que fariam a invasão. Impaciente e acostumado a superar todas as dificuldades, não podia aceitar atrasos impostos pelo clima e colocava a culpa nos almirantes. Estes, de fato, não tinham o ímpeto esperado por ele; isso não deveria ser nenhuma surpresa, tendo em vista a má qualidade dos navios e a inexperiência das tripulações, que não eram páreo para a Marinha Real em que Pitt havia investido pesado na década de 1780 e no início da década de 1790, e que tinham chegado ao auge de seu desempenho. O único almirante francês com alguma iniciativa, Louis-René de Latouche Tréville, morrera no verão anterior. Napoleão cobrou que Decrès procurasse homens mais novos para comandar suas frotas, mas o verdadeiro problema era, como ele já tinha percebido, a ausência de disciplina das tripulações, que não podia ser imposta ao modo dos britânicos, levando em consideração que ele não gostava de castigos corporais e o fato de que, conforme suas próprias palavras, "para um francês é um princípio que cada golpe recebido deve ser devolvido".[10]

Napoleão manteve as aparências de que pretendia levar a invasão adiante. Muito embora oito meses antes, em 17 de janeiro de 1805, ele tivesse dito ao Conselho de Estado que a concentração em Boulogne-sur-Mer era um pretexto para construir um exército para atacar qualquer inimigo da França, mesmo que não houvesse muito tempo de preparação. Em 3 de agosto, instruiu Talleyrand a avisar Francisco que ele pretendia atacar apenas a Inglaterra, mas que podia se sentir compelido a mudar de direção e lutar contra a Áustria caso o país apoiasse os britânicos. Dez dias depois, orientou Talleyrand a enviar uma declaração que equivalia a um ultimato a Francisco, repetindo que a invasão da Inglaterra não significava uma ameaça à Áustria, mas que, se Francisco persistisse em se rearmar, haveria guerra, e que ele iria passar o Natal em Viena.[11]

Durante todo o mês de agosto, Napoleão manteve um fluxo de instruções para a invasão da Inglaterra, e, em 23 de agosto, escreveu a Talleyrand dizendo que, caso a sua frota chegasse ao canal nas próximas semanas, ele seria o "senhor da Inglaterra". Porém, no mesmo dia determinou que os suprimentos e as rações fossem armazenados em Estrasburgo e Mainz; dois dias depois, enviou Murat ao longo do curso do Reno para escoltar rotas do Sul da Alemanha e obter mapas da área. Poucas semanas antes, em 13 de agosto, ele havia rebatizado o exército da França de *La Grande Armée*. Não foi só o nome que mudou.[12]

O exército que Napoleão herdou era um misto de militares profissionais do Exército Real e voluntários sem treinamento e conscritos. Cada unidade tinha se unido durante a guerra em torno de seus oficiais mais competentes, e cada um dos exércitos em torno de seu comandante-geral. Tendo em vista a aptidão dos soldados para a deserção, era impossível impor disciplina usando os meios tradicionais. Oficiais incompetentes e desleais tinham sido expurgados, e os generais mudavam de posto, prejudicando as lealdades forjadas durante a campanha; meias-brigadas tinham sido reformadas como regimentos; os homens eram pagos, vestidos e alimentados, e um senso de orgulho era instilado pelos desfiles. Mesmo assim o exército seguia como uma infinita reunião de homens com lealdades idiossincráticas.

Em maio de 1804, Napoleão tinha nomeado catorze marechais do império. Embora os escolhidos fossem todos militares, essa era na verdade uma patente civil, que colocava o dono do título no mesmo nível dos "*grands officiers*" do império e lhe dava uma posição na corte, com o privilégio de ser chamado de "*mon cousin*" pelo imperador. Entre os catorze havia camaradas próximos como Berthier e Murat, alguns nomes estranhos que Napoleão precisava neutralizar, como Augereau e Bernadotte, além de vários generais capazes cuja lealdade ele precisava conquistar. Um deles era Nicolas Soult, cinco meses mais velho que Napoleão, filho de um notário de cidade pequena que havia se distinguido no combate sob ordens de Moreau e depois de Masséna, um fanfarrão oportunista que precisava ser controlado. Outro era um filho de taoneiro do Nordeste da França, Michel Ney, sete meses mais velho que Napoleão, que também ascendeu sob ordens de Moreau, corajoso porém limitado, e portanto precisando sempre de alguém que o orientasse; Josefina dera o primeiro passo em 1802 ao arranjar o casamento dele com uma de suas protegidas. Um homem muito diferente era Louis Nicolas Davout, vindo de uma família da Borgonha que podia remontar suas origens até os cruzados, que, sendo quase um ano mais novo que Napoleão, por pouco não estudou com ele na École Militaire e serviu como oficial de cavalaria no Exército Real. Ele tinha sido apresentado a Napoleão em 1798 por Desaix, que o tinha em alta estima, e, embora tenha servido sob ordens de Moreau, não era homem de facções; dono de boa autoestima e profissional, disciplinador rigoroso e corajoso a ponto de não hesitar, ele se dedicava ao serviço da França. Mas independentemente de suas origens, atitudes e simpatias, ao receber seus bastões de marechal, esses homens se tornavam tenentes de Napoleão, ligados a ele por muito mais do que meros vínculos de lealdade. Eles permitiriam que ele agisse com maior quantidade de homens num teatro de operações mais amplo e manteriam seu exército unido.

A concentração da maior parte do exército em Boulogne-sur-Mer por mais de um ano o modificou. A ideia de fazer guerra aos detestados ingleses causava entusiasmo, e o índice de deserções caiu. A coabitação e o contato frequente, tanto nos treinamentos quanto nos exercícios – embora houvesse uma quantidade surpreendentemente baixa de ambos –, e em atividades de lazer, desenvolveram um espírito de corpo mais amplo e, nas palavras de um soldado, "estabeleceram relações de confiança entre os regimentos". Aquilo forjou um exército para Napoleão.[13]

Em 3 de setembro, Napoleão estava de volta a Malmaison. Poucos dias depois, ficou sabendo que a Áustria invadira a Baviera, aliada da França. Durante as três semanas seguintes, ele tratou de assuntos que precisavam ser despachados antes de sair em campanha, o que incluía um édito abolindo o calendário revolucionário e restabelecendo o gregoriano. Em 24 de setembro, tendo instruído o Senado a aprovar o aumento de mais 80 mil homens e deixando Joseph e Cambacérès no comando, partiu para Estrasburgo para encontrar a *Grande Armée*, que marchava desde o fim de agosto.

Enquanto 90 mil austríacos em Carniola e no Tirol, sob ordens dos arquiduques Carlos e João, rumavam para a Itália, em 8 de setembro o general Karl Mack, com um exército de 50 mil austríacos, sob o comando titular do arquiduque Ferdinando, havia marchado até a Baviera e assumido posição no Oeste do país para esperar um exército russo, sob o comando do general Kutuzov, que deveria se unir a ele numa invasão da França. A *Grande Armée* tinha partido da costa do canal em sete exércitos, comandados por Bernadotte, Marmont, Davout, Soult, Lannes, Ney e Augereau, com uma força de cavalaria de 22 mil homens sob ordens de Murat, num total de aproximadamente 180 mil homens. Eles se moviam a uma velocidade impressionante, vivendo da terra, permitindo que os homens ficassem para trás e recuperassem o terreno perdido da melhor maneira possível.

Napoleão partiu de Estrasburgo em 2 de outubro com tempo bom, ovacionado enquanto passava em marcha pelas tropas, recebendo petições de alguns soldados. Ele parava o cavalo ou a carruagem ao lado de unidades que estivessem descansando e lhes falava; graças à sua memória extraordinária, ele sempre conseguia lembrar o nome de um ou outro e fazer alusão a eles ou ao histórico de batalhas de suas unidades. Em 4 de outubro, ele estava em Stuttgart com o eleitor de Württemberg, com quem foi assistir a uma récita do *Don Giovanni*, de Mozart, e de quem precisou emprestar cavalos descansados, uma vez que os dele estavam exaustos. Três dias depois, ele comandava a travessia do Danúbio em Donauwörth, bem a leste das posições de Mack, o que lhe permitiu fazer o contorno e atacá-lo por trás. De Augsburgo, em 12 de outubro, ele escreveu dizendo a Josefina que as coisas tinham ido tão bem que a campanha seria uma das mais breves e mais brilhantes que ele já havia realizado: "Sinto-me bem, embora o clima esteja horroroso e chova tanto que eu precise trocar de roupa duas vezes por dia". Ele estava sempre em meio à ação, e quando Murat e Berthier pegaram as rédeas de seu cavalo para tirá-lo de uma posição em que ele estava exposto, com balas assobiando ao lado da cabeça deles, dizendo que aquilo não era lugar para ele, Napoleão deu uma bronca nos dois: "Meu lugar é em todo lugar, me deixem em paz. Murat, vá e cumpra seu dever".[14]

"Nos últimos oito dias, chuva o dia inteiro e pés frios e molhados cobraram seu preço, mas hoje pude descansar", escreveu para Josefina da abadia de Elchingen, em 19 de outubro, acrescentando: "Segui meu plano: destruí o exército austríaco simplesmente marchando". O arquiduque Ferdinando tinha conseguido escapar com uma pequena força, mas Mack se deparou com Ney em Elchingen e teve como única opção buscar refúgio na cidade de Ulm onde ficou preso com 30 mil homens enquanto sua cavalaria fugiu para se juntar aos russos na Boêmia. Em 19 de outubro, Mack tinha sido obrigado a capitular, elevando o total de prisioneiros austríacos feitos pelos franceses em duas semanas para 50 mil.[15]

Foi uma façanha extraordinária. Sébastien Comeau de Charry, colega oficial de artilharia que tinha emigrado e acabou servindo no exército da Baviera, agora aliada dos franceses, mal podia acreditar no que viu. Ele assistiu ao que parecia ser uma turba entrar na Alemanha, um fluxo contínuo de homens e cavalos, que de repente se transformou num exército. Do lado austríaco havia uniformes bonitos e belos cavalos, do lado francês "nem sequer uma unidade em ordem, apenas uma massa compacta de soldados a pé" andando pela estrada. "Só um homem superior, um soberano, pode dar unidade e harmonia a uma multidão como essa", refletiu. Um jovem oficial francês sob ordens de Ney achou que tinha sonhado aquilo tudo quando se deu conta de que estava em Boulogne-sur-Mer em 1º de setembro e agora via Mack se render na Baviera em 20 de outubro.[16]

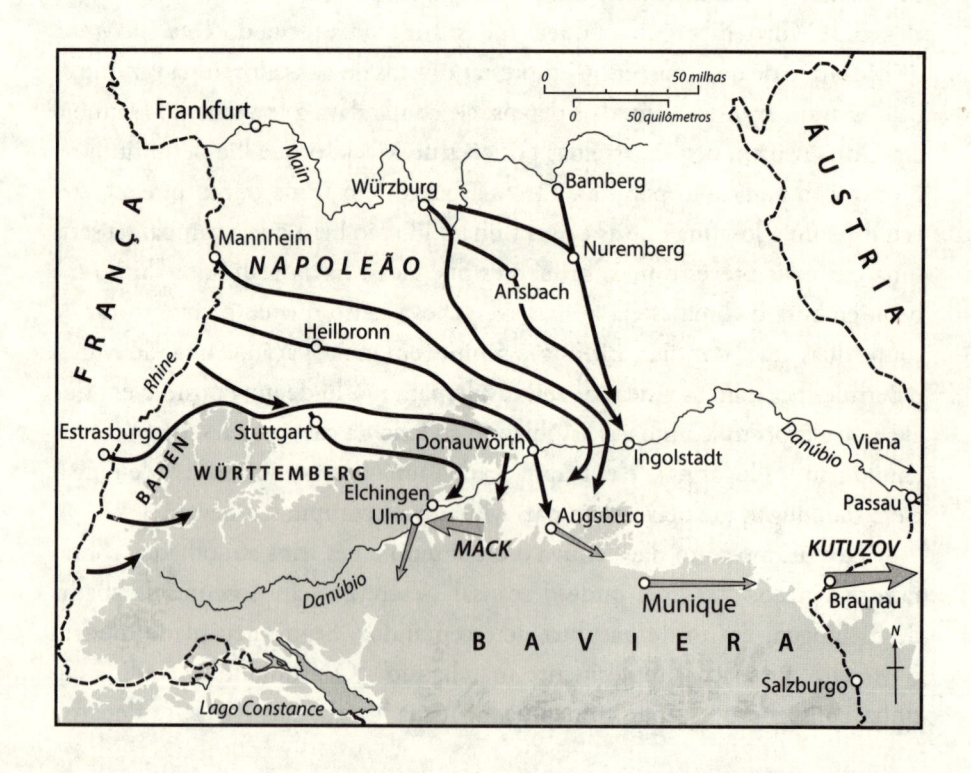

Comeau de Charry tinha se encontrado com Napoleão pela última vez numa mesa de refeitório em Auxonne em 1791, quando ele se recusou a sentar ao lado dele por causa de suas opiniões republicanas, e agora estava aturdido ao vê-lo adotar "o tom e os modos de um velho, amado, estimado camarada". Como parte de seu Estado-Maior, ele pôde observar não apenas a extraordinária compreensão que o imperador tinha da situação, como também o nada ortodoxo comportamento do exército francês. Numa situação em que outro general teria desejado e em que outro exército teria exigido alguns dias de descanso e uma parada para reabastecimento de suprimentos depois de uma vitória como a de Ulm, Napoleão seguiu em frente ao longo do Danúbio em direção a Viena e suas tropas seguiram adiante, parando em grupos para cozinhar, depois retomando a marcha, deixando suas unidades para trás, se misturando com os demais, saindo em "*la maraude*" em busca de comida e de outras necessidades, mas sempre prontos a voltar rapidamente quando chamados para formar colunas, linhas ou quadrados, sem precisar de instruções de seus oficiais. O coronel Pouget, comandante da 26ª Infantaria Ligeira, observou que, durante a marcha, soldados de várias unidades se uniam em grupos para obter comida, comer e achar lugares confortáveis para passar a noite, unindo-se a suas respectivas unidades novamente apenas em campo, mas em uma emergência eles se integrariam à unidade mais próxima e combateriam como se pertencessem a ela.[17]

Em 24 de outubro, Napoleão entrou em Munique e convidou o eleitor da Baviera a reocupar sua capital. Em 13 de novembro, depois de Murat, Lannes e Bertrand terem conseguido enganar o infeliz coronel austríaco que protegia a ponte sobre o Danúbio, garantindo que um armistício fosse assinado, o exército atravessou a ponte e Napoleão entrou em Viena. Alojou-se perto da cidade no palácio imperial de Schönbrunn. Ele estava de mau humor, a julgar por uma carta escrita para Joseph no dia seguinte em que falava furioso sobre Bernadotte, que não conseguiu cumprir suas ordens e perdeu uma oportunidade valiosa. Também estava irritado com Augereau, que foi lento, e com Masséna, que não conseguiu manter os austríacos na Itália. O humor dele não teria melhorado três dias depois, quando soube que, em vez de navegar para o Mediterrâneo e atacar os navios britânicos que auxiliavam Nápoles, o almirante Villeneuve partiu de Cádiz com a frota que somava embarcações francesas e espanholas e foi desastrosamente derrotado no cabo Trafalgar pelo almirante Nelson. Ele descontou sua irritação em Murat, por tê-lo deixado fugir.[18]

Depois de Ulm, Napoleão tinha sugerido a Francisco negociações de paz, ressaltando que a Áustria era o país que mais penava com a guerra, sofrendo em nome de seus aliados britânicos e russos. Embora tivesse perdido um exército, Francisco continuava otimista, uma vez que a posição de Napoleão era precária. Na Itália, Masséna e Eugène haviam derrotado os arquiduques, mas não podiam persegui-los porque precisavam se voltar para o outro lado e encarar o ataque napolitano apoiado por soldados britânicos e russos. Expulsos da Itália, os arquiduques agora pairavam ao lado do flanco sul de Napoleão. Tendo sido obrigado a liberar um destacamento para ir atrás deles e a deixar homens para trás para dar cobertura a suas linhas de comunicação, ficou com pouco mais de 70 mil homens. Uma força que somava militares russos e austríacos de quase 90 mil tinha se reunido em Olmütz (Olomouc), ao norte de Viena, e havia um risco de que a Prússia se unisse à coalizão e o atacasse pela retaguarda.[19]

O rei Frederico Guilherme vinha hesitando entre a opção de se unir à França e obter Hanover como compensação e a de se juntar à coalizão contra a França. As notícias de Trafalgar elevaram os ânimos de todos os inimigos da França e aumentaram a vulnerabilidade de Napoleão. O tsar Alexandre havia visitado Berlim em 25 de outubro e, auxiliado pela ferrenha inimiga dos franceses, rainha Luise, conseguiu convencer o rei a assinar um acordo prometendo ir à guerra contra os franceses até 15 de dezembro no máximo. O pacto foi selado durante uma visita noturna do tsar e do casal real ao túmulo de Frederico, o Grande, onde à luz de tochas eles prometeram combater juntos, quando Alexandre beijou o sarcófago do renomado guerreiro.

A ansiedade de Napoleão só piorava com a situação doméstica, em que a queda nos indicadores do comércio depois do fim da paz de Amiens, uma colheita ruim e um déficit orçamentário causado pelos gastos militares precipitaram uma crise financeira e uma corrida ao Banco da França, que Joseph mal conseguia conter. Os primeiros êxitos da campanha, relatados em boletins exagerados, colados nas esquinas e lidos nos teatros, despertaram entusiasmo e criaram um senso de solidariedade nacional. Mas no fim de outubro houve tumultos do lado de fora do banco, com as pessoas brigando umas com as outras para conseguirem fazer saques em espécie. No começo de novembro, tropas começavam a ser usadas para manter a ordem fora do banco. Joseph e Cambacérès enviavam a Napoleão diariamente súplicas por boas notícias que pudessem dar à assustada população.

"É altamente desejável que Vossa Majestade me envie notícias diariamente", Joseph escreveu em 7 de novembro. "Não há como imaginar com que facilidade a ansiedade aumenta quando o *Moniteur* não apresenta notícias de Vossa Majestade e da *Grande Armée*; na ausência de notícias reais, a ansiedade forja notícias falsas." Embora os relatórios oficiais tenham reduzido sua importância (Napoleão desdenharia dos fatos dizendo que o que aconteceu foram ventos que dispersaram e destruíram parte da frota), as notícias sobre Trafalgar diminuíram ainda mais a confiança. Em 9 de novembro, Joseph alertou que "é preciso ou dar apoio ao banco ou deixá-lo falir imediatamente". Napoleão tentou aliviar a tensão enviando para casa boletins mentirosos, mas, à medida que ele e seu exército marchavam cada vez mais para longe, a ansiedade aumentava, e no final de novembro houve um início de pânico em Paris.[20]

Napoleão precisava de uma vitória rápida. Ele marchou rumo ao norte para confrontar a concentração austro-russa em Olomouc, chegando a Brünn em 20 de novembro. Ele saiu a cavalo com seu Estado-Maior e passou um bom tempo inspecionando o entorno, observando várias características do terreno. "Senhores, olhem com atenção para este terreno!", disse à sua *entourage*. "Isso será um campo de batalha! Todos vocês vão ter um papel nele!"[21]

Ele estava ansioso para apressar os eventos, temendo que a Prússia entrasse na guerra. Depois de ter saído para cavalgar e reconhecido o terreno novamente, começou a agir como se quisesse evitar um combate. Retirou unidades que se aproximaram das posições inimigas e instruiu outras a bater em retirada em caso de ataque, gradualmente atraindo o inimigo para o terreno escolhido. Em 26 de novembro, enviou uma carta ao tsar por meio do general Savary. Savary foi esnobado no quartel-general russo por jovens ajudantes de campo aristocráticos, e, embora o tsar tenha sido mais educado, sua resposta foi dirigida ao "chefe do governo francês". Napoleão enviou Savary de volta com a solicitação de um encontro, a que Alexandre respondeu enviando um de seus ajudantes de campo, o príncipe Dolgoruky. Juntamente com outros membros da *entourage* do tsar, o rapaz entendia essas ofertas como sinal de fraqueza, e quando os dois se encontraram, ao ar livre, ele olhou com desdém para Napoleão, achando-o pequeno e sujo, e declarou que ele devia evacuar toda a Itália e todos os domínios dos Habsburgo, incluindo a Bélgica, antes de iniciar quaisquer negociações de paz. Napoleão, furioso, mandou-o embora. O diálogo confirmou que o quartel-general russo era dominado por jovens de cabeça quente e inexperientes, ansiosos para provar seu valor em batalha, como o próprio tsar.[22]

Dois delegados austríacos chegaram ao quartel-general de Napoleão solicitando um armistício, e dois dias depois, em 27 de novembro, o ministro das Relações Exteriores da Prússia, conde Christian von Haugwitz, também foi até lá. Napoleão percebeu que se tratava de táticas protelatórias e com rudeza os enviou a Viena para falar com Talleyrand, a quem escreveu em 30 de novembro dizendo estar pronto a fazer grandes concessões para conquistar a paz com a Áustria. Porém, ele passou o dia se preparando para a batalha.[23]

Sem se importar com a chuva, que se alternava com granizo, Napoleão novamente inspecionou o terreno com atenção e observou os movimentos do exército austro-russo. Parecia preocupado, mas esfregou as mãos de satisfação. Naquela noite, ele dormiu em sua carruagem. Depois de um último reconhecimento em 1º de dezembro, instalou-se numa pequena cabana redonda que seus granadeiros construíram para ele perto de um chalé ocupado por seu Estado-Maior. Na cabana também ficou Junot, que havia viajado de sua embaixada em Portugal para estar ao lado de Napoleão e que ficou felicíssimo de chegar a tempo para a batalha. Naquela noite, depois de falar com seu Estado-Maior durante o jantar sobre as deficiências do drama moderno quando comparado às obras de Corneille, Napoleão saiu a cavalo para dar uma última olhada nas posições inimigas. Ele então andou por entre as fogueiras em torno das quais os soldados se amontoavam para combater o frio. O comboio de suprimentos, como de costume, não conseguiu acompanhar o ritmo do exército, e eles tinham pouca comida. Uma proclamação lida para todos assegurava que Napoleão sempre dirigiria a batalha e que, se necessário, estaria em meio a eles enfrentando o perigo. A vitória no dia seguinte significaria um retorno rápido para casa e uma paz digna deles e dele. Enquanto andava pelo bivaque, alguns soldados iluminavam seu caminho com tochas, e logo a eles se uniram outros com ramos de palha ou galhos em chamas, de modo que a procissão de luz serpenteou pelo campo, aos gritos de "*Vive l'Empereur!*". "Foi magnífico, mágico", lembraria um dos caçadores daquilo que então era a Guarda Imperial. A manhã seguinte não parecia menos que isso.[24]

Calhou de ser o aniversário da coroação de Napoleão. As tropas foram despertadas bem antes do nascer do sol e entraram em formação na densa neblina da manhã de inverno que abafava todos os sons. Ficaram parados por algum tempo num silêncio misterioso. O sol nasceu, derretendo a neblina e temporariamente cegando-os com os raios que cintilavam nas fileiras de baionetas e nas pontas de lança diante deles, dando o sinal para a abertura da artilharia. O "*soleil d'Austerlitz*" se tornaria uma lenda.[25]

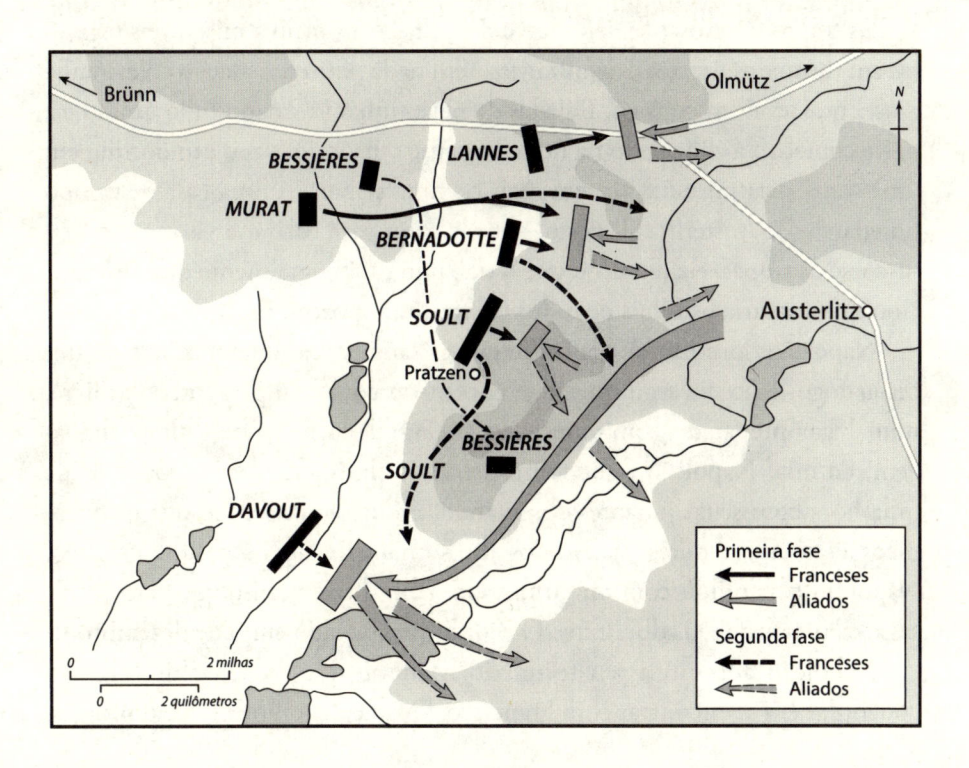

Os 73 mil homens de Napoleão estavam em situação de inferioridade numérica em relação às forças combinadas de Rússia e Áustria, com 86 mil homens, e eram bastante inferiores em termos de armamentos, com 139 peças de artilharia contra 270 do oponente. Mas tendo observado o terreno e percebido quais eram as possíveis posições defensivas, Napoleão havia antecipado a direção em que eles se sentiriam tentados a atacar e desenvolveu seus planos de acordo com isso. Ele instruiu Davout, que estava na ala direita, a recuar quando o flanco esquerdo russo o desafiasse e a atraí-los para fora da parte mais alta do terreno, o que tornaria uma eventual retirada deles mais difícil. Os russos responderam como se esperava, e, quando haviam estendido excessivamente sua linha, Napoleão atacou vigorosamente o centro agora exposto do inimigo, ao mesmo tempo que sua ala esquerda circundou o flanco direito russo e forçou seu recuo, ampliando ainda mais a lacuna em referência ao centro. A manobra funcionou como ele havia pretendido, e o inimigo caiu em confusão, com algumas unidades tendo que combater e outras recuando na direção dos colegas que avançavam. Mas os russos em particular lutaram com bravura, e houve um momento em que um contra-ataque russo ameaçou o resultado. Ele foi respondido por um vigoroso ataque de cavalaria liderado por Bessières e Rapp. O exército aliado se dobrou, e, embora unidades individuais tenham defendido suas posições, a maioria fugiu, com um humilhado Alexandre galopando para longe do campo de batalha.[26]

"A batalha de Austerlitz é a mais bela de todas as que combati", Napoleão escreveu a Josefina em 5 de dezembro; "mais de 20 mil mortos, uma cena horrível!" Como sempre, exagerou as perdas do inimigo e diminuiu as suas, mas foi um triunfo. O exército francês havia tomado 45 estandartes inimigos, 186 canhões e 19,6 mil prisioneiros, e, embora o número de mortos tenha sido consideravelmente menor do que 20 mil, o exército aliado foi diminuído em pelo menos um terço e seu moral foi estilhaçado. "Eu já tinha visto derrotas em batalha", escreveu o emigrante francês Louis Langeron, um general a serviço do Exército russo, "mas jamais tinha imaginado uma derrota nessa escala."[27]

As tropas vitoriosas se deitaram e dormiram em meio a miseráveis fogueiras em torno dos mortos e agonizantes, sem nada para comer além da estranha crosta que levavam consigo. Rajadas de neve tinham tornado tudo úmido e à noite começou a chover. Só na noite seguinte o próprio Napoleão dormiu em uma cama pela primeira vez em mais de uma semana, numa casa de campo no vilarejo de Austerlitz ali perto, que ele usou para batizar a vitória. Em seu discurso às tropas, ele ressaltou que o trabalho foi integralmente deles e anunciou que adotaria os filhos de todos os franceses mortos.[28]

Napoleão dormiu por poucas horas. Os austríacos tinham solicitado um cessar-fogo, e no dia seguinte ele se encontrou com o imperador, ao ar livre, num lugar preparado com antecedência. Francisco foi até lá numa carruagem, da qual Napoleão o ajudou a descer, e eles conversaram por mais de uma hora com seus ajudantes observando. Francisco concedeu que os britânicos eram mercadores disfarçados de humanos e abandonou a coalizão. Napoleão concordou com um armistício, com a condição de que ele expulsasse os russos de seus domínios. O acordo foi assinado em 6 de dezembro.[29]

Napoleão admitiu a seu secretário Méneval que cometeu um erro ao concordar em se encontrar com Francisco. "Não é depois de uma batalha que se deve fazer uma conferência", disse. "Hoje eu deveria ser apenas soldado, e como tal deveria buscar a vitória, não ouvir palavras de paz." Ele tinha razão. Davout, que estava em perseguição aos russos, que batiam em retirada, os havia encurralado e estava a ponto de tomar o próprio Alexandre como prisioneiro quando foi informado por meio de uma nota do tsar da assinatura de um armistício que incluía os russos – o que não era verdade. Davout recuou e deixou que eles passassem. Em 5 de dezembro, Napoleão tinha escrito ao eleitor de Württemberg, cunhado de Alexandre, para usar de seus bons préstimos e convencer o tsar a depor armas e negociar. Mas Alexandre se sentia, segundo um contemporâneo, "derrotado de maneira ainda mais completa que seu exército", e desejava ter a chance de redimir sua honra; ele seguiria lutando.[30]

Em 12 de dezembro, Napoleão estava de volta a Schönbrunn. Três dias depois, no exato dia em que a Prússia supostamente estaria se unindo à coalizão contra a França, Napoleão assinou um tratado de aliança com os prussianos, sancionando a anexação de Hanover, um feudo do rei britânico, e desse modo roubando um potencial aliado da Grã-Bretanha no continente.

Talleyrand vinha tentando convencer Napoleão a ser generoso com a Áustria e a transformá-la em seu principal aliado europeu, o que daria à França tranquilidade na Itália e no Mediterrâneo, um baluarte contra a Rússia e um contrapeso para a influência da Prússia na Alemanha. Mas embora Napoleão concordasse com ele que a única alternativa, uma aliança com a Rússia, era uma perspectiva ruim, classificando os russos de "asiáticos", ele tinha perdido o respeito pela Áustria. Ele não tomava precauções ao andar por Viena e arredores, e seus soldados observaram que, embora a população fosse reservada, eles eram tratados mais como turistas do que como inimigos. Em 17 de dezembro, Napoleão havia feito uma advertência de duas horas a generais e representantes dos Estados austríacos que conteve, de acordo com o príncipe de Ligne, "um pouco de grandeza, um pouco de nobreza, um pouco de sublimidade, um pouco de mediocridade, um pouco de trivialidade, um pouco de Carlos Magno, um pouco de Maomé e um pouco de Cagliostro...". Napoleão não os considerava dignos de uma aliança.[31]

Cumprindo com sua ameaça, ele passou o Natal em Viena. Pelo tratado de Pressburg, datado de 27 de dezembro, a Áustria cedeu o Tirol e Vorarlberg para a Baviera, outros territórios na Alemanha para Württemberg e Baden – aliados de Napoleão –, e Veneza, a Dalmácia, o Friuli e a Ístria, conquistados pelo tratado de Campo Formio, para a França. Além de causar a Francisco a perda de um sexto de seus 24 milhões de súditos, isso destruiu o que restava do Sacro Império Romano. Pelo mesmo tratado, Francisco reconheceu Napoleão como rei da Itália, os governantes da Baviera e Württemberg foram elevados a *status* real, ao passo que o de Baden se tornou grão-duque. Por fim, a Áustria teve de pagar uma imensa indenização à França para cobrir os custos da campanha.

Napoleão não podia perder tempo em Viena, pois tinha um país para governar, e partiu no dia seguinte. Em 31 de dezembro estava em Munique, onde em 6 de janeiro desfrutou de uma récita de *La Clemenza de Tito* de Mozart com o recém-promovido rei da Baviera, que ficou felicíssimo de entregar a mão de sua filha Augusta em casamento a Eugène uma semana depois. Josefina, que tinha ido a Paris para a ocasião, estava "no auge da felicidade", de acordo com Caulaincourt. A próxima parada foi Stuttgart, onde o novo rei de Württemberg, um homem de circunferência lendária, providenciou entretenimentos que incluíam óperas e uma caçada. Sempre que ia ao Sul da Alemanha, Napoleão era saudado com genuíno entusiasmo. Mas ele não podia se demorar.[32]

Pelas frenéticas cartas de Joseph e Cambacérès ficava claro que a crise financeira francesa não tinha arrefecido. As notícias de Austerlitz aliviaram a tensão, porém Cambacérès incitou Napoleão a retornar assim que possível, já que havia "uma enxurrada de falências" que diminuíam a confiança no governo. As pessoas tinham passado a pensar que a estabilidade e a ordem dependiam de Napoleão, a ponto de sua ausência em si ser motivo de ansiedade. Ele estava de volta às Tulherias às dez da noite de 26 de janeiro. Antes de se deitar, convocou o Conselho de Estado e vários ministros para uma reunião pela manhã.[33]

29
O imperador do Ocidente

Se a população de Paris estava aliviada por ouvir que seu líder estava de volta, o mesmo não podia ser dito sobre aqueles que foram convocados a comparecer às Tulherias na manhã após seu retorno. Eles iam ter de se explicar, e foi com um sentimento de mau agouro que se reuniram no palácio.

Confrontado com a necessidade de ir à guerra com a Áustria no verão de 1805, Napoleão havia instruído seu ministro do Tesouro François Barbé-Marbois a arrecadar dinheiro. Algo que só podia ser feito de formas pouco ortodoxas, que envolviam um grupo de financeiras e comerciantes de Paris com um dos principais fornecedores militares e civis, Joseph Vanlerberghe. Não demorou muito para que eles se tornassem insolventes, e no caso de Vanlerberghe, para que abrisse falência, mas todos eram mantidos a salvo pelo financista e especulador Gabriel Ouvrard. Ele havia emprestado dinheiro para o governo espanhol, em troca do contrato para transportar moedas e lingotes de ouro e prata do México e outras colônias para a Europa. Como a Marinha Real havia capturado a frota do Tesouro espanhol em outubro de 1804 e em julho de 1805, Ouvrard concebeu um esquema secreto envolvendo parceiros norte-americanos e holandeses, mas que acabou descoberto. Para evitar o colapso em dominó de todas as financeiras de Paris, Barbé-Marbois estendeu o crédito para Vanlerberghe e seus associados por meio do Banco da França, o que precipitou uma corrida ao banco.[1]

Apesar de sua aversão a "homens de negócios" e suas maneiras, Napoleão havia dado seu aval à operação antes de se juntar ao exército. Ele agora questionava duramente seus conselheiros e ministros numa sessão que durou nove horas, ao fim da qual demitiu Barbé-Marbois. "Espero que Vossa Majestade não esteja me acusando de ser um ladrão", disse o ministro, recebendo como resposta: "Preferia centenas de vezes que você fosse ladrão, porque a desonestidade tem limites, a estupidez, não".[2]

O homem que Napoleão indicou para assumir o Tesouro, Nicolas Mollien, era um administrador brilhante que compartilhava da aversão pela feitiçaria financeira e ao mesmo tempo compreendia a necessidade de um subterfúgio. Ele iria reconstruir as finanças do Estado francês, ao mesmo tempo permitindo que seu mestre saqueasse o Tesouro e gerenciasse suas próprias finanças paralelas. O primeiro passo era alterar os estatutos do Banco da França, de forma a colocá-lo sob controle próximo do governo; o segundo, salvar o que fosse possível da operação de Ouvrard. Vanlerberghe, Ouvrard e outros foram convocados e receberam ordens de devolver 87 milhões de francos, mas, embora alguns tenham sido obrigados a quitar a dívida, Ouvrard tinha ligações suficientes com a família e a comitiva de Napoleão para negociar uma saída. Mollien havia planejado envolver a casa bancária Hope de Londres, com base em Amsterdã, e por um período de tempo a maior parte do ouro espanhol seria trazido para a França – uma parte em navios britânicos.[3]

Napoleão criou um Tesouro militar separado, sob Pierre Daru, para o qual todos os proventos de guerra seriam pagos, começando pela indenização devida pela Áustria sob o tratado de Pressburg. Isto garantiu a ele um cofre abastecido para a guerra e que estava à sua pronta disposição. De forma a preservá-lo, manteve parte de seu exército estacionado na Alemanha, às custas das autoridades locais, e alertou que podia aumentar os impostos em tempos de guerra. Napoleão também começou a construir um "Domínio Extraordinário", um butim privado a partir do qual ele podia cobrir pensões, subvenções e prêmios. O dinheiro era mantido num cofre nas Tulherias e seu conteúdo monitorado de perto por meio de dois registros: um listando fontes de receita e valores e outro os pagamentos. Aonde quer que Napoleão fosse, um "pequeno cofre" ia com ele, cheio de pilhas de moedas de ouro para serem distribuídas como bem entendesse.[4]

Quando voltou de sua primeira campanha italiana no fim de 1797 e descobriu quanto dinheiro Josefina havia gastado, Napoleão começou a investigar para onde tinha ido tudo, e o contínuo desperdício dela acabou por desenvolver nele um reflexo de conferir gastos e contas. Ele descobria de forma independente o custo de tecidos e fitas de forma a questionar os valores cobrados dela por costureiros e modistas. Quando ele se mudou para as Tulherias, começou a conferir a quantidade e o preço das velas, da lenha e da comida. Perguntou a todos na residência quanto cada um pegava de açúcar, e com qual frequência, e então calculou a quantidade que isso significava, pesquisou o peso do quilograma e finalmente conferiu o total gasto no mês. Para cortar despesas instituiu um tíquete-alimentação, *bons de repas*, emitido para os membros da corte. O sistema só foi abandonado depois que Hortense chegou para jantar e, como suas acompanhantes haviam esquecido seus tíquetes, não ganharam café. Ele também instituiu regras a respeito da altura das velas – se houvesse mais de vinte centímetros restantes, elas deveriam ser reutilizadas nos corredores, se entre quinze e vinte centímetros, deveriam ser enviadas para os quartos dos membros da corte, e assim por diante. Napoleão desenvolveu uma quase obsessão a respeito de roupas de cama, ordenando que Daru fizesse um inventário de 12.671 lençóis, 2.032 guardanapos, quinhentos "trapos" e outros itens. O custo de lavanderia também não escapou do escrutínio – não era surpresa, já que ele vivia mudando de roupas: no período de um mês mandou 36 camisas, catorze coletes, 137 lenços e nove pijamas para que fossem lavados.[5]

Napoleão começou a manter cadernos nos quais anotava pagamentos e despesas numa dada área, assim como todas as decisões tomadas e observações a respeito de sua execução. Isso o ajudava a perceber anomalias e fraudes quando conferia as contas, e a flagrar ministros, diretores e funcionários. Como ele sempre queria respostas rápidas e precisas a suas perguntas, eles algumas vezes inventavam fatos e números, mas Napoleão os questionava, frequentemente sabendo mais sobre seus ministérios ou regimentos do que eles próprios sabiam. Mollien notou que nenhum detalhamento era suficientemente preciso para ele, que estava sempre procurando problemas para resolver, e que "não estava contente em reinar ou governar, ele tinha que gerenciar, e não como primeiro-ministro, mas sim mais diretamente do que qualquer ministro".[6]

A condução insatisfatória dos assuntos por aqueles a quem ele os havia delegado durante sua ausência sugeria a necessidade de estar mais bem informado e ter maior controle sobre o que estava acontecendo em Paris durante suas ausências. Por essa razão, ele organizou um novo sistema de comunicação, "*estafettes*", em que os despachos eram transportados numa maleta cuja chave apenas ele e o diretor de comunicação, Lavalette, tinham e que era levada de uma estação a outra pelo condutor de diligência. Eles sabiam para onde estavam indo, tinham cavalos descansados à disposição, e registravam o horário de chegada e saída num caderno que acompanhava cada maleta. Como havia punições para qualquer atraso, eles eram bastante eficientes.

Isso permitia que ele controlasse a administração em Paris de perto e pudesse delegar menos.

O Conselho de Estado se reunia regularmente quando ele estava fora, com a cadeira dele vazia sobre o pódio. Quem quer que estivesse presidindo, poderia ser Cambacérès, Lebrun, Joseph ou um dos outros grandes dignitários ou príncipes, sentava em outra cadeira ao lado. De acordo com Jean Pelet de la Lozère, à medida que Napoleão envelhecia, as coisas passaram a andar mais rápido quando ele estava ausente, pois quando estava presente tendia a devaneios ou digressões que, por mais fascinantes que fossem, não contribuíam para a discussão. Napoleão acreditava que as coisas não funcionavam propriamente se ele não estivesse presente, e os participantes sem dúvida prestavam mais atenção quando ele estava.[7]

Entre os assuntos abordados em seu retorno de Viena estavam a educação, a reforma do sistema prisional, o Judiciário, o *status* dos judeus, a previsão de enterro gratuito para indigentes e o subsídio para a ópera e o teatro nacionais. O que transparece de suas ideias nesses e em outros assuntos é que ele estava interessado em construir uma sociedade, mais que um Estado. No dia 10 de maio de 1806, ele fundou a Universidade da França, "um corpo exclusivamente preocupado com a educação e a instrução do público em todo o Império", com uma determinação especial de "direcionar opiniões políticas e morais". Era um estabelecimento piramidal coroando todo o sistema educacional, trazendo para baixo de uma mesma administração todas as instituições de ensino existentes. Embora estivesse particularmente interessado em desenvolver as ciências, por meio das quais queria construir um grande quadro de tecnocratas, Napoleão parecia mais preocupado com a moralidade dos professores e a uniformidade do currículo do que com qualquer outra coisa. "Prefiro ver as crianças da aldeia nas mãos de um monge que não saiba nada além de seu catecismo e cujos princípios conheço do que nas de um homem semieducado com nenhuma base moral", declarou a respeito das escolas primárias. Os professores na educação superior deveriam ser incorporados ao corpo semimilitar e prestar um juramento cerimonial, como um padre fazendo os votos sagrados. "Na educação, sinto que os jesuítas deixaram um grande vazio", disse ao Conselho de Estado. "Não quero trazê-los de volta, nem qualquer outra corporação sujeita a um poder estrangeiro, mas sinto que deveria organizar a educação da próxima geração de forma a ser capaz de controlar sua perspectiva política e moral." Por isso ele sentia que os professores deveriam permanecer no celibato até o momento em que se provassem maduros e confiáveis, mas que deveriam casar no tempo apropriado, uma vez que via o casamento como o estabilizador social perfeito, e deveriam então passar a ter *status*, chegando até mesmo a se equiparar ao do Senado. "Desejo criar uma corporação não de jesuítas que teriam seu soberano em Roma, mas jesuítas que não teriam nenhuma outra ambição além de ser úteis e nenhum outro interesse além do interesse público."[8]

Um preconceito similar contra o individualismo se manifesta em suas reclamações sobre os membros do Judiciário, que ele considerava uma corporação independente. Napoleão queria ver as decisões deles padronizadas em vez de deixar tudo a cargo de seus próprios julgamentos. E também se incomodava com os judeus, cuja existência ele só percebeu em suas visitas à região Noroeste da França e ao Oeste da Alemanha. Além de sua antipatia natural por "gente de negócios", que o levava a ver os judeus como usurários predadores de pobres inocentes e como "verdadeiros bandos de corvos", "sugando todo o sangue dos verdadeiros franceses" e "uma nação vil e degradada, capaz de toda baixeza", ele não gostava da ideia deles como uma nação à parte, e suspeitava que eram desleais e espiões. O fato de que sua presença era mais notável na fronteira da região da Alsácia o incomodava, e a melhor coisa a ser feita com eles, sugeriu, era espalhá-los de forma mais uniforme pelo território da França. Napoleão iria convocar um grande sinédrio, juntando rabinos e anciãos num órgão, que consultaria para regulamentar seu *status*.[9]

Grande parte da legislação que mais deixava Napoleão feliz tinha como objetivo integrar as pessoas à sociedade. Ele introduziu o *"livret"*, que todo trabalhador tinha que carregar com a definição de sua profissão. Estava excessivamente orgulhoso de ter supervisionado a introdução do *"cadastre"*, um registro de terras, que ele descrevia como equivalente a uma Constituição em si, uma vez que fixava os direitos de todos em relação a suas propriedades, mas também porque estabelecia seu *status* de contribuinte e, portanto, sua posição na sociedade. Eles não precisavam mais temer ter suas propriedades tomadas, mas em troca tinham que se submeter ao Estado, no qual ganharam uma participação.[10]

O volume punitivo de trabalho que Napoleão assumiu se refletia nas rotinas que ele adotava, cuidadosamente registradas por Agathon Fain, que agora havia se juntado a Méneval no escritório privado de Napoleão como arquivista. Depois da coroação, Napoleão não dividia mais seu quarto com

Josefina. Ocasionalmente ele a visitava à noite, e algumas vezes pedia a ela que fosse ler para ele até que dormisse. Isso o deixava livre para seguir sua própria rotina, que envolvia acordar às duas da manhã para trabalhar com seu secretário, que tinha de estar de plantão a qualquer momento. Depois de algumas horas de trabalho, ele tomava um banho quente, e algumas vezes voltava para a cama para uma ou duas horas de sono, antes de se levantar às sete para começar sua *toilette* e se vestir. Em Paris ele sempre usava o uniforme azul de coronel dos granadeiros da Guarda, com meias brancas, e apenas ocasionalmente o *"habit habillé"*, a antiga vestimenta da corte que ele havia reintroduzido, mas que odiava vestir, se referindo a ela como *"cet accountrement"*. Em campanha, ele vestia um uniforme verde de coronel da unidade montada da Guarda, com botas de cano longo.[11]

Napoleão não havia mudado de aposentos nas Tulherias, mas eles passaram por reformas. Seu escritório era, nas palavras de Fain, "nada mais que uma dependência de seu quarto", e ele trabalhava ali de roupão. No escritório externo ou salão ele só entrava completamente vestido. Entre o escritório íntimo e o quarto havia uma sala contendo um arquivo de mapas e uma grande mesa na qual eles podiam ser abertos. Num dos lados havia um compartimento com um puxador, atrás do qual estavam uma escadaria e um posto ocupado 24 horas por dia por um *garde de portefeuille* por quem passava as comunicações. Havia dois deles, que trabalhavam em plantões alternados, comendo e dormindo no posto, entrando no escritório privado apenas para arrumá-lo e acender o fogo.[12]

O escritório de Napoleão era dominado por uma mesa projetada por ele mesmo, com dois espaços, um de frente para o outro, para que ele pudesse se sentar diante de seu secretário com bastante espaço para papéis de ambos os lados. Ele sentava com as costas para o fogo, defronte à porta que dava para a outra sala. O quarto tinha uma janela, com vista para os jardins, em cujo nicho havia uma pequena mesa de escrever, na qual o secretário sentava para anotar ditados de costas para a sala. Do outro lado do escritório ficava uma estante de livros com um relógio e, na frente, uma grande mesa de mármore na qual tabelas e mapas podiam ser abertos. Ao lado da lareira havia um confortável sofá com uma pequena mesa de canto.

Uma vez vestido, Napoleão normalmente voltava para o escritório às oito horas, pronto para começar a trabalhar. Seu secretário sentava no lado oposto da mesa, repassando papéis para serem assinados. Ele então ia para a lareira e lia despachos e cartas empilhadas na mesa ao lado do sofá. Ditava as respostas para algumas, deixando-as no chão para serem arquivadas, e colocando aquelas que precisavam de mais consideração na mesa para reler depois. Também lia diversos relatórios e cartas de seus correspondentes, os "amigos" em todo o país que o mantinham atualizado a respeito de opiniões e fofocas, as quais jogava no fogo depois de ler, e algumas vezes folheava um livro, que também era jogado no fogo se não o agradasse. Ele olhava o conteúdo da maleta de couro marroquino vermelho com a identificação *Gazettes étrangères*, contendo transcrições de cartas interceptadas pelo *cabinet noir*, o escritório de interceptação de correio e decodificação.[13]

Se havia necessidade de um mapa, o cartógrafo do imperador Louis Albert Bacler d'Albe era convocado. Depois de encontrar o mapa requisitado nas caixas em um cômodo que era pouco mais que uma passagem entre o quarto e o escritório, ele o abria numa mesa grande, robusta, construída para isso, e disponibilizava uma almofada de alfinetes cheia de pinos com cabeças de diferentes cores, juntamente com lápis coloridos e um par de compassos para medir distâncias. Se era um mapa grande, ambos subiam na mesa e se deitavam sobre ela. "Mais de uma vez vi os dois deitados na grande mesa, interrompendo seu trabalho com uma exclamação repentina apenas quando um batia a cabeça no outro com muita força", registrou Fain.[14]

Às nove horas o camareiro do dia batia na porta para anunciar que era a hora do *lever*. Napoleão se dirigia ao escritório externo ou ao salão, onde os chefes de serviço da corte esperavam para receber as tarefas do dia, junto com aqueles ministros que tinham algo a relatar ou ordens a receber. A sala continha duas mesas cobertas com um trilho verde colocado diagonalmente nos cantos que ficavam mais próximos de seu escritório íntimo, nas quais Napoleão sentava para interrogar um ministro ou fazê-lo anotar um ditado. Mas na maior parte das vezes ele recebia as pessoas em pé de forma a economizar tempo. O ministro de Polícia e o prefeito do Departamento do Sena estavam sempre lá para regalá-lo com as últimas novidades e fofocas da vida noturna. A menos que ele precisasse discutir algo mais longamente, a ordem do dia podia durar apenas cinco minutos, e depois ele voltava ao escritório para trabalhar. Como desjejum, tomava uma xícara de café forte. Às quintas havia um *grand lever*, ao qual todos que tinham acesso compareciam, o que incluía a maior parte da corte. A manhã de trabalho normalmente terminava com uma entrevista com o secretário de Estado, Maret, um homem que alguns odiavam, mas que era perfeitamente educado e um dos poucos que tinham a completa confiança de Napoleão.[15]

Napoleão jantava às seis ou sete, normalmente com Josefina, e com membros de sua família aos domingos. O jantar consistia em não mais que dois ou três pratos, e durava perto de quinze a vinte minutos. Algumas vezes nada era dito. Depois do jantar, ele podia voltar a trabalhar ou se juntar à imperatriz na sala de visitas dela. No fim da noite havia um breve *coucher*, durante o qual ele dava ordens aos chefes do serviço doméstico para o próximo dia. Ele normalmente ia dormir às dez. "Na sua vida privada, Napoleão era quase um monge militar, e todos em seu serviço imediato tinham que se adequar à regra dele", registrou Fain.[16]

O volume de trabalho não impedia que o "monge militar" fosse ao teatro, caçasse, planejasse novos trabalhos ou mesmo galanteasse. A nova rotina de sono deu a ele mais liberdade, e ele a usava. Costumava tirar vantagem de algumas das jovens damas de companhia de Josefina, que não tinham condições de resistir. Também gostava de ir com Duroc aos bailes de máscara no Opéra, onde agia como se ninguém pudesse reconhecê-lo, aliciando mulheres e espalhando fofocas picantes. Em uma dessas ocasiões, no início de 1806, Napoleão conheceu Éléonore de la Plaigne, uma protegida de Caroline Murat de dezenove anos, recém-casada com um capitão de cavalaria chamado Revel, conhecido por ser uma pessoa indesejável. Pouco depois de Napoleão reparar nela, o capitão foi preso, rebaixado e grosseiramente tratado pela polícia antes de ser pressionado a se divorciar. Éléonore foi levada pelos Murat como parte da família e acomodada numa pequena casa de hóspedes em sua propriedade em Neuilly, onde Napoleão a visitava.[17]

"Algumas vezes ele passava o dia inteiro sem trabalhar, mas sem sair do palácio ou mesmo de seu escritório", segundo Méneval. "Gastava uma hora com a imperatriz, então voltava, sentava em seu sofá onde ou dormia ou parecia cochilar por um tempo. Então vinha e se apoiava no canto da minha mesa, ou no braço da minha cadeira, algumas vezes nos meus joelhos. Então colocava seu braço em volta do meu pescoço e se divertia ao, de brincadeira, puxar minha orelha ou bater nos meus ombros ou rosto." Ele perambulava pela sala, pegava um livro, citava um trecho e o discutia, ou declamava versos de Corneille, e algumas vezes cantava – terrivelmente desafinado.[18]

No decorrer do ano anterior, Napoleão havia derrotado a força combinada de duas das maiores potências do continente, fazendo um imperador implorar por paz e o outro fugir vergonhosamente. A experiência não pode ter deixado de lhe dar uma impressão de poder quase ilimitado – suas tropas entusiasmadamente proclamavam que sob sua liderança nada era impossível. Ele também conheceu de forma mais próxima outros Estados da Europa, nos níveis diplomático, administrativo e militar, e não ficou impressionado. Entrou em contato com governantes que eram pusilânimes, ineficientes, corruptos, estúpidos, traiçoeiros, fracos ou simplesmente preguiçosos. Havia visto por conta própria o quão mal administrada era a maior parte da Europa, e como as pessoas eram maltratadas e os recursos desperdiçados, e passara a ver todos os governantes com um grau variado de desprezo.

Um que realmente mereceu esse julgamento foi o rei de Nápoles. Já em setembro de 1805 ele havia assinado um tratado com a França se comprometendo a permanecer neutro sob a condição de as tropas francesas se retirarem dos portos napolitanos, ocupados para impedir os desembarques britânico e russo. Informado por seus espiões de que o rei já havia assinado tratados com a Inglaterra e a Rússia contra a França, Napoleão escreveu para a rainha Maria-Carolina, o poder por trás do trono, alertando-a a não fazer nenhum movimento hostil. Três semanas depois que as tropas francesas começaram a se retirar, no meio de outubro, uma esquadra anglo-russa apareceu e desembarcou 12 mil soldados russos e 8 mil britânicos, os quais, com os 40 mil do forte Exército napolitano, começaram operações contra o reino da Itália. Ao receber as notícias de Austerlitz, o contingente anglo-russo se retirou. No dia 26 de dezembro, Napoleão emitiu uma proclamação de Schönbrunn declarando que por sua infidelidade os Bourbon de Nápoles haviam perdido o direito ao trono. Em 6 de janeiro de 1806, Napoleão colocou seu irmão Joseph no comando do Exército francês com ordens para ocupar o reino. Maria-Carolina escreveu uma carta abjeta declarando que havia se recuperado da cegueira que a levou a agir da forma que agiu e apelando para a generosidade de Napoleão para manter o marido no trono. Mas Joseph já estava invadindo Nápoles e, em 30 de março, Napoleão o nomeou rei de Nápoles – em nome, segundo ele, da tranquilidade da Europa. Isso, do ponto de vista de Napoleão, exigia frear as ambições britânicas e russas no Mediterrâneo. Agora, com toda a costa da Itália e da Ilíria nas mãos dos franceses, e a Espanha como aliada, isso parecia possível.

Após a morte de Pitt, em 23 de janeiro, e a formação de um ministério sob lorde Grenville com Charles James Fox como secretário de Relações Internacionais, uma acomodação com a Inglaterra também parecia possível. No dia 6 de março, Talleyrand recebeu uma carta de Fox com informações da inteligência sobre um plano de monarquistas contra Napoleão e sugerindo um acordo de paz. O gabinete britânico parecia disposto a ir adiante, mas, mesmo assim, impôs um bloqueio na costa da Europa, do Elba, na Alemanha, a Brest, na França. Napoleão tomou a precaução de impedir qualquer discussão sobre o *status* dos Países Baixos, convertendo a República da Batávia no reino da Holanda, com seu irmão Louis como rei.

Dez dias depois de Louis ascender ao trono, em 5 de junho de 1806, o conde de Yarmouth chegou a Paris para negociar a paz. Os britânicos estavam preparados para aceitar um acordo, sua única exigência era que o rei Ferdinando fosse autorizado a manter a metade siciliana de seu antigo reino e que Joseph se contentasse com apenas a parte continental de Nápoles. Napoleão declarou que Joseph deveria também ter a Sicília, e prometeu encontrar para Ferdinando um reino substituto no Norte da Alemanha ou possivelmente na Dalmácia. Oubril, que havia sido enviado a Paris pelo tsar Alexandre para negociar o tratado com a França, sugeriu que Ferdinando fosse recompensado com as ilhas Baleares. Isso fez alarmes soarem em Londres, onde a ideia foi vista como uma estratégia para proporcionar à Rússia uma base no oeste do Mediterrâneo. O novo negociador britânico, lorde Lauderdale, que chegou a Paris em 5 de agosto, sugeriu que Ferdinando fosse recompensado com algum lugar na América do Sul. Por razões difíceis de decifrar, Napoleão ficava mudando suas exigências, debilitando Talleyrand e finalmente o substituindo como negociador pelo menos diplomático general Savary. Napoleão parecia ter começado a vislumbrar uma organização inteiramente nova para a Europa e a posição da França nela.[19]

Um aspecto surpreendente da ascensão de "Joseph-Napoleão" ao trono de Nápoles e da Sicília é que isso passou ao largo do Senado francês. Assim como a transformação da República da Batávia em reino com Louis como rei.

O Senado foi simplesmente informado que "proclamamos Louis-Napoleão, nosso amado irmão, rei da Holanda". Ele passou a redesenhar o mapa político da Europa e a transformar a maneira como uma grande faixa do continente era governada. Tendo reduzido a Áustria e aumentado a Baviera, Württemberg e Baden, ele ligou esses três Estados, com as 33 unidades políticas alemãs restantes, numa Confederação do Reno, da qual se nomeou protetor. Era uma versão atualizada do Sacro Império Romano, parte de um sistema de segurança continental com cada um dos membros obrigados a providenciar certo número de soldados para a defesa comum: França, 200 mil; Baviera, 30 mil; Württemberg, 12 mil; Baden, Cleves e Berge, 5 mil cada; Hesse-Darmstadt, 4 mil; e o restante, 4 mil no total.

Havia uma lógica nesse acordo, na medida em que isso protegeu o coração alemão de interferência externa e invasão; mas a lógica exigia que o sucessor do Sacro Império Romano, esse "imperador do Ocidente", como as pessoas começaram a chamá-lo, governasse pensando no interesse universal. Contudo, a França não era de fato um membro da Confederação, apesar de estar claro que o empreendimento como um todo deveria atender a seus interesses. O mesmo valia para os supostos reinos soberanos. "Nunca deixe de ser francês", Napoleão instruiu Louis depois de fazê-lo rei da Holanda.[20]

A internacionalização da Revolução havia gradualmente sido absorvida pelo culto da nação, que por sua vez havia sido sujeitada por Bonaparte ao Estado, e que agora estava sendo transformado numa visão de Império. A terminologia da *Grande Nation* havia sido suplantada pela do *Grand Empire*. Enterrado em algum lugar nisso estava o ideal de uma Europa sem fronteiras, uma *patrie* comum do Iluminismo com um sistema legal universal e uma moeda na qual, como Napoleão dizia, "mesmo viajando, ninguém nunca deixaria de estar em casa". Era um sonho que tinha um apelo para muitos e trazia esperança a milhões, uma vez que a maior parte do continente era governada de modo que, no mínimo, não era benigno, por administrações corruptas e incompetentes voltadas para o benefício de poucos.[21]

"Um dia desses, estou convencido, vamos ver o Império do Ocidente renascer à medida que os povos exaustos correrem para se colocar sob o domínio da nação mais bem governada", Napoleão disse a seu Conselho de Estado. Nisso, como em outros assuntos, ele estava à frente de seu tempo. Contudo, enquanto começava a construir seu sistema pan-europeu, ele passou inexplicavelmente a olhar para trás. Ele não só baseou sua estratégia diplomática na de Luís XIV – o novo "Império do Ocidente" lembrava um sistema medieval de vassalagem pessoal.²²

Napoleão começou em casa, introduzindo estatutos para governar a família imperial, da qual era "líder e pai". Eles eram modelados em documentos similares que governavam as antigas casas reais da Europa, mas incluíam conceitos pertencentes à tradição da família da Córsega, juntamente com uma pitada de disciplina militar. Definiam regras de precedência, guias de conduta, restrições de casamento e viagem, para que nada pudesse ser feito ou aceito sem o seu consentimento. Incluíam uma tabela de penalidades, dentre as quais constavam a prisão e o exílio.

O continente seria unido não por uma administração moderna, mas pela dinastia Bonaparte e pelas casas reais e ducais estabelecidas da Europa preparadas para se associar a ela. Joseph era rei de Nápoles; Louis, rei da Holanda; o marido de Caroline Murat, grão-duque de Berg; Elisa Bacciochi, duquesa de Luca e Piombino. Outras camadas de controle foram providenciadas pelos mais próximos ao trono imperial, com Berthier se tornando príncipe de Neuchâtel (um antigo feudo prussiano); Bernadotte, príncipe de Pontecorvo; e Talleyrand, príncipe de Benevento, no reino de Nápoles. Outros feudos, como a Dalmácia, a Ístria, o Friuli, Cadora, Belluno, Conegliano, Treviso, Feltre Bassano, Vicenza, Pádua e Rovigo, no que havia sido o território veneziano, foram para ministros e marechais.

Na própria França, pelo *senatus-consulte* de 14 de agosto de 1806, Napoleão criou uma nobreza imperial, concedendo títulos de príncipe, duque, conde e barão. A linguagem que acompanhava esses atos e investiduras sugeria outra época; os costumes, formas de tratamento e dotações fabulosas eram um insulto ao espírito do Iluminismo e tudo que era mais caro para a maioria dos homens franceses a respeito da Revolução. "É triste dizer, mas quando num conselho pleno ele propôs a questão se a instituição de títulos hereditários era contrária aos princípios de igualdade que professava, quase todos nós respondemos que não", admitiu o velho revolucionário açougueiro de nobres Fouché. "De fato, o Império sendo uma nova monarquia, parecia indispensável para nós a criação de grandes oficiais e dignitários e o baluarte de uma nova nobreza." Ele se tornou duque de Otranto.²³

A vaidade humana triunfou sobre a chamada Idade da Razão. Murat, Louis e Joseph instituíram novas ordens de cavalaria, trocaram condecorações, designaram uniformes resplandecentes para si mesmos, seus regimentos de guarda e oficiais da corte. Publicaram etiquetas e concederam títulos de nobreza a seus amigos. Enviaram embaixadores para suas cortes e jogaram o jogo da monarquia com uma intensidade que até mesmo Napoleão achava ridícula. Marechais, ministros e generais, e particularmente suas esposas, disputavam títulos e ficavam ressentidos uns com os outros, e antigos revolucionários se dedicavam a inventar brasões para pintar as portas de suas carruagens. Quando Jérôme instituiu a Ordem da União caracterizada pela águia imperial, uma serpente comendo o próprio rabo como símbolo da eternidade, o leão de Hesse, o cavalo de Brunswick, e outra águia e leão, Napoleão disse a ele que havia "bestas demais naquela ordem".[24]

"Poucas pessoas em sua posição teriam mantido tal grau de modéstia e simplicidade", defendia o prefeito do palácio, Louis Bausset, e havia um pouco de verdade nisso. Quando um grupo de pessoas declarou o desejo de começar a coletar patrocínio para uma estátua equestre dele, Napoleão proibiu. "Muito simples na maneira de ser, gostava de luxo em seu entorno apenas porque parecia a ele que um grande espetáculo era uma maneira de se impor, o que fazia governar ser mais fácil", de acordo com Fain, que via nele "um amigo certo e o melhor dos mestres". Ele mimava seus servos e garantia que a eles não faltasse nada, mesmo depois que se aposentavam. Se perdia a cabeça com eles, ou os chateasse de alguma forma, ele compensava isso regiamente.[25]

Sua visão de si mesmo e daquilo que ele acreditava personificar está refletida no cerimonial de sua corte, que se tornou mais laborioso, e em seu mecenato artístico, particularmente na construção de programas e monumentos. Durante seu consulado, Napoleão quis celebrar soldados. Seus planos iniciais incluíam uma ambiciosa reconstrução dos Invalides centrada em um Templo de Marte no qual os grandes comandantes franceses seriam adequadamente comemorados. Irmãos de armas já mortos como Desaix eram imortalizados em esculturas. Em 1806 lançou a pedra fundamental do arco triunfal que seria construído na frente das Tulherias, na praça do Carrousel, e de uma coluna inspirada no modelo do monumento a Trajano, em Roma, a ser feita a partir do bronze de um canhão capturado em Austerlitz, na praça Vendôme. Outro arco triunfal, maior, foi também projetado para o outro lado da Champs Élysées. Esses trabalhos eram contrabalançados pelo projeto simultâneo de reconstruir a igreja de La Madeleine como um templo para os mortos notáveis, mas este seria o último dos monumentos dedicado aos soldados.

O próximo plano de Napoleão era de um grandioso palácio no alto de Chaillot, efetivamente uma nova cidade imperial com alojamentos militares, uma universidade, arquivos, um "palácio de artes" e outros prédios. Seu programa continuou a beneficiar o público: entre 1804 e 1813, ele gastou 277 milhões de francos em estradas, 122 milhões em canais, 117 milhões em portos marítimos, 102 milhões em aterros, estradas, praças e pontes em Paris, trinta milhões em pontes e 62 milhões em palácios imperiais e prédios, como os ministérios e a Bolsa de Valores. Contudo, de 1806 em diante, os monumentos eram dedicados não à nação, ao exército ou mesmo às grandes vitórias, mas ao imperador. Ele, no entanto, não parecia ter chegado a uma conclusão definitiva sobre o propósito final e os limites do império que estava construindo.[26]

30
Senhor da Europa

As negociações de paz na primavera e no verão de 1806 com a Inglaterra e a Rússia foram perturbadas por desconfianças mútuas. Embora professasse intenções pacíficas, o governo britânico não apenas deu ordens ao Conselho, colocando a França e boa parte da Alemanha sob bloqueio, como continuou a dar apoio ao rei Bourbon de Nápoles contra o irmão de Napoleão, Joseph, desembarcando tropas no Sul da Itália e em julho conquistando sua primeira vitória naquele século em Maida. Napoleão também estava em compasso de espera. Ele negociara um acordo com Peter von Oubril, representante do tsar, que havia sido enviado para São Petersburgo para ser ratificado; e provavelmente esperava que isso o colocasse numa melhor posição para negociar com a Inglaterra.

Isso deixava inquieto o rei da Prússia, que temia que Napoleão fechasse um acordo às suas custas. Ele havia adquirido a província da Casa Real britânica de Hanover num tratado com a França em dezembro de 1805, e parecia provável que um acordo entre a Inglaterra e a França tivesse como consequência sua perda. Ele também suspeitava que o preço da paz entre Napoleão e o tsar Alexandre fosse a cessão de parte de suas terras a leste para a Rússia. Tendo marginalizado a Prússia, Napoleão não desejava reduzi-la ainda mais e tentou garantir isso ao rei, ordenando no início de agosto a retirada das tropas francesas que ainda estavam na Alemanha. Frederico Guilherme queria apenas a preservação do *status quo*, mas estava sendo influenciado por sua rainha beligerante e seu ministro Karl August von Hardenberg, que jogava para a opinião pública que achava que a Prússia havia sido humilhada, e um corpo de soldados que acreditava que seu exército era o melhor da Europa e desejava uma oportunidade para provar isso. Em 9 de agosto, em resposta a um falso relatório do general Blücher informando que uma movimentação de tropas francesas ameaçava Hanover, a Prússia começou a se mobilizar.[1]

Apesar de responder assegurando seu desejo por paz, Napoleão se sentiu ultrajado. Quando descobriu a publicação na Baviera de um violento panfleto antifrancês lamentando a humilhação da Alemanha, Napoleão fez o editor Johann Philipp Palm ser julgado em corte marcial e executado a tiro em 26 de agosto. Isso provocou reações entre os nacionalistas alemães e uma onda de sentimento francófobo na Prússia, onde os oficiais do Exército protestavam afiando seus sabres nos degraus da embaixada francesa em Berlim. Napoleão se ofendia facilmente e parecia incapaz de suportar contra si o mesmo que fazia aos outros.

Ele também suspeitava que havia algo a mais por trás da beligerância da Prússia. "A ideia de que a Prússia sozinha se colocou contra mim parece tão ridícula que não vale a pena discutir", escreveu a Talleyrand. Em 3 de setembro, quando foi informado de que o tsar Alexandre havia rejeitado o tratado negociado por Oubril, Napoleão percebeu que Inglaterra, Rússia e Prússia tinham chegado a um acordo. Incapaz de perceber que havia jogado um nos braços do outro, ele conseguia apenas ver deslealdade. "Esses reis não vão me deixar em paz", disse a Caulaincourt. "Eles parecem determinados a me convencer de que não terei paz e tranquilidade até que os destrua."[2]

Napoleão instruiu Talleyrand e seu embaixador em Berlim a assegurar a Frederico Guilherme que não desejava guerrear, destacando que não era de seu interesse perturbar a paz que ele mesmo havia conquistado. Talvez ele tenha sido sincero nisso, uma vez que era difícil ver quais vantagens essa guerra poderia lhe trazer. Mas ele havia ficado ressentido com o que chamou de "um pequeno reino como a Prússia", desafiando-o diante de toda a Europa. Era, como afirmou Caulaincourt, "como um pequeno cachorro imprudentemente levantando a perna para urinar num dinamarquês". Nesse momento, a paz só poderia ser mantida se o cachorrinho abaixasse a perna, mas isso não iria acontecer.[3]

Impulsionado pela perspectiva de 100 mil russos marchando em seu apoio e antecipando que Áustria, Baviera e Suécia iriam aproveitar a oportunidade para se juntar à luta contra a França, o normalmente indeciso Frederico Guilherme colocou suas tropas em movimento. Em 12 de setembro, a Prússia invadiu a Saxônia para provocar seu líder a aderir a uma aliança contra os franceses. Duas semanas depois, Frederico Guilherme emitiu um ultimato a Napoleão para que retirasse todas as suas tropas que estivessem além do

Reno. "Eles querem mudar a face da Europa", Napoleão disse a Caulaincourt. Ele passou a especular que talvez sua "estrela" quisesse que ele combatesse nessa guerra sem sentido que poderia, nas palavras dele, "abrir um grande campo para grandes questões". Napoleão também insinuou que, como meros tratados não podiam garantir a paz, algum novo sistema teria que ser colocado em funcionamento.4

Napoleão escreveu uma última carta a Frederico Guilherme, em 12 de setembro, professando suas intenções pacíficas e alertando-o a não começar uma guerra sem sentido. Mas ele já havia ordenado a sua *maison militaire* que pegasse a estrada duas semanas antes, e em 25 de setembro deixou Saint-Cloud em direção a Mainz, acompanhado de Josefina. Em 2 de outubro, ele estava em Würzburg com seu aliado, o rei de Württemberg, visando confrontar os prussianos na Saxônia.5

Em 10 de outubro, Lannes, comandando a guarda avançada, atacou e derrotou o batalhão prussiano em Saalfeld. Seu comandante, o príncipe Ludvig, primo do rei prussiano, foi retalhado e morto por um cavaleiro francês. Napoleão enviou um de seus ajudantes com uma carta para Frederico

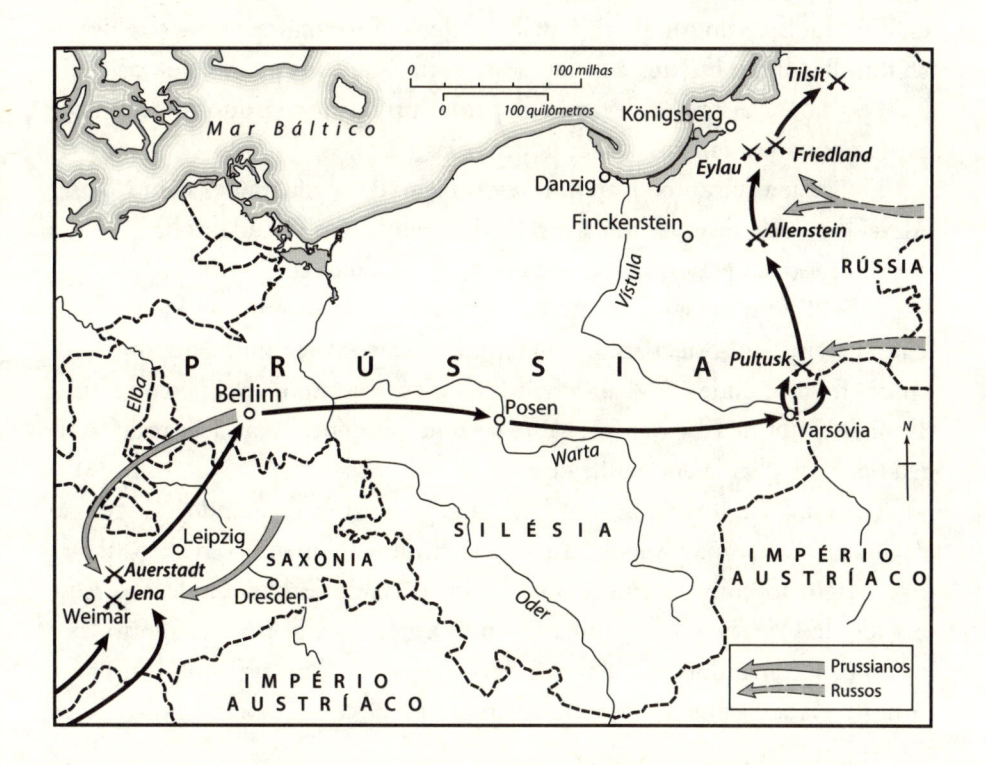

Guilherme propondo negociações de paz, mas, ao chegar à linha prussiana, o ajudante foi preso e a carta jamais chegou a seu destino.

Os batalhões prussianos se moviam erraticamente, e Napoleão tinha dificuldade em adivinhar suas intenções, mas reagiu com velocidade extraordinária e atacou o que acreditava ser sua força principal em Jena, em 14 de outubro. De fato, era um batalhão de cerca de 40 mil homens sob o comando do príncipe Hohenlohe. Não conseguindo perceber por causa da neblina que estava em superioridade de quase dois para um – ele foi atingido por sua própria tropa enquanto fazia o reconhecimento –, Napoleão atuou com cautela e os derrotou, colocando-os para correr no início da tarde. Cerca de quinze quilômetros ao norte, Davout, com 30 mil homens, que havia recebido ordens para encurralar o que Napoleão acreditava ser a ala à esquerda das forças prussianas, havia se deparado com o principal batalhão prussiano com 70 mil homens sob ordens do duque de Brunswick e o rei Frederico Guilherme em Auerstadt. Bernadotte, que marchava ao lado de Davout com seu batalhão, falhou em resgatá-lo. Mas, apesar de ter sofrido grandes perdas, numa ação brilhante Davout desviou Brunswick, que estava mortalmente ferido, e quando os remanescentes em retirada colidiram com aqueles que estavam fugindo do campo de batalha de Jena, o Exército prussiano se desintegrou. Batalhões inteiros e fortalezas se entregaram aos pelotões de cavalaria francesa que avançavam, levando as perdas prussianas em mortos, feridos e capturados a 140 mil em apenas poucos dias.[6]

Em 24 de outubro, Napoleão estava em Potsdam, onde, como o tsar Alexandre antes dele, visitou a tumba de Frederico, o Grande, roubando seu chapéu e espada para levar de volta para os Invalides como troféus. Ele relatou a Josefina que estava bem e que achou o famoso retiro de Frederico, o Grande, em Sans-Souci "muito agradável". Davout fez uma entrada triunfal em Berlim, onde três dias depois Napoleão se juntou a ele, percorrendo a avenida Unter den Linden para tomar como residência o palácio real, escoltado por sua guarda em desfile de armas.[7]

Frederico Guilherme havia escrito um apelo patético pedindo a suspensão das hostilidades, mas Napoleão não estava num momento generoso. Ficara tão indignado com o comportamento de Bernadotte que, se ele não fosse marido de Désirée, o encaminharia a uma corte marcial para ser morto com um tiro. Ele mandou executar o governador de Berlim, príncipe Hatzefeld, como espião. Depois de um encontro amigável com Napoleão, o príncipe havia escrito para o quartel-general de Frederico Guilherme dando detalhes das composições francesas, e a carta foi interceptada. A esposa do príncipe foi implorar por misericórdia, e Napoleão o perdoou. Mas seu humor não melhorou. Cavalgando com seu guarda-costas mameluco Roustam, ele sacou a pistola do coldre e apontou para alguns corvos. A arma não funcionou, então ele irritadamente a jogou no chão e repreendeu Roustam com a linguagem mais chula possível. Mas foi obrigado a se desculpar depois que o mameluco o lembrou que ele havia encomendado uma nova trava de segurança sob medida para a pistola.[8]

Napoleão não estava impressionado com a Prússia. Seu exército havia sido um pouco melhor que uma máquina militar do século XVIII, com soldados mostrando pouca devoção aos superiores e ao país. "Os prussianos não são uma nação", Napoleão continuava a dizer a Caulaincourt. Ele comparou a escrivaninha de Frederico, o Grande, em Sans-Souci, com a de um notário provinciano francês, e, quando quis levar a carruagem de quatro cavalos do arco do triunfo em Charlottenburg para adornar um em Paris, ficou revoltado ao descobrir que ela era feita de placas de ferro. Napoleão descreveu a Prússia e sua monarquia como um cenário falso que não merecia ser preservado e começou a cogitar várias opções sobre a reorganização do território.[9]

O conde Metternich, embaixador austríaco em Paris, acreditava que se Napoleão tivesse conseguido um acordo de paz com Frederico Guilherme, incorporando uma Prússia reduzida à Confederação do Reno, a França teria sido inexpugnável e a influência russa, completamente excluída da Alemanha. Mas Napoleão foi lento em responder às propostas prussianas, e suas condições – de que a Prússia desistisse de suas posses a oeste do Elba, pagasse pesadas reparações de guerra e se juntasse à França numa aliança contra a Rússia e a Inglaterra – eram muito duras. As negociações nunca chegaram a caminhar antes de Frederico Guilherme se refugiar em Königsberg para esperar ser salvo pela Rússia.[10]

Enquanto isso, Napoleão decidiu atacar o financiador de todas as coalizões contra a França. Assim como a maioria dos europeus da época, ele acreditava que a economia britânica, pesadamente dependente de crédito, implodiria se o negócio que sustentava esse crédito fosse destruído. Respondendo a Ordens do Conselho Britânico de 16 de maio de 1806, que decretaram um bloqueio dos portos franceses e a captura de seus navios, em 21 de novembro Napoleão assinou decretos fechando todos os portos europeus sob seu controle para navios, mercadorias e comércio britânicos. O objetivo era tirar da indústria britânica seu mercado e cortar o acesso a suprimentos vitais de grãos, madeira e matérias-primas, particularmente do Báltico. Napoleão aumentou a pressão no ano seguinte, quando ordenou que qualquer navio que tivesse atracado em um porto na Inglaterra poderia ser confiscado, expandindo isso mais tarde para incluir qualquer barco que tivesse sido vistoriado pela Marinha Real e para permitir que corsários franceses confiscassem produtos britânicos em navios neutros. Os britânicos responderam na mesma moeda.

Os decretos de Berlim tinham implicações de longo alcance, uma vez que tornavam essencial a existência de controle francês, direto ou indireto, sobre todos os portos da Europa. Aliados teriam que ser forçados e neutros, coagidos a entrar no que Napoleão chamaria de seu Sistema Continental. Como um primeiro passo, ele ordenou ao general Mortier que ocupasse as cidades hanseáticas de Hamburgo e Lübeck e a Pomerânia sueca. Mas impor os decretos iria exigir muito mais que alguns regimentos. Napoleão havia entrado num compromisso sem fim que nunca conseguiria cumprir. E como se isso não fosse o suficiente, agora ele havia aberto a caixa de Pandora.

Em 19 de novembro, ele recebeu uma delegação de patriotas poloneses de Posen (Posnânia), a capital da província polonesa anexada pela Prússia uma década antes. O colapso prussiano podia ter aumentado a esperança na Polônia de uma recriação do país, dividido por Rússia, Prússia e Áustria em 1795. A parte prussiana agora estava efetivamente livre, e os patriotas vieram descobrir seus planos para a área. Ele não tinha nenhum.

Como a maior parte dos europeus ocidentais, Napoleão nutria uma simpatia residual pelos poloneses por terem perdido seu país. Durante sua primeira campanha italiana, passou a valorizar vários oficiais poloneses e particularmente seu assistente Sulkowski. Quando percebeu que entre os prisioneiros austríacos havia poloneses convocados pelos austríacos e interessados em lutar contra eles, Napoleão os transformou numa legião que guerreava ao lado dos franceses. Mas quando deixaram de ser úteis, ele não sentiu nenhum remorso em despachá-los para São Domingos, onde a maioria pereceu. De volta em março de 1806, ele instruiu Fouché a inserir artigos na imprensa descrevendo a repressão russa e a violência contra os poloneses, provavelmente apenas para constranger a Rússia, com quem ainda estava na época negociando um tratado.[II]

Muitos poloneses convocados para os batalhões prussianos também haviam desertado para os franceses, e Napoleão os fez formar uma legião sob o general Józef Zajaczek, que havia servido com ele na Itália e no Egito (1.500 foram incorporados em uma legião criada a partir de irlandeses insurgentes de 1798 que foram vendidos pelo governo britânico para o rei da Prússia para trabalhar nas minas, mas depois foram pressionados a entrar no Exército prussiano). Em 24 de setembro, Napoleão instruiu Eugène a despachar todos os oficiais da equipe do Exército italiano para se juntar à legião sob Zajaczek. Menos de uma semana depois de chegar a Berlim, em 3 de novembro, escreveu a Fouché em Paris instruindo-o a enviar o general polonês Tadeusz Kosciuszko, o universalmente respeitado líder da insurreição nacional polonesa de 1794, com quaisquer outros poloneses que conseguisse encontrar em Paris, para se juntar a ele na capital prussiana. Em 17 de novembro, dois dias antes de seu encontro com os delegados de Posen, Napoleão deu instruções para que se dissesse que ele tinha a intenção de recriar o Estado polonês. Talleyrand estava interessado na ideia e sondava a possibilidade de a Áustria desistir da província polonesa de Galícia em troca da mais rica província prussiana da Silésia.[12]

A essa altura, a *Grande Armée* marchava pela Polônia para encontrar com os russos que se aproximavam, e, em 25 de novembro, Napoleão deixou Berlim para se juntar a eles. Mais tarde, em 27 de novembro, se dirigiu a Posen, iluminada em sua homenagem. Foi recebido como um salvador, e rapazes vieram da área rural nos arredores esperando lutar por seu país sob o seu comando. Murat, que entrou em Varsóvia no dia seguinte, escreveu que "nunca viu um espírito nacional tão forte". Os habitantes convidavam oficiais e seus homens para suas casas, oferecendo comida e bebida. "Os poloneses estavam todos pedindo por armas, líderes e oficiais", continuou. No dia seguinte, depois de conversar com alguns locais, escreveu dizendo estar convicto de que eles estavam prontos a se rebelar e lutar e que estavam preparados para aceitar qualquer governante que ele escolhesse. Murat pedia instruções sobre como agir.[13]

Napoleão respondeu de Posen que os poloneses eram superficiais e pouco confiáveis e disse a ele para não oferecer nada. "Faça-os entenderem que não vim para pedir um trono para um dos meus, pois não me faltam tronos para dar à minha família", alertou a Murat, que já estava sendo indicado pelas fofocas em Paris como próximo rei da Polônia. Ele sempre foi vistoso na escolha de vestimentas, nunca se conformando às regras dos uniformes, preferindo se pavonear em calções justos de camurça, adornados com fitas, capa bordada e botas de bucaneiro de cano dobrado, mas, quando viu pela primeira vez as roupas tradicionais dos nobres poloneses, ele entrou num outro mundo de alfaiataria. Murat tinha um novo guarda-roupa na sua versão do modelo polonês, com túnicas de veludo e pele, mangas penduradas cortadas e um chapéu de pele, numa variedade de cores. "Ele tinha toda a majestade de um ator tentando atuar como rei", comentou uma senhora polonesa, que admitiu que os poloneses o aceitariam como tal caso isso significasse a independência.[14]

Napoleão queria manter suas opções abertas sobre como responder às "grandes questões" levantadas por sua vitória sobre a Prússia. Embora incentivasse os poloneses a se juntar às tropas, ao conversar com notáveis locais ele fazia pouco mais do que pedir suprimentos para seu exército. Em 2 de dezembro, Napoleão esteve num baile oferecido por um nobre local para marcar o aniversário de sua coroação apenas para comunicar aos presentes que deveriam estar de botas e esporas, e não vestindo meias e sapatos. Depois do baile, escreveu a Josefina dizendo que a amava e sentia sua falta, que as noites sem ela eram longas e que em breve iria trazê-la para junto dele. Napoleão estava frustrado, pois havia planejado uma manobra arrebatadora destinada a destruir o Exército russo que agora estava na Polônia sob o general Bennigsen. Ele havia enviado instruções detalhadas aos seus comandantes de tropas, mas, embora seu plano parecesse direto no mapa, estava se mostrando difícil de implementar, o que o fez perceber que precisava estar mais perto do teatro de operações.

Em 16 de dezembro, Napoleão deixou Varsóvia, onde havia chegado a cavalo, tendo que abandonar sua carruagem por causa do estado das estradas. Entrou na cidade à noite de forma a evitar ter de se deparar com um comitê de recepção, passou quatro dias fazendo preparativos para o que esperava ser uma batalha decisiva, e então saiu para assumir o comando das operações, cruzando os rios Vístula e Bug para se juntar a seu exército em Nasielsk no dia de Natal. A inteligência a respeito de onde estavam as forças russas era confusa, e enquanto Lannes, com 25 mil homens, atacou o que provou ser a principal força de Bennigsen, de 40 mil homens, perto de Pultusk, Napoleão marchava em direção a Golymin, onde Davout, Augereau, Ney e Murat batalhavam contra unidades russas. Quando percebeu o que estava acontecendo e reagiu para se juntar a Lannes, tudo havia acabado. Lannes vencera

Bennigsen, que se retirou, mas persegui-lo estava fora de questão por causa das condições atrozes.

Um degelo inesperado havia transformado as estradas em rios de lama. As condições eram tão ruins que carruagens de armas afundaram no lodo, arrastando junto seus cavalos; mesmo dobrando o número de animais, não era possível libertá-las. Afundados até a barriga na lama de um dia para o outro, os animais morreram, sem que ninguém pudesse fazer nada. Soldados tiravam suas botas e as carregavam, mas não foram só as botas que a lama engoliu. De acordo com o oficial de artilharia Louis Brun de Villeret, "em um único regimento, dezoito homens se afogaram nessa lama durante uma marcha noturna, seus camaradas incapazes de ajudá-los sem correr o mesmo risco". Caulaincourt reclamou de "lama pelas orelhas", e o próprio Napoleão teve que passar a noite com apenas alguns tufos de palha entre ele e a lama em um velho celeiro. "Todos os dias regimentos se derretiam", lembraria o tenente Théodore de Rumigny.

Para piorar as coisas, havia uma carência extrema de suprimentos. "Nenhum comandante jamais deu tantas ordens para fornecer alimentos a seu exército como Napoleão", destacou um soldado de infantaria, "e nenhuma ordem foi tão mal executada." Os poucos suprimentos que eles tinham também ficaram atolados, e a região pouco povoada e rural oferecia recursos parcos. Homens morreram de fome e exposição ao frio, e alguns se mataram de desespero. A lama da Polônia entrou para o folclore do Exército francês assim como a areia ardente do Egito.[15]

O método usual de Napoleão de se mover rapidamente e aproveitar oportunidades quando apareciam se mostrou inútil nessas condições, mas ele tinha também ficado para trás do exército e não podia coordenar as operações. É a partir desse momento, supostamente, que ele passa a se referir à sua guarda como "*grognards*" por causa de suas reclamações sobre as condições e falta de comida. Eles aprenderam as palavras em polonês para pão, "*chleb*", e para "não há", "*nie ma*". Sempre que Napoleão passava por tropas marchando, eles gritavam "*chleba, chleba!*", a que ele respondia "*nie ma!*". Não estavam reclamando apenas da falta de comida; era a primeira campanha na qual ele não estava constantemente no meio deles. Havia também críticas à sua condução das operações, e seu prestígio entre as fileiras foi prejudicado.[16]

De volta a Pultusk em 29 de dezembro, dada a impossibilidade de continuar lutando, Napoleão ordenou que seu exército invernasse. Em seu retorno a Varsóvia, em 1º de janeiro de 1807, ele declarou que, como não era possível lutar, todos deveriam se divertir. E ele certamente queria fazer isso. Em 31 de dezembro, ele soube que Éléonore de la Plaigne havia dado à luz um filho seu – prova de que ele não era, como Josefina sempre disse, infértil. Em suas cartas não há mais menção de ela ir se juntar a ele.

Ele passou janeiro inteiro em Varsóvia. Houve paradas, bailes e concertos. A sociedade polonesa festejou seus convidados franceses, e muitas mulheres se entregaram a seus supostos libertadores com fervor patriótico. "O tempo que passamos em Varsóvia foi mágico", relembraria Savary. O major Boulart da Guarda de Artilharia relembraria até o fim de seus dias dos pares de "lindos olhos" e da alegria de deslizar pela cidade cintilante e cheia de neve num trenó.[17]

Napoleão era visto com respeito e, em alguns casos, com admiração genuína. "Ele parecia ter uma aura", notou a condessa Potocka, de trinta anos, "estupefata" pela sensação de poder que ele exalava. Mas, se ele esperava aproveitar os privilégios de um conquistador, estava prestes a se desapontar. Num baile ele viu a linda princesa Lubomirska e de manhã mandou um ajudante avisar que iria visitá-la naquela noite. Temendo por sua virtude, a princesa convocou suas carruagens e deixou o país, e, quando chegou, Napoleão se viu, como os poloneses diziam, beijando a fechadura. "Mulher tola!", explodiu.[18]

Josefina, ainda em Mainz, estava ansiosa para se juntar a Napoleão em Varsóvia, mas ele a desanimou, usando a distância e as estradas ruins como pretexto. Insistiu que ela voltasse a Paris e se divertisse, prometendo avisá-la quando fosse se juntar a ela. Sua carta de 18 de janeiro foi um pouco mais impaciente. "Estou muito bem e te amo muito, mas se continuar a chorar vou começar a pensar que você não tem coragem nem caráter." Acrescentou uma frase atrevida a respeito de beijar os seios dela, mas não era neles que Napoleão estava pensando.[19]

Na noite anterior, num baile oferecido por Talleyrand em um dos palácios de Varsóvia, Napoleão dançou com uma jovem que viu numa recepção dez dias antes e estava encantado. O nome dela era Maria Walewska. Tinha vinte anos e era casada com um septuagenário, e, apesar de não amar o marido, tinha princípios sólidos e acreditava na santidade do casamento. Seus dois irmãos, ambos oficiais do Exército francês, e vários outros patriotas poloneses que haviam notado o interesse de Napoleão a instigaram a pelo menos agradar o homem de quem o futuro de seu país dependia. Ela pareceu dar a ele alguma esperança, e no dia seguinte ele lhe enviou uma nota através de

Duroc. "Vi apenas você, admirei apenas você, desejei apenas você", escreveu, exigindo uma resposta rápida para "acalmar o ardor impaciente de N.". Ela se recusou a ir com Duroc até o ardente Napoleão. Este escreveu novamente. "Eu a ofendi, madame? Tenho o direito de esperar o contrário. Suas emoções esfriaram, enquanto as minhas cresceram. Pensamentos sobre você não me deixam dormir! Oh! Dê um pouco de prazer, de alegria a um pobre coração que está pronto para te adorar. Pode ser tão difícil de obter uma resposta? Você me deve duas." Ela realmente foi vê-lo no castelo real naquela noite, mas foi embora às quatro da manhã sem se entregar a ele. Naquela manhã, ele escreveu a Josefina um bilhete irritado ordenando que ela fosse "contente, charmosa e feliz" e deixasse de importuná-lo.[20]

A reticência de Walewska era uma experiência nova para alguém acostumado à submissão. Em suas cartas curtas e ansiosas, Napoleão se colocava como um homem solitário no auge da glória cuja inquietação apenas ela poderia atenuar ao permitir que ele se jogasse aos seus pés. "Oh! Venha para mim, venha para mim! Todos os seus desejos serão realizados. Sua pátria será cara a mim se você se apiedar de meu pobre coração", ele a adulava, contando com seu patriotismo. Quanto mais ela resistia, mais amável era o tom de suas cartas, mais ele a seguia pelas recepções, assistindo a todos os seus movimentos como um adolescente excitado e apaixonado. Ao mesmo tempo, seu tom proibindo Josefina de nem sequer pensar em ir se encontrar com ele se tornou imperioso. Walewska concordou em recebê-lo de novo, e, depois de gastar todos os argumentos que pôde e se deparar apenas com as lágrimas dela, ele parece tê-la estuprado.[21]

Napoleão havia criado um conselho de poloneses destacados que servia como uma administração provisória, mas que era firmemente supervisionado por Talleyrand e Maret, e sua atuação se limitava a criar um exército polonês e a providenciar alimentos e cavalos para suas tropas. Ao mesmo tempo, ele determinou a criação de uma estrutura administrativa no modelo francês e até a introdução de seu código civil. Ele não iria assumir nenhum compromisso além disso até que a situação militar ficasse mais clara.[22]

Napoleão deixou Varsóvia em 30 de janeiro, viajando para o norte via Pultusk, onde visitou o doente Lannes, que lhe disse que o lugar não merecia a luta e que eles deveriam ir para casa, uma visão que encontrava eco em muitos membros de sua comitiva. Três dias depois ele assistiu a uma escaramuça entre as tropas de Soult e Bennigsen, que bateu em retirada, e em

4 de fevereiro ele mesmo atacou Bennigsen em Allenstein, forçando-o a se retirar em direção ao norte e, no dia 7 de fevereiro, a abandonar a pequena cidade de Eylau. O clima havia mudado de novo, estava nevando. As tropas não tinham pão desde que deixaram Varsóvia uma semana antes, e naquela noite Napoleão sentou diante de uma fogueira de acampamento para assar batatas com seus granadeiros. Bennigsen contra-atacou pela manhã, e o que se seguiu foi uma batalha caótica na neblina, na qual o próprio Napoleão quase foi capturado. Ambos os lados lutaram com determinação, e, apesar de Bennigsen ter se retirado e tido perdas maiores, dificilmente podia se contar como uma vitória francesa, e não havia dúvidas de que Napoleão não estivera totalmente no controle.[23]

"A vitória foi minha, mas perdi muitos homens", escreveu a Josefina às três da manhã depois da batalha. "As perdas do inimigo, que foram maiores, não me consolam." Muitos dos seus melhores soldados haviam sido mortos, e as temperaturas abaixo de zero significavam que a maior parte dos feridos que não podiam se mover iria congelar e morrer durante a noite. A visão do campo de batalha no dia seguinte teve efeito desmoralizador nos sobreviventes: os mortos estavam tão próximos uns dos outros que era difícil não pisar neles. O próprio Napoleão ficou horrorizado com a carnificina. "Esse não é um aspecto bonito da guerra", escreveu para Josefina alguns dias depois. "Sofre-se e a alma é oprimida pela visão de tantas vítimas." O exército compartilhava de seus sentimentos, e os homens estavam ansiosos, sabendo que as perdas não podiam ser revertidas facilmente tão longe de casa. O clima e a paisagem lúgubre os deixavam saudosos de casa, e o moral despencou quando eles mais uma vez invernaram em Osterode. Segundo alguns relatos, mais de 20 mil homens sofriam de disenteria.[24]

Como de costume, os boletins proclamaram uma vitória decisiva e minimizaram as perdas francesas, mas as cartas de maridos, irmãos e filhos espalharam ansiedade por Paris. Josefina expressou esse sentimento e desejou que ele voltasse para casa, entre outras coisas porque os rumores do romance dele começavam a circular. Ele escreveu dizendo que não havia razão para tristeza. "Sei fazer outras coisas além de guerrear, mas o dever vem em primeiro lugar", ele a repreendeu. "A vida toda sacrifiquei tudo – tranquilidade, interesse, felicidade – em nome do meu destino."[25]

No dia 1º de abril, Napoleão se mudou para o castelo de Finckenstein nas proximidades, onde Maria Walewska se juntou a ele. Ela foi entregue de noite por um de seus irmãos, e depois de ser levada a seus aposentos ficou lá pelas próximas seis semanas. Sua presença era supostamente um segredo, e apenas o criado particular de Napoleão, Constant, e seu secretário Méneval tinham permissão para vê-la, mas havia boatos sobre "*la belle polonaise*", e a sociedade de Varsóvia sabia que ela estava lá.[26]

Mais tarde ela admitiu a um amigo que seus escrúpulos haviam desaparecido, pois Napoleão a fez sentir como sua esposa. Inocente e descomplicada, era improvável que ela tivesse sido crítica ou ficado insatisfeita com suas proezas sexuais, e parecia ter se apaixonado por ele. Eles se comportavam como um casal, inclusive tomando café da manhã juntos na cama estofada de damasco vermelho. Ele achou o castelo "muito bom", e as inúmeras lareiras o agradavam, pois ele gostava de ver o fogo aceso quando levantava à noite. Ele estava com boa saúde, assegurou a Josefina, notando que o clima era frio, mas bom. Napoleão inspecionava as tropas quase todos os dias e ia cavalgar, e à noite jogava cartas.[27]

Sua posição estratégica não era boa. Napoleão tinha cerca de 70 mil homens em Osterode, mas muitos estavam doentes, o resto com fome e desanimado, e o número de deserções era alarmante. Ele enfrentava uma força russa em constante crescimento. A última fortaleza nas mãos dos prussianos, Danzig, caíra diante do general Lefèbvre – que se tornou duque de Danzig –, mas, apesar de o Exército prussiano ter sido quase desintegrado, muitos de seus oficiais estavam indo se juntar à Rússia. Em 26 de abril, Frederico Guilherme assinou a Convenção de Bartenstein com a Rússia, na qual ambas as potências se comprometiam a não assinar acordos de paz em separado. Às suas costas Napoleão tinha a Áustria, que só estava parada por causa da presença do Exército italiano sob Eugène na sua fronteira sul. Napoleão havia recentemente recebido informações de contatos entre o ministro espanhol Godoy e os britânicos a respeito da possibilidade de a Espanha se unir à coalizão antifrancesa. Em maio, Napoleão concluiu o Tratado de Finckenstein com a Pérsia, que esperava que fosse resultar em ação militar na fronteira sul russa. Ele também incentivava os turcos a se movimentarem de forma a desviar a atenção das forças russas; Napoleão recebera um enviado turco em Finckenstein nesse espírito. Mas a frota britânica havia navegado para os Dardanelos, e isso se fez acompanhar de uma invasão britânica do Egito, para pressionar a corte otomana a fazer a paz com a Rússia e a expulsar o embaixador francês.

No começo de junho, Bennigsen atacou as tropas de Ney, e com algumas hábeis manobras conseguiu semear confusão entre as demais tropas francesas. Napoleão se agrupou e seguiu Bennigsen, que acabou na pequena cidade de Frieland na curva do rio Alle, onde em 14 de junho foi forçado a lutar. Sem espaço para manobras e sem possibilidade de recuar quando duas das três pontes sobre o rio foram destruídas pela artilharia francesa, seu exército foi despedaçado, perdendo, segundo algumas estimativas, até metade de seu efetivo. Era o aniversário de Marengo, e Napoleão usou isso dizendo que a batalha havia sido tão decisiva quanto Marengo, Austerlitz e Jena.[28]

O tsar, que estava próximo, não teve outra opção além de requisitar um armistício, e Napoleão, ansioso para assegurar a paz e levar seu exército saudoso para casa, aceitou a oferta em 21 de junho. Três dias depois, em seu quartel-general na pequena cidade de Tilsit, ele recebeu uma mensagem de Alexandre afirmando que nos dois últimos anos ele desejara uma aliança com a França, uma vez que apenas isso poderia garantir a paz e o bem-estar da Europa, e requisitando um encontro.[29]

Alexandre foi humilhado e perdeu um exército em Austerlitz, e agora outro em Eylau e Friedland. Ele podia reunir mais homens, mas seus oficiais não estavam dispostos a fazer grande coisa com eles. Se ele batesse em retirada, atrairia os franceses para uma área tomada da Polônia havia somente dez anos, na qual seus oponentes seriam bem-vindos e ele, não. Ele estava sozinho apoiando o destruído e ineficaz Frederico Guilherme e se sentiu abandonado pelos seus aliados britânicos; o ouro britânico comprara nada além de sangue russo e constrangimento. Um pouco fantasista, ele acreditava que podia seduzir Napoleão.

Napoleão, por sua vez, começou a refletir sobre a possibilidade de uma aliança com a Rússia, contra o conselho de Talleyrand, que consistentemente pressionava por uma aliança estratégica com a Áustria. No dia em que lhe chegou a carta de Alexandre, Napoleão recebeu um relatório de seu embaixador em Viena, general Andréossy, afirmando que a Áustria era hostil e apenas esperava por uma chance de vingança. A outra informação que Napoleão recebeu naquele dia era sobre uma revolta do palácio em Constantinopla, e dava conhecimento que o sultão Selim III, com quem ele estava negociando, havia sido deposto, o que significava que ele não podia esperar nenhum apoio contra a Rússia vindo de lá. Ele concordou com a oferta de Alexandre e o convidou para uma reunião no dia seguinte.

Napoleão ordenou a seus sapadores que construíssem uma jangada com uma estrutura de tenda, decorada com brasões e monogramas dos dois monarcas, e que a atracassem no meio do rio Nieman. Quando Alexandre chegou com sua comitiva à margem oposta, foi levado à jangada, onde Napoleão o recebeu com um abraço, enquanto suas tropas, reunidas na margem oeste, comemoravam. Frederico Guilherme, que viera com Alexandre, permaneceu sentado em seu cavalo na margem leste, claramente deixado de lado. O simbolismo era a ordem do dia, e o lado *showman* de Napoleão tomou conta da cena.

"Minha querida, acabei de conhecer o imperador Alexandre", Napoleão escreveu a Josefina naquela noite. "Estou bastante contente com ele; é um imperador muito bonito, bom e jovem, e mais inteligente do que normalmente se pensa. Está indo para Tilsit amanhã." Nas duas semanas seguintes Napoleão entreteve Alexandre no jantar, fez suas tropas desfilarem para ele e manteve conversas privadas, algumas vezes noite adentro. Enquanto caminhavam de braços dados, Napoleão desempenhava o papel de grande conquistador que apreciava as qualidades ocultas de um homem mais jovem e graciosamente o tratava como um igual, demonstrando confiança enquanto discursava sobre questões importantes de Estado. Isso era um bálsamo para o jovem tsar, um homem cheio de complexos, fraco, inseguro, desesperado para se colocar no papel de líder militar. Ele era inteligente o suficiente para apreciar o que Napoleão conquistou ao reconstruir o edifício e a sociedade políticos franceses, algo que sonhava fazer na Rússia. Apesar de parte dele resistir – fortemente apoiado por sua mãe e sua irmã Catarina –, ele não conseguiu evitar de cair no encanto de Napoleão, que o tentava com a perspectiva de ser capaz de ter um papel nos assuntos do continente e até mesmo cumprir o sonho da monarquia russa de conquistar Constantinopla, e de uma marcha conjunta sobre a Índia para expulsar os britânicos e estender seus próprios impérios. Isso era acompanhado por gestos tipicamente napoleônicos, como perguntas aos guardas russos desfilando diante dele sobre qual era o mais corajoso deles, e então dar ao escolhido a Legião de Honra.

As tropas de ambos os lados confraternizavam, os guardas franceses convidando seus colegas russos para banquetes ao ar livre. Num nível superior, Murat se juntou ao irmão mais novo de Alexandre, Constantino, em orgias de bebedeiras e devassidão. Quando Murat apareceu com suas vestimentas "polonesas", Napoleão mandou que ele voltasse para casa e se trocasse, dizendo que parecia um comediante. Mais decorosamente, paradas eram realizadas e uniformes inspecionados e comparados – e em uma ocasião dois batalhões franceses de infantaria apresentaram novos uniformes brancos com os quais Napoleão pensava substituir os azuis, em razão da falta de tintura azul causada pela perda das colônias nas Índias Ocidentais.[30]

Apesar de Alexandre o persuadir a se encontrar com o rei da Prússia e a admitir sua presença nas festividades, Napoleão continuava a tratá-lo como uma irrelevância. Até mesmo deixou de demonstrar interesse pela linda rainha Luísa quando ela foi defender a causa prussiana. Adotou um tom ao mesmo tempo conquistador e zombeteiro, prometendo fazer alguma coisa pela Prússia e então rompendo a promessa, reduzindo-a a lágrimas. Ele já havia preparado o texto de proclamação destronando Frederico Guilherme e apenas cedeu a pedido do tsar.[31]

O resultado foi um tratado, assinado em 7 de julho de 1807, pelo qual a Rússia não perdeu nada além de seu protetorado nas ilhas Jônicas e ganhou em troca um pequeno pedaço do território da Prússia, aparentemente um resultado milagroso depois de ter sido derrotada. Também comprometeu-se a se retirar dos principados do Danúbio sobre os quais estava em conflito com os turcos, mas recebeu licença para capturar a Finlândia da Suécia como compensação. Além disso, a Rússia deveria trazer a Inglaterra para a mesa de negociação em 1º de novembro de 1807 e, caso isso se mostrasse impossível, se juntar à França como aliada contra ela. Em troca, a Rússia endossou todos os arranjos de Napoleão na Europa, que incluíam uma redução dramática da Prússia, cujas propriedades polonesas foram transformadas num Grão-Ducado de Varsóvia, comandado pelo rei da Saxônia, e a criação do reino da Vestfália, em grande parte das antigas províncias prussianas, com o irmão de Napoleão, Jérôme, como rei.

O tratado efetivamente negava os planos da Rússia para Constantinopla, excluía sua influência na Alemanha e deixava na forma de um Grão-Ducado de Varsóvia um posto avançado em sua fronteira e um Estado polonês embrionário que poderia um dia recuperar, ou pelo menos subverter, muitas das recentes conquistas da Rússia no Ocidente. O tratado humilhava a Prússia, cuja população foi reduzida de algo próximo a 10 milhões para menos de 5 milhões pela remoção de suas conquistas polonesas e de províncias absorvidas pelo reino da Vestfália. A Prússia foi obrigada a se juntar à guerra contra a Inglaterra e a pagar uma indenização incapacitante para a França

– e a permanecer sob a ocupação militar francesa até quando fosse necessário. Além disso, Dinamarca, Suécia e Portugal seriam chamados a fechar seus portos para os britânicos e a convocar seus diplomatas de Londres. Caso se recusassem, seriam considerados inimigos da França e da Rússia.

Napoleão havia conseguido tudo o que queria, e agora não havia nenhum Estado independente o bastante para agir como representante da Inglaterra no continente. Mas, ao comprometer seus aliados com a guerra comercial, forçou uma política impopular e em alguns casos suicida – e pôs sobre si a obrigação de garantir que nenhum porto em parte alguma da Europa permanecesse fora do seu controle.

31
O Imperador Sol

Em seu retorno a Paris, Napoleão foi recebido com uma salva de sessenta tiros. Quando em 15 de agosto, seu aniversário, ele cruzou a cidade até Notre-Dame, foi cumprimentado pelas pessoas que acreditavam que agora podiam esperar paz e prosperidade prolongadas. A França nunca pareceu tão grande, e o povo começou a se referir a ele como *Napoléon le Grand,* um epíteto antes usado para Luís XIV. Havia então muito mais de Rei Sol nele do que do "ditador necessário" que tantos haviam acolhido em seu retorno de Marengo oito anos antes.

Napoleão havia estado longe por nove meses, mas a cada dois dias recebia um *estafette* com a maior parte das notícias e informações que teria se estivesse em Paris, e assim foi capaz de manter as rédeas do governo por esse tempo, com Cambacérès regularmente enviando um de seus *auditeurs* do Conselho de Estado a seu quartel-general com uma pilha de papéis para que ele assinasse juntamente com minutas e relatórios. Tudo funcionou sem problemas, e enquanto aproveitava o Carnaval em Varsóvia ou estava sentado em frente à lareira em Finckenstein, ele foi capaz de continuar a implementar obras públicas e supervisionar projetos como o Código Comercial, que deveria ser parte do Código Civil. Napoleão foi mantido a par das reuniões do grande sinédrio, convocado para discutir o *status* dos judeus do Império. Inspecionou as contas e questionou pequenas despesas. Sua presença assombrava Paris, não apenas pela constante transmissão de cartas, instruindo, repreendendo, reprovando e sempre de maneira firme. Isso, somado às instituições que ele havia estabelecido, contribuiu para um sentimento notável de estabilidade. Poucos Estados poderiam ter sobrevivido, muito menos funcionado eficientemente, com seu líder tão longe. Bombardeios britânicos de portos franceses e tentativas de desembarque foram combatidos. Notícias de Eylau causaram desânimo e um recrudescimento do sentimento antigoverno e até mesmo um sentimento monarquista no Oeste, mas isso foi contido, e, apesar de haver ainda muito banditismo nas estradas, o país funcionou normalmente. Cambacérès e Fouché garantiram que a imprensa, o teatro e a literatura seguissem a linha oficial.

Contudo, em seu retorno, Napoleão sentiu a necessidade de conduzir os assuntos com mais firmeza. Ele fez uma série de mudanças ministeriais e nomeou novos senadores, e em 19 de agosto aboliu o Tribunato, permitindo que alguns membros se aposentassem e outros se juntassem ao Legislativo. O fechamento da "câmara de discussão" não causou surpresa nem alarme, e muitos sentiram que o sistema funcionaria melhor assim. Independentemente do que o povo pensasse disso, o regime napoleônico mantinha a estabilidade e a prosperidade, e isso era o que as pessoas queriam. Contudo ele parecia gradualmente perder de vista esse fato crucial, e sua visão começava a divergir da maioria de seus súditos.

Suas últimas vitórias não produziram o mesmo efeito das primeiras na opinião pública, em parte porque as pessoas não acreditavam mais nos boletins – a frase "mentir como um boletim" se tornou um ditado popular –, mas principalmente porque não podiam ver sentido nas vitórias. Como o embaixador austríaco explicou, eles não se empolgaram com a notícia de uma vitória, apenas ficaram aliviados por não ser uma derrota. Napoleão demonstrou decepção quando percebeu isso, mas não refletiu a respeito da causa, que era o fato de seu papel como o desejado herói vitorioso e salvador da França já ter sido desempenhado; o que o povo queria então era um líder forte que pudesse proteger o que havia sido conquistado. Mas não era assim que ele via as coisas.[1]

Seu triunfo sobre a Rússia e a Prússia abrira perspectivas ilimitadas para sua imaginação, nas quais miragens de conquista do Oriente se confrontavam com um novo grande arranjo da Europa. A experiência emocionante em Tilsit e a possibilidade de também saber que não era, no fim das contas, estéril não o levaram a desejar uma vida tranquila. Em 3 de agosto, Frederico Guilherme escreveu uma carta a Napoleão, referindo-se a ele como "o maior homem do século" e implorando por uma aliança, mas Napoleão não respondeu; ele preferia sangrar a Prússia até o fim. Graças às enormes somas que a Prússia era forçada a pagar, a guerra basicamente se pagara, e não havia mais nada para arrancar de lá. Os bens apreendidos pelo governo prussiano quando tomou parte da Polônia não foram devolvidos ao governo do Grão-Ducado de Varsóvia, mas dados aos marechais e dignitários franceses – parte de um plano para ligar o Império crescente de Napoleão a uma grande teia controlada por ele. Ele distribuiu títulos de nobreza para servos fiéis e potenciais inimigos, na convicção de que todos os homens poderiam ser comprados, criando 3.263 príncipes, duques, condes, barões e cavaleiros até o término do Império. Entre eles, 59% eram soldados, e a maioria restante funcionários do Estado ou notáveis: 22,5% vinham da antiga nobreza, 58% da classe média e 19,5% das classes trabalhadoras.²

Como essas pessoas deviam tudo a Napoleão, ele acreditava ser o mestre de todas elas. Pontécoulant ficou chocado com a mudança que havia ocorrido em seus hábitos durante sua ausência, notando que "havia em seu comportamento uma espécie de restrição, uma espécie de rigidez, que inspirava mais o medo que o respeito e parecia colocar distância entre ele e os mais próximos". Achou também sua oratória menos cintilante e sentiu que no Conselho de Estado Napoleão parecia "mais disposto a impor do que a convencer". A corte das Tulherias refletiu esse processo: "Não era mais a tenda de um herói coroado pela vitória, mas o *show* ridículo de uma antiquada corte real com todos os exageros do passado, sem a educação, a urbanidade e os bons modos". Como a criada de Josefina Claire de Rémusat destacou, toda a brilhante estrutura do poder de Napoleão "se apoiava numa autoridade cujas fundações eram opostas à marcha irresistível do espírito humano". Não apenas ele não estava mais afinado com o espírito que o levara ao poder, mas parecia ter regredido no tempo.³

Talvez a mais significativa mudança que fez em sua volta foi remover Talleyrand do Ministério de Relações Exteriores. Não era algo que trouxesse desonra nem significava que Napoleão tinha deixado de gostar dele, e o ex-ministro ficou honrado com o título de vice-grande eleitor, que o mantinha no coração da corte. Era uma questão de política. Talleyrand pode ter sido um oportunista por natureza, mas também era um estrategista. Ele disse repetidamente e com veemência a Napoleão que sua opinião era de que ele estava indo na direção errada, e insistiu numa reorientação da política externa francesa baseada numa aliança estratégica com a fortalecida Áustria.

Napoleão queria dirigir ele mesmo a política externa, e como sucessor de Talleyrand escolheu Jean-Baptiste de Champagny, ex-ministro do

Interior, um executor consciente da sua vontade sem muita experiência no mundo externo. Pouco disposto ou incapaz de levar em consideração os interesses e aspirações dos outros, Napoleão não podia desenvolver uma estratégia fixa. A maior parte de suas ações dali em diante foi ditada pela determinação de punir a Inglaterra destruindo seu poder econômico, ao mesmo tempo que incentivava o desenvolvimento industrial no continente europeu ao eliminar a competição britânica, o que seria conquistado fechando os portos russos, prussianos e dinamarqueses para produtos da Grã-Bretanha. A Marinha Real iria sofrer com falta de suprimentos de madeira do báltico, cânhamo e alcatrão, haveria escassez de alimentos por ausência do trigo polonês, e a indústria britânica iria perder alguns de seus mais lucrativos mercados. Com Louis reinando na Holanda, Jérôme na Vestfália e Murat no Grão-Ducado de Berg, toda a costa de São Peterburgo até a França estava, em teoria, segura, e a Europa Central fora do alcance do comércio britânico. Isso prejudicaria a economia britânica, pois cerca de 36% de suas exportações iam para lá.[4]

Um primeiro revés na guerra econômica de Napoleão apareceu no começo de setembro de 1807. Agindo a partir de informações de inteligência de que a Dinamarca estava sendo pressionada pela França a se juntar a uma aliança contra a Inglaterra com sua grande frota, o gabinete britânico ordenou um ataque a Copenhague que resultou na captura de todos os navios dinamarqueses. Fouché registrou que não havia visto Napoleão reagir a uma notícia com tanta fúria desde que soube do assassinato do tsar Paulo I. Mas rapidamente ele percebeu que tinha que garantir o outro ponto fraco em sua aliança contra os britânicos.[5]

Governada desde 1700 pelos reis Bourbon descendentes de Luís XIV, a Espanha foi a mais próxima parceira comercial e política da França. Juntamente com o reino Bourbon de Nápoles e Sicília, havia formado parte do *pacte de famille,* uma aliança defensiva contra principalmente austríacos e britânicos. Isso foi abalado pela erupção da Revolução Francesa, e após a execução de Luís XVI seus primos espanhóis invadiram a França. Foram rapidamente expulsos, e, temendo o contágio da Revolução, a Espanha concordou com a paz e, por meio do tratado da Basileia de 1795, se tornou uma aliada da França novamente.

O rei da Espanha, Carlos IV, era um homem amigável, mas tolo, mais interessado em caçar e fazer coisas – particularmente sapatos – do que nos assuntos do Estado. Mais interessada nisso estava sua esposa, Maria Luisa de Parma, comumente chamada de *la puta* por seu suposto insaciável apetite sexual. Ela era governada por seu favorito, Manuel de Godoy, um integrante da pequena nobreza dois anos mais velho que Napoleão, que havia sido presenteado com títulos e honras, tornando-se o líder virtual do país a partir de 1792. Se é que se pode dizer que ele tinha qualquer princípio além de acumular a maior quantidade de poder e riqueza possível, Godoy era um conservador e nutria antipatia pela França. Era bastante odiado. Muitos de seus inimigos e aqueles do *status quo* colocavam suas esperanças no herdeiro do trono, o príncipe de Astúrias, Fernando, um estúpido, mas traiçoeiro, homem de 24 anos.

Por causa de sua posição geográfica e de seu império colonial, a Espanha era de imensa importância para a França, e Napoleão não confiava em Godoy para evitar que o país caísse sob influência britânica. Ao chegar a Berlim depois de Jena, Napoleão encontrou cartas de Godoy para o rei da Prússia oferecendo atacar a França em apoio à Rússia e à Prússia. O risco de um ataque desse tipo não teria preocupado muito Napoleão, mesmo quando ele estava com a cabeça na Europa Central, mas a possibilidade de a Inglaterra conseguir colocar o pé na península Ibérica sim, porque isso romperia o bloqueio comercial. Como aliada da França, a Espanha estava comprometida com Napoleão, mas Portugal não.

Em setembro de 1807, Napoleão escreveu para o regente de Portugal, dom João, dizendo que ele escolhesse entre França e Inglaterra. Ele respondeu declarando guerra contra a Inglaterra, mas tinha demorado demais. Em 27 de outubro, um impaciente Napoleão havia concluído o tratado de Fontainebleau com Carlos IV, pelo qual França e Espanha iriam juntas assumir o controle de Portugal.

Para conduzir a operação, Napoleão havia escolhido Junot, dizendo a ele que seu bastão de marechal o esperava em Lisboa. Entre suas razões para enviá-lo estava o fato de que, durante a ausência de nove meses de Napoleão, Junot, que era governador de Paris, teve um caso com a irmã de Napoleão, Caroline Murat – que alguns pensavam estar assim se posicionando para lutar pela sucessão caso seu irmão imperial morresse na campanha. Napoleão não queria que Paris testemunhasse o confronto entre Junot e Murat, que havia voltado. Ele poderia contar com Junot, cuja devoção desde seu primeiro encontro em Toulon alguns comparavam

Europa
1808

- Império francês
- Possessões francesas

Mapa

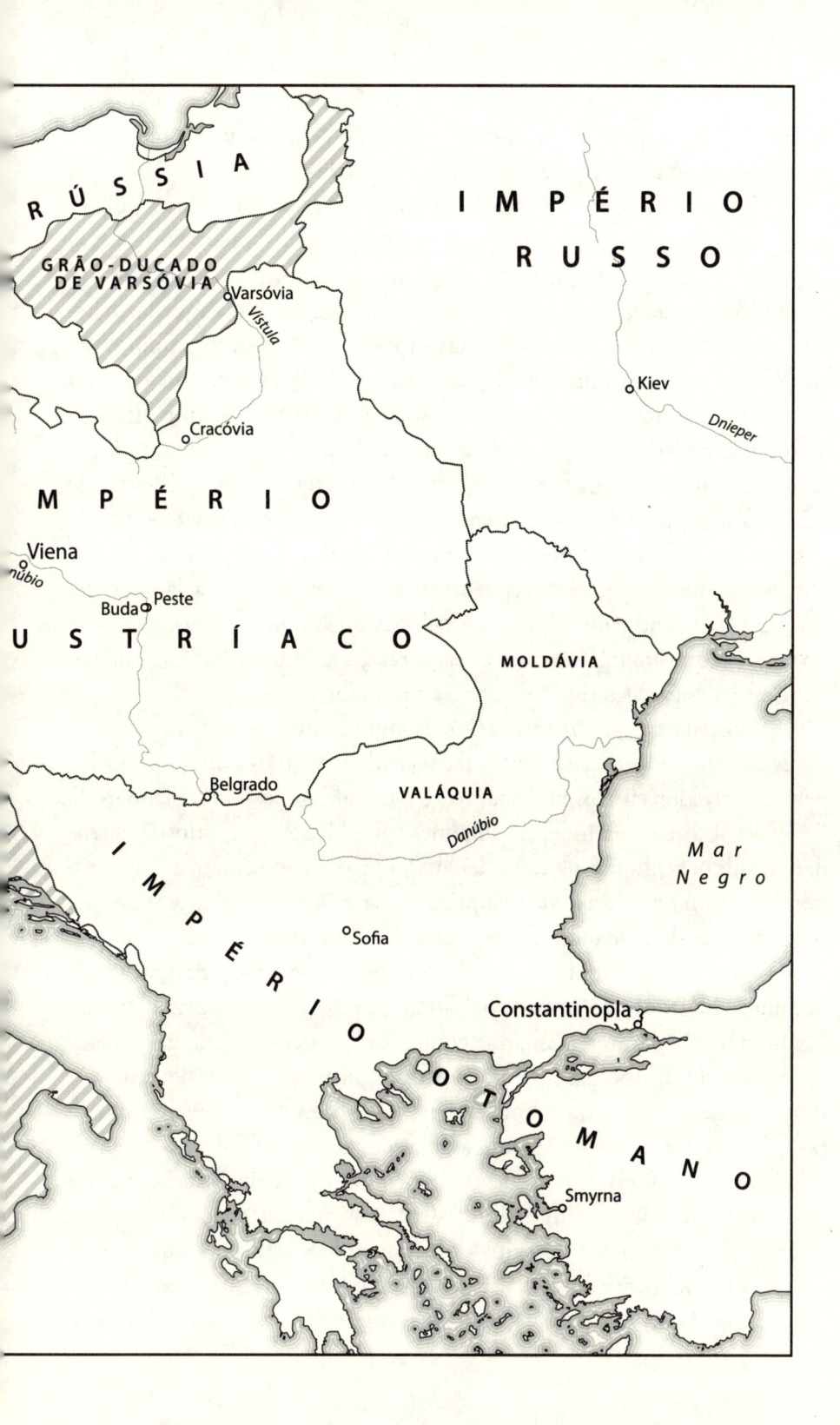

- RÚSSIA
- GRÃO-DUCADO DE VARSÓVIA
  - Varsóvia
  - Vistula
  - Cracóvia
- IMPÉRIO RUSSO
  - Kiev
  - Dnieper
- IMPÉRIO AUSTRÍACO
  - Viena
  - Danúbio
  - Buda
  - Peste
- MOLDÁVIA
- Belgrado
- VALÁQUIA
- Danúbio
- Mar Negro
- IMPÉRIO OTOMANO
  - Sofia
  - Constantinopla
  - Smyrna

com amor. O que ele não entendeu, ou preferiu ignorar, era que o jeito fanfarrão *bravoure*, boêmio e despreocupado do belo de cabelos cacheados Junot escondiam o início de uma doença mental.

Junot cruzou a fronteira com a Espanha com 20 mil homens no dia 17 de outubro, sem mapas e com apenas uma vaga ideia de para onde estava indo. Sua força era composta de jovens recrutas pouco acostumados aos rigores da guerra, reforçada por destacamentos suíços, italianos e alemães. Eles estavam inadequadamente equipados e abastecidos, e, embora não tivessem enfrentado oposição das confusas guarnições que encontraram pelo caminho, não podiam contar com sua assistência. Alguns homens logo começaram a ficar para trás e morrer; assim, quando entraram em Lisboa em 30 de novembro, depois de uma marcha forçada de mais de mil quilômetros, Junot contava com apenas 1.500 homens, sem cavalaria e nenhuma peça de artilharia. Foi um feito, mas o tiro saiu pela culatra: os britânicos haviam navegado até Lisboa, embarcado a família real portuguesa e conduzido-a para sua colônia do Brasil, junto com a frota portuguesa que Napoleão esperava capturar. Junot não recebeu seu bastão de marechal, apenas o título de duque de Abrantes.

A situação da Espanha se deteriorava rapidamente, uma vez que apoiadores de Fernando começavam a planejar destronar Godoy, estimulados pelo embaixador francês na Espanha, o cunhado de Josefina, François de Beauharnais, que agia independentemente de Napoleão. Carlos IV prendeu seu filho, acusando-o de traição, mas o perdoou e escreveu a Napoleão pedindo em nome dele a mão da princesa da casa de Bonaparte, algo que os apoiadores de Fernando instigavam havia tempo.

No fim de novembro de 1807, Napoleão começou seu giro pelos domínios italianos, de importância-chave para excluir os britânicos do Mediterrâneo e manter a Espanha como aliada da França. Ele havia colocado em ação um programa ambicioso de construção de navios que nos próximos anos produziria setenta embarcações, e, embora ainda não tivesse perdido a esperança de recuperar algumas das colônias francesas, sua prioridade era o Mediterrâneo, onde ordenou a esquadras em Brest, Lorient e Rochefort que se juntassem à do Adriático, baseada em Veneza. Ele estava fazendo novos planos a respeito do Oriente Médio e da Índia. Tendo recuperado, pelo tratado de Tilsit, as ilhas Jônicas, ele se preparava para transformar Corfu em base naval para rivalizar com Malta. No interesse de tornar a Itália segura contra a interferência britânica, Napoleão pressionou Joseph a invadir a Sicília e expulsar os britânicos que a usavam de base. Desalojou a rainha da Etrúria, que não aplicou as regras de exclusão britânica com rigor suficiente. Adicionou o reino dela, que voltou a ter no nome de Grão-Ducado da Toscana, ao Império Francês como um feudo para sua irmã Élisa, e deu à ex-rainha um pedaço de Portugal em troca – o que foi feito de forma bastante amigável, e os dois foram à ópera no La Scala juntos depois. De forma similar, anexou a província papal de Le Marche ao reino da Itália; este e outros Estados papais tinham vários portos estratégicos, e não se podia confiar no papa para negar o uso deles aos britânicos ou russos, uma vez que seu relacionamento com Napoleão estava abalado.

A ação de Napoleão na Alemanha havia afetado o *status* da Igreja ao mudar fronteiras e introduzir a administração ao estilo francês, sem mencionar a extorsão financeira e a pilhagem total das propriedades da Igreja. Isto se somou à extensão em janeiro de 1806 do Código Civil para a Itália, o qual foi imposto a áreas governadas pela Igreja. O Código estabelecia a primazia do casamento civil sobre o religioso e legalizava o divórcio. Os protestos do papa a esse respeito e sobre a ocupação francesa de Ancona durante a campanha de Austerlitz irritaram Napoleão, que supunha que ele estava tomando partido dos aliados em um momento em que parecia que estavam ganhando. "Sua Santidade é soberana em Roma, mas eu sou seu imperador", lembrou numa rude carta em fevereiro de 1806. Ele insistiu que 15 de agosto, Festa de Assunção da Virgem, passasse dali em diante a ser celebrado como dia de são Napoleão, e que o catecismo imperial fosse ensinado nas escolas. A cada oportunidade ele reforçava em casa a mensagem de que, como um governante temporal dos Estados papais, o papa era vassalo do imperador dos franceses. Napoleão não havia esquecido a tese de Rousseau de que a Igreja e o Estado estavam em conflito fundamental.[6]

Outro ponto de discórdia era a nomeação de Joseph para o trono de Nápoles, o que ofendeu o papa, já que tradicionalmente os reis de Nápoles eram escolhidos por ele. Quando insistiu que o papa reconhecesse o novo monarca, este se recusou, levando Napoleão a enviar tropas para ocupar todos os portos dos Estados papais, supostamente para prevenir a comunicação entre o Vaticano e os Bourbon exilados na Sicília.[7]

Napoleão continuava fazendo exigências ao papa como se ele fosse um de seus ministros, requisitando, por exemplo, que anulasse o casamento de Jérôme com Elizabeth Patterson. Como o casal nunca esteve casado na Igreja, o papa não podia fazer nada, o que aborreceu Napoleão, que queria casar Jérôme com Catarina de Württemberg e de uma forma que parecesse o mais aceitável possível para a família da noiva. Em seu retorno de Tilsit ele enviou mais tropas para os Estados papais e exigiu que o papa retirasse suas objeções religiosas a seu Código e que o aplicasse em seus domínios.

Enquanto corria pela Itália, passando em revista tropas, inspecionando fortificações e discursando para autoridades locais, Napoleão conciliava a agenda com óperas no La Scala e La Fenice, e idas ao teatro em cidades menores. Joseph veio de Nápoles para conferenciar com ele em Veneza, e no dia 13 de dezembro Napoleão teve um encontro de seis horas com Lucien em Mântua. Ele precisava que seu irmão mais novo se juntasse novamente ao empreendimento familiar e ofereceu a ele qualquer reino que quisesse, mas, preso às suas convenções, insistiu que Lucien deveria primeiro se divorciar de sua esposa, que ele considerava muito comum e, por ser divorciada, inadequada. Lucien retrucou que Napoleão também se casara com uma mulher inadequada, acrescentando que "pelo menos a minha não é velha e fedida como a sua". Napoleão aceitou reconhecer as filhas de Lucien, Lolotte e Lilli, e fazer delas princesas da França, mas não o filho, que havia nascido fora do casamento. Lolotte iria casar com o príncipe das Astúrias e se tornaria rainha da Espanha. Lucien seguiria vivendo com sua esposa, mas ela podia apenas ter o *status* de concubina. Para dourar a pílula, Napoleão ofereceu fazer dela duquesa de Parma. Mas Lucien, que discordava do caminho tomado por Napoleão, recusou.[8]

Três dias depois, em Milão, Napoleão assinou mais um decreto a respeito do bloqueio. A Inglaterra respondeu a seus decretos de Berlim decidindo que qualquer navio que pertencesse a uma nação neutra que não tivesse atracado num porto britânico e cuja carga fosse taxada em 25% estava sujeito a apreensão. Napoleão reagiu ordenando a captura de qualquer embarcação que cumprisse as determinações britânicas. Isso levou o presidente Thomas Jefferson dos Estados Unidos a embargar a entrada de navios britânicos e franceses em portos americanos.

Napoleão havia voltado às Tulherias em 1º de janeiro de 1808. Três dias depois visitou o estúdio de David para ver o estágio da monumental pintura de sua coroação. No dia 9 de janeiro inaugurou um novo teatro que havia ordenado que Fontaine construísse nas Tulherias, com uma performance de *Griselda* de Paer, mas na segunda apresentação, *Cinna* de Corneille, a sala estava tão fria que as damas em seus vestidos de pouco pano tiveram que fugir no intervalo, e ele despejou sua raiva no desafortunado arquiteto. Entre caçar, comparecer a apresentações de tragédias de Racine, presidir o conselho da universidade e inspecionar os serviços públicos, ele encaixava visitas a Maria Walewska, que trouxe a Paris e instalou numa casa discreta. Ele também decretou a introdução da disciplina militar completa na Marinha, enviou a Joseph um plano para a invasão da Sicília e deu ordens para a ocupação militar dos Estados papais.

Durante um encontro com Metternich, o embaixador austríaco, Napoleão falou sobre uma operação combinada franco-austríaca contra a Turquia. Só se pode imaginar como ele pensou que poderia apresentar isso a seu aliado Alexandre, dado o antigo sonho do monarca russo de conquistar Constantinopla. Napoleão lhe escreveu no dia 2 de fevereiro tentando exibir uma outra perspectiva a ele, supostamente para distraí-lo: "Um exército de 50 mil russos e franceses, talvez mesmo parcialmente tropas austríacas, marchando na Ásia por Constantinopla não precisaria ir além do Eufrates para fazer a Inglaterra tremer e cair de joelhos perante o continente". Mas, embora sonhasse em acertar um golpe no poder britânico, ele teria que se defender dele perto de casa.[9]

No início de 1808 ficou óbvio que uma ação drástica era necessária para que a Espanha não se desintegrasse. Além das lutas por poder em torno da disfuncional família real, havia tensões mais amplas também com animosidades locais se espalhando por todo o país, entre camponeses e nobres, nobres e o clero, camponeses e o clero, tradicionalistas e reformadores, e no clero entre quem era contra ou a favor da Inquisição; a maior parte dos historiadores concorda que as diversas paixões que agitavam a sociedade espanhola estavam prestes a transbordar em extrema violência. A França não tinha condições de ter um Estado falido em sua fronteira, particularmente um país exposto em três lados ao ataque marítimo dos britânicos.[10]

Assim como a maior parte dos europeus, os franceses viam a Espanha como um Estado monárquico arcaico comandado por uma dinastia imbecil, com um povo preguiçoso e decadente guiado por padres obscurantistas – numa palavra, uma sociedade que precisava muito dos benefícios do

Iluminismo. No curso de sua recente viagem à Itália, Napoleão ficara com a impressão de que todos os seus habitantes haviam aceitado a nova ordem que impusera, e muitos a haviam abraçado com entusiasmo. Havia poucas razões para duvidar que o mesmo pudesse ser feito na Espanha.

Sua primeira preocupação era manter os britânicos fora. Napoleão enviou gradualmente tropas para o Norte da Espanha sob o pretexto de proteger as linhas de suprimento de Junot em Portugal. No início de 1808, os generais Dupont e Moncey tinham cada um cerca de 20 mil homens em Valladolid e Burgos, respectivamente. De forma a manter suas opções abertas, Napoleão recusou a proposta de Carlos IV de um casamento dinástico com a filha de Lucien com base no comportamento absolutamente inadequado do príncipe de Astúrias. Em 20 de fevereiro, ele enviou Murat com outros 80 mil homens enquanto traçava os próximos movimentos.[11]

Talleyrand argumentou que a França nunca estaria a salvo a menos que pudesse confiar na aliança com a Espanha, e que a solução imposta por Luís XIV um século antes era a única razoável: o trono da Espanha deveria ser ocupado por um membro da mesma dinastia que estivesse reinando na França. Cambacérès contraindicou o envolvimento em outro país, mas, enquanto Napoleão considerava suas opções, os eventos na Espanha o obrigaram a agir.[12]

Na noite de 18 de março de 1808, apoiadores de Fernando invadiram o palácio de Godoy em Aranjuez e o prenderam, então forçaram Carlos IV a abdicar em favor de seu filho, que proclamaram rei Fernando VII. Eles supunham que tinham o apoio da França e ficaram surpresos quando Murat, que tinha ocupado boa parte do país com discrição e se instalara em Madri, tomou o desafortunado Carlos sob sua proteção. Carlos escreveu a Napoleão informando que havia sido forçado a abdicar e, para todos os efeitos, colocando-se à sua disposição. Napoleão começou a pensar que sua própria presença em Madri era necessária, e no fim de março ordenou que cavalos, escudeiros e cozinheiros fossem enviados para lá. Ao mesmo tempo, convidou Fernando para ir à França. Era difícil deduzir qual seu objetivo final, e até mesmo se havia um nesse momento.[13]

Em 2 de abril, Napoleão deixou Saint-Cloud, supostamente numa viagem para inspecionar o Sudoeste, parando em Orléans, Bordeaux e outras cidades para passar em revista tropas e se encontrar com notáveis locais. Por todo o caminho encontrou com três grandes nobres espanhóis enviados por Fernando para anunciar sua ascensão ao trono, mas se recusou a recebê-los. No dia 14 de abril chegou a Bayonne e três dias depois estabeleceu residência perto do sombrio castelo de Marracq.

Massivamente construído, mas pequeno, o castelo quase não acomodava Napoleão e Josefina, que se juntou a ele com sua *maison*, que se encolhia desconfortavelmente em uma série de pequenos quartos no andar de cima. A equipe numerosa de Napoleão foi acomodada em casas próximas e em cabanas, enquanto sua escolta militar acampava no gramado em frente à casa: primeiro um batalhão de granadeiros da guarda, ao lado deles um destacamento de *gardes d'honneur* bascos em túnicas vermelhas, boinas pretas, calções e meias, e a quinhentos metros um esquadrão elegantemente uniformizado do recém-formado *chevau-légers* polonês de guarda.[14]

Um dia depois de se estabelecer, Napoleão escreveu a Fernando, sem anunciar sua decisão sobre reconhecê-lo ou não e o convidando a Bayonne. No mesmo dia escreveu a seu irmão Joseph alertando-o de que em cinco ou seis dias poderia escrever para ele de novo pedindo que deixasse Nápoles e viesse a Bayonne. Quando Fernando chegou, em 20 de abril, teve um breve encontro com ele e discutiu assuntos com membros de sua comitiva. Seis dias depois, Napoleão encontrou Godoy e disse a ele que os Bourbon haviam perdido todo o crédito na Espanha e que as pessoas queriam que Napoleão fosse seu comandante. "Se não estou enganado", Napoleão escreveu a Talleyrand, "esta peça chegou a seu quinto ato, e estamos prestes a ver seu desenlace." Começou com a chegada em 30 de abril de Carlos e Maria Luísa, que entraram na cidade em um comboio de magníficas carruagens estatais de outra era, "enormes caixas douradas com vidro na frente e atrás, bem como nas portas", suspensas em largas correias de couro ligadas a rodas douradas descomunais. Depois de jantar com eles naquela noite, Napoleão pôde fazer sua própria avaliação da família real espanhola.[15]

Ele precisou de pouco tempo para descartar Fernando. "O príncipe das Astúrias é muito estúpido, muito perverso, muito hostil à França", escreveu a Talleyrand. Além de ser um imbecil, era pouco confiável – havia expressado arrependimento por seus partidários não terem seguido o exemplo dos assassinos do tsar Paulo ao forçar Carlos a abdicar. Ele também seria mais facilmente manipulado pelos britânicos. Por outro lado, umas poucas reuniões com Carlos e seus consortes foram suficientes para persuadir Napoleão de que ele também era incapaz de governar efetivamente. "O rei Carlos é um bom homem", pensou, enquanto "a rainha tem seu coração e passado estampados no rosto; nada mais precisa ser dito." Ele convenceu Carlos a revogar sua abdicação e a apontar Murat como seu substituto enquanto aguardava a resolução da crise.[16]

Isso tomou uma nova dimensão com o estouro em 2 de maio de uma revolta em Madri. Supostamente um protesto contra a viagem para Bayonne de outros dois membros da família real, a manifestação se transformou num ataque contra todos os franceses, principalmente soldados estacionados na capital, dos quais entre 150 e duzentos foram assassinados. Murat restaurou a ordem com uma repressão violenta que envolveu a execução de cerca de mil manifestantes. Quando chegou a Bayonne, a notícia contribuiu com uma escandalosa briga real em frente a Napoleão, com Carlos acusando Fernando de traição e Maria Luísa incitando Napoleão a executá-lo. Exasperado, Napoleão declarou que não podia reconhecer alguém tão desprezível como Fernando e o pressionou a renunciar à sua reivindicação ao trono e a reconhecer seu pai como rei. Não fica claro se sob pressão de Napoleão ou não, mas Carlos então renunciou a seu próprio direito ao trono e o colocou à disposição de Napoleão, sob a justificativa de que apenas ele estaria em posição de restaurar a ordem.[17]

Napoleão retornou a Marracq naquela noite num estado de agitação e andou em torno do parque com seu capelão, o abade de Pradt, discutindo suas reduzidas opções. Ele conseguia ver apenas uma: "A velha dinastia estava acabada, e tenho que reconstruir o trabalho de Luís XIV", como explicou ao general Mathieu Dumas. No dia seguinte escreveu a Talleyrand instruindo-o a preparar o castelo de Compiègne para receber o ex-rei da Espanha e sua consorte. O príncipe das Astúrias e seu irmão dom Carlos seriam colocados no castelo de Valençay, de Talleyrand, uma punição a este, que recebeu o trabalho extra de encontrar para ele uma mulher. "Acredito que é a parte mais importante do trabalho a ser feito", Napoleão escreveu, acrescentando que, muito embora ainda pudesse haver algumas perturbações, a lição firme dada por Murat em Madri iria prevenir outros problemas. Ele esperou outros quatro dias antes de escrever para Joseph instruindo-o a vir e tomar o trono da Espanha, incentivando-o com o argumento de que, enquanto Nápoles "era o fim do mundo", "em Madri, você está na França".[18]

Outras quatro semanas se passaram antes de Joseph chegar, e durante esse tempo Napoleão visitou guarnições e portos locais. Em Biarritz se banhou no mar, assistido por caçadores montados da guarda. Presumivelmente em consequência da falta de material de leitura, deu ordens para a criação de uma biblioteca de viagem com mil volumes, no formato de livro de bolso com letras grandes adequadas para serem lidos numa carruagem. Ela deveria incluir livros de religião e os clássicos, cem romances, história, memórias e as grandes obras do drama francês. Também instruiu seu bibliotecário a fazer extratos e resumos das campanhas de Crasso, Trajano e outros imperadores romanos contra os partos no Eufrates, e a ter mapas e planos da área desenhados. Quando o clima esquentou, ele e Josefina foram atormentados por moscas e outros insetos; e dormiam juntos dentro de um mosquiteiro. Napoleão era carinhoso com ela e fez de tudo para afastar fofocas sobre um possível divórcio.[19]

Joseph chegou a Bayonne em 7 de junho, e os dois irmãos começaram a organizar a monarquia. Desenharam uma Constituição que consagrou muitas tradições espanholas e que reconheceu o catolicismo como a religião do Estado. Napoleão absteve-se de introduzir o Código como insistiu em fazer na Itália. No dia 22 de junho, em Valençay, Fernando fez um juramento de fidelidade a Joseph, que foi proclamado rei José I em 8 de julho por uma corte rapidamente convocada de 99 membros. Ele foi cumprimentado pelos membros da antiga dinastia e começou a emitir proclamações nomeando-se "Dom José, pela graça de Deus, rei de Castela, Aragão, as duas Sicílias, Jerusalém, Navarra, Granada, Toledo, Valência, Galícia" e um monte de outros títulos que a monarquia espanhola havia acumulado, incluindo soberano das Canárias, das Índias Orientais e Ocidentais, arquiduque da Áustria, duque de Borgonha, Brabante e Milão e vários outros muito mais obscuros. Napoleão disse-lhe para não ser tão tolo e o despachou para Madri no dia seguinte.[20]

Joseph via seu novo papel com confiança. Em seus dois anos no trono de Nápoles, ele provara ser competente e em geral um rei popular, mostrando tato, se comportando como um bom católico e respeitando as tradições locais. Ele reformou a administração corrupta e modernizou o exército, limpou as prisões cheias de pessoas pagando por crimes esquecidos e reprimiu grande parte do banditismo endêmico, conseguindo capturar o mais notório bandido, Fra Diavolo. Admitiu que havia sido ingênuo e idealista ao acreditar que as pessoas iriam responder bem a um governo razoável e benigno e ocasionalmente teve de recorrer à força. Mas ele entendia algo que Napoleão não entendia – que Nápoles não podia ser governada como uma colônia.[21]

Apesar das aparentes similaridades, a sociedade e a estrutura política espanholas eram fundamentalmente diferentes das de Nápoles, e o caldeirão de ódios complexos e contraditórios se transformou no resultado de recentes acontecimentos dentro e fora do país. A incursão do Exército francês havia provocado resistência, contra a qual os franceses responderam com represálias que, em troca, produziram reações selvagens, liberando uma espiral de crueldade que saiu do controle enquanto os franceses arrasavam vilas e roubavam igrejas, e os habitantes desmembravam e crucificavam soldados franceses em retaliação.

A Revolução Francesa, que combinou a destruição da Igreja Católica e a perseguição religiosa com a da monarquia e da nobreza, havia rotulado todos os franceses como inimigos da Igreja e do trono, enquanto a recente perseguição de Napoleão ao papa o transformara no anticristo no imaginário popular espanhol. Padres proclamavam que matar franceses não era pecado, e sim um passo no caminho para o paraíso. Fernando, por outro lado, foi miraculosamente transformado em um símbolo sagrado. Apesar de não ter uma gota de sangue espanhol – de seus dezesseis avós, quatro eram bávaros, três franceses, dois poloneses, dois italianos, um austríaco e o resto alemães (dois deles protestantes) –, ele havia se tornado um herói nacional, *el Deseado*, o Desejado.

O entusiasmo de Joseph evaporou bem antes de ele chegar a Madri. "O fato é que não há um espanhol ao meu lado, exceto um pequeno número de pessoas que compunha a junta e estava viajando comigo", escreveu a seu irmão apenas três dias depois de deixar Bayonne. Mesmo esses começaram a abandoná-lo enquanto estava na estrada, e menos de uma semana depois ele teve que encarar o fato de que "não tenho um único apoiador aqui". Dois dias depois, ele fez sua entrada solene em Madri: sinos tocaram e tiros de canhão o saudaram, mas não havia ninguém nas ruas nem nas janelas. "Não fui recebido pelos habitantes desta cidade como fui pelos de Nápoles", relatou.[22]

Numa sucessão de cartas, Joseph assegurou a seu irmão que eles estavam iludidos e que pacificar o país era uma tarefa quase impossível, tendo em vista que ele estava se deparando com uma nação exasperada de 12 milhões de pessoas. Joseph mudou de abordagem, já que nas circunstâncias "bondade seria entendida como covardia" e que apenas uma força esmagadora poderia produzir resultados, apesar de ele considerar isso como "uma tarefa repulsiva". Ele exigiu mais 150 mil soldados e total comando sobre eles – a começar por Murat, que havia desanimado por ter sido passado para trás, todos os comandantes militares o ignoravam e agiam de forma independente uns dos outros.[23]

Napoleão não levou a sério os alertas do irmão. Deixou Bayonne em 21 de julho, depois de receber relatórios informando que Bessières havia derrotado um batalhão do Exército espanhol em Medina del Rioseco, confiante na eficiência das Forças Armadas francesas para lidar com a situação. Ele encheu seu trajeto de pompas, inspecionando unidades militares e participando de recepções com autoridades civis pelo caminho, e chegou a Bordeaux em 31 de julho. As pretensões literárias de Joseph sempre o irritaram, e em suas lamentações ele lia apenas covardia. Napoleão respondeu dizendo que os espanhóis eram covardes, que era preciso mostrar determinação e força. Mas seu tom esmoreceu depois de receber, no dia 2 de agosto, notícias que o chocaram profundamente.[24]

Uma força francesa de 20 mil homens, sob o general Pierre Dupont, marchava para socorrer os remanescentes da frota francesa encalhados em Cádis depois de Trafalgar, quando ela própria foi cercada por um grande exército espanhol sob comando do general Francisco Castaños, em Bailén, em 22 de julho. Dupont, cujos recrutas, em sua maioria novos, sofriam de grave escassez de alimentos e suprimentos, capitulou com a promessa de que ele e seus homens teriam permissão de retornar à França com suas armas e artilharia. Uma vez que o ato de capitulação foi assinado, todos, exceto Dupont e um punhado de oficiais superiores, foram feitos prisioneiros e tratados com brutalidade.

A derrota francesa deu ânimo a seus inimigos pelo país, e em 31 de julho, depois de apenas doze dias na capital, Joseph foi obrigado a evacuar e se retirar para Burgos. Ele escreveu a Napoleão que não estava preparado para comandar pessoas que o odiavam e implorou para receber permissão para voltar a Nápoles, argumentando que a Espanha se tornara ingovernável. "Vossa Majestade não tem ideia, porque ninguém vos teria dito, até que ponto vosso nome é vilipendiado aqui", acrescentou como reforço. Mas Joseph não tinha para onde ir, pois Napoleão havia dado seu reino napolitano para Murat, que prontamente se declarou Joaquim-Napoleão, pela graça de Deus rei de

Nápoles e Sicília. Duas semanas depois, Joseph escreveu de Burgos opinando que a Espanha só poderia ser submetida "ao tratar os espanhóis como eles trataram o assunto em Montezuma", o que iria exigir 200 mil soldados e 100 mil forcas "para dar apoio ao príncipe condenado a governá-los".[25]

Napoleão concordou e, em 5 de agosto, direcionou metade das tropas francesas ainda estacionadas na Alemanha para a Espanha e enviou o marechal Ney para comandá-las. Mas a situação na península continuou a se deteriorar; em Portugal, Junot havia atacado uma recém-atracada força britânica comandada pelo general Arthur Wellesley em Vimeiro, no dia 21 de agosto, sendo derrotado e forçado a capitular. Ele teve mais sorte que Dupont, e os termos de capitulação foram respeitados, toda sua força foi devolvida para a França pela Marinha Real. Com a maior parte da península livre de tropas francesas, Fernando VII foi proclamado rei por uma junta em Madri.

Napoleão continuou sua excursão de inspeção, visitando portos em Rochefort e La Rochelle, mas estava de mau humor. Quando, em Napoléon-Vendée, descobriu que seu projeto para revitalizar uma vila precária e transformá-la numa cidade industrial praticamente não tinha saído do papel, ele estourou. Ele havia tomado Bailén como um insulto às forças francesas e, por extensão, a ele. Quando Mathieu Dumas se apresentou a ele em Saint-Cloud, Napoleão se exasperou com o que tomou como covardia de Dupont e, agarrando o uniforme de Dumas pelos adornos, o sacudiu, dizendo com raiva que o uniforme francês teria que ser lavado com sangue. Napoleão estava determinado a fazer isso ele mesmo, mas, antes que pudesse enviar todos os soldados para a Espanha para se afogar em sangue, teve que aparar uma ameaça iminente de outra parte.[26]

32
O imperador do Oriente

No dia seguinte a seu retorno a Paris, em 15 de agosto de 1808, Napoleão realizou a usual audiência com o corpo diplomático para receber os parabéns por seu aniversário. Na ausência do núncio papal, os diplomatas foram liderados pelo belo e cortês embaixador austríaco, conde Metternich, que, interessado em coletar informações de inteligência, estava tendo um caso com a irmã de Napoleão, Caroline, a nova rainha de Nápoles, tendo já se informado com várias outras senhoras da mesma maneira. Napoleão o questionou duramente por uma razão diferente – os recentes armamentos austríacos que chegaram a seu conhecimento. O imperador Francisco também estava demorando para reconhecer Joseph como rei da Espanha.[1]

Os duros termos impostos depois de Austerlitz deixaram a Áustria indignada, ao mesmo tempo que o sentimento antifrancês crescia por toda a Alemanha, estimulado por uma onda de literatura nacionalista e por um renascimento do folclore, assim como por extorsões francesas e pela arrogância dos oficiais franceses; mesmo dentro da Confederação do Reno, o tratamento despótico de Napoleão a seus aliados gerou ressentimento. Notícias de Bailén deram esperança a todos aqueles que desejavam vingança, e muitos sentiram que era hora de se rebelar contra o domínio francês. A Áustria se rearmava antecipando a guerra com a França, supondo que o resto da Alemanha faria o mesmo e se juntaria a eles.[2]

Nessas circunstâncias, Napoleão não podia se dar ao luxo de retirar tropas da Alemanha e do Grão-Ducado de Varsóvia a fim de mandá-las para a Espanha, a menos que pudesse se proteger, e a única forma de fazer isso era chamar seu aliado, a Rússia. Contudo, o quanto ele podia confiar nos russos era uma questão em aberto; seu embaixador em São Petersburgo, Caulaincourt, o alertou de que o acordo de Tilsit era inpopular na Rússia, sendo associado na imaginação popular às derrotas de Austerlitz, Eylau e Friedland, e de que o bloqueio prejudicava a economia.

A incapacidade de Napoleão de ver as coisas do ponto de vista dos outros, assim como sua tendência a acreditar que podia obter resultados só por tentar, o levava a ignorar esse e outros alertas. Quando o embaixador de Alexandre era esperado em Paris depois de Tilsit, Napoleão comprou a residência suntuosa de Murat – com quadros, móveis, prataria, louça, roupas de cama e tudo mais – para oferecer-lhe uma embaixada confortável e se desdobrou para honrá-lo. Mas o embaixador, conde Tolstói, permaneceu indiferente e quase não escondia sua antipatia por Napoleão. Numa tentativa de reviver o entusiasmo de Alexandre com a aliança, Napoleão no início do ano voltou ao assunto de uma expedição conjunta contra os britânicos na Índia, com a promessa de uma extensão do Império Russo no Oriente. Caulaincourt e o ministro russo de Política Externa, conde Nikolai Rumiantsev, estudaram cuidadosamente os mapas, e o general Gardanne calculou as distâncias da marcha através de Alepo, Bagdá, Herat, Cabul e Peshawar. Mas, embora nunca tivesse deixado de sonhar com a Índia, Napoleão não tinha intenção de embarcar no empreendimento, como Alexandre provavelmente deduziu.[3]

Antes de deixar Tilsit, eles haviam concordado em se encontrar novamente no ano seguinte, e esse encontro aconteceria em Erfurt, na Vestfália, no fim de setembro de 1808. Napoleão esperava que, ao utilizar sua mistura habitual de charme e ameaça sutil, seria capaz de reafirmar sua ascendência sobre o tsar. O encontro também proporcionaria a chance de propor um casamento dinástico; tal união mataria dois coelhos com uma só cajadada, já que cimentaria a aliança e ao mesmo tempo daria a Napoleão um herdeiro, o que tinha se tornado um tema urgente. A questão ressurgiu quando, em 5 de maio de 1807, seu sobrinho e filho adotado Napoleão-Charles, filho de Louis e Hortense, morreu de difteria. Agora que ele sabia que podia ser pai, muitos em sua comitiva, incluindo Fouché e Talleyrand, o instigavam a se divorciar de Josefina e se casar com uma mulher em idade fértil.[4]

Um dia em novembro de 1807, com a corte de Fontainebleau, Fouché conversou com Josefina em seu apartamento e sugeriu que ela fosse ao Senado e requisitasse um divórcio no interesse do Império. Chegou mesmo a redigir um texto prévio do discurso que ela deveria proferir. Josefina perguntou se ele fora enviado por Napoleão, o que Fouché negou, e então o dispensou, dizendo que faria isso apenas se seu marido pedisse. Quando ela contou da visita de Fouché, Napoleão enfaticamente repreendeu seu ministro, muito embora fosse improvável que Fouché tivesse agido sem seu conhecimento. Ainda o repreendeu quando Fouché leu um boletim de polícia que mencionava que as pessoas estavam discutindo o divórcio como se aquilo estivesse acertado. Para Josefina tudo parecia concretizado. "Que tristeza os tronos geram!", ela escreveu ao filho, vislumbrando o inevitável.[5]

Alexandre tinha duas irmãs solteiras, e Napoleão não via razão para não abraçar a ideia caso pudesse falar com ele diretamente. "Uma hora de conversa será o suficiente, enquanto as negociações iriam durar muitos meses se fossem deixadas para os diplomatas", ele disse a Cambacérès ao deixar Paris. Napoleão ordenou que Erfurt fosse limpa, seus prédios pintados e suas ruas acesas, e havia enviado tapeçaria, quadros e louça para adornar seus apartamentos lá. Ele também providenciou para que os melhores atores e as atrizes mais lindas de Paris fossem enviados para entreter o grupo à noite e, se possível, que encontrassem o caminho para a cama de Alexandre.[6]

Para impressionar Alexandre e conferir peso a seu encontro, Napoleão convidou todos os líderes da Confederação do Reno e o rei da Saxônia. Ele havia cuidadosamente selecionado as peças a serem apresentadas. De acordo com Talleyrand, ao encenar cenas heroicas ele queria desorientar os velhos reis e aristocratas presentes e "transportá-los em sua imaginação para outras realidades, onde poderiam ver homens que eram grandes por suas realizações, excepcionais por suas ações, criando sua própria dinastia e revelando sua origem nos deuses". Os temas da imortalidade, da glória, do valor e da predestinação recorrentes nas peças que ele escolheu eram destinados a inspirar admiração em todos que o abordassem, e *Cinna,* de Corneille, entregava isso em sua conclusão na seguinte frase: "Aquele que é bem-sucedido não pode estar errado". *Maomé*, de Voltaire, trata da necessidade de uma nova fé e de um novo mestre do mundo; seu protagonista deve tudo às próprias qualidades, e nada à ancestralidade – sua vitória o credencia para a Coroa. Napoleão não levou Josefina nem uma comitiva numerosa, mas como Talleyrand havia estado em Tilsit e era um bom anfitrião que conhecia a todos na Europa, ele o levou junto. Isso se revelou um erro.[7]

Quando Alexandre anunciou sua intenção de ir a Erfurt, a maior parte de sua comitiva expressou temores de que ele se permitisse ser bajulado por Napoleão para assumir novos compromissos desfavoráveis à Rússia, e até mesmo, tendo em vista os recentes eventos em Bayonne, que ele nunca conseguisse voltar. Numa resposta a sua mãe, que havia escrito implorando a ele que não fosse, o tsar explicou que, apesar das derrotas em Bailén e Vimeiro, Napoleão ainda era forte o suficiente para derrotar qualquer poder que o desafiasse. A Rússia precisava construir seu potencial militar e enquanto isso fingir que permanecia uma aliada. Ele precisava ir a Erfurt para convencer Napoleão de sua boa vontade, e sua presença lá deveria enviar um sinal à Áustria para não tentar nada imprudente antes do tempo. Para sua irmã Catarina, que havia lhe implorado para que não tivesse nada com o ogro corso, ele respondeu mais sucintamente: "Napoleão pensa que sou apenas um tolo, mas aquele que ri por último ri melhor".[8]

Assim que recebeu notícia de que Alexandre estava na estrada, Napoleão deixou Paris, chegando a Erfurt na manhã de 27 de setembro, e depois de lidar com alguns assuntos administrativos, chamou o rei da Saxônia, que o havia precedido. Às duas horas, tendo sido alertado da aproximação de Alexandre, foi a cavalo a seu encontro nos limites da cidade. Ao vê-lo cavalgar em sua direção, Alexandre apeou da carruagem e os dois imperadores se abraçaram, depois do que montaram novamente e seguiram para a cidade, sendo recebidos com plenas honrarias militares, e passaram o resto do dia juntos, só se separando às dez da noite.

Napoleão esperava recriar o que chamava de "espírito de Tilsit", fazendo suas tropas desfilarem perante Alexandre e gastando horas em conversas com ele sobre qualquer assunto que pudesse lisonjeá-lo, enquanto demonstrava seu poder sobre os outros soberanos ao dar ordens a eles e dizer onde deveriam se sentar à mesa – "Rei da Baviera, cale-se!", Napoleão ordenou em certo momento.[9]

Como Alexandre tinha problemas de audição em um ouvido, Napoleão mandou erguer um estrado para os dois ficarem mais perto do palco no teatro. Isso significava que, como Talleyrand destacou, "as pessoas ouviam os atores, mas era para ele que estavam olhando". Durante uma das performances, nas falas "Ao nome do conquistador e vencedor triunfante, ele deseja acrescentar o de pacificador", Napoleão fez uma demonstração de emoção percebida por todos. Quando, durante uma apresentação da tragédia *Édipo*, de Voltaire, o ator disse "A amizade de um grande homem é um presente dos deuses", Alexandre se levantou e pegou na mão de Napoleão num gesto destinado ao público.[10]

Napoleão interpretava o charmoso anfitrião, descendo correndo as escadas para cumprimentar Alexandre quando ele chegava para jantar, e o colocando em seu lugar a seguir. Ele organizou uma excursão ao campo de batalha próximo de Jena, onde, como se estivessem falando de um militar para o outro, explicou a batalha, sem dúvida querendo lembrá-lo de sua própria proeza militar. Napoleão convidou Alexandre a uma parada na qual condecorou soldados com a Legião de Honra; como cada homem era chamado a relatar sua heroica façanha, e todas haviam acontecido em Friedland contra os russos, o tsar foi abertamente humilhado ao ter de ouvir histórias de seus soldados sendo derrotados. Napoleão, até mesmo no decorrer de uma discussão, recorreu à encenação de uma de suas fúrias, jogando o chapéu no chão e pisando nele.[11]

Em 6 de outubro, o grupo foi a uma caçada na floresta de Ettesberg, na qual os veados eram levados a passar por um funil de telas de lona, de modo que, quando chegavam aos caçadores, estavam desorientados e tão perto que até mesmo o inexperiente Alexandre, com sua visão fraca, conseguiu matar um a dois metros e meio dele. A caçada foi seguida de um jantar, um concerto curto, uma peça e um baile. Napoleão não dançou porque, como disse numa carta a Josefina, "quarenta anos são quarenta anos". Em vez disso, teve uma discussão de duas horas sobre literatura alemã com o poeta Wieland, que havia sido convidado com o propósito de que Napoleão demonstrasse seu conhecimento para os alemães surpresos e lisonjeados que o ouviam. Então ele foi até Goethe e teve uma longa conversa com ele. A energia dele é admirável, se você levar em conta que o tempo todo ele estava manipulando vários governantes da Confederação do Reno, cada um tendo de ser bajulado e intimidado alternadamente, administrando o governo da França e supervisionando operações na Espanha, sem mencionar que lutava contra um forte resfriado. Goethe, com quem teve um longo encontro no café da manhã em 1º de outubro, estava tomado pelo poder que sentia no olhar de Napoleão e fascinado por suas qualidades aparentemente sobre-humanas.[12]

Um dia, quando Alexandre esqueceu sua espada, Napoleão deu a ele a sua própria, ao que Alexandre declarou: "Aceito como sinal de sua amizade, e Vossa Majestade pode estar certo de que nunca irei sacá-la contra vós". Ele não prometeu, como Napoleão esperava, usá-la contra a Áustria caso ela atacasse enquanto ele ocupava a Espanha. Alexandre adotou uma posição de teimosa neutralidade, não recusando e também não prometendo nada. A posição de Napoleão era idêntica, uma vez que ele queria obrigar Alexandre a se comprometer ainda mais enquanto oferecia apenas a vaga promessa de retirar as tropas francesas do Grão-Ducado de Varsóvia e da Prússia e, como compensação pela aceitação do tsar a seus feitos na Espanha, permitir a anexação da Finlândia. A falta de convergência na aliança era evidente. Contudo ela era crucial para Napoleão, não apenas para manter a Áustria sob controle, mas também para manter o bloqueio contra a Inglaterra, que começava a surtir efeitos.[13]

Era impossível excluir os produtos britânicos de todo o continente. Embora dissesse estar cumprindo o acordo, a Rússia contrariava os termos do bloqueio ao permitir que alguns navios neutros atracassem em seus portos. Comerciantes britânicos estabeleceram entreportos em Heligolândia, a partir de onde pequenos barcos podiam acessar enseadas e pequenos portos em todo o Norte da Europa, e em Malta, para fazer o mesmo no Mediterrâneo. Navios britânicos também desafiavam o bloqueio ao atracar no porto austríaco de Trieste, a partir de onde suas mercadorias podiam chegar à Europa Central. Havia muito comércio clandestino e havia até mesmo casos de comerciantes franceses de Bordeaux que forneciam vinho e conhaque às forças britânicas em Portugal. Em Hamburgo, as autoridades estavam surpresas com um curioso aumento de funerais e descobriram que os caixões estavam sendo usados para transportar café e corante azul contrabandeados – pelo que Bourrienne, agora comissário na região, recebia uma comissão. Mesmo a família de Napoleão zombava do bloqueio; Louis na Holanda o fazia quase que descaradamente; Jérôme na Vestfália deixando passar mercadorias; e Josefina recebendo sedas e brocados contrabandeados. Cambacérès de fato ordenou que o administrador chefe do Grão-Ducado de Berg, Jacques-Claude Beugnot, enviasse a ele presunto defumado de forma clandestina para evitar pagar impostos de fronteira destinados a financiar o bloqueio. Na marcha de retorno da Alemanha depois de Tilsit, o capitão Boulart da artilharia da guarda e seus colegas oficiais e homens alegremente compraram grandes quantidades de produtos ingleses em Frankfurt e Hanover, que contrabandearam para a França em vagões de munição, não permitindo que os oficiais de fronteira em Mainz os inspecionassem, argumentando que a neve molharia a pólvora.[14]

Mesmo assim, nos primeiros meses de 1808 o bloqueio tinha um efeito incapacitante na economia britânica e, o que era crucial, ameaçava se impor à situação política. A importação de cereais fundamentais havia caído absurdos 93%, e Napoleão calculava que, se a pressão pudesse ser mantida, o país não seria capaz de se alimentar e haveria motins, o que colocaria o governo de joelhos. Assim sendo ele estava desesperado para manter a Rússia dentro do sistema, e com Alexandre visivelmente mais frio, a maneira mais certa de fazer isso parecia ser uma aliança dinástica. O assunto foi abordado, e o tsar deu todos os sinais apropriados de apreciação, mas declarou que tinha que obter consentimento de sua mãe antes de uma resposta definitiva. Ele não tinha nenhuma intenção de aceitar a ideia, uma vez que já estava decidido a enfraquecer Napoleão.[15]

No dia seguinte à sua chegada a Erfurt, Talleyrand encontrou um recado da princesa de Thurn e Taxis, irmã da rainha da Prússia, convidando-o a tomar chá com ela. Lá encontrou Alexandre, que havia organizado o encontro. Os dois se encontraram muitas outras vezes nos dias seguintes, tendo rapidamente chegado a um acordo – Talleyrand disse a Alexandre que ele era o único governante civilizado capaz de salvar a Europa e a França de Napoleão, e se declarou pronto a servir a ele e à sua causa. Embora não se saiba se isso foi mencionado ou não, o serviço não seria sem custo.[16]

Em seu retorno a Paris, Talleyrand continuaria em contato por meio do secretário da embaixada russa, Karl von Nasselrode. Ele já estava em contato secreto com o embaixador austríaco, Metternich, que resumiu a posição de Talleyrand: "O interesse da própria França exigia que as potências capazes de enfrentar Napoleão se unissem para criar uma barreira à sua ambição sem limites, que a causa de Napoleão não era mais a da França, que a Europa mesma apenas pode ser salva por meio da aliança mais próxima entre Áustria e Rússia".[17]

"Estou muito satisfeito com Alexandre, e ele deve estar comigo", escreveu Napoleão a Josefina em 11 de outubro, convencido de que seduzira o tsar. No dia seguinte os dois assinaram um acordo reafirmando a aliança, assim como uma carta conjunta a Jorge III professando o desejo de paz e apelando a ele para que abrisse negociações. Três dias depois, os dois saíram de Erfurt juntos até o local onde haviam se encontrado duas semanas antes, se abraçaram e se despediram. Napoleão cavalgou de volta, devagar, até a cidade, aparentemente mergulhado em pensamentos. Ele tinha muito sobre o que refletir.[18]

Ele havia ido a Erfurt para consolidar a aliança forjada em Tilsit, mas acabou vendo rachaduras nela. Organizou recepções, esteve cercado de monarcas servis, mas, como certa vez confessou a seu ministro do Interior Chaptal, sentiu como se eles o desprezassem por sua origem inferior e imaginou que ficariam felizes em depô-lo. "Posso apenas me manter pela força;

posso apenas fazê-los se acostumarem a me ver como igual ao mantê-los sob meu jugo; meu império será destruído se pararem de me temer." Ele estava consciente de que quanto mais crescia, maior era sua vulnerabilidade. É tentador pensar que a razão pela qual ele se sentia atraído por Alexandre, seu mais estranho e inconveniente aliado, era porque ele percebia as inseguranças do tsar e não se sentia tão arrivista em sua companhia. No entanto, apesar de se vangloriar delas, Napoleão não tinha fé no valor de suas próprias conquistas. "A glória militar, que vive por tanto tempo na história, é aquela que os contemporâneos se esquecem mais rapidamente", admitiu a uma das damas de companhia de Josefina. Ele também temia que sua construção do Estado e outras conquistas não sobrevivessem. Josefina protestava com ele, insistindo que sua genialidade lhe dera seu título de grandeza, sem proveito próprio. Ele era, de acordo com Rapp, lamentavelmente obcecado pelo que o meio aristocrático do Faubourg Saint-German pensava a seu respeito, e era ridiculamente suscetível a fofocas. É irônico que, como Talleyrand percebeu, embora ele usasse o teatro para reforçar sua mensagem para os mais ociosos e ineficazes soberanos de que estava acima deles como homem de ação, não tinha a confiança em seus próprios feitos e sentia a necessidade de adorná--los com os ornamentos da realeza. "A simplicidade não serve a um soldado emergente como eu do mesmo modo que serve a um soberano hereditário", Napoleão disse a uma senhora polonesa.[19]

A Chaptal, Napoleão reclamou que apenas as dinastias mais antigas podiam contar com apoio popular incondicional e que, embora um monarca hereditário pudesse se entregar a uma vida devassa, ele não podia se dar a esse luxo, uma vez que "não há nenhum general que não acredite que tem o mesmo direito ao trono que eu", o que obviamente não era verdade. Mollien estava surpreso por "sua necessidade insaciável de ser o centro de tudo", algo que ele acreditava ser ditado "pelo medo de que qualquer partícula de poder escapasse dele". Ele também notou em Napoleão uma necessidade "de se representar como o único homem essencial, de estabelecer no público a percepção de superioridade exclusiva, de minimizar qualquer coisa que pudesse representar uma ameaça de que ele precisasse compartilhar seu *status*", e estava convencido que isso era o resultado não de um cálculo, mas de um tipo de reação instintiva – o que sugere inseguranças psicológicas profundas. "Vocês não veem", Napoleão costumava dizer a membros de sua família, "que não nasci no trono, que tenho que me manter da mesma forma que ascendi a ele, com glória, que tenho que continuar a aumentá-lo, que um indivíduo que se torna soberano, como eu, não pode parar, que precisa continuar a escalar e que está perdido se permanece parado?" Com certeza ele não podia mais se dar ao luxo de ficar parado.[20]

No dia seguinte à sua chegada a Erfurt, Napoleão recebeu um enviado especial do imperador Francisco, general De Vicent. Muito embora a audiência tenha sido cortês, com declarações de boa vontade de ambos os lados, ficou óbvio pelo tom de Vicent e dos armamentos austríacos que Viena se preparava para a guerra. Napoleão não podia conceber que Francisco fosse tolo o suficiente para fazer uma guerra sozinho, e isso o levou a suspeitar da existência de um acordo secreto entre ele e Alexandre.[21]

Isso tornou ainda mais imperativa uma pacificação rápida da Espanha. Napoleão estava de volta a Saint-Cloud às onze da noite de 18 de outubro. No dia 22 do mesmo mês visitou o Salon – os pintores que desejavam se submeter tinham sido informados de que seria desejável mostrar Napoleão visitando o campo de batalha de Eylau e lançando-lhe um "olhar consolador" que "suavizaria o horror da morte"; o vencedor, Antoine Gros, evidentemente obteve o resultado esperado, tendo conseguido "dar a Napoleão uma aura de bondade e esplendor majestoso". Nos dias seguintes, Napoleão abriu a sessão do Legislativo, ofereceu recepções, inspecionou o serviço público, orfanatos e hospícios antes de partir em 29 de outubro. Viajando dia e noite, parando apenas para jantar rapidamente e encontrar oficiais no percurso, algumas vezes seguindo em seu cavalo, em 3 de novembro ele estava em Bayonne, onde em uma carta a Joseph admitiu estar "um pouco cansado". Isso não o impediu de passar a noite acordado com Berthier ditando ordens. Na noite seguinte, Napoleão estava em Tolosa, onde discursou para um grupo de monges dizendo que, caso se envolvessem em política, iria cortar suas orelhas, algo que, sem saber francês, eles só tinham como entender pelo tom de voz dele. O mesmo aconteceu quando, em Vitoria dois dias depois, Joseph lhe apresentou seus ministros; ele os questionou em uma mistura de italiano e francês, acusando-os de incompetência e dizendo que o clero estava sendo pago pelos britânicos, e verteu escárnio sobre o Exército espanhol. Declarou que poderia pacificar todo o país em dois meses e tratá-lo como território conquistado.[22]

Napoleão assumiu o comando do Exército da Espanha, que consistia de cerca de 200 mil homens espalhados por todo o país. Enquanto o marechal Soult na sua ala direita empurrava uma força britânica de 40 mil sob sir John Moore, e em sua esquerda Lannes dirigia o general Castaños de volta a Saragoça, Napoleão seguia para Madri. Em 12 de novembro chegou a Burgos, que havia acabado de ser capturada e estava sendo saqueada. Um de seus ajudantes, Ségur, foi enviado adiante e selecionou a residência do arcebispo como mais adequada para abrigá-lo. Ele foi acompanhado de perto por Napoleão, que estava apenas com Savary e Roustam. Eles foram em busca de comida e bebida, enquanto Ségur acendia o fogo. Napoleão mandou que ele abrisse uma janela, e quando Ségur abriu as pesadas cortinas, se deparou com três soldados espanhóis, ainda totalmente armados, que haviam se refugiado lá e agora imploravam pela vida. Napoleão riu do perigo ao qual havia se exposto.[23]

Napoleão passou dez dias em Burgos inspecionando as tropas e então seguiu em frente, forçando posições espanholas resistentes depois de Somosierra em 30 de novembro, e chegou à entrada de Madri dois dias depois. Ele ordenou o ataque para o dia seguinte, e em 4 de dezembro a cidade se rendeu. Napoleão se estabeleceu numa casa de campo em Chamartin na saída da cidade, deixando que seu irmão retomasse posse. Desde o momento em que se juntou a Joseph em Vitoria ele o ignorou, e Joseph se limitou a seguir na esteira do exército. Ele reclamou, com alguma razão, que isso enfraquecia sua autoridade em um país que já era difícil o suficiente de comandar, e em 8 de dezembro escreveu a Napoleão renunciando seu direito ao trono da Espanha.[24]

Napoleão não respondeu por dez dias, quando enviou a ele uma nota curta a respeito de finanças, e alguns dias depois uma enxurrada de instruções por meio de Berthier. Ele encontrava tempo para escrever a Josefina com frequência, principalmente pequenos e afetuosos bilhetes assegurando a ela que estava ótimo, que seus negócios iam muito bem e que ela não devia se preocupar. Em um dos bilhetes, ele discutiu a sabedoria de Hortense em dispensar sua equipe doméstica. Escreveu a Fouché dizendo que os espanhóis não eram "perversos" e que os britânicos só um pouco irritantes. Solicitou uma jovem virgem para ele, mas de acordo com seu criado pessoal, Constant, ela usava muito perfume para seu sensível olfato, e ele a mandou embora intocada – depois de ser paga.[25]

Napoleão emitia decretos e ordens para a administração do reino como se José não existisse, abolindo o feudalismo e a Inquisição, fechando conventos e confiscando o que podia de propriedades para pagar por sua campanha. Também participava da administração do Império, olhando detalhes e conferindo valores, e especificando, por exemplo, as quantidades de quinino que deveriam ser distribuídas para os serviços de saúde de cada uma das 42 maiores cidades do Império.[26] Ele inspecionava o corpo principal de seu exército, e no dia 22 de dezembro seguiu para enfrentar Moore, esperando ter finalmente a oportunidade de lutar com seu inimigo britânico no campo de batalha. "O clima está bom, minha saúde perfeita, não se aflija", escreveu a Josefina antes de partir. O clima mudou dramaticamente não muito depois de iniciada a jornada, e sua marcha sobre a serra de Guadarrama com granizo e neve se revelou uma provação para os soldados, que não só resmungaram, mas, em alguns casos, mostraram seus sentimentos atirando em Napoleão quando ele passava. Ele achou melhor ignorar os incidentes e seguir em frente, esperando que a batalha restaurasse o moral.[27]

Moore bateu em retirada, seguindo para o porto de La Coruña, onde a Marinha Real podia evacuar seus homens, com Napoleão na sua cola. Mas na noite de 1º de janeiro de 1809, no meio do caminho entre Benavente e Astorga, Napoleão foi informado de que um *estafette* de Paris tentava alcançá-lo, então parou e aguardou na estrada até que ele chegasse. Quando leu os despachos, seu humor se tornou sombrio e ele seguiu para Astorga em silêncio. Aqueles em torno dele notaram com surpresa que o impulso de alcançar Moore de qualquer maneira o havia abandonado. Depois de passar o dia em Astorga e entregar o comando a Soult, voltou para Benavente e então para Valladolid. Os despachos confirmavam que o rearmamento austríaco estava seguindo a toda velocidade, mas não era isso que o incomodava.

Napoleão estava consciente de que havia muito descontentamento na França. Em Bayonne, em junho, ele foi notificado de uma conspiração inepta envolvendo o general Malet que tinha sido descoberta e os conspiradores, presos. Bailén havia dado coragem a seus críticos no Senado e no Legislativo, mas ele sabia que apenas tinha que estalar o chicote para calá-los. Um deslize de Josefina ao receber uma delegação do Legislativo, referindo-se a eles como representantes da nação, o irritou, mas também lhe deu uma oportunidade; ele instruiu *Le Moniteur* a publicar um anúncio explicando que o discurso dela devia ter sido relatado erroneamente, uma vez que Josefina tinha conhecimento suficiente para não saber que, "na ordem de nossa hierarquia constitucional, o primeiro representante da nação é o imperador, e os ministros, que são órgãos de suas decisões". Agora ele era informado do que parecia ser uma maquinação mais sinistra – por dois de seus aliados mais próximos.[28]

Durante uma recepção dada por Talleyrand, em 20 de dezembro, assim que os convidados se reuniram, o porteiro anunciou o ministro da Polícia. Não era segredo que Talleyrand e Fouché se odiavam e eram vistos sob o mesmo teto apenas quando funções sociais exigiam, contudo lá estava Talleyrand ansiosamente indo cumprimentar o recém-chegado e depois levando-o, de braços dados, pelas salas de recepção para que todos pudessem vê-los conversando. As notícias de que os dois mais consumados praticantes de piruetas políticas estavam em acordo correram Paris e chegaram ao imperador em Astorga.[29]

O que também chegou a Napoleão, graças a uma interceptação postal feita por Lavalette, era uma ideia do que eles estavam fazendo. Com relatórios alarmantes da natureza excepcionalmente selvagem da guerra na Espanha chegando a Paris, a possibilidade de Napoleão ser morto ressurgiu, o que aproximou os dois homens mais preocupados com as possíveis consequências disso para si mesmos. Ambos estavam havia algum tempo em contato com a irmã dele, Caroline, e preparavam agora um plano de contingência para colocar Murat no trono caso Napoleão fosse morto. Lavalette havia passado as cartas incriminadoras de Murat para Napoleão.[30]

Sua exasperação transparecia. Quando ouviu soldados da Velha Guarda reclamando das condições na Espanha, ele fez uma cena ao inspecioná-los, acusando-os de preguiça e de apenas querer voltar para suas putas em Paris. Todos os oficiais que passassem pela cidade eram obrigados a ir falar com ele, e quando certo dia o general Legendre, que havia sido o chefe de gabinete de Dupont e assinou a capitulação de Bailén, se apresentou, Napoleão despejou sua raiva sobre o homem. Acusou-o de covardia, de ter profanado a honra da França, chamou a capitulação de um crime assim como uma demonstração crassa de inaptidão, e disse que a mão com a qual ele tinha assinado deveria ter murchado. Numa carta a Josefina, em 9 de janeiro, ele insistiu para que ela não se preocupasse, mas que estivesse preparada para vê-lo aparecer inesperadamente a qualquer momento. Uma semana depois ele correu de volta a Paris, chegando a percorrer 120 quilômetros montado a cavalo em cinco horas.[31]

Napoleão chegou a Paris às oito da manhã de 23 de janeiro. Naquela tarde visitou as obras no Louvre e na rue de Rivoli, nos dias seguintes recebeu o corpo diplomático, foi à ópera e, em 27 de janeiro, escreveu a Talleyrand, instruindo-o a entregar sua chave de grão-camareiro para Duroc. Talleyrand aceitou e escreveu a Napoleão uma carta cheia de doçura e submissão, expressando a extrema dor que sentiu ao entregar a chave: "Meu único consolo é permanecer ligado a Vossa Majestade por dois sentimentos que nenhuma dor pode superar ou enfraquecer, por um sentimento de gratidão e de devoção que irão acabar apenas quando se encerrar minha vida".[32]

O dia 29 de janeiro foi um domingo, e, depois do desfile usual, Napoleão reuniu um conselho privado ao qual compareceram Cambacérès, Lebrun, Gaudin, Fouché, o almirante Decrès e Talleyrand. Quase no fim da reunião, ele repentinamente ficou agitado e, virando-se para Talleyrand, que estava encostado num console, despejou sua fúria: "Você é um ladrão, um covarde, criatura sem fé e sem Deus; em toda sua vida falhou em todas as suas obrigações, você enganou e traiu todo mundo; nada lhe é sagrado; você venderia seu próprio pai", vociferou, andando pela sala enquanto Talleyrand permanecia parado em sua pose indiferente, "pálido como a morte", de acordo com uma testemunha, seus olhos quase fechados. "Você, senhor, não é nada mais que um monte de merda em meias de seda!", Napoleão concluiu. Apesar de ter se mantido arrogantemente calmo enquanto deixava a sala, Talleyrand sussurrou para o mestre de cerimônias Ségur, que entrava: "Há coisas que não podem ser perdoadas". E depois acrescentou: "Que vergonha que tal grande homem seja tão mal-educado". Ele informou a Metternich que agora se sentia livre para agir em prol da causa comum. Sem querer passar a impressão de instável, Napoleão deixou Talleyrand com seu título de vice-grão eleitor. Não penalizou Fouché, de quem ainda precisava, sobretudo porque agora estava certo de que teria de ir à guerra.[33]

Essa era uma guerra pela qual nem Napoleão nem a França tinham qualquer apetite. Também causava pouco entusiasmo fora da Áustria, cuja busca por aliados não deu em nada. A Rússia se opunha e a Prússia tinha medo, assim como a maior parte dos Estados alemães, por mais que estivessem ressentidos do domínio francês. Mesmo a Inglaterra se mostrava apenas preparada a oferecer um pequeno subsídio. Mas a Áustria estava ansiosa para apagar as humilhações em Ulm e Austerlitz. E apesar da falta de interesse da Alemanha, pela primeira vez em sua história a monarquia Habsburgo iria usar o fator da nacionalidade alemã. Uma influência poderosa era a terceira mulher do imperador Francisco, Maria Luísa de Áustria-Este, uma alemã nacionalista com ódio por todas as coisas francesas, com quem ele havia casado em janeiro de 1808. Outra era o ministro chefe, conde Johann Philipp Stadion, que encorajava a propaganda nacionalista por meio da imprensa e de panfletos patrocinados pelo governo, nos quais a futura guerra era representada como uma liberação e paralelos eram traçados com a revolta na Espanha.³⁴

O arquiduque Carlos, de 37 anos, havia reorganizado o exército, introduzindo a conscrição e dando-lhe um caráter mais nacional. Em março de 1809 apontou o escritor nacionalista Friedrich Schlegel como seu secretário militar. Seu irmão, o arquiduque João, também reforçou a mensagem nacionalista declarando-se "alemão, de coração e alma". Na primavera de 1809, a Áustria reunira cerca de 300 mil homens. Uma força de 30 mil foi enviada à Galícia sob o comando do arquiduque Ferdinando para manter sob controle as forças polonesas no Grão-Ducado de Varsóvia e impedir que os russos apoiassem seus aliados franceses. Outros 50 mil sob o arquiduque João estavam prontos a impedir que os franceses saíssem da Itália. O exército principal de quase 200 mil sob o arquiduque Carlos invadiu a aliada da França, a Baviera, em 10 de abril e entrou em Munique. Isso coincidiu com a insurreição planejada no Tirol liderada pelos partidários de Andreas Hofer, o que forçou as tropas francesas e bávaras de lá a capitular. O avanço austríaco era acompanhado por um apelo ao povo da Alemanha para que se rebelasse. O apelo foi respondido por um oficial prussiano, major Schill, que liderou seu regimento para atacar a Vestfália, e pelo coronel Dornberg, de Hesse, um oficial a serviço da Vestfália, que saiu à frente de 6 mil homens para dar início a uma rebelião geral. Com suas principais tropas presas na Espanha, Napoleão conseguiu reunir apenas 100 mil soldados franceses de um total de 150 mil menos confiáveis e certamente menos motivados, fornecidos por seus diversos aliados. Assim que a notícia de que os austríacos haviam invadido a Baviera chegou via telégrafo, ele entrou em ação.³⁵

Apesar de ainda se mover rapidamente, viajando em todos os horários do dia e da noite, Napoleão havia introduzido um módico conforto em sua campanha, uma vez que sua idade não permitia mais que ele se sujeitasse aos rigores de dormir fora em qualquer tipo de clima e ficar sem comida. Sua carruagem de viagem estava equipada com todo conforto, e ele continuava a adicionar mais recursos. Ele amava todo tipo de *nécessaires*, malas contendo cada utensílio para seu propósito. Era seguido ou precedido por catorze carroças e um comboio de mulas levando um conjunto de cinco tendas de lona azul e branca – duas delas, seu quarto e escritório, privados; as outras três para serem usadas também por sua equipe. Eles carregavam ainda tudo mais que ele pudesse precisar, de uniformes extras e lençóis a prataria e um estoque de vinho de Chambertin. Mais à mão, um de seus pajens carregava um telescópio e alguns mapas, os quais Napoleão abria sobre uma mesa, ou no chão, deitando-se sobre eles, com uma almofada de alfinetes na mão, então se levantando, vislumbrando a imagem completa e ditando ordens bruscamente. Seu mameluco estava sempre disponível, assim como um pequeno grupo de ordenanças, *officiers d'ordonnance,* alguns deles civis, vestidos originalmente de verde e depois usando uniformes azul-claros. Não muito atrás ficava um estoque de cavalos, a maioria árabes. Ele era sempre escoltado por cerca de uma dúzia de cavaleiros montados ou *chevaux-légers* da guarda, enquanto Berthier e a equipe geral eram escoltados por seus próprios guardas do principado de Neuchâtel, uniformizados em amarelo-claro. Napoleão sempre parecia mais feliz em campanha, passando a maior parte do dia montado, cercado por sua equipe e celebrado por suas tropas, com quem ele parava para conversar. O exercício o revigorava, e sua empolgação era contagiante. Quando ele parava para comer algo, um piquenique era habilmente espalhado por sua *maison militaire* e todos compartilhavam. "Realmente era uma festa para todos nós", relembrou seu prefeito do palácio Bausset.[36]

Numa série de três combates entre 19 e 21 de abril, Napoleão tentou isolar parte do Exército austríaco, terminando por conquistar alguns sucessos em Eckmühl e Ratisbona. Ele alegaria mais tarde que Eckmühl foi uma de suas melhores manobras, mas essas não eram vitórias a que ele estivesse acostumado. Os austríacos haviam aprendido a se mover e lutavam bem, e se retiravam de forma ordenada. Cavalgando pelo campo de batalha, Napoleão teve uma sensação desagradável ao ver a carnificina exigida pela vitória. Ele mesmo havia sido levemente ferido no pé por uma bala de mosquete em Ratisbona. Na proclamação emitida depois da batalha, elogiou suas tropas por ter uma vez mais demonstrado "o contraste entre os soldados de César e a ralé de Xerxes", e listava números fictícios de armas, bandeiras e prisioneiros capturados. A Cambacérès escreveu que havia sido uma vitória melhor que a de Jena. Poucos se enganaram. Cambacérès respondeu que todos estavam encantados com as notícias das vitórias. "Contudo, senhor, em meio à felicidade geral nosso povo está muito preocupado com os perigos aos quais estais exposto", escreveu em 3 de maio.[37]

As tentativas de Napoleão de flanquear e capturar o arquiduque Carlos durante a retirada não deram em nada, e, muito embora Napoleão tenha chegado a Viena em 11 de maio e estabelecido mais uma vez residência em Schönbrunn, ele teve pouco com que se alegrar. Seu exército havia sido manchado de sangue e rendia abaixo do esperado, principalmente porque seus soldados mais experientes e alguns de seus melhores comandantes, como Ney e Soult, estavam na Espanha, enquanto Murat permanecia em Nápoles. Dessa vez ele teve que dar um espetáculo bombardeando a cidade antes de Viena abrir seus portões; os habitantes, no entanto, demonstraram sua admiração por Napoleão ao comemorar enquanto ele atravessava os muros. O arquiduque Carlos havia reagrupado suas tropas na margem norte do Danúbio, e fazer o Exército francês atravessá-lo não ia ser fácil.

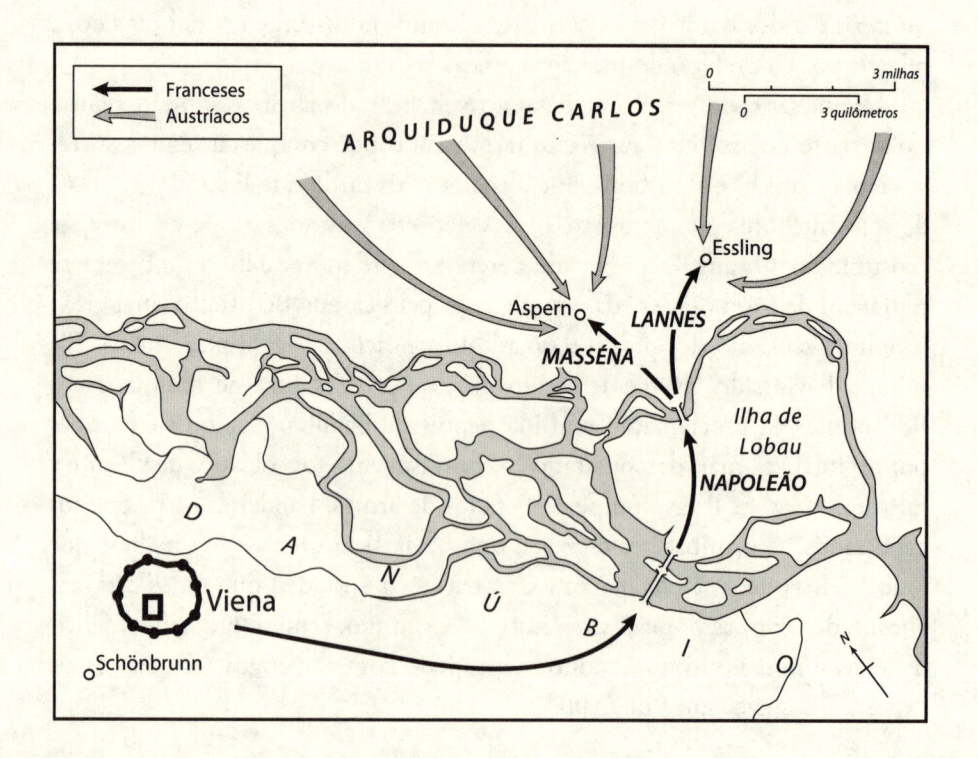

Napoleão escolheu o trecho em que o Danúbio se divide em dois leitos estreitos em torno da larga ilha de Lobau, e em 19 de maio seus engenheiros começaram a construir pontes. Na tarde seguinte, ele estava em Lobau e começou a mover suas tropas através do segundo trecho do rio. Na manhã de 21 de maio, entre 25 mil e 30 mil soldados haviam conseguido atravessar e tomar posições nas vilas de Aspern e Essling, enfrentando cerca de 90 mil austríacos. Nesse ponto os austríacos destruíram suas pontes ao mandar barcaças carregadas descer o rio, que estava em época de cheia. Os engenheiros lutaram para consertá-las, mas com mais objetos pesados sendo empurrados rio abaixo, o exército de Napoleão ficou encalhado em três pontos, enquanto o arquiduque Carlos aproveitou a chance e abriu fogo contra posições francesas com artilharia pesada. Batalhas ferozes se seguiram enquanto ele tentava se aproximar das tropas de Masséna em Aspern e no rio, enquanto o próprio Napoleão se agarrava a Essling. Com as pontes reconstruídas, mais homens conseguiram atravessar, elevando o número de franceses para 60 mil na manhã de 22 de maio. Napoleão deu início a um ataque, que foi revidado, e as duas vilas mudaram de mãos muitas vezes. Muito embora os franceses tenham conseguido não perder território, as pontes atrás deles foram queimadas por barcaças incendiárias, impedindo a chegada de reforços, e ao cair da noite Napoleão recuou seus homens para a ilha. Ambos os lados se declararam vitoriosos, os austríacos chamando a batalha de Aspern e os franceses de Essling, mas havia pouco o que celebrar de qualquer um dos lados. As perdas foram pesadas – mais de 20 mil austríacos e perto de 15 mil franceses.[38]

Uma perda pessoalmente dolorosa para Napoleão foi a do marechal Lannes, que teve ambas as pernas esmagadas por uma bala de canhão. Larrey amputou-as numa tentativa de salvar sua vida, e os médicos lutaram para mantê-lo vivo. Napoleão o visitava todas as noites, mas Lannes tinha sofrido uma concussão severa. "Meu amigo, você não me reconhece?", Napoleão supostamente teria perguntado. "É seu amigo Bonaparte." Ele morreu em 31 de maio. Ao saber da notícia, Napoleão foi até lá às pressas e abraçou seu corpo sem vida. Ele estava chorando e teve de ser tirado de lá por Duroc. Lannes foi um de seus amigos mais próximos e, segundo Fouché, o único que continuava capaz de lhe dizer a verdade. Ele determinou que o corpo fosse embalsamado e levado de volta à França.[39]

Napoleão foi animado pelas notícias do Sul, onde Eugène havia forçado os austríacos a sair da Itália e o general Étienne Macdonald os expulsou da Dalmácia. Ele transformou a ilha de Lobau numa fortaleza e plataforma de lançamento para sua próxima ofensiva, e gastou a maior parte de junho trazendo reforços. Ia até lá quase todos os dias e, frequentemente vestindo um sobretudo de soldado e carregando um mosquete, se aventurava para observar posições inimigas. No dia 14 de junho, Eugène e Macdonald derrotaram o arquiduque João em Raab e juntaram suas tropas às de Napoleão, dando a ele uma confortável superioridade sobre o arquiduque Carlos. Na noite de 4 de julho, durante uma violenta tempestade de raios, Napoleão começou a atravessar para a margem norte do Danúbio.

33
O custo do poder

Na manhã de 5 de julho de 1809, um poderoso bombardeio de artilharia deu início à maior e mais longa batalha em que Napoleão lutara. Nos dois dias seguintes, suas tropas, num total de 190 mil homens vindos de toda a Europa, apoiados por mais de quinhentos canhões, lutaram com o Exército austríaco de mais de 170 mil soldados com 450 peças de artilharia em uma batalha que teve mais confronto e menos manobras decisivas do que ele estava acostumado.

Enquanto o bombardeio de suas defesas em Enzersdorf distraiu os austríacos, o Exército francês moveu sua ala esquerda, forçando-os a recuar para a vila de Wagram. O arquiduque Carlos conseguiu repelir uma tentativa das tropas de Masséna de flanqueá-los à direita – ajudado pelo fato de que, devido a uma queda de cavalo no dia anterior, Masséna comandava de uma posição reclinada em sua carruagem. Os ataques franceses de Bernadotte, Eugène e Davout ficaram presos numa feroz luta corporal que continuou até tarde da noite e apenas terminou por volta das onze horas, quando Bernadotte e os outros recuaram.

De madrugada Napoleão conferenciou com Berthier, Davout, Oudinot e outros, preparando um plano para o dia seguinte. A natureza da guerra mudou e também seu estilo; tudo era muito diferente dos dias de sua primeira campanha italiana, quando ele disse a Costa de Beauregard que um conselho de guerra era um recurso covarde. Ele foi para sua tenda à uma da manhã e levantou às quatro. Às cinco estava no lombo do cavalo, montado em um elegante animal cinza chamado Cyrus, no qual ele cobriria quase todo o trecho de dez quilômetros do campo de batalha, muitas vezes ao alcance de canhões inimigos, o que cobrou um preço alto de seu Estado-maior. Quando um de seus ajudantes levantou o chapéu, o que era uma maneira de receber uma ordem, viu-o ser destruído por uma bala de canhão, fazendo Napoleão rir e dizer: "Sorte sua não ser mais alto".[1]

Enquanto o arquiduque Carlos fazia uma tentativa corajosa de cercar Masséna, ainda em sua carruagem, à esquerda dos franceses, Napoleão ordenou a Davout que manobrasse sua ala esquerda, enquanto ele mesmo iniciava um ataque massivo contra seu centro em Wagram. Ineptamente comandados por Bernadotte, depois de ter triunfado sobre forte resistência, os soldados da Saxônia, que lideraram o ataque, acabaram tendo que recuar, e toda vantagem ganha foi perdida. Depois de discutir duramente com Bernadotte – mais tarde ele diria que deveria tê-lo executado por sua covardia, mas nesse momento só o despachou de volta a Paris –, Napoleão reorganizou suas tropas. Ele combinou um ataque massivo de cavalaria liderado por Bessières com um segundo ataque ao centro austríaco, precedido por um pesado tiroteio de barragem, com a artilharia francesa mobilizando mais de cem canhões a algumas centenas de metros das linhas austríacas e disparando-os a curta distância.

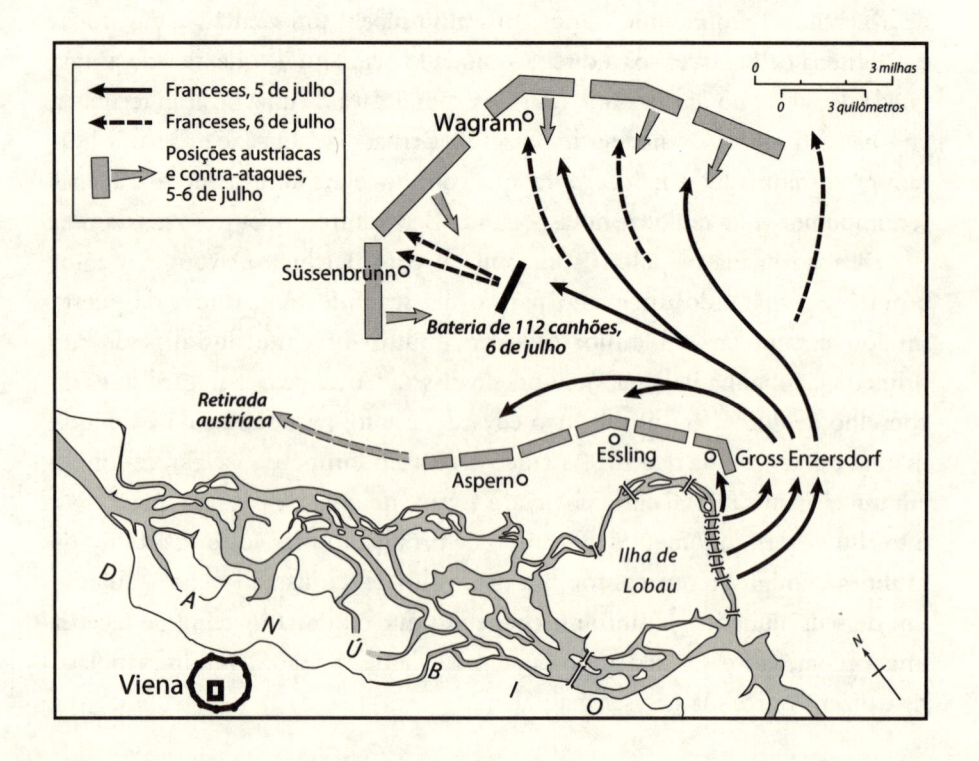

Quando viu que o ataque funcionou, Napoleão deitou na grama para dormir por uma hora, indiferente ao estrondo de quase mil canhões. Os esforços dos dois dias anteriores haviam abalado sua saúde, e ele teve o que chamou de "transbordamento de bílis" naquela noite. Estava melhor de manhã. "Meus inimigos estão desfeitos, espancados e fugindo em completa desordem", escreveu a Josefina. "Eles eram muito numerosos, mas eu os esmaguei."[2]

Isso não fazia sentido; os austríacos podiam ter sido derrotados, mas haviam se retirado em relativa ordem, com a maior parte de sua artilharia. As avaliações de perdas divergiam muito, mas foram pesadas tanto em homens quanto em cavalos, e maiores do lado francês. Apesar de os franceses terem feito quase 15 mil prisioneiros, os austríacos perderam menos estandartes e canhões, e a batalha não havia sido nem taticamente magistral nem decisiva. O relato de Napoleão, contudo, alegava justamente isso e descrevia a retirada austríaca como uma "confusão", o que não era o caso, uma vez que os franceses estavam exaustos demais para ocupar qualquer vantagem. Quando conseguiram ir atrás deles, dois dias depois, encontraram os austríacos em Znojmo, onde depois de uma batalha inconclusiva, no dia 11 de julho, os austríacos propuseram um armistício. Desprezando os desejos de sua comitiva, interessada em acabar definitivamente com eles, Napoleão concordou, dizendo que sangue demais já havia sido derramado; ele havia se chocado com as numerosas perdas nos dois lados no decorrer da campanha.[3]

Essa não era sua única preocupação quando retornou a Schönbrunn, em 13 de julho. Independentemente do que escrevesse em seus boletins, ele podia ver que nenhuma das batalhas que lutara nos últimos três meses havia sido decisiva. Outros viam o mesmo. Apesar de ter ganhado seu bastão de marechal, Marmont chamou Wagram de "uma vitória sem consequência". "Os dias em que multidões de prisioneiros caíam em nossas mãos, como na Itália, em Ulm, em Austerlitz, em Jena, ficaram no passado", refletiu. Naqueles dias, quando se deparavam com as táticas-relâmpago do ainda jovem Napoleão e o ímpeto do soldado francês forjado nas fileiras da Revolução, os comandantes austríacos ou prussianos não sabiam o que os havia atingido e erguiam as mãos como um reflexo natural. Mas isso mudara. Não era só que Napoleão e seus generais haviam envelhecido, mas isso certamente era um fator.[4]

Apesar de a Áustria ser obrigada a solicitar a paz, a Alemanha não estava de forma alguma derrotada. A natureza não decisiva da batalha de Aspern-Essling havia reverberado pela Europa da mesma forma que as notícias de Bailén no ano anterior, ferindo ainda mais o mito da invencibilidade de Napoleão. Isso havia encorajado o duque de Brunswick-Oels, cujo pai havia sido derrotado em Auerstedt, a marchar em junho à frente de sua "Legião Negra de

Vingança" com 2 mil homens atraídos por dinheiro do governo austríaco. Ele havia se juntado a uma tropa de 5 mil austríacos e marchou em Dresden e Leipzig antes de ser despachado pelos vestfalianos de Jérôme. A revolta no Tyrol também havia voltado aos jornais, forçando Napoleão a enviar o marechal Lefèbvre para pacificar a região, mas isso apenas inflamou o sentimento local e serviu de combustível para a guerrilha, que demoraria para ser combatida.

As percepções a respeito de Napoleão haviam mudado dramaticamente. Antes visto amplamente como um libertador e amigo dos oprimidos, agora ele era considerado o opressor. A falha em sua tentativa de usar o orgulho nacional ao conclamar os húngaros a se revoltar contra os austríacos era um indício eloquente disso. Eles tinham boas razões para não confiar em Napoleão: para não ferir a sensibilidade russa, ele havia decepcionado seus próprios partidários na Polônia. Comandado pelo sobrinho do último rei do país, príncipe Józef Poniatowski, o exército do Grão-Ducado de Varsóvia, depois de uma derrota inicial para o arquiduque Ferdinando, derrotou os austríacos de volta e ocupou a maior parte de sua província da Galícia. Em vez de deixá-los adicionar o território ao Grão-Ducado, Napoleão cedeu metade à Rússia, que mal fingiu apoiá-lo contra a Áustria. Desse modo desprezou o apoio de grande parte de uma nação disposta a ser sua mais dedicada aliada.

O jovem Bonaparte, que vivia para odiar o opressor de sua nação e sonhava apenas em libertá-la, havia crescido e abandonado a ilha de seu patriotismo para aderir à causa de uma França que abraçava valores progressistas da época e oferecia promessas maiores ao seu povo. Carregando a bandeira dessa França, ele rompeu as amarras do feudalismo e destronou a tirania no Norte da Itália e subsequentemente concedeu os benefícios de uma administração racional por lá e no Oeste alemão, ganhando a gratidão e mesmo o amor de milhões. Mas um cinismo crescente o levou a sacrificar as aspirações desses milhões em nome daquilo que começou a ver como prioridade. Os sonhos de emancipação alemã que ele tanto alimentou foram metodicamente arrefecidos por seus arranjos locais, assim como pelo seu comportamento e pelo de seus agentes.

Um exemplo primordial é a Vestfália, um microcosmo do que estava errado com a política imperial de Napoleão. "O que as pessoas da Alemanha desejam ardentemente é que aqueles que não são nobres e que possuem talento tenham direitos iguais a emprego e sejam respeitados, que todos os tipos de servidão e todas as obrigações que separam soberanos das classes mais baixas sejam completamente abolidos", Napoleão escreveu a Jérôme quando ele assumiu o trono.

> Os benefícios do Código Napoleônico, a abertura dos procedimentos e o estabelecimento de júris estarão entre as marcas distintivas de sua monarquia. E se posso ser completamente franco, conto com tais medidas mais do que com grandes vitórias para estender e estabelecer sua monarquia. Seu povo deve gozar de uma liberdade, de uma igualdade e de um bem-estar desconhecidos para o resto da Alemanha, e que esse governo liberal seja um caminho para a mais salutar mudança em toda confederação e o aprimoramento de sua monarquia.[5]

O reino, que tinha 2 milhões de habitantes, era composto de um território tomado da Prússia e de dezoito principados alemães menores. Com sua capital em Kassel, foi organizado em departamentos ao modo francês e recebeu uma Constituição escrita por Cambacérès e Regnaud de Saint-Jean d'Angély baseada na da França, mas incorporando a lei local. Apesar de no início ser comandado por ministros trazidos de Paris, a administração foi gradualmente assumida pelos locais. Mas, embora o reino devesse ser supostamente independente, Napoleão não podia evitar tratá-lo como um departamento da França. Exigia um tributo de 49 milhões de francos anualmente e recompensava generais franceses e oficiais com seus Estados, o que sugava outros 7 milhões de francos por ano.[6]

Não faltavam a Jérôme, de 24 anos, inteligência ou outras qualidades, mas ele era preguiçoso, vaidoso e devasso. Sua carreira como oficial da Marinha foi um fiasco e seu papel militar como comandante de uma tropa na Silésia durante a campanha contra a Prússia em 1806 e 1807 não foi brilhante; em Breslau, em janeiro de 1807, ele e seu Estado-maior se mantiveram aquecidos com dezoito garrafas de champanhe e 208 de outros vinhos todos os dias. Ele era casado com a simples e robusta Catarina, filha do rei de Württemberg, e, apesar de ser copiosamente infiel a ela, criou um amor real por sua "Trinette".[7]

Jérôme estabeleceu uma corte inspirada na de Napoleão, criou uma nova nobreza e instituiu uma ordem de cavalaria. Palácios foram reconstruídos e decorados com retratos do novo casal real, uniformes esplêndidos foram confeccionados para os guardas reais, e até mesmo uma nova unidade monetária, o *jérôme*, foi implantada – para ser gasta desprendidamente com o entretenimento da corte, joias e aparatos da realeza. Ele encomendou uma estátua e mais de cinquenta bustos de si mesmo, e doze de sua esposa, esculpidos em Carrara. Mesmo assim conseguiu, com a ajuda de alguns oficiais franceses competentes, governar de forma não muito pior que a maioria dos monarcas. Como a condessa Anna Potocka descreveu: "Com um pouco mais de legitimidade e um pouco menos de vaidade pueril, ele teria passado por um governante distinto". Mas, além de fazer exigências intermináveis por mais dinheiro e mais soldados, muitos dos quais eram enviados para a Espanha, Napoleão continuou a interferir na condução do governo, reduzindo sua autoridade. Também continuou a rearranjar o território de seu reino com suas mudanças de planos; províncias eram transformadas em Estados vassalos ou incorporadas ao Império Francês, o que não apenas desorganizava a administração, mas também acabava com qualquer sentimento de lealdade ao novo Estado ou seu governante que pudesse ter surgido. Nisso estava a grande fraqueza do sistema de Napoleão: ele enfraquecia a autoridade dos irmãos que colocava nos tronos ao tratá-los como inquilinos, contudo, por uma combinação de carinho, solidariedade familiar e inabilidade de designar alguém mais confiável no lugar, era incapaz de controlá-los ou discipliná-los.[8]

Havia uma contradição inerente no coração de todo o Império napoleônico: sua missão era iluminar, libertar e modernizar. O feudalismo havia sido extinto, juntamente com os defeitos impostos por associações e corporações, judeus foram libertados e todas as formas de servidão, abolidas; contudo, novas hierarquias foram criadas, e constrangimentos políticos prejudicavam a economia. Uma vez que a maior parte dos habitantes do continente só reconhecia a monarquia como princípio de governo, Napoleão abandonou os modelos republicanos em favor dos imperiais e monárquicos, com todo o seu aparato de títulos, honras, condecorações e cortes. Em agosto de 1811, ele instituiria uma *Ordre de la Réunion*, destinada a unir pessoas destacadas de todas as partes do domínio francês numa confraria – que necessariamente excluía os habitantes da Europa napoleônica que não pertenciam à sua recém--criada elite.

O que enfraquecia todo o empreendimento, particularmente na Alemanha, era que, embora os benefícios da emancipação, igualdade perante a lei e uma administração baseada numa Constituição sólida, sem mencionar o avanço da educação para todos, fossem em geral apreciados, aqueles a quem isso era concedido se ressentiam cada vez mais por causa da arrogância e das demandas financeiras de Napoleão. Como Jacques Beugnot, enviado a Dusseldorf para governar o Grão-Ducado de Berg depois que o popular Murat se mudou para Nápoles, observou, ele e outros oficiais franceses na Alemanha estavam na mesma posição dos pró-cônsules no Império Romano. "Não esqueça que nos Estados do reino de Vestfália você é um ministro do imperador", lembrou o ministro das Finanças Gaudin a Beugnot quando ele estava de saída para sua missão em 1807. "Sua Majestade deseja intensamente que você não perca isso de vista."[9]

A situação não era muito melhor nos Estados da Confederação do Reno governados por seus próprios soberanos. Embora as pessoas estivessem emancipadas e Constituições vigissem, o processo permitia aos governantes varrer direitos e isenções anacrônicos e dava a eles muito mais poder do que até então. Libertados dos soberanos Habsburgo, eles agora tinham exércitos, e muitos haviam ganhado novo *status*, mas seus súditos se beneficiaram pouco com as mudanças. E, com o tempo, os governantes também começaram a se ressentir das demandas constantes de Napoleão por dinheiro e soldados. Algo que afetou todas as áreas fora da França, fossem em reinos governados por um dos irmãos de Napoleão ou em Estados aliados, foram as tropas estacionadas lá. Os comandantes tendiam a se comportar como se estivessem em território conquistado, pegando o que queriam, comportando-se mal e ignorando ou mesmo intimidando oficiais locais. Como Rapp disse uma vez a Napoleão: "Infelizmente, pai, causamos muitos danos como aliados".[10]

Eles causaram muito mais danos no caso da Prússia, que não era uma aliada e que havia sido submetida depois de Tilsit a condições humilhantes. Foi obrigada a pagar 600 milhões de francos à França em penalidades por ter começado a guerra e a apoiar o Exército francês de ocupação com 150 mil homens e 50 mil cavalos. Autoridades militares francesas supervisionavam a administração do país, sugando mais dinheiro e reduzindo grande parte da população à pobreza e mesmo à fome. Casas nas cidades e vilas eram abandonadas, milhares de pedintes andavam pelo território e suicídios eram comuns. Originalmente recepcionado como libertador, em 1809 Napoleão era visto como um opressor. O ressentimento contra todas as coisas francesas cresceu, e a fita da Legião de Honra foi apelidada de "sinal da besta" em alguns lugares. Jovens sonhavam com vingança.[11]

Todos aqueles que por uma razão ou outra odiavam o domínio francês ou Napoleão olhavam para a Espanha, onde o surto de violência provocado por diversos motivos ligados à intervenção francesa se uniu em torno dos símbolos de Deus e Fernando. A "pequena guerra", *guerrilla*, travada por pequenas unidades regulares e grupos armados contra os franceses, foi transformada em um arquétipo; no imaginário popular em toda a Europa até a Rússia, a figura do heroico *guerrillero* assumiu proporções míticas, estimulando o entusiasmo tanto dos católicos conservadores quanto dos revolucionários, que sonhavam em emulá-lo. Na Prússia, muitos jovens se juntaram ao Tugendbund, a "Liga da Virtude", para se prepararem e à sociedade prussiana para a luta pela liberdade da Alemanha contra o domínio napoleônico. O ponto a que a credibilidade de Napoleão como libertador havia caído pode ser visto pelo fracasso da tentativa de Augereau de usar o sentimento antiespanhol na Catalunha, usualmente aberta a sugestões de separatismo.

A situação na Espanha na realidade mudara em favor dos franceses. Joseph voltou a Madri em 22 de janeiro e, ignorando o conselho de seu irmão de agir com firmeza, jogou com o sentimento nacionalista espanhol ao ir à missa todos os dias, indicando espanhóis para postos-chave e estimulando costumes locais. Ele criou uma administração funcional e gradualmente construiu um corpo de apoiadores entre os espanhóis que desejavam modernizar o país. Conseguiu até mesmo aumentar os regimentos espanhóis, que demonstravam um mínimo de lealdade a ele. A área sob seu controle se expandiu, e a primeira onda de insurgência cedeu. Saragoça foi tomada pelos franceses em 20 de fevereiro, e Soult tomou Oporto em 27 de março. Victor derrotou um exército espanhol em Medellín no dia seguinte, e Suchet conseguiu pacificar Aragon.

Mas não havia unidade de comando, uma vez que nenhum dos comandantes em campo prestava atenção às ordens emitidas por Joseph ou seu comandante-chefe, general Jourdan. Napoleão encorajara um espírito de emulação em seus marechais, que se transformou em rivalidade, e eles não estavam dispostos a cooperar, uma vez que cada um tentava pegar o outro no contrapé. A situação era particularmente ruim entre Ney e Soult, cuja animosidade mútua datava da participação deles no Reno em 1790. O general Wellesley superou Soult e Victor, saiu de Portugal e marchou para a Espanha. Ele conseguiu um pequeno sucesso em Talavera no fim de julho antes de ser forçado a voltar para Portugal. Depois de uma vitória francesa em Almonacid duas semanas depois, as coisas começaram a parecer boas para os franceses. A vitória de Soult em Ocaña em novembro abriria a Andaluzia, e na primavera seguinte os franceses controlavam a maior parte do país.

Wellesley se mostrou igual a Napoleão em termos de propaganda, mandando para casa um relatório de Talavera como se tivesse sido uma grande vitória, que foi publicado pela imprensa britânica. Isso chamou a atenção de Napoleão em Viena, e ele se irritou com a incompetência do irmão e dos comandantes em campo. Um oficial enviado por Joseph explicou que o relatório na imprensa britânica era exagerado, listando como insígnias regimentais e águias o que eram apenas *guidons*, e apontando que todas as águias ainda estavam em mãos francesas, mas Napoleão não aceitou as desculpas. Ele tinha pouca fé nas habilidades do irmão mais novo. Seu embaixador em Madri, Antoine de Laforêt, não gostava de Joseph e relatou o que seu mestre imperial gostaria de ouvir. Cada comandante também criticava Joseph, assim como criticavam uns aos outros em seus relatórios. As tentativas de Joseph de explicar a realidade da situação e justificar sua política eram uma leitura penosa. Napoleão dispensava seus argumentos, ignorava seus pedidos para poder abdicar e parou de responder suas cartas.[12]

Esse silêncio deve ter sido causado por um período de reflexão. Cambacérès escreveu de Essling informando Napoleão, com todo o tato mitigatório que o manteve no cargo por tanto tempo, que a opinião pública em Paris não refletia seus triunfos e que as pessoas não achavam que aquilo valia o sangue derramado. Acrescentou que havia ansiedade a respeito da possibilidade de ele ser morto, mas deixou claro que havia muito descontentamento com a guerra contínua, as notícias desanimadoras da Espanha e a economia em deterioração. Ele recebeu uma resposta que descreveu como "uma carta sucinta" exigindo informações mais específicas. Em seu próximo relatório, Cambacérès não pôde esconder que também havia muitas críticas ao tratamento dado ao papa.[13]

Napoleão havia muito tempo estava convencido de que a segurança da França dependia de impedir que outras potências tivessem influência sobre a Itália e o Mediterrâneo, e que os Estados papais representavam um risco de segurança estratégica para os reinos de Nápoles e Itália. Como todos os soberanos seguintes da Itália iriam aceitar, a lógica mandava que eles fossem liquidados. A lógica era reforçada, na visão de Napoleão, pelo fato de o Colégio de Cardeais ser formado na maioria por aristocratas simpáticos a qualquer coalizão antinapoleônica e por Roma ter se tornado refúgio para muitos de seus inimigos.

Napoleão também acreditava que o clero deveria ser de cidadãos leais ao Estado e politicamente neutros. Uma vez que a maioria deles era constituída por seus súditos, deveriam lhe obedecer, contudo o papa exercia uma autoridade rival sobre eles, inspirando-os a resistir a alguns dos arranjos de Napoleão, o que ele considerava intolerável. Não conseguia ou não queria ver que havia algumas medidas que o papa não podia sancionar com base na teologia, por isso se opunha a implantar o Código nos Estados papais. Do ponto de vista de Napoleão, o papa estava usando armas espirituais na defesa de seus interesses mundanos, o que justificava desarmá-lo, confiscando-os.[14]

Logo depois de chegar a Viena, em 17 de maio, Napoleão mandou que os Estados papais fossem incorporados ao Império Francês. Justificou a medida defendendo que o papa só ganhara poder mundano pela generosidade de seu "augusto antecessor", Carlos Magno, e que ele agora não era mais necessário.[15]

Em resposta, no dia 10 de junho, o papa emitiu uma bula excomungando todos os espoliadores da Santa Sé. E para o caso de o imperador não ter ficado sabendo, dois dias depois escreveu a Napoleão informando que ele também fora excomungado e tornado anátema. Napoleão relevou isso, mas emitiu ordens ao comandante local, general Miollis, para ser severo com o pontífice, sem especificar o que isso significava. Na noite de 6 de julho, Miollis enviou o general Radet a Roma. Radet entrou no castelo de Sant'Angelo, capturou o papa, colocou-o junto com o cardeal Pacca num vagão e os levou sob escolta policial a Gênova e depois a Grenoble, onde foram mantidos incomunicáveis. Napoleão ficou incomodado quando soube disso, dizendo que o papa deveria ter sido deixado em paz em Roma, mas concluiu que "o que foi feito está feito"; ele não ia voltar atrás. Nas páginas de *Le Moniteur*, ele declarou que Cristo havia professado pobreza e rejeitado o poder mundano, citando suas palavras segundo as quais seu reino não era deste mundo e a passagem sobre a César o que pertencia a César. Mas o bom trabalho da concordata havia sido desfeito, e o sentimento monarquista reviveu na França. Suas ações também tiveram efeito negativo sobre a opinião pública em todo Sul católico da Alemanha, o que incluía seus aliados Baviera, Baden, Württemberg e Saxônia, na Polônia e na Itália, e inflamaram ainda mais a situação na Espanha.[16]

Muitos dos mais antigos apoiadores de Napoleão estavam cada vez mais ansiosos com a direção das mudanças, e alguns de seus mais próximos colaboradores, mesmo entre os militares, começavam a nutrir dúvidas. Havia críticas à sua condução da última campanha, e particularmente em Wagram, assim como ansiedade com o custo de vida. Napoleão dependia cada vez mais de força bruta e artilharia – um total estimado de 96 mil tiros fora disparado pelos franceses em Wagram.[17]

Como seu sucesso dependia de táticas e movimentos, Napoleão via poucos motivos para inovar em equipamento. Enquanto outros exércitos aperfeiçoavam os seus – os prussianos colocaram um abridor em seus mosquetes, o que economizava o tempo de usar a boca para abrir o cartucho e aumentava o poder de fogo, os britânicos introduziram os rifles, o que aumentou a precisão –, os franceses continuaram presos ao mosquete modelo de 1777. Enquanto os britânicos desenvolveram bombas e os russos sofisticaram a mira, os franceses ficaram presos ao canhão Gribeauval criado em 1765. Muito embora Napoleão tenha fundado a escola de oficiais em Fontainebleau, La Flèche e Saint-Germain-en-Laye, a promoção ainda se baseava no princípio revolucionário de seleção entre iguais, com Napoleão nomeando oficiais depois de uma batalha com base na recomendação de seus camaradas, o que frequentemente tinha maus resultados. E, como um comandante de um regimento de infantaria leve percebeu, recompensar com a Legião de Honra era frequentemente improdutivo, pois garantia ao receptor uma pensão, ou seja, um incentivo para evitar o perigo.[18]

Enquanto seus inimigos aprendiam com ele, Napoleão falhava em aprender com eles. Depois da batalha de Heilsberg em 1807, Lannes comentou que os russos estavam começando a lutar melhor, e Napoleão concordou, e supostamente acrescentou que estava ensinando a eles lições que um dia os transformariam em seus mestres. Não era apenas uma questão de armas e táticas. Muitos do lado francês ficaram atônitos ao inspecionar o campo de batalha de Eylau e ver que os russos morreram nas fileiras em que estavam e lutaram, e em Friedland soldados russos foram vistos se jogando no rio, preferindo se afogar a se render. Napoleão não deu a menor atenção a isso, nem às outras lições da campanha de 1806-7.[19]

Ele falhou ao não levar em consideração que as táticas de suas campanhas na Itália e no Sul da Alemanha, onde o palco era relativamente pequeno, densamente povoado, rico em provisões e atravessado por estradas relativamente boas, apresentavam-se completamente inapropriadas para os espaços abertos e verdadeiros atoleiros que eram as estradas da Polônia e da Rússia. Mais importante, ele não levou em conta outro fator que não havia encontrado antes.

Até aquele momento ele havia comandado tropas motivadas pelo sentimento nacional ou por lealdades locais contra exércitos imperiais ou reais de camponeses recrutados ou soldados profissionais que eram pouco mais que mercenários. Isso gradualmente se inverteu. Em 1807, a *Grande Armée* era composta por contingentes de poloneses, alemães e italianos, e mesmo os soldados franceses começavam a questionar o que faziam tão longe de casa, enquanto o Exército russo que eles enfrentavam era composto por determinados camponeses russos obstinadamente defendendo os seus. Essa mudança se tornou mais pronunciada nos dois anos seguintes, nas lutas contra um Exército austríaco com maior consciência nacional, e acima de tudo contra os espanhóis comuns, sem mencionar os *guerrileros*. Assim como Napoleão passou de libertador a opressor, também suas tropas se tornaram agentes do poder imperial, ao passo que seus adversários passaram do papel de mantenedores do feudalismo a defensores de seu povo.

De acordo com um membro do Conselho de Estado, Achille de Broglie, em Viena depois de Wagram todos os generais e marechais desejavam paz, "amaldiçoavam seu mestre" e contemplavam o futuro com "grande apreensão". Muitos foram surpreendentemente sinceros. "Ele é um covarde, uma fraude, um mentiroso", estourou o general Vandamme com seus camaradas. O almirante Decrès não mediu palavras também. "O imperador está louco, completamente louco, e vai nos colocar, cada um de nós, de cabeça para baixo e tudo irá acabar numa terrível catástrofe", disse a Marmont. Vários outros compartilhavam da mesma visão.[20]

Napoleão os ignorou, recorrendo cada vez mais ao cinismo. Durante a campanha de Wagram, ele se voltou para o general Mathieu Dumas, que lutou nas revoluções Americana e Francesa, e perguntou se ele era "um desses idiotas que ainda acreditam em liberdade". Quando Dumas afirmou que sim, Napoleão disse que ele estava se enganando e que deveria ser motivado pela ambição pessoal como todos os outros. "Veja Masséna", continuou, "ele conquistou glória e honra suficientes, mas não está contente: quer ser príncipe como Murat e Bernadotte, está pronto para sair amanhã e ser morto apenas para se tornar príncipe." Masséna aceitou o título de príncipe de Essling, mas ele e seus colegas marechais ficaram chocados quando Napoleão apresentou a ideia de instituir uma nova ordem militar dos Três Velos de Ouro.[21]

Napoleão passou os dois meses seguintes em Schönbrunn, que transformou em lar, até mesmo construindo na entrada um par de obeliscos coroados por águias imperiais. Ele promovia paradas militares que levavam as pessoas a viajar para Viena para assisti-las, uma vez que eram tanto esplêndidas quanto teatrais. Napoleão falava com os soldados, inspecionava seus pertences e os questionava sobre suas experiências. Enquanto passava em revista uma companhia de pontão, ele subiu em uma *caisson*, perguntou o que havia dentro e, depois de ter o conteúdo descrito em detalhes, fez com que a abrissem e contou pessoalmente os machados, serras, parafusos, pregos e outros equipamentos, chegando a escalar uma roda para inspecionar dentro, para a diversão de soldados e outros espectadores. Ele fazia regimentos executarem várias manobras e adotar formação de batalha, elogiando ou criticando e corrigindo pessoalmente. Quando a esplendidamente uniformizada guarda polonesa *chevau-légers* saiu da formação por causa de uma pilha de materiais de construção que bloqueava a entrada da área de concentração para a parada, ele perdeu as estribeiras e os expulsou, estourando, para deleite dos espectadores. "Esses não são bons para nada, exceto lutar!"[22]

Durante as noites havia performances teatrais, usualmente ópera italiana, que Napoleão achava "bastante medíocres". Havia também entretenimento mais íntimo. Logo após chegar a Schönbrunn, antes de Essling, ele escreveu a Maria Walewska convidando-a a se juntar a ele. Enquanto a aguardava, ele se distraiu com o que foi registrado em seu *cassette* como "aventuras vienenses". Quando Walewska chegou, Duroc a instalou numa cabana na vila de Mödling a uma pequena distância de Schönbrunn, e o criado particular de Napoleão ia com frequência buscá-la à noite. Em meados de agosto, ele desenvolveu uma irritação persistente no pescoço, então convocou Corvisart de Paris. A brotoeja havia quase desaparecido quando ele chegou, e pode ser que a razão para trazê-lo não tenha sido a assadura, mas sim verificar se, como Maria imaginava, ela estava grávida, o que Corvisart confirmou. Contudo, em suas cartas para Josefina, Napoleão insistia que estava entediado e ansioso para voltar a Paris e para ela, se expressando na sua linguagem usual de intimidade.[23]

Durante uma das paradas em Schönbrunn, em 12 de outubro, um jovem o interpelou e conseguiu chegar bastante perto antes que Rapp, percebendo que ele tinha a mão enfiada no bolso, ordenasse que um guarda o prendesse. Descobriram que ele estava segurando uma faca de cozinha com a qual planejava matar Napoleão. Quando interrogado, ele disse que falaria apenas com o próprio imperador. Intrigado, Napoleão o interrogou. Friedrich Staps, filho de dezessete anos de um pastor, decidiu assassinar Napoleão pelo mal que ele estava fazendo à Alemanha. Napoleão não conseguia entendê-lo e concluiu que era louco. Passou-o então a Corvisart, que o examinou e o declarou são. Napoleão disse a ele que, caso se desculpasse, poderia ser perdoado e deixado livre, mas o jovem rapaz disse que isso seria um erro, já que ele tentaria novamente. Napoleão ficou confuso e mandou que o matassem.[24]

No dia 16 de agosto, Cambacérès escreveu relatando que o aniversário de Napoleão havia sido celebrado em Paris com presença "prodigiosa". No entanto, sua carta cruzou com uma de Viena que o repreendia por seu comportamento no tocante a algo que ele tinha visto como nada mais que uma dificuldade local, mas que causou alarme em seu mestre inquieto.[25]

Apesar de ter contribuído apenas modestamente com o esforço de guerra da Áustria, a Inglaterra quis se aproveitar da ausência de Napoleão, e em 7 de julho, logo que a batalha de Wagram chegava ao fim, uma força britânica de mil homens desembarcou em Cuxhaven na entrada do rio Weser. O movimento foi rapidamente contido e os britânicos foram forçados a reembarcar pelas tropas da Vestfália, mas em 30 de julho uma força ainda maior desembarcou na ilha de Walcheren na foz do Scheldt, capturou o porto de Flushing e ameaçou a Antuérpia.

Como o ministro do Interior Emmanuel Crétet estava doente e Cambacérès titubeou, Fouché acabou responsável por lidar com a ameaça. Ele chamou a Guarda Nacional e delegou ao único marechal da França disponível, Bernadotte, o comando das tropas da área, o que ele fez, chegando a Antuérpia em 13 de agosto. Bernadotte deixara o campo de batalha de Wagram em desgraça, e, ao saber da nomeação, Napoleão ficou furioso e despachou Bessières para assumir no lugar dele. Os britânicos, mal liderados e sofrendo de febre do pântano, reembarcaram alguns dias depois de chegar e foram embora.

Como ministro da Polícia, Fouché estava ciente do descontentamento que fervilhava em vários lugares e se preocupava com a chegada frequente à França de agentes da monarquia vindos da Inglaterra. Havia também ataques surpresa dos britânicos nos fortes da costa, possivelmente ensaios para uma invasão a coincidir com uma revolta monarquista. Notícias de um desembarque substancial em Walcheren podem tê-lo levado a uma reação exagerada, convocando a Guarda Nacional. Para Napoleão, em Viena parecia que ele estava se mostrando detentor de força suficiente para tomar Paris, e a conexão com Bernadotte conjurava conclusões sinistras, mas o que parece tê-lo irritado particularmente era a ineficiência de Cambacérès diante da crise.[26]

O tratado de Viena foi assinado em 14 de outubro. Os termos eram duros, mas não tão drásticos quanto Napoleão desejava originalmente. Sua ideia inicial era forçar Francisco a abdicar em favor de seu irmão Fernando e dissolver o império ao criar o reino independente da Hungria e usar outras províncias para concretizar sua aliança enfraquecida com a Rússia. As negociações conduzidas por Metternich e Champagny resultaram na perda de acesso dos austríacos ao mar pela cessão de Trieste, Ragusa, Ístria, Fiume e Carniola, os quais foram adicionados às possessões francesas ao longo da costa da Dalmácia para criar o novo departamento da Ilíria. A Áustria também perdeu Salzburgo, que foi para a Baviera, e a Galícia, dividida entre o Grão-Ducado de Varsóvia e a Rússia. No total, a Áustria perdeu 3,5 milhões de súditos. Também teve que reduzir seu exército para 150 mil homens e pagar uma pesada indenização. Dois dias depois da assinatura do tratado, Napoleão deixou Schönbrunn de volta a Paris.

Napoleão viajou sem pressa, em etapas, parando por dois dias em Nymphenburg para ir caçar com o agradecido rei da Baviera e flertar com a mulher dele, de quem havia gostado. Também parou em Stuttgart para visitar o rei de Wüttemberg, apesar de que sua visita lá acabou sendo mais napoleônica – ele chegou às sete da manhã e partiu às dez da noite do mesmo dia, depois de comparecer a uma peça no teatro da corte. Na noite de 26 de outubro estava de volta a Fontainebleau, onde na manhã seguinte deu uma dura reprimenda em Fouché. Ele gastou uma boa parte dos três dias seguintes lá, caçando veados a cavalo e atirando, e aproveitando o namoro com uma loira gordinha, dama de companhia de Pauline, Christine Ghilini. Ela havia se casado recentemente com um nobre piemontês e, portanto, resistiu aos primeiros avanços de Napoleão, mas Pauline a convenceu, e, muito embora ela pudesse ser difícil e temperamental, o caso continuaria por alguns meses. Sempre generoso, Napoleão concedeu ao pai dela um título.[27]

Havia algum tempo que ele estava disposto a aceitar que precisava se divorciar de Josefina, mas hesitou em tomar a iniciativa, talvez por estar acostumado a ela e temer ficar sozinho. Ela sempre foi sensata quando ele pedia sua opinião. Ela o entendia e entendia o mundo em que eles viviam – e de onde haviam vindo. Ele havia desenvolvido manias e já passara dos quarenta anos. Não houve mais boatos de divórcio durante a primeira metade de 1808, apesar de ele estar já considerando casar com uma princesa russa. As cartas de Josefina revelam que a relação deles havia sido particularmente próxima durante o tempo que estiveram em Bayonne e no outono de 1808. Só um ano inteiro depois, na noite de 30 de novembro de 1809, Napoleão abordou abertamente o assunto com ela nas Tulherias. Ela caiu no choro, depois desmoronou, contorcendo-se em crise, e pareceu perder a consciência. Napoleão chamou Bausset, que estava na sala ao lado, e juntos eles a carregaram até o quarto.[28]

O divórcio de Josefina não ia ser fácil. O Código Napoleônico permitia o divórcio por consentimento mútuo apenas até os 45 anos, que ela já havia ultrapassado, enquanto os estatutos da Casa Imperial que ele inventou proibiam claramente. O assunto foi entregue a Cambacérès para resolver, o que ele conseguiu com as acrobacias legais nas quais se destacava. Louis, que aproveitou a ocasião para conseguir permissão para se divorciar de Hortense, foi informado que não poderia, uma vez que não havia previsão para tanto.[29]

Enquanto isso, a vida seguiu, e na manhã após seu desmaio Josefina presidiu uma recepção em honra dos reis de Nápoles, Württemberg e Holanda que haviam vindo a Paris para celebrar a paz com a Áustria. Em 3 de dezembro houve um Te Deum na Notre-Dame, no dia seguinte uma recepção no Hôtel de Ville seguida de um banquete, um concerto e um baile nas Tulherias. O banquete foi um evento tenso, com Napoleão em seu traje completo da coroação, com chapéu de plumas na cabeça, parecendo desconfortável e impaciente, e Josefina sentada do lado oposto coberta de diamantes, prestes a desmaiar a qualquer momento. Ela não deve ter gostado da presença de Letizia, Caroline e Pauline, que nunca pareceram tão felizes. Se ela recebeu algum conforto de seu marido é duvidoso, uma vez que ele passou a noite de 5 de dezembro com outra. Ao decidir se divorciar, Napoleão começou a flertar mais, o que Hortense via como um meio de fazê-lo mais interessante para as mulheres e também de fortalecê-lo em vista da futura separação. "Ele estava decidido, mas seu coração ainda tinha dúvidas", ela escreveu. "Ele estava tentando se distrair." Ele havia desmoronado e chorado quando a informou de sua intenção de se divorciar da mãe dela. Em 8 de dezembro, Eugène chegou a Paris e o divórcio foi discutido com ele e Josefina por Napoleão. Três dias depois, ela teve que se colocar ao lado de Napoleão em uma festa na propriedade de Berthier.³⁰

Em 15 de dezembro, numa reunião especial com a presença de todos os membros da família que estavam em Paris – Letizia, Louis e Hortense, Jérôme e Catarina, a esposa de Joseph, Julie, Eugène, Murat e Caroline, e Pauline –, na presença de Cambacérès e do secretário de Estado da Casa Imperial, Regnaud de Saint-Jean d'Angély, Napoleão e Josefina leram textos preparados para cada um anunciando seu desejo de se divorciar e explicando suas razões. As minutas da reunião, registradas por Regnaud, foram assinadas pelos presentes e entregues ao conselho privado, que na mesma noite escreveu um projeto de *senatus-consulte*. Isto foi apresentado ao Senado no dia seguinte por Regnaud. A reunião foi presidida por Cambacérès, e o filho de Josefina, Eugène, leu em voz alta o desejo da família de que "o fundador desta quarta dinastia deve envelhecer rodeado de descendentes diretos". Não houve debate, e o *senatus-consulte* foi aprovado por 76 votos, com sete contrários e quatro abstenções. No mesmo dia, Josefina deixou as Tulherias.³¹

Então surgiu o assunto delicado de anular um casamento religioso. Não havia a possibilidade de envolver o papa, que estava em confinamento solitário em Grenoble. Cambacérès defendeu que a cerimônia conduzida pelo cardeal Fesh foi "clandestina", uma vez que não havia testemunhas presentes, e portanto era inválida. Isso poderia ser confirmado pelas autoridades diocesanas de Paris, e, sendo o casamento inválido, não havia necessidade de uma anulação. O conselho diocesano decidiu de acordo, multando Napoleão em seis francos (a ser distribuídos para os pobres) por ter contraído um matrimônio ilegal. A decisão foi endossada pelo bispo, que não tinha nenhuma autoridade, uma vez que não havia sido empossado pelo papa.³²

Dois dias depois de Josefina sair das Tulherias, Napoleão jantou com ela em Trianon. "Meu amor, a encontrei hoje mais fraca do que você deveria estar", escreveu a ela depois. "Você demonstrou coragem e deve encontrar apoio suficiente e não se deixar levar por uma melancolia fatal, e ficar contente e, acima de tudo, manter sua saúde, que é tão preciosa para mim." Ele escrevia frequentemente, expressando sua preocupação e professando seu amor duradouro por ela. Ele a visitou em Malmaison em 24 de dezembro, e ela jantou com ele em Trianon no dia seguinte. Josefina mal podia comer e parecia que ia desmaiar. Hortense, que estava presente, viu Napoleão limpar lágrimas mais de uma vez. Quando voltou às Tulherias três dias depois, ele achou o palácio vazio sem ela e escreveu dizendo que se sentia sozinho lá.³³

Napoleão estava determinado a tratá-la bem. Ela manteve seus títulos e brasões como majestade imperial. Ele deu a ela o palácio Élysée em Paris, Malmaison, e a mansão de Navarre perto de Évreux. Ela recebeu uma indenização na lista civil de 2 milhões de francos por ano, e ele incluiu outro milhão de suas economias pessoais. Quando percebeu que as pessoas a estavam evitando, deixou claro que tal comportamento o iria desagradar.³⁴

34
Apoteose

A questão de com quem Napoleão deveria se casar se resolveu por conta própria. O tsar Alexandre não tinha intenção de consolidar sua aliança com ele, muito menos de deixar que se casasse com uma de suas irmãs. E, mesmo que quisesse, ele não teria condições de fazer isso. Pouco antes de morrer, seu pai, Paulo I, emitiu uma *ukaz* dando à sua consorte o poder de decidir sobre o casamento das filhas. A imperatriz viúva detestava a simples ideia da existência de Napoleão e, assim que ouviu falar das vontades dele, incentivou a filha mais velha a se casar com o príncipe Jorge de Holstein-Oldenburg. A outra irmã de Alexandre, Anna, estava a dois meses de completar quinze anos quando, no fim de novembro de 1809, Napoleão instruiu Caulaincourt em São Petersburgo a pedir sua mão. Alexandre demonstrou satisfação, mas não fez nada. Pressionado algumas semanas mais tarde, ele pediu duas semanas para pensar no assunto e conseguir o aval da mãe. Ao fim das duas semanas, ele pediu mais dez dias e depois mais uma semana. Ele continuava adiando tudo no início de fevereiro de 1810, quando Napoleão, recusando ser esnobado e ouvir um não, mudou de ideia.

Um encontro com seu conselho privado nas Tulherias no domingo, 28 de janeiro, analisou as três possíveis candidatas: a grã-duquesa Anna, Maria Augusta da Saxônia, de 28 anos, e Maria Luísa, filha do imperador da Áustria, de dezoito anos. Napoleão jamais levou a sério a opção saxã. A primeira escolha dele teria sido a russa, já que isso consolidaria sua aliança contra a Grã-Bretanha – e seria um prêmio para a vaidade dele seus herdeiros poderem se dizer descendentes dos governantes paleólogos do Império Romano do Oriente. Cambacérès, Murat e Fouché também favoreciam a russa, mas, tendo em vista as dificuldades criadas por Alexandre, concordaram com Talleyrand e com os demais, que apoiavam a não menos grandiosa candidata austríaca, que descendia de Luís XIV e de Carlos V. Conversas informais vinham ocorrendo entre Talleyrand e Metternich, agora chanceler da Áustria, e os dois concluíram que o casamento podia levar Napoleão a não pensar em impor seu domínio. Metternich autorizou seu embaixador em Paris, o príncipe Karl von Schwarzenberg, a aceitar a oferta caso fosse feita. Uma semana depois, durante um treino de tiro em Fontainebleau, Eugène foi até Schwarzenberg e pediu formalmente a mão da arquiduquesa em nome de Napoleão. Napoleão ordenou que o contrato de casamento fosse escrito no mesmo dia, tendo como modelo o documento assinado por Luís XVI e Maria Antonieta.[1]

A notícia foi recebida com horror por Luís XVIII na Inglaterra e com deleite na Áustria. "Que alegria para a humanidade!", exclamou o arquetípico cortesão Habsburgo, o príncipe de Ligne, expressando um ponto de vista compartilhado por muitos de que o casamento faria Napoleão "sossegar" e que, ao se unir a uma descendente de "verdadeiros césares", "seu edifício por fim se tornará estável". Além de prometer paz e estabilidade, a futura união ajudaria a restabelecer a posição da Áustria entre as grandes potências, embora Napoleão não pretendesse devolver nenhum dos territórios conquistados. A opinião pública em Viena não tinha nem se manifestado ainda quando Berthier, recentemente nomeado príncipe de Wagram, chegou para assinar o casamento como procurador de Napoleão. A notícia também ajudou a reduzir o sentimento antifrancês em toda a Alemanha.[2]

As reações na França foram mais variadas. A aristocracia, que se uniu a Napoleão, ficou entusiasmada. Muitos se mostraram felizes com a promessa de um acordo de paz duradouro. Mas muitos foram assombrados pelas memórias daquele outro casamento austríaco e seu final infeliz. Alguns não gostaram da ideia daquilo que parecia ser mais um passo atrás em direção ao Antigo Regime. O exército em sua maioria não aprovou, menos por razões ideológicas do que por simpatizar com "*la vieille*", "a velha", vista como uma boa esposa francesa para Napoleão e que muitos acreditavam ter lhe trazido sorte – velhos soldados podiam ser altamente supersticiosos.[3]

O casamento por procuração aconteceu em Viena, em 11 de março de 1810, e dois dias mais tarde Maria Luísa partiu para a França. Napoleão estava num estado de empolgação infantil esperando sua chegada e insistiu em supervisionar cada detalhe dos arranjos para sua recepção em Compiègne. Ele foi até lá uma semana antes da data prevista para a chegada, seguido pelas irmãs Caroline e Pauline, pela esposa de Joseph, Julie, e, mais tarde, por Murat, Fesch e outros. Com o passar dos dias uniram-se a eles membros da corte e dignitários austríacos. Para manter a forma, Napoleão foi caçar, desfrutou dos favores de sua amante do momento e fez aulas de dança com Hortense, a quem ele pediu que parecesse menos séria.[4]

Seguindo o protocolo de 1770, Napoleão fez com que os engenheiros de Davout construíssem um prédio na fronteira com três cômodos representando, respectivamente, a Áustria, território neutro e a França. Quando chegou em 16 de março, Maria Luísa entrou no primeiro cômodo, em que tirou tudo que estava associado a seu passado austríaco e colocou um vestido de brocados dourados. Então ela entrou no cômodo central com suas criadas e se sentou em um trono. Um comitê de recepção francês entrou pelo outro lado, elevando o número de presentes para aproximadamente cem pessoas. Um ato de translado foi lido e assinado, depois do que os criados austríacos partiram um a um, beijando a mão dela à medida que iam embora. Então foi levada ao cômodo francês, onde Caroline Murat assumiu o controle e ela foi vestida à moda francesa.[5]

Levando as coisas um pouco mais longe do que os Bourbon, Napoleão inventou mais uma cerimônia, que devia ocorrer em uma tenda especialmente designada para isso em Soissons, perto de Compiègne, durante a qual Maria Luísa deveria se ajoelhar diante dele. Mas a impaciência dele era tamanha que isso nunca chegou a acontecer. Levando apenas Murat consigo, ele foi se encontrar com ela, e tinha chegado à aldeia de Courcelles quando uma das rodas de seu coche quebrou. Chovia forte, por isso ele e Murat se abrigaram na varanda de uma igreja da aldeia, e, quando a carruagem que trazia Maria Luísa chegou, o cocheiro, reconhecendo-o, parou. Napoleão correu até a carruagem, abriu a porta e entrou. Com a sobrecasaca cinza pingando, ele se sentou ao lado de sua noiva estupefata e beijou-a. Depois deu ordem ao cocheiro para que fosse direto a Compiègne, onde eles chegaram às nove e meia da noite.[6]

A cidadezinha tinha sido iluminada, mas a chuva apagara a maioria das luzes. Deveria haver um banquete, mas Napoleão decidiu que não seria assim. Eles fizeram uma refeição leve junto com Caroline, depois do que, tendo confirmado com Fesch que eles estavam de fato casados, em vez de se recolher aos aposentos designados a ele, Napoleão rapidamente passou uma água de colônia, pôs suas roupas de dormir e seguiu Maria Luísa até os aposentos dela, onde exerceu seus direitos conjugais. No dia seguinte tomaram café da manhã e almoçaram no quarto dela, e quase não se separaram pelas 48 horas seguintes. Os dois pareciam em êxtase, e Napoleão mais tarde lembraria que ela seguia pedindo mais. Em uma carta ao pai, ela confessou que o ogro corso era "muito atraente e muito ávido, e quase impossível de se resistir". Na noite de 29 de março, apenas 48 horas depois da chegada dela, durante um concerto em que La Grassini cantou para eles acompanhada por Päer, Napoleão ficou o tempo todo cochilando. "De tempos em tempos, a imperatriz o acordava dizendo algo a ele, ele a olhava com doçura, fazia um ar sério para responder, e depois dormia de novo", de acordo com um cortesão austríaco presente.[7]

No dia seguinte, o casal se transferiu para Saint-Cloud, onde em 1º de abril se casaram numa cerimônia civil (a ironia da data não passou despercebida). Um dia depois, sob um sol brilhante, foram a Paris em coches separados, cada um puxado por oito cavalos, seguidos por outras 38 carruagens puxadas por seis cavalos cada. Escoltados por destacamentos de todos os regimentos montados da Guarda Imperial, passaram debaixo de dois arcos do triunfo construídos especialmente para a ocasião em madeira e lona, um dos quais encobria o ainda inacabado Arc de Triomphe no Étoile, e passando pelo Champs-Élysées até as Tulherias. O povo demonstrou pouco interesse.[8]

Napoleão usava uma versão em cetim branco do traje de corte desenhado por ele mesmo, com um barrete de veludo preto coberto por diamantes e com três plumas brancas, o que o deixava ainda menor e mais gordo do que ele era, parecendo, segundo uma testemunha, o rei de ouros do baralho. Radiante de satisfação, ele acompanhou a noiva pela longa galeria, ladeado pelas damas da corte que se posicionavam em três filas. Não faltaram as brigas de família de costume, com as irmãs reclamando por ter de carregar a cauda do vestido de Maria Luísa, e Pauline se vingando fazendo caretas pelas costas dela. Felizes por verem o fim de Josefina, elas não gostavam da ideia de uma nova intrusa. O grande salão com um teto retratando Apolo foi convertido numa capela e lá o cardeal Fesch casou-os, realizando depois a tradicional cerimônia real da bênção da cama.[9]

A essa altura, Napoleão estava furioso. Treze dos cardeais que ele levou a Paris à força em janeiro não compareceram à cerimônia, alegando que o casamento dele com Josefina não tinha sido anulado. Quando a cerimônia terminou, ele foi ouvido ameaçando fuzilar os religiosos. No dia seguinte, ele e Maria Luísa se sentaram em seus tronos, recebendo os cumprimentos do Senado, do Legislativo, dos marechais, do corpo diplomático e de todas as outras instituições, e quando finalmente chegou a vez dos cardeais, ele fez com que fossem expulsos. Ordenou que todos fossem exilados para cidades provinciais onde seriam proibidos de usar suas batinas.[10]

Naquela noite, Paris foi iluminada e decorada como nunca antes. Prédios públicos foram ornamentados com telas pintadas ou, como no caso da sede do Legislativo do outro lado da ponte em relação à Place de la Concorde, transformados num "Templo ao Hímen", com uma figura alegórica representando a paz abençoando os recém-casados. As árvores foram enfeitadas com lanternas e as casas particulares com velas em todas as janelas e braseiros do lado de fora. Mas as festividades não estiveram à altura da decoração. Ao prepará-las para a população de Paris, Napoleão deliberadamente abandonou a tradição de servir comida nas ruas e fazer com que os chafarizes vertessem vinho, alegando que isso levava a tumultos, e substituiu o costume por celebrações mais organizadas, o que incluiu fazer com que se entregasse comida e vinho nas casas dos pobres. Porém, como observou um contemporâneo, até mesmo os festivais públicos de Napoleão eram um pouco empolados, e as pessoas começaram a sentir que estavam sendo colocadas em seu lugar. Aqueles que foram admitidos às festividades mais solenes tiveram sensação semelhante. Thibaudeau achou a cerimônia de casamento "fria e triste como um funeral", e o capitão Coignet, presente ao banquete, comentou que "pode ter sido grandioso, mas não foi divertido".[11]

Depois de lidar com os temas fundamentais em uma sessão do Conselho de Estado, em 5 de abril, Napoleão levou sua noiva de volta para Compiègne, onde eles passaram as três semanas seguintes. Ele caçava e ocasionalmente recebia alguém a negócios, mas fora isso dedicava todo o tempo à esposa, mimando-a e cobrindo-a de presentes. Exceto pelo fato de que ela gostava de dormir com a janela aberta e ele não, eles se entendiam, e Napoleão particularmente gostava da inocência dela e da confiança que demonstrava, contrastando com a depravação e a desonestidade de Josefina, que a um só tempo ele considerava excitantes e irritantes.[12]

Em 27 de abril de 1810, o casal imperial partiu em uma turnê pela Bélgica e pelos Países Baixos, inspecionando canais, obras públicas e fábricas pelo caminho. Em Antuérpia eles lançaram um navio e assistiram ao Festival do Gigante, que incluía uma procissão carnavalesca com um boneco imenso de baleia esguichando água, uma carruagem de Netuno e um elefante enorme. Em 5 de maio foram a uma recepção dada por Louis, rei da Holanda. Mas, durante a conversa entre os irmãos, Napoleão ficou sabendo de algo que o enfureceu.[13]

Ele sabia havia algum tempo que o banqueiro Ouvrard vinha mantendo contato com o governo britânico por meio dos primos de seu sócio Pierre-César Labouchère, os Baring de Londres; ele mesmo usou essa conexão para fazer propostas informais de paz. Quando essas propostas foram rejeitadas, Napoleão perdeu o interesse, porém o mesmo não se deu com seu irmão Louis, desesperado por algum tipo de acordo com a Grã-Bretanha; a economia holandesa era pesadamente dependente do comércio internacional e dos bancos estrangeiros, e estava mal em função da guerra. Outro que estava ansioso para que o conflito com a Grã-Bretanha acabasse era Fouché. Ele vinha fazendo sondagens por meio de seus contatos em Londres, e em algum ponto de 1809 começou também a usar o canal Ouvrard-Labouchère. Um de seus agentes foi recebido no Escritório de Relações Exteriores por lorde Wellesley. Isso chegou aos ouvidos de Napoleão em Antuérpia, e ele logo chegou à conclusão de que Fouché conspirava pelas suas costas. "O sujeito não só se mete nos negócios da minha família sem permissão [referência ao fato de o ministro ter falado do divórcio com Josefina], como quer fazer as pazes pelas minhas costas", disse furioso. No dia seguinte descontou seu mau humor em uma delegação do clero belga que tinha ido cumprimentá-lo, por terem retirado da liturgia as orações regulares antes feitas por ele.[14]

Napoleão determinou a Savary que investigasse e prosseguiu com a viagem, passando por Breda, Bergen op Zoom (onde entrou em um iate depois de um almoço farto e teve náuseas) e Vlissingen, onde deixou claro seu descontentamento por a cidade ter capitulado diante dos britânicos no ano anterior. Eles visitaram Midelburgo, Bruxelas, onde compareceram a uma grandiosa recepção, Gante, Bruges, onde visitaram a catedral, Oostende, Dunquerque e Lille, e depois seguiram por Calais, Boulogne-sur-Mer, Dieppe, Le Havre e Ruão até voltar a Paris, onde chegaram na noite de 1º de junho. Napoleão presidiu um conselho de ministros pela manhã e no dia seguinte demitiu Fouché.

Como Napoleão tinha deixado a capital rumo a Compiègne imediatamente depois de seu casamento, só agora as várias festividades que normalmente teriam acompanhado o matrimônio foram realizadas. Maria Luísa era desajeitada e não tinha o charme de Josefina. Diferentemente desta, ela não conseguia se lembrar das pessoas nem de seus nomes, o que causava situações constrangedoras. Sua falta de jeito era contagiosa, e um clima de incômodo imperava sempre que ela estava presente.[15]

Paris promoveu uma festa no Hôtel de Ville para que os notáveis da capital conhecessem a nova imperatriz, mas foi uma ocasião em que a alegria passou longe, estragada tanto pela evidente impaciência e incapacidade de Napoleão de se divertir em eventos do gênero quanto pelo jeito dela. Mais bem-sucedida foi uma festa dada por Pauline na sua propriedade em Neuilly, onde ela instalou tablados mágicos e *shows* de luzes. Atores do Théâtre-Français encenaram uma peça em uma parte da propriedade, dançarinos executaram um balé em outra, ambos competindo pela atenção dos convidados. Duas orquestras colocadas em extremidades opostas do parque tocavam como se uma fosse eco da outra. Havia templos com deusas, um eremitério com um ermitão, e um querubim que ofereceu uma guirlanda à imperatriz. No final do parque havia uma réplica de Schönbrunn, com fontes e dançarinos em trajes do Tirol, momento em que Maria Luísa começou a chorar, não se sabe se de saudades de casa ou de exaustão.[16]

Duas semanas depois, em 28 de junho, enquanto eles jantavam nas Tulherias, Eugène foi anunciado e Napoleão se levantou da mesa enquanto Maria Luísa ainda tomava sorvete. Ela reclamou, mas ele a ignorou, imaginando que a notícia era importante. E era: Louis decidira abdicar do trono holandês. Napoleão protestou, gesticulando "como um verdadeiro corso", segundo uma testemunha, mas a notícia não deve ter sido surpresa.[17]

Embora também gostasse de se adornar com os ornamentos da monarquia, Louis levou a sério o trabalho como rei da Holanda. Trabalhou duro para moldar os elementos díspares e tradicionalmente republicanos que recebeu e transformá-los numa moderna monarquia constitucional com uma identidade nacional. Fez reformas fiscais e administrativas e criou um novo sistema educacional. A Holanda foi economicamente devastada pelo bloqueio, no entanto, com seus infinitos estuários, riachos e ilhas, era impossível impedir o contrabando, e por isso as mercadorias continuavam entrando, porém o Estado não tinha como controlar o fluxo nem cobrar impostos sobre essa atividade. Em dezembro de 1808, Napoleão fechou a fronteira da Holanda com a França para manter os holandeses fora do país, o que piorou o problema para os holandeses. Ele exigiu que Louis fornecesse mais 40 mil soldados além dos 12 mil que já serviam na França e na Alemanha e dos 3 mil que lutavam na Espanha. Em 1809, ele se recusou a permitir que Louis introduzisse uma versão do Código que ele a duras penas adaptara às condições da Holanda e insistiu em impor o seu próprio.[18]

Usando como pretexto o desembarque britânico em Walcheren no ano anterior, Napoleão enviara tropas francesas para controlar as áreas costeiras e depois anexou as províncias de Brabante, Zelância e Guelders à França. Em março de 1810, ele forçou Louis a colocar todas as tropas holandesas sob controle francês, e em junho o marechal Oudinot partiu para Amsterdã, onde Louis foi instruído a preparar uma entrada triunfal para ele. Napoleão tornou a situação de seu irmão caçula insustentável e, no entanto, ficou chateado com a decisão dele de abdicar e encarou isso como uma afronta pessoal. "A insensatez do rei da Holanda me aborreceu", escreveu a Josefina, "mas já me acostumei com a ingratidão e a inconstância de meus irmãos; eles me são de pouca utilidade, uma vez que têm pouco amor pela França e por mim." Ele havia se irritado com o comportamento de Lucien, que ignorara seus desejos, partira para os Estados Unidos, mas fora pego pela Marinha Real e levado para a Inglaterra como prisioneiro de guerra.[19]

Louis abdicou formalmente em 2 de julho, em favor de seu filho Napoleão-Luís e fugiu, refugiando-se em Graz, na Áustria. Uma semana depois, Napoleão decretou a incorporação da Holanda à França, alegando que o país "é complementar à França, o estuário de seus rios; sua marinha, seus portos, seu comércio e suas finanças só têm como prosperar caso se somem aos de França". A decisão não foi bem-aceita pela opinião pública francesa, pois a população temia que isso pudesse provocar outra guerra sem sentido.[20]

O humor de Paris era sombrio. Em 1º de julho, o embaixador austríaco, príncipe Schwarzenberg, ofereceu um baile em homenagem aos recém-casados. Depois de assistirem a "um encantador balé", dançado em um gramado contra um pano de fundo com um *trompe-l'oeil* dos jardins de Luxemburgo, quando o baile começou e todos estavam dançando, uma das tendas pegou fogo. Houve pânico enquanto as pessoas corriam para as saídas e homens tropeçavam em suas espadas ao mesmo tempo que se esforçavam para carregar as mulheres que desmaiavam. Napoleão conseguiu levar Maria Luísa para fora em segurança e depois voltou para ajudar os demais, sendo elogiado pelo modo como lidou com a situação. "Ouviam-se gritos lancinantes de dor e desespero de todos os lados, enquanto mães gritavam os nomes das filhas e maridos gritavam por suas esposas", nas palavras de um oficial. "O jardim se iluminou como se fosse dia, ficando instantaneamente lotado de pessoas gritando enquanto procuravam umas às outras e correndo para apagar as roupas em chamas." A cunhada do embaixador, princesa Schwarzenberg, voltou às pressas para a tenda procurando sua filha, mas acabou morrendo quando a estrutura caiu sobre ela. Várias outras pessoas morreram de queimaduras, e muitas ficaram com cicatrizes permanentes. Houve analogias com as celebrações do casamento de Luís XVI com Maria Antonieta quando um *show* de fogos de artifício deu errado, causando uma confusão em que mais de duzentas pessoas foram pisoteadas e mortas.[21]

Analogias com o Antigo Regime não eram disparatadas. Uma nova etiqueta da corte foi introduzida, com 634 artigos e baseada na versão de 1710. O coronel Lejeune ficou espantado ao chegar da Espanha com relatórios e receber instruções do mestre de balé da ópera sobre como devia fazer três reverências ao ser levado à presença do imperador. Os esforços de guerreiros proletários de ombros largos para se submeter à nova etiqueta muitas vezes terminavam sendo ridículos. O *habit habillé* do século XVIII, feito de seda, obrigatório nos bailes da corte, parecia absurdo em homens com porte militar e rostos com cicatrizes, por vezes ainda com bandagens ou com um braço numa tipoia.[22]

Tendo se casado com uma sobrinha do último rei da França, Napoleão começou a se referir a seu "tio Luís XVI" e adotou um tipo de andar que, segundo lhe disseram, era típico dos Bourbon, e que no caso dele se transformou num gingado esquisito. Ele mandou que se apagassem o *slogan* "*Liberté, Égalité, Fraternité*", pintado na entrada de todos os prédios públicos de Paris durante a Revolução. Cogitou desistir do seu plano de transformar a Madeleine num Templo da Glória dedicado aos heróis franceses e torná-lo, em vez disso, uma capela expiatória dedicada ao guilhotinado Luís XVI. Napoleão levou sua política de fusão social a cúmulos de bizarria, a certa altura emitindo uma circular para todos os prefeitos para que fizessem listas de garotas em idade de casamento vindas de famílias nobres e que fossem apropriadas para se casar com soldados e oficiais. O objetivo, mais do que unir, era subjugar e legitimar. No entanto, isso não funcionou no caso dele próprio, e ele nada perdeu de sua falta de traquejo social. "É difícil explicar o quanto ele é desajeitado em um quarto de vestir", lembraria Metternich, que fora a Paris para o casamento representando Francisco I.[23]

"A corte se tornara mais rígida e perdeu toda a espontaneidade social que havia conservado", lembraria Victorine de Chastenay, acrescentando que Maria Luísa fazia com que as pessoas sentissem saudades de Josefina. Ela tinha uma graça e um *savoir-vivre* do Antigo Regime temperado por todas as experiências da Revolução e criava uma atmosfera em que todos se sentiam à vontade. Exercia também uma influência humanizadora sobre Napoleão, muitas vezes trazendo-o de volta à Terra quando ele tinha seus momentos de extravagância. Napoleão se tornara mais grandioso e mais distante, e até mesmo mais pudico. Na época de Josefina, ele gracejava com as mulheres e ocasionalmente falava sobre conquistas passadas. Os jovens tinham medo de falar com mulheres na presença dele por receio de serem reprimidos pelo que ele imaginava serem propostas lascivas, ou mesmo conversas frívolas. "Não acho que existisse uma corte onde a moral fosse mais pura", lembraria Hortense. Cambacérès, notoriamente homossexual, foi instruído a fazer visitas regulares e ostensivas a uma atriz no Palais-Royal, o que não enganava ninguém e só causava comentários grosseiros.[24]

A lista civil de Napoleão e outras fontes de renda (ele não era avesso a desviar alguns impostos e receitas do Estado para seu tesouro particular) fizeram dele o monarca mais rico da Europa, com uma imensa quantidade de ouro no cofre das Tulherias que lhe permitia adornar sua corte com um esplendor sem precedentes. O modo como ele via a si mesmo e à França se refletia bem nas suas obras públicas e monumentos, cada vez mais grandiosos e mais intimamente ligados à sua pessoa. Ele ficou tão impressionado com a magnificência do palácio real em Madri que, ao retornar, instruiu Fontaine a desenhar plantas para tornar ainda mais grandioso o Louvre, que ele queria "que rivalizasse em magnificência com tudo que já havia visto", e para criar uma igreja dedicada a são Napoleão. Também deu instruções para que as antigas residências reais de Rambouillet, Meudon e Chambord fossem restauradas e voltassem a ter o esplendor de outros tempos, o mesmo valendo para mais de quarenta palácios espalhados pelo império. Quando Fontaine apresentou um plano para o Louvre que envolvia ligar as duas alas, Napoleão protestou. "Aquilo que é grande é sempre belo", declarou, "e não posso concordar em dividir um espaço cuja principal característica é sua extensão." Em vez disso, o espaço foi embelezado com o arco do triunfo do Carrossel, em frente ao Louvre, em que foram colocados os quatro cavalos de são Marcos de Veneza, puxando uma carruagem romana em que o espírito de adulação levou a que se pusesse uma estátua dele mesmo. Mas até Napoleão ficou contrariado, e a estátua foi removida. Nenhum freio do gênero foi visto quando, assim que se soube que Maria Luísa estava grávida, ele começou a planejar um complexo de palácios monumental para seu suposto filho nas colinas de Chaillot.[25]

Essa paixão por tudo que era aristocrático e a ênfase na grandiosidade preocupavam a maioria dos que ajudaram a levar Napoleão ao poder e que trabalhavam com ele na reconstrução de uma França que iria incorporar o melhor de todos os mundos. Até mesmo Cambacérès, apesar de ter se adornado com condecorações austríacas, estava incomodado. O país parecia a eles estar retrocedendo a uma versão híbrida do Antigo Regime. No entanto, aqueles que chegaram à idade adulta durante o império não compartilhavam dessas reservas, e os símbolos de poder e glória de Napoleão os faziam sentir orgulho de ser franceses e de trabalhar para ele.[26]

A saída de Fouché do centro da vida política rompeu mais um elo com a Revolução, e não apenas em função de seu passado jacobino, que funcionou como uma espécie de garantia contra a restauração dos Bourbon. Assim como no caso de Talleyrand, sua presença no centro da administração pública e sua capacidade para agir como influência limitadora sobre Napoleão forneceu uma dose de sabedoria à conduta dele. Embora fosse cínico e muitas vezes pérfido, seu método de policiamento se baseava na vigilância, mais do que na punição, em fazer as pessoas se comportar por achar que estavam sendo observadas, e não na detenção de suspeitos. Esse jeito mais suave mudou da noite para o dia quando o cargo dele foi ocupado por Savary, que admitiu ficar espantado ao perceber como era pequeno o poder que tinha à disposição. Ele também encontrou pouquíssimas informações, pois Fouché habilmente removeu ou destruiu os documentos mais sensíveis.[27]

"Eu inspirava medo em todo mundo; as pessoas começaram a fazer as malas e a falar em exílio, prisão e coisa pior", escreveu Savary. "Acho que nem uma epidemia de peste numa de nossas regiões costeiras causaria mais medo do que minha nomeação como ministro da Polícia." Isso não chegava a surpreender. Ele executava de maneira rigorosa aquilo que Napoleão desejava, e os desejos dele se tornavam cada vez mais despóticos. Na sua volta de Viena depois de Wagram, ele reorganizou o funcionamento dos tribunais em nome daquilo que via como eficiência, e em março de 1810 restabeleceu as prisões de Estado em que as pessoas podiam ser detidas sem julgamento, na prática recriando as infames *lettre de cachet* e criando meia dúzia de novas bastilhas. De acordo com Savary, havia apenas pouco mais de seiscentos presos, sendo uma parte significativa de pessoas com "desvios de conduta" de um tipo ou de outro, cujas famílias prefeririam evitar a publicidade de um julgamento.[28]

O código penal, introduzido naquele ano, tornou ilegais reuniões de mais de vinte pessoas, embora confraternizações religiosas e maçônicas estivessem livres dessa regra. Também houve um crescimento no número de sociedades científicas pelo país. Porém a quantidade de teatros, onde os temas das peças podiam facilmente sugerir paralelos desfavoráveis e provocar discussões, foi reduzida. Embora supostamente tenha dado a Savary instruções para "tratar bem os homens de letras", Napoleão tornou mais rigorosa a censura. As reações dele a qualquer desordem ou infração se tornaram cada vez mais peremptórias, e incluíram em um caso determinar que soldados fossem fuzilados simplesmente por terem discutido bêbados. No entanto, quando um rapaz da Saxônia apareceu em Paris e depois de preso confessou sua intenção de assassiná-lo, Napoleão deu instruções para que ele fosse trancafiado com uma pilha de livros para esfriar a cabeça e o libertou depois de algumas semanas.[29]

Napoleão continuava sendo capaz de mostrar seu lado humano – normalmente com pessoas de extração mais baixa. Quando foi pega pela chuva durante a turnê pelos Países Baixos, a comitiva real se abrigou na sede de uma fazenda cujo dono, sem saber quem eram seus hóspedes, permaneceu sentado em sua poltrona enquanto Napoleão e os outros ficavam encarapitados em bancos, e começou a falar livremente, dando conselhos típicos da sabedoria dos mais velhos. O imperador conversou com ele de modo afável e só quando estavam de partida deu uma pista de quem era, ao se oferecer para providenciar um dote para a filha do sujeito. Ele fazia isso com frequência enquanto viajava, dando presentes a criados perplexos em estalagens à beira da estrada.

Ele também não se esqueceu daqueles que amava. Estabeleceu Maria Walewska numa casa em Paris elegantemente mobiliada no estilo do Império, deu a ela uma casa de campo em Boulogne-sur-Mer e garantiu o futuro do filho deles ao dar a ele propriedades no reino de Nápoles. "Nenhum soberano jamais deu mais do que o imperador e, no entanto, nenhum deixou mais pessoas ressentidas", observou Chaptal, explicando que a maneira que ele dava as coisas sugeria mais caridade ou recompensa do que generosidade, mas a essa altura o ex-ministro estava cheio de má vontade. Josefina procurava Napoleão sempre que precisava de ajuda ou dinheiro dizendo: "Bonaparte, você prometeu que jamais me abandonaria; agora preciso de seus conselhos", e ele nunca a deixou sem apoio. "Ele encantava todos à sua volta sempre que se deixava guiar por sua bonomia", lembraria Hortense. Até mesmo Metternich precisou admitir que, em privado ou quando em companhia íntima, a conversa de Napoleão "tinha um charme difícil de definir". Ele também sabia ser perspicaz e sincero. Um dia, perguntou àqueles que estavam à sua volta o que as pessoas diriam quando ele morresse. Quando todos começaram a dizer coisas lisonjeiras, ele os interrompeu. "As pessoas vão simplesmente dizer: 'Ah! Finalmente podemos respirar! Nos livramos dele, que alegria!'." Ele também admitiu que o fato de se tornar imperador foi de certa maneira "um acidente".[30]

Mas a isso não correspondia nenhum senso de humildade. Napoleão percebeu que, ao escrever para o pai, sua esposa dirigia suas cartas a "vossa sacra majestade imperial", e ele perguntou a Metternich sobre esse tratamento com o qual não tinha se deparado antes. Metternich explicou que era um uso aceito ao se dirigir ao sacro imperador romano. "É um costume belo e adequado", disse Napoleão com um ar solene. "O poder vem de Deus, e é só por isso que pode ser colocado além do alcance dos homens. Com o tempo, vou adotar o mesmo título."[31]

Metternich havia tentado resolver o conflito com o papa, mas os pontos de vista de Napoleão tinham ficado mais rígidos. Ao escultor Antonio Canova, que ele levou a Paris para fazer um busto de Maria Luísa, ele disse irritado que "esses padres querem controlar tudo, se meter em tudo e ser senhores de tudo". Ele raciocinou que são Pedro havia escolhido Roma e não Jerusalém porque a cidade era a metrópole da época, mas Roma tinha caído, e o papado acabou sendo um Estado menor sujeito às exigências temporais dos governantes de "um lugarejo muito pequeno da Itália", e que foram as confusões políticas decorrentes disso que levaram à Reforma. Ele afirmava que o papa devia se mudar para Paris, e como preparativo para isso começou a reconstruir o palácio arquidiocesano ao lado da Notre-Dame, a transportar os arquivos do Vaticano e, em janeiro de 1810, forçou os cardeais do sagrado colégio a adotar residência na "nova Roma".[32]

Enquanto isso, nos antigos Estados papais, autoridades francesas dissolveram monastérios e conventos, racionalizaram paróquias e expulsaram padres e monges recalcitrantes. O texto que se refere à sua incorporação ao Império

Francês sublinha "a independência do trono imperial em relação a qualquer autoridade terrena". O costume entre as monarquias católicas que mantinham a crença de que seus governos advinham da graça de Deus era o de se submeter a seu vigário na terra, o papa. Napoleão fingiu respeitar isso ao insistir que o papa estivesse presente à sua coroação, embora ele continuasse a basear seu direito ao governo na vontade da nação. Mas ele não precisava mais nem do papa nem da nação. Discutindo o tema com Fesch em Fontainebleau certa noite, Napoleão o levou para o terraço e, apontando para o céu, perguntou se ele podia ver Deus, ao que o cardeal respondeu negativamente. "Bem, nesse caso, é melhor você ficar quieto", disse o imperador. "Eu posso ver a minha estrela, e é isso que me guia."[33]

35
Apogeu

Mais tarde, Napoleão culparia seu casamento com uma arquiduquesa austríaca por sua ruína, referindo-se a ela como "aquele roseiral que não deixava ver o precipício". Havia alguma verdade nisso, uma vez que as alegrias do casamento o distraíram e seus frutos o enganaram, com consequências fatais. Ele estava apaixonado por sua nova esposa e parecia se deliciar com a posse dessa garota de sangue imperial pura, jovem, submissa e ao mesmo tempo lasciva.[1]

Em um relatório a seu imperador, Metternich caracterizou Napoleão como "um bom homem de família, com aqueles sotaques que se encontram com mais frequência nas famílias italianas de classe média", mas o paternalismo latino dera lugar à deferência e vinha agora matizado de *Gemütlichkeit* pelos austríacos. Ele ordenou que telas de batalhas contra os austríacos fossem retiradas dos palácios imperiais e encomendou paisagens de Schönbrunn e Luxemburgo, onde Maria Luísa fora criada. Se Josefina ele repreendia por atrasos, no caso da nova esposa, Napoleão esperava obsequiosamente. Ele, que jamais passou mais de quarenta minutos à mesa, passou a ficar sentado pacientemente enquanto ela mastigava um a um os sete pratos de uma refeição. Ela se entediava com as tragédias de Corneille e Racine que ele adorava, e por isso ele assistia a comédias que desprezava. A deferência dele era tanta que Maria Luísa chegou a confessar a Metternich que achava que ele estava um pouco intimidado com ela.[2]

Napoleão saía para caçar com mais frequência do que antes, principalmente para se exercitar e se cansar um pouco; ele corria em seu cavalo para onde quer que lhe desse vontade, para desespero de Berthier, que no papel de grão-caçador planejava a caçada de forma meticulosa. Isso não impediu que ele ganhasse peso, e os mais próximos sentiam que Napoleão estava ficando mais lento e entrando em declínio físico. Ele não estava comendo mais que o normal, então deve ter havido outra causa para que ele tenha caminhado rumo à obesidade. Já se argumentou de maneira convincente que provavelmente se tratava de uma falha em sua glândula pituitária, que pode afetar homens por volta dos quarenta anos, levando a ganho de peso e redução do tamanho dos genitais, algo de que ele também sofria segundo exames *post mortem*.³

Sua carga de trabalho, apesar da redução, continuava impressionante. No passado Napoleão estava o tempo todo na estrada, obcecado em cuidar pessoalmente das coisas. Agora viajava menos; ele jamais tinha passado tanto tempo em Paris e seus arredores. Muitos viam nisso um avanço. No banquete de casamento em abril de 1810, Metternich propôs um brinde "Ao rei de Roma!" – o título tradicionalmente usado pelo herdeiro do Sacro Império Romano. O brinde do chanceler austríaco sugeria que a monarquia Habsburgo havia cedido seus direitos ao novo imperador do Ocidente, e que a antiga luta entre a Casa da Áustria e a França havia acabado. Isso implicava que o nascimento de um rei de Roma selaria uma paz duradoura, e assim que se confirmou que a imperatriz estava grávida, as pessoas começaram a orar.⁴

Quando ela entrou em trabalho de parto, na noite de 19 de março de 1811, a corte se reuniu nas Tulherias, enquanto os doutores Corvisart e Dubois assumiam o controle, auxiliados por dois cirurgiões. A expectativa tomou conta da cidade. A Bolsa de Valores fechou e muitos patrões deram o dia de folga aos funcionários. O nascimento seria anunciado, assim como acontecia no caso de vitórias e de grandes eventos, por tiros de canhão: 21 tiros caso fosse menina e cem para um menino. Na esplanada em frente aos Invalides, os canhoneiros da Guarda Imperial preparavam as armas e esperavam pela ordem para disparar.

Eles tiveram de esperar a noite toda, pois o parto foi difícil. Napoleão ficou ao lado da cama da esposa desde o momento em que o trabalho de parto começou, perto das sete da noite, dando sinais de angústia com a dor dela. As dores diminuíram perto das cinco da manhã e ela dormiu, e ele foi tomar um banho. Pouco depois um nervoso doutor Dubois subiu às pressas a escadaria secreta para contar a ele que havia complicações, uma vez que o bebê estava numa posição ruim. Napoleão perguntou se havia riscos, e o médico respondeu que a vida da imperatriz estava ameaçada. "Esqueça que ela é a imperatriz e trate dela como faria com a mulher de um comerciante da rue Saint-Denis", Napoleão o interrompeu, acrescentando, "e seja o que for que aconteça, salve a mãe!" Ele se vestiu e se juntou aos médicos ao lado da cama dela, acalmando-a enquanto Dubois pegava o fórceps. Os pés do bebê saíram primeiro, e foi necessário algum tempo para que a cabeça saísse; durante esse intervalo, Maria Luísa gritava tanto que Napoleão chorava. Perto das oito da manhã o bebê nasceu. Contente por ver que a mãe estava fora de perigo, Napoleão pegou a criança no colo e foi ao salão adjacente onde os dignitários do império esperavam, de olhos turvos depois da longa vigília. "Olhai o rei de Roma!", ele declarou. Um criado correu pelos salões e saiu para pegar seu cavalo que estava à espera, para dar ordens aos canhoneiros.5

Ao primeiro tiro, a cidade ficou paralisada. As pessoas abriram janelas e saíram das lojas, carruagens e carroças estacionaram, pedestres pararam. Os primeiros 21 tiros foram disparados com vários segundos de intervalo para que todos pudessem contar. Quando o vigésimo segundo soou, "ouviu-se pela cidade um longo grito de alegria que atravessou-a como uma corrente elétrica", nas palavras de uma senhora. Em seguida vieram os 78 tiros restantes, em rápida sucessão, e o toque dos sinos de todas as igrejas de Paris. Um relatório da polícia observou que dois porteiros em Les Halles que estavam prestes a entrar em vias de fato pararam ao ouvir o primeiro disparo e se abraçaram ao vigésimo segundo. Até mesmo adversários do regime e inimigos de Napoleão se alegraram. Para muitos isso parecia que o futuro estava assegurado, e que uma *pax gálica* recairia sobre a Europa. Em um poema dedicado a Maria Luísa, Goethe representou sua união com Napoleão em termos cósmicos, referindo-se a ela como "a bela esposa da paz".6

Naquela noite, enquanto a população de Paris celebrava, a criança foi batizada de acordo com os ritos da família real francesa – a mesma condessa de Montesquiou que criou os filhos de Luís XVI foi designada como governanta. Na manhã seguinte, sentado em seu trono, Napoleão recebeu as congratulações do Senado, do Legislativo e das demais instituições do governo e da administração, do corpo diplomático e das autoridades municipais, depois do que eles o acompanharam para ver o bebê num berço doado pela cidade de Paris, onde havia uma imagem da Glória segurando uma coroa, com uma águia subindo rumo a uma estrela que representava Napoleão. Nos próximos dias choveram congratulações de todos os cantos do Império e de todas as cortes estrangeiras, à exceção daquela de St. James.

Além da satisfação que sentiu com o nascimento de um herdeiro, Napoleão ficou emocionado como todo homem fica com a experiência da paternidade; ele imediatamente enviou um pajem para informar Josefina sobre o nascimento. Ele pode até mesmo ter levado a criança mais tarde a Malmaison para que ela a visse. Napoleão continuava sentindo profunda afeição por ela, e todos os anos depois do divórcio ele lhe enviava 1 milhão de francos além do acordado. Quando Mollien informou que Josefina queria mais três funcionários, Napoleão disse a ele que "não a fizesse chorar" e deixou que ela tivesse o que queria. Ele havia sonhado que Maria Luísa a aceitasse como amiga e que poderia acomodar as duas em sua vida, mas, de acordo com Hortense, foi derrotado pelo ciúme da mais nova.[7]

A sensação de que as bênçãos da paz estavam prestes a descer sobre a França era aumentada pelos numerosos retratos de Napoleão como figura paterna da nação e como pacífico homem de família. Uma gravura publicada em Viena mostra uma cena de natividade, com Maria Luísa como a Virgem, o filho de Napoleão como o menino Jesus, os reis da Saxônia, Baviera e Württemberg como os três reis magos e os outros governantes da Confederação do Reno como pastores, e, pairando em uma nuvem, o próprio Napoleão como Deus Pai declarando: "Este é meu filho amado".[8]

Em 9 de junho de 1811, Napoleão e Maria Luísa foram no coche da coroação a Notre-Dame para o batizado cerimonial do filho. O bebê de dois meses foi batizado pelo cardeal Fesch numa igreja lotada por todo tipo de autoridade. A isso se seguiu um banquete no Hôtel de Ville em que Napoleão, sua consorte e a realeza presente se sentaram à mesa usando suas coroas. Seguiu-se um baile na corte e, nos Champs-Élysées, fogos de artifício, comida e vinho de graça e dança para o povo de Paris.

"Agora começa a mais bela época do meu reinado", Napoleão declarou pouco depois do nascimento de seu filho, e as aparências pareciam sustentar a afirmação. Miot de Melito, que foi a Paris para o batizado depois de uma ausência de cinco anos, ficou atônito com as mudanças na cidade. Em toda parte pôde ver novas edificações, pontes e monumentos, percorreu elegantes *quais* e espaços abertos, visitou o Louvre e outros museus, e se impressionou com a magnificência da cidade.[9]

Paris, com suas ruas largas, edifícios grandiosos, fontes e jardins, era apenas o centro do qual catorze grandes estradas imperiais e igual quantidade de estradas menores, com apoio de 202 vias auxiliares, irradiavam até os pontos mais distantes do império. O tempo de viagem foi reduzido pela metade durante o governo de Napoleão, e, com uma rede de 1.400 estações para troca de cavalos com 16 mil animais, as *Messageries impériales* podiam transportar pessoas e correspondências a uma velocidade sem precedentes. O telégrafo havia sido estendido até Amsterdã, Mainz e Veneza. Havia um plano de ligar o rio Sena ao Báltico com um novo canal. Decretos foram emitidos para a limpeza do Fórum romano e para dragagem e terraplanagem do Tibre, e, depois do nascimento do rei de Roma, para novos aposentos imperiais no Capitólio. Antuérpia, Milão e outras cidades espalhadas pelo Império receberam melhorias ou, como no caso de La Roche-sur-Yon, foram construídas do zero em áreas carentes. Paris se gabava de ter a maior biblioteca do mundo, mas dezenas de bibliotecas públicas surgiram em cidades de porte médio, cada uma funcionando como sede de uma sociedade literária e/ou científica. O Império e seus Estados aliados viram um espetacular crescimento industrial, estimulado pelo bloqueio que excluía a competição externa, com o desenvolvimento de indústrias metalúrgicas no Nordeste da França, na Bélgica e na Saxônia, e de indústrias têxteis na França e no Norte da Itália, e da indústria de açúcar de beterraba ao longo do Norte da Europa.

O Império Francês, com seus 130 departamentos que iam de Amsterdã a Roma e sua população de 40 milhões de uma Europa que, no total, tinha 170 milhões de pessoas, era a maior potência do continente, e para o observador externo parecia destinada a permanecer assim. Porém, na verdade, sua estrutura era tremendamente falha e tinha profundos problemas.

Embora continuasse a crescer no continente, o Império encolhia no além-mar, perdendo suas últimas colônias para os britânicos: La Petite Terre em 1808, La Désirade, Marie Galante, Guiana, Saint Louis, Santo Domingo, Santa Lúcia, Tobago, Martinica e as Antilhas Dinamarquesas em 1809, Reunião (rebatizada Bonaparte em 1806), Guadalupe e Île-de-France em 1810, e Maurício, Tamatave e Seychelles em 1811. Napoleão pretendia construir até cem novos navios, mas, na pressa de chegar a esse resultado, madeira de má qualidade foi usada, ao passo que os canhões eram de tão baixa qualidade, e com tal tendência a explodir, que os britânicos não usavam as armas que capturavam. Corsários franceses atacavam navios britânicos, tomando 519 butins em 1806 e 619 em 1810, mas isso não fazia nem cócegas no patrimônio naval dos britânicos, e com a introdução de comboios até mesmo isso foi reduzido.[10]

Os verdadeiros problemas eram econômicos: os grandiosos projetos de Napoleão e o esplendor imperial exigiam dinheiro, e as necessidades dele continuavam aumentando. O orçamento subiu de 859 milhões de francos em 1810 para pouco mais de 1 bilhão no ano seguinte. O custo do exército subiu de 77 milhões para 500 milhões de francos. A corte ficava com uma fatia maior da receita do que sob Luís XVI antes da Revolução. Napoleão aumentou impostos e impôs tarifas aduaneiras e outros meios de taxação indireta (que mais do que duplicaram em cinco anos), ao mesmo tempo que tentava economizar eliminando gastos imaginários. Ele passava horas inspecionando contas, somando números e se regozijando ao descobrir uma discrepância de poucos francos, discutia a necessidade de cada despesa e brigava com arquitetos, engenheiros e construtores, acusando-os de tentar trapacear, e insistindo que qualquer pequena despesa extraorçamentária fosse autorizada pessoalmente por ele, mesmo nos territórios dependentes como o grão-ducado de Berg. Ele vasculhava as contas da corte em busca de desperdício e pechinchava com fornecedores. Mantinha em seus cadernos listas de tudo que havia autorizado e voltava a elas para conferir que nada tivesse sido feito sem autorização. Ao mesmo tempo, os orçamentos e as contas divulgados eram tão fictícios quanto seus boletins.[11]

Os gastos militares eram imensos. No passado, as guerras pagavam a conta, e o tratado assinado depois de Wagram trouxe enorme soma em indenizações. Parte da razão para o rigor de seus termos era o fato de a campanha ter sido mais cara do que as anteriores em função do tamanho dos exércitos e da quantidade de materiais envolvidos. A guerra também foi mais cara em termos de baixas. A guerra na península Ibérica se revelava igualmente dispendiosa e não trazia receitas. Napoleão fez um empréstimo com base na receita do Grão-Ducado de Varsóvia para financiar a incursão espanhola em 1808 ("dinheiro a Bayonne" até hoje é um provérbio na Polônia para se referir a riquezas imensas), saqueou tudo o que foi possível e vendeu todas as propriedades da Igreja em que pôde colocar as mãos. Enviou a maior quantidade possível de unidades não francesas para combater lá para reduzir as despesas – soldados da Vestfália, Holanda, Polônia e Itália eram equipados e remunerados por seus respectivos governos, e suas baixas não impactavam a opinião pública na França. Mas a guerra se arrastou, e os custos para o Tesouro eram crescentes.[12]

Ele pretendia retornar à Espanha no outono de 1809 para assumir o comando, expulsar os britânicos e impor ordem. Mas seu divórcio e o novo casamento desviaram sua atenção, e quando, na primavera de 1810, descobriu as alegrias da vida com a nova esposa, adiou sua ida. Parecia não haver urgência, uma vez que a situação militar não parecia má: Joseph e Soult tinham ocupado a Andaluzia e Sevilha, onde recuperaram todos os estandartes perdidos em Bailén, Suchet controlou Aragão e Masséna empurrou Wellington de volta a Portugal. Mas a política de Napoleão de enviar soldados alemães, holandeses e italianos para servir na Espanha teve um efeito deletério, já que muitos aproveitavam a primeira oportunidade para desertar, criando um clima que influenciava os camaradas franceses, que também passavam para o lado inimigo.[13]

Joseph não tinha controle sobre as tropas francesas que deviam dar sustentação a seu governo. Berthier estava nominalmente no comando do Exército da Espanha, mas permaneceu em Paris. Em fevereiro de 1810, Napoleão dividiu a Espanha em províncias militares cujos comandantes tinham poderes extraordinários, o que, como não havia ninguém no comando geral, apenas dispersou ainda mais os esforços militares. O governo montado por Joseph era débil, os impostos coletados por seus funcionários eram confiscados e suas tentativas de impor sua autoridade se mostravam ineficazes. Em meados de 1810, ele estava em conflito com todos os comandantes que operavam na Espanha, e Napoleão o ignorava, sem jamais responder suas cartas.

Joseph estava tão exasperado que em certo dia de agosto esvaziou um par de pistolas num retrato de Napoleão. Ele escreveu à esposa, Julie, dizendo que decidira ir embora da Espanha, vender Mortefontaine e encontrar um lugar longe de Paris onde pudesse viver retirado. Joseph implorou a Napoleão que lhe permitisse abdicar, alegando que sua saúde não suportava o estresse. Ele foi a Paris sem ser convidado para o batizado do rei de Roma argumentar em favor da abdicação, mas ouviu que deveria voltar a Madri e esperar que Napoleão assumisse o controle.[14]

Porém a possibilidade de que isso acontecesse era cada vez menor, já que outros problemas econômicos e políticos ficavam maiores. Um deles era a severa crise econômica no início de 1811, que causou recessão no Norte da Europa e atingiu a França com força, provocando múltiplas falências, aumento no índice de desemprego e greves, além de motins contra a conscrição militar e *slogans* contra a guerra rabiscados nos muros. Napoleão tomou medidas para fornecer alimentação emergencial aos pobres, mas ele precisava buscar novas fontes de receita, o que agravou uma situação internacional já difícil.

A guerra econômica com a Grã-Bretanha prejudicava os dois lados sem chegar a qualquer resultado. No mesmo momento em que a Grã-Bretanha começava a sofrer, a intervenção francesa na Espanha ofereceu a ela uma salvação; as colônias espanholas na América Central e do Sul aproveitaram a mudança de dinastia em Madri para declarar independência e abrir seus portos a navios britânicos, criando um mercado para bens manufaturados britânicos. E se é verdade que a Grã-Bretanha foi prejudicada economicamente pelo bloqueio continental, o efeito sobre a França não foi muito melhor: o comércio marítimo murchou, os navios franceses apodreciam nos portos e o Tesouro ansiava por receitas alfandegárias. Sob pressão para encontrar novas fontes de receita, em 1809 Napoleão permitiu aos mercadores comprarem licenças para comerciar com a Grã-Bretanha, e pouco depois o governo britânico fez o mesmo com respeito à França, à medida que o país ficava sem grãos. Assim, no final do ano a França exportava conhaque, frutas, vegetais, sal e milho para a Inglaterra, e importava madeira, cânhamo, ferro, quinino e tecidos. Isso transformou em piada o sistema continental e teve profundas consequências políticas, já que se tratava de um insulto ao principal aliado da França, a Rússia.[15]

Assim que seu casamento com Maria Luísa ficou acertado, Napoleão escrevera a Alexandre diplomaticamente anunciando sua intenção. A carta dele cruzou no caminho com outra de Alexandre informando que, embora ele ainda tivesse esperanças de que um dia as duas casas se unissem, a imperatriz viúva descartara a hipótese do casamento dele com a grã-duquesa Anna por mais dois anos em função da idade dela. Foi uma recusa educada, e Napoleão era quem deveria se sentir ofendido. No entanto, foi Alexandre quem ficou parecendo ter sido feito de tolo; ele tinha defendido a aliança com a França contrariando uma opinião pública hostil na Rússia, e agora a impressão era de que seu aliado o esnobara. O anúncio do casamento austríaco também sugeria que Napoleão estava conduzindo em paralelo negociações com a Áustria, o que fazia surgir a dúvida sobre o que mais poderia ter sido acordado. "A Rússia age apenas por medo", Metternich disse a Napoleão durante sua visita a Paris para o casamento em março de 1810. "Ela teme a França, teme nossas relações com a França e, com o medo gerando mais medo, irá agir." Ele estava certo.[16]

Em Tilsit, Napoleão declarara a Alexandre que não havia pontos de atrito entre os interesses da França e os da Rússia e que ele não pretendia estender a influência francesa para além do Elba, acrescentando que a área entre o Elba e o Niemen deveria permanecer como zona neutra para amortecer confrontos. No entanto, ele havia estabelecido um satélite francês ali, e um satélite bastante provocativo; a criação do Grão-Ducado de Varsóvia em 1807 foi vista na Rússia como primeiro passo para a restauração do reino da Polônia, o que trazia à tona a possibilidade de a Rússia ter de abrir mão parcial ou totalmente de 463 mil quilômetros quadrados, com uma população de cerca de 7 milhões de pessoas, adquirida quando a Polônia foi liquidada. Muitos poloneses, fossem ou não cidadãos do grão-ducado, de fato viam nele o núcleo de uma Polônia restaurada. Quando a Áustria entrou em guerra com a França em 1809 e o exército polonês do grão-ducado invadiu a Galícia, a parte da Polônia governada pela Áustria, patriotas locais se ergueram em apoio. No acordo de paz, Napoleão permitiu que apenas uma pequena parte do território liberado fosse acrescentada ao grão-ducado e concedeu a maior parte à Rússia. Era um meio-termo tipicamente napoleônico: decepcionava os poloneses sem pacificar a opinião pública russa, que via nisso um segundo passo da restauração polonesa.[17]

Napoleão jamais pretendeu restabelecer a Polônia. Todas as declarações dele em contrário datam de um período posterior, quando ele tentava manter os poloneses a seu lado ou salvar sua reputação. Na época ele rejeitou a ideia com firmeza e repetidamente; via a Polônia como "um corpo morto" e não achava que os poloneses fossem capazes de reorganizar o país como um Estado viável. Mas ele não podia abrir mão de uma imensa fonte de soldados (a maioria deles para combater na Espanha), e por isso incentivava os poloneses a pensar que ele defendia a causa deles.[18]

Alexandre queria que Napoleão assinasse uma convenção se comprometendo a não permitir a restauração da Polônia e que pegasse em armas contra os poloneses caso eles viessem a tentar isso. Napoleão respondeu que, embora pudesse declarar sua oposição à recriação da Polônia, não tinha como impedir isso, nem iria tentar. Assinar o texto sugerido pela Rússia seria "comprometer a honra e a dignidade da França", nas palavras dele ao ministro das Relações Exteriores, Champagny; dezenas de milhares de poloneses tinham combatido ao lado dos franceses por mais de uma década, inspirados pela esperança de uma pátria livre e convencidos da simpatia da França por sua causa.[19]

Em 30 de junho de 1810, ao receber um comunicado de São Petersburgo com uma lista de queixas e a retomada de uma exigência para que ele assinasse a convenção sobre a Polônia, e adivinhando que a Rússia poderia não ter como manter o bloqueio contra os britânicos sem isso, Napoleão perdeu a cabeça. Convocou o novo embaixador russo, príncipe Kurakin, um sujeito ridículo e ineficiente conhecido em Paris como "*le prince diamant*", já que ele nunca aparecia em público sem estar coberto de condecorações e joias, o que era um testemunho eloquente de quão pouco Alexandre valorizava a melhoria das relações com a França. "O que a Rússia pretende com essa linguagem?", Napoleão perguntou. "Será que eles querem guerra? Por que as reclamações contínuas? Por que essas suspeitas ofensivas? Caso quisesse restaurar a Polônia, eu teria dito isso, e não teria retirado meu exército da Alemanha. Será que a Rússia está me preparando para sua defecção? Vou estar em guerra com os russos no mesmo dia em que eles fizerem as pazes com os ingleses." Ele então ditou uma carta a Caulaincourt em São Petersburgo dizendo que, se a Rússia o chantageasse e usasse a questão polonesa para buscar uma reaproximação com a Grã-Bretanha, haveria guerra. Era uma ameaça vazia, uma vez que era a última coisa que ele queria.[20]

Alexandre, por outro lado, começava a ver a guerra como inevitável. A sociedade russa se ressentia da aliança com Napoleão por associá-lo à Revolução e ao ateísmo, e também por temer que ele recriasse a Polônia. Os tradicionalistas ortodoxos russos viam os católicos poloneses como as maçãs podres do cesto eslavo, e os habitantes poloneses daquilo que então eram as províncias ocidentais do Império como uma quinta-coluna da corrupção ocidental. Esses sentimentos se transformaram em paranoia quando, no verão de 1810, o povo sueco elegeu um francês como príncipe e governante de fato.

O rei sueco, Carlos XIII, estava senil e não tinha filhos, e, na busca por um sucessor, os suecos procuraram um soldado francês que se tivesse distinguido e que pudesse ajudá-los a recuperar a Finlândia, perdida para a Rússia em 1809. Eles procuraram Napoleão, que sugeriu Eugène, que recusou por não desejar abandonar sua fé católica, e assim, incentivados por Champagny, sugeriram Bernadotte. Napoleão não ficou exatamente feliz, percebendo que ele podia não ser cooperativo, mas presumiu que, caso não agisse como francês, ele seria um patriota sueco – os inimigos naturais da Suécia eram a Rússia e a Prússia, e a França uma tradicional aliada. Os sentimentos amistosos dos suecos em relação à França foram tensionados em função do sistema continental, mas a longa costa e a colônia pomerana no Norte da Alemanha permitiram que eles o violassem. Também seria um alívio para Napoleão tirar Bernadotte do seu caminho.

Na Rússia, a eleição de Bernadotte foi recebida com alvoroço. "A derrota em Austerlitz, a derrota em Friedland, a paz de Tilsit, a arrogância dos embaixadores franceses em São Petersburgo, o comportamento passivo do imperador Alexandre I em relação às políticas de Napoleão – essas eram feridas profundas no coração de todo russo", lembraria o príncipe Sergei Volkonski. "Vingança e vingança eram os únicos sentimentos que ardiam dentro de cada russo e de todos eles."[21]

Esses sentimentos eram reforçados pelas dificuldades econômicas causadas pelo sistema continental. A Rússia era pouco industrializada e dependia de importações de diversos itens de uso cotidiano. Esses itens agora precisavam ser contrabandeados via Suécia ou por meio de portos menores da costa russa no Báltico. As exportações do país – principalmente madeira, grãos e cânhamo – eram volumosas e difíceis de contrabandear. O rublo russo perdeu até 25% do valor na comparação com a maior parte das moedas europeias, o que tornou o custo dos bens importados exorbitante. Entre 1807 e 1811, o preço do café mais que dobrou, o açúcar se tornou três vezes mais caro, e uma garrafa de champanhe passou de 3,75 para 12 rublos. Esse coquetel de orgulho ferido e dificuldades financeiras produziu críticas cada vez mais violentas às políticas de Alexandre, e o único modo de responder a isso era romper com Napoleão. Ele vinha aumentando e modernizando seu exército desde Tilsit, e em dezembro de 1809, quando ainda pretendia defender o casamento de Napoleão com sua irmã, tinha começado a tentar subverter os poloneses com a promessa de autonomia sob a égide russa.[22]

A colheita de 1810 foi ruim na Inglaterra, e isso coincidiu com uma queda dramática no valor da libra esterlina. Napoleão apertou o garrote econômico elevando ainda mais as tarifas sobre importações licenciadas. A Grã-Bretanha tinha dificuldades econômicas e ele estava convicto de que podia levar os britânicos a uma mesa de negociações (em seus termos). Sendo assim, em outubro de 1810, instruiu Caulaincourt a determinar que a Rússia também elevasse suas tarifas. Isso deixou Alexandre com poucas opções, exceto desafiar abertamente o sistema. Em 31 de dezembro, ele abriu os portos russos a navios americanos e impôs tarifas sobre bens manufaturados franceses importados por terra até a Rússia. As mercadorias britânicas em pouco tempo estavam chegando em grande quantidade à Alemanha, vindas pela Rússia; o Sistema Continental estava em frangalhos.

Napoleão não podia aceitar isso. "O Sistema Continental tem uma posição suprema no pensamento dele, ele está mais apaixonado por isso do que nunca", observou seu secretário Fain. Em sua determinação de que todos os pontos de importação fossem controlados, Napoleão anexou os portos hanseáticos. Em janeiro de 1811, ele fez o mesmo com o ducado de Oldenburg, cujo governante era pai do cunhado de Alexandre. Ofereceu como compensação uma outra província alemã, mas a proposta foi recusada. Alexandre ficou furioso e se sentiu pessoalmente ofendido – seu suposto aliado agora espoliava membros de sua família. Ele precisava agir, ainda que só para manter as aparências. "É preciso que o sangue volte a correr", disse à irmã Catarina.[23]

No início de janeiro de 1811, Alexandre renovou suas tentativas de conquistar os poloneses, ou pelo menos garantir que eles ficassem neutros, enquanto seu ministro da Guerra, general Barclay de Tolly, fazia planos para um ataque ao grão-ducado seguido por um avanço sobre a Prússia. Alexandre tinha 280 mil homens prontos e calculava que, caso os poloneses e os prussianos se juntassem a ele, poderia chegar ao Oder com 380 mil soldados antes de Napoleão poder reagir. Napoleão estava bem informado e levou a ameaça a sério. Ordenou a Davout, que comandava as forças francesas no Norte da Alemanha, que se preparasse para a guerra e determinou que os poloneses no Grão-Ducado de Varsóvia se mobilizassem. "Considerei que a guerra tinha sido declarada", afirmaria mais tarde. Num relatório enviado a Francisco, em 17 de janeiro de 1811, Metternich afirmou que na sua opinião a guerra entre a França e a Rússia era inevitável.[24]

No mesmo relatório, ele afirmava que a restauração da Polônia seria desejável caso, como compensação por ceder o restante da Galícia, a Áustria recuperasse o Tirol, parte de Veneza e da Ilíria. Isso reforçaria a posição austríaca nos Bálcãs, ao passo que uma Polônia restaurada serviria como amortecedor contra a agressão russa. A Áustria rejeitou as ofertas diplomáticas russas destinadas a garantir o apoio do país contra a França, temendo a expansão russa nos Bálcãs e sua influência crescente na Europa Central; a aliança estratégica entre Áustria e França eram cartas marcadas. O tratado que a Áustria assinaria com a França, em 14 de março de 1812, tinha como objetivo o retorno dos principados do Danúbio para a corte otomana e deixava em aberto a possibilidade de recriação de um reino da Polônia. Em Paris, a fofoca era que Murat seria rei da Polônia.[25]

"Não desejo entrar em guerra contra a Rússia", Napoleão declarou ao conde Shuvalov durante uma conversa em Saint-Cloud em maio de 1811. "Seria um crime de minha parte, pois eu estaria entrando em uma guerra sem propósito, e graças a Deus ainda não perdi a cabeça, não estou louco." Ao coronel Chernyshev, que o tsar enviou a Paris com cartas a Napoleão, ele repetidamente afirmou não ter intenção de esgotar a si ou a seus soldados em nome da Polônia e "formalmente declarou e jurou por tudo que considerava mais sagrado no mundo que o restabelecimento daquele reino era a *menor* de suas preocupações". Mas essas declarações de boa vontade não bastariam.[26]

Quando voltou a Paris vindo de São Petersburgo, na manhã de 5 de junho de 1811, Caulaincourt encaminhou-se direto para Saint-Cloud, e minutos depois de chegar foi levado à presença de Napoleão – com quem passou as sete horas seguintes numa conversa que anotou naquela noite. Ele explicou a posição de Alexandre e alertou que o tsar lutaria até o final, mas não se sujeitaria às exigências de Napoleão. Napoleão desdenhou disso, achando que era bravata, afirmando que Alexandre era "falso e fraco". Ele não acreditava que a sociedade russa aceitaria os sacrifícios que isso implicava – os nobres não desejariam ver suas terras devastadas em nome da honra de Alexandre, e era mais provável que os servos se revoltassem contra eles do que lutassem em defesa de um regime de escravidão.

Ele entendia o abandono do Sistema Continental pela Rússia como traição e o aumento de sua força militar como uma ameaça à sua influência na Europa Central. Havia se convencido de que Alexandre usava a questão polonesa e o comércio internacional como pretextos para romper a aliança e se aproximar da Grã-Bretanha e que ele iria invadir o Grão-Ducado de Varsóvia no momento em que aparecesse a oportunidade.

Caulaincourt ressaltou que Napoleão tinha duas opções: devia dar a Alexandre uma parte significativa do Grão-Ducado de Varsóvia, ou seu território inteiro, ou ir à guerra com o objetivo de restaurar o reino da Polônia. Ele aconselhou o primeiro caminho, que em sua opinião garantia uma paz estável. Napoleão declarou que uma traição como essa aos poloneses seria uma desonra para ele e ajudaria os russos a se expandir ainda mais rumo ao coração da Europa Central.[27]

Napoleão desejava manter sua aliança com Alexandre, mas sem pagar o preço necessário, e queria manter a questão polonesa em aberto sem ter de se comprometer com ela. Mas isso já não era possível. Ao tornar sua aliança com o tsar o ponto central de seu plano para derrotar a Grã-Bretanha, Napoleão aumentou a importância da Rússia, e suas contínuas tentativas de fazer com que Alexandre obedecesse às suas ordens levaram o tsar a assumir um papel ainda maior nos assuntos europeus.

A exasperação de Napoleão explodiu em 15 de agosto de 1811, seu quadragésimo segundo aniversário. Ao meio-dia, ele foi à sala do trono nas Tulherias, cheia de autoridades da corte e diplomatas transpirando em seus uniformes e trajes cerimoniais num dia particularmente quente. Depois de receber os cumprimentos, Napoleão desceu do trono e andou em meio aos convidados. Quando chegou ao embaixador russo, acusou a Rússia de estar reunindo forças militares na intenção de invadir o Grão-Ducado de Varsóvia, algo que descreveu como um ato aberto de hostilidade. O infeliz Kurakin tentou por várias vezes abrir a boca para responder, mas não conseguia uma brecha para falar, enquanto o suor escorria por seu rosto. Depois de provocá-lo por um tempo, Napoleão se afastou, deixando-o em estado de choque.[28]

Na manhã seguinte, após uma conversa com Maret, que sucedera Champagny como ministro das Relações Exteriores, ao longo da qual eles revisaram todos os documentos referentes à Rússia desde Tilsit, Napoleão concluiu que a França desejava a Rússia como aliada contra a Grã-Bretanha e que não tinha intenção de lutar contra os russos, uma vez que os russos não tinham nada que interessasse aos franceses, mas que não era possível comprar a amizade da Rússia se o preço fosse a traição dos poloneses. A França, portanto, precisava se preparar para a guerra para impedir que a Rússia partisse para a guerra. Sucessor de Caulaincourt em São Petersburgo, o general Lauriston foi instruído a explicar isso.[29]

Napoleão não conseguia entender que havia colocado Alexandre em uma situação impossível e não acreditava naquilo que não desejava entender – que, a não ser que ele recuasse, a guerra era inevitável. Ele também não queria encarar o fato de que a Rússia era estrategicamente invulnerável, sendo vasta demais para invadir e subjugar. A França, por outro lado, era altamente vulnerável, por já estar envolvida numa guerra na península Ibérica e aberta a um ataque britânico em toda a sua costa. As possessões francesas na Alemanha e na Itália eram instáveis, uma vez que Napoleão ficava o tempo todo mudando fronteiras e reorganizando seus governos, e não era possível confiar em satélites como Nápoles. Os aliados da Confederação do Reno também só eram leais por necessidade. O sistema napoleônico como um todo estava ainda em fase de construção, e sua organização final dependia de saber como ficariam as coisas com a Grã-Bretanha, que agora dependiam das soluções tanto na Espanha quanto na Rússia. Agindo taticamente, sem uma estratégia mais abrangente, Napoleão chegou a um impasse do qual só podia sair retrocedendo – algo que ele não estava acostumado a cogitar.

"Teria sido difícil imaginar qualquer obstáculo novo à prosperidade do imperador e, independentemente de qual tarefa ele se propusesse a realizar, as pessoas esperavam do mágico aquilo que nenhum homem seria capaz de realizar", escreveu Victorine de Chastenay. Cercado por sua *maison*, que crescera e agora contava com 3.384 pessoas, Napoleão ficara isolado do mundo real. Beugnot, que tinha voltado a Paris depois de uma ausência de três anos, ficou impressionado pelo luxo da corte, mas percebeu que à mesa de Napoleão e às de seus ministros, que eram "suntuosamente servidas e atendidas por criados que cintilavam de ouro", o tédio imperava, uma vez que ninguém discutia assuntos de Estado como antigamente. Embora houvesse menos guardas à vista nas Tulherias e a segurança em torno do imperador fosse leve, o medo e a autocensura gritavam despotismo; as pessoas sussurravam ou ficavam em silêncio, e Napoleão podia ignorar verdades desagradáveis. Ele deve ter lido, como sempre fazia, o relatório policial de Lille relatando que em 2 de dezembro de 1811, aniversário de Austerlitz e de sua coroação, uma das grandes festividades nacionais do calendário napoleônico, "os habitantes pareciam não saber qual a razão" para a cidade estar iluminada e para as comemorações que estavam ocorrendo. Mas isso claramente não causou uma impressão profunda o bastante para levá-lo a refletir. Do seu ponto de vista, seu poder parecia ilimitado. Em 3 de novembro de 1811, Heinrich Heine, então com catorze anos, viu-o cavalgar entrando em Dusseldorf. Ele achou "seus traços nobres e dignos, como o das antigas esculturas, e em seu rosto estavam escritas as palavras: 'Não tereis outros deuses além de mim'".[30]

Ele estava desafiando o próprio Deus. Quando, em junho de 1811, o concílio de bispos franceses, presidido por Fesch, jurou fidelidade ao papa, Napoleão o dissolveu e prendeu vários de seus membros na fortaleza de Vincennes. Em 3 de dezembro, emitiu outro ultimato exigindo a aquiescência do papa, cujo comportamento havia "ferido" sua autoridade imperial, e

Europa
1812

- Império francês
- Satélites franceses
- Aliados franceses

Christiana
Stockholm
São Petersburgo
SUÉCIA
Riga
Moscou
Mar Báltico
Dvinsk
IMPÉRIO
MARCA
Tilsit
Smolensk
Vilna
Königsberg
Danzig
Minsk
PRÚSSIA
Berlim
Vístula
Poznan
RUSSO
Varsóvia
Elba
GRÃ-DUCADO
DE VARSÓVIA
esden
Kiev
Praga
Cracóvia
Dnieper
Danúbio
IMPÉRIO
Viena
Peste
Buda
AUSTRÍACO
IMPÉRIO FRANCÊS
Brassó
eneza
Bucareste
Danúbio
Belgrado
Ruschuk
Mar Negro
Sofia
Mar Adriático
IMPÉRIO
Constantinopla
ápoles
REINO DE
NÁPOLES
OTOMANO
Smyrna
Palermo
Atenas
EINO DA
SICÍLIA

prendeu ou exilou mais membros do clero. O próprio papa logo seria levado em carruagem fechada, viajando à noite rumo a uma prisão domiciliar, e até mesmo Fesch seria exilado.

A essa altura, tropas se moviam por todos os cantos da Europa, com recrutas sendo treinados, armas, uniformes e suprimentos de todo tipo sendo armazenados. No entanto, Napoleão seguia negando sua intenção de ir à guerra. Para Metternich e muitos outros, a guerra parecia então inevitável, e a questão era apenas quanto ao significado que o resultado traria para a Europa. "Independentemente de ele triunfar ou sucumbir, a Europa jamais voltará a ser a mesma", Metternich escreveu para Francisco. "Este momento terrível infelizmente recaiu sobre nós graças à conduta imperdoável dos russos."[31]

36
O poder cega

Napoleão ainda não tinha uma política definitiva em princípios de 1812. "Estou longe de ter perdido as esperanças de um acordo de paz", escreveu a Jérôme em 27 de janeiro. "Mas como eles optaram pelo infeliz procedimento de negociar comigo estando à frente de um exército forte e numeroso, minha honra exige que eu também negocie à frente de um forte e numeroso exército. Não pretendo iniciar as hostilidades, mas tenho a intenção de me colocar em condições de rechaçá-los."[1]

No entanto, a um de seus assistentes Napoleão explicou que "é a realidade política que me impele rumo a essa guerra perigosa", uma vez que o fértil e civilizado Sul da Europa estaria sempre ameaçado pelas hordas famintas e incultas do Norte, e "a única resposta é jogá-los para além de Moscou; e quando estará a Europa em condições de fazer isso, senão agora, e por minhas mãos?". De acordo com algumas pessoas de sua *entourage*, ele temia que seus talentos militares e sua capacidade de resistência estivessem em declínio, e sentia que precisava resolver a questão com a Rússia enquanto ainda tinha energia. "De um jeito ou de outro, quero levar isso a cabo", disse ao general Vandamme, "uma vez que ambos estamos envelhecendo, meu caro Vandamme, e eu não quero chegar à velhice numa situação em que as pessoas possam me chutar o traseiro; estou decidido a levar as coisas a uma conclusão de um modo ou de outro." À medida que ele começou a reagrupar suas forças e a se preparar para a guerra, o soldado parecer ter despertado em Napoleão. E, de acordo com Mollien, ele chegou a pensar que, assim como no passado, uma guerra podia encher seus cofres. Na verdade, ele não sabia de fato o que fazer. "Me sinto impelido rumo a uma meta desconhecida", admitiu a seu assistente, o príncipe Philippe de Ségur, acrescentando que seu destino estava "escrito".[2]

Ele tinha reunido o maior exército que o mundo jamais havia visto. Os franceses de suas fileiras eram em número inferiores aos poloneses, alemães, austríacos, belgas, holandeses, suíços, italianos, espanhóis, portugueses e croatas, todos homens com diferentes interesses e lealdades. No entanto, o instinto militar e o espírito de emulação o mantinham unidos. Os rabinos franceses exortavam os jovens judeus: "Vocês combaterão e conquistarão sob o comando do Deus dos exércitos. Vão e voltem cobertos com as láureas que atestarão seu valor". O valor, quando testado em batalha, era considerado a principal das virtudes à época, e os jovens sentiam imensa necessidade de prová-lo. "Independentemente de seus sentimentos em relação ao imperador, não havia ninguém que não visse nele o maior e mais capaz dos generais, e que não experimentasse uma sensação de confiança em seus talentos e no valor de seu julgamento", segundo as palavras de um oficial alemão de origem aristocrática. "A aura de sua grandeza subjugava também a mim, e, cedendo ao entusiasmo e à admiração, assim como os demais, gritei '*Vive l'Empereur!*'" Um tenente da cavalaria vindo do Piemonte, a quem Napoleão dirigira algumas palavras durante uma parada militar, sentiu o mesmo. "Antes daquilo, eu admirava Napoleão do mesmo modo que todo o exército o fazia", ele escreveu. "Daquele dia em diante, dediquei minha vida a ele com um fanatismo que o tempo não enfraqueceu. Eu me arrependia apenas de um fato, que era ter somente uma vida para colocar a serviço dele."[3]

O tamanho do exército fazia com que não se prestasse atenção à sua qualidade. Em março de 1812, uma inspeção da cavalaria revelou que um terço dos cavalos estava fraco demais para carregar um homem. Apenas uma proporção semelhante dos homens se mostrava apta para a ação na maioria dos contingentes. Napoleão desdenhava disso. "Quando ponho 40 mil homens cavalgando, sei muito bem que não posso esperar que todos sejam bons cavaleiros, mas estou mexendo com o moral do inimigo, que fica sabendo por seus espiões, pelo rumor ou pelos jornais que disponho de uma cavalaria com 40 mil homens", afirmou. "Repassado de boca em boca, esse número e a suposta qualidade de meus regimentos, cuja reputação é bem conhecida, tendem a ser aumentados, não diminuídos, e no dia em que dou início à campanha sou precedido por uma força psicológica que suplementa a força real que pude de fato reunir."[4]

Levado pelo entusiasmo dos mais jovens, Napoleão escolheu ignorar o estado mental de muitos dos mais experientes. Boa parte do ardor revolucionário que incendiara os exércitos franceses da década de 1790 e princípios de 1800 estava extinta em 1812. "Desde o momento em que Napoleão chegou ao poder, os costumes mudaram rapidamente, a união de corações desapareceu junto com a pobreza e o gosto por bem-estar material e pelos confortos da vida se infiltrou nos acampamentos, que se viram cheios de bocas desnecessárias e de numerosas carruagens", nas palavras do general Berthezène. "Esquecendo as felizes experiências de suas imortais campanhas na Itália, da imensa superioridade conquistada pelos hábitos da privação e do desprezo pelo supérfluo, o imperador acreditava ser vantajoso incentivar essa fraude." Ele dera a seus marechais e generais títulos, terras e pensões; eles se tornaram menos dispostos a abrir mão de suas camas quentes e palácios, de suas esposas e famílias em troca dos rigores do bivaque e das incertezas da guerra. Muitos entravam na meia-idade; dificilmente poderiam ter esperanças de ampliar suas glórias, mas podiam perder tudo que tinham e deixar suas famílias desamparadas.[5]

Os marechais, os generais mais experientes e a *entourage* de Napoleão em sua maioria se opunham à guerra por razões específicas: as distâncias envolvidas, o terreno, a natureza do inimigo, a falta de objetivo, a ausência de alguma vantagem que pudesse ser obtida, e as possíveis consequências sobre a situação política na França. Até mesmo o comandante do contingente polonês, Poniatowski, alertou-o contra a invasão da Rússia. No entanto, a aura de Napoleão era tão extraordinária que mesmo os mais céticos se submetiam a seu encanto e acreditavam em sua "estrela". "Era tão doce abandonar-se àquela estrela!", lembraria Ségur. "Ela nos cegava, brilhava tão alto, tão forte, tinha operado milagres tão inacreditáveis!"[6]

Embora estivesse envolvendo metade dos Estados europeus na guerra iminente, Napoleão estava determinado a não considerá-los verdadeiros aliados, pois pretendia manter suas opções em aberto. Ele também não preparou o terreno no nível diplomático – muito pelo contrário. Em 27 de janeiro de 1812, sob pretexto de que o Sistema Continental não estava sendo mantido com rigor, enviou exércitos à Pomerânia sueca e tomou posse dela. Em seguida exigiu que a Suécia se aliasse a ele contra a Rússia e fornecesse tropas. Quando os suecos se recusaram, ele se ofereceu para devolver a Pomerânia e adicionou Mecklemburgo e uma grande soma em dinheiro. Mas era tarde demais. A anexação forçada da Pomerânia foi vista na Suécia como um insulto, e, duas semanas depois de a notícia chegar a Estocolmo, o enviado de Bernadotte estava em São Petersburgo pedindo um tratado com a Rússia, que foi assinado em 5 de abril.

Napoleão não conseguiu incentivar os turcos a se manter lutando contra os russos nos Bálcás, e o resultado foi que logo eles estavam fazendo as pazes, o que permitiu à Rússia transferir tropas de lá para combatê-lo. O tratamento que dispensou à Áustria e à Prússia significava que ele tinha dois aliados descontentes só esperando uma chance de abandoná-lo ou mesmo de se voltar contra ele. Isso foi um descuido, tendo em vista o crescente sentimento antifrancês na Alemanha. Ao longo de 1811, relatórios de comandantes e agentes diplomáticos franceses vindos de lá o alertaram para o perigo crescente. Na Prússia, o rei mal conseguia conter o sentimento nacional, particularmente forte no exército. "O fermento chegou ao ponto mais alto, e as mais improváveis esperanças são nutridas e acalentadas com entusiasmo", relatou um nervoso Jérôme da vizinha Vestfália em dezembro. "As pessoas citam o exemplo da Espanha, e, caso venha a guerra, todas as terras entre o Reno e o Oder serão tomadas por uma vasta e ativa insurreição."[7]

A ausência de planos de contingência por parte de Napoleão se soma a outros indícios de que ele estava confiante em que seria possível evitar a guerra e em que o aumento das forças militares tinha como principal objetivo intimidar Alexandre e levá-lo à submissão. Quanto a isso, ele avaliou a situação de maneira catastroficamente equivocada; Napoleão sabia que Alexandre era fraco e teimoso, e com sua ampla experiência no julgamento de homens deveria saber que os teimosos, ainda que fracos, ficam ainda mais teimosos quando sob pressão. Alexandre não podia recuar sem cair em perpétuo descrédito aos olhos de seus súditos, o que o exporia assim a um destino semelhante ao de seu pai. A essa altura, nem mesmo uma ação na Polônia para manter as aparências seria suficiente, uma vez que o tsar tinha cooptado um impressionante conjunto de inimigos de Napoleão, que representavam um espectro de causas. Eles incluíam Germaine de Staël, que lhe emprestava a credibilidade intelectual do liberalismo, o nacionalista alemão barão Karl vom Stein, ferozmente antifrancês, que tinha esperanças de conquistar a regeneração e a unificação alemãs, e Carlo Andrea Pozzo di Borgo, o velho inimigo de Napoleão em busca de vingança. Alexandre também sonhava em desempenhar um papel grandioso na cena internacional e começava a ver seu duelo com Napoleão não apenas como um desafio, mas também como uma oportunidade.

Caso a guerra de fato viesse, Napoleão precisava dar um golpe devastador a ponto de o Exército russo perder toda a capacidade e disposição de resistir, como acontecera com os prussianos depois de Jena. Mas sua campanha de 1807 mostrou que não era possível ser veloz nessa parte do mundo, e a campanha de 1809 revelou que seus inimigos tinham aprendido suas táticas e se tornado hábeis em evitar suas armadilhas. Em uma área parcamente povoada onde não tinha espiões, ele estaria operando no escuro. E, ao concentrar uma força tão grande, ele cancelava quaisquer possibilidades de manobrar rapidamente.

A logística da campanha era um pesadelo. Napoleão tinha lido todos os livros relativos à topografia, ao clima e às características do teatro de operações. Ele se debruçou sobre mapas, calculando distâncias e imaginando as condições em que teria de operar. O ponto de partida, a fronteira russa no Niemen, ficava a cerca de 1.500 quilômetros de Paris, e as duas principais cidades russas, São Petersburgo e Moscou, respectivamente a 650 e 950 quilômetros desse ponto. O trecho que se iniciava trezentos quilômetros a oeste da fronteira e se estendia por quinhentos quilômetros além dela era uma região muito pobre, pouco povoada, com estradas e pontes rudimentares, uma ou outra cidade, numerosos rios, pântanos e florestas onde era possível se perder, e recursos escassos. A *Grande Armée* teria de levar tudo de que iria precisar.

Talvez mais importante do que qualquer uma dessas considerações era o fato de uma mudança ter ocorrido na natureza da guerra e de que o tipo de vitória brilhante que ele conquistara no passado já não daria os mesmos resultados; o veredito do campo de batalha já não era decisivo. Napoleão ainda acreditava que, caso o exército de um inimigo fosse derrotado e sua capital, ocupada, ele seria forçado a assinar um tratado de paz e a cumprir seus termos, por mais onerosos que fossem, embora a Espanha tivesse revelado não ser esse o caso. E embora tivesse visto soldados russos preferirem ser destroçados em Eylau e Friedland a se render, ele não havia chegado à conclusão que, levando em consideração o tamanho do país, sempre haveria mais homens para ocupar o lugar daqueles, e que portanto ele estava fadado a perder uma guerra de exaustão.

Havia apenas duas áreas em que o Estado russo era vulnerável. Tendo conquistado recentemente uma imensa quantidade de território e sem ter tido tempo para absorver ou pacificar completamente suas populações nativas, o país podia ser desafiado por múltiplas insurreições nacionais. E, baseado como era na servidão, o país podia ser desestabilizado por uma revolução. No entanto, essas eram duas opções que Napoleão não pretendia usar, uma vez que elas dificultariam o resultado preferido – uma renovação de sua aliança com Alexandre.

Em 24 de abril, Kurakin entregou uma carta de Alexandre em que o tsar declarava que não seriam mais realizadas negociações de paz a não ser que Napoleão retirasse todas as suas tropas além do Reno, o que equivalia a uma declaração de guerra. Em sua resposta, entregue três dias depois, Napoleão expressava mágoa pelo fato de o tsar determinar onde ele devia estacionar suas forças, sendo que ele mesmo estava à frente de um exército na fronteira do grão-ducado. "Vossa Majestade irá, no entanto, me permitir dar-vos a garantia de que, caso venha o destino conspirar para tornar inevitável a guerra entre nós, isso de modo algum alterará os sentimentos que Vossa Majestade inspirou em mim, e que estão além de toda vicissitude e possibilidade de mudança", concluiu.[8]

Napoleão não podia mais procrastinar. Era preciso partir e assumir o comando de seus exércitos. Antes disso, fez arranjos relativos à defesa e à administração da França. Embora tivesse feito uma proposta de paz com a Grã-Bretanha, sugerindo uma retirada bilateral de tropas francesas e britânicas da península Ibérica, com Joseph permanecendo rei da Espanha e seus antigos governantes obtendo permissão para voltar a Portugal, ele não esperava conseguir nada com isso. Sendo assim, Napoleão reforçou as defesas costeiras da França e organizou uma Guarda Nacional de 100 mil homens que poderiam ser chamados numa emergência. Para lembrar as pessoas de seus deveres, ele fez com que o homem que havia capitulado em Bailén, general Dupont, fosse julgado novamente e recebesse uma sentença mais dura. Também deu início a projetos de obras públicas, incluindo cinco abatedores, dois aquedutos, três fontes, um canal, onze mercados, três pontes, um celeiro, uma universidade, um observatório, uma faculdade de artes e remodelações ou obras adicionais num teatro de ópera, num conservatório, nos arquivos nacionais, em um ministério, vários palácios, um templo, uma igreja, cemitérios, aterros e ruas.[9]

Em seu último encontro, na véspera da partida de Napoleão, o chefe de polícia Étienne Pasquier falou de seus temores sobre a possibilidade de que os inimigos dele tentassem tomar o poder enquanto ele estava longe. "Napoleão pareceu ficar impressionado com aquelas breves reflexões", lembraria o chefe de polícia.

Quando terminei, ele permaneceu em silêncio, andando de um lado para o outro entre a janela e a lareira, os braços cruzados às costas, como um homem mergulhado em pensamentos profundos. Eu estava andando atrás dele quando, virando-se bruscamente em minha direção, ele pronunciou as seguintes palavras: "Sim, certamente há alguma verdade no que você disse; isso é mais um problema a ser acrescentado a todos aqueles que preciso enfrentar neste, *o maior, o mais difícil*, ato a que já me propus; mas é preciso ir até o fim naquilo que foi iniciado. Adeus, *monsieur le préfet*".[10]

Napoleão soube esconder qualquer ansiedade que possa ter sentido. "Jamais uma partida do exército se pareceu tanto com uma viagem a passeio", observou Fain quando o imperador partiu de Saint-Cloud no sábado, 9 de maio, com Maria Luísa. Em Mainz ele revistou as tropas e recebeu o grão-duque de Hesse-Darmstadt e o príncipe de Anhalt Coethen, que tinham ido em demonstração de respeito. Em Würzburg, onde parou na noite de 13 para 14 de maio, encontrou o rei de Württemberg e o grão-duque de Baden esperando por ele como fiéis vassalos.[11]

Em 16 de maio, Napoleão encontrou com o rei e a rainha da Saxônia, que tinham ido cumprimentá-lo, e juntos eles entraram em Dresden à luz de tochas enquanto o canhão disparava salvas de boas-vindas e os sinos da igreja tocavam. Seu *lever* na manhã seguinte foi honrado com a presença de vários príncipes. A rainha da Vestfália e o grão-duque de Würzburg chegaram mais tarde naquele mesmo dia, e o imperador e a imperatriz da Áustria compareceram em seguida. Poucos dias depois se uniram a eles Frederico Guilherme, da Prússia, e seu filho, o príncipe herdeiro.

Napoleão estava hospedado no palácio real, gentilmente desocupado pelo rei, em que ele recebia ao lado de todas as cabeças coroadas presentes, "cuja deferência a Napoleão ia além de tudo que se pudesse imaginar", nas palavras de seu assistente Boniface de Castellane. Depois de o adularem em seu *lever* toda manhã, eles o seguiam para acompanhar a *toilette* de Maria Luísa. Eles a viam escolher dentre uma quantidade espantosa de joias, testando e descartando uma peça depois da outra, e ocasionalmente oferecendo uma a sua madrasta, pouco mais velha que ela, a imperatriz Maria Ludovica, que fervia de vergonha e fúria; ela detestava Napoleão por ser o novo-rico que era e por ter destronado seu pai em Módena anos antes.[12]

À noite eles jantavam usando o serviço de jantar de prata banhado a ouro que Maria Luísa recebera como presente de casamento da cidade de Paris, que ela previdentemente havia levado para a viagem. O grupo se reunia e entrava no *closet* em ordem inversa à senioridade, cada um anunciado por um arauto, começando com simples excelências, passando pelas várias altezas ducais e reais, e culminando com suas altezas imperiais o imperador e a imperatriz da Áustria. Pouco depois, as portas se abriam, e Napoleão entrava, com apenas uma palavra de anúncio: "*L'Empereur!*". Ele também era o único presente que mantinha o chapéu na cabeça. "Napoleão de fato era Deus em Dresden, o rei entre reis: era para ele que todos os olhos se voltavam; era por ele e em torno dele que todas as augustas pessoas congregadas no palácio do rei da Saxônia se reuniam", segundo as palavras de um observador.[13]

Houve bailes, banquetes, performances teatrais e caçadas, todos com foco em Napoleão em uma demonstração coreografada de poder que pretendia lembrar seus aliados de sua sujeição a ele. Ele ainda tinha esperanças de que, ao se ver isolado e confrontado com tal demonstração de poder, Alexandre pudesse negociar. Ele seguia sentindo aquilo que Méneval descreveu como "extrema repugnância" pela guerra e se agarrou à ilusão de que a determinação do tsar iria ruir. "Jamais o raciocínio e o julgamento de um homem estiveram mais equivocados, mais desnorteados, mais dominados por sua imaginação e por suas paixões do que os do imperador em alguns assuntos", observou Caulaincourt depois de uma das reuniões entre os dois.[14]

Napoleão se convenceu de que Alexandre era manipulado por sua *entourage* e, acreditando que se conseguisse falar diretamente com ele ou por meio de algum terceiro confiável seria possível chegar a um entendimento, despachou seu assistente Louis de Narbonne até o quartel-general do tsar em Vilna (Vilnius). Alexandre o recebeu com frieza e mandou que ele voltasse a Dresden. Napoleão então enviou um mensageiro a Lauriston em São Petersburgo, instruindo-o a ir até Alexandre em Vilna e a fazê-lo ter juízo, mas ele não obteve permissão e ouviu que devia deixar a Rússia.

Napoleão se colocou numa posição em que não lhe restavam opções senão combater e tentou parecer confiante. "Jamais uma expedição contra eles teve êxito mais garantido", ele disse a Fain, ressaltando que todos os seus antigos inimigos eram agora aliados. "Jamais voltará a ocorrer um tal conjunto favorável de circunstâncias; sinto que estou sendo atraído e, caso o imperador Alexandre persista na recusa de minhas propostas, cruzarei o

Niemen!" No entanto, ele não tinha nenhuma ideia definitiva sobre o que faria depois disso.[15]

"A paciência será a chave para o sucesso nessa empreitada", Napoleão explicou a Metternich.

> O mais paciente triunfará. Iniciarei a campanha atravessando o Niemen, e ela será encerrada em Smolensk e Minsk. É aí que devo parar. Irei fortificar essas duas posições, e em Vilna, onde estabelecerei meu quartel-general durante o inverno vindouro, vou me ocupar da organização da Lituânia, que arde por ser libertada do jugo russo. Vou esperar, e vamos ver qual de nós cansará primeiro – se eu de fazer meu exército viver às custas da Rússia, ou se Alexandre de alimentar meu exército às custas de seu país. Posso muito bem passar os meses mais rigorosos do inverno em Paris.

E caso Alexandre não desse início a tratativas de paz naquele ano, Napoleão iria iniciar outra campanha em 1813, rumo ao coração da Rússia. "Como eu disse, é questão de tempo", ele assegurou a Metternich. Napoleão disse basicamente o mesmo para Cambacérès, a quem garantiu que iria restaurar a Polônia até a altura do rio Dnieper e que não iria além disso.[16]

No entanto, ele estava aberto a todas as possibilidades. "Caso eu invada a Rússia, é possível que vá até Moscou", escreveu a um de seus diplomatas. "Uma ou duas batalhas abrirão a estrada para mim. Moscou é a verdadeira capital do império. Uma vez capturada, encontrarei a paz lá." Ele acrescentou que, se a guerra se prolongasse, deixaria o trabalho para os poloneses, reforçados por 50 mil franceses.[17]

Napoleão continuava se recusando a ver Alexandre como um inimigo a ser batido, pensando nele como um aliado que devia ser recuperado, o que ele pretendia fazer com o menor grau possível de dissabores e o mínimo de danos. "Guerrearei contra Alexandre usando de toda cortesia, com 2 mil canhões e 500 mil soldados, sem dar início a nenhuma insurreição", explicou. Mas ele continuava se agarrando à esperança de que não teria de fazer nem mesmo isso. "É possível que eu nem tenha de atravessar o Niemen", ele escreveu a Cambacérès; seu assistente Chlapowski estava convencido de que ele estava só blefando, e que não tinha a menor intenção de invadir a Rússia.[18]

Talleyrand, Narbonne e Maret estavam entre os que defendiam a criação de um Estado polonês como proteção contra a expansão russa, e Napoleão não descartava isso. Ele de fato precisava manter os poloneses a seu lado, e precisava preparar, ainda que não viesse a disparà-lo, o armamento da insurreição nacional polonesa nas províncias ocidentais. Para isso, ele devia enviar um homem esperto a Varsóvia como embaixador pessoal não oficial. Originalmente tinha escolhido Talleyrand para a tarefa, mas sua escolha agora recaía sobre o abade de Pradt, arcebispo de Malinas. Este devia incentivar os poloneses a proclamar a ressurreição do Estado polonês, sem comprometer a si mesmo ou seu senhor imperial a apoiá-la.[19]

Napoleão pensou na questão de quem devia colocar no trono polonês caso decidisse restabelecer o reino. Seria um lugar muito importante para Murat ou Eugène, ambos crentes de que provavelmente seriam escolhidos para a função. Ele chegou a pensar em Davout, um bom soldado e administrador popular entre os poloneses, mas o exemplo de Bernadotte fez surgirem dúvidas quanto à futura lealdade – e Napoleão jamais superou seu ciúme por ter sido ofuscado pela proeza de Davout em Auerstadt. "Colocarei Jérôme no trono, vou criar um belo reino para ele", disse a Caulaincourt. "Mas ele precisa realizar algo, pois os poloneses gostam da glória." Ele apropriadamente pôs Jérôme no comando de um corpo de exército e o direcionou para Varsóvia, onde devia conquistar o amor dos poloneses.

Empolgado por ter sido feito comandante, Jérôme se paramentou com capacete e couraça com a insígnia de sua Ordem da União, com suas águias, leões e serpentes. Fez uma entrada majestosa na capital polonesa e anunciou que tinha vindo derramar seu sangue pela causa polonesa. Mandou de volta a amante que tinha trazido de Kassel e arranjou outra, polonesa. Os poloneses o acharam arrogante e ridículo e ficaram decepcionados com o comportamento de suas tropas. E o principal: a maior parte dos poloneses sensatos percebeu a falta de compromisso, e na verdade de propósito, da política de Napoleão. Ele tinha reunido o maior exército que o mundo já vira, sem um objetivo específico; por definição, guerras sem objetivo não podem ser vencidas.[20]

Depois de treze dias em Dresden, onde ele conseguiu pouco mais do que cegar a si mesmo com sua própria exibição de poder, Napoleão despediu-se afetuosamente do rei da Saxônia e chorosamente de Maria Luísa, e subiu em sua carruagem de viagem. Dois dias depois estava em Posen, onde entrou passando sob um arco onde havia a inscrição "*Heroi Invincibili*", sendo saudado delirantemente por seus cidadãos poloneses, que haviam iluminado a cidade e enfeitado suas ruas com bandeiras e guirlandas. Mas depois de uma conversa com Daru, que estava cuidando da supervisão do abastecimento, Napoleão teve de encarar o fato de que seus preparativos foram ineficazes, e, à medida que prosseguia sua viagem, ele via com os próprios olhos a péssima situação dos suprimentos. Havia escassez de cavalos de tiro, o que significava que não era possível trazer suprimentos com velocidade suficiente, e tanto homens quanto cavalos morriam em grandes quantidades. A situação piorava a cada dia; era preciso se apressar antes que o exército inteiro morresse de fome.[21]

As forças russas estavam divididas em três exércitos, posicionados de modo a poder defender Vilna ou então sair e atacar. O primeiro, postado diante da cidade sob o comando do general Mikhail Bogdanovich Barclay de Tolly, tinha cerca de 160 mil homens. O segundo, comandado pelo general Piotr Ivanovich Bagration, tinha apenas pouco mais de 60 mil. Ele estava preparado para apoiar um avanço do primeiro exército, contornando o flanco do inimigo, ou então para ajudar na defesa, ameaçando o flanco oponente. Um terceiro exército, composto de aproximadamente 60 mil homens sob o comando do general Tomasov, estava posicionado ao sul dos pântanos de Pinsk, protegendo os acessos à Ucrânia.[22]

Napoleão se propôs a atacar o primeiro exército de Barclay enquanto Eugène e Saint-Cyr fariam uma cunha entre esse exército e o de Bagration, ao passo que, mais ao sul, Jérôme o enfrentaria com mais três outros corpos de exército. A ponta de lança do ataque deveria ficar a cargo de Murat com um imenso corpo de cavalaria, um grande aríete de quatro divisões. Ao norte, Macdonald com o contingente prussiano deveria avançar sobre Riga tendo Oudinot como apoio. Ao sul de Oinsk, os austríacos de Schwarzenberg deveriam marcar Tomasov. "As alas do nosso exército foram assim confiadas às duas nações que tinham o maior interesse em ver nossa empreitada fracassar", observou um oficial de Berthier.[23]

É impossível determinar o verdadeiro tamanho da *Grande Armée*. Em teoria, ela era composta de 590.687 homens e 157.878 cavalos, com mais 90 mil homens aproximadamente em várias partes da Polônia e da Alemanha. Em 14 de junho, Napoleão publicou uma circular insistindo que os comandantes de cada corpo de exército fornecessem números confiáveis de homens aptos para a batalha, de doentes, desertores, assim como de mortos e feridos. "Cada corpo de exército deve compreender como sua obrigação oferecer ao imperador a simples verdade", dizia a ordem. Mas Napoleão reagia furiosamente quando lhe mostravam números decrescentes, sobretudo se não era possível explicá-los por baixas ocorridas em batalhas, e por isso os comandantes das unidades ocultavam as perdas. "Ele foi enganado da maneira mais ultrajante", escreveu o general Berthezène. "Do marechal ao capitão, era como se todos tivessem se unido para ocultar dele a verdade e, embora fosse tácita, essa conspiração de fato existiu; pois o que os unia era o interesse próprio." De acordo com ele, a verdadeira força da *Grande Armée* não ultrapassava 235 mil homens quando da travessia do Niemen. Ainda era um número considerável, e isso tornou urgente a necessidade de uma vitória rápida; a cada dia se tornava mais difícil alimentá-la.[24]

Em dois boletins, em 20 e 22 de junho, Napoleão explicou como, desde Tilsit, ele fez o possível para manter a paz com a Rússia, mas os russos haviam sido tomados pelo "espírito inglês" e começado a se armar contra ele e contra a Europa como um todo. "Os conquistados adotaram o tom de conquistadores", ele concluía. "Eles estão provocando a sorte; que o destino siga seu curso."[25]

37
O Rubicão

Presságios do destino estavam em toda parte. Tendo chegado aos mais distantes postos avançados, nas primeiras horas de 23 de junho, Napoleão emprestou o barrete e a capa de um lanceiro polonês e cavalgou, com seu Estado-maior igualmente disfarçado de patrulha regular, para buscar no rio Niemen um bom ponto de travessia. Uma lebre saltou debaixo dos cascos de seu cavalo e ele foi arremessado da sela. Em vez de xingar e culpar o cavalo como usualmente fazia, permaneceu calado e montou de novo. Berthier e Caulaincourt, que estavam com ele, consideraram isso de mau agouro e disseram que eles não deveriam cruzar o rio.[1]

Napoleão passou o resto do dia trabalhando em sua tenda, de mau humor. Isso contrastava vivamente com a euforia que ele em geral demonstrava no início de uma campanha, e sua *entourage*, apreensiva, percebeu. Ele publicou uma proclamação ao exército que anunciou o início da "Segunda Guerra Polonesa", assegurando a seus homens que, além de ser "gloriosa para as armas francesas", essa campanha traria uma paz duradoura e "poria fim à influência arrogante que a Rússia vinha exercendo nos assuntos europeus nos últimos cinquenta anos".[2]

Às três da manhã de 24 de junho, Napoleão estava de novo sobre a sela, montando um cavalo chamado Friedland, e quando o sol nasceu ele pôde ver três pontes de pontão sobre o rio e uma divisão assumindo posições defensivas do outro lado. Ele assumiu seu lugar numa colina supervisionando a cena com uma luneta na mão direita e a esquerda atrás das costas. O imenso exército, trajado como se para um desfile, atravessava o rio, o brilho da manhã cintilando nos capacetes e couraças dos cavaleiros, e em cada emblema polido nos capacetes e cada fivela de cinto, e iluminando os uniformes azuis, brancos, amarelos, verdes, vermelhos e marrons dos vários contingentes aliados. Ele parecia de bom humor e murmurava marchas militares enquanto contemplava aquilo que uma testemunha descreveu como "o mais extraordinário, mais grandioso, mais imponente espetáculo que se poderia imaginar, uma visão capaz de embriagar um conquistador".[3]

"Vive l'Empereur! O Rubicão foi cruzado", observou um capitão de granadeiros da guarda em seu diário no bivaque perto de Kowno (Kaunas), em 26 de junho, dizendo que algumas "belas páginas" seriam acrescidas aos anais da nação francesa. Quatro dias depois, Napoleão entrou em Vilna, que os russos acabavam de evacuar. Ele foi saudado por uma delegação municipal, mas os habitantes não tiveram tempo de preparar os aparatos de costume e sua entrada na cidade não foi nem um pouco triunfal. E enquanto ele ia se deitar numa cama do antigo palácio da arquidiocese, onde Alexandre dormira na noite anterior, uma tempestade primeva se abateu sobre a área ao sul e a oeste da cidade.[4]

Homens e cavalos exaustos pela falta de comida e forragem, assim como pelo calor intenso das semanas anteriores, viram-se subitamente encharcados por uma torrente de chuva fria que durou a noite toda. O sol da manhã revelou uma paisagem coalhada de cavalos e homens mortos ou agonizantes, de carroças, canhões e carruagens de artilharia atolados na lama, e os que estavam vivos se debatiam para se libertar. Algumas unidades de artilharia perderam um quarto de seus cavalos, e a cavalaria não se saiu muito melhor, mas foram os serviços de suprimentos que mais sofreram; numa estimativa conservadora, o Exército francês perdeu cerca de 50 mil cavalos naquela noite.[5]

O dano psicológico também foi considerável. Ao se arrastar pelo pântano que substituíra as estradas arenosas, os homens viam homens e animais mortos e moribundos ao lado da estrada, e os rumores de que granadeiros tinham sido atingidos por um raio foram se espalhando entre as fileiras. Fossem gregos ou romanos em tempos antigos, eles teriam sem dúvida feito meia-volta depois de tal augúrio, brincou um dos assistentes de Napoleão.[6]

Napoleão ficou perplexo com o comportamento dos russos, que tinham dado todos os sinais de que pretendiam defender Vilna e que, no entanto, levantaram acampamento quando ele se aproximou, deixando para trás suprimentos acumulados ao longo de meses. Não fazia sentido, e ele instruiu seus comandantes a agirem com cautela, esperando um contra-ataque. Ele não precisava ter se incomodado. Barclay era um bom general, mas, embora também fosse ministro da Guerra, Alexandre não lhe dava comando absoluto e ficava a seu lado, limitando sua liberdade de ação. Na ausência de algum plano fixo, ele achou melhor recuar.

Em 1º de julho, Napoleão recebeu um enviado de Alexandre, o general Balashov, que levou uma carta propondo negociações condicionadas a uma retirada francesa. "Alexandre está tirando sarro de mim", Napoleão respondeu: ele não tinha ido tão longe para negociar, e, como Alexandre tinha se recusado a fazer isso antes, era hora de lidar de uma vez por todas com os bárbaros do Norte. "Eles devem ser empurrados de volta a seus desertos gelados, para não virem se meter nos assuntos da Europa civilizada pelo menos pelos próximos 25 anos."[7]

Balashov mal conseguia falar, enquanto Napoleão andava de um lado para o outro na sala, descontando sua frustração num monólogo que ia de reclamações lamuriosas a tempestades de raiva. Ele disse sentir estima e amor por Alexandre e o censurou por se cercar de "aventureiros". Não conseguia entender por que eles estavam lutando, em vez de conversar como haviam feito em Tilsit e Erfurt. "Já estou em Vilna e ainda não sei por que estamos combatendo", disse. Ele gritou, bateu o pé e, quando uma pequena janela que ele acabara de fechar abriu novamente, destruiu duas dobradiças e a atirou no pátio. Mas na resposta a Alexandre que entregou a Balashov manifestou uma amizade continuada, intenções pacíficas e um desejo de conversar, sem aceitar a precondição de uma retirada para além do Niemen.[8]

"Ele se precipitou nessa guerra que será a sua ruína, ou por ter sido mal aconselhado, ou por estar sendo guiado pelo destino", Napoleão declarou depois de Balashov partir. "Mas não estou zangado com ele por causa dessa guerra. Uma guerra a mais é um novo triunfo para mim." Em 11 de julho, ele publicou um boletim mentiroso anunciando grandes sucessos militares, obtidos à custa de não mais que 130 baixas francesas.[9]

No mesmo dia da conversa entre Napoleão e Balashov, patriotas poloneses de Vilna cantaram um *Te Deum* na catedral, seguido de uma cerimônia de reunificação da Lituânia com a Polônia. Napoleão esperava ser capaz de derrotar os russos e chegar a um acordo com Alexandre antes de ter de se confrontar com a questão polonesa, uma vez que isso provavelmente seria parte do acordo. Mas agora ele estava sendo pressionado a se comprometer. Numa tentativa de evitar a questão, em 3 de julho estabeleceu um governo para a Lituânia, que administraria o país, reuniria suprimentos e alistaria soldados, e instruiu Maret, que substituíra

Champagny como ministro das Relações Exteriores e que o acompanhara a Vilna, a ficar ao lado deles.

Em 11 de julho, oito deputados da Confederação de Varsóvia chegaram a Vilna. O imperador os manteve esperando por três dias, depois ouviu impaciente o pedido para que anunciasse a restauração do reino da Polônia. "Na minha posição, tenho muitos interesses diferentes para conciliar", disse, porém acrescentando que, caso a nação polonesa se erguesse e lutasse com valentia, a Providência poderia recompensá-la com a independência. Com esse discurso, ele esfriou o ardor dos poloneses e tirou de si mesmo algo que poderia ter sido uma arma poderosa; a investigação conduzida pelos russos depois da guerra revelou que a população da área em que Napoleão operava estava ao seu lado, entretanto ele não trabalhava por seu apoio nem avaliava iniciativas populares para agir por trás das linhas inimigas por medo de que isso diminuísse suas chances de uma reconciliação com Alexandre.[10]

Na proclamação que dava início à "Segunda Guerra Polonesa", Napoleão escrevera que estava levando a guerra até a Rússia, dando às suas tropas a impressão de que a partir do momento da travessia do Niemen eles se encontravam em território inimigo, ficando autorizados, portanto, a agir como bem quisessem. "Em toda a cidade e no campo houve excessos extraordinários", observou uma jovem nobre de Vilna. Igrejas foram saqueadas, cálices sagrados foram vilipendiados; até mesmo cemitérios foram desrespeitados e mulheres, violadas." Sem combates à vista e nenhum propósito palpável para a campanha, dezenas de milhares desertaram e agora vagavam pelo campo em gangues, atacando mansões e vilarejos, estuprando e matando, por vezes em conluio com camponeses amotinados. "O caminho de Átila na era da barbárie não pode ter ficado mais cheio de testemunhos horrendos", segundo um oficial polonês. Tendo em vista sua quantidade, era impossível garantir que a lei fosse cumprida, e quem era pego desertava novamente na primeira oportunidade. Os oficiais não estavam a salvo, e *estafettes* eram atacados.[11]

Exceto por esfriar os ânimos dos patriotas locais, isso só complicava algo que já era um desafio. Napoleão operava com um enorme exército em distâncias que seriam um problema mesmo numa região bem mapeada e com boas estradas. Mensageiros e oficiais tinham problemas em encontrar o caminho ao percorrer estradas arenosas, passando por vastos pântanos e florestas inacabáveis. Era difícil para eles localizar os comandantes que procuravam, uma vez que esses também se moviam, e muitos soldados encontrados ao longo do caminho não estavam familiarizados o suficiente com os marechais e generais para reconhecê-los; além disso, muitos não falavam francês. Napoleão não podia agir nem reagir com a velocidade que desejava, o que frustrava seus planos.

Ele tinha conseguido inserir uma cunha entre o primeiro exército de Barclay e o segundo de Bagration, e enviou Davout com duas divisões e o corpo de cavalaria de Grouchy para interromper as linhas de retirada de Bagration e esmagá-lo com as forças de Jérôme, que avançavam. Mas Jérôme tivera um início lento, e Bagration pôde guinar para o sul e se livrar antes de as pinças francesas se fecharem. Napoleão o repreendeu, censurou Eugène e insultou Poniatowski, acusando a ele e seus homens de falta de ânimo.[12]

O culpado por o exército de Bagration não ter sido destruído era o próprio Napoleão; foi sua ideia colocar Jérôme no comando de três corpos de exército. Rapidamente ele entrara em conflito com seus comandantes e com seu próprio chefe de Estado-maior. Ele havia instruído Davout para supervisionar a operação, mas não conseguiu notificar Jérôme, por isso Davout e Jérôme também discutiram. Jérôme decidiu ir para casa e, levando consigo seus guardas reais e seu único troféu de guerra, uma amante polonesa, em 16 de julho começou sua marcha de volta a Kassel. "Você me fez perder os frutos de meus mais inteligentes cálculos e a melhor oportunidade que terá se apresentado nesta guerra", escreveu Napoleão, furioso. Além disso, censurou Davout pelo modo como havia lidado com a situação.[13]

"Estou muito bem", Napoleão escreveu para Maria Luísa naquele dia. "Beije o pequenino por mim. Me ame e jamais duvide de meus sentimentos por você. Meus negócios vão bem." Não era verdade. Tendo desperdiçado duas semanas em Vilna, permitiu que os russos batessem em retirada ordenadamente até chegar a um campo previamente fortificado em Drissa. Quando soube disso, Napoleão decidiu contornar os russos, atacá-los pela retaguarda e botá-los numa armadilha. Mas quando partiu, os russos haviam mudado seus planos e abandonado o campo, tirando dele a chance de uma batalha. Mesmo assim, em 21 de julho ele escreveu uma carta triunfante para Cambacérès anunciando a captura do campo.[14]

Napoleão retomou a perseguição e ganhou coragem quando Murat combateu a retaguarda russa em Ostrovno. "Estamos às vésperas de grandes eventos", escreveu a Maret em 25 de julho, e enviou um bilhete extremamente otimista para Maria Luísa. Dois dias depois ele alcançou Barclay, que se preparava para combater diante de Vitebsk. Era meio-dia, e ele podia ter entrado em combate naquele momento. Em vez disso, Napoleão decidiu esperar que todas as suas tropas chegassem e adiou o ataque para a manhã seguinte. Naquela noite, Barclay recebeu notícias de que Bagration, que ele estava esperando, não teria como chegar, e por isso decidiu levantar acampamento silenciosamente no meio da noite e reiniciar sua retirada. Os franceses se levantaram cedo e se prepararam para a batalha, mas descobriram que os russos haviam desaparecido.[15]

Napoleão ficou desconcertado e passou um dia vasculhando a área do entorno antes de decidir parar e dar um descanso a seu exército. Os homens haviam marchado sob um sol inclemente, em temperaturas conhecidas apenas pelos veteranos da campanha egípcia, passando por estradas empoeiradas em meio a enxames de mosquitos e moscas varejeiras, sofrendo as agonias da sede, já que os poços eram escassos e ficavam distantes uns dos outros. Muitos se afastaram em busca de provisões e jamais voltaram a ser vistos, alguns morreram de insolação ou desidratação, outros caíram doentes por terem bebido de poças salobres ou mesmo por beber urina de cavalo.

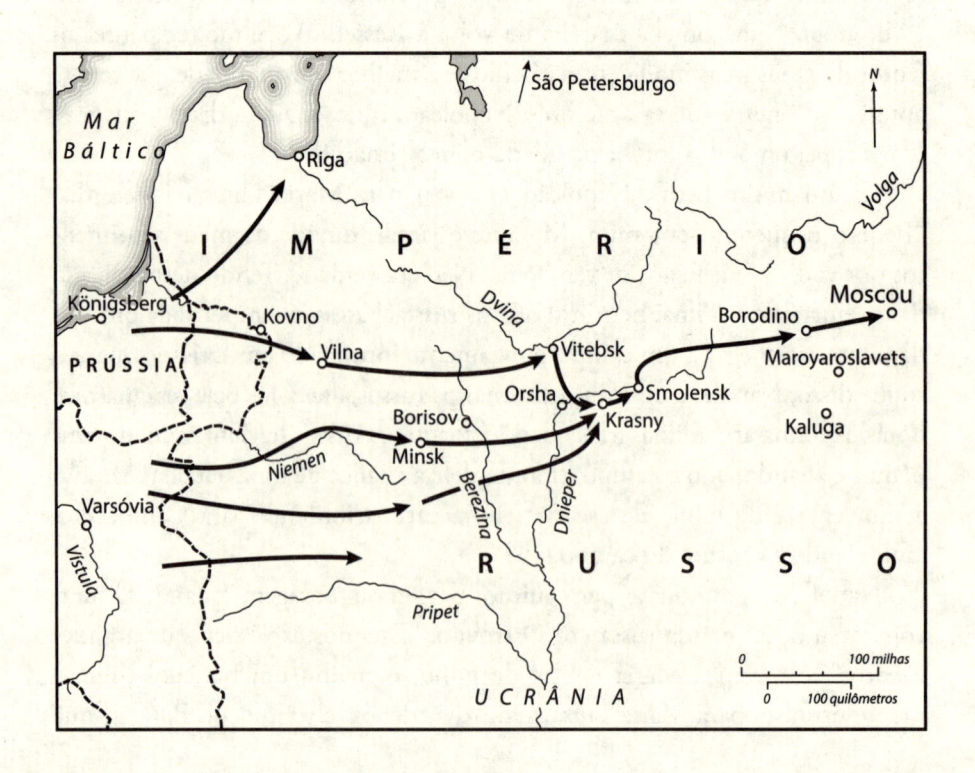

A cavalaria se concentrava em um grande corpo sob comando de Murat, o que significava que, mesmo quando eles achavam água, nem todos dentre as dezenas de milhares de cavalos conseguiam beber, e, como não havia forragem, eles tinham sorte de encontrar um pouco de palha para comer tirada do teto de algum casebre. Algumas unidades tinham sido reduzidas a um terço, e Napoleão perdeu 35 mil homens sem uma única batalha depois de deixar Vilna.[16]

Napoleão se aquartelou na residência do governador em Vitebsk, onde passou as duas semanas seguintes, sem conseguir se decidir sobre o que fazer. Cogitou parar ali e transformar Vitebsk em posto fortificado. Escreveu a seu bibliotecário em Paris solicitando "uma seleção de livros divertidos". Continuava extremamente quente, e, enquanto as tropas se banhavam no rio Dvina, ele suava trabalhando para reorganizar seu exército. Publicou boletins que pareciam confiantes, escreveu para Maret em Vilna instruindo-o a tornar públicos êxitos não existentes e clamou diante dos homens, mas na privacidade de seus aposentos estava irritadiço, gritando com as pessoas. Napoleão recebeu notícias do tratado entre a Rússia e a Turquia e detalhes de um outro assinado por Rússia e Suécia em março. O que ele não sabia era que a Rússia também tinha assinado um tratado de aliança com a Grã-Bretanha em 18 de julho. Mas ficou feliz com a notícia do início de uma guerra entre a Grã-Bretanha e os Estados Unidos da América.[17]

Napoleão foi saudado em Vitebsk por patriotas poloneses locais e fugiu das perguntas quanto a suas intenções insultando seguidamente Poniatowski e a suposta covardia dos soldados poloneses que, segundo ele, tinham grande responsabilidade pela tentativa fracassada de pegar Bagration. "O seu príncipe não passa de um c.", disse a um oficial polonês. A Maret em Vilna enviou instruções contraditórias em relação à questão polonesa. Muitos concordavam que esse era o momento para enviar Poniatowski para o Sul, rumo a Volínia. Isso teria feito surgir uma insurreição naquilo que era a Ucrânia polonesa, o que teria rendido homens e cavalos, além de suprimentos. Mais importante, teria prendido as forças russas no Sul, sob o comando de Chichagov e Tormasov. Mas, como ele admitiu para Caulaincourt, ele estava mais interessado em usar a Polônia como peão do que em restaurá-la.[18]

Napoleão, num gesto pouco comum, consultou vários generais sobre o que fazer a seguir. Berthier, Caulaincourt, Duroc e outros achavam que era hora de fazer uma parada. Eles citaram perdas, dificuldades de abastecimento e a distância das linhas de comunicação, e manifestaram o receio de que mesmo uma vitória fosse sair caro, em função da falta de hospitais e de recursos médicos na área. Mas Napoleão desejava uma batalha como recompensa por seus esforços e esperava que, agora que eles estavam na fronteira da Rússia propriamente dita, Barclay teria que lutar. "Ele acreditava numa batalha porque precisava de uma, e acreditava que ia vencer essa batalha porque era disso que ele precisava", escreveu Caulaincourt. "Nem por um momento ele duvidou que Alexandre seria forçado por sua nobreza a solicitar um acordo de paz, pois essa era a base de todos os seus cálculos." Saindo do banho às duas da manhã de um certo dia, Napoleão de súbito anunciou que era preciso avançar imediatamente e passou os dois dias seguintes debruçado sobre mapas e documentos. "O próprio risco de nossa situação nos impele a Moscou", disse a Narbonne. "Esgotei todas as objeções dos sábios. O dado está lançado."[19]

Napoleão marchou saindo de Vitebsk em 13 de agosto, pretendendo atravessar o Dnieper e tomar Smolensk pelo sul antes que os russos pudessem preparar uma defesa, e então usar suas pontes para atravessar novamente o rio em direção à retaguarda de Barclay. Como resultado de uma manobra confusa causada pelas diferenças entre Barclay e Bagration, que agora tinham unido forças, Smolensk estava cheia de soldados russos. Não havia valor na tomada dessa fortaleza de muros grossos, e Napoleão poderia ter atravessado o rio de volta mais a leste e forçado Barclay a batalhar ao se posicionar entre ele e Moscou. No entanto, ele decidiu atacar a fortaleza. A batalha custou 7 mil baixas a Napoleão e reduziu Smolensk a um cemitério em chamas coberto de cadáveres de seus defensores e de cidadãos que morreram no bombardeio e no incêndio que tomou a cidade.

Barclay retomou sua retirada. Napoleão tinha enviado Junot para atravessar o rio mais a leste e estava em condições de cortar a linha de retirada dos russos, mas Junot teve um bloqueio mental e seus generais não conseguiam fazer com que ele desse uma ordem, e, como Napoleão não se importou em ir cavalgando para ver o que se passava, a manobra não deu em nada. Ney, apoiado por Davout e Murat, lutou intensamente, mas não conseguiu impedir que os russos prosseguissem com a retirada.

No dia seguinte, Napoleão cavalgou até a cena. "A visão do campo de batalha foi uma das mais sangrentas que os veteranos conseguiam se lembrar", de acordo com um lanceiro de sua escolta. As tropas desfilaram no campo de batalha, e ele premiou com a cobiçada águia que ficava sobre o topo das insígnias dos regimentos que o mereceram a 127ª, composta em grande medida por italianos, que se distinguira no dia anterior. "Essa cerimônia, imponente em si mesma, teve um caráter realmente épico naquele lugar", segundo as palavras de uma testemunha. Napoleão tirou a águia das mãos de Berthier e, segurando-a no alto, disse aos homens, com seus rostos lambuzados de sangue e enegrecidos pela fumaça, que aquele deveria ser o ponto de reagrupamento deles e que eles deviam jurar jamais abandoná-lo. Quando fizeram o juramento, ele entregou a águia ao coronel, que a passou ao porta-estandarte, que, por sua vez, a levou à companhia de elite, enquanto os tambores rufavam de maneira ensurdecedora. Napoleão desmontou e andou até a primeira fileira de homens. Em voz alta, pediu aos homens que dessem os nomes daqueles que haviam se distinguido no combate. Ele promoveu os que foram indicados e deu a Legião de Honra a outros, nomeando-os com sua espada e dando-lhes o abraço ritual. "Como um bom pai cercado pelos filhos, ele pessoalmente entregou a recompensa àqueles que se mostraram dignos, enquanto seus camaradas os aclamavam", nas palavras de um oficial. "Olhando a cena", escreveu outro, "compreendi e vivenciei aquele fascínio irresistível que Napoleão exercia quando desejava." Usando desses meios ele conseguiu transformar o sangrento campo de batalha em algo glorioso, consignando os que haviam morrido à imortalidade e acariciando os que haviam sobrevivido com palavras e recompensas. Mas muitos se perguntavam o que tinha sido conquistado com os últimos quatro dias de derramamento de sangue.[20]

Napoleão derrotara os russos e conquistara uma grande cidade, mas, embora tenha causado perdas significativas, ele perdeu 18 mil homens nos dois combates, sem nada para mostrar. De acordo com Caulaincourt, nos dias seguintes ele se comportou como uma criança que precisa de reafirmação. "Ao abandonar Smolensk, uma de suas cidades sagradas, os generais russos desonraram suas armas aos olhos de seu próprio povo", Napoleão afirmou. Ele fantasiou em transformar a cidade em uma base, a partir da qual atacaria Moscou ou São Petersburgo no ano seguinte. Mas a cidade incendiada não tinha valor militar. No entanto, bater em retirada agora era politicamente impensável. Ele tinha entrado numa armadilha da qual não conseguia ver saída.[21]

Napoleão atribuía suas frustrações a qualquer coisa que estivesse à mão. Culpou os lituanos por não terem conseguido soldados e suprimentos suficientes, culpava os comandantes dos corpos de exército, e, quando certo dia se deparou com soldados saqueando, atacou-os com seu chicote de equitação, gritando obscenidades. Em seu desespero para encontrar uma saída, tentou convencer um general russo capturado a escrever para o tsar. "Alexandre vê que seus generais estão fazendo uma confusão e que está perdendo território, ele caiu nas mãos dos ingleses, e o governo de Londres atiça a nobreza e o impede de negociar a paz", disse a Caulaincourt. "Eles o convenceram de que eu quero lhe tirar todas as províncias polonesas, e que só obterá a paz a esse preço, o que ele não pode aceitar, já que daqui a um ano todos os russos que têm terras na Polônia o estrangulariam como fizeram com seu pai. É errado da parte dele não confiar em mim, pois não lhe desejo mal: eu inclusive estaria disposto a fazer sacrifícios para ajudá-lo a sair dessa dificuldade."[22]

A maior parte da *entourage* de Napoleão implorava para que ele não fosse além, mas o imperador achava que não podia voltar para casa sem uma vitória. Moscou estava a duas semanas de marcha, e os russos certamente iriam defendê-la. "O vinho foi servido, é preciso bebê-lo", disse a Rapp. Quando Berthier falou mais uma vez sobre o tema, ele disse: "Vá, então, eu não preciso de você; você não passa de um... Volte para a França; não estou forçando ninguém", acrescentando algumas observações lascivas sobre o que Berthier esperava receber de sua amante em Paris. Berthier, horrorizado, jurou que nem sonharia em abandonar seu imperador, mas a atmosfera entre os dois continuou gelada, e Berthier não foi convidado à mesa imperial por vários dias.[23]

Enquanto os oficiais mais velhos pareciam desolados, os mais jovens estavam empolgados com a perspectiva de uma marcha sobre Moscou. "O exército como um todo, os franceses e nossos aliados estrangeiros, continuava pleno de ardor e confiança", afirmou o tenente de Bourgoing, de 21 anos. "Se nos dessem ordens de marchar para conquistar a Lua, teríamos respondido: 'Em frente!'", lembraria Heinrich Brandt, da legião do Vístula. "Nossos colegas mais velhos podiam zombar do nosso entusiasmo, nos chamar de fanáticos ou loucos, como muitos gostavam de fazer, mas só conseguíamos pensar em batalhas e vitórias. Só tínhamos um medo – que os russos pudessem estar com muita pressa de fazer a paz."[24]

À medida que eles penetraram na Rússia propriamente dita, o caráter da guerra mudou. Os russos que batiam em retirada adotaram uma política de terra arrasada, forçando a população a abandonar suas casas e incendiando-as, com as plantações e tudo que pudesse fornecer abrigo ou mantimentos para o exército que avançava. "À noite, o horizonte inteiro ficava em chamas", nas palavras de um soldado. Eles envenenavam os poços com animais mortos. Derrubavam árvores e deixavam carroças tombadas pela estrada e, à medida que a retirada se tornava menos organizada, cadáveres de homens e de cavalos, que apodreciam sob o sol inclemente. Mesmo assim, os homens marchavam, confiantes naquilo que um soldado chamou de "imensa genialidade" de seu "pai, herói, semideus".[25]

Napoleão ficava aflito ao ver os vilarejos incendiados, mas ocultava seus sentimentos ridicularizando os russos e chamando-os de covardes. "Ele tentava evitar as reflexões mais sérias a que essa medida terrível dava origem no que dizia respeito às consequências e à duração de uma guerra em que o inimigo estava preparado para fazer, desde o princípio, sacrifícios dessa magnitude", explica Caulaincourt. Napoleão, no entanto, continuou a se agarrar a qualquer esperança; em 28 de agosto, aproveitou uma oportunidade para escrever a Barclay, esperando abrir um canal de comunicação com Alexandre.[26]

Dois dias depois, quando ele e sua *entourage* pararam para almoçar à beira da estrada, Napoleão ficou andando para lá e para cá na frente dos homens, falando longamente sobre a natureza da grandeza. "A real grandeza não tem nada a ver com vestir púrpura ou um manto cinza, ela consiste na capacidade da pessoa de se elevar acima de suas próprias condições", disse. "Eu, por exemplo, tenho uma boa posição na vida. Sou imperador, podia viver cercado pelas delícias da grande capital, e me dedicar aos prazeres da vida e do ócio. Em vez disso estou na guerra, pela glória da França, pela felicidade futura da humanidade; estou aqui com vocês, em um bivaque, numa batalha, onde posso ser atingido, como qualquer outro, por uma bala de canhão... Eu me ergui acima de minha condição..." Mas no dia seguinte um *estafette* de Paris trouxe notícias de que na Espanha Marmont tinha sido derrotado por Wellington em Salamanca, em 22 de julho. "A ansiedade era claramente visível em seu rosto em geral sereno", de acordo com o general Roguet, que almoçou com ele naquele dia.[27]

Os russos estavam tão desesperados quanto Napoleão por uma batalha, mas a velocidade do avanço francês impedia que Barclay colocasse suas tropas em posição. Sob pressão da opinião pública, Alexandre o substituiu pelo popular Mikhail Ilarionovich Kutuzov, um marechal astuto, gordo, que sofria de gota aos 66 anos e que tinha um talento para falsificar fatos para construir sua imagem que rivalizava com a de Napoleão. Só em 3 de setembro Kutuzov escolheu uma posição defensiva para combater, diante do vilarejo de Borodino.

Napoleão chegou à cena dois dias depois. Determinou que um reduto russo exposto fosse capturado, depois passou um dia reconhecendo o lugar e se preparando para a batalha. Kutuzov tinha construído uma formidável fortificação num ligeiro aclive ao centro de sua linha, coberto à esquerda por três *fleches*, fortificações no formato de bifurcações. Napoleão decidiu fazer um ataque frontal ao reduto enquanto Ney, Davout e Junot cuidavam das *fleches* e penetravam na retaguarda russa e Poniatowski fazia um movimento de flanco mais amplo em apoio. Davout sugeriu que seu exército fosse somado ao polonês para conseguir penetrar mais na retaguarda inimiga. Ele tinha entre 125 mil e 130 mil homens, estando assim em situação de inferioridade em relação aos russos, com seus 155 mil – dos quais cerca de 30 mil eram milicianos mal treinados –, e ele tinha menos peças de artilharia, 584 contra as 640 dos russos, sendo que as suas também eram de menor calibre.[28]

Napoleão não estava bem. Sofria de um ataque de disúria, uma doença da bexiga que quase o impossibilitava de urinar, e, quando ele o fazia, expelia apenas algumas poucas gotas escuras, cheias de sedimentos. Pode ser que ele também estivesse com febre, pois tossia, tremia e respirava com dificuldade. Seu ânimo melhorou com a chegada de Bausset, com uma pasta que continha um retrato do rei de Roma que acabara de ser pintado por Gérard, que ele fez ser desembrulhado na mesma hora. "Não tenho como expressar o prazer que ele teve ao ver aquilo", observou Bausset. O pai orgulhoso fez com que o retrato fosse exibido fora de sua tenda para que os generais e soldados pudessem vir e admirar, e escreveu um bilhete terno a Maria Luísa agradecendo por ter mandado o retrato.[29]

Uma chegada menos bem-vinda foi a do coronel Fabvier, que veio da Espanha com detalhes da vitória de Wellington sobre Marmont em Salamanca e do deterioramento da posição militar dos franceses na península. A notícia da derrota francesa encorajaria todos os inimigos de Napoleão – não apenas aqueles que ele estava enfrentando, mas, o que era mais alarmante, os que estavam às suas costas. Ele dormiu mal, acordando várias vezes. Às três da manhã se levantou e tomou um copo de ponche com Rapp, que estava em serviço e tinha passado a noite na tenda dele. "A Fortuna é uma cortesã volúvel", Napoleão disse de repente. "Eu sempre disse isso e agora começo a sentir essa verdade." Depois de um tempo acrescentou, com um suspiro: "Pobre exército, está muito reduzido, mas o que sobrou é bom, e minha guarda está intacta". Depois ele cavalgou para ser visto pelas tropas.[30]

O exército tinha passado o dia anterior se reforçando, e houve quem dissesse que a aparência era tão boa quanto num desfile nas Tulherias. Os homens ouviram uma proclamação que os exortava a combater e assegurava que a vitória levaria a uma volta rápida para casa. O texto fazia uma referência a Austerlitz, que fazia sentido, uma vez que essa tinha sido a última vez em que a *Grande Armée* havia enfrentado Kutuzov, e, quando o sol nasceu, Napoleão exclamou: "*Voilà le soleil de Austerlitz!*". Ele então cavalgou até um ponto de onde podia ver quase todo o campo de batalha, onde uma tenda fora armada para ele, cercada por sua guarda em formação. Pegou a cadeira dobrável, virou-a ao contrário e se sentou pesadamente, com os braços sobre o encosto.[31]

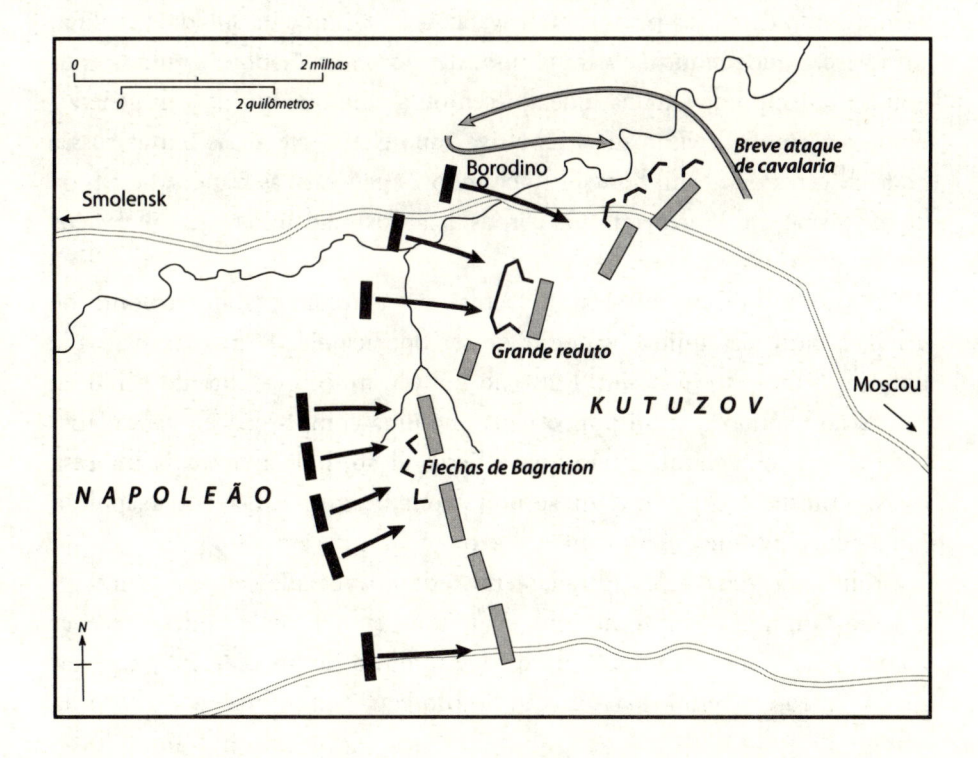

Às seis horas, os canhões franceses dispararam e o ataque começou. Os franceses faziam uma investida atrás da outra à medida que as posições russas caíam, sendo retomadas em um feroz combate corporal. As *fleches* foram armadilhas assassinas para os soldados que as tomaram, uma vez que eles só tinham como escapar avançando, indo em direção à próxima linha de defesa dos russos. Napoleão ouvia impassível os oficiais que cavalgavam até ele para fazer os relatos. Ele recusou todas as ofertas de comida, tomando apenas um copo de ponche perto das dez horas. Assistiu a dois ataques contra o grande reduto no centro, mas não conseguiu reforçar aquele que obteve sucesso, enquanto sua cavalaria ficava ociosa. "Ficamos todos surpresos por não ver o homem ativo de Marengo, Austerlitz etc.", observou Louis Lejeune, um oficial do Estado-maior de Berthier. Napoleão parecia curiosamente afastado.[32]

Seu estado de saúde sem dúvida teve um peso, mas o estado mental também desempenhou papel; aflito por um inesperado ataque da cavalaria russa à sua ala esquerda e receoso de jogar sua última carta tão longe de casa, ele não iria comprometer a guarda quando Davout relatou que o caminho estava aberto para que ela tomasse a retaguarda do Exército russo e o destruísse completamente. Napoleão hesitou por algumas horas antes de determinar o ataque geral. Quando o fez, sua cavalaria, que vinha gradualmente sendo destruída pelos russos, avançou e, atacando na subida da colina, invadiu o grande reduto, e a linha russa desmoronou. Napoleão então cavalgou até o campo de batalha, que apresentou aquilo que um de seus generais descreveu como "a visão mais repulsiva" que ele já tivera. As baixas russas eram de cerca de 45 mil homens, incluindo 29 generais, as francesas eram de 28 mil homens e 48 generais. Os corpos de aproximadamente 40 mil cavalos forravam o chão.[33]

A vitória francesa foi total; as perdas russas foram grandes a ponto de a maior parte das unidades deixar de ser operacional. E não restava nada entre os franceses e Moscou. Mas não houvera traço evidente do gênio de Napoleão naquilo que foi pouco mais que uma competição de pancadaria. Os russos não fugiram, e não houve perseguição, pois a cavalaria francesa estava exausta. No jantar daquela noite com Berthier e Davout, Napoleão falou pouco e comeu menos ainda. Ele passou a noite em claro.

Kutuzov precisava desesperadamente retirar os remanescentes de seu exército do caminho dos franceses e recuar rumo ao sul, onde poderia receber alimentação e suprimentos. Em vez de fazer isso de imediato, ele espertamente bateu em retirada na direção de Moscou, saindo pelo outro lado da cidade, imaginando que a cidade funcionaria como uma "esponja", que absorveria os franceses e lhe permitiria fugir. Ele tinha razão. Napoleão foi atrás dele, e na tarde de 14 de setembro, do topo da colina Poklonnaia, viu seu prêmio – uma imensa e bela cidade cintilante com suas múltiplas cúpulas douradas em forma de cebolas. Mas ela estava vazia, e nenhuma delegação saiu para se submeter a ele. "Esses bárbaros!", exclamou. "Eles realmente pretendem abandonar tudo isso? Não é possível."[34]

38
Nêmesis

Na manhã seguinte, 15 de setembro, Napoleão entrou a cavalo em Moscou e adotou o Kremlin como residência. "Ficamos surpresos em não ver ninguém, nem mesmo uma mulher, sair para ouvir nossa banda, que tocava 'La Victoire est à Nous!'", escreveu decepcionado o sargento Bourgogne, enquanto os franceses entravam na cidade marchando. Cerca de dois terços dos habitantes da cidade haviam partido, e os restantes, entre os quais muitos comerciantes, criados e artesãos estrangeiros, se escondiam em suas casas. Até mesmo membros da colônia francesa, que contava com centenas de pessoas, se mantinham fora do caminho do exército. As lojas estavam fechadas e o pouco tráfego nas ruas era de retardatários russos.[1]

Normalmente a rendição de uma cidade era negociada de modo que as autoridades designassem alojamentos para as tropas invasoras e fizessem arranjos para que elas fossem alimentadas, mas nesse caso o que houve foi um vale-tudo para obter as necessidades vitais. Generais e grupos de oficiais selecionaram palácios de aristocratas e casas de nobres, ao passo que os soldados se arranjaram como puderam nas casas do entorno, estábulos e jardins. Napoleão apontou o marechal Mortier como governador, com ordens para impedir saques, e a ocupação começou de maneira relativamente civilizada. Mas como as lojas estavam fechadas e a maior parte das casas abandonada, os homens se serviram de tudo de que precisavam, e o caos se seguiu, agravado pela ação do governador russo da cidade, conde Rostopchin, que tinha dado ordens para que incendiassem a cidade e para que os hidrantes fossem removidos antes que os russos partissem. Quando a noite caiu, grande parte de Moscou ardia em chamas, e como uma proporção significativa das casas era de madeira, não havia como controlar o fogo. Na manhã seguinte, as chamas se aproximaram perigosamente do Kremlin, e Napoleão achou prudente abandonar a cidade com sua guarda e se mudar para o palácio de Petrovskoe, ali perto. A cidade se transformou num inferno em que aos saqueadores franceses se uniam criminosos locais, desertores russos e outros ávidos para salvar do fogo algo que pudessem tomar para si. Uma bacanal de bêbados acompanhada de pilhagem, estupro e assassinato, estilhaçando os vínculos da disciplina militar.

Com o fogo controlado, em 18 de setembro, Napoleão cavalgou de volta para Moscou, mas os destroços incendiados da cidade já não podiam ser considerados um grande troféu, e ele começou a fazer planos para partir. A questão era para onde. Um recuo para Vilna significaria uma humilhação e uma admissão de que todo o esforço feito depois da travessia do Niemen e das mortes de Borodino fora em vão. Cogitou então deixar a parte principal de seu exército em Moscou e marchar até São Petersburgo com o corpo de exército de Eugène e umas poucas unidades a mais, o que poderia convencer Alexandre a negociar. Eugène aparentemente gostou da ideia, mas outros levantaram objeções, e, de acordo com Fain, "eles conseguiram pela primeira vez fazer com que ele duvidasse da superioridade do seu próprio julgamento". Alguns queriam recuar e invernar em Smolensk, outros sugeriram uma marcha rumo ao sul nas cidades industriais de Tula e Kaluga, seguida por uma incursão à Ucrânia. Mas isso significaria abandonar suas bases em Minsk e Vilna.[2]

Napoleão tentou fazer contato com Alexandre, na esperança de que a queda de Moscou pudesse torná-lo mais ameno. Em sua carta, enviada por meio de um cavalheiro russo, que permanecera na cidade, ele repreendia Rostopchin por determinar o incêndio da cidade como sendo um ato de barbárie; em Viena, Berlim, Madri e todas as outras cidades que ele havia ocupado, o governo havia permanecido, o que resguardava a vida e a propriedade. "Fiz guerra contra Vossa Majestade sem animosidade", ele garantiu, dizendo que um único bilhete dele que fosse poria fim às hostilidades. Napoleão enviou outra carta por meio de um funcionário público de baixo escalão, e em 3 de outubro sugeriu enviar Caulaincourt a São Petersburgo. Este pediu para não ir, alegando que Alexandre não o receberia. Napoleão decidiu então mandar Lauriston. "Quero paz, preciso de paz, necessito ter paz!", Napoleão disse a Caulaincourt quando este partiu dois dias depois. "Apenas preserve a minha honra!"[3]

De acordo com Caulaincourt, Napoleão percebeu que suas repetidas mensagens, ao mostrar a dificuldade da posição em que se encontrava, só levariam Alexandre a ficar mais firme em seu propósito. "E, no entanto, ele continua mandando novas mensagens! Para alguém que era tão político, tão calculista, isso revela uma extraordinária fé cega em sua própria estrela, e quase se pode dizer na cegueira ou na fraqueza dos seus adversários! Como, com seus olhos de águia e seu julgamento superior, ele pôde se iludir a tal ponto?"[4]

É possível que Napoleão estivesse tentando pressionar Alexandre ao dar a impressão de que estava preparado a permanecer em Moscou e passar o inverno lá caso fosse necessário; ele mencionou a possibilidade de levar até lá os atores da Comédie-Française para entreter a si e aos homens durante os meses de inverno. Mas permanecer em Moscou só tornava sua situação mais difícil; embora houvesse itens suficientes nas adegas e prédios da cidade que sobreviveram às chamas para alimentar os homens por alguns meses, e também grandes quantidades de armas, munição e pólvora nos arsenais da cidade, não havia forragem para os cavalos, e sem cavalos ele não conseguiria nem manter as linhas de comunicação abertas nem dar início a uma nova campanha na primavera. Toda a área de sua retaguarda foi devastada durante o avanço e estava lotada de desertores, muitos organizados em bandos ao longo do caminho. O comportamento deles, e dos grupos que foram enviados a Moscou atrás de forragem, tornava a população, inicialmente indiferente, antipática aos invasores; soldados franceses isolados e pequenas unidades eram atacados.

Enquanto Kutuzov gradualmente reconstruía suas forças no campo fortificado de Tarutino, ao sul de Moscou, o corpo de exército de Murat, acampado nas proximidades para impedir que os russos se movimentassem, se enfraquecia. A 3ª Cavalaria, composta por onze regimentos, conseguiu reunir apenas setecentos cavaleiros. O 1º Regimento de Caçadores só contava com 58 homens, e isso graças a reforços que chegaram da França. Alguns esquadrões da 2ª de Couraceiros, que normalmente contavam com 130 homens, estavam reduzidos a dezoito. O lombo de alguns cavalos estava gasto a ponto de os cavaleiros, ao desmontarem e tirarem a sela, enxergarem suas entranhas. "Era visível que estávamos perecendo lentamente, mas nossa fé no gênio de Napoleão, em seus muitos anos de triunfo, era tão ilimitada que essas conversas sempre terminavam com a conclusão de que ele devia saber melhor do que nós o que estava fazendo", lembraria o tenente Dembinski.[5]

Os aposentos de Napoleão no Kremlin, com vista para o rio Moscovo e parte da cidade, eram compostos de um vasto hall com grandes candelabros, três espaçosos salões e um quarto grande, que também servia de escritório. Foi lá que ele pendurou o retrato feito por Gérard do rei de Roma. Ele dormia na cama de ferro que sempre usava em campanhas, sua escrivaninha foi colocada em um canto e a biblioteca de viagem acomodada nas prateleiras. Colocava duas velas acesas toda noite na janela, para que todo soldado que passasse pudesse ver que ele estava acordado e trabalhando.

Napoleão havia organizado a espinha dorsal da administração da cidade, e estabeleceu-se uma aparência de normalidade. As pessoas viajavam "entre Paris e Moscou com a mesma facilidade como viajavam entre Paris e Marselha", de acordo com Caulaincourt, ainda que o deslocamento fosse um pouco mais demorado. O correio levava até quarenta dias, mas o *estafette* demorava apenas catorze. A chegada do mensageiro era o ponto alto do dia de Napoleão, e ele ficava inquieto caso houvesse – como aconteceu uma ou duas vezes – atraso de um ou dois dias.[6]

As notícias de Paris eram bem-vindas, especialmente quando lisonjeavam a vaidade de Napoleão. Leu com prazer que seu aniversário, que ele passou em Smolensk, foi celebrado com a colocação das pedras fundamentais do Palais de l'Université, um novo Palais de Beaux-Arts e de um edifício que abrigaria o arquivo nacional. Foi informado também que "o entusiasmo dos parisienses, ao ouvir falar de sua entrada em Moscou, só era freado pelo receio de vê-lo sair marchando triunfante rumo à conquista da Índia". Já a notícia de que Wellington havia conquistado Madri foi menos bem-vinda.[7]

Napoleão cuidava tanto dos assuntos de Estado quanto das questões do exército com uma tal meticulosidade que isso pode tê-lo ajudado a evitar encarar de frente a realidade de sua situação. Ele atormentava Maret para pressionar o ministro norte-americano, o poeta Joel Barlow, que acabara de chegar a Vilna, a negociar uma aliança com os Estados Unidos contra a Inglaterra. Deu instruções para que fossem mandados cavalos da França e da Alemanha e para que comprassem arroz e enviassem a Moscou. Fazia desfiles na Praça Vermelha diante do Kremlin, nos quais concedia cruzes da Legião de Honra e promoções conquistadas em Borodino. Ele não queria passar o inverno longe de casa. "Se eu não puder voltar a Paris no inverno", escreveu para Maria Luísa, "farei com que você venha até a Polônia para me ver. Como sabe, não estou menos ansioso do que você em vê-la de novo e dizer os sentimentos que desperta em mim."[8]

Embora passasse em revista as tropas estacionadas em Moscou, Napoleão demonstrava pouco interesse nas que estavam em outros lugares. Quando Murat enviou seu assistente para informar sobre o terrível estado da cavalaria, ele não deu importância, dizendo que seu exército estava "melhor que nunca".[9]

Cada dia em Moscou tornava mais difícil sair da cidade sem que isso parecesse uma derrota, e Napoleão, normalmente determinado, parecia paralisado pela necessidade de escolher entre opções não muito atraentes, por um lado, e pela crença em sua estrela, por outro. De fato, ele tinha apenas uma opção, e cada dia de procrastinação reduzia sua possibilidade de êxito. O tempo estava excepcionalmente bom, e ele provocava Caulaincourt, acusando-o de mentir sobre o inverno russo. "Caulaincourt acha que já está congelado", ele brincava desdenhando sugestões de que o exército comprasse luvas e roupas de frio. Quando eles chegaram a Moscou, todas as unidades polonesas tinham organizado forjas para produzir ferraduras com grampos para se preparar para o inverno. Alguns poucos oficiais holandeses e alemães seguiram seu exemplo, mas não os franceses. Felizmente, para Napoleão, Caulaincourt mandou que cavalos sob seu comando fossem ferrados adequadamente.[10]

Em 12 de outubro, o *estafette* de Moscou para Paris foi capturado, e no dia seguinte o que chegava de Paris foi interceptado. O general Ferrières, que viajara de Cádis, foi capturado quase às portas de Moscou. Esses fatos abalaram Napoleão, assim como a primeira neve, em 13 de outubro. "Vamos nos apressar", disse ao ver a neve. "Precisamos invernar dentro de vinte dias." Não era tarde demais. Smolensk, onde ele tinha alguns suprimentos, ficava a apenas dez ou doze dias de marcha de Moscou, suas bem abastecidas bases em Vilna e Minsk a apenas mais quinze ou vinte dias de lá. Se ele conseguisse chegar a esses lugares, seu exército podia ser alimentado e pegar suprimentos, protegido num país amistoso e podendo se abastecer de reforços na Polônia e na Prússia.[11]

As chances de uma retirada ordeira foram reduzidas pela esperança de abalar Alexandre ao fazer parecer que ocuparia Moscou por tempo indefinido; em vez de mandar os homens que sofreram ferimentos leves em Smolensk e Borodino voltarem para poder se recuperar em segurança, ele os manteve onde estavam ou os levou para Moscou. E em vez de mandar os milhares de cavaleiros sem cavalo de volta para a Polônia onde poderiam ganhar novas montarias, ele os manteve na Rússia. Também não mandou de volta membros desnecessários de sua criadagem ou outros civis e não evacuou os troféus – estandartes, insígnias reais e tesouros do Kremlin, e a grande cruz prateada que ele ordenou que fosse retirada do domo da torre de Ivan, o Grande. Só em 14 de outubro, no dia seguinte à primeira neve, Napoleão deu ordens para que não se enviassem mais tropas a Moscou e para que os feridos que estavam na cidade fossem evacuados, uma decisão sem sentido e fatal: os que tinham ferimentos graves, que podiam chegar a 12 mil, deviam ter sido mantidos onde estavam, como era a intenção do doutor Larrey, que organizou equipes médicas para cuidar dos soldados.[12]

Napoleão podia voltar pelo caminho por onde veio, com a vantagem de já estar familiarizado com o trajeto, protegido por unidades francesas e cheio de armazéns de alimentos, além de ser a rota mais direta. Porém isso sugeriria uma retirada. Ele cogitou marchar para noroeste, indo para Vilna e derrotando o Exército russo no caminho. Essa opção tinha o mérito de ameaçar São Petersburgo, o que podia levar Alexandre a perder a cabeça. Ou ele podia marchar para o sul, golpear Kutuzov e depois ir a Minsk por outro caminho. Ele só se decidiu em cima da hora, o que atrasou ainda mais os preparativos.[13]

Tendo decidido pelo ataque a Kutuzov, Napoleão ainda pensava na opção de voltar a Moscou. Por isso deixou parte de sua *maison* lá e deu ordens para que fossem armazenadas rações suficientes para três meses, melhorassem as defesas do Kremlin e transformassem todos os monastérios em fortalezas. Anulou a decisão do general Lariboisière, inspetor-geral da artilharia, que queria iniciar a evacuação do equipamento; quinhentas ensecadeiras, 60 mil mosquetes e estoques de pólvora, sem falar numa grande quantidade de canhões de quatro libras, foram deixados na cidade. Napoleão parecia incapaz de se comprometer com qualquer decisão, como se estivesse esperando que uma nova oportunidade se apresentasse. Ele terminou uma carta a Maret em que esboçava seus prováveis planos da seguinte maneira: "Mas no fim das contas, em assuntos desse gênero, o que se dá na realidade por vezes é bem diferente daquilo que se prevê". Ele fingia uma confiança que antigamente era natural nele. "Hoje é 19 de outubro, e olhe como o tempo está bom", disse a Rapp enquanto partia de Moscou. "Você não reconhece a minha estrela?" Rapp achou que isso não passava de bravata e observou que "o rosto dele trazia a marca da ansiedade".[14]

Napoleão contava com 95 mil homens no máximo, provavelmente menos, mas entre eles havia um núcleo de militares experientes, como os da guarda, que não havia sofrido baixas durante a campanha. Eles marchavam cantando, mas, embora parecessem bastante marciais, as carroças que iam com eles não estavam carregadas com suprimentos militares, e sim com o butim de saques. Atrás vinham tropas menos disciplinadas, retardatários e civis que viajavam em carruagens e carroças lotadas de butim, parecendo um grotesco carnaval. O bom humor arrefeceu três dias depois, quando uma chuvarada transformou a estrada num brejo. Foi necessário abandonar veículos, jogar fora objetos pesados que estavam nas mochilas, e a caravana ficou mais longa, com retardatários ficando para trás.[15]

Eles marcharam para o sul, mas se depararam com a estrada bloqueada por Kutuzov em Maloiaroslavets. Depois de uma batalha feroz em que a cidade mudou de mãos diversas vezes, Eugène e os italianos expulsaram Kutuzov. As baixas foram pesadas, no mínimo 6 mil homens, e naquela noite, num esquálido chalé cujo único cômodo era dividido em dois por uma lona suja, Napoleão perguntou a seus marechais o que eles achavam que devia ser feito em seguida. Ele ouviu em silêncio, enquanto olhava para os mapas estendidos à sua frente. Ao alvorecer, cavalgou para reconhecer o terreno. Ele escapou por pouco de ser capturado por cossacos, e depois de cavalgar pelas ruínas incendiadas de Maloiaroslavets, cujas ruas estavam lotadas de corpos, muitos dos quais hediondamente mutilados pelas rodas dos canhões ou encolhidos em poses grotescas por causa do granizo, ficou visivelmente abalado. Decidiu então bater em retirada pela rota mais direta e enviou ordens para que Mortier abandonasse Moscou, trazendo com ele os feridos, e que fosse o mais rápido possível para Smolensk. Antes de partir ele devia explodir o Kremlin e incendiar as casas de Rostopchin e do conde Razumovsky, o embaixador russo em Viena, além de destruir os suprimentos que restavam na cidade.[16]

Mortier também trouxe consigo dois prisioneiros, o general Wintzingerode e seu assistente de campo, que num movimento pouco inteligente entrou cavalgando em Moscou para verificar se os franceses já tinham saído e acabou capturado. Quando Napoleão viu Witzingerode, um nativo de Württemberg a serviço dos russos que parecia ser a epítome da *internationale* que se formava contra ele, ficou furioso. "Você e mais meia dúzia de canalhas que se venderam para a Inglaterra, que está atiçando a Europa contra mim", berrou. "Não sei por que não mando te fuzilar; você foi capturado como espião." Isso não arrefeceu sua fúria, e, ao avistar uma casa de campo que havia escapado da destruição, mandou que a queimassem. "Como os *messieurs les barbares* gostam tanto de incendiar as próprias cidades, devemos ajudá-los", disse, para logo em seguida cancelar a própria ordem.[17]

Quando passaram por Borodino, Napoleão ficou irritado ao encontrar muitos feridos ainda nos hospitais improvisados. Contrariando o conselho de Larrey e das equipes médicas, ele insistiu que os pacientes fossem colocados em todos os veículos disponíveis, o que incluía carruagens para transporte de canhões. A ordem matou muitos que poderiam ter sobrevivido; eles não estavam em condições de enfrentar os sacolejos e saltos, e os que não morreram logo caíram ou foram arremessados dos veículos. O progresso era lento devido à falta de força dos cavalos – canhões que normalmente eram puxados por três parelhas agora eram levados por grupos de doze animais ou mais, e mesmo esses precisavam ser ajudados pela infantaria nos aclives. As carroças de pólvora foram explodidas e granadas usadas para tornar a estrada mais trafegável. Carruagens particulares e carroças carregadas de butim foram capturadas e incendiadas pela artilharia, que passou a usar os cavalos, mas isso não resolveu o problema. À medida que as noites ficavam mais frias, mais cavalos morriam, e a artilharia pegava aqueles que vinham puxando carroças com feridos.

Napoleão acreditava estar fazendo um recuo tático, e não uma retirada, por isso, embora seus generais o tenham aconselhado a abandonar parte dos canhões para liberar cavalos que poderiam ser usados para puxar o restante do equipamento e economizar tempo, ele não deu ouvidos, receando que os russos fossem usar os canhões abandonados como troféus. O mesmo valia para os cerca de 3 mil prisioneiros russos, que representavam um peso a mais para o exército.[18]

Os corpos do exército marchavam um na sequência do outro, por isso apenas o primeiro pegava a estrada limpa; os demais tinham que passar pela bagunça deixada pelos que haviam passado antes. O caminho estava coalhado com dezenas de milhares de pés, patas e rodas em um mar de lama caso estivesse molhado, e numa lâmina de gelo quando tudo congelava. Suprimentos que poderiam durar o caminho todo foram devorados, e qualquer abrigo disponível era desmontado para que fosse usado como lenha pelos que tinham passado antes. A estrada estava literalmente lotada de veículos abandonados, cavalos mortos e bagagem jogada pelo chão; de retardatários que se locomoviam devagar ou de tráfego de civis – franceses e outros habitantes estrangeiros de Moscou que temiam o retorno dos russos; de russos, particularmente mulheres e pequenos infratores, que tinham associado sua sorte à dos franceses ou que tinham sido convocados para trabalhar como carroceiros ou carregadores; de funcionários ligados ao exército; e de criados dos oficiais. Soldados ficavam para trás e se separavam de suas unidades por uma multidão de pessoas, cavalos e veículos. Depois de um tempo, a maioria se livrou de suas armas e se misturou à multidão de retardatários, desmoralizados e guiados pelo instinto de rebanho, presas fáceis para os cossacos que estavam atrás deles.

A lua nova na noite de 4 de novembro veio acompanhada de uma queda na temperatura, e pela manhã centenas de homens e cavalos desnutridos tinham morrido de hipotermia. Os homens começaram a adaptar as roupas ao frio: peles, xales e tecidos caros que tinham sido trazidos como presentes para esposas ou namoradas eram usados por cima dos uniformes, dando ao exército em retirada um aspecto carnavalesco. Isso não os protegia contra as úlceras que o frio causa na pele, e como os habitantes inexperientes de climas mais amenos não tinham ideia de como restabelecer a circulação, muitos perderam dedos das mãos, dos pés, orelhas e narizes. Cavaleiros tiveram de sair da montaria para que seus pés não congelassem, e Napoleão, que trocara seu uniforme por uma sobrecasaca de veludo verde com forro de pele e barrete, ao estilo polonês, saía a intervalos de sua carruagem e andava ao lado dos soldados, com Berthier e Caulaincourt a seu lado.

Em 6 de novembro, um *estafette* de Paris encontrou Napoleão com a alarmante notícia de uma tentativa de golpe que tentava derrubá-lo do trono. O golpe foi frustrado rapidamente, mas fez com que ele percebesse a fragilidade de seu governo, e ele começou a cogitar a ideia de abandonar o exército e voltar às pressas para Paris. Quando chegou a Smolensk em 9 de novembro, a camada de neve que escondia as ruínas chamuscadas permitiu que por um tempo ele achasse que tinha alcançado um lugar seguro. Ele começou a organizar um acampamento de inverno para o exército, mas encontrou apenas uma fração dos suprimentos que esperava, que mal dava para os 15 mil doentes e feridos deixados para trás depois da tomada da cidade. As más notícias vinham de todo lado. Vitebsk fora tomada pelos russos, uma divisão fora obrigada a se render ao sul de Smolensk, e o corpo de Exército italiano de Eugène perdeu quase um quarto de seu efetivo e 58 canhões na travessia de um rio. À medida que suas colunas chegavam se arrastando, ele via o quanto estavam exauridas; não havia mais de 40 mil remanescentes.[19]

Napoleão descontou sua frustração em seus marechais. "Não há um único deles a quem possa se confiar algo; tenho sempre que fazer tudo eu mesmo", reclamava, recusando-se a aceitar a responsabilidade pela sua má situação.

> E me acusam de ambição, como se tivesse sido a minha ambição que me trouxe até aqui! Essa guerra é apenas uma questão de política. O que eu tenho a ganhar em um clima como esse, vindo de um país desgraçado como esse? A Rússia inteira não vale o pior pedacinho da França. Eles, por outro lado, têm um interesse real em conquistas: Polônia, Alemanha, tudo vale para eles. Simplesmente ver o sol durante seis meses por ano é um prazer novo para eles. Eles é que deviam ser parados, não eu.[20]

A retirada teria de continuar, e rápido, uma vez que duas pinças russas convergiam em sua retaguarda, e Kutuzov o ultrapassava pelo sul. Schwarzenberg havia recuado, não para Minsk, onde teria unido forças a Napoleão, porém mais para o oeste, na Polônia, deixando a linha de retirada de Napoleão exposta. Desesperado para salvar as aparências e sem querer bater em retirada para mais longe do que fosse necessário, ele se recusava a aceitar que não acharia um lugar para invernar na Rússia, e com isso adiava até o último minuto todas as decisões de continuar batendo em retirada. Ele só deixou Smolensk em 14 de novembro. Eugène, Davout e Ney deviam segui-lo a intervalos de um dia cada.

Quando partiram, a temperatura caíra ainda mais, chegando a vinte graus negativos, e as condições se deterioraram. Aqueles que ainda tinham condições conseguiam arranjar comida e abrigo; quando não encontravam alimentos, comiam cavalos, depois cães e gatos, e qualquer outra coisa em que pudessem pôr as mãos; por vezes, não mais do que água quente com um pouco de óleo lubrificante. Mas o número crescente de retardatários se viu em meio a uma luta desesperada pela sobrevivência; começaram a roubar comida e roupas uns dos outros, despojando impiedosamente aqueles que estavam fracos demais para resistir. O frio era tanto que a pouca comida que conseguiam congelava e ficava dura a ponto de não ser possível comê-la, por isso os cavalos eram cortados ainda vivos.

Napoleão tinha um suprimento regular de comida e vinho. Um oficial ia à frente para escolher um lugar onde passar a noite, às vezes uma casa de campo, outras uma cabana. A cama de campanha de ferro era armada, um tapete jogado no chão e a *nécessaire* contendo navalhas, pincéis e itens de higiene à sua disposição. Um escritório era improvisado, no mesmo cômodo, caso não fosse possível encontrar outro, com uma mesa coberta com um pano verde, a biblioteca de viagem em sua mala e as caixas contendo mapas e instrumentos de escrita. Um pequeno serviço de jantar era desembrulhado, para que ele pudesse comer usando um prato. Embora tivesse o luxo de uma muda de roupas, e apesar dos recursos de sua *nécessaire*, ele estava infestado de piolhos como o resto de seu exército. E não obstante os confortos de sua cama de campanha, ele sofria de insônia. Na noite depois de partir de Smolensk, Napoleão chamou Caulaincourt para conversar à cabeceira de sua cama e discutiu a necessidade de que ele voltasse a Paris. Havia acabado de ouvir que os russos tinham se postado adiante na estrada perto de Krasny, e não podia descartar a possibilidade de ser feito prisioneiro, por isso fez com que seu médico, doutor Ivan, lhe preparasse uma dose de veneno, que mantinha num sachê de seda preta em volta do pescoço.[21]

Napoleão combateu para chegar em Krasny, onde parou para permitir que os outros corpos do exército o alcançassem, mantendo os russos à distância. "Avançando com passos firmes, como no dia de uma grande parada militar, ele se colocou no meio do campo de batalha, encarando as baterias inimigas", nas palavras do sargento Bourgogne. Os corpos de exército de Eugène e Davout chegaram, mas o de Ney continuava um pouco para trás. Napoleão não podia esperar, pois Kutuzov ameaçava então interditar sua linha de retirada até Orsha, e ele partiu à frente de seus granadeiros. "Ele parecia não perceber as granadas que voavam explodindo ao seu redor", lembraria um dos poucos homens da cavalaria que continuaram na sua escolta. Naquela manhã, ele tinha dito a Roguet que era hora de parar de bancar o imperador e voltar a ser o general.[22]

Ao chegar a Orsha, em 19 de novembro, Napoleão começou a reagrupar os remanescentes de seu exército. Ordenou que tudo considerado supérfluo fosse queimado – incluindo o retrato do "Rei de Roma". Forçou os retardatários a voltar a seus regimentos e distribuiu os suprimentos armazenados na cidade. Ficou felicíssimo quando Ney, que espertamente havia contornado o Exército russo que bloqueava seu caminho, se uniu a ele em Orsha. Os cinco dias de combates perto de Krasny custaram a ele possivelmente até 10 mil de seus melhores soldados restantes e mais de duzentos canhões, mas ele se recusava a entrar em desespero.²³

"Embora esse homem fosse visto com razão como o único autor de todas as nossas infelicidades e como a causa única de nosso desastre", escreveu o doutor René Bourgeois, que tinha pontos de vista políticos profundamente antinapoleônicos, "a presença dele continuava despertando entusiasmo, e não havia ninguém que, caso surgisse a necessidade, fosse se negar a cobrir o corpo dele com o seu próprio e a sacrificar sua vida por ele." Um de seus assistentes, Anatole de Montesquiou, explica que eles deviam tudo à capacidade de Napoleão de não demonstrar seus sentimentos. "Em meio aos impressionantes horrores que pareciam nos perseguir, ou mais ainda, nos envolver, com a perseverança da fatalidade, recuperávamos nossa paz interior ao voltar nossos olhos para o imperador", escreveu. "Mais infeliz do que qualquer um de nós, uma vez que estava perdendo mais, ele permanecia impassível." Ele representava a melhor chance deles de sair da confusão em que estavam, e o estoicismo de Napoleão era um conforto para os demais. "Sua presença incendiava nossos corações abatidos e nos dava um último impulso de energia", escreveu o capitão François. Independentemente de nacionalidade e atitude política, tanto os praças quanto os oficiais percebiam que apenas ele era capaz de manter unido o que sobrara do exército e de arrancar pequenas vitórias das garras da derrota.²⁴

A glória de Napoleão era propriedade comum de todos, e desdenhar de sua reputação por meio de denúncias seria o mesmo que destruir o fundo que eles haviam acumulado ao longo dos anos e que era o tesouro mais caro a eles. De acordo com o general britânico Wilson, que esteve no Exército russo, mesmo quando levados como prisioneiros, eles "não podiam ser induzidos por nenhuma tentação, por nenhuma ameaça, por nenhuma privação, a repreender seu imperador como sendo a causa de sua infelicidade e de seu sofrimento". Infelicidade e sofrimento que estavam prestes a aumentar dramaticamente.²⁵

Em 22 de novembro, Napoleão ficou sabendo que sua base de suprimentos em Minsk havia caído nas mãos dos russos. Ele ficou momentaneamente "consternado" e passou a noite acordado conversando com Duroc e Daru, admitindo que tinha sido um tolo por invadir a Rússia. Outra má notícia veio dois dias depois: a única ponte sobre o rio Berezina em Borisov tinha sido incendiada, e uma força russa protegia a margem depois da travessia. "Qualquer outro homem teria desmoronado", escreveu Caulaincourt. "O imperador mostrou ser maior do que seus infortúnios. Ao invés de desestimulá-lo, essas adversidades extraíram toda a energia do seu caráter; ele demonstrou do que uma coragem nobre e um exército corajoso são capazes diante da maior adversidade."[26]

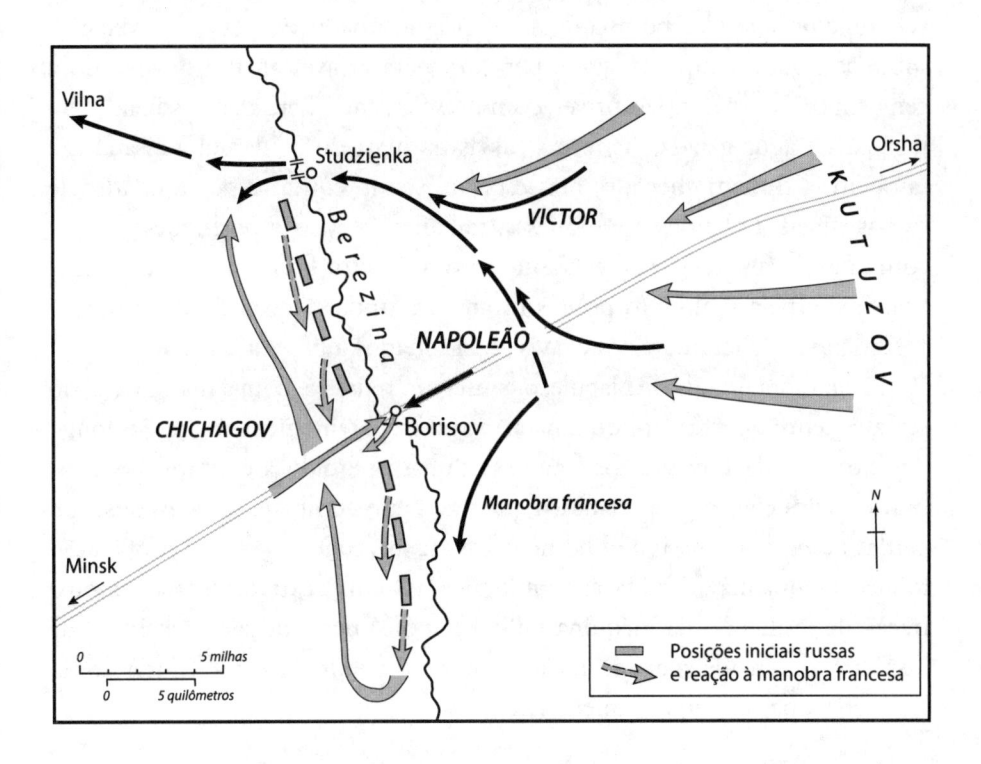

Ao ficar sabendo de um ponto de travessia cerca de doze quilômetros ao norte de Borisov e a montante do rio, Napoleão fez uma manobra desviando para o sul e conseguiu fazer com que a inteligência russa repassasse uma informação falsa para as forças na margem oposta, dizendo que ele pretendia fazer uma travessia lá, e depois marchou para o norte, para o vau em Studzienka. "Nossa situação é impossível", disse Ney a Rapp. "Caso Napoleão consiga sair disso hoje, ele é o próprio diabo." Napoleão tinha retomado sua compostura e inspirou seu destroçado exército para um último ato de heroísmo. Ele ficou sobre a margem enquanto seus sapadores desmontavam as casas de madeira do vilarejo, e quatrocentos engenheiros holandeses começaram a construir uma ponte sobre cavaletes. Tirando as roupas, eles trabalharam com água gelada até o pescoço, lutando contra a corrente e evitando os grandes blocos de gelo levados rio abaixo. Concluíram a primeira ponte de cem metros de extensão por quatro de largura e começaram a trabalhar numa segunda, enquanto as unidades que ainda tinham condições de combater atravessaram e assumiram posições de defesa na margem oposta, gritando *"Vive l'Empereur!"* ao marchar sobre a ponte. O próprio Napoleão fez a travessia em 27 de novembro, com a maior parte das unidades ainda operacionais. A infantaria e a cavalaria usaram a primeira ponte, ao passo que a artilharia, o comboio de bagagens e as carruagens que transportavam os feridos atravessaram pela segunda. A aglomeração de homens e cavalos sobre as frágeis estruturas levou muitos a cair na água, e quando os canhões russos na margem leste abriram fogo naquela tarde, a confusão e o pânico causaram ainda mais baixas. Durante todo aquele dia e o seguinte, os remanescentes do exército, seguidos pela massa de retardatários e civis, se debateram na travessia enquanto os corpos de exército sob comando do marechal Victor, exaustos mas ainda operacionais, seguravam os exércitos russos que convergiam para lá. Mas era impossível impedir que eles bombardeassem o amontoado de pessoas e veículos sobre as pontes e aqueles que esperavam para atravessar, transformando a cena em um horror indescritível, com pessoas sendo baleadas, pisoteadas ou jogadas na água gelada. As forças russas na margem ocidental a essa altura também já tinham chegado, mas estavam sendo contidas por unidades de tropas suíças, holandesas, polonesas, italianas, croatas e portuguesas sob o comando de Oudinot e Ney. Naquela noite, Victor fez a travessia com seus homens, e pela manhã as pontes foram destruídas, deixando um número considerável de retardatários e civis abandonados à própria sorte.[27]

A manobra ousada de Napoleão conseguiu retirá-lo, com a maior parte do remanescente do exército, de uma armadilha aparentemente fatal. Ao longo dos três dias da travessia, os franceses tinham perdido até 25 mil homens, muitos deles civis ou retardatários que não eram combatentes, e impuseram perdas de pelo menos 15 mil homens aos russos, todos soldados. A operação foi não só uma magnífica façanha militar; ela foi uma extraordinária demonstração de resiliência da máquina militar napoleônica e de sua capacidade de inspirar homens de mais de meia dúzia de diferentes nações a lutar como leões por uma causa que não era deles.

Empolgados pela fuga miraculosa e pela sensação de que mais uma vez haviam triunfado contra todas as probabilidades, os remanescentes da *Grande Armée* percorreram em grande velocidade o trecho até Vilna, onde estariam a salvo e haveria mantimentos em abundância. Mas a temperatura despencou ainda mais, chegando segundo alguns registros a menos 35,5 graus. Muitos morreram de hipotermia durante essa última marcha, e os que sobreviveram andaram em um estado descrito por alguns como semelhante à embriaguez, enquanto outros foram cegados pela neve e precisaram ser guiados.

Napoleão instruiu Maret a retirar da cidade todos os diplomatas estrangeiros, para que eles não vissem a situação de seu exército, e atormentou para que ele mandasse notícias de Paris, exigindo saber por que nenhum *estafette* o alcançara nos últimos dezoito dias. Maret deveria espalhar a notícia de uma vitória no Berezina, em que os franceses haviam feito milhares de prisioneiros e tomado doze estandartes. Ironicamente, no dia seguinte, Alexandre realizou uma cerimônia de Ação de Graças em São Petersburgo, tendo sido informado por Kutuzov que ele havia tido uma vitória retumbante no Berezina. Napoleão já não podia ter esperanças de enganar as pessoas, e em 3 de dezembro ele ditou o 29º boletim da campanha, em que descrevia o desastre, encerrando com a frase: "A saúde de Sua Majestade nunca esteve melhor". Ele tinha parado de fazer o papel de general e estava mais uma vez no de imperador – o que significava que precisava chegar a Paris o mais rápido possível para tranquilizar seus súditos.[28]

Contrariando o conselho de Maret, que disse que o exército desmoronaria sem ele, Napoleão decidiu partir imediatamente. Igorando o conselho de que devia colocar Eugène no comando, ele escolheu Murat, temendo que seu cunhado não lhe obedecesse e usasse aquilo que podia ser visto como um insulto para marchar de novo sobre Nápoles. Napoleão partiu na noite de 5 de dezembro, com Caulaincourt, Duroc e mais alguns oficiais, Roustam, Constant e Fain, escoltado por membros das cavalarias da Polônia e de Nápoles. O frio era intenso, estilhaçando as garrafas de vinho na carruagem de Napoleão quando o conteúdo congelava e dizimando a escolta, que perdeu todos os seus italianos ao longo do caminho. A certo ponto eles quase foram interceptados por cossacos que estavam saqueando pela estrada. Napoleão tinha um par de pistolas carregadas consigo e instruiu seus companheiros a matá-lo, caso ele não fosse capaz de fazer isso na hipótese de ser capturado.[29]

Dois dias depois, ao atravessar de novo o Niemen, Napoleão se sentiu em segurança. Eles passaram para uma velha carruagem puxada por cavalos de corrida, e ele conversou com Caulaincourt enquanto seguiam a toda pressa, com a neve passando pelas frestas das portas. Repassou os eventos que levaram à guerra, que repetidamente insistia jamais ter desejado. "As pessoas não entendem: eu não sou ambicioso", reclamava. "A privação do sono, o esforço, a própria guerra, isso não é para alguém da minha idade. Adoro minha cama e gosto mais do que ninguém de descansar, mas preciso terminar o trabalho que comecei." A conversa ficava voltando ao tema da Grã-Bretanha, o único obstáculo à desejada paz; ele estava lutando contra os diabólicos ilhéus em nome de toda a Europa, que não percebia estar sendo explorada por eles.[30]

Quando chegaram a Varsóvia, na noite de 10 de dezembro, ele tinha acalmado a si mesmo com seu próprio discurso e estava de bom humor, e para esticar as pernas desceu no portão da cidade e andou pelas ruas até o Hôtel d'Angleterre, onde o trenó estava à sua espera. Ninguém percebeu o sujeito baixo, roliço, com seu sobretudo de veludo verde e o chapéu de peles, que lhe cobria a maior parte do rosto.

Napoleão continuou falando animado enquanto o jantar era preparado e uma criada se debatia para acender a lareira no quarto gelado em que eles se hospedaram. Caulaincourt foi enviado com a missão de buscar Pradt, que ficou impressionado com o bom humor do imperador quando chegou. Desdenhando de seu próprio fracasso com a frase: "Um único passo separa o sublime do ridículo", ele censurou Pradt por não ter conseguido empolgar a Polônia, levantar dinheiro e fornecer homens. Afirmou que não viu soldados poloneses durante toda a campanha e acusou os poloneses de serem ineficazes e covardes.[31]

O tom mudou, no entanto, com a chegada dos ministros poloneses convocados por Napoleão. Ele admitiu ter sofrido um grande revés, mas assegurou ter 120 mil homens em Vilna e que voltaria na primavera com um novo exército. Enquanto isso, eles precisavam arrecadar dinheiro e fazer uma coleta pesada de impostos para defender o grão-ducado. Ouviram, cada vez com mais frio, enquanto ele andava para lá e para cá, aquecido por sua própria fantasia. "Eu ganho dos russos toda vez", disse. "Eles não ousam nos enfrentar. Eles já não são os soldados de Eylau e Friedland. Manteremos Vilna, e voltarei com 300 mil homens. O sucesso tornará os russos imprudentes; combaterei com eles duas ou três vezes no Oder, e em seis meses voltarei ao

Niemen... Tudo isso que aconteceu não trará consequências; foi uma infelicidade, foi o efeito do clima; o inimigo não teve nada a ver com isso; eu ganho deles toda vez..." E ele continuou assim, de vez em quando citando como autojustificação que "quem não arrisca nada não ganha nada", e repetindo frequentemente a frase que tinha acabado de cunhar e que parecia apreciar: "Um único passo separa o sublime do ridículo".³²

Depois do jantar, Napoleão subiu de novo no trenó e partiu para Paris. Quando percebeu que estava passando não muito longe da casa de campo de Maria Walewska, num súbito impulso de galanteio, decidiu visitá-la. Caulaincourt teve grande dificuldade para convencê-lo de que isso não apenas retardaria a chegada deles a Paris – e aumentaria o perigo de algum patriota alemão ouvir falar da passagem deles e armar uma emboscada –, como seria um insulto para Maria Luísa, e a opinião pública jamais o perdoaria por dar vazão à sua luxúria enquanto seu exército morria congelado na Lituânia.

Enquanto viajavam em ritmo acelerado, Napoleão voltava frequentemente a uma análise da cena política como um todo como se estivesse tentando se convencer de que a campanha russa não passava de um pequeno revés. "Cometi um erro, *monsieur le grand écuyer*, não quanto ao objetivo ou quanto à oportunidade política da guerra, mas quanto à maneira de combater", afirmou, dando um puxão afetuoso na orelha de Caulaincourt. "Eu deveria ter parado em Witepsk. Alexandre a essa altura estaria de joelhos. [...] Fiquei duas semanas a mais do que devia em Moscou."³³

Isso era verdade. Duas semanas antes de Napoleão partir de Moscou, Kutuzov contava com não mais de 60 mil homens e não estava em condições de confrontá-lo; ele poderia ter batido em retirada usando qualquer estrada que quisesse. Poderia ter evacuado seus feridos e o equipamento, e ter voltado a Minsk e a Vilna antes de a temperatura baixar. Os russos na época, em sua maioria, e também observadores como Clausewitz, concordaram que a derrota francesa nada tinha a ver com Kutuzov, mas sim com o clima. "É preciso admitir", escreveu Schwarzenberg, que se referia ao marechal de campo como "*l'imbécile Kutuzov*", "que esse é o mais espantoso coice de burro com o qual qualquer mortal já ousou flertar".³⁴

39
Vitórias vazias

Napoleão chegou a Dresden nas primeiras horas de 14 de dezembro de 1812 e foi diretamente aos aposentos do embaixador francês. Ditou cartas a seus aliados alemães e enviou um oficial ao palácio real para convocar o rei da Saxônia. Frederico Augusto se vestiu às pressas e chegou de liteira à casa do embaixador francês. Napoleão, que tinha conseguido dormir por uma hora, estava sentado na cama. Ele tranquilizou o perplexo rei dizendo que voltaria na primavera com um novo exército e lhe pediu que convocasse novos soldados. Ele também pegou uma confortável carruagem emprestada na qual retomou sua viagem, parando apenas para trocar os cavalos. Em algumas paradas Napoleão nem sequer descia da carruagem. Em Weimar ele se debruçou na janela para pedir a alguém que transmitisse seus respeitos ao "*monsieur Gött*". Em Verdun comprou amêndoas açucaradas, a especialidade da região, para Maria Luísa, dizendo que não se podia voltar sem um presente para a amada. Perguntou à criada se ela tinha namorado e, ao ouvir um sim como resposta, quis saber qual seria o valor de um dote respeitável na região, prometendo mandar a soma assim que chegasse a Paris.[1]

Quatro dias depois de sair de Dresden, sua carruagem rumava para as Tulherias. Faltavam poucos minutos para a meia-noite, e, embora estivesse sem se barbear e praticamente irreconhecível com o sobretudo e o barrete, ele marchou até o apartamento de Maria Luísa, que se preparava para dormir. Antes de permitir que Caulaincourt fosse para casa descansar, Napoleão ordenou-lhe que fosse ver Cambacérès, para informar seu retorno e mandar que ele anunciasse que haveria um *lever* regular pela manhã.

O 29º boletim tinha sido publicado três dias antes. Por mais de uma década, esses informes só falavam de marés de vitórias, e a população ficou chocada ao ler a admissão de um fracasso. Antes que eles pudessem se recuperar do choque ou começar a tirar conclusões, na manhã de 19 de dezembro o canhão dos Invalides avisou-os com uma saudação imperial do retorno de Napoleão. O mestre havia voltado, comportando-se como se os eventos dos últimos meses não passassem de uma pequena dificuldade. "Estou muito feliz com o ânimo da nação", escreveu para Murat, endereçando a carta a Vilna. Mas, no momento em que ele escrevia, Vilna estava nas mãos dos russos e Kutuzov ia a um evento de gala no teatro organizado em sua homenagem pelos nervosos habitantes locais.[2]

Ao deixar a *Grande Armée*, Napoleão calculou com otimismo que ainda tinha cerca de 150 mil homens protegendo o muro oriental de seu império, com 60 mil sob Murat em Vilna, 25 mil com Macdonald ao norte, 30 mil aliados austríacos ao sul sob Schwarzenberg. Os corpos de exército de Poniatowski e o que sobrara do contingente saxão cobrindo Varsóvia, e mais de 25 mil homens em contingentes de reserva ou fortalezas desde Danzig no Báltico até Zamosc. Ele tinha confiança de que conseguiria reunir 350 mil homens e sair em sua ajuda na primavera.[3]

O feroz Murat era magnífico quando recebia uma tarefa difícil no campo de batalha, mas, como Berthier ressaltou: "O rei de Nápoles é em todos os quesitos o menos capaz dos homens para comandar algo". Ele não tinha conseguido manter o controle de Vilna, declarando a Berthier antes de partir que não iria se deixar ser sitiado naquele "penico". A confusão que resultou disso impediu uma evacuação ordeira, mesmo no que dizia respeito às unidades ainda capazes de agir, e alguns dias depois foram pouco mais de 10 mil os homens que voltaram a atravessar o Niemen. Por motivos políticos, era conveniente manter a aliança com o rei de Nápoles, por isso, ao invés de repreendê-lo, Napoleão enviou um bilhete amistoso dizendo que o ânimo em Paris era positivo e que havia reforços a caminho.[4]

Napoleão dizia a todos que o resultado da campanha se deveu a fatores não militares. "Minhas perdas são substanciais, mas o inimigo não pode levar crédito por elas", ele disse em uma carta para o rei da Dinamarca. As perdas eram mais do que substanciais, já que 400 mil soldados franceses ou aliados tinham perecido ou desaparecido durante a campanha – menos de um quarto deles como baixas de combates. Dentre esses estavam alguns dos mais experientes soldados, espiões e oficiais, a coluna vertebral do exército, sem a qual seria difícil reconstruir um novo exército; estavam também homens da cavalaria que precisaram de anos de treinamento não só para combater sobre a montaria, mas também para saber cuidar dos animais.

Seriam necessários anos para substituir os mais de 100 mil cavalos, além das centenas de milhares de mosquetes e espadas, sem falar nos canhões, carruagens armadas, carroças de munições e na vasta quantidade de rédeas e outros equipamentos essenciais.[5]

As perdas não pararam aí. Méneval voltou debilitado a ponto de não conseguir trabalhar, Junot retornou incapacitado, e muitos outros ficaram aleijados ou com sérios problemas mentais. Reprimir os sinais externos de suas emoções exigiu todo o seu autocontrole, Napoleão explicou a Molé. Ele próprio foi posto à prova pela experiência. "Demonstrei serenidade, posso até dizer contentamento durante todo o tempo, e acho que ninguém que me viu na época poderá negar", disse a Molé. Mas isso teve um custo. "Sem esse controle sobre mim, você acha que eu teria conseguido fazer o que fiz?"[6]

Para Hortense, que o viu pouco depois do retorno, ele pareceu "cansado, preocupado, mas não abatido". Mollien ficou atônito quando foi às Tulherias: poucos dias antes de Napoleão partir para a Rússia, a esposa de Mollien tinha ficado bastante doente, e as primeiras palavras de Napoleão para ele na volta foram para saber da saúde dela. Outro que ficou impressionado com a serenidade do imperador foi o príncipe Hatzfeld, enviado de Frederico Guilherme. "Em geral, posso assegurar a Vossa Majestade por minha honra que em nenhuma outra ocasião em que estive com o imperador encontrei-o mais bem-disposto, afável ou com opiniões e esperanças mais fortes do que desta vez", relatou.[7]

Napoleão pretendia mostrar que nada mudara, por isso cavalgou inspecionando obras públicas com Fontaine, e insistiu que o Carnaval acontecesse como de costume, embora dezenas de milhares estivessem enlutados por seus mortos ou ansiosamente esperando notícias de seus amados desaparecidos. A intenção não era que os bailes fossem fonte de alegria, já que muitos dos dançarinos não tinham braços, usavam pernas de pau ou tinham perdido narizes, orelhas e dedos por causa do frio. Ocasionalmente os sentimentos dele de fato vinham à tona, e, ao deixá-lo em março, o prefeito Joseph Fiévée percebeu "uma tristeza sombria" em seu olhar.[8]

Embora o motivo imediato para deixar seu exército e voltar a Paris fosse reunir novas forças com as quais marchar na primavera e tranquilizar aqueles que havia deixado para trás, o que realmente preocupava Napoleão na sua volta era algo completamente diferente.[9]

Na noite de 23 de outubro, quando ele dava início à retirada de Moscou, o general Claude-François Malet, juntamente com um punhado de outros, fez uma audaz tentativa de golpe visitando oficiais-chave, anunciando que o imperador estava morto e exibindo documentos forjados que os autorizavam a assumir o poder. Eles conseguiram enganar várias pessoas, incluindo o prefeito de Paris, Nicolas Frochot, e prenderam o ministro da Polícia, Savary, antes que ele os impedisse. Eles foram imediatamente julgados, e doze foram fuzilados, antes de Napoleão ouvir falar da tentativa de golpe, o que levou alguns a cogitar se a velocidade com que tudo aconteceu não foi uma tentativa de impedir investigações aprofundadas, uma suspeita em parte derivada da inimizade entre os dois ministros que conduziam o inquérito, Clarke e Savary. Malet já tinha conspirado em um golpe de 1808, mas foi pego e enviado a um manicômio. Quando questionado pelo general que presidia a corte marcial se tinha cúmplices, ele respondera: "A França inteira e o senhor, caso eu tivesse sido bem-sucedido". A polícia esbarrou também em outra conspiração no Midi, que envolvia alguns republicanos, entre os quais Barras, e sem dúvida havia grande descontentamento com o governo de Napoleão. Mas não foi isso que o chocou e perturbou.[10]

Ao ouvir a notícia sobre sua morte na Rússia, aqueles que acreditaram não reagiram da maneira apropriada, que, segundo ele ressaltou para o Conselho de Estado e para o Senado quando estes foram cumprimentá-lo, teria sido proclamar a ascensão ao trono de seu filho. "Nossos pais recuperavam suas forças para bradar: *'O rei está morto, vida longa ao rei!'*", Napoleão lembrou a eles, acrescentando que "essas poucas palavras incorporam as principais vantagens da monarquia". O fato de elas não terem sido pronunciadas na noite de 23 de outubro deixou claro para ele que, apesar de todos os seus aparatos, a monarquia que criara não tinha credibilidade. Foi um forte golpe na sua autoestima e também no seu edifício político, que pôs em dúvida a própria base de seu direito a governar.[11]

No trecho entre Dresden e Paris, Napoleão escreveu ao sogro pedindo que duplicasse o contingente de tropas austríacas defendendo o Grão-Ducado de Varsóvia e que enviasse um embaixador confiável a Paris. Francisco enviou o general Ferdinand Bubna, que Napoleão conhecia e estimava. Em seu primeiro encontro, na noite de 31 de dezembro de 1812, Bubna fez uma oferta em nome da Áustria para mediar negociações de paz entre França e Rússia. Napoleão debateu com Cambacérès, Talleyrand, Caulaincourt e também com Maret se seria melhor aceitar essa oferta ou tentar um acordo diretamente com a Rússia, passando por cima da Áustria e da Prússia, que provavelmente acabariam sendo penalizadas no tratado. Ele ouviu as opiniões sem se comprometer com nenhuma opção.[12]

Napoleão queria a paz, provavelmente mais do que qualquer um de seus inimigos. Ele estava então com 43 anos. "Estou ficando pesado e gordo demais para não gostar de repouso, para não precisar dele, para não ver os deslocamentos e a atividade exigidos pela guerra como uma grande fonte de fadiga", confessou a Caulaincourt. Ele sabia que Áustria, Prússia e todos os outros aliados alemães também desejavam a paz, e que o temor do envolvimento da Rússia nos assuntos germânicos era maior do que a repulsa pelo domínio que ele exercia. A partir de certas declarações fica claro que Napoleão passou a perceber os termos de Tilsit como duros demais com a Rússia, e que ele podia estar disposto a fazer concessões, especialmente caso um acordo amplo que incluísse a Grã-Bretanha pudesse ser obtido. Mas ele tinha uma relutância inata contra a ideia de negociar sem estar numa posição forte. Napoleão também acreditava, como explicou a Mollien, que, caso fosse assinar um tratado de paz que ele próprio não tivesse ditado, ninguém acreditaria na sua sinceridade. Talvez mais importante, ele sentia a necessidade de restabelecer suas credenciais como governante, colocadas em questão pelo caso Malet, e, como ele acreditava que essas credenciais se baseavam na glória militar, o único modo de fazer isso era restabelecer sua reputação como general.[13]

O Senado concordou com a convocação de 350 mil novos soldados, 150 mil dos quais deveriam ser conscritos antes de completar a idade mínima em 1814, outros 100 mil que podiam ter sido convocados em anos anteriores mas não foram, e mais 100 mil das fileiras da Guarda Nacional. No fim das contas, não mais de dois terços desse total entrariam verdadeiramente para as fileiras, muitos deles de qualidade duvidosa. Nem todos puderam receber uniformes e armas, e, apesar de um enorme esforço, só 29 mil cavalos foram encontrados, o que não atenderia às necessidades da cavalaria, da artilharia e de transporte. A melhora da situação na Espanha permitiu que Napoleão retirasse quatro regimentos da guarda, a gendarmeria montada e parte da cavalaria polonesa da península.[14]

"Tudo está em andamento", Napoleão escreveu para Berthier em 9 de janeiro de 1813. "Nada falta, nem homens, nem dinheiro, nem vontade." Ele parece ter recebido mais compaixão do que culpa pelo que aconteceu na

Rússia, e ganhou muitos sinais de apoio. Nem todos eram muito úteis: Louis, que acabara de publicar um romance tolo chamado *Marie, ou les peines de l'amour*, escreveu ao irmão de seu retiro em Gratz se oferecendo para voltar à Holanda e estimular os holandeses. Lucien, que se estabelecera na Inglaterra para escrever uma nova versão da *Odisseia*, abordou Castlereagh com uma proposta de mediar uma aliança entre a Grã-Bretanha e Joseph na Espanha. Jérôme havia passado o tempo desde que deixara Napoleão na Rússia com suas três amantes, e em novembro inaugurou uma estátua de três metros dele mesmo na Place Royale de Kassel.[15]

A percepção de que a França corria perigo ajudou na mobilização. Havia grande descontentamento e muitas reclamações contra a convocação, mas, como mesmo um inimigo declarado de Napoleão teve de admitir, depois de convocados os rapazes marchavam gritando *"Vive l'Empereur!"*. Os conscritos, conhecidos como *"les Marie-Louise"* (Maria Luísa assinou o decreto durante a ausência de Napoleão), recebiam um uniforme simplificado, com calças em vez de calções, e sem colete. Não havia oficiais suficientes para liderá-los, mas Napoleão tinha esperança de encontrá-los em meio aos remanescentes da *Grande Armée* que se recuperavam na Polônia e na Alemanha, já que em sua maioria os sobreviventes eram oficiais e espiões.[16]

Napoleão trabalhou incansavelmente, não só na formação do novo exército, como também fortalecendo sua autoridade e cuidando de assuntos que foram negligenciados durante a retirada de Moscou. Mais de mil cartas dele sobrevivem dos quatro primeiros meses de 1813, a maioria longa e detalhada. Poucas têm a ver com o que ocorria na Espanha, onde, apesar de a situação militar ter se estabilizado, Joseph e Soult não conseguiam chegar a um acordo. Uma questão mais urgente era a financeira: por mais malabarismos que fizesse com os números, não conseguia encontrar dinheiro suficiente para suas necessidades, e os gastos militares agora absorviam cerca de 65% da receita estatal. Ele tentava fazer parecer que estava tudo certo, mas a situação não era boa, e ao voltar de um espetáculo no Théâtre-Français, na noite de 9 de janeiro de 1813, ele recebeu novas más notícias.[17]

Em 30 de dezembro de 1812, o general Yorck von Wartemburg, comandante das forças prussianas na *Grande Armée*, se desligou das unidades francesas e assinou sua aliança com a Rússia. Logo depois veio a confirmação de que Frederico Guilherme denunciara o movimento e dispensara Yorck, mas era um gesto desprovido de significado, uma vez que ele e seus homens já tinham se unido ao Exército russo.

Frederico Guilherme estava numa posição nada invejável. A guarnição francesa na fortaleza de Spandau desfilou por Berlim, lembrando a ele que havia mais soldados franceses do que prussianos no país. O mais provável era que Napoleão voltasse na primavera com um novo exército com o qual esmagaria os russos. Nessas circunstâncias, tanto ele quanto seu chanceler, o barão August von Hardenberg, concordaram que a aliança com Napoleão era o menor de dois males. Ele enviou o príncipe Hatzfeldt a Paris com a proposta de uma aliança mais próxima contra a Rússia, que seria selada pelo casamento do príncipe herdeiro prussiano com uma princesa da casa dos Bonaparte. Mas Napoleão não pretendia criar vínculos com a Prússia.[18]

Ele acreditava que seu sogro, o imperador Francisco, fosse ficar a seu lado: Napoleão estava tão apaixonado por Maria Luísa e pelo filho que presumiu que Francisco compartilhasse dos sentimentos por sua filha favorita e pelo neto. "Nossa aliança com a França é tão necessária que, se fosse rompida hoje, proporíamos seu restabelecimento amanhã com as mesmas condições", Metternich havia dito ao embaixador de Napoleão em Viena, explicando que apenas a França podia se contrapor à ameaça representada pela Rússia.[19]

Kutuzov e a maioria dos oficiais de alta patente russos eram contra levar a guerra para a Alemanha, e a maior parte dos russos em torno do tsar achava que a Rússia devia apenas tomar a área oriental da Prússia e grande parte da Polônia, o que significaria algum ganho territorial e uma fronteira ocidental defensável. Mas Alexandre havia sentido um despertar espiritual e passou a se ver como um instrumento do Todo-poderoso destinado a libertar a Europa do espírito da impiedade, do qual Napoleão era a epítome. Ele fez pressão, ocupando o Leste da Prússia e o Grão-Ducado de Varsóvia, levando em seu rastro um bando de nacionalistas alemães que pretendiam fazer toda a Alemanha se levantar contra Napoleão.[20]

Na ausência de qualquer incentivo da parte de Napoleão, e como a maioria de seu exército a essa altura operava contrariando suas ordens, Frederico Guilherme foi obrigado a aceitar a oferta de Alexandre, e em 16 de março declarou guerra à França. Os dois monarcas acompanharam isso com uma proclamação que convocava alemães de toda parte a se erguerem e a ajudar a derrubar a Confederação do Reno, alertando também os governantes alemães desses territórios de que, caso não se unissem a essa empreitada, perderiam seus tronos.²¹

Ninguém ficou mais alarmado que Metternich. Embora ele e Francisco estivessem ansiosos para excluir a influência francesa na Alemanha, ambos não gostariam de ver isso substituído por uma hegemonia russa, e a proclamação ameaçava despertar paixões revolucionárias e nacionalistas que podiam minar o Estado governado pelos Habsburgo. Embora Metternich tenha lamentado a abolição do Sacro Império Romano, ele conseguia compreender a utilidade da Confederação do Reno. E não concordava que fosse preciso se livrar de Napoleão a todo custo.²²

Metternich esperava que a campanha russa tivesse tornado Napoleão sóbrio o suficiente para perceber que sua melhor opção era a paz – uma paz que Metternich negociaria, com vantagens para a Áustria. Em primeiro lugar, ele precisava tirar a Áustria da aliança com a França. Só então podia colocar a Áustria no papel de negociador honesto e impedir a possibilidade de que Rússia e França chegassem a um acordo passando por cima dele. Para fortalecer sua posição, determinou a mobilização das forças armadas austríacas.²³

Metternich vinha se comunicando secretamente com a corte russa desde o ano anterior, e, embora tenha enviado forças austríacas à Rússia como parte da força invasora de Napoleão, instruiu seu comandante, Schwarzenberg, a evitar o combate. Quando os russos começaram a avançar, este recuou para a Polônia, e em janeiro de 1813 começou a evacuar o Grão-Ducado de Varsóvia, que ele supostamente deveria defender junto com o Exército polonês de Poniatowski. Schwarzenberg assinou uma convenção secreta com os russos e saiu do caminho deles, forçando Poniatowski a recuar, abrindo a Polônia e a estrada rumo ao Oeste para os russos.

Metternich também queria envolver a Grã-Bretanha, e, em fevereiro de 1813, despachou um funcionário a Londres para sondar o gabinete britânico se eles concordariam em participar das negociações com mediação austríaca. Desde o casamento de Maria Luísa com Napoleão, Londres enxergava a Áustria como um aliado próximo da França, e o movimento de Metternich foi entendido como uma espécie de intriga. O que nem Metternich nem Napoleão perceberam foi que Alexandre estava imbuído do espírito de uma missão: ele nem pensava em negociar, e suas tropas se movimentavam.²⁴

Antes de poder marchar para enfrentá-los, Napoleão precisava preparar o terreno em casa. Na abertura de uma nova sessão da Assembleia Legislativa, ele deixou atônitos seus membros com um discurso extraordinário afirmando haver "triunfado sobre todos os obstáculos" durante a última campanha russa. Garantiu querer a paz e que faria tudo para promovê-la, mas que jamais assinaria uma paz desonrosa. Pintou um retrato tranquilizador da situação; a dinastia Bonaparte estava assegurada na Espanha, e não havia nada de alarmante na situação na Alemanha. "Estou satisfeito com a conduta de todos os meus aliados", afirmou. "Não abandonarei nenhum deles; vou defender a integridade de seus territórios. Os russos serão forçados a voltar para seu clima horroroso." Além disso, nomeou uma dúzia de novos membros completamente leais a ele para ficar de olho nos demais.[25]

Tendo aceitado finalmente que o modo como tratava o papa afastava as pessoas em toda a Europa e prejudicava sua situação na França, em 19 de janeiro Napoleão foi a Fontainebleau, onde o pontífice estava confinado. Depois de um encontro preliminar em que ambos os lados disseram ter boas intenções, ele voltou em 25 de fevereiro com um protocolo que equivalia à admissão de erro, cujos detalhes deviam ser decididos posteriormente. O papa estava doente e não tinha condições de resistir, por isso concordou. Napoleão imediatamente anunciou que uma nova concordata fora assinada. O papa revogou o acordo três dias depois e fez uma retratação formal em 24 de março, mas Napoleão ignorou isso, e, como a retratação jamais foi publicada, a versão dele prevaleceu.

Depois disso, Napoleão voltou sua atenção para a campanha iminente. Após o fracasso em reagrupar os remanescentes da *Grande Armée* em Vilna e depois em Königsberg na Prússia Oriental, em 16 de janeiro Murat deixou seu posto e voltou a Nápoles. Ele já tinha iniciado negociações secretas com a Áustria porque, percebendo a possibilidade de novas derrotas francesas, estava determinado a garantir a sobrevivência de seu trono; quando Davout tentou impedi-lo, lembrando que ele só tinha conquistado o trono "pela graça de Napoleão e pelo sangue francês", Murat respondeu que era rei pela graça de Deus.[26]

Eugène, que havia assumido em seu lugar, conseguiu estabilizar um front ao longo do Vístula, mas gradualmente foi forçado a recuar para o Oder e depois para o Elba, deixando para trás guarnições francesas como Danzig, Modlin e Magdeburgo. Elas seriam úteis para Napoleão, que planejava levar forças francesas de volta para atravessar o Niemen e entrar na Rússia. Em 11 de março, ele esboçou um plano ousado para passar rapidamente por Berlim e Danzig e entrar na Polônia. De Cracóvia, apoiado pelos austríacos,

Poniatowski atacaria pelo norte e interromperia as linhas de comunicações dos russos.[27]

Esses planos foram desfeitos, mas a confiança de Napoleão não foi abalada quando, em 27 de março, o embaixador prussiano em Paris anunciou a declaração de guerra contra a França. A reação de Napoleão foi instruir seu embaixador em Viena, Narbonne, a oferecer à Áustria a província prussiana da Silésia – que os prussianos haviam capturado da Áustria em 1745 – como prêmio caso o governo de Viena mantivesse sua aliança com os franceses. Metternich podia passar sem a Silésia e não pretendia entrar na guerra ao lado da França. Para convencer Napoleão a negociar, enviou Schwarzenberg a Paris com instruções para deixar claro que, embora apoiasse a França na busca por uma paz justa, a Áustria não se sentia obrigada a fazer isso incondicionalmente, e que o casamento de Napoleão com Maria Luísa não garantia nada. Napoleão ignorou esses alertas enquanto se preparava para restabelecer sua posição por meios militares antes de entrar em qualquer negociação.[28]

O quanto Napoleão estava seguro de si é uma questão em aberto; desalentado pelas implicações do golpe de Estado de Malet, ele havia dado ao Conselho de Estado a tarefa de inventar um mecanismo que garantisse a sobrevivência de sua dinastia caso algo lhe acontecesse. Em função disso, um *senatus-consulte*, de 5 de fevereiro de 1813, deu a Maria Luísa o *status* de regente em nome do rei de Roma, com um Conselho de Regência composto pelas principais autoridades do império.

Schwarzenberg, que teve uma longa conversa com Napoleão em Saint-Cloud, em 13 de abril, achou-o menos beligerante do que no passado e genuinamente interessado em evitar a guerra. "A linguagem dele era menos peremptória e, assim como todo o seu comportamento, menos autoconfiante; ele dava a impressão de um homem que teme perder o prestígio que o cerca, e seus olhos pareciam me perguntar se eu ainda via nele o mesmo homem de antes." Trinta e seis horas depois, Napoleão partiu para o exército, que encontrou em Erfurt em 25 de abril. Ele esperava derrotar os russos e os prussianos antes de ter de negociar com a Áustria, e instruiu Maria Luísa a impedir que seu pai fizesse um movimento prematuro. "Escreva ao papai François uma vez por semana", ele escreveu a ela de Mainz, "informe-o da situação militar e o assegure de minha estima por ele."[29]

Alexandre e Frederico Guilherme já tinham tomado a ofensiva. Com o Exército prussiano sob comando do general Gebhard Blücher na vanguarda, eles invadiram a Saxônia, denunciando seu rei como instrumento de Napoleão e traidor de sua causa. Como pretendia manter as províncias prussianas que antes pertenceram à Polônia, Alexandre havia prometido compensar Frederico Guilherme com "equivalentes" territoriais às custas da Saxônia. Portanto, ambos tinham esperanças de que Frederico Augusto não se declarasse a favor dos aliados.

Frederico Augusto era um raro monarca europeu com senso de honra e genuinamente ligado a Napoleão. Estava não só sem disposição de acabar com a aliança como também tinha medo de fazer esse rompimento. Ele evitou a questão se refugiando na Áustria, que prometeu proteger não só a ele como também a seu reino. Pouco depois de ele deixar sua capital, Dresden foi ocupada por Alexandre e Frederico Guilherme, que marcharam à frente de suas tropas, cerca de 100 mil russos e prussianos comandados pelo general russo Wittgenstein e pelo prussiano Blücher. Eles então se puseram em movimento para enfrentar as forças francesas concentradas em torno de Erfurt.

O aparecimento de Napoleão em Erfurt exerceu a velha magia sobre as tropas. "A alegria do exército foi extraordinária, e cada um de nós, esquecendo os sofrimentos que tínhamos passado, já olhava para a frente, para a vitória e, depois disso, para a desejada paz", lembraria um tenente dos lanceiros do Vístula. "O exército é soberbo", escreveu o marechal Bertrand para sua esposa Fanny. O coronel Pelleport achou seus homens "confiantes, ansiosos por encontrar o inimigo".[30]

Napoleão avançou rapidamente, rumo a Leipzig. O exército aliado atacou seu flanco direito em Lützen em 2 de maio, onde Ney o conteve enquanto Napoleão voltou para assumir o comando e liderar os jovens conscritos no ataque. Eles demonstraram um entusiasmo impressionante e avançaram sem medo em direção aos canhões inimigos, levando os aliados a recuar em desordem. A vitória não foi decisiva, uma vez que a escassez de cavalaria impediu que Napoleão perseguisse o inimigo e o levasse à derrota. Embora tenha trombeteado a notícia de uma grande vitória por motivos de propaganda, ele não estava satisfeito. A Eugène admitiu que, tendo em vista o insignificante número de prisioneiros, não houve vitória alguma.[31]

Alexandre, que esteve presente junto com Frederico Guilherme, desdenhou da derrota, mas o exército aliado perdeu o ânimo. Os prussianos haviam sofrido pesadas baixas, e houve recriminações de ambas as partes, com os prussianos culpando os russos por não se manterem firmes e vice-versa. Embora a retirada tenha sido ordeira, Alexandre e Frederico Guilherme precisaram abandonar Dresden e se refugiar na Silésia. O rei da Saxônia foi às pressas para sua capital para saudar Napoleão. "Voltei a ser senhor da Europa", Napoleão declarou a Duroc.³²

Metternich presumiu que a derrota iria tornar os aliados mais moderados e fazer com que percebessem que precisavam do apoio da Áustria, embora sua natureza limitada não tivesse dado a Napoleão confiança suficiente para torná-lo intransigente. Isso aumentou as esperanças do chanceler austríaco, mas este acreditava que o único jeito de convencer Napoleão a concordar com uma negociação era sugerir que ele só teria de fazer pequenas concessões para obter a paz. Narbonne presumiu corretamente que Metternich esperava levar Napoleão a concordar com as negociações em princípio e depois começar a tornar mais exigentes seus termos, forçando-o assim a aceitá-los ou a interromper as negociações, o que permitiria à Áustria declarar nula a aliança. Percebendo que não estava chegando a lugar algum com Narbonne, Metternich resolveu falar com Napoleão por meio de Bubna.³³

Napoleão fortificou Dresden, que ele pretendia usar como base para lançar o ataque contra as forças aliadas que convergiam para o Elba. Desejando se livrar da etiqueta, não ficou no palácio real, mas no palácio Marcolini, com seus imensos jardins nas proximidades da cidade. Ali ele podia se comportar como se estivesse em campanha, trabalhando e descansando em um ritmo determinado pelas demandas da guerra e da democracia. Um *estafette* diário de Paris trazia notícias de tudo que estava acontecendo não só na capital, mas em todo o seu reino. Agentes de toda a Alemanha relatavam os eventos e o moral.

Bubna chegou em 16 de maio com as bases sugeridas por Metternich para a negociação: Napoleão deveria abrir mão do Grão-Ducado de Varsóvia, ceder território alemão a leste do Reno e devolver a Ilíria para a Áustria. A conversa rapidamente se transformou numa arenga, com Napoleão acusando a Áustria de jogo duplo, de fazer uma armação e de negociar com os inimigos da França ao mesmo tempo que fingia permanecer sua aliada. Ele ressaltou que a retirada de Schwarzenberg da Polônia foi uma traição da aliança entre eles; no último encontro em Paris, Schwarzenberg jurou que as forças auxiliares austríacas de 30 mil homens continuavam à disposição dele, mas recuou quando os russos apareceram.

Quanto às bases sugeridas para negociação, Napoleão declarou que eram a um só tempo ofensivas e obviamente mínimas demais para satisfazer seus inimigos. Narbonne o alertara de que havia uma "conexão subterrânea" entre Viena e o quartel-general russo, e ele percebeu que estavam preparando uma armadilha. Napoleão disse a Bubna se arrepender de ter casado com a filha de Francisco e declarou que não abriria mão de um único vilarejo.³⁴

A certa altura durante o encontro de cinco horas e meia, Napoleão passou a uma diatribe sobre a importância de manter sua honra, argumentando que, se o povo da França chegasse à conclusão de que ele deixara a nação na mão, ou pior, que a traíra como fizera Luís XVI sob a influência de sua consorte austríaca, ele e Maria Luísa podiam acabar da mesma forma que eles, insinuando a possibilidade de que ela e o filho pudessem ser assassinados pela turba parisiense. Embora isso possa ter sido uma tentativa baixa de chantagear Francisco, ele parece realmente ter entrado num verdadeiro frenesi sobre o tema. Menos de dois meses depois, quando estava censurando as autoridades de Leipzig por não saberem lidar com algumas perturbações causadas por protestos contra a França na cidade, Napoleão mencionou os massacres de 1792 em uma linguagem que sugeria que ele ainda temia as multidões.³⁵

Embora tenha explodido com Bubna, Napoleão não estava nem um pouco confiante e percebeu que, caso se recusasse a aceitar as negociações propostas, estaria se isolando, por isso, em um último encontro, disse a Bubna que estava disposto a negociar a paz em termos que seriam discutidos. Assim que Bubna partiu de Dresden, Napoleão despachou Caulaincourt para o front russo solicitando um imediato cessar-fogo e conversas diretas entre França e Rússia. Se ia ser forçado a abrir mão do Grão-Ducado de Varsóvia, ele podia muito bem usar isso como suborno para que a Rússia se livrasse da Prússia e da Áustria. As instruções que ele deu a Caulaincourt foram para que se oferecesse a "destruir a Polônia para sempre"; seu assistente polonês Chlapowski, que escoltava Caulaincourt e espiou a conversa dos dois, ficou tão chocado que decidiu parar de trabalhar para Napoleão assim que a guerra acabasse.³⁶

A oferta foi rejeitada, por isso, em 20 de maio, Napoleão atacou novamente. Contornou o flanco das novas posições ofensivas dos aliados atrás do rio Spree em torno de Bautzen, forçando-os a abandonar o campo e a bater em retirada. Se Ney não tivesse gastado uma hora se posicionando na retaguarda aliada, o exército deles teria sido praticamente aniquilado. Mais uma vez, Napoleão demonstrou que seguia sendo o maior general da Europa. A segurança de seu toque impressionou a todos, assim como sua decisão de tirar uma soneca de duas horas durante a batalha. "Embalado pelo som da artilharia e dos mosquetes, o imperador se deitou sobre uma capa jogada no chão e deu ordens para que só o acordassem dali a duas horas, e com a maior calma foi dormir diante de nós", observou um de seus assistentes. Ele não acordou nem quando uma granada caiu perto e explodiu. Embora a escassez de cavalaria mais uma vez o tenha impedido de explorar sua vitória, o moral do lado aliado despencou enquanto os russos e os prussianos caminhavam de volta para a Silésia.37

O Exército russo, que em algumas unidades contava com apenas um quarto de sua força nominal, estava em más condições. A soldadesca, na maior parte convocada em 1812 para resistir a uma invasão estrangeira, havia recebido a promessa de voltar para casa assim que a pátria fosse libertada. Somente oficiais de baixa patente ávidos por glória e promoção desejavam levar a guerra para a Alemanha. Os demais acreditavam que a conquista da Polônia era prêmio suficiente. As tensões cresciam entre eles e seus aliados prussianos, e houve casos em que comandantes se recusaram a cumprir ordens dadas por superiores aliados.

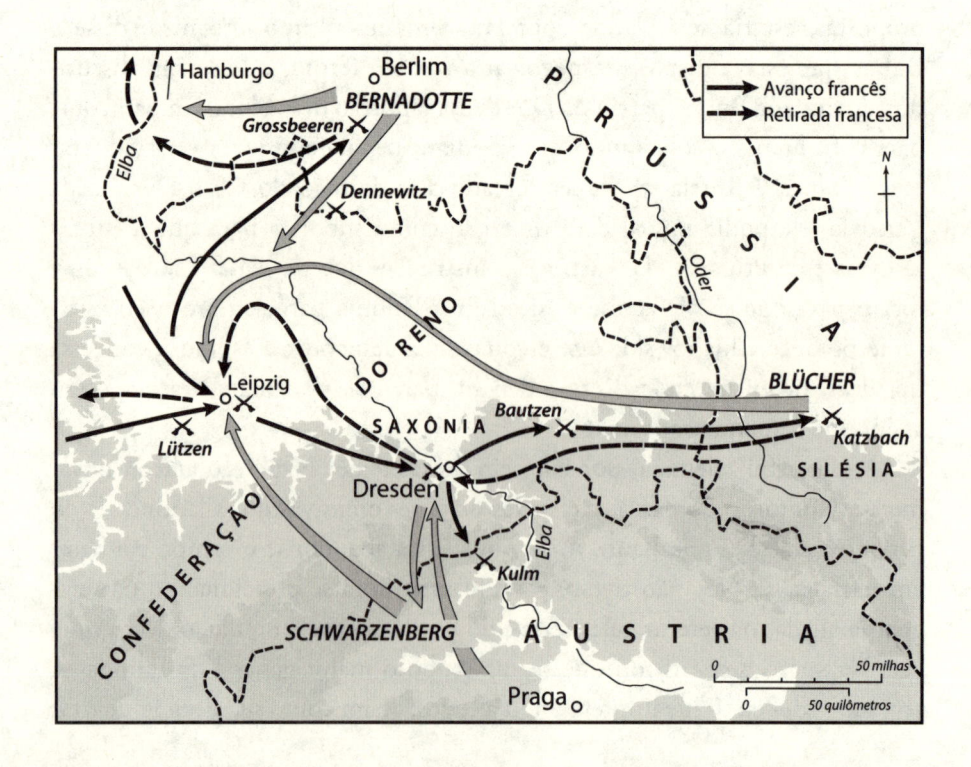

Caso Napoleão continuasse com seu avanço, os russos seriam forçados a recuar para a Polônia, ao passo que as forças prussianas teriam de recuar para o norte, já que Oudinot, operando o flanco esquerdo de Napoleão, ameaçava Berlim. Isso dividiria o exército aliado em dois, tornando mais fácil para Napoleão derrotar suas metades separadamente. Embora as linhas francesas de comunicação fossem estendidas por um avanço como esse, isso seria compensado pelas tropas que Napoleão iria libertar das fortalezas na Polônia. O moral no Exército russo podia despencar de vez. A retirada também reduziria o entusiasmo dos nacionalistas alemães. Àquela altura, já era frustrante a quantidade de voluntários que se apresentavam para combater pela libertação da Alemanha; recrutar soldados se revelava uma tarefa difícil, e as deserções aumentavam, mesmo entre os oficiais.[38]

Mas Napoleão estava preocupado com a situação de suas próprias forças. As perdas francesas tinham sido pesadas. A escassez de cavalaria restringia as atividades de reconhecimento e a perseguição ao inimigo. A falta de animais de tiro significava escassez de alimentos e de suprimentos. Para piorar, a primavera de 1813 foi extraordinariamente fria e úmida. Os índices de deserção aumentaram, especialmente entre os aliados germânicos de Napoleão. A maior parte de seus marechais achava que era hora de parar. "Que guerra!", Augereau reclamou. "Já chega para todos nós!"[39]

Em um nível mais pessoal, Napoleão ficou profundamente triste com a morte, durante os primeiros tiros da batalha de Lützen, do marechal Bessières, um de seus comandantes mais leais e mais capazes. Ele ficou profundamente abalado quando três semanas depois seu velho amigo Duroc foi morto em Bautzen. Napoleão se sentou ao lado da cama dele por horas naquela noite até Duroc dar seu último suspiro. Essas duas mortes fizeram ressurgir o murmúrio no exército de que Napoleão perdera sua "estrela" ao se divorciar de Josefina. "Quando isso tudo vai acabar? Quando o imperador vai parar? Precisamos da paz *a qualquer custo!*", era um refrão comum.[40]

Em vez de perseguir os aliados, Napoleão decidiu fazer uma pausa e esperar por reforços, por isso mandou um enviado ao quartel-general aliado com a oferta de um armistício de sete semanas. A oferta foi aceita com avidez e o armistício foi concluído em Plesswitz em 4 de junho. O armistício "nos salvou e o condenou", nas palavras de um general russo. Hardenberg concordou. Não só Napoleão salvou os aliados de uma derrota quase certa, mas também abriu mão da iniciativa, que jamais voltaria a recuperar.[41]

40
Última chance

A notícia do armistício foi recebida com alegria em todo o império; governadores de todos os departamentos relatavam que as pessoas estavam desesperadas por paz. A busca da glória não tinha mais nenhum apelo fora de alguns setores do exército, e a maior parte dos marechais e oficiais de alta patente de Napoleão implorava que ele concluísse as negociações de paz praticamente a qualquer preço. "O senhor deixou de ser amado", o general Belliard disse a ele com franqueza, "e, caso deseje saber toda a verdade, eu diria que o senhor pode estar amaldiçoado." Ele garantiu a Napoleão que, caso assinasse a paz, ele seria abençoado. Napoleão ouviu, mas não disse nada.[1]

Até mesmo Poniatowski, forçado a evacuar a Polônia e a se unir a Napoleão em Dresden com suas forças polonesas, disse que ele deveria assinar a paz nos melhores termos possíveis para poder guerrear estando em melhor posição no futuro. "Talvez você tenha razão", Napoleão respondeu, "mas primeiro vou à guerra para conseguir uma paz melhor." No mesmo sentido, Berthier sugeriu que Napoleão tirasse vantagem do armistício para retirar as tropas das guarnições mais distantes e que concentrasse todas as suas forças no Reno. Mas Napoleão via a presença de suas tropas em lugares como Hamburgo, Stettin e Danzig, e a dele mesmo em Dresden, como um indicador de sua determinação em manter o apoio a seus aliados germânicos e qualquer retirada como um sinal de fraqueza que daria coragem a seus inimigos. Em uma sequência de cartas, Cambacérès insistiu que ele assinasse um tratado de paz, dizendo que todos estavam desesperados pelo fim da guerra e que a reputação dele não seria prejudicada caso ele fizesse concessões. Mas Napoleão se agarrou à convicção de que o povo da França não o respeitaria, caso ele não conseguisse algo que pudesse ser visto como uma vitória, e aquilo que ele chamava de sua "*magie*" deixaria de existir, conforme ele explicou a Fouché.[2]

Pode-se perceber o tamanho da insegurança de Napoleão por ter retirado Fouché de sua aposentadoria, enviando-o para o posto de governador da Ilíria – em Paris ele poderia ser tentado a engendrar um golpe contra o imperador; em Trieste ele estava fora do caminho, o que deixava Napoleão em segurança. O cargo tinha ficado vago depois que seu antigo ocupante, Junot, voltara da Rússia incapacitado e começara a exibir sintomas dramáticos de demência por neurossífilis.

Metternich chegou a Dresden em 25 de junho. Quando foi ao palácio Marcolini no dia seguinte, ficou impressionado com o olhar de desânimo dos oficiais de mais alta patente nas antessalas do imperador. Encontrou Napoleão de pé em uma longa galeria, a espada a seu lado e o chapéu debaixo do braço. O imperador iniciou a conversa com perguntas cordiais sobre a saúde de Francisco, mas em pouco tempo seu semblante ficou mais sombrio. "Então é guerra o que você quer: muito bem, você terá guerra", ele desafiou Metternich. "Aniquilei o Exército prussiano em Lützen; venci os russos em Bautzen; e agora você quer a sua vez. Vou te encontrar em Viena. Os homens são incorrigíveis; as lições da experiência não servem para nada." Napoleão acusou a Áustria de traição e disse que tinha cometido um erro ao se casar com a filha de Francisco. Quando Metternich tentou fazer com que ele visse que essa era a última chance de assinar a paz em termos favoráveis, Napoleão declarou que não podia abrir mão de um centímetro de território sem se desonrar. "Seus soberanos, que nasceram no trono, podem se permitir ser derrotados vinte vezes e mesmo assim voltar a suas capitais; eu não posso, pois sou um soldado arrivista", afirmou. "Minha autoridade não sobreviverá ao dia em que eu tiver deixado de ser forte e, portanto, de ser temido."

Napoleão não confiava em Metternich e via as bases que este sugeriu para negociação como um truque, uma vez que os termos não seriam aceitáveis para a Rússia, muito menos para a Grã-Bretanha, de modo que ao concordar com aquilo ele estaria entrando em uma negociação de final incerto. Ele tinha razão, uma vez que, embora Metternich estivesse sendo sincero quanto à sua intenção de salvar o que podia para Napoleão, sua maior preocupação era retirar a Áustria da aliança com a França e poder ter liberdade de ação. Napoleão tentou intimidá-lo, acusando-o de traição e de estar a soldo dos britânicos, ridicularizando o potencial militar da Áustria e ameaçando esmagar o país. Ele perdeu a calma mais de uma vez, atirou seu chapéu em um canto da sala em um ataque de raiva, retomando depois a conversa em termos educados, até mesmo amigáveis. O encontro durou mais de nove horas, e estava escuro lá fora quando Metternich foi embora.³

Metternich voltou naquela noite a convite de Napoleão para assistir a uma peça encenada pelos atores da Comédie-Française, que tinham sido trazidos de Paris. Ele ficou perplexo ao se descobrir assistindo à famosa mademoiselle Georges, com quem tivera um caso em Paris, interpretando a *Fedra* de Racine. "Achei que estava em St. Cloud", ele escreveu para a esposa antes de se deitar, "todos os mesmos rostos, a mesma corte, a mesma gente." O tempo estava bom, e havia uma atmosfera festiva na cidade barroca. O armistício tinha alegrado todos os que desejavam a paz, e ocorreram bailes e festas para oficiais franceses e para a corte de Napoleão.⁴

Como os encontros posteriores se revelaram infrutíferos, Metternich estava prestes a ir embora, em 30 de junho, quando recebeu um bilhete convocando-o para uma conversa com Napoleão. Ele mandou que seus cavalos fossem desatrelados e foi ao palácio Marcolini, vestido como estava, esperando ouvir as mesmas reclamações e ameaças. Para sua surpresa, Napoleão concordou com um congresso para negociações de paz presidido pela Áustria, a ser realizado em Praga nos primeiros dias de julho. Ele sugeriu incluir a Grã-Bretanha, os Estados Unidos da América e a Espanha, porém Metternich objetou, achando que eram complicações desnecessárias.⁵

Poucos dias depois da partida de Metternich, Napoleão recebeu más notícias da Espanha. Wellington havia passado para a ofensiva no final de maio, e Joseph foi forçado a abandonar Madri. Os britânicos o alcançaram, com o Exército francês que batia em retirada, em Vitoria, e o derrotara em 21 de junho. Foi uma derrota humilhante, tornada ainda mais vexaminosa para as forças armadas francesas pela perda de mais de uma centena de canhões e de toda a bagagem do exército e do rei. Napoleão deu a Soult comando absoluto sobre o Exército da Espanha e determinou que Joseph fosse a Mortefontaine e não aparecesse em Paris.

Ele não botava muita fé na mediação de Metternich, mas tinha esperança de poder fazer um acordo com Alexandre. "A Rússia tem direito a uma paz vantajosa", ele disse a Fain. "Ela terá comprado essa paz com a devastação de suas terras, com a perda de sua capital e com dois anos de guerra. A Áustria, pelo contrário, não merece nada." No entanto, Alexandre era o monarca com menor probabilidade de assinar um tratado de paz com Napoleão, independentemente dos termos, ao passo que Matternich continuava a favor da pacificação.⁶

O armistício foi estendido até 10 de agosto; caso não se chegasse a um acordo até a meia-noite daquela data, as hostilidades reiniciariam, com a Áustria no campo aliado. Mas o congresso, que se realizou em Praga, jamais ultrapassou as questões procedimentais. "No íntimo, ninguém queria realmente a paz", escreveu Nesselrode, acrescentando que o congresso foi uma "piada" a que Alexandre e Frederico Guilherme se opuseram desde o princípio. O mesmo valia para os negociadores prussianos, enquanto Alexandre sabotou os procedimentos mandando um enviado que não era aceitável para Napoleão. Caulaincourt e Narbonne se esforçaram para fazer com que as negociações andassem, mas estavam sem condições; Caulaincourt tinha feito tudo para evitar ser nomeado para representar Napoleão, cuja intransigência tornaria impossível que ele negociasse. Quando ele sugeriu fazer concessões, Napoleão explodiu: "Você quer baixar minhas calças e me bater com um chicote", e saiu da sala. Caulaincourt foi instruído a afirmar que Napoleão jamais havia sido derrotado na Rússia, tendo apenas "sofrido algumas perdas em função do tempo inclemente". Ele estava tão exasperado que aparentemente teria dito a Metternich esperar que Napoleão perdesse uma batalha, pois só isso o tornaria sensato.⁷

Napoleão estava determinado a se mostrar despreocupado, e, numa demonstração de indiferença, partiu em 25 de julho para Mainz, para passar dez dias com Maria Luísa. Foi uma ocasião alegre. Quando ele chegou, ela encontrava-se exausta da viagem e resfriada. O tempo estava ruim, com chuva pesada. Depois de passar as tropas em revista em Mainz, ele a levou para passar em revista as tropas acampadas no entorno. Napoleão deu uma demonstração de confiança, dando início a obras de reforma da residência imperial na cidade e falando sobre o aparente sucesso das negociações que ocorriam em Praga. Também fez planos elaborados para que ela assistisse à inundação do novo porto em Cherbourg, que providenciaria uma base protegida para a frota que iria ameaçar a Grã-Bretanha. Mas ele frequentemente ficava em silêncio e temperamental durante o jantar, e em certa ocasião chegou a ser rude com ela.

Napoleão voltou a Dresden em 4 de agosto, descobrindo que as negociações em Praga não haviam se iniciado. Escreveu a Metternich pedindo que estabelecesse suas condições e recebeu a resposta em 7 de agosto:

o Grão-Ducado de Varsóvia devia ser dividido entre os três aliados, a Áustria deveria recuperar a Ilíria, Hamburgo e Lübeck deveriam recuperar sua independência, e a França devia abrir mão de seu protetorado sobre a Confederação do Reno e suas outras conquistas germânicas.

Tendo em vista a posição de Napoleão, os termos eram aceitáveis; não havia menção a Holanda, Bélgica ou Itália, o que lhe deixava boa margem de manobra para quando as negociações de paz começassem para valer. Caso aceitasse, isso impediria que a Áustria se unisse aos aliados na guerra contra ele, o que era importante, já que Napoleão continuava pensando em derrotar russos e prussianos antes disso, o que, segundo acreditava, permitiria dividir os aliados jogando-os uns contra os outros. Decidido a não parecer ansioso demais, Napoleão adiou sua resposta aceitando os termos.[8]

O artista estava decidido a continuar com seu espetáculo. Como o seu aniversário aconteceria depois do fim do armistício, ele determinou que as festividades fossem antecipadas em cinco dias, caindo no 10 de agosto, e a data foi celebrada com pompa em todas as unidades, e imperialmente na própria Dresden, com desfile, baile, banquete e fogos de artifício. "Seria impossível imaginar algo mais marcial sob o sol; tudo irradiava confiança, paixão, entusiasmo", escreveu um dos atores da Comédie-Française que se apresentava em Dresden. "Meu Deus, que espetáculo!" O show não impressionou os generais, muitos dos quais viam o desastre se aproximando.[9]

"O grande momento chegou enfim, caríssima amiga", Metternich escreveu à esposa em 10 de agosto. Naquela noite, enquanto fogos de artifício explodiam no céu de Dresden, os negociadores russos e prussianos haviam se reunido na sua residência em Praga. Os relógios eram consultados com impaciência, e, quando os sinos da meia-noite soaram sobre a cidade adormecida, Metternich anunciou que o armistício estava encerrado e que a Áustria agora era membro da aliança. Ele determinou que um farol fosse aceso, o que, por uma reação em cadeia, transmitiu a notícia a quartéis-generais aliados na Silésia. Pela manhã, tropas russas e prussianas marchavam para se unir ao Exército austríaco perto de Praga.[10]

Em 12 de agosto, bem quando Caulaincourt e Narbonne se preparavam para partir de Praga, um mensageiro chegou de Dresden com instruções de Napoleão para aceitar os termos de Metternich. Caulaincourt foi sem demora até Metternich, mas a resposta foi que era tarde demais; a Áustria havia declarado guerra. Napoleão instruiu-o a adiar a partida na esperança de conseguir um encontro com Alexandre, que deveria chegar dentro de dois dias. Em 18 de agosto, Maret escreveu a Metternich afirmando que o congresso não teve chance de trabalhar e propondo que um novo fosse convocado em alguma cidade neutra incluindo todas as potências europeias, grandes e pequenas. Mas Metternich a essa altura havia descartado a possibilidade da paz e Alexandre já era contra um acordo desde o começo. O tsar chegou a ponto de omitir o fato de que a Grã-Bretanha havia concordado em participar das negociações, por saber que isso teria fortalecido o argumento dos austríacos a favor da paz e incentivado Napoleão a levar as negociações a sério – nessas circunstâncias ele provavelmente estaria disposto a fazer concessões; uma paz geral com participação da Grã-Bretanha, envolvendo como seria o caso não apenas um imenso alívio econômico como também o retorno das colônias francesas, podia ser apresentada como uma vitória e permitiria a Napoleão afirmar que fazia uma paz honrosa.[11]

Então a única vitória que ele poderia esperar era no campo de batalha, e não seria nada fácil. Contra ele estava o exército principal dos aliados sob comando de Schwarzenberg, composto de 120 mil austríacos, 70 mil russos sob ordens de Barclay de Tolly e 60 mil prussianos sob o general Kleist, num total de 250 mil homens. Atrás vinha o exército de Blücher, da Silésia, com 58 mil russos e 38 mil prussianos. Ao norte, Bernadotte comandava 150 mil suecos, russos e prussianos. Isso somava bem mais de meio milhão de homens, e não incluía o Exército anglo-espanhol de Wellington, que se aproximava da fronteira sudoeste francesa. Mais importante, os aliados haviam concordado com um plano que consistia em não dar combate a Napoleão e apenas lutar contra forças individuais comandadas por seus marechais. A ideia era desgastar suas forças sem arriscar uma derrota. Seus recursos estavam diminuindo, ao passo que os deles aumentavam; o vasto esforço de guerra iniciado por Alexandre, assim que os franceses foram expulsos da Rússia, começava a produzir efeitos espetaculares em termos de homens, equipamentos e, o que era crucial, cavalos.[12]

"Tenho um exército que não fica a dever a nenhum outro e mais de 400 mil homens; isso bastará para restabelecer meus negócios no Norte", Napoleão se gabava para Beugnot, porém mais tarde ele reclamou que tinha pouca cavalaria e que precisava de mais homens, especialmente soldados experientes. Suas forças de fato eram muito inferiores às dos aliados. As guarnições na Alemanha e na Polônia respondiam por 100 mil homens do cálculo dele, e eles estavam completamente fora de alcance. Seu melhor marechal, Davout, estava preso em Hamburgo com um corpo de soldados experientes, Rapp estava cercado em Danzig com mais de 20 mil veteranos, muitos deles oficiais e espiões, ao passo que o grosso dos cerca de 300 mil homens à disposição imediata de Napoleão eram em sua maioria conscritos com treinamento rudimentar. O mesmo valia, basicamente, para todo o Exército da Itália que Eugène vinha formando para ameaçar o flanco sul dos austríacos.[13]

O moral estava surpreendentemente bom entre os soldados enquanto eles marchavam para Dresden em 16 de agosto, impulsionados pela chegada de Murat, que Napoleão convencera a vir de Nápoles para assumir o comando da cavalaria. O plano de Napoleão era fazer Blücher recuar e depois, deixando Macdonald na cobertura, guinar para o sul e contornar o flanco do exército principal dos aliados sob o comando de Schwarzenberg, que se dirigia a Dresden. A primeira parte da operação saiu de acordo com o plano, mas em Lowenberg em 23 de agosto, enquanto almoçava rapidamente de pé, um mensageiro chegou com um comunicado de Gouvion Saint-Cyr, que ele deixara para defender Dresden, alertando que o principal exército aliado sob Schwarzenberg ameaçava a cidade, vindo do sul. Napoleão estilhaçou a taça de vinho que estava segurando, batendo-a contra a mesa, enquanto lia o despacho. A queda de Dresden teria repercussões políticas, por isso ele deu meia-volta e marchou rumo à cidade, destacando uma força sob o comando do general Vandamme para se dirigir ao sul rumo à retaguarda dos aliados, enquanto ele os enfrentava em Dresden.

Napoleão chegou ao entorno da cidade em 26 de agosto, e no dia seguinte, com uma chuva forte e lama até os joelhos, suas forças começaram a obrigar os aliados a recuar e, mais tarde, a fugir. Foi uma bela vitória; causou cerca de 15 mil baixas, tomou 24 mil prisioneiros, quinze estandartes e vários canhões. Mas não conseguiu persegui-los como no passado. Marchou para oferecer reforços a Vandamme, que agora estava em condições de se posicionar no meio da linha de retirada dos aliados, mas que inexplicavelmente parou e fez meia-volta. O resultado foi que o próprio Vandamme acabou sendo pego numa armadilha e foi forçado a capitular em Kulm com cerca de 10 mil homens. Se tivesse ido ajudá-lo, Napoleão teria destruído o exército aliado e provavelmente capturado todos os três soberanos aliados e seus ministros.[14]

A lentidão de Napoleão tem sido atribuída a várias causas, dentre as quais uma intoxicação alimentar e as más notícias que ele recebeu em 30 de agosto. Oudinot, que ele mandou marchar sobre Berlim, foi derrotado pelos prussianos em Grossbeeren. "Eis a guerra", Napoleão disse para Maret naquela noite depois de ouvir do desastre de Kulm. "Lá no alto pela manhã, lá embaixo à noite." Ele tinha uma tendência cada vez maior a fazer comentários fatalistas e a citar versos sobre o destino; era como se estivesse se entregando ao destino, diferentemente do que acontecia na juventude, quando tentava forjá-lo. A notícia sobre a morte de Junot, que se matou saltando de uma janela em 29 de julho, não ajudou. Em sua última carta ele comparou sua adoração a Napoleão àquela que "o selvagem tem pelo sol", mas implorava que ele assinasse a paz. Em Lannes, Duroc e agora Junot, ele estava perdendo homens que o serviam com devoção desde Toulon, quase vinte anos antes.[15]

Uma curiosa reviravolta do destino fez com que dois antigos rivais de Napoleão se unissem contra ele. Moreau fora convencido a voltar dos Estados Unidos e entrou para o quartel-general do tsar, sonhando em voltar como militar e talvez político. Esses sonhos foram por água abaixo quando uma granada francesa explodiu perto de Dresden em 27 de agosto; ele morreu quatro dias depois. Ao norte, depois de a Suécia ter se juntado à coalizão, Bernadotte liderava uma força de militares suecos e prussianos, sonhando de maneira mais clara em suceder Napoleão como governante da França. Pensando nisso, evitou enfrentar tropas francesas e atormentou os aliados para permitirem que, em vez disso, ele atacasse a Dinamarca. Os aliados não lhe depositavam confiança – Blücher só se referia a ele como "o traidor", e Hardenberg o descrevia como "um bastardo que as circunstâncias nos obrigaram a legitimar" – e ficavam sempre de olho nele.[16]

Alguns dias depois de ouvir falar das derrotas de Kulm e Grossbeeren, Napoleão recebeu notícias de que Macdonald fora repelido com pesadas perdas por Blücher no rio Katzbach, e, não muito depois, que Ney fora derrotado em Dennewitz em 6 de setembro. Ele estava quebrando sua própria regra de ouro: jamais divida suas forças, mas sempre as concentre no ponto decisivo. E embora "o mais corajoso dos corajosos", como Ney era chamado, fosse um belo comandante de cavalaria com toda a pose que se poderia esperar de alguém no campo de batalha, ele não era bom em fazer julgamentos e, como a maior parte dos marechais, não estava pronto para operar por conta própria. O fato de Berthier estar mostrando sinais da idade e de abatimento não ajudou, afetando o modo como ele cuidava das operações. Napoleão também hesitava e ficava mudando de ideia, pretendendo marchar sobre Berlim num momento e sobre a Boêmia no seguinte. Com o Exército austro--russo de Schwarzenberg lambendo suas feridas na Boêmia, ele decidiu atacar Blücher, mas os prussianos se recusaram a combater, e Napoleão foi obrigado a voltar para Dresden; os aliados o tinham atraído para um jogo de cabra--cega, fazendo com que ele investisse sobre um e depois sobre o outro.

Logo após as hostilidades recomeçarem, o tempo ficou úmido e frio. As estradas viraram pântanos lamacentos, reduzindo a modalidade e a eficácia de cada unidade depois de cada marcha. As comunicações foram impedidas pela escassez de cavalos e pelo grande número de cossacos vagando pelo campo; os oficiais do Estado-maior relutavam em cumprir ordens e agiam com cautela quando faziam missões de reconhecimento por receio de serem capturados. A chuva persistente muitas vezes tornava os mosquetes inúteis, por isso as tropas precisavam recorrer à baioneta. As marchas e contramarchas esgotavam os homens e exauriam as fileiras. "Cada vez que levantávamos acampamento pela manhã, tendo passado a noite parcial ou totalmente desprotegidos contra a chuva, o vento e o frio, quase sempre deixávamos para trás homens exaustos, debilitados por febre, fome e indigência, e quase sempre esses homens todos se perdiam, uma vez que em nossas marchas incessantes não tínhamos a possibilidade de removê-los", escreveu o sargento Faucheur. Dresden estava se enchendo de soldados doentes e feridos e a situação dos suprimentos era terrível. "Nunca meus serviços foram mais difíceis nem meus esforços menos proveitosos", lembraria o homem encarregado da situação, general Mathieu Dumas.[17]

O moral despencou, especialmente entre os oficiais de mais alta patente, que viam a situação se tornar desesperadora. Ninguém percebia isso tanto quanto Napoleão, cuja exasperação era evidente; ele alternava períodos de letargia com outros em que tomava súbitas decisões ousadas que seus marechais consideravam precipitadas. Ele também perdia a calma, questionando a competência e a lealdade dos marechais. Quando acusou Murat de traição (com bons motivos), Berthier tentou intervir, ouviu Napoleão mandá-lo cuidar dos próprios assuntos e gritar: "Cale a boca, velho tolo!".[18]

Ele já não tinha como manter sua posição exposta em Dresden, e em 13 de outubro decidiu recuar para Leipzig, onde Frederico Augusto o precedeu.

Considerações políticas o fizeram cometer um erro fatal: temendo que abandonar Dresden fosse causar má impressão, ele deixou Saint-Cyr lá com mais de 30 mil homens, privando-se assim de um número significativo de soldados num momento em que os aliados ganhavam força. Chegando a Leipzig dois dias depois, repeliu um ataque de Schwarzenberg e, no dia seguinte, conseguiu um êxito importante, em certo momento chegando perto de capturar os três monarcas aliados. Mas, perto do fim do dia, Blücher, que ele presumiu estar longe, apareceu em sua retaguarda e ele foi forçado a cancelar o ataque.

A essa altura, os aliados tinham 220 mil homens enfrentando seus 150 mil em três lados; os inimigos também contavam com uma artilharia mais numerosa, com mais de mil peças. Napoleão tinha perdido a iniciativa e admitiu isso ao enviar um general austríaco capturado no dia anterior com uma oferta para negociar – recusada imediatamente. As vitórias recentes tinham empolgado os aliados, e as tensões entre eles foram resolvidas pela assinatura, em 9 de setembro, do tratado de Töplitz, que os comprometia com a luta em comum. Só o que poderia salvar Napoleão seria uma rápida retirada de todas as suas forças na Alemanha e uma concentração no Reno, mas ele continuou a colocar a estratégia em segundo plano e a levar em conta considerações políticas que agora eram completamente irrelevantes. Os aliados fizeram uma pausa em 17 de outubro enquanto preparavam seu ataque, mas ele não aproveitou a oportunidade para fugir e nem para preparar uma fuga; não evacuou os feridos nem os suprimentos de munição, nem preparou travessias adequadas para os rios.

Em 18 de outubro, quando já estavam em superioridade numérica bem acima de dois para um em relação aos franceses, com cerca de 360 mil homens e uma vasta artilharia, os aliados deram início ao ataque. Os franceses lutaram com determinação, mas a quantidade de homens que eles enfrentavam pesou, e a situação piorou quando o contingente saxão do Exército francês repentinamente fez meia-volta e passou a atirar contra os próprios camaradas franceses que estavam vindo ajudá-los. Outros contingentes germânicos também desertaram, espalhando confusão e afetando o moral. O número de homens e de canhões no campo de batalha significava que o massacre não tinha precedentes. Os comandantes de corpos de exército que não viam sentido em continuar com aquilo ficavam desestimulados. "Será que aquele b. sabe o que está fazendo?", Augereau disse furioso para Macdonald dois dias depois. "Você não percebeu que com os últimos fatos e a catástrofe que se seguiu ele perdeu a cabeça? O covarde! Ele nos abandonou, sacrificou a todos nós..."[19]

Napoleão realmente não parecia saber o que estava fazendo. Na noite de 18 de outubro, ele deu ordem de retirada, e as colunas de tropas começaram a bater em retirada desordenadamente pelas estreitas ruas de Leipzig. Os aliados invadiram a cidade na manhã seguinte, semeando confusão. Um sargento que tinha sido deixado guardando a única ponte sobre o rio Elster com ordens de não explodi-la antes de a retaguarda ter atravessado entrou em pânico e acendeu os pavios cedo demais, deixando para trás pelo menos 12 mil homens com oitenta canhões e levando à morte de Poniatowski, que se afogou tentando atravessar o rio apesar de estar severamente ferido. Napoleão estava dormindo em um moinho de vento perto da cidade e foi acordado pela explosão. Macdonald, que conseguiu atravessar a nado, relatou o caso. Napoleão pareceu tão atônito quanto perturbado, e aparentemente não percebia até que ponto sua falta de visão era culpada por um fiasco de proporções monumentais. As perdas da *Grande Armée* no combate perto de Leipzig foram de 70 mil homens e 150 canhões, sem contar os 20 mil aliados alemães que mudaram de lado. As perdas dos aliados foram de 54 mil homens.[20]

Antes de partir de Leipzig, Napoleão foi ao palácio e ofereceu a Frederico Augusto refúgio na França, porém o rei saxão rejeitou a oferta, dizendo que não poderia abandonar seus súditos numa hora como aquela. Frederico Augusto enviou oficiais para cada um dos monarcas aliados, mas não recebeu resposta. Alexandre o esnobou quando entrou cavalgando em Leipzig, e depois de alguma discussão o infeliz casal real saxão foi enfiado numa carruagem e mandado com escolta armada ao cativeiro em Berlim. Murat, por outro lado, teve permissão para escapar em direção a Nápoles, onde tinha um exército com cerca de 25 mil homens, magnificamente uniformizados, porém com treinamento e liderança inadequados. Metternich, que também pode ter sido influenciado pelas boas memórias do romance com Caroline que teve em Paris alguns anos antes, parece ter acreditado que suas forças eram maiores do que de fato eram e ter ficado impressionado com sua reputação militar. Ele achou que seria um gesto político separá-lo de Napoleão, oferecendo para que ele permanecesse no trono napolitano.

Napoleão recuou para Erfurt, onde passou dois dias, nas mesmas salas em que tinha conversado com Alexandre menos de cinco anos antes, "numa atitude de profunda meditação", segundo Macdonald. Ele cogitou brevemente a hipótese de se defender naquela posição, mas seus marechais objetaram, ressaltando que os bávaros, que agora tinham se unido à coalizão, estavam prestes a impedir seu caminho de volta para a França. Apático e indeciso, ele precisou ser instado por seus marechais a agir e a partir para o Reno. Exceto pela guarda, que seguia disciplinada, a maior parte das forças remanescentes era basicamente uma turba marchando em desordem; a um oficial aquilo lembrou a retirada de Moscou. Nenhum esforço foi feito para reagrupar as tropas, e muitos foram abandonados à morte à beira da estrada.[21]

Em Hanau, a estrada pela qual eles seguiam foi bloqueada por 50 mil bávaros. A guarda conseguiu derrotar seus antigos aliados, mas Napoleão mal dirigiu a ação, abrigando-se numa floresta e dando àqueles que estavam perto a impressão de que tinha entrado em pânico. Ségur, que havia chegado de Paris e que não o via fazia seis meses, ficou chocado pela mudança que ocorrera nele. "A impressão que ele causou em mim foi tão forte e tão dolorosa que ainda hoje a sinto", ele escreveria mais de uma década depois. Quando Napoleão falou aos remanescentes das forças polonesas de Poniatowski, liberando-os de seu juramento mas implorando que permanecessem a seu lado, prometendo lutar novamente algum dia pela causa do país deles, muitos foram tomados por tal comoção que ficaram por pena.[22]

Ele atravessou o Reno, em 30 de outubro, com não mais do que 30 mil homens e perto de 40 mil retardatários. Passou dois dias em Mainz, de onde enviou relatos otimistas e estandartes capturados para Paris, assegurando a Maria Luísa que o povo parisiense estava "desnecessariamente alarmado": "Minhas tropas têm uma vantagem decisiva sobre os inimigos, que serão derrotados antes do que imaginam". A Savary, ele escreveu que a conversa alarmista em Paris era ridícula e o fazia "rir". Mas a situação era nada menos que catastrófica.[23]

Seu império estava desmoronando. A rede de controle sobre a Alemanha construída desde 1806 se desfez. À medida que outros governantes da Confederação do Reno se uniam aos aliados, Jérôme fugiu de Kassel, "acompanhado por seus ministros das Relações Exteriores e da Guerra, e ainda cercado por todo o aparato da realeza, em frangalhos", nas palavras de Beugnot, que o viu passar por Düsseldorf, escoltado por "salva-vidas cujos uniformes teatrais pesados de ouro eram completamente inapropriados para a situação" e uma corte que "parecia muito mais uma trupe de atores em turnê ensaiando uma peça". Os cerca de 190 mil soldados franceses que permaneciam em fortalezas como Dresden e Hamburgo, sem mencionar pontos ainda mais a leste, estavam agora fora do alcance de Napoleão e isolados em um mar hostil, e capitulariam um a um. Acertos de contas particulares eram resolvidos à medida que o regime ruía, indisciplinados soldados prussianos e russos andavam pela região fazendo pilhagem, e uma epidemia de tifo se espalhou rapidamente à medida que as pessoas fugiam em todas as direções, transformando hospitais militares em morgues e derrubando retardatários exaustos e desnutridos.[24]

A situação mais ao sul não era muito melhor. Tropas austríacas tinham invadido províncias da Ilíria, forçando as fracas guarnições francesas a evacuar. Eugène pouco pôde fazer para impedir o avanço deles e recuou para Milão. Em novembro, ele foi abordado em nome dos aliados por seu sogro, o rei Maximiliano da Baviera, que o incitou a proteger seu futuro mudando de lado, mas ele se recusou e permaneceu leal a Napoleão, com firme apoio de sua esposa.[25]

Pensando na defesa da própria França, Napoleão fez o que pôde para melhorar sua proteção, fechando potenciais pontos de entrada. Ele pressionou a Dieta da República Helvética a declarar neutralidade (sem chegar a ponto de liberar os soldados suíços que estavam em suas fileiras), retirou todas as forças francesas e renunciou a seu papel como mediador.

Ele também tentou tarde demais curar a úlcera espanhola, instruindo Joseph a abdicar (algo que num primeiro momento ele se recusou a fazer, dizendo-se indignado por estar sendo forçado a "sacrificar" o direito sagrado a "seu" trono e reclamando que não estava recebendo as honras devidas a seu *status*), e libertou Ferdinando, que seguia sendo um hóspede de Talleyrand em Valençay. Ele devia retornar para a Espanha, primeiro se casando com a filha de doze anos de Joseph, Zenaïde, e assinando uma aliança com a França em que prometia expulsar os soldados britânicos da península. Quando Ferdinando partiu, em março de 1814, já não podia ter nenhuma utilidade para Napoleão, mesmo que quisesse. Soult em Bayonne e Suchet mais ao sul, com 50 mil e 15 mil homens respectivamente, enfrentavam uma força anglo-saxã que contava com três vezes esse número.[26]

Eugène mal conseguia proteger a Itália, com 30 mil soldados de qualidade e lealdade questionáveis e que enfrentavam um Exército austro-bávaro numericamente superior. As forças reservas de Augereau de cerca de 20 mil homens estavam estacionadas na região de Lyon. No Nordeste, fora as tropas sitiadas em fortalezas na Holanda, na Bélgica e ao longo do Meuse, Napoleão tinha apenas cerca de 70 mil homens. Eles enfrentavam pelo menos 300 mil aliados que tinham chegado ao Reno e que ameaçavam cruzá-lo a qualquer momento.

Enquanto ainda estava em Dresden, Napoleão havia instruído Cambacérès a fazer com que o Senado adiantasse a convocação de 1815, e em 12 de novembro, depois de seu retorno a Paris, os senadores votaram a conscrição de mais 300 mil homens. Napoleão estimava que em breve teria 900 mil soldados, mas seus cálculos eram tão fictícios quanto aqueles que diziam respeito aos fundos disponíveis. À medida que a área sob seu controle diminuía, o mesmo acontecia com as fontes de novos homens, e a resistência à convocação crescia; o número de pessoas que fugiam do chamado para o exército se escondendo aumentou dramaticamente e, de acordo com algumas estimativas, chegou a 100 mil. Poucos da classe de 1815 chegaram de fato às fileiras. Mesmo que tivessem chegado, não teriam sido muito úteis, já que não havia armas para eles. Tendo em vista a produção anual de 120 mil mosquetes, as perdas de 500 mil em 1812 e de 200 mil em 1813 não podiam ser facilmente compensadas. No final de 1813, o 153º Regimento tinha 142 mosquetes para 1.100 homens, o 115º Regimento tinha 289 para 2.300 homens. A situação na cavalaria não era melhor, com o 17º de Dragões tendo que compartilhar 187 sabres e um número ainda menor de cavalos entre 349 homens.[27]

Napoleão estava de volta a Saint-Cloud em 10 de novembro. No dia seguinte, ele realizou uma sessão do Conselho de Estado durante a qual reclamou ter sido traído por todos, falando com especial fúria sobre o rei Maximiliano da Baviera e prometendo vingança. "Munique deve ser queimada!", ele gritava repetidas vezes. Napoleão fingiu que estava tudo bem, e poucos dias depois de voltar a Paris saiu para uma caçada. Dez dias mais tarde cavalgou com Fontaine inspecionando o novo correio e o mercado de milho, bem como o progresso dos projetos de edifícios em Chaillot. Ninguém se deixou enganar. "Apesar dos esforços para escondê-los, era evidente para todos que o acompanhavam que outros pensamentos o ocupavam mais do que aqueles grandiosos projetos arquitetônicos", observou Bausset. Ele aliviava o estresse com explosões de raiva contra as pessoas e também fingia ataques de fúria para mostrar que ainda era o leão enfurecido.

Tentou intimidar o papa a aceitar sua "nova concordata"; quando se recusou, o velho homem foi levado novamente para a detenção em Savona. Ao ver Talleyrand no primeiro *lever*, Napoleão ameaçou-o dizendo que, caso algum dia ele fosse derrubado, Talleyrand seria o primeiro a morrer. Em 9 de dezembro, na abertura da sessão do corpo legislativo, falou sobre a necessidade de mais homens, mais dinheiro e mais determinação. A vida na corte prosseguiu como sempre; as recepções eram cintilantes e lotadas, mas Joseph e Jérôme foram mantidos à distância, já que Napoleão não queria monarcas destronados estragando o espetáculo.[28]

"O mestre estava lá como sempre, mas os rostos à volta dele, os olhares e as palavras já não eram os mesmos", registrou um funcionário que participava do *lever* imperial nas Tulherias. "O comportamento dos soldados, mesmo dos cortesãos, tinha algo de triste e cansado." O ânimo em Paris era de abatimento. "As pessoas estavam ansiosas com tudo, prevendo apenas infortúnios vindos de todo lado", escreveu Pasquier. "A corte estava sombria", escreveu Cabacérès. "À exceção de uns poucos, todos os homens que ocupavam cargos previam a catástrofe iminente e se ocupavam secretamente de tentar evitá-la e de assegurar sua existência política." Muitos esperavam uma mudança de regime.[29]

Napoleão confiava apenas em uns poucos. "À noite, ele me chamava a seus aposentos, enquanto ficava sentado com suas roupas de dormir se aquecendo ao lado da lareira", lembraria Lavalette. "Nós proseávamos (não consigo encontrar outra palavra para aquela conversa de uma hora que precedia seu sono). Nos primeiros dias eu o encontrei tão frustrado, tão abatido, que fiquei horrorizado." Marmont, que o via com frequência, observou que ele estava "sombrio e silencioso", mas que sempre se animava com a esperança de que os aliados fossem fazer uma pausa longa o suficiente no Reno para que ele organizasse um novo exército; ele não conseguia vislumbrar outro meio de salvação.[30]

"Volte para a França, senhor, identifique-se com os franceses e todos os corações serão seus, e você será capaz de fazer o que deseja com eles", Josefina havia escrito para ele ao saber das notícias sobre Leipzig. Mas Napoleão não conseguia confiar no povo francês. Ele sabia que Bernadotte havia entrado em contato com seus amigos jacobinos na esperança de assumir o poder e via o desespero que tomou conta de sua *entourage* como fraqueza num momento em que o Estado que todos eles trabalharam para construir estava prestes a tombar como a Bastilha. Napoleão estava convicto de que só ele era capaz de resguardar a nova ordem que havia criado e impedir a catástrofe, com uma demonstração de força.[31]

Napoleão queria a paz desesperadamente, mas tinha baseado seu direito ao governo de modo tão exclusivo na glória e em sua "estrela" supostamente miraculosa que achava que estaria cometendo uma traição ao assinar uma paz que via como humilhante. "Quanto a isso, ele subestimou a generosidade dos franceses e não foi capaz de confiar em uma qualidade que era estranha a seu próprio caráter", comentou Pasquier. "Ele não fazia justiça a si mesmo, pois possuía, devido à memória de seu histórico brilhante, e até mesmo de seus erros e de seus reveses, uma *éclat* e uma grandiosidade que sempre o sustentariam." Como resultado, tentou salvar o que poderia ser salvo da catástrofe primeiramente restaurando sua própria reputação do único modo que ele conhecia, por meio de vitórias militares, e desperdiçou sua última chance de manter o trono da França.[32]

41
O leão ferido

Até então, os aliados haviam se concentrado em forçar Napoleão a sair da Alemanha e só cogitavam operações militares até o Reno. Ao chegar lá, hesitaram; levar a guerra para dentro da França daria à ação um caráter diferente. Alexandre gostava da ideia de tomar Paris, mas nem seus ministros nem seus generais pensavam assim, e os soldados estavam mais interessados em voltar para casa. Frederico Guilherme também tinha receios quanto à possibilidade de ir adiante, e, embora Blücher tivesse tendência a querer causar mais danos aos franceses, seu exército estava em más condições. Metternich, que agora estava em Frankfurt com os demais ministros aliados, não desejava enfraquecer mais a França e encarava com desconfiança os planos do tsar, ao passo que Francisco queria a paz.

Por meio de um diplomata francês que voltava ao seu país, o barão de Saint-Aignan, Metternich enviou a Napoleão uma proposta de paz que se baseava na ideia de a França abrir mão de suas conquistas na Itália, na Espanha e na Alemanha, e de voltar às suas chamadas fronteiras naturais, o Reno, os Alpes e os Pireneus, o que lhe permitiria manter a Bélgica e a Savoia, assim como a margem esquerda do Reno. O *status* do restante da Holanda não estava especificado, e falava-se em negociação quanto aos temas das colônias e questões marítimas. Embora o representante britânico no campo aliado, lorde Aberdeen, soubesse da proposta, a iniciativa foi tomada por Metternich e Nesselrode e, portanto, tinha caráter semioficial.

Saint-Aignan chegou a Paris em 14 de novembro, e no dia seguinte apresentou essas propostas a Napoleão. Ele rapidamente percebeu que, como não se mencionavam as questões marítimas, e como a Bélgica permanecia em mãos francesas, os termos não seriam aceitáveis para os britânicos. Sendo assim, a proposta representava uma oportunidade de rachar os aliados, e ele respondeu positivamente; mas, sem querer parecer ansioso demais, e incentivado por Maret, um dos poucos que ainda confiavam que seu "gênio" iria triunfar, ele o fez nos mais vagos termos, sugerindo um congresso de paz e levantando novos pontos.[1]

Não demorou muito para que Napoleão percebesse que havia errado. Ele transferiu Maret novamente para seu antigo cargo de secretário de Estado e, depois de cogitar Talleyrand por um breve período, substituiu-o por um relutante Caulaincourt. Este passou boa parte da semana convencendo Napoleão a aceitar as propostas de Frankfurt do modo como estavam, e só em 2 de dezembro pôde escrever a Metternich dizendo que o imperador aceitara. A carta chegou tarde demais. Em 19 de novembro, os aliados haviam concordado com um plano de campanha, e em 7 de dezembro eles publicaram a "Declaração de Frankfurt", que sugeria que a oferta das "fronteiras naturais" já não estava na mesa e, de maneira mais sinistra, que estavam combatendo Napoleão, e não a França.[2]

Caso ele tivesse aceitado as propostas no ato da oferta, os aliados teriam sido forçados a interromper a ofensiva e uma conferência de paz seria realizada, na qual ele poderia barganhar e ganhar tempo. Isso lhe permitiria respirar e reconstruir suas forças, e mesmo se não conseguisse fazer com que tudo saísse do modo que gostaria na conferência (ele já havia listado todas as suas demandas, que eram muitas), Napoleão estaria em condições de começar a estender mais uma vez sua influência depois que a paz fosse celebrada. Acima de tudo, teria evitado o fato crucial de seu destino ser separado do destino da França.

"O estranho é que Napoleão, cujo senso comum se equiparava à sua genialidade, jamais foi capaz de discernir o ponto em que as possibilidades acabavam", observou Mathieu Molé, que trabalhou próximo a ele desde 1809. Molé disse ainda que, ao se deparar com um obstáculo, Napoleão pensava apenas em superá-lo, sem olhar mais adiante, enxergando no processo um teste a sua disposição e pensando apenas no presente, não no futuro. Essas características ficaram visíveis no discurso de 19 de dezembro, durante a abertura do Legislativo. Ele descreveu as "retumbantes vitórias" que havia conquistado na campanha recente, só anuladas pela deserção dos aliados germânicos. Dez dias depois, ao longo de um debate sobre o infeliz resultado das negociações de Frankfurt, um membro fez um discurso sugerindo que a paz deveria ser feita com base nos interesses da França, e não nos do imperador. Enfurecido, Napoleão quis fechar a Assembleia. "A França precisa mais de mim do que eu da França", ele gritou. Cambacérès conseguiu acalmá-lo, mas vários membros do Legislativo foram convidados a deixar Paris.³

O avanço dos aliados fora retomado: ao norte os prussianos de Blücher atravessaram o Reno entre Mainz e Colônia, ao sul os austríacos foram na direção de Eugène na Itália, e no centro Schwanzenberg com as principais forças austro-russas chegou à França passando pela Suíça para dispor suas tropas no planalto de Langres. Metternich, que nutria esperanças de evitar combates desnecessários, sugeriu novas negociações, com a participação da Grã-Bretanha, cujo secretário de Relações Exteriores, lorde Castlereagh, estava a caminho, e Napoleão havia concordado; só faltava decidir o lugar. Como o avanço dos aliados não havia sido suspenso, Napoleão queria ficar numa situação melhor conquistando uma vitória militar. Em 4 de janeiro de 1814, ele decretou o *levée em masse* nos departamentos ameaçados pela invasão, mobilizando funcionários da alfândega, policiais, funcionários de caça, guardas-florestais e veteranos para organizar uma defesa territorial. Ele se mostrou um pouco relutante em convocar a Guarda Nacional de Paris, por não ter mais certeza se era possível confiar nela.

Dias depois, em 7 de janeiro, sem que Napoleão soubesse, Murat assinou uma aliança com a Áustria. Ainda em 12 de dezembro de 1813, Murat tinha escrito pedindo instruções, assegurando ao imperador que "serei seu melhor amigo pelo resto da vida". Napoleão sabia dos contatos de Murat com os austríacos, mas percebeu que ele e Caroline estavam apenas se protegendo e que voltaraim a ficar ao seu lado caso as coisas melhorassem. Murat estava sendo pressionado pela Áustria a entrar abertamente em guerra, mas protelou isso o quanto pôde. Napoleão havia enviado Fouché a Nápoles em novembro para ficar de olho nele, mas Fouché pensava em seu próprio futuro e aconselhou Murat a se aliar aos austríacos. A decisão provavelmente foi tomada por Caroline, que era mais inteligente e realista, assim como Élisa, que fez o melhor que pôde para permanecer com Lucca, rompendo relações com a França. Enquanto isso, Eugène continuou a dar a Napoleão garantias de lealdade, mas resistiu à sugestão dele de que sua esposa, grávida, fosse a Paris – onde serviria como refém para garantir seu bom comportamento. Napoleão pediu a Josefina que escrevesse para ele, o que ela fez, ordenando que ele se mantivesse leal a Napoleão e à França.⁴

No domingo, 23 de janeiro, depois de ir à missa, Napoleão foi ao Saguão dos Marechais nas Tulherias. Ali ele apresentou o rei de Roma aos oficiais da

Guarda Nacional de Paris. No mesmo dia, assinou documentos nomeando Maria Luísa regente em caso de sua ausência. Na manhã seguinte, nomeou Joseph como tenente-geral do império, e à noite, depois de queimar seus documentos mais secretos, abraçou a esposa e o filho; às seis da manhã de 25 de janeiro, saiu de Paris a cavalo para se juntar ao exército. "Ele parecia estar de bom humor, determinado e em perfeitas condições de saúde", observou Lavalette. A Pontécoulant declarou que, a não ser que uma bala de canhão o derrubasse, dentro de três meses não haveria um único soldado estrangeiro em solo francês. Ele censurava aqueles à sua volta que achavam que a guerra estava perdida. "Acham que já dá para ver cossacos nas ruas", Napoleão brincou durante o jantar dias antes. "Bom, eles não estão aqui ainda e nós não esquecemos como lutar." Ele garantiu à esposa que derrotaria os aliados e que ditaria a paz ao pai dela. "Vou derrotar papai François novamente", ele repetiu enquanto a abraçava pela última vez. "Não chore, eu volto logo." Ele jamais voltaria a ver a esposa e o filho.[5]

Antes de deixar Paris, Napoleão ditou uma carta para o sogro sugerindo uma paz em separado. Ressaltou que, caso os aliados fossem derrotados, a Áustria perderia menos que os outros, ao passo que cada vitória aliada apenas diminuía a importância austríaca, pois isso aumentava desproporcionalmente a influência dos demais aliados. Ele pretendia mostrar que falava sério a respeito de sair vitorioso e, depois de escapar por pouco de ser assassinado no trajeto por uma patrulha de cossacos, assumiu o comando dos 45 mil homens acampados em Châlons-sur-Marne. "Apesar dos desastres da campanha da Saxônia, apesar de os aliados terem atravessado o Reno, o exército tinha convicção de que derrotaria o inimigo", lembraria o coronel de um dos regimentos da guarda, observando ao mesmo tempo que os comandantes experientes estavam mais céticos. Eles tinham bons motivos para isso: embora os generais aliados pudessem ser derrotados, os estadistas aliados tinham se acostumado à derrota, e cada nova derrota os tornava mais convictos de que o único modo de obter uma paz duradora seria se livrar de Napoleão. Ele estava otimista, achando que conseguiria vencer os aliados e fazer com que eles recuassem, recuperando assim os 90 mil homens presos atrás de suas linhas em fortalezas ao longo do Reno ou pouco além das fronteiras francesas.[6]

Blücher seguia adiante das outras forças aliadas, e Napoleão o atacou perto de Brienne, onde havia iniciado sua carreira militar. Acertou um belo golpe e empurrou Blücher para trás, mas, reforçado por Schwarzenberg,

Blücher contra-atacou e, com menos da metade dos soldados do oponente, Napoleão foi derrotado em La Rothière em 1º de fevereiro. Ele recuou para Troyes, antes do Sena.

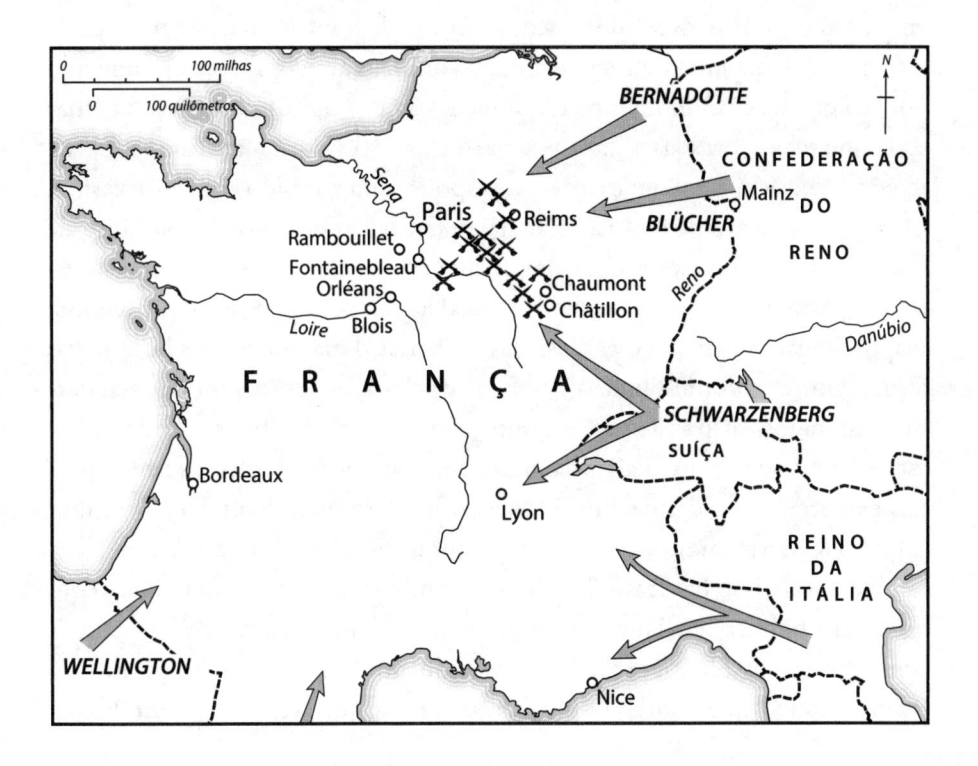

Isso encorajou os aliados, e quando Caulaincourt encontrou seus plenipotenciários em Châtillon para negociações uma semana depois, ouviu sem maiores rodeios que o melhor que poderia esperar eram as fronteiras da França pré-revolucionária. Quando soube disso, na noite de 7 de fevereiro, Napoleão disse que jamais concordaria com esses termos, pois isso significaria descumprir o juramento que fizera ao ser coroado, dando a seus inimigos argumentos para destroná-lo. Ele estava desesperado e não dormiu. Quando, nas primeiras horas da manhã, um mensageiro trouxe a notícia de que Blücher havia se afastado de Schwarzenberg e que marchava rumo a Paris, Napoleão decidiu enfrentá-lo pela segunda vez. Maret, que vinha com uma carta para que Caulaincourt assinasse, encontrou-o deitado sobre um mapa com um par de compassos, sem nem pensar em negociações. Napoleão se moveu com rapidez, incorporando toda unidade que encontrou ao longo do caminho. Em 10 de fevereiro, deteve a vanguarda de Blücher em Champaubert; no dia seguinte, outro de seus corpos de exército em Montmirail; e no outro dia, uma terceira força em Château-Thierry. Em 14 de fevereiro, Napoleão derrotou o próprio Blücher em Vauchamps. Ele estava de bom humor, e todos os que o viam ganhavam ânimo. Em 18 de fevereiro, conseguiu mais uma vitória em Montereau, em que ele mesmo operou um canhão.

"Eles acharam que o leão estava morto e que podiam mijar nele tranquilamente", exclamou Napoleão. Ele enviou instruções a Caulaincourt em Châtillon para não aceitar nada menos do que as fronteiras "naturais" da França, não abrir mão da Itália, ceder a menor quantidade possível de território e, acima de tudo, escrever antes de aceitar qualquer coisa. Mais uma vez escreveu a Francisco, na esperança de convencê-lo a fazer um acordo de paz em separado, mas ele próprio só pensava em guerra. Em 21 de fevereiro, escreveu a Augereau, reclamando de sua lentidão: "Se você ainda é o Augereau de Castiglione, mantenha seu comando; se os sessenta anos se tornaram um peso para você, deixe-o e entregue-o para o mais experiente de seus generais. [...] Precisamos recuperar nossas botas e nossa determinação de 93!".[7]

A derrota de Blücher foi um choque para os aliados, e o pânico se espalhou por algumas unidades. Schwarzenberg recuou e solicitou um armistício enquanto os monarcas aliados e seus ministros fugiam às pressas em busca de segurança. Bernadotte estava em contato com seus amigos franceses, temendo por sua deserção. O moral no lado francês subiu e, apesar das pesadas perdas e das marchas forçadas exaustivas nas atrozes condições da campanha de inverno e na área rural onde operava, Napoleão era recebido com entusiasmo. O comportamento dos soldados alemães, em busca de revanche por anos de humilhação, despertara a fúria dos habitantes locais, e houve alguma resistência partidária espontânea nas áreas afetadas pela guerra. Mas, embora Napoleão garantisse que o canhão das Tulherias daria notícia das boas-novas a cada vitória e do desfile de prisioneiros pelas ruas junto com os estandartes capturados, os parisienses estavam cada vez mais fatalistas. "Todos estão escondendo seus bens mais preciosos, enterrando-os no chão, fechando-os nas paredes grossas das chaminés", observou o arquiteto Fontaine. O diretor do Louvre atormentava Joseph para que protegesse seus tesouros.[8]

Napoleão bombardeava Joseph com instruções sobre como lidar com a opinião pública, enviando material, como relatos de atrocidades cometidas pelas tropas estrangeiras, a ser inserido no *Le Moniteur*. Ficou furioso quando soube que Maria Luísa, lembrando o que havia feito em Viena, quando a cidade estava sendo bombardeada por ele, propôs orações públicas para o sucesso da campanha. Ele ficava alerta a tudo que pudesse ter influência na guerra de propaganda, e, percebendo que destacamentos de cossacos vagavam pelo interior, instruiu Joseph para que toda a prataria, todos os retratos da família real e "qualquer coisa que pudesse parecer um troféu" em Fontainebleau fossem encaixotados e levados para lugar seguro.[9]

Napoleão concordou com o pedido de armistício de Schwarzenberg, mas quando as negociações tiveram início, em 24 de fevereiro, tentou usá-las para afetar as subsequentes conversações de paz ao sugerir uma linha de demarcação próxima às "fronteiras naturais" da França, e, depois de dias de conversas infrutíferas, em 5 de março as negociações foram interrompidas. A essa altura ele estava numa posição ainda mais frágil.

Em 20 de fevereiro, Napoleão recebeu a notícia da deserção de Murat. Dez dias depois soube que, em 27 de fevereiro, Soult havia sido derrotado em Orthez por Wellington, que marchava rumo a Bordeaux. Presumindo que Murat pudesse ser convencido pelas notícias de seus recentes êxitos, Napoleão instruiu Joseph a mandar alguém para falar com ele. Também sugeriu um novo esforço para trazer Bernadotte para o lado da França. Queria que Eugène esquecesse a defesa da Itália, que podia facilmente ser reconquistada mais tarde; em vez disso, ele deveria ir à França, pegar os 5 mil homens em Chambéry, mais 8 mil em Grenoble e as forças de Augereau em Lyon, que iriam lhe dar pelo menos 50 mil homens com os quais poderia atacar a retaguarda do inimigo e ir para a região da Lorena.[10]

As negociações tinham sido retomadas em Châtillon, mas sem resultados, já que Caulaincourt não tinha liberdade para agir e Napoleão não estava com diposição para ceder. A situação havia trazido à tona suas mais profundas inseguranças, e ele só voltaria a Paris como vitorioso. Os registros de Molé mostram Napoleão dizendo ser indissociável de sua glória: "Se sacrificar isso, não sou nada, é daí que vêm meus direitos".[11]

A situação desesperadora também fez surgir suas melhores qualidades como tático e líder de homens, e reacenderam suas aptidões. O general Ricard ficou espantado quando apareceu no quartel-general e ouviu Napoleão dizer a Berthier: "Sente e escreva!" e começar a ditar ordens listando o número de soldados e a posição de dezenove unidades diferentes, e o momento em que cada uma deveria se concentrar em determinado ponto, sem consultar uma única anotação.[12]

Percebendo uma chance de derrotar Blücher, que se afastava de Schwarzenberg, Napoleão o perseguiu e o atacou em Craonne, em 7 de março, e, depois de uma das mais sangrentas batalhas da campanha, conseguiu fazer com que ele recuasse. Mostrou-se capaz de explorar o conhecimento íntimo do terreno ao procurar seu velho amigo de Auxonne, Belly de Bussy, que vivia ali perto. Dois dias depois, ele se deparou com a força principal de Blücher em Laon. Havia subestimado as forças prussianas, que eram o dobro das suas, e foi forçado a bater em retirada depois de uma batalha inconclusiva. Napoleão se recusava a aceitar que a situação era desesperadora e acusava de covardia aqueles que o aconselhavam a pedir a paz. "Hoje, eu sou o senhor, como em Austerlitz", escreveu a Joseph em 11 de março. Não era essa a impressão em Paris, onde aqueles que o apoiaram por interesse na reconstrução da França ficavam cada vez mais desencantados ao vê-lo colocar o país de joelhos.[13]

"A situação é grave e piora diariamente", Cambacérès escreveu no mesmo dia.

> Estamos em uma terrível pobreza e cercados por pessoas exaustas ou zangadas. Nos outros lugares é ainda pior; tanto os relatórios oficiais quanto a correspondência privada deixam claro que não temos mais como nos defender, que o desânimo tomou conta de todos, que os sinais de descontentamento são evidentes em várias regiões e que estamos prestes a testemunhar os mais sinistros eventos caso o braço forte de Sua Majestade não venha rapidamente em nosso auxílio.

Como se fosse um jogador fanático, Napoleão se agarrou à esperança de que o próximo arremesso dos dados ainda reverteria a situação; agora, mais do que nunca, ele precisava estabelecer seu direito ao governo.[14]

Dois dias antes, em 9 de março, os aliados haviam assinado o tratado de Chaumont, unindo Grã-Bretanha, Rússia, Prússia e Áustria, que dali em diante passavam a se identificar como as "Grandes Potências" para combater Napoleão até o fim e supervisionar a reorganização da Europa depois de sua remoção. Eles estavam divididos quanto a quem deveria sucedê-lo. A Grã-Bretanha e a Áustria preferiam os Bourbon, Alexandre apoiava Bernadotte, que foi às pressas a Paris, adotando uma pose ambivalente que deixava aberta, caso ele não conseguisse conquistar o trono, a possibilidade de se tornar um operador tanto de uma república quanto de uma restauração dos Bourbon – um Cromwell ou um Monck.

Em 13 de março, Napoleão derrotou um corpo de exército russo isolado em Reims. Ele então foi à caça de Schwarzenberg e o alcançou em Arcis-sur-Aube, mas, quando os austríacos fizeram meia-volta e trouxeram seus 90 mil homens para lutar contra os 20 mil de Napoleão no dia seguinte, Napoleão teve de bater em retirada. Ele salvou o dia quando a cavalaria francesa, durante a retirada, ameaçou causar pânico nas fileiras; no momento em que uma granada caiu diante deles e tiveram de recuar, Napoleão cavalgou até parar o cavalo em cima do explosivo e, embora o animal tenha morrido, saiu incólume. Alguns acreditaram que ele estava buscando a morte; houve outros momentos nessa campanha em que ele liderou à frente dos demais, espada em punho, aparentemente flertando com um final glorioso.

Durante a retirada, "o desânimo se abateu sobre nossos espíritos", relembraria o general Boulart. Em 25 de março, Marmont e Mortier foram atacados em La Fère Champenoise; Augereau entregara Lyon. As tropas ainda eram capazes de momentos de entusiasmo, mas o ânimo nas patentes superiores era derrotista, e os generais falavam abertamente da inutilidade de continuar combatendo. De acordo com uma fonte policial, houve até mesmo um complô de um grupo de generais para se livrar de Napoleão.[15]

O conselho de Cambacérès para que ele voltasse a Paris se baseava em cálculos sensatos: os habitantes dos *quartiers* mais pobres eram esmagadoramente leais e patrióticos, e os aliados jamais ousariam invadir a cidade, com sua imensa população e seu legado revolucionário – e nenhum Bourbon seria louco de concordar em ascender ao trono passando por cima dos corpos dos defensores da capital. Mais importante, na verdade, a presença dele teria impedido seus inimigos de fazerem um acordo com os aliados pelas suas costas. Mas Napoleão não deu atenção.

Em vez disso, Napoleão decidiu passar entre os exércitos aliados, penetrar em sua retaguarda, desorientá-los e obrigá-los a parar de avançar, reunir tropas das fortalezas espalhadas pela fronteira leste da França e atacá-los por trás. Era um plano ousado que teria funcionado em 1797, mas os aliados não entraram em pânico, e quando um mensageiro levando um bilhete a Maria Luísa que revelava seu plano foi pego, com outros que continham diversas ordens, eles imediatamente foram a Paris. Percebendo seu erro, Napoleão se apressou em voltar a toda velocidade em cavalos e veículos emprestados ao longo do caminho, deixando seus soldados para trás. Ele ouvia o som dos canhões à distância enquanto seguia às pressas, mas já era tarde demais.

Paris não tinha notícias dele desde 25 de março, e, à medida que o inimigo se aproximava, Joseph ficava nervoso. Os corpos de exército de Marmont e Mortier estavam a caminho, mas o governador militar da cidade só conseguiu reunir para sua defesa uma miscelânea de soldados, veteranos, integrantes da Guarda Nacional, bombeiros armados e gendarmes que não somavam mais que 25 mil homens. Em 28 de março, Joseph se reuniu com o Conselho Regente para decidir se a imperatriz e o rei de Roma deveriam deixar a capital rumo a um lugar seguro. A maior parte dos presentes achou que eles deveriam ficar, temendo a instabilidade que poderia se seguir à sua partida. Joseph então leu em voz alta cartas que recebeu de Napoleão em fevereiro e que o instruíam a se certificar de que a esposa e o filho não caíssem em mãos inimigas. "*Não abandone meu filho*, e lembre-se de que eu iria preferi-lo afogado no Sena do que nas mãos dos inimigos da França; o destino de Astíanax como prisioneiro dos gregos sempre me pareceu o mais infeliz da história", ele havia escrito em 16 de março, acrescentando que sempre que assistia à tragédia *Fedra*, de Racine, chorava ao ver o destino do neto do rei de Troia. Diante disso, a maior parte dos presentes cedeu e concordou que a imperatriz deveria partir. Maria Luísa protestou, mas foi convencida, e no dia seguinte ela e o filho seguiram para Rambouillet, acompanhados por Cambacérès e outros membros do Conselho Regente, assim como por vários outros dignitários e ministros, bem como pela maior parte da *maison* dela.[16]

Joseph, que permaneceu em Paris, publicou um chamado às armas e foi para o alto de Montmartre para supervisionar a defesa da cidade, que teve início com os primeiros ataques aliados na manhã de 30 de março. Em pouco tempo ficou evidente que a situação era desesperadora, e ele conversou com Marmont e com outros para decidir o que fazer. As tropas estavam determinadas a defender a cidade até o último homem e receberam a adesão de voluntários de todas as classes da população, e uma resistência vigorosa foi estabelecida em diversos pontos. Ao mesmo tempo, senhoras em carruagens saíam para observar como se estivessem em um dia nas corridas. Mais tarde, considerando que não havia o que fazer, contrariando o conselho de Lavalette, que esperava a chegada de Napoleão a qualquer momento, Joseph enviou Marmont ao quartel-general dos aliados para negociar uma capitulação. Ele então partiu para se unir a Maria Luísa e o restante do Conselho Regente. Não muito depois, chegaram notícias de Napoleão anunciando que estava a caminho, e, portanto, Marmont pediu um cessar-fogo de 24 horas, mas Alexandre, que estava no quartel-general, se recusou e ameaçou saquear a cidade, a não ser que a capitulação fosse imediata. Os termos foram acertados, e as unidades de Marmont começaram a se retirar na direção de Fontainebleau, enquanto seus assistentes cuidavam das formalidades.[17]

Às dez da noite no La Cour de France, a poucas horas de distância de Paris, Napoleão se encontrou com o general Belliard, então no comando da cavalaria de Marmont, que o informou que Paris havia capitulado. Ele ficou chocado. Sua reação imediata foi de seguir em frente, mas, depois de um breve trecho, ele fez meia-volta. Andou para lá e para cá na estrada, com emoções conflitantes, furioso com Joseph, um "covarde" e um "maricas", com seus marechais e com o destino, alternando entre exaltação e desespero, entre a determinação de marchar até Paris e a de negociar a paz. Ele então voltou ao entreposto, onde sentou mantendo a cabeça entre as mãos e permaneceu imóvel por um tempo.[18]

Perto das três da manhã, Napoleão se levantou, escreveu para Maria Luísa e despachou Caulaincourt a Paris para falar com o tsar. Em seguida foi para as proximidades de Fontainebleau, onde permaneceu pelos próximos dias com os remanescentes de seu exército. Junto com as unidades que tinham saído de Paris, não eram mais de 40 mil homens em condições de combate, mas ele aumentava os números em sua mente e continuava escrevendo em suas anotações que as forças de Marmont, que agora não passavam de 5.200 homens efetivos, tinham 12.400. Em 1º de abril, ele realizou um conselho de guerra para considerar as opções. A maior parte dos presentes sugeriu uma retirada para trás do Loire, onde seria possível se unir aos remanescentes do Exército da Espanha de Soult e das forças de Augereau e encontrar a imperatriz e o rei de Roma. Napoleão novamente queria marchar sobre Paris, convencido de que seu surgimento eletrizaria a população, e deu ordens a Marmont, cujas unidades estavam acampadas em posições avançadas em Essonnes, para que se preparasse para a ação. Na manhã seguinte, enquanto passava em revista as tropas no grande pátio do palácio, Caulaincourt voltou de Paris com um semblante sombrio. Napoleão dispensou as tropas que desfilavam e entrou para ouvir as notícias.[19]

Habilmente manipulado por Talleyrand, que evitou abandonar a capital com o restante do Conselho Regente, Alexandre aceitou que os Bourbon deveriam ser restaurados. Talleyrand estava formando um governo provisório e, temendo que a influência de Napoleão voltasse a crescer, explorava a possibilidade de mandar assassiná-lo. O tsar sucumbiu à influência dele e estava determinado a não negociar com Napoleão, mas deu garantias de que este teria onde se refugiar e de que poderia continuar como soberano, mencionando Corfu, a Sardenha, a Córsega e Elba como possibilidades. Durante toda aquela tarde e até de madrugada, Napoleão ouviu impassível Caulaincourt repassar cada detalhe das conversas com Alexandre e tudo que havia visto e ouvido em Paris, onde a maior parte das pessoas estava ocupada pensando em seu futuro sob o novo regime, sem nem sequer pensar nele. "Não ligo para o trono", Napoleão disse.

> Nascido soldado, eu posso, sem sentir piedade por mim mesmo, voltar a ser cidadão. Minha felicidade não está na grandeza. Eu quis ver a França grande e poderosa, e acima de tudo feliz. Prefiro deixar o trono do que assinar um tratado de paz vexaminoso. Estou feliz que não tenham aceitado as suas condições, porque eu seria obrigado a concordar, e a França e a história me censurariam por tal ato de fraqueza. Só os Bourbon podem se adequar a uma paz ditada pelos cossacos.

Caulaincourt disse que a única opção era abdicar, alertando que ele estava prestes a ser derrubado.[20]

Napoleão estava indignado, e no dia seguinte, enquanto a velha guarda desfilava diante dele, disse que traidores haviam entregado Paris ao inimigo e que era preciso ir recuperá-la. Os homens gritaram "Para Paris!" e pareceram dispostos a lutar, por isso ele começou a fazer planos. Naquela noite, chegaram notícias de que Talleyrand reunira um grupo de senadores, 64 de um total de 140, que haviam votado sua deposição com base em uma violação da Constituição e por ter sujeitado os interesses da França aos seus próprios. Os senadores também tinham aprovado a formação de um governo provisório sob Talleyrand, cujo primeiro ato foi liberar todos os franceses de seu juramento de lealdade ao antigo imperador.

Na manhã seguinte, 4 de abril, depois do desfile de costume, Napoleão conversou com os marechais Berthier, Ney, Lefèbvre, Moncey, Oudinot e Macdonald, bem como Caulaincourt e Maret. Ele continuava falando na possibilidade de marchar e de impor uma derrota aos aliados, nem que fosse para ficar em situação melhor para negociar. Todos disseram com franqueza que as tropas não estavam mais dispostas a lutar e que, mesmo se estivessem, uma vitória não traria nada. Eles foram unânimes ao dizer que ele deveria abdicar. Napoleão disse que iria pensar no assunto e responder no dia seguinte, mas em seguida, numa conversa com Caulaincourt, voltou a sugerir a ideia de fazer operações militares em paralelo com as negociações de paz. No fim, ele foi convencido a assinar uma proposta para apresentar sua abdicação ao Senado depois que as potências tivessem reconhecido a sucessão de seu filho de três anos com Maria Luísa, Napoleão II, como regente. A proposta deveria ser levada a Alexandre por Caulaincourt como ministro das Relações Exteriores, assistido pelos marechais Ney e Macdonald para deixar claro que o exército apoiava a dinastia Bonaparte e se opunha aos Bourbon. Os três partiram, acompanhados por uma numerosa escolta de oficiais de alta patente.[21]

No caminho, em Essonnes, eles visitaram Marmont e descobriram que ele vinha negociando por conta própria. Tendo recebido informações erradas de Talleyrand e outros, ele havia entrado em contato com o comandante austríaco Schwarzenberg, para combinar a deserção de suas tropas, que passariam de Napoleão para o lado dos aliados. A operação aconteceria naquela noite. Ele fingiu que o assunto fora meramente discutido e deu instruções para que nada fosse feito, e ao mesmo tempo se apresentou como voluntário para se unir a Caulaincourt e seus dois companheiros em sua missão em Paris, aonde eles deveriam chegar no fim da noite.

Apesar dos esforços da parte de Talleyrand para impedir que isso acontecesse, eles foram recebidos em audiência por Alexandre às três da manhã do dia 5 de abril. Ele ouviu os argumentos deles por meia hora e demonstrou certa simpatia, já que desprezava os Bourbon e não tinha nenhum entusiasmo pela ideia de restaurá-los. Pediu-lhes que voltassem no dia seguinte, depois do meio-dia, afirmando que pensaria no caso, e eles saíram animados, ainda mais em função dos olhares preocupados de Talleyrand e de outros que encontraram ao sair – Alexandre estava na casa de Talleyrand. Eles foram dormir e concordaram em se encontrar para o café da manhã às onze na casa de Ney.

Quando começavam a tomar o café da manhã, os quatro foram interrompidos pelo coronel Fabier, que, ofegante, anunciou que naquela noite as forças de Marmont haviam passado para o lado inimigo. Marmont ficou pálido, deu um salto e, pegando a espada, disse que precisava partir e "consertar" as coisas. Ele saiu às pressas, deixando os colegas perplexos. Quando eles chegaram para falar com Alexandre, Paris inteira sabia da deserção de Marmont, e o argumento deles de que o exército estava firme ao lado de Napoleão já não se sustentava. O tsar lhes disse que Napoleão devia abdicar incondicionalmente. Em troca receberia a ilha de Elba, no Mediterrâneo, onde seria soberano, e uma generosa provisão para ele e sua família.[22]

Enquanto Alexandre falava, Napoleão fazia planos alternativos. Ele tinha assistido ao desfile costumeiro pela manhã, e a visão das tropas o encheu novamente de ardor militar. Começou a ditar ordens para uma retirada para além do Loire, onde encontraria a imperatriz e o rei de Roma, que tinham passado a residir no château Residence em Blois com a *maison* dela e prata suficiente para encher um palácio, além de um tesouro imperial completo das Tulherias. Os irmãos de Napoleão também estavam hospedados no castelo, ao passo que Cambacérès, Molé, Clarke, Montalivet, Regnaud e outros membros do Conselho Regente e vários dignitários se hospedaram da melhor maneira possível na cidadezinha.

Cambacérès bravamente manteve seus padrões, continuando a usar os trajes oficiais e fazendo com que o carregassem numa liteira pela parte velha da cidade, cujas ruas eram muito estreitas para carruagens. Os demais tentaram o melhor que puderam não demonstrar que percebiam ter sido derrotados e deixados de lado por seu ex-colega Talleyrand. Savary já tinha entrado em negociações com ele com vistas ao seu futuro. Maria Luísa esperava se unir a Napoleão e escreveu a ele pedindo orientação e apoio, e a seu pai pedindo ajuda. Os homens Buonaparte voltaram a seus instintos nativos ao contemplar um futuro em que não teriam como depender do irmão para ter uma vida de grandiosidade e luxo. Joseph tentou fazer o papel de chefe de família, tomando todas as decisões, apoiado por Jérôme. Napoleão vinha fazia algum tempo suspeitando que ele desejava seduzir Maria Luísa, e agora ele aproveitava a oportunidade para tentar estuprá-la. De sua parte, Louis acrescentou um súbito surto de fanatismo religioso a seu comportamento neurótico.[23]

Napoleão foi acordado às duas da manhã de 6 de abril por Caulaincourt, Ney e Macdonald, que acabavam de voltar de sua visita a Alexandre. Depois de ouvir o relato, ele anunciou que jamais abdicaria incondicionalmente e os dispensou. Mas ninguém dormiu muito; às seis da manhã, Caulaincourt estava de volta e os dois falaram longamente. Napoleão ficou chocado com a deserção de Marmont e profundamente magoado com um ato de traição de um de seus mais velhos amigos. Mais do que isso, o gesto minou a posição dele ao pôr em questão o apoio do exército.

Naquela manhã de 6 de abril, Napoleão escreveu de próprio punho as quatro linhas e meia de sua abdicação, fazendo um grande borrão de tinta no processo. Ele então escreveu instruções formais para Caulaincourt e para os dois marechais, dando poder para que negociassem os detalhes do acordo. O que Napoleão não sabia no momento em que eles partiram naquela noite era que, convencido por sua esposa, uma ardorosa monarquista, Ney já havia escrito a Talleyrand se submetendo ao novo governo. Como Caulaincourt observou, "todos voltavam seus olhos para o sol nascente e buscavam se aproximar dele; o sol de Fontainebleau já não aquecia...".[24]

42
Rejeição

Depois de assinar a abdicação, Napoleão caiu num estado de apatia pontuado por eventuais ataques de raiva e uma espécie de perplexidade; pela primeira vez em muitos anos, ele havia perdido o controle não apenas dos eventos, mas também das pessoas que tinha passado a ver como elementos de uma máquina bem azeitada. Por anos ele triunfara atrevendo-se a ser ousado, recusando-se a desistir e acabando por encontrar uma maneira de superar ou contornar obstáculos, e fazendo os fracassos desaparecerem ao escrever uma versão dos eventos em que eles fossem omitidos. Mas então ele se deparava com uma realidade absolutamente impermeável à sua vontade.

"O bem-estar da França parecia estar no destino do imperador", escreveu Napoleão em sua declaração ao exército depois da deserção de Marmont. Isso foi verdade por muito tempo. O que ele tinha perdido de vista era que esse destino foi salvar a França do caos e reconstruir o Estado. Ironicamente, o que estava acontecendo então era uma confirmação do êxito de seus empreendimentos; precisamente porque o Estado que Napoleão construíra era tão bem fundamentado nas instituições criadas por ele que uma mudança de regime estava ocorrendo sem qualquer caos político, sem nenhum banho de sangue, que certamente ocorreriam quinze anos antes. Era sua própria obra que o confrontava agora.[1]

Por anos Napoleão exercera controle sobre as pessoas à sua volta por meio de uma combinação simples de medo e favores, e nos raros casos em que isso não levava aos resultados desejados, ele simplesmente bania a pessoa de seu campo de visão, evitando assim a indesejada realidade de que poderia haver limites a seus poderes sobre os outros. Aqueles que ele pôs de lado, como Alexandre, Talleyrand e os membros do Senado, cujos pontos de vista ele ignorou, foram então capazes de confrontá-lo, mais uma vez parcialmente como resultado das estruturas administrativas que ele criara e da estabilidade social que essas instituições haviam encorajado; ele havia estabelecido uma nova hierarquia de notáveis cujo primeiro dever era com o Estado. Mesmo o exército, que o venerava, sentia que sua obrigação primeira era com a França e, assim que ficou claro que não eram apenas inimigos externos que ele enfrentava, se posicionou contra uma guerra civil em nome de sua causa.

A narrativa criada por Napoleão em sua propaganda desde o início de sua primeira campanha italiana deu a ele fé em si mesmo e projetou uma imagem que tinha apelo para a população francesa e que lhe permitiu levar consigo essa população em seu projeto político. Mas com o tempo isso deformou sua percepção da realidade, levando-o a crer que realmente tinha o poder de fazer as coisas simplesmente por desejá-las. "Jamais o raciocínio e o julgamento de um homem estiveram mais equivocados, mais desnorteados, mais dominados por sua imaginação e por suas paixões do que os do imperador em alguns assuntos", observou Caulaincourt depois de uma conversa com Napoleão. Sua tendência a pensar que as coisas dariam certo, combinada com a falta de disposição para formular uma estratégia de longo prazo, levou a resultados desastrosos na Espanha e na Rússia. Por muito tempo, sua capacidade de manipular fatos e pessoas permitiu que ele não precisasse enfrentar as consequências. Ele continuou eliminando verdades inconvenientes de sua narrativa, e, mesmo quando esses fatos invadiram a narrativa de maneira tão rude, ele os combatia por instinto.[2]

Toda manhã um dos regimentos da guarda desfilava diante dele, e suas aclamações faziam ressurgir seu instinto de luta; embora até os mais dedicados generais tivessem aceitado o inevitável, Napoleão continuava revisando várias opções militares. Em 7 de abril, um dia depois de ter enviado seu ato de abdicação, o comandante da velha guarda, marechal Lefèbvre, escreveu sua carta de submissão ao novo governo e partiu para assumir um assento no Senado. Oudinot foi o próximo, o que deixou apenas Berthier e Moncey em Fontainebleau. Mesmo assim, em 10 de abril, depois de receber um relatório baseado em fofocas coletadas por um oficial austríaco e que dizia que Francisco estava disposto a apoiar a ascensão de seu filho, Napoleão mandou que fossem buscar Caulaincourt para revogar a procuração que havia lhe dado para negociar sua abdicação e passou a conferir o número de soldados com que podia contar.[3]

Caulaincourt ignorou a convocação de Napoleão para que ele voltasse. Apoiado por Ney e Macdonald, ele lutava para conseguir os melhores termos possíveis. Caulaincourt precisava negociar não apenas com Alexandre, mas também com Metternich e Castlereagh, ambos chocados pelas promessas que ouviram do tsar ao chegar a Paris e por ver que Talleyrand e Fouché, também presentes, estavam determinados a eliminar seu antigo senhor. Talleyrand chegou a engendrar uma intriga que tinha como objetivo provocar Napoleão a fazer um movimento militar que poderia ser usado pelos aliados como justificativa para anular as obrigações assumidas por Alexandre.[4]

Caulaincourt escreveu explicando a situação, mas, ao receber a carta, Napoleão ficou furioso, falando em traição, e às cinco da manhã escreveu novamente determinando que Caulaincourt não assinasse nada. Era tarde demais; naquela noite um acordo havia sido feito, e em 11 de abril o tratado de Fontainebleau foi assinado por Castlereagh, Metternich e Nesselrode pelo lado dos aliados, e por Caulaincourt, Ney e Macdonald pelo lado de Napoleão. Os três chegaram a Fontainebleau na manhã seguinte com o documento para que ele o ratificasse. Ele ouviu com ar sombrio o relato e os termos do tratado, que diziam que ele receberia a ilha de Elba para governar como soberano, teria um subsídio anual dado pelo governo francês e permissão para levar consigo um pequeno contingente da guarda, e que sua família ficaria em boa situação.

Napoleão continuava assistindo aos desfiles diários, mas passava os dias em seus próprios aposentos, ocasionalmente andando pelo jardim, por vezes descontando suas frustrações batendo com um pedaço de pau nas flores. Ele estava enojado por aquilo que via como deserções dos membros de seu Estado-maior e de sua *maison*, que partiam em missões inventadas para jamais voltar ou simplesmente desapareciam. Constant e Roustam tinham ido, e em muitos daqueles que continuavam em seu entorno a impaciência para que o fim chegasse era visível. Napoleão reclamava amargamente da ingratidão de seus marechais, dizendo que tinha subestimado a baixeza dos homens em geral. No entanto, havia alguns poucos que continuavam leais, sendo os casos mais notáveis o de Maret e o do marechal do palácio, general Bertrand, e, desde os primeiros rumores sobre tramas contra a vida do imperador, alguns de seus assistentes dormiam em colchões colocados nas passagens que levavam a seus aposentos para protegê-lo. Ao mesmo tempo, suas pistolas e a pólvora tinham sido discretamente removidas. Naquele dia ele escreveu a Josefina expressando seu desespero, e os que estavam à sua volta podiam percebê-lo.[5]

Tarde da noite, Napoleão pediu a seu criado Hubert que reavivasse a lareira de seu quarto e que trouxesse materiais de escrita e papel. Após fazer isso, Hubert deixou entreaberta a porta que separava o quarto de Napoleão do dele. Ele o ouviu começar uma carta várias vezes, amassando o papel e o atirando na lareira. "Adeus, minha gentil Luísa", dizia a última versão. "Você é aquilo que mais amo neste mundo. Meus infortúnios me afetam apenas na medida em que causam mal a você. Você amará para sempre o mais amoroso dos maridos. Beije meu filho. Adeus, cara Luísa. Seu dedicado." Hubert então o ouviu ir até a cômoda, onde sempre havia um jarro d'água e um açucareiro, e ficou surpreso ao ouvir o som de água sendo despejada num copo e de algo sendo misturado com uma colher, pois havia percebido que o criado encarregado de fazer isso não tinha colocado açúcar no açucareiro. Depois de um momento de silêncio, Napoleão foi à porta de seu quarto e pediu a Hubert que chamasse Caulaincourt, Maret, Bertrand e Fain.

Caulaincourt foi o primeiro a chegar e encontrou Napoleão com uma aparência abatida, de quem estava passando mal, e era evidente que havia tomado o veneno que carregava em um sachê em volta do pescoço desde a retirada de Moscou. Ele começou uma divagação em que se autojustificava e pediu a Caulaincourt que fizesse várias coisas por ele, mas Caulaincourt chamou o doutor Yvan. A essa altura, Napoleão estava com o corpo curvado com dores no estômago e reclamando da dificuldade de morrer. Quando Yvan chegou, Napoleão pediu que ele preparasse um veneno mais forte, mas em vez disso o médico administrou uma poção que o fez vomitar a dose original. Pela manhã, ele estava fora de perigo.[6]

"Já que a morte não quer me aceitar nem na minha cama nem no campo de batalha, devo viver", disse Napoleão a Caulaincourt. "Será necessária alguma coragem para enfrentar a vida depois desses fatos. Devo escrever a história dos corajosos!" Pediu então que fossem feitos todos os preparativos para a assinatura do tratado, o que ele fez na presença de Caulaincourt e Maret. Às nove horas, Macdonald, que deveria levar o documento a Paris, entrou no quarto. Encontrou Napoleão "sentado em frente à lareira, vestido apenas com um pijama de algodão, as pernas nuas, de chinelos, sem nada em torno do pescoço, o rosto nas mãos e os cotovelos sobre os joelhos". Ele não se virou quando Macdonald entrou, e pareceu imerso em pensamentos. Caulaincourt o acordou e ele se levantou, foi até Macdonald e pediu desculpas por não ter percebido a entrada dele. "Assim que ele ergueu o rosto, fiquei impressionado pela mudança que ocorrera; a tez era amarela e com uma cor de azeitona", continuou Macdonald. Napoleão disse que a noite havia sido difícil e sentou de novo, mais uma vez se perdendo em pensamentos, dos quais precisou novamente ser despertado. Ele então presenteou o marechal com a cimitarra de Murade Bei, capturada no Egito, e o abraçou, pedindo desculpas por não ter reconhecido antes o sujeito bom e leal que ele era.[7]

Macdonald partiu para Paris com a ratificação de Napoleão, enquanto este ditava cartas para algumas das pessoas que haviam trabalhado para ele. Havia transferido o comando do exército para o novo ministro da Guerra, general Dupont, o "covarde de Bailén", e apenas 1.500 granadeiros da velha guarda continuavam à disposição. Berthier tinha ido a Paris para encerrar os preparativos e, ao voltar, passou a morar em sua casa privada, no parque. Embora ele e Napoleão tenham trabalhado juntos por mais de quinze anos, os dois jamais foram amigos, e, depois da campanha de Wagram, o marechal começou a se sentir velho e cansado. Ele jamais concordou com a guerra contra a Rússia e continuamente insistia com Napoleão para que ele fizesse a paz, o que estragou a relação entre os dois.

A *maison*, antes grandiosa, tinha se reduzido a não mais do que uma dúzia de pessoas, aproximadamente, e no imenso palácio Renaissance ressoavam apenas passos das sentinelas. Quando apareceu em 14 de abril para dizer que estava ao lado dele, Maria Walewska encontrou o palácio vazio e atravessou várias salas antes de encontrar Caulaincourt, que foi informar a Napoleão sobre sua presença. Ele pareceu não ouvir e continuou perdido em pensamentos. Ela esperou por horas antes de voltar a Paris. Napoleão lhe escreveu no dia seguinte pedindo desculpas por não ter conseguido recebê-la e agradeceu pelo que ela sentia, afirmando que adoraria vê-la quando chegasse a Elba. O motivo provável para não tê-la recebido era a esperança de voltar a se unir à esposa e ao filho, mas Maria Luísa e seu pai poderiam não gostar da ideia, caso soubessem que ele estava se encontrando com a amante.[8]

Em 9 de abril, Napoleão tinha escrito a Maria Luísa pedindo que ela partisse de Blois e fosse para Orléans, de onde pretendia levá-la com o filho para Fontainebleau. O motivo para que ele não tivesse mandado buscá-la antes era o fato de ainda crer que o filho poderia sucedê-lo, e nesse caso ele deveria manter distância; o principal argumento contra permitir que o rei de

Roma o sucedesse era que isso equivalia a deixar Napoleão no poder, e por essa razão era imperativo ressaltar seu distanciamento.⁹

Maria Luísa e sua *entourage* em Blois se espantaram com a notícia da abdicação de Napoleão, e o primeiro instinto dela foi ir ficar com o marido, em parte para se livrar dos irmãos dele. Vendo nela uma espécie de seguro para si mesmos, Joseph e Jérôme planejavam levá-la e se refugiar com o Exército da Espanha de Soult, acampado ali perto. Sem compreender nada da política envolvida, ela se sentia perdida e indefesa. Maria Luísa via Napoleão cada vez menos desde que ele partira para a Rússia dois anos antes, e tinha estado sujeita a uma longa campanha feita pelos inimigos dele, que repassavam fofocas sobre supostas infidelidades de Napoleão e que tentavam encontrar um amante para ela. Sua principal dama de companhia, a viúva de Lannes, duquesa de Montebello, chegou a interceptar cartas de Napoleão para ela.¹⁰

A corte em Blois foi dissolvida, os camareiros, as damas de companhia, as empregadas, os valetes e o contingente de 1.200 guardas partiram para Paris ou outros lugares, muitos deles suspirando de alívio por tudo ter acabado. Comissários do governo provisório em Paris chegaram para reivindicar o tesouro imperial que havia sido levado com eles para Blois, composto de mais de 20 milhões de francos em ouro, joias e prataria. O desejo de Maria Luísa de estar ao lado do marido foi mitigado pela perspectiva de acompanhá-lo no exílio, uma vez que temia que a família Bonaparte se reuniria em torno de Napoleão e tornaria a vida dela insuportável. Ela disse a Caulaincourt que desejava morrer com Napoleão, mas não viver com ele cercado pelos irmãos.¹¹

A questão foi resolvida quando, em 9 de abril, um oficial russo enviado por Francisco chegou a Blois e a levou para Orléans, onde ela foi roubada primeiro por cossacos errantes e depois por um funcionário do governo que tentou arrancar do seu pescoço um colar de diamantes. O doutor Corvisart, que a examinou, escreveu um relatório afirmando que ela sofria de problemas respiratórios, grosseirões no rosto e febre, e prescreveu as águas de Aix. Em 12 de abril, ela foi levada a Rambouillet, onde em 14 de abril encontrou Metternich e, alguns dias depois, seu pai. "Para mim é impossível ficar feliz sem você", ela escreveu a Napoleão, mas parecia pouco preocupada com o destino dele. Independentemente do que sentisse, Maria Luísa foi facilmente convencida a obedecer aos desejos de seu pai, que, sem que a filha soubesse, eram de que ela e o filho jamais voltassem a ver Napoleão.¹²

A essa altura, estavam sendo feitos preparativos para a partida de Napoleão. Ele seria acompanhado pelo marechal do palácio Bertrand, pelo general Drouot, pelo seu médico Foureau de Beauregard, seu tesoureiro Peyrusse, seus valetes Marchand, que substituíra Constant, e o suíço Noverraz, e pelo mameluco "Ali", conhecido como Saint-Denis. Ele teve permissão para levar um pequeno contingente de sua guarda para complementar o batalhão corso que encontraria em Elba. Depois de uma feroz competição entre os voluntários, cerca de seiscentos granadeiros da velha guarda foram selecionados, comandados pelo general Cambronne, e oitenta lanceiros da cavalaria ligeira polonesa, sob ordens do coronel Jerzmanowski.

Em 16 de abril, Napoleão escreveu para Josefina garantindo a ela que havia feito as pazes com seu destino. "No meu retiro, substituirei a espada pela pena. A história de meu reinado será interessante; só fui visto de perfil e devo me revelar inteiramente. Quantas coisas tenho para contar! Quantas pessoas sobre as quais o público tem uma falsa opinião!... Cobri de favores milhares de patifes! O que eles fizeram por mim num momento como esse? Eles me traíram, sim, todos eles..." Ele excetuava Eugène, que acreditava ter permanecido leal, e garantiu a ela que sempre a amaria e jamais se esqueceria dela. Sua confiança estava equivocada. "Está tudo acabado", Josefina tinha escrito a Eugène em 8 de abril. "Ele vai abdicar. Quanto a você, não há mais razão para se manter obrigado a cumprir qualquer juramento de lealdade. Qualquer coisa que você pudesse fazer por ele seria inútil. Pense na sua família." Ela e Hortense receberam Alexandre para jantar em Malmaison, e Hortense inclusive conheceu Bernadotte.[13]

Naquela noite, os quatro comissários aliados que deveriam acompanhá-lo a Elba chegaram a Fontainebleau, e ele os recebeu na manhã seguinte. O coronel sir Neil Campbell representava a Grã-Bretanha; o conde Shuvalov, a Rússia; o general Franz Köller, a Áustria; e o conde Von Truchsess-Waldburg, a Prússia. Campbell, que teve um encontro informal com ele naquela noite, o encontrou barbudo e desmazelado, e "no mais perturbado e angustiado estado de espírito". Lágrimas escorreram por seu rosto quando falou sobre ser separado da esposa e do filho, e ele andava de um lado para o outro da sala como "uma fera enjaulada".[14]

No dia seguinte, 20 de abril, Napoleão acordou cedo e teve uma última conversa com Maret, que não iria com ele e que se tornaria seu principal correspondente na França. Depois escreveu para Caulaincourt, que havia enviado a Paris no dia anterior, agradecendo por seus leais serviços. Ele também remeteu uma carta para Maria Luísa, a qual foi entregue a Bausset, que deveria acompanhá-la até Viena, manifestando sua esperança de que, depois que ela tivesse se recuperado e ele estivesse instalado em Elba, os dois pudessem se reunir lá.

Napoleão recebeu então os comissários. Foi frio com o russo, demonstrando ter ficado furioso com a adulação de Alexandre a Josefina em Malmaison, dizendo que aquilo fora um insulto a ele, e parecendo ter ciúmes da popularidade do tsar entre os parisienses. Também reclamou de ter de ir a Elba sem a mulher e o filho, e afirmou que, antes disso, insistiria em ir para a Inglaterra como prisioneiro. Ele ignorou o prussiano, mas foi constantemente polido com Köller, na intenção de manter as melhores relações possíveis com seu sogro, e se mostrou cordial com Campbell, já que nunca deixou de admirar os britânicos. Napoleão exigira ser levado a Elba em um navio britânico, para garantir que não ficaria nas mãos do governo provisório.[15]

Pouco antes do meio-dia, Napoleão desceu para o grandioso pátio de Fontainebleau, no qual o primeiro regimento de granadeiros da velha guarda estava em formação. Mais adiante, uma multidão estava reunida nas grades para vê-lo pela última vez. Ele fez um discurso breve, lembrando a seus homens a glória que eles haviam compartilhado e pedindo que jamais o esquecessem. Dizendo que não teria como abraçar a todos eles, abraçou sua insígnia e beijou a águia que ficava no topo dos estandartes. Todos, incluindo os comissários aliados, estavam em lágrimas. "Adeus, meus filhos", ele concluiu. O capitão Coignet "derramou lágrimas de sangue", enquanto o coronel Paulin admitiu ter chorado como uma criança que perdeu a mãe.[16]

Napoleão subiu em sua carruagem, seguido por Bertrand. O comboio de catorze carruagens puxado por sessenta cavalos partiu para a costa sul, escoltado por caçadores montados, couraceiros e granadeiros da guarda. Outro comboio, composto de carroças de bagagens e carruagens simples, levando mobília, acessórios, louça, prataria e 695 livros, sob a supervisão de Peyrusse e de um pequeno Estado-maior, já tinha sido despachado. Os cerca de setecentos soldados que tinham se voluntariado para acompanhar o imperador no exílio foram por um caminho diferente.[17]

Napoleão foi ovacionado em todos os lugares em que eles pararam para trocar os cavalos, mas depois de Valence, onde foram recebidos por uma guarda de honra nada entusiasmada, entraram em território tradicionalmente monarquista. A cavalaria francesa que o escoltava deveria ter sido substituída por austríacos e russos, mas Napoleão se recusou a ser escoltado por seus inimigos como um prisioneiro. Em 24 de abril, perto de Valence, encontrou-se com Augereau, cujas forças estavam estacionadas ao longo da estrada. Ele foi até seu velho camarada de armas, tirou o chapéu e o abraçou, mas o outro apenas tocou com o dedo na aba do chapéu sem corresponder ao abraço. Trocaram umas poucas palavras, mas Augereau não demonstrou desejo de prolongar o encontro.[18]

Em Orange eles foram recebidos com gritos de "Vive le Roi!" e pedras foram arremessadas na carruagem. Em Avignon havia apenas uma multidão taciturna assobiando, mas em Orgon ele e seu grupo foram presenteados com a visão de um boneco representando Napoleão em um uniforme coberto com tinta vermelha pendurado em uma forca e um cartaz dizendo que era assim que o tirano ia acabar. A carruagem foi cercada por uma multidão de gente "bêbada de raiva e de um pouco de vinho", nas palavras de Shuvalov, que, com Köller e o forte Noverraz, a combateu com os punhos enquanto Napoleão se encolhia na carruagem. O evento tinha sido orquestrado pelos monarquistas locais, provavelmente com apoio das autoridades, e Shuvalov estava convencido de que foi sorte o próprio Napoleão não acabar substituindo o boneco na forca.

Napoleão entrou em pânico. Assim que haviam saído da cidade, ele parou para urinar, depois colocou uma capa azul e um chapéu redondo com um emblema branco dos Bourbon, montou em um cavalo e cavalgou à frente do chamativo comboio. Quando o alcançaram numa estalagem em La Callade, os comissários o viram caído sobre uma mesa com lágrimas correndo pelo rosto; ele não tinha sido reconhecido, e a estalajadeira disse que Napoleão estava viajando por aquela estrada e que seria linchado, como merecia, por ser o responsável pelas mortes do filho e do sobrinho dela. A partir daí ele usou o uniforme de Köller, e uma escolta de hussardos austríacos foi providenciada.

O grupo parou para passar a noite em um castelo perto de Le Luc, onde Pauline estava. Os dois irmãos passaram a noite conversando, e ela prometeu visitá-lo em Elba. A viagem continuou sem incidentes até Fréjus. Na noite de 28 de abril, ele entrou a bordo da fragata britânica HMS *Undaunted*, comandada pelo capitão Ussher, saudado por uma salva de 21 tiros de canhão. Os comissários da Prússia e da Rússia partiram, e apenas Campbell e Köller foram a bordo com ele.[19]

A travessia durou cinco dias, e só em 3 de maio o *Undaunted* chegou a Portoferraio, principal porto e cidade de Elba. A ilha rochosa de 245 quilômetros quadrados, a quinze quilômetros da costa da Toscana, não era o mais hospitaleiro dos lugares, e seus 12 mil habitantes, súditos de Napoleão desde 1802, não estavam muito felizes – tinham ocorrido pequenas revoltas contra o governo francês recentemente e algumas das guarnições haviam se amotinado, por isso tanto Napoleão quanto os oficiais britânicos que o acompanhavam estavam nervosos. Os ilhéus nem suspeitavam dos eventos recentes na França, mas, quando descobriram que a guerra tinha acabado e que iriam ser anfitriões do grande Napoleão, presumiram que uma era dourada nascia para eles. Eles o saudaram com toda a pompa de que a cidade portuária da ilha, com seus 3 mil habitantes, era capaz.

No dia seguinte ao desembarque, Napoleão acordou às quatro da manhã para inspecionar as defesas da cidade, um presságio do que estava por vir; pelos meses seguintes ele iria se dedicar àquilo que se referia como "sua hortinha de repolhos", do mesmo modo como havia se dedicado a reconstruir a França depois de 1799. Ele identificou uma edificação aceitável, a vila Mulini, para servir como "palácio", e o prédio foi remobiliado e ampliado com mais um andar para acomodar Maria Luísa e o rei de Roma. Ele fez o mesmo com um pequeno retiro de verão nas colinas, em San Martino. Napoleão desenhou uma bandeira para seu novo reino, um quadrado branco com uma faixa diagonal vermelha que ia da esquerda para a direita com três abelhas de seu armorial. Estabeleceu uma corte sob o comando do marechal do palácio Bertrand, nomeando camareiros dentre os notáveis locais, e uma organização militar comandada pelo general Druot. Bertrand, um engenheiro militar por ofício, vinha lutando ao lado dele nas campanhas desde a expedição egípcia; ele sucedeu Duroc no cargo e era profundamente dedicado. O mesmo valia para Drouot, um artilheiro talentoso que comandou uma bateria de cem peças fundamental para a vitória em Wagram.

Uma semana depois de chegar, Napoleão já tinha feito um reconhecimento detalhado de toda a ilha. Ele começou a fazer estradas, que praticamente não existiam, e depois passou à construção de aquedutos, à organização da drenagem, ao saneamento, ao cultivo de trigo, ditando cartas sobre o tema da criação de aves, pesca de atum e horticultura com a mesma concentração com que havia tratado os assuntos de Estado nas Tulherias. Seu principal colaborador era André Pons de l'Hérault, o diretor do único grande recurso da ilha, suas minas de ferro. Pons era um ex-jacobino e oficial da artilharia que Napoleão conheceu em Toulon em 1793; na época ele tinha vinte anos e deu a Napoleão, seu chefe de brigada, a chance de provar pela primeira vez a especialidade local, o *bouillabaisse*. Originalmente apoiador de Napoleão, ele se tornou um inimigo declarado quando desaprovou o uso do título imperial, mas, poucas semanas depois de começar a trabalhar com ele, tinha sido conquistado e se tornou um de seus apoiadores mais dedicados. Para Napoleão era essencial que as minas operassem da maneira mais eficiente possível, uma vez que eram praticamente a única fonte de receitas da ilha estéril.

Dinheiro era uma grande preocupação, e, ao chegar à ilha, Napoleão se sentou com seu tesoureiro Pierre Guillaume Peyrusse para fazer um inventário. Os impostos de Elba geravam 100 mil francos por ano, e as minas de ferro rendiam não mais que 300 mil. Isso mal seria suficiente para pagar pela administração da ilha. Napoleão levara consigo 489 mil francos em sua *petite cassette*. Peyrusse tinha conseguido salvar 2.580.000 do tesouro imperial que seguira o Conselho Regente a Blois e levar a Fontainebleau. Maria Luísa havia retirado mais 911 mil em Orléans e despachado para o marido. Mas, de acordo com os cálculos deles, o total, pouco inferior a 4 milhões de francos, duraria apenas até 1816, tendo em vista que, além de sua própria casa, Napoleão precisava manter o pessoal militar, num total de 1.592 pessoas. Pelos termos do Tratado de Fontainebleau, ele deveria receber um subsídio anual de 2,5 milhões de francos do governo francês, mas ninguém acreditava que Luís XVIII, tendo acabado de assumir o trono francês, honraria esse compromisso.[20]

Napoleão dizia a todos que encontrava que estava "morto para o mundo" e parecia contente no papel de monarca liliputiano. Embora organizasse recepções e bailes, recebendo as esposas dos funcionários locais como se fossem as dos notáveis da França e os numerosos turistas que visitavam a ilha (mais de sessenta britânicos, por exemplo, passaram por lá como parte de sua turnê europeia) como se fossem príncipes, ele tinha uma vida tranquila e, segundo ele mesmo admitia, bastante "burguesa". Sentia profundamente a ausência de companhia feminina e estava ansioso por ter ao seu lado a mulher e o filho. Napoleão continuou escrevendo, incitando Maria Luísa a ir, mas ela só recebia parte das cartas, que ele enviava por canais secretos a Méneval, mantido por ela como seu secretário; as que eram mandadas abertamente acabavam confiscadas. Cartas dela chegavam apenas esporadicamente. No fim de junho, ela continuava dizendo que pretendia ir ficar com ele (a essa altura já estava claro que os irmãos não iriam morar em Elba), mas depois de um mês ela havia sucumbido a várias pressões e mudado de ideia. Uma das pressões vinha do fato de que, embora o Tratado de Fontainebleau lhe concedesse o ducado de Parma, agora estava claro que ela não o teria, e que o único modo de assegurar seu futuro e o de seu filho era ficando perto do pai dela em Viena. Outra era o fato de que um oficial austríaco designado para trabalhar como cavalariço com ordens para tentar convencê-la a não ir para Elba foi tão bem-sucedido que acabou se transformando em seu amante – e, mais tarde, em marido. Ela sofria pressões para fazer uma declaração pública contra Napoleão, e gradualmente foi sendo desgastada pelas várias pessoas que diziam que ela deveria ser sensata.[21]

No início de junho, chegaram a Napoleão notícias de que Josefina tinha morrido em Malmaison. Ele ficou tão transtornado que não aceitou ver ninguém por dois dias. Mas logo depois recebeu uma rara demonstração de afeto e lealdade quando a esposa de Jérôme, a filha do rei de Württemberg, escreveu pedindo que ele fosse padrinho do filho que ela estava gestando. "As circunstâncias não podem afetar nossos sentimentos, e sempre teremos orgulho de você, senhor, como chefe de nossa família, e eu, de minha parte, jamais esquecerei que Vossa Majestade nunca deixou de nos dar provas de sua amizade e que fez minha felicidade ao me unir com o rei", ela escreveu. A chegada de Pauline no início de julho também o alegrou; ela só ficou por dois dias, mas voltaria em definitivo em outubro. A mãe dele chegou em 2 de agosto e se estabeleceu em uma casa perto da vila Mulini, e eles frequentemente jantavam juntos e depois jogavam cartas. Ela foi a única pessoa que ousou confrontá-lo por suas trapaças, o que o levou, segundo Peyrusse, a embaralhar todas as cartas que estavam na mesa, a recolher todo o dinheiro e a responder que havia jogado dentro das regras, entregando tudo, porém, mais tarde a Marchand, que devolveu cada parte a seu proprietário por direito. Com o retorno de Pauline em outubro, a pequena corte ficou mais alegre, embora sua hipocondria frequentemente fosse uma inconveniência para todos. Ela também conseguiu que a mobília do palácio do marido em Turim fosse levada para Elba, acrescentando algum esplendor ao "palácio" de Mulini.[22]

No início de setembro, Maria Walewska chegou com o filho, acompanhada da irmã mais nova, Antonia, e do irmão Theodore Laczynski. Napoleão fez planos elaborados para hospedá-los num eremitério abandonado perto do qual ele havia erigido uma tenda em que ocasionalmente passava a noite. O grupo chegou ao cair da noite, num pequeno barco que atracou em uma baía tranquila longe de Portoferraio, e foi discretamente levado para o esconderijo, onde Napoleão passou alguns dias idílicos brincando com o filho e visitando a amante à noite. Mas uma ilha pequena não é lugar para segredos, e logo correu o boato de que Maria Luísa e o rei de Roma tinham chegado. A população ficou empolgada, e Napoleão percebeu que, caso a notícia da visita vazasse, isso iria acabar com qualquer chance de que Maria Luísa viesse e também prejudicaria sua reputação. Por isso, dois dias depois, o grupo foi discretamente retirado da ilha.[23]

Napoleão não conseguia manter nada em segredo por muito tempo, pois estava cercado por espiões; Talleyrand possuía uma rede de informantes assentada em Livorno, com um agente dentro da casa de Napoleão. O governo francês tinha outra na Córsega, ali perto, e mais uma organizada no Sul da França. O governo britânico tinha uma rede de espiões dirigida por um ex-cônsul na área, e Metternich contava com uma formidável teia de espiões em todo o Norte da Itália que se estendia para as ilhas. Napoleão tinha seus informantes na Toscana e na Córsega, e recebia grande quantidade de informações de simpatizantes na França. Ele também ficava sabendo muito pelos britânicos que visitavam a ilha.[24]

Napoleão sabia de vários planos dos monarquistas franceses e de agentes do governo para afastá-lo ou assassiná-lo e se sentia perigosamente exposto; os mares à volta dele estavam infestados por piratas que operavam no Norte da África para os quais ele teria sido um troféu valioso, e isso facilitava imensamente qualquer um que estivesse inclinado a dar uma ordem para que fosse assassinado. A certa altura, ele ficou tão nervoso que passou a dormir em um cômodo diferente a cada noite. Seu contingente de granadeiros e lanceiros era uma defesa, mas, como agora era quase certo que o governo francês não iria pagar o que lhe era devido, em breve ele precisaria dispensá-los e então ficaria indefeso. O coronel Campbell acreditava que Napoleão estava resignado com o seu destino e alertou seus superiores em Londres que a única coisa que lhe traria inquietação seria a falta de dinheiro.²⁵

Se o temperamento de Napoleão permitiria ou não que ele permanecesse como soberano de uma ilha minúscula é uma discussão acadêmica, já que os aliados não lhe deram essa opção. Luís XVIII não lhe deu os meios para que ele se sustentasse, e Francisco não tinha intenção de deixar que ele voltasse a ver sua filha e seu neto. Privar um homem de renda e da companhia da esposa e do filho é negar-lhe o básico para que tenha uma vida estável, e nesse caso equivalia também a roubar dele seu último símbolo de *status*. A mensagem era clara: ele tinha recebido permissão para possuir uma princesa como um Átila conquistador, mas agora que fora derrotado deveria ser posto em seu lugar como o arrivista indesejável que era. Com a princesa Habsburgo a seu lado ele tinha de ser tratado com um mínimo de respeito. Sem ela, podia ser tratado como os aliados quisessem.

Desde o momento em que souberam do gesto de Alexandre de lhe dar Elba, os ministros aliados estavam determinados a removê-lo para um lugar mais remoto. Os britânicos prudentemente evitaram ratificar o Tratado de Fontainebleau com uma bizarra fórmula segundo a qual eles "foram informados" do documento, embora Castlereagh o tenha assinado junto com os demais ministros. O primeiro-ministro, lorde Liverpool, já havia discutido a possibilidade de aprisioná-lo em uma ilha mais distante, como Santa Helena, no Atlântico Sul. Em outubro de 1814, enquanto os ministros e monarcas se reuniam em Viena para o congresso de paz convocado para discutir os assuntos da Europa, não era segredo que eles pretendiam transferi-lo; isso chegou inclusive a ser mencionado na imprensa. Napoleão tratou do assunto com Campbell, reclamando que a falta de recursos e as intenções das grandes potências deixavam sua situação insustentável.²⁶

Napoleão não era o tipo do sujeito que ficaria sentado esperando ser assassinado ou encarcerado, e começou a pensar nas opções. Exceto enganar a Marinha Real e ir às pressas para os Estados Unidos, onde podia passar a ser um cidadão comum, não havia para onde ele pudesse ir. Só a França parecia uma possibilidade. Ele jamais havia aceitado completamente o que acontecera; quando se encontraram, na chegada dele a Portoferraio, ele falou a Pons sobre os eventos recentes como se nada tivessem a ver com ele, e pareceu ter se convencido de que se Marmont não o tivesse traído, ele ainda seria imperador. Numa conversa com Campbell, Napoleão por vezes deu a impressão de estar esperando ser chamado de volta à França a qualquer momento.[27]

Nas regiões monarquistas do país, a restauração dos Bourbon foi bem-vista; nos demais lugares, foi aceita com graus variados de alívio e esperança. Mas o comportamento de Luís XVIII, e particularmente de seu irmão Artois e dos emigrados que voltaram com eles, logo começou a ser visto como ofensivo. A hierarquia que tinha passado a dirigir a França ao longo da última década e meia foi humilhada e frequentemente penalizada, houve exigências de que propriedades fossem devolvidas a seus antigos donos, a Igreja começou uma cruzada religiosa para recapturar a alma do país, e uma atmosfera de ódio e vingança tomou conta tanto dos vilarejos quanto de Paris. O exército era objeto de especial vingança, com praças e oficiais sendo humilhados e aposentados com metade do salário. Suas conquistas gloriosas eram difamadas, seus regimentos renumerados, suas insígnias trocadas. Seis meses depois de recuperar o trono, os Bourbon haviam desagradado uma proporção considerável da população e o exército quase inteiro.

Oficiais e praças da ativa e reformados começaram a falar dos bons e velhos tempos e a conspirar para que eles voltassem. Notícias disso chegaram a Napoleão, e um retorno à França se apresentou como o único modo de evitar ser deportado para uma sóbria ilha-prisão. Era uma aposta, mas ser ousado sempre havia funcionado para ele, e o retorno do Egito deve ter assombrado seus pensamentos. Ele começou a fazer anotações sobre o movimento dos navios britânicos na área e sobre as idas e vindas de Campbell, que agia como uma espécie de carcereiro informal, visitando a ilha por alguns dias e depois indo para a Itália continental. No início de fevereiro de 1815, Napoleão tinha se decidido.

Napoleão consertou o brigue francês *Inconstant*, que havia herdado, e melhorou a navegabilidade de várias embarcações menores, em que discretamente armazenou suprimentos. Ele fez com que seus granadeiros criassem novos jardins perto do porto e inventou desculpas para que outras tropas também se preparassem. Eles receberam ordens para embarcar em 26 de fevereiro. Era um domingo, e naquela manhã durante o *lever* ele informou os presentes sobre o plano, depois do que foi à missa como sempre num simulacro provinciano do hábito de Saint-Cloud. A mãe dele, que junto com Pauline foi informada no dia anterior, expressou sérias reservas, mas Napoleão as ignorou. Enquanto seus homens marchavam para o porto acompanhados pelas pessoas da cidade, que não tinham ideia do que estava acontecendo, mas se animaram com o espetáculo, Napoleão escreveu uma proclamação para as tropas e para o povo francês. À noite foi ao porto e, depois de um breve discurso para as autoridades locais que haviam se reunido e se mostraram tristes com sua partida, ele embarcou.[28]

43
O fora da lei

Às nove da noite de 26 de fevereiro de 1815, o *Inconstant* saiu de Portoferraio seguido por seis embarcações menores. Temporariamente sem impulsão do vento, a flotilha viu as velas dos navios britânicos e, enquanto avançava, cruzou com três embarcações francesas, mas os soldados se abaixaram no deque para não serem vistos, e todos chegaram à costa francesa sem incidentes, entrando no golfo Juan em 1º de março.

Alguns poucos curiosos da região foram ver o número incomum de barcos na baía, mas houve pouco interesse, mesmo quando Napoleão desembarcou no fim da tarde e mais uma vez acampou em solo francês. Vinte homens enviados para a vizinha Antibes tinham sido presos. Napoleão havia instruído seus soldados a não utilizar suas armas, e é duvidoso que eles o tivessem feito mesmo que quisessem; questionados mais tarde, eles admitiram que estavam felicíssimos por estar de volta à França, mas que não tinham estômago para combater outros franceses. No final das contas, não foi preciso. Eles partiram à meia-noite por estradas vicinais para evitar confronto, chamando pouca atenção pelo caminho. Os soldados tinham perdido o costume de fazer marchas longas e precisavam carregar todo o equipamento, pois haviam trazido apenas uns poucos cavalos, e por isso a coluna logo se estendeu formando ilhas pouco organizadas de pequenos grupos que se esforçavam para ir adiante do melhor modo possível. Eles compraram cavalos no caminho, mas esses foram repassados aos lanceiros, que carregavam não só suas armas como também suas selas.[1]

Em duas proclamações, uma de sua guarda chamando antigos camaradas a se unir a eles e uma dele para seu povo, em que chamava Marmont e Augereau de traidores, Napoleão retratou a si mesmo como alguém que estava vindo resgatar a França de seu sofrimento, uma vez que os lamentos do país haviam chegado a ele em Elba, e anunciava: "A águia que porta a insígnia da nação voará de campanário em campanário até as torres de Notre-Dame". Não havia águia nem insígnias nacionais – até que em uma cidadezinha alguém encontrou um suporte de dossel ou remate de varão de cortina de madeira pintada de dourado que tinha o formato adequado e, preso a um mastro, foi adornado com tiras de pano azul, branco e vermelho.[2]

Eles não encontraram resistência até chegarem a Laffrey, em 7 de março, onde se depararam com a estrada bloqueada por infantaria. Napoleão cavalgou à frente dos demais e falou com os soldados. A resposta foi um silêncio, por isso ele desabotoou a casaca cinza e, deixando o peito nu, desafiou-os a atirar, ao que, incentivados por seus granadeiros que tinham avançado e começado a aplaudir, as tropas reais irromperam em gritos de "*Vive l'Empereur!*".[3]

Uma força maior posicionada perto de Grenoble teria sido um obstáculo mais sério não fosse por o coronel La Bédoyère ter liderado seu regimento a passar para o lado de Napoleão. O comandante monarquista de Grenoble fechou os portões da cidade, mas eles foram abertos pelos operários, que deram a Napoleão delirantes boas-vindas. Em Lyon o povo derrubou as barricadas que bloqueavam as pontes e o levou em triunfo até a cidade. Dali em diante a águia de fato voou até Paris numa velocidade estonteante. Ney, enviado para capturar Napoleão e que prometera solenemente a Luís XVIII trazê-lo de volta numa jaula, percebeu que suas tropas vacilavam e, movido pelo ânimo geral, se uniu a seu antigo senhor.

Em 20 de março, Napoleão estava em Fontainebleau. Em Essonnes, ainda naquele dia, ele encontrou Caulaincourt e uma multidão de oficiais e de praças que haviam sido expulsos de Paris ou de áreas adjacentes. Na noite anterior, Luís XVIII havia abandonado as Tulherias e fugido para a fronteira belga. À medida que a notícia se espalhava, apoiadores do imperador surgiam em todas as partes da capital e a bandeira tricolor foi hasteada no palácio e em outros prédios públicos. Enquanto Napoleão corria para Paris, seu antigo Estado-maior e seus criados tomavam as Tulherias, de modo que, quando ele chegou às nove daquela noite, tudo estava pronto, e os salões tomados por membros de sua antiga corte. Quando apeou do cavalo, teve dificuldades em conseguir passar pela multidão que o esperava. Enquanto subia a escadaria para tomar posse novamente do palácio, Napoleão fechou os olhos e um sorriso iluminou seu rosto.[4]

Uma hora depois de chegar às Tulherias, Napoleão estava em seu escritório trabalhando com Cambacérès e Maret, montando um novo governo.

Ele teve alguma dificuldade para convencer seus antigos ministros a assumir novamente seus postos, uma vez que a maior parte sentia o peso da idade e estava cansada por tudo que haviam passado. A lembrança das incertezas de 1814 ainda estava fresca, e quando souberam de seu desembarque, alguns, como Pasquier e Molé, entraram em desespero pelo que ocorreria à França, prevendo mais do mesmo. Mas a maioria se deixou levar pelo seu velho encanto. Daru, de início relutante, logo se rendeu. "Senti que voltava a meu mundo, onde estavam minhas memórias e meus afetos", ele relembraria. "Em nenhum outro momento senti maior afeto, maior devoção pelo imperador." Mas alguns, como Macdonald, resistiram apesar dos repetidos esforços de Napoleão.[5]

Cambacérès aceitou ser ministro da Justiça, Maret assumiu novamente como secretário de Estado, Caulaincourt (muito pressionado), como ministro das Relações Exteriores, Carnot ficou como ministro do Interior, Davou como ministro do Exército, Decrès reassumiu seu antigo cargo na Marinha, assim como Gaudin e Maollien reassumiram as Finanças e o Tesouro, respectivamente. Napoleão nomeou Fouché como ministro da Polícia, com Savary e Réal tendo instruções para ficar de olho nele. "Foi extraordinário ver as peças se encaixando de novo em seus lugares com tamanha rapidez", refletiu Savary. Quando foi ao palácio na noite seguinte, Lavalette achou que tinha voltado dez anos no tempo; eram onze da noite, Napoleão acabava de sair de um banho quente e colocou seu uniforme de costume, e estava falando com seus ministros.[6]

Mas as aparências não se sustentaram por muito tempo. Quando os corpos legislativos vieram dar demonstrações de lealdade, em 26 de março, Miot de Melito, agora membro do Conselho de Estado, percebeu que "os rostos estavam tristes, a ansiedade tomava conta de cada traço, e havia um constrangimento geral". O entusiasmo causado pelo retorno inesperado e quase miraculoso de Napoleão arrefecera, e, nas palavras de Lavalette, "não era tanto que as pessoas quisessem o imperador; elas simplesmente não queriam mais os Bourbon". Napoleão percebeu isso. "Meu caro", ele respondeu quando Mollien o parabenizou pelo seu impressionante retorno ao poder, "não se incomode com elogios; eles me deixaram entrar assim como deixaram os outros saírem." Poucos sentiam confiança no futuro.[7]

Assumir a administração do país representava um desafio formidável. A autoridade de Napoleão não ia muito além da *mairie* em muitas áreas, e nem mesmo isso no Norte e no Oeste, onde o sentimento monarquista era forte. No Midi, o sobrinho do rei, o duque D'Angoulême, reuniu 10 mil soldados e guardas nacionais e marchou para Lyon. Ele foi forçado a capitular pelo marechal Grouchy, em 8 de abril, e teve permissão para deixar o país, mas a guerra civil fervilhava abaixo da superfície. Nessas circunstâncias, conseguir homens para o exército e fundos para equipá-lo não seria fácil – Luís XVIII havia esvaziado os cofres, deixando apenas 2,5 milhões de francos no Tesouro.

Napoleão não era mais o homem para eletrizar a nação. Tinha 45 anos e não estava bem; suas condições físicas eram agravadas por hemorroidas e talvez por outras doenças. Estava mais gordo e mais lento. "Uma grande tendência ao sono, resultado de sua doença", observou Lucien, que fora a Paris para apoiar o irmão. O próprio Napoleão admitia estar surpreso por ter encontrado energias para sair de Elba. "Não encontrei o imperador que conheci em outros tempos", observou Miot de Melito depois de uma longa conversa. "Ele estava ansioso. A confiança que ressoava em sua fala, aquele tom de autoridade, aquela altivez de pensamento que era manifesta nas palavras e nos gestos tinham desaparecido; ele parecia já sentir a mão da adversidade que logo se abateria sobre si e não parecia mais acreditar em seu destino." A maioria observou a mudança, e isso não inspirava confiança; eles só conseguiam ver um homenzinho pequeno, ansioso, com um olhar ausente e gestos hesitantes.[8]

Sua hesitação em parte era consequência de ele não ser capaz de encontrar a *persona* certa para adotar e a imagem certa a ser projetada, como já havia feito com tanto êxito quando retornou da Itália e do Egito, depois de Tilsit e mesmo após o desastre de 1812. Agora ele precisava simbolizar tudo para todos os homens. Ele deixou as Tulherias, que exigiam uma grande *maison* e uma etiqueta formal, que eram a um só tempo caras e inadequadas; Letizia, Fesch, Joseph, Lucien e Jérôme tinham todos voltado para apoiar os negócios da família, mas não receberam *status* formal. Ele se mudou para o palácio Élysée, onde tinha maior liberdade para ver quem quisesse sem as complicações de uma grande corte. Suas únicas companhias regulares eram sua família, poucos ministros mais leais e Bertrand. Ele recebia Hortense com frequência, e pouco depois de sua volta chamou o doutor Corvisart para perguntar sobre a doença e os últimos momentos de Josefina. Esse ambiente mais informal facilitava a obtenção de apoio de pessoas de quem ele havia desdenhado anteriormente. Estava mais afável do que no passado e, segundo Hortense, mais aberto, dando uma acolhida calorosa a qualquer um que desejasse vê-lo, a ponto inclusive de receber Sieyès. Disse estar arrependido por ter afastado Germaine de Staël, na esperança que ela pudesse fazer propaganda dele.[9]

Durante a marcha para Paris, com exceção do exército e de antigos soldados, quem o saudou com maior entusiasmo foram aqueles que se sentiram ofendidos pelo governo dos Bourbon. De Lyon, onde havia feito uma pausa, Napoleão decretou a extinção de dois corpos legislativos criados pelos Bourbon, tornou proscritos todos os emigrados que voltaram com eles, anunciou o confisco de terras recuperadas por Luís XVIII e falou em pendurar nobres e padres em postes de iluminação pública. Isso lhe deu apoio de ex-jacobinos e republicanos. Mas eletrizar as massas revolucionárias estava em franca oposição com sua necessidade de manter a seu lado nobres e ex-emigrados que ele envolveu em sua "fusão", e isso também abria a perspectiva de um retorno da guerra civil que devastou o país antes de sua ascensão ao poder em 1799. Ele achou que deveria conseguir o apoio de todos os republicanos moderados e dos monarquistas constitucionais que constantemente maltratou e deixou de lado. Para isso, precisava de uma nova Constituição.

Para a tarefa, convidou seu antigo crítico, Benjamin Constant, que tinha muitos seguidores e uma reputação na Europa toda de liberal moderado. A colaboração dos dois não foi fácil; Constant observou que nas conversas Napoleão mostrava ter instintos libertários, mas, quando se tratava do poder, agarrava-se a seu velho ponto de vista de que o único modo de fazer com que as coisas fossem feitas era por meio de variantes de uma ditadura. "Não odeio a liberdade", Napoleão disse a ele. "Eu a tirei do caminho quando ela me atrapalhou, mas eu a compreendo e me nutri dela." Constant se frustrou com esses instintos contraditórios e com as mudanças contínuas que isso produzia; Napoleão continuava marcado pela influência de Rousseau e por sua admiração a Robespierre.[10]

Napoleão pretendia que a nova Constituição derivasse da Constituição imperial, para garantir continuidade e dar a ela o que ele via como uma maior legitimidade. Sendo assim, ela tomou a forma de um "Ato Adicional", aprovado em 23 de abril. Foi uma tentativa de transigir, que teve o infeliz efeito de iniciar um debate público (a liberdade de imprensa havia sido restaurada) que reacendeu velhas animosidades que ele buscava reconciliar desde 1799. As eleições, realizadas em maio, não satisfizeram ninguém. O comparecimento ficou pouco acima de 40%, e a nova hierarquia que Napoleão buscou criar com sua fusão não triunfou. Não ultrapassaram 20% aqueles que votaram no plebiscito para referendar o Ato Adicional.[11]

Napoleão tentou empolgar o país com um "*Champ de mai*", uma versão da Federação de 1790, realizado em 1º de junho no Campo de Marte, em frente à École Militaire onde ele tinha sido cadete, assistido por 200 mil espectadores. Foi uma cerimônia aos moldes dos antigos festivais revolucionários, com palanque para os dignitários, lugares mais altos para os membros das duas câmaras e de outros corpos do Estado, e um altar à pátria. Mas na tentativa de também associar o evento às cerimônias de demonstração de lealdade feitas por Carlos Magno e pelos reis capetos, ele deu uma falsa impressão. Napoleão chegou num coche puxado por oito cavalos, acompanhado de seus irmãos que, sem qualquer *status* constitucional, surgiram como membros de uma família real. Ele havia desenhado trajes fantásticos para eles; estavam trajados com túnicas de veludo branco com babados de renda e chapéus de veludo onde havia plumas (Lucien protestou ferozmente antes de concordar em vestir aquilo). O próprio Napoleão estava vestido de modo semelhante, num traje rosa com bordados dourados, tão apertado que ele mal conseguia andar, e sob o peso de uma capa roxa com forro de arminho.

A cerimônia teve início com uma missa, com padres demais, depois da qual Napoleão fez um discurso em que insinuou que iria recuperar as "fronteiras naturais" da França e garantiu a seu povo que sua honra, sua glória e sua felicidade eram sinônimos da honra, da glória e da felicidade da França, ordenando que eles fizessem os maiores esforços pelo bem da pátria. Então ele jurou obedecer à Constituição. Um *Te Deum* foi cantado, depois do qual ele passou a distribuir águias para os regimentos, e a cerimônia terminou com um desfile militar, a única parte que os espectadores gostaram. Ele não empolgou ninguém. "Não era o Bonaparte do Egito e da Itália, o Napoleão de Austerlitz, nem mesmo o de Moscou!", disse um observador. "A fé que ele tinha em si morrera." O mesmo aconteceu com a fé da multidão: para cada "*Vive l'Empereur*", havia dez "*Vive la Garde Imperiale!*".[12]

Na volta a Paris, Napoleão escreveu a todos os monarcas da Europa anunciando que por desejo do povo ele era o novo governante da França, que aceitava as fronteiras fixadas pelo tratado de Paris de 1814, que renunciava a qualquer reivindicação que pudesse ter feito antes, e que só desejava viver em paz. Em seguida escreveu cartas pessoais a Alexandre e a Francisco, e a Maria Luísa, pedindo que ela fosse ficar com ele. Hortense, que havia feito amizade com o tsar quando ele esteve em Paris em 1814, também escreveu a Alexandre apoiando Napoleão. Caulaincourt escreveu a Metternich assegurando as intenções pacíficas da França. Em uma tentativa de agradar os ingleses, Napoleão aboliu o tráfico de escravos.[13]

A notícia de sua fuga de Elba causara espanto e terror entre os representantes das grandes potências reunidos no congresso em Viena. Com menos de mil soldados, ele não deveria ter sido páreo para o exército de Luís XVIII, com 150 mil homens. Mas em questão de horas eles começaram a reunir suas forças: 50 mil austríacos na Itália; 200 mil soldados da Áustria, Baviera, Baden e de Württemberg no Alto Reno; 150 mil prussianos mais ao norte; 100 mil anglo-holandeses na Bélgica; e vindo da Polônia, cerca de 200 mil russos. O ressurgimento de Napoleão restabeleceu uma solidariedade que se tornava mais frágil durante o congresso.[14]

Talleyrand, agora ministro das Relações Exteriores de Luís XVIII, representando a França em Viena, foi rápido em perceber que, caso Napoleão chegasse a Paris e se tornasse governante da França, não haveria nenhuma base legal para que as potências fizessem algo quanto a isso, a não ser que ele fizesse algum movimento hostil. Caso os aliados aceitassem o novo *status quo*, a carreira da Talleyrand estaria encerrada. Portanto, ele preparou o texto de uma declaração que propôs aos plenipotenciários das grandes potências, segundo a qual, ao deixar Elba, Napoleão havia rompido com seu único direito legal à existência e, portanto, ele era um fora da lei e qualquer um poderia assassiná-lo legalmente. Metternich e os outros protestaram contra um passo tão drástico, mas, depois de uma discussão muito acalorada, uma versão modificada do texto foi adotada. Embora não chegasse a sancionar seu assassinato, a declaração afirmava que Napoleão estava fora da lei e fechava a porta para quaisquer negociações.[15]

Fouché também estava preocupado. Ele tinha posto um pé em cada canoa, servindo Luís XVIII e ao mesmo tempo tramando uma conspiração entre os militares para trazer Napoleão de volta de Elba. Esperava que Napoleão o tornasse ministro das Relações Exteriores, mas aceitou o Ministério da Polícia, que poderia explorar para seus próprios fins. Usando seus contatos na Inglaterra, sondou as chances de o gabinete britânico concordar em deixar Napoleão no poder, ao mesmo tempo que negociava asilo político para caso isso viesse a ser necessário. Ele também convenceu seu velho amigo jacobino Pierre Louis Guingené, agora morando em Genebra e em contato íntimo com o velho tutor de Alexandre, o filósofo César de la Harpe, a escrever para o tsar. Guingené tinha sido expurgado do Tribunato por Napoleão, mas, como muitos colegas de pensamento semelhante, via hoje em Napoleão a única esperança para a França. "Oprimida, humilhada, aviltada pelos Bourbon, a França saudou Napoleão como seu libertador", ele escreveu para Alexandre. "Só ele pode nos tirar do abismo. Que outro nome se poderia colocar em seu lugar? Que os mais capazes dentre os aliados possam refletir sobre isso e tentar lidar de boa-fé com essa questão."[16]

Fouché havia sido abordado por um agente de um banco vienense em nome de Metternich, que vinha ficando cada vez mais alarmado com a interferência russa nos negócios europeus e com a falta de um aliado confiável no continente para fazer frente a isso – ele sempre buscara um aliado na França. Ele não gostava da guerra e não estava feliz com a perspectiva de um imenso Exército russo marchando pela Europa Central enquanto as forças austríacas combatiam na Itália e na França. Sabia também que Alexandre, que jamais gostara dos Bourbon e que passara a desprezá-los, podia querer aproveitar a oportunidade para substituir Napoleão por alguém que ele próprio escolhesse.

O convite para um encontro, em uma estalagem na Basileia, foi interceptado, e Napoleão substituiu seu próprio agente por Fouché. O que esse e outros encontros subsequentes deixaram claro para agentes informais de ambos os lados era que Áustria e Rússia podiam estar dispostas a negociar com Napoleão desde que ele abdicasse em favor do filho. Talvez não fosse o que Napoleão queria, mas era uma oportunidade para tirar algo de uma empreitada que começava a parecer condenada ao fracasso. Mas Napoleão não havia aprendido nada com suas experiências anteriores; nesse minúsculo raio de esperança, ele enxergou uma grande promessa, vendo na sondagem da oferta de Metternich um sinal de fraqueza. Se os aliados estavam divididos e já não seguros de si, então ele não abdicaria nem aceitaria termos humilhantes; jogaria para ganhar. Sendo assim, ele recusou a proposta e resolveu fincar pé onde estava.[17]

"Já gostei muito da guerra, não vou mais combater", Napoleão disse a Pontécoulant ao retornar de Elba, mas o homem que ajudou a lançá-lo em sua carreira militar achava que ele não tinha mudado e que "a guerra ainda era uma paixão dominante". Parte dele sem dúvida preferia ser deixada em paz, e ele fez declarações semelhantes para outras pessoas. Ele admitiu a Benjamin Constant que fora seduzido pela ambição, mas disse que agora queria apenas tirar a França de seu estado de opressão. Porém a guerra se aproximava, quisesse ele ou não.[18]

A França se deparava com a possibilidade de ser invadida por uma formidável coalizão de inimigos, o que sugeria dois possíveis cursos de ação para Napoleão: assumir poderes ditatoriais e usá-los para transformar o país numa eficiente máquina de guerra, ou voltar a 1792 e fazer um chamado para que a nação pegasse em armas. Isso era algo que Napoleão não desejava. Confiava em seu exército, que gostava de acreditar ser tão bom quanto antes e ávido pelo combate. Isso era verdade no caso dos oficiais subalternos e dos homens mais velhos nas patentes mais baixas, mas não no caso dos oficiais de alta patente. Os marechais não se opuseram a ele por não ter a menor intenção de lutar pelos Bourbon (apenas Marmont, Victor e Macdonald seguiram com Luís XVIII para o exílio). Isso não significava que eles tivessem intenção de combater por Napoleão, especialmente quando a causa parecia perdida. Caso típico era o de Masséna, que comandava a região de Marselha, e que não levantou um dedo para barrar Napoleão, mas que vivia numa semiaposentadoria e que só queria ficar em paz. A maior parte tentava evitar o serviço, de ambos os lados. Isso basicamente também valia para os generais e oficiais de alta patente, que não estavam completamente comprometidos com Napoleão e apenas deixavam as coisas acontecer. Mesmo onde havia entusiasmo e devoção por Napoleão, já não existia o ímpeto da juventude para apoiá-lo.[19]

Ele também se privou de um grande recurso ao não chamar Murat, que chegou ao Sul da França no fim de maio. Temendo que os aliados no congresso em Viena fossem depô-lo, Murat aproveitou a oportunidade criada pela fuga de Napoleão de Elba para marchar e proclamar sua intenção de unir a Itália, convocando os patriotas italianos a se juntarem a ele. Poucos o fizeram, e ele foi derrotado pelos austríacos no início de abril. Ele fugiu para a França enquanto Caroline se refugiou em um navio britânico na baía de Nápoles, de cujo deque ouviu a multidão aclamando os Bourbon que voltavam à Sicília. Murat traíra Napoleão mais de uma vez, mas a essa altura ele não poderia causar danos, e sua presença no campo de batalha teria sido um ativo considerável.

De acordo com Maret, Napoleão cogitou dois possíveis planos. "Um consistia em permanecer na defensiva, o que significa dizer que ele deixaria o inimigo invadir a França para poder manobrar de modo a tirar vantagem de seus erros. O outro era tomar a ofensiva [contra os exércitos aliados que se concentravam] na Bélgica e depois agir conforme as circunstâncias." Maret afirmou que Napoleão desejava seguir o primeiro caminho, mas todos os civis chamados a opinar se opuseram a isso, alertando que a Câmara dos Representantes não o apoiaria.[20]

Parece extraordinário que Napoleão tenha cedido a tais pressões, já que a primeira opção era claramente a melhor: no início de junho ele tinha meio milhão de homens espalhados pelo país incluindo a Guarda Nacional, e ao mantê-los juntos em posição central poderia ter construído uma força destruidora para confrontar exércitos individuais que se arriscassem a entrar na França, como fez nas campanhas italianas. Também havia implicações políticas importantes na primeira opção: caso a invasão aliada a porções antigas do território francês pudesse ser representada nos mesmos termos do que ocorrera em 1792, seria possível despertar o mesmo *élan* patriótico, com resultados semelhantes. Napoleão jamais cansava de se representar como sendo amado pelo povo. "O povo, ou se você desejar, as massas, quer somente a mim", ele se gabou para Benjamin Constant. "Não sou apenas, como já se disse, o imperador dos soldados, sou o imperador dos camponeses, dos plebeus da França... É por isso que, apesar do passado, você vê as pessoas se reunindo em torno de mim. Existe um vínculo entre nós." Isso era em grande medida verdade, certamente no que dizia respeito a Paris e às porções Central e Noroeste da França.[21]

Também era possível que, ao se deparar com um Napoleão completamente pacífico e com a perspectiva de invadir um país que estava em paz, os aliados tivessem parado para pensar. Seus próprios exércitos estavam cansados depois de anos de guerra, e o desejo de atacar os franceses havia arrefecido nos últimos anos. E caso, como alguns sugeriram, o povo fosse chamado às armas, visões de 1792 poderiam tê-los assombrado também; eles tinham plena consciência das brasas ainda fumegantes da Revolução na França e na Europa.

Mas Napoleão também tinha essa consciência, e as memórias de 1792 jamais o abandonaram. Ele se dobrou diante de conselhos razoáveis. "O caminho do meio e sensato jamais é o correto a se tomar numa crise", observou o general Rumigny, que acreditava que uma convocação nacional para que as pessoas pegassem em armas teria revivido um ardor revolucionário que salvaria a causa. Mas o clima nos escalões superiores da sociedade não dava muitas esperanças. Depois de jantar na casa de Savary e de visitar Caulaincourt em 15 de junho, Benjamin Constant notou "desânimo e um desejo de chegar a um acordo" aonde quer que fosse. "Ansiedade, medo e descontentamento eram os sentimentos predominantes; não havia vínculos ou afeições claros com o governo", observou Miot de Melito, acrescentando que só os bairros mais pobres da cidade estavam firmes ao lado de Napoleão.[22]

Estivesse ou não apenas fingindo, como Hortense acreditava ser o caso, Napoleão se mostrava mais feliz que de costume no dia em que partiu para se unir ao exército, falando sobre literatura durante o jantar com Letizia, Hortense e seus irmãos, e dizendo enquanto se despedia da esposa do general Bertrand: "Bem, madame Bertrand, esperemos não ter de sentir saudades da ilha de Elba!". Lavalette também ficou impressionado com seu aparente otimismo. "Eu o deixei à meia-noite", ele lembrou. "Ele estava com dores fortes no peito, mas, quando subiu na carruagem, demonstrou uma alegria que sugeria que estava confiante no sucesso." Mas a estratégia que ele havia escolhido, levar a guerra ao inimigo, o condenava no longo prazo, uma vez que a França não tinha como suportar as forças muito maiores dos aliados em uma batalha prolongada.[23]

A campanha começou bem. Napoleão tinha cerca de 120 mil homens, com os quais pretendia derrotar Blücher com seus 125 mil prussianos e Wellington com suas forças anglo-holandesas de 100 mil antes que eles pudessem se unir e ficar num número muito superior ao dele. "Nossos regimentos estão bem e animados pelo melhor espírito", o coronel Fantin des Odoards da 70ª de Infantaria, um veterano de muitas campanhas e sobrevivente da retirada de Moscou, anotou em seu diário em 11 de junho. "O imperador nos guiará, por isso esperemos que ele tenha uma revanche digna. Adiante, pois, e que Deus proteja a França!"[24]

Napoleão atacou primeiro Blücher e conseguiu lhe impor um forte golpe em Ligny em 16 de junho. Teria sido uma derrota caso o general Drouet d'Erlon tivesse agido segundo as intenções de Napoleão – não foi o primeiro exemplo em que a ausência de Berthier para supervisionar e checar se as ordens estavam sendo cumpridas se fez sentir. Soult, que agia como chefe do Estado-maior, não tinha nem a aptidão nem a autoridade necessárias. A batalha também poderia ter eliminado os prussianos da cena não fosse pela fidalguia de cavaleiros franceses que, voltando de uma carga que tinha varrido o seu exército, encontraram o próprio Blücher deitado indefeso, preso sob o cavalo morto, que seu assistente não conseguia retirar sozinho. Com uma cortesia militar, eles decidiram não matá-lo nem fazê-lo prisioneiro.[25]

Napoleão destacou o marechal Grouchy com mais de 30 mil homens para perseguir Blücher e se certificar de que ele não guinasse para oeste para se unir a Wellington. Ele próprio marchou para o norte seguindo a estrada para Bruxelas, onde, no dia seguinte, Wellington tomou posição num ligeiro aclive ao sul do vilarejo de Waterloo, ancorado em duas fazendas pesadamente fortificadas em Hougoumont e La Haye Sainte. A chuva pesada transformara as estradas em lama e foi necessário longo tempo para as forças francesas chegarem lá. Eles passaram uma noite fria, desanimada, e na manhã de 18 de junho o solo estava tão encharcado que era impossível combater, por isso Napoleão esperou até meio-dia para a terra secar.

Um Napoleão mais jovem teria enfrentado Wellington frontalmente e contornado seu flanco, prendendo-o numa armadilha feita por ele mesmo. Mas ele abandonara havia muito tempo essas manobras em favor de confronto frontal e fogo pesado. Com suas forças reduzidas depois do destacamento de Grouchy a cerca de 75 mil homens e 250 canhões, ele não podia ter desperdícios, e também não tinha muito tempo, já que forças prussianas superiores poderiam aparecer no seu flanco direito a qualquer momento. Napoleão pretendia manter as forças britânicas presas em suas fortalezas de Hougoumont e La Haye Sainte e dar um golpe pesado no centro do exército de Wellington. Ele não estava bem, sentia-se sonolento e, como em Borodino, não dirigiu as operações ativamente.

Jérôme, comandando a ala esquerda, desperdiçou tempo e vidas ao tentar capturar Hougoumont em vez de meramente neutralizar as forças britânicas. O ataque central sobre os britânicos se esgotou. Com alguma urgência, uma vez que as tropas prussianas se aproximavam, Napoleão organizou um segundo ataque às posições de Wellington, a ser realizado por uma imensa carga de cavalaria. Mas o ataque vacilou e a cavalaria entrou em ação prematuramente, permitindo que a infantaria britânica formasse quadrados para repeli-la.

Grouchy foi negligente na perseguição a Blücher e perdeu contato com ele quando os prussianos mudaram de curso e foram a oeste para se unir a Wellington. Em vez de marchar na direção do som dos canhões, como alguns generais insistiram que ele fizesse, ele foi adiante, afastando-se do campo de batalha. Como resultado, Blücher apareceu no flanco direito e na retaguarda de Napoleão no fim da tarde. Numa última tentativa desesperada de romper as linhas de Wellington, Napoleão enviou a guarda, mas o ataque foi mal dirigido e se afastou do trajeto definido. Ficando sob ataque frontal e pelo flanco, a guarda hesitou e algumas unidades recuaram, abalando o moral do restante do exército, que começou uma retirada rapidamente transformada em derrota sob pressão da cavalaria prussiana que atacava por todos os lados. Enquanto uma noite sem lua caía, o caos e o medo só aumentavam. Não era apenas uma derrota militar; era uma humilhação que destruía o moral, com estandartes, canhões, suprimentos e até a famosa *dormeuse* de Napoleão abandonados durante a fuga.

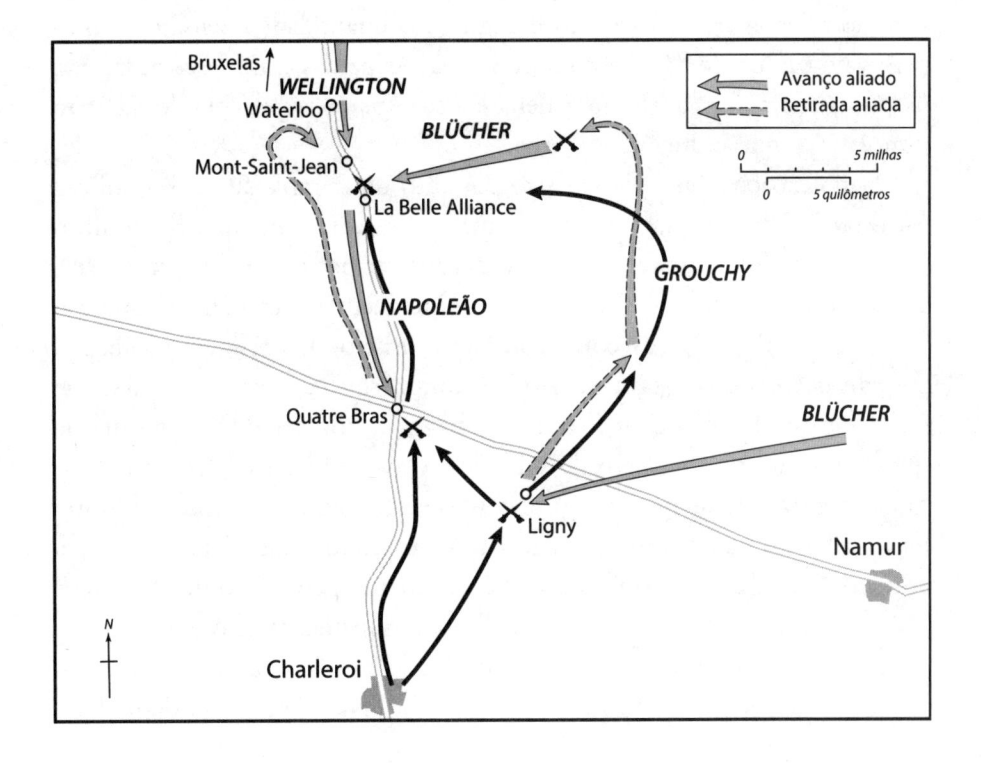

As estradas ficaram tão congestionadas com as tropas em fuga que ele precisou fugir a cavalo, montando a noite toda e só parando na manhã seguinte numa estalagem em Philippeville, de onde ditou duas cartas para Joseph, uma para o público em geral, a outra mais honesta, e dois longos boletins, um sobre Ligny, o outro sobre aquilo que ele chamou de batalha de Mont-Saint-Jean, que dizia que a batalha foi dura e que estava praticamente ganha quando um momento de pânico causado pela retirada de uma única unidade da guarda causou uma retirada generalizada. O boletim terminava com as palavras: "Foi esse o resultado da batalha de Mont-Saint-Jean, gloriosa para as armas francesas e, no entanto, tão fatal". Ele estava tremendamente exausto, e lágrimas escorriam por seu rosto, mas tentou parecer otimista. "Nem tudo está perdido", escreveu para Joseph, pois havia recebido relatos de que Jérôme e Soult conseguiram reunir parte das tropas que haviam fugido, ao passo que Grouchy estava batendo em retirada de modo organizado para se encontrar com eles, e ele incitou Joseph a, "acima de tudo, demonstrar coragem e firmeza".[26]

Napoleão estava em choque. A batalha fora sangrenta – ele perdeu perto de 30 mil homens e os aliados pouco menos de 25 mil. Ele também havia perdido a maior parte de sua artilharia e uma quantidade imensa de prisioneiros no campo de batalha durante a fuga. As perdas eram uma coisa, mas o dano à sua reputação como general e a seu *amour-propre* e ao do Exército francês era o que realmente o abatia.

Napoleão chegou a Paris perto das oito da manhã de 21 de junho e foi direto para o Elysée, onde encontrou Caulaincourt, que ficou aflito por ele ter voltado, acreditando que deveria ter permanecido com o exército; sem o exército, em Paris, ele era vulnerável politicamente. Napoleão pediu um banho quente e convocou seus ministros. Os primeiros a chegar, enquanto ele ainda estava no banho, foram seu tesoureiro Peyrusse, de quem ele queria saber quanto dinheiro havia disponível, e Davout, que ele questionou sobre o número de soldados. Davout garantiu que nem tudo estava perdido desde que ele agisse com determinação e voltasse ao campo de batalha o quanto antes com um novo exército. Mas Napoleão estava em choque. "Que desastre!", ele havia exclamado para Davout. "Ah! Meus Deus!", gritou com "um riso epilético" ao cumprimentar Lavalette.[27]

Às dez da noite, ele se sentou para uma reunião com seus ministros. Comunicou que para defender o país de uma invasão precisava de poderes ditatoriais, mas que desejava ser investido desses poderes pela Câmara dos Representantes e pelo Senado. Ele já tinha sido informado pelo presidente da Câmara e pelos seus irmãos Joseph e Lucien que a notícia do desastre de Waterloo havia se espalhado, e que o ânimo na Câmara dos Representantes era derrotista e profundamente contrário a ele; Lafayette pedia sua deposição. Cambacérès, Caulaincourt e Maret o incitaram a confrontar as casas legislativas e a argumentar em favor do que ele queria, mas Napoleão irritou-se diante dessa ideia. Regnaud disse que ele deveria abdicar imediatamente em favor do filho. Davout, Carnot e Lucien o aconselharam fortemente a suspender as Câmaras, assumir poderes ditatoriais e a declarar *"la patrie em danger"*, o grito de guerra que galvanizou a França em 1792. Fouché disse que não havia necessidade disso, uma vez que, ele garantia, as Câmaras legislativas ficariam felizes em apoiá-lo. Decrès olhou espantado; ele e Savary sabiam que isso era um despropósito, e viam que Fouché tentava enganar Napoleão. Antes de lhe dar o cargo, Napoleão disse que devia tê-lo mandado enforcar muito tempo atrás, mas ele parecia cego ao que o ministro da Polícia tramava.[28]

Antes tão atento a toda ameaça e tão rápido para ver como conseguir uma carta vencedora numa situação pouco promissora, Napoleão parecia curiosamente alienado e incapaz de reagir. Ele não se concentrava no assunto que estava sendo discutido, falando sobre o número de soldados disponíveis e a possibilidade de convocar um *levée em masse* num momento, pedindo relatórios sobre o clima no país no momento seguinte, culpando pessoas e eventos, especulando sobre possíveis manobras, e confundindo sua própria situação ruim com uma convicção aparentemente sincera de que ele era a única pessoa capaz de salvar a França. "Não se trata de mim", ele disse para Benjamin Constant, "trata-se da França"; caso ele saísse de cena, a França estaria perdida.[29]

Ao meio-dia, Davout achou que tinha perdido sua chance e que já não havia esperança, mas o imperador permanecia calmo. "Façam eles o que fizerem, vou ser sempre o ídolo do povo e do Exército", Napoleão declarou ao ser informado de que as Câmaras se preparavam para forçá-lo a abdicar ou para depô-lo. "Só preciso dizer uma palavra, e todos eles serão esmagados." Napoleão tinha razão, mas ele não diria essa palavra. Uma multidão de trabalhadores e de soldados se reunira do lado de fora do Élysée, pedindo armas, e Napoleão só precisava levá-los até o Palais-Bourbon, onde Fouché tramava sua morte na Câmara, e os representantes fugiriam mais rápido do que no 19 Brumário.³⁰

Vários parentes o visitaram à noite, junto com Caulaincourt e Maret, e o aconselharam a abdicar. Só Lucien ainda implorava para que ele agisse. "Onde está sua firmeza?", ele perguntou. "Deixe essa indecisão. Você sabe o custo de não ousar." "Ousei demais", respondeu Napoleão, sincero pelo menos dessa vez. "Demais ou de menos", respondeu Lucien. "Ouse uma última vez." Mas ele não conseguia superar sua relutância em iniciar uma rebelião civil. "Não voltei de Elba para inundar Paris de sangue", Napoleão disse a Benjamin Constant. Ele continuou a hesitar, e a cada hora as chances de salvar algo do colapso diminuíam. Savary o aconselhou a partir às pressas para os Estados Unidos; Napoleão já havia convocado o banqueiro Ouvrard para perguntar se tinha como levantar fundos suficientes para viver nos Estados Unidos com uma nota promissória emitida na França. Talvez ele tenha tentado cometer suicídio naquela noite; os indícios não são claros, mas certamente ele não estava bem ao acordar às nove da manhã de 22 de junho.³¹

Napoleão ainda não tinha decidido o que fazer, mas a essa altura o conselho de ministros e delegados das duas Câmaras que haviam se reunido naquela noite sob direção de Cambacérès decidiram enviar uma delegação até o quartel-general aliado, na prática deixando-o de lado. Empolgado com a quantidade de soldados que Jérôme e Soult conseguiram reunir e com o ânimo das outras unidades espalhadas pelo país, Napoleão começou a considerar várias opções militares. Porém, às onze horas, uma delegação da Câmara exigiu sua abdicação. Depois que a delegação partiu, ele irrompeu num ataque de raiva e declarou que não abdicaria, mas Regnaud observou que ao fazer isso ele poderia conseguir que seu filho ficasse como seu sucessor. Esse conselho foi avalizado por todos os demais ministros presentes, exceto por Carnot e Lucien, que o instigavam veementemente a tomar o poder, lembrando-o do Brumário. Mas Napoleão já não era o mesmo. Ele ditou a Lucien uma "Declaração ao Povo da França", em que afirmava que tinha pretendido garantir a independência da nação, contando com o apoio de todas as classes, porém, como os aliados haviam prometido ódio a ele e jurado que não fariam mal à França, ele estava disposto a se sacrificar pelo país. "Minha vida política está encerrada, e proclamo meu filho imperador dos franceses, sob o nome Napoleão II", declarou, passando a delegar poderes para seus ministros. Carnot chorou, Fouché se iluminou.³²

A declaração foi entregue à Câmara dos Representantes pouco depois do meio-dia, e, embora estivesse claro que ninguém aceitaria seu filho como sucessor, o tema foi debatido longamente; Fouché e outros continuavam temendo que, se fosse colocado em uma situação muito ruim, Napoleão ainda poderia acordar e dar um golpe. Napoleão influenciou a escolha dos delegados que negociariam com os aliados, o que alarmou aqueles que eram mais próximos a ele, que começaram a temer por sua vida; as pessoas escolhidas não resistiriam a entregá-lo ao inimigo como uma prova de boa-fé. Ficava claro que ele precisava partir para a América o quanto antes.

Napoleão pediu a Decrès que providenciasse duas fragatas em Rochefort, e a seu bibliotecário que preparasse as caixas para os livros que ele leria na viagem e que o ajudariam a escrever suas memórias. Ele vasculhou seus documentos particulares, queimando vários, mas, curiosamente, separando seus escritos de juventude, incluindo *Clisson et Eugénie* e a descrição de seu primeiro ato sexual, numa caixa que entregou a Fesch. Ele parecia não ter pressa de fugir. "Ele fala de sua circunstância com uma calma surpreendente", observou Constant, que também foi vê-lo em 24 de junho. "Por que eu não deveria ficar aqui?", Napoleão continuava dizendo. "O que os estrangeiros podem fazer a um homem desarmado? Vou para Malmaison, onde viverei em retiro, com uns poucos amigos que certamente irão lá apenas para me ver." No entanto, ele repetiu seu pedido para que Decrès deixasse duas fragatas prontas para levá-lo aos Estados Unidos.[33]

Em 25 de junho, ele partiu para Malmaison, saindo por uma porta lateral para evitar a multidão que fazia vigília em frente ao Élysée. Ele ficaria ali por quatro dias, esperando ser informado de que os navios estavam prontos. Decrès respondeu que precisava de autorização da Comissão de Ministros, que na prática era o governo provisório. Influenciado por Fouché, o conselho enviou o general Becker com um contingente militar para vigiar Napoleão em Malmaison, para onde também tinham ido Letizia, Hortense, Lucien e Joseph, Bertrand, Savary, o general Lallemand, seus assistentes Montholon e Planat de la Faye, o conselheiro Las Cases e Caulaincourt. Ele recebia visitas de velhos amigos, e viu seu filho com Éléonore de la Plaigne, que ele disse que iria levar para os Estados Unidos depois que estivesse estabelecido. Napoleão admitiu a Hortense ter ficado profundamente comovido com a criança.[34]

Os exércitos aliados haviam parado de avançar, confrontados por forças francesas menores, mas ainda em condições de batalha. Negociações informais confusas aconteciam entre Fouché e Luís XVIII, ainda na Bélgica, e entre Talleyrand, que se encontrou com ele lá, e vários de seus contatos em Paris. Os aliados também discutiam entre si se deveriam restaurar Luís XVIII ou pôr alguém em seu lugar. Unidades em várias partes do país continuavam a lutar. Alguns oficiais planejavam raptar Napoleão de Malmaison e reunir o exército em torno dele para continuar combatendo – ainda havia 150 mil homens nas forças armadas do país, e outros teriam se unido a eles.[35]

Em 29 de junho, quando soube que os exércitos aliados estavam outra vez se movimentando, Napoleão ofereceu seus serviços ao governo provisório, prometendo se retirar para o exílio assim que a vitória fosse conquistada. Fouché desprezou a ideia, uma vez que havia ficado claro que uma das precondições para qualquer negociação era que Napoleão deveria ser entregue. Sem querer provocar quaisquer movimentos violentos da parte dele ou de sua *entourage*, o governo provisório enviou Decrès a Malmaison para informar a Napoleão que duas fragatas o esperavam em Rochefort. No mesmo dia, depois de se despedir de Hortense e de outros, e parando por um tempo no quarto em que Josefina morreu, ele deixou Malmaison para ir a Rochefort, escoltado por Becker e seus homens.[36]

As duas fragatas estavam prontas, mas o porto estava bloqueado pela Marinha Real e, portanto, não havia possibilidade de navegar sem um salvo-conduto, que, segundo prometido a Napoleão, seria obtido pelos negociadores do governo, uma mentira deslavada; Fouché tinha deixado que ele chegasse a Rochefort, onde ficou isolado de qualquer apoio que pudesse encontrar em Paris, e depois que entrou a bordo de uma das fragatas estava em uma armadilha. Enquanto esperava em vão pelo salvo-conduto, Napoleão teve permissão para visitar a ilha de Aix, perto de onde seu barco estava ancorado, e para inspecionar as obras que havia encomendado; ele foi ovacionado pelas tropas estacionadas ali, mas isso não mudava o fato de que na prática era um prisioneiro.

Os aliados entraram em Paris em 7 de julho, e Napoleão não gostava da ideia de ser levado de volta como preso, por isso no dia seguinte enviou Savary e seu camareiro Las Cases à fragata britânica HMS *Bellerophon*, que bloqueava o porto. Ao mesmo tempo, vários planos para sua fuga eram discutidos. Joseph encontrou um mercador que o levaria incógnito para os Estados Unidos, mas Napoleão rejeitou esse subterfúgio, considerando-o indigno. O capitão Maitland, comandande do *Bellerophon*, deu a entender a Savary e a Las Cases que Napoleão receberia uma oferta de exílio na Grã-Bretanha, o que parecia uma solução mais adequada. Napoleão escreveu uma carta ao príncipe regente declarando que, confiando na magnanimidade dele e de seus súditos, desejava, "como Temístocles, ir sentar-se ao pé da lareira com o povo britânico".[37]

Nas primeiras horas de 15 de julho, Napoleão vestiu seu uniforme de campanha de coronel dos caçadores da velha guarda, e às quatro da manhã foi a bordo do brigue francês *l'Épervier*, que o levou até perto do HMS *Bellerophon* e ancorou. Para Becker, que sugeriu escoltá-lo, ele respondeu: "Não, general Becker, jamais poderão dizer que a França me entregou aos ingleses". Ele tomou uma xícara de café e conversou calmamente sobre as tecnicalidades da construção de navios enquanto um bote vinha do navio britânico. Madame Bertrand agiu como intérprete da conversa com o oficial naval britânico, e Napoleão deu ordens para que seu grupo entrasse no bote. Ele entrou por último e sentou. Enquanto a embarcação se afastava, a tripulação do *Épervier* gritou "*Vive l'Empereur!*", o que levou Napoleão a pegar um pouco de água do mar e a abençoá-los com ela.[38]

Fazia 137 dias que ele havia desembarcado no golfo Juan, mas os apoiadores de Luís XVIII tentaram diminuir o interlúdio referindo-se aos 110 que se passaram desde a saída do rei das Tulherias até o seu retorno no início de julho como meros "cem dias". Como em tantos outros casos em sua vida extraordinária, a propaganda napoleônica transformou isso nos "Cem Dias", um capítulo trágico-glorioso na marcha do imperador rumo à história.

Ele foi levado a bordo do *Bellerophon* e disse ao capitão Maitland que tinha ido se entregar à proteção do príncipe regente e das leis da Inglaterra. Os oficiais navais britânicos tiraram os chapéus e se referiram a ele como "senhor", assim como o almirante Hotham, que navegava no HMS *Superb* naquele dia e o convidou para jantar. Ele se sentiu respeitado e, ironicamente, seguro quando voltou ao *Bellerophon*, que partiu para a Inglaterra no mesmo dia. Os seus "cem dias" na França tinham acabado.

Enquanto o *Bellerophon* contornava Ushant em 23 de julho, Napoleão olhou para a terra da França pela última vez, sem saber ainda que Luís XVIII havia retomado seu lugar no trono com um gabinete comandado por Fouché e Talleyrand. O que ele jamais saberia era que, ao ouvir as notícias, Maria Luísa escreveu ao pai dizendo que ele tinha trazido grande alívio para ela, pois isso acabava com "vários rumores tolos que andaram circulando" – de que o filho dela poderia se tornar imperador dos franceses.[39]

44
Uma coroa de espinhos

Em 24 de julho, o *Bellerophon* lançou âncora em Torbay, e, assim que se espalhou a notícia de que Napoleão estava a bordo, o navio foi cercado por uma infinidade de pequenas embarcações cheias de moradores ansiosos para ter um vislumbre do grande homem. Temístocles cedeu, aparecendo no convés e nas janelas dos banheiros, acenando com o chapéu para as moças, evidentemente aproveitando a atenção e feliz por ver que a população não lhe era hostil. Os jornais escreveram sobre seu provável exílio em Santa Helena, mas esse boato circulava havia mais de um ano, e, quanto mais os britânicos comuns o viam, parecia mais provável que ele pudesse ter permissão para se aposentar perto da lareira deles. Dois dias depois, o *Bellerophon* levantou âncora e navegou para Plymouth, onde foi cercado por duas fragatas que tentavam manter afastados os turistas, no entanto mais de mil barcos levavam pessoas para ver o ilustre prisioneiro.[1]

O golpe veio em 31 de julho, quando o almirante lorde Keith embarcou acompanhado do subsecretário de guerra, sir Henry Bunbury, para informá-lo que ele seria levado a Santa Helena como prisioneiro de guerra. Napoleão protestou veementemente, argumentando que o haviam feito acreditar que teria permissão para ficar na Inglaterra. O capitão Maitland certamente se equivocou em permitir que ele acreditasse no que queria, e alguns dos oficiais do *Bellerophon* achavam que ele fora enganado. Napoleão alegou que os britânicos não tinham o direito de prendê-lo, uma vez que ele havia lutado contra o rei da França, que não cumpriu com um tratado. Ele se retirou para sua cabine, de onde pouco saiu nos três dias seguintes, e no quarto escreveu um protesto formal quanto à forma como fora tratado.[2]

A essa altura, o *Bellerophon* havia navegado de Plymouth para se reunir com uma frota sob o comando do contra-almirante sir George Cockburn que iria escoltá-lo até Santa Helena. Ele deveria viajar no navio-almirante

HMS *Northumberland*, e a transferência iria acontecer no mar, uma vez que o governo estava interessado em levá-lo para longe o mais rápido possível. Já houvera uma tentativa de simpatizantes britânicos de usar meios legais para desembarcá-lo ao emitir uma intimação para que ele se apresentasse à justiça. Se Napoleão desembarcasse em solo britânico, seria muito difícil de retirá-lo, e a propensão dos britânicos em transformar em herói um perdedor poderia muito bem transformá-lo em Temístocles.[3]

Foi estabelecido um limite de pessoas que poderiam acompanhá-lo, e Savary e outros não foram autorizados a ir com ele. Entre aqueles com permissão para compartilhar da prisão de seu mestre estavam Bertrand com a esposa e o jovem filho, o general Tristan de Montholon com sua esposa e o filho de cinco anos, o general Gourgaud, e o ex-mordomo e membro do Conselho de Estado Las Cases com seu filho. A criadagem de Napoleão consistia de seu valete pessoal Louis Marchand, seu mameluco Louis-Étienne Saint-Denis, seu segundo criado Noverraz, seu mordomo Cipriani, seus camareiros, os irmãos Archambault, outro criado, um cozinheiro e um chefe confeiteiro, e um homem responsável pela prataria. Servos de outros membros da comitiva somavam um total de 27, e como o médico de Napoleão havia desistido da perspectiva de ir junto, o irlandês Barry O'Meara, cirurgião do *Bellerophon*, concordou em ir no lugar dele.

Depois de uma despedida cordial dos oficiais do *Bellerophon*, Napoleão foi desembarcado com honras de general, mas, ao embarcar no *Northumberland*, ele e sua comitiva tiveram as bagagens inspecionadas sem cerimônia. Uma grande quantidade de dinheiro foi confiscada sem qualquer pretexto. Como previu que algo assim aconteceria, Napoleão confiou cintos de pano cheios de moedas de ouro a cada um de sua comitiva, e dessa maneira salvou um pequeno valor.

Ele parecia conformado com seu destino e permaneceu notavelmente sereno durante a transição. Suportou bem os desconfortos da vida a bordo, frequentemente ficando em sua cabine para ler. Conversava com os marinheiros, fazendo perguntas técnicas e tentando melhorar seu inglês, e durante o jantar oferecia aos oficiais do navio reminiscências e histórias de suas campanhas. Apesar de não estarem impressionados com seus modos à mesa, ele se dava bem com a maioria deles, passando o tempo em conversas ou jogos de cartas e xadrez. Ocasionalmente ficava indisposto e algumas vezes irritável, o que é compreensível, dado que do momento em que embarcou no *Bellerophon*, em Rochefort, até o dia em que desembarcou do *Northumberland*, em Santa Helena, foram três meses no mar.⁴

Em 14 de outubro, eles avistaram seu destino, um afloramento vulcânico se levantando das águas do Atlântico Sul, acessível apenas em Jamestown, um pequeno povoado numa fenda que desce até o mar. A ilha tem uma área de 122 quilômetros quadrados e fica a 1.900 quilômetros da costa da África, o continente mais próximo. O clima é tropical, mas ameno, e úmido na maior parte do ano. Descoberta pelos portugueses em 1502, a ilha era naquele momento posse da Companhia das Índias Orientais, servindo ao propósito vital de recarregar de água navios destinados à Índia e ao Sudoeste da Ásia. Em 1815, a população consistia de 3.395 europeus, 218 negros escravos, 489 chineses e 116 indianos e malaios. A ilha produzia pouco e dependia muito da importação de comida da Cidade do Cabo, distante três semanas de viagem. Havia um governador militar e uma pequena guarnição britânica que manejava fortes estratégicos e baterias, o que foi bastante aumentado pela chegada da frota de Cockburn, com seiscentos homens do 53º Regimento da Guarda e quatro companhias de artilharia, totalizando outros 360 soldados, que, com os marinheiros agora permanentemente estacionados lá, elevava para 2.500 o número de pessoas que tinham ido escoltar Napoleão.⁵

Napoleão desembarcou em terra às sete da noite de 16 de outubro e foi colocado em instalações provisórias em Jamestown. Às seis da manhã seguinte, ele estava cavalgando com Cockburn e indo inspecionar o lugar que deveria servir como sua residência, uma antiga casa de campo situada num platô remoto em Longwood. Descrita por um observador inglês como um "velho e extremamente mal construído celeiro", o lugar estava praticamente abandonado e era muito pequeno, sendo impossível que ele se mudasse para lá de imediato. O governo britânico havia ordenado que uma casa de madeira pré-fabricada fosse despachada para lá com alguma mobília, mas a chegada do material e a construção exigiriam meses, por isso Cockburn colocou os carpinteiros e marinheiros de seu navio para trabalhar, consertando a estrutura existente e acrescentando mais acomodações.⁶

No caminho de volta, cerca de 1,5 quilômetro de Jamestown, eles passaram por um bangalô instalado em meio a jardins de flores e conhecido como "As Sarças" por sua variedade de rosas, a residência de um agente da Companhia das Índias Orientais, William Balcombe. Como não havia outro lugar para acomodá-lo, Napoleão foi alojado numa pequena casa de jardim que Balcombe construíra para servir como salão de baile, com um toldo adjacente. Sua cama de campanha e *nécessaire* foram instaladas em um canto, e uma sala de estudos improvisada foi organizada no outro, com uma cortina separando os dois. Las Cases e seu filho se mudaram para o sótão, e uma pequena parte da equipe de Marchand, Saint-Denis e Cipriani se acomodou da melhor forma possível. O restante da comitiva permaneceu em Jamestown.

Napoleão ficaria pelas próximas sete semanas lá, trabalhando de manhã com Las Cases ou Montholon, Bertrand e Gourgaud, que se alternavam vindo de Jamestown para anotar ditados de seus relatos dos principais acontecimentos de sua vida: Las Cases, a campanha italiana; Bertrand, o Egito; Montholon, o império; e Gourgaud, o período revolucionário, o consulado, Elba, os Cem Dias e Waterloo. Napoleão se exercitava cavalgando com o capitão Poppleton do 53º, encarregado de manter uma vigilância constante sobre ele, ou andando pelos extensos jardins das Sarças, cheios de árvores frutíferas, incluindo mangas e figos, assim como arbustos e flores. À tarde ele dava uma volta com uma ou outra pessoa da sua comitiva. Algumas vezes jantava com os Balcombe e frequentemente passava as noites com eles, jogando cartas ou outros jogos com as crianças – duas meninas e dois meninos.

A segunda filha, Betsy, de catorze anos, era bonita, vivaz e notavelmente precoce. Falava francês, e uma vez que superou o temor de conhecer Bonaparte, "a mais majestosa pessoa que já tinha visto", cativada pelo seu "sorriso fascinante", começou a conversar com ele. Ele se deliciou com os modos maliciosos dela e se juntava alegremente a qualquer jogo que sua "senhorita Betsee" escolhesse jogar, demonstrando talento inesperado em mímica e cabra-cega; um dia, quando um jovem amigo dela pediu para ver o Ogro Corso, ele cedeu e se fez um monstro vociferante e careteiro. Betsy o tratava como um companheiro ou um irmão. "Ele parecia entrar em todo tipo de diversão e alegria com o brilho de uma criança, e, apesar de ter testado muito a paciência dele, nunca o vi perder a calma ou apelar para seu *status* ou idade", ela lembrou mais tarde, apenas vagamente consciente do prazer que ele tirava dos momentos com sua "*bambina*" ou "pequena macaquinha", como se referia a ela.[7]

Ele estava na ilha havia menos de uma semana quando as implicações completas de sua posição se tornaram óbvias. Não apenas ele era um prisioneiro, mas estava hospedado numa cabana miserável sem cortinas ou móveis, era vigiado dia e noite e estava separado de suas companhias, que podiam visitá-lo apenas acompanhados de um guarda. A comida era inadequada e revoltante, sem bons pães e pouca carne fresca e vegetais. Logo ele seria colocado num celeiro na parte mais triste da ilha, úmido e, quando não estava sendo varrido por ventos, envolto em nuvens. Ele seria tratado com o mínimo de civilidade por seus carcereiros e, o que o mais incomodava, não podia esperar nem um pouco de reconhecimento por seu *status* anterior.

Em 24 de outubro, na presença de todos os seus quatro oficiais, Napoleão deu vazão à sua amargura, dizendo que nunca tratou nenhum de seus inimigos com tal desdém e falta de coração. Todos o chamavam de irmão com alegria quando ele estava no poder, e agora estavam reduzindo a vergonha que sentiam impondo humilhações a ele. O imperador Francisco tentou esconder a origem do neto ao dar para o rei de Roma um título austríaco e o criando como tal; o homem que Napoleão fez rei de Württemberg fazia de tudo para que sua filha se divorciasse de Jérôme, assim como acontecia com o igualmente coroado rei da Baviera com relação à sua filha e Eugène.[8]

Napoleão declarou que não faria mais protestos públicos, pois isso estaria abaixo de sua dignidade, e deixaria que outros falassem em seu nome. Numa nota que preparou para o capitão de um dos navios de escolta que veio se despedir antes da volta para a Inglaterra, ele anotou uma série de pontos que desejava que fossem divulgados. O primeiro era que o governo britânico declarou que ele era um prisioneiro de guerra, o que era incorreto, uma vez que Napoleão não fora capturado, mas sim se entregara voluntariamente sob proteção das leis da Inglaterra; e se isso fosse verdade, então ele deveria ser solto como todos os prisioneiros de guerra o são quando se encerram as hostilidades. O segundo era que, ao sujeitá-lo a um clima impróprio e a duras condições, negando-lhe a consideração que merecia e o impedindo de se comunicar com mulher e filho, ou mesmo que recebesse notícias deles, o governo britânico não só desrespeitava a lei, mas negava a ele um direito humano básico.[9]

Em 9 de dezembro, Cockburn o levou para ver Longwood, que havia sido submetida a uma reforma intensa. O celeiro de pedra foi dividido para criar aposentos para Napoleão que consistiam de um pequeno quarto, um escritório, um banheiro e uma saleta para o criado de plantão, uma sala de jantar e despensa, e uma biblioteca. Uma comprida estrutura de madeira foi acrescentada à frente em ângulo reto, contendo um gabinete e uma sala de estar. Outros acréscimos nos fundos incluíam uma cozinha, quarto dos criados, várias áreas de serviço, e acomodações para a família Montholon, Gourgaud e, num ático acessível por uma escada, Las Cases e seu filho (os Bertrand seriam acomodados separadamente numa cabana a meio caminho entre Longwood e Jamestown). O trabalho de construção dos anexos estava ainda em andamento, e Napoleão reclamou que o cheiro de tinta o deixava enjoado, mas, mesmo que os quartos fossem pequenos e não houvesse quase nenhuma mobília, no todo as acomodações eram uma melhora em relação à casa de jardim dos Balcombe. No dia seguinte, ele colocou seu uniforme e, depois de agradecer os Balcombe pela hospitalidade, saiu a cavalo com Cockburn para sua nova residência, onde foi recebido com honras militares por uma equipe do 53º.

A cama de campanha havia sido instalada em seu quarto, um retrato de Maria Luísa pendurado na parede, com um busto do rei de Roma abaixo, e naquele dia ele conseguiu relaxar por uma hora em seu primeiro banho quente desde que deixou Malmaison. Como seus aposentos não estavam prontos, os Montholon, Gourgaud, doutor O'Meara e outros tiveram que se acomodar em barracas no jardim. Não demorou para as desvantagens de Longwood ficarem evidentes. O clima no planalto era o pior na ilha, e o entorno desolador o menos atraente. A construção era completamente inadequada para as condições. O telhado era feito de papel coberto de piche, o que logo começou a deixar a chuva entrar, e a umidade vazava pelas paredes dos anexos, que eram de madeira revestida da mesma forma, atingindo roupas, roupas de cama, livros e tudo mais. A casa era cheia de moscas e mosquitos e infestada de ratos. O piso era de pinho barato e, como não havia porão ou fundação, apodrecia ocasionalmente, revelando a terra úmida abaixo. As chaminés fumegantes não produziam calor suficiente para secar os quartos.

As condições deprimiam Napoleão e sua comitiva, acostumados a um clima seco, boa comida e um mínimo de luxo. Elas também realçavam a realidade da situação e pioravam as tensões que existiam desde a partida da Europa. Cada um dos quatro oficiais que escolheram vir com Napoleão tinha suas próprias razões para essa decisão, tomada sob pressão num momento de incerteza. A esposa de Bertrand, Fanny, uma linda e bem-nascida mestiça de ascendência irlandesa, ameaçara se afogar quando o marido anunciou a intenção de ir. O tormento do arrependimento pelo que na ocasião pareceu o gesto certo de lealdade não demorou a atingir todos os homens, e seus cônjuges ainda mais, à medida que eles contemplavam o exílio ilimitado nessas condições. O espírito de rivalidade desses soldados e cortesãos, possivelmente manipulados por Napoleão, despertou ciúmes e animosidades entre eles durante a viagem, e isso só cresceu com o tempo. Os Bertrand e Montholon, e particularmente suas esposas, estavam entregues à rivalidade. Las Cases, um nobre menor de 49 anos, sem talentos evidentes, era geralmente chamado de "o jesuíta". Gourgaud era um produto do sistema napoleônico: filho de um violinista da corte, lutou para subir nas fileiras de Austerlitz e Saragoça, foi ferido em Smolensk e nadou no Berezina, terminando com o posto de general, o título de barão e a posição de oficial encarregado de Napoleão. Mas era excessivamente sensível e histriônico, e todos tinham prazer em provocá-lo.[10]

De qualquer forma eles constituíam uma corte em torno de Napoleão, obedecendo à etiqueta e à rotina imperiais. A menos que estivesse recebendo uma visita oficial, durante o dia ele normalmente vestia seu casaco verde de caça ou um uniforme "colonial" de linho branco e calças. À noite o grupo se reunia para jantar completamente uniformizado, as damas de vestido de corte e joias, e depois do jantar jogavam cartas, conversavam ou ouviam Napoleão ler um livro. Ele revisitava seus velhos favoritos, *Paulo e Virgínia*, Racine e Corneille, discutia outros trabalhos e relembrava sua vida em intermináveis monólogos sobre o que deveria ter ou não ter feito, fazendo julgamentos severos de pessoas, comentários desagradáveis sobre as mulheres de sua vida, culpando os outros e particularmente a má sorte, traição ou "destino" por suas falhas. A casa foi mobiliada com o que quer que aparecesse, mas fragmentos de esplendor estavam à mostra – prata imperial, um magnífico conjunto de café Sèvres mostrando os mais relevantes acontecimentos de sua vida, alguns retratos e miniaturas.

Napoleão se entretinha montando um jardim em Longwood, que continuava enfeitando com a ajuda de dois trabalhadores chineses, gostando de regá-lo ele mesmo. Ele recebia visitas dos Balcombe, particularmente de Betsy, que algumas vezes trazia alguma mulher da região para vê-lo. Mas eles tinham que obter autorização com antecedência e apresentar um documento na guarita nos limites de Longwood, como se estivessem visitando alguém na prisão.

Sua detenção era uma anomalia, uma vez que ele não era, estritamente falando, prisioneiro de guerra nem criminoso condenado, e, embora fosse mais livre para se mover do que ambos, também estava proibido de ter uma série de privilégios garantidos para os dois. Suas condições tinham mais a ver com as inseguranças dos governos da Europa do que com qualquer ameaça que ele representasse. Ele não tinha permissão para andar ou cavalgar além de certos limites sem ser acompanhado por um oficial britânico, e mesmo com eles era vigiado por 125 sentinelas durante o dia e 72 à noite. Além disso, havia postos de soldados colocados em todas as colinas na área. Duas vezes por dia um oficial conferia sua presença pessoalmente. Um telégrafo foi instalado para alertar Jamestown instantaneamente de seus movimentos (com um código específico para "em fuga"). Ninguém podia visitá-lo sem autorização e um toque de recolher foi aplicado na área imediata. O 53º estava acampado próximo e patrulhava incessantemente. Dois navios circum-navegavam a ilha continuamente, um no sentido horário, outro no oposto. O doutor O'Meara foi designado pelo almirante Cockburn para espionar Napoleão e relatar suas ações, palavras e até seu ânimo. Ele não tinha permissão para receber nenhum jornal. Navios que atracassem em Jamestown para serem abastecidos com água eram vistoriados, suas equipes e passageiros, analisados. Em junho de 1816, comissários de alto escalão enviados pelos governos da França, Rússia e Áustria chegaram para fiscalizar. "A ilha de Santa Helena é o ponto para o qual nossos telescópios deviam estar incessantemente apontados", o primeiro-ministro de Luís XVIII, o duque de Richelieu, escreveu para seu embaixador em Londres, ansioso para saber se os britânicos estavam tomando precauções suficientes. Como se uma força perigosa tivesse sido contida numa ilha remota, uma praga que precisava ser mantida em quarentena.[11]

Não há provas de que Napoleão tenha cogitado ou até mesmo desejado escapar. Pelo contrário, ele se dedicava a fazer o melhor possível de sua situação de uma forma que às vezes quase parecia deleitá-lo; o ator consumado e manipulador estava gradualmente desenvolvendo uma nova estratégia.

Quaisquer que fossem seus sentimentos sobre as ações do seu governo, Napoleão se esforçou para ser amigável com todos os oficiais britânicos, militares e da marinha, durante a travessia (nunca trapaceou nas cartas com eles). Quando os marinheiros montaram uma cerimônia no cruzamento do Equador, distribuiu dinheiro para eles. Ele encantou os Balcombe em sua estada nas Sarças. Era educado e camarada em relação ao coronel e seus oficiais do 53º quando o chamavam. Recebia moradores britânicos da ilha graciosamente, e no geral era bem-sucedido em conseguir sua simpatia, ou ao menos em transmitir a impressão de que estava sendo maltratado. Para os visitantes britânicos – e havia muitos deles, uma vez que, depois de semanas ou meses no mar a caminho da Índia e no retorno de lá, ver o ogro caído era uma atração irresistível – ele era encantador e parecia suportar seus infortúnios de bom humor. Não demorou muito para que relatos fossem publicados, e as pessoas na Inglaterra começaram a criticar as condições desnecessariamente duras às quais ele estava sendo sujeitado.[12]

Napoleão se dedicava a fazê-las parecer mais duras do que eram. Embora tivesse ficado em termos relativamente cordiais com o almirante Cockburn durante a travessia, em Santa Helena começou a tratá-lo como seu carcereiro. Em vez de procurar um *modus vivendi,* ele o desafiava. Sabendo muito bem que todos os oficiais e funcionários haviam sido instruídos a conceder-lhe honrarias não superiores àquelas devidas a um general, ele mesmo assim ordenava que Bertrand informasse ao almirante que o imperador desejava isso ou aquilo, o que naturalmente resultava na resposta de que o almirante não sabia de nenhum imperador na ilha e, portanto, não podia atender o pedido. Quando um convite era emitido para o "general Bonaparte" participar de evento, Napoleão instruía Bertrand a responder que a pessoa em questão foi vista pela última vez no Egito em 1799. Esse tipo de comportamento azedou a relação do almirante com Napoleão e o encorajou a cumprir seu dever com zelo redobrado, levando a uma maior deterioração das relações entre eles e a um acúmulo de queixas de ambas as partes.[13]

Em abril de 1816, o governador militar que deveria supervisionar sua prisão chegou à ilha e assumiu o lugar do almirante Cockburn, que ficou como comandante da estação naval. O major-general sir Hudson Lowe servira principalmente no Mediterrâneo, tendo feito parte da captura pelos britânicos da Córsega e comandando um regimento de corsos pró-britânicos, e como resultado falava francês e italiano. Apesar de ser um soldado capaz e um administrador competente, não era popular, e Wellington o achava um tolo atarantado. Meticuloso, de mente estreita e carente de imaginação, mais ainda de empatia, foi a pior escolha possível para a função.

Napoleão ficou contente com a notícia de que seu novo carcereiro era um soldado. Mas as coisas começaram mal quando, depois de sua chegada, em 15 de abril, o novo governador chegou a Longwood sem se anunciar, sendo informado que o imperador não poderia recebê-lo. Foi combinado que ele voltaria no dia seguinte, quando Napoleão o recebeu, mas sentiu uma aversão instantânea por ele. Lowe não estava interessado nele como pessoa ou personagem histórico, e não conseguia ver além dos limites de suas ordens, que eram de manter o prisioneiro de acordo com as regras estipuladas em Londres pelo secretário de Guerra lorde Bathurst, que não tinha ideia das condições locais e, portanto, tomava precauções desnecessárias. Ele não via razão para questionar isso e as aplicava literalmente. Napoleão se sentia afrontado e demonstrou seus sentimentos com a rudeza característica. Lowe respondeu com uma indiferença autoritária e uma interpretação extrema de suas ordens, querendo ensinar ao arrogante francês uma lição. Isso deu a Napoleão o alvo perfeito para sua amargura e frustração, e, por extensão, os meios ideais para lutar sua batalha final contra os britânicos.

Cerca de duas semanas depois de seu primeiro encontro, o navio que trazia a mobília e os materiais para construir uma nova casa chegaram a Jamestown, e Lowe foi perguntar onde Napoleão achava que ela deveria ser construída. Isso implicava uma sugestão indesejada de perenidade de sua prisão, e Napoleão ficou furioso pela forma como vinha sendo tratado, acusando seu carcereiro de ter sido enviado para matá-lo. Lowe mal conseguiu disfarçar sua raiva e se retirou. A mobília foi levada para Longwood (num toque absurdo, uma vez que Napoleão não jogava, uma mesa de bilhar foi instalada no gabinete), e nada mais foi dito sobre a nova casa.[14]

Em meados de junho, o almirante Cockburn foi substituído por um novo esquadrão sob ordens do contra-almirante sir Pulteney Malcolm, cuja esposa, Clementine Elphinstone, tinha com Napoleão uma dívida de gratidão; ele salvara a vida de seu irmão ao atar seus ferimentos em Waterloo. Eles trouxeram presentes do irmão (os quais Lowe tentou impedir que fossem entregues) e jornais franceses, e o tratavam com consideração. No decorrer de repetidas visitas isso se transformou em cordialidade, com Napoleão tentando satisfazer seu antigo fascínio por Ossian interrogando-a sobre sua terra natal, a Escócia. Isso irritou profundamente o governador, cujas relações com o almirante se tornaram tensas.[15]

A nova esquadra também trouxe comissários designados pela Rússia, Áustria e França para vigiar Napoleão, e, por um breve momento, ele pensou que, pelo menos no caso do russo e do austríaco, seria possível construir um canal de comunicação com Alexandre e Francisco. Quando se tornou óbvio que eram apenas carcereiros extras, Napoleão se recusou a recebê-los como tais, uma vez que, se o fizesse, estaria aceitando sua posição como prisioneiro de seus soberanos. Ao mesmo tempo, fez saber que os receberia de bom grado como cidadãos comuns. Quando, depois de consultar seus governos sobre o assunto, eles concordaram, Lowe proibiu, chegando a ponto de impedi-los de caminhar, cavalgar ou dirigir nas proximidades de Longwood, ou de cumprimentar qualquer de seus habitantes que encontrassem, inclusive criados (ele emitiu ordens semelhantes para os soldados do 53º, que haviam corrido para aplaudir Napoleão quando ele passou por seu acampamento em um de seus passeios matinais). Tendo interceptado uma mensagem de Bertrand para o comissário francês, o marquês de Montchenu, que ele sabia ter ido visitar sua mãe doente em Paris, pedindo notícias dela, Lowe o repreendeu e determinou que toda correspondência passasse por ele. Chegou mesmo a impedir o comissário russo, conde Balmain, de ter qualquer contato com um navio russo de passagem, presumivelmente temendo uma tentativa de sequestrar seu prisioneiro.[16]

Acompanhando o comissário austríaco, o barão Stürmer, estava um jovem botânico empregado dos jardins de Schönbrunn, Philipp Welle. Ele discretamente contatou o criado de Napoleão, Marchand, e entregou a ele uma carta da mãe de Marchand, que trabalhava com o rei de Roma e o acompanhara até Viena. A carta continha uma mecha de seu cabelo, e Welle, que frequentemente via a criança nos jardins, foi capaz de dar notícias, que foram transmitidas a Napoleão; ele ficou profundamente tocado e colocou a mecha em sua *nécessaire*, ao lado de uma de Josefina.[17]

Outro raio de luz em sua vida foi a chegada de duas caixas de livros, com cartas de Letízia e Pauline. Napoleão estava tão ansioso para pegar os livros que abriu as caixas ele mesmo com um martelo e formão. Mas seu humor foi prejudicado quando Lowe confiscou dois volumes enviados por um admirador inglês com as palavras "*Imperatori Napoleoni*" estampadas nas lombadas, uma vez que se recusava a reconhecer o título imperial de seu prisioneiro. Napoleão tinha muitos simpatizantes na Inglaterra, o lorde e a senhora Holland, que lhe enviavam livros e outros confortos materiais – a maioria devolvidos por Lowe ou por oficiais mesquinhos em Londres. "Napoleão não pode precisar de tantas coisas", lorde Bathurst exclamou quando Pauline tentou enviar a ele algumas utilidades.[18]

Não surpreendentemente, Lowe teve uma recepção fria quando fez uma reunião para discutir as acomodações de Napoleão; Longwood apresentava sinais de deterioração e se tornava rapidamente inabitável. Napoleão não via sentido em construir uma nova casa, acreditando que quando estivesse pronta haveria um novo ministério na Inglaterra ou uma mudança de regime na França, ou ele estaria morto. Ele estava relutante em aceitar qualquer favor que desse a impressão de que o fardo havia sido reduzido. O que se seguiu foi uma reunião difícil que durou duas horas (Napoleão ficou de pé do começo ao fim, forçando Lowe a fazer o mesmo, temendo que, caso ele se sentasse, Lowe também sentaria, uma quebra de protocolo na presença do imperador). Uma vez que o material para a nova casa havia chegado, Lowe estava determinado a construí-la, mas primeiro faria obras de recuperação na existente.[19]

O comissário russo relatou a seus superiores que, além de ser "o lugar mais triste do mundo", Santa Helena também era impossível de atacar e também de fugir. O governo britânico, contudo, estava obcecado com a possibilidade de Napoleão escapar, e por isso dava crédito a todo relatório ou rumor de conspiração para libertar o prisioneiro – incluindo alguns absurdos envolvendo submarinos. Portanto manteve um número estapafúrdio de soldados e um esquadrão naval permanentemente instalado, o que, tendo em vista a necessidade de envio de quase todos os alimentos e suprimentos da Cidade do Cabo ou mesmo de mais longe, levava o custo do confinamento de Napoleão, de acordo com algumas estimativas, para cerca de 250 mil libras por ano.[20]

Em vez de reduzir o efetivo militar, lorde Bathurst ordenou a Lowe que reduzisse os gastos de manutenção do prisioneiro e de seus acompanhantes. Se em Elba Napoleão foi econômico e cortou gastos, aqui ele era muito extravagante com o dinheiro do Tesouro britânico (afinal de contas, haviam lhe roubado uma grande quantidade de dinheiro quando ele embarcou no *Northumberland*). Ele insistia em receber carne e legumes, que não estavam disponíveis na ilha e frequentemente chegavam estragados, e Longwood consumia surpreendentes 1.400 garrafas de vinho por mês (com a colaboração de Poppleton e outros oficiais do 53º, que surrupiavam o vinho ou o compravam dos criados). Lowe solicitou uma reunião em Longwood para discutir gastos, mas não foi recebido, e foi orientado a se dirigir ao mordomo de Napoleão. Ele foi ver Bertrand, que disse para procurar Montholon, que o mandou para os infernos.[21]

Em 18 de agosto de 1816, Lowe solicitou novamente uma reunião em Longwood, na companhia do almirante Malcolm, que iria pelo menos garantir seu acesso a Napoleão. Quando se aproximavam, eles o encontraram andando no jardim com Las Cases e Albine de Montholon. Lowe se desculpou por ter tentado discutir finanças, mas reclamou que era obrigado a se comunicar diretamente com Napoleão, uma vez que Bertrand grosseiramente se recusou a conversar. Napoleão não conseguia conter sua antipatia pelo general; lembrou-o que Bertrand havia comandado exércitos em campo, enquanto ele era um funcionário que só havia comandado "corsos desertores", um homem sem honra que lia as cartas de outros, um carcereiro, não um soldado, que os tratava como "degregados em Botany Bay". Napoleão protestou contra as condições em que estava sendo mantido, contra o clima que prejudicava sua saúde, por sua correspondência ser lida, seus livros confiscados e outras indignidades. "Meu corpo está nas suas mãos, mas minha alma é livre. Tão livre quanto quando comandei a Europa... E a Europa irá com o tempo julgar o tratamento que me deram. A vergonha se abaterá sobre o povo da Inglaterra", disse a Lowe. Se ele não estivesse preparado para alimentá-lo, Napoleão iria ao acompamento do 53º, cujos oficiais certamente não se recusariam a compartilhar seu refeitório mal abastecido com um velho soldado. Com o rosto vermelho, Lowe quase não conseguia conter sua fúria diante da sugestão de que não era um soldado de verdade e de que estaria agindo de modo desonroso quando estava apenas cumprindo ordens; e recuperou sua honra ao dizer a Napoleão que ele era ridículo e que sua grosseria era patética, e foi embora, seguido por Malcolm. Ele não chegaria a ver Napoleão vivo de novo.[22]

Napoleão admitiu a Las Cases e Albine de Montholon que havia ido longe demais, mas ele não era alguém capaz de se desculpar, e as hostilidades continuaram. Diante de novas exigências para reduzir os custos de sua residência e a recusa em deixá-lo escrever para os banqueiros que mantinham seus fundos (temendo um conluio), Napoleão fez os criados juntarem uma grande quantidade de sua prataria, compactar e retirar todos os emblemas imperiais, e mandou vender como sucata na praça de Jamestown, à vista dos habitantes e dos britânicos visitantes.[23]

Lowe retaliou diminuindo a área que Napoleão tinha permissão para se locomover e ordenou que o número de criados fosse reduzido para quatro. No fim de novembro de 1816, Las Cases foi preso, pego tentando contrabandear algumas cartas – aparentemente uma manobra para mandá-lo de volta para a Europa com os quatro criados que estavam sendo devolvidos. Isso reduziu a já diminuta corte que era um apoio psicológico para o imperador caído. Observar a etiqueta diária se tornou mais difícil. Uma combinação de monotonia, tédio, clima ruim, comida pior, a visão de sentinelas em cada porta e janela, as restrições mesquinhas e pequenas humilhações, com as frequentes indisposições causadas por tudo isso, minaram sua moral e sua saúde.

Como protesto contra as restrições de Lowe a seus movimentos, Napoleão se isolou ainda mais. Parou de cavalgar e mesmo de caminhar; a presença constante de um oficial britânico estragava esses prazeres. A falta de atividade prejudicou sua condição física. Sua disúria piorou, e, de acordo com Saint-Denis, ele ficava debruçado sobre seu penico por bastante tempo, a cabeça encostada na parede, tentando urinar. No fim de 1816, Napoleão também estava sofrendo de ataques prolongados de tosse e febres.[24]

Em alguns dias Napoleão nem se incomodava em se vestir, ficando no quarto e lendo usualmente um de seus livros favoritos. Ainda ditava relatos de suas campanhas para Albine de Montholon, que assumira o lugar de Las Cases, e parece que na primavera de 1817 começou um caso com ela – presumivelmente com a aquiescência do marido, uma vez que não havia segredos num espaço confinado habitado por tanta gente (em janeiro de 1818, ela deu à luz uma filha, Josephine, que era provavelmente filha de Napoleão).

Depois de uma de suas visitas a Longwood, o almirante Malcolm notou que Napoleão "não estava descontente" com as humilhações impostas a ele por Lowe e tirava alguma satisfação do acúmulo de queixas. Numa reunião mais tarde, Napoleão explicou a razão para lady Malcolm. "Usei a coroa imperial da França, a coroa de ferro da Itália; a Inglaterra meu deu agora uma maior e mais gloriosa – pois foi usada pelo Salvador do mundo – uma coroa de espinhos. A opressão e cada insulto que me é infligido apenas aumentam a minha glória, e é à perseguição da Inglaterra que devo a mais brilhante parte da minha fama."[25]

Napoleão compôs um protesto contra a forma como estava sendo tratado, listando todas as indignidades mesquinhas e procedimentos legalmente questionáveis, escrito num pedaço de cetim de um dos vestidos de Albine de Montholon e costurado dentro do forro do casaco de um dos criados que estava partindo, o corso Santini, que ao chegar a Londres iria contatar o renomado radical general sir Robert Wilson e conseguir publicá-lo. Isso iria alimentar um debate iniciado na Câmara dos Lordes por lorde Holland atacando o governo por seu tratamento vergonhoso ao imperador preso.[26]

Napoleão estava consciente de que suas companhias escreviam e registravam os acontecimentos para a posteridade, e se certificou de que não faltasse material. Ele relembrou sua infância, família, seu amor pela Córsega, seu tempo como cadete e suas posteriores explorações militares e políticas. Expôs suas opiniões sobre tudo, de religião a música, de mulheres a guerra, refletiu sobre o que fez e o porquê, e discursou sobre o que teria feito se não tivesse sido impedido. Seus monólogos continham muitas autojustificativas e culpas daqueles que supostamente falharam ou o traíram, das circunstâncias e do "destino". Ele revisitou mais de uma vez temas como sua campanha russa, culpando a traição e a má sorte. Caluniou a maior parte de seus marechais e desdenhou das mulheres que amou com comentários grosseiros sobre seus atrativos e desejos. Por mais desagradável que o material seja em grande parte, para quem não conhece melhor o panorama completo, a imagem que emerge das anotações de seus quatro "evangelistas" é a de um homem que quis fazer o bem, tentou alcançar o impossível e estava sendo terrivelmente punido, na verdade martirizado, por isso. Waterloo é reinventado como uma espécie de vitória moral expiatória. E Santa Helena, o calvário ideal.

Em junho de 1817, Malcolm e sua esposa navegaram de volta para o continente, e o 53º foi substituído. Em julho, o doutor O'Meara foi expulso por Lowe, que suspeitava que ele estava espionando para Napoleão; o governador estava cada vez mais desconfiado de todo mundo e, ao saber do encontro de Marchand e Welle, expulsou até mesmo o comissário austríaco.

A monotonia da vida na ilha afetava a todos, e as companhias de Napoleão não conseguiam esconder o desejo de ir embora. Gourgaud, que havia ficado neurótico e constantemente brigava com Montholon, partiu em março de 1818. Apesar de representar uma espécie de alívio ser poupado de suas birras entediantes, isso diminuiu ainda mais a corte de Napoleão. Os Balcombe também foram embora no mesmo mês, o que o entristeceu; apesar de os ver cada vez menos, eram uma presença amigável, e Betsy sempre o animava quando o visitava. A perda que mais o afetou foi a morte por apendicite de Cipriani, por quem Napoleão tinha apreço e que havia sido capaz de manter um certo padrão à mesa.

Napoleão ficou grato a um capelão anglicano que consentiu em lhe dar um enterro cristão e enviou a ele de presente uma caixa de ouro para rapé.

Ao ficar sabendo disso, Lowe obrigou o capelão a devolvê-la, sob a justificativa de que representava uma tentativa do prisioneiro de subornar um oficial britânico. Quando, às vésperas da partida dos Balcombe, Napoleão quis dar ao escravo malaio deles, Toby, de quem havia ficado amigo no período em que morou com eles, o dinheiro para que comprasse sua liberdade, foi impedido de fazer isso sob o pretexto de estar fomentando uma rebelião de escravos. Lowe não deu nenhuma razão política para não permitir que o piano em Longwood fosse afinado, mas encontrou um motivo sinistro por trás da oferta de Montholon ao comissário francês Montchenu de alguns grãos de feijão, explicando num relatório a Bathurst que Montchenu deveria ter aceitado apenas os brancos, uma vez que branco era a cor dos Bourbon, e recusado os verdes, já que o verde era associado a Napoleão, insinuando assim que o comissário era politicamente instável.[27]

Três meses depois de O'Meara ser mandado embora, Napoleão ficou doente. Bertrand requisitou um substituto, mas o governador não acreditava que havia algo errado com Napoleão e ofereceu um dos médicos militares ou da marinha disponíveis. Napoleão recusou, dizendo que não seriam nada mais que espiões do governador. Ele se mantinha no quarto, o que significava que o oficial britânico que tinha que se certificar de sua presença duas vezes por dia não podia vê-lo, apesar de tentar espiar pelos vãos nas persianas. Lowe insistiu que ele fosse admitido no quarto. Napoleão se recusou. Lowe ameaçou mandar derrubar a porta, e Napoleão finalmente permitiu que John Stokoe, cirurgião do HMS *Conqueror*, o examinasse. Em janeiro de 1819, Stokoe diagnosticou hepatite severa, e foi destratado por Lowe, preso e dispensado, uma vez que o governador estava convencido de que seu preso fingia. Em abril, Napoleão enviou um apelo ao primeiro-ministro, lorde Liverpool, por meio de um parente dele que estava de passagem, mas este também foi persuadido por Lowe de que não havia nada de errado com o prisioneiro.[28]

Bertrand planejou contatar Fesch em Roma, com uma solicitação de um médico e de um padre católico. Nem Fesch nem Letizia gostavam de gastar dinheiro (apesar de ela ter enviado ao filho alguma quantia), e ela parece ter sido convencida por um adivinho que Napoleão havia sido tirado de Santa Helena e estava a salvo num lugar secreto; eles então selecionaram dois decrépitos padres corsos e um jovem médico com pouca experiência que eram baratos. Os três chegaram à ilha em setembro de 1819, e, no domingo seguinte à chegada deles, uma missa foi celebrada na sala de estar de Longwood. Napoleão transformou a então bastante redundante sala de jantar em capela e a partir de então passou a ir à missa todo domingo.[29]

Albine de Montholon havia partido naquele verão, levando seus filhos, e o marido estava ansioso para segui-la. Os Bertrand também estavam interessados em voltar para a Europa, e Napoleão, que entendia o dilema deles, mas sentia que não iria conseguir seguir em frente sem o apoio moral de pelo menos um oficial de alta patente, cogitou encontrar substitutos entre seus antigos fiéis como Savary e Caulaincourt. Ele estava se iludindo se achava que eles teriam permissão para ir; Pauline havia tentado permissão sem sucesso, e no ano anterior Jérôme e sua mulher Catarina haviam escrito para lorde Liverpool e para o príncipe regente implorando para serem autorizados a visitar Napoleão, tendo o pedido recusado. Nessa situação, ele estava cada vez mais dependente de Marchand, de 28 anos, por quem sentia uma grande afeição e a quem chamava de "*mon fils*", e que cuidava dele com devoção filial verdadeira.[30]

Apesar de agora estar gravemente doente, Napoleão tinha momentos de entusiasmo e atividade; por volta do fim de 1819, ele decidiu fazer mais exercícios e, pá em mãos, começou a cuidar do jardim, algo que parecia lhe dar prazer. Em janeiro de 1820, ele saiu para andar a cavalo, o que o deixou fraco por vários dias, repetindo o exercício em maio. Naquele verão, Napoleão saiu para um piquenique, mas na volta teve que ser carregado para casa, e no outono estava no estágio final do que era ou um câncer ou uma hemorragia gástrica devido a seu estômago ter sido perfurado por úlceras. O médico corso enviado por Fesch e Letizia, Francesco Antommarchi, não era qualificado para isso e mostrou-se extraordinariamente imprudente, mas não havia muito que pudesse ser feito.[31]

Napoleão não deixava mais a casa e quase nem saía do quarto, mantendo-se sem se barbear por dias. Ele estava muito fraco e instável, tropeçando num rato em seu quarto numa ocasião e desmaiando se fizesse um esforço. Sofria de calafrios e febres, e vomitava frequentemente, e no fim do ano parecia evidente a todos à sua volta que ele estava morrendo. Lowe se recusava a acreditar e insistia que sua presença fosse confirmada por um oficial britânico, de novo ameaçando forçar a entrada. O doutor Thomas Arnott, cirurgião do regimento que havia assumido a guarda do ogro, teve permissão para entrar em abril de 1821; confirmou que Napoleão estava lá e relatou que não havia nada de errado com sua saúde.[32]

Na última semana de abril, Napoleão estava vomitando sangue e reclamando de dor abrasadora nos flancos. Pediu para que sua cama fosse colocada no quarto de desenhar, que tinha mais luz e ar. Ele estava ficando mais fraco e parecia perder a consciência de vez em quando; em 29 de abril, murmurou coisas incompreensíveis sobre "França", "o exército" e "Josefina", e depois sobre deixar sua casa em Ajácio e Salines para seu filho. Em 3 de maio, recebeu a extrema-unção de um dos capelões corsos, o abade Vignali, que ele instruiu a seguir a tradição real francesa de *chapelle ardente*, uma missa de corpo presente celebrada diariamente. No dia seguinte, ele estava delirando, e por volta de dez minutos antes das seis, na noite de 5 de maio de 1821, morreu.[33]

Ao saber da morte de Napoleão, o poeta italiano Alessandro Manzoni sentiu uma espécie de choque e necessidade urgente de escrever. Em apenas dois dias compôs um de seus maiores trabalhos, *Il Cinque Maggio*, uma ode na qual retrata o imperador morto como um heroico e super-humano ser cuja morte compara à do Cristo no calvário, uma vez que o eleva à imortalidade. Goethe, que traduziu a ode para o alemão, também fez analogias entre Napoleão e Cristo, e seu fascínio contínuo com a natureza prometeica do imperador teve influência profunda em seu trabalho, particularmente em sua obra-prima, o *Fausto*. O talento de Napoleão para a autopromoção havia atingido sua maior conquista.

"Ele não era bom ou mal, nem justo ou injusto, não era nem vil nem generoso, cruel ou compassivo; era totalmente político", escreveu Matthieu Molé, que trabalhou com ele por anos. Isso era verdade tanto para sua morte quanto para sua vida. Quando sentiu a morte se aproximar, em 12 de abril, Napoleão começou a ditar seus últimos desejos e seu testamento, que copiou com dificuldade de próprio punho, como seu código exigia. Era para ser muito mais que um testamento. Ali ele expressava afeição por sua família, a quem não deixou dinheiro, apenas lembranças pessoais. Legava seu coração em uma urna e um cacho de seu cabelo a Maria Luísa (que se recusou a aceitar). Recompensava 76 de seus mais fiéis amigos e seguidores, de alta e baixa patentes. Fazia doações generosas aos homens que o seguiram até Elba, a soldados estrangeiros que haviam lutado pela França, e para os feridos em Waterloo. Como não tinha nem sequer uma fração das somas necessárias, na prática ele transformou dezenas de milhares de pessoas em credores do governo e, portanto, em inimigos dos Bourbon. O documento é um manifesto político em torno do qual os apoiadores de seu filho e da dinastia Bonaparte podiam se unir.³⁴

O texto começa com uma série de declarações, sobre ele, sua família e seu país, e afirma que ele estava morrendo, "assassinado pelo governo britânico e o carrasco que estava a soldo deles". Ele havia trabalhado esse tema desde o momento em que chegou a Santa Helena, representando o papel de mártir, e foi infalivelmente auxiliado por Hudson Lowe até o fim – foi enterrado num local pitoresco a um quilômetro e meio de Longwood, mas sua lápide foi deixada em branco, porque o governador não iria permitir nenhuma inscrição sugerindo um *status* imperial, e nem Bertrand ou Montholon iriam permitir "General Bonaparte".³⁵

Dois anos depois de sua morte, Las Cases publicou seu *Mémorial de Sainte-Hélène,* um relato do lento martírio do imperador depois de Waterloo, um campeão de vendas que espalhou o evangelho de Napoleão pelo mundo. O espírito da época foi muito receptivo, e poetas na Europa e de outros lugares aderiram à propaganda cuidadosamente construída por Napoleão. "Britânia! Tu dominas os mares", escreveu o poeta alemão Heinrich Heine. "Mas o mar não contém água suficiente para lavar a desonra que esse grande homem te legou ao morrer."³⁶

Napoleão venceu finalmente a longa batalha contra seu inimigo britânico e, no processo, conseguiu algo além disso. Desde os primeiros anos, procurou exemplos e fortaleceu seu ego, moldando-se à imagem de Aníbal, Alexandre, César ou Carlos Magno, mas, depois de cogitar Temístocles por um momento, encontrou um modelo inteiramente novo para personificar, tão mítico quanto qualquer um dos outros, e que teria muito maior ressonância do que todos eles somados – o modelo de Napoleão, o gênio semelhante a um deus que, incompreendido, traído e martirizado por homens menores do que ele, triunfaria sobre a morte e viveria para assombrar a imaginação e inspirar futuras gerações; ele tinha começado uma nova vida como mito.

Notas

Prefácio
1. Franz Grillparzer, *Sämmtliche Werke*, vol. I, Stuttgart, 1872, pp. 192-4.
2. Beyle, *Vie de Napoléon*, p. 1; ver também Salvatorelli; Gueniffey, p. 257.
3. Bodinier, pp. 328-9; ver também Lefèbre, p. 207; Lignereux, p. 213.

1. Um messias relutante
1. Bailleu, vol. I, p. 63; Williams, pp. 8-9.
2. Staël, *Considérations*, vol. XIII, pp. 192-3; Bourrienne, 1831, vol. II, p. 216; ver também Jomard, pp. 17-8.
3. Espitalier, p. 52; Bailleu, vol. I, p. 165; Dumont Romain, p. 2.
4. *Recueil*, p. 3.
5. *Recueil*, p. 4; Dumont Romain, p. 3; Staël, *Considérations*, vol. XIII, p. 199; Bailleu, vol. I, p. 164; Gueniffey, *Bonaparte*, p. 257.
6. Williams, pp. 8-9; Espitalier, p. 50.
7. *Recueil*, p. 4; Espitalier, p. 49.
8. Mallet du Pan, vol. II, p. 356; Espitalier, pp. 56-7; Bourrienne, 1831, vol. II, p. 216; Mallet du Pan, vol. II, pp. 371-2.
9. *Recueil*, p. 6.
10. Staël, *Considérations*, vol. XIII, p. 199; Gueniffey, *Bonaparte*, p. 310; Napoleão, *Mémoires*, vol. I, p. 507.
11. *Recueil*, p. 7.
12. Ibid., p. 9.
13. Ibid., p. 13.
14. Ibid., p. 18.
15. Ibid., p. 23.
16. Bailleu, vol. I, p. 155.
17. Ibid., p. 159; Bourrienne, 1831, vol. II, p. 219; Pontécoulant, vol. II, p. 489.
18. Dumont Romain, p. 4; *Recueil*, p. 25; Pasquier, vol. I, p. 134.
19. Bailleu, vol. I, p. 162; Espitalier, pp. 143-7.
20. Espitalier, p. 62; Mallet du Pan, vol. II, p. 384; Bailleu, vol. I, p. 167.
21. Waresquiel, p. 232.

2. Sonhos insulares
1. Branda, *Secrets*, pp. 25-7 (estudo de Gerard Lucotte).
2. Defranceschi, pp. 46-60; ver também Vergé-Franceschi, *Napoléon*; Paoli, *Jeunesse*; Carrington, *Portrait*, p. 17; Gueniffey, *Bonaparte*, vol. I, p. 27.
3. Vergé-Franceschi, *Paoli*, pp. 183-283.
4. Vergé-Franceschi, *Paoli*, pp. 183-4, 188, 283, 295-9; Vergé-Franceschi, *Napoléon*, p. 73; Boswell.
5. Há diferenças de opinião sobre o tema. Ver: Simiot, p. 5; Gueniffey, *Bonaparte*, p. 29; Branda, *Le Prix*, pp. 19-20; Carringotn, *Napoleon*, pp. 14, 19-20; Carrington, *Portrait*, pp. 11-4; Charles Napoléon, p. 66; Vergé-Franceschi, *Napoléon*, pp. 43-51, 55ss.; Bartel, p. 17.
6. Não há indícios da história em Carrington, *Portrait*, pp. 15-7, 26-8; Vergé-Franceschi, *Napoléon*, pp. 54, 73; Paoli, p. 27 etc., de Carlo ir a Roma e morar lá.
7. Boswell, p. 96. Sobre a suposta autoria da proclamação, ver: Carrington, *Portrait*, p. 37; Paoli, p. 29; Vergé-Franceschi, *Napoléon*, p. 76. Ver também: Carrington, *Napoleon*, pp. 44-5, 78; Vergé-Franceschi, *Paoli*, p. 376; Gueniffey, *Bonaparte*, p. 41.
8. Paoli, pp. 30-1; Carrington, *Portrait*, pp. 42-3, 46; Carrington, *Napoleon*, p. 43.
9. Versini, p. 21; Vergé-Franceschi, *Napoléon*, pp. 90, 95; Carrington, *Portrait*, p. 43.

10 Vergé-Franceschi, *Napoléon*, p. 30; sobre histórias relativas a seu nascimento, ver também: Charles Napoléon, p. 92; Carrington, *Napoleon*; Vergé-Franceschi, *Napoléon*, p. 13.
11 Versini, p. 26; Carrington, *Napoleon*, pp. 53-5; Defranceschi, p. 70.
12 Vergé-Franceschi, *Napoléon*, pp. 107-11, 121; Carrington, *Portrait*, p. 58; Versini, p. 33.
13 Bartel, p. 38; Versini, pp. 60-1; Carrington, *Portrait*, p. 48.
14 Carrington, *Portrait*, pp. 50-2.
15 Paoli, p. 43.
16 Carrington, *Portrait*, pp. 55-7; Carrington, *Napoleon*, pp. 65, 78.
17 Vergé-Franceschi, *Napoléon*, p. 48; Versini, p. 86; Charles Napoléon, p. 98; Defranceschi, p. 72.
18 Versini, p. 64; Bartel, pp. 40-3; Chales Napoléon, p. 105; Carrington, *Portrait*, pp. 66, 72-3; Carrington, *Napoleon*, p. 103.
19 Larrey, *Madame Mère*, pp. 528-9; Masson, *Jeunesse*, p. 36; Chuquet, vol. I, p. 50; Bertrand, *Cahiers 1818-1819*, p. 137.
20 Larrey, *Madame Mère*, pp. 528, 530.
21 Larrey, *Madame Mère*, p. 529; ver também: Vergé-Franceschi, *Napoléon*, pp. 294-5; Paoli, pp. 45, 50; Chuquet, vol. I, p. 78; Defranceschi, pp. 79-80.
22 Vergé-Franceschi, *Napoléon*, p. 319; Caarrington, *Portrait*, pp. 48-9.
23 A história de que ele viajou pela Itália, relatada por Coston, vol. I, pp. 17-8, foi desmentida por Versini, pp. 78-9; Marcaggi, p. 65; Carrington, Paoli e outros.
24 Masson, *Napoléon Inconnu*, vol. I, p. 49.
25 Defranceschi, p. 82.

3. Soldado menino

1 Bartel, p. 61; Masson, *Napoléon Inconnu*, vol. I, p. 54.
2 Paoli, pp. 68-73; Chuquet, vol. I, pp. 113-4.
3 Bartel, pp. 62-4.
4 Vergé-Franceschi, *Napoléon*, p. 335.
5 *Some Account*, p. 24; Bartel, p. 259; Bourrienne, 1829, vol. I, p. 25. Des Mazis parece situar isso na École militaire; ver também Thiard, pp. 51-2.
6 Belly de Bussy, p. 235; *Some Account*, pp. 13, 27.
7 Bourrienne, 1829, vol. I, p. 30; Bartel, p. 255; Gourgaud, vol. I, pp. 252-3.

8 Napoleão, *Oeuvres*, vol. I, p. xx; *Some Account*, pp. 29-31; Chuquet, vol. I, pp. 118, 129.
9 Carrington, *Napoleon*, p. 103; Vergé-Franceschi, *Napoléon*, p. 49; Versini, pp. 72-4; Defranceschi, pp. 85-6.
10 Vergé-Franceschi, *Napoléon*, p. 50; Versini, pp. 74-6.
11 Garros, p. 25; Tulard-Garros, pp. 20-1.
12 Carrington, *Napoleon*, p. 129; Versini, pp. 174-6; Defranceschi, p. 72.
13 Bertrand, *Cahiers 1818-1819*, pp. 136-7.
14 Napoleão, *Correspondance Générale* (daqui por diante *CG*), vol. I, pp. 43-4.
15 Ibid.; Lucien Bonaparte, vol. I, pp. 24-5.
16 Bartel, p. 87.
17 Paoli, p. 84; Tulard-Garros, p. 24.
18 Masson, *Jeunesse*, p. 110; Chuquet, vol. I, pp. 200-3; Bartel, p. 119.
19 Chuquet, vol. I, pp. 200ss.; Bartel, pp. 107ss.; Masson, *Jeunesse*, pp. 90-1; Bien, pp. 69-98.
20 Marcaggi, p. 62; *CG*, vol. I, p. 49; Pachoński, pp. 243-6.
21 *CG*, vol. I, p. 45. Ver também Las Cases, 1905, vol. I, p. 94.
22 A suposta história profética de Carlo gritar ao morrer que Napoleão o vingaria (Chuquet, vol. I, p. 212; Joseph, *Mémoires*, vol. I, p. 29) pode ser seguramente desprezada.
23 *CG*, vol. I, p. 47.
24 Masson, *Jeunesse*, p. 113.
25 Bartel, pp. 255-6.
26 Ibid., pp. 256, 258, 136.
27 Ibid., pp. 257-8.
28 Ibid., pp. 257-8.
29 Marcaggi, p. 67; ver também Claire de Rémusat, *Mémoires*, vol. I, p. 267.
30 Bartel, pp. 79, 256, 259, 261; Avallon, pp. 10-7; Las Cases, 1905, vol. I, p. 95.
31 Masson, *Jeunesse*, pp. 129, 139; ver também Abrantès, vol. I, pp. 112-3.
32 Bartel, p. 260.

4. Liberdade

1 Paoli, pp. 108-9; Simiot, pp. 39-40.
2 Las Cases, 1905, vol. I, p. 100.
3 Bartel, pp. 148-9, 261; Paoli, p. 113; Las Cases, 1905, vol. I, p. 102; Masson, *Napoléon et les femmes*, p. 8.

4   Paoli, pp. 109, 112; Beyle, *Vie de Napoléon*, p. 28; Napoleão, *Oeuvres*, vol. I, p. xxi.
5   Napoleão, *Oeuvres*, vol. I, pp. 37-8.
6   Paoli, p. 102; Joseph, *Mémoires*, vol. I, p. 33.
7   Ibid., pp. 32-3; Charles Napoléon, pp. 137-8; Paoli, pp. 128, 133.
8   Paoli, pp. 133, 138; Garros, p. 32; ver também Branda, *Le Prix*, pp. 19-20.
9   Napoleão, *Oeuvres*, vol. I, pp. 68-9; Joseph, *Mémoires*, vol. I, p. 38.
10 Branda, *Secrets*, p. 35.
11 Napoleão, *Oeuvres*, vol. I, pp. 55-6.
12 Paoli, p. 163; *CG*, vol. I, p. 65; Chuquet, vol. I, p. 308; Napoleão, *Oeuvres*, vol. I, pp. 85ss.
13 Paoli, pp. 29-30, 43-9, 247.
14 Ibid., pp. 67, 237, 451.
15 *CG*, vol. I, pp. 67, 70; Simiot, p. 50; Bartel, p. 261.
16 *CG*, vol. I, pp. 68, 72, 74; Thiard, pp. 37-8.
17 Chuquet, vol. I, p. 357; *CG*, vol. I, pp. 72-3.
18 *CG*, vol. I, pp. 72, 74.
19 Ibid., p. 6; Napoleão, *Oeuvres*, vol. I, p. 67, vol. II, p. 53. De acordo com Defranceschi, pp. 20-1, o texto posteriormente foi bastante manipulado por Napoleão.
20 Napoleão, *Oeuvres*, vol. II, p. 69; Masson, *Jeunesse*, p. 196.
21 *CG*, vol. I, pp. 77-9; Coston, vol. II, pp. 92-3.
22 *CG*, vol. I, p. 81.
23 Paoli, p. 178; Coston, pp. 92-3.

5. Córsega

1   Masson, *Napoléon Inconnu*, vol. II, pp. 107-15.
2   Paoli, p. 193; Garros, p. 41.
3   *CG*, vol. I, p. 83; Paoli, p. 198; Chuquet, vol. II, p. 103; Napoleão, *Oeuvres*, vol. II, p. 70. Ver também Defranceschi, p. 126.
4   Chuquet, vol. II, pp. 29-34; *CG*, vol. I, p. 84.
5   Gueniffey, *Bonaparte*, p. 86; Chuquet, vol. II, pp. 103, 109.
6   Marcaggi, pp. 134, 162, divide isso em dois eventos, situando o confronto no Olmo em julho, o que quase certamente está errado; Masson, *Napoléon Inconnu*, vol. II, pp. 107-15.
7   Masson, pp. 105-6; Chuquet, vol. II, pp. 110-24. A história sobre Napoleão fazendo uma observação sarcástica relativa ao comando de Paoli em Ponte Novo pode ser desprezada.

8   *CG*, vol. I, p. 89; Napoleão, *Oeuvres*, vol. II, pp. 133-5.
9   Paoli, p. 198; *CG*, vol. I, p. 97; Napoleão, *Oeuvres*, vol. II, pp. 133-5.
10 *CG*, vol. I, p. 100.
11 Ibid., p. 97.
12 Masson, *Jeunesse*, vol. II, p. 349.
13 Napoleão, *Oeuvres*, vol. II, pp. 225ss., 229, 231.
14 Chuquet, vol. II, p. 217; Masson, *Jeunesse*, vol. II, p. 262; Napoleão, *Oeuvres*, vol. II, p. 254.
15 Napoleão, *Oeuvres*, vol. II, pp. 243, 249, 260, 293-4.
16 Masson, *Jeunesse*, vol. II, p. 251.
17 Segundo Branda, *Le Prix*, havia dinheiro; Defranceschi, pp. 154-5, acredita que Luciano só deixou dívidas; ver também Gueniffey, *Bonaparte*, p. 96. A história de Joseph (*Mémoires*, vol. I, p. 47), segundo a qual Luciano profetizou a grandeza de Napoleão em seu leito de morte, pode ser desprezada.
18 Schuermans, p. 11; Chuquet, vol. II, p. 246; Nasica, p. 175; Garros, p. 48.
19 Nasica, pp. 183-5; Marcaggi, pp. 220-1; Chuquet, vol. II, p. 248.
20 Gueniffey, *Bonaparte*, pp. 97-9 (Charles Napoléon (190) acredita que foi Saliceti); Chuquet, vol. II, pp. 359-75; Nasica, pp. 211ss.; Masson, *Napoléon Inconnu*, vol. II, pp. 357ss., 385; Marcaggi, pp. 229-50; Napoleão, *Oeuvres*, vol. II, p. 305.

6. França ou Córsega

1   Chuquet, vol. III, p. 90; Marcaggi, p. 253.
2   Chuquet, vol. III, pp. 16-8.
3   Bourrienne, 1829, vol. I, p. 48.
4   *CG*, vol. I, pp. 110, 112.
5   Bourrienne, 1829, vol. I, pp. 49-50; *CG*, vol. I, p. 113; citado em Garros, p. 50; *CG*, vol. I, p. 114.
6   *CG*, vol. I, pp. 116, 112.
7   Masson, *Napoléon Inconnu*, vol. II, pp. 397, 394-5.
8   Ibid., p. 397.
9   *CG*, vol. I, p. 116.
10 Las Cases, 1983, vol. II, p. 114.
11 Ibid., pp. 114-5; ver também Claire de Rémusat, *Mémoires*, vol. I, p. 269.
12 Gueniffey, *Bonaparte*, p. 102; Paoli, p. 302.
13 Lucien Bonaparte, *Mémoires*, vol. I, pp. 74-6.

14 Napoleão, *Oeuvres*, vol. II, p. 333; *CG*, vol. I, p. 123; ver também Garros-Tulard, p. 55.
15 Defranceschi, pp. 192ss.
16 Ver Gueniffey, *Bonaparte*, p. 108.
17 *CG*, vol. I, pp. 124-6; Paoli, p. 343; Garros-Tulard, p. 56; Masson, *Napoleon Inconnu*, vol. II, p. 426.
18 Ver Chuquet, vol. III, pp. 133-5; provavelmente o menor relato se encontra em Defranceschi, que (pp. 158-60, 210-1) acha que a maior parte não passa de bobagem.
19 Paoli, pp. 345-6.
20 Ibid., pp. 359-60.
21 Chuquet, vol. III, pp. 142-3; Charles Napoléon, p. 215.

7. O jacobino

1 Gueniffey, *Bonaparte*, p. 109.
2 Simiot, p. 69.
3 Masson, *Jeunesse*, afirma que ele o fez, porém como Garros, pp. 59-62, ressalta, isso é duvidoso.
4 As diversas possibilidades são resumidas em Garros-Tulard, pp. 60-6; Schuermans, pp. 15-7; Chuquet, vol. III, pp. 159-61. De acordo com Masson, *Napoléon et sa Famille*, vol. I, p. 81, ele escreveu ao ministro da Guerra solicitando uma promoção a tenente-coronel na artilharia da Marinha; segundo Chuquet, vol. III, p. 160, ele solicitou um posto no Exército do Reno. Não há indício dessas cartas em *CG*.
5 Napoleão, *Oeuvres*, vol. II, pp. 388, 369-75.
6 Gourgaud, vol. II, p. 273; ver também Abrantès, *Mémoires*, vol. I, p. 38. Sobre a atitude de Saliceti, ver Garros, p. 63.
7 Citado por Gueniffey, *Bonaparte*, p. 126.
8 Victor, pp. 26, 30.
9 Chuquet, vol. III, p. 176; Napoleão, *Mémoires*, vol. I, pp. 7-12.
10 *CG*, vol. I, pp. 129, 133, 136.
11 Chuquet, vol. III, p. 194; Garros, p. 64; Napoleão, *Mémoires*, vol. I, pp. 16-7.
12 *CG*, vol. I, pp. 131-42; citado em Garros, p. 64.
13 Marmont, vol. I, pp. 40-1.
14 Masson, *Napoleon et sa Famille*, vol. I, p. 83.
15 *CG*, vol. I, pp. 142-7; Chuquet, vol. III, pp. 203-4.
16 Coston, vol. II, p. 237.
17 Chuquet, vol. III, pp. 212-3; Poupé, p. 64.
18 Napoleão, *Mémoires*, vol. I, p. 29.
19 Las Cases, 1983, vol. I, pp. 118-9; Victor, pp. 70-1; Marmont, vol. I, pp. 44-5.
20 Citado por Dwyer, *Napoleon*, p. 143; Poupé, p. 92; Tulard, Fayard, Fierro, p. 152.
21 Gueniffey, *Bonaparte*, p. 133; Dwyer, *Napoleon*, p. 14.
22 *CG*, vol. I, p. 154.
23 Chuquet, vol. III, pp. 229-30; Coston, vol. II, pp. 242-50.
24 Victor, p. 28.
25 Sobre a sarna, ver: Gourgaud, vol. I, p. 302; Gueniffey, *Bonaparte*, p. 169; Roberts, *Napoleon*, pp. 49 e 50 (nota).
26 Masson, *Napoléon et sa Famille*, vol. I, p. 834; Simiot, p. 76; Barras, vol. I, p. 288; Desgenettes, vol. II, pp. 357-8; Metternich, *Mémoires*, vol. I, p. 312.

8. Amores juvenis

1 Simiot, p. 79.
2 Napoleão, *Oeuvres*, vol. II, pp. 399-404.
3 Ibid. Para as opiniões dele sobre Robespierre, ver: Casanova, pp. 141-4; Englund, p. 68; Bertrand, *Cahiers, 1818-1819*, vol. II, p. 272; Joseph, *Mémoires*, vol. I, pp. 111-2.
4 Napoleão, *Oeuvres*, vol. II, pp. 399-404; ver, também, Gueniffey, *Bonaparte*, p. 170.
5 Coston, vol. II, pp. 278-80.
6 Masson, *Napoléon et sa Famille*, vol. I, p. 97. Sobre a história de que Joseph queria se casar com Désirée e foi instruído por Napoleão a se casar com Julie, ver Haegele, pp. 72-3.
7 *CG*, vol. I, p. 196.
8 Coston, vol. II, pp. 285-6.
9 *CG*, vol. I, p. 197; Coston, vol. II, p. 292; Garros, p. 73; Dwyer, *Napoleon*, pp. 154-5.
10 Gueniffey, *Bonaparte*, p. 145.
11 Masson, *Napoléon et sa Famille*, vol. I, p. 97; *CG*, vol. I, pp. 201-2.
12 Las Cases, 1983, vol. I, p. 122.
13 Garros, p. 75.
14 Napoleão, *Mémoires*, vol. I, pp. 62-3.
15 Gueniffey, *Bonaparte*, p. 145.
16 *CG*, vol. I, pp. 218-21.
17 Marmont, vol. I, pp. 60-1; Chastenay, p. 203.
18 Chastenay, pp. 203-4.
19 Ibid., pp. 206-8.
20 Ver Fraser, pp. 1-18.
21 *CG*, vol. I, p. 243.

22 Lavalette, p. 117; ver também Frénilly, p. 235.
23 Marmont, vol. I, p. 88; *CG*, vol. I, p. 246 (em Las Cases, 1983, vol. I, p. 598, ele diz ter ficado horrorizado com a "Babilônia" e com as perversões de Paris.
24 *CG*, vol. I, pp. 224-6.
25 Ibid., pp. 226-7, 232-3.
26 Ibid., pp. 233-6, 238-9, 241-2; Marmont, vol. I, p. 64; ver também Haegele, pp. 76-82, e Branda, *Le Prix*, pp. 30-3.
27 *CG*, vol. I, pp. 230-1, 235-8, 246, 248-9; Haegele, pp. 85-6; *CG*, vol. I, p. 233.
28 *CG*, vol. I, p. 248.
29 Sobre a família Clary, ver Girod de l'Ain, p. 19.
30 Girod de l'Ain, pp. 51, 54-5.
31 *CG*, vol. I, pp. 227-9.
32 Ibid., p. 229.
33 Ibid., pp. 231-3; Girod de l'Ain, p. 70; *CG*, vol. I, p. 246; Haegele, p. 86; Bruce, p. 119.
34 Marmont, vol. I, p. 62; ver também Abrantès, *Mémoires*, vol. I, pp. 275-6.
35 Abrantès, *Mémoires*, vol. I, pp. 254, 265; Bourrienne, 1829, vol. I, pp. 78-81.
36 Barras, vol. I, pp. 242, 285; Ouvrard, vol. I, pp. 20-2; ver também Masson, *Napoléon et les Femmes*, p. 17.
37 Pontécoulant, vol. I, p. 325; *CG*, vol. I, pp. 244-6, 248-9.
38 Napoleão, *Oeuvres*, vol. II, pp. 442-51.
39 Pontécoulant, vol. I, pp. 326-35; *CG*, vol. I, p. 254; Gueniffey, *Bonaparte*, p. 151; ver também Roederer, vol. III, p. 327.
40 *CG*, vol. I, p. 254.
41 Ibid., pp. 256-62.
42 Ibid., pp. 262-3.
43 Ibid., pp. 252, 262, 268; Pontécoulant, vol. I, pp. 343-4.

9. General Vindemiário

1 *CG*, vol. I, p. 265.
2 Barras, vol. I, p. 242.
3 Napoleão, *Mémoires*, vol. I, p. 80; Barras, vol. I, pp. 250, 303, maliciosamente afirma que Napoleão discutiu com os insurgentes a possibilidade de se juntar a eles caso lhe entregassem o comando. Ver também Cambacérès, *Mémoires*, vol. I, p. 352, sobre sua pouco estima pelas autoridades da época.
4 Barras, vol. I, p. 250; Napoleão, *Mémoires*, vol. I, p. 81.
5 Napoleão, *Mémoires*, vol. I, p. 84; Dwyer, *Napoleon*, p. 174.
6 Napoleão, *Mémoires*, vol. I, pp. 84-6, 523-6; *CG*, vol. I, p. 269.
7 Barras, vol. I, pp. 253-5, 261ss., 282; Dwyer, *Napoleon*, p. 176; Coston, vol. II, pp. 342-5; Dwyer, *Napoleon*, p. 174; ver também Pontécoulant, vol. I, pp. 365-9.
8 Barras, vol. II, p. 26; Marmont, vol. I, p. 95.
9 Marmont, vol. I, p. 86; Coston, vol. II, pp. 423-4; Las Cases, 1983, vol. I, p. 125; Gourgaud, vol. I, p. 254.
10 Tulard, Fayard, Fierro, p. 380; Simiot, pp. 98, 100-1; Dwyer, *Napoleon*, p. 178.
11 *CG*, vol. I, pp. 271-2; Le Nabour, p. 60; *CG*, vol. I, p. 280, também pp. 287, 291, 293-4.
12 Barras, vol. I, pp. 348-58; *CG*, vol. I, pp. 270, 280-1.
13 Gourgaud, vol. II, pp. 263-4; Beauharnais, vol. I, pp. 31-2; ver também Hortense, vol. I, p. 42; Lavalette, pp. 127-8; Napoleão, *Mémoires*, vol. I, pp. 87-8.
14 Barras, vol. II, p. 56.
15 Barras, vol. II, pp. 52-3, 60-1; Josephine, *Correspondance*, 1996, p. 50.
16 *CG*, vol. I, pp. 277-8, 283, 290; Barras, vol. II, p. 27; Lavalette, p. 29; Barras, vol. I, p. 60. Ver também Bertrand, *Cahiers, 1818-1819*, p. 262.
17 Barras, vol. II, p. 58.
18 *CG*, vol. I, p. 285.
19 Corriam rumores de que ele havia flertado com várias moças em Auxonne e Valence, porém não há indícios, e a história segundo a qual ele teria pedido Panoria Permon em casamento (Abrantès, vol. II, p. 47) pode ser desprezada. Ver também Marmont, vol. I, pp. 94-5.
20 Coston, vol. II, pp. 347-9. A carta é quase boa demais para ser verdade, no sentido de expressar de maneira tão gráfica tudo que sabemos ou podemos inferir sobre os sentimentos de Josefina e a natureza de seu relacionamento com Bonaparte, porém é difícil acreditar que alguém em 1840 teria todas as informações necessárias para forjar algo tão convincente. A carta também contradiz tanto Hortense, vol. I, p. 43, quanto Eugène, vol. I, p. 32, que afirmam ter se oposto ao segundo casamento da mãe. Eugène afirma

que via nisso "uma profanação, um insulto à memória de meu pai". O próprio Napoleão mais tarde lembraria (Gourgaud, vol. II, p. 264) que Eugène era a favor do casamento e Hortense, contra. Porém o tempo e as circunstâncias em que eles estavam relatando os eventos podem muito bem explicar a discrepância.

21 Pontécoulant, vol. I, p. 335; Gueniffey, *Bonaparte*, p. 168; Dwyer, *Napoleon*, p. 181.
22 Dwyer, *Napoleon*, p. 183.
23 Coston, vol. I, pp. 438-40; Barras, vol. II, p. 66.
24 Branda, *Secrets*, pp. 41-4.
25 Ibid., p. 44.
26 Joseph, *Mémoires*, vol. I, p. 136; Louis Bonaparte, *Mémoires*, vol. I, p. 47.
27 Masson, *Napoléon et les Femmes*, p. 17; Girod de l'Ain, p. 96.
28 *CG*, vol. I, p. 298.

10. Itália

1 Bouvier, p. 47; Pelleport, vol. I, p. 38.
2 *CG*, vol. I, pp. 305, 310.
3 Napoleão, *Mémoires*, vol. I, p. 130.
4 Bodinier, p. 285; *CG*, vol. I, pp. 305, 328; Bouvier, p. 19.
5 Gourgaud, vol. II, p. 319; *CG*, vol. I, pp. 304-5.
6 *CG*, vol. I, p. 303. Ver também Napoleão, *Mémoires*, vol. I, p. 130.
7 Vigo-Roussillon, p. 29; Pelleport, vol. I, pp. 37-8.
8 Bodinier, p. 297.
9 Bouvier, pp. 15, 39.
10 *CG*, vol. I, p. 315.
11 Collot, p. 10; *CG*, vol. I, p. 310.
12 *CG*, vol. I, pp. 318-9, 323, 326.
13 Bouvier, pp. 209-11.
14 Arnault, p. 423.
15 Bouvier, p. 244.
16 Ibid., p. 254; Bulletins, pp. 20-2.
17 Bouvier, p. 281; De Jaeghere, p. 26; sobre Napoleão ter dito que estava arrependido, ver Costa de Beauregard, p. 336.
18 De Jaeghere, p. 28; Bouvier, p. 431.
19 Costa de Beauregard, p. 34.
20 *CG*, vol. I, pp. 357, 361-2.
21 Collot, p. 13; Bulletins, pp. 30-2; Collot, p. 11.
22 Collot, p. 13; a história segundo a qual um granadeiro gascão apelidou Bonaparte de "o pequeno cabo" é quase com certeza apócrifa. A maior parte dos relatos, por exemplo o de Lejeune em Petiteau, p. 36, ou o de Collot, p. 13, foi escrita depois de *Mémorial* ser publicado, e provavelmente foi daí que retiraram o relato – ver Bouvier, pp. 533-6.
23 *CG*, vol. I, pp. 343-5.
24 Joseph, *Mémoires*, vol. I, p. 61.
25 Bouvier, pp. 316-7; Collot, p. 14.
26 *CG*, vol. I, pp. 357, 359, 371-2.

11. Lodi

1 Ver Chaptal, pp. 296-7.
2 Fugier, p. 35; *CG*, vol. I, p. 389.
3 Bouvier, p. 527; Dwyer, *Napoleon*, p. 213; Napoleão, *Mémoires*, vol. I, pp. 156-7, como de costume, exagera o número de prisioneiros e diz que as baixas francesas não chegaram a duzentas.
4 Bouvier, p. 538; *CG*, vol. I, pp. 392-3; Fugier, p. 35; Dwyer, *Napoleon*, p. 216.
5 *CG*, vol. I, pp. 396-7.
6 Ibid., p. 377; Napoleão, *Mémoires*, vol. I, pp. 154-5; *CG*, vol. I, pp. 357, 370-1.
7 *CG*, vol. I, pp. 397-400; Dwyer, *Napoleon*, p. 217; Bouvier, p. 556.
8 Méneval, vol. I, p. 427; Bertrand, vol. III, p. 7; Marmont, vol. I, pp. 322-3, 353; Costa de Beauregard, pp. 354, 340.
9 Beyle, *Vie de Napoléon*, p. 3.
10 Lavalette, p. 112; Marmont, vol. I, pp. 22-3.
11 Staël, *De l'influence*, pp. 23-4, 37, 48.
12 Fugier, pp. 34-40; Marmont, vol. I, pp. 180ss.
13 Vigo-Roussillon, pp. 34-5.
14 Beyle, *Vie de Napoléon*, pp. 126-8.
15 Boletins, p. 43; Bouvier, pp. 634-5.
16 Fugier, p. 36; Bouvier, p. 589.
17 *CG*, vol. I, p. 403; Coston, vol. II, p. 325; Miot de Melito, vol. I, p. 91.
18 *CG*, vol. I, pp. 416, 422, 443.
19 Marmont, vol. I, pp. 180-1.
20 Bouvier, p. 538; Fugier, p. 38; ver também Dwyer, *Napoleon*, p. 225.
21 Launay, p. 149.
22 *CG*, vol. I, pp. 428, 433-4.
23 Ibid., pp. 407-8, 414, 435.
24 Ibid., pp. 441, 443, 448, 451, 453.
25 Arnault, p. 392.
26 Bruce, p. 180.
27 Chevalier e Pincemaille, p. 137.
28 *CG*, vol. I, pp. 505-7, 517.

12. Vitória e lenda

1. Esses e outros números neste capítulo são tomados de De Jaeghere e Beraud e devem ser tidos como aproximações.
2. Boletins, p. 57.
3. Marmont, vol. I, p. 314; Dwyer, *Napoleon*, pp. 246-7.
4. Pelleport, vol. I, p. 47.
5. Reinhard, pp. 207-8; Chaptal, pp. 296-7.
6. Marmont, vol. I, p. 296; Roguet, vol. I, p. 30.
7. Napoleão, *Mémoires*, vol. I, p. 206; Vigo-Roussillon, p. 37; Gourgaud, vol. II, p. 127; Napoleão, *Mémoires*, vol. I, pp. 208, 217; Pelleport, vol. I, p. 80.
8. Reinhard, p. 108; *CG*, vol. I, p. 569.
9. Napoleão, *Mémoires*, vol. I, p. 225.
10. *CG*, vol. I, p. 553.
11. Josefina, *Correspondance*, p. 47; *CG*, vol. I, p. 638.
12. *CG*, vol. I, pp. 610-3; *Bulletins*, pp. 75-6; *CG*, vol. I, p. 621.
13. *CG*, vol. I, pp. 447, 631-2; Reinhard, pp. 194-5.
14. Fugier, p. 51; Gueniffey, *Bonaparte*, p. 219; *CG*, vol. I, p. 664.
15. Napoleão, *Mémoires*, vol. I, p. 239.
16. Reinhard, p. 167.
17. Boletins, p. 76.
18. Gueniffey, *Bonaparte*, p. 220. A quantidade de croatas varia de 1 mil apoiados por armas a 2 mil com uma bateria: ver também Pelleport, vol. I, p. 71, e Reinhard, p. 177.
19. Ver Louis Bonaparte, vol. I, pp. 59-61; Marmont, vol. I, pp. 36-7; Napoleão, *Mémoires*, vol. I, p. 248; Vigo-Roussillon, pp. 42-3. Ver também Reinhard, pp. 177-8.
20. Boletins, pp. 78-80. Ver também Napoleão, *Mémoires*, vol. I, p. 256; Dwyer, *Napoleon*, pp. 250-1.
21. Dwyer, *Napoleon*, p. 4.
22. Ver Dwyer, *Napoleon*, pp. 255-62 para uma excelente cobertura desse tema.
23. *CG*, vol. I, pp. 671-3, 675-6.
24. Ibid., pp. 680-1; Garros, p. 105.
25. Garros, p. 106; Fugier, p. 63.
26. Fugier, pp. 52-4.
27. Ibid., p. 54; *CG*, vol. I, pp. 778-9.
28. Defranceschi, pp. 13-4; *CG*, vol. I, p. 638.
29. *CG*, vol. I, pp. 790-1.
30. Ibid., pp. 834, 838, 841, 852.
31. Ibid., pp. 897, 902.
32. Ibid., pp. 917-8; Dwyer, *Napoleon*, p. 292.

13. Senhor da Itália

1. Gueniffey, *Bonaparte*, p. 245; Miot de Melito, vol. I, p. 159; Napoleão, *Mémoires*, vol. I, p. 425; Arnault, p. 421.
2. Pontécoulant, vol. II, pp. 470-2; Arnalt, p. 421.
3. Miot de Melito, vol. I, p. 159.
4. Lavalette, p. 138.
5. Miot de Melito, vol. I, pp. 108, 184; Josefina, *Correspondance*, p. 50.
6. Arnault, p. 431; Claire de Rémusat, *Mémoires*, vol. I, p. 204.
7. Dwyer, *Napoleon*, p. 296.
8. Gueniffey, *Bonaparte*, pp. 230-1; Branda, *Le Prix*, pp. 35-7.
9. Lareveillère-Lepaux, vol. II, pp. 39-40; Bartel, p. 149.
10. Dwyer, *Napoleon*, p. 304.
11. Gueniffey, *Bonaparte*, pp. 273-4; Branda, *Secrets*, pp. 159-69.
12. *CG*, vol. I, p. 1058.
13. Gueniffey, *Bonaparte*, pp. 273-4; Pontécoulant, vol. II, p. 474; ver também Barras, vol. III, p. 99.
14. *CG*, vol. I, pp. 1071-3; Lareveillère-Lepaux, vol. II, pp. 101ss.
15. Niello-Sargy, vol. I, pp. 4-5; Martin, vol. I, p. 130.
16. Gueniffey, *Bonaparte*, pp. 333-4; Alexander Rodger, p. 31.
17. *CG*, vol. I, pp. 957-8.
18. Lavalette, pp. 170, 110; Gueniffey, *Bonaparte*, p. 341; Marmont, vol. I, p. 295.
19. Dwyer, *Napoleon*, pp. 337-8, 340-1; *CG*, vol. I, p. 1119.
20. Pontécoulant, vol. II, p. 473.
21. Fugier, pp. 1-2; Pelleport, vol. I, p. 96.
22. Miot de Melito, vol. I, pp. 163-6, 182-4.
23. Pontécoulant, vol. II, p. 474; Collot, pp. 15-7; ver também Casanova, pp. 158-69.
24. Gueniffey, *Bonaparte*, p. 279; Pontécoulant, vol. II, p. 463; Barras, vol. III, pp. 47-9, 62.
25. *CG*, vol. I, p. 1081.
26. Ibid., p. 1171; Napoleão, *Mémoires*, vol. I, pp. 474-5.
27. *CG*, vol. I, pp. 1209-13.
28. Ibid., p. 1244.

29 Gueniffey, *Bonaparte*, p. 292; Gourgaud, vol. I, p. 115; Napoleão, *Mémoires*, vol. I, p. 493.
30 Dwyer, *Napoleon*, p. 315; Lavalette, p. 172.
31 *CG*, vol. I, p. 1249.
32 Miot de Melito, vol. I, p. 195.
33 Bourrienne, 1831, vol. II, p. 211.
34 Lavalette, p. 174.
35 Garros, p. 120.

14. Promessa oriental
1 Talleyrand, *Mémoires*, p. 40; Espitalier, pp. 32-4.
2 Pontécoulant, vol. II, pp. 489-94.
3 Garros, p. 122.
4 Barras, vol. III, p. 138; Bailleu, vol. I, p. 166; Espitalier, p. 98.
5 *CG*, vol. I, pp. 1316-7; citado por Gueniffey, *Bonaparte*, p. 317; ver também Espitalier, p. 59, e Launay, p. 181.
6 Lareveillère-Lepaux, p. 339; Bailleu, vol. I, pp. 163-4.
7 Bailleu, vol. I, p. 165.
8 Garros, p. 123; Gueniffey, *Bonaparte*, p. 326; Bailleu, vol. I, pp. 162, 176, 178, 182-3; Espitalier, p. 96; Jomard, p. 25; Cambacérès, *Mémoires*, vol. I, p. 407; Miot de Melito, pp. 230-1; ver também Barras, vol. II, pp. 136, 161.
9 Arnault, p. 595; Napoleão, *Mémoires*, vol. I, p. 509.
10 Dwyer, *Napoleon*, p. 326.
11 Ibid., p. 328; Garros, p. 125, também Espitalier, pp. 114-9; Bourrienne, 1831, vol. II, p. 234.
12 Arnault, p. 607; Dwyer, *Napoleon*, p. 328; Joseph, *Mémoires*, vol. I, pp. 70-1; Bourrienne, 1831, vol. II, pp. 222-3; Espitalier, p. 99.
13 Waresquiel, p. 244; Gueniffey, *Bonaparte*, p. 344; Dwyer, *Napoleon*, pp. 339-40; Espitalier, pp. 129, 136, 156-7, 163, também Jomard, p. 102, e Bailleu, vol. I, pp. 182-3.
14 Garros, p. 127; Lareveillère-Lepaux, pp. 345-6.
15 Launay, p. 192.
16 Bourrienne, 1831, vol. II, pp. 231-4; Launay, p. 192; Fleury, p. 278.
17 Josephine, *Correspondance*, p. 60.
18 Napoleão, *Mémoires*, vol. I, p. 517; ver também Bourrienne, 1831, vol. II, pp. 231, 234.
19 Guitry, p. 6.
20 Geoffroy Saint-Hilaire, pp. 23-4; Pelleport, vol. I, pp. 107-9.
21 Guitry, p. 5; Gueniffey, *Bonaparte*, p. 354.
22 Niello-Sargy, p. 18; Moiret, pp. 19-20; Bernoyer, p. 14; Espitalier, pp. 238-9.
23 Bernoyer, p. 20; Saint-Hilaire, p. 25.
24 Arnault, pp. 633, 621.
25 Ibid., pp. 629, 631; Des Genettes, *Souvenirs*, pp. 1-2; Arnault, p. 630.
26 Miot, p. 13; Pelleport, vol. I, p. 111; Bernoyer, p. 33.
27 Bernoyer, p. 17; Dwyer, *Napoleon*, p. 354; Pelleport, vol. I, p. 112.
28 *CG*, vol. II, pp. 160-1.
29 Lacorre, pp. 23-4.

15. Egito
1 Pelleport, vol. I, p. 115; Beauharnais, vol. I, p. 140; Guitry, p. 7; também Bielecki, vol. I, p. 5, e Guitry, pp. 101-2.
2 Niello-Sargy, p. 58; Pelleport, vol. I, p. 112.
3 Marmont, vol. I, p. 374; Millet, p. 55; *Copies of Original Letters*, p. 75.
4 Guitry, p. 116.
5 Miot, p. 39; Moiret, pp. 25, 40; Pelleport, vol. I, pp. 120-1, 115.
6 Guitry, pp. 96-7; Vigo-Rousillon, p. 64; Moiret, p. 46.
7 Gourgaud, vol. I, p. 244; Reiss, pp. 248-50; Murat, *Lettres*, vol. I, pp. 26-7; Napoleão, *Mémoires*, vol. II, p. 133.
8 Guitry, pp. 107, 111.
9 Beauharnais, vol. I, p. 41; Moiret, p. 47; Guitry, pp. 111-4; Moiret, p. 48.
10 *CG*, vol. II, p. 195.
11 *CG*, vol. II, p. 158; Josephine, *Correspondance*, pp. 63, 67, 69-71.
12 Beauharnais, vol. I, p. 42; *CG*, vol. II, pp. 199-200.
13 Niello-Sargy, p. 115; Marmont, vol. I, p. 389; Des Genettes, *Souvenirs*, p. 6; ver também *CG*, vol. II, p. 307.
14 *CG*, vol. II, p. 298; Lavalette, p. 185; *Copies of Original Letters*, p. 33; *CG*, vol. II, p. 297.
15 Boletins, p. 107; Guitry, p. 200.
16 Bernoyer, pp. 104, 76.
17 Geoffroy Saint-Hilaire, p. 52; Andy Martin, p. 67; *Boletins*, pp. 108-9.
18 Claire de Rémusat, *Mémoires*, vol. I, p. 274.
19 Pelleport, vol. I, p. 129, e também Guitry, pp. 150-2.

20 Pelleport, vol. I, p. 130; Moiret, p. 65. Ver também Bernoyer, pp. 79-80, e Guitry, p. 162.
21 Moiret, pp. 53, 58; Garros, p. 139; Lavalette, p. 188; Guitry, p. 117; Miot, pp. 98-9; Bielecki, vol. I, p. 56.
22 Guitry, p. 181.
23 Bernoyer, pp. 94, 100; Moiret, pp. 33-4, 54; Niello-Sargy, pp. 194-5; Gueniffey, *Bonaparte*, p. 389; Abrantès, vol. III, pp. 9-70; Niello-Sargy, pp. 194-5; ver também Gourgaud, vol. I, pp. 106, 218.
24 Masson, *Napoléon et les Femmes*, pp. 57-62; Niello-Sargy, pp. 199-204; Napoleão, *Mémoires*, vol. II, pp. 158-9; Fourès, pp. 165-6; Launay, p. 215; Beauhearnais, vol. I, p. 45. Para várias versões sobre o evento: Gourgaud, vol. II, p. 115; Bernoyer, pp. 118-23; Garros, p. 140.
25 *CG*, vol. II, pp. 399-400, 513.
26 Napoleão, *Correspondance*, vol. V, p. 221.

16. Praga

1 Moiret, pp. 64, 78.
2 *CG*, vol. II, p. 867; Lavalette, p. 109; Gueniffey, *Bonaparte*, p. 411. Ver também Vigo-Roussillon, p. 81, e Des Genettes, *Souvenirs*, p. 29.
3 Bernoyer, pp. 139-40; Guitry, pp. 250-1.
4 Bernoyer, pp. 142-3; Pelleport, vol. I, p. 140.
5 Millet, p. 83; Niello-Sargy, pp. 253-7; Bernoyer, p. 146; Guitry, p. 266; Lacorre, p. 90.
6 Des Genettes, *Souvenirs*, p. 15; Miot, pp. 145-7; Vigo-Roussillon, pp. 83-4.
7 Gueniffey, *Bonaparte*, pp. 419-23.
8 Des Genettes, *Histoire Medicale*, pp. 49-50; Garros, p. 143; Geoffroy Saint-Hilaire, p. 87; Dwyer, vol. I, p. 424.
9 *CG*, vol. II, pp. 72-3; Gueniffey, *Bonaparte*, p. 425; Bernoyer, p. 153.
10 Gueniffey, *Bonaparte*, p. 395; *CG*, vol. II, p. 874.
11 Gueniffey, *Bonaparte*, p. 424; Bernoyer, p. 153.
12 Des Genettes, *Souvenirs*, p. 17.
13 Bernoyer, pp. 163-4. Sua afirmação posterior de que ele pretendia tomar Constantinopla e chegar à Áustria pelos Bálcãs ou se tornar um muçulmano e liderar um exército na Índia pode ser desprezada como algo sem sentido dito durante na velhice.
14 *CG*, vol. II, pp. 910-6, 920; Napoleão, *Mémoires*, vol. II, pp. 560-1.
15 Beauharnais, vol. I, p. 64; Pelleport, vol. I, p. 155.
16 Vigo-Roussillon, p. 87; Bernoyer, pp. 180-1; Niello-Sargy, p. 295, diz que Bonaparte fez tal sugestão, porém não confirma que isso tenha sido levado adiante em Acre, e relata o que ouviu dizer sobre os eventos em Jafa, pp. 319-23; Marmont, vol. II, p. 12, defende a ação de Bonaparte; Larrey, em Guitry, pp. 317-9, afirma que todos os feridos foram evacuados de Jafa em botes; Lavalette, p. 215, diz que a história como um todo é uma calúnia atroz; ver também *Documens particuliers*, pp. 120-2; Bernoyer, pp. 164-5, que afirma ter ouvido a história do próprio Desgenettes, achou tratar-se de algo digno de louvores; Bourrienne, 1831, vol. II, pp. 336-40, age a seu modo típico, admitindo que jamais viu nada, mas fazendo várias afirmações. Segundo Bonaparte (Las Cases, 1983, vol. I, pp. 150-2), houve apenas sete homens envolvidos.
17 *CG*, vol. II, pp. 918-21; Lavalette, p. 215. Ver também Bourrienne, 1831, vol. II, p. 335, e Niello-Sargy, pp. 291-9.
18 Millet, pp. 128-9.
19 Dwyer, *Napoleon*, p. 437; Gueniffey, *Bonaparte*, p. 431, estima tratar-se de um quinto. Sobre as opiniões daqueles que lamentaram a decisão de Napoleão de deixar o Egito, ver, por exemplo, Lavalette, p. 217.
20 Niello-Sargy, pp. 306-7; Bernoyer, p. 168; Vigo-Roussillon, p. 89, afirma que ele não enganou ninguém.
21 *CG*, vol. II, pp. 849, 941.
22 Ibid., pp. 952-4, 972, 1032 passim.
23 Niello-Sargy, pp. 324-7.
24 Englund, p. 131.
25 *CG*, vol. II, p. 1042.
26 Vigo-Roussillon, pp. 96-7, 91, 101; Guitry, p. 342.
27 Ver Guitry, pp. 354-5, para a versão clássica, proposta pelo próprio Bonaparte; Niello-Sargy, pp. 343-57; para uma discussão completa disso, ver Gueniffey, *Bonaparte*, pp. 437-42.
28 Launay, p. 222, afirma ter navegado com ele; ver também Masson, *Napoléon et les Femmes*, pp. 62-3, e Gueniffey, *Bonaparte*, p. 442.
29 Vigo-Roussillon, p. 102.
30 Guitry, p. 361.
31 Launay, p. 224.

32 Denon, *Voyage*, p. 340; Bourrienne, 1829, vol. III, pp. 7-8; Lavalette, p. 221.
33 Launay, p. 225.
34 Carrington, *Portrait*, p. 82; Le Nabour, pp. 70-1; Denon, pp. 340-1; Méneval, vol. I, p. 11.

17. O salvador

1 Gueniffey, *Bonaparte*, p. 453; Marmont, vol. II, pp. 51-2; Raza, p. 24.
2 Boulart, pp. 67-8.
3 Coston, vol. I, p. 511; Marbot, vol. I, pp. 45-8.
4 Barante, vol. I, p. 44; Béranger, p. 70; Dwyer, *Napoleon*, p. 462; Tulard, *Brumaire*, p. 67.
5 Molé, p. 122.
6 Barante, vol. I, p. 40.
7 Andigné, vol. I, p. 404; Barante, vol. I, p. 44; Ségur, *Histoire*, vol. II, p. 1.
8 McMahon, pp. 109, 77, 97.
9 Dwyer, *Napoleon*, pp. 458-61.
10 Thibaudeau, p. 1.
11 Chastenay, p. 311; Tulard, *Brumaire*, p. 79.
12 Gueniffey, *Bonaparte*, p. 448; Vandal, *l'Avènement*, vol. I, p. 244; *CG*, vol. I, p. 1089.
13 Collot, p. 20; Vandal, *l'Avènement*, vol. I, p. 244; Gueniffey, *Bonaparte*, p. 459.
14 Masson, *Napoléon et sa Famille*, vol. I, pp. 259-60; ver também Le Nabour, pp. 74-5.
15 Barras, vol. IV, pp. 31-3; Bourrienne, 1829, vol. III, p. 38, afirma ter sido ele; Collot, p. 33, aconselhou de maneira similar.
16 Bourrienne, 1829, vol. III, p. 37, insiste que Bonaparte não a deixou entrar por três dias.
17 Cambacérès, *Mémoires*, vol. I, pp. 429-31.
18 Fouché, 1957, p. 61.
19 Vandal, *l'Avènement*, vol. I, p. 233.
20 Ibid., p. 258.
21 Ver Bourrienne, 1829, vol. III, pp. 43-6.
22 Gueniffey, *Bonaparte*, p. 465; Tulard, *Brumaire*, pp. 88-90; Joseph, *Mémoires*, vol. I, p. 77.
23 Vandal, *l'Avènement*, vol. I, pp. 272-4.
24 Ver Lavalette, pp. 228-2.
25 Talleyrand, *Mémoires*, pp. 49-50; Arnault, p. 748.
26 Vandal, *l'Avènement*, vol. I, pp. 292-3; Lavalette, pp. 227-8; Lucien Bonaparte, vol. I, p. 297; Gueniffey, *Bonaparte*, p. 469; ver também Thibaudeau, p. 3.
27 Vandal, *l'Avènement*, vol. I, pp. 293-4; Tulard, *Brumaire*, p. 103.

18. Neblina

1 Vandal, *l'Avènement*, vol. I, p. 304.
2 Ibid., p. 305; ver também Barras, vol. IV, pp. 70-2, e Bourrienne, 1831, vol. III, pp. 68-9.
3 Vandal, vol. I, p. 314.
4 Ibid., p. 316.
5 Ibid., p. 317.
6 Ibid., p. 325; Gueniffey, *Bonaparte*, p. 479.
7 Vandal, vol. I, pp. 337-9, 344.
8 Ibid., pp. 340-3.
9 Tulard, *Brumaire*, p. 127; Tulard, *Fouché*, pp. 115-6; também, Bourrienne, 1831, vol. III, p. 82; Savary, vol. I, p. 241; Fouché, 1957, p. 79.
10 Dwyer, *Napoleon*, p. 491; Tulard, *Brumaire*, p. 128.
11 Vandal, op. cit., vol. I, p. 364.
12 Joseph, *Mémoires*, vol. I, p. 79.
13 Vandal, I/367; Gueniffey, *Bonaparte*, 483; Girardin, I/170; Napoleão, *Mémoires*, II/561; Bourrienne, 1829, III/83-5.
14 Vandal, I/371-2; ver também Bourrienne, 1829, III/91.
15 Vandal, vol. I, pp. 373-5.
16 Ibid., p. 378.
17 Ibid., p. 381.
18 Ibid., pp. 386-7.
19 Ibid., pp. 387-9; segundo Lucien Bonaparte, vol. I, p. 365, Bonaparte gritou: "E se eles resistirem, matem! matem!".
20 Dwyer, *Napoleon*, p. 503; cem de acordo com Tulard, *Brumaire*, p. 146; oitenta segundo Collot, p. 28.
21 Lentz, *Le Grand Consulat* (daqui em diante *GC*), pp. 83-4.
22 Vandal, op. cit., vol. I, pp. 394-9; sobre o Brumário, ver também Cambacérès, *Mémoires*, vol. I, pp. 433-47; Roederer, vol. III, pp. 296-306; Napoleão, *Mémoires*, vol. II, pp. 367-401.
23 Vandal, op. cit., vol. I, p. 393.
24 Tulard, *Brumaire*, pp. 153-4.
25 Vandal, op. cit., vol. I, p. 276.
26 Bourrienne, 1829, vol. III, pp. 105-6; Lentz, *GC*, p. 13.
27 Vandal, op. cit., vol. I, pp. 400-1; também Bourrienne, 1831, vol. III, pp. 105-8, e Abrantès, vol. II, p. 383.

19. O cônsul

1 Roederer, vol. II, pp. 2-3.

2. Napoleão, *Mémoires*, vol. II, p. 405; Cambacérès, *Mémoires*, vol. I, p. 442.
3. Napoleão, *Mémoires*, vol. II, pp. 411-2; Garros, p. 157.
4. Napoleão, *Mémoires*, vol. II, pp. 405-7; Fouché, 1957, p. 85; Cambacérès, *Mémoires*, vol. I, p. 490; Gueniffey, *Bonaparte*, p. 507; Tulard, *Brumaire*, p. 157.
5. Fouché, 1957, p. 87; Cambacérès, *Mémoires*, vol. I, pp. 443-4; Roederer, vol. III, pp. 320-1; *CG*, vol. II, p. 1094.
6. Lentz, *GC*, p. 196.
7. Bourrienne, 1829, vol. III, pp. 129-32.
8. Napoleão, *Mémoires*, vol. II, p. 433.
9. Fouché, 1957, p. 90; Napoleão, *Mémoires*, vol. II, p. 436; Tulard, *Brumaire*, p. 155.
10. Napoleão, *Mémoires*, vol. II, p. 439.
11. Garros, p. 159; Lentz, *GC*, p. 109; Lareveillère--Lepaux, vol. II, p. 423; Napoleão, *Mémoires*, vol. II, p. 438.
12. Tulard, *Napoléon ou le mythe*, p. 120; Lentz, *GC*, p. 164; ver também Gueniffey, *Bonaparte*, p. 525.
13. Boudon, p. 50; Lentz, *GC*, p. 112.
14. Lentz, *GC*, p. 112.
15. Ibid., p. 119.
16. Garros, p. 160.
17. Roederer, vol. III, pp. 305-6.
18. Chaptal citado em Boudon, p. 55; Bourrienne, 1829, vol. III, pp. 129-32.
19. Ernouf, p. 217.
20. Fouché, 1957, pp. 48, 97; Cambacérès, *Mémoires*, vol. I, p. 469.
21. Bouillé, pp. 405-6; Lentz, *GC*, p. 166.
22. Lentz, *GC*, pp. 153-4, 159-61.
23. Hauterive, *Napoléon et sa Police*, pp. 143, 197; Tulard, *Napoléon ou le mythe*, p. 136.
24. Healey, *The Literary Culture of Napoleon*, Appendix B.
25. Defranceschi, pp. 14-25.
26. Waresquiel, *Talleyrand*, p. 284; Lentz, *GC*, p. 101.
27. Hyde de Neuville, vol. I, p. 269.
28. Andigné, vol. I, pp. 414-8, 420; Hyde de Neuville, vol. I, pp. 270-2.
29. *CG*, vol. II, pp. 1118-9; Tulard, *Napoléon ou le mythe*, pp. 132, 134; Lentz, *GC*, p. 322.
30. Mollien, vol. I, p. 24; Mathieu Dumas, vol. III, p. 168; Molé, p. 174; Ségur, *Histoire*, vol. II, pp. 1-2.

20. Consolidação

1. Cambacérès, *Mémoires*, vol. I, p. 470.
2. Garros, pp. 163-4; Barante, vol. I, p. 54; Cambacérès, *Mémoires*, vol. I, p. 488; Lentz, *GC*, p. 209; Thibaudeau, pp. 2-7; Chastenay, p. 297.
3. Hortense, vol. I, p. 69.
4. Garros, p. 164; ver também Bourrienne, 1829, vol. I, p. 3.
5. Cambacérès, *Mémoires*, vol. I, p. 464; Roederer, vol. III, p. 33.
6. Molé, p. 175.
7. Claire de Rémusat, *Mémoires*, vol. I, pp. 103-4; Staël, *Considérations*, vol. XIII, p. 194.
8. Fain, *Mémoires*, p. 291; Chaptal, p. 195; Chuquet, vol. III, pp. 33-4; Saint-Denis, p. 170; Abell, p. 235.
9. Choiseul-Gouffier, p. 100; Abrantès, vol. III, pp. 194, 363; Staël, *Considérations*, vol. XIII, pp. 195, 206-7; Marmont, vol. I, p. 297; Claire de Rémusat, *Mémoires*, vol. I, pp. 101-2, 116-7, 112; Saint-Elme, p. 354; Bourrienne, 1829, vol. XIII, p. 228.
10. Beugnot, vol. I, p. 457.
11. Lentz, *GC*, p. 359; Las Cases, 1983, vol. II, pp. 304-5; Thiard, p. 41; Bigarré, p. 152; Claire de Rémusat, *Mémoires*, vol. I, p. 224.
12. Molé, pp. 137, 243.
13. Roederer, vol. III, pp. 302-3.
14. Lucien Bonaparte, vol. I, p. 384; Masson, *Napoléon et sa Famille*, vol. I, p. 319.
15. Fontaine, *Journal*, vol. I, p. 7; Fontaine, *Les Maisons*, pp. 318-9, 330.
16. Chaptal, p. 329; Fain, *Mémoires*, pp. 87-9.
17. *CG*, vol. II, pp. 1099, 1106; Fain, *Mémoires*, pp. 289, 456-9; Chaptal, p. 225; Fleury de Chaboulon, vol. III, p. 176; ver também Bourrienne, 1829, vol. IV, pp. 60-1.
18. Molé, p. 158.
19. Las Cases, 1983, vol. I, pp. 416, 652, 618-9; Las Cases, 1905, vol. II, p. 567; Thiard, pp. 33-4.
20. Abrantès, *Roman Inconnu*, p. XV; Bourrienne, 1829, vol. IV, pp. 36-7.
21. Thibaudeau, pp. 14-6.
22. Rousseau, pp. 25, 141.
23. Gueniffey, *Bonaparte*, p. 625.
24. Rousseau, p. 106; Roederer, vol. III, p. 334.
25. Constant, *Journal Intime*, p. 224.
26. Lentz, *GC*, p. 428; Lefèbvre, p. 84.
27. Lentz, *GC*, p. 156.

28 Thibaudeau, p. 69.
29 Lentz, *GC*, p. 132.
30 Garros, p. 158.
31 Lentz, *GC*, p. 97; Andigné, vol. I, p. 407; Hyde de *neuville*, vol. I, p. 252.
32 Bailleu, vol. I, p. 357; Barante, vol. I, pp. 50-1.

21. Marengo

1 *CG*, vol. II, pp. 1114-5.
2 *CG*, vol. III, pp. 43-4; Lentz, *GC*, p. 220; Rose, pp. 14, 288-9.
3 Guitry, pp. 362-3, 366-8; Savary, vol. I, p. 183; Pelleport, vol. I, p. 163; Moiret, pp. 119-22; Des Genettes, *Souvenirs*, p. 37; Alexander Rodger, p. 131; Napoleão, *Mémoires*, vol. III, p. 247; ver também Las Cases, 1983, vol. II, pp. 169-72.
4 *CG*, vol. III, pp. 241, 308; Tombs, p. 394.
5 Méneval, vol. I, pp. 88-93; ver também Lucien Bonaparte, vol. I, p. 377.
6 Lentz, *GC*, p. 227; Cambacérès, *Mémoires*, vol. I, p. 474; *CG*, vol. III, pp. 98, 41, 120; Gueniffey, *Bonaparte*, p. 547.
7 *CG*, vol. III, p. 148.
8 Gueniffey, *Bonaparte*, p. 550.
9 *CG*, vol. III, p. 216; Gueniffey, *Bonaparte*, p. 548.
10 *CG*, vol. III, pp. 168-70; Garros, pp. 169-70.
11 *CG*, vol. III, p. 222; Cambacérès, *Mémoires*, vol. I, p. 522.
12 Napoleão, *Mémoires*, vol. III, p. 37.
13 *CG*, vol. III, pp. 235, 238.
14 Napoleão, *Mémoires*, vol. III, p. 38; Griois, vol. I, p. 120.
15 Bourrienne, 1829, vol. IV, pp. 91-2; Napoleão, *Mémoires*, vol. III, pp. 39-40; Savary, vol. I, pp. 253-4; *CG*, vol. II, p. 271.
16 *CG*, vol. III, p. 278.
17 *Boletins*, p. 136; Masson, *Napoléon et les Femmes*, p. 84; Gourgaud, vol. I, p. 217, vol. II, p. 92, onde ele afirma que isso ocorreu após Marengo.
18 *CG*, vol. III, p. 300.
19 Lentz, *GC*, p. 234.
20 Victor, p. 179.
21 Savary, vol. I, pp. 265-80; Marmont, vol. II, pp. 125-36; Napoleão, *Mémoires*, vol. III, pp. 33-69; Victor, pp. 160-89.
22 *CG*, vol. III, p. 301.
23 Ibid., pp. 303, 312.
24 Ibid., p. 318.
25 *Boletins*, pp. 145, 147.

26 Lentz, *GC*, p. 230.
27 Josephine, *Correspondance*, p. 101.
28 Lentz, *GC*, pp. 377-8.
29 Cambacérès, *Mémoires*, vol. I, p. 524.
30 Roederer, vol. III, pp. 330-1.
31 Savary, vol. I, p. 313; Lentz, *GC*, p. 261; Cambacérès, *Mémoires*, vol. I, p. 530.

22. César

1 Bertrand, *Lettres*, p. 29.
2 *CG*, vol. III, p. 386; Waresquiel, pp. 320-1; ver também, *Fiévée*, pp. 126-7; Cambacérès, *Mémoires*, vol. I, p. 714; Remacle, p. 368; Westmorland, vol. I, pp. 50ss.; Méneval, vol. I, pp. 226-32; Bourrienne, 1829, vol. V, pp. 107-8; Miot de Melito, vol. II, pp. 157-8; Desmarest, pp. 273-4; Masson, *Napoléon et sa Famille*, vol. I, p. 323.
3 Girardin, vol. I, p. 189; ver também Roederer, vol. III, p. 336.
4 Desmarest, p. 3.
5 Ségur, *Un aide de camp*, p. 47.
6 Hauterive, *Napoléon et sa Police*, p. 48.
7 Castanié, p. 231; Réal, vol. I, p. 359.
8 Mollien, vol. I, pp. 221-2.
9 Bergeron, p. 29.
10 Branda, *Secrets*, pp. 70-6; ver também Saada, pp. 25-49.
11 Cambacérès, *Mémoires*, vol. I, p. 567.
12 Thibaudeau, p. 77; Lentz, *GC*, pp. 370-1; Pelet de la Lozère, p. 8; Roederer, vol. III, p. 382.
13 Rapp, p. 20; Thibaudeau, p. 257; Las Cases, 1983, vol. I, p. 207.
14 Thibaudeau, p. 77; Molé, pp. 411-2; Roederer, vol. III, p. 382; Lucien Bonaparte, vol. I, p. 373.
15 Pelet de la Lozère, p. 11; Méneval, vol. I, pp. 412-21.
16 Gueniffey, *Bonaparte*, p. 567; Lafayette, vol. V, p. 248, também pp. 117, 138, 143-4, 146-7, 153.
17 Thibaudeau, p. 152; Casanova, pp. 26-8; Gourgaud, vol. I, p. 323; Bourrienne, 1829, vol. IV, pp. 276-81; Las Cases, 1983, vol. I, pp. 688-9.
18 Pelet de la Lozère, p. 223; Roederer, vol. III, p. 335; *CG*, vol. V, p. 882.
19 Tulard, *Fouché*, p. 159.
20 Lentz, *GC*, pp. 264-6; ver também Lucien Bonaparte, vol. I, pp. 421-32.

21 Chastenay, p. 310; Masson, *Napoléon et sa Famille*, vol. I, p. 335; Lucien Bonaparte, vol. I, pp. 385-6.
22 Tulard, *Napoléon ou le mythe*, p. 157; Espitalier, pp. 292-3.
23 Cambacérès, *Mémoires*, vol. I, pp. 535-7; Decaen, vol. II, p. 292; Claire de Rémusat, *Mémoires*, vol. I, p. 192; Abrantès, vol. II, pp. 372-3.
24 Castanié, pp. 17-8; Sparrow
25 Marquis, pp. 211, 257-8; Castanié, pp. 26-7.
26 Barante, vol. I, p. 72.

23. Paz

1 Gueniffey, *Bonaparte*, p. 601.
2 *CG*, vol. III, p. 588.
3 Ibid., pp. 664-5.
4 Bertaud, Forrest e Jourdan, p. 40; Uglow, p. 282; *CG*, vol. III, pp. 509, 136.
5 Las Cases, 1905, vol. II, p. 516; Cornwallis, p. 406; Grainger, p. 60.
6 *CG*, vol. III, pp. 913-6; Joseph, *Mémoires*, vol. I, p. 231; ver também Cornwallis, pp. 389-90.
7 Josephine, *Correspondance*, p. 110.
8 Méneval, vol. I, pp. 132, 145.
9 Raza, p. 188.
10 Méneval, vol. I, p. 142; Bigarré, p. 128; Gueniffey, *Bonaparte*, p. 603; Ségur, *Un aide de camp*, pp. 70-1; ver também Abrantès, vol. IV, pp. 326-62.
11 Gueniffey, *Bonaparte*, p. 571; Josefina, *Correspondance*, pp. 121-2.
12 Bonaparte, *CG*, vol. III, pp. 71-2, achou que o tratado não era favorável o suficiente; Masson, *Napoléon et sa Famille*, vol. II, pp. 96-7; Lucien Bonaparte, vol. II, pp. 107, 113, 122, 219.
13 Staël, *Dix Années*, p. 65.
14 Ibid., p. 18; Girardin, vol. I, p. 236.
15 Lafayette, vol. V, p. 164; Lentz, *GC*, p. 317.
16 Consalvi, pp. 100-1; Lentz, *GC*, p. 311.
17 Consalvi, pp. 130-6, 147, 151-7, 342ss.
18 Lentz, *GC*, p. 320.
19 Fugier, p. 121.
20 Ibid., p. 122.
21 Ibid., p. 124.
22 Ibid., p. 25.

24. O libertador da Europa

1 Grainger, pp. 50-2; Uglow, p. 282; Bouillé, vol. II, p. 468; Tombs, p. 396.

2 Roederer, vol. III, p. 430.
3 Gueniffey, *Bonaparte*, p. 669.
4 Las Cases, 1983, vol. I, p. 690.
5 Thibaudeau, p. 13; ver também Bourrienne, 1829, vol. IV, p. 280.
6 Lentz, *GC*, p. 330.
7 Ibid., pp. 332-3; Bartel, p. 254; Charles Napoléon, p. 224; *CG*, vol. III, p. 1178.
8 Lentz, *GC*, p. 448.
9 Napoleon, *Vues Politiques*, pp. 211-3, 228; Ségur, *Histoire*, vol. II, pp. 233-4; Lentz, *GC*, p. 450.
10 Réal, vol. I, pp. 38-9.
11 Lentz, *GC*, p. 347.
12 Murat, *Lettres*, vol. II, p. 30; Remacle, pp. 30-1; Gueniffey, *Bonaparte*, p. 670.
13 Lucien Bonaparte, vol. II, p. 107.
14 Thibaudeau, p. 237.
15 Lentz, *GC*, p. 339; Molé, *Souvenirs*, pp. 234-7.
16 Lentz, *GC*, p. 340.
17 Ibid.
18 Josefina, *Correspondance*, p. 97; Masson, *Napoléon et sa Famille*, vol. II, pp. 150ss.
19 Josefina, *Correspondance*, pp. 98-100; Chevalier e Pincemaille, pp. 312-3.
20 Lentz, *GC*, p. 341; Lentz, *Nouvelle Historie du Premier Empire* (daqui em diante *NHPE*), vol. I, p. 59; Gueniffey, *Bonaparte*, p. 675.
21 Lafayette, vol. V, p. 199.
22 Cornwallis, p. 406.
23 Lefèbvre, p. 144.
24 Ibid., p. 123.
25 Gueniffey, *Bonaparte*, p. 680.
26 Miot de Melito, vol. I, pp. 317-8; Girardin, vol. I, p. 286.
27 Fain, *Mémoires*, pp. 224-6; Méneval, vol. III, p. 43; Chevalier e Pincemaille, p. 303.
28 Fontaine, vol. I, pp. 26-8, 38, 53; Divoff, pp. 51, 72, 88, 128; Fiszerowa, pp. 245-6; Pamiętnik Stanislawa Zamoyskiego, in Biblioteka Uniwersytetu Adama Mickiewicza etc., p. 200; Berry, p. 163.
29 Edgworth, p. 55; Greathead, pp. 11-3, 55-6; Farington, 1906; Fiszerowa, pp. 245-6; Burney, p. 271.
30 Sédouy, p. 36.

25. Sua Majestade consular

1 Alger, p. 53; Grainger, pp. 81-2.
2 Cambacérès, *Mémoires*, vol. I, p. 569.

3 *CG*, vol. III, p. 1225.
4 Thibaudeau, pp. 120-1.
5 Branda e Lentz, pp. 19-22, 192.
6 *CG*, vol. III, p. 600; Branda e Lentz, p. 120.
7 Branda e Lentz, pp. 84-5.
8 Ibid., p. 68; Gourgaud, vol. I, p. 278.
9 Branda e Lentz, pp. 72-3, 86-7; *CG*, vol. III, pp. 853-4.
10 Roederer, vol. II, p. 334; *CG*, vol. III, pp. 837-43, 850-1, 1227.
11 *CG*, vol. III, pp. 957-8; Branda e Lentz, p. 131.
12 Branda e Lentz, pp. 139-40.
13 Ibid., p. 171; ver também Napoleão, *Mémoires*, vol. III, pp. 259-76; Las Cases, 1905, vol. II, pp. 522-3; Gourgaud, vol. I, p. 278.
14 Alexander Rodger, p. 287.
15 Cambacérès, *Mémoires*, vol. I, p. 680; Grainger, pp. 147, 161; sobre as conspirações contra Bonaparte, ver também Desmarest, p. 10; Marquis e Sparrow.
16 Marquis, pp. 135, 142ss.; citado em Lentz, *GC*, p. 297.
17 Grainger, p. 125; *CG*, vol. IV, pp. 30-2.
18 Grainger, pp. 153, 160.
19 Ibid., pp. 171, 175, 185.
20 *CG*, vol. IV, pp. 122, 127, 131-2, *passim*; ver também Girardin, vol. I, pp. 291-5.
21 Miot de Melito, vol. II, p. 73; Grainger, pp. 188-9; Browning.
22 Thibaudeau, p. 21; Hortense, vol. I, p. 326.
23 Versini, pp. 118-9.
24 Thibaudeau, pp. 391-2; ver também Bourrienne, 1829, vol. III, p. 214; Lentz, *GC*, pp. 401-2.
25 Branda e Lentz, p. 181; Grainger, pp. 184-5.
26 Alexander Rodger, p. 293; Miot de Melito, vol. II, pp. 119-20.

26. Rumo ao Império

1 Uglow, pp. 340-5: muitos conseguiram evitar a prisão graças a suas conexões, e, embora alguns tenham ficado presos em fortalezas, a maioria permaneceu em liberdade condicional e continuou a desfrutar dos prazeres de Paris. Fontaine, vol. II, p. 63.
2 Tulard-Garros, p. 244; *CG*, vol. IV, pp. 291ss., 426-7, 448; Claire de Rémusat, *Mémoires*, p. 285.
3 Lentz, *GC*, pp. 517-8.
4 Uglow, pp. 335ss., 367-71; Zamoyski, *Phantom Terror*, pp. 58-75.
5 Branda e Lentz, pp. 164-7.
6 Masson, *Napoléon et sa Famille*, vol. II, pp. 229-33.
7 Ibid., p. 241; *CG*, vol. IV, p. 439.
8 George, pp. 81, 95, 116-7, 126; Claire de Rémusat, *Mémoires*, vol. I, p. 206, vol. II, p. 88; Roederer, vol. III, p. 332.
9 *CG*, vol. IV, p. 439; Josephine, *Correspondance*, p. 137.
10 Lentz, *GC*, p. 518.
11 *CG*, vol. IV, pp. 583-8, 594, 598, 601, 604-5, 610-2, 616, 621-7 etc.; Tulard, *Fouché*, pp. 203ss.; Lentz, *GC*, pp. 514-5.
12 Lentz, *GC*, p. 532; Claire de Rémusat, *Mémoires*, vol. I, pp. 33-1; Thibaudeau, pp. 322-3; Ségur, *Un aide de camp*, p. 80.
13 Lentz, *GC*, pp. 538, 530-1; Desmarest, p. 102.
14 Lentz, *GC*, p. 538.
15 Méneval, vol. I, p. 264; Desmarest, p. 99; ver também Girardin, vol. I, pp. 322-35; Cambacérès, *Mémoires*, vol. I, p. 738; Lentz, *GC*, pp. 510-1, 517; Raza, p. 208; ver também *CG*, vol. IV, pp. 646-7.
16 *CG*, vol. IV, pp. 633-4; Pasquier, vol. I, pp. 178, 200; Desmarest, pp. 116-25; Waresquiel, pp. 320-34; Talleyrand, *Mémoires*, pp. 62-5; Bertrand, *Cahiers, 1818-1819*, p. 248; Fouché, p. 135; Méneval, vol. I, pp. 305-6; Cambacérès, *Mémoires*, vol. I, pp. 711-2; Lentz, *GC*, p. 543.
17 Garros, p. 215.
18 Lentz, *GC*, pp. 540-1.
19 Joseph, vol. I, pp. 97-9; Ségur, *Un aide de camp*, pp. 94-7.
20 Savary, vol. I, pp. 48-65, 337-479; Murat, *Lettres*, vol. III, pp. 83-103.
21 Savary, vol. I, p. 66; Méneval, vol. I, pp. 298-9; Cambacérès, *Mémoires*, vol. I, pp. 711-2; Las Cases, 1983, p. 627; Beauharnais, vol. I, p. 91.
22 *CG*, vol. IV, p. 646; Murat, *Lettres*, vol. III, p. 90.
23 Lentz, *GC*, p. 550.
24 Ibid., p. 557.
25 Waresquiel, p. 324; Pasquier, vol. I, p. 200; Barante, vol. I, p. 118, atribui a frase a Boulay de la Meurthe.
26 Citado por Waresquiel, p. 334; Tulard, *Fouché*, p. 199.

27 Claire de Rémusat, vol. I, pp. 345-6.
28 Jourdan, *Mythes*, p. 25.
29 Lentz, *GC*, p. 521.
30 Thibaudeau, p. 234; Ernouf, p. 228; Méneval, vol. I, p. 99.
31 Boudon, *Histoire*, p. 146; Lentz, *GC*, p. 562.
32 Lentz, *GC*, p. 562.
33 Roederer, vol. III, p. 461; Cambacérès, *Mémoires*, vol. I, p. 720; Thibaudeau, p. 462.
34 Lentz, *NHPE*, vol. I, p. 25.
35 Miot de Melito, vol. II, p. 194.
36 Lentz, *GC*, p. 573.

27. Napoleão I

1 PRO, Jackson Papers, FO 353/18, p. 15; Bailleu, vol. I, p. 273; *CG*, vol. IV, p. 769; Cambacérès, *Mémoires*, vol. I, p. 756.
2 Boudon, *Histoire*, p. 239.
3 Vigo-Roussillon, p. 133; Rapp, pp. 5, 12-3; Durand, p. 49.
4 Pelleport, vol. I, p. 200; Davout, vol. I, p. 79; Murat, *Lettres*, vol. III, p. 90; ver também Marmont, vol. II, p. 226.
5 Sobre o tema suicídio/assassinato, ver: J-F Chiappe, *Georges Cadoudal et la liberté*, 1970; E. Erlannig, *La résistance bretonne a Napoléon Bonaparte*, 1980; B. Saugier, *Pichegru. De la gloire de la Hollande a la prison du Temple*; Lentz, *GC*, p. 554.
6 Citado em Boudon, *Histoire*, p. 238.
7 Miot de Melito, vol. II, p. 166.
8 Bouillé, pp. 87-95, 531; Cambacérès, *Mémoires*, vol. II, p. 10.
9 Jourdan, *Napoléon*, pp. 27-31.
10 Ségur, *Un aide de camp*, pp. 68, 93, 75, 103.
11 Morrissey, pp. 2, 140-1; Burney, p. 273.
12 McMahon, pp. 122-3; Las Cases, 1983, vol. I, p. 568.
13 Waresquiel, p. 306.
14 Thiard, p. 40.
15 Boudon, *Histoire*, p. 153.
16 Napoleão, *Vues Politiques*, p. 58; Lentz, *GC*, p. 585; Lentz, *NHPE*, vol. I, pp. 57-9; ver também Tulard, *Sacre*, p. xix.
17 Ver Lentz, *NHPE*, vol. I, p. 74; Tulard, *Sacre*, p. xix; Jourdan, *Napoléon*, p. 190.
18 Lentz, *GC*, pp. 416-8, 421ss.
19 *CG*, vol. IV, p. 775.
20 Ibid., pp. 774, 780; Ségur, *Un aide de camp*, p. 104.
21 Pouget, pp. 64-5.
22 *CG*, vol. IV, p. 794.
23 Ibid., *CG*, vol. V, pp. 583-4; Las Cases, 1983, vol. I, pp. 411-3; Cambacérès, *Mémoires*, vol. I, pp. 564-5; Bausset, vol. I, pp. 49-50; Savary, vol. II, pp. 10-1; Mollien, vol. I, p. 404; Claire de Rémusat, *Lettres*, vol. I, pp. 112, 139-40; Miot de Melito, vol. II, pp. 128, 214; Bertrand, *Lettres*, pp. 29ss.; Puget, p. 64; Bailleu, vol. I, pp. 59-60; Méneval, vol. I, pp. 411-4; Campbell, pp. 228-30; Rose, pp. 114ss., 129-31, 145ss.
24 Marmont, vol. II, p. 226.
25 Bailly, p. 589; Miot de Melito, vol. II, p. 241; ver também Claire de Rémusat, *Mémoires*, vol. I, p. 245, e Fouché, p. 156.
26 *CG*, vol. IV, pp. 828, 837.
27 Ibid., pp. 856-7, 886; Méneval, vol. I, p. 379.
28 Masson, *Napoléon et sa Famille*, vol. II, pp. 344, 363; Bailleu, vol. II, p. 301.
29 Masson, *Napoléon et sa Famille*, vol. II, p. 354; Hortense, *Mémoirs*, vol. I, p. 229; Masson, *Napoléon et sa Famille*, vol. II, p. 398.
30 Masson, *Napoléon et sa Famille*, vol. II, pp. 397-9, 400-1, 448-9, 451-2, 454-5; Miot de Melito, vol. II, pp. 235-7; Hortense, vol. I, pp. 165, 397-9.
31 Masson, *Napoléon et sa Famille*, vol. III, pp. 94-5.
32 Ibid., vol. II, pp. 451-2.
33 Roederer, vol. III, p. 511; Hortense, vol. II, pp. 58-9, 88-9; Chevalier e Pincemaille, p. 282.
34 Fontaine, vol. II, p. 87; Charles de Rémusat, p. 50; ver também Tulard, *Sacre*.
35 Claire de Rémusat, *Mémoires*, vol. II, p. 71.
36 Ibid., pp. 71-2; Boulart, p. 24; Bailly, p. 591.
37 Frénilly, pp. 296-7; Miot de Melito, vol. II, p. 245; ver também Lentz, *NHPE*, vol. I, p. 94.
38 Barrès, p. 14.

28. Austerlitz

1 *CG*, vol. V, p. 21.
2 Ibid., pp. 20-1.
3 Masson, *Napoléon et sa Famille*, vol. II, p. 17.
4 Claire de Rémusat, *Lettres*, vol. I, pp. 65-6; Fain, *Mémoires*, p. 230.
5 *CG*, vol. V, p. 274.
6 Bigarré; Avrillon, vol. I, p. 186.
7 *CG*, vol. V, p. 22.

8 Boudon, *Le roi*, p. 109.
9 Skowronek, p. 94; ver também Cambacérès, *Mémoires*, vol. II, p. 39.
10 *CG*, vol. V, pp. 197-208, 343, 459-62, 400, 415, 570; Pelet de la Lozère, p. 195.
11 Miot de Melito, vol. II, p. 259; *CG*, vol. V, pp. 530, 565-7.
12 *CG*, vol. V, pp. 601, 607, 618.
13 Bigarré, p. 162; Raymond de Montesquiou, pp. 32-4, 103.
14 Bausset, vol. I, p. 87; Barrès, p. 51; *CG*, vol. V, p. 797; Raza, pp. 227-8.
15 *CG*, vol. V, p. 808.
16 Comeau de Charry, pp. 205, 207; Raymond de Montesquiou, p. 69.
17 Comeau de Charry, pp. 208, 219; Pouget, p. 85.
18 *CG*, vol. V, p. 850.
19 Ibid., p. 837.
20 Joseph, *Mémoires*, vol. I, pp. 314, 291, 311, 317, 304; ver também Cambacérès, *Lettres*, vol. I, pp. 287ss., 308; Cambacérès, *Mémoires*, vol. II, p. 51; Claire de Rémusat, *Lettres*, vol. I, pp. 384, 394.
21 Ségur, *Un aide de camp*, p. 157.
22 *CG*, vol. V, pp. 866-7; Ségur, *Un aide de camp*, pp. 157-60; Savary, vol. II, pp. 174-98.
23 *CG*, vol. V, p. 869.
24 Malye, p. 24; Ségur, *Un aide de camp*, pp. 165-7; *Bulletins*, pp. 205-6; Barrès, p. 55; Fantin des Odoards, p. 71; Marbot, vol. I, pp. 258-9.
25 Barrès, pp. 55-6; Lejeune, vol. I, pp. 35-6.
26 Lentz, *NHPE*, vol. I, p. 188.
27 *CG*, vol. V, p. 876; Lentz, *NHPE*, vol. I, p. 189; Tulard, *Napoléon ou le mythe*, p. 185.
28 Lentz, *NHPE*, vol. I, pp. 192-3.
29 *CG*, vol. V, pp. 873-4; Lentz, *NHPE*, vol. I, p. 193; Ségur, *Un aide de camp*, p. 178.
30 Méneval, vol. I, pp. 452-7; Savary, vol. I, pp. 320-3; *CG*, vol. V, p. 875; Hartley, p. 74.
31 Waresquiel, p. 351; Dumonceau, vol. I, pp. 145-7; Ligne, *Fragments*, vol. II, p. 114.
32 Archives Caulaincourt, AN, 95 AP 34, anexo n. 2 (daqui por diante Anexo 2).
33 Cambacérès, *Lettres*, vol. I, p. 319; Claire de Rémusat, *Lettres*, vol. I, pp. 384-94.

29. O imperador do Ocidente

1 Branda, *Le Prix*, pp. 259-80; Joseph, *Mémoires*, vol. I, pp. 314, 219, 311.
2 Citado em Lentz, *NHPE*, vol. I, p. 199.
3 Branda, *Le Prix*, pp. 279-80.
4 Pelet de la Lozère, p. 236; Molé, vol. I, pp. 59-60; Fain, *Mémoires*, pp. 92-3.
5 Fain, *Mémoires*, p. 114; Branda, *Secrets*, pp. 92-4, 97.
6 Chaptal, p. 337; Lavalette, p. 56; Mollien, vol. II, p. 150.
7 Pelet de la Lozère, p. 7; Molé, vol. I, p. 55.
8 Lentz, *NHPE*, vol. I, p. 94; Pelet de la Lozère, pp. 155, 162-3, 166, 170; Molé, vol. I, p. 55; Bergeron, p. 46.
9 Pelet de la Lozère, pp. 187, 213-8; Molé, vol. I, pp. 96-7.
10 Las Cases, 1983, vol. I, p. 408.
11 Fain, *Mémoires*, pp. 3, 6-7.
12 Ibid., pp. 10-1.
13 Ibid., pp. 41-5.
14 Ibid., pp. 39-40.
15 Ibid., pp. 62-3, 109; Bausset, vol. I, p. 3.
16 Fain, *Mémoires*, pp. 202, 180.
17 Avrillon, vol. I, pp. 121-3, 196-8, 204-5, 375-6; Hortense, vol. I, pp. 202, 207-11; Fain, *Mémoires*, p. 307; Rével; Claire de Rémusat, *Mémoires*, vol. III, p. 333; Masson, *Napoléon et les Femmes*, pp. 166-70.
18 Méneval, vol. I, p. 424.
19 Lentz, *NHPE*, vol. I, p. 232.
20 Cambacérès, *Mémoires*, vol. II, p. 89.
21 Las Cases, 1983, vol. I, p. 583.
22 Molé, vol. I, p. 60; ver também a conversa com Lucien em Masséna, vol. V, p. 146.
23 Fouché, p. 155.
24 Barante, vol. I, pp. 274-5; Masson, *Napoléon et sa Famille*, vol. VI, p. 36.
25 Cambacérès, *Mémoires*, vol. II, p. 93; Bausset, vol. I, pp. 14, 68; Fain, *Mémoires*, pp. 293-4; Avrillon, vol. I, p. 25.
26 Lentz, *NHPE*, vol. III, p. 423.

30. Senhor da Europa

1 Bailleu, vol. I, pp. 505, 561; *CG*, vol. VI, p. 724.
2 Anexo 2; *CG*, vol. VI, pp. 826-8.
3 *CG*, vol. VI, pp. 826-8; Anexo 2.
4 Anexo 2.
5 *CG*, vol. VI, pp. 823-4.
6 Bodinier, pp. 347-9; Lentz, *NHPE*, vol. I, pp. 247-55.

7   CG, vol. VI, p. 1032; Boulart, p. 138; Coignet, p. 127; Savary, vol. I, p. 310.
8   Napoleão, *Mémoires*, vol. III, pp. 281-2; Savary, vol. II, p. 292; Raza, pp. 175-6.
9   Anexo 2; Savary, vol. II, p. 300.
10 Metternich, *Mémoires*, vol. I, p. 54.
11 CG, vol. VI, p. 190.
12 Ibid., pp. 909, 924, 1078; Byrne, vol. II, p. 40; Tulard-Garros, p. 317.
13 Murat, *Lettres*, vol. IV, pp. 483, 488.
14 Ibid., vol. V, pp. 64-5; CG, vol. VI, p. 1213; Potocka, p. 102.
15 Barrè, p. 79; Raymond de Montesquiou, p. 163; Rumigny, pp. 35-6; Berthézène, vol. I, p. 118.
16 Anexo 2; Raymond de Montesquiou, p. 168.
17 Potocka, p. 22; Savary, vol. III, p. 26; Boulart, p. 147.
18 Potocka, p. 120; Kicka, p. 98.
19 CG, vol. VII, pp. 27, 46, 52, 63-4, 97, 102.
20 Ibid., pp. 105, 111; ver também Trembicka, vol. II, p. 38.
21 CG, vol. VII, pp. 116, 118-9, 126, 127, 129-30, 132-3, *passim*; Sutherland, p. 108.
22 Rapp, p. 106; Waresquiel, p. 365; Comeau de Charry, p. 281.
23 Coignet, pp. 136, 143; Wołowski; ver também Berthézène, vol. I, pp. 123ss.
24 CG, vol. VII, pp. 176, 191; Bodinier, pp. 349-50; Lentz, *NHPE*, vol. I, p. 275; Rayond de Montesquiou, p. 464; Rumigny, p. 44.
25 CG, vol. VII, p. 472.
26 Potocka, pp. 146-9.
27 Sutherland, pp. 126-8; CG, vol. VII, p. 531; Wairy, vol. I, p. 417.
28 Bodinier, pp. 349-50; Rothenberg, p. 48; Lejeune, vol. I, p. 81.
29 Hartley, p. 76.
30 CG, vol. VII, p. 916; Coignet, p. 148; Rumigny, p. 48; Masson, *Napoléon et sa Famille*, vol. IV, pp. 93-4.
31 Lentz, *NHPE*, vol. I, p. 306; ver também Raza, p. 151; Radziwill, pp. 255, 268-86.

31. O Imperador Sol

1   Claire de Rémusat, *Lettres*, vol. II, pp. 88, 105-6; Metternich, *Mémoires*, vol. I, p. 57.
2   Driault, *Tilsit*, pp. 241, 209; Lentz, *NHPE*, vol. I, p. 348; Bergeron, p. 85; Fouché, 1957, p. 160.
3   Pontécoulant, vol. III, pp. 165-6; Claire de Rémusat, *Mémoires*, vol. III, pp. 218-21.
4   Crouzet, vol. I, p. 69.
5   Fouché, 1957, p. 160.
6   CG, vol. VI, pp. 113-4; Consalvi, pp. 65-7; Pelet de la Lozère, pp. 205-8.
7   Consalvi, pp. 672-4.
8   Masson, *Napoléon et sa Famille*, vol. IV, p. 46, vol. V, pp. 60-5; Haegele, pp. 300-3.
9   Fontaine, vol. I, p. 187; CG, vol. VIII, p. 120.
10 Englund, p. 339; Dwyer, *Citizen Emperor*, p. 275.
11 CG, vol. VIII, p. 36.
12 Ver: Talleyrand, *Mémoires*, pp. 97ss.; Waresquiel, pp. 378-83; Pasquier, vol. I, pp. 329, 351; Beugnot, vol. I, p. 346; Cambacérès, *Mémoires*, vol. II, p. 189.
13 Savary, vol. II, pp. 250-7; CG, vol. VIII, pp. 305-6, 314, 326, 333.
14 Chłapowski, p. 66; Avrillon, vol. I, p. 363.
15 CG, vol. VIII, pp. 402, 423; Metternich, *Mémoires*, vol. II, p. 245; Broglie, p. 59; ver também Bausset, vol. I, pp. 217-9; Avrillon, vol. II, p. 2.
16 Ernouf, p. 249; CG, vol. VIII, p. 448.
17 Dwyer, *Citizen Emperor*, p. 272; Fraser, *Cursed War*, p. 487.
18 Garros, p. 296; Mathieu Dumas, vol. III, p. 316; CG, vol. VIII, pp. 470, 487, 489.
19 Brandt, p. 11; Vandal, *Napoléon et Alexandre*, vol. I, p. 365; Fain, *Mémoires*, pp. 70-3; Avrillon, vol. I, p. 372; Josephine, *Correspondance*, p. 225.
20 Joseph, *Mémoires*, vol. IV, p. 336; Lentz, *NHPE*, vol. I, p. 404; Masson, *Napoléon et sa Famille*, vol. IV, pp. 245-6; Haegele, p. 342.
21 Haegele, pp. 203-80; Bigarré, p. 201; Joseph, *Mémoires*, vol. III, p. 324.
22 Joseph, *Mémoires*, vol. IV, pp. 343, 366-7, 375.
23 Ibid., pp. 366-98.
24 CG, vol. VIII, pp. 940-1.
25 Joseph, *Mémoires*, vol. IV, pp. 412-3, 420-3.
26 Mathieu Dumas, vol. III, pp. 321-2.

32. O imperador do Oriente

1   Metternich, *Mémoires*, vol. II, pp. 194-9, 207-14.
2   Beugnot, vol. I, p. 388.
3   Driault, *Tilsit*, p. 291.
4   Lentz, *NHPE*, vol. I, pp. 435-6.
5   Fouché, 1957, pp. 156-7; CG, vol. VII, pp. 1337-8; Chevalier e Pincemaille, pp. 333-5; Josephine,

Correspondance, pp. 219-20, 217; ver também Metternich, *Mémoires*, vol. II, pp. 140ss.
6 Cambacérès, *Mémoires*, vol. II, p. 231.
7 Talleyrand, *Mémoires*, pp. 152-3, 168-70.
8 Alexander, vol. I, p. 20.
9 Muffling, pp. 23-5; Lentz, *NHPE*, vol. I, p. 416.
10 Bausset, vol. II, pp. 313, 316; Talleyrand, *Mémoires*, pp. 161, 170, 183; Relato de Constant Wairy, vol. II, pp. 9-10, do mau sonho deveria ser tratado com ceticismo.
11 Muffling, pp. 21-2; Caulaincourt, vol. I, pp. 258, 270, 273.
12 Bausset, vol. II, pp. 319-21; Talleyrand, *Mémoires*, pp. 178-82; *CG*, vol. VIII, p. 1126.
13 Bausset, vol. I, p. 325.
14 Branda, *Secrets*, pp. 153-7; Savary, vol. V, pp. 59-7; Masson, *Napoléon et sa Famille*, vol. IV, p. 327; Beugnot, vol. I, pp. 344-5; Chevallier e Pincemaille, p. 274; Boulart, p. 181.
15 Crouzet, vol. I, p. 393; Caulancourt, vol. I, p. 274; a sugestão de Napoleão (Bertrand, *Cahiers 1818-1819*) pode ser desprezada, assim como o relato confuso de Talleyrand em *Mémoires*, p. 183.
16 Dwyer, *Citizen Emperor*, p. 284; Metternich, *Mémoires*, vol. II, p. 248.
17 Metternich, *Mémoires*, vol. II, pp. 247-9.
18 *CG*, vol. VIII, pp. 1130-2; Savary, vol. IV, p. 6.
19 Chaptal, pp. 216-7; Rémusat, *Mémoires*, vol. II, p. 271; Ségur, *Histoire*, vol. IV, pp. 87, 79; Beugnot, vol. I, p. 460; Rapp, p. 4; Mollien, p. 325; Choiseul-Gouffier, p. 94.
20 Chaptal, pp. 216-7; ver também: Masséna, vol. V, p. 146; Mollien, vol. I, pp. 40, 316-7; Ségur, *Histoire*, vol. IV, p. 78.
21 Ver Savary, vol. IV, p. 47.
22 Garros, p. 304; Bigarré, p. 229; Miot de Melito, vol. II, pp. 18-9.
23 Ségur, *Un aide de camp*, p. 257.
24 Joseph, *Mémoires*, vol. V, pp. 265-6, 281; ver também Miot de Melito, vol. II, p. 24.
25 *CG*, vol. VIII, pp. 1352, 1374-6, 1306, 1314; Wairy, vol. II, p. 22; Branda, *Le Prix*, p. 57.
26 *CG*, vol. VIII, pp. 1359-60.
27 Ibid., p. 1377; Bodinier, p. 286; ver também Petiteau, p. 49.
28 Cambacérès, *Lettres*, vol. II, p. 604; *Le Moniteur*, 15 de dezembro de 1808, citado em Lentz, *NHPE*, vol. I, p. 427.
29 Paquier, vol. I, pp. 353-4.
30 Cambacérès, *Mémoires*, vol. II, p. 250; Waresquiel, p. 398; Tulard, *Fouché*, pp. 222-6; Masson, *Napoléon et sa Famille*, vol. IV, p. 393.
31 Mathieu Dumas, vol. III, p. 339; Garros, p. 310; Malye, pp. 65-6; Lentz, *NHPE*, vol. I, pp. 422-3; *CG*, vol. VIII, p. 1438.
32 Waresquiel, p. 400.
33 Anatole de Montesquiou, p. 155; Pasquier, vol. I, p. 358; Waresquiel, 400-2ss.; Lentz, *NHPE*, vol. I, p. 434; Hortense, vol. II, p. 30.
34 Langsam, pp. 32, 64.
35 Ibid., pp. 43-4; Bodinier, pp. 252-3.
36 Wołowski; Comeau de Charry, p. 291; Bausset, vol. I, p. 88.
37 Las Cases, 1983, vol. II, p. 142; Lentz, *NHPE*, vol. I, p. 445; Lejeune, vol. I, p. 302; Cambacérès, *Lettres*, vol. II, p. 659.
38 Os números indicados aqui, como em outros lugares, são aproximados. Ver Bodinier, pp. 352-3; Lentz, *NHPE*, vol. I, p. 463.
39 Anatole de Montesquiou, p. 168; Savary, vol. IV, p. 143; Marbot, vol. II, pp. 201-12; Lejeune, vol. I, p. 357; Fouché, 1957, p. 168; Berthézène, vol. I, pp. 235-6; Cadet de Gassicourt, pp. 126-7; Chłapowski, p. 162.

33. O custo do poder

1 Costa de Beauregard, p. 336; Chłapowski, pp. 183-4.
2 *CG*, vol. IX, p. 833.
3 Bodinier, p. 353; há muita discordância sobre o número de mortes e prisioneiros; *Bulletins*, pp. 472-4; Garros, p. 326; Savary, vol. IV, p. 185; Chłapowski, pp. 133, 193 etc.
4 Marmont, vol. III, p. 243.
5 *CG*, vol. VII, p. 1321.
6 Boudon, *Le roi*, pp. 198-202.
7 Ibid., p. 145.
8 Potocka, p. 319; Masson, *Napoléon et sa Famille*, vol. IV, pp. 304-5.
9 Beugnot, vol. I, pp. 371-2, 337.
10 Rapp, p. 143.
11 Tulard, *Napoléon ou le mythe*, p. 197; Grunewald, pp. 139-41; Comeau de Charry, pp. 318-9.
12 Savary, vol. IV, p. 231; Joseph, *Mémoires*, vol. VI, pp. 259, 274, 381-9, 59-73.
13 Cambacérès, *Mémoires*, vol. II, pp. 268-72; Cambacérès, *Lettres*, vol. II, pp. 685-7.

14   *CG*, vol. V, p. 927; Masson, *Napoléon et sa Famille*, vol. VII, p. 29.
15   *CG*, vol. IX, p. 599.
16   Ibid., p. 885; citado por Lentz, *NHPE*, vol. I, p. 493; Fouché, 1957, pp. 154, 169; Boigne, vol. I, p. 291.
17   Berthézène, vol. I, p. 264; Macdonald, pp. 152-9; Marbot, vol. II, pp. 272-3; Boulart, p. 227.
18   Pouget, pp. 151-2.
19   Abrantès, vol. VII, p. 93; Fantin des Odoards, p. 143.
20   Broglie, vol. I, pp. 73-4; Marmont, vol. III, p. 337; Berthézène, vol. I, pp. 239-40.
21   Mathieu Dumas, vol. III, p. 363; Cambacérès, *Lettres*, vol. II, p. 749.
22   Cadet de Gassicourt, pp. 108-9; Załuski, p. 176.
23   *CG*, vol. IX, pp. 1083, 1148, 1254, 1363, 1366; Branda, *Le Prix*, p. 57.
24   Rapp, pp. 125-9; ver também Mathieu Dumas, vol. III, pp. 384-5, e Savary, vol. IV, pp. 223-4.
25   Cambacérès, *Lettres*, vol. II, p. 718.
26   Tulard, *Fouché*, pp. 235-46; Cambacérès, *Mémoires*, vol. II, pp. 279-87.
27   Claire de Rémusat, *Mémoires*, vol. II, p. 265; Girardin, vol. II, p. 339; Branda, *Secrets*, pp. 82-90.
28   Chevallier e Pincemaille, pp. 338-9; Bausset, vol. II, pp. 368ss.; ver também Wairy, vol. I, pp. 197-9.
29   Lentz, *NHPE*, vol. I, pp. 496-7.
30   Wairy, vol. II, pp. 100-4; Hortense, vol. II, pp. 42, 44-5.
31   Lentz, *NHPE*, vol. I, pp. 497-8; ver também Claire de Rémusat, *Mémoires*, vol. III, pp. 279-314.
32   Cambacérès, *Mémoires*, vol. II, p. 315; Lentz, *NHPE*, vol. I, p. 499.
33   *CG*, vol. IX, pp. 1506, 1510, 1421, 1522, 1532, 1535.
34   Chevallier e Pincemaille, pp. 347, 343; Avrillon, vol. I, p. 166.

34. Apoteose

1   Ernouf, pp. 272-3; Talleyrand, *Mémoires*, pp. 195-7; Cambacérès, *Mémoires*, vol. II, pp. 326-7; Lentz, *NHPE*, vol. I, pp. 502, 506; Metternich, *Mémoires*, vol. II, p. 312.
2   Ligne, vol. II, p. 222; Metternich, *Mémoires*, vol. I, p. 100; Beugnot, vol. I, p. 428.
3   Savary, vol. IV, pp. 317-8; Coignet, p. 187; Parquin, pp. 176-7; Beugnot, vol. I, pp. 423-4.
4   Hortense, vol. II, p. 62; Garros, p. 341; Pontécoulant, vol. III, p. 123; Lejeune, vol. II, pp. 30-1.
5   Masson, *Marie-Louise*, pp. 82-4; Dwyer, *Citizen Emperor*, pp. 331-4.
6   Pontécoulant, vol. III, p. 124; Dwyer, *Citizen Emperor*, p. 334.
7   Wairy, vol. II, pp. 125-6; Boudon, *Histoire*, p. 314; Clary, p. 48.
8   Lejeune, vol. I, p. 32; Clary, p. 83.
9   Boigne, vol. I, p. 274; Pasquier, vol. I, p. 381; Pontécoulant, vol. III, pp. 129-30; Masson, *Marie-Louise*, pp. 112-9.
10 Consalvi, pp. 211, 218, 238, 242, 246-7.
11 Wairy, vol. II, pp. 132-3; Thibaudeau, p. 278; Coignet, p. 191.
12 Bertrand, *Cahiers, 1818-1819*, pp. 18, 100, 263, 408, 411; Claire de Rémusat, *Mémoires*, vol. II, p. 336.
13 Jerome, *Mémoires*, vol. IV, p. 402.
14 Ernouf, p. 282, e também: Fouché, 1957, pp. 173, 181-3, e Savary, vol. IV, pp. 320-40; Pasquier, vol. I, pp. 390-404; Cambacérès, *Mémoires*, vol. II, p. 340; Boudon, *Histoire*, p. 310; Lentz, *NHPE*, vol. I, p. 512; Garros, p. 343; Jerome, *Mémoires*, vol. IV, p. 401.
15 Potocka, p. 200; Chastenay, p. 421; Masson, *Maria-Luísa*, p. 233.
16 Potocka, pp. 215-8.
17 Ibid., p. 281.
18 Jourdan, *Louis*, pp. 11-2, 18, 20, 31ss., 81ss.
19 Savary, vol. IV, p. 346; Jourdan, *Louis*, p. 150; *CG*, vol. X, p. 422.
20 Savary, vol. IV, p. 353; Jourdan, *Louis*, p. 22.
21 Lejeune, vol. II, pp. 39, 33-4; ver também Metternich, *Mémoires*, vol. I, pp. 301-7.
22 Dwyer, *Citizen Emperor*, p. 336; Lejeune, vol. I, pp. 252-3; Marmont, vol. V, pp. 2-3.
23 Metternich, *Mémoires*, vol. I, pp. 287, 286; Lentz, *NHPE*, vol. I, pp. 522-3; Boigne, vol. I, p. 275.
24 Chastenay, pp. 420-1; Hortense, vol. II, pp. 113-4, 116; Tulard, *Dictionnaire Napoléon*, vol. I, p. 353.
25 Fontaine, vol. I, pp. 219, 249-50, 275; ver também Branda, *Secrets*, p. 105, e *Le Prix*, pp. 44-8.

26 Thibaudeau, p. 278.
27 Savary, vol. IV, p. 355; Lents, *NHPE*, vol. I, p. 516; Fouché, 1957, p. 298; Tulard, *Fouché*, p. 255.
28 Savary, vol. IV, pp. 311, 406; Hortense, vol. II, p. 117.
29 Savary, vol. IV, p. 314, vol. V, p. 99; Lentz, *NHPE*, vol. I, p. 520; Pasquier, vol. I, p. 517; Hauterive, *Napoléon et sa Police*, p. 43.
30 Jerome, *Mémoires*, vol. IV, p. 410; Metternich, *Mémoires*, vol. I, p. 279; Chastenay, p. 433; Ségur, *Un aide de camp*, p. 280; Sutherland, pp. 197-8; Josephine, *Correspondance*, p. 274; Hortense, vol. II, p. 116; Chaptal, p. 340.
31 Metternich, *Mémoires*, vol. I, pp. 283-4.
32 Canova, p. 418; Lentz, *NHPE*, vol. II, p. 125.
33 Lentz, *NHPE*, vol. I, p. 529; Marmont, vol. III, p. 340.

35. Apogeu

1 Las Cases, 1983, vol. I, p. 619.
2 Metternich, *Mémoires*, vol. I, p. 286; Masson, *Marie-Louise*, pp. 208-9.
3 Metternich, *Mémoires*, vol. I, p. 297; Ségur, *Histoire*, vol. III, p. 476; Kemble, pp. 165, 170.
4 Vandal, *Napoléon et Alexandre*, vol. II, p. 318.
5 Méneval, vol. II, p. 436; Hortense, vol. II, p. 127; Savary, vol. V, pp. 146-9; Raza, pp. 202-6; Castellane; Kemble, pp. 182-4.
6 Boigne, vol. I, pp. 291-2; Lentz, *NHPE*, vol. II, pp. 13-4; Goethe, *Karlsbader Stanzen*.
7 Hortense, vol. II, pp. 125-8, 97; Wairy, vol. II, pp. 154-5; Savary, vol. V, pp. 147-9; Méneval, vol. II, p. 438; Avrillon, vol. II, pp. 275, 307-8; Josephine. *Correspondance*, p. 267; Chevallier e Pincemaille, pp. 348-51; Mollien, vol. III, p. 76.
8 Driault, *Grand Empire*, p. 323.
9 Ibid., p. 126; Miot de Melito, vol. III, p. 187.
10 Branda-Lentz, p. 187; Bodinier, p. 385.
11 Lentz, *NHPE*, vol. II, p. 85; Branda, *Le Prix*, pp. 301-3, 307-11, 365.
12 Metternich, *Mémoires*, vol. II, p. 328; Savary, vol. IV, pp. 318-9.
13 Bigarré, p. 315; Haegele, p. 399; para um outro olhar: Marbot, vol. II, pp. 482-3.
14 Haegele, p. 420; Joseph *Mémoires*, vol. VII, pp. 306, 488ss., vol. VIII, pp. 42-272.
15 Branda, *Secrets*, pp. 153-7.
16 Metternich, *Mémoires*, vol. II, p. 329.
17 *CG*, vol. VII, p. 924.
18 Comeau de Charry, p. 281; Rapp, p. 106; Broglie, vol. I, pp. 177-9; Cambacérès, *Mémoires*, vol. II, p. 400.
19 Napoleão, *Correspondance*, vol. XX, pp. 149-54.
20 Ibid., p. 159.
21 Zamoyski, *1812*, p. 111.
22 Kartsov e Voenskii, pp. 50-1.
23 Fain, *Manuscrit de 1812*, vol. I, p. 3; Palmer, p. 199.
24 Zamoyski, *1812*, pp. 70-1; Bignon, pp. 46ss.; Metternich, *Mémoires*, vol. II, p. 407.
25 Metternich, *Mémoires*, vol. II, pp. 412-3; Ernouf, p. 319.
26 Zamoyski, *1812*, p. 72.
27 Caulaincourt, vol. I, pp. 281-316.
28 Zamoyski, *1812*, pp. 75-6.
29 Ibid., pp. 76-7.
30 Chastenay, p. 471; Branda, *Secrets*, p. 184; Beugnot, vol. I, pp. 480-5; Pasquier, vol. I, pp. 430-1; Ligneruex, *L'Empire*, p. 142; Heine, p. 114.
31 Metternich, *Mémoires*, vol. II, p. 422.

36. O poder cega

1 Napoleão, *Correspondance*, vol. XXIII, p. 191.
2 Villemain, vol. I, pp. 155-67; Zamoyski, *1812*, p. 106; Ségur, *Histoire*, vol. IV, p. 74.
3 Bodinier, pp. 309-12; Zamoyski, *1812*, pp. 85, 88; Begos, p. 175.
4 Zamoyski, *1812*, pp. 88-9.
5 Berthezene, vol. I, p. 328.
6 Baudus, vol. I, p. 336; Fain, *Manuscrit de 1812*, vol. I, p. 46; Ségur, *Histoire*, vol. III, pp. 65-9, 447-8, vol. IV, p. 125; Laugier, p. 9; Dumonceau, vol. II, pp. 17, 48; Davout, vol. III, p. 155; Fantin des Odoards, p. 303.
7 Jerome, vol. V, p. 247; ver também, Zamoyski, *1812*, pp. 83-4.
8 Napoleão, *Correspondance*, vol. XXIII, p. 388.
9 Fontaine, vol. I, p. 316.
10 Pasquier, vol. I, p. 525.
11 Fain, *Manuscrit de 1812*, vol. I, p. 61.
12 Castellane, vol. I, p. 93.
13 Beauharnais, vol. VII, p. 340; Savary, vol. V, p. 226; Comeau de Charry, p. 439; Lejeune, vol. II, p. 174.
14 Méneval, vol. III, pp. 25, 109; Caulaincourt, vol. I, p. 315.

15 Fain, *Manuscrit de 1812*, vol. I, p. 68.
16 Metternich, *Mémoires*, vol. I, p. 122; Cambacérès, *Mémoires*, vol. II, p. 395.
17 Fain, *Manuscrit de 1812*, vol. I, p. 75; Pradt, pp. 56-7; Savary, vol. V, p. 226.
18 Villemain, vol. I, pp. 163, 165-6; Chłapowski, p. 235.
19 Zamoyski, *1812*, pp. 132-3.
20 Caulaincourt, vol. I, p. 342; Zamoyski, *1812*, pp. 133-4.
21 Zamoyski, *1812*, pp. 132-7.
22 Ibid., p. 117.
23 Lejeune, vol. I, p. 172.
24 Zamoyski, *1812*, pp. 142-3.
25 *Bulletins*, pp. 487-8.

37. O Rubicão

1 Caulaincourt, vol. I, p. 344.
2 Zamoyski, *1812*, p. 147; *Bulletins*, pp. 488-9.
3 Lejeune, vol. II, p. 175.
4 Planat de la Faye, *Vie*, p. 71.
5 Zamoyski, *1812*, pp. 156-7.
6 Anatole de Montesquiou, p. 208.
7 Caulaincourt, vol. I, p. 354.
8 Dubrovin, pp. 20-5; *CG*, vol. XII, pp. 787-9.
9 Zamoyski, *1812*, p. 160; *Bulletins*, pp. 501-3.
10 Napoleão, *Correspondance*, vol. XXIV, p. 61.
11 Zamoyski, *1812*, pp. 161-4.
12 Ibid., pp. 166-8.
13 Ibid., p. 168.
14 *CG*, vol. XII, pp. 879, 899.
15 Ibid., pp. 923-4.
16 Zamoyski, *1812*, pp. 190-2.
17 Méneval, vol. III, p. 43; Napoleão, *Correspondance*, vol. XXIV, pp. 128, 133; Fain, *Manuscrit de 1812*, vol. I, pp. 289, 306; Mathieu Dumas, vol. III, p. 429; Castellane, vol. I, pp. 126-7; La Flise, vol. LXXI, p. 465; Bourgoing, pp. 98-100.
18 Zamoyski, *1812*, pp. 194-5; Dedem de Gelder, p. 295; Caulaincourt, vol. I, pp. 379, 407.
19 Caulaincourt, vol. I, p. 382; Villemain, vol. I, pp. 203-4, 208; também Zamoyski, *1812*, p. 196.
20 Załuski, p. 241; Brandt, pp. 261, 289; Chevalier, p. 189; Fain, *Manuscrit de 1812*, vol. I, p. 323.
21 Fain, *Manuscrit de 1812*, vol. I, p. 394; Caulaincourt, vol. I, p. 393.
22 Caulaincourt, vol. I, p. 406.

23 Rapp, p. 167; Denniée, p. 62; Lejeune, vol. II, p. 199; Zamoyski, *1812*, p. 229.
24 Bourgoing, p. 100; Brandt, pp. 252-3.
25 Pion des Loches, p. 287; Chevalier, p. 190.
26 Caulaincourt, vol. I, p. 411.
27 Sołtyk, pp. 198-9; Roguet, vol. III, p. 474.
28 Zamoyski, *1812*, pp. 258-9.
29 Bausset, vol. II, p. 84; Brandt, p. 272; *CG*, vol. XII, p. 1080.
30 Rapp, pp. 173-5.
31 Ibid., p. 176; Thirion, p. 180; Vossler, pp. 60-1; Holzhausen, p. 105.
32 Zamoyski, *1812*, pp. 271-2; Lejeune, vol. II, p. 217.
33 Dedem de Gelder, p. 240; Zamoyski, *1812*, pp. 287-8.
34 Anatole de Montesquiou, pp. 226-7; Sanguszko, p. 93; Thirion, p. 201.

38. Nêmesis

1 Bourgogne, p. 13.
2 Fain, *Manuscrit de 1812*, vol. I, pp. 94-7; Rapp, p. 184.
3 Ségur, *Histoire*, vol. V, p. 75.
4 Caulaincourt, vol. II, p. 49.
5 Zamoyski, *1812*, pp. 349-50.
6 Caulaincourt, vol. II, p. 23.
7 Zamoyski, *1812*, pp. 338-9.
8 Ibid., p. 339.
9 Belliard, vol. I, p. 112.
10 Caulaincourt, vol. II, pp. 26, 42, 56, 65.
11 Fain, *Manuscrit de 1812*, vol. I, pp. 151-2.
12 Zamoyski, *1812*, pp. 353-4.
13 Ibid., pp. 354-5.
14 Ibid., p. 355; Rapp, pp. 192-3.
15 Ver Zamoyski, *1812*, pp. 364-8.
16 Ibid., pp. 370-5, 377.
17 Denniée, pp. 118, 114-5; Volkonskii, pp. 199-203; Caulaincourt, vol. II, pp. 104-5.
18 Zamoyski, *1812*, pp. 379-81, 383-4.
19 Ibid., p. 409.
20 Pastoret, pp. 470-1.
21 Caulaincourt, vol. II, p. 141; Saint-Denis, p. 54; Méneval, vol. II, pp. 93-4, escreve que isso foi em Orsha.
22 Bourgogne, p. 116; Roguet, vol. III, p. 518.
23 Zamoyski, *1812*, p. 425.
24 Ibid., pp. 455-6, 378; Bertin, pp. 251-2; Anatole de Montesquiou, pp. 254-5, 267.

25 Zamoyski, *1812*, p. 457.
26 Caulaincourt, vol. II, pp. 168, 173; também Zamoyski, *1812*, pp. 459-60.
27 Rapp, p. 213; Zamoyski, *1812*, pp. 461ss.
28 Zamoyski, *1812*, pp. 491-3; *Bulletins*, p. 556.
29 Ernouf, pp. 461-2.
30 Caulaincourt, vol. II, pp. 230ss.
31 Ibid., p. 263; Pradt, pp. 207-18.
32 Potocka, pp. 331-4; Niemcewicz, p. 383; Koźmian, vol. III, p. 311.
33 Caulaincourt, vol. II, p. 315.
34 Zamoyski, *1812*, pp. 522-3.

39. Vitórias vazias

1 Anatole de Montesquiou, pp. 296-7.
2 *CG*, vol. XII, p. 1305.
3 Driault, *Napoléon et l'Europe*, p. 59.
4 Masson, *Napoléon et sa Famille*, vol. VII, pp. 342-3; *CG*, vol. XII, p. 1305; Caulaincourt, vol. II, pp. 389-90, 393-4.
5 Napoleão, *Correspondance*, vol. XXIV, p. 369; sobre as perdas, ver Zamoyski, *1812*, pp. 536-40 e notas.
6 Molé, vol. I, p. 155.
7 Hortense, vol. II, p. 152; Mollien, vol. III, pp. 169-70; HA Ministerium, 10 fev. 1813; ver também Collot, pp. 50-4.
8 Fiévée, p. 154; Barante, vol. I, p. 371.
9 Garros, p. 402.
10 Lentz, *NHPE*, vol. II, p. 339; sobre o caso Mallet, ver: Boudon, *Histoire*, pp. 366ss.; Savary, vol. VI, pp. 2-35; Pasquier, vol. II, pp. 12-34; Cambacérès, *Lettres*, vol. II, p. 914; Cambacérès, *Mémoires*, vol. II, p. 434; Molé, vol. I, pp. 118-25; Price, pp. 29-31.
11 Fain, *Manuscrit de 1813*, vol. I, p. 129; ver Lavalette, p. 328, por seu aborrecimento por não ter tido a chance de suspender Mallet.
12 Cambacérès, *Mémoires*, vol. II, p. 429; Fain, *Manuscrit de 1813*, vol. I, p. 38.
13 Caulaincourt, vol. II, p. 315; Molé, vol. I, pp. 129, 131; Raumer, pp. 23-4; Mollien, vol. III, pp. 293-5.
14 Lentz, *NHPE*, vol. II, pp. 399, 403.
15 Masson, *Napoléon et sa Famille*, vol. VII, pp. 418, 448, 452, vol. VI, p. 74.
16 Marmont, vol. V, p. 5; Durand, pp. 144-5; Fiévée, pp. 150-1; Boussingault, vol. I, pp. 53-5;
Molé, vol. I, p. 144; Price, p. 91; Napoleão, *Correspondance*, vol. XXIV, pp. 380-1.
17 Haegele, pp. 469-70; Lentz, *NHPE*, vol. II, p. 400.
18 Hardenberg, vol. XII, pp. 17, 13-5; Fain, *Manuscrit de 1813*, vol. I, pp. 210, 231-7.
19 Fain, *Manuscrit de 1813*, vol. I, pp. 238-41, 296-9, 301-3, 306-7; Abrantès, vol. XI, pp. 90-1; Castellane, vol. I, p. 222; Broglie, vol. I, pp. 214, 218, 220.
20 Shishkov, vol. I, p. 167; Zorin, pp. 251, 264.
21 Angeberg, vol. I, pp. 5-7.
22 Kraehe, vol. I, p. 43.
23 Gentz, *Dépèches*, vol. I, pp. 8-9.
24 Gentz, vol. I, p. 13; Oncken, vol. I, pp. 416-20; Buckland, pp. 459ss., 491ss.; Fain, *Manuscrit de 1813*, vol. I, pp. 296-9.
25 Napoleão, *Correspondance*, vol. XXIV, p. 521; Fain, *Manuscrit de 1813*, vol. I, p. 222; Lentz, *NHPE*, vol. II, pp. 358-60.
26 Masson, *Napoléon et sa Famille*, vol. VII, p. 344.
27 Napoleão, *Correspondance*, vol. XXIV, pp. 196-7; Driault, *Napoléon et l'Europe*, p. 76.
28 Fain, *Manuscrit de 1813*, vol. I, pp. 247-75; Driault, *Napoléon et l'Europe*, p. 76; Oncken, vol. I, p. 439; Méneval, vol. III, p. 129.
29 Oncken, vol. II, p. 624; *CG*, vol. XIII, p. 860.
30 Wojciechowski, p. 81; Bertrand, *Lettres*, p. 190; Pelleport, vol. II, p. 65; Chłapowski, p. 310; Mallardi, p. 404.
31 Beauharnais, vol. IX, p. 94; Wojciechowski, p. 82; Mathieu Dumas, vol. III, p. 499; Barrès, p. 158.
32 Zamoyski, *Rites*, pp. 52-3; Marmont, vol. V, p. 25.
33 Oncken, vol. II, pp. 673-8.
34 Angeberg, vol. I, p. 13; Metternich, *Mémoires*, vol. I, p. 250; Driault, *Napoléon et l'Europe*, p. 91; Ernouf, pp. 494, 533-4, 539; Fain, *Manuscrit de 1813*, vol. I, p. 390.
35 Price, p. 66; Gross, p. 88.
36 Fain, *Manuscrit de 1813*, vol. I, p. 390; Price, p. 70; Chłapowski, p. 348.
37 Chłapowski, pp. 324-5.
38 Zamoyski, *Rites*, pp. 61-2.
39 Fouché, 1945, vol. II, pp. 388-9.
40 Fain, *Manuscrit de 1813*, vol. I, pp. 426-7; Chłapowski, p. 341; Planat de la Faye, p. 43.
41 Zamoyski, *Rites*, p. 63.

40. Última chance

1. Cambacérès, *Lettres*, vol. II, pp. 922, 967, 973, 994; Fain, *Manuscrit de 1813*, vol. I, p. 430; Price, pp. 91-4; Belliard, vol. I, pp. 125, 130.
2. Cambacérès, *Mémoires*, vol. II, pp. 907, 938, 971-2; Fain, *Manuscrit de 1813*, vol. II, pp. 66-7; Fouché, 1824, vol. II, pp. 196-7, 1945, 404; Potocka, p. 350.
3. Metternich, *Mémoires*, vol. I, pp. 147-53, vol. II, pp. 461-2; Nesselrode, vol. V, pp. 108-15; Fain, *Manuscrit de 1813*, vol. II, pp. 36-44; Price, p. 83.
4. SUA, 12, 33/9.
5. Angeberg, vol. I, pp. 18-9.
6. Fain, *Manuscrit de 1813*, vol. II, pp. 79-80.
7. Nesselrode, vol. I, pp. 99-100; Humboldt, vol. IV, pp. 52, 76; Hardenberg, vol. XII, p. 207; Price, pp. 99-101.
8. Price, pp. 103-4.
9. Fleury, p. 317; Boulart, p. 287; Skałkowski, p. 136; Marbot, vol. III, p. 257.
10. SUA, 12, 33/21; Humboldt, vol. IV, p. 9.
11. PRONI, pp. 74, 72; Angeberg, vol. I, p. 74; SUA, 12, 33/22; BL Aberdeen, pp. 161-3; Webster, p. 157; ver também Price, pp. 103-9.
12. Esses números são aproximados, uma vez que os cálculos variam muito; sobre a mobilização da Rússia, ver Lieven.
13. Beugnot, vol. II, pp. 4-6; Beauharnais, vol. IX, pp. 108, 117.
14. Ver Nesselrode, vol. I, p. 103.
15. Garros, p. 424.
16. Hardenberg, vol. XII, p. 180.
17. Lavalette, p. 278; Faucheur, p. 225; Mathieu Dumas, vol. III, p. 524.
18. Marmont, vol. V, pp. 255-6; Boulart, p. 249; Mathieu Dumas, vol. III, p. 524; Lentz, *NHPE*, vol. II, pp. 443, 459; Szymanowski, pp. 101-3.
19. Macdonald, p. 224.
20. Lentz, *NHPE*, vol. II, p. 467.
21. Macdonald, p. 227; Pasquier, vol. II, pp. 96-7; Dumonceau, vol. II, p. 387; Barrès, p. 194.
22. Ginisty, pp. 11-2; Macdonald, p. 232; Ségur, *Histoire*, vol. VI, p. 93; Sułkowski, *Listy*, pp. 417-22.
23. Lentz, *NHPE*, vol. II, pp. 469-70; Masson, *Marie-Louise*, p. 509.
24. Beugnot, vol. II, p. 38.
25. Beauharnais, vol. IX, pp. 299ss., 384-5, 295.
26. Lentz, *NHPE*, vol. II, p. 516; Masson, *Napoléon et sa Famille*, vol. VIII, pp. 251-6.
27. Cambacérès, *Mémoires*, vol. II, pp. 491, 495; Cambacérès, *Lettres*, vol. II, pp. 1099-112; Lentz, *NHPE*, vol. II, pp. 498-9, 503; Bodinier, pp. 307, 320, 329.
28. Pasquier, vol. II, p. 99; Bausset, vol. V, pp. 256-7; Waresquiel, p. 422; também Cambacérès, *Mémoires*, vol. II, p. 507; Lentz, *NHPE*, vol. II, p. 471.
29. Beugnot, vol. II, p. 54; Pasquier, vol. II, p. 100; Molé, vol. I, pp. 174-6; Cambacérès, *Mémoires*, vol. II, p. 507.
30. Lavalette, pp. 279-80; Marmont, vol. VI, pp. 7-8.
31. Josephine, *Correspondance*, pp. 359-60; Beugnot, vol. II, pp. 78-80.
32. Pasquier, vol. II, p. 110.

41. O leão ferido

1. Zamoyski, *Rites*, pp. 125-8; Price, pp. 154-61.
2. Angeberg, vol. I, pp. 77-8; Price, pp. 161-9.
3. Molé, vol. I, pp. 139-40; Lentz, *NHPE*, vol. II, pp. 511-2.
4. Masson, *Napoléon et sa Famille*, vol. IX, pp. 36ss., 76-7, 84, 132, 139, 150, 166-7, 175ss., 200, 259; Tulard, *Fouché*, pp. 291-2; Madelin, *Fouché*, p. 295; Lentz, *NHPE*, vol. II, pp. 491, 487-8; Beauharnasi, vol. IX, pp. 284-5, 295, 299ss.; Josephine, *Correspondance*, pp. 361-2.
5. Pasquier, vol. II, p. 143; Lavalette, p. 282; Pontécoulant, vol. III, p. 187; Hortense, vol. II, pp. 174, 177.
6. Fain, *Manuscrit de 1814*, pp. 72-5; Vionnet de Maringonné, p. 105.
7. Ernouf, p. 623; Garros, p. 439; Caulaincourt, vol. III, pp. 15-6; Montbas, pp. 805-6; Fain, *Manuscrit de 1814*, pp. 75-8, 284-5; Napoleão, *Correspondance*, vol. XXVII, pp. 223-4.
8. Benckendorff, p. 349; FO 92, 3; Metternich, *Mémoires*, vol. I, p. 190; Méneval, vol. III, pp. 213-5; Bertrand, *Lettres*, pp. 375-94; Dumonceau, vol. III, pp. 18, 29-30; Muffling, pp. 469-71; Bodinier, p. 300; Ligneureux, pp. 306-7; onde o inimigo não foi visto, o comportamento foi bastante diferente – ver Ligneureux, p. 310; Fontaine, vol. I, pp. 385-6; Hauterive, p. 354; Price, pp. 205-11.
9. Joseph, *Mémoires*, vol. X, pp. 63-149, 48.

10 Ibid., p. 161; Ségur, *Histoire*, vol. VI, pp. 248-9.
11 Molé, vol. I, p. 286.
12 Ségur, *Histoire*, vol. VI, pp. 293-4.
13 Grabowski, pp. 179-83; Joseph, *Mémoires*, vol. X, p. 198.
14 Cambacérès, *Lettres*, vol. II, p. 1131.
15 Boulart, pp. 319-20; Desmarest, p. 268.
16 Joseph, *Mémoires*, vol. X, pp. 31-3; Miot de Melito, vol. II, p. 353; Savary, vol. VI, pp. 363-79, vol. VII, p. 3.
17 Combe, pp. 275-6; Pontécoulant, vol. III, pp. 259-61; Béranger, p. 141; Savary, vol. VII, p. 12; Marmont, vol. VI, pp. 240-9; Lavalette, p. 290.
18 Belliard, vol. I, pp. 171-2; Lentz, *Vingt Jours*, pp. 31-2.
19 Lentz, *Vingt Jours*, pp. 41-4.
20 Caulaincourt, vol. III, p. 167.
21 Lentz, *Vingt Jours*, pp. 57-69; Ségur, *Histoire*, vol. VII, p. 153.
22 Marmont, vol. VI, pp. 257-70; Belliard, vol. I, pp. 180-6; Macdonald, pp. 279, 286; Ségur, *Histoire*, vol. VII, pp. 163-78; Caulaincourt, vol. I, pp. 161-6; Lentz, *Vingt Jours*, pp. 70-2, 107; o relato mais coerente está em Price, pp. 234-8.
23 Lentz, *Vingt Jours*, pp. 79ss.; Caulaincourt, vol. III, pp. 233ss.; Masson, *Maria Luísa*, pp. 568-82.
24 Lentz, *Vingt Jours*, pp. 220-1; Grabowski, pp. 214-5; Szymanowski, pp. 111-3; Boulart, p. 323.

42. Rejeição

1 Lentz, *Vingt Jours*, p. 217.
2 Caulaincourt, vol. I, p. 314.
3 Lentz, *Vingt Jours*, pp. 135-9.
4 Ibid., pp. 131-2.
5 Chevallier e Laot, ed., p. 303.
6 Caulaincourt, vol. III, pp. 343, 357-73; Ségur, *Histoire*, vol. VII, pp. 196-200; Saint-Denis, pp. 55-8; Fain, *Manuscrit de 1814*, pp. 255-8; Belly de Bussy, p. 237; Lentz, *Vingt Jours*, pp. 159-68.
7 Caulaincourt, vol. III, p. 366; Macdonald, p. 299.
8 Chevallier e Laot, pp. 303-4; Sutherland, pp. 255-8.
9 Tulard-Garros, p. 549.

10 Masson, *Maria-Louise*, p. 541; Price, p. 241; Pasquier, vol. II, pp. 237-8; Anatole de Montesquiou, pp. 305-6.
11 Masson, *Maria-Louise*, pp. 573-5; Price, pp. 242-3.
12 Masson, *Maria Luísa*, p. 580; Anatole de Montesquiou, pp. 334-5; Dwyer, *Citizen Emperor*, p. 492; Lentz, *Vingt Jours*, pp. 186-9.
13 Chevallier e Laot, ed., pp. 303-4.
14 Campbell, p. 157.
15 Ibid., pp. 157, 160, 171-2, 182; Shuvalov; Dwyer, *Citizen Emperor*, p. 493.
16 Lentz, *Vingt Jours*, pp. 202-3; Coignet, p. 331; Campbell, p. 185; Fain, *Manuscrit de 1814*, pp. 398ss.
17 Lentz, *Vingt Jours*, p. 170.
18 Campbell, p. 190.
19 Ibid., pp. 198-201; Peyrusse, *Mémorial*, pp. 295-6; Shuvalov, pp. 809-29; Saint-Denis, p. 59; Lentz, *NHPE*, vol. IV, pp. 158-65; Price, pp. 244-8; Dwyer, *Citizen Emperor*, pp. 493-8.
20 Branda, *Le Prix*, pp. 62-3; Lentz, *NHPE*, vol. IV, pp. 205-10.
21 Méneval, vol. III, pp. 341, 375-6, 384; Lentz, *NHPE*, vol. IV, pp. 168-72; ver também Anatole de Montesquiou, p. 350.
22 Jerome, *Mémoires*, vol. VI, p. 474; Peyrusse, *Lettres*, p. 232; Saint-Denis, pp. 60ss.; Pons de l'Hérault, pp. 140, 191.
23 Sutherland, pp. 266-81; Saint-Denis, pp. 78-80; Pons de l'Hérault, pp. 211-4.
24 Lentz, *NHPE*, vol. IV, pp. 270-8; Branda, *l'Ile*, pp. 58-64.
25 Pons de l'Herault, pp. 160-7; Brun de Villeret, pp. 191-2; Campbell, pp. 109, 156, 305; Dwyer, *Citizen Emperor*, pp. 352-3; Masson, *Napoléon et sa Famille*, vol. X, pp. 216-8.
26 Campbell, pp. 108, 318, 305, 352-3; Pons de l'Hérault, p. 371; Rose, p. 178; Lucien, vol. III, p. 459; Lentz, *NHPE*, vol. IV, pp. 280-3; Lentz, *Vingt Jours*, p. 146.
27 Pons de l'Hérault, pp. 14, 128; Campbell, p. 242.
28 Pons de l'Hérault, pp. 383-4.

43. O fora da lei

1 Macdonald, pp. 343, 411-2; Saint-Denis, p. 90.
2 Lentz, *NHPE*, vol. IV, p. 291; Saint-Denis, p. 90.
3 Lentz, *NHPE*, vol. IV, pp. 294-5; Peyrusse, *Mémorial*, pp. 286-7.

4   Miot de Melito, vol. III, pp. 378-9; Ernouf, p. 645; Lavalette, pp. 331-3.
5   Pasquier, vol. III, p. 125; Barante, vol. II, p. 24; Macdonald, pp. 287-8.
6   Savary, vol. VII, p. 373; Lavalette, p. 333.
7   Miot de Melito, vol. III, p. 381; Lavalette, pp. 338-40; Mollien, vol. III, p. 419.
8   Lucien, vol. III, p. 463; Miot de Melito, vol. III, p. 395.
9   Hortense, vol. III, p. 1; Jal, pp. 297-8; Lucien, vol. III, p. 263; Avrillon, vol. II, pp. 381-4.
10 Constant, *Journal*, pp. 351, 349, 353; Constant, *Cent Jours*, pp. 211, 209, 227.
11 Lentz, *NHPE*, vol. IV, pp. 393-7.
12 Íbid., pp. 400-2; Jal, pp. 287-8, 283-5; ver também Lavalette, p. 347, e Miot de Melito, vol. III, pp. 400-1.
13 Zamoyski, *Rites*, p. 460.
14 Ibid., p. 461.
15 Ibid., pp. 447-8.
16 Lucien, vol. III, p. 230.
17 Madelin, *Fouché*, pp. 318-9, 330-1, 242-3; Fouché, 1945, pp. 473, 478-9, 483-6; Fleury de Chaboulon, vol. III, p. 28, sugere que a missão de Montrond era trazer Talleyrand para o lado de Napoleão (ver também Mollien, vol. III, p. 432; Waresquiel, pp. 493-4; ver também Savary, vol. VIII, pp. 31ss.; Méneval, vol. III, pp. 445-6, alega que Francisco teria apoiado uma regência se Napoleão tivesse concordado em morar privadamente nos domínios dos Habsburgo; ver também Lavalette, pp. 342-5; Chaptal, 314-5; Tulard, *Fouché*, pp. 326-9; Lucien, vol. III, p. 296, acredita que Napoleão estava preparado para renunciar; o relato mais objetivo é de Price, pp. 251-9.
18 Pontécoulant, vol. III, p. 328; ver também Rapp, pp. 294-5, sobre sua indisposição para lutar; Constant, *Cent Jours*, p. 211.
19 Bodinier, p. 302; Miot de Melito, vol. III, p. 398.
20 Ernouf, p. 657.
21 Constant, *Cent Jours*, p. 209; Miot de Melito, vol. III, p. 395.
22 Rumigny, p. 91; Constant, *Journal Intime*, p. 354; Miot de Melito, vol. III, p. 395.
23 Hortense, vol. III, p. 14; Lavalette, p. 349.
24 Bodinier, pp. 366-9; Fantin des Odoards, p. 427.
25 Rumigny, p. 102.
26 Bulletins, pp. 607-13; Lentz, *NHPE*, vol. IV, p. 507; ver também Napoleão, *Mémoires*, vol. IV, pp. 124-5.
27 Bertaud, *Abdication*, pp. 25, 27; Lavalette, p. 350.
28 Bertaud, *Abdication*, pp. 27, 48, 28, 319 (nota 19).
29 Ibid., pp. 49, 27; Constant, *Cent Jours*, p. 284.
30 Bertaud, *Abdication*, p. 122.
31 Lucien, vol. III, p. 347; Bertaud, *Abdication*, pp. 159, 158, 160, 170; Fouché, 1945, pp. 493-8; Lentz, *NHPE*, vol. IV, pp. 515-6.
32 Bertaud, *Abdication*, pp. 194-5.
33 Branda, *Secrets*, p. 29; Lentz, *NHPE*, vol. IV, p. 526 (nota); Constant, *Journal Intime*, p. 355; Constant, *Cent Jours*, p. 287.
34 Hortense, vol. III, pp. 32-3.
35 Planat de la Faye, p. 215; Rumigny, pp. 112-3; Macdonald, p. 393; Savary, vol. VIII, p. 183.
36 Savary, vol. VIII, pp. 166-7.
37 Lentz, *NHPE*, vol. IV, p. 527; Garros, p. 473; Bonneau, pp. 420-3.
38 Bertaud, *Abdication*, p. 302.
39 Ibid.

44. Uma coroa de espinhos

1   Tulard-Garros, pp. 592-3.
2   Ibid., pp. 593-4; Benhamou, pp. 18-9.
3   Zamoyski, *Rites*, p. 497.
4   Saint-Denis, pp. 136-8; Warden, Cockburn etc.
5   Tulard, *Sainte-Hélène*, p. 11; Montchenu, p. 49.
6   *Letters from the Cape*, p. 81.
7   Abell, pp. 20-1, 30-1, 39, 208, 72-3, 77.
8   Las Cases, 1983, vol. I, pp. 205-7.
9   Ibid., pp. 207-9.
10 Planat de la Faye, p. 241; Martineau, p. 42.
11 Zamoyski, *Phantom Terror*, p. 133.
12 Cockburn, p. 7.
13 Ibid., pp. 25, 45, 76-7; *Letters from the Cape*, p. 12; Benhamou, p. 37.
14 Aubry, vol. I, p. 199.
15 Malcolm, pp. 24-6.
16 Aubry, vol. I, pp. 203, 296, 219; vol. II, p. 79.
17 Ibid., vol. I, pp. 217-8.
18 Fraser, *Venus*, p. 232.
19 Aubry, vol. I, pp. 220-3.
20 Ibid., pp. 215-6, vol. II; pp. 74-7; *Letters from the Cape*, p. 202; ver também Zamoyski, *Phantom Terror*, pp. 129-35, e Hazareesingh.
21 Branda, *Le Prix*, pp. 75-6; Benhamou, p. 77; Aubry, vol. I, p. 224.

22 Martineau, pp. 71-3; Aubry, vol. I, pp. 225-9; Malcolm, pp. 41, 44, 58, 62, 64.
23 Branda, *Le Prix*, p. 78.
24 Saint-Denis, pp. 168-9.
25 Malcolm, pp. 44, 152.
26 Aubry, vol. I, pp. 245-6.
27 Roberts, *Napoleão*, p. 788; Abell, p. 57; Aubry, vol. II, p. 159.
28 Aubry, vol. II, p. 133.
29 Ibid., pp. 137-8.
30 Jerome, *Mémoires*, vol. VI, pp. 298-9.
31 Branda, *Secrets*, pp. 246-51.
32 Roberts, *Napoleão*, p. 798.
33 Aubry, vol. II, p. 221.
34 Molé, *Souvenirs de jeunesse*, p. 132.
35 Para uma análise completa do testamento, ver Branda, *Le Prix*, pp. 85-94.
36 Heine, p. 115.

Bibliografia

ARQUIVOS

Archives Nationales, Paris (AN)
Papiers Flahaut, Archives Nationales, 565 AP, carton 18-19, dossier 4
Archives Caulaincourt, 95 AP 34

British Library, Londres (BL)
Dropmore Papers, Add. 58891 – Gentz to Lord Carysfort
Aberdeen Papers, XXXvII, Add. 43075

National Archives, Kew (NA)
Jackson Papers, FO 353/18, p. 15; CG, IV/769

Státní Ústřední Archiv, Praga (SUA)
Rodinný Archiv Metternišský I; Acta Clementina, 1, 3, 5, 14a

Landesarchiv, Berlim (LB)
Rep. 241, acc. 3932, Nr. 1: *Erinnerungen des preußischen Kammerdieners Tamanti an den Aufenthalt von Kaiser Napoleon in Potsdam und Berlin (1806)*

Geheimes Staatsarchiv, Berlimn (GS)
Hatzfeld's reports from Paris III. HA Ministerium der Auswärtigen Angelegenheiten I, Nr 4955
Gentz to Lucchesini, PK, 27 B1 10-IV

Universitäts- un Statsbibliothek Köln (USK)
VI HA Familienarchive und Nachlasse Nl Girolamo Marchese Lucchesini, Nr, 27, Bl 10–IIv

Biblioteka Uniwersytetu Adama Mickiewicza, Poznań (BUAM)
Ms. 44/II. Pamiętnik Stanisława Zamoyskiego

LIVROS

Abell, Lucia Elizabeth, *Recollections of Napoleon at Saint Helena*, Londres, 1844.

Abrantès, Laure Junot, duquesa d', *Mémoires de Mme la duchesse d'Abrantès, etc.*, 12 vols., Paris, 1835.

——————. *Le Roman Inconnu de la duchesse d'Abrantès*, Robert Chantemesse (ed.), Paris, 1927.

Alexander I, imperador da Rússia, *Correspondance de l'Empereur Alexandre Ier avec sa soeur la Grande Duchesse Catherine*, São Petersburgo, 1910.

Andigné, Louis Marie Auguste Fortuné, conde d', *Mémoires du Général d'Andigné*, 2 vols., Paris, 1900.

Angeber, conde d' (Leonard Chodźko), *Lr Congrès de Vienne et les Traités de 1815: précédé et suivi des actes diplomatiques qui s'y rattachent*, ed. M. Capefigue, 2 vols., Paris, 1864.

Antommarchi, Francesco, *Mémoires du Docteur F. Antommarchi, ou les derniers moments de Napoléon*, 2 vols., Paris, 1825.

Arnault, Antoine-Vincent, *Souvenirs d'un séxagenaire*, Paris. 2003.

Arnold, Theodor Ferdinand Kajetan, *Erfurt in sienem höchsten Glanze während der Monate September und Oktober 1808*, Erfurt, 1808.

Arnott, A., *An Account of the last illness, decease, and post mortem appearances of Napoléon Bonaparte, etc.*, Londres, 1822.

Artaud de Montor, Alexis-Francois, *Histoire de la vie et des travaux politiques du comte d'Hauterive, comprenant une partie des actes de la diplomatie francaise*, Paris, 1839.

Aubry, Joseph Thomas, *Souvenir du 12e Chasseurs*, Paris, 1899.

Avallon, primo d', *Bonapartiana, ou recueil des Réponses ingénieuses ou sublimes, Action heroïques et Faits mémorables de Bonaparte*, Paris, 1801.

Avrillon, Mlle, *Mémoires*, 2 vols., Paris, 1896.

Bailleu, Paul (ed.), *Preussen und Frankreich von 1795 bis 1807: Diplomatische Corrrespondenzen*, 2 vols., Leipzig, 1881-87.

Bailly, François-Joseph, Souvenirs et anecdotes de Joseph Bailly, In: *Revue des Etudes Historiques*, 1904, pp. 585-602.

Balcombe, Lucia Elizabeth, *La Petite Fiancée de Napoléon, Souvenirs de Betsy Balcombe à Sainte-Hélène (1815-1818)*, Jacques Macé (ed.), Paris, 2005.

Bangofsky, Georges, *Les étapes de G. Bangofsky, officier lorrain: Fragments de son journal de campagne (1797-1815)*, Paris, 1905.

Barante, Amable Guilleaume, barão de, *Souvenirs du Baron de Barante*, Vols. I e II, Paris, 1890-92.

Barère, Bertrand, *Mémoires*, Vol. III, Paris, 1843.

Barral, P. A., visconde de, *Souvenirs de guerre et de captivite d'un Page de Napoléon (1812-1815)*, Paris, n.d.

Barras, Paul Jean-François Nicolas, *Mémoires de Barras, membre du Directoire*, Georges Duruy (ed.), 4 vols., Paris, 1895-96.

Barrès, Jean-Baptistse, *Souvenirs d'un officier de la Grande Armée*, Paris, 1923.

Bartel, Paul, *La jeunesse inédite de Napoléon, d'après de nombreux documents*, Paris, 1954.

Bast, L. Amédée de, *Mémoires d'un vieil avocat, écrits par lui-même*, 3 vols., Paris, 1847.

Baudus, tenente-coronel K. de, *Etudes sur Napoléon*, 2 vols., Paris, 1841.

Bausset, Louis-François-Joseph, *Mémoires*, 4 vols., Paris, 1827-29.

Beauharnais, Eugene de, *Memoires et correspondance politique et militaire du Prince Eugene, annotes et mis en ordre par A. Du Casse*, 10 vols., Paris, 1858-60.

Beauvollier, Pierre-Louis, conde de, "Mémoires sur l'expédition de Russie", In: *Mémoires secrets et inedits pour server a l'histoire contemporaine*, 2 vols., Paris, 1825.

Begos, Louis, "Souvenirs des Campagnes du Lieutenant-colonel Louis Begos", In: *Soldats Suisses au Service Etranger*, Geneva, 1909.

Belliard, Auguste, *Mémoires du Comte Belliard*, 2 vols., Paris, 1842.

Bellot de Kergorre, Alexandre, *Un Commissaire des Guerres sous le premier Empire*, Paris, 1899.

Belly de Bussy, David-Victor, "Belly de Bussy", In: *Les Carnets de la Sabretache*, 1914, pp. 234-9.

Bennigsen, conde Lev, *Mémoires du Général Bennigsen*, 3 vols., Paris, 1907-8.

Béranger, P. J. de, *Ma Biographie*, Paris, 1857.

Bernoyer, François, *Avec Bonaparte en Égypte et en Syrie 1798-1900, 19 lettres inédites*, Laval, 1981.

Berry, Mary, *Extracts from the Journals and Correspondence of Miss Berry*, 3 vols., Londres, 1866.

Berthezène, general barão Pierre, *Souvenirs Militaires de la Republique et de l'Empire*, 2 vols., Paris, 1855.

Berthier, Louis Alexandre, príncipe de Neuchâtel, *Relation des campagnes du général Bonaparte en Egypte et en Syrie*, Paris, 1800.

Berthier, Louis Alexandre; Gainot, Bernard; Ciotti, Bruno, *Marengo: 14 juin 1800*, Clermont-Ferrand, 2010.

Bertin, Georges, *La Campagne de 1812 d'après des témoins oculaires*, Paris, 1894.

Bertrand, capitão, *Mémoires du Capitaine Bertrand*, Angers, 1909.

Bertrand, Henri-Gratien, marechal, *Campagnes d'Égypte et de Syrie 1798-1799*, 2 vols., Paris, 1847.

——————. *Cahiers de Sainte Hélène*, 3 vols., Paris, 1949-59.

——————. *Lettres à Fanny 1808-1815*, Paris, 1979.

Besancenet, Alfred de (ed.), *Le Portefeuille d'un general de la République*, Paris, 1877.

Beugnot, Jacques Claude, *Mémoires du Comte Beugnot, Ancien Ministre (1783-1815)*, 2 vols., Paris, 1868.

Beyle, Henri (Stendhal), *Vie de Napoléon: Fragments*, Paris, 1925.

——————. *Mémoires sur Napoléon*, Paris, 1929.

——————. *Selected Journalism from the English Reviews*, Londres, 2010.

Białkowski, Antoni, *Pamiętniki starego żołnierza (1806-1814)*, Varsóvia, 1903.

Bielecki, R. & Tyszka, A., *Dał nam przykład Bonaparte. Wspomnienia i relacje żołnierzy polskich 1796-1815*, 2 vols., Cracóvia, 1984.

Bigarré, Auguste, *Memoires du général Bigarré, Aide de Camp du Roi Joseph, 1775-1813*, Paris, 1893.

Bignon, Edouard, barão, *Souvenirs d'un Diplomate*, Paris, 1864.

Blanqui, Adolphe, "Souvenirs d'un lycéen de 1814", In: *Revue de Paris*, 15 abril 1916, pp. 847-65; 1 maio 1916, pp. 103-15.

Blocqueville, Marie-Adelaide, marquesa de, *Le Maréchal Davout, Prince d'Eckmuhl, raconté par les siens et par lui-meme*, 4 vols., Paris, 1880.

Boigne, Adèle, condessa de, *Récits d'une tante: Mémoires de la comtesse de Boigne, née d'Osmond*, 4 vols., Paris, 1908.

Bombelles, Marc-Marie, marquesa de, *Journal*, vol. V, Geneva, 2002.

Bonaparte, Lucien, *Lucien Bonaparte et ses Mémoires 1775-1840*, Th. Jung (ed.), 3 vols., Paris, 1882-83.

Bonnau, "L'embarquement de l'Empereur à Rochefort: Relation de Bonnau, agent comptable à bord de l'Epervier", In: *Revue retrospective*, 1895, Tomo II, pp. 420-3.

Boswell, James, *The Journal of a Tour to Corsica; and Memoirs of Pascal Paoli*, Londres, 1951.

Bouillé, Louis-Joseph-Amour, marquês de, *Souvenirs et fragments pour server aux mémoires de ma vie et de mon temps*, 3 vols., Paris, 1906-11.

Boulart, Jean François, *Mémoires Militaires du Général baron Boulart sur les guerres de la République et de l'Empire*, Paris, n.d.

Bourgeois, René, *Tableau de la campagne de Moscou en 1812*, Paris, 1814.

Bourgogne, Adrien, *Mémoires du Sergent Bourgogne (1812-1813)*, Paris, 1901.

Bourgoing, Paul Charles Amable, barão de, *Souvenirs d'histoire contemporaine*, Paris, 1864.

Bourrienne, Louis Antoine, *Mémoires de M. de Bourienne Ministre d'Etat sur Napoleon*, 10 vols., Paris, 1829.

——————. *Mémoires de M. de Bourienne Ministre d'Etat sur Napoleon*, 10 vols., Paris, 1831.

Boussingault, Jean-Baptiste, *Mémoires de J.B. Boussingault*, 5 vols., Paris, 1892-1900.

Brandt, Heinrich von, *Souvenirs d'un Officier Polonais: Scenes de la vie militaire en Espagne et en Russie (1808-1812)*, Paris, 1877.

Broekere, Stanisław, *Pamiętniki z wojny hiszpańskiej 1808-1814*, Gdynia, 2004.

Broglie, Achille-Charles-Léonce, duque de, *Souvenirs du feu duc de Broglie*, Vol. I, Paris, 1886.

Browning, Oscar (ed.), *England and Napoleon in 1803; being the despatches of Lord Whitworth and others, etc.*, Londres, 1887.

Brun de Villeret, Louis, general, *Les Cahiers du Général Brun*, Paris, 1953.

Burney, Fanny, *Fanny Burney's Diary: A Selection from the Diary and Letters*, John Wain (ed.), Londres, 1961.

Byrne, Miles, *Memoirs of Miles Byrne, Chef de bataillon in the service of France*, 3 vols., Paris, 1863.

Cadet de Gassicourt, *Voyage en Autriche, en Moravie et en Bavière fait a la suite de l'armée française pendant la campagne de 1809*, Paris, 1818.

Calosso, Colonel, *Mémoires d'un vieux soldat*, Turin, 1857.

Cambacérès, Jean-Jacques de, *Lettres inédites à Napoléon 1802-1814*, 2 vols., Paris, 1973.

——————. *Mémoires inédits*, 2 vols., Paris, 1999.

Campbell, major-general sir Neil, *Napoleon at Fontainebleau and Elba, being a Journal of Occurrences in 1814-1815*, Londres, 1869.

Canova, Antonio, *Scritti*, Roma, 2007.

Carnot, Lazare Nicolas, *Mémoires historiques et militaires*, Paris, 1824.

Carr, Sir John, *The Stranger in France; or, a Tour from Devonshire to Paris*, Londres, 1807.

Carrington, Dorothy, *Portrait de Charles Bonaparte d'après ses écrits de jeunesse et ses memoires*, Ajácio, 2002.

Castanié, François, *Les Indiscrétions d'un Préfet de Police de Napoléon*, Paris, n.d.

Castellane, Boniface de, *Journal du Maréchal de Castellane 1804-1862*, Vol. I, Paris, 1895.

Caulaincourt, Armand Augustin Louis, duque de Vicence, *Mémoires*, 3 vols., Paris, 1933.

Chailly, A., *Le Boursier de l'Empereur: Document sur la vie intime de Napoléon*, Paris, 1857.

Champagny, Jean-Baptiste, duque de Cadore, *Souvenirs de M de Champagny, duc de Cadore*, Paris, 1846.

Chaptal, Jean-Antoine, *Mes Souvenirs sur Napoléon*, Paris, 1893.

Chastenay, Victorine de, *Mémoires 1771-1815*, Paris, 1987.

Chevalier, Jean-Michel, *Souvenirs des guerres napoléoniennes*, Paris, 1970.

Chevallier, Bernard, & Jean-Michel Laot (ed.), *Napoléon & Joséphine: Correspondance, lettres intimes*, Paris, 2012.

Chłapowski, Dezydery, *Mémoires sur les guerres de Napoléon 1806-1813*, Paris, 1908.

Chłopicki, Jan, *Pamiętnik Jana Chłopickiego, porucz. 7 pułku Ułanów wojsk francuskich, z czasów kampanij Napoleona*, Wilno, 1849.

Choderlos de Laclos, Etienne, *Le fils de Laclos: Carnets de marche du commandant Choderlos de Ladclos (an XIV-1814)*, Lausanne, 1912.

Choiseul-Gouffier, condessa de, *Reminiscences sur l'empereur Alexandre Ier et sur l'empereur Napoleon Ier*, Paris, 1862.

Clary-et-Aldringhen, Charles, *Souvenirs: Trois mois a Paris lors du mariage de l'Empereur Napoléon Ier et de l'archiduchesse Marie-Louise*, Paris, 1914.

Cockburn, contra-almirante sir George, *Extract from a Diary etc.*, Londres, 1888.

Coignet, Jean-Roch, *Les Cahiers du Capitaine Coignet*, Paris, 1968.

Colbert, Auguste, *Traditions et Souvenirs, ou Mémoires touchant le temps et la vie du général Auguste Colbert*, 5 vols., Paris, 1863-73.

Collot, Jean-Pierre, *Les Souvenirs du Receveur Général Collot*, Clarisse Bader (ed.), Lyon, 1897.

Combe, Julien, *Mémoires du Colonel Combe sur les campagnes de Russie 1812, de Saxe 1813 et de France 1814 et 1815*, Paris, 1853.

Comeau de Charry, Sébastien-Joseph de, *Souvenirs des guerres d'Allemagne pendant la Révolution et l'Empire*, Paris, 1900.

Consalvi, Ercole, *Mémoires du Cardinal Consalvi*, J. Crétineau-Joly (ed.), Paris, 1895.

Constant, Benjamin, *Journal Intime*, Mônaco, 1945.

———. *Lettres à Bernadotte: Sources et origine de l'Esprit de conquête et de l'usurpation*, ed. Bengt Hasselrot, Geneva, 1952.

Meuse *Mémoires sur les Cent-Jours*, Tübingen, 1993.

Constant, Louis Constant Wairy, *Mémoires de Constant, premier valet de chambre de l'empereur sur la vie privée de Napoléon, sa famille et sa cour*, 2 vols., Paris, 1967.

Copies of Original Letters from the Army of General Bonaparte in Egypt, intercepted by the Fleet, Dublin, 1799.

Cornwallis, Charles, *The Correspondence of Charles, First Marquess Cornwallis*, Vol. III, Londres, 1859.

Costa de Beauregard, marquês Henry de, *Un Homme d'autrefois: Souvenirs recueillis par son arriere-petit-fils*, Paris, 1891.

Coston, François-Gilbert, barão de, *Biographie des premières années de Napoléon Bonaparte*, 2 vols., Paris, 1840.

Cuneo d'Ornano, François, *Napoléon au Golfe Juan*, Paris, 1830.

Daleki, J., *Wspomnienia mojego ojca żołnierza dziewiątego pułku Księstwa Warszawskiego*, Poznan, 1864.

Damas, Roger, conde de, *Mémoires du comte Roger de Damas*, Paris, 1912.

Davout, Louis-Nicolas, príncipe d'Eckmühl, *Correspondance du Maréchal Davout, prince d'Eckmühl*, 4 vols., Paris, 1885.

Decaen, Charles-Mathieu, *Mémoires et journaux du Général Decaen*, 2 vols., Paris, 1910-11.

Dedem van der Gelder, barão Antoinee-Baudouin Gisbert van, *Mémoires du Général Baron de Dedem de Gelder, 1774-1825*, Paris, 1900.

Deifel, Joseph, *Mit Napoleon nach Russland: Tagebuch des Infanteristen Joseph Deifel*, Regensburg, 2012.

Denniée, P. P. *Itinéraire de l'Empereur Napoléon pendant la campagne de 1812*, Paris, 1842.

Denon, Dominique Vivant, *Voyage dans la Basse Égypte pendant les campagnes du général Bonaparte*, Paris, 1998.

Des Genettes, René, *Histoire médicale de l'armée d'Orient*, Paris 1802

———. *Souvenirs de la fin du XVIIIe siècle et du commencement du XIXe*, 2 vols, Paris 1835-36

———. *Souvenirs d'un médecin de l'expédition d'Égypte*, Paris, 1893.

Desmarest, Pierre-Marie, *Quinze Ans de Haute Police sous le Consulat et l'Empire*, Paris, 1900.

Divov, Elizaveta Petrovna, *Journal et Souvenirs de Madame de Divoff*, Paris, 1929.

Documents Particuliers en forme de lettres sur Napoléon Bonaparte, etc., Paris, 1819.

Douglas, Sylvester, *The Diaries of Sylvester Douglas (Lord Glenbervie)*, Francis Bickley (ed.), 2 vols., Londres, 1928.

Dubrovin, N. (ed.), Otechestvennaya voina v pismakh sovremennikov, In: *Zapiski Imperatorskoi Akademii Nauk*, Vol. XLIII, São Petersburgo, 1882.

Ducrest, Georgette, *Mémoires sur l'Impératrice Joséphine, ses contemporains, la cour de Navarre et de la Malmaison*, Paris, 2004.

Dumas, conde Mathieu, *Souvenirs du lieutenant général comte Mathieu Dumas de 1770 à 1836*, 3 vols., Paris, 1839.

Dumonceau, François, *Mémoires du General Comte François Dumonceau*, 3 vols., Bruxelas, 1960.

Dumont Romain, J. Ps., *Détail exact de tout ce qui s'est passé dans l'intérieur du Directoire et de l'évènement qui y est arrive: Singularité sur Buonaparte*, Paris.

Durand, la générale, *Mémoires sur Napoléon et Marie-Louise 1810-1814*, Paris, 1886.

Durand, Jean-Baptiste Alexis, *Napoléon à Fontainebleau: choix d'épisodes*, Fontainebleau, 1850.

Ebrington, H. F. Fortescue, visconde, *Memorandum of Two Conversations between the Emperor Napoleon and Viscount Ebrington, at Porto Ferrajo, on the 6th and 8th of December, 1814*, Londres, 1823.

Edgeworth, Maria, *Maria Edgeworth in France and Switzerland*, Christina Colvin (ed.), Oxford, 1979.

Elbée, François-Henri d', "Mémoires du général d'Elbée", In: *Carnets de la Sabretache*, 1935, pp. 357-81, 453-84; 1936, pp. 21-30, 114-27, 179-204, 280-92, 368-86, 491-504.

Ernouf, barão, *Maret, duc de Bassano*, Paris, 1884.

Fain, Agathon Jean François, *Manuscrit de Mil Huit Cent Treize*, 2 vols., Paris, 1824.

———. *Manuscrit de Mil Huit Cent Quatorze*, Paris, 1825.

———. *Manuscrit de Mil Huit Cent Douze*, 2 vols., Paris, 1827.

———. *Mémoires du Baron Fain*, Paris, 1908.

Fantin des Odoards, Général Louis Florimond, *Journal du Général Fantin des Odoards: Étapes d'un Officier de la Grande Armée*, Paris, 1895.

Farington, Joseph, *The Diary of Joseph Farington*, Kenneth Garlick (ed.) & Angus Macintyre, Vol. V, New Haven, 1979.

Faucheur, Narcisse, *Souvenirs de campagnes du Sergent Faucheur, fourrier dans la Grande Armée*, Paris, 2004.

Fiszerowa, *Wirydianna, Dzieje moje własne i osób postronnych*, Londres, 1975.

Fleury, M., *Mémoires de Fleury de la Comédie Française*, 6 vols., Bruxelas, 1838.

Fleury de Chaboulon, P. A., *Mémoires de Fleury de Chaboulon, ex-secrétaire de l'empereur Napoléon et de son cabinet, etc., Avec annotation manuscrites de Napoléon Ier*, 3 vols., Paris, 1901.

Fontaine, Pierre-François-Léonard, *Journal, 1799-1853*, 2 vols., Paris, 1987.

———. *Les Maisons du Premier Consul*, Paris, 1911.

Fouché, Joseph, *Mémoires de Joseph Fouché, duc d'Otrante*, 2 vols., Paris, 1824.

———. *Mémoires*, Paris, 1945.

———. *Mémoires de Joseph Fouché, duc d'Otrante, Ministre de la Police Générale*, Paris, 1957.

Fourès, tenente, "Trois lettres du lieutenant Fourès, le mari de Bellilotte", In: *Revue des Etudes Napoleoniennes*, Vol. XLI, 1935, pp. 163-7.

François, Charles, *Journal du Capitaine François (dit le dromadaire d'Egypte) 1792-1830*, 2 vols., Paris, 1904.

Frémeaux, Paul, *With Napoleon at St Helena; being the Memoirs of Dr John Stokoe, naval surgeon*, Lane, 1902.

Frénilly, François-Auguste de, *Souvenirs du Baron de Frénilly*, Paris, 1908.

Gajewski, Franciszek, *Pamiętniki Franciszka z Błociszewa Gajewskiego, pułkownika wojsk polskich 1802-1831*, 2 vols., Poznań, 1913.

Garnier, Jacques (ed.), *Les bulletins de la Grande Armée*, Paris, 2013.

Garros, Louis, *Quel roman que ma vie! Itinéraire de Napoléon Bonaparte, 1769-1821*, Paris, 1947.

Gazo, Jean, "Mémoires sur l'expédition de Russie", In: *Mémoires secrets et inédits pour servir à l'histoire contemporaine*, 2 vols., Paris, 1825.

Gentz, Friedrich von, *Briefwechsel zwischen Gentz und Johannes von Müller*, Mannheim, 1840.

———. *Dépèches inédites aux Hospodars de Valachie*, Vol. I, Paris, 1876.

Geoffroy Saint-Hilaire, Étienne, *L'Expédition d'Égypte 1798-1802*, Paris, 2012.

George, Marguerite-Joséphine Wemmer, Mlle, *Mémoires inédits de Mademoiselle George*, Paris, 1908.

Ginisty, Paul (ed.), *Mémoires d'Anonymes et d'Inconnus (1814-1850)*, Paris, 1907.

Girard, Étienne-François, *Les Cahiers du Colonel Girard 1766-1846*, Paris, 1951.

Girardin, Stanislas-Cécile, conde de, *Mémoires de S. Girardin*, 2 vols., Paris, 1834.

Girod de l'Ain, Gabriel, *Désirée Clary d'après sa correspondance inédite avec Bonaparte, Bernadotte et sa famille*, Paris, 1959.

Goethe, Johann Wolfgang, *Sämtliche Werke: Briefe, tagebücher un gespräche*, Vol. XVII, Frankfurt, 1994.

Gohier, Louis-Jérôme, *Mémoires*, Paris, 1824.

Gourgaud, Geberal Gaspard, *Journal de Sainte-Hélène 1815-1818*, 2 vols., Paris, 1944.

Grabowski, Józef, *Pamiętniki Wojskowe Józefa Grabowskiego, oficera sztabu cesarza Napoleona I*, Varsóvia, 1905.

Greathead, Bertie, *An Englishman in Paris: 1803: The Journal of Bertie Greathead*, Londres, 1953.

Griois, Lubin, *Mémoires du General Griois, 1792-1822*, 2 vols., Paris, 1909.

Gross, Johann Carl, *Erinnerungen aus den Kriegsjahren*, Leipzig, 1850.

Grouchy, Emmanuel, conde de, *Mémoires du Maréchal de Grouchy*, 5 vols., Paris, 1873-74.

Grüber, Carl-Johann Ritter von, *Souvenirs du Chevalier de Grüber*, Paris, 1909.

Guitard, Joseph-Esprit-Florentin, *Souvenirs militaires du Premier Empire*, Paris, 1934.

Guitry, Paul Georges, *L'Armée de Bonaparte en Égypte 1798-1799*, Paris, 1898.

Hardenberg, príncipe, *Mémoires tirés des papiers d'un homme d'etat*, 13 vols., Paris, 1828-38.

Hautpoul, Armand d', *Souvenirs sur la Révolution, l'Empire et la Restauration*, Paris, 1904.

Hegel, Georg Wilhelm Friedrich, *Gesammelte Werke*, Hamburgo, 1968.

——————. *Werke: Auf der Grundlage der Werke von 1832-1845 neu edierte Ausgabe*, 2 0 vols., Frankfurt am Main, 1986.

——————. & Knebel, Karl Ludwig Von, *Briefe von und an Hegel*, Vol. I, Hamburgo, 1969.

Heiberg, Peter-Andréas, "Souvenirs d'un Danois au service de la France", In: *Revue des Etudes napoléoniennes*, 1919, Tomo I, pp. 195-217, 283-306.

Heine, Heinrich, "Ideas: The Book of Le Grand", In: *The Harz Journey and Selected Prose*, Ritchie Robertson (trad.), Londres, 1993.

Holland, Elizabeth Lady, *The Journal of Elizabeth Lady Holland*, 2 vols., Londres, 1908.

Hortense de Beauharnais, rainha da Holanda, *Mémoires de la Reine Hortense*, 3 vols., Paris, 1927.

Humboldt, Wilhelm von, *Wilhelm und Caroline von Humboldt in ihren Briefen*, Vols. IV e V, 1910-12.

Hyde de Neuville, Jean-Guillaume, barão, *Mémoires et souvenirs du baron Hyde de Neuville*, 3 vols., Paris, 1888.

Jackson, B., *Notes of a staff-officer*, Londres, 1903.

Jal, Auguste, *Souvenirs d'un homme de lettres*, Paris, 1877.

Jerome Bonaparte, rei da Vestfália, *Mémoires et correspondance du Roi Jérôme et de la Reine Catherine*, 7 vols., Paris, 1861-66.

Joachim Murat, rei de Nápoles, *Lettres et documents pour server à l'histoire de Joachim Murat 1767-1815*, 8 vols., Paris, 1908-14.

"Johannes von Müller an seinen Bruder, 25 November 1806", In: Johannes von Müller, *sämmtliche Werke*, Vol. VII, Tübingen, 1812.

Jomard, Edmé-François, *Souvenirs sur Gaspard Monge et ses rapports avec Napoléon*, Paris, 1853.

Joseph Bonaparte, rei da Espanha, *Mémoires et Correspondance politique et militaire du Roi Joseph*, A. Du Casse (ed.), 10 vols., Paris, 1854-55.

—————————. *Lettres inédites ou éparses de Joseph Bonaparte à Naples (1806-1808)*, Paris, 1911.

Josephine, imperatriz consorte de Napoleão I, *Correspondance, 1782-1814*, Paris, 1996.

Kicka, Natalia, *Pamiętniki*, Varsóvia, 1972.

Koch, G. G., *Histoire Abrégée des Traités de Paix, etc.*, Vol. X, Paris, 1818.

Köster, Albert (ed.), *Briefe von Goethes Mutter*, Leipzig, 1917.

Koźmian, Kajetan, *Pamiętniki*, Vol. II, Varsóvia, 1972.

Lacorre, Alexandre, *Journal inédit d'un commis aux vivres pendant l'expédition d'Égypte*, Bordeaux, 1852.

Lafayette, Marie-Joseph Gilbert du Motier, marquesa de, *Mémoires, correspondance et manuscrits du général La Fayette*, Vol. V, Paris, 1838.

La Flise, N. D. de, "Pokhod Velikoi Armii v Rossiiu v 1812 g; Zapiski de la Fliza", In: *Ruskaia Stariana*, Vols LXXI, LXXII, LXXIII, julho 1891-março 1892.

Lagneau, L. V., *Journal d'un Chirurgien de la Grande Armée 1803-1815*, Paris, 1913.

Lameth, Théodore de, *Mémoires*, Paris, 1913.

—————————. *Notes et souvenirs*, Paris, 1914.

Lareveillère-Lépaux, Louis Marie de, *Mémoires*, 2 vols., Paris, 1895.

Larrey, Dominique-Jean, barão, *Mémoires de Chirurgie Militaire et Campagnes du Baron D. J. Larrey*, 4 vols., Paris, 1817.

——————. *Mémoires et campagnes du baron Larrey*, 5 vols., Paris, 1983.

Larrey, barão, *Madame Mère (Napoleonis Mater)*, 2 vols., Paris, 1892.

Las Cases, Émmanuel, conde de, *Le Mémorial de Sainte-Hélène*, 4 vols., Paris, 1905.

——————. *Le Mémorial de Sainte-Hélène*, Marcel Dunan (ed.), 2 vols., Paris, 1983.

Lavalette, Antoine-Marie Chamans, conde de, *Mémoires et Souvenirs*, Paris, 1994.

Lee, H., *Life of the Emperor Napoleon*, Londres, 1834.

Lejeune, Louis François, *Souvenirs d'un officier de l'Empire*, 2 vols., Toulouse, 1831.

Letters from the Cape of Good Hope in reply to Mr Warden, Londres, 1817.

Letters from the Island of St Helena, exposing the unnecessary severity exercised towards Napoleon, Londres, 1818.

Ligne, Charles-Joseph, príncipe de, *Fragments de l'Histoire de ma vie*, 2 vols., Paris, 1928.

Louis Bonaparte, rei da Holanda, *Documents Historiques et reflexions sur le gouvernement de la Hollande*, 3 vols., Londres, 1820.

Lubowiecki, Ignacy, *Pamiętniki*, Lublin, 1997.

Macdonald, Jacques-Etienne, *Souvenirs du Maréchal Macdonald, Duc de Tarente*, Paris, 1892.

Malcolm, Clementina, *A Diary of St. Helena: The Journal of Lady Malcolm (1816, 1817) containing the Conversations of Napoleon with Sir Pulteney Malcolm*, Londres, 1929.

Mallardi, Giuseppe, *Durante il Regno di Gioacchino Murat: Diario di un capitano dei lancieri*, Polignano, 2017.

Mallet du Pan, Jacques, *Correspondance inédite de Mallet du Pan avec la Cour de Vienne (1794-1798)*, 2 vols., Paris, 1884.

Maquin, *Le débarquement au golfe Juan: Rapport d'un douanier*, in *Revue retrospective*, XII, 1890, pp. 135-7.

Marbot, Antoine-Marcelin, barão de, *Mémoires du General Baron de Marbot*, 3 vols., Paris, 1891.

Marchand, Louis, *Mémoires de Marchand, premier valet de chambre et executeur testamentaire de l'empereur*, Jean Bourguignon (ed.), Paris, 1955.

Marmont, Auguste, duque de Raguse, *Mémoires du Maréchal Marmont, duc de Raguse de 1792 a 1841*, 9 vols., Paris, 1857.

Martin, P., *Histoire de l'expédtion française en Égypte*, 2 vols., Paris, 1815.

Masséna, André, príncipe d'Essling, *Mémoires de Masséna*, 7 vols., Paris, 1848-50.

Masson, Frédéric, *Napoléon Inconnu: Papiers Inédits (1786-1793)*, 2 vols., Paris, 1895.

Maubreuil, Marie Armand de Guerry de, marquesa d'Orvault, *Adresse au Congrès, à toutes les puissances de l'Europe*, Londres, 1819.

Méneval, Claude-François de, *Napoléon et Marie-Louise: Souvenirs Historiques*, Bruxelas, 1843.

——————. *Mémoires pour servir à l'histoire de Napoléon Ier depuis 1802 jusqu'à 1815*, 3 vols., Paris, 1893-94.

Metternich, príncipe Clemens Wenzel Lothar Von, *Mémoires, Documents et Écrits divers laissés par le Prince de Metternich*, A. de Klinkowstroem (ed.), Vols. I e II, Paris, 1880.

——————. *Clemens Metternich-Wilhelmina von Sagan: ein briefwechsel 1813-1815*, Graz, 1966.

Millet, Pierre, *Le Chasseur Millet: Souvenirs de la campagne d'Égypte (1798-1801)*, Paris, 1903.

Miot, J., *Mémoires pour servir à l'histoire des expéditions en Égypte et en Syrie*, Paris, 1814.

Miot de Melito, André-François, *Mémoires du comte Miot de Melito, ancien ministre, ambassadeur, conseiller d'État et membre de l'Institut (1788-1815)*, 3 vols., Paris, 1858.

Moiret, Joseph-Marie, *Mémoires sur l'expédition d'Égypte*, Paris, 1983.

Molé, Mathieu-Louis, conde, *Le Comte Molé: Sa vie, ses mémoires*, Vol. I, Paris, 1922.

——————. *Souvenirs de Jeunesse (1793-1803)*, Paris, 1991.

Mollien, François-Nicolas, conde, *Mémoires d'un ministre du Trésor public 1780-1815*, 3 vols., Paris, 1898.

Montalivet, Marthe-Camille Bachasson, conde de, *Fragments et souvenirs*, 2 vols., Paris, 1899.

Montchenu, marquês de, *La Captivité de Sainte-Hélène d'après les rapports inédits du marquis de Montchenu*, Paris, 1894.

Montesquiou, Raymond-Émery, duque de Fezensac, *Souvenirs Militaires de 1804 à 1814*, Paris, 1870.

Montesquiou, conde Anatole de, *Souvenirs sur la Révolution, l'Empire, la Restauration et le règne de Louis-Philippe*, Paris, 1961.

Montet, Alexandrine, baronesa de, *Souvenirs de la Baronne du Montet, 1785-1866*, Paris, 1914.

Montholon, Albine, condessa de, *Souvenirs de Sainte-Hélène*, Paris, 1901.

Montholon, Charles, conde de, *Histoire de la Captivité de Ste-Hélène*, 2 vols., Bruxelas, 1846.

Mounier, Claude-Philibert-Edouard, *Souvenirs intimes et notes du baron Mounier, secrétaire de Napoléon Ier, pair de France*, Paris, 1896.

Müffling, barão Carl von, *The Memoirs of Baron von Müffling, a Prussian Officer in the Napoleonic Wars*, Londres, 1997.

Müller, Friedrich Von, *Erinnerungen aus den Kriegszeiten 1806-1813*, Hamburgo, 1906.

Muralt, Konrad Von, *Hans von Reichard Bürgemeister des eidgenössischen Stades Zürich und Landamann der Schweiz*, Zürich, 1839.

Napoleão I, imperador da França, *Correspondance de Napoléon Ier*, 32 vols., Paris, 1858-70.

——————. *Mémoires pour servir à l'histoire de France sous le Règne de Napoléon écrits à Sainte-Hélène, etc.*, Désiré Lacroix 9. ed.), 5 vols., Paris, n.d.

——————. *Vues politiques*, Adrien Dansette (ed.), Paris, 1939.

——————. *Oeuvres littéraires et écrits militaires*, Jean Tulard (ed.), 3 vols., Paris, 1967-69.

——————. *Napoléon à Sainte-Hélène: Textes préfacés, commentés et choisis par Jean Tulard*, Paris, 1981.

——————. *Correspondance Générale*, 11 vols., Paris, 2004.

——————. *Mémoires de Napoléon: La campagne d'Égypte (1798-1801)*, Thierry Lentz (ed.), Paris, 2011.

——————. *Les Bulletins de la Grande Armée*, Jacques Garnier (ed.), Paris, 2013.

Napoléon à Waterloo, ou Précis de la Campagne de 1815, Avec des Documents nouveaux et des Pièces inédites, par un Ancien Officier de la Garde Imperiale, Paris, 1866.

"Napoleon i Polacy, epizod z nieogłoszonych pamiętników", In: *Czas*, 1874, pp. 161 ss.

Nasica, Toussaint, *Mémoires sur l'enfance et la jeunesse de Napoléon*, Paris, 1852.

Nesselrode, A. de (ed.), *Lettres et Papiers du Chancelier Comte de Nesselrode 1760-1850*, Vol. I, Paris, n.d.

Niello-Sargy, Jean-Gabriel, "Mémoires sur l'expédition d'Égypte", In: *Mémoires secrets et inédits pour servir a l'histoire contemporaine*, 2 vols., Paris, 1825.

Niemcewicz, Julian Ursyn, *Pamiętniki Czasów Moich*, Paris, 1848.

Noel, J. N. A., *Souvenirs Militaires d'un Officier du Premier Empire*, Paris, 1895.

Notice sur le Dix-Huit Brumaire, par un témoin qui peut dire Quod vidi testor, Paris, 1814.

Oncken, Wilhelm, *Österreich und Preussen im Befreiungskriege*, 2 vols., Berlin, 1876-79.

Ouvrard, G.-J., *Mémoires de G.-J. Ouvrard*, 3 vols., Paris, 1827.

Pacca, cardeal Bartolomeo, *Memorie Storiche del Ministero, de Due Viaggi in Francia, et della prigionia nel Forte de S. Carlo in Fenestrelle*, 2 vols., Orvieto, 1843.

Parquin, Denis-Charles, *Souvenirs du commandant Parquin*, Paris, 1979.

Pasquier, Étienne Denis, *Mémoires du Chancelier Pasquier*, 3 vols., Paris, 1893.

Pastored, Amédée de, "De Vitebsk à la Bérézina", In: *La Revue de Paris*, 9e année, Tomo II, 1902.

Pelet de la Lozère, Privat-Joseph, *Opinions de Napoléon sur divers sujets de politique et d'administration, receuillis par un membre de son conseil d'Etat et récit de quelques évenements de l'époque*, Paris, 1833.

Pelleport, Pierre, visconde de, *Souvenirs Militaires et Intimes du Général Vte de Pelleport*, 2 vols., Paris, 1857.

Pelletreau, Gédéon-Henri, "L'embarquement de l'Empereur à Rochefort", In: *La Nouvelle Revue Retrospective*, 1895, Tomo II.

Peyrusse, Guillaume, barão, *Mémorial et archives 1809-1815*, Paris, 1869.

——————. *Lettres Inédites du Baron Guillaume Peyrusse écrites a son frère André pendant les campagnes de l'Empire*, Paris, 1894.

Pion des Loches, Antoine, *Mes campagnes (1792-1815)*, Paris, 1889.

Planat de la Faye, Nicolas Louis, *Rome et Sainte-Helene de 1815 a 1821*, Paris, 1862.

——————. *Vie de Planat de la Faye*, Paris, 1895.

Plumptre, Anne, *A Narrative of Three Years' Residence in France, etc.*, 3 vols., Londres, 1810.

Pons de l'Hérault, André, *Souvenirs et anecdotes de l'Ile d'Elbe*, Paris, 1897.

Pontécoulant, Louis Gustave, conde de, *Souvenirs historiques et parlementaires du comte de Pontécoulant*, 4 vols., Paris, 1861-65.

Potocka, Anna, *Mémoires de la Ctesse Potocka (1794-1820)*, Paris, 1897.

Pouget, general, *Souvenirs de Guerre*, Paris, 1895.

Poupé, Edmond (ed.), *Lettres de Barras & de Fréron en mission dans le Midi*, Draguignan, 1910.

Pradt, Dominique Dufour de, *Histoire de l'ambassade dans le Grand Duché de Varsovie en 1812*, Paris, 1816.

Radozhitskii, I. T., *Pokhodnia Zapiski artillerista s 1812 goda*, Vol. I, Moscou, 1835.

Radziwiłł, Louise de Prusse, princesa Antoine, *Quarante-cinq années de ma vie (1770 à 1815)*, Paris, 1911.

Rapp, Jean, *Mémoires du Général Rapp, Aide de Camp de Napoléon*, Londres, 1823.

Raumer, Georg Wilhelm von, *Preußens Lage, vor dem Ausbruch des Kriegs gegen Napoleon im Jahre 1813, in Berliner Taschenbuch*, Berlim, 1849.

Raza, Roustam, *Souvenirs de Roustam Mamelouck de Napoléon Ier*, Paris, 1911.

Réal, Pierre-François, *Indiscrétions. 1798-1830: Souvenirs anecdotiques et politiques tirés du portefeuille d'un fonctionnaire de l'Empire*, 2 vols., Paris, 1835.

Recueil complet des discours prononcés par le citoyen Barras, président du Directoire, par le général Bonaparte, par les ministres des Relations extérieures et de la Guerre, et par le général Joubert et le chef de brigade Andréossy, à l'audience solennelle donnée par le Directoire, le 20 frimaire an VI, pour la ratification du traité de paix conclu à Campo-Formio par le général Bonaparte, et la présentation du drapeau de l'armée d'Italie; accompagné de la description fidèle de cette fête et des hymnes qui y ont été chantés, Paris, [1797].

Reichardt, Johann Friedrich, *Vertraute Briefe aus Paris Geschrieben in den jahren 1802 un 1803*, Hamburgo, 1804.

Reinhard, Marcel, *Avec Bonaparte en Italie: D'après les lettres inédites de son aide de camp Joseph Sulkowski*, Paris, 1946.

Remacle, conde L., *Bonaparte et les Bourbons: Relations secretes des agents de Louis XVIII à Paris sous le Consulat*, Paris, 1899.

Rémusat, Charles de, *Mémoires de ma vie*, Vol. I, Paris, 1958.

Rémusat, Claire Elisabeth, condessa de, *Mémoires de Madame de Rémusat 1802-1808*, 3 vols., Paris, 1880.

——————. *Lettres*, 2 vols., Paris, 1881.

Revel, Jean-François, "Souvenirs", In: *Nouvelle Revue Rétrospective, 1er janvier & 1er février 1903*, pp. 1-24, 73-91.

Ricard, Joseph de, *Autour des Bonaparte: Fragments de mémoires*, Paris, 1891.

Rochechouart, Léon, conde de, *Souvenirs sur la Révolution, l'Empire et la Réstauration*, Paris, 1889.

Roederer, Pierre-Louis, *Oeuvres du comte P.L. Roederer*, 8 vols., Paris, 1853-59.

Roguet, Christophe Michel, *Mémoires Militaires*, 4 vols., Paris, 1862-65.

Rousseau, Jean-Jacques, *Du Contrat Social*, In: *Oeuvres complètes*, Vol. V, Paris, 1832.

Routier, L. M., *Récits d'un soldat de la République et de l'Empire*, Paris, 1899.

Rumigny, general Théodore de, *Souvenirs du general comte de Rumigny, aide de camp du roi Louis-Philippe (1789-1860)*, Paris, 1921.

Saint-Elme, Ida, *Souvenirs d'une courtisane de la Grande Armée*, Paris, 2004.

Sanguszko, Eustachy, *Pamiętnik 1786-1815*, Cracóvia, 1876.

Savary, Anne-Jean-Marie, duque de Rovigo, *Mémoires du duc de Rovigo, pour servir à l'histoire de l'Empereur Napoléon*, 8 vols., Paris, 1828.

Schouvaloff, Paul, "De Fontainebleau a Fréjus – Avril 1814", In: *Revue de Paris*, 15 abril 1897.

Scott, Walter, *Scott on Waterloo*, Londres, 2015.

Ségur, Philippe-Paul, conde de, *Histoire et Mémoires*, 7 vols., Paris, 1873.

——————. *Un Aide de Camp de Napoléon (1800-1815): Mémoires*, Simon, Paris, n.d.

Senfft von Pilsach, conde, *Mémoires du comte de Senfft, ancien ministre de Saxe*, Leipzig, 1863.

Shishkov, A. S., *Zapiski, Mnenia i Perepiska Admirala A.S. Shishkova*, 2 vols., Berlim, 1870.

Shorter, Clement (ed.), *Napoleon and His Fellow Travellers. Being a Reprint of Certain Narratives of the Voyages of the Dethroned Emperor on the Bellerophon and the Northumberland, etc.*, Londres, 1908.

Skałkowski, A. M. (ed.), *Fragmenty*, Poznań, 1928.

Soltyk, conde Roman, *Napoleon en 1812, Mémoires Historiques et Militaires sur la Campagne de Russie*, Paris, 1836.

Some account of the early years of Buonaparte at the military school of Brienne and his conduct at the commencement of the French Revolution, by Mr. C. H. one of his school fellows, Londres, 1797.

Soult, Jean de Dieu, duque de Dalmatie, *Memoires: Espagne et Portugal*, Paris, 2013.

Staël-Holstein, Anne-Louise-Germaine, baronesa de, *Considérations sur la Révolution française*, In: *Oeuvres completes*, Vol. XIII, Paris, 1820.

——————. *de l'Influence des Passions sur le Bonheur des Individus et des Nations*, Paris, 1845.

——————. *de la Littérature considerée dans ses rapports avec les Institutions Sociales*, Paris, 1845.

——————. *Dix Années d'Exil*, La Renaissance du Livre, Paris, n.d.

Sturmer, barão Bartholmeus von, *Napoleon a Sainte-Hélène*, Jacques St Cere (ed.) & H. Schlitter, Paris, n.d.

Sułkowski, Antoni, *Listy do żony z wojen napoleońskich*, Varsóvia, 1987.

Sułkowski, Józef, *ver* Reinhard.

Suphan, Bernhard, *Napoleons Unterhaltungen mit Goethe und Wieland und Fr. v. Müllers Memoire darüber für Talleyrand*, in Goethe-Jahrbuch, Bd. 15 (1894).

Szymanowski, Józef, *Pamiętniki jenerała Józefa Szymanowskiego*, Lwów, 1898.

Talleyrand, Charles Maurice, príncipe de, *Lettres Inédites de Talleyrand à Napoleon*, Paris, 1889.

———. "Lettres de M. de Talleyrand à Madame de Stael", In: *Revue d'Histoire Diplomatique*, 1890, I/78.

———. *Mémoires: L'époque napoléonienne*, Jean Tulard (ed.), Paris, 1996.

Tarnowska, Urszula, "Król Hieronim w Warszawie w roku 1812", In: *Ruch literacki*, 1876, Tomo II, pp. 54-5.

Thiard, Marie-Théodose de, "Souvenirs diplomatiques et militaires du Général Thiard", In: Nouvelle Revue, Tomo III, 1900.

Thibaudeau, Antoine-Clair, *Mémoires de A. C. Thibaudeau 1799-1815*, Paris, 1913.

Thirion, Auguste, *Souvenirs Militaires*, Paris, 1892.

Trembicka, Françoise, *Mémoires d'une Polonaise pour servir à l'histoire de la Pologne, depuis 1764 jusqu'à 1830*, 2 vols., Paris, 1841.

Truchsess-Waldburg, barão, *Nouvelle relation de l'itinéraire de Napoléon de Fontainebleau à l'île d'Elbe...*, Paris, 1815.

Tulard, Jean (ed.), *Napoléon à Sainte-Hélène*, Paris, 1881.

———. *Procès-verbal de la cérémonie du Sacre et du couronnement de Napoléon*, Paris, 1993.

———. & Louis Garros, *Itinéraire de Napoléon au jour de jour 1769-1821*, Paris, 1992.

Versini, Xavier, *M. de Buonaparte, ou le livre inachevé*, Paris, 1977.

Victor, Claude Perrin, duque de Bellune, *Extraits des Mémoires Inédits de feu Claude-Victor Perrin, duc de Bellune*, Paris, 1846.

Vigo-Roussillon, François, *Journal de Campagne (1793-1837)*, Chaintraux, 2013.

Villemain, Abel François, *Souvenirs contemporains d'histoire et de littérature*, Vol. I, Paris, 1854.

Villiers du Terrage, Édouard de, *Journal et Souvenirs sur l'Expédition d'Égypte (1798-1801)*, Paris, 1899.

Vionnet de Maringoné, Louis Joseph, *Campagne de Russie et de Saxe*, Paris, 1899.

Volkonskii, S. G., *Zapiski*, São Petersburgo, 1902.

Voss, Sophie Marie Gräfin von, *Neunundsechzig Jahre am Preussischen Hofe*, Leipzig, 1887.

Vossler, H. A., *With Napoleon in Russia 1812: The Diary of Lt. H.A. Vossler, a soldier of the Grand Army*, Walter Wallich (trad.), Londres, 1969.

Warden, William, *Letters written on board His Majesty's Ship the Northumberland and at Saint Helena, etc.*, Londres, n.d.

Wellington, Arthur Wellesley, duque de, *Supplementary Despatches, Correspondence, and Memoranda*, Vol. IX, Londres, 1864.

Westmorland, John Fane, Earl of, *Memoirs of the Great European Congresses of Vienna-Paris, 1814-1815 – Aix-la-Chapelle, 1818 – Troppau, 1820 – and Laybach, 1820-1821*, Londres, 1860.

Williams, Helen Maria, *A Narrative of the Events which have taken place in France, from the Landing of Napoleon Bonaparte on the 1st of March, 1815*, Londres, 1815.

Wojciechowski, Kajetan, Pamiętniki Moje w Hiszpanii, Varsóvia, 1978.

Wołowski, Aleksy, "Główna kwatera Napoleona", In: *Rozmaitości lwowskie*, 1835.

Wybicki, Józef, *Pamiętniki*, Varsóvia, 1927.

Załuski, Józef, *Wspomnienia*, Cracóvia, 1976.

ESTUDOS

Alger, John Goldworth, *Napoleon's British Visitors and Captives 1801-1815*, Londres, 1904.

Amini, Iradj, *Napoleon and Persia: Franco-Persian Relations Under the First Empire*, Londres, 1999.

Aubry, Octave, *Sainte-Hélène*, 2 vols., Paris, 1935.

Bahr, E. & Saine, T. (eds.), *The Internalized Revolution: German Reactions to the French Revolution, 1789-1989*, Nova York, 1992.

Barbero, Alessandro, *Waterloo*, Paris, 2005.

Benhamou, Albert, *L'Autre Sainte-Hélène: La captivité, la maladie, la mort et les médecins autour de Napoléon*, Hemel Hempstead, 2010.

Béraud, Stéphane, *Bonaparte en Italie: naissance d'un stratège (1796-1797)*, Paris, 2008.

——————. *La révolution militaire napoléonienne*, 2 vols., Paris, 2007-13.

Bergeron, Louis, *L'Épisode napoléonien: I. Aspects intérieurs 1799-1815*, Paris, 1972.

Bertaud, Jean-Paul, *Le duc d'Enghien*, Paris, 2001.

——————. *L'Abdication: 21-23 juin 1815*, Paris, 2011.

——————. & Forrest, Alain, Jourdan, Annie, *Napoléon, le monde et les Anglais: Guerre des mots et des images*, Paris, 2004.

Bien, David, "The Army in the French Enlightenment: Reform, Reaction and Revolution", In: *Past & Present*, n. 85, nov. 1979, pp. 68-98.

Blaufarb, Rafe, *The French Army 1750-1820: Careers, Talent, Merit*, Manchester, 2002.

Blin, Arnaud, *Iéna*, Paris, 2003.

—————. *Wagram*, Paris, 2010.

Bodinier, Gilbert, "La Révolution et l'armée; Les campagnes de la Révolution; Du soldat républicain a l'officier impérial: Convergences et divergences entre l'armée et la société; L'armée impérial; Les guerres de l'Empire", In: Jean Delmas (ed.), *Histoire Militaire de la France: 2 – De 1715 à 1871*, Paris, 1992.

Bonnet, J. C., *L'Empire des Muses*, Paris, 2004.

Boudon, Jacques-Olivier, *Histoire du Consulat et de l'Empire*, 2003.

—————. *Le roi Jérôme, frère prodigue de Napoléon*, Paris, 2008.

—————. *Napoléon et la campagne de France*, Paris, 2014.

Bourdon, Jean, *Napoléon au Conseil d'État*, Nancy, 1963.

Bouvier, Félix, *Bonaparte en Italie 1796*, Paris, 1899.

Branda, Pierre, *Les secrets de Napoléon*, Paris, 2014.

—————. & Lentz, Thierry, *Napoléon, l'esclavage et les colonies*, Paris, 2006.

—————. *Le Prix de la Gloire: Napoléon et l'Argent*, Paris, 2007.

—————. *Napoléon et ses hommes: La Maison de l'Empereur (1804-1815)*, Paris, 2011.

—————. *L'Île d'Elbe et le retour de Napoléon 1814-1815*, Paris, 2014.

Brauer, Kinley & Wright, William E., *Austria in the Age of the French Revolution 1789-1815*, Minneapolis, 1990.

Brégeon, Jean-Joël, *L'Égypte de Bonaparte*, Paris, 2006.

—————. *Napoléon et la guerre d'Espagne*, Paris, 2006.

Broers, Michael, *The Napoleonic Empire in Italy, 1796-1814: Cultural Imperialism in a European Context*, Londres, 2005.

—————. *Napoleon's Other War: Bandits, Rebels and their Pursuers in the Age of Revolutions*, Oxford, 2010.

—————. *Napoleon: Soldier of Destiny*, Londres, 2014.

—————. *Europe Under Napoleon*, Londres, 2015.

Brown, Howard G. & Miller, Judith A., *Taking Liberties*, Manchester, 2002.

Bruce, Evangeline, *Napoleon and Josephine: An Improbable Marriage*, Londres, 1995.

Buckland, C. S. B., *Metternich and the British Government from 1809-1813*, Londres, 1932.

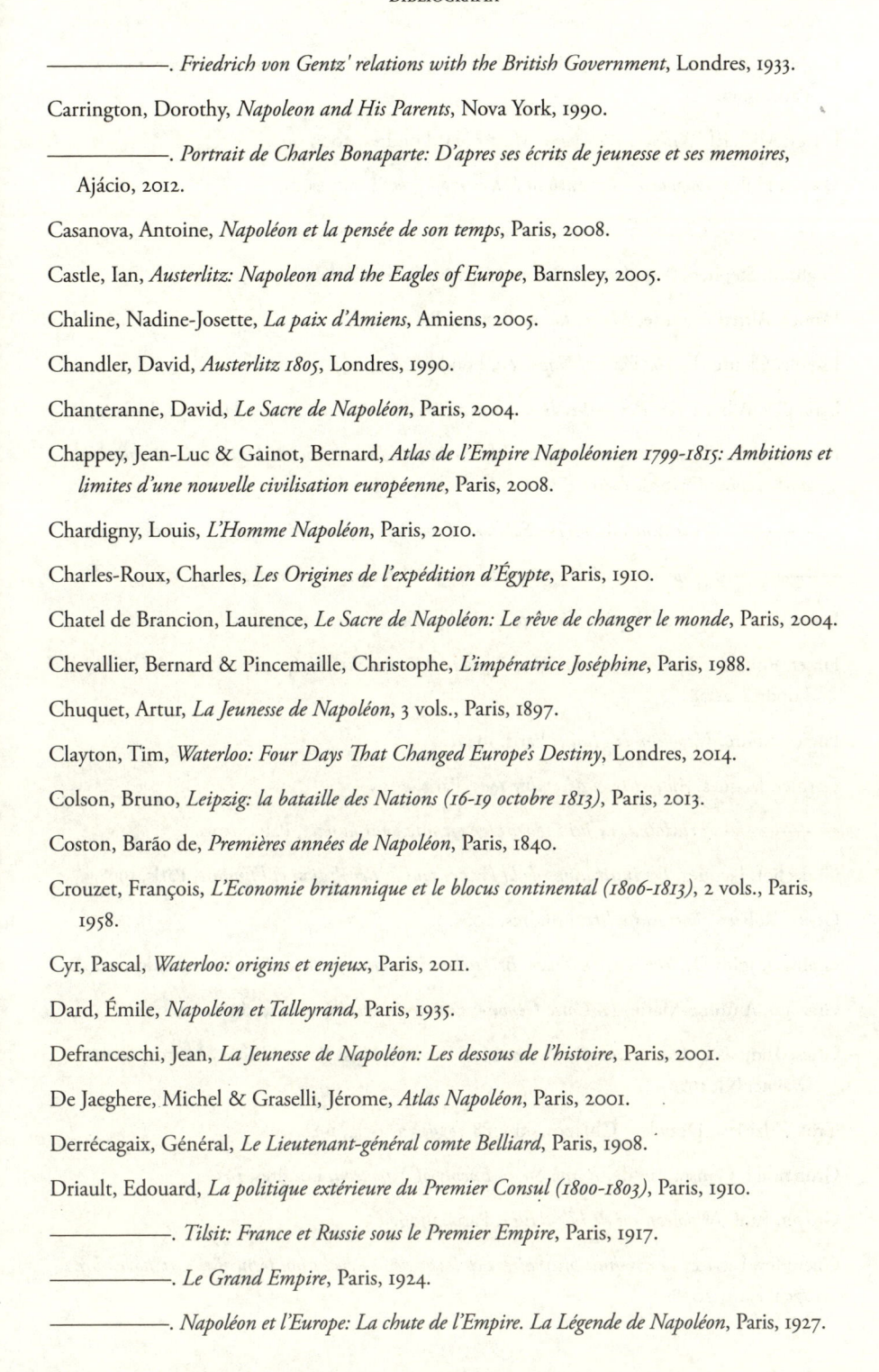

———————. *Friedrich von Gentz' relations with the British Government*, Londres, 1933.

Carrington, Dorothy, *Napoleon and His Parents*, Nova York, 1990.

———————. *Portrait de Charles Bonaparte: D'apres ses écrits de jeunesse et ses memoires*, Ajácio, 2012.

Casanova, Antoine, *Napoléon et la pensée de son temps*, Paris, 2008.

Castle, Ian, *Austerlitz: Napoleon and the Eagles of Europe*, Barnsley, 2005.

Chaline, Nadine-Josette, *La paix d'Amiens*, Amiens, 2005.

Chandler, David, *Austerlitz 1805*, Londres, 1990.

Chanteranne, David, *Le Sacre de Napoléon*, Paris, 2004.

Chappey, Jean-Luc & Gainot, Bernard, *Atlas de l'Empire Napoléonien 1799-1815: Ambitions et limites d'une nouvelle civilisation européenne*, Paris, 2008.

Chardigny, Louis, *L'Homme Napoléon*, Paris, 2010.

Charles-Roux, Charles, *Les Origines de l'expédition d'Égypte*, Paris, 1910.

Chatel de Brancion, Laurence, *Le Sacre de Napoléon: Le rêve de changer le monde*, Paris, 2004.

Chevallier, Bernard & Pincemaille, Christophe, *L'impératrice Joséphine*, Paris, 1988.

Chuquet, Artur, *La Jeunesse de Napoléon*, 3 vols., Paris, 1897.

Clayton, Tim, *Waterloo: Four Days That Changed Europe's Destiny*, Londres, 2014.

Colson, Bruno, *Leipzig: la bataille des Nations (16-19 octobre 1813)*, Paris, 2013.

Coston, Barão de, *Premières années de Napoléon*, Paris, 1840.

Crouzet, François, *L'Économie britannique et le blocus continental (1806-1813)*, 2 vols., Paris, 1958.

Cyr, Pascal, *Waterloo: origins et enjeux*, Paris, 2011.

Dard, Émile, *Napoléon et Talleyrand*, Paris, 1935.

Defranceschi, Jean, *La Jeunesse de Napoléon: Les dessous de l'histoire*, Paris, 2001.

De Jaeghere, Michel & Graselli, Jérome, *Atlas Napoléon*, Paris, 2001.

Derrécagaix, Général, *Le Lieutenant-général comte Belliard*, Paris, 1908.

Driault, Edouard, *La politique extérieure du Premier Consul (1800-1803)*, Paris, 1910.

———————. *Tilsit: France et Russie sous le Premier Empire*, Paris, 1917.

———————. *Le Grand Empire*, Paris, 1924.

———————. *Napoléon et l'Europe: La chute de l'Empire. La Légende de Napoléon*, Paris, 1927.

Dufraisse, Roger & Kerautret, Michel, *La France napoléonienne: Aspects extérieurs 1799-1815*, Paris, 1999.

Durey, Michael, *William Wickham, Master Spy*, Londres, 2009.

Dwyer, Philip, *Napoleon: The Path to Power 1769-1799*, Londres, 2007.

——————. *Citizen Emperor: Napoleon in Power 1799-1815*, Londres, 2013.

Englund, Stephen, *Napoleon: A Political Life*, Nova York, 2004.

Ernouf, Alfred Auguste, *Maret duc de Bassano*, Paris, 1878.

Esdaile, Charles J., *The Wars of Napoleon*, Londres, 1995.

Espitalier, Albert, *Vers Brumaire: Bonaparte à Paris, 5 Décembre 1797-4 Mai 1798*, Paris, 1913.

Forrest, Alan, *Conscripts and Deserters: The Army and French Society During the Revolution and Empire*, Oxford, 1989.

——————. *Napoleon's Men: The Soldiers of the Revolution and Empire*, Londres, 2002.

——————. *Napoleon: Life, Legacy, and Image. A Biography*, Londres, 2011.

Fraser, Flora, *Venus of Empire: The Life of Pauline Bonaparte*, Londres, 2009.

Fraser, Ronald, *Napoleon's Cursed War: Popular Resistance in the Spanish Peninsular War*, Londres, 2008.

Fugier, André, *Napoléon et l'Italie*, Paris, 1947.

Garnier, Jacques, *Austerlitz: 2 décembre 1805*, Paris, 2005.

——————. *Friedland, 14 juin 1807: Une victoire pour la paix*, Paris, 2010.

Godechot, Jacques, *Les institutions de la France sous la Révolution et l'Empire*, Paris, 1998.

Goetz, Robert, *1805: Austerlitz*, Londres, 2005.

Grainger, John D., *The Amiens Truce: Britain and Bonaparte, 1801-1803*, Woodbridge, 2004.

Graziani, Antoine-Marie, *La Corse Génoise: Economie, société, culture*, Ajácio, 1997.

Gries, Thomas E. (ed.), *Atlas for the Wars of Napoleon*, West Point Military History Series, Wayne, NJ, 1986.

Grot, Zdzisław, *Dezydery Chłapowski 1788-1879*, Varsóvia, 1983.

Grunewald, Constantin de, *Baron Stein, Enemy of Napoleon*, Londres, 1936.

Gruyer, Paul, *Napoléon roi de l'Ile d'Elbe*, Paris, 1906.

Gueniffey, Patrice, *Le dix-huit brumaire: l'épilogue de la Révolution française, 9-10 novembre 1799*, Paris, 2008.

——————. *Bonaparte*, Paris, 2013.

Guery, Alain, "Les comptes de la mort", In: *Histoire et Mesure*, Vol. VI, 1991.

Haegele, Vincent, *Napoléon et Joseph Bonaparte: Le Pouvoir et l'Ambition*, Paris, 2010.

Hampson, Norman, *A Social History of the French Revolution*, Londres, 1966.

Hanley, Wayne, *The Genesis of Napoleonic Propaganda 1796-1799*, Nova York, 2005.

Hartley, Janet M., *Alexander I*, Londres, 1994.

Hauterive, Ernest d', *Mouchards et Policiers*, Paris, 1936.

——————. *Napoléon et sa Police*, Paris, 1943.

Hazareesingh, Sudir, *The Legend of Napoleon*, Londres, 2004.

Healey, F. G., *Rousseau et Napoléon*, Geneva, 1957.

——————. *The Literary Culture of Napoleon*, Geneva, 1959.

Helfert, Joseph Alexander freiherr von, *Napoleon I: Fahrt von Fontainebleau nach Elba. April-Mai 1814. Mit Benutzung der amtlichen Reiseberichte des kaiserlichen österreichischen Commissars General Koller, hrsg. von Joseph Alexander Freiherr von Helfert*, Viena, 1874.

Hippler, Thomas, *Citizens, Soldiers and National Armies: Military Service in France and Germany, 1789-1830*, Londres, 2008.

Hofschröer, Peter, *Wellington's Smallest Victory: The Duke, the Model-Maker and the Secret of Waterloo*, Londres, 2004.

Holzhausen, Paul, *Les Allemands en Russie avec la Grande Armée en 1812*, Commandant Minard (trad.), Paris, 1914.

Jomard, Edmé-François, *Souvenirs sur Gaspard Monge et ses rapports avec Napoléon*, Paris, 1853.

Jomini, A. H. de, *Vie politique et militaire de Napoléon, racontée par lui-même, au tribunal de César, d'Alexandre et de Frédéric*, 2 vols., Bruxelas, 1842.

Jourdan, Annie, *Napoléon: Héros, Imperator, Mécène*, Paris, 1998.

——————. *Mythes et légendes de Napoléon: Un destin d'exception entre rêve et réalité...*, Toulouse, 2004.

Jourdan, Annie (ed.), *Louis Bonaparte: Roi de Hollande*, Paris, 2010.

Kartsov, Yu & Voenskii, K., *Prichiny Voiny 1812 goda*. São Petersburgo, 1911.

Keegan, John, *The Face of Battle*, Nova York, 1976.

Kemble, J., *Napoleon Immortal: The Medical History and Private Life of Napoleon Bonaparte*, Londres, 1959.

Knight, Roger, *Britain Against Napoleon: The Organization of Victory 1793-1815*, Londres, 2013.

Kraehe, Enno, *Metternich's German Policy*, 2 vols., Princeton, 1963-83.

Langsam, W. S., *The Napoleonic Wars & German Nationalism in Austria*, Columbia, 1930.

Latreille, c., *Le Catéchisme Imperial de 1806*, Lyon, 1935.

Launay, Louis de, *Un Grand Français: Monge, Fondateur de l'École Polytechnique*, Paris, n.d.

Laurens, Henry, *L'expédition d'Égypte 1798-1801*, Paris, 1997.

Lefèbvre, Georges, *Napoléon*, Paris, 1953.

Leggiere, Michael V., *The Fall of Napoleon: The Allied Invasion of France*, Cambridge, 2007.

——————. *Napoleon and the Struggle for Germany: The Franco-Prussian War of 1813*, 2 vols., Cambridge, 2015.

Le Nabour, Eric, *Napoléon et sa famille: Une destine collective*, Paris, 2012.

Lentz, Thierry, *Le Grand Consulat 1799-1804*, Paris, 1999.

——————. *Le 18 brumaire: Les coups d'état de Napoléon Bonaparte (novembre-décembre 1799)*, Paris, 2010.

——————. *Nouvelle Histoire du Premier Empire*, 4 vols., Paris, 2010.

——————. *Les vingt jours de Fontainebleau: La première abdication de Napoléon 31 mars-20 avril 1814*, Paris, 2014.

Lescure A. de, *Le chateau de la Malmaison*, Paris, 1867.

Lieven, Dominic, *Russia Against Napoleon: The Battle for Europe 1807 to 1814*, Londres, 2009.

Lignereux, Aurélien, *L'Empire des Français 1799-1815*, Paris, 2012.

Madelin, Louis, *Fouché 1759-1820*, Paris, 1979.

Malye, François, *Napoléon et la folie espagnole*, Paris, 2007.

Manceron, Claude, *Austerlitz: The Story of a Battle*, George Unwin (trad.), Londres, 1966.

Marcaggi, J.B., *Une Genèse*, Ajácio, 1895.

Marquis, Hugues, *Agents de l'ennemi: les espions à la solde de l'Angleterre dans une France en révolution*, Paris, 2014.

Martin, Andy, *Napoleon the Novelist*, Cambridge, 2000.

Martineau, Gilbert, *La Vie Quotidienne à Sainte-Hélène au temps de Napoléon*, Paris, 1966.

Masson, Frédéric, *Napoléon et les Femmes*, Paris, 1894.

———————. *Napoléon et sa Famille*, 12 vols., Paris, 1897-1919.

———————. *Joséphine impératrice et reine*, Paris, 1910.

———————. *Napoléon dans sa jeunesse, 1769-1793*, Paris, 1911.

Masson, Philippe, "La marine sous la Révolution et l'Empire", In: Jean Delmas, ed., *Histoire Militaire de la France: 2 – De 1715 à 1871*, Paris, 1992.

Mathew, Nicholas, *Political Beethoven*, Cambridge, 2013.

McMahon, Darrin M., *Divine Fury: A History of Genius*, Nova York, 2013.

Montbas, vicomte de, "Caualaincourt à Châtillon", In: *La Revue de Paris*, jun-jul. 1928.

Morrissey, Robert, *The Economy of Glory: From Ancien Régime to the Fall of Napoleon*, Chicago, 2014.

Muir, Rory, *Britain and the Defeat of Napoleon 1807-1815*, Londres, 1996.

———————. *Tactics and the Experience of Battle in the Age of Napoleon*, Yale, 1998.

———————. *Wellington: Waterloo and the Fortunes of Peace, 1814-1852*, Londres, 2015.

Napoléon, Charles, *Bonaparte et Paoli, aux origines de la question corse*, Paris, 2008.

Naulet, Frédéric, *Eylau, 8 février 1807*, Paris, 2007.

Pachoński, J., *Władysław Jabłonowski*, in *Polski Słownik Biograficzny*, Vol. X, Varsóvia, 1964.

Palmer, Alan, *Alexander I: The Tsar of War and Peace*, Londres, 1974.

Paoli, François, *La Jeunesse de Napoléon*, Paris, 2005.

Parsons, Timothy, *The Rule of Empires; Those Who Built Them, Those Who Endured Them, and Why They Always Fail*, Oxford, 2010.

Petiteau, Natalie, *Guerriers du Premier Empire: Expériences et mémoires*, Paris, 2011.

Pigeard, Alain, *Arcole: un pont vers la legende (15-17 novembre 1796)*, Paris, 2009.

Price, Munro, *Napoleon: The End of Glory*, Oxford, 2014.

Ramm, Agatha, *Germany 1789-1919: A Political History*, Londres, 1967.

Reiss, Tom, *The Black Count: Napoleon's Rival and the Real Count of Monte Cristo – General Alexandre Dumas*, Londres, 2013.

Rey, Marie-Pierre, *Alexandre Ier*, Paris, 2009.

Richardson, Frank, M.D., *Napoleon: Bisexual Emperor*, Londres, 1972.

Roberts, Andrew, *Waterloo*, Londres, 2005.

———————. *Napoleon the Great*, Londres, 2014.

Rodger, Alexander, *The War of the Second Coalition 1798-1801*, Oxford, 1964.

Rodger, N. A. M., *The Command of the Ocean*, Londres, 2004.

Rolin, Vincent, *Rivoli, 14-15 janvier 1797: La conquête de l'Italie*, Paris, 2001.

Rose, J. Holland, *Pitt and Napoleon: Essays and Letters*, Londres, 1912.

Rothenberg, Gunther E., *The Art of Warfare in the Age of Napoleon*, Londres, 1977.

———. *Atlas de guerres Napoléoniennes*, Paris, 2000.

———. *The Emperor's Last Victory: Napoleon and the Battle of Wagram*, Londres, 2004.

Saada, Leila, "Les interventions de Napoléon au Conseil d'État sur les questions familiales", In: *Naopoleonica*, n.14, 2012.

Sale, Nigel, *The Lie at the Heart of Waterloo*, Stroud, 2014.

Salvatorelli, Luigi, *Leggenda e realta di Napoleone*, Roma, 1960.

Schroeder, Paul, W., *The Transformation of European Politics, 1763-1848*, Oxford, 1994.

Schuermans, Albert, *Itinéraire Général de Napoléon Ier*, Paris, n.d.

Schwarzfuchs, Simon, *Napoleon, the Jews and the Grand Sanhedrin*, Londres, 1979.

Sedouy, Jacques-Alain, *Chateaubriand: Un diplomate insolite*, Paris, 1992.

Simiot, Bernard, *De quoi vivait Bonaparte?*, Paris, 1992.

Skowronek, Jerzy, *Antynapoleońskie koncepcje Czartoryskiego*, Varsóvia, 1969.

Sokolov, Oleg, *Austerlitz: Napoléon, l'Europe et la Russie*, Saint-Germain-en-Laye, 2006.

Sparrow, Elizabeth, "The Alien Office", In: *Historical Journal*, n. 33, 1990.

Strathern, Paul, *Napoleon in Egypt*, Londres, 2007.

Sutherland, Christine, *Marie Walewska: Le Grand Amour de Napoléon*, Paris, 1979.

Tombs, Robert, *The English and Their History*, Londres, 2014.

Tulard, Jean, *Joseph Fiévée, conseiller secret de Napoléon*, Paris, 1985.

———. *Joseph Fouché*, Paris, 1998.

———. Fayard, Jean-François, Fierro, Alfred, *Histoire et Dictionnaire de la Révolution Française 1789-1799*, Paris, 1998.

———. *Le 18 brumaire: commment terminer une révolution*, Paris, 1999.

———. *Dictionnaire Napoléon*, 2 vols., Paris, 1999.

———. *Napoléon et la noblesse de'Empire*, Paris, 2003.

———. *Napoléon ou le mythe du sauveur*, Paris, 2011.

———. *Napoléon, chef de guerre*, Paris, 2012.

Uffindell, Andrew, *The Eagle's Last Triumph: Napoleon's Victory at Ligny, June 1815*, Londres, 2006.

Uglow, Jenny, *In These Times: Living in Britain through Napoleon's Wars, 1793-1815*, Londres, 2014.

Vandal, Albert, *L'Avènement de Bonaparte*, 2 vols., Paris, 1903.

———. *Napoléon et Alexandre 1er: L'Alliance Russe sous le Premier Empire*, 3 vols., Paris, 1891.

Vergé-Franceschi, Michel, *Paoli: Un Corse des Lumières*, Paris, 2005.

———. *Napoléon: Une enfance corse*, Paris, 2014.

Waresquiel, Émmanuel de, *Talleyrand: Le prince immobile*, Paris, 2003.

Webster, C.K., *The Foreign Polisy of Castlereagh 1812-1815*, Londres, 1931.

Welschinger, *Le divorce de Napoléon*, Paris, 1889.

Woolf, Stuart, *Napoleon's Integration of Europe*, Londres, 1991.

Zamoyski, Adam, *1812: Napoleon's Fatal March on Moscow*, Londres, 2004.

———. *Rites of Peace: The Fall of Napoleon and the Congress of Vienna*, Londres, 2007.

———. *Phantom Terror: The Threat of Revolution and the Repression of Liberty 1789-1848*, Londres, 2015.

Zorin, Andrei, *Kormia Dvuglavovo Orla*, Moscou, 2004.

Índice

NOTA: patentes e títulos em geral são os mais altos mencionados no texto.
ABREVIATURA: N = Napoleão Bonaparte

Aberdeen, George Hamilton Gordon, conde de, 615
Aboukir:
    N derrota os turcos em, 230-1, 239
Aboukir, Baía de, batalha naval (1898), 214, 221-2, 298
Abrial, André-Joseph, 272
Acre, 222, 225-8, 234
Addington, Henry, 331, 370
Ajácio, Córsega, 34-6, 56, 71
Alemanha:
    e a guerra da Áustria contra N, 481-2, 489;
    esperanças de emancipação, 490;
    hostilidade a N, 589;
    mudanças de fronteiras, 459-60;
    política de N na, 490-2;
    ver também Confederação do Reno
Alexandre I, tsar da Rússia:
    aliança com a Prússia, 593;
    ameaça Paris, 624-5;
    assina a paz com a Grã-Bretanha (1800), 331;
    atitude em relação a N, 406;
    avança para oeste, 589-90;
    carta de N no retorno de Elba, 653;
    Caulaincourt negocia com, 632;
    celebra ação no rio Berezina, 579-80;
    concorda com o Tratado de Tilsit, 445-8;
    convence Frederico Guilherme a se unir à coalizão contra N, 412;
    deixa o campo de batalha em Austerlitz, 416-7;
    deseja invadir a França, 615;
    e a abdicação de N, 626-7;
    e a derrota de Lützen, 593-4;
    encontra N em Erfurt, 470-4;
    encontra os delegados de N apresentando os termos da abdicação, 627-8;
    enfrenta N, 631-2;
    envia Oubril para negociar tratado, 428;
    e o avanço de N na Rússia, 556;
    esforço de guerra, 604;
    esnoba Frederico Augusto, 609;
    espera ocupar Constantinopla, 461;
    exige que N recue suas tropas para além do Reno, 542;
    Fouché escreve para, 654-5;
    impede que N veja Maria Luísa e o filho, 643;
    interfere com comandantes, 551;
    invade a Saxônia, 596;
    janta com Josefina em Malmaison, 637-8;
    media questão entre França e Grã-Bretanha, 370;
    N busca aliança dinástica com, 475;
    N espera chegar a acordo com, 544-6, 551, 601, 603;
    N tenta contato depois da queda de Moscou, 565-7;
    Nega a intenção de N casar com sua irmã, 505-6, 526;
    participa do Recesso de Ratisbona, 365-6;
    política polonesa, 527;
    prefere Bernadotte como sucessor de N, 622;
    prepara-se para guerra com N, 528-31, 540;
    protesta pela execução de Enghien, 380;
    rejeita negociações de paz com a França (1806), 433-4;
    rejeita o enviado de paz de N, 545;
    relações de N com, 374
Alexandria, Egito, 137, 207, 211, 214, 219, 222, 231-2, 304-6, 331-2, 404
Ali Effendi, 199
aliados (Prússia-Rússia-Áustria-Grã-Bretanha):
    continuam a avançar, 617;

força militar e planos, 604;
    param no Reno, 615;
    rejeitam a oferta de N para negociar, 608-9
Alvinczy, marechal de campo barão Jozef, 164-8, 172-3
Amiens, Tratado de (1801), 343-4, 360, 362, 367, 369, 382, 387, 398, 412
Anciões, Conselho de: e o golpe do Brumário, 252-3, 255-7, 258-61;
    membros esboçam nova Constituição, 266
Ancona, 174, 187, 189, 459
Andigné, Louis, conde d', 237, 275-6
Andréossy, general Antoine, 364, 367, 446
Angoulême, Louis Antoine, duque d', 650
Anhalt Coethen, Augustus Christian Frederick, príncipe de, 543
Anna, grã-duquesa da Rússia, 492, 505, 526
Antommarchi, dr. Francesco, 683
Antraigues, Louis-Alexandre, conde d', 184, 375
Archambault, Achille e Joseph (criados de N), 668
Arcis-sur-Aube, batalha de (1814), 623
Arcole, 166, 168-9, 171, 180, 308, 386
Aréna, Barthélemy, 313
Aréna, Joseph, 313
Arish, El, 233-4;
    Convenção de (1800), 298
Arnault, Antoine-Vincent, 179, 204
Arnott, dr. Thomas, 683
Artois, Charles, conde D' (mais tarde rei Carlos X), 69, 312, 346, 645
Aspern, 482
Aspern-Essling, batalha de (1809), 485, 489
Ato Adicional (1615), 651-2
Aubry, François, 104, 111
Auerstadt, batalha de (1806), 436
Augereau, marechal Charles-Pierre:
    ataca Würmser, 163;
    comanda tropas na região de Paris, 189-90;
    comanda tropas para a invasão da Inglaterra, 393;
    como potencial ditador, 237;
    como rival de N, 188, 347-8;
    critica N em Leipzig, 608-9;
    e a proposta de invasão da Irlanda, 396;
    e a queda de Paris, 625-6;
    em ação contra os austríacos no Norte da Itália, 134-6, 160, 166-8, 173;
    em guerra contra russos e prussianos, 597;
    encontra N a caminho de Elba, 638-9;
    e o golpe do Brumário, 257-9;

e o separatismo catalão, 494;
esnoba N, 194;
liderança em Castiglione, 161;
mensagem de N incentivando ação, 520;
N critica, 411;
N proclama traidor, 647;
na Holanda, 312;
na Polônia, 440;
no Exército da Itália, 129, 132;
promovido a marechal, 389, 407;
recebe o comando do Exército da Alemanha, 190-2;
rende Lyon, 623;
reserva estacionado em Lyon, 611-2, 621;
se opõe aos austríacos, 409
Augusta, princesa da Baviera: casamento com Eugène, 418
Austerlitz, batalha de (1805), 416-8
Áustria:
    almeja recuperar a Lombardia, 157, 171;
    apoia a Sardenha, 101;
    assina tratado de subsídio com a Grã-Bretanha, 306-8;
    cede território no Recesso de Ratisbona, 365;
    cede território sob o Tratado de Pressburg, 417-8;
    concessões no Tratado de Viena, 501;
    conflito com os Estados papais, 320;
    custo da campanha contra a, 524;
    derrota em Austerlitz, 416-7;
    derrota em Marengo, 303-7;
    derrota em Wagram, 487-9;
    e a guerra de N com a Rússia, 540;
    em aliança contra N, 602-3;
    em nova coalizão contra a França, 434;
    esperança de reforçar posição nos Bálcãs, 530;
    expansão territorial, 328-9;
    falta de consideração de N pela, 417-8;
    guerra com a França (1792-5), 75, 125-6;
    N combate pela primeira vez no Piemonte, 134-6;
    N concorda com as negociações dos franceses com, 168-70, 176-7;
    N negocia a paz com (1797), 176-7, 190-4;
    na Itália, 133;
    negocia aliança com Rússia e Grã-Bretanha, 394;
    ofensiva contra Masséna, 300-1;
    ofensiva de N contra, 409-14;
    paga indenização à França, 417-8, 420;
    população, 369;

práticas militares, 160;
propõe negociar com N sob condição da abdicação, 654-5;
rearma, 187;
renova campanha na Itália, 173;
rejeita a oferta de paz de N, 299;
se arma para a guerra, 396;
se prepara para a guerra contra N (1809), 445, 480-1;
se propõe a mediar as negociações de paz da França com a Rússia, 587;
se ressente dos termos impostos após Austerlitz, 469;
tratado de paz com a França (1801), 327
Autun: Joseph frequenta seminário em, 39-40, 43, 45, 48
Auxonne, 58-60, 62, 67-8, 86, 301, 411, 622

Babeuf, François Noël ("Graco"), 115, 196
Bacciochi, Élisa, *ver* Bonaparte, Élisa
Bacciochi, Félix, 181, 233, 287
Bachasson de Montalivet, Jean-Pierre, 68
Bacler d'Albe, Louis Abert, 425
Badajoz, Paz de (1801), 332
Baden, Karl I, grão-duque de, 418, 543
Bagration, general Piotr Ivanovich, 547, 553-6
Bailén, batalha de (1808), 467-9, 472, 479-80
Bailly, dr. Joseph, 401
Balashov, general Alexander, 551
Balcombe, Betsy, 669-70, 672-3, 674, 681
Balcombe, William, 669-70, 672-3, 674, 681
Balmain, conde Alexandre Antonovich, 677
Balzac, Honoré de, 35
Banque de France, 295
Baraillon, Jean-François, 249
Barante, Amable de, 236, 296
Barbé-Marbois, François, 419
Barclay de Tolly, general Mikhail Bogdanovich:
    comanda russos em aliança, 604;
    N escreve para, 559;
    planeja atacar a Polônia, 530;
    se opõe à campanha russa de N, 546-8, 550-1, 553-4, 556, 559
Bard, 302-3
Barlow, Joel, 568
Barras, Paul François:
    associados, 290;
    carreira, 104-5;
    cartas a Josefina, 156;
    convence Josefina a ir encontrar N na Itália, 155;
    e a campanha de N na Itália, 146;
    e a paixão de N por Josefina, 125-8, 140-1;
    e a substituição de Carteaux por N, 91;
    e as relações cada vez melhores de Josefina com N, 180-1;
    elogia N, 25-6;
    em trama contra N, 586;
    e o cerco de Toulon, 93;
    e o desejo de N de se divorciar de Josefina, 242;
    e o silêncio e N sobre golpe no Diretório, 190-1;
    expurga deputados da direita, 183-4;
    expurgo em Toulon, 94-5;
    Josefina pergunta sobre N no Egito, 213;
    mantém Josefina como amante, 121-3;
    N encontra em Paris, 195-6;
    N exige ser dispensado do exército, 191-2;
    protege e promove N, 104-5, 109-10, 117-20;
    relações de N com, 244-6;
    removido do poder no golpe do Brumário, 253-4
Bartenstein, Convenção de (1807), 445
Bassano, 163, 165, 176
Bathurst, Henry, terceiro conde, 676-8, 682
Bausset, Louis, 431, 483, 502, 560, 612, 638
Bautzen, batalha de (1813), 595, 597, 600
Baviera:
    Áustria invade, 408, 482;
    em coalizão contra a França, 434
Bayonne, 463-7, 471, 477, 479, 502, 524, 611
Beauharnais, Alexandre de, 121
Beauharnais, Eugène de:
    amante negra no Cairo, 218;
    anuncia que Louis está abdicando do trono holandês, 511;
    atuando, 351;
    casamento com Augusta, 417-8;
    deixa Milão com N, 193-4;
    discute o divórcio de N e Josefina, 503;
    em Jaffa, 224;
    enfrenta os austríacos na Itália, 411, 445;
    forma Exército da Itália contra aliados, 605, 621;
    Josefina o libera de lealdade a N na abdicação, 638;
    N nomeia vice-rei da Itália, 404;
    na batalha de Wagram, 487;
    na campanha russa, 446, 553, 565-6, 571-2;
    na retirada de Moscou, 573-6;
    no Egito, 209;

ofensiva austríaca contra a Itália, 617;
propõe casamento a Maria Luísa em nome de N, 506;
recebe ordens para enviar oficiais do Estado-Maior polonês para a legião polonesa, 439;
recua para Milão, 611-2;
relações de N com, 124, 213, 335;
substituiu Murat e retira tropas para o Elba, 591;
viaja para Toulon com N, 203;
visita N em Milão, 180-1;
vitórias contra os austríacos (1809), 485-6

Beauharnais, Hortense de:
acompanha Josefina para encontrar N na volta do Egito, 240;
atuando, 351;
casamento e filho com Louis, 335, 338, 397;
e a decisão de N de se divorciar de Josefina, 501-4;
em Malmaison, 351;
encontra Bernadotte, 637-8;
ensina N a dançar, 507;
N vê em Paris ao voltar de Elba, 650-1;
não ganha café, 421;
relações de N com, 124, 127-8, 195, 203, 335, 368;
sobre o charme de N, 516;
sobre o pudor na corte de N, 513-4;
sobre N depois da campanha russa, 585

Beauharnais, Rose de, *ver* Josefina, imperatriz
Beaulieu, marechal de campo Jean-Pierre de, 133-4, 136-7, 143, 145, 152-3, 159
Beauregard, coronel Costa de, 137-8, 147, 487
Becker, general Nicolas Léonard, 663-5
Bekri, Sheikh El-, 233
Bélgica:
França invade (1792), 329;
nas propostas de paz de Metternich, 615
Bellerophon, HMS, 664-5, 667-8
Belliard, general Augustin Daniel, 332, 386, 599, 625
Bellisle, Marguerite-Pauline ("Bellilotte"), 219, 232
Belly de Bussy, general David-Victor, 53, 622
Bennigsen, General Levin August von, 440-1, 443-4, 446
Béranger, Pierre-Jean de, 236
Berezina, rio, 577-9, 673
Berg, grão-ducado de, 430, 454, 474, 493, 524
Berlim:
Decretos de Berlim, 438, 460;
N entra (1806), 436
Bernadotte, Désirée, 242, 245, 436

Bernadotte, marechal Jean-Baptiste (mais tarde rei Carlos XIV da Suécia):
amizade de Joseph com, 335;
casamento com Désirée, 242, 246, 335;
comanda o Exército do Oeste, 300-1;
como embaixador na Áustria, 202;
como potencial ditador, 237;
como príncipe de Pontecorvo, 426;
diferenças com N, 245-6, 248;
em trama contra N, 348-9;
em Wagram, 487-8;
enfrenta os austríacos, 409;
enviado para responder ao desembarque britânico em Walcheren, 500;
e o golpe do Brumário, 252, 254;
lidera forças sueco-prussianas contra N, 606-7, 620;
N critica, 411, 436, 488;
N tenta trazê-lo para o lado francês, 621;
nas campanhas italianas, 174;
promovido a marechal, 389, 407;
providencia tratado entre Suécia e Rússia, 539;
Suécia o convida a assumir o trono, 528-9;
sugerido como sucessor de N, 308-9, 583;
tramas pelo poder na França, 613-4, 620
Bernadotte, Oscar, 286
Bernier, Étienne-Alexandre, abade, 276, 321, 337
Bernoyer, François, 215
Berry, Mary, 357
Berthezène, general Pierre, 539, 548
Berthier, marechal Alexandre:
aconselha N a abdicar, 626-7;
atua como procurador no casamento de N com Maria Luísa, 506;
comanda Exército Reserva, 300-2;
como chefe de Estado-Maior de N na Itália, 130-1, 135;
como comandante nominal na Espanha, 525;
como príncipe de Neuchâtel, 426;
com N em Bayonne, 475;
com N em Paris (dezembro de 1797), 195;
declínio, 606-7;
deixa o Egito com N, 232;
e as ações de N contra civis italianos, 151-2;
em Borodino, 562-3;
em Lodi, 143;
em Milão, 149;
em Wagram, 487;

e o golpe do Brumário, 252;
e sentimento anti-N no exército, 347-8;
informa N sobre as infidelidades de Josefina, 213;
lucra com rumores, 308-9;
N dita ordens a, 621;
N escreve para sobre a invasão da Irlanda, 396;
N faz pressão por expurgo e melhorias no exército, 272-3, 288, 347-8;
N insulta e rebate, 558, 607-8;
na campanha russa, 549, 555, 557-8;
na Espanha com N, 475-6;
na retirada de Moscou, 573-4;
no Egito, 211;
nomeado grão-caçador, 389;
nomeado ministro da Guerra, 264;
nomeado príncipe de Wagram, 506;
organiza caçadas, 519;
pede clemência em Jaffa, 224;
pede concentração de forças no Reno, 599;
permanece com N depois da abdicação, 632;
promovido a marechal, 407;
sobre Murat, 584;
viaja no coche de N, 404
Berthollet, Claude, 152, 197, 233
Bertrand, Fanny, 593, 672
Bertrand, general Henri, conde:
acompanha N ao exílio em Elba, 636, 638-40;
com N em Fontainebleau, 633;
com N em Santa Helena, 667-8, 670-2, 676-8;
e a doença e morte de N, 681-5;
e a entrada de N em Viena, 411;
e o retorno de N a Paris, 650;
sobre a excelência do exército, 593
Bessières, marechal Jean-Baptiste, 416, 467, 488, 500, 597
Beugnot, Jacques-Claude, 474, 493, 533, 604, 610
Bigot de Préameneu, Félix-Julien, 315
Binasco, Itália, 151
Blois, 628, 635-6, 641
Blücher, príncipe Gebhard von:
comanda exército na Silésia, 604;
cruza o Reno, 617;
derrotado em Ligny, 658-9;
descreve Bernadotte como traidor, 606-7;
em Waterloo, 659;
enfrenta N na campanha final, 657-6;
evita N, 606;
N o derrota em Vauchamps e Craonne, 620-2;
na ofensiva contra a França (1813), 593;

planos de N contra, 605;
relatórios sobre a ameaça francesa a Hanover, 434;
responde ao ataque de N perto de Brienne, 618-9;
surpreende N em Leipzig, 608-9
Bocognano (Córsega), 31, 39, 72
Boisgelin, monsenhor de, arcebispo de Tours, 344, 346
Bolonha, 154, 174, 348
Bonaparte (Buonaparte), família:
avanços de N, 286;
compromisso de N com, 106-7;
condenada na Córsega, 84;
hostilidade com Josefina, 349-50, 398-9;
na estrutura imperial, 396;
promovida à nobreza, 36;
ver também Buonaparte
Bonaparte, Caroline (mais tarde Murat; anteriormente Maria Nunziata; irmã de N):
casamento com Murat, 287;
caso com Junot, 455;
caso com Metternich, 469;
feliz com o divórcio de N e Josefina, 502;
e Éléonore de la Plaigne, 426;
e o casamento de N com Maria Luísa, 507;
e o plano Talleyrand-Fouché para que Murat suceda N, 478;
e o tratado de aliança com a Áustria, 617;
foge de casa com a mãe, 83;
N a conhece na infância, 56;
N sugere casamento com Moreau, 323;
se refugia em navio britânico em Nápoles, 655-6;
tornada princesa, 397;
visita N em Milão, 180-1
Bonaparte, Charlotte ("Lolotte"; filha de Lucien), 460
Bonaparte, Christine (nome de solteira, Boyer; esposa de Lucien), 97, 127
Bonaparte, Élisa (anteriormente Maria-Anna; mais tarde Bacciocchi; irmã de N):
como duquesa de Lucca e Piombino, 430;
foge de casa com a mãe, 83;
educação, 45, 63, 75, 78;
muda para Paris, 287;
N dá o grão-ducado da Toscana para, 459-60;
nascimento e batizado, 38;
rompe relações com a França, 617;
surgimento, 75;
Truguet atraído por, 80
Bonaparte, Geronimo, *ver* Bonaparte, Jérôme
Bonaparte, Jérôme (irmão de N), 56, 83, 106
ações depois da abdicação de N, 628-9;

carreira naval, 398-9, 405, 490-1;
casamento com Elizabeth Patterson, 398, 460;
casamento com a princesa Catarina de
    Württemberg, 491;
como rei da Vestfália, 448, 490-2;
convoca tropas, 662;
desdenha do bloqueio antibritânico de N, 473-4;
em Waterloo, 658-9;
estátua em Kassel, 588;
excluído da vida da corte em Paris, 95;
foge de Kassel, 609-10;
institui a Ordem da União, 431;
N sugere como rei da Polônia, 546-7;
na campanha austríaca (1809), 490;
na campanha russa, 553;
não obtém permissão para visitar Santa Helena,
    683;
nascimento, 48;
pai de Catarina tenta conseguir divórcio, 671;
planeja levar Maria Luísa para se refugiar com o
    exército de Soult, 636;
se une a N em Paris no retorno de Elba, 650;
sobre a falta de disposição de N em guerrar com
    a Rússia, 537;
volta à França, 404-5
Bonaparte, Jérôme Napoléon (Jerome/ filho de
    Elizabeth), 404
Bonaparte, Joseph (irmão de N):
    ações depois da abdicação de N, 628-9;
    assegura a propriedade da família na Córsega,
        171;
    assume a campanha na ausência de N, 408, 412;
    cargos políticos em Ajacio, 64-5, 70;
    cartas de N, 60, 62;
    cartas de N sobre a derrota em Waterloo, 659;
    casamento, 100, 107;
    como embaixador francês na Santa Sé, 182;
    como potencial sucessor de N, 300-1, 309-10,
        313-4, 389, 403;
    como rei da Espanha (José I), 463-7, 493-4;
    como rei de Nápoles, 427-8, 430, 459-60, 465;
    compra terras ao redor de Ajacio, 233;
    conferência com N em Veneza, 460;
    deseja que N se divorcie de Josefina, 242;
    diferenças com Soult na Espanha, 588;
    e a crise financeira (1805), 412, 418-9;
    e a morte do tio Luciano, 71;
    e a permanência de N na França, 78;
    e as derrotas francesas na Espanha, 494-5;
    e a situação militar na Espanha, 525;
    e a tentativa de fuga de N para os Estados
        Unidos, 664-5;
    e a visita de N à Espanha, 475-6;
    em Nice, 97;
    em Paris para pedir pelos exilados corsos, 85-6;
    encontra Paoli, 66;
    entrega Paris, 625-6;
    envia mercadorias para N em Paris, 106;
    e o avanço aliado sobre Paris, 634-5;
    e o casamento de N com Josefina, 127-8;
    exuma e sepulta de novo o pai, 369;
    impossibilidade, 55;
    informa N sobre o caso de Josefina com Charles,
        202;
    institui novas ordens de cavalaria, 431;
    instruções de N durante a ameaça aliada a Paris,
        620-1;
    intercede na dispensa de Lucien, 322;
    leva estandartes capturados a Paris, 139-40;
    leva o Tratado de Amiens a N, 343;
    N aconselha carreira política, 75;
    N deprecia como potencial soldado, 45-6;
    N envia dinheiro para, 120;
    N oferece o trono da Itália a, 396-7, 403;
    N pede abdicação na Espanha, 611-2;
    N pressiona por uma invasão da Sicília, 458, 461;
    N reencontra durante visita à Córsega, 56-7;
    N tenta encontrar consulado na Itália para, 112,
        120;
    N visita em Marselha, 101;
    nascimento, 33, 37;
    negocia o Tratado de Amiens, 332;
    negocia paz com os EUA, 328-9;
    no Conselho de Estado, 422;
    no golpe do Brumário, 256;
    nomeado comissário do exército, 86;
    Paoli dispensa, 79;
    papel político no consulado de N, 287;
    passa para a carreira militar, 45;
    pede autoridade suprema para N, 382-3;
    planos de carreira na Igreja, 38-9;
    pretensões intelectuais, 335;
    promovido a grande eleitor, 389;
    reentra em Madri (1810), 493-4;
    relata ações dos cônsules a N durante ausência,
        301-2;
    renuncia ao trono espanhol, 476-7;
    riqueza, 335;

sobre a rejeição de Paoli aos Buonaparte, 73;
trama reunir Bernadotte e N, 245-6;
une-se a N em Paris no retorno de Elba, 650;
vai ao seminário de Autun, 39, 43;
visita N em Milão, 180-1;
Wellington derrota em Vitoria, 601-2
Bonaparte, Julie, *ver* Bonaparte, Marie-Julie
Bonaparte, Letizia (nome de solteira Ramolino; mãe de N):
    aceita o casamento de N com Josefina, 127-8;
    acompanha Josefina a um spa em Plombières, 334;
    cartas de N, 60;
    casamento, 32;
    dificuldades na França, 96;
    escreve para N em Santa Helena, 676-7;
    feliz com o divórcio de N e Josefina, 502;
    filhos, 37;
    foge da Córsega para a França com filhos, 83-4;
    ganha própria corte e título ("Madame Mère"), 397;
    generosidade de N com, 286-7;
    intercede na dispensa de Lucien, 322;
    morando em Elba com N, 642;
    não crê na condição de N em Santa Helena, 682-3;
    paixão de Marbeuf por, 36-7;
    qualidades e caráter, 37;
    reprova Josefina, 180-1, 266;
    se opõe à trama da volta de N de Elba para a França, 645;
    se une a N em Paris, 650;
    troca mobília da casa em Ajacio, 233;
    visita N em Brienne, 44;
    visita N em Milão, 180-1
Bonaparte, Louis (irmão de N):
    abdica ao trono holandês e foge para Gratz, 510-1;
    acompanha N a Paris, 103-4;
    acompanha N na volta à França, 67;
    assume o título de Condestável, 389;
    como assistente de N em Paris, 119;
    como assistente de N na campanha contra a Sardenha, 99-100;
    como rei da Holanda, 427-30, 510;
    despreza o bloqueio antibritânico de N na Holanda, 473-4;
    em Ajacio, 63;
    foge de casa com a mãe, 83;
    institui novas ordens de cavalaria, 431;
    Louis, ou les peines de l'amour, 588;
    N conhece na infância, 56;
    N estima e privilegia, 287, 335, 429;
    N o leva para a escola de oficiais em Châlons, 106;
    N o vê como sucessor, 338;
    namoro e casamento com Hortense de Beauharnais, 335, 338;
    neurose, 351, 397;
    recebe N e Maria Luísa, 510;
    recusa o trono da Itália, 403;
    se oferece para voltar à Holanda, 588;
    sobre a baixa qualidade dos substitutos das tropas francesas na Itália, 164-5;
    volta do Egito, 242
Bonaparte, Lucien (anteriormente Luciano; irmão de N):
    admitido no seminário de Autun, 45;
    capturado pela Marinha e mantido como prisioneiro na Inglaterra, 512;
    cargo judicial em Ajacio, 63;
    casamento secreto e filhos, 397, 460;
    coleção de arte, 335;
    como ministro do Interior, 271-2;
    conselhos e apoio a N depois da derrota em Waterloo, 660-1;
    denuncia N como tirano, 335-6;
    deseja que N se divorcie de Josefina, 242;
    desempregado em Ajacio, 63;
    discurso denunciando Paoli, 81-2;
    discurso sobre a grandeza da França, 310;
    discussão com N na volta do Egito, 241-2;
    dispensado do cargo de ministro do Interior, 322;
    e a sucessão de N, 349-50, 389;
    e as atitudes de N em relação à turba parisiense, 75-6;
    em Saint-Maximin ("Maratona"), 97;
    em Toulon, 85;
    encontra N em Mântua, 560-1;
    e o golpe do Brumário, 248, 253, 256, 258-62;
    e trama de assassinato contra N, 312;
    ideias revolucionárias, 77;
    impressionado por N no Conselho de Estado, 317;
    irmã Élisa atua como anfitriã, 287;
    Josefina não gosta de, 180-1;
    muda nome para Brutus e se casa com Christine, 97-8, 127-8;
    N ajuda a encontrar lugar no seminário, 57;

N o nomeia como comissário para o Exército do Norte, 120;
nascimento, 37;
negocia tratados de paz, 300;
objeção ao traje do *Champ de mai*, 652;
oferece negociações de paz a Castlereagh, 588;
Paoli o rejeita como secretário, 79;
pede autoridade suprema para N, 382-3;
propõe mudanças no Tribunato, 343;
rejeita os pedidos de N para que se divorcie, 460;
retorna do cargo de embaixador na Espanha, 335;
Sémonville o contrata como secretário, 80;
Sièyes trama com, 244-5;
sobre a deterioração física de N, 650;
treina na Academia Militar de Brienne, 46;
volta ao Tribunato, 341
Bonaparte, Marie-Julie (nome de solteira Clary; esposa de Joseph), 100-1, 120
Bonaparte, Napoleão-Charles (filho de Hortense e Louis), 375-6, 397;
morte, 470
Bonaparte, Pauline (Maria Paolina):
acompanha o marido a São Domingos, 362;
ansiedade quanto ao destino de N no golpe do Brumário, 262;
casamento com Leclerc, 180-1;
cuida do marido moribundo, 373;
educação, 242;
encontra N a caminho de Elba, 639;
e o casamento de N com Maria Luísa, 507;
e o flerte de N com Christine Ghilini, 501;
feliz com o divórcio de N e Josefina, 502;
Fréron se apaixona por, 105, 120, 127;
mais tarde Leclerc; depois princesa Borghese; irmã de N), 56, 83;
não obtém permissão para visitar N em Santa Helena, 682-3;
promovida a princesa, 398;
rouba figos na França, 96;
visita N em Elba, 642;
visita N em Milão, 180-1;
volta a se casar (Borghese), 373
Borghese, príncipe Camilo, 373
Borghese, princesa Pauline, *ver* Bonaparte, Pauline
Borisov, 577
Borodino:
batalha de (1812), 560-3;
feridos evacuados, 572
Boswell, James, 32-3, 36, 48;

Um relato sobre a Córsega, 33, 48
Bottot, Carlo, 190, 252-3
Bou, Claudine-Marie, 53
Bougainville, almirante Louis-Antoine de, 46, 50, 195
Bouillé, Louis-Amour, marquês de, 387
Boulart, general Jean-François, 235-6, 401, 442, 474, 623
Boulogne-sur-Mer, 371, 373-4, 392-4, 397, 403, 406, 408, 410, 510, 516
Bourbon, família:
possibilidade de restauração, 190-1, 622-3, 626;
restauração e impopularidade após a queda de N, 644-6, 649, 651;
ver também Luís XVIII, rei da França
Bourbonne-les-Bains, 44
Bourgeois, dr. René, 576
Bourgogne, sargento Adrien, 565, 575
Bourgoing, tenente Armand Charles Joseph de, 558
Bourrienne, Louis Antoine de Fauvelet de:
acompanha N à guerra contra a Áustria, 301-3;
amizade com N, 43, 75;
anda pelas ruas de Paris com N, 290;
atuando, 351;
com N no golpe do Brumário, 254, 257, 262;
como comissário em Hamburgo, 473;
como secretário de N, 266, 334;
deixa o Egito com N, 232;
dispensado, 352;
e a expedição de N ao Egito, 201, 203;
e as finanças de N, 120;
e as negociações de N com Cobenzl, 192-3;
no serviço diplomático, 75;
organiza a equipe nas Tulherias, 280;
sobre o canto de N, 271-2
Boyer, Christine, *ver* Bonaparte, Christine
Boyer, Claude (farmacêutico), 228
Brandt, Heinrich, 558
Brienne:
N estuda na academia militar, 41-3;
N revisita, 404
Bretanha: britânicos desembarcam força de emigrados na, 115
Broglie, Achille de, 498
Brueys, almirante François Paul de, 202, 204, 207, 214
Bruix, almirante Eustache, 243, 252-3, 259, 392
Brumário, golpe (1799):
execução e êxito, 254-62;
planejado, 247-9

Brune, general Guillaume, 116, 118, 239, 309, 312, 327, 348, 367, 393
Brunswick, Karl Wilhelm Friedrich, duque de, 436, 489
Brunswick-Oels, Friedrich Wilhelm, duque de, 79, 489
Bruxelas, 389, 396, 510, 658
Bubna, general Ferdinand, 586, 594-5
Bunbury, Sir Henry, 667
Buonaparte, Carlo Maria (pai de N):
    ambições sociais, 251-2;
    apresentado a Luís XVI, 40;
    assento nos Estados corsos, 43;
    cargo na Córsega, 66;
    carreira legal, 34-8;
    declínio de saúde e morte, 48-9;
    e o nascimento e batismo de N, 34, 36;
    estilo de vida, 38;
    na Córsega, 30-4;
    propriedade de terra e negócios, 44-5, 55, 71;
    reivindicação à nobreza, 38-9
Buonaparte, Filippo, 154
Buonaparte, Gabriele (século XVI), 30
Buonaparte, Geronimo (filho de Gabriele), 30
Buonaparte, Giuseppe Maria (avô de N), 31, 34
Buonaparte, Luciano (tio-avô de N), 31-2, 34, 37-8, 43, 49, 55-6, 60, 71
Buonaparte, Napoleone (tio-avô de N), 31-2, 34, 36-8
Buonaparte, Paola Maria (tia-avó de N), 31
Buonaparte, Sebastiano (ancestral de N), 31
Buonaparte, Sebastiano (tio-avô de N), 31
Buonarroti, Filippo, 65, 133
Burke, Edmund, 331
Burney, Fanny, 357
Buttafocco, Matteo, 63, 66, 68

"Ça Ira" (canção revolucionária), 262
Cabanis, Pierre, 270
Cabarrus, Thérèse de (Nossa Senhora do Termidor), 109
Cádiz, 411
Cadoudal, Georges, 276, 324, 372, 374-7, 381, 386
Cairo:
    França ocupa, 213, 217-8;
    Instituto, 215, 229;
    Napoleão volta da campanha Síria, 227-9;
    revolta no, 219-20
calendário gregoriano reintroduzido, 408

Calmelet, Étienne, 126
Cambacérès, Jean-Jacques:
    Abrial o sucede como ministro da Justiça, 271-2;
    aconselha N a voltar a Paris, 623;
    aconselha N depois da derrota de Waterloo, 660;
    aflição com a obsessão de N pela grandeza, 515;
    alerta contra a aliança com a Espanha, 462;
    alerta N sobre Talleyrand, 273-4;
    arranja o divórcio de N e Josefina, 502-3;
    assume a campanha na ausência de N, 408, 451-2;
    como cônsul, 268-9;
    defende novo status para N, 348-9;
    deixa Paris com Maria Luísa, 624-5;
    e a confusão de N sobre o status de imperador, 388, 402;
    e a crença de N sobre sua popularidade na Grã-Bretanha, 365;
    e a crise financeira (1805-6), 418-9;
    e a fúria de N com a assembleia, 617;
    e a execução de Enghien, 378-9;
    e as negociações de paz com a Rússia, 587;
    e as negociações de paz de N, 299;
    e as sugestões de Mollien de reforma econômica, 314;
    e a sucessão de N, 349-50;
    e a vitória de N em Ratisbona, 482-4;
    e a volta de N da Rússia, 583;
    e a volta de N de Tilsit, 451;
    e intrigas contra N, 308-9;
    em Blois, 628-9;
    emite *senatus-consulte*, 324;
    envia delegação ao quartel-general aliado, 662;
    e o Código Civil, 338;
    e o encontro de N com o tsar em Erfurt, 470-1;
    e o retorno de N de Elba a Paris, 648;
    e os conspiradores monarquistas, 376-8;
    e o segundo casamento de N, 506;
    e os planos de N contra a Rússia, 545-6;
    e os planos de N para a invasão da Inglaterra, 393-4;
    esboça Constituição para a Vestfália, 490-1;
    e se muda para as Tulherias, 279;
    fala a N como imperador, 384-5;
    gestão financeira, 295-6;
    homossexualidade, 514;
    ineficiência ao combater o desembarque britânico em Walcheren, 500-1;
    mensagens de N na campanha russa, 553;

modera propostas antijacobinas, 265, 324;
N consulta, 245-6;
N mantém como ministro da Justiça, 264;
na campanha italiana, 301-2;
no Conselho de Estado, 422
nomeado arquichanceler, 389;
ordena a antecipação da convocação militar na França, 611-2;
ordena a compra de salame livre de impostos em Berg, 473-4;
passado e caráter, 269-71;
propõe a abelha como símbolo dinástico, 390;
se opõe às reformas religiosas de N, 320;
sobre a difícil situação nacional diante das ameaças dos aliados, 622;
sobre as celebrações do aniversário de N em Paris, 500;
sobre o status de N como cônsul, 383-4;
sobre o declínio do apoio da população a N, 494-5;
sobre o pessimismo em Paris, 612-3;
sobre o Tratado de Amiens, 358-9
Cambronne, general Pierre, 637
Campan, Henriette, 127, 195, 242, 290
Campbell, coronel Sir Neil, 637-8, 640, 643-5
Campo Formio, Tratado de (1797), 193-5, 327, 418
Canadá:
    França perde para os britânicos, 186
Canova, Antonio, 517
Carlos, arquiduque da Áustria, 174-5, 408, 410-1, 481-2, 484-8
Carlos IV, rei da Espanha, 327, 454-5, 458, 462
Carlos XIII, rei da Suécia, 528
Carnot, Lazare:
    aconselha N depois da derrota de Waterloo, 660, 662;
    cancela operação na Sardenha 101;
    desdenha de N e da operação italiana, 125-6;
    hostilidade com relação a N, 195-6;
    N nomeia novamente como ministro da Guerra, 300-1;
    N relata da Itália, 13, 139-40, 143-6;
    nomeado ministro do Interior quando N volta de Elba, 649;
    ordena *levée en masse*, 88;
    plano para Toulon, 93;
    se opõe a declarar a França um império, 383-4;
    sugerido como sucessor de N, 308-9
Carteaux, general Jean-François, 86, 89-91, 116, 284

Castaños, general Francisco, 467, 478
Castellane, Boniface de, 543
Castiglione, 159, 161, 165, 620
Castlereagh, Robert Stewart, visconde, 588, 617, 633, 644
Catalunha, 494
Catarina, grã-duquesa da Rússia 447, 472
Catarina, rainha da Vestfália, *ver* Württemberg, Catarina, princesa de
Caulaincourt, Louis de, duque de Vicence:
    acompanha N à coroação na Itália, 404;
    acompanha N na volta da Rússia para Paris, 579-80, 583;
    aconselha N a abdicar, 626-7;
    aconselha N depois da derrota em Waterloo, 660-1;
    aliados impõem condições para a paz a, 619;
    assina o Tratado de Fontainebleau, 633;
    conhece Maria Walewska em Fontainebleau, 635;
    consulta com N em Paris, 531;
    e a aceitação do novo governo, 628-9;
    e a entourage de N em Santa Helena, 682-3
    e a guerra iminente com a Rússia, 528, 544-5;
    e as negociações de paz com a Rússia, 587, 595;
    e N reconsidera a abdicação, 632;
    e o desejo de N de se casar com alguém da realeza russa, 505;
    e o desprezo de N pela Prússia, 434-5;
    e o retorno de Elba para Paris, 648-9;
    escreve a Metternich dando garantias das intenções pacíficas da França, 653;
    missão para Alexandre em Paris, 625-9;
    N agradece pelos serviços leais, 637-8;
    N chama após tomar veneno, 634;
    N instrui que a Rússia eleve tarifas, 529;
    na campanha russa, 548-9, 555-9, 565-8;
    na retirada de Moscou, 573-7, 580-1;
    negocia com aliados, 619-21, 632-3;
    no congresso de paz com Rússia e Áustria, 602-3;
    se reporta a N, 628-9;
    sobre a impopularidade do tratado de Tilsit na Rússia, 470;
    sobre as más condições do terreno para marchar sobre Varsóvia, 440;
    sobre Josefina no casamento de Eugène, 418-9;
    substitui Maret como ministro das Relações Exteriores, 616
Cavaignac, Jean-Baptiste, 367
"Cem Dias, Os", 665, 670

Ceracchi, Joseph, 313
Cesari, coronel Pietro Paulo Colonna, 63-4, 81
Champagny, Jean-Baptiste, 393-4, 453-4, 501, 527-8, 532, 551-2
Champaubert, batalha de (1814), 619-20
Champion de Nansouty, Étienne-Marie, 42
Championnet, general Jean-Étienne, 195
Chaptal, Jean-Antoine:
    apoia o protecionismo, 360;
    e os atos de caridade de N, 516;
    inventa novas estruturas administrativas, 293-4;
    na eleição de N como presidente da República Cisalpina, 340;
    nas rotinas diárias de N, 288;
    relações com N, 285-6;
    sobre a consciência de N de seu nascimento em classe baixa, 474-5;
    substitui Lucien como ministro do Interior, 322
Charles, padre (capelão de Brienne), 301
Charles, tenente Hippolyte:
    caso com Josefina, 141, 156-7, 169, 199, 202
Chastenay, Victorine de, 513-4, 533
Château-Sallé, Antibes, 97, 106
Chateaubriand, René de, 287, 346, 358;
    O gênio do cristianismo, 346, 358
Châtillon: negociações de (1814), 103-5, 108, 619-21
Chaumont, Tratado de (1814), 622
Chauvet, Félix, 92, 127, 131, 134
Chénier, Marie-Joseph, 26, 196
Cherasco, armistício de (1796), 140, 170
Chernyshev, general Alexander, 531
Chalapowski, Dezydery, 545, 595
Cipriani (mordomo de N), 668, 670, 681
Cisalpina, República (mais tarde Italiana), 185, 327, 339, 366;
    N eleito presidente, 340-1
Cispadana, República, 172, 176, 185
Clarke, general Henri-Jacques, 169-71, 177, 586, 628
Clary, família: se muda para Gênova, 106-7
Clary, Bernardine Eugénie Désirée:
    casamento com Bernadotte, 242, 245-6, 335, 436;
    e o casamento de N com Josefina, 127-8;
    N flerta com, 101-2, 107-8, 112;
    N se retira, 120;
    se muda para Gênova, 107-9
Clausewitz, Karl Marie von, 581
Cligari, Sardenha, 81
Club des Amis de la Constitution, 69

Clube Jacobino: N fecha, 119
Cobenzl, conde Ludvig, 190-3, 327
Cockburn, contra-almirante Sir George, 667, 669, 671-2, 674-6
Código Civil (*Code Civil des Français*; Código Napoleônico), 270, 314-5, 338, 443, 451, 459, 491, 502
Código Comercial, 451
Código Napoleônico, ver Código Civil
Código Penal, 516
Coignet, capitão Jean-Roch, 509, 638
Coigny, Aimée de, 109
Colli, marechal de campo Michael, barão de, 133, 137
Collot, Jean-Pierre, 127, 134, 139, 182, 242
Colombier, Caroline du, 54
Colombier, Madame du, 54, 68
Comeau de Charry, Sébastien, 410-1
Comitê de Segurança Pública, 89, 93, 99-100, 102, 116-7
Concilio de bispos franceses, 533
Concordata:
    em acordo com a Igreja Católica, 337-8, 344;
    enfraquecida, 496;
    revisada, 591, 612-3
Condé, Louis-Joseph, príncipe de, 312, 376
Confederação do Reno:
    Alexandre planeja remoção, 590;
    governantes em Erfurt, 470-3;
    governantes se unem aos aliados, 589;
    governo francês, 469, 492-3;
    lealdade à França questionável, 532;
    N forma, 429; *ver também* Alemanha
Consalvi, cardeal Ercole, 337
Conselho de Estado (Conseil d'État):
    analisa o Código Civil, 315;
    composição, 269-71;
    condução de negócios, 422;
    debate extensão do consulado de N, 349-50;
    formula novas leis, 267-8;
    instalado nas Tulherias, 277;
    N supervisiona, 316;
    reservas quanto à Concordata com a Igreja Católica, 337;
    sob o consulado estendido de N, 354
Constant, Benjamin, 267, 293, 335-6, 651, 655-7, 661-3
Constant, Louis, 445, 478, 579, 633, 637
Constantino, grão-duque da Rússia, 447

Constituição do Ano VIII, 269
consulado e cônsules:
    mudança para as Tulherias, 277;
    poderes, 267-77;
    recepção para o corpo diplomático, 281
Convenção:
    oposição a, 86;
    sobre a nova Constituição (1795), 115-6;
    substitui a Assembleia Nacional, 81
Copenhague:
    bombardeada pela Marinha Real (1800), 331;
    Grã-Bretanha ataca (1807) e captura frota, 453-4
Corday, Charlotte, 97
Cordier, Louis, 219
Corneille, Pierre, 274, 336, 414, 427, 519, 673;
    Cinna, 274, 461, 471
Cornet, Mathieu-Agustin, 249, 251
Cornwallis, Charles, primeiro-marquês, 332-3, 353, 382
Corpo Legislativo (Corps législatif), 268, 291, 338, 354, 389, 613
Córsega:
    Assembleia de Estados, 36, 43;
    britânicos ocupam, 102;
    como província semiautônoma da França, 36;
    envia deputados aos Estados Gerais em Versalhes, 63;
    história e condições sociais, 29-33;
    integrada à nação francesa, 64;
    Joseph representa o conselho municipal, 65;
    motins e desordem, 63, 72-3, 80;
    N escreve história da, 61, 65, 68;
    N renuncia, 87;
    N revisita, 56-8;
    N volta na eclosão da Revolução Francesa, 62;
    separatistas na, 63-4
Coruña, La, 479
Corvisart, dr. Jean-Nicolas, 285, 333, 335, 399, 499-500, 520, 636, 650
Cosway, Maria, 357
Courrier de l'armée d'Italie, 183
Courrier de l'Égypte, Le, 219
Craonne, batalha de (1814), 622
Crétet, Émmanuel, 500
cristianismo: rejeitado na Europa, 147
Croisier, capitão (ajudante de campo de N), 224
Cromwell, Oliver, 256-7, 321, 623
cunhagem: com a efígie de N, 356
Czartoryski, príncipe Adam Jerzy, 406

Dabrowski, general Jan Henryk, 172
Damanhur, 210
Danzig, 445, 584, 591, 599, 605
Daru, Pierre, 420-1, 547, 576, 649
Daubenton, Louis, 266
Daunou, Pierre-Claude, 267, 293
David, Jacques-Louis, 22-3, 147, 152, 197, 201, 289, 308, 392, 460
Davidovitch, general Paul, 162-3, 165, 167-8, 174
Davout, marechal Louis-Nicolas:
    combate os austríacos, 409, 414-5;
    combate os russos na Polônia, 440;
    em Auerstadt, 436;
    em Austerlitz, 417;
    em Borodino, 560-3;
    em Wagram, 487-8;
    e N depois da derrota de Waterloo, 671-2;
    N cogita como rei da Polônia, 546-7;
    na campanha russa, 553, 556;
    na elevação de N a imperador, 386;
    na retirada de Moscou, 574-6;
    no Egito, 211;
    preso em Hamburgo, 604;
    promovido a marechal, 408;
    recebe ordens para se preparar com a guerra contra a Rússia, 530;
    se junta a N no retorno de Elba, 649;
    tenta conter Murat, 591
Decaen, general Charles Mathieu Isidore, 366-7
Decrès, almirante Denis, 362, 395, 406, 481, 498, 548, 649, 661, 663-4
Dego, 101, 136-7, 140
Delmas, general Antoine Guillaume, 174
Dembiński, tenente Henryk, 567
Dinamarca:
    e o Tratado de Tilsit, 448;
    Grã-Bretanha captura frota, 453-4;
    na Liga dos Neutros, 330;
    ver também Copenhague
Denon, Vivant, 233
d'Erlon, general Jean Baptiste Drouet, 657
Desaix, general Louis, 187, 216, 222-3, 302, 304-7, 310, 408, 431
Descartes, René, 238, 388
Desgenettes, dr. René, 215, 227, 230
Desmarest, Pierre, 377
Destaing, general Jacques-Zacharie, 230
Diavolo, Fra (Michele Pezza), 465

Diretores, Diretório (Paris):
  apoiam N na campanha italiana, 174-5;
  cassa a oposição e retoma a maioria, 189-90;
  comissários, 170-1;
  convocam N a Paris, 194-8;
  dissolvido no golpe do Brumário, 247, 253, 256-7, 263;
  e a apresentação que Talleyrand faz de N, 24, 27;
  e a conclusão do Tratado de Campo Formio por N, 193-4;
  e a expedição de N ao Egito, 203;
  e a proposta de invasão à Inglaterra, 199;
  e a proposta de N por poder compartilhado, 202;
  e o retorno de N do Egito, 240-1;
  e os atos independentes de N, 150-1;
  interesse em bases no Egito e na África, 188-9;
  N e reporta aos, 139-40, 164-5, 166-8, 173, 177, 229;
  no Palácio Luxemburgo, 22-3;
  ordenam que N marche sobre Roma com tropas reduzidas, 144-5;
  reformas administrativas, 353-4;
  trama da direita contra, 184
Divova, Elizaveta Petrovna, 357
Djezzar Pasha (Ahmad Pasha al-Jazzar), 222, 225-7
Dnieper, rio, 545, 556
Dolgoruky, príncipe, 413
Dolomieu, Déodat, 206
Dominica, 360-1
Dommartin, tenente-coronel Elzéar Auguste Cousin de, 89
Doppet, general François, 91-2
Doris, HMS, 370
Drake, Francis, 375
Dresden, 583, 594, 600, 602-3, 617;
  batalha de (1813), 605
Drouot, general Antoine, 637, 640
Dubois, dr. Antoine, 520-1
Duchâtel, Adèle, 334
Ducis, Jean-François, 201
Ducos, Roger:
  e o golpe do Brumário, 245-6, 248, 253-4;
  nomeado cônsul, 261, 263-4
Dugommier, general Jacques, 92-5, 284
Dugua, general Charles, 230
Dumas, general Alexandre, 164, 211
Dumas, general Mathieu, 276, 464, 468, 498, 607
Dumerbion, general Pierre, 98, 101-2, 125
Dumouriez, general Charles François, 82, 185, 376

Dupont, general Pierre-Antoine, 462, 467-8, 480, 542, 635
Duroc, general Christophe:
  acompanha N à Itália, 303-4;
  acompanha N na volta a Paris, 579;
  e Maria Walewska, 441-3, 499;
  e o luto de N pela morte de Lannes, 485-6;
  familiaridade com N, 285, 426;
  na campanha russa, 555;
  na retirada de Moscou, 576-7;
  nomeado grão-marechal do palácio, 290, 389-90;
  morto em Bautzen, 597, 606-7;
  sobre a nomeação de N como imperador, 384-5;
  recebe a chave de grão-camareiro de Talleyrand, 480-1
du Teil, general Jean-Pierre, 58, 67, 86, 93, 284

Eckmühl, batalha de (1809), 483
École Militaire, Paris, 46-7, 49-51, 64, 89, 264, 408, 652
Edgeworth, Maria, 357
educação: reformas, 347, 422-3
Egito:
  britânicos desembarcam tropas e ocupação francesa termina, 331-2;
  cientistas e acadêmicos acompanham a exposição, 201-2;
  colapso francês iminente no, 298;
  condições, 209-11;
  expedição dos franceses a, 200-1;
  França mantém ocupação, 330;
  franceses chegam ao, 207-8;
  franceses pretendem colonizar, 186, 190-1;
  governo e pesquisas de N no, 214-21, 229;
  N parte do, 232-4, 298;
  opressão otomana no, 185;
  Talleyrand propõe invasão, 199-200
Elba (ilha):
  cedida à França, 328, 366;
  N exilado em, 627-8, 633, 639-40;
  vida e governo de N em, 640-1
Elliot, Sir Gilbert, 102
Elphinstone, Clementine, *ver* Malcolm, Lady
emigrados: N concede anistia a, 346-7
Enghien, Louis Antoine Henri Condé, duque d':
  preso e morto, 376-80, 406;
  sugerido como sucessor de N, 308-9
Épervier, l' (brigue francês), 665

Erfurt: encontro de N com o tsar (1808), 470-7,
Ermenonville, 312
escravos e escravidão:
    abolida nas colônias francesas, 359-60, 362-3;
    N abole comércio, 653;
    rebeliões, 360-3
Espanha:
    ações militares dos franceses na, 467-8;
    atraso social/político, 461-2;
    avanço da guerra na, 525;
    e o avanço francês sobre Portugal, 458;
    europeus antifranceses buscam libertação, 494;
    forças francesas na, 462;
    guerra de guerrilha na, 494;
    hostilidade com os franceses, 466;
    Joseph como rei (José I), 464-7;
    N desenha nova Constituição para, 465;
    N propõe retirada bilateral das tropas, 542;
    N retira tropas da, 587;
    N viaja para, 462-3;
    N visita e tenta pacificar, 475-7;
    ofensiva de Wellington na, 601-2
    possível aliança com a coalizão, 445;
    tesouro e lingote, 419-20;
    tratado de paz com a França (1795), 115
Essling, 485, 489, 495, 499
Estados Gerais (França):
    deputados corsos participam, 63;
    Luís XVI convoca, 60;
    transformada em Assembleia Nacional, 64
Estados papais:
    conflito com Áustria e Nápoles, 320;
    N incorpora ao Império Francês, 494-6, 517;
    N ocupa portos estratégicos, 459-60;
    N ordena ocupação militar, 461
Estados Unidos:
    compra da Louisiana pela França, 369;
    e a política colonial de, 360-1;
    N assina tratado com, 328-9;
    N se prepara para fugir para os, 662-3
Etrúria, 327, 365-6, 398, 459
Europa:
    e o equilíbrio de poder, 328;
    N reorganiza, 419, 454-5
Exército (francês):
    marechais no, 407-8;
    reação ao novo status de N como imperador, 385-6;
    visão de N, 318-9, 347-8

Exército da Batávia, 348
Exército da Inglaterra:
    N comanda, 27, 193, 196, 198;
    N reconstitui (1803-5), 371-2, 393, 407-8
    ver também Grande Armée, La
Exército da Itália:
    baixas e substituições, 164-6;
    condição e moral baixo, 130-2;
    contingente em Toulon, 89;
    Força, 132-3;
    N esboça planos para atacar Viena (1795-6), 125;
    N recebe comando geral, 125-7, 129;
    N recebe o comando da artilharia, 97;
    N reforma e disciplina, 131-2, 138-40;
    regimento de N estacionado com, 86;
    senso de camaradagem, 161;
    traje inadequado e improvisado, 149, 160;
    vitórias sobre os austríacos, 159-63
Exército do Oriente, 200, 224, 234, 311
Exército da Espanha, 477, 525, 601, 625, 636
exército reserva, 300-2
Eylau, batalha de (1807), 341-2

Fabvier, coronel Charles, 560
Fain, Agathon, 352, 423-6, 431, 530, 543-4, 566, 579, 601, 634
Faipoult, Guillaume, 145
Fantin des Odoards, coronel Louis Florimond, 657
Farington, Joseph, 357
Faucheur, sargento Narcisse, 607
Fauvelet de Bourrienne, Louis Antoine de, *ver* Bourrienne, Louis Antoine de Fauvelet de
fédérés, 86, 88-9
Ferdinando, arquiduque da Áustria:
    comanda o Exército austríaco, 408-9, 481-2, 490;
    N prefere como sucessor de Francisco I, 501
Ferdinando IV, rei de Nápoles, 405, 427-8, 433
Ferdinando VII, rei da Espanha (anteriormente príncipe das Astúrias), 455-8, 460, 462-6, 468, 611-2
Fère, La (regimento), 51-3;
    rebatizado de Primeiro, 68
Fère Champenoise, La, 623
Ferrières, general, 569
Fesch, cardeal Joseph (Giuseppe):
    acompanha Letizia na partida de Ajacio, 39;
    batiza o filho de N, 522;
    Bertrand faz apelo de Santa Helena, 682-3;

cartas de N, 45, 59, 67, 75-6;
casa N e Josefina em cerimônia secreta, 400-1;
celebra missa em Lyon, 404;
como contramestre em Chauvet, 85;
como grão-esmoler, 389;
compra terras perto de Ajacio, 233;
cuida de Carlo moribundo, 49;
falsifica a idade de Joseph, 65;
foge da Córsega para a França, 83-4;
encontra Josefina em Parma, 157;
e o casamento de N com Maria Luísa, 507-9;
e o ceticismo religioso de N, 518;
e os preparativos de N para fugir para os Estados Unidos, 662;
estabelece negócios na Basileia, 106;
exilado, 533;
jura fidelidade ao papa, 533;
N encontra empregos para, 112, 120;
promovido a arcebispo de Lyon e primaz da França, 346;
se une a N em Paris depois do retorno de Elba, 650;
visita N em Milão, 180-1
Fiévée, Joseph, 585
Finckenstein, Tratado de (1807), 445
Fiszerowa, Wiridianna, 357
Flaxman, John, 357
Florença, 154, 157
Fontaine, Pierre, 152, 288, 357, 371, 400, 461, 514, 585, 612, 620
Fontainebleau, 368, 391, 399, 404, 470, 497, 501, 506, 518, 591, 621, 625, 629, 632-3, 635, 637-8, 648
Fontainebleau, Tratado de (1807), 455
Fontainebleau, Tratado de (1814), 633, 641-2, 644
Fontanes, Louis-Marcelin de, 273
Fouché, Joseph:
    apoia Josefina, 349-50;
    carta de N na Espanha, 476;
    conspira com Talleyrand, 478;
    convence Josefina a pedir o divórcio, 470;
    defende a paz com os britânicos, 510;
    demitido por N, 510, 515;
    descobre tramas militares contra N, 348-9;
    diz ter se oposto à execução de Enghien, 380-1;
    e a censura ao teatro e à imprensa, 272-4;
    e a conspiração monarquista, 377-8;
    e a proposta de extensão do consulado de N, 349-50;
    e as tramas para a sucessão de N, 308-9;
    e a volta de Luís XVIII ao trono, 665-6;
    enviado a Nápoles, 617;
    e o golpe do Brumário, 255, 261;
    e o novo casamento de N, 506;
    e os complôs para matar N, 312-3, 324;
    estilo de policiamento, 515;
    frustra a fuga de N para os Estados Unidos, 663-5;
    governo durante a ausência de N, 451-2;
    incita N a se aliar com Barras, 245-6;
    independência, 271-2;
    lucra com rumores, 308-9;
    N dá assento no Senado, 348-9;
    N não pune, 480-1;
    N nomeia governador da Ilíria, 600;
    N repreende, 501;
    pede que N tenha autoridade suprema, 382-3;
    planeja a eliminação de N, 633;
    promovido a duque de Otranto, 430;
    rede de informantes, 272-3, 352-3;
    relações com N, 243-4, 247;
    relatórios policiais, 246;
    responde ao desembarque britânico em Walcheren, 500;
    se opõe ao restabelecimento do status da Igreja, 320;
    sobre a concessão de títulos hereditários, 430;
    sobre a proximidade de Lannes com N, 485-6;
    sobre a reação de N à captura da frota dinamarquesa pelos britânicos, 453-4;
    sobre a reação de N ao esboço de Constituição de Sièyes, 266-7;
    sobre o governo após a sucessão de N, 382-3;
    trama autoprotetiva, 653-5;
    trama contra N após a derrota de Waterloo, 660-2;
    volta a ser ministro da Polícia, 380-1;
    volta a ser ministro de Polícia após o retorno de N de Elba, 649, 654-5
Foureau de Beauregard, dr. Louis, 637
Fourès, Lieutenant, 218-9
Fox, Charles James, 356, 428
França (e Império Francês):
    amplia fronteiras, 328-9;
    assina tratados de paz, 330;
    cargos, títulos e cerimônias, 390;
    cerimônias e símbolos revolucionários eliminados gradativamente, 390;
    código legal, 314-6, 451;

comércio com a Grã-Bretanha, 526;
condições críticas (1799), 237;
condições da Marinha, 523-4;
Constituições, 115-6, 266-9, 353-5, 389;
crise financeira (1805-6), 412, 418-20;
declara guerra à Grã-Bretanha e à Holanda
    (1793), 81;
declarada império, 383-5;
descontentamento com a restauração dos
    Bourbon, 644-5;
e a natureza hereditária da monarquia, 391;
e o equilíbrio de poder, 328;
estradas e comunicações se desenvolvem, 523;
estrutura administrativa e governo local, 292-5;
expansão e população, 369;
forças monarquistas capitulam, 275-6;
fundo de amortização estabelecido 314;
Grã-Bretanha declara guerra a (1803), 370;
hostilidade em relação à Grã-Bretanha, 331;
império colonial, 360-3;
império se expande no continente e declina
    no além-mar, 523;
indústria e agricultura, 523;
interesses no Oriente Médio e no Mediterrâneo,
    186-8;
mantém equipamento militar estabelecido, 497;
Marinha danificada pelos revolucionários, 199;
medo da volta dos monarquistas, 381-2;
monarquista na, 266, 322-3;
monarquistas presos e condenados à morte,
    374-6;
N chega na volta do Egito, 233-5;
N reergue econômica e politicamente em
    período de paz, 358-60;
negociações de paz com Grã-Bretanha e Rússia
    (1806), 433;
oposição monarquista declina, 312;
paz com a Espanha (1795), 115;
paz com a Grã-Bretanha e com a Turquia (1802),
    343-4;
perde colônias para os britânicos, 186;
plebiscito sobre a mudança para o regime
    imperial, 390-1;
problemas econômicos, 524-6;
Prússia declara guerra a (1813), 589;
reação popular a N como imperador, 385;
reformas econômicas e financeiras, 294-6, 314;
ressurgência monarquista, 115-7;
revoltas e levantes contra a Convenção, 86;

rivalidade comercial com a Grã-Bretanha, 358-9;
sistemas penal e de polícia sob Savary, 515-6;
sob ameaça de coalizão de nações, 88, 125-6, 231,
    237, 297, 328-9;
sob o consulado, 263-5;
status imperial, 429;
tratado de paz com a Áustria (1801), 327-8;
vulnerabilidade, 532;
ver também Revolução Francesa
Francisco I, imperador da Áustria (Francisco II, sacro
    imperador romano), 154, 306-7;
    abandona a coalizão depois de Austerlitz, 417;
    adia o reconhecimento de Joseph como rei da
        Espanha, 469;
    carta de N sobre a ascensão de Joseph ao trono
        da Itália, 403;
    carta de N no retorno de Elba, 653;
    cuida do neto Napoleão II, 671;
    disposição para apoiar o filho de N como
        sucessor, 632;
    e a guerra iminente entre Rússia e França, 530;
    e o Tratado de Viena, 501;
    N alerta, 406;
    N espera ter apoio de, 589;
    N sugere acordo de paz em separado, 618, 620;
    perde território com o Tratado de Pressburg,
        417-8;
    rejeita a oferta de paz de N, 411;
    se prepara para a guerra contra N, 475;
    título, 385
François, capitão Charles, 576
Frankfurt, propostas e Declaração (1813), 615-6
Franklin, Benjamin, 238
Frederico Augusto, rei da Saxônia, 583, 593, 607, 609
Frederico I, rei (anteriormente Eleitor) de
    Württemberg, 409, 417-9, 435, 480-1, 501-2, 522,
    543, 671
Frederico Guilherme II, rei da Prússia:
    Alexandre apoia, 446;
    apoia Luís XVI, 328;
    assina a Convenção de Bartenstein (1807), 445;
    carta a N sem resposta, 451-2;
    congratula N por se tornar imperador, 385;
    e as negociações de paz (1806), 433-5, 437;
    em Auerstadt, 436;
    em Tilsit, 447-8;
    encontra N em Dresden, 549;
    indeciso quanto à fidelidade, 412;
    invade a Saxônia com os russos, 593;

N despreza, 448;
receoso de invadir a França, 615;
se une aos aliados na guerra contra a França, 588-9;
senso de honra, 593
Frederico VI, rei da Dinamarca, 584
Frénilly, François Auguste de, barão, 401
Fréron, Stanislas, 91, 93, 95, 104, 118, 120, 127
Friedland, batalha de (1807), 445-6
Frochot, Nicolas, 586
Frotté, Louis de, 276
Fuseli, Henry, 357

Gallo, Marzio Mastrilli, marquês de, 184, 190-1, 193
Ganteaume, contra-almirante Honoré, 232-3
Gardanne, general Gaspard Amédée, 262, 470
Garrau, Pierre-Anselme, 170-1, 174
Gasparin, Thomas, 88, 91, 93
Gassendi, Jean-Jacques, 91, 98
Gaudin, Martin, 264, 272, 295, 314, 481, 493, 649
Gaza, 224
Gendarmeria, 358, 587
Genebra: N visita, 193-4, 301-3
Gênova, 303-5, 405
Gentz, Friedrich von, 385
Georges, Marguerite Josephine, 373, 601-2
Gérard, François, 560, 568
Ghilini, Christine, 501
Girardin, Stanislas, 312
Girodet, Anne-Louis, 152, 392
girondinos, 85, 87
Giubega, Lorenzo, 36, 61
Globbo Patriotico (Clube Patriótico de Ajacio), 66
Godoy, Manuel, 445, 455, 458, 462-3
Goethe, Johann Wolfgang von, 59, 148, 201, 239, 473, 521, 684
Gohier, Louis-Jérôme, 240-1, 244, 247, 252-3, 266
golfo Juan, 647, 665
Golpe do Frutidor (1797), 190
Gossec, François-Joseph, 23
Gourgaud, general Gaspard, barão, 668, 670, 672-3, 681
Gouvion Saint-Cyr, general Laurent, 348, 605
Grã-Bretanha:
alarme com o expansionismo francês, 366-7;
apoia Portugal, 458;
ataca fortificações costeiras francesas, 500;
Áustria negocia aliança com, 394;
bombardeia portos franceses, 451-2;
caricaturas e calúnias contra N, 363-4, 372, 401-2;
colheita ruim (1810), 529;
combate a França no Egito, 331-2;
comércio clandestino com a Europa durante o bloqueio, 473-4;
comércio com a França, 526;
declara guerra à França (1803), 370;
efeito econômico da guerra na, 526, 529;
envia tropas a Cuxhaven e Walcheren, 500;
e o bloqueio imposto por N (Sistema Continental), 437-8, 448, 473-5, 523, 529-31, 539;
estende domínios além-mar, 298;
financia coalizão, 297, 307-8, 328-9, 437;
França declara guerra à (1793), 81, 125-6;
ganha colônias da França, 186;
guerra econômica de N contra, 453-4;
hostilidade em relação à França, 331;
impõe bloqueio em países europeus, 427-8, 433;
Metternich aborda, 590;
N faz oferta de paz (1812), 542;
N isola, 330-2;
N não confia, 363-4;
N planeja ação contra império oriental, 461;
N planeja invasão, 371, 392-4, 396, 403, 406-7;
não ratifica o Tratado de Fontainebleau, 644-5;
Napoleão culpa por impedir termos de paz, 306-7;
negociações de paz com a França (1797), 190-1;
negociações de paz com a França (1806), 433;
novo gabinete sob Grenville, 427-8;
ocupa a Córsega, 102;
ordena a captura de navios neutros, 460;
perde a Áustria como aliada no Tratado de Lunéville, 327;
população, 369;
possível invasão pela França, 199-201;
rejeita oferta de paz de N (dezembro de 1799), 297-9;
rivalidade comercial com a França, 358-9;
se une à coalizão contra a França (1813), 604;
tratado de paz com a França (1802), 343-4, 358-9;
turistas em Paris e no continente, 356-8;
união com a Irlanda, 331
Grande Armée, La:
baixas e perdas na campanha russa, 584-5;
comportamento, 410-1;
contingentes estrangeiros, 498, 538;

e condições difíceis de avanço na Rússia, 550, 552-5;
em guerra contra a Rússia, 538, 541;
força na campanha russa, 547-8;
formado a partir do Exército da Inglaterra, 407-8;
marcha contra a Áustria, 409;
na retirada de Moscou, 569-79
Grassini, Giuseppina, 149, 180, 304, 307-8, 334, 508
Grandes Potências (Grã-Bretanha, Prússia, Rússia, Áustria), 622
Greathead, Bertie, 357
Grégoire, Henri, abade, 338, 350, 382
Grenoble, 68, 90, 496, 503, 621, 648
Grenville, William Wyndham, barão, 297-8, 428
Gribeauval, general Jean-Baptiste Vaquette de, 53
Gros, Antoine, 180, 388, 392, 477
Grossbeeren, batalha de (1813), 606
Grouchy, Marshal Emmanuel, marquês de:
em Waterloo, 657-9;
na campanha russa, 553;
supera Angoulême em Lyon, 650
Guadalupe, 360, 362-3, 523
Guarda Consular, 279, 300, 306-7
Guarda Nacional: N reforma, 119
Gudin, Charles-Étienne de, 42
Guerra dos Sete Anos (1756-63), 33, 41, 92, 129
Guibert, general Jacques Antoine Hippolyte, conde de, 53
Guias, 188
Guingené, Pierre Louis, 654

Hanover:
anexado pela Prússia, 317-8, 433;
N ordena invasão de, 371
Hardenberg, Karl August, barão (posteriormente príncipe) von, 433, 589, 597, 606
Hatzfeld, príncipe Franz Ludwig von, 585
Haugwitz, conde Christian von, 414
Hawkesbury, Robert Banks Jenkinson, barão, *ver* Liverpool, segundo conde de
Heilsberg, batalha de (1807), 497
Heine, Heinrich, 533, 685
Heliópolis, 298
Hesse-Darmstadt, Ludwig I, grão-duque de, 543
Hobart, Robert, barão, 366
Hoche, general Lazare, 104, 115, 121-3, 168, 176, 184-5; morte, 191, 193
Hofer, Andreas, 482
Hohenlinden, batalha de (1800), 323
Hohenlohe, príncipe Louis Aloysius, 436
Holanda:
economia, 510-1;
França invade, 237;
Louis abdica do trono, 510-1;
N fecha fronteiras com a França e impõe demandas, 510-1;
N incorpora à França, 511-2
reino criado tendo Louis como rei, 427-30, 510
Holland, Elizabeth, Lady, 677
Holland, Henry Richard Vassall Fox, terceiro barão, 681
"homens de gênio", 238
Homero: Odisseia, 204
Hompesch, Ferdinand von, 205-6
Hood, almirante Samuel, primeiro visconde, 86, 88-9, 93
Hope (casa bancária de Londres), 420
Hoppner, John, 357
Hubert (criado de N), 634
Hulot, madame (mãe de Moreau), 323
Humboldt, Wilhelm von, 23
Hyde de Neuville, Jean-Guillaume, barão, 275, 296, 312

Ibrahim Pasha, 214
ideólogos, 244, 264, 266-7, 270, 308, 313, 322-3, 336-7, 351
Igreja Católica:
reconhece a elevação de N a imperador, 387;
status reconhecido, 321, 336-8, 344-6;
ver também Pio VII, papa
Ilari, Camilla Carbon, 37, 396
Ilíria, 428, 501, 530, 594, 600, 603, 611
imprensa: visão de N sobre a liberdade de, 273
Inconstant (brigue francês), 645, 647
Índia:
interesses franceses na, 186, 360-1, 366-7;
N propõe ofensiva conjunta com a Rússia contra, 470
Instituto de Artes e Ciências, 197, 266, 274-5, 392
Ilhas Jônicas, 187, 222, 329, 343, 448, 458
Império Otomano:
assina a paz com a Rússia, 540, 555;
declara guerra à França, 221-2, 226;
derrotado em Aboukir, 230;

e a expedição francesa ao Egito, 200;
N encoraja a ir contra a Rússia, 445;
relações da França com, 185-8
Irlanda:
    Ato de União com a Grã-Bretanha (1801), 331;
    N planeja invasão da, 396
Irmãos Baring (banqueiros), 510
Isabey, Jean-Baptiste, 334, 392, 400
Itália:
    campanha na, 125-7, 133, 144-6, 152-4, 159-60;
    e a polícia estratégica de N, 494-5;
    efeito da administração de N na, 150-2;
    N coroado rei, 404-5;
    N estende Código Civil a, 459-60;
    N oferece o trono aos irmãos, 396-7, 403-4;
    pilhada pelos franceses, 152-3;
    planos de N para a república do Norte, 185

Jablonowski, Władysław, 47
Jackson, Francis James, 385
Jacob, Georges, 240
jacobinos:
    aterroriza Toulon, 85;
    e o Globbo Patriotico corso, 66;
    e o golpe do Brumário, 254, 256, 262;
    e os motins em Paris, 104-5;
    esperança de que N restaure a república, 244-5;
    hostilidade em relação a N, 28, 245-6;
    N vê como ameaça, 312, 324;
    políticas dos cônsules para, 265-6;
    reação contra, 86
Jaffa, 228, 388
Jefferson, Thomas, 460
Jena, batalha de (1806), 436
Jerusalém, 186, 225, 465, 517
Jerzmanowski, coronel Jan Paweł, 637
jeunesse dorée (facção antijacobina), 104
João, arquiduque da Áustria, 409, 482, 486
João, dom, regente de Portugal, 455
Jorge III, rei da Grã-Bretanha, 102, 297, 343, 372, 382, 403, 475
Josefina, imperatriz dos franceses (anteriormente Marie-Josèphe-Rose de Beauharnais):
    acompanha N a caminho da Normandia, 356-7;
    acompanha N a Mântua, 174;
    acompanha N na campanha contra a Prússia, 435;
    acordo de divórcio, 503-4;
    a favor do casamento de Hortense com Louis Bonaparte, 338;
    aparência e modos, 122;
    ansiedade com o destino de N no golpe do Brumário, 262;
    arranja casamento de Ney, 408;
    campanha para forçar o divórcio, 470-1;
    cartas de N, 134, 140-1, 154-5, 163, 168-9, 173, 213, 303-5, 351-2, 373, 395, 416, 436, 440-4, 447, 474-6, 633, 637-8;
    casamento com N, 126-8;
    casamento religioso secreto com N, 340-1;
    caso com Hippolyte Charles, 140-1, 155-7, 168-9, 199, 202;
    chora ao ouvir da prisão de Moreau, 375-6;
    ciúmes dos casos de N, 334;
    como parte da alta sociedade, 109-10, 122, 180;
    compra sedas e brocados contrabandeados, 473-4;
    coroação, 400-1;
    corte oficial de 27 pessoas, 389;
    diz que gravidez é motivo para não ir até N, 144-5;
    e a abdicação e exílio de N em Elba, 637-8;
    e a ausência de N na campanha austríaca, 409;
    e a ausência de N na campanha italiana, 301-2;
    e a melhora na saúde de N, 333;
    e as negociações de N com os austríacos, 191-2;
    e as operações de resgate de N em Boulogne-sur-Mer, 393;
    e a volta de N do Egito para a França, 240;
    em Biarritz com N, 465;
    em La Malmaison, 288;
    em Lyons, 339-40;
    em Milão com N, 155-6, 171, 180-1;
    e N na Polônia, 441-2;
    e N no golpe do Brumário, 257, 262;
    e os flertes de N, 351-2, 373;
    escreve para Eugène pedindo lealdade a N, 617;
    extravagância, 420;
    família Bonaparte conspira para forçar o divórcio de N, 398-9;
    felicidade de N no casamento, 335;
    guarda-roupas, 398-400;
    impede que N atire em gansos, 334;
    impressiona visitantes estrangeiros, 357-8;
    incapacidade de gerar herdeiro, 349-52;
    incentiva N após Leipzig, 613-4;
    infidelidades, 213, 315;

informada do nascimento do filho de N, 522;
início da relação com N, 123-6;
intercede por Rivière e Polignac, 386;
Junot apresenta para aclamação em Paris, 150-1;
machucada em queda de camarote, 213;
Madame Hulot detesta, 323;
melhora das relações com N, 180-1, 213;
morte, 641, 650;
mudança nas relações com N, 423-4, 426;
N cogita divórcio, 242;
N decide se divorciar, 501-3;
N implora que ela vá à Itália, 140-1;
não gosta da família de N, 180-1;
não vai à expedição no Egito, 202;
nas Tulherias, 277, 290-2;
no Petit Luxembourg, 266;
origens, 121-2;
pede por Enghien, 377-8;
qualidades, 287-8;
reassegura N quanto às suas conquistas, 474-5;
recebe Alexandre em Malmaison, 637-9;
recebe o corpo diplomático, 281;
se equivoca ao se dirigir à delegação do Legislativo, 447;
se expõe à extensão do consulado de N, 348-9;
se reconcilia com N, 242-4;
se une a N em Paris (dezembro de 1797), 198;
vai ao casamento de Eugène com Augusta, 417-8;
viaja para Toulon com N, 203
Joubert, general Barthélemy, 172, 244, 312
Jourdan, general Jean-Baptiste:
    como potencial ditador, 237;
    e o golpe do Brumário, 248, 254, 257-9;
    na Espanha, 493-4;
    propõe apoiar N, 246
Journal de Paris, 243
Journal des hommes libres, 28
judeus: atitude de N em relação aos, 423, 451
Jullien, Thomas: informa N sobre as infidelidades de N, 213
Junot, Jean-Andoche:
    acompanha N a Paris, 103-4, 108-10;
    acompanha Josefina em viagem até N na Itália, 155;
    apresenta Josefina para aclamação em Paris, 150-1;
    caso com criada de Josefina, 199;
    como ajudante de campo de N na campanha contra a Sardenha, 99-100;
    coragem em Toulon, 92;
    debilitado depois da campanha russa, 585;
    derrotado por Wellington, 468;
    e a prisão de N, 100-1;
    elogia N na Itália, 130;
    em Borodino, 560-1;
    em viagem ao Egito, 204;
    enfrenta os otomanos no Acre, 226;
    informa N sobre as infidelidades de Josefina, 213;
    leva estandartes capturados a Paris, 139-40;
    lidera a ocupação de Portugal, 455-6, 462;
    modo de tratar as mulheres, 290;
    N escolhe para posto no Estado-Maior em Constantinopla, 113;
    pai de um menino negro no Egito, 218;
    problemas mentais, 458;
    se une a N na campanha austríaca, 414-5;
    suicídio, 606-7

Kant, Immanuel, 238
Keith, almirante George Keith Elphinstone, visconde, 304, 667
Kellermann, general François, 125, 145, 306
Kléber, general Jean-Baptiste:
    assassinado no Cairo, 309-10;
    congratula N pela vitória em Aboukir, 231;
    marchando para a Síria, 223, 226;
    sobre a partida de N para o Egito, 298
Kleist, general Friedrich, Graf, 604
Köller, coronel Franz, 637-40
Kościuszko, Tadeusz, 439
Krasny, 575-6
Kray, marechal de campo Paul, 299
Kulm, batalha de (1813), 605-6
Kurakin, príncipe Alexandre, 528, 532, 542
Kutuzov, general Mikhail Ilarionovich, 409, 559-62, 567, 570-1, 574-5, 579, 581, 584, 589

La Bédoyère, coronel Charles de, 648
La Billardière, Jacques, 152
Labouchère, Pierre-César, 510
Laclos, Choderlos de: *As ligações perigosas*, 55
Laczyński, Theodore, 643
Lafayette, Marie Joseph Gilbert du Motier, marquês de, 309, 318, 329, 336, 351, 661
Laforêt, Antoine de, 495
La Harpe, César de, 654

Langeron, Louis, conde de, 416
Lannes, general Jean:
    assassinado em Aspern-Essling, 485-6, 606-7;
    combate os austríacos, 409, 411;
    deixa o Egito com N, 232;
    derrota os prussianos em Saalfeld, 435;
    derrota os russos em Pultusk, 440;
    desdenha de Pultusk, 442-3;
    em Lodi, 143;
    em Marengo, 305-6;
    familiaridade com N, 285;
    lamenta a elevação de N a imperador, 386;
    N revista tropas em Marengo, 404;
    na Espanha, 476;
    na expedição contra os austríacos na Itália, 302-3;
    no Egito, 211, 230;
    sobre as melhorias de habilidade de combate de russos, 497
La Pérouse, Jean François de, 50
Laplace, Pierre-Simon, marquês de, 196, 264, 269, 272
La Poype, general Jean, 89, 284
Lareveillère-Lepaux, Louis-Marie, 195, 197
Lariboisière, Jean-Ambroise de, 53, 570
Larrey, dr. Dominique-Jean, 224, 485, 570, 572
Las Cases, Emmanuel, conde de, 664-5, 667-8, 670-2, 678-9;
    Mémorial de Sainte-Hélène, 685
Latouche Tréville, almirante Louis René Levasson de, 406
Lauberbie de Saint-Germain, Mlle (mais tarde Bachasson de Montalivet), 68, 628
Lauderdale, James Maitland, oitavo conde de, 428
Laugier de Bellecour, Pierre François, 43, 50-1
Laurenti, Joseph, 101
Lauriston, general Jacques, 344, 351, 534, 544, 566
Lavalette, Antoine, conde de:
    aconselha Joseph a não entregar Paris, 624-5;
    como chefe do serviço postal, 374-5, 478;
    deixa o Egito com N, 232;
    e a derrota de N em Waterloo, 660;
    e a discussão dos Quinhentos, 256;
    e o retorno de N de Elba a Paris, 649;
    N faz confidências a, 613-4;
    N ordena que ele se case com a sobrinha de Josefina, Émilie, 202;
    relata a situação em Paris a N, 189-90;
    sobre a dissolução em Paris, 105;
    sobre Desaix, 187-8;
    sobre a partida de N para combater os aliados, 618;
    sobre os generais jovens, 147;
    sobre o silêncio na recepção a N e Moreau, 247
la Valette, Jean Parisot de, 330
Lavater, Johann Caspar, 238
Lays, François, 201
Lebrun, Charles-François:
    como arquitesoureiro, 389;
    como cônsul, 268-71, 277-81, 301-2;
    defende novo status para N, 348-9;
    discurso da proclamação de N como imperador, 384-5;
    e a nova insígnia imperial, 390;
    e a trama para escolher o sucessor de N, 308-9;
    e os conspiradores monarquistas, 377-8;
    no Conselho de Estado, 422;
    se opõe às relações com a Igreja Católica, 320
Leclerc, Dermide, 286
Leclerc, Paulette, *ver* Bonaparte, Pauline
Leclerc, general Victor Emmanuel:
    casa com Paulette, 180-1;
    comanda expedição a São Domingos, 360;
    e o golpe do Brumário, 258-9;
    morre de febre amarela, 363-4, 369;
    ten. Charles encontra em Verona, 156
Lecourbe, general Claude Jacques, 301, 348
Ledoux, Claude Nicolas, 124
Lefèbvre, marechal François (duque de Danzig), 252, 258, 445, 490, 626, 632
Legendre, general François-Marie Guillaume, 480
Legião de Honra, 347, 390, 395, 447, 473, 493, 497, 557, 568
Leipzig:
    batalha de (1813), 607-9;
    N vai para, 593
Lejeune, coronel Louis, 513, 562
Le Lieur de Ville sur Arce, Jean-Baptiste, 43, 50, 92
Le Marche (província papal), 459
Le Marois, Jean, 126, 168
Lemercier, Louis, 248, 251-2
Leoben, 176-7, 184-5, 188
Leopoldo II, sacro imperador romano, 328
Le Paute d'Agelet, Joseph, 50
Le Picard de Phélippeaux, Louis-Edmond Antoine, 50, 227
Letourneur, Charles-Louis, 190, 195
levante: interesse francês no, 186
Levie, Jean Jérôme, 65, 83

Liga dos Neutros, 330
Ligne, Charles-Joseph, príncipe de, 417, 506
Lituânia, 545, 551, 581
Liverpool, Robert Banks Jenkinson, segundo conde de (anteriormente barão Hawkesbury), 644, 648, 683
Livorno, 154, 170, 643
Lodi, 143-59
Lombardia, 145, 148-9, 151, 153, 157, 164, 171, 176, 306, 405
Loménie de Brienne, família, 41, 404
Loménie de Brienne, Étienne-Charles de, 56
Lonato, batalha de (1796), 159, 161
Longwood (casa), Santa Helena, 669, 671-3, 675-80, 682-3, 685
Louise (criada de Josefina), 199
Louisiana (América do Norte), 349;
    vendida aos EUA, 369
Lowe, major-general Sir Hudson:
    como governador de Santa Helena, 674-81, 684-5;
    e a doença de N, 681-4
Ludvig, príncipe da Prússia, 435
Luísa, rainha da Prússia, 448
Luís, delfim, 115
Luís XIV, rei da França, 430
Luís XV, rei da França, 33
Luís XVI, rei da França:
    apoiado por Áustria e Prússia, 328-9;
    convoca os Estados Gerais, 60;
    executado, 81, 104-5, 197;
    preso ao tentar fugir, 69;
    show de fogos de artifícios fatal, 512-3
Luís XVIII, rei da França:
    ambições, 184, 381-2;
    assume a sucessão, 115;
    carta de N, 311;
    e o casamento de N com Maria Luísa, 506;
    e o desejo involuntário da monarquia, 322;
    e o retorno da religião promovido por N, 346;
    fuga quando N volta de Elba, 648, 665-6;
    na Bélgica, 663;
    nega meios de sustento a N, 643;
    negocia com Fouché, 663;
    plano britânico para colocá-lo no trono francês, 372;
    reassume o trono, 665-6;
    tenta interceder por Enghien, 380
Lunéville, Tratado de (1801), 327, 339, 365-6

Lützen, batalha de (1813), 597
Lyon: N eleito presidente da República Cisalpina, 339-41;
    Augereau capitula, 623

Macdonald, Marshal Étienne-Jacques-Joseph-Alexandre, 485, 547, 584, 605-6, 608-10, 627-8, 632-5, 649, 655
Mack, general Karl, 409-10
maçonaria, 353
Madalena (ilha), 81
Madri:
    motim contra os franceses, 464;
    Wellington captura, 567-8, 601-2
Magallon, Charles, 186, 207
Maida, batalha de (1806), 433
Maillard, coronel Louis, 72-3, 75
Maillebois, marechal Jean-Baptiste Desmarets, marquês de, 133
Mainz, 121, 365, 396, 407, 435, 442, 474, 523, 543, 592, 602, 610, 617
Maison Royale de Saint-Cyr, 45
Maitland, capitão Frederick, 665, 667
Malcolm, Clementine, Lady, 676, 680-1
Malcolm, contra-almirante Sir Pulteney, 676, 679-81
Malet, general Claude-François de, 479, 586-7, 592
Maleville, Jacques de, 315
Malmaison, La:
    Hortense em, 351-2;
    Josefina compra e faz melhorias, 288, 333;
    N visita, 313, 333-4, 351-2, 355
Malmesbury, James Harris, barão (mais tarde primeiro conde), 190
Maloiaroslavets, 571
Malta, 187, 200, 203, 205, 216, 233, 298-9, 327, 330, 343, 366-8, 370, 458, 474
Mamelucos: batalhas com os franceses, 211-2, 214
Mântua, 152-3, 156-7, 159, 163-5, 168, 172-4, 193, 460
Manzoni, Alessandro: *Il Cinque Maggio*, 684
Marat, Jean-Paul, 97
Marbeuf, Charles Louis, conde de, 36-9, 41-2, 44-5, 47, 54, 65, 233, 284
Marchand, Louis, 637, 642, 668, 670, 677, 681, 683
marechais do império, 389, 407
Marengo:
    batalha de (1800), 304-10;
    N revisita, 404
Maret, Hugues-Bernard, duque de Bassano:
    aconselha N a abdicar, 626-7;

aconselha N depois da derrota de Waterloo, 660-1;
carta de N sobre a evacuação de Moscou, 569-70;
como ministro das Relações Exteriores, 532;
como secretário de Estado, 271-2, 426;
controla o conselho polonês, 442-3;
defende a criação de um Estado polonês como zona de proteção, 545-6;
e a partida de N para Elba, 637-8;
e a reação de N aos termos de paz de Metternich, 616;
e a retirada de Moscou, 579;
e a visão de N sobre os conselhos de guerra, 605;
em Vilna, 552, 555;
e o retorno de N de Elba para Paris, 649;
N nomeia como secretário dos cônsules, 264;
na campanha russa, 554;
na ameaça de assassinato a N, 382-3;
segue leal a N, 633-4;
sobre as opções de N diante da invasão aliada, 655-7;
tenta reativar o congresso de Praga, 604
Maria Antonieta, rainha de Luís XVI, 279, 389, 405, 506, 513
Maria Augusta, princesa da Saxônia, 505
Maria Carolina, rainha de Nápoles, 405, 427
Maria Ludovica, imperatriz de Francisco I da Áustria, 543
Maria Luísa, imperatriz de Napoleão I (anteriormente arquiduquesa da Áustria):
acompanha N na partida para a campanha russa, 543;
bilhete de N interceptado, 623;
busto feito por Canova, 517;
cartas de N na campanha russa, 553-4, 567-8;
carta de N na volta de Elba, 653;
casamento com N, 505-8;
devoção de N a, 589;
e a partida de N para combater Rússia e Prússia, 592;
envia dinheiro para N em Elba, 641;
envia retrato do filho a N na Rússia, 560-1;
enviada para Orléans e roubada, 636;
e o retorno de N da Rússia para Paris, 583;
esperada como visita em Elba, 643;
falta de jeito, 510-1, 513-4;
gravidez e nascimento de filho, 515, 520-2;
Louis tenta estuprar, 628-9;
mudança para Blois com o filho, 628;
N a nomeia como regente, 592, 618, 626-7;
N a tranquiliza durante campanha contra aliados, 609-10;
N a visita em Mainz, 602-3;
N culpa pela queda, 519;
N mobilia quarto para ela em Elba, 640;
N se despede ao partir para a Rússia, 546-7;
na abdicação de N, 635-6;
parte de Paris com filho, 624-5;
propõe orações públicas pelo êxito, 621;
se diz aliviada com o exílio de N, 665-6;
última carta de N, 634, 637-8
Maria Luísa de Parma, rainha de Filipe IV da Espanha, 455
Marinha Real (britânica):
captura navios espanhóis, 419;
no Mediterrâneo, 298;
supremacia, 406
Marmont, Auguste:
acompanha N a Paris, 103-4, 108-9;
avalia o moral do exército, 272-3;
comanda tropas para invasão da Inglaterra, 393;
combate os austríacos, 409;
como assistente de N em Paris, 119;
deixa o Egito com N, 232;
derrota em Salamanca, 559-61;
deserta para os aliados, 627-9, 631;
e a defesa de Paris, 624-6;
e a proposta de invasão da Irlanda, 396;
elogia N na Itália, 130;
em campanha contra a Sardenha, 99-100;
em La Fère Champenoise, 623;
encontra Josefina na viagem para a Itália, 155;
e o sentimento contra N no exército, 347-8;
leva a Paris bandeiras capturadas na Itália, 163;
N o declara traidor, 647;
N o escolhe para cargo no Estado-Maior em Constantinopla, 113;
negocia com os aliados, 627-8;
no Egito, 222;
práticas exaustivas, 160;
segue Luís XVIII ao exílio, 655-6;
se une a N em Toulon, 82;
sobre a indecisão de Wagram, 489;
sobre as ambições de N, 395;
sobre as vitórias de N na Itália, 147;
sobre o espírito dos soldados franceses, 161;
sobre o relacionamento de N com Josefina, 123;
valores e ambições, 148

Martinica, 121, 124, 127, 360, 362-3, 523
Masséna, marechal André:
    ambições, 498;
    avançando a partir de Savona, 134-5, 137-8;
    avançando sobre Viena, 174;
    campanha na Itália, 411;
    capitula em Gênova, 304-5;
    combate Alvinczy, 166-7;
    coragem, 162;
    derrota os russos na Suíça, 239;
    em campanha contra a Sardenha, 98, 101;
    em Lodi, 143;
    em Wagram, 487-8;
    exige dinheiro para proteção na Itália, 151-2;
    N critica, 411;
    na batalha de Mântua, 172-3;
    na campanha austríaca (1809), 485-8;
    no Exército da Itália, 129-30, 132, 307-8;
    ofensiva austríaca contra, 300-4;
    participa da celebração da Concordata, 345;
    promovido a marechal, 389;
    rivalidade com N, 347-8;
    semiaposentadoria em Marselha, 655-6;
    sobre as reações do exército ao golpe do Brumário, 272-3;
    sobre o exército mal equipado, 160;
    sucesso contra Wellington na Espanha, 525;
    vai na direção de Arcole, 166-7;
    Whitworth faz relato sobre, 368
Masseria, Filippo, 65
Maupeou, René de, 271
Maury, cardeal Jean-Sifrein, 387
Maximiliano, rei da Baviera, 611-2
Mazis, Alexandre des, 50-4, 67, 125, 346
Mediterrâneo:
    domínio britânico no, 298;
    interesses estratégicos da França no, 186-8, 458
Méhul, Étienne, 26, 201, 345
Melas, marechal de campo Michael von, 301, 303-7
Melzi d'Eril, Francesco, 189, 339-41, 373, 403
Méneval, Claude-François:
    acompanha N a Milão para a coroação, 404;
    assume como secretário de N, 352-3;
    cuida de Camilla Carbon Ilari, 398;
    e a suposta conspiração de Enghien contra N, 372, 378-9;
    e o encontro de N com Francisco, 417;
    incapacitado pelo excesso de trabalho, 585;
    N envia cartas por meio de, 641;
    sobre a relutância de N em ir à guerra contra a Rússia, 544-5;
    sobre a rotina variável de N, 426;
    sobre o comportamento de N, 334;
    vê Maria Walewska, 445
Menou, general Jacques (Abdullah), 117, 331-2
Mercure, Le (jornal), 273
Meszaros, general Johann, 159
Metternich, conde (mais tarde príncipe) Clement von:
    assina o Tratado de Fontainebleau, 633;
    brinda N como "rei de Roma", 520;
    Caulaincourt negocia com, 632;
    contata Fouché, 654-5;
    deixa Murat em Nápoles, 608-9;
    diz que a Rússia age por medo, 526;
    e a ameaça da Rússia à Europa Ocidental, 590;
    e a declaração de Talleyrand contra N, 653;
    e a proposta de N de uma campanha franco-prussiana contra a Turquia, 461;
    e o avanço de N contra a Rússia, 544-6;
    e o casamento de N com Maria Luísa, 506;
    envia proposta de paz a N, 615-6;
    negocia com N em Dresden, 600-4;
    negocia o Tratado de Viena, 501;
    opta pela guerra com a França, 604;
    preocupado com invasão francesa, 615;
    propõe termos de negociação, 594-5;
    rede de espiões, 643;
    romance com Caroline, 469;
    se recusa a apoiar a França completamente, 592;
    sobre a falta de jeito de N para eventos sociais, 512-3;
    sobre a França como contraponto à Rússia, 589;
    sobre a inevitabilidade da guerra entre França e Rússia, 530, 533;
    sobre N não fazer a paz com a Rússia, 437;
    sobre N como homem de família, 519;
    sobre o charme da conversa com N, 516-7;
    sugere mais conversas, 617;
    Talleyrand contata, 474, 480;
    tenta resolver o conflito de N com o papa, 517
Mignard, Pierre, 255
Milão:
    Josefina se encontra com N em, 155-6, 163, 171;
    N coroado em (1805), 405;
    N entra em, 148, 153-4;
    N parte de, 193-4;
    N volta para, 179, 303-4, 307-8

Milleli, Les (propriedade), 44-5, 49, 55, 234
Minsk, 545, 566, 569-70, 574, 576, 581
Miollis, general Sextius Alexandre François de, 496
Miot de Melito, André-François, 180, 189, 193, 387, 395, 522, 649-50, 657
Mirabeau, Honoré Gabriel Riqueti, conde de, 64
Moiret, capitão Joseph-Marie, 212, 223
Molé, Mathieu, 236, 277, 286, 290, 317, 585, 616, 621, 628, 649, 684
Mollien, Adèle, 334, 585
Mollien, François-Nicolas:
  assume o Tesouro, 420, 649;
  e a crença de N nas recompensas financeiras da guerra, 537;
  e a necessidade de N de assinar pessoalmente tratados de paz, 587;
  e o pedido de Josefina para ter mais criados, 522;
  explica economia a N, 314;
  N pergunta da saúde da esposa, 585;
  nomeado diretor do fundo de amortização, 314;
  sobre a necessidade de N estar no centro, 474-5;
  sobre o modo como N compreende detalhes, 421;
  sobre ser destino de N comandar homens, 276-7
Mombello, perto de Milão, 179-80, 182, 187, 189
monarquia: restauração, questão na França, 322-3
Moncey, general Bon-Adrien Jannot de, 303, 462, 626, 632
Monck, general George (primeiro duque de Albemarle), 265, 321, 323, 376, 623
Monge, Gaspard, 152, 197, 201, 203, 232-3
Moniteur, Le (jornal), 273, 284, 371, 413, 479, 496, 620
Monroe, James, 370
Montanheses (*La Montagne*), 85, 90
Montansier, Mlle de (Marguerite Brunet), 120
Montbarrey, Alexandre-Marie, príncipe de, 40
Montchenu, Claude, marquês de, 677, 682
Montebello, batalha de (1800), 304
Montebello, Louise Antoinette Lannes, duquesa de, 636
Montereau, batalha de (1814), 620
Montesquiou, Anatole de, 576
Montesquiou, condessa de (governanta dos filhos de Luís XVI), 521
Montholon, Albine de, 678-83
Montholon, general Tristan, conde de, 667-8, 670-3, 680-4
Monts, Raymond de, 46

Moore, general Sir John, 478-9
Morand, coronel Charles Antoine, 203
Moreau, general Jean-Victor:
  comanda o Exército do Reno, 125-6, 300-1;
  como potencial alternativa a N como ditador, 237;
  como potencial ameaça a N, 313;
  em campanha contra a Áustria na Itália, 152-3;
  em trama para restaurar os Bourbon, 184, 374-5;
  e o avanço de N sobre Viena, 175;
  evita celebrar a Concordata, 345;
  homenageado em banquete, 247;
  julgado, absolvido, mas condenado em novo julgamento, 386;
  morte na volta da América, 606-7;
  N encontra pela primeira vez, 244-5;
  N ordena prisão, 375-6;
  no golpe do Brumário, 253;
  retratado em gravura, 167-8;
  rivalidade com N, 347-8;
  sugerido como sucessor de N, 308-9;
  vitória em Hohenlinden, 323;
  vitória em Stockach, 301-2
Moreau le Jeune (Jean Michel Moreau), 152
Moreau, Madame, 345
Mortefontaine: tratado (1800), 329
Mortier, marechal Adolphe-Edouard-Casimir--Joseph, 371, 438, 565, 571, 623-4
Moscou:
  abandonada pelos russos e incendiada, 562-3, 565-6;
  avanço de N sobre, 558;
  mantém comunicações com Paris, 567-8;
  N evacua, 569-72;
  N ocupa, 564-70
Moulin, general Jean, 247, 253
Muiron, Jean-Baptiste, 92, 94, 99, 113, 167, 232
mulheres:
  líderes sociais em Paris, 109-10;
  no Egito, 218;
  visão de N sobre as, 199, 205, 285, 315
Munique, 375, 411, 418, 482, 612
Murade Bei, 211, 214, 216, 222, 635
Murat, Achille, 286
Murat, Caroline, *ver* Bonaparte, Caroline
Murat, marechal Joachim:
  assina tratado de aliança com a Áustria, 617, 621;
  assume o exército na retirada da Rússia, 579;
  casamento com Caroline, 287;

comanda a cavalaria contra aliados, 605;
comanda a cavalaria contra os austríacos, 409, 411;
como grão-duque de Berg, 430;
como possível rei da Polônia, 439, 530;
como rei de Nápoles, 467;
e a elevação de N a imperador, 386;
em encontro em Lyon, 339;
em Vilna, 584;
enfrenta os otomanos em Acre e Aboukir, 226, 230;
enfrenta os russos na Polônia, 439-40;
enviado ao Sul da Alemanha, 407;
e o casamento de N com Maria Luísa, 506-7;
e o golpe do Brumário, 248, 251, 258-60;
e trama monarquista, 377-8;
ferido no Egito, 211;
Fouché e Talleyrand conspiram para colocar no trono caso N morra, 478;
fracasso em golpe italiano e fuga para a França, 655-6;
ganha o título de grão-almirante, 389;
informa a N sobre a doença de Josefina, 155;
institui novas ordens de cavalaria, 431;
N acusa de traição, 607-8;
N critica, 411;
N envia documento do armistício de Cherasco e estandartes capturados para, 140-1;
na campanha contra a Rússia, 553-4, 556, 566-7;
na campanha italiana, 172;
na crise do Vindemiário, 117, 119;
na ofensiva contra a Rússia, 547-8;
parte do Egito com N, 232;
promovido a marechal, 407;
protege Carlos IV da Espanha, 462;
relações com o grão-duque Constantino, 447;
relata descontentamento na Itália, 347-8;
relata o péssimo estado da cavalaria na Rússia, 567-8;
repressão na Espanha, 464;
resgata N dos furiosos Quinhentos, 258;
rivalidade com Junot, 455;
sai de Berg para Nápoles, 492-3;
sobre a gravidez de Josefina, 144-5;
trajes, 439-40;
volta a Nápoles, 591, 608-9

Napoleão I (Bonaparte), imperador dos franceses:
abdica e é banido para Elba, 627-31, 633;
abole o comércio de escravos, 653;
aceita a integração à nação francesa, 64-5;
aclamado em Paris (1797), 21, 23-8;
aconselhado a abdicar, 626-7;
acusa a Grã-Bretanha de abrigar emigrados hostis, 363-4;
adere ao republicanismo, 59, 69;
administração e governo como primeiro-cônsul, 270-3, 275-7, 292-6, 317-8, 336, 353-4;
admiração pelos britânicos, 198, 638-9;
adota novas maneiras, 119;
adota novo andar, 512-3;
age contra a Holanda, 510-2;
alerta a Áustria sobre rearmamento, 187-8;
ameaças de assassinato na Córsega, 82;
amor pela música, 102, 111, 247;
apresenta plano para a conquista do Norte da Itália, 111;
arremessado de um cavalo, 246;
assina pela primeira vez como "Bonaparte", 128;
assume como primeiro-cônsul, 269-70;
assume poderes ditatoriais, 264-5;
atacado e denunciado pelos Quinhentos, 258-9;
ativismo político na Córsega, 64-7;
"atrelado à glória", 621;
atrocidades no Oriente Médio, 224-5;
autoestima, 368-9;
autoridade no Norte da Itália, 180;
batizado, 36;
bloqueio contra a Grã-Bretanha (Sistema Continental), 437-8, 529-30;
busca propriedade para comprar, 106, 111, 120;
caçando, 368, 396, 399-400, 418-9, 424, 426, 461, 472-3, 501, 504, 509, 519, 544-5, 612-3;
campanha contra a Áustria (1805), 409-14;
campanha contra a Áustria (1809), 481-6;
campanha contra os aliados (1813), 604-12;
campanha contra Prússia e Rússia, 435-6;
campanha final contra os aliados, 657-8;
canto desafinado, 271-2, 427;
cartas para Josefina, 134, 140-1, 154-5, 163, 168-9, 173, 213, 303-5, 351-2, 373, 395, 416, 436, 440-4, 474, 476;
casamento com Josefina, 126-8;
casamento com Maria Luísa, 506-8;
casamento religioso secreto com Josefina, 400-1;
caso com Albine de Montholon, 679;

caso com Marguerite Ricord, 99;
caso com Maria Walewska, 441-5, 461, 466, 642;
carreira militar planejada, 38, 40;
cavalgando e viajando, 368;
celebra Concordata, 344-5;
celebração do trigésimo terceiro aniversário, 355;
celebridade e imagem pública, 182-3, 238-40, 307-8;
cerimonial da corte, 431, 512-4;
cerimônias comemorativas, 309-11;
Clarke elogia para o Diretório, 170;
Clisson et Eugénie (novela), 89-90, 662;
coche de viagem, 404;
cogita se divorciar de Josefina, 240-4;
cogita servir com os britânicos na Índia, 80;
comanda a artilharia em Toulon, 89-95;
comanda a artilharia no Exército da Itália, 97;
comanda a política externa, 453-4;
comanda o Exército da Inglaterra, 27, 193-6, 198-9;
comendo e bebendo, 280;
como patrono da família e amigos, 107-8, 120;
como primeiro-tenente do Quarto Regimento, 89;
comportamento em Paris após Leipzig, 612-4;
comportamento e modo de tratar os outros, 284-6, 289;
comportamento na campanha russa, 549-57;
concede anistia aos emigrados, 356-7;
concorda com armistício (1813), 597-9;
concorda com a formação de uma república italiana independente, 171;
concorda com o Tratado de Tilsit com o tsar Alexandre, 447-8;
concorda em negociar com austríacos, 168-9, 184;
conflito com o papa, 173, 494-7;
confortos de viagem, 481-3;
conquista as tropas no Exército da Itália, 138-40;
conhece Paoli, 87;
conscrição antecipada, 611-3;
contradição entre princípios imperiais e prática, 491-3;
contrai febre, 59-60;
conversação, 275-6, 284;
convocado a Paris pelo Diretório, 194;
convoca tropas depois da expedição russa, 586-8;
coroação, 391, 399-402;
coroado rei da Itália, 404-5;

crença em superioridade numérica na batalha, 134;
crença no poder do controle, 632;
cria nobreza imperial e concede títulos, 430;
criticado por oficiais de alta patente, 498;
cruza os Alpes, 302-3;
cuidado com a comida, 195-6;
dá boas-vindas à Revolução, 88-9;
decide se divorciar de Josefina, 501-3;
decreta *levée en masse* para mobilizar forças, 617;
declara que a invasão da Inglaterra é impossível, 200;
decreta que o pagamento do exército seja feito metade em espécie, 150-1;
defende Paoli contra decreto que o tornaria fora da lei, 82;
deixa a *Grande Armée* em Vilna e volta a Paris, 579-84;
denunciado pelos deputados corsos na Assembleia Legislativa, 75;
depressões, 110, 182;
derrota em Waterloo, 658-61;
derrota os turcos em Aboukir, 230;
desaprova o casamento de Murat com Caroline, 287;
desconfiança de Talleyrand, 380-1;
desdém por outros governantes e administrações, 427;
desdenha da Prússia dizendo ser pouco importante e não desenvolvida, 443-5, 447;
desembarca em solo francês e marcha rumo a Paris, 647;
desenvolve poderio econômico e político da França durante período de paz, 358-9;
designado para Nice, 86;
designado para o regimento de La Fère em Valence, 51-3;
deterioração física, 650;
devoção a Josefina, 180-1;
Dialogue sur l'amour, 68;
Diretório ordena divisão do comando na Itália, 144-6;
discurso à Assembleia Legislativa, 591;
dispensa Bourrienne e nomeia Méneval como secretário, 352-3;
dispensa e insulta Talleyrand, 480-1;
dispensa Fouché, 510;
distribui títulos e honrarias, 452-3;
dita testamento, 684-5;

divide Espanha em províncias militares, 525;
doença e morte em Santa Helena, 681-4;
e ações militares na Espanha, 468;
e a conspiração monarquista, 375-8, 381-2;
e a crise financeira francesa (1806), 419-20;
e a morte do pai, 49;
e a recuperação da Córsega pela Grã-Bretanha, 102;
e a restauração do status da Igreja Católica, 321, 336-7;
e a rivalidade comercial com a Grã-Bretanha, 358-9;
e condições difíceis de avanço na Rússia, 550;
e condições no Egito, 209-11;
educação, 37;
e exigências russas sobre a Polônia, 527-8;
eleito para o Instituto de Artes e Ciências, 197;
eleito presidente da República Cisalpina em encontro em Lyon, 339-40;
eleito tenente-coronel na Córsega, 71-2;
em Borodino, 560-3;
em guerra contra a Rússia e a Prússia, 595-7;
em Malmaison, 313, 333-4;
em negociações de paz (1806), 433;
em Paris (dezembro de 1797), 195-8;
em Schönbrunn, 499;
e motim e Ajacio, 72-3;
encomenda biblioteca de viagem, 465;
encontra Metternich, mas não confia nele, 600-2;
encontra o tsar Alexandre em Erfurt, 470-5;
encontra Talleyrand e os diretores em Paris, 195;
encontro com prostituta, 58;
encoraja o exército na Itália, 149-51;
enfrenta invasão de aliados, 653, 655-6;
enterro em Santa Helena, 684-5;
entra em colégio em Autun, 39;
entra em Milão, 148-9;
entra na competição de redação sobre a felicidade humana em Lyon, 69-70;
entra no Cairo, 213;
entretenimentos, 426;
envia reclamações ao governo britânico, 671;
envia tropas e viaja para a Espanha, 462-4;
e o esboço da Constituição de Sièyes, 266-7;
e o golpe do Brumário, 248, 251-8, 262;
e governo sucessor na França, 631;
e o julgamento e o destino dos conspiradores, 386;

e o nascimento do filho com Maria Luísa, 520-2;
e o Recesso de Ratisbona, 365;
e os termos de paz de Metternich em Franfkurt, 615-6;
e o Tratado de Amiens com a Grã-Bretanha, 332-3;
escreve sobre a Córsega, 61, 65, 68;
esnoba a rainha Luísa da Prússia, 448;
estratégia na Itália, 133;
falta de homens, 611-3;
falta de jeito nas relações internacionais, 374-5;
falta de jeito para sociedade, 109-10, 284, 286, 512-3;
fama e reputação depois das vitórias na Itália, 139-41;
fantasia com a ideia de Maria Luísa e o filho serem assassinados pela turba, 595;
fecha o Conselho de Bispos da França, 533;
ferido em Ratisbona, 482-3;
fica em Paris depois da transferência, 105-10;
fica sabendo da capitulação de Paris, 625-6;
fica sabendo da perda da frota francesa em Aboukir Bay, 214;
fica sabendo das conspirações na França, 447-8;
filho com Éléonore de la Plaigne, 430, 663;
flertes e casos, 101, 110, 334, 351-2, 373, 426, 501-2;
foge por pouco em Valeggio, 152-3;
forma corpo de guarda-costas (Guias), 188-9;
forma exército contra a Áustria, 299-301;
francês imperfeito, 39, 42, 50, 109, 275-6;
Francisco I o reconhece como rei da Itália, 417-8;
ganha peso, 519-20;
generosidade e comportamento humano, 516-7;
gosta da nova Constituição (1795), 115-6;
governo e pesquisas no Egito, 215-21, 229;
guerra contra os aliados (1813-4), 619-20;
guerra contra Veneza e pilhagem, 176-7;
homenageado em banquete, 247;
hostilidade política com relação a, 338;
incapaz de visão de longo prazo, 616;
incitado a se divorciar de Josefina, 470;
ideais políticos, 189-90, 291-3, 322, 336;
idealiza figuras clássicas, 25, 48, 149, 302-3, 307-8, 498, 684;
impaciência para cumprir planos, 288;
independência e ambição crescentes, 123, 146-7;
indiferença e exercício do poder, 452-3;
indiferença popular às vitórias, 451-2;
industriosidade, 317-8;

infância e criação, 37-8;
infla relatórios de batalhas contra os austríacos, 136, 167-8;
início do relacionamento com Josefina, 121, 123-6;
interesse em expedição ao Egito, 187-8;
interesse por dinheiro, 313-4;
intimida o papa, 459-60;
Josefina se junta a ele em Milão, 155-6;
Le Comte d'Essex (novela), 59;
leitura, 43, 48, 50, 54, 59, 103, 110;
Le Masque Prophète (conto), 59;
lembranças em Santa Helena, 680-1;
Le Souper de Beaucaire, 86, 89;
Lettre à Buttafocco, 67-8;
Lettres sur la Corse, 61, 75;
leva a irmã Maria-Anna (Élisa) de volta para a Córsega, 78-9;
liderança pessoal nas batalhas, 623;
lucra com rumores, 308-9;
malapropismos, 289;
manobras políticas em Paris, 243-7;
mantém simplicidade e modéstia, 431;
marcha para a Síria, 223;
maus augúrios no Niemen, 549;
memorando dando panorama estratégico da posição militar francesa, 99;
modo de tratar as mulheres, 285;
modos e estilo social, 179-80, 334;
modo temperamental, 308-9;
movimentos na Itália, 152-4;
muda de grupo político e permanece na França, 77-8;
mudança nas relações com Josefina, 424;
na batalha de Wagram, 487-9;
na Polônia, 440-2;
não consegue tomar Acre, 225-7;
não gosta de Hudson Lowe, 675-6, 678;
na retirada da Rússia, 571-9;
nascimento e origens, 29-31, 34, 36;
na viagem a Santa Helena, 667-9;
nega ser ambicioso, 347-8;
negocia a paz com a Áustria (1797), 176-7, 190-4;
negociações com o papa, 185;
no início da Revolução, 61-2;
nomeado cônsul, 261, 263-4;
nomeado inspetor das defesas costeiras no Sul, 96-7;
nomeado para cargo em Constantinopla, 112-3;

nomeado para o Cabinet Historique et Topographique, 111;
Nouvelle Corse, 61;
objetivos políticos na volta, 651-6;
ocupa Moscou, 564-70;
ofertas de paz, 297-9, 328-30;
opinião sobre as mulheres, 199, 205, 285, 315;
oratória ruim, 257;
ordena a captura de navios com decretos britânicos, 460;
ordena prisão e julgamento de Enghien, 377-81;
organiza *Champ de mai*, 652;
organização pan-europeia, 429-30;
otimismo nos preparativos para a guerra, 396;
papa excomunga e torna anátema, 496;
papel na crise do Vindemiário, 117-9;
parte de Paris para combater russos e prussianos, 592;
parte do Egito por mar, 232-4, 298;
passa mal, 396;
persegue Beaulieu no Norte da Itália, 152-3;
perturbado pela reação às notícias de suposta morte, 586;
petições em Paris, 56-7;
planeja a invasão da Inglaterra, 371-3, 392-4, 396, 406-7;
planeja atacar os aliados pela retaguarda, 623;
planeja ataque a Viena (1795), 125-6;
planeja avanço na Polônia, 592;
planeja campanha contra a Sardenha, 98, 101;
planeja expedição ao Egito, 200-1;
planeja melhorias em Paris, 205, 288, 392, 421-2, 513-5;
planeja República Cisalpina no Norte da Itália, 185;
plano britânico para capturar e mandar para o exílio, 372;
plano para subjugar a Itália, 144-6;
poderes sob a nova Constituição, 269-70;
política colonial, 360-1;
política de isolamento da Grã-Bretanha, 330;
política expansionista, 366-7;
política polonesa, 527-8, 531;
pontos de vista e práticas religiosas, 51, 59, 319-20, 336, 345-6, 404, 517-8;
pontos de vista sobre o teatro e o drama, 273-4;
práticas militares inalteradas, 497-8;
prêmios e honrarias no campo de batalha, 557;
preocupações com a saúde, 333;

preocupações econômicas, 524-5;
prepara fuga para os Estados Unidos, 663-5;
prepara Paris para visitantes estrangeiros, 357-8;
presença em encontros, 422;
preso e libertado, 83;
preso por ordens de Saliceti, 100;
primeiro combate contra os austríacos na Itália, 134-8;
primeiros escritos, 55, 59;
proclama anistia e liberdade de prática religiosa, 275-6;
promovido a general de brigada, 95;
promovido e feito comandante do Exército do Interior, 119;
propõe extensão de poderes, 348-50;
propõe fundação de Estado polonês, 439;
propõe novo acordo de paz a Jorge III (1805), 403;
propõe ofensiva conjunta com a Rússia contra a Índia britânica, 470;
protesta pelo banimento a Santa Helena, 666-7;
prudência e controle financeiros, 60, 120, 420-1;
publica manifesto político e se declara a favor da França, 86-8;
pudor, 290;
qualidades avaliadas pelos contemporâneos, 276-7;
qualidades como líder, 161;
questão da sucessão, 349-52, 389, 397;
questão do segundo casamento, 505;
ratifica o Tratado de Fontainebleau, 634-5;
reação à declaração de guerra da Grã-Bretanha (1803), 371;
reações ao status de imperador, 385-8;
recebe inteligência de informantes, 643;
recebe livros em Santa Helena, 676-7;
recebe o comando da Guarda Nacional de Ajacio, 71;
recebe o comando do Exército da Itália, 125-7, 129;
recebe ordens para marchar sobre Roma, 153-4;
recusa acompanhar Augustin Robespierre a Paris, 99;
rede de inteligência, 352-3, 375-6;
redução do apoio popular a, 494-5, 497, 599;
reforça status pessoal no Exército, 188-90;
reformas educacionais, 347, 422-3;
reformas sociais/legais, 422-3;
reintroduz cerimonial da corte, 353-4;

reintroduz o calendário gregoriano, 408;
rejeita os termos de negociação de Metternich, 595;
rejeita pedidos pela restauração da monarquia, 274-5;
relacionamento feliz com Josefina no casamento, 335;
relações com Maria Luísa no casamento, 519, 525;
relações com o exército, 317-9, 347-9;
relações com os comissários do Diretório, 170;
relutância em ir à guerra contra a Rússia, 530-3, 540, 544-5;
reputação, 684-5;
resolve avançar sobre Moscou, 556, 558;
retira tropas da Espanha, 469;
retirada de Moscou, 569-70;
retirado da lista de oficiais de artilharia e transferido para o Exército do Oeste, 102-5, 111;
retratado em ícones, 144-5, 167-9, 307-8;
retratos, 180, 197, 460;
reúne exército para a campanha russa, 538;
revisa a Constituição (1802), 355;
revisita a Córsega, 56;
revisita a Espanha, 475-7;
riqueza, 513-4;
rivais ciumentos, 165-6;
romance e noivado com Eugénie Désirée Clary, 101-2, 107-9, 112-3;
rotinas cerimoniais, 291-2;
rotinas e atividades diárias, 288-90, 423-6;
sabe das infidelidades de Josefina, 213;
sai de Paris para comandar contra a Áustria, 301-2;
satirizado e caricaturado na Grã-Bretanha, 331, 363-5, 372, 401-2;
se apropria das joias da Coroa, 284;
se apropria de riquezas e butim das conquistas italianas, 182;
se gaba de popularidade, 656-7;
selecionado para a artilharia e vai para a École Militaire (Paris), 46-7, 50-1;
se muda para Saint-Cloud, 356;
se muda para as Tulherias, 277-81;
sensibilidade à crítica, 183;
senso de destino, 395;
senso de insegurança, 474-5;
se prepara para a guerra russa, 538, 540-9;
se recusa a abdicar, 662;

seriedade, 51;
situação depois da experiência russa, 585;
sobre a aptidão dos franceses para marchas forçadas, 143;
sobre a expedição contra a Sardenha, 81;
sobre a morte de Chauvet, 134;
sobre as qualidades do soldado francês, 161;
sobre Fouché, 272-3;
sobre o amor, 89-90;
sofre de disúria, 560-1, 679;
sugerido e nomeado como imperador, 382-5;
supervisiona o Código Civil, 315-6;
supervisiona o Conselho de Estado, 316-7;
supostamente determina o envenenamento de homens feridos no Oriente Médio, 227-8;
supostas tentativas de suicídio, 634, 661;
surgimento, 23, 42, 71-2, 95, 109-10, 120, 132, 180, 274-5, 281, 357-8;
tenta contatar Alexandre depois da queda de Moscou, 565-7;
tesouro particular (Domínio extraordinário), 420;
testemunha ataques da turba nas Tulherias, 75-8, 87;
títulos e patentes sob, 389;
tornado cônsul vitalício (1802), 351-5;
torna Joseph rei da Espanha, 463-7;
traje de imperador, 424;
trama para a sucessão de, 308-10;
tramas de assassinato contra, 312-3, 323-5, 348-9, 374-5, 500;
trama voltar de Elba para a França e embarca, 645-6;
Turnê de lua de mel e festividades, 510-2;
usa *senatus-consulte* contra atividades criminais, 324;
vai à academia militar de Briesse, 41-3;
vai à ópera, 154, 267-8, 289, 301-2, 323, 343, 351-2, 381-2, 404, 409, 418-9, 459-60, 480-1, 499;
vai ao teatro, 57, 108-9, 115-6, 119, 193-6, 199, 202, 239, 289, 385, 405, 426, 460, 470-2, 588;
vai em direção a Viena (1797), 174-7;
vê a esposa e o filho pela última vez, 618;
vestido como cônsul, 281, 291-2;
viaja para Elba, 638-9;
viaja pela Normandia, 356-7;
viaja pelos domínios italianos, 458;
viajando para o Egito, 203-5;
vida em Elba, 640-3;
vida em Santa Helena, 668-81;
visão da Marinha francesa, 229;
visto como indispensável governante único, 381-3;
visto como opressor na Europa, 490, 492-3;
vitória em Austerlitz, 416-7;
vitória em Lodi, 143-5;
vitória em Marengo, 305-10;
vitórias sobre os austríacos na Itália, 153, 156-65, 172;
volta à artilharia como capitão, 75-6;
volta à Córsega na Revolução, 62;
volta a Paris depois de Tilsit, 451;
volta ao regimento, 48;
volta da Córsega para a França, 88;
volta da Espanha para Paris, 478-81;
volta da expedição síria para o Cairo, 227-8;
vulnerabilidade ao assassinato e ao rapto, 643
Napoleão II, imperador titular dos franceses e rei de Roma (filho de N):
batizado, 522;
cacho de cabelo entregue a N em Santa Helena, 676-7;
N apresenta à Guarda Nacional em Paris, 618;
N nomeia como sucessor na abdicação, 626-7, 635;
N prepara regência para, 592;
N proclama imperador dos franceses, 662;
nascimento, 520-3;
(queimado), 575-6;
recebe título austríaco concedido por Francisco, 671;
retrato, 560-1, 566-7;
segurança durante avanço aliado, 624-5
Napoléon-Vendée, 468
Nápoles, reino de:
Áustria busca aliança com, 173;
britânicos em, 405;
conflito com Estados papais, 320;
declara guerra à França (1798), 221;
forças anglo-russas em, 427;
França invade, 237;
Joseph governa como rei, 427-8, 459-60, 465-6;
Murat feito rei, 467;
N assina armistício com, 153-4, 157;
Narbonne, Louis de, 544-5, 556, 592, 594-5, 602-3
Necker, Jacques, 302
Nelson, almirante Horatio, visconde:
sobre o tratamento severo aos franceses, 331;
veleja para o Mediterrâneo, 206-7;

vitória da Baía de Aboukiry, 214;
vitória de Trafalgar, 411
neoclássico, movimento, 147
Nesselrode, Karl von, 607, 615, 633
Neuhoff, Theodor von, barão, 31
neutralidade armada, 331
Newton, Sir Isaac, 238, 331
Ney, marechal Michel:
    aconselha N a abdicar, 626-7;
    animosidade em relação a Soult, 494;
    assina o Tratado de Fontainebleau, 633;
    atraso em Bautzen, 595;
    avanço sobre Moscou, 556;
    Bennigsen ataca, 445;
    comanda na Espanha, 468;
    derrotado em Dennewitz, 606-7;
    em Borodino, 560-1;
    encontra Alexandre em Paris, 627-9;
    jura submissão ao novo governo, 629-30;
    luta contra os austríacos, 409-10;
    na Polônia, 440;
    na retirada da Rússia, 574-8;
    promovido a marechal, 408;
    se reporta a N, 628-9;
    se une a N no retorno de Elba, 648
Nice: incorporada à República Francesa, 97
Normandia: N viaja pela, 355
Northumberland, HMS, 668-9, 678
Noverraz, Jean Abram, 637, 639, 668
Novosiltsev, conde Nikolai, 405-6

Ocaña, batalha de (1809), 494-5
Odoards, Coronel Fantin des; *ver* Fantin des Odoards, coronel Louis Florimond
Odone, família: processo dos Buonaparte contra a, 44-5, 55
O'Hara, general Charles, 93
Olmütz, 412
O'Meara, Barry, 672, 674, 681-2
Oneglia, República de Gênova, 97-8, 101
Ordre de la Réunion, 492
Orient, l' (navio de guerra francês), 214, 392
Orléans, Louis-Philippe, príncipe d' (posteriormente rei Luís Filipe):
    sugerido como sucessor de N, 309
Orthez, batalha de (1814), 621
Ossian (James Macpherson): N admira, 25, 103, 128, 140, 201, 204, 247, 286, 676

Ott von Bátorkéz, general Peter Karl, 304
Otto, Louis-Guillaume, 297, 331
Oubril, Paul von, 374, 396, 428, 433-4
Oudinot, general Nicolas-Charles:
    abandona N, 632;
    aconselha N a abdicar, 626-7;
    ameaça Berlim, 597;
    derrotado em Grossbeeren, 605;
    despachado para a Holanda, 511-2;
    em guerra contra a Rússia, 547-8;
    em trama contra M, 348-9;
    em Wagram, 487;
    na retirada de Moscou, 577-8
Ouvrard, Gabriel, 419-20, 510, 662

Pacca, cardeal Bartolomeo, 496
Países Baixos: e as propostas de paz de Metternich, 615;
    ver também Holanda
Palais-Royal, Paris, 57-8, 109, 292, 514
Palm, Johann Philipp, 434
Panattieri (Corso), 171
Paoli, Pasquale:
    Carlo serve a, 33-4;
    desconfia dos franceses, 70-1;
    e Panattieri, 171;
    governo fracassa, 79;
    Lucien denuncia, 81-2;
    N admira, 48, 61, 70;
    N cogita o retorno de, 347;
    N denuncia, 87;
    N envia escritos para, 68;
    N envia relatório da expedição à Sardenha para, 81;
    poderes na Córsega, 66;
    proclama e governa a República Corsa, 32-3;
    proscrito, 82;
    rejeita N, 73;
    relações de N com, 273-4;
    resiste à tomada da Córsega pela França, 33, 49;
    segundo exílio em Londres, 102;
    volta à Córsega, 64-6
papado: hostilidade francesa ao, 173-4
Parallèle entre César, Cromwell, Monck et Bonaparte, 321
Paravicini, Geltruda, 33
Paravicini, Saveria ("Minanna"), 37

Paris:
   aliados avançam sobre, 523-5;
   aliados entram em, 664-5;
   atrai visitantes estrangeiros, 356-8;
   comunicação com Moscou depois da ocupação, 567-8;
   crise financeira, 105-6;
   estrutura administrativa, 293-4;
   golpe derruba Robespierre, 100;
   hedonismo após o fim do Terror, 104-5;
   Invalides (Templo de Marte), 238;
   Louvre, 513-4;
   Madeleine, 512-3;
   melhorada e embelezada, 522-3;
   melhorias cívicas para a coroação de N, 391-2;
   mulheres da alta sociedade, 109-10;
   N chega a Paris depois de partir do Egito, 240;
   N permanece depois da transferência para o Exército do Oeste, 105-10;
   N planeja melhorias, 205, 288, 392, 431-2, 513-5;
   N volta a Paris depois de Tilsit, 451;
   N volta de Elba para, 648-51;
   Panteão, 238;
   prisões, 121-2;
   se rende aos aliados, 625-7;
   suscetibilidade a motins, 118;
   Templo da Vitória (anteriormente Igreja de Santo Sulpício), 247;
   terror em, 91
Paris, Tratado de (1814), 653
Parma, ducado de, 145, 149, 157, 175, 180, 642
Parma, Ferdinand, duque de, 327
Pasquier, Étienne, 380, 542, 613-4, 649
Patterson, Elizabeth:
   casamento e filho com Jérôme, 398-9, 404-5;
   N exige que papa anule casamento com Jérôme, 460
Paulo I, tsar da Rússia, 311, 330, 344, 364, 377, 454, 505
Paulin, coronel Jules Antoine, 638
Pavia, 151
Pelet de la Lozère, Jean, 422
Pelleport, coronel Pierre de, 217, 593
Península Ibérica: custo da guerra, 524
Peraldi, Giovanni, 71-2,
Peraldi, Marius, 71, 75, 83
Percier, Charles, 152
Peretti, abade, 63, 66
Permon, Charles Martin (funcionário da tributação), 49, 52

Permon, Laure, 110
Permon, Panoria, 75, 110
Pérsia: assina Tratado de Finckenstein, 445
Petit Luxembourg: N se muda para, 266
Petrovskoe, 565-6
Peyrusse, Pierre Guillaume, 637-8, 641-2, 660
Philadelphes (organização secreta), 372
Piacenza, 143, 145
Pichegru, general Charles, 170, 176, 184, 196, 372, 374-7, 381, 386
Picot, Louis, 372, 375
Piemonte:
   incorporado à França, 327, 366-7;
   N promete libertar, 133, 149;
   regimentos dissolvidos, 164-5
Pietrasanta, Giuseppe Maria, 34
Pillnitz, Saxônia, 328
Pitt, William, o Novo, 297-8, 331, 365, 406;
   morte, 428
Pio VI, papa, 173, 320
Pio VII, papa:
   atitude inflexível de N em relação a, 517;
   bispos franceses juram fidelidade a, 533;
   cancela nova concordata, 591, 612-3;
   e a captura dos portos papais por N, 459-60;
   e a coroação de N, 391, 399-402;
   eleito papa, 320;
   excomunga N, 496;
   Luís XVIII protesta para, 346;
   raptado e detido, 496, 503, 533, 591, 612-3;
   se nega a liberar Talleyrand dos votos clericais, 321
Pirâmides, batalha das (1898), 217
Plaigne, Éléonore de la: como amante e mãe de filho de N, 426, 442, 663
Plesswitz: armistício (1813), 597
Plutarco, 42, 48-9, 148
Polônia:
   dá boas-vindas a N, 439;
   e a guerra russa com N, 530, 546-7, 552;
   N ameaça destruir, 595;
   N cede metade para a Rússia, 490, 527-8;
   N faz empréstimo baseado em receita, 524;
   N incorpora soldados ao exército, 438-40, 527;
   N nomeia Jérôme como rei, 546-7;
   pede independência, 438;
   política de N para, 527-8, 531;
   proposta de criação como Estado para amortecer choque entre potências, 545-6;

repartida, 328-9;
situação, 440-1
Polignac, príncipe Jules de, 375-6, 386
Pomerânia, 438, 539
Poniatowski, príncipe Joseph, 490, 553, 555, 560-1, 590, 592, 599;
morte em Leipzig, 608-9
Pons de l'Hérault, André, 641
Pont-de-Briques, perto de Boulogne-sur-Mer, 393
Pontécoulant, Louis Gustave, Le Doulcet de, 112, 179, 189, 453, 618, 655
Poppleton, capitão William Thomas, 670, 678
Portalis, Jean-Étienne, 315
Portos hanseáticos: N anexa, 530
Portugal:
apoio britânico, 458;
e a Paz de Badajoz, 332;
e o Tratado de Tilsit, 448;
êxitos de Wellington em, 468;
N planeja assumir com Carlos IV, 455
Posen, 438-9
Potocka, condessa Anna, 442, 492
Pouget, coronel François-René, 411
Pozzo di Borgo, Carlo Andrea di, 44, 64, 66, 72, 75, 540
Pozzo di Borgo, Maria Giustina, 44-5
Pozzo de Borgo, Mateo, 71-2
Pradt, Dominique Dufour de, arcebispo de Malines, 464, 546, 580
praga: no Oriente Médio, 224-5, 229
Praga: congresso (1813), 602-3
Pressburg, Tratado de (1805), 417, 420
Principados do Danúbio, 448, 530
Primolano, 163
Provera, general Giovanni, marquês de, 136, 173
Prússia:
adquire Hanover, 417-8, 433;
ameaça se juntar a coalizão (1805), 412-4;
declara guerra à França (1813), 589, 592;
e a guerra de N com a Rússia, 540;
efeito do domínio francês, 492-3;
expansão territorial, 328-9;
guerra com N (1806-7), 435-6;
invade a Saxônia, 434;
N assina tratado de aliança com (1805), 417-8;
N desdenha da, 434-5, 438;
N recebe indenizações de, 451-3, 492-3;
na Liga dos Neutros, 330;
oposição a N, 433-4;

população, 369;
Rússia busca aliança com, 384-5;
sentimento antifrancês, 494
Pultusk, batalha de (1806), 440-1

Quarto Regimento: N designado para o, 68
Quasdanovitch, general Peter, 159, 163
Quenza, Giovanni Battista, 72-3, 81
Quinhentos: Conselho dos:
membros esboçam nova Constituição, 266;
resiste ao golpe do Brumário, 253-6, 258-61

Raab, batalha de (1809), 486
Racine, Jean: *Fedra*, 601, 624
Radet, general Étienne, 496
Ragny, 105-6
Rapp, general conde Jean:
em Austerlitz, 416;
na campanha russa, 558, 561-2, 569-70;
não gosta de formalidade e cerimônia, 386;
serve N como ajudante, 306-7;
sitiado em Danzig, 604
Rastatt, congresso de (1797), 184, 193-6, 199
Ratisbona (Regensburg):
batalha de (1809), 482-3;
Recesso de (1803), 365
Raynal, Guillaume Thomas, abade, 54
Razumovsky, conde Andrey, 571
Réal, Pierre-François, 241, 244, 324, 352, 375, 377-8, 649
Récamier, Juliette, 109
Recco, abade, 37
Reféns, Lei dos: N rejeita, 265
Regnaud de Saint-Jean-d'Angély, Michel, 183, 243, 245-6, 382, 491, 503, 628, 661-2
Regnier, Claude-Ambroise, 377
Reims, batalha de (1814), 623
religião:
N revive, 345-6;
na coroação de N, 391;
na Espanha, 466;
visão de N sobre, 51, 59, 319-20, 336
Rémusat, Auguste de, 400
Rémusat, Claire de, 285-6, 453
República da Batávia (Holanda), 327, 366, 428;
ver também Holanda
República e Confederação Helvética, 327, 366, 611-2;
ver também Suíça

Reubell, Jean-François, 195, 200
Revel-Honoré, capitão Jean-François, 426
Revolução Francesa (1789):
   anticlericalismo, 466;
   e a missão civilizatória, 185;
   e a superação do feudalismo no antigo regime, 322;
   ideais, 292-3;
   início, 61-2;
   liderança da, 21-2, 291-2;
   novos valores e rejeição do cristianismo, 147;
   símbolos e comemorações terminam, 390
Ricard, general Étienne Pierre Sylvestre, 621
Richelieu, Armand Emmanuel de Vignerot du Plessis, duque de, 674
Ricord, Jean-François, 91, 95, 98-100
Ricord, Marguerite, 99
Rigo, Michel, 230
Rivière, Charles François Riffardeau, marquês de, 375-6, 386
Rivoli, 165, 172-3, 386
Robert, Hubert, 152
Robespierre, Augustin, 93-5
Robespierre, Maximilien, 99-10, 104, 109, 115, 122, 189, 651
Rochambeau, general Jean-Baptiste-Donatien de Vimeur, conde de, 372-3
Roederer, Pierre-Louis:
   apoia N para cargo, 243-6;
   e a expedição a São Domingos, 362-3;
   e a reação de N a se tornar imperador, 383-4;
   e a visão de N sobre a religião no Estado, 319;
   e N em Marengo, 309-10;
   e os objetivos da administração de N, 292-4;
   N defende Josefina para, 398-9;
   N oferece presente a, 286;
   N revela ambições a, 281;
   na volta do Egito, 255, 261;
   se opõe a medidas antijacobinas, 265;
   sobre a falta de articulação de N, 263;
   sobre a raiva da população com o governo em função dos julgamentos de conspiradores, 386;
   sugere mudança de status de N, 348-9
Roguet, general François, 559, 575
Roma: N recebe ordens de marchar sobre, 153-4
Rosetta, 207, 210, 214
Rostopchin, Fyodor Vasilyevich, conde, 565-6, 571
Rouget de Lisle, Claude, 300
Rousseau, Jean-Jacques:

Du Contrat Social, 291-3;
   influência sobre N, 55, 57, 59, 69-70, 148, 220, 651;
   N lamenta nascimento de, 312;
   reputação, 238;
   sobre o bom selvagem, 210;
   visita a Córsega, 32, 36
Roustan, Antoine Jacques, 55
Roveredo, 162
Rowlandson, Thomas, 364
Royer-Collard, Antoine, 349
Rumbold, George, 375
Rumiantsev, conde Nikolai, 470
Rumigny, general Théodore de, 441, 657
Rússia:
   adota política de terra arrasada, 558;
   apoia a Áustria (1805), 412-4;
   assina aliança antifrancesa com Nápoles e Grã-Bretanha (1798), 222;
   avanço na Europa, 589-90;
   baixas em Borodino, 562-3;
   dificuldades econômicas, 529;
   em Austerlitz, 416;
   e o Tratado de Tilsit, 447-8, 470;
   expansão territorial, 328-9;
   Masséna derrota na Suíça, 239;
   medo da França, 526-7;
   Metternich culpa pela guerra, 533;
   N bate em retirada da, 571-3;
   N cede metade da Polônia para a, 490;
   N cogita negociações de paz mediadas pela Áustria, 587;
   N forma exército contra, 538-9;
   negocia aliança com Áustria e Grã-Bretanha, 394;
   negociações de paz com a França (1806), 433;
   organização de exército contra N, 546-7;
   propõe negociar com N desde que ele abdique, 654-5;
   raiva pela eleição de Bernadotte para o trono sueco, 529;
   se prepara para a guerra, 396, 530-2;
   se ressente do poder britânico, 330;
   tratado com a Turquia, 540, 555;
   viola o Sistema Continental contra a Grã-Bretanha, 473-5, 529-31;
   ver também Alexandre I, tsar
Sacro Império Romano: reorganizado, 327-9, 365, 374, 389, 418, 429

Sade, Donatien Alphonse François, conde de (marquês de Sade):
   Zoloé et ses deux acolytes, 123
Saint-Denis, Louis-Étienne ("Ali"), 637, 668, 670, 680
Saint-Elme, Ida, 285
Saint-Germain, Charles-Louis de, 47
Saint-Hilaire, Geoffroy de, 215
Saint-Pierre, Bernardin de: *Paulo e Virgínia*, 54, 103, 111
Saint-Simon, Claude-Henri de, 388
Salamanca, batalha de (1812), 559-60
Salayeh, batalha de (1898), 214
Saliceti, Cristoforo:
   acusa N de sabotar as operações do exército na Itália, 100;
   apoia N na Itália, 130, 138-9, 144-5, 170;
   como deputado corso aos Estados Gerais, 63-4;
   e N em Toulon, 89, 91, 93-4;
   e o golpe do Brumário, 254;
   exploração na Itália, 151-2;
   foge da Córsega para a França, 85, 88;
   governa Gênova, 405;
   manda N a Gênova, 99;
   nomeado comissário para investigar Paoli, 81-4;
   publica *Le Souper de Beaucaire* de N, 89;
   supervisiona o Exército da Itália, 98;
   transferido para a Córsega, 170
Salines, Les (Córsega), 30, 44-5, 55-6, 71, 684
Sandoz-Rollin, Daniel von, 21, 27-8
Santa Helena (ilha):
   comissários aliados chegam a, 676-7;
   como potencial prisão para N, 644-5, 666-7;
   custo do confinamento de N, 677-8;
   N chega a, 668-9;
   vida de N em, 668-78
Santini, Jean-Noël (criado corso em Santa Helena), 680
São Domingos (Haiti), 360-4, 369, 372
Saragoça, 478, 494, 673
Sardenha:
   armistício com a França, 125-6;
   Áustria apoia contra a França, 101, 125-6;
   força do exército, 133;
   forças invadem o Sul da França, 97;
   guerra com o Exército da Itália de N, 134-8;
   invasão da Córsega, 79-81

Savary, general Anne-Jean-Marie: entra para o Estado-Maior de N depois de Marengo, 306-7;
   atuando, 351-2;
   e a *entourage* de N em Santa Helena, 682-3;
   e as negociações de N com o tsar, 413-4;
   e as negociações de paz entre N e a Grã-Bretanha (1806), 427-8;
   e a situação de N depois da derrota de Waterloo, 660;
   e a tentativa de fuga de N para os Estados Unidos, 661, 664-5;
   e a trama de Malet, 586;
   e a volta de N de Elba, 649;
   em Varsóvia, 441-2;
   e o julgamento e a execução de Enghien, 378-9;
   impedido de acompanhar N a Santa Helena, 667-8;
   investiga trama de Fouché, 510;
   métodos e estilo de policiamento, 515-6;
   na Espanha com N, 476;
   negocia com Talleyrand, 628-9;
   serviço de inteligência, 352-3
Savona, 134, 613
Savoia:
   incorporada à República Francesa, 97;
   nas propostas de paz de Metternich, 615
Savoia, casa de: governo na Sardenha, 80
Saxônia:
   Prússia invade, 434;
   Rússia invade com a Prússia, 593
Scherer, general Barthélémy, 26, 125-6
Schill, major Ferdinand von, 482
Schlegel, Friedrich, 482
Schwarzenberg, príncipe Karl von:
   bate em retirada via Polônia, 590, 594;
   comanda os austríacos na campanha russa, 547-8, 574-5, 580-1, 584;
   como embaixador austríaco em Paris, 506;
   desdenha de Kutuzov, 580-1;
   e o casamento de N com Maria Luísa, 506, 511-2;
   no exército aliado contra N, 604-8, 617, 619-20;
   repele N em Arcis-sur-Aube, 622-3;
   sobre o desejo de N de evitar a guerra, 592
Sébastiani, capitão Horace, 248, 251, 259, 367;
   ver também Luís XVIII, rei da França
Ségur, Louis-Philippe de, 400, 478, 481
Ségur, Philippe-Paul de, 277, 388, 537, 539, 610
Selim III, sultão otomano, 446

Sémonville, Charles Huguet de, 80, 82
Senado:
    e a proposta de extensão do consulado de N, 349-50;
    em Luxemburgo, 277;
    expandido, 355, 389
senatus-consulte (édito), 324, 350, 430, 503, 592
Sérurier, general Jean-Mathieu:
    cerco a Mântua, 152-3;
    em Savona, 134;
    no Exército da Itália, 129, 132;
    persegue Beaulieu, 142-3
Seurre, 60
Shakespeare, William, 238
Shuvalov, Pavel Andreyevich, conde, 531, 637, 639
Sicília, 30, 203, 205, 233, 428, 454, 459, 461, 468, 656
Sièyes, Emmanuel-Joseph, abade:
    aceita a supremacia de N, 264;
    ajuda a iniciar a Revolução, 269-70;
    e a proposta da extensão do consulado de N, 349-50;
    e o golpe do Brumário, 253-4, 256, 262;
    esboça nova Constituição, 266-9, 353-4;
    inventa a estrutura administrativa francesa, 293-4;
    N discute metafísica com, 195-6;
    N o recebe em Paris depois de retorno de Elba, 651;
    N o repreende no Senado, 338;
    nomeado cônsul, 261, 263;
    nomeia N como primeiro-cônsul, 268-9;
    prepara golpe e mudança na Constituição, 237, 244-9;
    relações com N, 245-6;
    renuncia ao consulado provisório, 269-70;
    se opõe a dar status supremo a N, 382-3;
    trama contra N, 308-9
Síria: campanha contra N, 223-9
Sistema Continental, 438, 530-1, 539
Smith, Spencer, 376
Smith, comodoro Sydney, 226-7, 231-2, 298
Smolensk, 289, 545, 556-7, 566, 568-9, 571, 573-5, 673
Songis, Nicolas-Marie, 98, 113
Sorbier, Jean-Joseph, 53
Soult, marechal Nicolas:
    animosidade em relação a Ney, 494;
    chega à França vindo da Espanha, 625-6;
    diferenças com Joseph, 588;
    em Ligny e Waterloo, 657-8, 659;
    enfrenta os austríacos, 409;
    escaramuça com Bennigsen, 442-3;
    na Espanha, 476, 494-5, 525, 601-2;
    promovido a marechal, 407;
    questiona a possibilidade de embarcar exército para a invasão da Inglaterra, 393;
    reúne tropas depois de Waterloo, 662;
    Wellington o derrota em Orthez, 621
Spina, monsenhor Giuseppe, arcebispo de Corinto, 321, 337
Stadion, conde Johann Philipp, 482
Staël, Germaine de, 109, 195, 199, 284-5, 302, 308, 318, 335-6, 540, 651;
    De l'influence des passions sur le bonheur des individus et des nations, 148
Staps, Friedrich, 500
Stein, barão Karl vom, 540
Stendhal (Marie-Henri Beyle), 147
Stengel, general Henri, 133
Stokach, batalha de (1800), 301-2
Stokoe, John, 682
Stürmer, Bartholomäus, barão, 677
Suchet, general Louis-Gabriel, 93, 130, 301, 303, 494, 525, 611
Suez, canal de, 59, 187, 201, 219-20, 229, 243, 330
Sulkowski, Józef, 161, 166, 211, 220, 438
Sulkowski, príncipe Antoni, 438
Suécia:
    como potencial inimiga da França, 434;
    convida Bernadotte a assumir o trono, 528-9;
    e o Tratado de Tilsit, 448;
    na Liga dos Neutros, 330;
    rejeita as exigências de N de lealdade contra a Rússia, 539;
    se une à coalizão (1813), 606-7
Suíça:
    França invade, 237;
    Grã-Bretanha defende, 366

Talavera, batalha de (1809), 494-5
Talleyrand, Charles-Maurice de:
    acordo com Alexandre após a queda de Paris, 625-7;
    acredita em aliança com a Espanha, 462;
    afirma ter se oposto à execução de Enghien, 380-1;
    apresenta o corpo diplomático a Josefina, 281;
    atitude com relação à Igreja, 320-1;

carta de Grenville respondendo à oferta de paz
    de N, 297;
com N em Erfurt, 470-2, 474-5;
como grão-camareiro, 389;
como príncipe de Benevento, 430;
conspira com Fouché, 478;
contato com monarquistas, 311;
controla o conselho polonês, 442-3;
defende a concessão de autoridade suprema a N,
    382-3;
defende a fundação de um Estado polonês, 439;
defende Estado polonês como proteção, 545-6;
defende invasão do Egito, 199;
defende Maria Luísa como segunda esposa de N,
    506;
defende que N se alie a Barras, 244-6;
delegados da Áustria e da Prússia conferenciam
    com, 413-4;
desdenha dos britânicos, 331;
discussões com N, 243-4, 247;
e a ação de N contra os jacobinos, 324;
e a intenção de N de invadir a Inglaterra, 406-7;
e a proposta de negociações de paz com a Rússia,
    587;
e as negociações de N na Espanha, 463-4;
e conspiração monarquista, 376-9;
elogia N como pacificador, 24-5;
em Ratisbona, 365;
encontra os delegados cisalpinos em Lyon,
    339-41;
enfrenta N, 632;
e o desdém de N pela ameaça prussiana, 434;
e o golpe do Brumário, 255, 257;
e o modo como N trata os oponentes, 336;
e o retorno de Luís XVIII ao trono, 665-6;
e os delegados de N para encontro com
    Alexandre, 627-8;
esboça declaração que torna N proscrito, 653;
e trama para a sucessão de N, 205;
exige expulsão de emigrados ativos de cortes
    estrangeiras, 380;
falta de confiança nas relações com N, 380-1;
Ferdinando da Espanha permanece com, 611-2;
influência limitadora sobre N, 515;
liberado das ordens sagradas e casa com a
    amante, 389;
lucra financeiramente com rumores, 308-9;
mensagem de Fox sobre trama monarquista
    contra N, 427-8;
mensagens para Francisco I, 406-7;
N ameaça, 612-3;
N encontra em Paris (1797), 195, 199;
N nomeia como ministro das Relações
    Exteriores, 264;
N o dispensa e insulta, 480-1;
N o remove do Ministério das Relações
    Exteriores, 452-3;
N se retira das negociações relativas a Ferdinando
    de Nápoles, 427-8;
nega intenção francesa de expulsar britânicos do
    Egito, 367;
negociações com Spina, 321, 337;
Ney se submete a, 629-30;
no Congresso de Viena, 653;
pede clemência com a Áustria, 417-8;
pede novo status para N, 348-9;
percebe o poder e a ambição de N, 28;
planeja a eliminação de N, 632-3;
propõe colônias no Egito e na África, 188-9,
    199-200, 221;
proposta de visita a Constantinopla, 207;
qualidades, 273-5;
recomenda aliança com a Áustria, 374-5;
relações com N, 273-5;
reúne informações sobre N em Elba, 643;
se une a Luís XVIII na Bélgica, 663;
sobre a falta de confiança de N nas conquistas,
    474-5;
sobre as qualidades de N como governante,
    381-2;
Whitworth exige que franceses evacuem a
    Holanda, 368
Tallien, Jean-Lambert, 109, 126
Tallien, Thérèse, 110, 122, 156-7, 163, 290
Talma, Julie, 109
Tardivon, monseigneur de, abade de Saint-Ruf, 54
Terror: acaba, 104-5
teofilantropia, 195, 198, 320
Théviotte, tenente-coronel, 218
Thibaudeau, Antoine-Claire, 239, 294, 316, 345, 349,
    360, 369, 382, 509
Thouin, André, 152, 182
Thugut, Johann Amadeus von, 184, 190-1
Thurn e Taxis, princesa Theresa de, 475
Tilsit, Tratado de (1807), 446-7, 452, 458, 460,
    469-72, 474-5, 493, 527, 529, 532, 548, 551, 587,
    650
Tipu Sahib, sultão de Mysore, 186, 239

Tirol: levante, 482, 530
Toby (escravo malaio), 682
Tolentino, Tratado de (1797), 174
Tolstoi, conde Pyotr Alexandrovich, 470
Tone, Wolfe, 198
Töplitz, Tratado de (1813), 608
Tormasov, general Alexander, 555
Toscana, Ferdinando III, grão-duque da, *ver* Würzburg, Ferdinando III, grão-duque de
Toscana, grão-ducado da, 459
Toulon:
    britânicos evacuam, 94;
    expurgo francês, 94-5;
    N comanda artilharia em, 89-94;
    N embarca para o Egito em, 203-4;
    N protege famílias de nobres franceses em seu retorno, 102;
    terror jacobino em, 85
Toussaint Louverture, Pierre-Dominique, 361-4
Trafalgar, batalha de (1805), 411-3, 467
Transpadana, República, 185
Trento, 162, 165, 168, 174
Tréville, almirante Latouche, *ver* Latouche Tréville, almirante Louis René Levassor
Tribunal de Cassação, 294
Tribunato: composição, 267-8;
    declara França como, 383-4;
    nomeações para, 341;
    proposta de aumento dos poderes de, 348-50;
    reduzido (1802), 355
Trieste, 163, 474
Tronchet, François-Denis, 315
Truchsess-Waldburg, conde von, 637
Truguet, contra-almirante Laurent, 80
Tugendbund, 494
Tulherias:
    cônsules se mudam para, 277-81;
    turba de Paris ataca, 75-6, 78;
    vida e corte nas, 289-92
Turenne, marechal Henri de la Tour d'Auvergne, visconde de, 310
Turner, J. M. W., 357
Turreau, Louis, 101
Tussaud, Marie, 357

Ulm, batalha de (1805), 410-2
Undaunted, HMS, 639-40
Universidade da França: fundada, 422

Valence, 51-4, 67-9, 125, 182, 236, 265, 638-9
Valette, general Antoine: rebaixado, 161
Valfort, cavaleiro de, 47
Vandamme, general Dominique-René, 498, 537, 605
Vanlerberghe, Joseph, 419-20
Varese, abade, 39
Varsóvia, 439-42, 579-80;
    grão-ducado de, 448, 452-3, 490, 524, 527, 531, 590, 602-3
Vauban, Sébastien le Prestre de, 53
Vaubois, general Claude-Henri Belgrand de, 163, 165, 168, 206
Vauchamps, batalha de (1814), 620
Vendeia, 86, 103-4, 275, 329
Veneza:
    N declara guerra a e saqueia, 176-7, 288;
    N encontra Joseph em, 460;
    N ocupa, 185
Verdier, general Jean-Antoine, 118, 166, 218
Verninac, Raymond, 185
Verona, 115, 153, 156-7, 159, 163, 165-6, 169, 173, 176
Versalhes, Tratado de (1768), 33
Vestfália, reino da:
    criado, 448;
    sob o governo de Jérôme, 490-1
Victor Amadeus, rei da Sardenha, 137, 146, 151, 164, 366, 368
Victor, marechal Claude:
    em Marengo, 305-6;
    na Espanha, 494-5;
    na retirada de Moscou, 577-8;
    sobre o surgimento de N, 95;
    vai com Luís XVIII para o exílio, 655-6
Vindemiário, evento (1795), 115, 117-9
Viena:
    N chega a (1809), 484-5;
    N marcha sobre (1797), 174-5;
    N ocupa (1805), 411
Viena, Congresso de (1814-15), 644-5
Viena, Tratado de (1809), 501
Vigée-Lebrun, Elisabeth, 357
Vignali, Ane Paul, abade, 684
Vigo-Roussillon, sargento François, 132, 149, 210, 232
Villeneuve, almirante Pierre de, 411
Villeret, Louis Brun de, 441
Vilna (Vilnius), 544-5, 547, 550-3, 555, 566, 568-70, 579-81, 584, 591
Vitebsk, 554-6, 573
Volkonski, príncipe Sergei, 529

Volney, Constantin de, 71, 337, 382
Voltaire, François Marie Arouet, 32, 54, 216, 238;
    Édipo, 472;
    Maomé, 471

Wagram, batalha de (1809), 487-9, 497-8, 500, 515, 524, 635, 640
Walcheren, 500-1, 512
Walewska, Maria, condessa:
    caso com N, 441-5, 461, 499;
    e a volta de N a Paris depois da campanha russa, 579;
    gravidez, 499;
    instalada em Paris, 516;
    visita N em Elba, 642;
    visita N em Fontainebleau, 595
Washington, George, 329
Waterloo, batalha de (1815), 661, 670, 676, 681, 684-5
Welle, Philipp, 677, 681
Wellesley, general Arthur, *ver* Wellington, primeiro duque de
Wellesley, Richard Colley, marquês, 494-5, 510
Wellington, Arthur Wellesley, primeiro duque de:
    avança na Espanha, 494-5;
    captura Madri, 567-8, 601-2;
    derrota Joseph em Vitoria, 601-2;
    derrota Junot em Portugal, 468;
    enfrenta N, 657-8;
    empurrado de volta a Portugal, 525;
    vitória de Salamanca, 559-61;
    vitória em Orthez, 621;
    vitória em Waterloo, 658-9

West, Benjamin, 357
Whitworth, Charles, conde, 330, 364, 367-8
Wickham, William, 311
Wieland, Christoph Martin, 473
Wilson, general Sir Robert, 576, 680
Wintzingerode, general Ferdinand von, 571
Wittgenstein, general Ludwig von, príncipe, 593
Würmser, marechal de campo Dagobert von, 159, 162-4, 168, 173
Württemberg, Catarina, princesa de (posteriormente rainha da Vestfália; esposa de Jérôme):
    casamento com Jérôme, 460, 490-1;
    encontra N em Dresden, 543;
    não tem permissão para visitar Santa Helena, 682-3;
    pai tenta engendrar divórcio, 671;
    pede a N que seja padrinho do filho, 642;
    ver também Frederico I, rei de Württemberg
Würzburg, Ferdinando III, grão-duque de (anteriormente grão-duque da Toscana), 543

Yarmouth, Francis Charles Seymour Conway, conde de (posteriormente terceiro marquês de Hertford), 428
Yorck von Wartemburg, general Ludwig, 588-9
Young, Edward: *Pensamentos noturnos*, 77
Yvan, dr. Alexandre Urbain, 634

Zajaczek, general Józef, 439
Zealous, HMS, 241

Leia também outros títulos publicados pelo selo Crítica

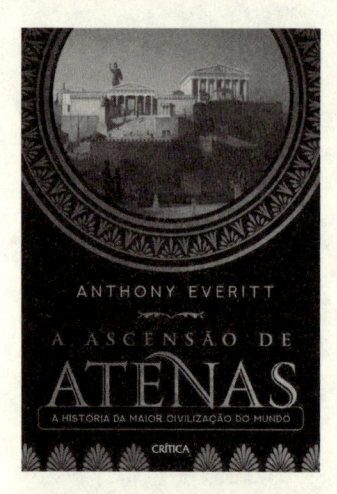

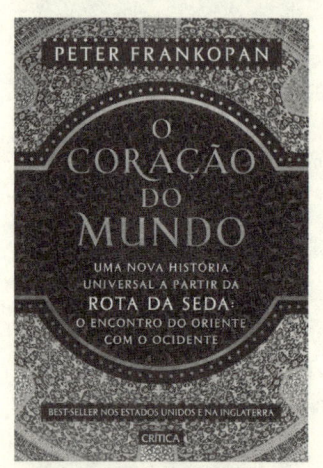

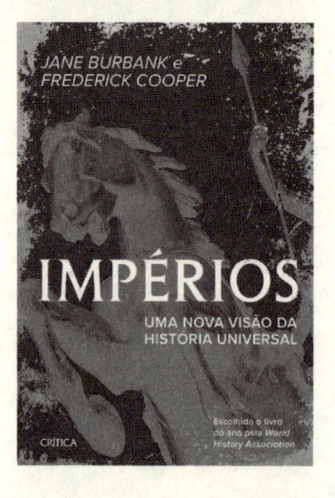

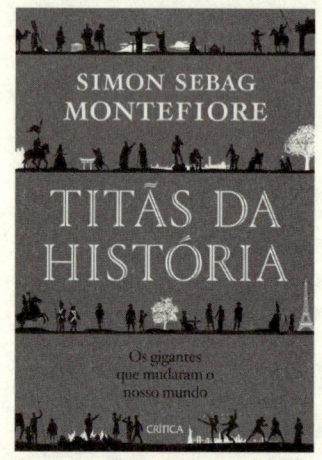

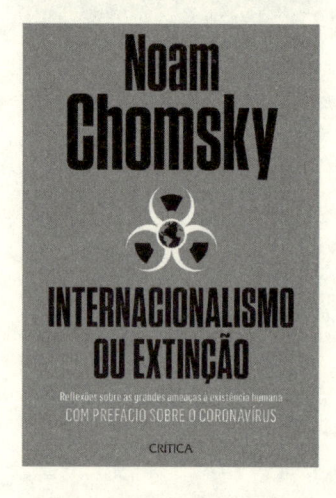

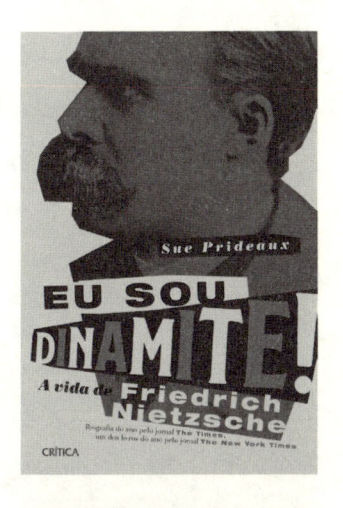

EU SOU DINAMITE!
A vida de Friedrich Nietzsche
Sue Prideaux

BORIS JOHNSON
O FATOR CHURCHILL
COMO UM HOMEM FEZ HISTÓRIA

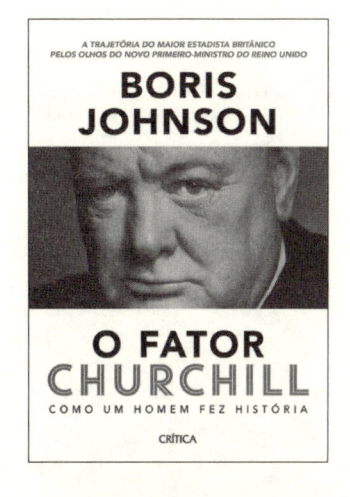

A TRAJETÓRIA DO MAIOR ESTADISTA BRITÂNICO PELOS OLHOS DO NOVO PRIMEIRO-MINISTRO DO REINO UNIDO

Simone de Beauvoir
uma vida
Kate Kirkpatrick

A BATALHA DAS ARDENAS
A CARTADA FINAL DE HITLER
ANTONY BEEVOR

MICHIO KAKU
O FUTURO DA HUMANIDADE
MARTE, VIAGENS INTERESTELARES, IMORTALIDADE E O NOSSO DESTINO PARA ALÉM DA TERRA

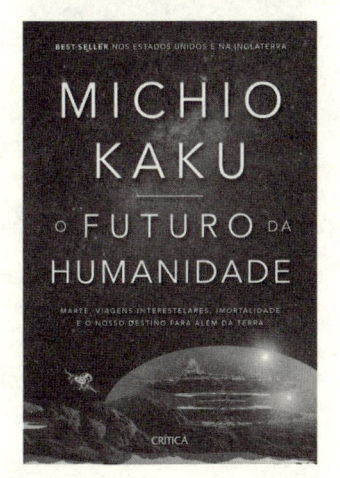

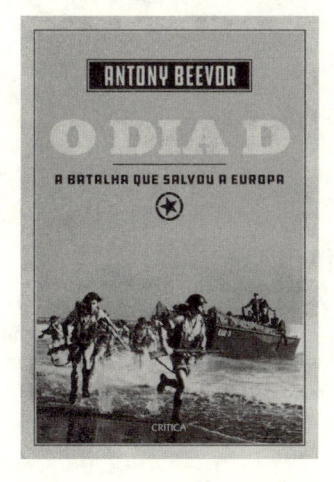

BEST-SELLER NOS ESTADOS UNIDOS E NA INGLATERRA

O DIA D
A BATALHA QUE SALVOU A EUROPA
ANTONY BEEVOR

**Acreditamos
nos livros**

Este livro foi composto em Adobe Garamond
Pro e impresso pela Geográfica para a Editora
Planeta do Brasil em janeiro de 2024.